Cláusulas Contratuais

Volume 1

Cláusulas Contratuais

Volume 1

Coordenadores:
Francisco Paulo De Crescenzo Marino
Marcelo Vieira von Adamek
Osny da Silva Filho

Adriana Regina Sarra de Deus
Alexandre Gonçalves Kassama
Alfredo de Assis Gonçalves Neto
Alice Pereira Santos Rodrigues
Amanda Lemos Dill
Amanda Souza Barbosa
Ana Alice Lima de Queiroz
Anderson Schreiber
André de Albuquerque Cavalcanti Abbud
André Nunes Conti
André Rodrigues Corrêa
André Yukio I. Lacerda
Antonio Alberto Rondina Cury
Antonio Carlos de Oliveira Freitas
Antonio Carlos Nachif Correia Filho
Antônio Pedro Garcia de Souza
Arnoldo Wald
Bruno Meyerhof Salama
Bruno Ricardo Bioni
Carla Wainer Chalréo Lgow
Carlos Edison do Rêgo Monteiro Filho
Carlos Nelson Konder
Clarisse Frechiani Lara Leite
Crisleine Yamaji
Daniele Verza Marcon
Daniella Neves Reali Fragoso
Deborah Slattery-Pereira
Erasmo Valladão Azevedo e Novaes França
Fabio Queiroz Pereira
Fábio Roberto Barros Mello
Fernanda Foizer Canevari
Fernanda Pereira Bento
Fernando Gemelli Eick
Guilherme Neves Rodrigues Fernandes
Henry Colombi
Jose Roberto Camasmie Assad
Luis Alberto Salton Peretti
Marco La Rosa de Almeida
Mariana Hofmann Fuckner
Mariana Tavares Antunes
Marília Carneiro da Cunha Lopes Ribeiro
Mário Pimenta Camargo Neto
Naomi Fiszon Zagarodny

ALMEDINA
BRASIL

Cláusulas Contratuais – Volume 1

ISBN: 978-85-8493-904-6

Impresso no Brasil – 1ª Edição, 2025 – Edição revisada conforme o Acordo Ortográfico da Língua Portuguesa de 2009.

Dados Internacionais de Catalogação na Publicação (CIP)
(Câmara Brasileira do Livro, SP, Brasil)

C584c v.1

Cláusulas Contratuais – Volume 1: Coordenação: Francisco Paulo De Crescenzo Marino, Marcelo Vieira von Adamek, Osny da Silva Filho. 1.ed. Rio de Janeiro: Almedina Brasil, 2025.

780 p; 16 x 23 cm.

ISBN 978-85-8493-904-6

1. Contratos – Negociação. 2. Contratos – Redação. 3. Prática contratual. 4. Direito contratual brasileiro. 5. Cláusulas contratuais. I. Marino, Francisco Paulo De Crescenzo. II. Adamek, Marcelo Vieira von. III. Silva Filho, Osny da. IV. Título.

CDU 347.44(81

Índices para catálogo sistemático:
1. Brasil: Direito civil: Direito contratual : Cláusulas contratuais: Estudos jurídicos

Grupo Editorial Alta Books

Produção Editorial: Grupo Editorial Alta Books
Diretor Editorial: Anderson Vieira
Editora-Chefe: Manuella Santos de Castro
Assistente Editorial: Francielle Regina
Vendas Governamentais: Cristiane Mutüs
Diagramação: Cumbuca Studio

ALTA BOOKS
GRUPO EDITORIAL

Rua Viúva Cláudio, 291 — Bairro Industrial do Jacaré
CEP: 20.970-031 — Rio de Janeiro (RJ)
Tels.: (21) 3278-8069 / 3278-8419
www.altabooks.com.br — altabooks@altabooks.com.br
Ouvidoria: ouvidoria@altabooks.com.br

Editora **afiliada à:**

NOTA DOS COORDENADORES

Cláusulas contratuais obscuras, ambíguas, omissas ou inválidas tendem a acarretar "prejuízos de muita consideração".[1] É com essa constatação trivial, mas não raro negligenciada, que José Homem Correa Telles (1780-1849) inicia seu *Manual do tabellião ou ensaio de jurisprudencia eurematica*, texto-chave do direito notarial luso-brasileiro, publicado pela primeira vez em Lisboa, em 1819. Na obra, o jurista apresenta uma série de "cautelas, que podem ser úteis a quantos tiverem contratos [...] a fazer", reconhecendo que sobre tal empreitada não pode haver pretensão exauriente.[2]

Esse é, também, o ponto de partida desta coletânea.

Os artigos aqui reunidos, fruto da inestimável colaboração de mais de 100 autoras e autores, propõem-se a fornecer a estudantes e a profissionais do direito um panorama da prática contratual brasileira a partir da exploração doutrinária de cláusulas contratuais típicas e atípicas. Busca-se, assim, obter um retrato mais aproximado ou ampliado da prática,[3] um retrato que contemple demandas de abertura do direito dos contratos para a realidade das operações econômicas sem perder de vista o caráter inescapavelmente geral

---

[1] José Homem Correa Telles, Manual do tabelião ou ensaios de jurisprudência euremática: contendo a coleção de minutas dos contratos e instrumentos mais usuais, e das cautelas mais precisas nos contratos e testamentos, [4. ed.], Lisboa: Imprensa Nacional, 1842 (1919), p. 3.

[2] José Homem Correa Telles, Manual do tabelião ou ensaios de jurisprudência euremática: contendo a coleção de minutas dos contratos e instrumentos mais usuais, e das cautelas mais precisas nos contratos e testamentos, [4. ed.], Lisboa: Imprensa Nacional, 1842, p. 3. Correa Telles acrescenta: "mas nem por isso deixem de consultar os sábios, cuidando que as acham [às cautelas] aqui todas."

[3] Osny da Silva Filho, Doctrinal Methods in Civil Law Jurisdictions, in Yuliya Chernykh e Joshua Karton (ed.), *Contract Law and Scholarship*: Research Methods Handbook, Cheltenham: Elgar, 2025, p. 33: "*zooming in from contracts to clauses*".

e contínuo da disciplina contratual.[4] Os trabalhos mencionados nas próximas páginas enfrentam problemas que não costumam ser considerados em manuais e em tratados,[5] recorrem a métodos, a técnicas e a procedimentos de investigação distintos daqueles usualmente empregados pela doutrina[6] e desenvolvem raciocínios que vão além da sistematização e da crítica da legislação e da jurisprudência.[7] Em última análise, seu propósito comum é restabelecer conexões produtivas entre a reflexão acadêmica e a prática profissional, e especialmente a prática profissional consultiva.[8]

Há obras similares na literatura estrangeira. Na Itália, encontramos dois alentados volumes organizados por Massimo Confortini em 2017 e em 2019.[9] Na França, o interessante dicionário de cláusulas de William Dross, publicado desde 2010,[10] bem como o esforço de sistematização de Geneviève Helleringer, de 2012,[11] e a obra coletiva dirigida por Frédéric Buy, Marie Lamoureux, Jacques

[4] A "percepção da necessidade de adaptação e combinação dos tipos contratuais à realidade das operações econômicas" esteve, de fato, na base de inúmeras inovações na disciplina contratual, a exemplo dos contratos coligados, como reporta Francisco Paulo De Crescenzo Marino, *Contratos coligados no direito brasileiro*, São Paulo: Saraiva, 2009, xiii.

[5] No mesmo sentido, Massimo Confortini (ed.), *Clausole negoziali*: Profili teorici e applicativi di clausole tipiche e atipiche, vol. I, Torino: UTET, 2017, s. p. [introdução]: "*Nell'aspirazione, per questa via, di sollecitare l'interesse dello studente verso temi e problemi che raramente penetrano nell'architettura dei tradizionali manuali o dei trattati*". Tradução: "Na aspiração, por esta via, de estimular o interesse do estudante em direção a temas e problemas que raramente penetram na arquitetura dos tradicionais manuais ou dos tratados".

[6] Como, por exemplo, os de natureza empírica. A esse respeito, Christian Starck, *Empirie in der Rechtsdogmatik*, in *JuristenZeitung* 27 (1972), p. 614; Osny da Silva Filho, Interdisciplinaridade na pesquisa em direito, in Ariel Engel Pesso, Luiz Felipe Roque e Rafael Mafei Rabelo Queiroz (coord.), *Reflexões sobre Teoria e História do Direito*: estudos em homenagem a José Reinaldo de Lima Lopes, São Paulo: Almedina, 2023, pp. 389–408.

[7] Quanto a essas importantes funções, remetemos a Otavio Luiz Rodrigues Junior, Dogmática e crítica da jurisprudência (ou da vocação da doutrina em nosso tempo), in *Revista dos Tribunais* 891 (2010), pp. 86–93; e Judith Martins-Costa, Autoridade e utilidade da doutrina: a construção dos modelos doutrinários, in Judith Martins-Costa *et al.*, *Modelos de Direito Privado*, São Paulo: Marcial Pons, 2014, pp. 18–26.

[8] Catherine Mitchell, *Contract Law and Contract Practice:* Bridging the Gap Between Legal Reasoning and Commercial Expectation, Oxford: Hart, 2013; e Osny da Silva Filho, *Fundamentos do direito contratual:* doutrina, teoria e empiria, São Paulo: Almedina, 2022, pp. 215–237.

[9] Massimo Confortini (ed.), *Clausole negoziali*: profili teorici e applicativi di clausole tipiche e atipiche, vol. I, Torino: UTET, Torino, 2017, e Massimo Confortini (ed.), *Clausole negoziali*: profili teorici e applicativi di clausole tipiche e atipiche, vol. II, Torino: UTET, 2019.

[10] William Dross, *Clausier*: dictionnaire des clauses ordinaires et extraordinaires des contrats de droit privé interne, 4. ed., Paris: Lexis Nexis, 2020 (o título original é *Clausier:* les clauses essentielles des contrats de droit privé).

[11] Geneviève Helleringer, *Les clauses du contrat:* essai de typologie, Paris: L.G.D.J., 2012.

Mestre e Jean-Christophe Roda alguns anos depois.[12] Na Alemanha, merece destaque o livro de Christoph Schmitt e Sebastian Herrmann, que oferece modelos de cláusulas comentados,[13] a exemplo de volumes organizados a partir de diferentes tipos contratuais.[14] Obras dedicadas a aspectos práticos da composição contratual também têm sido publicadas já há vários anos na Inglaterra e nos Estados Unidos.[15] No Brasil, trabalhos importantes enfocam segmentos específicos do direito dos contratos, a exemplo de recente coletânea sobre fusões e aquisições publicada em 2022.[16]

Uma das particularidades desta coletânea, em relação aos trabalhos citados acima, reside em seu caráter englobante. Cláusulas contratuais estruturalmente similares podem cumprir funções distintas em diferentes contextos. É o caso das cláusulas de confidencialidade (Vera Maria Jacob de Fradera e Rodrigo Salton Rotunno Saydelles), de fixação de juros (Sergio Tuthill Stanicia), de melhores esforços (Fernando Gemelli Eick), de entendimento integral ou de acordo integral (Guilherme Carneiro Monteiro Nitschke) e de interpretação (André Nunes Conti), assim como ocorre com cláusulas contidas em preâmbulos contratuais (Luis Renato Ferreira da Silva), cláusulas de irrevogabilidade da proposta (Alice Pereira Santos Rodrigues), cláusulas resolutivas "de estilo" (Maria Beatriz Rizzo Delamuta e Renata C. Steiner), cláusulas marcianas (Carlos Edison do Rêgo Monteiro Filho), cláusulas de opção de venda (Mário Gamaliel Guazzeli de Freitas), e, de modo ainda mais abrangente, com as assinaturas eletrônicas (Clarisse Frechiani Lara Leite). A abertura funcional também pode ser identificada em artigos dedicados a cláusulas de renegociação (Anderson Schreiber), cláusulas *solve et repete* (Gustavo Tepedino, Paula Greco Bandeira e Danielle Tavares Peçanha), cláusulas-dólar (Bruno Meyerhof Salama), cláusulas de *hardship* (Gerson Luiz Carlos Branco e Lenine Munari Mariano da Rocha) e cláusulas de não-modificação do contrato (Ruy Pereira Camilo Junior).

---

[12] Frédéric Buy, Marie Lamoureux, Jacques Mestre e Jean-Christophe Roda (dir.), *Les principales clauses des contrats d'affaires*, 2. ed., Paris: LGDJ, 2018.

[13] Christoph Schmitt e Sebastian Herrmann, *Vertragsklauseln im Wirtschaftsrecht*: Musterformulierungen und Erläuterungen, München: Beck, 2019.

[14] Por todos, VVAA, *Münchener Vertragshandbuch* (6 vols.), München: Beck, 2020.

[15] Richard Christou, *Drafting Commercial Agreements*, 2. ed., London, Sweet & Maxwell, 1998; Andrew Burrows e Edwin Peel (ed.), *Contract Terms*, Oxford: Oxford University Press, 2017; A-Z Mark Anderson e Victor Woroner, *Guide to Boilerplate and Commercial Clauses*, 4. ed. London: Bloomsbury, 2020; Deborah Fosbrook e Adrian Charles Laing, *The A-Z of Contract Clauses*, 7. ed., London: Bloomsbury, 2022; e de modo menos abrangente, Nancy S. Kim, *The Fundamentals of Contract Law and Clauses*, Cheltenham: Elgar, 2016.

[16] Marcelo Vieira von Adamek e Rafael Setoguti J. Pereira (coord.), *Fusões e aquisições (M&A)*, São Paulo: Quartier Latin, 2022.

O encerramento de relações contratuais é objeto de capítulos sobre cláusulas de denúncia ou resilição unilateral (Rafael Setoguti Julio Pereira) e sobre cláusulas estipulativas de compensações, seja em contextos abrangentes (João Vitor de Souza Lima Pacheco), seja em contextos específicos (João Felipe Martins de Almeida e Conrado Van Erven), a exemplo da compensação recíproca ou *netting* (Jairo Saddi).

A solução de controvérsias é coberta por textos dedicados a cláusulas de mediação (Rachel Letícia Curcio Ximenes), cláusulas de eleição do direito aplicável (Fabio Queiroz Pereira e Henry Colombi) e do foro competente (Amanda Souza Barbosa), cláusulas arbitrais patológicas (Thais Schiavoni Guarnieri Silva Reynol), cláusulas compromissórias em estatuto de sociedade anônima que estabeleçam agente fiduciário para a tutela dos interesses dos minoritários em arbitragens coletivas (Alfredo de Assis Gonçalves Neto e Mariana Hofmann Fuckner), cláusulas de desconexão (Carlos Nelson Konder e Naomi Fiszon Zagarodny) e convenções processuais probatórias (Flávio Luiz Yarshell e Rafael Stefanini Auilo), bem como disposições relativas a medidas de autotutela, a exemplo das cláusulas de retenção pecuniária (Ana Alice Queiroz).

Questões tradicionais de direito civil estão contempladas por capítulos sobre cláusulas de solidariedade (André Yukio I. Lacerda), condições suspensivas (Giovana Benetti), cláusulas abusivas (José Roberto de Castro Neves), cláusulas de fiança (Rodrigo Fernandes Rebouças), cláusulas penais (Sergio Mittlaender e Lucas Víspico), cláusulas de inalienabilidade, impenhorabilidade e incomunicabilidade (Hamid Bdine), modalidades estabelecidas em contratos de doação (George Ibrahim Farath), cláusulas de renúncia do cônjuge à concorrência sucessória (Priscila M. P. Corrêa da Fonseca), cláusulas atinentes à remissão total ou parcial de créditos (Francisco Paulo De Crescenzo Marino), cláusulas de vigência nos contratos de locação de imóveis (Fernanda Pereira Bento e Guilherme Neves Rodrigues Fernandes) e cláusulas de autorização creditícia (João Carlos Mettlach-Pinter).

No âmbito das garantias em sentido amplo, encontramos os trabalhos dedicados a cláusulas de cessão fiduciária de recebíveis de cartão de crédito (Gabriela Lotufo Cintra Ferreira e Eduardo Bruzzi) e a cláusulas de garantia à primeira demanda (Amanda Lemos Dill).

Pela sua relevância prática, certos assuntos são examinados em diferentes modalidades e sob múltiplas perspectivas. É o caso das cláusulas de limitação de responsabilidade, consideradas em suas formulações clássicas (André de Albuquerque Cavalcanti Abbud e Carla Wainer Chalréo Lgow), e em hipóteses específicas, como a das cláusulas de afastamento de *consequential damages* (Rafael Branco Xavier), a das cláusulas de remédio único (Deborah Slattery-Pereira e Marília Carneiro da Cunha Lopes Ribeiro) e a das cláusulas de exclusão de responsabilidade por vícios redibitórios (Giulia Ferrigno). A multiplicidade de perspectivas também está presente na análise de cláusulas *back-to-back pay-if-paid* e *pay-when-paid* (Gabriel Seijo Leal de Figueiredo e Matheus Carneiro Lima), figuras comumente pactuadas em contratos celebrados no setor de infraestrutura e construção civil (Adriana Regina Sarra de Deus).

Diferentes contextos de aplicação também podem ser cotejados nos capítulos sobre arras confirmatórias (Gilberto Azevedo de Moraes Costa) e penitenciais (Marcelo Matos Amaro da Silveira e Bruna Duarte Leite), cláusulas-mandato pactuadas em escrituras translativas imobiliárias (Alexandre Gonçalves Kassama) e na emissão de títulos de crédito em arranjos de pagamento com cartões (Fernando Mirandez Del Nero Gomes e Diego Ramos Abrantes Teixeira) e cláusulas de *washout*, exploradas em contextos abrangentes (Hugo Tubone Yamashita e Marina Junqueira de Moraes Lima) e no âmbito do agronegócio (Antonio Carlos de Oliveira Freitas e Jose Roberto Camasmie Assad). Cláusulas de opção de venda, figura ainda controvertida na prática jurídica brasileira, são examinadas a partir de um mesmo caso referencial (Mario Engler Pinto Junior; Lara Britto de Almeida Domingues Neves Calmon Borges e Ruy Amaral Andrade). Cláusulas *negative pledge* também são discutidas em dois capítulos (Fábio Roberto Barros Mello e André Rodrigues Corrêa; Milena Donato Oliva e Danielle Tavares Peçanha).

Alguns dos capítulos examinam cláusulas empregadas em situações particulares. É o caso das *hardship clauses* em contratos internacionais de transporte de coisas (Marco Fábio Morsello), dos *Incoterms* nos contratos de compra e venda internacional de mercadorias (Lauro Gama Jr.), das cláusulas de interferência na gestão da contraparte em operações de *project finance* (Marcelo Lucon, Vitor Fernandes de Araujo e Pedro Perez Meirelles), das cláusulas de *cross-default* e de *cross-acceleration* em operações de concessão de crédito junto a instituições financeiras (Rodrigo da Guia Silva), das cláusulas de garantia em contratos de construção (Antonio Carlos Nachif Correia Filho), das cláusulas de alocação do risco de obtenção de licenças ambientais em contratos de concessão (Arnoldo Wald e Mariana Tavares Antunes) e das cláusulas de cessão de direitos patrimoniais de autor no setor audiovisual (Nichollas de Miranda Alem e Daniel Sampaio de Souza Duarte). Vale destacar, ainda, os textos relativos a cláusulas sobre segurança de informações compartilhadas (Daniele Verza Marcon e Luis Alberto Salton Peretti) e proteção de dados (Fernanda Foizer Canevari e Bruno Ricardo Bioni), e ainda a cláusulas empregadas na contratação de projetos arquitetônicos (Manuella Santos de Castro).

Aspectos de direito empresarial e concorrencial são contemplados pela análise de cláusulas de paridade (Leonor Cordovil e Fernanda Martino), de cláusulas de não solicitação pactuadas no contexto do mercado de trabalho

(Luiz Felipe Ramos, Mariana Azevedo César e Maria Beatriz Fidalgo), de cláusulas de exclusividade (Gabriel Schulman e Pedro Marcos Nunes Barbosa), de cláusulas de não-concorrência (Ivo Bari Ferreira) e da relação entre atividade econômica e clausulado contratual (Rachel Sztajn e Milton Barossi Filho).

Aspectos do dia-a-dia societário são cobertos por capítulos dedicados a cláusulas limitativas da transferência de ações (Erasmo Valladão Azevedo e Novaes França e Marco La Rosa de Almeida), cláusulas de ajuste de bônus de subscrição (Daniella Neves Reali Fragoso), cláusulas de *standstill* em operações de reestruturação de dívida (Paulo Guilherme de Mendonça Lopes), cláusulas envolvendo conversão de dívida em participação societária (Sarah M. Matos Marinho), cláusulas estatutárias sobre participação de acionistas em ação de impugnação de deliberação assemblear (Heitor Vitor Mendonça Sica e Bruno Almeida Ruggiero) e cláusulas de continuação da sociedade em caso de morte do sócio (Marcelo Vieira von Adamek e Camila Bovolato Rodrigues).

Ainda em segmento delimitado, o leitor encontrará trabalhos dedicados a disposições usuais em contratos de compra e venda de participação societária: cláusulas de *sandbagging* (Rodrigo Fialho Borges), de *earn-out* (Antônio Pedro Garcia de Souza e Mário Pimenta Camargo Neto), de *material adverse change* e *material adverse effect* (Crisleine Yamaji), de *break-up fee* (Antonio Alberto Rondina Cury; Gustavo Santos Kulesza e Luiz Eduardo de Avila Guimarães) e de indenização, seja em relação a suas limitações (Ricardo Busana Galvão Bueno), seja em relação a aspectos procedimentais (Pietro Benedetti Teixeira Webber).

Operações de M&A também são contempladas em artigos sobre condições precedentes (Osny da Silva Filho e Sergio Lima Dias Junior), cláusulas de qualificação de conhecimento (Guilherme Setoguti J. Pereira e Carolina Mota da Silva Telles), qualificadoras de materialidade em relação a declarações e garantias (Giacomo Grezzana) e declarações e garantias (Gustavo Birenbaum).

Os coordenadores reiteram o agradecimento a todas as autoras e a todos os autores citados acima, bem como a Kedna Rodrigues, Yasmin Bewiahn Saba Relvas e Sergio Lima Dias Junior, sem cuja dedicação a obra não teria sido possível. Registramos, por derradeiro, o agradecimento à nossa editora, Manuella Santos de Castro, por ter apoiado a iniciativa desde os seus primórdios, no início de 2022.

São Paulo, dezembro de 2024

Francisco Paulo De Crescenzo Marino
Marcelo Vieira von Adamek
Osny da Silva Filho

SOBRE OS COORDENADORES

Francisco Paulo De Crescenzo Marino

Professor de Direito Civil na Faculdade de Direito da Universidade de São Paulo. Mestre, Doutor e Livre Docente pela Faculdade de Direito da Universidade de São Paulo. MacCormick Fellow (University of Edinburgh).

Marcelo Vieira von Adamek

Professor de Direito Comercial na Faculdade de Direito da Universidade de São Paulo. Mestre e Doutor pela Faculdade de Direito da Universidade de São Paulo. Advogado em São Paulo.

Osny da Silva Filho

Professor da FGV Direito SP. Mestre e Doutor pela Faculdade de Direito da Universidade de São Paulo. Pesquisador visitante na Faculdade de Direito de Harvard e no Instituto Max Planck de Hamburgo. Advogado.

SOBRE OS AUTORES

Adriana Regina Sarra de Deus

Mestre e Doutora em Direito Civil pela Faculdade de Direito da Universidade de São Paulo. Advogada especializada na área de Infraestrutura e Construção. Sócia de Toledo Marchetti Advogados.

Alexandre Gonçalves Kassama

Notário em São Paulo. Mestre em Direito pela Universidade de São Paulo. Membro da Academia Notarial Americana. Pesquisador do Legal Grounds Institute.

Alfredo de Assis Gonçalves Neto

Professor Titular de Direito Empresarial da Universidade Federal do Paraná. Sócio fundador de Assis Gonçalves, Kloss Neto e Advogados Associados. Autor de diversos livros e artigos nas áreas de direito empresarial e cooperativo.

Alice Pereira Santos Rodrigues

Advogada. Graduada pela Faculdade de Direito da Universidade Federal de Minas Gerais. Mestranda em Direito Civil pela Faculdade de Direito da Universidade de São Paulo.

Amanda Lemos Dill

Mestre em Direito Privado pela UFRGS, com período de estudos no Max-Planck-Institut für ausländisches und internationales Privatrecht. Doutoranda em Direito Privado pela UFRGS. Advogada.

Amanda Souza Barbosa

Professora Adjunta de Direito Civil da Universidade Federal da Bahia (UFBa). Mestre em Direito pela Unisinos e doutora em Direito pela UFBa. Pesquisadora nos grupos Vida (UFBa) e Clínica de Direitos Humanos (UFPR). Advogada especialista em Direito Médico.

Ana Alice Lima de Queiroz

Arquiteta, formada na FAU USP, Advogada, e Mestre em Direito pela FGV. Consultora jurídica e gerencial, na análise e interpretação de obrigações em contratos de diferentes modalidades, avaliação e negociação de pleitos, resolução de conflitos, desenvolvimento de projetos e no tratamento de questões de Compliance, em empresas e organizações.

Anderson Schreiber

Professor Titular de Direito Civil da Universidade do Estado do Rio de Janeiro (UERJ). Professor da Fundação Getúlio Vargas (FGV). Membro da Academia Internacional de Direito Comparado. Pesquisador Visitante do Max Planck Institut (Alemanha). Doutor em Direito Privado Comparado pela Università degli studi del Molise (Itália). Mestre em Direito Civil pela UERJ. Procurador do Estado do Rio de Janeiro. Sócio fundador do Schreiber Advogados.

André de Albuquerque Cavalcanti Abbud

Doutor, Mestre e Bacharel em Direito pela USP. Mestre em Direito pela Harvard Law School. Professor da Escola de Direito da Fundação Getúlio Vargas (FGV Direito SP). Presidente do Comitê Brasileiro de Arbitragem e Vice-Presidente do Comitê de Arbitragem da International Bar Association (IBA). Vice-Presidente do Latin American and Caribbean Users Council da London Court of International Arbitration (LCIA). Autor dos livros "The Brazilian Arbitration Act: A Case Law Guide", "Lei de arbitragem anotada", "Soft law e produção de provas na arbitragem internacional", "Homologação de sentenças arbitrais estrangeiras" (2008) e "Execução específica dos acordos de acionistas". Sócio de BMA Advogados.

André Nunes Conti

Doutorando e Mestre (LL.M.) em Direito pela Faculdade de Direito da Ludwig-Maximilians-Universität de Munique (Alemanha). Bacharel em Direito pela Faculdade de Direito da Universidade de São Paulo e Licenciado em Direito (Licence en Droit) pela Faculdade de Direito da Université Jean Moulin Lyon 3 (França). Associado da DBJV – Deutsch-Brasilianische Juristenvereinigung e.V. (Associação de Juristas Alemanha-Brasil). Suas áreas de investigação são o Direito Societário, Direito Civil e Teoria do Direito. Advogado em São Paulo, atuando sobretudo nas áreas empresarial e civil.

André Rodrigues Corrêa

Graduado em Direito pela Universidade Federal de Pelotas (UFPEL). Doutor em Direito pela Universidade Federal do Rio Grande do Sul (UFRGS). Post-Doctoral Fellow no Institute for Advanced Studies in the Humanities (University of Edinburgh). Professor da Graduação e do programa de Mestrado Profissional da FGV Direito SP.

André Yukio I. Lacerda

Mestre em Direito Civil e graduado pela Faculdade de Direito da Universidade de São Paulo. Advogado. Sócio de Tepedino, Berezowski e Poppa Sociedade de Advogados.

Antonio Alberto Rondina Cury

Bacharel e Mestrando em Direito Civil pela Universidade de São Paulo (USP). Advogado em São Paulo. Young Arbitrator do Centro de Resolução de Conflitos GLIP-USP.

Antonio Carlos de Oliveira Freitas

Mestre em Direito Empresarial pela FGV-SP. High Impact Program em ESG na Saint Paul Escola de Negócios. Especialista em Processo Civil pela PUC-SP. Graduado pela FDSBC. Membro do IASP. Coordenador da Comissão de Agronegócio do IBRADEMP. Conselheiro e Diretor da AASP. Reconhecido pela revista Análise Advocacia como um dos advogados mais admirados do Brasil em 2016, 2020, 2022, 2023 e 2024; pela Chambers & Partners Global – Latin America em 2017; e, pela Leaders League em 2022 e 2023. Indicado ao prêmio da FGV Direito SP de melhores dissertações de 2019. Sócio do escritório Freitas e Assad Advogados.

Antonio Carlos Nachif Correia Filho

Doutorando em Direito Civil e Mestre em Direito Processual Civil pela USP. LL.M. pela King's College London. Bacharel em Direito pela PUC-SP. Sócio de Dias Carneiro Advogados.

Antônio Pedro Garcia de Souza

Advogado. Doutorando em Direito Comercial pela Universidade de São Paulo. Visiting Scholar na Columbia Law School. Mestre em Direito Comercial pela Universidade de São Paulo. Bacharel em Direito pela Fundação Getúlio Vargas - RJ. Professor convidado da FGV, ESA-SP, ESA-RJ e do CEPED-UERJ.

Arnoldo Wald

Advogado. Parecerista. Doutor em Direito e livre-docente da Faculdade Nacional de Direito. Professor catedrático de Direito Civil da Universidade do Estado do Rio de Janeiro (UERJ). Doutor honoris causa da Universidade de Paris II e do IDP (Instituto de Direito Público). Presidente honorário da Comissão de Arbitragem do Conselho Federal da OAB.

Bruno Meyerhof Salama

Professor Adjunto em UC Berkeley e Senior Global Fellow na FGV Direito SP, onde é também professor convidado no programa de doutorado. Sócio de Salama Silva Filho Advogados, árbitro e parecerista. Foi consultor do Banco Mundial e integrou o Conselho de Recursos do Sistema Financeiro Nacional em Brasília. Foi professor visitante em Columbia Law School em Nova Iorque e em Jiaotong University em Pequim. É admitido a praticar direito nos Estados Unidos e no Brasil. Doutor em direito por UC Berkeley Law School, mestre em economia pela FGV em São Paulo e bacharel em direito pela USP.

Bruno Ricardo Bioni

Diretor e cofundador do Data Privacy Brasil, sócio-fundador da Bioni Consultoria. Mestre e Doutor pela Universidade de São Paulo (USP), com período de pesquisa na Ottawa University Doutorado, Universidade de São Paulo (USP). Trabalhou no Departamento de Proteção de Dados do Conselho da Europa, no contexto das discussões da GDPR e da modernização da Convenção Internacional de 108 de Proteção de Dados Pessoais.

Carla Wainer Chalréo Lgow

Mestre em direito civil pela UERJ (2012). Bacharel em direito pela PUC-RIO (2007). Professora de cursos de pós-graduação lato sensu no Rio de Janeiro e em São Paulo. Advogada.

Carlos Edison do Rêgo Monteiro Filho

Professor Titular de Direito Civil da Faculdade de Direito da UERJ. Professor Permanente e Coordenador da Linha de Direito Civil do Programa de Pós-graduação stricto sensu (mestrado e doutorado) da UERJ. Procurador do Estado do Rio de Janeiro. Advogado, parecerista em temas de direito privado.

Carlos Nelson Konder

Professor Titular do Departamento de Direito Civil da Universidade do Estado do Rio de Janeiro (UERJ). Professor do Departamento de Direito da Pontifícia Universidade Católica do Rio de Janeiro (PUC-Rio). Doutor e mestre em direito civil pela UERJ. Especialista em direito civil pela Universidade de Camerino (Itália). Parecerista e árbitro.

Clarisse Frechiani Lara Leite

Livre-Docente, Doutora e Mestre em Direito Processual pela USP. Advogada.

Crisleine Yamaji

Professora de Direito no INSPER (LL.M; LL.C; Educação Executiva) e no IBMEC (LL.M; Master). Advogada. Duplo Doutorado em Direito Civil pela Universidade de São Paulo (USP) e na Università degli Studi di Roma Tor Vergata. Mestrado em Direito Econômico pela Universidade de São Paulo. Mestrado em Direito Privado Europeu e da Cooperação pela Università degli Studi di Roma Sapienza. Bacharel em Direito pela Faculdade de Direito da Universidade de São Paulo.

Daniele Verza Marcon

Mestra em Direito Civil e Empresarial pela Faculdade de Direito da Universidade Federal do Rio Grande do Sul. Graduação em Ciências Jurídicas e Sociais pela mesma instituição. Advogada no Souto Correa Advogados.

Daniella Neves Reali Fragoso

Sócia de BM&A – Barbosa, Müssnich & Aragão. Doutora e Mestre em Direito Comercial pela USP.

Deborah Slattery-Pereira

Procuradora do Município do Rio de Janeiro (licenciada). Doutora e Mestre em Direito Civil pela UERJ. Master of Laws pela Universidade de Harvard. Juris Doctor Candidate pela American University - Washington College of Law.

Erasmo Valladão Azevedo e Novaes França

Bacharel, Mestre, Doutor e Livre-Docente pela Faculdade de Direito da USP. Professor Associado do Departamento de Direito Comercial, do qual é também ex-Chefe. Associado do IBR – Instituto Brasileiro de Estudos de Recuperação de Empresas. Membro do Conselho Editorial da Revista de Direito Mercantil – RDM (Malheiros Editores). Coordenador da seção de direito societário da Revista de Direito das Sociedades e dos Valores Mobiliários (Almedina). Advogado militante em São Paulo, árbitro e parecerista, atuando sobretudo nas áreas empresarial e civil.

Fabio Queiroz Pereira

Professor Adjunto de Direito Civil da Universidade Federal de Minas Gerais. Doutor em Direito Civil pela Universidade Federal de Minas Gerais. Mestre em Direito Civil pela Universidade de Coimbra. Professor visitante na Università di Roma - La Sapienza (CAPES/PRINT).

Fábio Roberto Barros Mello

Mestre em Direito dos Negócios pela FGV-Direito-SP. Especialista em Direito Penal Econômico pela FGV-Direito-SP. Especialista em Direito Processual Civil pela PUC-Campinas.

Fernanda Foizer Canevari

Advogada. Graduada pela Universidade Presbiteriana Mackenzie, com pós-graduação em Propriedade Intelectual e Novos Negócios pela Fundação Getúlio Vargas (FGV-SP). Atua na área contratual há mais de 10 anos, com forte presença no segmento de tecnologia, propriedade intelectual e proteção de dados, assessorando empresas de diversos setores incluindo tecnologia da informação e internet, pesquisa e desenvolvimento, publicidade e propaganda, entretenimento, e-commerce, varejo, meios de pagamento, redes sociais e plataformas online. Já coordenou equipe de Transações Tecnológicas em escritório de advocacia referência no mercado de tecnologia e foi reconhecida pela publicação Leaders League. Professora no Data Privacy Brasil.

Fernanda Pereira Bento

Juíza de Direito do Tribunal de Justiça do Estado de Minas Gerais. Pós-graduada em Direito dos Contratos pela Fundação Getúlio Vargas - FGV/SP. Graduada em Direito pela Pontifícia Universidade Católica de São Paulo - PUC/SP.

Fernando Gemelli Eick

Doutorando em Direito Civil pela Universidade de São Paulo. Mestre em Direito Civil pela Universidade de São Paulo, com período de pesquisa no Max-Planck Institut de Hamburgo (Alemanha). Pós-graduado em Direito dos Contratos pela Fundação Getúlio Vargas. Bacharel em Direito pela Universidade Federal do Rio Grande do Sul, com experiência acadêmica na Universidade de Giessen (Alemanha). Membro do Comitê Brasileiro de Arbitragem, do Instituto de Direito Privado e do Instituto de Estudos Culturalistas. Membro da Comissão Especial de Arbitragem e de Direito Civil da OAB/SP. Autor do livro "Redes Contratuais no Direito Brasileiro". Sócio de Eick Haber Pacheco Advogados.

Guilherme Neves Rodrigues Fernandes

Graduado em Direito na Faculdade de Direito do Largo São Francisco (USP) em 2016. Pós-graduado em Direito Imobiliário na Fundação Getúlio Vargas (FGV) em 2020. Mestrando em Direito Civil na Faculdade de Direito do Largo São Francisco (USP).

Henry Colombi

Doutor, Mestre e Graduado em Direito pela UFMG. Professor de Direito Civil e Empresarial na Faculdade CEDIN. Advogado e sócio da Passos e Chaves Sociedade de Advogados.

Jose Roberto Camasmie Assad

Mestrando em Direito dos Negócios pela FGV-SP. LLM em Direito Empresarial pelo IBMEC-SP. Global Immersion Program–Business Law pela LOYOLA UNIVERSITY CHICAGO. Especialização em Processo Civil pela PUC-SP. Extensão em International Business Negotiation pela STETSON UNVERSITY–COLLEGE OF LAW e em Mediação e Meios Alternativos de Resolução de Conflitos pela ESCOLA SUPERIOR DO MPSP. Membro Efetivo da Comissão de Direito do Agronegócio do IBRADEMP. Reconhecido pela revista Análise Advocacia como um dos advogados mais admirados do Brasil em 2021, 2022 e 2023/2024. Sócio de Freitas e Assad Advogados.

Luis Alberto Salton Peretti

Advogado e árbitro. Sócio de Souto Correa Advogados. Fellow do Chartered Institute of Arbitrators. Doutorando e Mestre em direito civil pela Universidade de São Paulo. Diplomado pelo Instituto de Estudos Políticos de Paris (SciencesPo). Mestre em Direito da Globalização Econômica pela Universidade de Paris I Panthéon-Sorbonne. Mestre em Direito Comparado pela Universidade de Paris II Panthéon-Assas.

Marco La Rosa de Almeida

Advogado em São Paulo. Mestre em Direito Comercial pela Faculdade de Direito da Universidade de São Paulo

Mariana Hofmann Fuckner

Mestranda em Direito Comercial pela Universidade de São Paulo (USP). Advogada em Curitiba.

Mariana Tavares Antunes

Sócia no Wald, Antunes, Vita e Blattner Advogados. Bacharel em Direito pela Pontifícia Universidade Católica de São Paulo (PUC-SP).

Marília Carneiro da Cunha Lopes Ribeiro

Advogada. Mestre em Direito Civil pela Universidade do Estado do Rio de Janeiro (UERJ). Ex-assessora do Colegiado da Comissão de Valores Mobiliários (CVM). Bacharel em Direito pela PUC-Rio.

Mário Pimenta Camargo Neto

Advogado. Mestrando em Direito Comercial pela Faculdade de Direito da Universidade de São Paulo. Bacharel em Direito pela Faculdade de Direito da Universidade de São Paulo. Visiting Student na Università Commerciale Luigi Bocconi.

Naomi Fiszon Zagarodny

Professora Substituta do departamento de Direito Civil e Direito Internacional Privado da Faculdade Nacional de Direito (UFRJ). Doutoranda e Mestre em Direito Civil na Universidade do Estado do Rio de Janeiro (UERJ). Pós-Graduada em Direito Civil-Constitucional na Universidade do Estado do Rio de Janeiro (UERJ). Graduada em Direito pela Pontifícia Universidade Católica do Rio de Janeiro (PUC-Rio). Advogada.

SUMÁRIO

1. CLÁUSULAS BACK-TO-BACK: CLÁUSULAS PAY-IF-PAID E PAY-WHEN-PAID

Adriana Regina Sarra de Deus

1. INTRODUÇÃO: O GÊNERO DAS CLÁUSULAS BACK-TO-BACK

Estando a prática contratual brasileira cada vez mais integrada ao mercado global, com a participação de agentes estrangeiros e a importação de modelo3s contratuais internacionais, cresce a frequência com que os operadores do direito se deparam com arranjos jurídicos novos, muitas vezes denominados por anglicismos. As cláusulas *back-to-back* são precisamente um desses casos.[17]

Inicialmente, cumpre fazer uma distinção de ordem terminológica a respeito da expressão "*back-to-back*". Quando se diz que um negócio jurídico é "*back-to-back*" em relação a outro, isso não necessariamente significa que as partes pactuaram uma cláusula *back-to-back*. A expressão "*back-to-back*" refere-se à técnica de espelhar os riscos de um contrato para outro contrato ao longo de uma cadeia de relações interconectadas e que se desenvolvem sobre a mesma base fática, o que pode ser realizado de diversas maneiras.[18]

---

[17] Para uma análise mais aprofundada sobre cada uma das principais espécies de cláusulas *back-to-back*, cf. SARRA DE DEUS, Adriana Regina. **Cláusulas back-to-back**: tipologia e regime jurídico. São Paulo: Faculdade de Direito, Universidade de São Paulo, 2022, Tese de Doutorado em Direito Civil.

[18] MONTINARO, Roberta. Clausola back-to-back. In: CONFORTINI, Massimo (org.). **Clausole negoziali**: profili teorici e applicativi di clausole tipiche e atipiche, vol. II. Torino: UTET, 2019, pp. 934-935. Especificamente sobre a prática de reprodução do texto de um negócio no corpo

É possível, por exemplo, apenas copiar as cláusulas de um negócio jurídico no corpo do outro. Nesse caso, o espelhamento de riscos ocorre pela mera reprodução de conteúdo, sem que haja uma cláusula específica estabelecendo um vínculo entre os dois negócios. Embora aparente ser simples e direta, essa solução acarreta uma série de dificuldades práticas. A mais evidente delas é o risco de haver interpretações ou decisões contraditórias: pode-se entender, a título ilustrativo, que um mesmo evento se caracteriza como caso fortuito ou força maior em um dos negócios, mas não no outro.

Maneira distinta de operacionalizar o espelhamento de riscos é pactuar uma cláusula que crie essa vinculação, dispondo sobre quais riscos são espelhados, como e quando o são. Pretende-se, com isso, mitigar ao máximo o risco de resultados conflitantes. Citando o mesmo exemplo do parágrafo anterior, uma cláusula *back-to-back* poderia prever que o entendimento sobre a caracterização ou não de um evento como caso fortuito ou força maior no âmbito de um negócio jurídico automaticamente vincularia o outro ao mesmo entendimento.

Disso decorre que a expressão "negócios *back-to-back*" é mais ampla do que "cláusulas *back-to-back*". Enquanto todo negócio jurídico com cláusula *back-to-back* é, também, um negócio jurídico *back-to-back*, nem todo negócio jurídico *back-to-back* contempla uma cláusula *back-to-back*, como ilustrado no primeiro exemplo.

As cláusulas *back-to-back*, por sua vez, diferenciam-se em várias espécies, a depender do risco sobre o qual recaem. São, portanto, um gênero.

Há, por exemplo, cláusulas *back-to-back* que versam sobre o risco de reconhecimento de um pleito, vinculando-o à decisão que for tomada sobre esse mesmo pleito em outra relação jurídica. Trata-se das denominadas cláusulas de repasse de pleitos, também conhecidas como cláusulas *pass-through*. Existem, ainda, cláusulas *back-to-back* que regulam a incorporação de situações jurídicas ativas e/ou passivas de uma relação jurídica em outra relação jurídica. São as cláusulas conduíte ou cláusulas *flow-through*, que se dividem em *flow-up* e *flow-down*, conforme incorporem as situações jurídicas ativas ou passivas respectivamente.

Bastante conhecidas e debatidas são as cláusulas *back-to-back* que tornam o pagamento subordinado à ocorrência de pagamento na outra relação jurídica. Designadas *contingent payment provisions*, subdividem-se em duas espécies: as cláusulas *pay-if-paid* e as cláusulas *pay-when-paid*. Em razão das diversas polêmicas jurídicas que geram, foram elas escolhidas como objeto de análise do presente artigo.

---

do outro cf. ZONS, Jörn. The minefield of back-to-back subcontracts: part 2. **Construction Law International**, v. 5, issue 2, jun. 2010, p. 21. REISDORFER, Guilherme Fredherico Dias; QUINTÃO, Luísa. Subcontratação de obras públicas e cláusulas "back-to-back" no direito brasileiro. In: JUSTEN FILHO, Marçal; SILVA, Marco Aurélio de Barcelos (coord). **Direito da infraestrutura**: estudos de temas relevantes. Belo Horizonte: Fórum, 2019, pp. 144-145.

2. CLÁUSULAS QUE SUBORDINAM O PAGAMENTO: PAY-IF-PAID E PAY-WHEN-PAID

2.1. Características e função

As *contingent payment provisions* surgiram no contexto norte-americano e inglês, com o objetivo de lidar com os riscos associados às cadeias de pagamentos.[19] Essas cláusulas pretendem regular, em especial, os riscos a que a parte intermediária se expõe por ocupar, simultaneamente, a posição de credora do pagamento que lhe é devido pelo seu contratante e a posição de devedora do pagamento a que o seu contratado faz jus.

Nesse contexto, as *contingent payment provisions* são incluídas nos contratos que ocupam os elos inferiores da cadeia de pagamentos, com o intuito de endereçarem dois principais riscos: (i) o risco de fluxo de caixa da parte intermediária, ou seja, o risco de ela ser obrigada a pagar seu subcontratado antes de ser paga pelo seu contratante; e (ii) o risco da parte intermediária de pagar ao seu subcontratado mais do que recebeu do seu contratante (o que pode incluir a situação extrema de precisar pagar seu contratado e sem ter sido paga pelo seu contratante).[20]

---

19 Sobre a origem das cláusulas e a sua incorporação à prática negocial italiana, cf. CICCONI, Ennio. Clausola if and when. In: CONFORTINI, Massimo (org.). **Clausole negoziali**: profili teorici e applicativi di clausole tipiche e atipiche, vol. II. Torino: UTET, 2019, p. 988. No mesmo sentido, cf. CAVANNA, Ivano. Clausola if and when e altre questioni in tema di esecuzione del subappalto. **Nuova giurisprudenza civile commentata**, 1996, v. 1, p. 419. DI SABATO, Daniela. Le clausole if and when e pay when paid e la disciplina della subfornitura nelle attività produttive. **Rivista di diritto dell'impresa**, 1999, pp. 413-414. GELLI, Rebecca. La clausola if and when tra condizione e termine di adempimento. **La nuova giurisprudenza civile commentata**, 2004, anno XX, pp. 414-417. SALANITRO, Ugo Antonio. La clausola if and when nel contratto di subappalto. **Studium Iuris**, 2004, n. 7-8, p. 882. VICARI, Andrea. L'alea ed i contratti (interni ed internazionali) di subappalto: dalla clausola "if-and-when" al trust. **Trusts e attività fiduciarie**, lug. 2002, pp. 392-394.

20 CICCONI, Ennio. Clausola if and when. In: CONFORTINI, Massimo (org.). **Clausole negoziali**: profili teorici e applicativi di clausole tipiche e atipiche, vol. II. Torino: UTET, 2019, p. 900. DALLA VALLE, Paola. Clausola if and when. In: **Estratto dal Digesto**, Discipline Privatistiche, Sezione Civile, aggiornamento. Torino: UTET, 2003, p. 255. FISHER, Timothy S.; KIRK, Francis; DEDONATO, James; FORNACIARI, Salvatore; WELCH, Jason. Top ten most important clauses of a construction contract. **Defense Counsel Journal**, v. 72, issue 3, jul. 2005, p. 250. HUGHES, Will; CHAMPION, Ronan; MURDOCH, John. **Construction Contracts**: law and management, 5th ed. Abingdon: Routledge, 2015, p. 314. MAY, Andrea L.; SIDDIQI, Khalid. Contingent-payment provision puzzle: safeguarding against an unintended outcome. **Journal of Architectural Engineering**, dec. 2018, p. 158. NOONE, Michael; BENSON, Robert E. The "pay-when-paid" dilemma. **Colorado Lawyer**, v. 25, n. 11, nov. 1996, p. 79.

Por serem praticadas principalmente quando há cadeias de contratações, as *contingent payment provisions* encontraram um campo fértil nos subcontratos celebrados no setor de construção e infraestrutura.[21]

É o caso, por exemplo, da concessionária que subordina o pagamento devido à construtora subcontratada à ocorrência prévia do pagamento pelo Poder Público. De forma mais simples: a concessionária acorda que só pagará a construtora subcontratada depois de receber o pagamento do Poder Público. Ao colocar uma *contingent payment provision* no subcontrato, a concessionária pretende evitar o risco de precisar pagar a construtora sem haver recebido, antes, o pagamento pelo Poder Público. Esse descasamento entre o pagamento que a concessionária deveria receber do Poder Público e o pagamento devido à construtora subcontratada pode ocorrer por uma série de motivos, compreendendo desde a recusa (motivada ou não) das obras pelo Poder Público ou a aplicação de retenções, até o atraso ou o puro inadimplemento do Poder Público no cumprimento sua obrigação de pagar.

Compreendido o contexto no qual as *contingent payment provisions* se inserem, elas se diferenciam em duas espécies: as cláusulas *pay-if-paid* e as cláusulas *pay-when-paid*.[22]

As cláusulas *pay-if-paid*, também conhecidas no direito italiano como "cláusulas se e quando", são aquelas que pretendem subordinar a existência e o tempo do pagamento no contrato subordinado à ocorrência do pagamento à parte intermediária no contrato principal. Se o contratante da parte intermediária, por exemplo, pagar apenas parcialmente o seu débito, a contraprestação devida ao subcontratado estará limitada na mesma proporção. Se, em última instância, nada for pago pelo contratante da parte intermediária, o subcontratado ficará na situação de haver executado sua prestação sem nada lhe ser devido em contrapartida.

Em outras palavras, são cláusulas que tornam incertos não apenas o momento, mas também o conteúdo e a própria existência do direito à

[21] As cláusulas *back-to-back* não encontram uma limitação quanto ao tipo contratual em que podem ser previstas, havendo casos que envolvem contratos de empreitada, contratos de prestação de serviços, contratos de locação de equipamentos, contratos de seguro, dentre outros. Esses casos, sobretudo estrangeiros, podem ser consultados em SARRA DE DEUS, Adriana Regina. **Cláusulas back-to-back**: tipologia e regime jurídico. São Paulo: Faculdade de Direito, Universidade de São Paulo, 2022, Tese de Doutorado em Direito Civil, capítulo 3.

[22] A doutrina, muitas vezes, utiliza a expressão "cláusulas *pay-when-paid*" para se referir ao gênero das *contingent payment provisions* como um todo, abarcando tanto as cláusulas *pay-if-paid*, quanto as cláusulas *pay-when-paid* propriamente ditas. Por esse motivo, para evitar dúvidas, preferiu-se utilizar a expressão "*contingent payment provisios*" para se referir ao gênero e "cláusulas *pay-when-paid*" para se referir à espécie.

contraprestação, o qual dependerá de haver ou não o pagamento na outra relação jurídica e do quanto for pago.[23]

Extraídos da doutrina norte-americana, que utiliza o conceito de "*condition precedent*"[24], os exemplos de cláusulas *pay-if-paid* transcritos abaixo são paradigmáticos:

> O recebimento de pagamento do dono da obra pelo contratado é uma *condition precedent* para a obrigação do contratado de realizar os pagamentos ao subcontratado, sendo que o subcontratado expressamente assume o risco de não pagamento pelo dono da obra e o preço do subcontrato inclui esse risco; ou A obrigação do [*General Contractor*] de realizar um pagamento no âmbito deste Contrato, seja um pagamento provisório ou final, seja um pagamento por custos adicionais, modificações de escopo ou atrasos nos Trabalhos, está sujeita à *condition precedent* expressa de haver o correspondente pagamento pelo Dono da Obra.[25]

[23] Para definições da clausula *pay-if-paid*, cf. GARNER, Bryan A. (ed.). **Black's law dictionary**, 9th ed. St. Paul: Thomson Reuters, 2009, p. 285. AMERICAN SUBCONTRACTORS ASSOCIATION; FOUNDATION OF THE AMERICAN SUBCONTRACTORS ASSOCIATION. **Glossary of common construction contract terms**. Alexandria: ASA, 2016, "pay-if-paid". LOULAKIS, Michael C.; GABA, Carmody. Pay-If-Paid Clauses Not Absolute. **Civil Engineering**, v. 72, n. 8, 2002, p. 100. HILL, William M.; EVANS, Donna M. Pay when paid provisions: still a conundrum. **The Construction Lawyer**, v. 18, n. 2, apr. 1998, p. 16.

[24] "Condition precedent. (1818) An act or event, other than a lapse of time, that must exist or occur before a duty to perform something promised arises. • If the condition does not occur and is not excused, the promised performance need not be rendered. The most common condition contemplated by this phrase is the immediate or unconditional duty of performance by a promisor." GARNER, Bryan A. (ed.). **Black's law dictionary**, 9th ed. St. Paul: Thomson Reuters, 2009, p. 334. A *condition precedent* contrapõe-se à *condition subsequent*, a qual se caracteriza pela previsão de um evento cuja ocorrência implica a extinção da obrigação: Ibid., p. 334.

[25] Tradução livre do original em inglês: "Contractor's receipt of payment from the owner is a condition precedent to contractor's obligation to make payment to the subcontractor, the subcontractor expressly assumes the risk of the owner's nonpayment and the subcontract price includes this risk; or The obligation of [the General Contractor] to make a payment under this Agreement, whether a progress or final payment, or for extras or change orders or delays to the Work, is subject to the express condition precedent of payment therefor by the Owner." HILL, William M.; MCCORMACK, Mary-Beth. Pay-if-paid clauses: freedom of contract or protecting the subcontractor from itself. **The Construction Lawyer**, v. 31, n. 1, winter 2011, p. 27. Exemplos semelhantes são trazidos em MAY, Andrea L.; SIDDIQI, Khalid. Contingent-payment provision puzzle: safeguarding against an unintended outcome. **Journal of Architectural Engineering**, dec. 2018, p. 159. KANZLER, Christopher L.; MCCARTER, W. Dudley. The effect of a disputes clause and pay-if-paid provisions on Miller Act claims and the types of damages recoverable under the Act. **The Construction Lawyer**, v. 21, n. 3. summer 2001, pp. 29-30. BARTHET, Patrick C.; GOODMAN, Nadine H. Waiting to get paid: are "pay when paid" provisions a matter of when or if? **The Florida Bar Journal**, oct. 1999, pp. 64-67. LARSON, Eric N. Freedom from the freedom-to-contract: California Supreme Court invokes public policy to invalidate pay-if-paid clauses in construction contracts. **Thomas Jefferson Law Review**, v. 21, n. 2, oct. 1999, pp. 253-281.

Já na realidade brasileira, traga-se como exemplo prático a cláusula que foi objeto de exame pelo Superior Tribunal de Justiça no Recurso Especial nº 1.799.039/SP, julgado em 04 de outubro de 2022. Sem prejuízo da análise pormenorizada que se fará sobre o caso no tópico 2.3, transcreva-se desde já a redação da cláusula *pay-if-paid* pactuada entre contratante e contratada, subordinando o pagamento da contratada ao pagamento da contratante pela Prefeitura do Município de Araucária no contrato de gestão celebrado:

> 10. DO CONTRATRO DE GESTÃO FIRMADO COM PREFEITURA DE ARAUCÁRIA
>
> 10.1 A CONTRATADA tem pleno conhecimento de que foi contratada para prestar serviços à CONTRATANTE relacionados ao Contrato de Gestão do HOSPITAL MUNICIPAL DE ARAUCÁRIA, no âmbito do Município de ARAUCÁRIA, no Estado do Paraná, e concorda desde já que, **caso haja atraso de qualquer pagamento à CONTRATANTE ou intervenha, rescinda ou encerre, por qualquer modo, qualquer seja a razão, o referido contrato de gestão, a CONTRATADA não fará jus a qualquer remuneração, ainda que por serviços prestados, nem a qualquer tipo de indenização, qualquer que seja sua natureza**.
>
> 10.2. Na hipótese do atraso aludido na cláusula 10.1 retro, cumprirá à CONTRATANTE promover o pagamento dos serviços prestados pela CONTRATADA, desde que os pagamentos efetuados pela Prefeitura de Araucária se refiram aos meses de prestação de tais serviços, sem o acréscimo de quaisquer juros, multa ou correção monetária. O pagamento referido nesta cláusula deverá ser disponibilizado à CONTRATADA em até 10 (dez) dias úteis da regularização das pendências da Prefeitura de Araucária junto à CONTRATANTE.
>
> 10.3. Não se aplica o disposto na cláusula 10.2 acima na hipótese de intervenção, rescisão ou qualquer outro tipo de extinção do contrato de gestão, respeitando-se, nestes casos, a regra da cláusula 10.1, ainda que para serviços prestados.
>
> 10.4. Caso se verifique o advento de qualquer das hipóteses indicadas na cláusula 10.3 retros, fica desde já estabelecido que **a CONTRATADA renuncia expressamente ao direito de pleitear quaisquer valores que entender fazer jus, seja por serviços prestados, seja relativo a qualquer tipo de indenização, tanto da CONTRATANTE quanto da própria Prefeitura.**[26]

[26] BRASIL, Superior Tribunal de Justiça, Recurso Especial nº 1.799.039/SP, Terceira Turma, Relatora para o acórdão Ministra Nancy Andrighi, julgado em 4 out. 2022, voto da Ministra Nancy Andrighi, p. 13, grifos nossos.

Tendo em vista as diversas controvérsias jurídicas a seu respeito, as quais serão mais bem examinadas no tópico 2.2, as cláusulas *pay-if-paid* suscitam grande cuidado quanto à forma de serem redigidas, para deixar inequívoco que o subcontratado aceita assumir o risco de inexistência de contraprestação. No direito norte-americano, isso é feito por meio da referência ao já mencionado instituto jurídico da "*condition precedent*". No direito brasileiro, é preciso descrever com clareza que o subcontratado aceita o risco de ser pago somente depois de a parte intermediária receber o seu pagamento e, especificamente, que aceita o risco de não receber pagamento algum caso a parte intermediária não seja paga pelo seu contratante.

As cláusulas *pay-when-paid*, por outro lado, subordinam apenas o tempo do pagamento devido ao subcontratado ("*timing provision*"). Ou seja, a existência e o conteúdo do direito ao pagamento são certos, recaindo a incerteza somente sobre o momento em que ele será realizado pela parte intermediária. Ao contrário do que faz a cláusula *pay-if-paid*, o subcontratado não suportará as consequências do pagamento parcial ou do não pagamento da parte intermediária pelo contratante principal.[27]

As cláusulas *pay-when-paid*, de forma sucinta, operam apenas o deslocamento temporal da contraprestação devida ao subcontratado, que se tornará exigível após a parte intermediária receber seu pagamento no contrato principal ou após o decurso de um prazo máximo, o que ocorrer primeiro.

Justamente por não serem tão drásticas quando às cláusulas *pay-if-paid*, as cláusulas *pay-when-paid* geram menos controvérsias jurídicas e, por isso, são mais frequentes na prática contratual. Contam, inclusive, com modelos de redação previstos em contratos-padrão (*standard contracts*) elaborados por instituições de renome no setor da construção e infraestrutura, como a *Fédération Internationale des Ingénieurs-Conseils* (FIDIC), o *American Institute of Architects* (AIA) e a *ConsensusDocs*.

Veja-se, adiante, um exemplo de cláusula *pay-when-paid*, extraído do contrato-padrão A401 publicado pelo AIA ("*Standard Form of Agreement Between Contractor and Subcontractor*"):

[27] GARNER, Bryan A. (ed.). **Black's law dictionary**, 9th ed. St. Paul: Thomson Reuters, 2009, p. 285. AMERICAN SUBCONTRACTORS ASSOCIATION; FOUNDATION OF THE AMERICAN SUBCONTRACTORS ASSOCIATION. **Glossary of common construction contract terms**. Alexandria: ASA, 2016, "pay-when-paid". MAY, Andrea L.; SIDDIQI, Khalid. Contingent-payment provision puzzle: safeguarding against an unintended outcome. **Journal of Architectural Engineering**, dec. 2018, p. 159. FISHER, Timothy S.; KIRK, Francis; DEDONATO, James; FORNACIARI, Salvatore; WELCH, Jason. Top ten most important clauses of a construction contract. **Defense Counsel Journal**, v. 72, issue 3, jul. 2005, p. 253. BARTHET, Patrick C.; GOODMAN, Nadine H. Waiting to get paid: are "pay when paid" provisions a matter of when or if? **The Florida Bar Journal**, oct. 1999, p. 64.

> Desde que uma Solicitação de Pagamento seja recebida pelo Contratado até o dia ___ de um mês, o Contratado deverá incluir o Trabalho do Subcontratado compreendido na referida solicitação na próxima Solicitação de Pagamento que o Contratado tiver direito de submeter ao Arquiteto [do Contratante]. O Contratado deverá pagar ao Subcontratado cada pagamento por avanço no prazo de sete dias após o Contratado receber o pagamento do Contratante. Se o Arquiteto não emitir um Certificado de Pagamento ou o Contratado não receber o pagamento por qualquer motivo que não seja o descumprimento do Subcontratado, o Contratado deverá pagar ao Subcontratado, quando demandado, um pagamento por avanço calculado nos termos das Cláusulas 11.1.7, 11.1.8, 11.1.9 e 11.2.[28]

[28] "14.6. Pagamentos Provisórios do Subcontrato. Em 70 dias do recebimento pelo Contratado da: (a) declaração mensal do Subcontratado nos termos da Sub-Cláusula 14.3 [Declarações Mensais do Subcontratado], ou (b) declaração do Subcontratado na Conclusão nos termos da Sub-Cláusula 14.4 [Declaração do Subcontratado na Conclusão], os valores incluídos na declaração, e quaisquer outras somas às quais o Subcontratado tenha direito na opinião do Contratado, serão devidos e pagáveis ao Subcontratado. (...) Ressalve-se que, observada a obrigação de pagar nos termos do último parágrafo da Sub-Cláusula 14.8 [Pagamento Final do Subcontrato], o Contratado terá o direito de reter ou postergar o pagamento de quaisquer montantes em uma declaração mensal do Subcontratado desde que notifique o Subcontratado em 70 dias contados do recebimento da referida declaração mensal, sob a justificativa de que: (...) (b) os valores incluídos na declaração mensal do Subcontratado não foram certificados pelo Engenheiro [do Contratante] e apenas na extensão do valor não certificado, desde que o Contratado tenha cumprido com a Sub-Cláusula 14.5 [Solicitação do Contratado para Certificado de Pagamento Provisório] em relação à declaração mensal do Subcontratado e desde que a referida falta de certificação não seja devida a nenhum ato ou descumprimento do Contratado sob o Contrato Principal; (c) os valores incluídos na declaração mensal do Subcontratado tenham sido certificados pelo Engenheiro, mas o Contratante não tenha realizado o pagamento integral ao Contratado desses valores e apenas na extensão do referido não pagamento; ou (...) Ressalve-se que o Contratado não terá direito de postergar ou reter o pagamento de qualquer soma em uma declaração mensal do Subcontratado sob o sub-parágrafo (c) desta Sub-Cláusula se o não pagamento pelo Contratante se dever a: (i) qualquer ato ou descumprimento do Contratado sob o Contrato Principal; e/ou (ii) falência ou insolvência do Contratante, entrando em liquidação, tendo uma ordem de administração judicial contra si, compondo com seus credores, realizando suas operações sob um administrador judicial, fiduciário [trustee] ou gestor em benefício dos seus credores, ou por qualquer ato que (sob as leis aplicáveis) tenha um efeito similar a qualquer desses atos ou eventos. Em sua notificação ao Subcontratado de que o pagamento de qualquer montante em uma declaração mensal do Subcontratado será retido ou postergado nos termos do sub-parágrafo (b) ou (c) desta Sub-Cláusula, o Contratado deve expor todas as particularidades e fornecer documentação substanciando os valores que não foram certificados pelo Engenheiro ou os valores que não foram pagos pelo Contratante. (...) O pagamento pelo Contratado ao Subcontratado de qualquer montante em uma declaração mensal do Subcontratado que tenha sido anteriormente retido ou postergado pelo Contratado será devida 7 dias após o recebimento, pelo Contratado, de qualquer pagamento pelo Contratante que inclua um valor relativo a esse montante." Tradução livre do original em inglês: "Provided

A FIDIC também previu uma cláusula *pay-when-paid* no seu modelo de subcontrato ("*Conditions of subcontract for construction: for building and engineering works designed by the employer*", mais conhecido como *Red Book Subcontract*). Trata-se de redação que é substancialmente mais complexa do que a proposta pelo AIA.[29]

---

an Application for Payment is received by the Contractor not later than the day ____ of a month, the Contractor shall include the Subcontractor's Work covered by that application in the next Application for Payment which the Contractor is entitled to submit to the [Owner's] Architect. The Contractor shall pay the Subcontractor each progress payment no later than seven working days after the Contractor receives payment from the Owner. If the Architect does not issue a Certificate for Payment or the Contractor does not receive payment for any cause which is not the fault of the Subcontractor, the Contractor shall pay the Subcontractor, on demand, a progress payment computed as provided in Sections 11.1.7, 11.1.8, 11.1.9 and 11.2." AMERICAN INSTITUTE OF ARCHITECTS. **AIA Document A401 - 2017**: Standard Form of Agreement Between Contractor and Subcontractor. [s.l.]: AIA, 2017. Cláusula semelhante é prevista nos modelos A421 e A441: AMERICAN INSTITUTE OF ARCHITECTS. **AIA Document A421 - 2018**: Standard Form of Master Agreement Between Contractor and Subcontractor where Work is provided under multiple Work Orders. [s.l.]: AIA, 2018. AMERICAN INSTITUTE OF ARCHITECTS. **AIA Document A441 - 2014**: Standard Form of Agreement Between Contractor and Subcontractor for a Design-Build Project. [s.l.]: AIA, 2014.

[29] Tradução livre do original em inglês: "14.6. Interim Subcontract Payments. Within 70 days of receipt by the Contractor of: (a) the Subcontractor's monthly statement submitted under Sub-Clause 14.3 [Subcontractor's Monthly Statements], or (b) the Subcontractor's Statement at Completion under Sub-Clause 14.4 [Subcontractor's Statement at Completion], the amounts included in that statement, and any other sums to which the Subcontractor is entitled in the opinion of the Contractor, shall be due and payable to the Subcontractor. (...) Provided that, subject to the obligation to pay pursuant to the last paragraph of Sub-Clause 14.8 [Final Subcontract Payment], the Contractor shall be entitled to withhold or defer payment of any sums in a Subcontractor's monthly statement to the extent that he notifies the Subcontractor within 70 days of his receipt of that monthly statement with reasons that: (...) (b) the amounts included in the Subcontractor's monthly statement are not certified by the [Employer's] Engineer and only to the extent that the sum is not certified, provided that the Contractor has complied with Sub-Clause 14.5 [Contractor's Application for Interim Payment Certificate] in respect of the Subcontractor's monthly statement and provided that such failure to certify is not due to any act or default of the Contractor under the Main Contract; (c) the amounts included in the Subcontractor's monthly statement have been certified by the Engineer but the Employer has failed to make payment in full to the Contractor in respect of these amounts and only to the extent of such non-payment; or (...) Provided that the Contractor shall have no entitlement to defer or withhold payment of any sum in a Subcontractor's monthly statement under sub-paragraph (c) of this Sub-Clause if the failure by the Employer to make payment is due to: (i) any act or default of the Contractor under the Main Contract; and/or (ii) the Employer's bankruptcy or insolvency, going into liquidation, having a receiving or administration order made against him, compounding with his creditors, or carrying on business under a receiver, trustee or manager for the benefit of his creditors, or by any act which (under applicable Laws) has a similar effect to any of these acts or events. In his notice to the Subcontractor that payment of any sum in a Subcontractor's monthly statement is to be withheld or deferred under sub-paragraph (b) or (c) of this Sub-Clause, the Contractor shall give full particulars and provide substantiating documentation of the amounts that have not

No guia preparado pela FIDIC para auxiliar na utilização do *Red Book Subcontract*, consta expressamente que o referido dispositivo se caracteriza como uma cláusula *pay-if-paid* e que o prazo máximo de postergação dos pagamentos intermediários é aquele previsto na Sub-Cláusula 14.8, que regula o prazo do pagamento final do subcontratado.[30]

Diante de uma redação tão complexa, o leitor poderia questionar se uma *contingent payment provision* com teor mais simples não seria suficiente. No entanto, como será analisado em maiores detalhes no próximo tópico, redações que se mostrem excessivamente lacônicas podem acarretar problemas interpretativos quando de sua aplicação.

2.2. Disciplina jurídica e controvérsias doutrinárias

Desde quando surgiram, as *contingent payment provisions* fomentam as mais diversas discussões jurídicas.

Nesse ponto, é fundamental recobrar que as *contingent payment provisions* tiveram a sua origem em sistemas de família *common law*, mais especificamente nos ordenamentos jurídicos norte-americano e inglês. Como consequência, é natural que esses países ofereçam maior volume de doutrina e jurisprudência sobre o assunto, estando os debates mais desenvolvidos e amadurecidos. Todavia, trata-se de ordenamentos que guardam certa distância da realidade jurídica brasileira, de modo que suas análises e conclusões não podem ser automática e acriticamente importadas. Pelo contrário, muitos entendimentos baseiam-se em institutos e normas jurídicas que não encontram equivalentes no Brasil, o que torna indispensável um exame crítico e pormenorizado sobre o tema.

Mais próximas do ordenamento jurídico brasileiro são as discussões havidas na Itália, com a ressalva de estarem ainda em desenvolvimento.[31]

---

been certified by the Engineer or the amounts for which the Employer has failed to make payment. (...) Payment by the Contractor to the Subcontractor of any amount in a Subcontractor's monthly statement which has previously been withheld or deferred by the Contractor shall be due 7 days after receipt by the Contractor of any payment from the Employer which includes a sum in respect of this amount." FÉDÉRATION INTERNATIONALE DES INGÉNIEURS-CONSEILS. **Conditions of subcontract for construction:** for building and engineering works designed by the employer. Geneva: FIDIC, 2011.

[30] FÉDÉRATION INTERNATIONALE DES INGÉNIEURS-CONSEILS. **Conditions of subcontract for construction**: for building and engineering works designed by the employer. Geneva: FIDIC, 2011, Guidance for the Preparation of Particular Conditions of Subcontract, p. 17.

[31] Para doutrina e análise de jurisprudência arbitral na Itália, cf. BERTA, Alessandro. Le conseguenze della "trasparenza" del sub-contratto sulle procedure di risoluzione delle controversie. In: DRAETTA, Ugo; VACCÀ, Cesare (a cura di). **Il contratto internazionale d'appalto.** Milano:

Feito esse esclarecimento, a análise da disciplina jurídica das cláusulas *pay-if-paid* e *pay-when-paid*, assim como das controvérsias a seu respeito, será dividida da seguinte maneira: (i) interpretação; (ii) determinação da natureza jurídica e validade; e (iii) controle do exercício das posições jurídicas.

2.2.1. Discussões envolvendo a interpretação das cláusulas *pay-when-paid* e *pay-if-paid*: o problema das redações lacônicas ou omissas

Principia-se com as questões relacionadas à interpretação, porque o pressuposto para prosseguir com qualquer outro exame é saber se o objeto que se tem diante de si é uma cláusula *pay-if-paid* ou uma cláusula *pay-when-paid*.

Nos exemplos trazidos no tópico anterior, foram priorizadas redações claras e explícitas na identificação do risco assumido pelo subcontratado – se apenas o risco de postergação temporal de um pagamento que é certo, ou o risco da própria (in)existência do pagamento. Todavia, sabe-se que o dia a dia da prática negocial muitas vezes leva as partes a acordarem redações que não apresentam o mais refinado nível de rigor técnico, ocasionando dificuldades futuras quando de sua aplicação concreta.

É o que se passa, ilustrativamente, com as seguintes redações: "O contratado realizará o pagamento do subcontratado quando receber o pagamento de seu contratante" ou "O contratado realizará o pagamento do subcontratado no prazo de [•] dias após receber o pagamento de seu contratante".

EGEA, 1992, pp. 211-220. BONELLI, Franco; RELLINI, Stefano. Effetti della clausola if and when: una rassegna ragionata della giurisprudenza italiana e internazionale. **Diritto del Commercio Internazionale**, Milano, Giuffré, 1997, anno XI, fasc. 2, pp. 239-294. CAPILLI, Giovanna. Le clausole if and when nei contratti tra professionisti e P.A.: Cassazione Civile, sez. II, 22 marzo 2001, n. 4124. **I Contratti**, n. 10, 2001, pp. 861-869. CAVANNA, Ivano. Clausola if and when e altre questioni in tema di esecuzione del subappalto. **Nuova giurisprudenza civile commentata**, 1996, v. 1, pp. 418-424. CICCONI, Ennio. Clausola if and when. In: CONFORTINI, Massimo (org.). **Clausole negoziali**: profili teorici e applicativi di clausole tipiche e atipiche, vol. II. Torino: UTET, 2019, pp. 985-1023. CIGLIOLA, Valeria. Le clausole "if and when" nel contratto di subappalto. **Contratto e impresa**, 1996, pp. 543-561. DALLA VALLE, Paola. Clausola if and when. In: **Estratto dal Digesto**, Discipline Privatistiche, Sezione Civile, aggiornamento. Torino: UTET, 2003, pp. 254-261. DI SABATO, Daniela. Le clausole if and when e pay when paid e la disciplina della subfornitura nelle attività produttive. **Rivista di diritto dell'impresa**, 1999, pp. 413-453. GELLI, Rebecca. La clausola if and when tra condizione e termine di adempimento. **La nuova giurisprudenza civile commentata**, 2004, anno XX, pp. 414-455. MONTINARO, Roberta. Clausola back-to-back. In: CONFORTINI, Massimo (org.). **Clausole negoziali**: profili teorici e applicativi di clausole tipiche e atipiche, vol. II. Torino: UTET, 2019, pp. 931-950. SALANITRO, Ugo Antonio. La clausola if and when nel contratto di subappalto. **Studium Iuris**, 2004, n. 7-8, pp. 882-886.

Em ambos os casos, não há uma regra expressa sobre o que acontece se a parte intermediária não for paga pelo seu contratante. É possível interpretar, de um lado, que não haverá o pagamento do subcontratado, já que a parte intermediária nunca foi paga. Ou, de forma oposta, é possível interpretar que as partes pretendiam apenas definir o prazo do pagamento do subcontratado, pressupondo que o pagamento da parte intermediária seria cumprido. Isto é, não pretendiam que o subcontratado assumisse o risco de executar sua prestação sem nada receber em contrapartida.

Por mais que se explore o texto da cláusula, a sua literalidade não fornece essa resposta. Será preciso utilizar critérios hermenêuticos complementares para desenvolver ao máximo o conteúdo do negócio jurídico, mais especificamente o princípio da boa-fé objetiva e os usos.[32] Ambos têm a sua função interpretativa prevista no Código Civil, em especial nos artigos 113[33] e 114[34].

Utilizar o princípio da boa-fé objetiva como critério hermenêutico da fase complementar da interpretação consiste em adotar o entendimento que seria dado por uma pessoa razoável que, nas mesmas condições que as partes, agisse segundo um padrão de conduta honesto e leal, tendo em vista níveis razoáveis de diligência e tutela da confiança. Uma das aplicações concretas do princípio da boa-fé objetiva em função interpretativa é justamente a regra enunciada no artigo 114 do Código Civil: os atos jurídicos que limitarem direitos devem ser interpretados restritivamente (*odiosa restringenda*).[35]

Os usos em função interpretativa consistem em atribuir à declaração negocial o sentido que lhe seria dado à luz da experiência de vida, dos

---

32 MARINO, Francisco Paulo De Crescenzo. **Interpretação do negócio jurídico**. São Paulo: Saraiva, 2011, pp. 163-164. BETTI, Emilio. **Teoria generale del negozio giuridico**. Napoli: Edizioni Scientifiche Italiane, 2002, § 44, pp. 344-345.

33 Art. 113. Os negócios jurídicos devem ser interpretados conforme a boa-fé e os usos do lugar de sua celebração. § 1º. A interpretação do negócio jurídico deve lhe atribuir o sentido que: I - for confirmado pelo comportamento das partes posterior à celebração do negócio; II - corresponder aos usos, costumes e práticas do mercado relativas ao tipo de negócio; III - corresponder à boa-fé; IV - for mais benéfico à parte que não redigiu o dispositivo, se identificável; e V - corresponder a qual seria a razoável negociação das partes sobre a questão discutida, inferida das demais disposições do negócio e da racionalidade econômica das partes, consideradas as informações disponíveis no momento de sua celebração. § 2º. As partes poderão livremente pactuar regras de interpretação, de preenchimento de lacunas e de integração dos negócios jurídicos diversas daquelas previstas em lei.

34 Art. 114. Os negócios jurídicos benéficos e a renúncia interpretam-se estritamente.

35 MARINO, Francisco Paulo De Crescenzo. **Interpretação do negócio jurídico**. São Paulo: Saraiva, 2011, p. 185. FORGIONI, Paula A. A interpretação dos negócios jurídicos II - alteração do art. 113 do Código Civil: art. 7º. In: MARQUES NETO, Floriano Peixoto; RODRIGUES JR., Otavio Luiz; LEONARDO, Rodrigo Xavier (coord.). **Comentários à Lei de Liberdade Econômica**: Lei 13.874/2019. São Paulo: Thomson Reuters Brasil, 2019, p. 380.

"comportamentos que são praticados com a convicção de sua legitimidade e conveniência social". Trata-se, em outros termos, de adotar o entendimento que seria normalmente atribuído no ambiente social.[36]

Com base na aplicação desses dois critérios hermenêuticos da fase complementar da interpretação, pode-se concluir que, na ausência de regulação expressa da hipótese de a parte intermediária não ser paga pelo seu contratante, deve-se interpretar a cláusula como sendo *pay-when-paid* e não *pay-if--paid*. Isso se justifica por três principais razões.

A primeira delas é o fato de o objeto interpretado ser uma disposição restritiva de direitos. Nesse caso, deve-se privilegiar a interpretação menos gravosa para a parte que tem os seus direitos restringidos, conforme regra geral enunciada no já mencionado artigo 114 do Código Civil. Entre interpretar, de um lado, que o subcontratado poderá ficar indefinidamente esperando seu pagamento ou até mesmo não o receber e, de outro lado, que as partes apenas pretenderam postergar por determinado tempo um pagamento que é certo, deve prevalecer a última opção. Para que uma cláusula se caracterize como *pay-if--paid*, portanto, deve haver indicação expressa e inequívoca nesse sentido. Do contrário, será adotada a interpretação menos gravosa para o subcontratado.

Segundo, porque não se mostra razoável concluir, sob a óptica de um terceiro agindo de forma honesta e leal, que o silêncio sobre a hipótese de não pagamento da parte intermediária implica a aceitação, pelo contratado, do risco de não receber seu pagamento. Com efeito, uma interpretação nesse sentido viola a legítima expectativa que uma pessoa razoável teria ao celebrar um contrato cujo tipo, via de regra, é de natureza comutativa, ou seja, pressupõe a existência de um sinalagma entre prestação e contraprestação.

Terceiro, porque semelhante interpretação tampouco corresponde às expectativas da prática negocial. Sobretudo em um contexto de atividade empresarial, que visa ao lucro, não se mostra razoável presumir que as partes, sem manifestação expressa, teriam aceitado mutilar o sinalagma contratual e alterar tão drasticamente a causa típica do contrato, a ponto de admitir a possibilidade de prestação sem contraprestação. A própria prática estrangeira sobre o assunto, seja em *standard contracts*, em doutrina ou em jurisprudência, aponta no mesmo sentido.

A pactuação de uma cláusula *pay-if-paid*, por conseguinte, impõe um ônus de maior clareza às partes, que devem indicar de forma expressa e inequívoca a sua intenção de alocar, no subcontratado, o risco de inexistência do pagamento

---

[36] MARINO, Francisco Paulo De Crescenzo. **Interpretação do negócio jurídico**. São Paulo: Saraiva, 2011, pp. 187-188. BETTI, Emilio. **Teoria generale del negozio giuridico**. Napoli: Edizioni Scientifiche Italiane, 2002, § 43, pp. 340-341.

que lhe seria pago a título de contraprestação. Na ausência dessa clareza, a disposição deve ser interpretada de maneira estrita, alocando no subcontratado apenas o risco do tempo do pagamento – isto é, como cláusula *pay-when-paid*.

Determinar que se trata de uma cláusula *pay-when-paid*, porém, é apenas um primeiro passo. Isso, porque as redações anteriormente exemplificadas não regulam o prazo de pagamento do subcontratado quando a parte intermediária não for paga. Elas apenas mencionam que o pagamento do subcontratado ocorrerá depois do pagamento da parte intermediária. No entanto, se este não se concretiza, não há nenhuma indicação do que deve ser feito.

Para definir qual o prazo de pagamento do subcontrato que se aplica nessa situação, o intérprete deve partir de duas premissas: (i) a cláusula *pay-when-paid* foi concebida com a função primordial de proteger o fluxo de caixa da parte intermediária, de forma que esta pudesse primeiro receber seu pagamento para, depois, pagar seus subcontratados; (ii) sendo uma cláusula que aloca no subcontratado apenas o risco de maior ou menor demora no tempo do pagamento, este é certo e, como tal, não pode ser indefinidamente postergado.

À luz desse contexto, percebe-se que as partes, ao pactuarem uma cláusula como aquelas anteriormente exemplificadas, pressupuseram como certo um evento que é concretamente incerto. Em outras palavras, o pagamento da parte intermediária pelo seu contratante é, sob a perspectiva jurídica, um ato devido e que deve ser cumprido. No entanto, sob a perspectiva fática, ele é incerto, pois o contratante da parte intermediária pode descumprir a sua obrigação.

Apesar disso, pode-se extrair que as partes estavam de acordo em aguardar o transcurso do prazo de pagamento previsto no contrato entre a parte intermediária e o seu contratante. Isto é, houve um acordo implícito entre as partes, pelo qual o subcontratado aceitou o risco da demora relativa ao prazo de cumprimento da obrigação do contratante da parte intermediária. O acordo sobre a não exigibilidade do pagamento pelo subcontratado existe somente durante esse prazo, cuja duração as partes limitaram à data de um evento que entendiam como certo e determinado (*i.e.*, a data do pagamento da parte intermediária pelo seu contratante). É esse o tempo máximo da demora que o subcontratado aceitou esperar quando pactuou a cláusula *pay-when-paid*.

No mais, a conclusão ora exposta se amolda perfeitamente às duas premissas supra indicadas: definir o lapso temporal máximo de espera do subcontratado como sendo o prazo de pagamento da parte intermediária pelo seu contratante viabiliza, de um lado, a função de proteção do fluxo de caixa da parte intermediária, que disporá do tempo necessário para ser regularmente paga, e, de outro, garante a certeza do direito do subcontratado, que será pago após o fim do referido prazo, sem assumir as consequências do risco de eventual inadimplemento do contratante da parte intermediária.

2.2.2. Determinação da natureza jurídica e da validade das cláusulas *pay-when-paid* e *pay-if-paid*

As cláusulas *pay-when-paid*, como visto, alocam no subcontratado apenas o risco do tempo do pagamento, na medida em que este segue com sua existência certa e seu valor determinado. Assim, o subcontratado concorda em não exigir o seu pagamento durante um prazo determinado, qual seja, até que a parte intermediária seja paga pelo seu contratante ou até que transcorra o prazo máximo acordado entre partes (o qual, na ausência de previsão expressa, consiste no prazo contratualmente previsto para que a parte intermediária seja paga pelo seu contratante), o que ocorrer primeiro.

Essas características permitem concluir que as cláusulas *pay-when-paid* qualificam-se como termo inicial. Como tais, fixam, por referência a um evento de ocorrência certa (ainda que de data indeterminada), o momento em que algum ou alguns efeitos do negócio jurídico começam a ser produzidos. Até que referido evento sobrevenha, os efeitos a que se refere ficam sustidos.[37]

Como consequência dessa qualificação, as cláusulas *pay-when-paid* atribuem desde logo ao subcontratado a titularidade do direito ao pagamento, cujo crédito é certo e existe.[38] Apenas lhe falta, durante a pendência do termo, a pretensão. Ou seja, até que ocorra o evento futuro e certo ao qual o termo se refere, a exigibilidade do pagamento pelo subcontratado fica sustida.

Determinada a sua natureza jurídica, as cláusulas *pay-when-paid* são admitidas de forma geral pelo direito brasileiro, devendo apenas cumprir com os requisitos de validade aplicáveis ao instituto do termo inicial.

Enquanto as cláusulas *pay-when-paid* não suscitam grandes controvérsias quanto à sua natureza jurídica e validade, o mesmo não se pode dizer das cláusulas *pay-if-paid*.

Nos ordenamentos jurídicos norte-americano e inglês, onde surgiram originariamente, as cláusulas *pay-if-paid* deram causa a extensos debates

---

[37] Sobre o termo, incluindo sua definição e suas consequências jurídicas, cf.: AZEVEDO, Antonio Junqueira de. **Estudos e pareceres de direito privado**. São Paulo: Saraiva, 2004, pp. 211-213. GOMES, Orlando. **Obrigações**, 17ª ed., rev., atual. e aum. Rio de Janeiro: Forense, 2007, § 77, p. 124. MARTINS-COSTA, Fernanda Mynarski. **Condição suspensiva:** função, estrutura e regime jurídico. São Paulo: Almedina, 2017, pp. 80-83. PEREIRA, Caio Mário da Silva. **Instituições de direito civil**, v. I, introdução ao direito civil: teoria geral do direito civil, 23ª ed., rev. e atual. Rio de Janeiro: Forense, 2010, § 99, pp. 492-493. PONTES DE MIRANDA, Francisco Cavalcanti. **Tratado de direito privado**, t. V, eficácia jurídica, determinações inexas e anexas, direitos, pretensões, ações. Atual. por Marcos Bernardes de Mello e Marcos Ehrhardt Jr. São Paulo: Revista dos Tribunais, 2013, §§ 549-552.

[38] Art. 131. O termo inicial suspende o exercício, mas não a aquisição do direito.

doutrinários e jurisprudenciais. No Reino Unido e em alguns estados americanos, são expressamente proibidas por lei. Em outros estados, a sua admissibilidade varia em função do entendimento jurisprudencial predominante, havendo aqueles que as permitem e aqueles que as julgam inválidas sob uma miríade de fundamentos que variam caso a caso.[39]

Tratando-se de conceitos e regras pertencentes a ordenamentos de *common law* e que guardam certo distanciamento da realidade jurídica brasileira, as conclusões a que chegam não podem ser automaticamente importadas. Pelo contrário, uma análise mais aprofundada do tema revela que os problemas e as soluções adotadas pelos diversos estados norte-americanos e pelo Reino Unido não encontram equivalentes no Brasil.

Mais próxima da realidade brasileira está a Itália, na qual já existe algum grau de aprofundamento doutrinário e jurisprudencial sobre o assunto, embora de forma ainda incipiente.

No que tange à natureza jurídica, parece prevalecer o entendimento de que a cláusula *pay-if-paid* é uma condição suspensiva de eficácia, que também atua na determinação do conteúdo da obrigação (determinando-o *per relationem* com o quanto for pago pelo contratante da parte intermediária) e, por isso, torna aleatório o negócio jurídico ao qual é aposta. Há, ainda, entendimento minoritário no sentido de considerar a cláusula *pay-if-paid* como cláusula de limitação do dever de indenizar.

Quanto à sua validade, os posicionamentos analisados variaram em três principais correntes: (i) nulidade (contrariedade à causa típica do contrato comutativo, não preenchimento do requisito de *meritevolezza* exigido pelo artigo 1322 do *Codice Civile* para contratos atípicos e violação a normas imperativas da legislação especial sobre pagamentos); (ii) validade em situações específicas (compensação jurídica do risco criado, requalificação do contrato para associativo); e (iii) validade plena.[40]

No direito brasileiro, entendemos como mais correto atribuir às cláusulas *pay-if-paid* a natureza jurídica de fonte de qualificação objetiva dos efeitos jurídicos, sendo causa de aleatoriedade convencional do contrato ao qual é aposta.

---

[39] Identificaram-se, nos diversos estados dos Estados Unidos, decisões fundamentadas em violação à ordem pública, *prevention doctrine* (vedação ao beneficiar-se da própria torpeza) e *unconscionability*. Cf. SARRA DE DEUS, Adriana Regina. **Cláusulas back-to-back**: tipologia e regime jurídico. São Paulo: Faculdade de Direito, Universidade de São Paulo, 2022, Tese de Doutorado em Direito Civil, capítulo 3.1.1.

[40] SARRA DE DEUS, Adriana Regina. **Cláusulas back-to-back**: tipologia e regime jurídico. São Paulo: Faculdade de Direito, Universidade de São Paulo, 2022, Tese de Doutorado em Direito Civil, capítulo 3.3.

Essa conclusão se justifica porque as cláusulas *pay-if-paid* não atuam apenas no plano da eficácia. Elas atuam na própria determinação do conteúdo da obrigação de pagar: o valor ao qual o subcontratado terá direito corresponderá àquele que a parte intermediária receber, chegando ao extremo de esse valor poder ser zero. Assim, se a parte intermediária receber apenas metade do pagamento que lhe é devido pela parcela do escopo realizada pelo subcontratado, este terá direito somente à metade do pagamento previsto no subcontrato. Da mesma forma, se o contratante da parte intermediária inadimplir completamente o seu dever de pagar, o subcontratado não terá direito a pagamento algum, sujeitando-se ao risco de executar a sua prestação sem nada receber em troca.

A condição suspensiva é fator de atribuição de eficácia inicial a um negócio jurídico. Como tal, incide apenas sobre a existência dos seus efeitos, que serão ou não produzidos conforme se verifique ou não o evento futuro e incerto ao qual a condição se refere. O conteúdo dos efeitos, no entanto, não é afetado pela condição.[41]

A figura que corresponde à da disposição convencional que reenvia a uma fonte externa a própria definição do conteúdo de todo ou parte de um negócio jurídico é a fonte de qualificação objetiva dos efeitos jurídicos.[42] No caso das

[41] Sobre ser a condição tanto "o fato, a que se submete a eficácia do negócio jurídico, ou do ato jurídico *stricto sensu*", quanto "a própria cláusula pela qual se manifesta querer-se essa subordinação", cf. PONTES DE MIRANDA, Francisco Cavalcanti. **Tratado de direito privado**, t. V, eficácia jurídica, determinações inexas e anexas, direitos, pretensões, ações. Atual. por Marcos Bernardes de Mello e Marcos Ehrhardt Jr. São Paulo: Revista dos Tribunais, 2013, § 541, p. 170. No mesmo sentido, cf. PEREIRA, Caio Mário da Silva. **Instituições de direito civil**, v. I, introdução ao direito civil: teoria geral do direito civil, 23ª ed., rev. e atual. Rio de Janeiro: Forense, 2010, § 96, pp. 474-475. MARTINS-COSTA, Fernanda Mynarski. **Condição suspensiva**: função, estrutura e regime jurídico. São Paulo: Almedina, 2017, pp. 23-24. Mesmo defendendo ser a exterioridade da condição apenas estrutural e não axiológica (ou seja, condição é um mecanismo neutro e polifuncional que pode recair tanto sobre interesses externos ao negócio, quanto sobre interesses que lhe são intrínsecos), Gaetano PETRELLI não admite a possibilidade de a condição interferir no conteúdo das obrigações que formam o objeto do negócio jurídico, sendo a sua atuação limitada ao plano da eficácia. **La condizione "elemento essenziale" del negozio giuridico**: teoria generale e profili applicativi. Milano: Giuffrè, 2000, pp. 267-271.

[42] "È evidente che in questi casi l'evento futuro ed incerto funge, in realità, più che da condizione, da fonte esterna di determinazione del contenuto negoziale, e quindi da *fonte di qualificazione oggettiva dell'effetto giuridico*. Il negozio, quindi, si atteggia in questi casi come negozio *per relationem*, in quanto non determina direttamente il proprio oggetto, ma rinvia, per tale determinazione, ad una fonte estrinseca: la disciplina della pendenza condizionale risulterà applicabile solo in via analogica, e nei limiti in cui sia compatibile con l'incertezza sullo stesso contenuto degli effetti. Per altro verso, la *relatio* di cui trattasi potrà ritenersi ammissibile nella misura in cui il tipo negoziale lo consenta (si pensi alle limitazioni in questo senso esistenti nei negozi testamentari, e nei negozi solenni)." PETRELLI, Gaetano. **La condizione "elemento essenziale" del negozio giuridico**: teoria generale e profili applicativi. Milano: Giuffrè, 2000, pp. 267-268.

cláusulas *pay-if-paid*, tem-se que a determinação do conteúdo da obrigação de pagar é remetida para um evento futuro e incerto, consistente no pagamento da parte intermediária pelo seu contratante. Como consequência, as disposições legais sobre a condição somente podem ser aplicadas, conforme o caso, pela via analógica.

Daí se percebe que a cláusula *pay-if-paid*, enquanto fonte de qualificação objetiva dos efeitos jurídicos, torna o negócio jurídico *per relationem* e convencionalmente aleatório. *Per relationem*, justamente porque parte dos seus efeitos é determinada por reenvio a uma fonte externa. Aleatório, porque a cláusula *pay-if-paid* introduz incerteza sobre a existência e o conteúdo de uma das prestações que caracterizam um contrato, alterando a sua causa típica para admitir o risco de inexistência de sinalagma contratual. Essa incerteza é, ainda, intrínseca e essencial ao contrato, já que dela depende a determinação completa do conteúdo jurídico do contrato. Trata-se, portanto, de álea que ultrapassa a denominada álea normal, tornando-se juridicamente relevante para fins de caracterizar aleatoriedade.[43]

Como consequência da caracterização do contrato como aleatório, ficam afastadas, naquilo que se referir à álea convencionalmente pactuada, impossibilidade de requerer resolução ou revisão do contrato com fundamento na ocorrência de onerosidade excessiva superveniente. Assim, não poderá o subcontratado alegar que o não pagamento pelo contratante da parte intermediária configura causa de desequilíbrio superveniente do sinalagma contratual, já que essa incerteza e as suas consequências sobre o sinalagma contratual foram convencionalmente acordadas entre as partes. Tratando-se, porém, de fato que não se relacione com a álea convencional, segue possível a aplicação do instituto da onerosidade excessiva superveniente.[44]

No que tange à validade das cláusulas *pay-if-paid* à luz do direito brasileiro, é importante precisar inicialmente o sistema de direito contratual a que se submete o contrato concreto em análise: (i) contratos entre iguais, nos quais se presume paridade entre as partes, como na maioria dos contratos civis e

---

[43] Sobre o conceito de álea juridicamente relevante para fins de aleatoriedade e álea normal, adotam-se aqui as definições de Gianguido SCALFI: "Si è perciò rilevate che l'alea normale influisce solo sul valore della prestazione, mentre l'alea che caratterizza i contratti aleatori influisce sull'esistenza o sulla determinazione fisica della prestazione (nel numero, nel peso, nella misura); e si è pur rilevato che l'alea normale è estrinseca al contratto (connotato sotto più aspetti connesso al precedente), nel senso che essa riguarda un evento che agisce su una prestazione già determinata." **Corrispettività e alea nei contratti**. Napoli: Edizioni Scientifiche Italiane, 2015, p. 137. No mesmo sentido, PETRELLI, Gaetano. **La condizione "elemento essenziale" del negozio giuridico:** teoria generale e profili applicativi. Milano: Giuffrè, 2000, pp. 297-298.

[44] Sobre o assunto, vejam-se o Enunciados nº 440 e 583 da V e da VII Jornada de Direito Civil do Conselho da Justiça Federal, respectivamente.

empresariais; (ii) contratos entre desiguais com assimetria fática, a qual não é objeto de presunção legal e precisa ser especificamente demonstrada, como nos contratos civis por adesão; e (iii) contratos entre desiguais com assimetria juridicamente presumida, nos quais a lei presume a existência de desigualdade entre os contraentes e determina de antemão um regramento jurídico especial mais interventivo, como nos contratos de consumo.

Sobre as relações consumeristas, não se pode vislumbrar, *a priori*, uma situação de aplicação da cláusula *pay-if-paid* em desfavor do consumidor. Veja-se que o consumidor, como o próprio nome o diz, está na posição de consumir um bem ou serviço, sendo devedor do pagamento correspectivo. Estando na posição de devedor do pagamento, o consumidor seria justamente a parte beneficiada pela cláusula *pay-if-paid*. Por esse motivo, o presente artigo não se debruça sobre cláusulas *pay-if-paid* em relações de consumo.

Feita essa delimitação, há três figuras que poderiam ser aventadas como possíveis causas de invalidade de uma cláusula *pay-if-paid*: (i) lesão; (ii) abusividade contratual; e (iii) enriquecimento sem causa.

A lesão consiste no desequilíbrio originário entre as prestações, sendo causa de anulabilidade dos negócios jurídicos. Prevista no artigo 157 do Código Civil,[45] sua caracterização depende do preenchimento de dois requisitos. O primeiro, de natureza objetiva, é a manifesta desproporção de valor entre as prestações no momento da celebração do negócio jurídico, fazendo com que uma das partes aufira lucro desproporcionalmente maior do que a sua prestação. O segundo, de natureza subjetiva, é o denominado dolo de aproveitamento, em que uma das partes conscientemente se aproveita da circunstância de a contraparte celebrar o negócio "sob premente necessidade, ou por inexperiência".[46]

Salvo circunstâncias específicas de cada hipótese concreta, a cláusula *pay-if-paid*, por si só, não dá ensejo à ocorrência de lesão. Com efeito, não há manifesta desproporção de valor entre prestação e contraprestação no momento da celebração do contrato. Esta desproporção poderá existir futuramente, caso não ocorra o pagamento integral da parte intermediária pelo seu contratante. Ainda assim, não haverá lucro desarrazoadamente auferido pela parte intermediária, já que esta tampouco será paga pelo seu contratante. Trata-se de situação em que ambas as partes sairão prejudicadas. Além disso,

---

[45] Art. 157. Ocorre a lesão quando uma pessoa, sob premente necessidade, ou por inexperiência, se obriga a prestação manifestamente desproporcional ao valor da prestação oposta. §1º. Aprecia-se a desproporção das prestações segundo os valores vigentes ao tempo em que foi celebrado o negócio jurídico. §2º. Não se decretará a anulação do negócio, se for oferecido suplemento suficiente, ou se a parte favorecida concordar com a redução do proveito.

[46] PEREIRA, Caio Mário da Silva. **Instituições de direito civil**, v. I, introdução ao direito civil: teoria geral do direito civil, 23ª ed., rev. e atual. Rio de Janeiro: Forense, 2010, § 94, pp. 467-468.

tratando-se de contratos que são celebrados eminentemente no exercício de atividade empresarial, há menor espaço para a caracterização da "inexperiência" ou da "premente necessidade" inerentes ao dolo de aproveitamento.

A abusividade contratual, por sua vez, consiste na assimetria de posições jurídicas que desrespeita os padrões mínimos de equilíbrio exigidos pela ordem jurídica. É figura que se relaciona ao princípio da função social dos contratos, exercendo um controle de conteúdo sobre os contratos celebrados entre desiguais.[47]

Os contratos civis e empresariais, como regra, presumem-se paritários e celebrados entre iguais. Exceto se for concretamente comprovada a ocorrência de uma assimetria fática, o controle do conteúdo contratual para coibir situações de abusividade é residual, prevalecendo a intervenção mínima. As hipóteses de invalidade são, portanto, somente aquelas previamente definidas em lei.

Já havendo sido afastada a possibilidade de a cláusula *pay-if-paid* caracterizar a ocorrência de lesão, poder-se-ia questionar se ela não criaria situação de puro arbítrio da parte intermediária no que tange à determinação do pagamento do subcontratado.[48] Esse argumento, porém, também deve ser afastado. A existência e o conteúdo do direito do subcontratado ao pagamento não são determinados por uma decisão da parte intermediária, mas sim por um ato externo a ser praticado por um terceiro: o cumprimento ou não do dever de pagar pelo contratante da parte intermediária. Ainda que precise praticar alguns atos perante o seu contratante (cujo controle será analisado no tópico 2.2.3 adiante), não cabe à parte intermediária escolher se pagará ou não o subcontratado.

Maior atenção merece o caso em que houver a efetiva demonstração de uma assimetria fática entre as partes, mais especificamente nos contratos civis por adesão. Desde logo, cabe cogitar se a cláusula *pay-if-paid* poderia ser nula por caracterizar renúncia antecipada nos termos do artigo 424 do Código Civil.[49]

Tecnicamente, a cláusula *pay-if-paid* não opera uma renúncia. Sendo um ato de disposição pelo qual se extingue uma posição jurídica ativa da qual se

---

[47] Sobre o assunto, cf. ZANETTI, Cristiano de Sousa. Os contratos civis por adesão no direito latino-americano. In: GRUPO PARA LA ARMONIZACIÓN DEL DERECHO PRIVADO LATINOAMERICANO. **Obligaciones, contratos, responsabilidad**. Bogotá: Universidad Externado de Colombia, 2011, p. 504. MARTINS-COSTA, Judith. **A boa-fé no direito privado**: critérios para a sua aplicação. São Paulo: Marcial Pons, 2015, §§ 68-69, pp. 575-582. TOMASEVICIUS FILHO, Eduardo. A função social do contrato: conceito e critérios de aplicação. **Revista de Informação Legislativa**, n. 168, out./dez. 2005, p. 206.

[48] O Código Civil brasileiro trata da vedação ao exercício do puro arbítrio em diversos dispositivos, de que são exemplo, os artigos 122, 489 e 1.900, IV.

[49] Art. 424. Nos contratos de adesão, são nulas as cláusulas que estipulem a renúncia antecipada do aderente a direito resultante da natureza do negócio.

é titular, a renúncia pressupõe a titularidade da referida posição jurídica.[50] No caso da cláusula *pay-if-paid*, porém, o subcontratado não adquire o direito ao pagamento até que sobrevenha o evento futuro e incerto ao qual está subordinado. Não há, portanto, a que renunciar.

Apesar disso, referida disposição acende um alerta para que a cláusula *pay-if-paid*, quando inserida em contratos civis por adesão, não coloque em xeque o equilíbrio mínimo da relação negocial. Isso poderia ocorrer, por exemplo, pela ausência ou insuficiência dos mecanismos de tutela da posição jurídica do subcontratado. Como forma de evitar esse risco, podem-se prever ferramentas para que o subcontratado possa proteger o seu direito eventual. Cogite-se, por exemplo, de mecanismos que o permitam monitorar a ocorrência ou não do pagamento da parte intermediária pelo seu contratante, bem como auxiliar ou de algum modo colaborar em caso de eventual negociação ou litígio entre a parte intermediária e o seu contratante.[51]

Por fim, trate-se do enriquecimento sem causa. Regulado nos artigos 884 a 886 do Código Civil, é um instituto de aplicação subsidiária, que tem espaço apenas quando não houver outros meios de ressarcimento previstos em lei. Seu principal requisito é a ausência de causa para o enriquecimento de um e o empobrecimento de outro.[52]

No caso das cláusulas *pay-if-paid*, não há que se cogitar de ausência de causa para a prestação que o subcontratado executa em favor da parte intermediária. Com efeito, o subcontratado presta justamente porque celebrou um contrato com a parte intermediária e porque, nele, assumiu a obrigação de executar a prestação. E assim o fez mesmo sabendo dos riscos de não receber ou de não receber integralmente a sua contraprestação. Há, portanto, um título legítimo que fundamenta a execução da prestação.

Além disso, também se mostra questionável a ocorrência de enriquecimento da parte intermediária às custas do empobrecimento do subcontratado. Como já mencionado anteriormente, na hipótese em que o subcontratado não

---

50 PONTES DE MIRANDA, Francisco Cavalcanti. **Tratado de direito privado**, t. III, negócios jurídicos, representação, conteúdo, forma, prova. Atual. por Marcos Bernardes de Mello e Marcos Ehrhardt Jr. São Paulo: Revista dos Tribunais, 2012, § 279, pp. 215-216.

51 A necessidade dos mecanismos de tutela é bastante ressaltada por BERTA, Alessandro. Le conseguenze della "trasparenza" del sub-contratto sulle procedure di risoluzione delle controversie. In: DRAETTA, Ugo; VACCÀ, Cesare (a cura di). **Il contratto internazionale d'appalto.** Milano: EGEA, 1992, p. 213. Essa circunstância também foi destacada, na Itália, na sentença arbitral que julgou a disputa entre *Aquater* e INLI, reproduzida e comentada em: BONELLI, Franco; RELLINI, Stefano. Effetti della clausola if and when: una rassegna ragionata della giurisprudenza italiana e internazionale. **Diritto del Commercio Internazionale**, Milano, Giuffré, 1997, anno XI, fasc. 2, Appendice II, p. 266.

52 GOMES, Orlando. **Obrigações**, 17ª ed., rev., atual. e aum. Rio de Janeiro: Forense, 2007, § 182, p. 301.

recebe o seu pagamento, tampouco a parte intermediária recebeu o pagamento do seu contratante. Ou seja, não há um benefício auferido pela parte intermediária. Ambas as partes são prejudicadas pelo inadimplemento do contratante da parte intermediária.

Como última observação, deve-se pontuar que a consequência de eventual enriquecimento sem causa tampouco seria o direito do subcontratado de pleitear a nulidade da cláusula *pay-if-paid* e exigir o pagamento do preço pactuado no subcontrato. Conforme o artigo 884 do Código Civil preceitua, a parte prejudicada pelo enriquecimento da outra pode pleitear, apenas, a restituição do bem (ou, quando este não mais existir, de seu equivalente pecuniário) mais correção monetária. Mais um motivo, por conseguinte, para afastar a caracterização de enriquecimento sem causa.

Diante do quanto exposto, pode-se concluir que o direito brasileiro não impõe óbices à validade de uma cláusula *pay-if-paid*, aplicando-se-lhes os mesmos requisitos gerais de validade dos negócios jurídicos. A única ressalva que se faz a essa conclusão são as situações nas quais haja efetiva demonstração de assimetria fática entre as partes, quando será necessário verificar, caso a caso, se houve preservação do equilíbrio mínimo da relação negocial, principalmente por meio da previsão de mecanismos de tutela da posição jurídica do subcontratado.

2.2.3. Controle do exercício das posições jurídicas criadas pelas cláusulas *pay-when-paid* e *pay-if-paid*

Na cláusula *pay-when-paid*, recorde-se que o subcontratado já é titular do direito final pretendido, ou seja, o direito ao pagamento já existe e integra o seu patrimônio. É apenas a sua exigibilidade que fica sustida durante certo período. Trata-se, assim, de um direito adquirido.

Por esse motivo, o direito ao pagamento já integra o patrimônio do subcontratado, sendo inclusive passível de alienação e transmissão hereditária. Do mesmo modo, o subcontratado também pode praticar os atos destinados à preservação do seu direito ao pagamento e, caso este seja prejudicado, nasce a pretensão à indenização pelos danos causados.

Na cláusula *pay-if-paid*, por sua vez, o subcontratado é titular de um direito de natureza eventual e a concretização do direito ao pagamento depende da prática de certos atos da parte intermediária perante seu contratante – atos esses que, frise-se, não se confundem com o evento futuro e incerto ao qual se remete a determinação da existência e do conteúdo do direito ao pagamento (i.e., o pagamento da parte intermediária pelo seu contratante).

A cláusula *pay-if-paid*, consequentemente, coloca a parte intermediária na posição de agir em benefício alheio, isto é, de agir em prol do interesse do subcontratado (o qual, no mais das vezes, coincide com o interesse da parte intermediária). Como resultado, o exercício das posições jurídicas criadas pela cláusula *pay-if-paid* é fortemente influenciado pela incidência do princípio da boa-fé objetiva em suas funções criativa e corretiva.[53] Há, em especial, duas situações que merecem ser destacadas.

A primeira é aquela em que a parte intermediária, por fato de sua responsabilidade, prejudica ou frustra o direito do subcontratado ao pagamento. É o que se passa, por exemplo, se a parte intermediária não for paga pelo seu contratante porque cometeu um inadimplemento contratual de sua própria responsabilidade, que não guarda relação com o subcontratado. Nesse sentido, se a parte intermediária executou mal a parcela da prestação que lhe cabia ou causou um dano ao contratante, foi ela própria a responsável por frustrar o pagamento a que faria jus.

Nessa espécie de situação, a parte intermediária não poderá utilizar seu próprio descumprimento como justificativa para se valer da cláusula *pay-if--paid* e, assim, negar o pagamento do subcontratado. Essa conclusão tem, como fundamento, regra jurídica que é uma das expressões mais paradigmáticas do princípio da boa-fé objetiva: a proibição de se beneficiar da própria torpeza.

Aplicada de forma específica para os contratos aleatórios, essa regra jurídica é enunciada nos artigos 458 e 459 do Código Civil, que versam sobre duas espécies de contrato de alienação aleatória, quais sejam, a *emptio spei* e a *emptio rei speratae* respectivamente.[54] Ambas as disposições impedem o alienante de exigir a totalidade do preço quando houver concorrido com dolo ou culpa para a frustração do evento futuro e incerto. Analogamente, para as condições, há o artigo 129 do Código Civil, que impõe a presunção de ocorrência da condição cujo implemento for maliciosamente obstado pela parte a que desfavorecer.[55]

---

[53] MARTINS-COSTA, Judith. **A boa-fé no direito privado**: critérios para a sua aplicação. São Paulo: Marcial Pons, 2015, §§ 37, 38, 61 e 73.

[54] Art. 458. Se o contrato for aleatório, por dizer respeito a coisas ou fatos futuros, cujo risco de não virem a existir um dos contratantes assuma, terá o outro direito de receber integralmente o que lhe foi prometido, desde que de sua parte não tenha havido dolo ou culpa, ainda que nada do avençado venha a existir.

Art. 459. Se for aleatório, por serem objeto dele coisas futuras, tomando o adquirente a si o risco de virem a existir em qualquer quantidade, terá também direito o alienante a todo o preço, desde que de sua parte não tiver concorrido culpa, ainda que a coisa venha a existir em quantidade inferior à esperada. Parágrafo único. Mas, se da coisa nada vier a existir, alienação não haverá, e o alienante restituirá o preço recebido.

[55] Art. 130. Ao titular do direito eventual, nos casos de condição suspensiva ou resolutiva, é permitido praticar os atos destinados a conservá-lo.

Todas essas disposições refletem a mesma *ratio* jurídica, a qual deve igualmente ser aplicada à situação em que a parte intermediária obsta ou prejudica o direito do subcontratado ao pagamento no âmbito de uma cláusula *pay-if-paid*. Sendo a parte intermediária responsável por haver prejudicado o interesse do subcontratado, a cláusula *pay-if-paid* deverá ser afastada e o pagamento do preço do subcontrato deverá ser feito.

O segundo aspecto a se analisar trata dos direitos e deveres que surgem durante o período de pendência, isto é, durante o período em que o evento futuro e incerto ainda não se concretizou nem se frustrou. Nesse momento, ainda há dúvida sobre a possibilidade de concretização do direito final ao pagamento, de modo que o princípio da boa-fé objetiva atribui, ao subcontratado, direitos instrumentais que se destinam a preservar a possibilidade de concretização do direito ao pagamento e, à parte intermediária, deveres laterais de conduta direcionados a proteger o interesse do subcontratado.

Assim é que o subcontratado poderá praticar os atos necessários à conservação do seu interesse no futuro e eventual surgimento do direito ao pagamento. É a mesma lógica jurídica que fundamenta o artigo 130 do Código Civil, relativo ao direito eventual criado pelas condições, mas que pode ser aplicado analogicamente às cláusulas *pay-if-paid*. Quanto aos deveres laterais de conduta imputados à parte intermediária para proteger os interesses do subcontratado, indiquem-se os deveres de informação, cooperação e lealdade.[56]

Isso significa que a prática de condutas não colaborativas, pouco transparentes ou até mesmo não diligentes poderá, mesmo diante de uma cláusula *pay-if-paid* válida, justificar o seu afastamento no caso concreto, dadas as circunstâncias específicas em que as posições jurídicas foram exercidas. Não poderá a parte intermediária, por exemplo, recursar-se a informar o subcontratante sobre o *status* de seu pedido de pagamento perante o contratante, ou sobre os fundamentos de eventual recusa. Tampouco poderá a parte intermediária empenhar, na defesa e na cobrança do seu pagamento pelo contratante, esforços menores do que aqueles que empenharia se agisse apenas no seu interesse próprio. Conforme o caso, a parte intermediária deve atentar para permitir até mesmo eventual participação do subcontratado na definição de estratégias quando o contratante descumprir sua obrigação de pagamento.

Percebe-se, portanto, que o modo de as partes praticarem as cláusulas *pay-if-paid* é determinante para sua efetiva aplicação em um caso concreto. Mesmo que se tenha uma cláusula bem redigida e juridicamente válida, isso será de muito pouca valia caso a parte intermediária exerça de maneira indevida as

56 MARTINS-COSTA, Judith. **A boa-fé no direito privado**: critérios para a sua aplicação. São Paulo: Marcial Pons, 2015, §§62-64.

posições jurídicas que detém. Caso assim o faça, o princípio da boa-fé objetiva impedirá a utilização da cláusula em prejuízo do subcontratado.

2.3. Jurisprudência nacional

Neste último tópico que precede a conclusão do presente artigo, cumpre mencionar a existência de dois julgados do Superior Tribunal de Justiça (STJ) que versam sobre cláusulas *pay-if-paid*. Em ambos os casos, as cláusulas foram consideradas válidas, embora em votação decidida por maioria.

O primeiro deles é o Recurso Especial nº 215.542/SP, julgado em 21 de fevereiro de 2000, sob a égide do antigo Código Civil de 1916, com a seguinte ementa:

> Contrato de prestação de serviços. Cláusula que estabelece condição suspensiva para o pagamento. Possibilidade.
>
> 1. Não há amparo legal para considerar inadmissível cláusula que estabelece condição suspensiva para o pagamento. Assinando o contrato que subordinou o pagamento da remuneração ao recebimento de terceiro, destinatário do serviço contratado, o profissional autônomo assumiu o risco, não sendo ilícita tal cláusula, no cenário dos autos.
> 2. Recurso especial conhecido e provido.[57]

No caso, a empresa Rima Impressoras S/A ("Rima") havia contratado a Fundação para o Desenvolvimento Tecnológico da Engenharia ("FDTE") para lhe prestar determinados serviços e a FDTE, por sua vez, havia subcontratado a Percival Orlando Milani – Micro Empresa ("Percival"). No subcontrato de prestação de serviços, constou que o pagamento da subcontratada Percival dependia de, antes, haver o pagamento das faturas da FDTE pela Rima.

Uma vez prestados os serviços, a Rima inadimpliu sua obrigação de pagamento, de modo que a FDTE tampouco pagou a subcontratada Percival. Esta decidiu, então, emitir duplicatas para cobrança do pagamento e levá-las a protesto.

Como resultado, a FDTE ingressou com ação declaratória de nulidade de título de crédito contra a Percival. Seu pedido foi julgado improcedente em primeira instância, cuja decisão foi confirmada pelo Primeiro Tribunal

---

[57] BRASIL, Superior Tribunal de Justiça, Recurso Especial nº 215.542/SP, Terceira Turma, Relator Ministro Carlos Alberto Menezes Direito, julgado em 21 fev. 2000. Não foi possível obter acesso ao acórdão proferido pelo Primeiro Tribunal de Alçada Cível de São Paulo e à sentença proferida pelo juízo de primeira instância, os quais não foram disponibilizados eletronicamente para consulta pelo Tribunal de Justiça de São Paulo.

de Alçada Cível de São Paulo.[58] A FDTE, então, interpôs o recurso especial em comento, ao qual foi dado provimento para julgar inexigível as duplicatas protestadas.

O cerne da discussão sobre a exigibilidade das duplicatas recaía sobre a validade ou não da cláusula *pay-if-paid* inserida no subcontrato entre FDTE e Percival. Em primeira e segunda instância, conforme relatado no acórdão do STJ, entendeu-se que, como os serviços haviam sido efetivamente prestados, não seria admissível privar a Percival do pagamento correspectivo.

No STJ, prevaleceu o entendimento de que a cláusula *pay-if-paid* era uma "condição suspensiva" válida. De acordo com o voto do Ministro Carlos Alberto Menezes Direito, relator do acórdão:

> É possível o estabelecimento de condição suspensiva para efeito de pagamento de prestação de serviços quando vinculado a outro contrato. Não é raro que empresas contratem profissionais especializados quando são, por seu turno, contratadas para prestar serviço a determinado cliente. O pagamento decorre do serviço que será prestado pela empresa contratante. Se esta última não recebe, o contrato não se aperfeiçoa, estabelecido no contrato que assim será. O contratado, ao concordar com os termos do contrato, assume o risco. Não há falar em direito ou em condição ilícita.
>
> A emissão de duplicata de prestação de serviços contrária aos termos do contrato, de modo unilateral, a meu sentir, é irregular, baldia, porque não retrata o que foi acordado. E, na minha compreensão, não se cuida de condição ilícita. As partes estavam livres para contratar e contrataram com essa disposição. O serviço estava vinculado a um determinado contrato com terceiro. Não pagando este o serviço não teria a contratante o dever contratual de efetuar o pagamento. É preciso restabelecer a dignidade dos contratos. Se não houvesse a cláusula, a autora não teria realizado o contrato. Realizou naquelas condições e o contratado aceitou-as.

Importante notar, ainda, o parecer do Ministério Público transcrito no voto-desempate do Ministro Waldemar Zveiter. Ao opinar pela validade da cláusula *pay-if-paid*, trouxe, como um dos fundamentos para essa conclusão, o fato de que "a documentação juntada aos autos não demonstra, em momento algum, que o inadimplemento da [Rima] foi decorrente de ação ou omissão da [FDTE]".

---

[58] "EMENTA: DECLARATÓRIA – cambial – prestação de serviços – inadmissibilidade de cláusula contratual que propiciaria o não pagamento pela apelante – se apelada cumpriu a parte que estava obrigada, esta não poderia ficar sem remuneração – recurso improvido."

Discordando dessa posição, o Ministro Ari Pargendler da seguinte maneira: "creio que esteja havendo enriquecimento sem causa, pois o que uma das partes queria e obteve era o trabalho de pesquisa, que deve ser remunerado". A conclusão, porém, limitou-se à frase transcrita, sem maiores aprofundamentos. Como explicado anteriormente, não se mostra correta a conclusão de que a cláusula *pay-if-paid* operaria enriquecimento sem causa da parte intermediária, no caso a FDTE.

O segundo julgado do STJ que versou sobre cláusula *pay-if-paid* é o Recurso Especial nº 1.799.039/SP, julgado em 04 de outubro de 2022, conforme ementa abaixo:

> PROCESSUAL CIVIL. RECURSO ESPECIAL. AÇÃO DE COBRANÇA. CONTRATO PARITÁRIO. EQUILÍBRIO ECONÔMICO. AUTONOMIA PRIVADA. LEGISLAÇÃO ESPECÍFICA. CLÁUSULA ABUSIVA. NÃO DEMONSTRADA. BOA-FÉ. FUNÇÃO SOCIAL DO CONTRATO. EXPECTATIVA DAS PARTES.
>
> 1. Cuida-se de ação de cobrança da qual foi extraído o presente recurso especial.
>
> 2. O propósito recursal consiste em definir se a cláusula que desobriga uma das partes a remunerar a outra por serviços prestados na hipótese de rescisão contratual viola a boa-fé e a função social do contrato.
>
> 3. A Lei 13.874/19, também intitulada de Lei da Liberdade Econômica, em seu art. 3°, VIII, determinou que são direitos de toda pessoa, natural ou jurídica, essenciais para o desenvolvimento e o crescimento econômicos do País, observado o disposto no parágrafo único do art. 170 da Constituição Federal, ter a garantia de que os negócios jurídicos empresariais paritários serão objeto de livre estipulação das partes pactuantes, de forma a aplicar todas as regras de direito empresarial apenas de maneira subsidiária ao avençado, exceto normas de ordem pública.
>
> 4. O controle judicial sobre eventuais cláusulas abusivas em contratos empresariais é mais restrito do que em outros setores do Direito Privado, pois as negociações são entabuladas entre profissionais da área empresarial, observando regras costumeiramente seguidas pelos integrantes desse setor da economia.
>
> 5. A existência de equilíbrio e liberdade entre as partes durante a contratação, bem como a natureza do contrato e as expectativas são itens essenciais a serem observados quando se alega a nulidade de uma cláusula com fundamento na violação da boa-fé objetiva e na função social do contrato.
>
> 6. Em se tratado de contrato de prestação de serviços firmado entre dois particulares os quais estão em pé de igualdade no momento de deliberação sobre os termos do contrato, considerando-se a atividade econômica

por eles desempenhada, inexiste legislação específica apta a conferir tutela diferenciada para este tipo de relação, devendo prevalecer a determinação do art. 421, do Código Civil.

7. Recurso especial não provido.[59]

No caso, a Prefeitura Municipal de Araucária contratou, com dispensa de licitação, o Instituto Biosaúde ("IB") para a realização de serviços gestão no seu hospital municipal. O IB, por sua vez, subcontratou o Centro Digestivo e Transplante de Órgão Ltda. ME ("CDTO") para a realização de parte desses serviços médicos, inserindo no subcontrato a cláusula *pay-if-paid* transcrita no tópico 2.1 deste artigo.

A Prefeitura rompeu prematuramente o contrato de gestão, deixando de pagar e o IB. Este, por consequência, tampouco pagou o CDTO. O CDTO, então, ingressou com ação de cobrança contra o IB, alegando que a cláusula *pay-if-paid* deveria ser desconsiderada, por criar situação de abusividade ao gerar excessiva onerosidade para uma das partes.

A ação foi julgada improcedente em primeira instância. O mesmo entendimento foi mantido no acórdão que julgou a apelação interposta pelo CDTO.[60] O Desembargador Relator destacou, em particular, que "não há divergência quanto ao fato de que as partes livremente pactuaram a contratação, aquiescendo no momento da subscrição do termo com todas as condições e cláusulas da avença, inexistindo, portanto, qualquer vício na sua celebração". Com base nisso, concluiu não se caracterizar abusividade na cláusula *pay-if-paid*: "E não há que se falar em abusividade ou em vício na contratação. A recorrente pactuou com a demandada ciente de que se tratava de relação negocial atrelada a outro contrato, este emergencial, ciente de seus termos, custos, benefícios, condições e limitações."

Inconformado com a decisão do acórdão, o CDTO interpôs o recurso especial que foi igualmente desprovido, nos termos da ementa anteriormente transcrita. Segundo o CDTO, a cláusula *pay-if-paid* caracterizaria condição

---

[59] BRASIL, Superior Tribunal de Justiça, Recurso Especial nº 1.799.039/SP, Terceira Turma, Relatora para o acórdão Ministra Nancy Andrighi, julgado em 4 out. 2022.

[60] "RECURSO APELAÇAO CÍVEL PRESTAÇÃO DESERVIÇOS - MÉDICO HOSPITALAR AÇÃO DECOBRANÇA. Prestação de serviços entre empresas da área médica. Contrato travado entre as partes que possui relação direta com outro contrato, pactuado em caráter emergencial entre a demandada e a Prefeitura de Araucária (com dispensa de licitação). Existência de cláusula expressa no termo afastando a possibilidade de cobrança ou indenização em caso de ruptura antecipada do contrato. Ausência de abusividade da disposição contratual, ante a peculiaridade da contratação havida. Ação julgada improcedente. Sentença mantida. Recurso de apelação não provido." BRASIL, Tribunal de Justiça de São Paulo, Apelação nº 1006623-28.2015.8.26.0361, 25ª Câmara de Direito Privado, Relator Desembargador Marcondes D'Angelo, julgado em 7 jul. 2016.

puramente potestativa, violando os princípios da boa-fé objetiva e da vedação ao enriquecimento sem causa.

Em seu voto vencido, o Ministro Relator afastou o argumento da caracterização de condição puramente potestativa e concluiu ser "perfeitamente válida" a cláusula *pay-if-paid*. Segundo afirmou, "não há que se falar em cláusula puramente potestativa quando há correlação com ato de terceiro, no caso o Município de Araucária". No entanto, na contramão da linha argumentativa que vinha construindo, o Ministro Relator entendeu que a cláusula deveria ter "reconhecida a sua ineficácia", pois:

(i) "viola, de forma manifesta, os princípios da função social do contrato e da boa-fé objetiva, devendo, por conseguinte, ser reconhecida a sua ineficácia, para que o contrato volte a ser equilibrado e proporcional";

(ii) "manifesto o enriquecimento ilícito por parte do IB ao receber do Município de Araucária aqueles valores devidos pela prestação de serviços realizados pela CDTO e, ao mesmo tempo, se escusar, com fundamento na cláusula 10.1, a lhe remunerar por esse mesmo trabalho"; e

(iii) "a disposição contratual que subtrai da contratante o direito de receber pelos serviços efetivamente prestados implica evidente abuso do direito e por conseguinte traduz ato ilícito (art. 187, CC/02)".

Prosseguindo com sua interpretação, o Ministro Relator concluiu ainda que, "à luz da função social do contrato e considerando as particularidades da causa, impediria tão somente o pagamento de eventual pedido de indenização por perdas e danos".

Desde logo se percebe que o voto em questão carece de tecnicidade no que tange ao manejo dos institutos jurídicos mencionados. Além de confundir os planos da eficácia e da validade, utiliza as figuras jurídicas citadas de forma desconectada com as consequências que o ordenamento jurídico lhes atribui e sem justificar adequadamente o cabimento de cada qual. Padece, ainda, de um erro fático, na medida em que a IB não recebeu pagamento da Municipalidade de Araucária.

Em voto que foi seguido pela maioria, a Ministra Nancy Andrighi, relatora para o acórdão, frisou o caráter excepcional do controle judicial sobre cláusulas abusivas em contratos empresariais. Conforme explica, somente deve ser declarada inválida "a cláusula que extrapola aquilo que o ordenamento jurídico estabelece como padrão mínimo para garantia do equilíbrio entre as partes da relação contratual". Como parâmetro para essa aferição, indica que "um dos imperativos a serem observados quando da análise de uma cláusula contratual à luz da boa-fé e da função social, é a existência de equilíbrio entre as partes no momento da estipulação", sendo que essa condição de hipossuficiência "é passível de ser extraída dos próprios aspectos vinculados à atividade econômica desenvolvida pelas partes". Por outro lado, "considera-se válida, em princípio, a cláusula contratual quando manifesta a igualdade dos sujeitos integrantes da relação jurídica".

Partindo dessas premissas, a Ministra concordou com o entendimento de não haver condição puramente potestativa e, reforçando a situação de paridade das partes no momento da celebração do subcontrato, refutou a ocorrência de violação aos princípios da boa-fé objetiva e da função social do contrato.[61]

Sem prejuízo da divergência quanto à qualificação da cláusula como condição suspensiva, é digno de nota que o entendimento externado pela Ministra está perfeitamente em linha com a posição sustentada neste artigo.

CONCLUSÃO

O presente artigo insere-se no contexto maior de uma reflexão sobre como as cláusulas oriundas da prática internacional são incorporadas no direito brasileiro. Tomando como pano de fundo as cláusulas *pay-when-paid* e *pay-if-paid*, duas espécies do gênero de cláusulas *back-to-back*, demonstra-se que o tema está longe de ser simples.

Com efeito, restou clara a necessidade de uma aprofundada discussão sobre todos os aspectos jurídicos das cláusulas *pay-when-paid* e *pay-if-paid*, desde a interpretação da declaração negocial, a determinação de sua natureza jurídica e validade, até o controle do exercício das posições jurídicas criadas. Trata-se de um campo rico e com muito espaço para desenvolvimento.

As cláusulas *pay-when-paid*, por serem menos graves para o subcontratado e se amoldarem ao instituto do termo inicial de eficácia, parecem enfrentar menos problemas em sua prática. O principal ponto de atenção, no

[61] Especial menção se deve dar à seguinte passagem: "Importa destacar que, em se tratado de contrato de prestação de serviços firmado entre dois particulares os quais estão em pé de igualdade no momento de deliberação sobre os termos do contrato, tendo em vista a atividade econômica por eles desempenhada, inexiste legislação específica apta a conferir tutela diferenciada para este tipo de relação, devendo prevalecer a determinação do art. 421, do Código Civil. No mais, o contrato em comento não deixa margens de dúvida quanto a sua interpretação, não se trata de contrato de adesão e tampouco envolve relação de consumo ou outra que exija tratamento especial a qualquer das partes. Rogando todas as vênias as Ministro Relator, na hipótese, o que parece mais dissonante do princípio da boa-fé e da função social do contrato é admitir que a recorrente, sem nenhuma alegação de vício de consentimento ou de manifesta ilegalidade, objetive a anulação de cláusula que livremente estipulou simplesmente porque ocorreu evento a que ela sabia que estava suscetível."

nosso entender, é a determinação do prazo máximo de diferimento do pagamento devido ao subcontratado, sobretudo quando se tratar de cláusulas com redação lacônica.

As cláusulas *pay-if-paid*, por outro lado, já se mostram mais propícias a discussões. Primeiro, porque não é óbvio definir a sua natureza jurídica como fonte de qualificação objetiva dos efeitos do contrato. Como evidenciam os dois acórdãos analisados, uma análise *prima facie* pode conduzir à falsa conclusão de que as cláusulas *pay-if-paid* são uma conclusão suspensiva. Essa percepção, entretanto, não captura os efeitos da cláusula em sua inteireza, sobretudo no que tange à determinação *per relationem* do conteúdo do dever de pagar e à atribuição de aleatoriedade ao contrato ao qual é aposta.

A questão da validade das cláusulas *pay-if-paid*, por sua vez, parece menos controvertida. Como regra geral, prevalece o entendimento de que as cláusulas são válidas, estando discussão está limitada aos casos concretos em que for efetivamente demonstrada a existência de assimetria entre as partes no momento da celebração do contrato. Nessa situação, será necessário verificar se a cláusula, de fato, desrespeita os padrões mínimos de equilíbrio exigidos pela ordem jurídica. Ainda sobre esse ponto, vale reforçar que o controle de conteúdo via abusividade é figura de aplicação excepcional e que só se aplica em casos de assimetria concretamente demonstrada.

Por fim, vislumbra-se que o maior campo para discussões está no controle do exercício das posições jurídicas criadas pelas cláusulas *pay-if-paid*. As conclusões dependerão das circunstâncias específicas de cada caso, mas se pode afirmar com certeza que os direitos e deveres das partes serão fortemente influenciados pelo princípio da boa-fé objetiva.

2. A "CLÁUSULA-MANDATO" EM ESCRITURAS PÚBLICAS TRANSLATIVAS IMOBILIÁRIAS

Alexandre Gonçalves Kassama

Liberdade completa ninguém desfruta: começamos oprimidos pela sintaxe e acabamos às voltas com a Delegacia de Ordem Política e Social, mas, nos estreitos limites a que nos coagem a gramática e a lei, ainda nos podemos mexer.
Graciliano Ramos, "Memórias do Cárcere"

1. INTRODUÇÃO

O presente texto visa analisar a contribuição da chamada "cláusula-mandato" [1] na prática notarial pertinente aos negócios jurídicos dispositivos imobiliários. A cláusula é utilizada em escrituras públicas translatícias de imóveis como forma de se prescindir da parte outorgante dos poderes nela inseridos para eventuais declarações que sejam exigidas até a plena eficácia do negócio de disposição com o acesso ao fólio real.

Nesse sentido, a sua existência se justifica tendo por base a divisão dos planos obrigacional e real em nosso sistema de Direito Privado, transferindo à parte outorgada os poderes necessários para que a disposição realizada pela outorgante

---

[1] Seguindo o "Manual de Padronização de Textos" do Superior Tribunal de Justiça, optou-se pela utilização do termo com hífen, apesar de não estar, em tal forma, dicionarizado. Segundo o documento citado, apesar da ausência em dicionários, entendeu-se pela continuidade de seu uso por ser este consagrado. V. **Manual de Padronização de Textos do STJ**. Disponível em https://www.stj.jus.br/publicacaoinstitucional/index.php/Manual/issue/view/51/showToc. Acesso em 06.02.2023.

alcance plena eficácia perante terceiros, e desde que, e somente se, esteja adimplida a prestação obrigacional anteriormente assumida pela própria parte outorgada.

O mecanismo está também intrinsecamente ligado à separação entre os poderes de representação decorrentes da procuração ("cláusula-mandato") e o negócio jurídico a esta subjacente, sendo os seus limites, no mais das vezes, dados por este último e não pela declaração expressa na própria cláusula[2], cabendo, assim, análise detida do que foi pretendido quando da inserção de tal mecanismo no negócio encetado. Por fim, dadas as próprias peculiaridades do sistema translatício imobiliário – demandando, em regra, a atuação de ao menos dois oficiais da fé pública estatal, quais sejam, o notário e o registrador imobiliário, ressalta a importância da atuação do notário como garante da atuação dentro dos limites pretendidos pelo outorgante, cabendo, por sua vez, ao registrador, a função de incerteza que fundamenta a própria existência da cláusula.

2. DA CLÁUSULA-MANDATO EM ESCRITURAS IMOBILIÁRIAS

A cláusula-mandato em escrituras translatícias imobiliárias é geralmente formulada em termos simples e sem mais especificações, a exemplo de:

> CLÁUSULA-MANDATO: Os outorgantes vendedores, pela presente e na melhor forma de direito, em caráter irrevogável e irretratável, conferem ao (qualificação do outorgado) os poderes para representá-los na escritura de aditamento, retificação e ratificação, representando-os inclusive junto a repartições públicas, tabeliães de notas e oficiais de registros, em especial no tocante ao imóvel (descrição), podendo requerer averbações, assinar o que for necessário ou conveniente e praticar quaisquer outros atos a ele relativo, por mais especiais que sejam, desde que relacionados com a finalidade da presente escritura, ainda que não expressos neste instrumento, até final e plena eficácia do quanto aqui pretendido, vedado o substabelecimento dos poderes ora concedidos.

O que se busca, com tal singela construção, é a possibilidade de se prescindir da participação do outorgante em eventuais alterações no negócio declarado que se fizerem necessárias até o registro imobiliário da escritura translatícia.

De fato, a fonte de inquietação que busca debelar a referida cláusula são as eventuais exigências a serem formuladas em momento ulterior à escritura, quando de sua apresentação ao oficial registrador imobiliário, o qual não é parte da transação, nem exerce sua qualificação no momento de sua

2 O que, por sua vez, já implica uma consideração de redação – "contract design".

perfectibilização, somente obtendo conhecimento do título em momento posterior, quando as próprias partes podem estar em situação peculiar, já não mais tendo interesse na cooperação para o efetivo registro do ato[3].

As Normas de Serviço dos Cartórios Extrajudiciais da Corregedoria Geral de Justiça do Tribunal de Justiça do Estado de São Paulo, a exemplo de diversas outras que posteriormente seguiram o mesmo norte, preveem, em seu capítulo XVI, itens 51, 54 e 55, basicamente três formas de correção do ato notarial: 1 – a chamada "cláusula em tempo", pela qual o notário declara, ainda durante a confecção da escritura, mas em momento anterior às assinaturas, eventuais correções que não atinjam aspectos essenciais do negócio, de modo a fazer parte do negócio também a correção aposta no curto intervalo entre a lavratura do ato e a assinatura das partes; 2 – as atas notariais retificativas, aptas a corrigir elementos da escritura já na ausência das partes, e sem a participação de quaisquer delas, desde que documentalmente comprovados perante o notário e sem que envolvam novas declarações das partes; e, por fim, 3 – as escrituras de retirratificação, pelas quais, a princípio, todos os elementos do negócio, inclusive seu objeto e preço, podem ser corrigidos, desde que eivados de efetiva incorreção – em outras palavras, não se tratando de novo negócio –, sendo esse o âmbito de atuação da cláusula-mandato ora analisada[4].

Tanto a cláusula "em tempo", quanto a ata retificativa podem ser utilizadas sem que se levante qualquer questionamento quanto à vontade efetiva das partes, pois a primeira é manifestada ainda antes da assinatura do ato, de modo que é também englobada pela vontade que com ela anui, ao passo que a segunda se baseia em situações documentalmente comprovadas, externas a qualquer outro tipo de declaração[5]. Por sua vez, a escritura de retirratificação

---

[3] Ainda que, até mesmo por um dever de boa-fé, esteja a tal cooperação obrigada, na prática, é comum a recalcitrância da parte alienante, que chega mesmo a se arrastar por meses e anos, sendo superada muitas vezes somente por vias de novos incentivos econômicos oferecidos pela parte adquirente ou pela via coercitiva judicial. Nesse sentido, as famosas "taxas de assinatura de escritura" antigamente cobradas por alguns *players* do mercado imobiliário.

[4] Sobre as formas tradicionais de correção do ato notarial, v. FERREIRA, P. R. G. **Bobagens Tabelioas.** Disponível em https://www.irib.org.br/obras/bobagens-tabelioas. Acesso em 06.02.2023. Bem como uma atualização dos termos e métodos em BRANDELLI, L. **Ressuscitando as bobagens tabelioas.** Disponível em https://www.irib.org.br/obras/ressuscitando-as-bobagens-tabelioas. Acesso em 06.02.2023

[5] A exemplo do estado civil documentalmente comprovado, mas erroneamente declarado na escritura. V. TJSP, 1.VRPSP, Processo **1131948-73.2022.8.26.0100 j. 31.01.2023, em que constou:** "*Vale notar que, mesmo que o equívoco tenha constado na escritura que deu suporte ao registro, não se trata de mero elemento volitivo inserido no título por livre manifestação das partes. O estado civil dos contratantes é dado objetivo essencial ao aperfeiçoamento da especialidade subjetiva por indicar situação jurídica relevante, que não se altera pela simples indicação equivocada no título ou por declaração individual não comprovada.*"

exige uma nova manifestação não inclusa no ato original e que, justamente por meio da cláusula-mandato ora analisada, considerar-se-ia presumidamente declarada, houvessem as partes previsto sua necessidade, sendo passível a retificação por representação, sem o comparecimento da parte representada, através da análise feita pelo notário do negócio jurídico subjacente, ressaltando a sua importância na verificação de tais limites, a partir do conhecimento que tenha do próprio negócio subjacente[6].

Em síntese, a cláusula-mandato, como ora analisada, permite ao notário, enquanto agente dotado de fé pública, uma liberdade de apreciação da vontade do outorgante, de acordo com as balizas dadas pelo negócio subjacente de que tomou conhecimento – e cabe lembrar que somente tomou conhecimento por gozar de confiança das partes, já que a escolha do notário, ao contrário da escolha do oficial de registros, é livre –, atuando, dentro desse limite, como mecanismo preventivo a toda exigência eventualmente formulada pelo oficial registrador, e, em relação às quais, decidiram se precaver as partes do negócio.

3. PROLEGÔMENO: A DIVISÃO DE PLANOS OBRIGACIONAL-REAL E A RELAÇÃO CONTRATUAL COM O SISTEMA

Antes de adentrar propriamente a problemática da cláusula em sua situação concreta, convém lembrar uma lição primordial e redirecionar a sua descrição conforme a visão que ora se desenvolve.

Trata-se da hoje quase vulgarmente conhecida dissecção da relação obrigacional promovida no Brasil pela clássica monografia de Clóvis do Couto e Silva, ainda na década de 60 do século passado, que permitiu entender a obrigação "como processo", compondo-se, assim, "em sentido largo, do conjunto de atividades necessárias à satisfação do interesse do credor"[7].

Ao analisar a obrigação em sua situação dinâmica no "mundo da vida", permitiu-se o vislumbre de diversas fases, deveres e ônus que se situavam de algum modo obnubilados pela descrição tradicional estática que até então descrevera a obrigação em termos de mero "vínculo", útil para a didática e o ensino, mas quase sem referenciais no dia a dia dos negócios.

---

[6] Reluzindo, assim, a faceta da confiança depositada no próprio mister do notário, enquanto catalizador de negócios que, não fosse tal figura, muito provavelmente exigiriam custos alternativos muito maiores para sua concretização. Não por outro motivo, os termos do art.8º da Lei nº. 8.935, de 18 de novembro de 1994 que determinam a livre escolha do notário pelas partes dentro de um mesmo município. Sobre o tema, v. ARRUÑADA, B. The economics of notaries. *In:* **European Journal of Law and Economics.** Berlin: Vol 3, 1996, p. 5-37.

[7] SILVA, C. V. do C. e. **A obrigação como processo.** São Paulo: FGV, 2006. p. 20.

Nesses termos, enquanto relação dinâmica voltada ao adimplemento,

> *a concepção da obrigação como processo é, em verdade, somente adequada àqueles sistemas nos quais o nexo finalístico tem posição relevante. Tanto nos sistemas que adotam a separação absoluta, entre direito das obrigações e direito das coisas, quanto naqueles em que a própria convenção transmite a propriedade, ainda que somente interpartes, difícil será considerar o desenvolvimento do dever como um processo. (...) **A unidade funcional e a separação relativa de planos, entre direito das obrigações e direito das coisas, é que tornam possível considerar a obrigação como um processo, dando-lhe específico significado jurídico.*** [8]

O que se descortina através da dinamização do conceito de obrigação polarizada pelo cumprimento, em especial nos sistemas como o nosso, com separação relativa entre planos obrigacional e real, pode ser também descrito como a percepção da derivação sociológica do próprio conceito de obrigação perante as transformações por que passava o sistema social. Em outras palavras, a verificação de que o dogma das declarações expressas da vontade em seu conceito estático já não mais atendia as necessidades de atuação do próprio Direito perante a nova realidade social. Assim a descrição da mudança de paradigma que açambarcou a doutrina sobre o negócio jurídico no último século feita por Carlos Ferreira de Almeida, notando uma série de atos não declarados e, inobstante, juridicamente vinculantes:

> *Dotada de grande coerência no enquadramento filosófico-cultural e no optimismo do equilíbrio económico, determina uma fundamentação simples na compreensão das ordens jurídicas, cuja matriz essencial (em especial, no direito privado) se orienta segundo os binómios vontade-liberdade e igualdade-justiça. Esta crença romântica num equilíbrio natural baseado na vontade individual (stat pro ratione voluntas) reflecte-se nas primeiras codificações civis, constitui o núcleo das concepções oitocentistas sobre o negócio jurídico que maior influência exerceram nas gerações seguintes (Savigny, Windscheid, Zitelmann) e atinge ainda hoje, em maior ou menor grau, com maior ou menor consciencialização, a generalidade dos juristas que do negócio jurídico se ocupam. Contudo, o modelo liberal e suas incidências na autonomia privada e no contrato não têm sido poupados a críticas contundentes dirigidas segundo os mais variados vectores. As suas referências sócio-económicas não suportam o contraste com a realidade da massificação dos contratos e*

---

[8] *Ibidem*, p. 21. Grifo nosso.

> *com as consequentes desigualdades entre as partes nos níveis de informação e de poder económico. (...) Para a denunciar ou para a questionar, há décadas que se fala em crise: crise do negócio jurídico, crise da doutrina do negócio jurídico, crise do contrato, crise do direito contratual, declínio do contrato ou da liberdade contratual, desagregação da doutrina do contrato, corrupção do pensamento contratual, aporia da autonomia privada ou tão somente crise da concepção liberal do contrato.*[9]

Vale dizer, entre o dogma da vontade e as relações não declaradas e massificadas que ocorrem na sociedade industrial se descortinou uma miríade de situações que também não poderiam se subtrair à regulação jurídica e, em especial, ao seu comentário doutrinário[10]. E, em cada relação específica, a um olhar mais atento, se descobriram diversos atos, ônus e deveres que não se coadunavam a uma vontade expressa declarada contratualmente, surgindo apenas na vontade declarada enquanto consectária da própria constituição da obrigação: quem se declara obrigado, declara ao mesmo tempo a intenção de adimplir. No Brasil, junto à popularização da monografia de Couto e Silva, pode-se dizer que a doutrina jurídica se reestruturou para abarcar um fenômeno de progressiva complexidade da visão fenomênica dada por novos aportes comunicacionais da sociologia das relações sociais, sobretudo econômicas. Nesse sentido, a doutrina contratual viu-se às voltas em ter de encontrar uma resposta adequadamente estruturada para os diversos atos percebidos entre a assunção da obrigação e seu efetivo adimplemento, lançando luzes sobre a necessidade de clara separação dos planos obrigacional e real e sobre institutos como a boa-fé objetiva, a guiar comportamentos não expressos no título obrigacional, em uma juridificação de momentos das relações econômicas que até então eram estudadas tão somente pela sociologia e pela economia.

Pois bem, essa visão dinâmica das relações sociais, pode ser apreendida, sob uma perspectiva sociológica, como um "sistema social". A relação obrigacional nada mais é do que um sistema social de interação entre duas ou mais partes que concatenam as expectativas de futuro em relação ao comportamento alheio e ao próprio conforme as próprias expectativas que tiverem quanto às expectativas reflexas do outro[11].

---

[9] ALMEIDA, C. F. de. **Texto e Enunciado na Teoria do Negócio Jurídico.** Vol. 1. Coimbra: Almedina, 1992. p. 9-11

[10] Sobre o papel da doutrina como gênero de produção literária sobre o Direito, em especial, o contratual, v. SILVA FILHO, O. **Fundamentos do Direito Contratual**. Doutrina, teoria e empiria. São Paulo: Almedina, 2022.

[11] O chamado "problema da dupla contingência" das expectativas e consequentes comportamentos sociais que, ao emanarem de polos psicológicos individuais, constituem, em conjunto,

Assim, a formalização contratual nada mais é do que um mecanismo de redução da complexidade da interação social vista como um sistema: ela permite que as partes reduzam o grau de incerteza em relação às expectativas que têm de considerar relativamente ao comportamento alheio, bem como em relação ao próprio comportamento considerado como expectado pela contraparte. Nesse sentido, quanto mais contrato, em princípio, menos aberto o sistema, menor a complexidade das opções de comportamento expectado, pois se definem estruturas dentro das quais se pode razoavelmente julgar se a expectativa e respectivo comportamento concreto se encontravam dentro de um plexo comum de possibilidades. Em contrapartida, justamente esta redução abre a possibilidade de favorecimento de comportamentos e expectativas sociais específicos, que dificilmente existiriam sem tal limitação. Quando tudo é possível, se avança com cautela. É a constrição de possibilidades que permite favoravelmente expectar comportamentos que, sem ela, seriam muito improváveis. As construções sociais mais complexas[12] dependem, essencialmente, da limitação de possibilidades para se afigurarem como possíveis.

Nesse sentido, o que se designa por "processo" na obrigação pode, na verdade, ser entendido como a progressiva estruturação - redução da complexidade de alternativas em prol do favorecimento de umas em detrimento de outras - de um sistema ao longo do tempo, leia-se, a ordenação das expectativas de modo a tornar a relação agora contratual menos complexa do que a relação anterior, em que o comportamento expectado era mais aberto[13], mas ao mesmo tempo, com a possibilidade de novas ações que se dissolveriam se a entropia fosse mantida nos mesmos níveis do estado pré-contratual. O contrato é, em relação ao sistema da relação obrigacional, neguentrópico. O "processo" é justamente a concretização das possibilidades previamente delimitadas de uma forma mais organizada ao longo de sua operação no tempo.

---

um sistema próprio único não pertencente a nenhum deles: *"(pelo menos) dois complexos com perspectivas divergentes para a constituição daquilo que atua como unidade (elemento) no sistema."* V. LUHMANN, N. **Sistemas Sociais.** Esboço de uma teoria geral. Tradução de Antonio Luz Costa, Roberto Dutra Torres Junior e Marco Antonio dos Santos Casanova. Petropolis: Vozes, 2016. p. 58.

[12] Do contrato ao Estado de Direito.

[13] Onde tudo é possível, paradoxalmente, nada se desenvolve: *"A complexidade totalmente desestruturada seria o caso limite da névoa original, do arbítrio e da igualdade de todas as possibilidades. A complexidade estruturada constitui-se na medida em que as possibilidades se excluam ou limitem reciprocamente. (...) A ativação de uma determinada possibilidade bloqueia outra, mas permite, por outro lado, a construção de novas possibilidades que a pressupõem. Desta forma, uma 'constituição de Estado de direito' exclui mais ou menos efetivamente numerosos modos comportamentais, abrindo, porém, e exatamente por isso, o caminho para outros modos comportamentais. (...) Evidentemente o direito exerce uma função essencial, se não decisiva, no alcance de uma complexidade mais alta e estruturada em sistemas sociais."* LUHMANN, N. **Sociologia do Direito I.** Tradução de Gustavo Bayer. Rio de Janeiro: Tempo brasileiro, 1983. p. 12-13.

Destarte, toda relação obrigacional pode ser também entendida como sistema, o qual ao mesmo tempo em que reduz as possibilidades de alternativas comportamentais expectáveis a partir de sua formalização, cria possibilidades (então estruturadas) de comportamento que não seriam possíveis sem tal guia dado pelo contrato.

É dessa forma que deve ser entendida a formalização também da aqui chamada "cláusula-mandato": um mecanismo de aumento da complexidade estruturada da relação ("neguentropia") para se permitir fazer jus às eventuais necessidades apontadas pelo oficial registrador quando da apresentação do negócio à qualificação ao fólio real, que se apresenta, então, como fonte de instabilização das expectativas ("entropia"), ao mesmo tempo em que o agente notarial realiza o controle das balizas da representação possível através da finalidade do negócio jurídico subjacente aos poderes de representação ("controle").

Em uma situação ordinária, espera-se que as escrituras translatícias acedam ao fólio real. Contudo, na prática, entre o negócio dispositivo e seu registro medeiam inúmeras possibilidades de exigências nem sempre totalmente previsíveis, muitas vezes inclusive pela própria caracterização da função registral como função eminentemente jurídica[14], de modo que a cláusula-mandato surge como um mecanismo preventivo que absorve a instabilidade de alterações futuras do comportamento daquele que outorga a sua representação, ao mesmo passo que garante o representante contra exigências inesperadas por parte do oficial registrador.

Contudo, ao prescindir da parte outorgante, justamente por se formalizar em escritura pública, a cláusula não se encontra, ao revés, totalmente disponível ao abuso por parte do representante. É que em toda escritura haverá sempre a figura do notário que a lavra. Assim, a escritura, embora reproduza o consentimento informado das partes, não se considera como um ato privado meramente autenticado, mas antes se constitui em efetivo documento público, lavrado e conduzido, até sua plena eficácia, por profissional dotado de fé pública[15].

É da atuação do notário, especialmente a partir da verificação da pertinência dos atos exercidos com base na cláusula representativa com a conformação do negócio jurídico de base, que surge a possibilidade de operacionalização da

[14] v. TJSP. CSM. Ap. Cível 413-6/7. rel. Des. José Mário Antonio Cardinale. J. 06.12.2005, que tem sido utilizada há muito como paradigma para se declarar que a qualificação registral negativa não caracteriza desobediência nem mesmo nas hipóteses de títulos judiciais.

[15] V. PETRELLI, G. L'indagine della volontà delle parti e la «sostanza» dell'atto pubblico notarile. *In*: **Rivista del notariato.** Milão. 2006. Ano 60. p. 29-79.

cláusula como aberta em relação a possíveis alterações, mas ao mesmo tempo fechada em relação a abusos.

Essa última função, por sua vez, se encontra intrinsecamente ligada ao próprio negócio jurídico de representação e à sua distinção em relação ao negócio jurídico de base.

4. A REPRESENTAÇÃO, SEU PERFIL INDIVIDUALISTA-LIBERAL, O NEGÓCIO DISPOSITIVO E O NEGÓCIO JURÍDICO SUBJACENTE: O PAPEL DO NOTÁRIO ENQUANTO *GATEKEEPER*

A título meramente introdutório, não se faz impertinente repisar a já batida distinção entre mandato e representação[16].

Mandato é contrato, negócio jurídico bilateral. Representação é poder derivado de negócio unilateral. Em nenhum tabelionato do País se lavram mandatos, mas tão somente, em regra, procurações, sendo estas, ao revés da letra expressa do Código Civil, os instrumentos da representação, e não do mandato[17].

Em outro sentido, pode-se entender a representação como a face externa, tipicamente presente nos contratos de mandato, mas não somente neles, pela qual a ação do representante perante terceiros se manifesta diretamente na esfera jurídica do representado, sem que seja necessária a transmissão intersubjetiva da obrigação assumida. Mas tal nota típica não a torna exclusiva, e, justamente, o mandato se apresenta como a face interna, mais comum, porém

---

[16] A questão é deveras já bastante exaurida na doutrina, e foi por nós retratada em: Da procuração no tabelionato de notas: história, distinções e prática. *In:* **Revista de Direito Notarial**. São Paulo. Ano 3 nº 2. 2021: jul-dez. Disponível em http://rdn.cnbsp.org.br/index.php/direitonotarial/issue/view/11. Acesso em 08.02.2023. E, com mais profundidade, v. LOTUFO, R. **Questões relativas a mandato, representação e procuração**. São Paulo: Saraiva, 2001. E, sobretudo, POUSADA, E. L. R. **Aspectos de uma tradição Jurídica Romano-Peninsular:** delineamentos sobre a história do mandato no Direito Luso-brasileiro. Belo Horizonte: Arraes, 2021. Contudo, ainda causa espécie, como se vê, por exemplo, na legislação tributária mineira, em que se determina a cobrança da procuração "em causa própria" como se escritura translatícia fosse. V. item f.3 da tabela 1ei estadual mineira nº. 15.424, de 30 de dezembro de 2004.

[17] Curiosamente, um dos antigos tabeliães mais respeitados do Estado de São Paulo via na participação do outorgado na confecção de procurações medida salutar para se coibir eventuais fraudes, o que, por óbvio, não embaraçava os dois diversos institutos do mandato e da procuração. V. PEREIRA, A. A. **Minha vivência no notariado paulista.** Bauru: Edipro, 2003. p. 28. Por sua vez, confundindo, contudo, mandato e procuração, v. FRANÇA, R. L. **Manual de Direito Civil** IV-2. Doutrina das obrigações contratuais. Doutrina das obrigações extracontratuais. São Paulo: RT, 1969. p. 185, onde se lê, em relação ao mandato: *"ordinariamente apresenta-se como um contrato anômalo quanto à manifestação de vontade do outorgado. Com efeito, o uso tem reiterado a ausência dessa manifestação no próprio instrumento desse ato jurídico. A nosso ver, constitui este um inconveniente que pode ser sanado com a aposição, no final da procuração, da anuência da outra parte."*

não única, reguladora da relação entre representante e representado. Ora, do que se trata na "cláusula-mandato" é da representação, não havendo qualquer elemento do mandato, senão o nome histórico da cláusula que tomou por antonomásia do efeito representativo o contrato que tipicamente o carrega. Nem a representação é exclusiva do mandato, nem o mandato regula os efeitos da representação, o que deveria ter ficado mais claro com a sistematização realizada pelo novo Código Civil, separando um na Parte Geral e outro nos Contratos em espécie, mas que, pela técnica legislativa de remissão da regulação da representação ao mandato, continua a causar alguns entendimentos tortuosos.

Em nossa "cláusula-mandato" não há nada de mandato[18], mas tudo de representação, e são, assim, os efeitos da representação, e não do mandato, que devem ser observados no trato com tal cláusula.

Do que se trata aqui é, essencialmente, da possibilidade de transmissão direta dos efeitos da declaração do representante ao patrimônio do representado sem que seja necessária prévia assunção e posterior transferência pelo representante. Novamente, num modelo análogo ao já tratado para o sistema da relação obrigacional, a formalização da representação através da procuração, por meio de uma elevação dos requisitos formais - procuração escrita - acaba por permitir uma redução das formalidades para o tráfego jurídico - desnecessidade de dupla transmissão. Não é de se estranhar que a procuração fosse inicialmente somente aquela lavrada em notas de tabelião[19]: a possibilidade de produção de efeitos jurídicos no patrimônio próprio pela manifestação de vontade de terceiro exigia um elevado grau de segurança, e justamente este elevado grau de segurança é que fornecia balizas mínimas aptas a dispensar a segunda transmissão formal do negócio.

Nesse aspecto, a representação é também um dos institutos jurídicos que melhor permitem a visualização da ainda presente relação do pensamento filosófico-sociológico liberal na formação das bases do Direito Privado. Pedro Leitão Pais de Vasconcelos bem o demonstra através dos conceitos de titularidade e legitimidade:

---

[18] A não ser, talvez, como se verá, ao notário.

[19] A extensão a todas as pessoas do poder de se fazer representar por forma particular se deu pelo Decreto Legislativo 79, de 23 de agosto de 1892, sendo antes permitido apenas em determinados e específicos círculos sociais. Assim também ao se referir ao sistema de representação presente na Consolidação de Teixeira de Freitas, explica Estevan Pousada que "*de qualquer forma, esta regra enuncia de modo claro a proeminência da procuração por instrumento público (dos tabeliães) - ocupando a modalidade por instrumento particular uma posição excepcional no sistema. De fato, mesmo o substabelecimento, via de regra, haveria de ser feito diante do tabelião.*" POUSADA, E.L.R. *op. cit.* p. 318. E mesmo a Codificação de 16 previa originariamente ao menos a necessidade de reconhecimento de firma nas procurações particulares.

Ao resultado da conjugação da autonomia privada de cada um, com as situações jurídicas de que é titular, chama-se legitimidade. Esta traduz a especial combinação entre autonomia privada e titularidade que permite a determinada pessoa, praticar certo ato, sobre um concreto objeto, em determinado momento.[20]

A alteração de sua própria esfera jurídica pelo titular se dá somente pela manifestação de vontade. A manifestação de vontade de terceiro é, salvo representação, inócua em relação a patrimônios alheios.

Também Haical, ao tratar de tema afim ao da representação – qual seja, da autorização – transita pela mesma seara:

Esta espécie de assentimento apresenta, por substrato, o princípio da incolumidade das esferas jurídicas, porquanto a regra é não advirem efeitos na esfera jurídica alheia de quem não é figurante em um negócio jurídico, salvo se há assentimento autointeressado, legitimado em suporte fático legal. (...) A intromissão na esfera jurídica alheia, sem assentimento autointeressado ou por outra hipótese admitida pelo ordenamento jurídico, configura ilicitude do negócio jurídico, por ser contrário ao direito. [21]

Por fim, igualmente Vanzella expressa a centralidade da ideia de titularidade e autonomia privada – exercida pela manifestação de vontade – para a sistematização do Direito Privado – que surge, para os fins de seu estudo, na distinção acima já tangenciada entre direitos reais e obrigacionais:

Titularidade, pertinência jurídica, atribuição, exclusividade de uma posição jurídica subjetiva são, em linha de princípio, termos equivalentes, os quais remetem para uma relação do titular do direito subjetivo patrimonial para com terceiros. (...) Encerra um princípio de incolumidade das esferas jurídicas e um princípio de disponibilidade dos direitos subjetivos patrimoniais. (...) ***Ser titular de um direito subjetivo é figurar no polo de uma dada relação jurídica de tal forma que se esteja, pelo menos e em alguma medida, imune a interferências de terceiros nas posições jurídicas subjetivas contidas nesse mesmo polo.*** *(...) Em miúdo, titularidade é a ligação de um sujeito de direito com um polo de uma relação jurídica patrimonial que designa pertinência jurídica, atribuição das posições jurídicas subjetivas patrimoniais contidas nesse mesmo polo. (...) É uma das noções mais importantes do direito privado, que descreve um regime comum dos direitos subjetivos patrimoniais,*

---

[20] VASCONCELOS, P. L. P. de. **A procuração irrevogável**. 2. Ed. Coimbra: Almedina, 2016. p. 146.

[21] HAICAL, G. **A autorização no Direito Privado**. São Paulo: RT, 2020. p. 85

> *identificado pelos efeitos absolutos da atribuição:* ***ser titular de um direito subjetivo patrimonial é ser titular do poder de dispor sobre ele ou, pelo menos, ser titular de uma imunidade perante terceiros para com ele.*** [22]

Justamente a imunidade, ou incolumidade de esfera jurídica em relação à atuação de terceiros, somente se vê superada, via de regra, pela técnica da representação. Fora dela, unicamente pela atuação jurisdicional.

A questão central para se definir a representação a partir desta ótica é a vinculação da personalidade ao patrimônio sob uma perspectiva individual-liberal, e a sua dinamização por meio do dogma da autonomia da vontade enquanto direito fundamental ao desenvolvimento da própria personalidade. A sociedade é então o conjunto de indivíduos livres e atomizados, cada qual com seu patrimônio e capacidade de exercício de liberdade por meio de declarações de vontade juridicamente qualificadas que representam a concretização do direito individual à liberdade e ao desenvolvimento de sua própria personalidade, aqui incluído um direito à propriedade *lato sensu*, como omniabarcador de todas as modalidades jurídicas de atribuição de bens e direitos. A princípio, apenas o Estado é capaz de se imiscuir, por meio de técnicas específicas, como o processo jurisdicional, na esfera patrimonial do sujeito de direito sem a atuação da vontade deste[23]. A representação é o efeito da declaração que permite que um terceiro, que não o próprio indivíduo, produza mudanças no patrimônio deste último, sem que ele mesmo declare qualquer vontade direta e imediata e sem auxílio da atuação coercitiva estatal.

Ao mesmo tempo, a declaração de vontade - direta ou por representação - é o que legitima a assunção de direitos e obrigações que visam à transferência de bens entre patrimônios segundo os modelos de negócios dispositivos[24] tipificados centralizadamente pelo legislador. A organização centralizada dos direitos reais, e a distinção destes dos direitos meramente obrigacionais, contribui para que não haja incertezas sobre os status de titularidade de cada bem e patrimônio[25], de modo a ainda uma vez fortalecer a organização atomista

---

[22] VANZELLA, R. D. F. **O contrato e os direitos reais.** São Paulo: RT, 2012. p. 82-89. Grifo nosso.

[23] Daí o clássico conceito de lide de Carnelutti como "conflito de interesses caracterizado por uma pretensão resistida" que por sua vez justificaria a atuação da tutela jurisdicional. V. CARNELUTTI, F. **Instituições de Processo Civil.** Vol. 1. São Paulo: Classic Book, 2000.

[24] V. SILVA, C. V. do C. e. Negócios Jurídicos e negócios jurídicos de disposição. *In:* **O Direito Privado brasileiro na visão de Clóvis do Couto e Silva.** 2. Ed. Porto Alegre: Livraria do Advogado, 2014. p. 71-85. p. 78: "*O termo 'disposição' comporta vários significados. Pode-se dizer negócios jurídicos dispositivos, lato sensu, todos aqueles em que há o exercício do poder de disposição. Em outro sentido, mais restrito, costuma-se opô-los aos negócios obrigatórios.*"

[25] V. o já citado VANZELLA, R. D. F. **O contrato e os direitos reais.** São Paulo: RT, 2012 p. 151: "*Concretamente, no direito positivo, sabe-se, de antemão, que as pessoas podem ter, juridicamente,*

individualista da sociedade segundo esta visão do Direito Privado: cada personalidade se realiza pela manifestação de vontade que é instrumentalizada, precipuamente, para o exercício da titularidade - disposição - de seus bens. É justamente nesse espaço entre manifestação de vontade - direito obrigacional - e transmissão de propriedade (*lato sensu*) - direito real - que se encontra a escritura pública e a cláusula-mandato.

O poder de representação conferido na cláusula-mandato se mostra então como o título legitimador para toda alteração necessária da declaração de vontade que se faça para possibilitar o efetivo cumprimento da vontade anteriormente (co)declarada de adimplir o negócio jurídico obrigacional ao qual se vinculou o outorgante ao mesmo tempo em que, pela escritura pública, declarou formalmente o negócio dispositivo. Se na declaração de vontade de venda, como bem analisou Couto e Silva, se encontra ínsita a vontade de transmissão como fase de execução da obrigação assumida, então a cláusula-mandato é o mecanismo pelo qual a parte devedora de tal transmissão transfere ao outorgado o ônus de cumprimento - efetivação - do direito em sua eficácia real. Pode-se dizer que a cláusula opera quase como um adimplemento antecipado de seu outorgante, cabendo ao outorgado então qualquer outro ato que se faça necessário para tal eficacização plena até ulterior registro imobiliário. É aqui que se descortina a ideia de "procuração em causa própria" que não se revoga pela morte do "mandante".

O artigo 683 do Código Civil, que determina a revogabilidade do mandato com cláusula de irrevogabilidade se refere especificamente ao mandato enquanto contrato bilateral entre as duas partes, mandante e mandatário, que tem por elemento central a fidúcia, revogável *ad nutum*, ainda que eventualmente com margem à responsabilização. Por sua vez, os artigos 684 e 685 se referem à procuração/representação em causa própria, sendo sempre a revogabilidade ineficaz e não cessando qualquer eficácia pela morte do representado. Exsurge aqui o citado conceito de legitimidade/titularidade: se o interesse a que se volta a representação não é mais do representado, então este não teria mais legitimidade para revogá-la, e tampouco sua morte ou incapacidade interfeririam numa situação de direito que só diz respeito ao representante.

---

os bens econômicos a título ou de propriedade, ou de usufruto, ou de uso, ou de penhor, ou de direito expectativo real, se se tratar de coisas móveis; ou a título de propriedade, ou de superfície, ou de servidões, ou de usufruto, ou de uso, ou de habitação, ou de hipoteca, ou de anticrese, ou de direito expectativo real, se se tratar de coisas imóveis, Quaisquer outras atribuições patrimoniais que não se enquadrem nesses esquemas preestabelecidos não consistem em títulos de assenhoreamento da coisa e, portanto, ainda que o adquirente os conheça positivamente, não consistem em nenhum impedimento absoluto ou relativo à irradiação dos efeitos do contrato de disposição celebrado com o proprietário."

Nesta última situação, então, a própria outorga de poderes é vista como adimplemento, e cabe à outra parte a sua mera execução material. Transfere-se, pela declaração representativa, o processo de adimplemento à parte representante.

Ora, os limites dos poderes, como se demonstrou acima, dificilmente se declaram expressos, até mesmo por não se saber, de antemão, todas as possíveis exigências do oficial registrador, sendo antes a cláusula inserta de forma genérica, fazendo referência ao próprio negócio em que inserida. Por outro lado, ao menos nos contratos imobiliários, haverá sempre o próprio notário, como agente estatal, a delimitar a possibilidade de sua utilização, freando eventuais abusos da parte outorgada, o que se fará a partir da análise do negócio jurídico subjacente, que poderá ser de diversos tipos, mas sempre balizando a própria representação a partir da necessidade de adimplemento do negócio em que constante a cláusula.

Em verdade, pela cláusula-mandato – ou mesmo por procuração em instrumento autônomo a cumprir a mesma função –, caberá sempre ao notário a necessidade de análise conscienciosa do negócio subjacente e dos documentos e indícios que o provarem, e de sua vinculação aos poderes representativos concedidos, podendo aceitar ou não um dado uso conforme a prudência[26] que lhe cabe e segundo o adequado conhecimento que tenha ou não do negócio e das partes, de acordo com a confiança que goza em sua comunidade[27].

Na casuística notarial há diversas decisões que apontam nesse sentido. Mesmo antes do Código Civil atual, já se delineava, com alguma confusão, contudo, a separação da procuração e do mandato, concluindo-se pela não cessação de sua eficácia no caso de morte do outorgante:

> CIVIL E PROCESSO CIVIL. AÇÃO DE IMISSÃO NA POSSE. DIREITOS HEREDITÁRIOS. **PROCURAÇÃO EM CAUSA PRÓPRIA. CONTRATO DISTINTO DO MANDATO TRADICIONAL. TRANSFERÊNCIA DE DIREITOS. MORTE DO PROMITENTE VENDEDOR. IRRELEVÂNCIA. VALIDADE DO INSTRUMENTO. DOUTRINA. JURISPRUDÊNCIA. RECURSO PROVIDO.** (STJ, 4. T. Resp 64.457. Rel. Min. Sálvio de Figueiredo Teixeira. J.8.10.1997. Grifo nosso.)[28]

---

[26] Citando a prudência notarial como fundamento de atuação do notário para além da mera adequação formal dos instrumentos que lavra, v. TJSP. 2. VRPSP. Processo 0024651-58.2021.8.26.0100. j. 10.09.2021; TJSP. 2.VRPSP. Processo 0027155-08.2019.8.26.0100. j. 31.10.2019.

[27] E, não por acaso, o §5º do art. 215 do Código Civil que permite a identificação, mesmo que sem documentação, por tabelião ou por duas testemunhas da comunidade, sempre foi parte da regulação da confecção da escritura pública, e não de qualquer outro tipo de documento, a de demonstrar o pensamento legislativo referente ao tabelião como agente de confiança em dada localidade.

[28] No mesmo sentido v. TJSP, 1.VRPSP. Processo 884/90. J. 10.12.1990

Para o efeito em disputa, a decisão foi precisa, apontando que a morte do "mandante" em nada interfere na "procuração em causa própria", incidindo, contudo, no mesmo equívoco da lei tributária mineira anteriormente citada, ao equiparar a procuração com o próprio negócio translatício. Essa confusão, ainda presente na casuística anterior a 2002, pouco a pouco se esvaneceu:

> RECURSO ESPECIAL. DIREITO CIVIL. OMISSÃO E CONTRADIÇÃO. INEXISTÊNCIA. PROCURAÇÃO EM CAUSA PRÓPRIA. **NEGÓCIO JURÍDICO UNILATERAL. PODER DE REPRESENTAÇÃO DO OUTORGADO, EM SEU PRÓPRIO INTERESSE. TRANSMISSÃO DE DIREITOS REAIS OU PESSOAIS, EM SUBSTITUIÇÃO AOS NECESSÁRIOS SUPERVENIENTES NEGÓCIOS OBRIGACIONAIS OU DISPOSITIVOS. INEXISTÊNCIA.** ALIENAÇÃO DE IMÓVEIS COM USO DA PROCURAÇÃO. AFIRMAÇÃO DE ERRO, DOLO, SIMULAÇÃO OU FRAUDE. INVIABILIDADE LÓGICA. CAUSA DE PEDIR APONTANDO QUE OS NEGÓCIOS TRANSLATIVOS DE PROPRIEDADE FORAM EM CONLUIO ENTRE OS RÉUS, PARA LESIONAR A PARTE AUTORA. PEDIDO DE NATUREZA CONDENATÓRIA. PRAZO PRESCRICIONAL. RECONHECIMENTO DE INÉPCIA DA INICIAL, SEM OPORTUNIDADE DE EMENDA DESSA PEÇA. IMPOSSIBILIDADE.
>
> **1. A procuração é negócio jurídico unilateral; o mandato, contrato que é, apresenta-se como negócio jurídico geneticamente bilateral. De um lado, há uma única declaração jurídico-negocial; de outro, duas declarações jurídico-negociais que se conjugam por serem congruentes quanto aos meios e convergentes quanto aos fins. Por conseguinte, muito embora o nome do outorgado conste do instrumento de procuração, ele não é figurante, pois o negócio jurídico é unilateral.**
>
> **2. A procuração em causa própria (in rem suam) é negócio jurídico unilateral que confere um poder de representação ao outorgado, que o exerce em seu próprio interesse, por sua própria conta, mas em nome do outorgante. Tal poder atuará como fator de eficácia de eventual negócio jurídico de disposição que vier a ser celebrado. Contudo, até que isso ocorra, o outorgante permanece sendo titular do direito (real ou pessoal) objeto da procuração, já o outorgado apenas titular do poder de dispor desse direito, sem constituir o instrumento, por si só, título translativo de propriedade.**
>
> **3. Nesse caso, há uma situação excepcional: ao procurador é outorgado o poder irrevogável de dispor do direito objeto do negócio jurídico, exercendo-o em nome do outorgante (titular do direito), mas em seu próprio interesse e sem nem mesmo necessidade de prestação de contas.** É contraditório que se reconheça ter sido outorgada procuração com

> essa natureza ao ex-marido da autora e se aluda, no tocante às alienações com uso do instrumento, a erro, dolo, simulação ou fraude. **E não pode ser atribuída a esse negócio jurídico unilateral a função de substituir, a um só tempo, os negócios jurídicos obrigacionais (por exemplo, contrato de compra e venda, doação) e dispositivos (v.g., acordo de transmissão) indispensáveis, em regra, à transmissão dos direitos subjetivos patrimoniais, notadamente do direito de propriedade, sob pena de abreviação de institutos consolidados e burla a regras jurídicas.**
>
> (...)
>
> (STJ. 4T. Resp 1345170/RS. Rel. Min. Luis Felipe Salomão. J. 04.05.2021. Grifo nosso)

Assim, acertada e assentada a distinção entre procuração e negócio translatício (dispositivo).

É, de fato, tradicional na prática notarial o uso de procurações que nem sequer se referem expressamente a um negócio anterior para perfectibilizar a transferência de direitos relativos a imóveis normalmente construídos e vendidos em empreendimentos habitacionais populares – popularmente conhecidos como "imóveis (e escrituras) de Cohab" – que têm sua transmissão social consagrada em cessões de direitos e procurações a elas conexas, somente se procedendo à transferência final e efetiva após muitos anos, com base em cadeias de procurações que, por indícios como data de outorga – que conferem ou são poucos dias posteriores às cessões particulares –, e comprovação de pagamento – por meio, por exemplo, de recibos ou comprovantes de depósitos –, são vistos como suficientes, à análise prudente do notário, para a final utilização do instrumento como "em causa própria" para a transferência efetiva do bem em escritura translatícia[29].

[29] Entre outros aspectos práticos da utilização do expediente da representação e sua redação específica, diferenciando-o do mandato, veja-se a desnecessidade de descrição específica da finalidade da representação, prescindindo inclusive da menção de se tratar de poderes "em causa própria", bastando os poderes gerais suficientemente conexos ao negócio de base para torná-la irrevogável mesmo pela morte do outorgante: TJSP, CSM. Processo 1001687-51.2015.8.26.0363. Rel. Des. Geraldo Francisco Pinheiro Franco. J. 25.06.2019. No mesmo sentido, denotando que mais importa a análise do negócio subjacente do que os poderes expressos no ato representativo, v. TJSP. CSM. Processo 1004286-05.2017.8.26.0100. Rel. Des. Geraldo Francisco Pinheiro Franco. J. 16.03.2018. De outra sorte, declarando inviável o uso da representação para o adimplemento de doação, por razões que, a nosso viso, contudo, se referem mais ao contrato de doação, tipicamente avesso a situações de dubiedade ou futuridade dos bens, do que à própria procuração em si, v. TJSP. CSM. Processo 1128111-44.2021.8.26.0100. Rel. Des. Fernando Antônio Torres Garcia. J. 03.11.2022. Ainda, diferenciando os poderes representativos referentes à doação como "saindo da parte disponível", e portanto, meramente declarada não inoficiosa, e aqueles necessários à declaração de dispensa de colação dos bens recebidos por donatários herdeiros, v. TJSP. 2.VRPSP. Procesos 0027155-08.2019.8.26.0100. j. 31.10.2019.

Assim, não é sem razão que as procurações tenham sido inicialmente apenas outorgadas por escritura pública. Para relativizar o dogma da declaração da vontade pela própria parte afetada se exigia alto grau de certeza, mas ainda mais, se possibilitava que o notário surgisse como agente de execução e controle do processo (sistema) de transmissão imobiliária – notadamente os bens mais regulados e para cuja certeza de atribuição jurídica se realizaram os maiores esforços para a construção de um sistema de publicidade confiável e claro. O notário, nessa perspectiva, é o agente de controle de entropia sistêmica da relação contratual no *iter* entre a assunção obrigacional da obrigação de dar e sua perfectibilização no âmbito dos direitos reais, que surge como parte oculta da "cláusula-mandato" que, a um olhar mais simples, parecia ser outorgada tão somente ao representante na escritura translatícia imobiliária. Se a representação é outorgada à parte do ato, confia-se ao notário o mandato de bem controlá-la[30].

É também por tal razão que o Código Notarial Português determina sempre a forma pública para procurações "em causa própria"[31]. O Legislador português foi prudente em exigir, sempre, a tutela de um terceiro imparcial na execução de cláusulas que dependam da interpretação de um negócio de base, prescindindo, assim, de uma descrição mais vinculativa nos poderes outorgados. Ademais, a extensão dos poderes de legitimação a um terceiro, que permitem a criação de efeitos diretos sobre o patrimônio do outorgante, sem a necessidade de outros atos coercitivos estaria por demais vulnerável se deixada tão somente ao alvitre do representante preso aos ditames da boa-fé verificada somente *a posteriori* judicialmente.

Em verdade, na escritura pública, mesmo sem expressar, a cláusula institui o notário como agente fiduciário[32] do negócio obrigacional a ser comple-

---

[30] Falando também em mandato ao notário pela parte e pela lei, v. GUIDI, P. **Teoria Giuridica del documento**. Milão: Giuffré, 1950. P. 67: "*Di fronte ad um documento notarile, si avranno perciò uma pluralitá di autori, corrispondenti alla pluralitá de interessi: quelli dei richiedenti, interessati alla rappresentazione del fatto formante oggeto del documento; quelli dello Stato, quale titolare della publica funzione; quelli del notaro, per la dimostrazione di aver regolarmente compiuto il mandato affidatogli dalla legge e per i diritti patrimoniale inerenti alla prestata attività. E, se bem si guardi, la legge notarile contempera tutti questi interessi, con l'accordare alle parti richiedenti il diritto di avere copia del documento pubblico e col disporre che il rogito notarile rimanga depositato nell'archivio del notaro rogante, e che, dopo la di lui cessazione dall'ufficio, venga conservato nell'archivio notarile.*"

[31] Assim o art. 116 do Código Notarial Português: "*As procurações conferidas também no interesse de procurador ou de terceiro devem ser lavradas por instrumento público cujo original é arquivado no cartório notarial.*"

[32] Agente fiduciário, tal qual o do mercado de dívidas da Lei de Mercado de Capitais, em expressão que visa "*tão somente, ressaltar o fator de confiança que caracteriza a sua atuação. Não cabe retratar o agente como parte de um negócio fiduciário, uma vez que não há transferência de propriedade, com a obrigação de posterior restituição após exaurida a causa do contrato, entre*

tamente adimplido no âmbito real. Por meio do depósito legal na figura do notário da confiança na imparcialidade e eficiência no desenvolvimento da relação a ele submetida, tem-se *"a compreensão do notariado em ambas funções de controle formal e informal do fluxo de informações no mercado. É a figura do gatekeeper."*[33] De fato, com Campilongo:

> *Praticamente toda a literatura econômica ou de 'sociologia econômica' do direito vale-se do conceito de gatekeeper para descrever o notariado latino e extrair daí suas principais virtudes institucionais, econômicas e jurídicas. O gatekeeper é uma espécie de terceiro, ou seja, de alguém estranho e imparcial em relação às partes de um negócio ou ajuste, que atua como 'guardião do direito'. A intervenção do gatekeeper, especialmente quando obrigatório, reforça a definição e realização ex ante dos direitos de propriedade. O gatekeeper atua como filtro seletivo do ingresso de informações críveis e processáveis pelo sistema jurídico.* [34]

A um nível micro, em cada relação, pode-se dizer que a figura do *gatekeeper* notarial é ativada na perfeita consecução de cada relação posta em suas notas até o final adimplemento com a eficácia real pretendida[35]. A instituição do notário substitui a necessidade de confiança, enquanto investimento arriscado na pessoa em que se confia[36], que seria necessária para se outorgar um poder de representação sem maiores restrições. Esta é, no fundo, a verdadeira função da cláusula-mandato, presumida em cada escritura que dela se vale, sem sequer citar o notário como terceiro oculto na relação entre representante e representado.

CONCLUSÃO

A cláusula-mandato em escrituras públicas translatícias imobiliárias, embora surja com redação simples e sem maiores especificações, na maior

a coletividade e o agente." LOUREIRO. N. M. ***O agente fiduciário como gatekeeper.*** *Dissertação (mestrado) – Escola de Direito de São Paulo, Fundação Getúlio Vargas. São Paulo, p. 21.*

33 CAMPILONGO, C. F. **Função social do notariado.** Eficiência, confiança e imparcialidade. São Paulo: Saraiva, 2014. p. 69.

34 *Idem, ibidem.*

35 E por isso, o costume notarial de levar a registro praticamente todas as escrituras pelos tabeliães lavradas, sem qualquer cobrança por tal serviço, enquanto *player* privados que prestam serviços de assessoria documental costumam cobrar quase o próprio valor referente à formalização do contrato para garantir o seu registro. É da própria função notarial dar total eficácia às relações ao notário submetidas.

36 V. LUHMANN, N. **Confianza.** Tradução ao Espanhol de Amada Flores. Santiago: Pontícia Universidad Catolica. Barcelona: Anthropos Editorial, 2005. p. 78 e ss: *"parece que la confianza personal solo se forma donde és necesaria."*.

parte das vezes dependente mais do negócio jurídico subjacente do que de sua própria formalização expressa e cumpre potente função na dinamização das relações econômico-sociais.

Por meio dela permite-se uma movimentação mais fluída entre as divisões de planos de "direito obrigacional" e "direito real", outorgando ao próprio interessado os poderes necessários para o cumprimento de todos os atos que se fizerem imprescindíveis no desenvolvimento da relação obrigacional enquanto processo até o ulterior acesso ao plano eficacial *erga omnes.*

Como a própria representação em si, a cláusula torna clara algumas opções fundamentais do Direito Privado em torno da imputação de centros de dinamização dos patrimônios, sua própria organização liberal e vinculada aos dogmas da vontade e do patrimônio individual.

Mas ainda mais, brilha pelo não dito o poder investido ao notário para o controle da relação enquanto sistema, fornecendo suficiente segurança na restrição de seu uso, a ponto de se permitir os mais diversos atos, ainda que não expressamente declarados.

Nesse sentido, a cláusula-mandato exsurge como mais um mecanismo de *design* que permite vislumbrar a própria função do sistema notarial no desenvolvimento das relações econômicas, e no Direito Privado como um todo.

3. A CLÁUSULA COMPROMISSÓRIA COMO INSTRUMENTO DE REGULAMENTAÇÃO DA LEGITIMIDADE ATIVA DOS MINORITÁRIOS EM ARBITRAGENS COLETIVAS: O AGENTE FIDUCIÁRIO

Alfredo de Assis Gonçalves Neto
Mariana Hofmann Fuckner

1. INTRODUÇÃO

O Código Comercial brasileiro de 1850 estabeleceu o regime da arbitragem obrigatória para determinadas causas, dentre elas questões sociais suscitadas entre sócios durante a existência da companhia, sua liquidação ou partilha (arts. 294 e 302, n. 5). [1]-[2] Essa obrigatoriedade sobreviveu por apenas 16 (dezesseis) anos, tendo sido revogada pela Lei n. 1.350/66; tornando-se facultativa, a cláusula arbitral nos contratos de sociedades praticamente caiu em desuso.

Desde então, ou seja, desde a adoção da facultatividade da arbitragem societária – que se coaduna muito melhor com a natureza jurídica da própria arbitragem (voluntária por excelência) –, até sua inserção na Lei das S. A., em 2015, muito de discutiu a respeito da compatibilidade entre a arbitragem e o direito societário, especialmente em razão dos direitos envolvidos.[3]

---

[1] *Art. 294 - Todas as questões sociais que se suscitarem entre sócios durante a existência da sociedade ou companhia, sua liquidação ou partilha, serão decididas em juízo arbitral.*

[2] *Art. 302 - A escritura, ou seja pública ou particular, deve conter:* [...] *5 - A forma da nomeação dos árbitros para juízes das dúvidas sociais.*

[3] TELLECHEA, Rodrigo. **Sociedades anônimas fechadas:** direitos individuais dos acionistas e cláusula compromissória estatuária superveniente. 2015. Tese (Doutorado em Direito Comercial) – Faculdade de Direito da Universidade de São Paulo. 605 f. São Paulo: São Paulo, 2015, p. 552.

Com a entrada em cena dos procedimentos coletivos de arbitragem societária, envolvendo milhares de acionistas, passou-se a pensar em formas de salvaguardar os interesses desses investidores diante do procedimento arbitral, considerando que a sua participação direta no feito, quando não proibida, poderia ser altamente desaconselhada. Mas essa dificuldade de harmonização do procedimento de arbitragem coletiva societária com os direitos dos minoritários em grandes companhias abertas não é novidade, nem se restringe ao ordenamento jurídico brasileiro.

Na Itália, por exemplo, com o Decreto Legislativo n. 5/2003, foram introduzidas regras a respeito da arbitragem societária a fim de dirimir divergências entre os sócios e entre sócios e sociedade, as controvérsias oriundas de conflitos com os administradores e as disputas sobre validade das deliberações assembleares.[4] Previu-se que a sentença arbitral que vier a ser proferida em uma controvérsia tem eficácia perante a sociedade, e por isso, perante todos os sócios.[5]-[6] Contudo, a arbi-

---

[4] BONATO, Giovanni. A arbitragem internacional na França e a arbitragem societária na Itália. **Revista da Faculdade de Direito da UFMG**, Belo Horizonte, n. 66, pp. 253-289, jan./jun.-2015, p. 275.

[5] *Art. 34. 1. Gli atti costitutivi delle societa', ad eccezione di quelle che fanno ricorso al mercato del capitale di rischio a norma dell'articolo 2325-bis del codice civile, possono, mediante clausole compromissorie, prevedere la devoluzione ad arbitri di alcune ovvero di tutte le controversie insorgenti tra i soci ovvero tra i soci e la societa' che abbiano ad oggetto diritti disponibili relativi al rapporto sociale. 2. La clausola deve prevedere il numero e le modalita' di nomina degli arbitri, conferendo in ogni caso, a pena di nullita', il potere di nomina di tutti gli arbitri a soggetto estraneo alla societa'. Ove il soggetto designato non provveda, la nomina e' richiesta al presidente del tribunale del luogo in cui la societa' ha la sede legale. 3. La clausola e' vincolante per la societa' e per tutti i soci, inclusi coloro la cui qualita' di socio e' oggetto della controversia. 4. Gli atti costitutivi possono prevedere che la clausola abbia ad oggetto controversie promosse da amministratori, liquidatori e sindaci ovvero nei loro confronti e, in tale caso, essa, a seguito dell'accettazione dell'incarico, e' vincolante per costoro. 5. Non possono essere oggetto di clausola compromissoria le controversie nelle quali la legge preveda l'intervento obbligatorio del pubblico ministero. 6. Le modifiche dell'atto costitutivo, introduttive o soppressive di clausole compromissorie, devono essere approvate dai soci che rappresentino almeno i due terzi del capitale sociale. I soci assenti o dissenzienti possono, entro i successivi novanta giorni, esercitare il diritto di recesso. Art. 35. 1. La domanda di arbitrato proposta dalla societa' o in suo confronto e' depositata presso il registro delle imprese ed e' accessibile ai soci. 2. Nel procedimento arbitrale promosso a seguito della clausola compromissoria di cui all'articolo 34, l'intervento di terzi a norma dell'articolo 105 del codice di procedura civile nonche' l'intervento di altri soci a norma degli articoli 106 e 107 dello stesso codice e' ammesso fino alla prima udienza di trattazione. Si applica l'articolo 820, comma secondo, del codice di procedura civile. 3. Nel procedimento arbitrale non si applica l'articolo 819, primo comma, del codice di procedura civile; tuttavia il lodo e' sempre impugnabile, anche in deroga a quanto previsto per l'arbitrato internazionale dall'articolo 838 del codice di procedura civile, a norma degli articoli 829, primo comma, e 831 dello stesso codice.* ***4. Le statuizioni del lodo sono vincolanti per la societa'.*** *5. La devoluzione in arbitrato, anche non rituale, di una controversia non preclude il ricorso alla tutela cautelare a norma dell'articolo 669-quinquies del codice di procedura civile, ma se la clausola compromissoria consente la devoluzione in arbitrato di controversie aventi ad oggetto la validita' di delibere assembleari agli arbitri compete sempre il potere di disporre, con ordinanza non reclamabile, la sospensione dell'efficacia della delibera.*

[6] *Art. 34. Gli atti costitutivi delle societa',* ***ad eccezione di quelle che fanno ricorso al mercato del capitale di rischio a norma dell'articolo 2325-bis del codice civile, possono,*** *mediante*

tragem societária não pode ser adotada pelas sociedades que recorrem ao mercado de capitais, nos termos do art. 2.325-bis do *Codice Civile*.[7] No Estados-Unidos, a SEC tem se posicionado historicamente contrária às arbitragens de conflito de investidores de valores mobiliários, considerando ser o método pouco eficaz para a proteção dos minoritários.[8] Essa restrição faz todo sentido, visto que o investidor e o especulador, salvo raro caso de participação significativa, locomovem-se em um entra e sai das companhias abertas, consoante as injunções do mercado, e, por isso, não mostram interesse algum em acompanhar a marcha dos negócios sociais e em investir recursos pessoais em litígios, à espera de resultados; na primeira estranheza, alienam suas ações.

Contudo, no Brasil, a arbitragem societária coletiva aparece como uma realidade. Tomando por superada a fase de sua aceitação, que, em homenagem ao título desta obra, não iremos aqui questionar, encontramo-nos no degrau evolutivo da matéria em que é necessário desenvolver uma regulamentação que, ao mesmo tempo, possa garantir a eficiência do procedimento e salvaguardar os interesses dos envolvidos, especialmente dos minoritários.

À luz desse contexto, o presente estudo pretende propor uma alternativa para a atuação dos minoritários nas demandas societárias arbitrais envolvendo direitos pertencentes à coletividade dos acionistas. Para tanto, analisa a natureza dos direitos dos acionistas suscetíveis de tutela coletiva, os conceitos de legitimidade extraordinária, substituição processual, legitimidade ordinária e representação, e a definição de arbitragem coletiva societária, mediante estudo da arbitragem societária, da arbitragem do mercado de capitais e da arbitragem coletiva em geral. Com isso, busca enquadrar adequadamente as diferentes situações.

Depois, adentra especificamente na figura do agente fiduciário, realizando um apanhado da regulamentação que lhe confere a Lei das S. A. relativamente aos debenturistas, para verificar, a seguir, a possível compatibilidade da previsão de um agente fiduciário dos minoritários com os direitos desses investidores a serem objeto de demanda arbitral.

---

clausole compromissorie, prevedere la devoluzione ad arbitri di alcune ovvero di tutte le controversie insorgenti tra i soci ovvero tra i soci e la societa' che abbiano ad oggetto diritti disponibili relativi al rapporto sociale.

[7] *Art. 2325-bis. Ai fini dell'applicazione del presente titolo, sono società che fanno ricorso al mercato del capitale di rischio le società con azioni quotate in mercati regolamentati o diffuse fra il pubblico in misura rilevante(1).*

[8] BROMBERG, Nicole Raca. Arbitragem de classe e tutela coletiva de investidores no âmbito da Lei nº 7.913/1989. In: YARSHELL, Flávio Luiz. PEREIRA, Guilherme Setoguti J. (Coords.). **Processo societário** – volume IV. São Paulo: Quartier Latin, 2021, p. 1054.

Por fim, o trabalho estuda a autonomia da cláusula compromissória arbitral para conferir legitimidade ativa ao agente fiduciário dos minoritários em arbitragens coletivas societárias.

2. NATUREZA DOS DIREITOS DOS ACIONISTAS PASSÍVEIS DE TUTELA COLETIVA

Aos direitos dos acionistas na Lei das S. A. são atribuídas naturezas distintas e diferentes meios de tutela. Emergem classificações por parte da doutrina (direitos essenciais, direitos individuais,[9] direitos de minoria,[10] direito substanciais de minoria e direitos formais de minoria,[11] direitos de minoria em sentido estrito e direitos de minoria em sentido amplo,[12] e direitos de minoria qualificada, etc.[13]), não raro enquadrando o mesmo direito em diferentes classificações. As controvérsias estendem-se, também, aos meios de tutela de cada uma das categorias dos direitos.[14]

As distinções a respeito das categorias de direitos dos acionistas apresentam-se sob diversos ângulos, o que justifica, de certo modo, a sua extensão. No que tange aos direitos individuais e direitos de minoria, por exemplo, aponta Schmidt que os primeiros constituem meio de defesa do acionista contra a sociedade, enquanto os outros conferem aos acionistas o poder de intervenção na vida da sociedade, em campos normalmente reservados ao poder majoritário;[15] nos primeiros, o acionista apenas defende os seus próprios interesses,

---

[9] BARBOSA, Marcelo. Direitos dos acionistas (capítulo II). In: LAMY FILHO, Alfredo. PEDREIRA, José Luiz Bulhões (Coord.). **Direito das companhias.** 2ª ed., atual. e ampl. Rio de Janeiro: Forense, 2017, pp. 224-225.

[10] SCHMIDT, Dominique. **Les droits de la minorité dans la Société anonyme**, Paris: Sirey, 1970, pp. 01-10.

[11] Direitos formais v. direitos substanciais de minoria: ABUD, Viviane Rossini Bergamaschi. Direitos formais e substanciais de minoria. Direitos formais e substanciais de minoria. In: FRANÇA, Erasmo Valladão Azevedo e Novaes (coord.). **Direito Societário Contemporâneo II.** São Paulo: Malheiros Editores, 2015, p. 31.

[12] Direitos de minoria em sentido amplo v. direitos de minoria em sentido estrito: LOBO, Jorge. Proteção à minoria acionária. **Revista de Direito Mercantil**, n. 105, jan.-mar./1997.

[13] TRIUNFANTE, Armando Manuel. A proteção do sócio minoritário no Código das Sociedades Português. In RIBEIRO, Maria de Fátima; COELHO, Fábio Ulhoa. **Questões de direito societário em Portugal e no Brasil.** Coimbra: Almedina, 2012.

[14] Sobre o tema, Wiedmann, citado por Adamek, entende que a impugnação das deliberações sociais se apresenta como um meio de tutela dos direitos individuais. Os direitos de minoria, por sua vez, são tutelados pela exigência de maiorias qualificadas em votações de maior expressão e pela garantia de participação da minoria em deliberações e eleições (outorgando a ela o poder de participar da administração, requerer voto múltiplo, etc.) (ADAMEK, Marcelo Vieira von. **Abuso de minoria em direito societário.** São Paulo: Malheiros, 2014, pp. 55-57).

[15] SCHMIDT, Dominique, Les droits de la minorité dans la Société anonyme, op. cit., pp. 01-10.

ao passo em que, nos segundos, a minoria, ao intervir na vida social, defende a comunidade dos interesses dos sócios, de modo que a sua ação aproveita a todos.[16] Igualmente, apresenta-se como distinção dessas categorias o fato de que, por meio dos direitos individuais, defende-se os interesses dos sócios mediante a concessão de direitos subjetivos, instrumentalizados por meio de direitos irrenunciáveis e intangíveis; no segundo caso, a proteção da minoria volta-se a defender a posição do indivíduo numa relação concreta de maioria e minoria, não mediante a criação de direitos aos acionistas, mas verdadeiramente impondo deveres à maioria.[17]

Para fins deste estudo, que analisa a possibilidade de a cláusula compromissória regulamentar a atuação dos acionistas investidores em demandas arbitrais, é particularmente importante a distinção entre direitos individuais e direitos individuais homogêneos (em seu aspecto processual)[18] e as modalidades de tutela desses últimos no âmbito das sociedades anônimas.

Na linha do que é defendido por Zavaski, os direitos individuais homogêneos representam uma técnica de aglutinação de direitos subjetivos individuais.[19] Não decorrem do reconhecimento de interesses materiais coletivos, como são os direitos difusos e direitos coletivos *strictu sensu* (caracterizados como verdadeiras "vestes jurídicas" para interesses metaindividuais).[20] Como consequência da qualificação dos direitos individuais homogêneos como modalidade de procedimento que se destina à coletivização de interesses, verifica-se que os direitos individuais homogêneos são verdadeiros direitos individuais, cuja escolha procedimental "não enseja qualquer modificação na estrutura de seu suporte e não confere qualquer atributo especial à visão clássica de "direito subjetivo"".[21]-[22]

---

[16] Ibidem, pp. 01-02.

[17] ADAMEK, Marcelo Vieira von, Abuso de minoria em direito societário, op. cit., p. 56.

[18] Descarta-se, aqui, a visão material dos direitos individuais homogêneos, que, conforme explicação de Osna, faz com que o "direito individual homogêneo" e "direitos individuais" sejam realidades diversas e inconfundíveis: "*Em síntese, os "direitos individuais homogêneos" seriam uma categoria de interesse substantivo a uma pretensão genérica, não se confundindo com "direitos individuais clássicos"*", impondo aos primeiros um traço genérico, que se estende também à sua efetivação (OSNA, Gustavo, **Direitos individuais homogêneos**: pressupostos, fundamentos e aplicação no processo civil. São Paulo: Editora Revista dos Tribunais, 2014, p. 71).

[19] ZAVASKI, Teori Albino, **Processo coletivo**: tutela de direitos coletivos e tutela coletiva de direitos. São Paulo: Editora RT, 2006, pp. 42-43.

[20] OSNA, Gustavo, Direitos individuais homogêneos, op. cit., pp. 72-73.

[21] Ibidem, pp. 73-75.

[22] Embora se possa destacar que os adeptos do conceito material de direitos individuais homogêneos identificam-nos igualmente com os direitos dos acionistas das sociedades anônimas. Nessa linha, Barbosa Moreira defende que, dentro da concepção mais ampla de direitos coletivos, enquadram-se as situações de "*... existência de titulares de relações jurídicas distintas, mas análogas, derivadas de uma relação-base de que todos participam (acionistas de uma sociedade anônima,*

Especificadamente quanto às ações societárias, muitas das dificuldades procedimentais que repercutem nas arbitragens societárias – legitimidade ativa, litisconsórcio, publicidade, etc. – decorrem do fato de que o litígio em questão não corresponde a um conflito individual, de modo que os procedimentos individuais de solução de controvérsias não se mostram adequados para resolvê-lo.[23]

A tutela coletiva não se refere somente a direitos metaindividuais. Sua principal função, em verdade, volta-se a dar resposta a situações individuais isomórficas, nas quais, embora se deseje o tratamento uniforme da questão para todos os afetados, não é recomendada a presença de todos os sujeitos envolvidos em um único processo.[24] Exemplo típico da homogeneidade processual que deve marcar a solução de determinados conflitos societários está na discussão a respeito da validade ou não de uma determinada deliberação. Uma vez decidida a questão, a solução deve ser imposta a todos os acionistas, pois é logicamente impossível que uma deliberação seja válida para alguns e não para outros;[25] ao mesmo tempo, a depender da situação concreta, a participação no processo de todos os acionistas interessados na validade ou na invalidade da deliberação não é recomendada ou mesmo torna-se impossível (diante do elevado número de sócios). Os investidores e especuladores, alheios à gestão da sociedade, apesar do interesse em escrutinar determinada deliberação ou na responsabilização do controlador ou do administrador, podem não possuir conhecimento técnico suficiente, participação social ou interesse capazes de movê-los a demandar os integrantes dos órgãos da sociedade em juízo[26] (lembrando que não é exigida a titularidade de uma determinada parcela do capital social para impugnar deliberações sociais,[27] ao passo em que o

---

considerados nas suas relações com a própria sociedade)" (MOREIRA, José Carlos Barbosa. Tutela jurisdicional dos interesses coletivos e difusos. In: MENDES, Aluísio Gonçalves de Castro. MOREIRA, Carlos Roberto Barbosa. FILHO, Luiz Paulo da Silva Araújo (Coord.). MOREIRA, José Carlos Barbosa. **Temas de direito processual** (terceira série). Atualizadores Paulo Cezar Pinheiro Carneiro e Paulo Cezar Pinheiro Carneiro Filho. 2. ed. Rio de Janeiro: JZ, 2023, pp. 257-258.

23 MARINONI, Luiz Guilherme. ARENHART, Sérgio Cruz. Extensão subjetiva da sentença e da coisa julgada em ações societárias. In: ABRÃO, Carlos Henrique. CARVALHOSA, Modesto. LUCON, Paulo Henrique dos Santos (Coord.). **A tutela coletiva do acionista minoritário**: os 30 anos de vigência da lei 7.913/1989: uma visão prospectiva construtiva. São Paulo: Quartier Latin, 2019, p. 195.

24 Idem.

25 Idem.

26 COMPARATO, Fábio Konder. SALOMÃO FILHO, Calixto. **O poder de controle na sociedade anônima.** 6 ed. rev. e atual. Rio de Janeiro: Ed. Forense, 2014, p. 114.

27 *Art. 286. A ação para anular as deliberações tomadas em assembleia-geral ou especial, irregularmente convocada ou instalada, violadoras da lei ou do estatuto, ou eivadas de erro, dolo, fraude ou simulação, prescreve em 2 (dois) anos, contados da deliberação.*

ajuizamento de ação de responsabilidade contra o controlador e o administrador exige o preenchimento de requisito quantitativo da titularidade de determinado percentual do capital social).[28]

Como o conceito de direitos individuais homogêneos, acima exposto, parte de uma perspectiva processual, cabe, então, refletir a respeito de se todos os direitos dos acionistas podem ser exercidos, ou não, mediante instrumentos de tutela coletiva. A doutrina processualista referenciada para a conceituação dos direitos individuais homogêneos identifica-os como direitos individuais submetidos a técnicas de tutela coletiva.[29] Ocorre que, como igualmente acima visto, no âmbito societário, nem todos os direitos dos acionistas são classificados como direitos individuais, contrapondo-se aos direitos de minoria.

É curioso notar que a repercussão na coletividade dos acionistas, que justifica a proposta de tutela coletiva desses direitos, é comumente atribuída, pela doutrina societária, aos direitos de minoria (a exemplo do que defende Schmidt).[30]

---

[28] Em relação à responsabilidade do administrador, o acionista ou os acionistas detentores de 5% (cinco por cento), pelo menos, do capital social podem ajuizar ação social *uti singuli*, em benefício da companhia, na condição de substitutos processuais dela (art. 159, §§ 4º e 5º da Lei das S. A. – *Art. 159. Compete à companhia, mediante prévia deliberação da assembleia-geral, a ação de responsabilidade civil contra o administrador, pelos prejuízos causados ao seu patrimônio. [...] § 4º Se a assembleia deliberar não promover a ação, poderá ela ser proposta por acionistas que representem 5% (cinco por cento), pelo menos, do capital social. § 5º Os resultados da ação promovida por acionista deferem-se à companhia, mas esta deverá indenizá-lo, até o limite daqueles resultados, de todas as despesas em que tiver incorrido, inclusive correção monetária e juros dos dispêndios realizados*). Quanto à ação de responsabilidade do controlador, aplicando o art. 246 da Lei das S. A., exige-se a titularidade de pelo menos 5% ou mais do capital social (dispensada a prestação de caução) – *Art. 246. A sociedade controladora será obrigada a reparar os danos que causar à companhia por atos praticados com infração ao disposto nos artigos 116 e 117. § 1º A ação para haver reparação cabe: a) a acionistas que representem 5% (cinco por cento) ou mais do capital social; b) a qualquer acionista, desde que preste caução pelas custas e honorários de advogado devidos no caso de vir a ação ser julgada improcedente.* No mesmo sentido: FRANÇA, Erasmo Valladão Azevedo e Novaes. ADAMEK, Marcelo Vieira von. Notas à ação de responsabilidade civil contra acionista controlador. In: YARSHELL, Flávio Luiz. PEREIRA, Guilherme Setoguti J. (Coords.). **Processo societário** – volume IV. São Paulo: Quartier Latin, 2021, pp. 406-407. A Resolução CVM nº. 70/2022, revogando a Instrução CVM nº. 627/2020, estabelece a redução desses percentuais, variando dos 5% para até 1%, consoante tabela que toma por base o montante do capital social das companhias nela registradas (art. 2º).

[29] Inclusive, recomenda-se o abandono da expressão "direitos individuais homogêneos", como se diferissem estruturalmente dos demais interesses individuais: "Essa insistência [no uso do conceito] é um dos grandes entraves à maximização da tutela coletiva em território nacional, instaurando preocupação avessa à funcionalidade da disciplina e limitando a sua atuação" (OSNA, Gustavo. Direitos individuais homogêneos, op. cit., p. 82).

[30] SCHMIDT, Dominique. Les droits de la minorité dans la Société anonyme, op. cit., pp. 01-10.

De qualquer modo, não há óbice para que tanto o exercício dos direitos de minoria como dos direitos individuais seja aglutinado por intermédio de instrumentos de tutela coletiva. Nessa toada, enquadra-se no conceito de direito de minoria (mais especificadamente, direito formal de minoria), a prerrogativa concedida aos acionistas de ajuizar, nos termos da Lei, ação de responsabilidade civil contra os administradores da sociedade ou contra o controlador e/ou sociedade controlada.[31]-[32] Essa demanda, a depender dos contornos do caso concreto, se o percentual mínimo de participação societária exigido para o ajuizamento do feito só for alcançado mediante a aglutinação de diversos participantes, por exemplo, será melhor conduzida sob a ótica do processo coletivo. No mesmo sentido, o típico exemplo de direito individual dos acionistas, a impugnação da deliberação assemblear, igualmente comporta submissão à tutela coletiva.

Como a visão processual dos direitos individuais homogêneos (os quais, na esfera societária, compreendem tanto direitos individuais propriamente ditos como direitos de minoria) não altera a natureza material dos direitos tutelados coletivamente, permite-se que direitos dos acionistas de várias categorias possam ser exercidos de forma coletiva.

2.1. A Ação civil pública e as Leis n. 7.347/1985 e n. 7.913/1989

O reconhecimento da tutela coletiva dos direitos dos acionistas não culmina na submissão dos litígios unicamente ao regramento da Lei n. 7.347/1985, que disciplina a ação civil pública (ACP). Nesse sentido, a tutela coletiva não se confunde com o regime da ACP e pode ser prestada por diversas formas, essencialmente distintas da conferida pela Lei n. 7.347/1985.[33]

Apontar essa diferença é relevante ao se analisar a questão da arbitragem coletiva societária. Isso porque vários dos estudos a respeito desse importante tema analisam-no sob a ótica do procedimento da ACP e como ele se aplicaria

[31] Com exceção dos direitos atribuíveis à companhia, considerando que "os direitos atribuíveis à sociedade se referem a um centro único de interesses que não se reproduz de forma pulverizada no mercado, tal como ocorre no caso dos titulares de valores mobiliários" (BROMBERG, Nicole Raca. Arbitragem de classe e tutela coletiva de investidores no âmbito da Lei nº 7.913/1989, op. cit., p. 1060).

[32] *Art. 159. Compete à companhia, mediante prévia deliberação da assembleia-geral, a ação de responsabilidade civil contra o administrador, pelos prejuízos causados ao seu patrimônio.* [...] *§ 4º Se a assembleia deliberar não promover a ação, poderá ela ser proposta por acionistas que representem 5% (cinco por cento), pelo menos, do capital social.* [...] *Art. 246. A sociedade controladora será obrigada a reparar os danos que causar à companhia por atos praticados com infração ao disposto nos artigos 116 e 117. § 1º A ação para haver reparação cabe: a) a acionistas que representem 5% (cinco por cento) ou mais do capital social.*

[33] MARINONI, Luiz Guilherme. ARENHART, Sérgio Cruz. Extensão subjetiva da sentença e da coisa julgada em ações societárias, op. cit., p. 200.

(ou não, com os devidos temperamentos) à ação de responsabilidade por danos causados aos investidores no mercado de valores mobiliários, prevista na Lei n. 7.913/1989.[34] Não nos enganemos: a temática é absolutamente relevante e justifica toda a atenção que tem recebido nos últimos anos.[35]

Não se ignora, também, que o aparecimento da ação civil pública como mecanismo de tutela coletiva do mercado de capitais decorreu, entre outros fatores, das dificuldades de o sistema brasileiro de proteção ao investidor minoritário efetivar essa tutela no âmbito de demandas contra o controlador, os administradores ou as sociedades controladas.[36] Apesar disso, reconhece-se que a ação civil pública, tanto para tutela dos direitos coletivos (mercado de capitais) quanto dos direitos individuais homogêneos (direito dos acionistas),[37]

---

[34] São exemplos desses estudos: MARZAGÃO, Newton Coca Bastos. SCHAFFER, Daniel Kaufman. Arbitragem coletiva societária: notas críticas sobre o seu emprego à luz do regime da substituição processual. In: YARSHELL, Flávio Luiz. PEREIRA, Guilherme Setoguti J. (Coords.). **Processo societário** – volume IV. São Paulo: Quartier Latin, 2021; BROMBERG, Nicole Raca. Arbitragem de classe e tutela coletiva de investidores no âmbito da Lei nº 7.913/1989, op. cit.; na obra MONTEIRO, André Luís. PEREIRA, Guilherme Setoguti J. BENEDUZI, Renato (Coord.). **Arbitragem coletiva societária.** São Paulo: Thomson Reuters Brasil, 2021, são vários os estudos a respeito da temática: NERY, Ana Luiza. NERY JUNIOR, Nelson. Legitimidade de coisa julgada na arbitragem coletiva: um olhar voltado ao mercado de capitais; KUYVEN, Fernando. Arbitragem coletiva e responsabilidade da companhia aberta; CERBINO, Grasiela. Arbitrabilidade das demandas coletivas; ADAMEK, Marcelo Vieira von. Reflexões sobre a liquidação de sentença em arbitragem coletiva no mercado de capitais; TOLEDO, Paulo Fernando Campos Salles de. A Lei 7913, de 7 de dezembro de 1989. A tutela judicial do mercado de valores mobiliários. Revista dos Tribunais, vol. 667, mai. 1991, p. 70-78; entre outros.

[35] Especialmente considerando as notícias a respeito da existência de ao menos três ações civis públicas ajuizadas por associações no âmbito de procedimentos arbitrais, em defesa dos acionistas de companhias abertas brasileiras, conforme apontado por BROMBERG, Nicole Raca. Arbitragem de classe e tutela coletiva de investidores no âmbito da Lei nº 7.913/1989, op. cit., p. 1048: "*(i) Ação Civil Pública ajuizada em outubro de 2017 por Associação dos Investidores Minoritários – AIDMIN em face de Petróleo Brasileiro S.A – Petrobrás, pleiteando indenização de acionistas da companhia prejudicados porn falhas informacionais.* [...] *(ii) Ação Civil Pública ajuizada em setembro de 2019 por Instituto Brasileiro de Ativismo Societário e Governança – IBRASG em face de Vale S.A, pleiteando indenização de acionistas da companhia prejudicados por falhas informacionais [...]; e (iii) Ação Civil Pública movida por Instituto Brasileiro de Ativismo Societário e Governança – IBRASG em face de IRB-Brasil Resseguros S.A, quando a companhia esclareceu ao mercado que a IBRASG move arbitragem sigilosa "na qualidade de substituto processual de todos os investidores de mercado que detiveram ações de emissão do IRB Brasil RE entre 2 de fevereiro e 9 de março de 2020 e de Jefferson Alves Nascimento, que solicita reparação pela desvalorização das ações da companhia por ele detidas*"".

[36] MARGONI, Anna Beatriz Alves. GURREIRO, Carolina Dias Tavares. Exercício abusivo do poder de controle e o dever de reparar o dano. In: MONTEIRO DE CASTRO, Rodrigo Rocha. WARDE JÚNIOR, Walfrido Jorge. GUERREIRO, Carolina Dias Tavares (Coord.). **Direito Empresarial e outros estudos de Direito em homenagem ao Professor José Alexandre Tavares Guerreiro.** São Paulo: Quartier Latin, 2013, p. 475-493.

[37] FRANZONI, Diego. **Arbitragem societária:** fundamentos para uma possível regulação. 2015. Dissertação (Mestrado em Direito Comercial) – Faculdade de Direito da Universidade de São Paulo. 201 f. São Paulo: São Paulo, 2015, p. 38.

igualmente não se mostrou apta a fornecer uma completa proteção dos interesses dos acionistas individualmente considerados.[38]

Dessa forma, o que se pretende por meio deste estudo é analisar a existência de outro mecanismo de tutela coletiva – o agente fiduciário, especificamente – aplicável à arbitragem coletiva societária. E, tendo isso em vista, não se fará referência ao procedimento da Lei n. 7.347/1985 e as suas dificuldades, destacadas nos diversos estudos supramencionados. Ademais, ficam afastadas, igualmente, as regras relativas à legitimidade ativa constantes nos dispositivos dessa Lei e a intepretação restritiva que a elas pode ser conferida.[39]

Uma vantagem em afastar o regramento da Lei da ACP consistente na maior autonomia reservada aos acionistas para definição das regras aplicáveis à arbitragem. As normas incidentes sobre à ACP e, consequentemente, sobre as ações de responsabilização (judiciais ou arbitrais) ajuizadas com fulcro na Lei n. 7.913/1989, são consideradas de ordem pública,[40] o que impede considerações de natureza convencional pelas partes.

Como consequência, o fato de inexistir, na Lei n. 7.347/1985, a previsão de um agente fiduciário dos investidores como substituto processual dos minoritários em arbitragens coletivas não contamina de ilegalidade essa previsão.

3. LEGITIMIDADE ORDINÁRIA, LEGITIMIDADE EXTRAORDINÁRIA (SUBSTITUIÇÃO PROCESSUAL) E REPRESENTAÇÃO

Outro ponto de partida essencial para as conclusões que pretendemos expor nesse estudo – ainda que parciais e abertas à reflexão e à crítica –, refere-se à distinção entre legitimação ordinária e legitimação extraordinária.

Considera-se substituição processual o fenômeno em que aquele que é parte do processo não é, nem se afirma, por definição, titular do direito material.

---

[38] GRINOVER, Ada Pellegrini. A tutela coletiva dos investidores no mercado de valores mobiliários: questões processuais. In: YARSHELL, Flávio Luiz. PEREIRA, Guilherme Setoguti Julio (Coords.). **Processo societário**: São Paulo: Quartier Latin, 2012, pp. 39-40.

[39] "*Afinal, por se tratar de uma legitimação extraordinária, como extraordinária há de ser tratada, não sendo válido, segundo regra elementar de hermenêutica, generalizar as disposições extraordinárias contidas na CF/88 ou na legislação infraconstitucional par abarcar hipóteses nela não previstas. [...] Como se verá, nenhum dispositivo da lei brasileira confere legitimidade extraordinária para quem quer que seja no sistema arbitral, muito menos para que as associações iniciem arbitragens coletivas societárias na condição de substitutas processuais*" (MARZAGÃO, Newton Coca Bastos. SCHAFFER, Daniel Kaufman. Arbitragem coletiva societária: notas críticas sobre o seu emprego à luz do regime da substituição processual, op. cit., p. 1016).

[40] Fala-se em "regime processual cogente": BROMBERG, Nicole Raca. Arbitragem de classe e tutela coletiva de investidores no âmbito da Lei nº 7.913/1989, op. cit., p. 1067.

Há verdadeiramente uma dissociação entre a titularidade do direito, de modo que um ente é materialmente titular da relação no campo do direito privado e, na órbita do processo, outro é o titular processual.[41] No caso, o terceiro pleiteia, em seu próprio nome, "como autor ou demandado, sem se afirmar titular do direito material para cuja proteção ele esteja em causa, agindo, portanto, na defesa de direito alheio".[42]

Fala-se, então, de legitimidade extraordinária,[43] em que o substituto não pode atuar de forma plenamente independente e autônoma da vontade e do interesse do substituído.[44] Por assim ser, haverá, então, um dever de proteção imposto ao substituto, que deve buscar a melhor tutela do direito substancial do substituído, e um dever de submissão, pelo qual os interesses do substituído devem prevalecer no processo, em detrimento das opções do substituto.[45]-[46]

A grande preocupação associada a essa circunstância consiste no fato de que o titular do direito material não participa do processo e, consequentemente, a decisão dele oriunda produz efeitos (e vincula) alguém que lhe é estranho.[47] Essa questão é comumente levantada ao se analisar a temática da representação adequada, impondo que, litigando em benefício do grupo, o substituto o faça de maneira adequada.[48] "Afinal, se a decisão prolatada surtirá efeito sobre uma coletividade a qual não participou de fato do processo, exige-se que o seu interesse tenha sido devidamente representado pelo sujeito que litigou em seu nome".[49]

De outro lado, na legitimação ordinária cabe ao titular do direito material discutir sua pretensão em juízo. Essa é a regra geral,[50] em que há identidade

---

[41] ALVIM, Arruda. Substituição processual. **Doutrinas essenciais de processo civil**, vol. 3, p. 435-454, out. 2011. Disponível no sistema da Revista dos Tribunais Online, p. 4.

[42] SILVA, Ovídio A. Batista. **Comentários ao Código de Processo Civil**, vol. 1: do processo de conhecimento – arts. 1º a 100. São Paulo: Editora Revista dos Tribunais, 2000, p. 77.

[43] NOGUEIRA, Pedro Henrique. O regime jurídico da legitimidade extraordinária no processo civil brasileiro. **Revista de Processo**, vol. 324/2022, p. 73-95, 2022, p. 73.

[44] Ibidem, p. 78.

[45] Ibidem, pp. 78-79.

[46] Ainda que haja uma legitimidade extraordinária exclusiva e concorrente, conforme previsto no parágrafo único do art. 18 do CPC (*Parágrafo único. Havendo substituição processual, o substituído poderá intervir como assistente litisconsorcial*).

[47] ALVIM, Arruda. Substituição processual. Doutrinas essenciais de processo civil, op. cit., p. 4.

[48] COSTA, Susana Henrique da. O controle judicial da representatividade adequada: uma análise dos sistemas norte-americano e brasileiro. In: SALLES, Carlos Alberto Correa (Coord.). **As grandes transformações do processo civil brasileiro**: homenagem ao Professor Kazuo Watanabe. São Paulo: Quartier Latin, 2009. Disponível em: https://edisciplinas.usp.br/pluginfile.php/5154937/mod_resource/content/1/Texto%20representatividade%20adequada.pdf, p. 4.

[49] Idem.

[50] ALVIM, Arruda. Substituição processual. Doutrinas essenciais de processo civil, op. cit., p. 4

entre as partes da relação jurídica de direito material e as partes da relação jurídica processual.[51] A representação, por sua vez, ocorre nos casos em que o representante está em juízo em nome alheio defendendo direito alheio,[52] sendo distinta das outras duas hipóteses (legitimidade ordinária e extraordinária).

O art. 18 do Código de Processo Civil (CPC) contempla bem essa relação de regra geral e exceção existente entre a legitimação ordinária e a legitimação extraordinária.[53] Prevê, a *contrariu sensu*, que somente será possível a alguém pleitear direito alheio em nome próprio se houver autorização do ordenamento jurídico.[54]

Sobre a substituição processual, no anteprojeto do CPC, a Comissão de Juristas nomeada com a finalidade de elaborá-lo, inicialmente, não havia trazido alteração relevante em relação ao já existente no CPC/73. O art. 17 do anteprojeto previa que "*ninguém poderá pleitear direito alheio em nome próprio, salvo quando autorizado por lei*", ao passo em que, no art. 6º do CPC/73, a questão era tratada do seguinte modo: "*ninguém poderá pleitear, em nome próprio, direito alheio, salvo quando autorizado por lei*".[55] Contudo, no texto aprovado no Senado – PLS n. 166/2010 – o dispositivo sofreu alteração, passando a constar que "*Ninguém poderá pleitear direito alheio em nome próprio, salvo quando autorizado pelo ordenamento jurídico*".[56] A autorização, então, passou a decorrer do ordenamento jurídico – e não somente da Lei.[57]

Com consequência, sendo possível identificar a atribuição de legitimação extraordinária para certo ente no ordenamento jurídico, dispensa-se a previsão específica em Lei.[58] Mais ainda, não obstante a legitimação extraordinária poder ser extraída de uma interpretação sistemática do ordenamento jurídico,[59] Didier explica que a mudança acima destacada consagrou a atipicidade

---

[51] RODRIGUES, Fábio Polli. Legitimidade processual do agente fiduciário de debêntures e contratos de investimento coletivo. **Revista dos Tribunais**, vol. 1021/2020, p. 251-274, nov./2020, p. 253.

[52] SILVA, Nelson Finotti. Substituição processual ou legitimação extraordinária negocial. **Revista da Procuradoria Geral do Estado de São Paulo**, São Paulo, n. 82, p. 293-306, jul./dez. 2015, p. 298.

[53] Idem.

[54] *Art. 18. Ninguém poderá pleitear direito alheio em nome próprio, salvo quando autorizado pelo ordenamento jurídico.*

[55] SILVA, Nelson Finotti. Substituição processual ou legitimação extraordinária negocial, op. cit., p. 294.

[56] Ibidem, pp. 294-295.

[57] DIDIER JR., Fredie. Fonte normativa da legitimação extraordinária no Novo Código de Processo Civil: a Legitimação Extraordinária de Origem Negocial. **Revista do Ministério Público do Rio de Janeiro**, n. 56, abr./jun. 2015, p. 138.

[58] Ibidem, p. 139.

[59] "*Entretanto pode-se admitir a substituição processual mesmo que não venha prevista expressamente no texto legal, mas quando deflua do sistema*" (ALVIM, Arruda. **Código de processo civil comentado** – vol. I – arts. 1º a 6º. São Paulo: Revista dos Tribunais. 1975, p. 426).

da negociação processual, tendo em vista que o negócio jurídico, enquanto fonte de norma jurídica, igualmente compõe o ordenamento.[60]-[61] "Negócio jurídico pode ser fonte normativa da legitimação extraordinária", de modo que se pode atribuir a alguém, validamente, o poder de conduzir um processo em nome de uma pessoa ou de um determinado grupo.[62]-[63]

Em relação à legitimação extraordinária exclusiva decorrente de um negócio jurídico, modalidade que nos interessa particularmente em razão da figura do agente fiduciário, atribui-se a um terceiro a *legitimidade ad causam*, sem transferir-lhe o próprio direito, autorizando que esse terceiro defenda, em nome próprio, direito alheio.[64] Entende-se que se o titular do direito pode transferir o próprio direito a um terceiro, inexiste óbice de que lhe confira legitimidade para o seu exercício.[65] Inclusive, em se tratando de legitimação extraordinária para o exercício de direitos absolutos, não há necessidade de notificação do futuro réu, que, no momento da realização do negócio processual para atribuição de legitimidade ativa, ainda é desconhecido.[66]

Em síntese, portanto, o direito processual brasileiro oferece-nos duas alternativas para a legitimação extraordinária não expressamente prevista em Lei: (*i*) ou ela deve ser extraída de uma interpretação sistemática do ordenamento jurídico; (*ii*) ou deve ser objeto de negócio jurídico celebrado entre as partes. Em ambos os casos, tem-se um terceiro, o substituto, pleiteando, em nome próprio, direito alheio, sendo imperativo que se garanta a representatividade adequada dos substituídos em cada relação jurídica.

4. ARBITRAGEM SOCIETÁRIA, ARBITRAGEM DO MERCADO DE CAPITAIS E ARBITRAGEM COLETIVA

Antes, ainda, de adentrar especificamente na figura do agente fiduciário na Lei das S. A., faz-se necessário proceder a uma conceituação do que se entende por arbitragem societária, arbitragem do mercado de capitais e

[60] DIDIER JR., Fredie. Fonte normativa da legitimação extraordinária no Novo Código de Processo Civil, op. cit., p. 139.

[61] REALE, Miguel. **Lições preliminares de direito**. São Paulo: Saraiva. 1980, p. 189.

[62] DIDIER JR., Fredie. Fonte normativa da legitimação extraordinária no Novo Código de Processo Civil, op. cit., pp. 139-140.

[63] SILVA, Nelson Finotti. Substituição processual ou legitimação extraordinária negocial, op. cit., p. 302.

[64] DIDIER JR., Fredie. Fonte normativa da legitimação extraordinária no Novo Código de Processo Civil, op. cit., p. 140.

[65] Idem.

[66] Ibidem, p. 141.

arbitragem coletiva e de que forma esses conceitos se interrelacionam. Apesar da importância da questão, não foi possível encontrar, na doutrina, uma definição capaz de, ao mesmo tempo, distinguir e relacionar a arbitragem societária, a arbitragem do mercado de capitais e a arbitragem coletiva.[67]

Começando do final, a definição de arbitragem coletiva pressupõe o conceito de processo coletivo. Afinal, a arbitragem coletiva resulta da realização de um processo coletivo em sede arbitral. Esse pode ser definido como "aquele em que se postula um direito coletivo *lato sensu* (situação jurídica coletiva ativa) ou se afirma a existência de uma situação jurídica coletiva passiva (deveres individuais homogêneos, p. ex.)".[68] O núcleo da definição está no seu objeto litigioso, havendo processo coletivo na hipótese em que o objeto é uma situação jurídica coletiva ativa ou passiva.[69]

Consideram-se como direitos coletivos *latu sensu*, que suscitam, então, situações coletivas ativas, os direitos coletivos (subjetivamente transindividuais, sem titular determinado, e materialmente indivisíveis), que se desdobram em direito difuso e em direito coletivo *strictu sensu*.[70]-[71] Ocorre

---

[67] Alguns conceitos encontrados: "*Inspirada nas class arbitrations norte-americanas, que, no Canadá, também tiveram guarida, no Brasil, a chamada "arbitragem coletiva" visa resolver conflitos em que estejam em jogo direitos patrimoniais difusos, coletivos ou individuais homogêneos*" (VERÇOSA, Fabiane. O desafio da audiência de instrução na arbitragem coletiva societária. MONTEIRO, André Luís. PEREIRA, Guilherme Setoguti J. BENEDUZI, Renato (Coord.). **Arbitragem coletiva societária**. São Paulo: Thomson Reuters Brasil, 2021, p. 121); "Para os restritos fins deste trabalho, a expressão arbitragem coletiva societária se referirá exclusivamente a processos arbitrais iniciados por associações civis, na qualidade de substitutas processuais de investidores no mercado de valores mobiliários, para a defesa de direitos reputados como transindividuais" (MARZAGÃO, Newton Coca Bastos. SCHAFFER, Daniel Kaufman. Arbitragem coletiva societária: notas críticas sobre o seu emprego à luz do regime da substituição processual, op. cit., p. 1012).

[68] DIDIER JR., Fredie. ZANETI JR., Hermes. Conceito de processo jurisdicional coletivo. **Revista do Ministério Público do Rio de Janeiro**, n. 53, jul./set. 2014, p. 58.

[69] Idem.

[70] ZAVASKI, Teori Albino. **Processo coletivo**: tutela de direitos coletivos e tutela coletiva de direitos. 2005. Tese (Doutorado em Direito) – Faculdade de Direito da Universidade Federal do Rio Grande do Sul. 295 f. Porto Alegre: 2005, p. 27.

[71] O Código de Defesa do Consumidor apresenta definição a respeito desses direitos, em seu art. 81: *Art. 81. A defesa dos interesses e direitos dos consumidores e das vítimas poderá ser exercida em juízo individualmente, ou a título coletivo. Parágrafo único. A defesa coletiva será exercida quando se tratar de: I - interesses ou direitos difusos, assim entendidos, para efeitos deste código, os transindividuais, de natureza indivisível, de que sejam titulares pessoas indeterminadas e ligadas por circunstâncias de fato; II - interesses ou direitos coletivos, assim entendidos, para efeitos deste código, os transindividuais, de natureza indivisível de que seja titular grupo, categoria ou classe de pessoas ligadas entre si ou com a parte contrária por uma relação jurídica base; III - interesses ou direitos individuais homogêneos, assim entendidos os decorrentes de origem comum.* Vale o destaque de que, aqui, o conceito de direito individual homogêneo não se equipara a esse da Lei, conforme já explicitado no ponto 3.

que também é possível conferir titularidade a uma situação coletiva ativa diante de direitos individuais homogêneos, caracterizados como direitos subjetivos individuais que, por uma relação de afinidade, da homogeneidade, podem ser objeto de defesa coletiva.[72] Nesse caso, a coletivização dos direitos individuais tem sentido instrumental, a fim de permitir sua tutela eficiente em juízo. Apesar de compreender uma pluralidade de titulares, o objeto material desse direito pode ser decomposto, em unidades autônomas, com titularidade própria.[73] Havendo, portanto, direitos coletivos, difusos e individuais homogêneos em uma demanda arbitral, está-se tratando de arbitragem coletiva.

A definição de arbitragem societária e do mercado de capitais exige prévia delimitação - se é que existe a possibilidade de separar totalmente esses dois âmbitos - do conceito de direito societário e do conceito de direito do mercado de capitais.

O direito societário é o direito das organizações finalísticas privadas, criadas mediante negócio jurídico destinado ao exercício de atividades econômicas com a partilha dos resultados às pessoas que dele participam.[74] Cabe-lhe, por isso, definir o modo de nascer e de morrer da relação jurídica societária; a relação entre os sócios e deles com a sociedade e as atribuições de suas respectivas responsabilidades por dívidas particulares e sociais; a estrutura e o procedimento da gestão e da representação; as regras incidentes sobre o patrimônio comum e sobre a distribuição de resultados aos sócios, entre outras.[75]

O direito do mercado de capitais, por sua vez, tem sua razão de ser na proteção dos investidores, na manutenção da estabilidade financeira e na administração dos riscos decorrentes dos negócios realizados no mercado, na satisfação das necessidades de informar os investidores, na garantia da precisão dos preços dos valores mobiliários negociados, na administração dos problemas de agência que surgem no âmbito do mercado, etc.[76] A regulação do mercado de capitais - e o seu direito, portanto -, volta-se a viabilizar que o mercado sirva, de modo eficiente, "como ferramenta de direcionamento do

---

[72] ZAVASKI, Teori Albino. Processo coletivo, op. cit., p. 28.

[73] Idem.

[74] *Art. 981. Celebram contrato de sociedade as pessoas que reciprocamente se obrigam a contribuir, com bens ou serviços, para o exercício de atividade econômica e a partilha, entre si, dos resultados.*

[75] CAMILO JUNIOR, Ruy Pereira. **Direito societário e regulação econômica**. Barueri, SP: Manole, 2018, p. 171.

[76] PITTA, André Gruspun. **As funções da informação no mercado de valores mobiliários**: uma reflexão sobre o regime de divulgação de informações imposto às companhias abertas brasileiras. 2013. Dissertação (Mestrado em Direito Comercial) - Faculdade e Direito da Universidade de São Paulo. 386 f. São Paulo: São Paulo, 2013, pp. 32-33.

fluxo dos recursos disponíveis em determinada economia ao financiamento da atividade produtiva".[77]

Tradicionalmente reconhecido como um direito de natureza introspectiva – que atua porta adentro da sociedade –, o direito societário interage com o direito do mercado de capitais, mas com ele não se confunde.[78] Os direitos societário e do mercado de capitais apresentam áreas de intersecção e outras totalmente separadas.[79] Entre as matérias de cruzamento, embora tuteladas de forma distinta, encontra-se o monitoramento e a punição das companhias emissoras de valores mobiliários, seus controladores e administradores.[80] São justamente esses temas que reiteradamente aparecem perante o juízo arbitral, e, no que mais nos interessa, na arbitragem coletiva.

E no direito societário e no direito do mercado de capitais existem, em benefício dos acionistas e investidores em geral, direitos ou posições subjetivas ativas coletivas (coletivas em sentido estrito, difusas ou individuais homogêneas). Nesse ponto reside a intersecção da arbitragem societária e do mercado de capitais com a arbitragem coletiva: na hipótese de, no âmbito do direito societário ou do mercado de capitais, existir uma demanda arbitrável que envolva uma situação jurídica ativa coletiva, haverá arbitragem coletiva societária ou arbitragem coletiva do mercado de capitais.

Contudo, a distinção entre os objetivos, riscos, princípios e instrumentos do direito societário e do direito do mercado de capitais,[81] modifica, a nosso ver, a natureza da dimensão coletiva (*latu sensu*) dos respetivos direitos. Observe-se que, não obstante titularizados por uma coletividade de acionistas, os direitos individuais dos acionistas, relativamente às relações entre os sócios e para com a sociedade, em sua face coletiva apresentam-se como direitos individuais homogêneos, que podem ser exercidos individualmente pelos acionistas, a despeito da existência de mecanismos de tutela coletiva. Nesse sentido, o art. 159, § 7º, da Lei das S. A. confere direito de ação ao acionista ou ao terceiro prejudicado pela atuação do administrador independentemente da ação social, de titularidade da companhia. [82]

---

[77] Ibidem, p. 31.

[78] CAMILO JUNIOR, Ruy Pereira. Direito societário e regulação econômica, op. cit., p. 172.

[79] Ibidem, p. 174.

[80] Ibidem, p. 209.

[81] Ibidem, p. 172.

[82] *Art. 159. Compete à companhia, mediante prévia deliberação da assembleia-geral, a ação de responsabilidade civil contra o administrador, pelos prejuízos causados ao seu patrimônio.* [...] *§ 7º A ação prevista neste artigo não exclui a que couber ao acionista ou terceiro diretamente prejudicado por ato de administrador.*

Relativamente à ação social, vale o destaque de que o seu exercício, pelo acionista, na modalidade *uti singuli*, em substituição processual à companhia, não representa hipótese de tutela coletiva. "Afinal, os direitos atribuíveis à sociedade referem-se a um centro único de interesses que não se reproduz de forma pulverizada no mercado, tal como ocorre no caso dos titulares dos valores mobiliários".[83]

Já no âmbito do mercado de capitais, reconhece-se que a proteção coletiva aos investidores e a responsabilização de agentes praticantes de ilícitos visa a, precipuamente, fortalecer as normas que garantem a higidez do mercado, detendo, assim, contornos de mecanismo público de efetivação de direitos.[84] Para além disso, o estímulo à formação de poupanças e sua aplicação em valores mobiliários, a promoção da expansão e do funcionamento regular e eficiente do mercado de ações e a proteção dos investidores contra emissões irregulares, atos ilegais de administradores e acionistas controladores de companhias abertas, uso de informação relevante não divulgada e outras fraudes de mercado – objetivos da regulação da CVM[85] –, enquadram-se, a nosso ver, como direitos difusos ao mercado e à economia nacional.[86] Referem-se, assim, a uma coletividade de sujeitos indeterminados, sem que seja possível individualizá-los, e o direito é indivisível entre os integrantes dessa coletividade, pertencendo, ao mesmo tempo, a todos e a ninguém.

---

[83] BROMBERG, Nicole Raca. Arbitragem de classe e tutela coletiva de investidores no âmbito da Lei nº 7.913/1989, op. cit., p. 1060.

[84] Ibidem, p. 1061.

[85] Lei nº. 6.385/1976: *Art. 4º O Conselho Monetário Nacional e a Comissão de Valores Mobiliários exercerão as atribuições previstas na lei para o fim de: I - estimular a formação de poupanças e a sua aplicação em valores mobiliários; II - promover a expansão e o funcionamento eficiente e regular do mercado de ações, e estimular as aplicações permanentes em ações do capital social de companhias abertas sob controle de capitais privados nacionais; III - assegurar o funcionamento eficiente e regular dos mercados da bolsa e de balcão; IV - proteger os titulares de valores mobiliários e os investidores do mercado contra: a) emissões irregulares de valores mobiliários; b) atos ilegais de administradores e acionistas controladores das companhias abertas, ou de administradores de carteira de valores mobiliários. c) o uso de informação relevante não divulgada no mercado de valores mobiliários. V - evitar ou coibir modalidades de fraude ou manipulação destinadas a criar condições artificiais de demanda, oferta ou preço dos valores mobiliários negociados no mercado; VI - assegurar o acesso do público a informações sobre os valores mobiliários negociados e as companhias que os tenham emitido; VII - assegurar a observância de práticas comerciais equitativas no mercado de valores mobiliários; VIII - assegurar a observância no mercado, das condições de utilização de crédito fixadas pelo Conselho Monetário Nacional.*

[86] GRINOVER, Ada Pellegrini. A tutela coletiva dos investidores no mercado de valores mobiliários, op. cit., pp. 27-58.

Ocorre que a Lei n. 7.913/1989, em seu art. 1º, expressamente prevê que a ação civil pública de responsabilidade por danos causados aos investidores no mercado de valores mobiliários – em defesa do interesse difuso na probidade do mercado – se dará "*Sem prejuízo da ação de indenização do prejudicado*".[87]-[88] Ou seja, o mesmo ato ilegal pode provocar danos difusos ao mercado de capitais e prejudicar direitos individuais dos investidores,[89] autorizando a concomitância da ação civil pública e de demanda individual ou coletiva para salvaguardar interesses individuais ou individuais homogêneos dos acionistas.[90] No âmbito do mercado de capitais, portanto, os investidores também possuem direitos individuais – os quais, exercidos coletivamente, passam a ser direitos individuais homogêneos – passíveis de tutela coletiva, ao passo que os direitos difusos, devido a sua titularidade indeterminada, não podem ser exercidos pelos acionistas (ainda que coletivamente). Aqui, a legitimidade caberá exclusivamente ao Ministério Público, à OAB (Lei n. 8.906/1994, art. 54, inc. XIV) e demais entes públicos (Defensoria Pública (inciso II), União, Estados, Município e Distrito Federal (inciso III) e a autarquia, empresa pública,

---

[87] *Art. 1º Sem prejuízo da ação de indenização do prejudicado, o Ministério Público ou a Comissão de Valores Mobiliários, pelo respectivo órgão de representação judicial, adotará as medidas judiciais necessárias para evitar prejuízos ou para obter ressarcimento de danos causados aos titulares de valores mobiliários e aos investidores do mercado, especialmente quando decorrerem de: I — operação fraudulenta, prática não eqüitativa, manipulação de preços ou criação de condições artificiais de procura, oferta ou preço de valores mobiliários; II — compra ou venda de valores mobiliários, por parte dos administradores e acionistas controladores de companhia aberta, utilizando-se de informação relevante, ainda não divulgada para conhecimento do mercado ou a mesma operação realizada por quem a detenha em razão de sua profissão ou função, ou por quem quer que a tenha obtido por intermédio dessas pessoas; III — omissão de informação relevante por parte de quem estava obrigado a divulgá-la, bem como sua prestação de forma incompleta, falsa ou tendenciosa.*

[88] Ainda que, por expressa previsão da Lei, mesmo no caso da demanda, ajuizada pelo MP ou por associação civil, para a defesa do direito difuso, haja reversão da importância recebida em favor dos investidores prejudicados: *Art. 2º As importâncias decorrentes da condenação, na ação de que trata esta Lei, reverterão aos investidores lesados, na proporção de seu prejuízo. § 1º As importâncias a que se refere este artigo ficarão depositadas em conta remunerada, à disposição do juízo, até que o investidor, convocado mediante edital, habilite-se ao recebimento da parcela que lhe couber. § 2º Decairá do direito à habilitação o investidor que não o exercer no prazo de dois anos, contado da data da publicação do edital a que alude o parágrafo anterior, devendo a quantia correspondente ser recolhida ao Fundo a que se refere o art. 13 da Lei nº 7.347, de 24 de julho de 1985.*

[89] BROMBERG, Nicole Raca. Arbitragem de classe e tutela coletiva de investidores no âmbito da Lei nº 7.913/1989, op. cit., pp. 1064-1065.

[90] Contudo, já tendo sido proposta a ação civil pública, resta inviabilizado o ajuizamento de demanda individual pelos prejudicados, considerando que o valor de indenização será revertido aos acionistas que não podem receber duas vezes pelo mesmo fato.

fundação ou sociedade de economia mista (inciso IV, todos do art. 5º da Lei n. 7.347/1985 – e a eles somente.[91]-[92]

Então, em síntese, tem-se que: (*i*) no âmbito do direito societário, os direitos dos acionistas terão, sempre, natureza de direitos individuais homogêneos, quando exercidos coletivamente[93]; (*ii*) no âmbito do mercado de capitais, há direito difuso à higidez do mercado, acompanhado de direitos individuais dos acionistas à reparação dos ilícitos de mercado (os quais, quando exercidos coletivamente, serão direitos individuais homogêneos), independentes entre si.

No entanto, as regras de legitimidade previstas na Lei n. 7.347/1985 e, como consequência, na Lei n. 7.913/1989 (ainda que no aspecto do direito individual dos investidores), são de caráter cogente e, portanto, não admitem a legitimidade extraordinária negocial para incluir a figura do agente fiduciário. Por essa razão, o presente estudo restringir-se à arbitragem coletiva societária, buscando analisar se nela cabe o agente fiduciário como substituto processual dos acionistas minoritários.

5. O AGENTE FIDUCIÁRIO NA LEI DAS S. A.

A figura do agente fiduciário foi prevista, na Lei das S. A., para os destinatários de partes beneficiárias (art. 51, § 3º), em relação às quais não se sabe de alguma experiência, e para os debenturistas (arts. 66 e ss), cuja nomeação deve ser realizada na escritura de emissão das debêntures.[94] Sua função essencial consiste em representar o interesse comum (ou

---

[91] Não obstante, por remissão à Lei nº. 7.347/1985, atribua-se às associações civis a legitimidade para propor ações civis públicas, inclusive por danos aos investidores no mercado de valores mobiliários, não nos parece correto que as associações – pessoas jurídicas de direito privado – tenham legitimidade para defender o direito difuso à higidez do mercado de capitais.

[92] *Art. 5º Têm legitimidade para propor a ação principal e a ação cautelar: I - o Ministério Público; II - a Defensoria Pública; III - a União, os Estados, o Distrito Federal e os Municípios; IV - a autarquia, empresa pública, fundação ou sociedade de economia mista; V - a associação que, concomitantemente: a) esteja constituída há pelo menos 1 (um) ano nos termos da lei civil; b) inclua, entre suas finalidades institucionais, a proteção ao patrimônio público e social, ao meio ambiente, ao consumidor, à ordem econômica, à livre concorrência, aos direitos de grupos raciais, étnicos ou religiosos ou ao patrimônio artístico, estético, histórico, turístico e paisagístico.*

[93] MARINONI, Luiz Guilherme. ARENHART, Sérgio Cruz. Extensão subjetiva da sentença e da coisa julgada em ações societárias, op. cit., pp. 195-196.

[94] *Art. 66. O agente fiduciário será nomeado e deverá aceitar a função na escritura de emissão das debêntures.*

seja, coletivo)[95] de seus titulares, zelando pela defesa dos seus direitos.[96] O agente fiduciário dos debenturistas era utilizado, no direito comparado, especialmente em razão das dificuldades técnicas e financeiras decorrentes da defesa individual de cada qual dos debenturistas, em seu próprio interesse.[97] Trata-se de representante orgânico da comunhão de debenturistas, disposto de poderes de gestão e de representação dos interesses da comunhão perante os acionistas.[98]

Uma vantagem dessa condição de representante orgânico de uma determinada classe perante a companhia consiste no fato de sua remuneração e as despesas incorridas para proteger os direitos da comunhão ser suportada pela própria companhia. Cabe, pois, à sociedade arcar com esse custo.[99]

A Lei das S. A. buscou conferir tratamento específico a respeito dessa figura. No capítulo das debêntures regulamentou sua nomeação, os requisitos do seu exercício,[100] as regras de substituição, remuneração e fiscalização,[101] e,

[95] RODRIGUES, Fábio Polli. A legitimidade processual do agente fiduciário de debêntures e contratos de investimento coletivo. **Revista dos Tribunais**, vol. 1021/2020, p. 251-274, nov./2020. Disponível na plataforma online da Revista dos Tribunais, p. 2.

[96] EIZIRIK, Nelson. **A Lei das S. A. comentada**, vol. I. 2ª ed. rev. e ampl. São Paulo: Quartier Latin, 2015, p. 443.

[97] Idem.

[98] CAMPINHO, Sérgio. Notas breves sobre o agente fiduciário dos debenturistas e sua legitimação processual. **Revista Semestral de Direito Empresarial**, Rio de Janeiro, n. 2, jan./jun. de 2008, p. 56.

[99] Idem.

[100] *§ 1º Somente podem ser nomeados agentes fiduciários as pessoas naturais que satisfaçam aos requisitos para o exercício de cargo em órgão de administração da companhia e as instituições financeiras que, especialmente autorizadas pelo Banco Central do Brasil, tenham por objeto a administração ou a custódia de bens de terceiros. § 2º A Comissão de Valores Mobiliários poderá estabelecer que nas emissões de debêntures negociadas no mercado o agente fiduciário, ou um dos agentes fiduciários, seja instituição financeira. § 3º Não pode ser agente fiduciário: a) pessoa que já exerça a função em outra emissão da mesma companhia, a menos que autorizado, nos termos das normas expedidas pela Comissão de Valores Mobiliários; b) instituição financeira coligada à companhia emissora ou à entidade que subscreva a emissão para distribuí-la no mercado, e qualquer sociedade por elas controlada; c) credor, por qualquer título, da sociedade emissora, ou sociedade por ele controlada; d) instituição financeira cujos administradores tenham interesse na companhia emissora; e) pessoa que, de qualquer outro modo, se coloque em situação de conflito de interesses pelo exercício da função. § 4º O agente fiduciário que, por circunstâncias posteriores à emissão, ficar impedido de continuar a exercer a função deverá comunicar imediatamente o fato aos debenturistas e pedir sua substituição.*

[101] *Art. 67. A escritura de emissão estabelecerá as condições de substituição e remuneração do agente fiduciário, observadas as normas expedidas pela Comissão de Valores Mobiliários. Parágrafo único. A Comissão de Valores Mobiliários fiscalizará o exercício da função de agente fiduciário das emissões distribuídas no mercado, ou de debêntures negociadas em bolsa ou no mercado de balcão, podendo: a) nomear substituto provisório, nos casos de vacância; b) suspender o agente fiduciário de suas funções e dar-lhe substituto, se deixar de cumprir os seus deveres.*

no que mais nos interessa, seus deveres e atribuições.[102] Em síntese, a comunhão de debenturistas é titular do direto de indicá-lo e, consequentemente, de destituí-lo, se for de interesse da coletividade.[103]-[104]

Entre os deveres do agente fiduciário, deve ele proteger os direitos e interesses dos debenturistas, informá-los, mediante relatório anual, de fatos relevantes ocorridos relativamente à execução das obrigações da companhia para com eles, notificá-los diante do não cumprimento de obrigações da companhia e usar de qualquer ação para proteger direitos e defender interesses dos debenturistas. Cabe a ele, então, adotar medidas diretas, drásticas e concretas para proteger os interesses coletivos sob sua tutela.[105]

---

[102] *§ 1º São deveres do agente fiduciário: a) proteger os direitos e interesses dos debenturistas, empregando no exercício da função o cuidado e a diligência que todo homem ativo e probo costuma empregar na administração de seus próprios bens; b) elaborar relatório e colocá-lo anualmente a disposição dos debenturistas, dentro de 4 (quatro) meses do encerramento do exercício social da companhia, informando os fatos relevantes ocorridos durante o exercício, relativos à execução das obrigações assumidas pela companhia, aos bens garantidores das debêntures e à constituição e aplicação do fundo de amortização, se houver, do relatório constará, ainda, declaração do agente sobre sua aptidão para continuar no exercício da função; c) notificar os debenturistas, no prazo máximo de 60 (sessenta) dias, de qualquer inadimplemento, pela companhia, de obrigações assumidas na escritura da emissão. § 2º A escritura de emissão disporá sobre o modo de cumprimento dos deveres de que tratam as alíneas b e c do parágrafo anterior. § 3º O agente fiduciário pode usar de qualquer ação para proteger direitos ou defender interesses dos debenturistas, sendo-lhe especialmente facultado, no caso de inadimplemento da companhia: a) declarar, observadas as condições da escritura de emissão, antecipadamente vencidas as debêntures e cobrar o seu principal e acessórios; b) executar garantias reais, receber o produto da cobrança e aplicá-lo no pagamento, integral ou proporcional, dos debenturistas; c) requerer a falência da companhia emissora, se não existirem garantias reais; d) representar os debenturistas em processos de falência, concordata, intervenção ou liquidação extrajudicial da companhia emissora, salvo deliberação em contrário da assembleia dos debenturistas; e) tomar qualquer providência necessária para que os debenturistas realizem os seus créditos. § 4º O agente fiduciário responde perante os debenturistas pelos prejuízos que lhes causar por culpa ou dolo no exercício das suas funções. § 5º O crédito do agente fiduciário por despesas que tenha feito para proteger direitos e interesses ou realizar créditos dos debenturistas será acrescido à dívida da companhia emissora, gozará das mesmas garantias das debêntures e preferirá a estas na ordem de pagamento. § 6º Serão reputadas não-escritas as cláusulas da escritura de emissão que restringirem os deveres, atribuições e responsabilidade do agente fiduciário previstos neste artigo.*

[103] CAMPINHO, Sérgio. Notas breves sobre o agente fiduciário dos debenturistas e sua legitimação processual, op. cit., p. 54.

[104] Também a Resolução CVM contém regras semelhantes para os demais títulos, relativas a requisitos para a função, impedimentos, substituição, direitos e deveres, responsabilidade, remuneração etc.

[105] RODRIGUES, Fábio Polli. A legitimidade processual do agente fiduciário de debêntures e contratos de investimento coletivo, op. cit., p. 2.

Apesar de a Lei mencionar que o agente fiduciário representa a comunhão de debenturistas perante a companhia emissora (art. 68),[106] tem-se, cabalmente, uma situação de substituição processual.[107]

Nesse caso, existe verdadeira legitimidade extraordinária autônoma, tendo em vista que o legitimado extraordinário está autorizado a conduzir o processo independentemente da participação do titular do direito litigioso, considerando-se instaurado o contraditório com a só presença do substituto.[108] Contudo, a Lei não atribui legitimidade exclusiva ao agente fiduciário – e, sem ela, não é autorizado fazê-lo via interpretação, de modo que é "possível a coexistência simultânea de ações judiciais isoladas promovidas pelos debenturistas e a ação judicial de iniciativa de seu próprio agente fiduciário".[109]-[110]-[111]

Ajuizada ação pelo agente fiduciário, a coisa julgada material a partir dela formada alcançará a coletividade dos debenturistas, não sendo observado o mesmo fenômeno em relação à ação ajuizada individualmente por um dos membros da comunhão.[112]

Ocorrendo qualquer situação ensejadora de sua atuação, o agente fiduciário fica obrigado a agir, sob pena de ser responsabilizado pelos prejuízos que, por culpa ou dolo, causa aos debenturistas.[113]-[114]

---

106 *Art. 68. O agente fiduciário representa, nos termos desta Lei e da escritura de emissão, a comunhão dos debenturistas perante a companhia emissora.*

107 ARAGÃO, Paulo Cézar. Aspectos processuais da legislação societária. **Revista dos Tribunais**, vol. 641/1989, p. 61-71, mar./1989, p. 7.

108 DIDIER JR., Fredie. Fonte normativa da legitimação extraordinária no Novo Código de Processo Civil, op. cit., p. 138.

109 ARAGÃO, Paulo Cézar. Aspectos processuais da legislação societária, op. cit., p. 8.

110 Há quem entenda que é possível a existência de cláusula que retire a legitimidade dos debenturistas para agir em nome próprio, "mas ela não se aplica às ações que visam a cobrança do crédito e pode ser também afastada em outras situações que há mais de um século vêm sendo reconhecidas pela justiça norte-americana" (RODRIGUES, Fábio Polli. A legitimidade processual do agente fiduciário de debêntures e contratos de investimento coletivo, op. cit., p. 10).

111 "Não vislumbramos na redação do § 3º, do artigo 68, da Lei das S. A., qualquer interdição para que os debenturistas possam individualmente agir. Não se detecta no texto uma exclusão das ações individuais dos obrigacionistas perante a companhia emissora21. Tem-se nele uma investidura do agente fiduciário para a postulação em juízo, em prol dos direitos dos debenturistas, mas sem qualquer subtração do direito individual de ação. Pela regra se estabelece, tão-somente, a sua personalidade ou capacidade processual, representando em juízo o direito da comunhão. Daí não se conseguir aferir outra situação senão à da legitimação extraordinária concorrente, porque a lei não exclui, repita-se, a participação do titular do direito" (CAMPINHO, Sérgio. Notas breves sobre o agente fiduciário dos debenturistas e sua legitimação processual, op. cit., p. 64).

112 Ibidem, pp. 65-66.

113 *§ 4º O agente fiduciário responde perante os debenturistas pelos prejuízos que lhes causar por culpa ou dolo no exercício das suas funções.*

114 EIZIRIK, Nelson. A Lei das S. A. comentada, op. cit., p. 461.

Internamente, na assembleia de debenturistas, a qual cabe deliberar matéria de interesses da comunhão, as deliberações são tomadas por maioria absoluta, por aplicação analógica dos dispositivos da Lei das S.A. a respeito da assembleia geral.[115] Como peculiaridade, previu-se que cada debênture terá direito a um voto,[116] independentemente do valor do seu crédito perante a sociedade.

5.1. O agente fiduciário dos minoritários

Seria possível conceber a figura do agente fiduciário (ou um *indenture trustee* a ele análogo) para representar os investidores de determinada sociedade anônima aberta em demanda coletiva? Rodrigues conta-nos que, em 2011, quando os contratos de investimento coletivo (CIC) com garantia real passaram a ser legalmente equiparados às debêntures, estendeu-se a esse tipo de valor mobiliário a figura do agente fiduciário, "como representante de uma coletividade de investidores que tem interesses individuais homogêneos".[117] Tal aplicação extensiva, portanto, não é novidade, até porque a CVM, nessa mesma linha, dizendo-se fundamentada nos dispositivos legais que invocou,[118] instituiu e regulamentou a figura do agente fiduciário para representar os titulares de outros valores mobiliários distribuídos publicamente ou admitidos à negociação em mercado organizado (Instrução CVM n. 583/2016, substituída pela Resolução CVM n. 17/2022, com as alterações da Resolução CVM n. 162/2022).

Aqui, parece-nos que as justificativas para criação da figura do agente fiduciário e sua incorporação à Lei, bem como o regramento sobre ele incidente, podem, com alguma adaptação, ser estendidos a um agente fiduciário dos investidores.

Da mesma forma que se verificou quando da criação do agente fiduciário para a proteção dos titulares de partes beneficiárias e debêntures na Lei das S.

[115] Art. 71, *§ 2º Aplica-se à assembleia de debenturistas, no que couber, o disposto nesta Lei sobre a assembleia-geral de acionistas.* [...] *Art. 129. As deliberações da assembleia-geral, ressalvadas as exceções previstas em lei, serão tomadas por maioria absoluta de votos, não se computando os votos em branco. § 1º O estatuto da companhia fechada pode aumentar o quórum exigido para certas deliberações, desde que especifique as matérias. § 2º No caso de empate, se o estatuto não estabelecer procedimento de arbitragem e não contiver norma diversa, a assembleia será convocada, com intervalo mínimo de 2 (dois) meses, para votar a deliberação; se permanecer o empate e os acionistas não concordarem em cometer a decisão a um terceiro, caberá ao Poder Judiciário decidir, no interesse da companhia.*

[116] Art. 71, *§ 6º Nas deliberações da assembleia, a cada debênture caberá um voto.*

[117] RODRIGUES, Fábio Polli. A legitimidade processual do agente fiduciário de debêntures e contratos de investimento coletivo, op. cit., p. 2.

[118] Arts. 8º, I, e 15, § 1º, I, da Lei nº 6.385/1976; arts. 52 e seguintes da Lei nº 6.404/1976.

A. e de outros títulos admitidos à circulação no mercado de capitais por normas administrativas, certamente há a preocupação de garantir uma representação adequada dos interesses coletivos dos minoritários (aqui, entenda-se, direitos individuais homogêneos, exercidos de forma coletiva), especialmente em razão das dificuldades práticas, técnicas e financeiras decorrentes do exercício individual dos seus direitos perante a companhia. O agente fiduciário, então, eleito pelos minoritários, age como substituto processual deles em demandas contra a companhia, seus administradores e controlador(es) ou sociedade(s) controlada(s), com o fim de proteger os interesses homogêneos da comunidade dos acionistas (nada importando as constantes mudanças de titularidade das ações), informando-os e à autoridade controladora do mercado do descumprimento de deveres da companhia ou de seus órgãos perante os minoritários, etc. Outra vantagem é que a companhia arca com os custos da remuneração e da atuação do agente fiduciário[119], dada sua função de representante orgânico desses investidores, devendo recobrá-los do causador do dano que originou a demanda ajuizada pelos acionistas.[120]

Com isso, além de manter os acionistas indenes dos custos judiciais e arbitrais, passa a ser incumbência do agente fiduciário a obrigação de informá-los a respeito do descumprimento dos deveres da companhia, do controlador e dos administradores, perante eles e do andamento da demanda por ele ajuizada para atender aos interesses da comunidade acionária.

E, na hipótese de inércia do agente fiduciário, para além da legitimidade concorrente de cada um dos investidores para ajuizar ações em seus interesses

[119] É intuitivo que a grande massa de acionistas, não tendo participação significativa na companhia, tende a se desvencilhar de suas ações, quando convocada para investir numa demanda duvidosa, demorada e de resultado incerto.

[120] O custo financeiro, aos minoritários, da ação coletiva é analisado por PRADO, Viviane Mueller. NANU, Ana Paula Ribeiro. 20 anos de arbitragem no mercado de capitais: escolha acertada? In: FRANÇA, Erasmo Valladão Azevedo e Novaes. EIZIRIK, Nelson (Coord.). CERBINO, Grasiela. GONZALEZ, Gustavo Machado. AMARAL, José Romeu Garcia do (Org.). **Revista de direito das sociedades e dos valores mobiliários:** edição comemorativa dos 45 anos das Leis nº. 6.385 e 6.404, vol. II, dezembro de 2021: "*Sem que se pretenda aqui exaurir o tema (complexo, como se pode ver) em relação às custas na arbitragem coletiva, lista-se algumas possíveis opções de medidas a serem adotadas, (cuja implementação, é claro, dependerá de uma análise mais apurada que foge ao propósito e limite do presente artigo): (i) pode-se aventar a possibilidade de o representante da coletividade buscar financiamento de terceiros (tema bastante em alta no Brasil); (ii) pode-se pensar na exigência de que as custas do procedimento arbitral sejam compartilhadas entre todos os membros do coletivo/da classe; ou, ainda, (iii) pode-se até pensar na imputação à companhia, alvo da arbitragem, da responsabilidade pelo pagamento das despesas, a fim de viabilizar o prosseguimento da demanda (em sistemática semelhante à exigência em arbitragens com o Poder Público, de que a parte privada arque com todos os custos do procedimento). Sabe-se que todas estas opções precisam ser muito bem avaliadas, com reflexão sobre seus pontos positivos e negativos*" (pp. 469-470).

individuais, o agente fiduciário pode ser responsabilizado perante os acionistas pelo prejuízo que lhes causar, por culpa ou dolo, no exercício das funções. No mais, aos acionistas cabe destituí-lo, em assembleia, a qualquer momento, por maioria de votos.

Não nos parece admissível que os minoritários tenham, na assembleia destinada a nomear ou destituir o agente fiduciário, votos por cabeça, como há para os debenturistas. Aqui, a natureza das ações – e a necessária correlação com o número de votos – impede a atribuição de direitos de participação fora dessa lógica proporcional,[121] salvo nos casos previstos em lei (voto múltiplo e voto plural).

São sabidas, a toda evidência, as distinções entre debenturistas e acionistas, e a diferente relação de cada um desses grupos para com a sociedade. As debêntures são valores mobiliários que conferem ao seu titular direito de crédito contra a companhia emissora,[122] ao passo em que as ações são valores mobiliários que conferem ao seu titular direitos e obrigações decorrentes da participação societária na companhia ou da posição jurídica de acionista.[123] No entanto, no que interessa à legitimidade ativa para demandas coletivas, verifica-se que os acionistas possuem mais direitos face à companhia do que os próprios debenturistas, sendo válido, a nosso ver, que constituam, voluntariamente, um substituto processual para ajuizar demandas em face da companhia, dos controladores ou dos administradores, por descumprimento de deveres legais ou estatutários, em prejuízo dos investidores. No mais, serve o agente fiduciário de garantidor do devido fluxo de informações e da representatividade adequada dos interesses dos investidores na demanda.

Certamente, essa figura, análoga ao agente fiduciário dos debenturistas, destinada à tutela dos acionistas minoritários ou investidores, não passa indene de questionamentos. O principal deles, numa primeira análise sobre o tema, é a identificação da minoria a ser representada pelo agente fiduciário. Na hipótese de haver controlador definido – o que é a regra do mercado brasileiro –, a minoria é composta pelos acionistas que não são controladores ou que não fazem parte do grupo de controle,[124] aí incluídos acionistas com ou sem direito de voto. Não seria caso de ser realizada assembleia especial – porque a condição de minoritário não é verdadeiramente uma classe de ações ordinárias

121 *Art. 110. A cada ação ordinária corresponde 1 (um) voto nas deliberações da assembleia-geral.*

122 LAMY FILHO, Alfredo. PEDREIRA, José Luiz Bulhões (Coord.). Direito das companhias, op. cit., p. 421.

123 Ibidem, p. 395.

124 TRIUNFANTE, Armando Manuel. **A tutela das minorias nas sociedades anônimas**: direitos de minoria qualificada e abuso de direito. Coimbra: Editora Coimbra, 2004, p. 36.

(diferente da classe das ações do controlador).[125] Para a indicação do agente fiduciário, é concebível a realização de votação, em reunião (assembleia), com a participação exclusiva dos minoritários. A convocação dessa assembleia para deliberar sobre a eleição e destituição do agente fiduciário deve seguir os termos do previsto no art. 71, § 1º, da Lei das S. A..[126]

Dessa forma, o agente fiduciário aparece como uma alternativa à legitimidade ativa para ações coletivas em benefício dos investidores. Como visto, somente é admissível tal composição em arbitragem coletiva societária ou arbitragem coletiva do mercado de capitais fora das hipóteses da Lei n. 7.913/1989, em razão das restrições oriundas do regramento incidente sobre a ACP e sobre os direitos difusos à higidez do mercado de capitais.

Para tanto, a cláusula arbitral deve regulamentar a matéria.[127] Passa-se, então, a analisar a validade e a extensão de uma cláusula nesse sentido.

6. AUTONOMIA DA CLÁUSULA ARBITRAL PARA DISCIPLINAR A LEGITIMIDADE ATIVA DO AGENTE FIDUCIÁRIO

A cláusula compromissória arbitral, inserida no estatuto das sociedades anônimas, possui natureza jurídica de "verdadeiro contrato, normalmente

---

[125] Lei das S. A.: *Art. 15. As ações, conforme a natureza dos direitos ou vantagens que confiram a seus titulares, são ordinárias, preferenciais, ou de fruição. § 1º As ações ordinárias e preferenciais poderão ser de uma ou mais classes, observado, no caso das ordinárias, o disposto nos arts. 16, 16-A e 110-A desta Lei.* [...] *Art. 16. As ações ordinárias de companhia fechada poderão ser de classes diversas, em função de: I - conversibilidade em ações preferenciais; II - exigência de nacionalidade brasileira do acionista; ou III - direito de voto em separado para o preenchimento de determinados cargos de órgãos administrativos. IV - atribuição de voto plural a uma ou mais classes de ações, observados o limite e as condições dispostos no art. 110-A desta Lei. Parágrafo único. A alteração do estatuto na parte em que regula a diversidade de classes, se não for expressamente prevista e regulada, requererá a concordância de todos os titulares das ações atingidas.*

[126] *Art. 71. Os titulares de debêntures da mesma emissão ou série podem, a qualquer tempo, reunir-se em assembleia a fim de deliberar sobre matéria de interesse da comunhão dos debenturistas. § 1º A assembleia de debenturistas pode ser convocada pelo agente fiduciário, pela companhia emissora, por debenturistas que representem 10% (dez por cento), no mínimo, dos títulos em circulação, e pela Comissão de Valores Mobiliários.*

[127] Não se descarta que a melhor solução para a questão da representação dos minoritários em demandas coletivas talvez passasse por incluir, em lei, uma autorização de constituição de um agente fiduciário em benefício desses investidores, definindo algumas regras a respeito de eleição, destituição, poderes e responsabilidades. Mas o presente trabalho volta-se a analisar a cláusula compromissória arbitral, pelo que ficaria fora do seu escopo mencionar alternativas de *lege federenda*.

enxuto, e em geral inserido em outro contrato, no qual as partes estabelecem o conjunto das suas demais obrigações e direitos".[128]

Considerando a autonomia das partes (acionistas, nesse caso) para disporem a respeito das cláusulas contratuais, e para concederem legitimidade ativa negociada a quem entendam de direito, desde que garantida a adequada representação, entendemos não haver óbice para que a cláusula compromissória de um estatuto de sociedade anônima aberta contenha a previsão de que a legitimidade ativa para ajuizar demandas arbitrais coletivas em face da sociedade, dos controladores e administradores, a fim de tutelar os direitos individuais homogêneos dos acionistas, seja atribuída ao agente fiduciário dos minoritários, nos termos até aqui explicitados. Ou, falando em termos mais genéricos, a cláusula pode prever que, nas demandas a serem resolvidas por arbitragem, exista um agente fiduciário para tutelar os interesses dos minoritários, na condição de substituto processual, relativamente aos direitos individuais homogêneos daquela coletividade.

Seguindo a lógica, os minoritários podem, por decisão majoritária, exigir a inclusão dessa regra de legitimidade na cláusula – porque o substituto processual representa os seus interesses – bem como proceder à eleição do agente fiduciário para o exercício dessa função.[129] Como a legitimidade do agente não é exclusiva, os acionistas descontentes com a nomeação do agente ou com o desempenho de suas atribuições também podem, por si mesmos, buscar o juízo arbitral em defesa de seu exclusivo interesse, sem prejuízo da atuação do agente fiduciário na defesa dos direitos individuais homogêneos para que fora designado.

Pode ser que, em determinados casos – principalmente se a companhia já possui cláusula compromissória em seu estatuto –, os minoritários não detenham participação suficiente para atingir o quórum de modificação do estatuto social (maioria absoluta).[130] Pensamos que, nessa hipótese, nada impede que os minoritários, em votação separada, estabeleçam e aprovem, em forma instrumental, negócio jurídico contratual legitimador da atuação do agente fiduciário como seu substituto processual em arbitragens coletivas. Ainda que não incluída expressamente na cláusula estatutária, essa deliberação será válida e eficaz perante a parte adversa e o juízo arbitral.

---

[128] APRIGLIANO, Ricardo de Carvalho. Cláusula compromissória: aspectos contratuais. **Revista do Advogado**, n. 116, ano XXXII, julho de 2012, p. 175.

[129] Não haverá, em benefício do acionista dissidente, direito de retirada. Essa hipótese não está prevista em Lei e a interpretação do art. 137 – e dos demais artigos da Lei das S. A. que contemplam outros acontecimentos que ensejam o direito de retirada – é restritiva, a teor do art. 109, inc. V, da mesma lei.

[130] *Art. 129. As deliberações da assembleia-geral, ressalvadas as exceções previstas em lei, serão tomadas por maioria absoluta de votos, não se computando os votos em branco.*

Veja-se que essa alternativa negociada, incluída por disposição contratual, somente é possível porque afasta, da ação coletiva a ser ajuizada pelo agente fiduciário, o regramento da Lei n. 7.347/1985, que disciplina, mediante normas cogentes, por expressa previsão legal, à ação de reparação civil por danos causados aos investidores no mercado de capitais. Além disso, a restrição desse mecanismo à arbitragem societária também favorece a ampliação da autonomia da cláusula contratual compromissória com previsão de legitimidade ativa negociada em favor do agente fiduciário, na condição de substituto processual dos minoritários.

Apesar da relevância da arbitragem para o direito societário brasileiro, especialmente para as grandes companhias, não há regra no regulamento dos segmentos de listagem ou das câmaras arbitrais que conflite com a legitimidade extraordinária convencional do agente fiduciário dos minoritários.

Para as companhias do Novo Mercado, o regulamento desse segmento prevê, em seu art. 39, a obrigatoriedade de que o estatuto social contemple cláusula compromissória dispondo que a companhia, seus acionistas, administradores, membros do conselho fiscal, efetivos e suplentes, se houver, obrigam-se a resolver, por meio de arbitragem, perante a Câmara de Arbitragem do Mercado, na forma de seu regulamento, qualquer controvérsia que possa surgir entre eles, relacionada com ou oriunda da sua condição de emissor, acionistas, administradores e membros do conselho fiscal, e em especial, decorrentes das disposições contidas na Lei n. 6.385/1976, na Lei n. 6.404/1976, no estatuto social da companhia, nas normas editadas pelo CMN, pelo BCB e pela CVM, bem como nas demais normas aplicáveis ao funcionamento do mercado de valores mobiliários em geral, além daquelas constantes do regulamento do Novo Mercado, dos demais regulamentos da B3 e do contrato de participação no Novo Mercado.[131] Igual previsão consta no dispositivo do regulamento do nível 2 de governança corporativa.[132]

---

[131] *Art. 39 O estatuto social deve contemplar cláusula compromissória dispond o que a companhia, seus acionistas, administradores, membros do conselho fiscal, efetivos e suplentes, se houver, obrigam-se a resolver, por meio de arbitragem, perante a Câmara de Arbitragem do Mercado, na forma de seu regulamento, qualquer controvérsia que possa surgir entre eles, relacionada com ou oriunda da sua condição de emissor, acionistas, administradores e membros do conselho fiscal, e em especial, decorrentes das disposições contidas na Lei nº 6.385/1976, na Lei nº 6.404/1976, no estatuto social da companhia, nas normas editadas pelo CMN, pelo BCB e pela CVM, bem como nas demais normas aplicáveis ao funcionamento do mercado de valores mobiliários em geral, além daquelas constantes deste regulamento, dos demais regulamentos da B3 e do contrato de participação no Novo Mercado. Art. 40 A posse dos administradores e dos membros do conselho fiscal, efetivos e suplentes, fica condicionada à assinatura de termo de posse que deve contemplar sua sujeição à cláusula compromissória estatutária acima referida.*

[132] *13.1 Arbitragem. A B3, a Companhia, o Acionista Controlador, os demais acionistas da Companhia, os Administradores e os membros do conselho fiscal da Companhia comprometem-se a resolver toda e qualquer disputa ou controvérsia relacionada com ou oriunda deste Regulamento de*

Observa-se que tais normas não versam sobre a legitimidade dos acionistas para participar das demandas objeto da cláusula compromissória. O regulamento da Câmara de Arbitragem do Mercado, a que as cláusulas fazem menção, igualmente não apresenta normas acerca do tema. E nem poderia ser diferente, tendo em vista que as regras atinentes à legitimidade ativa, ainda que relativas ao direito processual, refletem a dinâmica do direito societário e das relações entre sociedade e sócios, de modo que as câmaras de arbitragem e os regulamentos de segmento de listagem não teriam autorização para definir, de antemão, a legitimidade em determinada demanda.

Mesmo o novo regulamento de arbitragem societária da CAM-CCBC, publicado pela Norma Complementar n. 2/2023, regula apenas a notificação e a participação dos terceiros afetados (sócios, associados ou acionistas titulares de valores mobiliários da classe ou espécie diretamente sujeitos aos efeitos da decisão arbitral, e/ou aos administradores também a ela sujeitos),[133] nas demandas de invalidade de assembleias ou reuniões de sócios, acionistas, associados ou de seus respectivos órgãos administrativos (art. 2º, "a"), de dissolução total ou parcial, retirada ou exclusão de sócios, acionistas ou associados ou apuração de haveres (art. 2º, "b"), de responsabilidade do controlador, de administradores ou dos membros do Conselho Fiscal perante a companhia, seus acionistas, sócios ou associados (art. 2º, "c"; ou de

Listagem, do Contrato de Participação no Nível 2 de Governança Corporativa, do Regulamento de Sanções, das Cláusulas Compromissórias, em especial, quanto à sua aplicação, validade, eficácia, interpretação, violação e seus efeitos, por meio de arbitragem, perante a Câmara de Arbitragem do Mercado, nos termos do seu Regulamento de Arbitragem. 13.2 A informação sobre a existência e a vinculação da Companhia à Cláusula Compromissória de arbitragem deve constar da página da Companhia na rede mundial de computadores.

133 *Art. 1º. O disposto neste Regulamento de Arbitragem Societária será aplicado, sempre que, cumulativamente: a. a sentença arbitral seja capaz de afetar não apenas aqueles que integram o polo requerente de arbitragem ou que tenham sido incluídos no polo requerido no Requerimento de Arbitragem, mas também a esfera jurídica de sociedade anônima, sociedade limitada ou associação ("Pessoa Jurídica") e,* ***simultaneamente, de sócios, associados ou acionistas titulares de valores mobiliários da classe ou espécie diretamente sujeitos aos efeitos da decisão arbitral, e/ou aos administradores também a ela sujeitos ("Terceiros Afetados");*** *b. a natureza da relação jurídica controvertida objeto da arbitragem exija decisão uniforme para todos os Terceiros Afetados; e c. o estatuto ou o contrato social da Pessoa Jurídica inclua cláusula segundo a qual as partes convencionam que a arbitragem será administrada pelo CAM-CCBC e regida pelo Regulamento do CAM-CCBC, conforme artigo 1º do Regulamento de Arbitragem do CAM-CCBC.*

responsabilidade de acionistas, sócios ou associados pelo exercício abusivo do direito de voto (art. 2º, "d").[134]-[135]

Dessa forma, observa-se que essas soluções negociadas, contratuais, colocam-se como importante alternativa à complexa problemática envolvendo a arbitragem coletiva societária, decorrente da superveniência de uma decisão que afeta, de forma igual, a esfera jurídica de vários participantes da sociedade, sem que, necessariamente, esses participantes estejam cientes ou devidamente representados na demanda. Aliado a isso, existe a confidencialidade do procedimento e a ausência de obrigação de comunicação pormenorizada aos minoritários do processo e dos seus trâmites.

A autonomia privada na definição da legitimidade ativa negociada e a possibilidade de incluir essa opção de legitimidade na cláusula compromissória nos parecem uma alternativa para sedimentar e compatibilizar os interesses envolvidos na demanda societária: a representatividade adequada dos minoritários e a eficiência do procedimento.

CONCLUSÃO

O direcionamento da tutela dos interesses dos minoritários no âmbito das arbitragens coletivas societárias não é de simples condução. Questões dessa complexidade exigem, por vezes, para o seu aprimoramento, uma definição pormenorizada de conceitos, a fim de que se localize bem o cerne do problema em discussão, e uma análise sistemática do ordenamento jurídico, que pode nos oferecer alternativas interessantes para contorná-las.

Foi o que se procurou fazer neste artigo. Partindo do conceito de direitos individuais homogêneos, a serem objeto de arbitragem coletiva societária, a Lei das S. A. aponta a figura do agente fiduciário, inicialmente pensado para os debenturistas, mas que, a nosso ver, apresenta-se como uma opção à participação dos minoritários no procedimento arbitral.

---

[134] *Art. 2º. Além de outras, na medida em que configurem a hipótese prevista no art. 1º e suas alíneas, serão regidas por este Regulamento de Arbitragem Societária as arbitragens que versem sobre as seguintes matérias: a. invalidade de assembleias ou reuniões de sócios, acionistas, associados ou de seus respectivos órgãos administrativos, bem como invalidade de quaisquer deliberações tomadas em tais assembleias ou reuniões; ou b. dissolução total ou parcial, retirada ou exclusão de sócios, acionistas ou associados, apuração de haveres; ou c. responsabilidade do controlador, de administradores ou dos membros do conselho fiscal perante a Pessoa Jurídica, seus acionistas, sócios ou associados; ou d. responsabilidade de acionistas, sócios ou associados, pelo exercício abusivo do direito de voto.*

[135]

Consideramos bastante positivas (*i*) a garantia de eficiência resultante da interposição de um agente fiduciário entre os minoritários e a contraparte da demanda arbitral, (*ii*) a responsabilidade dele perante a coletividade de minoritários, (*iii*) a previsão de que os custos de sua atuação serão incorridos pela companhia e (*iv*) os diversos instrumentos à disposição dos minoritários para controlar a atuação desse agente, como sua livre destituição, a subordinação dele aos interesses da coletividade que processualmente substitui e a possibilidade de ajuizamento de ação individual por qualquer acionista que o desejar.

4. A CLÁUSULA DE IRREVOGABILIDADE DA PROPOSTA

Alice Pereira Santos Rodrigues

INTRODUÇÃO

A fase de formação do contrato envolve um conjunto de atos relacionados, que desembocam na sua celebração. Embora essa fase tenha feições e complexidade variadas, o Código Civil de 2002 optou por um modelo simples de formação do contrato, qual seja: o encontro entre proposta e aceitação. Buscando, dentre outros resultados, evitar incertezas na intrincada dinâmica entre ambos os atos, o Código Civil de 2002 se preocupa em disciplinar a fase de formação dos contratos, conforme arts. 427 a 435 de referido diploma.

O Código Civil de 2002 prevê, como regra, a vinculação do proponente aos termos da sua proposta. No entanto, ainda assim, o oblato está exposto a eventual revogação culposa por parte do proponente, cabendo a este indenizar aquele pelas perdas e danos causados. Nesse cenário, é oportuna a figura da cláusula de irrevogabilidade da proposta, que proporciona uma maior segurança ao oblato, quanto à manutenção da oferta recebida. Todavia, o Código Civil de 2002 – assim como ocorria no diploma precedente – não disciplina referida cláusula, diferentemente de outros códigos, como o italiano. A despeito da falta de previsão legal, é possível que o proponente emita a sua proposta acompanhada de referida cláusula – contanto observe certas formalidades.

1. A FASE DE FORMAÇÃO DOS CONTRATOS

Contrato "é o acordo entre duas ou mais partes para constituir, regular ou extinguir entre elas uma relação jurídica patrimonial", conforme define o art. 1.321 do Código Civil italiano.[1] Trata-se de uma definição tradicional, cujo acolhimento mostra-se cabível também no direito brasileiro. O contrato, portanto, é um negócio jurídico bilateral, exigindo o acordo de vontades.[2] Para ser alcançado esse acordo de vontades caracterizador do contrato, as partes protagonizam a chamada fase de "formação dos contratos". Esta possui duração e complexidade variáveis, envolvendo um conjunto de atos consecutivos e relacionados, a culminar na celebração do contrato.

Impende notar que a fase de formação dos contratos pode assumir diferentes feições, originando certas dicotomias. Divisam-se, por exemplo, os contratos por adesão e os contratos negociados. Aqueles formam-se mediante adesão a cláusulas gerais preestabelecidas pelo predisponente; na formação destes, por sua vez, o conteúdo contratual é concebido por intermédio de negociações entre as partes, com liberdade na composição das cláusulas.[3]

Outra ramificação existente diz respeito aos contratos consensuais e reais. São consensuais os contratos que, para se formarem, exigem tão só o consentimento das partes. Os contratos reais, a seu turno, necessitam que a coisa objeto do contrato seja entregue, para então se perfazer o contrato. Não se há de confundir esse ato de entrega com um efeito do contrato ou com uma obrigação dele emanada. A tradição, nos contratos reais, é uma "prestação constitutiva ou antecipada".[4]

No Código Civil de 2002, a fase de formação dos contratos adquiriu uma seção própria, abrangendo os arts. 427 a 434. Em comparação ao Código Civil de 1916, que disciplinava a matéria nos arts. 1.079 a 1.091, nas disposições gerais, poucas foram as alterações. O regime previsto no diploma civil exprime um modelo mais simples e básico de formação e de aperfeiçoamento do contrato, a saber: o encontro de declarações de vontade, uma com valor de oferta, e outra, de aceitação.

Muito embora desempenhe um papel fundamental na formação do contrato, inexiste uma definição legislativa do que seria a proposta. Tradicionalmente, a proposta consiste no ato inicial, que dá impulso ao procedimento de formação do contrato.[5] Trata-se de uma manifestação de vontade dirigida a

---

[1] Tradução livre.

[2] Caio Mario da Silva PEREIRA. Instituições de direito civil, vol. III, 13ª ed., Rio de Janeiro: Forense, 2009, p. 32.

[3] Francisco Paulo De Crescenzo MARINO. Classificação dos contratos. In: Gilberto Haddad Jabur; Antonio Jorge Pereira Júnior (coord.). Direito dos Contratos, São Paulo: Quartier Latin, 2006, p. 28.

[4] Francisco Paulo De Crescenzo MARINO. Classificação dos contratos. In: Gilberto Haddad Jabur; Antonio Jorge Pereira Júnior (coord.). Direito dos Contratos, São Paulo: Quartier Latin, 2006, p. 29.

[5] Paolo GALLO. Trattato di diritto civile: il contratto, Torino: G. Giappichelli, 2017, p. 371.

outrem, a fim de celebrar um contrato, definindo os elementos fundamentais da avença. A aceitação, por sua vez, é o ato de acolhimento da proposta.[6] O emissor da proposta é chamado proponente, oferente ou policitante, enquanto o receptor da proposta é denominado oblato ou, se estiver de acordo com a oferta, aceitante.

É possível que o oblato, ao invés de aceitar, recuse os termos da proposta ou sugira modificações. A "aceitação modificativa" não é propriamente uma aceitação, mas uma outra manifestação de vontade unilateral receptícia com valor de oferta. Assim, o proponente passa a figurar como destinatário.[7] Eis o teor do art. 431 do Código Civil de 2002: "A aceitação fora do prazo, com adições, restrições, ou modificações, importará nova proposta".

2. A VINCULATIVIDADE DA PROPOSTA

O art. 427 do Código Civil de 2002 preceitua: "A proposta de contrato obriga o proponente, se o contrário não resultar dos termos dela, da natureza do negócio, ou das circunstâncias do caso".

A primeira parte da regra fixa a "obrigatoriedade" da proposta. Todavia, o rigor terminológico requer que o termo "obriga" seja compreendido como "vincula", porquanto a relação obrigacional somente surgirá com o contrato.[8]

Pois bem, para ser vinculativa, a oferta deve ostentar certas características, quais sejam: firmeza, seriedade e completude. Somente se reunir esses aspectos, a iniciativa da parte assume a feição de proposta, revestindo-se de juridicidade.[9] A firmeza e a seriedade são empregadas com o mesmo sentido, exigindo que a proposta exprima a verdadeira vontade do proponente. A completude, por sua vez, concerne ao teor da oferta, que deverá contemplar, via de regra, os elementos essenciais do tipo. Por exemplo, em uma compra e venda, a oferta deve tratar, pelo menos, da coisa e do preço.[10] Mas é de referir que a

---

6 C. Massimo BIANCA. Diritto Civile, vol. 3, Il Contratto, 2ª ed., Milão: Giuffrè Editore, 2000, p. 214

7 PONTES DE MIRANDA. Tratado de direito privado, tomo XXXVIII, São Paulo: Revista dos Tribunais, 2012, p. 93.

8 PONTES DE MIRANDA. Tratado de direito privado, tomo V, São Paulo: Revista dos Tribunais, 2012, p. 66.

9 Paulo NADER. Curso de direito civil, v. 3, 8ª ed., Rio de Janeiro: Forense, 2016, p. 94-95. Para exemplificar, também nos direitos italiano e português a proposta deve vir acompanhada da vontade séria do proponente de vincular-se, bem como precisa ser completa, contendo os elementos essenciais do contrato que se objetiva formar. (Paolo GALLO. Trattato di diritto civile: il contratto, Torino: G. Giappichelli, 2017, p. 372; Inocêncio Galvão TELLES. Manual dos contratos em geral, Coimbra: Coimbra Editora, 2002, p. 246, p. 247).

10 Caio Mario da Silva PEREIRA. Instituições de direito civil, vol. III, 13ª ed., Rio de Janeiro: Forense, 2009, p. 33.

análise do caso concreto é imprescindível, pois inexiste uma rigidez absoluta quanto ao conteúdo que a oferta deve possuir. Se, numa compra e venda simples, parecem claros os elementos essenciais, o mesmo não ocorre em contratos mais complexos.[11]

O efeito típico da proposta consiste na constituição de uma relação jurídica potestativa, em que o proponente ocupa uma posição jurídica de sujeição, e o oblato, uma posição jurídica potestativa de aceitar a oferta.[12]

O direito potestativo pode ser compreendido como o poder de uma pessoa para modificar a esfera jurídica de outra, provocando o nascimento, a extinção ou a modificação de direitos subjetivos. Ainda, pontua-se, essas modificações são provocadas independentemente da vontade da pessoa que está em posição de sujeição.[13] Esta resta, pois, dependente da iniciativa potestativa.[14]

Poder-se-ia pensar que a natureza revogável da proposta afastaria a existência de um direito potestativo por parte do oblato – afinal, o proponente poderia revogá-la, arcando com perdas e danos. Todavia, é importante notar que, a despeito da revogabilidade da proposta, o oblato possui, enquanto não ocorre a revogação, o poder de determinar a conclusão do contrato pelo exercício de um poder unilateral, assim modificando a esfera jurídica do ofertante a partir da própria declaração de vontade. Esse poder do oblato não é outro que um direito potestativo. Para mais, a proposta pode determinar certo prazo dentro do qual deve ocorrer a aceitação ou mesmo exigir certa forma para a aceitação. Nesses casos, a aceitação será ineficaz, se desrespeitar as especificações indicadas na oferta.[15]

No entanto, é admitida a existência de propostas não vinculativas. No particular, são dois os conjuntos de casos: *(i)* propostas desde o início não vinculativas e *(ii)* propostas supervenientemente não vinculativas. O art. 427 do Código Civil de 2002, na sua segunda parte, cuida do primeiro caso, ao dispor que a proposta vincula, "se o contrário não resultar dos termos dela, da natureza do negócio, ou das circunstâncias do caso". Por sua vez, o art. 428 do Codigo Civil de 2002 disciplina a situação de propostas que se tornam não

---

[11] Paula A. FORGIONI. Contratos empresariais: teoria geral e aplicação, 3ª ed., São Paulo: Thomson Reuters Brasil, 2018, p. 81.

[12] Antonio JUNQUEIRA DE AZEVEDO. A boa-fé na formação dos contratos, In: Revista Direito do Consumidor, vol. 3, 1992, p. 83; Marcos Bernardes de MELLO. Teoria do fato jurídico: plano da eficácia, 11. ed., São Paulo: Saraiva, 2019, p. 156; Judith MARTINS-COSTA. A boa-fé no direito privado: critérios para a sua aplicação, São Paulo: Marcial Pons, 2015, p. 398-400.

[13] Don Jose Castan TOBEÑAS. Situaciones juridicas subjetivas, Madri: Reus, 1963, p. 43.

[14] Carlo MAIORCA. Introduzione alla dinamica giuridica, Camerino: Scuola di perfezionamento in diritto civile dell'Università di Camerino, 1978, p. 29.

[15] Paolo GALLO. Trattato di diritto civile: il contratto, Torino: G. Giappichelli, 2017, p. 374 e 391.

vinculativas em momento ulterior. Isso pode ocorrer por força de caducidade e de revogação – termo intercambiável com retratação.

Quanto às propostas supervenientemente não vinculativas, a hipótese de caducidade encontra-se nos incisos I a III do art. 428 do Código Civil de 2002, tratando da perda do prazo, pelo oblato, para aceitar a proposta. A revogação, por sua vez, consta do inciso IV do mesmo artigo, consistindo na retirada da oferta e sendo lícita desde que chegue ao conhecimento do oblato antes da oferta ou simultaneamente a esta.

3. O APERFEIÇOAMENTO DO CONTRATO

Compreende-se que o contrato se conclui com o encontro entre proposta e aceitação. A complexidade reside em identificar o momento em que esse encontro se perfaz, questão relevante máxime nos casos de contratos concluídos entre ausentes.[16] Se a oferta é feita sem prazo a pessoa presente, a aceitação deve ser imediata, formando-se o contrato no momento da declaração do oblato.[17] Isso pode ser extraído do art. 428, I, do Código Civil de 2002, segundo o qual a proposta deixa de ser obrigatória "se, feita sem prazo a pessoa presente, não for imediatamente aceita". Porém, quando se trata de pessoas ausentes, existem quatro teorias possíveis, a respeito do instante em que se considera celebrado o contrato: *(i)* a teoria da declaração; *(ii)* a teoria da expedição; *(iii)* a teoria da recepção; e *(iv)* a teoria da informação.[18]

Para a teoria da declaração, o contrato se aperfeiçoa quando o oblato manifesta sua vontade séria de aceitar a proposta, mesmo que ainda não tenha expedido a aceitação. Essa teoria tende a privilegiar o oblato, pois reserva-lhe o poder de concluir o contrato com, tão somente, a sua manifestação de vontade.[19]

Segundo a teoria da expedição, a conclusão do contrato ocorre quando a aceitação é manifestada e enviada ao proponente – é necessário que a vontade de aceitar saia da esfera jurídica do aceitante. Também esse critério inclina-se a beneficiar o oblato, por permitir-lhe a pronta conclusão do contrato com o

---

[16] Paolo GALLO. Trattato di diritto civile: il contratto, Torino: G. Giappichelli, 2017, p. 398-399.

[17] Paulo NADER. Curso de direito civil, v. 3, 8ª ed., Rio de Janeiro: Forense, 2016, p. 102.

[18] Caio Mario da Silva PEREIRA. Instituições de direito civil, vol. III, 13ª ed., Rio de Janeiro: Forense, 2009, p. 40.

[19] Paolo GALLO. Trattato di diritto civile: il contratto, Torino: G. Giappichelli, 2017, p. 399; Caio Mario da Silva PEREIRA. Instituições de direito civil, vol. III, 13ª ed., Rio de Janeiro: Forense, 2009, p. 40.

envio da aceitação, em detrimento do interesse do proponente de tempestivamente tomar ciência da formação do contrato.[20]

A teoria da recepção considera o momento em que o proponente recebe a aceitação, mesmo que ainda não tenha tido efetivo conhecimento desta. Esse parâmetro tende a equilibrar os interesses do proponente e os do oblato. A este, é atribuído o risco de bem transmitir a declaração, para que chegue ao proponente. Por sua vez, o proponente assume o risco de bem gerir as mensagens ou correspondências que receber. A teoria da recepção foi acolhida no art. 18, §2º, da Convenção das Nações Unidas sobre Contratos de Compra e Venda Internacional de Mercadorias, a CISG.[21]

Por fim, para a teoria da informação ou da cognição, releva o instante em que o proponente toma conhecimento da aceitação, sendo insuficiente o seu mero recebimento.[22] Essa vertente é a mais protetiva ao proponente, pois evita que se torne vinculado a um contrato sem ainda ter conhecimento disto.[23] É esta, por exemplo, a doutrina adotada no direito italiano, *vis-à-vis* arts. 1326, §1º, e 1334 do Código Civil italiano.[24]-[25]

O art. 434 do Código Civil de 2002 preceitua que "os contratos entre ausentes tornam-se perfeitos desde que a aceitação é expedida", assim adotando a

---

[20] Paolo GALLO. Trattato di diritto civile: il contratto. Torino: G. Giappichelli, 2017, p. 399.

[21] Art. 18, §2º, da CISG: "Tornar-se-á eficaz a aceitação da proposta no momento em que chegar ao proponente a manifestação de consentimento do destinatário. A aceitação não produzirá efeito, entretanto, se a respectiva manifestação não chegar ao proponente dentro do prazo por ele estipulado ou, à falta de tal estipulação, dentro de um prazo razoável, tendo em vista as circunstâncias da transação, especialmente a velocidade dos meios de comunicação utilizados pelo proponente. A aceitação da proposta verbal deve ser imediata, salvo se de outro modo as circunstâncias indicarem." (Tradução realizada por Eduardo Grebler e Gisely Radael, disponível em: https://www.cisg-brasil.net/_files/ugd/932f9c_e8387efbdcf94e138f2fd884d367779e.pdf. Acesso em: 03 abr. 23)

[22] Paulo NADER. Curso de direito civil, v. 3, 8ª ed., Rio de Janeiro: Forense, 2016, p. 102.

[23] Paolo GALLO. Trattato di diritto civile: il contratto, Torino: G. Giappichelli, 2017, p. 399.

[24] Art. 1326, §1º: "O contrato é concluído no momento em que quem fez a proposta toma conhecimento da aceitação da outra parte"; Art. 1334: "Os atos unilaterais produzem efeito a partir do momento em que chegam ao conhecimento da pessoa à qual são destinados". (Tradução livre)

[25] O critério da cognição, entretanto, é atenuado pelo critério da recepção, nos casos de contratos concluídos à distância, como dispõe o art. 1.335 do Código Civil italiano. Segundo esta norma, a declaração contratual dirigida a uma pessoa é reputada conhecida no momento em que chega ao endereço do destinatário. Pode-se dizer que a recepção da declaração determina a presunção de conhecimento, salvo se o proponente provar que, sem culpa, esteve impossibilitado de ter notícia da aceitação. (Paolo GALLO. Trattato di diritto civile: il contratto, Torino: G. Giappichelli, 2017, p. 400). É esta a redação da regra: "A proposta, a aceitação, a sua revogação e toda declaração direcionada a uma determinada pessoa se reputa conhecida no momento em que alcança o endereço do destinatário, se este não prova que esteve, sem sua culpa, impossibilitado de ter notícia". (Tradução livre)

teoria da expedição.[26] Porém, há ressalvas. A regra é inaplicável: *(i)* se a retratação do aceitante chegar junto à aceitação ou antes dela; *(ii)* se o proponente se comprometeu a aguardar a resposta; e *(iii)* se a aceitação não chegar no prazo ajustado. Mencionadas exceções estão previstas nos incisos I a III do mesmo artigo. Ante o exposto, é possível notar traços da teoria da recepção no direito brasileiro, porque o contrato não se forma caso a aceitação chegue ao proponente fora do prazo convencionado ou junto à retratação. De todo modo, uma vez tenha a aceitação sido recebida regularmente, os efeitos retroagem à data da expedição.

4. A REVOGAÇÃO DA PROPOSTA

Como já referido, uma das hipóteses de propostas supervenientemente não vinculativas é a revogação – ou retratação. Revogar significa retirar a voz. Na espécie, trata-se de uma manifestação de vontade do proponente, no sentido de afastar a proposta feita.

Segundo Pontes de Miranda, a revogação é um ato profundo, que atinge o suporte fático do negócio jurídico, suprimindo a voz que externou a vontade. Assim, atuaria no plano da *existência* do negócio jurídico.[27] Por outro lado, a revogação poderia ser compreendida como o negócio jurídico unilateral cujo efeito é a eliminação ou a privação da *eficácia* de um ato anterior – no caso, oferta.[28] Observa-se que, para C. Massimo Bianca, a "revogação é o ato direcionado a cancelar um precedente ato jurídico, ou seja, a privá-lo de eficácia jurídica".[29] Ainda, a revogação aparece definida como "[a]to mediante o qual se torna ato anterior sem validade, efeito, eficácia".[30]

Para compreender o efeito da revogação, portanto, seria necessário ter em mente qual era a situação precedente e qual passou a ser a situação sucessiva. Por isso, a revogação é um ato jurídico de segundo grau: pressupõe um

---

[26] Álvaro Villaça AZEVEDO. Retratação (Aspectos de Direito Civil), In: Revista Da Faculdade De Direito, Universidade De São Paulo, 88, 1993, 329-369, p. 337-338; Caio Mario da Silva PEREIRA. Instituições de direito civil, vol. III, 13ª ed., Rio de Janeiro: Forense, 2009, p. 40; Paulo NADER. Curso de direito civil, v. 3, 8ª ed., Rio de Janeiro: Forense, 2016, p. 102.

[27] PONTES DE MIRANDA. Tratado de direito privado, tomo II, São Paulo: Revista dos Tribunais, 2012, p. 67 e 501.

[28] Álvaro Villaça AZEVEDO. Retratação (Aspectos de Direito Civil), In: Revista Da Faculdade De Direito, Universidade De São Paulo, 88, 1993, 329-369, p. 337-338.

[29] Tradução livre. C. Massimo BIANCA. Diritto Civile, vol. 3, Il Contratto, 2ª ed., Milão: Giuffrè Editore, 2000, p. 230.

[30] Humberto Piragibe MAGALHÃES; Christovão Tostes MALTA. Dicionário Jurídico, vol. II, 3ª ed., Rio de Janeiro: Edições Trabalhistas, p. 874.

ato jurídico anterior, justamente aquele que a revogação priva de efeitos. Nesse sentido, antes de a proposta chegar ao oblato, a sua supressão não seria propriamente uma revogação, porque o ato da oferta ainda não é eficaz para vincular o proponente. Seria necessário, pois, utilizar outra terminologia para essa situação, isto é, um termo que exprima um ato impeditivo à produção dos efeitos de um ato sucessivo.

Reconhecida a existência dessas divergências, adota-se o termo "revogação" indistintamente, por ser o mais empregado no direito brasileiro. Não será realizado, no presente trabalho, uma investigação aprofundada sobre a terminologia mais adequada. Em verdade, parece ser, em alguma medida, despiciendo fazê-lo nesta sede. Por certo, quer seja a proposta suprimida antes de recebida pelo oblato ou após o recebimento, o efeito sobre a formação do contrato é a mesma: o contrato não se conclui.

Em regra, a proposta é passível de revogação até o momento da celebração do contrato, de modo a preservar a faculdade e os poderes do proponente de gerir seus bens e, no geral, seus interesses, como melhor lhe parecer.[31] No entanto, os efeitos produzidos pela revogação dependem de a oferta ter ou não sido recebida pelo oblato.[32] Sendo a proposta uma manifestação receptícia de vontade, deve ser endereçada a alguém.[33] E, uma vez recebida, presume-se conhecida, sem a necessidade de conhecimento material pelo destinatário. A recepção é um fator essencial na eficácia dessas manifestações.[34] No caso das ofertas, o efeito a que se alude é a sua vinculação, que surge apenas quando o oblato recebe a proposta.[35]

Diante disso, enquanto o destinatário não recebe a oferta, diz-se que a proposta é dotada de vinculabilidade. Isto é, a esfera jurídica do ofertante está sujeita a ser ulteriormente vinculada.[36] Assim, se a revogação chegar ao conhecimento do oblato antes ou no mesmo momento da proposta, caracteriza um ato lícito, autorizado nos termos do art. 428, IV, do Código Civil de 2002. Como resultado, impede-se que a proposta produza seus efeitos típicos.

Como referido anteriormente, no direito brasileiro, o contrato se forma quando o aceitante expede a aceitação. Porém, basta que a proposta chegue ao

---

[31] Paolo GALLO. Trattato di diritto civile: il contratto, Torino: G. Giappichelli, 2017, p. 390.

[32] Caio Mario da Silva PEREIRA. Instituições de direito civil, vol. III, 13ª ed., Rio de Janeiro: Forense, 2009, p. 37.

[33] Marcos Bernardes de MELLO. Teoria do fato jurídico: plano da eficácia, 11ª ed., São Paulo: Saraiva, 2019, p. 155.

[34] C. Massimo BIANCA. Diritto Civile, vol. 3, Il Contratto, 2ª ed., Milão: Giuffrè Editore, 2000, p. 231.

[35] PONTES DE MIRANDA. Tratado de direito privado, tomo II, São Paulo: Revista dos Tribunais, 2012, p. 500.

[36] Marcos Bernardes de MELLO. Teoria do fato jurídico: plano da eficácia, 11ª ed., São Paulo: Saraiva, 2019, p. 155.

conhecimento do oblato, para tornar-se vinculante ao proponente. Trata-se, a partir desse momento, de efetiva vinculação e não de mera vinculabilidade.[37] Em tal quadro, a revogação ainda é eficaz, porém, sendo injustificada e configurando um ato ilícito, cabe indenização pelos prejuízos causados ao oblato. Com efeito, quando o oblato recebe uma proposta simples, pode eventualmente criar a legítima expectativa de que o contrato será celebrado, se dentro de um prazo razoável enviar sua aceitação.[38] Isso ocorre sobretudo nos casos em que o proponente confere ao oblato um prazo para aceitação, pois o oblato confia que, enquanto está dentro do prazo, previsto pelo próprio policitante, inexistirá revogação. Em virtude disso, pode vir a realizar despesas, recusar outros negócios e assumir obrigações perante terceiros, por exemplo. Logo, se o ofertante revogar a proposta, o contrato não se forma, mas o proponente terá de indenizar as perdas e danos causadas ao oblato.[39]

A maior parte da doutrina que examinou o efeito vinculante da proposta, nos arts. 1.080 do Código Civil de 1916 e 427 do Código Civil de 2002, defende caber somente perdas e danos ao oblato, como remédio caso a oferta não seja honrada. Afasta-se, no geral, a possibilidade de execução específica da proposta. Segundo Caio Mario, "essa orientação doutrinária e jurisprudencial deve mudar, diante da tendência moderna de se dar execução específica às obrigações de fazer".[40]

Contudo, parece adequado limitar o remédio apenas à indenização, nos casos em que a revogação alcança o oblato após a proposta, excluída a execução específica da oferta. Assim, conserva-se a liberdade do proponente de, até o momento da conclusão do contrato, administrar os seus bens e conduzir os seus interesses. Ademais, cumpre pontuar que a execução específica da proposta não é uma hipótese totalmente descartada. Pelo contrário, defende-se ser o remédio apropriado diante de cláusula de irrevogabilidade da proposta.

5. A CLÁUSULA DE IRREVOGABILIDADE DA PROPOSTA

A cláusula de irrevogabilidade da proposta é uma cláusula pela qual o ofertante se empenha a manter sua oferta imutável, a fim de facilitar a aceitação pelo oblato. O caráter imutável da proposta pode ser expresso de diferentes

[37] Judith MARTINS-COSTA. A boa-fé no direito privado: critérios para a sua aplicação, São Paulo: Marcial Pons, 2015, p. 398-400.

[38] C. Massimo BIANCA. Diritto Civile, vol. 3, Il Contratto, 2ª ed., Milão: Giuffrè Editore, 2000, p. 231.

[39] Darcy BESSONE. Do contrato: teoria geral, 4ª ed., São Paulo: Saraiva, 1997, p. 123.

[40] Caio Mario da Silva PEREIRA. Instituições de direito civil, vol. III, 13ª ed., Rio de Janeiro: Forense, 2009, p. 34.

maneiras, como por meio de uma declaração de irrevogabilidade ou de uma promessa de manter a proposta sem alterações. Fato é que, por meio da chamada cláusula de irrevogabilidade, o proponente perde, por certo período de tempo, o poder de revogação. Um exemplo de código civil que disciplina a matéria é o italiano. Segundo o seu art. 1.329, §1º, "se o proponente se obriga a manter firme a proposta por um certo tempo, a revogação não produzirá efeitos".[41] No direito brasileiro, todavia, o Código Civil de 2002, assim como seu predecessor, não disciplina a proposta irrevogável.

Porém, o princípio da autonomia privada respalda a utilização desse negócio preparatório na prática. E sua utilização pode se mostrar oportuna, uma vez que o procedimento de formação dos contratos, longe de ser uma operação simples, envolve muitas incertezas. A sério, nenhum dos sujeitos – proponente ou oblato – pode contar com a conclusão do contrato na fase de formação, uma vez que até ser celebrado o negócio, qualquer um dos envolvidos pode revogar o próprio consenso. Para estudo da proposta irrevogável, cumpre atentar para a posição do oblato, que não pode contar com a certeza da celebração do contrato conforme termos constantes da oferta, justamente pelo poder do ofertante de revogá-la.[42] Ademais, não raro constata-se uma certa facilidade de se romper os compromissos antes de celebrar o negócio jurídico.[43]

Doutrinariamente, há uma bifurcação entre os autores quanto à natureza da proposta irrevogável. Uma corrente defende tratar-se de uma declaração única. Para os apoiadores dessa posição, a declaração de irrevogabilidade seria acessória à proposta, compondo, pois, a sua natureza de ato pré-negocial. Outra vertente sustenta que a proposta irrevogável seria integrada por duas declarações, a proposta em si e a obrigação de não a revogar. Seguindo essa linha, o compromisso de irrevogabilidade caracterizaria um negócio unilateral de renúncia.[44]

Muito embora a proposta irrevogável careça de uma disciplina legal, parece razoável exigir certas formalidades na sua estipulação, a saber: ser consignada por meio de uma manifestação de vontade expressa do ofertante e

---

[41] Tradução livre.

[42] C. Massimo BIANCA. Diritto Civile, vol. 3, Il Contratto, 2ª ed., Milão: Giuffrè Editore, 2000, p. 230, 234.

[43] Orlando Gomes. Negócios Preparatórios, p. 145-146. Disponível em: <https://www.stj.jus.br/publicacaoinstitucional/index.php/revtfr/author/proofGalleyFile/10043/10178> Acesso em: 02 abr. 2023; Darcy BESSONE. Do contrato: teoria geral, 4ª ed., São Paulo: Saraiva, 1997, p. 129.

[44] Orlando Gomes. Negócios Preparatórios, p. 141. Disponível em: <https://www.stj.jus.br/publicacaoinstitucional/index.php/revtfr/author/proofGalleyFile/10043/10178> Acesso em: 02 abr. 2023.

possuir um tempo determinado de eficácia, isto é, um prazo em que a proposta se mantém irrevogável.

A um, não se pode presumir a irrevogabilidade a partir da mera determinação de um prazo para aceitação pelo oblato, tampouco da peculiaridade do negócio ou do comportamento do policitante. A dois, não se pode manter o proponente indefinidamente dependente da vontade do oblato, de aceitar ou não a proposta. Se, todavia, faltar a fixação de um prazo na cláusula de irrevogabilidade, parece mais adequado apurá-lo à luz da natureza do negócio ou dos usos do comércio.[45] No direito italiano, para exemplificar, a previsão de irrevogabilidade também exige manifestação expressa do proponente, e é necessária a fixação de um prazo, como consta do art. 1.329, §1º, do Código Civil italiano, citado *supra*.

O prazo necessário para a irrevogabilidade é o lapso temporal em que o proponente restringe o exercício da faculdade de revogar a sua oferta, reforçando assim a seriedade da sua palavra.[46] De acordo com Darcy Bessone, a proposta irrevogável consiste em uma declaração unilateral de vontade, pela qual o policitante "se obriga pelo próprio objeto do contrato proposto, sob a condição suspensiva de ser aceita".[47] No entanto, não parece que a proposta irrevogável esteja sob a condição suspensiva de ser aceita – ou ao menos, não poderia sê-lo. É importante que a eficácia da proposta possua uma limitação temporal específica, e não fique na dependência da aceitação. Isso, pois, como já referido, o proponente não poderia ficar vinculado à proposta indefinidamente, até que o oblato aceite ou recuse a oferta.

Cumpre salientar que o tempo de eficácia da irrevogabilidade é distinto do tempo de eficácia da proposta. A proposta tem tempo de eficácia, que é estabelecido pelo proponente ou, na falta de previsão, deriva da natureza do negócio ou de outras circunstâncias, motivo por que a aceitação deve ser tempestiva. Questão diversa é o tempo de irrevogabilidade da proposta, durante o qual o ofertante deseja que a proposta se mantenha irrevogável.

Essas formalidades – exigência de manifestação expressa e de prazo – justificam-se, pois trata-se de uma exceção à regra da revogabilidade, produzindo efeitos mais gravosos na esfera jurídica do proponente, por limitar sua liberdade. Como cediço, a proposta, como regra, vincula o seu proponente, *vis-à-vis* art. 427 do Código Civil de 2002. Entretanto, proposta vinculativa e proposta

---

45 C. Massimo BIANCA. Diritto Civile, vol. 3, Il Contratto, 2ª ed., Milão: Giuffrè Editore, 2000, p. 235.

46 Ottavio CALEO. Proposta irrevocabile e determinazione del termine, In: Obbligazioni e Contratti, 06/2011, p. 419.

47 Darcy BESSONE. Do contrato: teoria geral, 4ª ed., São Paulo: Saraiva, 1997, p. 129.

irrevogável são figuras distintas. Esta não é apenas um ato vinculante, mas tem como efeitos principais a própria ineficácia da revogação e a permanência da proposta: se a manifestação de vontade inserida no suporte fático da proposta é irrevogável, e o proponente busca revogá-la, a manifestação de vontade não é atingida.[48]

Então, uma declaração revocatória emitida pelo proponente no âmbito de uma proposta simples, via de regra, implica a responsabilidade do ofertante pelos danos causados ao oblato e a não formação do contrato. Em contraposição, na vigência da cláusula de irrevogabilidade, a declaração revocatória é ineficaz, e o contrato é formado. Mesmo se sobrevier a incapacidade do proponente ou seu falecimento, remanesce a proposta e o contrato será celebrado – a não ser que o autor da proposta tenha afastado essa hipótese ou que o contrato seja *intuito personae*.[49]

Diante disso, é incorreto dizer que a cláusula de irrevogabilidade *obriga* o proponente a manter a proposta imutável. Se assim fosse, o proponente assumiria, em confronto ao oblato, a obrigação de não revogar – obrigação não fazer. Como a obrigação é ontologicamente sujeita a violação, a revogação produziria seus efeitos, devendo o proponente indenizar as perdas e danos sofridas pelo oblato. Afinal, se é obrigado a não fazer, pode fazer, mas com a consequência de pagar indenização pelos danos causados ao titular do direito de crédito.

Sem embargo, a cláusula de irrevogabilidade sequer admite violação, determinando a ineficácia da revogação. Considerando que uma revogação pretendida pelo ofertante não produz efeitos, parece mais acertado considerar que a cláusula de irrevogabilidade cria uma relação jurídica potestativa, não possuindo um conteúdo obrigacional. Nessa situação, o proponente permanece em uma posição jurídica de sujeição, e o oblato mantém-se titular de um direito subjetivo potestativo.

Então, da proposta irrevogável derivam dois efeitos: *(i)* a constituição de uma relação jurídica potestativa que tem como objeto a oferta, e por força da qual o oblato é titular do direito potestativo, e o proponente fica em uma situação de sujeição; e *(ii)* a constituição de outra relação jurídica potestativa, mas que possui, como objeto próprio, a irrevogabilidade, privando o proponente do poder de revogar.

[48] PONTES DE MIRANDA. Tratado de direito privado, tomo V, São Paulo: Revista dos Tribunais, 2012, p. 67.

[49] Orlando Gomes. Negócios Preparatórios, p. 142. Disponível em: <https://www.stj.jus.br/publicacaoinstitucional/index.php/revtfr/author/proofGalleyFile/10043/10178> Acesso em: 02 abr. 2023.

CONCLUSÃO

Segundo o Código Civil de 2002, a proposta vincula o proponente quando recebida pelo oblato. A partir desse momento, o proponente que revogar a proposta deverá arcar com perdas e danos, pelos prejuízos sofridos pelo oblato. Em suma, o proponente pode revogar a proposta a qualquer momento, antes da conclusão do contrato – com a ressalva de dever indenização ao destinatário se a revogação caracterizar um ato ilícito.

A regra da revogabilidade, porém, acaba por reforçar as inseguranças na fase de formação dos contratos. Realmente, essa etapa traduz uma operação muitas vezes complexa, envolvendo diversas incertezas – em boa parte relacionadas a certa facilidade de se romper os compromissos previamente à conclusão do contrato. Assim, a cláusula de irrevogabilidade da proposta é uma alternativa, para conferir ao oblato um grau maior de segurança. Deveras, essa cláusula priva de eficácia a revogação intentada pelo proponente.

O Código Civil de 2002, assim como o diploma de 1916, não trata da cláusula de irrevogabilidade da proposta. A despeito disso, em respeito à autonomia privada, é possível conceber que o proponente, gerindo seus próprios interesses, decida fixar essa cláusula, restringindo a sua liberdade de revogar a proposta. Entretanto, pelo efeito grave de submeter o proponente à manifestação de vontade unilateral do oblato, limitando a sua liberdade, é essencial fixar um prazo, durante o qual a cláusula de irrevogabilidade da proposta será eficaz. Ainda, releva que a manifestação de vontade do proponente de tornar irrevogável sua proposta seja expressa.

5. ASPECTOS PRÁTICOS DA GARANTIA À PRIMEIRA DEMANDA

Amanda Lemos Dill

INTRODUÇÃO

A garantia à primeira demanda, objeto deste artigo, é uma das espécies, ou modalidades, do gênero "garantias autônomas", estando ao lado das garantias autônomas simples, isto é, na qual não há a inclusão da cláusula "à primeira demanda". Embora seja um verdadeiro contrato[50], muitas vezes a garantia à primeira demanda é inserida como uma cláusula no contrato que é garantido, o que, como será visto, não lhe retira a autonomia e automaticidade, que são suas características principais.

A função precípua da garantia à primeira demanda é eliminar os riscos de determinada operação, assegurando que haverá o pagamento do valor garantido ao credor, imediatamente após o seu pedido, sendo vedado ao garantidor opor exceções relacionadas ao contrato garantido. Deve haver, primeiro, o pagamento do valor acordado na garantia, e, após, a eventual discussão quanto ao cabimento, ou não, desse pagamento.

Em virtude das características da garantia à primeira demanda, especialmente por conta da autonomia e automaticidade, a segurança é prestada de forma mais eficaz. Ao contrário da fiança, que é o paradigma das garantias

[50] MASTROPAOLO, Fulvio. *I contratti autonomo di garanzia.*Torino: G. Giappichelli Editore, 1995, p. 124.

pessoais, não cabe a oposição de exceções pessoais e extintivas da obrigação que competem ao devedor principal, bem como não é preciso comprovar o inadimplemento do contrato garantido para haver o pagamento da garantia: o simples pedido de pagamento e a apresentação da garantia é suficiente.

Assim, verifica-se ser a garantia à primeira demanda um instrumento importante para garantir obrigações de pagamento previstas nos mais diversos contratos. O objetivo desse artigo será analisar a garantia à primeira demanda a partir de um caso prático, no qual ela foi inserida em um contrato de compra e venda societária; será apresentada sua disciplina, função e utilidade para a operação econômica. O caso representa a primeira decisão, que se tem conhecimento, do Tribunal de Justiça do Rio Grande do Sul ("TJRS") sobre a garantia à primeira demanda.[51]

A referida decisão envolve um Instrumento Particular de Compra e Venda de Quotas Sociais, Cessão e Transferência de Participação Societária e Outras Avenças (adiante denominado "Contrato Principal"), no qual as partes inseriram cláusula de garantia à primeira demanda para assegurar o pagamento do preço da operação. O Contrato Principal previu a cessão das quotas de titularidade dos Cedentes para os Cessionários, mediante o pagamento de preço, que poderia variar conforme diferenças de estoque e eventual descoberta de passivos ocultos. Em razão de a sociedade ser do ramo do vestuário, diversas hipóteses de variação do estoque foram previstas, o que tornou a operação bastante complexa.

Apesar de previsão de um preço certo no Contrato Principal, a possibilidade de sua variação motivou os Cessionários a não pagarem a sua totalidade e sustentar a sua redução, por suposta descoberta de passivos ocultos. Diante dessa controvérsia, foi instaurado procedimento arbitral para apurar o valor do preço que deixou de ser pago e verificar se estava caracterizada alguma das hipóteses previstas no Contrato Principal que autorizaria a diminuição do preço.

Nada obstante a demanda arbitral em curso, os Cedentes, credores do preço, ajuizaram ação de execução de título extrajudicial em face do garantidor à primeira demanda (Garantidor) e dos Cessionários. Estes, em sua defesa, alegaram que o preço do Contrato Principal era ilíquido, estando em curso procedimento arbitral para apurar o valor devido, já que haveria passivos ocultos capazes de reduzir o preço.

Em primeira instância, os argumentos dos Cedentes e do Garantidor foram acolhidos, tendo sido determinada a extinção da execução. Em recurso

---

[51] RIO GRANDE DO SUL. Tribunal de Justiça do Rio Grande do Sul. Apelação Cível n. 70077074417, Décima Sétima Câmara Cível, rel. Des. Giovanni Conti, 25 de out. de 2018.

de Apelação, os Cedentes sustentaram que a garantia à primeira demanda é autônoma em relação à obrigação garantida, sendo líquida, independentemente do Contrato Principal. Assim, não poderia o Garantidor, que não é parte no procedimento arbitral, utilizar as matérias de defesa próprias dos Cessionários, cuja relação é diversa, e que isso seria uma violação à garantia contratada.

Os desembargadores da Décima Sétima Câmara Cível do TJRS, ao analisarem o caso, entenderam que, nada obstante o Contrato Principal carecesse de liquidez, o Garantidor não poderia opor essa questão como matéria de defesa para recusar o pagamento do preço, em razão da natureza da garantia prestada e do seu modo de funcionamento. Foi reconhecido que, na garantia à primeira demanda, são suas características principais a liquidez, independentemente do contrato garantido, e a inoponibilidade de defesas antes do pagamento. Houve, então, reforma da decisão de extinção da execução para determinar o seu prosseguimento contra o Garantidor.

Na decisão, foi expressamente analisada a cláusula de garantia à primeira demanda, cuja redação foi determinante para o deslinde da controvérsia, razão pela qual é abaixo transcrita:

> ***DAS GARANTIAS***
> ***Art. 6º.*** *Os COMPRADORES são solidariamente responsáveis pelo adimplemento integral do preço ajustado, independentemente da participação que venham a ter no capital social da EMPRESA [...] e obrigam-se a manter garantia* ***idônea e líquida do pagamento do preço, aos moldes de uma garantia à primeira demanda.***
> *(...)*
> ***§5º Aos moldes da garantia à primeira demanda, a Fiança outorgada não admite que o fiador apresente como defesa matérias*** *tais como exceção de contrato não cumprido, alteração superveniente das circunstâncias, compensação ou qualquer outro meio de defesa tradicionalmente admitido para a fiança ou outras garantias contratuais.*
> ***§6º*** *O Fiador poderá eximir-se da obrigação de pagamento alegando como defesa o pagamento, mediante o envio de comprovante de pagamento para os VENDEDORES.*
> ***§7º*** *Caso exista algum fato que juridicamente justifique o não pagamento pelos COMPRADORES com exceção do pagamento (§5º supra),* ***as partes ajustam que esse fato não será oponível Fiador, que assume a obrigação direta de efetuar o pagamento aos COMPRADORES.*** *Esse fato somente poderá ser exercido diretamente pelos COMPRADORES, que poderão exigir a restituição dos valores pagos pelo GARANTIDOR, após o procedimento de arbitragem ou mediação que comprovar a sua ocorrência.*

§8º As partes estabelecem que, no caso de dúvida sobre as disposições relativas às garantias, de parte a parte, ***aplicar-se-ão as regras e princípios que regem em primeiro lugar os princípios da garantia à primeira demanda e subsidiariamente as regras da Fiança,*** *previstas no Código Civil, atendidas as disposições deste contrato. (...)" (grifei)*

A partir do referido caso, será possível explorar (i.) duas características principais da garantia à primeira demanda, a autonomia e automaticidade; em seguida, (ii.) será estudado o seu funcionamento e a execução; por fim, (iii.) serão expostos os detalhes da sua disciplina jurídica.

1. AUTONOMIA E AUTOMATICIDADE: O NÚCLEO DO TIPO DA GARANTIA À PRIMEIRA DEMANDA

A garantia à primeira demanda é um contrato socialmente típico[52], cuja coerência interna[53] é marcada pela autonomia e automaticidade, sendo estas, portanto, as caraterísticas centrais do seu tipo.[54] A autonomia e a automaticidade poderão ser mais ou menos intensas, o que dependerá da previsão das partes e não significará o seu desenquadramento ao tipo garantia à primeira demanda. Havendo autonomia e automaticidade, independentemente de sua denominação – i.e., mesmo que as partes denominem a garantia de "fiança à primeira demanda" ou "fiança à primeira solicitação" –, não haverá fiança, mas garantia à primeira demanda.

A análise da cláusula citada na introdução auxilia a compreender a maleabilidade do tipo da garantia à primeira demanda, sendo possível às partes estipularem regras atípicas, que façam sentido às suas necessidades, mas que mantenham em seu núcleo a autonomia e automaticidade. Percebe-se na redação daquela cláusula que as partes estabeleceram ser a garantia líquida e que

---

[52] Sobre o assunto ver DILL, Amanda Lemos. *Contrato de Garantia à Primeira Demanda.* São Paulo: Almedina, 2022, p. 141 e seguintes.

[53] A coerência interna é essencial para a qualificação do tipo, conforme ensina VASCONCELOS, Pedro Pais de. *Os contratos atípicos.* 2ª ed. Coimbra: Almedina, 2009, p. 45: "Os tipos têm um sentido e uma coerência interna. As características do tipo não se aglomeram anarquicamente, de qualquer maneira. Existe um sentido que ordena as características, uma coerência que explica o modo como se relacionam."

[54] Sobre tipo e enquadramento tipológico ver VASCONCELOS, Pedro Pais de. *Os contratos atípicos.* 2ª ed. Coimbra: Almedina, 2009. DUARTE, Rui Pinto. *Tipicidade e atipicidade dos contratos.* Coimbra: Almedina, 2000; COMIRAN, Giovana Cunha. A exegese do artigo 425 do Código Civil e o método tipológico: notas sobre critérios hermenêutico-integrativos dos contratos atípicos. *In:* MOTA, Maurício; KLOH, Gustavo (org.). *Transformações Contemporâneas do direito das obrigações.* Rio de Janeiro: Elsevier, 2011.

o "Fiador" não pode apresentar como defesa matérias "tais como exceção de contrato não cumprido, alteração superveniente das circunstâncias, compensação ou qualquer outro meio de defesa tradicionalmente admitido para a fiança ou outras garantias contratuais".

O trecho destacado é manifestação clara da autonomia, em que o vínculo com o contrato base (o contrato garantido) é quebrado. No caso da introdução, a garantia à primeira demanda não possui vínculo de dependência com o Instrumento Particular de Compra e Venda de Quotas Sociais, Cessão e Transferência de Participação Societária e Outras Avenças, ainda que esteja inserida no mesmo instrumento contratual. O próprio conceito de autonomia significa que o garantidor não poderá opor os meios de defesa próprios do devedor no contrato base, bem como não poderá invocar objeções sobre a subsistência ou a validade do crédito garantido durante toda a relação contratual.[55]

O garantidor responde autonomamente pelo cumprimento de uma obrigação própria e que será sempre líquida. A autonomia consiste na indiferença da relação de garantia quanto aos eventos das demais relações que formam a operação econômica no qual a garantia está inserida.[56] A autonomia vigora durante toda a relação contratual, de modo que, caso tenha havido o pedido do pagamento da garantia e após ser comprovado que o valor pago pelo Garantidor foi maior que o devido, é o devedor do contrato garantido, no caso em comento os Cessionários, que devem questionar o pedido de pagamento, devendo fazê-lo em ação própria e após o pagamento.

A cláusula acima mencionada, mais uma vez, auxilia a compreender o instituto, pois estabelece no §7º que, caso exista algum fato que possa afetar o pagamento, este não afetará o "Fiador", somente os compradores poderão alegar esse fato em ação própria. O Garantidor (o "Fiador") não possui pretensão direta contra os vendedores – a autonomia separa a relação entre eles.

Diferentemente, se a garantia fosse acessória, como a fiança, o garantidor poderia deixar de realizar o pagamento e opor as defesas atinentes à relação garantida. É dizer, o fiador poderia negar o pagamento aos Cedentes sob a justificativa de que o preço era ilíquido e que estava em discussão em procedimento arbitral. Dessa forma, somente após a finalização da arbitragem é que o pagamento seria devido.

A autonomia é o elemento que caracteriza a função da garantia à primeira demanda de assegurar ao beneficiário, credor do contrato garantido,

---

[55] CORTEZ, Francisco. A Garantia bancária autônoma – alguns problemas. *Revista da Ordem dos Advogados*. Lisboa, ano 52, vol. II, p. 513-610, jul. 1992, p. 532.

[56] NAVARRETA, Emanuela. Il contratto autonomo di garanzia. *In:* GITTI, Gregorio. Et al. *I Contratti per l'impresa*, vol. I. Produzione, circulazione, gestione, garanzia. Bologna: Il Mulino, 2012, p. 560.

a cobertura contra os riscos do incumprimento pelo devedor, independentemente de questionamentos e de prova do referido incumprimento. O garantidor assegura a verificação de certo resultado, responsabiliza-se pelo risco, independentemente de culpa do devedor, assumindo uma obrigação, cuja finalidade é indenizar o credor quanto a danos pré-determinados, oriundos do contrato garantido.[57]

O garantidor assume uma obrigação distinta da obrigação garantida, não apenas quanto ao conteúdo, mas também quanto ao modo de seu cumprimento.[58] Nesse sentido, André Prum entendeu ser dúplice o objeto da garantia à primeira demanda, pois há o objeto de garantir a obrigação jurídica subjacente e há o objeto, em sentido estrito, de pagar um valor pecuniário determinado na garantia, na hipótese de pedido do credor.[59] A partir desse entendimento, fica explícito que o garantidor pode garantir as mais diversas obrigações previstas no contrato garantido, mas a sua obrigação, em sentido estrito, será sempre o valor de determinada quantia em dinheiro.

A teoria dualista da obrigação, que "cinde a relação jurídica obrigacional em duas sub-relações, designadas uma de crédito e outra de responsabilidade"[60] auxilia a compreender a obrigação do garantidor comparando-a com a do fiador. Na fiança, o fiador assume a responsabilidade pela dívida de outrem; na garantia à primeira demanda, o garantidor assume dívida e responsabilidade próprias, diversas da relação garantida.

Assim, no plano obrigacional, as condições da garantia à primeira demanda não estão vinculadas às do contrato garantido. A obrigação do garantidor não se molda à obrigação prevista no contrato garantido, seja quanto ao seu objeto, seja quanto aos pressupostos da sua exigibilidade.[61] O garantidor, então, quando adimple a sua obrigação, paga um débito próprio; não paga a dívida de outrem.

Em função da autonomia, a duração da garantia é fixada de forma independente do contrato garantido, podendo vigorar por um tempo menor, igual ou maior que o do contrato garantido, dependendo do ajuste das partes. Sendo assim, somente poderá haver alteração dos prazos da garantia à primeira

---

[57] JARDIM, Mónica. *A Garantia Autónoma*. Coimbra: Almedina, 2002, p. 36. ALMEIDA COSTA, Mário Júlio; PINTO MONTEIRO, Antônio. Garantias Bancárias. O contrato de garantia à primeira solicitação. *Colectânea de jurisprudência*, Coimbra, ano XI, t. V, p. 16-34, 1986, p. 20.

[58] GUILARTE, Juan Sánchez-Calero. *El contrato autónomo de garantía*. Las garantías a primera demanda. Madrid: Centro de Documentación bancaria y bursátil, 1995, p. 286.

[59] PRUM, André. *Les garanties à premiere demande:* essay sur l'autonomie. Paris: Litec, 1994, p. 76.

[60] NORONHA, Fernando. *Direito das obrigações*. 3ª ed. São Paulo: Saraiva, 2010, p. 159.

[61] MENEZES LEITÃO, Luís Manuel Teles de. *Garantia das obrigações*. 5 ed. Coimbra: Almedina, 2016, p. 140.

demanda se as partes expressamente alterarem a sua redação, não sendo possível aplicar cláusula do contrato garantido à garantia à primeira demanda, sem estipulação expressa.

Ademais, como consequência da autonomia, não é possível estender automaticamente a lei do contrato garantido e a sua cláusula de resolução de controvérsias à garantia à primeira demanda. Recomenda-se, por isso, que as partes façam referência expressa ao modo de resolução de controvérsias e à lei aplicável à garantia, podendo, por exemplo, escolherem a incidência direta das Regras Uniformes da Câmara Internacional do Comércio[62].

O texto da garantia pode prever, também, a estipulação de correção monetária, juros e regras relacionadas à mora de forma diferente do previsto para a obrigação principal do devedor. Porém, não havendo estipulação expressa quanto a essas questões, qual seria a melhor interpretação da garantia à primeira demanda?

Considerando que, usualmente, a garantia à primeira demanda é inserida no próprio contrato garantido, como no exemplo da introdução, a simples menção da aplicação das cláusulas do contrato garantido à garantia à primeira demanda é suficiente. Por sua vez, havendo omissão no texto da garantia, não há alternativa senão a aplicação das cláusulas do contrato garantido para, tão somente, integrar o que não foi expressamente pactuado, quando for necessário para a sua execução ou, após o pagamento, no processo de recuperação ou questionamento dos valores pagos.

Para ilustrar essa situação, o caso da introdução novamente auxilia: veja-se que na cláusula não está expresso o modo de interpelação do garantidor para pagamento da garantia, mas, se no Contrato Principal estiver expresso que todas as notificações deverão ser escritas, pode-se interpretar o texto da garantia de modo a entender que o pedido deve ser realizado por escrito, mediante o envio de notificação.

Nada obstante, o contrato garantido não poderá ser utilizado como instrumento para o garantidor desvirtuar a autonomia e automaticidade da garantia. Por essa razão, somente é possível a utilização do contrato garantido para interpretação e integração da garantia com o objetivo de viabilizar o pagamento dos valores devidos pelo garantidor ou após o pagamento, para analisar se o pagamento foi realizado conforme o pactuado.

Não obstante a autonomia, não é possível desconsiderar completamente o contexto da garantia à primeira demanda inserida no próprio contrato garantido ou considerá-la, fictamente, em um vazio de normatividade contratual. A consequência dessa estipulação é que o grau de autonomia pactuado é menor,

---

[62] ICC Uniform Rules for Demand Guarantees 758.

porém, isso não afeta a segurança pretendida com a garantia, tampouco o seu tipo social.

A automaticidade, por sua vez, complementa a autonomia na garantia à primeira demanda, justificando a obrigação do garantidor de realizar imediatamente o pagamento da garantia, mediante simples interpelação do credor, sem precisar justificar ou provar o fundamento do seu pedido.[63] A automaticidade isenta o credor do ônus de provar os pressupostos do seu direito de crédito contra o garantidor, bem como posterga, para após o pagamento, a possibilidade de o garantidor opor exceções relacionadas à garantia. Ou seja, o credor isenta-se do ônus de provar a configuração dos pressupostos de responsabilidade negocial que embasou o pedido de pagamento da garantia.[64]

A automaticidade inverte o ônus econômico do tempo, pois obriga a realização do pagamento imediatamente após o pedido, sem questionamento. Ao contrário, em uma fiança tradicional, o credor precisa comprovar a existência de inadimplemento e os pressupostos do seu direito para receber o pagamento.

A adjetivação da garantia como "automática" contribui para complementar o seu sentido, sendo a denominação "garantia à primeira demanda" significativa e descritiva de seus efeitos. Isso porque, prestada a garantia, nada mais será exigido, senão a simples demanda do credor. A automaticidade acresce-se à autonomia, introduzindo alterações ao nível de exigibilidade da garantia, que será imediatamente exigível.[65]

Esse modo de funcionamento, que será aprofundado no próximo item deste artigo, é diferente da garantia autônoma simples. Nesta última, o credor "terá que provar o fato constitutivo do seu direito para o garante cumprir"[66], isto é, deverá provar que houve inadimplemento do contrato garantido e apresentar documentos que sustentem o seu pedido.

2. FUNCIONAMENTO E EXECUÇÃO DA GARANTIA

É o pedido de pagamento da garantia que inaugura a fase a ativa da garantia à primeira demanda, passando-se para o plano da sua execução.

---

[63] CORTEZ, Francisco. A Garantia bancária autônoma – alguns problemas. *Revista da Ordem dos Advogados.* Lisboa, ano 52, vol. II, p. 513-610, jul. 1992, p. 536; PORTALE, Giuseppe. Fideiussione e garantievertrag nella prassi bancaria. In: PORTALE, Giuseppe. *Le operazione Bancarie*, t. II. Milano: Giuffrè Editore, 1978, p. 11

[64] BONELLI, Franco. *Le garanzie bancarie a prima domanda nel commercio internazionale.* Milano: Giuffrè Editore, 1991, p. 37.

[65] JARDIM, Mónica. *A Garantia Autónoma.* Coimbra: Almedina, 2002, 85-86.

[66] VASCONCELOS, Miguel Pestana. *Direito das Garantias.* Coimbra: Almedina, 2019, p. 143.

Imediatamente após a assinatura da garantia à primeira demanda, não há uma conduta específica a ser exigida do garantidor; a sua prestação fica em estado de latência, sem ser possível prever se e quando será devida.[67] O cumprimento da prestação do garantidor somente será exigível se o beneficiário pedir a sua execução em conformidade com os requisitos materiais, formais e temporais pactuados.[68]

Embora haja autonomia, os acontecimentos no contrato garantido são o gatilho para o credor realizar o pedido de pagamento da garantia, que deverá ser paga de forma imediata. A responsabilidade do garantidor engloba todos os prejuízos, previamente previstos no contrato de garantia, que forem decorrentes de algum descumprimento do contrato garantido, inclusive os provenientes de caso fortuito.

Qualquer incumprimento pode desencadear o pedido para pagamento da garantia, não sendo necessário haver comprovação de que houve inadimplemento do contrato garantido. Referido evento deverá incidir sobre as consequências econômicas que o credor esperava do contrato principal, o que significará um dano, em sentido amplo.[69] Afirma-se, por isso, que a garantia à primeira demanda é subordinada à existência de incumprimento na relação jurídica subjacente, mesmo que a prova deste evento seja reduzida à simples declaração de sua ocorrência.[70]

No caso citado na introdução, o evento que desencadeou o pedido da garantia foi a ausência de pagamento do preço do contrato, em razão de os Cessionários entenderem que este não era devido por conta da descoberta de passivos ocultos. Mesmo que houvesse discussão em relação à veracidade dessa alegação, o pagamento da garantia era devido a partir do seu pedido, da declaração dos credores da ocorrência do incumprimento.

O pagamento da garantia deverá ser requerido pelo credor conforme suas disposições[71], o que pode ser feito mediante documento escrito e enviado para o endereço do garantidor, por e-mail, notificação ou pedido verbal, se não houver outra previsão. O texto do contrato de garantia é decisivo para determinar

---

[67] GUILARTE, Juan Sánchez-Calero. *El contrato autónomo de garantía.* Las garantías a primera demanda. Madrid: Centro de Documentación bancaria y bursátil, 1995, p. 341.

[68] GUILARTE, Juan Sánchez-Calero. *El contrato autónomo de garantía.* Las garantías a primera demanda. Madrid: Centro de Documentación bancaria y bursátil, 1995, p. 342.

[69] GUILARTE, Juan Sánchez-Calero. *El contrato autónomo de garantía.* Las garantías a primera demanda. Madrid: Centro de Documentación bancaria y bursátil, 1995, p. 342-343.

[70] PORTALE, Giuseppe B. Fideussione e Garantievertrag nella prassi bancaria. In: PORTALE, Giuseppe B. *Le garanzie bancarie internazionale.* Milano: Giufrè Editore, 1989, p. 12

[71] TELLES, Inocêncio Galvão. Garantia bancária autônoma. Estudo e Parecer. *O Direito.* Coimbra, ANO 120, iii-iv, P. 275-293, 1988, p. 287

as hipóteses que ensejam o pedido de pagamento da garantia, o seu valor e o modo de pedir a sua execução.[72]

É essencial o conteúdo da garantia à primeira demanda, pois somente é possível executar o que está inserido na garantia e na forma como estabelecida. Uma vez realizado o pedido dentro do prazo e em conformidade com o estabelecido na garantia à primeira demanda, o pagamento pelo garantidor deve ocorrer logo após o recebimento deste pedido. Para que não haja a abertura de margens para discussão, é importante que nas cláusulas da garantia à primeira demanda esteja previsto um prazo para o garantidor realizar o pagamento.

Não tendo sido estabelecido prazo expresso, o garantidor deve ser notificado para realizar o pagamento da garantia em prazo razoável, de acordo com a especificidade da garantia prestada.[73] Sobre o assunto, a Convenção das Nações Unidas sobre garantias autônomas e cartas de crédito Stand-by estabelece que o pagamento da garantia deve ocorrer no máximo em sete dias úteis[74]; por sua vez, a ICC Uniform Rules for Demand Guarantees 758 estipula o prazo de cinco dias úteis[75]. Ainda que não haja a aplicabilidade direta da Convenção ou das Regras Uniformes estabelecidas pela ICC, ambas são importantes instrumentos interpretativos, já que fixam as práticas internacionais sobre a garantia à primeira demanda.

Não havendo o pagamento no prazo estipulado na garantia ou em notificação enviada ao garantidor, este incorrerá em mora, conforme previsão do artigo 394 do Código Civil.[76] Em virtude da autonomia da garantia, a mora do garantidor é autônoma em relação à do devedor principal. Como visto no item anterior, as partes podem ter convencionado regras próprias incidentes somente para o garantidor, como juros, correção monetária e honorários advocatícios.

A execução da garantia seguirá para a esfera judicial caso o garantidor não realize o pagamento da garantia conforme previsto em seu texto. Foi o que aconteceu no caso narrado na introdução, na qual foi ajuizada uma ação de execução de título extrajudicial, com base no artigo 784, III, do Código de

---

72 MENEZES CORDEIRO, António. *Tratado de Direito Civil,* v. X, Direito das Obrigações. Garantias. Coimbra: Almedina, 2015, p. 565.

73 GOMES, Manuel Januário da Costa. Sobre a mora do garante na garantia bancária autónoma. *In:* Miranda, Jorge. (Coord.) *Estudos em honra de Ruy de Alburquerque.* Edição Faculdade de Direito da Universidade de Lisboa. Coimbra: Coimbra Editora, 2006, p. 26.

74 UNCITRAL. United Nations convention on Independent Guarantees and Stand-by Letters of Credit. United Nations, 1996, Article 16.

75 ICC Uniform Rules for Demand Guarantees 758, Article 20.

76 Art. 394. Considera-se em mora o devedor que não efetuar o pagamento e o credor que não quiser recebê-lo no tempo, lugar e forma que a lei ou a convenção estabelecer.

Processo Civil, para a execução coercitiva do patrimônio do Garantidor, que havia se recusado a realizar o pagamento.

A recusa ao pagamento da garantia somente poderá ser legítima em restritas hipóteses, que, ainda, são objeto de discussão doutrinária. Há parte da doutrina[77] que entende ser possível a recusa lícita ao pagamento da garantia quando há limites impostos pela sua literalidade, como no caso de as partes estipularem determinado prazo de vigência da garantia e o credor pedir o pagamento após o transcurso desse prazo. Outro segmento da doutrina entende que o garantidor não pode recusar o pagamento da garantia à primeira demanda com base em exceções relacionadas à duração da garantia e a legitimidade do credor para realizar o pedido. Essas exceções, segundo Mastropaolo, somente podem ser invocadas após o pagamento, em ação regressiva, pois a automaticidade determina que qualquer discussão relacionada ao pedido de pagamento seja postergada.[78]

Há recusa legítima quando não existir dúvida de que houve satisfação do credor no contrato garantido ou quando o credor for diretamente responsável pelo seu não cumprimento. É preciso esclarecer, no entanto, o que significa "não existir dúvida". São hipóteses restritas em que há prova líquida e inequívoca do cumprimento do contrato garantido ou de descumprimento por culpa do credor. Isso ocorre, por exemplo, quando houver decisão irrecorrível sobre qualquer das situações, ou quando estiver em posse do garantidor recibo de quitação do valor do contrato garantido. Essas são hipóteses em que não há dúvida da ilegalidade do pedido, justificando a recusa do garantidor, afinal o credor não tinha o direito a realizar o pedido de pagamento da garantia e, ao fazê-lo, violou a função de garantia.

Se houver qualquer controvérsia entre o devedor e o credor do contrato garantido sobre a sua execução ou incumprimento, ou, ainda, se for necessária dilação probatória para averiguar se houve, ou não, adimplemento do contrato garantido, o pagamento da garantia não poderá ser postergado.[79] Assim, no caso de compra e venda de participações societárias, como o relatado na introdução, somente seria legítima a recusa do Garantidor se este possuísse em suas mãos recibo de quitação da integralidade do preço assinado pelo próprio credor, ou se houvesse decisão arbitral irrecorrível consignando que o devedor pagou a integralidade do preço.

---

[77] BONELLI, Franco. *Le garanzie bancarie a prima domanda nel commercio internazionale.* Milano: Giuffrè Editore, 1991, p. 78.

[78] MASTROPAOLO, Fulvio. Pagamento a prima richiesta, limiti alla inopponibilità delle eccezioni e problemi probatori. *Banca Borsa e Titoli di Crédito*, Milano, V, p. 553-590, 1990, p. 571-572.

[79] BONELLI, Franco. *Le garanzie bancarie a prima domanda nel commercio internazionale.* Milano: Giuffrè Editore, 1991, p. 108-109.

Esse entendimento precisa ser aplicado na seara processual, de modo a adaptar os requisitos necessários para a concessão de tutela de urgência para suspender o pagamento da garantia. Para que haja o respeito à autonomia e automaticidade da garantia à primeira demanda, somente é possível a concessão de tutelas de urgência ou decisões cautelares para suspender o pagamento se o garantidor apresentar prova líquida e inequívoca que sustente a ilegalidade do pedido. Não basta a probabilidade do direito ou a verossimilhança das alegações, pois o tipo da garantia exige o pagamento imediato e, consequentemente, a adaptação da lei processual.[80]

Efetuado o pagamento da garantia, o garantidor buscará o ressarcimento pelos valores despendidos. Se o garantidor e o devedor tiverem assinado um contrato para regular a sua relação, serão, obviamente, as regras deste instrumento que determinarão a forma de restituição.

Na hipótese de não haver contrato escrito e regramento expresso, é preciso questionar a aplicabilidade das regras do direito das obrigações, como defendido em trabalho anterior.[81] Caso a resposta seja afirmativa, haverá a incidência do artigo 346, III, do Código Civil[82], que prevê a sub-rogação, de pleno direito, "do terceiro interessado, que paga a dívida pela qual era ou podia ser obrigado, no todo ou em parte."

É preciso problematizar referido posicionamento, pois o garantidor não paga a dívida do devedor, mas, sim, uma dívida própria, pela qual se obrigou perante o credor. O efeito do pagamento da garantia é a extinção da dívida do garantidor perante o credor, e, também, da dívida devedor perante o credor, nos limites da garantia, mas há sub-rogação do garantidor na posição do credor? Este instituto não diminuiria o grau da autonomia pretendida pelas partes? Respostas a esses questionamentos extrapolam os limites deste artigo, exigindo um estudo próprio, mas que precisa ser realizado para reabrir a discussão sobre essa questão.

Do ponto de vista prático, Mónica Jardim entende que o devedor deve restituir o garantidor "sem poder invocar que lhe deu ordem para que não pagasse, ou lhe facultou meios de defesa respeitantes ao contrato base"[83], pois foi o devedor quem solicitou ao garantidor que este garantisse o contrato base de forma autônoma e à primeira demanda. A restituição deve ser de todo o valor

---

[80] Essa questão é tratada de modo mais aprofundado em DILL, Amanda Lemos. *Contrato de Garantia à Primeira Demanda*. São Paulo: Almedina, 2022, p. 104-108.

[81] DILL, Amanda Lemos. *Contrato de Garantia à Primeira Demanda*. São Paulo: Almedina, 2022, p. 111 e seguintes.

[82] BRASIL. Código Civil. Art. 346. A sub-rogação opera-se, de pleno direito, em favor: [...] III - do terceiro interessado, que paga a dívida pela qual era ou podia ser obrigado, no todo ou em parte.

[83] JARDIM, Mónica. *A Garantia Autónoma*. Coimbra: Almedina, 2002, p. 313.

que o garantidor pagou ao credor, sem questionamentos e defesas relativas a qualquer outra relação jurídica. Caso haja exceções e defesas do devedor, este deverá ajuizar ação própria contra o credor para discutir a ilegalidade ou o abuso do pedido.

Exposto o modo de funcionamento, execução, hipóteses de recusa legítima e forma de restituição do garantidor, convém aprofundar o estudo da disciplina jurídica da garantia à primeira demanda a fim de verificar as disposições incidentes e sua moldura classificatória.

3. DISCIPLINA JURÍDICA

A natureza da obrigação assumida pelo garantidor é de garantia, cujo conteúdo é a eliminação de um risco que pesa sobre o credor[84]. O garantidor responde haja o que houver, sendo-lhe vedado invocar causa estranha que tenha tornado a prestação impossível.[85] A prestação do garantidor à primeira demanda é assumir o risco pelo credor, reparando as consequências econômicas oriundas de incumprimentos ocorridos no contrato garantido. O garantidor não se obriga a pagar uma dívida alheia, mas assegurar ao credor determinado resultado, o recebimento de determinado montante em dinheiro.[86]

A garantia à primeira demanda é um contrato formado entre garantidor e credor. Neste contrato, somente o garantidor possui obrigações, que é a prestação de pagamento a pedido pelo credor. Por essa razão, qualifica-se o contrato de garantia à primeira demanda como unilateral.[87] Importante esclarecer que nas hipóteses de pagamento de remuneração ao garantidor, esta é realizada pelo devedor, que é o contratante da garantia. Esse fato, portanto, não terá o condão de alterar a unilateralidade da relação de garantia.

A natureza da obrigação de garantia, assim como a unilateralidade, molda e condiciona as regras que incidem na garantia à primeira demanda. Assim, afasta-se a incidência da disciplina relativa à exceção de contrato não cumprido, prevista no artigo 476 do Código Civil[88], segundo a qual nenhum dos contratantes pode, antes de cumprida a sua obrigação, exigir a do outro.

---

[84] COMPARATO, Fábio Konder. Obrigações de meios, de resultado e de garantia. *Doutrinas Essenciais – Obrigações e Contrato.* São Paulo, Thomson Reuters, 2011, versão digital, p. 7.

[85] ALMEIDA COSTA, Mario Júlio de. *Direito das obrigações.* 12. ed. Coimbra: Almedina, 2012, 1.040.

[86] TELLES, Inocêncio Galvão. Garantia bancária autônoma. Estudo e Parecer. *O Direito.* Coimbra, Ano 120, iii-iv, p. 275-293, 1988, p. 285.

[87] TELLES, Inocêncio Galvão. Garantia bancária autônoma. Estudo e Parecer. *O Direito.* Coimbra, Ano 120, iii-iv, p. 275-293, 1988, p. 287.

[88] Art. 476. Nos contratos bilaterais, nenhum dos contratantes, antes de cumprida a sua obrigação, pode exigir o implemento da do outro.

Da mesma forma, não há aplicabilidade da regra prevista no artigo 477 do Código Civil[89], que estabelece a possibilidade de a parte de recusar a prestação que lhe incumbe, até que a outra parte satisfaça a sua obrigação ou preste garantia de sua satisfação, no caso de sobrevier a esta diminuição de seu patrimônio capaz de comprometer ou tornar duvidosa a prestação pela qual se obrigou. Há, também, o afastamento da aplicabilidade do artigo 475 do Código Civil[90], pelo qual é permitido à parte lesada pelo inadimplemento a resolução do contrato, se não preferir exigir-lhe o cumprimento. Em todas as disposições citadas é necessária bilateralidade das obrigações, o que não ocorre no contrato de garantia à primeira demanda.

A natureza da obrigação de garantia, por sua vez, é essencial para a compreensão do afastamento da incidência do artigo 480 do Código Civil[91], que veicula a possibilidade de revisão do conteúdo da obrigação de contrato unilateral a fim de evitar a caracterização de onerosidade excessiva. Nessa hipótese, a sua inaplicabilidade justifica-se, pois, caso contrário, não haveria o afastamento do risco, que é a função da garantia. É dizer, referida regra atentaria contra a própria função da garantia à primeira demanda.

É, também, em razão da natureza da garantia, que não há utilidade em classificá-la como contrato gratuito, embora na prática o seja. Isso porque a relevância nessa classificação reside, principalmente, na seara da responsabilidade contratual, já que não há a incidência aos contratos gratuitos de regras de evicção[92] e de vícios redibitórios[93], e quem realiza a prestação responde apenas por dolo.[94]

No contrato de garantia à primeira demanda, o garantidor obriga-se ao pagamento de uma quantia, devendo o garantidor cumprir referida obrigação

---

[89] Art. 477. Se, depois de concluído o contrato, sobrevier a uma das partes contratantes diminuição em seu patrimônio capaz de comprometer ou tornar duvidosa a prestação pela qual se obrigou, pode a outra recusar-se à prestação que lhe incumbe, até que aquela satisfaça a que lhe compete ou dê garantia bastante de satisfazê-la.

[90] Art. 475. A parte lesada pelo inadimplemento pode pedir a resolução do contrato, se não preferir exigir-lhe o cumprimento, cabendo, em qualquer dos casos, indenização por perdas e danos.

[91] Art. 480. Se no contrato as obrigações couberem a apenas uma das partes, poderá ela pleitear que a sua prestação seja reduzida, ou alterado o modo de executá-la, a fim de evitar a onerosidade excessiva.

[92] Art. 447. Nos contratos onerosos, o alienante responde pela evicção. Subsiste esta garantia ainda que a aquisição se tenha realizado em hasta pública.

[93] Art. 441. A coisa recebida em virtude de contrato comutativo pode ser enjeitada por vícios ou defeitos ocultos, que a tornem imprópria ao uso a que é destinada, ou lhe diminuam o valor. Parágrafo único. É aplicável a disposição deste artigo às doações onerosas.

[94] Art. 392. Nos contratos benéficos, responde por simples culpa o contratante, a quem o contrato aproveite, e por dolo aquele a quem não favoreça. Nos contratos onerosos, responde cada uma das partes por culpa, salvo as exceções previstas em lei.

independentemente do preenchimento dos requisitos de responsabilidade contratual. O nexo de imputação é objetivo nas obrigações de garantia. Não há margem para discussão de culpa ou dolo. Como consequência da gratuidade, também não há razão para questionar se o contrato é comutativo ou aleatório, pois, de acordo com Orlando Gomes, esta é uma subdivisão dos contratos onerosos.[95]

Além disso, trata-se de um contrato personalíssimo, em que se verifica um alto grau de confiança entre as partes envolvidas na operação.[96] O garantidor somente compromete-se a prestar uma garantia tão forte após considerar as características do devedor principal, assim como do credor, pois são determinantes para o seu risco de crédito.

A confiança do garantidor depende da capacidade comercial, industrial e financeira do devedor para cumprir o contrato e impedir que o credor solicite o pagamento da garantia. O garantidor analisa, então, a situação do devedor e os compromissos assumidos por ele.

Por sua vez, o credor da garantia deve confiar na capacidade financeira do garantidor, competindo-lhe avaliar a sua capacidade financeira. Se verificar riscos demasiados relacionados a essa capacidade, pode recusar a cobertura pelo garantidor e negociar com o devedor do contrato principal que outro garantidor assegure a operação.

O garantidor, por outro lado, também deve confiar no credor, pois deve crer que somente em hipóteses legítimas haverá o pedido de pagamento da garantia, que não haverá o pedido ilícito. Não havendo confiança, pode o garantidor recusar a assinar o contrato de garantia à primeira demanda. Uma vez assinado, no entanto, não poderá recusar o pagamento da garantia, a não ser nas restritas hipóteses vistas no item acima.

---

95 GOMES, Orlando. *Contratos*. 26ª ed., rev., atual. e aum. de acordo com o Código Civil de 2002 por Antonio Junqueira de Azevedo e Francisco Paulo De Crescenzo Marino. Rio de Janeiro: Forense, 2008, p. 88: "Os contratos onerosos subdividem-se em contratos comutativos e aleatórios. Nos contratos comutativos, a relação entre vantagem e sacrifício é subjetivamente equivalente, havendo certeza quanto às prestações. Nos contratos aleatórios, há incerteza para as duas partes sobre a vantagem esperada será proporcional ao sacrifício. Os contratos aleatórios expõem os contratantes à alternativa de ganho ou perda.". No mesmo sentido: ANDRADE, Darcy Bessone de Oliveira. *Aspectos da evolução da teoria dos contratos*. São Paulo: Saraiva,1949, p. 34-35: "Como subdivisão dos contratos onerosos, formula-se a distinção entre os contratos em que a extensão da prestação é certa e avaliável desde o momento de sua formação e aqueles em que somente a prestação de um dos contraentes é, desde logo, certa e avaliável, sendo incerta a do outro, porque dependente de um acontecimento desconhecido por ocasião do ajuste".

96 PRUM, André. *Les garanties à première demande*: essay sur l'autonomie. Paris: Litec, 1994, p. 102-104.

Em relação à forma, para verificar a sua exigibilidade, ou não, parte-se do entendimento de que a distinção entre atos formais ou não formais está na intervenção, pelo ordenamento jurídico brasileiro, na autonomia privada, quando da formação dos atos, prescrevendo o seu modo de exteriorização, prevalecendo para os atos não formais a liberdade para torná-los exteriormente reconhecíveis.[97] O contrato formal, por seu turno, é aquele em que a lei exige certa formalidade para a sua celebração.[98]

Porém, a ausência de disposição legal no direito brasileiro para regular a garantia à primeira demanda faz prevalecer a liberdade de formas, de modo que referida garantia possa ser celebrada verbalmente? A resposta deve ser negativa a esse questionamento.

A autonomia é a chave para compreender essa resposta. A garantia à primeira demanda deve possuir elementos mínimos expressos capazes de possibilitar o pagamento imediato da garantia e para que não seja possível opor exceções relacionadas ao contrato garantido. Deve constar no instrumento de garantia o valor garantido, a previsão expressa do tipo garantia à primeira demanda, para não gerar questionamentos sobre o seu funcionamento, e a estipulação de quem é o beneficiário. O conteúdo da garantia é decisivo para a sua execução e interpretação, assim como para determinar a extensão da obrigação do garantidor.

A literalidade é um elemento que complementa a autonomia, é dizer, a autonomia depende da literalidade e a literalidade complementa a noção de autonomia, pois permite que o garantidor assuma uma obrigação própria (distinta da obrigação do devedor), que será sempre líquida, contra a qual não é possível opor exceções decorrentes do contrato garantido. Não é por outra razão que os usos, especialmente no comércio internacional, consolidaram a exigência da forma escrita para a sua celebração. Por isso, no âmbito do ordenamento brasileiro deve ser exigida a forma escrita também.

Por fim, em virtude da garantia à primeira demanda inserir-se em uma operação formada por uma multiplicidade de contratos – o contrato que é garantido e o contrato entre devedor e garantidor para estipulação da

---

[97] BETTI, Emilio. *Teoria generale del negozio giuridico.* Napoli: Edizioni Scientifiche Italiane, 1994, p. 126.

[98] PEREIRA, Caio Mário da Silva. *Instituições de Direito Civil.* V. 3. 15ª ed., rev. e atual. por Régis Fichtner. Rio de Janeiro: Editora Forense, 2011, p. 53; GOMES, Orlando. *Contratos.* 26ª ed., rev., atual. e aum. de acordo com o Código Civil de 2002 por Antonio Junqueira de Azevedo e Francisco Paulo de Crescenzo Marino. Rio de Janeiro: Forense, 2008, p. 90; PONTES DE MIRANDA, Francisco C. *Tratado de Direito Privado.* Parte Especial, t. XXXVIII. 3ª ed. São Paulo: Editora Revista dos Tribunais, 1984, §4.205, p. 106: "Só a lei pode determinar que se observe, necessariamente, alguma forma. Se isso não ocorre, pode o negócio jurídico concluir-se oralmente, frente a frente, ou pelo telefone, ou por meio de gestos, ou qualquer outra espécie de expressão."

garantia –, convém discorrer, ainda que brevemente, sobre a ausência de coligação contratual.

Segundo Francisco Marino, contratos coligados são aqueles que por disposição legal, de natureza acessória ou de seus conteúdos (expressos ou implícitos), "encontram-se em relação de dependência unilateral ou recíproca"[99]. É o fim do contrato que unifica a relação contratual, tornando-a uma estrutura unitária e funcional.[100] Consequência da coligação é que os eventos de um contrato, como invalidade, ineficácia e resolução repercutem nos demais contratos atinentes a mesma operação.

A lei, a manifestação de vontade das partes e a própria natureza contratual podem determinar a desvinculação de contratos que, por fazerem parte de uma única operação econômica, seriam coligados.[101] Na garantia à primeira demanda, é a autonomia, característica central e marca de seu tipo, que afasta os efeitos da coligação contratual. É dizer, a autonomia atua como índice de desconexão dos contratos, isolando a garantia dos demais contratos que formam a operação.

A consequência é que a garantia não será afetada pelos vícios e ineficácia dos demais contratos. Ainda, em termos de interpretação, esta deve ser realizada utilizando os elementos da própria garantia, e, somente em momento posterior é que os demais contratos, por formarem o contexto da garantia à primeira demanda, poderão servir de instrumentos interpretativos auxiliares.

CONCLUSÃO

Pretendeu-se com esse artigo trazer elementos práticos da garantia à primeira demanda para possibilitar, cada vez mais, a sua difusão no direito brasileiro. A garantia à primeira demanda é um excelente instrumento para assegurar o cumprimento das obrigações em diversas operações econômicas,

---

99 MARINO, Francisco Paulo de Crescenzo. *Contratos coligados*. São Paulo: Saraiva, 2009, p. 59.

100 MARINO, Francisco Paulo de Crescenzo. *Contratos coligados*. São Paulo: Saraiva, 2009, p. 131-134. No mesmo sentido, LEONARDO, Rodrigo Xavier. Os contratos coligados. *In:* BRANDELLI, Leonardo (coord.). *Estudos em homenagem à Professora Véra Maria Jacob de Fradera*. Porto Alegre: Lejus, 2013, p. 14-15: "Para haver uma coligação contratual, sob as espécies de *redes contratuais* ou *conexão em sentido estrito*, é necessário que entre os dois ou mais contratos exista um vínculo funcional, segundo o qual as prestações de um contrato se colocam em *função* de objetivos para além do contrato. Também deve haver um nexo econômico, por meio do qual o trânsito de riquezas encaminhado por um contrato impacte diretamente em outro(s) que, com ele, compõe uma unidade. Estes nexos se verificam objetivamente, justificando a percepção de uma operação econômica que se sobrepõe às relações contratuais singulares que compõe o conjunto."

101 KONDER, Carlos Nelson. *Contratos conexos*: grupos de contratos, redes contratuais e contratos coligados. Rio de Janeiro: Renovar, 2006, p. 185-186.

podendo ser inserida no mesmo instrumento da operação garantida ou constar em instrumento apartado que faça referência ao contrato garantido. De qualquer forma, alguns cuidados na sua redação devem ser observados a fim de possibilitar o seu ideal funcionamento.

A nomenclatura "à primeira demanda" deve constar na sua redação, de modo a deixar claro o seu tipo. Independentemente de as partes denominarem "fiança à primeira demanda" ou "garantia à primeira demanda", fato é que não há fiança e não há acessoriedade, sendo um tipo contratual diverso da fiança, marcado pela autonomia e automaticidade.

Recomenda-se que esteja de modo expresso o valor líquido a ser executado. Além disso, deve constar o prazo para o seu pagamento, a forma de realização do pedido pelo credor e a lei aplicável. A clareza desses elementos evita discussões desnecessárias e eventual postergamento (indesejado) do pagamento da garantia. Nesse sentido, é, também, desejável que conste expressamente no texto da garantia as penalidades decorrentes da mora do garantidor à primeira demanda, ou, ao menos, que seja feita referência à aplicação da cláusula do contrato principal.

Em relação ao funcionamento da garantia, caso haja qualquer descumprimento no contrato garantido, poderá o credor exigir o pagamento da soma pecuniária, não sendo necessário provar os requisitos de responsabilidade negocial do devedor, tampouco que houve inadimplemento: a solicitação de seu pagamento é suficiente para que o garantidor cumpra a sua obrigação. O garantidor deverá pagar conforme estabelecido no texto da garantia, não podendo escusar-se mediante a oposição de exceções e defesas relacionadas à operação garantida.

A qualificação da restituição do valor pago pelo garantidor é matéria que ainda precisa ser aprofundada, para verificar se há incidência de normas relativas à sub-rogação ou se é outro o regime aplicável. Independentemente dessa qualificação jurídica, há o entendimento prático de que o devedor deve restituir o garantidor de forma imediata, somente podendo opor exceções pessoais, decorrentes da relação entre devedor e garantidor. Todas as discussões relativas ao contrato garantido devem ser travadas entre credor e devedor em ação própria.

Em relação à disciplina jurídica, a natureza da obrigação de garantia é essencial para compreender o afastamento de determinadas normas contratuais previstas no Código Civil Brasileiro. A autonomia, por sua vez, influencia diretamente a importância da forma escrita da garantia e determina o afastamento de efeitos decorrentes de coligação contratual.

6. CLÁUSULA DE ELEIÇÃO DE FORO: SELEÇÃO DE PROBLEMAS PARA A INVESTIGAÇÃO A PARTIR DE REVISÃO DA LITERATURA

Amanda Souza Barbosa

1. INTRODUÇÃO

A cláusula de eleição de foro está constantemente presente nos instrumentos contratuais internos e internacionais. A sua quase que onipresença não reflete a atenção que vem a ela sendo dispendida pela doutrina nacional, hipótese que foi confirmada a partir de revisão de literatura. O presente texto propõe, como objetivo geral: elencar problemas de investigação a partir da leitura de artigos científicos disponíveis no portal Periódicos Capes sobre o tema, cuja seleção é detalhada a seguir.

Foi realizado acesso ao portal Periódicos Capes com o login institucional da Universidade Federal da Bahia no dia 14 de junho de 2023, às 19h20. No campo de busca, utilizou-se o descritor cláusula de eleição de foro. Chegou-se a 12 resultados ao todo, indexados como artigos científicos disponíveis online e em língua portuguesa. Destes, 9 foram selecionados para estudo, na medida em que foram revisados por pares. Dentre os 9 referidos, 3 estavam em duplicidade, de modo que foram lidos 6 artigos científicos.

A partir do conteúdo dos artigos selecionados, previamente tabelado em documento do Excel, foram estruturados os objetivos específicos que orientaram a escrita dos capítulos de desenvolvimento. São eles: a) sistematizar o conceito, atual disciplina jurídica e aspectos sobre a redação da cláusula de eleição de foro; b) abordar a questão da nulidade da cláusula de eleição de foro em relações jurídicas cíveis e empresariais assimétricas; c) analisar aspectos controversos sobre a cláusula de eleição de foro em contratos internacionais.

Para tanto, em termos metodológicos, além da revisão de literatura referida, foi adotado o método de abordagem dialético. A partir dele, especialmente a regra da luta dos contrários, é possível observar o modo como se apresentam os discursos que integram a argumentação jurídica na temática proposta, quando se aproximam e quando se distanciam, propiciando o alcance do objetivo geral. Com isso, chega-se a um rol de questões a serem analisadas com mais vagar e, possivelmente, constituir objeto de publicações futuras.

2. ASPECTOS CONCEITUAIS E REDAÇÃO CONTRATUAL

A cláusula de eleição de foro é cláusula contratual na qual as partes acordam sobre qual será o juízo competente para dirimir eventuais conflitos decorrentes do negócio[102], garantindo previsibilidade e estabilidade quanto ao tribunal a ser acionado. Esta não deve ser confundida com a cláusula de eleição da lei aplicável, a qual determina a lei que irá reger o contrato. Embora sejam distintas, é comum que a primeira seja interpretada como indicador da intenção das partes quanto à aplicação da lei do foro para resolução da questão material[103].

A cláusula sob análise é autônoma em relação ao contrato principal, de modo que eventual nulidade do segundo não poderá ser a ela estendida. Valesca Moschen e Marcel Guerra chegam a dizer que nem mesmo a inexistência do próprio contrato poderia acometê-la[104]. Está comumente presente em contratos internos e internacionais como forma de garantir previsibilidade ao

---

[102] VIEIRA, Luciane Klein; FERNANDES, Matheus Lúcio Pires. Os acordos de eleição de foro nos contratos internacionais: perspectivas a partir da entrada em vigor do novo Código de Processo Civil brasileiro. *Revista de la Secretaría del Tribunal Permanente de Revisión*, Montevidéu, v. 5, n. 9, p. 224-43, 2017. Disponível em: Acesso em: https://www.revistastpr.com/index.php/rstpr/article/view/209/339 14 jun. 2023. p. 228.

[103] MOSCHEN, Valesca Raizer Borges; GUERRA, Marcel Magalhães e. Autonomia da vontade das partes no plano internacional: novo paradigma do processo civil internacional brasileiro. *Revista Internacional Consinter de Direito*, Lisboa, v. 1, n. 1, p. 609-26, 2015. Disponível em: https://revistaconsinter.com/index.php/ojs/article/ view/403/787 Acesso em: 29 jun. 2023. p. 612-613.

[104] MOSCHEN, Valesca Raizer Borges; GUERRA, Marcel Magalhães e. Autonomia da vontade das partes no plano internacional: novo paradigma do processo civil internacional brasileiro. *Revista Internacional Consinter de Direito*, Lisboa, v. 1, n. 1, p. 609-26, 2015. Disponível em: https://revistaconsinter.com/index.php/ojs/article/ view/403/787 Acesso em: 29 jun. 2023. p. 615.

litígio, bem como selecionar tribunal experiente para julgar eventual controvérsia em dada área empresarial[105].

Observe-se o exemplo dos contratos de financiamento internacionais celebrados por associações privadas, nos quais costuma constar cláusula elegendo o foro de Nova Iorque, localidade que vem se consolidando como centro financeiro e judicial neste âmbito. Até mesmo atores privados estrangeiros, sem nenhum elemento de conexão com os Estados Unidos da América (EUA), passaram a adotar a cláusula referida em seus instrumentos contratuais. Essa eleição, cada vez mais, é antecedida por uma análise econômica dos riscos da jurisdição[106].

É preciso indicar que, de acordo com o art. 5º, inciso XXXV, da Constituição Federal, a lei não excluirá da apreciação do Poder Judiciário nenhuma lesão ou ameaça a direito, dispositivo que assegura a inafastabilidade do controle jurisdicional e dá conteúdo ao princípio da universalidade da jurisdição. Existem, contudo, três limites: a) vedação ao exercício *ex officio* da jurisdição; b) imunização de certos atos ao controle jurisdicional, a exemplo do mérito administrativo; c) e a competência internacional[107].

Os casos em que o Brasil exercerá jurisdição sobre questão transnacional estão previstos no Código de Processo Civil (CPC). Nos arts. 21 e 22 estão as hipóteses de competência internacional concorrente, enquanto no art. 23 estão aquelas de competência internacional exclusiva. No primeiro caso, pode haver julgamento em foro estrangeiro, cuja sentença poderá produzir efeitos no Brasil após o procedimento de homologação. No segundo, o processo somente poderá ser julgado perante autoridade jurisdicional brasileira[108].

Dentre as circunstâncias de competência nacional previstas no art. 22, está a hipótese "em que as partes, expressa ou tacitamente, se submeterem à jurisdição nacional" (inciso III)[109]. A submissão expressa refere-se à previsão

---

105 MOURA, Aline Beltrame de; HORMANN, Rafaela. A lei aplicável à análise de validade e interpretação dos acordos de eleição de foro em contratos internacionais no Brasil. *Direito, Estado e Sociedade*, Rio de Janeiro, Ahead of print, p. 1-26, 2021. Disponível em: https://revistades.jur.puc-rio.br/index.php/revistades/article/view/ 1504/650 Acesso em: 14 jun. 2013. p. 3.

106 VOLPON, Fernanda. Os contratos internacionais de financiamento e o centro financeiro de Nova Iorque: considerações sobre a autonomia da vontade. *Revista de Direito Internacional*, Brasília, v. 14, n. 1, p. 265-82, 2017. Disponível em: https://www.publicacoesacademicas.uniceub.br/rdi/article/view/4372/pdf Acesso em: 14 jun. 2023. p. 266-272.

107 CÂMARA, Alexandre Freitas. *Manual de direito processual civil.* 2. ed. Barueri [SP]: Atlas, 2023. p. 194.

108 CÂMARA, Alexandre Freitas. *Manual de direito processual civil.* 2. ed. Barueri [SP]: Atlas, 2023. p. 194.

109 BRASIL. *Lei n. 13.105, de 16 de março de 2015.* Código de Processo Civil. Disponível em: https://www.planalto. gov.br/ccivil_03/_ato2015-2018/2015/lei/l13105.htm Acesso em: 03 jul. 2023.

de cláusula de eleição de foro brasileiro para conhecer das causas derivadas do negócio, enquanto a tácita importa, uma vez instaurada ação no Brasil, em não haver por parte do demandado alegação de incompetência do Judiciário brasileiro[110].

O art. 25 do CPC, por sua vez, determina que "[n]ão compete à autoridade judiciária brasileira o processamento e o julgamento da ação quando houver cláusula de eleição de foro exclusivo estrangeiro em contrato internacional, arguida pelo réu na contestação"[111]. A eleição de foro estrangeiro somente será admitida em contratos internacionais e, uma vez válida e eficaz, levará à extinção do processo sem resolução do mérito quando arguida a incompetência do juízo brasileiro pelo réu na contestação, não podendo ser apreciada de ofício[112].

Caso o réu não venha a invocar a existência da cláusula na contestação, ficará prorrogada a jurisdição brasileira. Os parágrafos do art. 25 do CPC afastam a cláusula de eleição de foro estrangeiro nos casos de competência exclusiva da jurisdição brasileira e fazem remissão ao art. 63, §§1º a 4º, os quais dispõem sobre a ineficácia da cláusula em caso de abusividade: "a cláusula deverá ser declarada ineficaz pelo juiz antes mesmo da citação ou deverá, sob pena de preclusão, ser suscitada pelo réu em contestação"[113].

A disciplina jurídica inaugurada pelo atual CPC permite concluir que o juízo brasileiro pode vir a decidir causa derivada de contrato internacional mesmo que a matéria não esteja prevista entre as hipóteses de competência internacional, pois a relação entre as partes faz nascer um elemento de conexão com a jurisdição nacional mesmo quando a relação jurídica em questão não tenha qualquer outro vínculo com a ordem jurídica brasileira dentre os previstos nos artigos 21 a 24 do CPC[114].

Na literatura, a questão sobre a validade das cláusulas de eleição de foro, muitas vezes, vem acompanhada de considerações sobre a sua interpretação,

---

[110] CÂMARA, Alexandre Freitas. *Manual de direito processual civil.* 2. ed. Barueri [SP]: Atlas, 2023. p. 194.

[111] BRASIL. *Lei n. 13.105, de 16 de março de 2015.* Código de Processo Civil. Disponível em: https://www.planalto. gov.br/ccivil_03/_ato2015-2018/2015/lei/l13105.htm Acesso em: 03 jul. 2023.

[112] CÂMARA, Alexandre Freitas. *Manual de direito processual civil.* 2. ed. Barueri [SP]: Atlas, 2023. p. 194.

[113] CAPUCIO, Camilla; CAETANO, Fernanda Araujo Kallas e. Os contratos internacionais de importação e exportação de mercadorias à luz das recentes alterações da legislação brasileira. *Revista de la Secretaría del Tribunal Permanente de Revisión*, Montevidéu, v. 4, n. 4, p. 292-306, 2016. Disponível em: https://www.revista stpr.com/index.php/rstpr/article/ view/165/pdf Acesso em: 14 jun. 2023. p. 297.

[114] MOSCHEN, Valesca Raizer Borges; GUERRA, Marcel Magalhães e. Autonomia da vontade das partes no plano internacional: novo paradigma do processo civil internacional brasileiro. *Revista Internacional Consinter de Direito*, Lisboa, v. 1, n. 1, p. 609-26, 2015. Disponível em: https://revistaconsinter.com/index.php/ojs/article/ view/403/787 Acesso em: 29 jun. 2023. p. 619.

embora a primeira seja referida como questão de ordem processual e, a segunda, de ordem material ou substantiva. Diante disso, Aline Moura e Rafaela Hormann indicam ser possível visualizar a aplicação de leis distintas para tais questões. Citam, como exemplo, a interpretação distinta conferida à cláusula de eleição de foro em sistemas de *common law* e *civil law*[115].

A depender do sistema predominante no país, a interpretação pode variar em relação a ser uma cláusula considerada mandatória ou permissiva:

> É o caso de um contrato entre uma empresa dos Estados Unidos da América e outra da Alemanha que disponha que as futuras controvérsias advindas do contrato serão resolvidas pelo foro de Berlim. Na hipótese de o processo ser ajuizado nos Estados Unidos e a cláusula interpretada conforme a *lex fori*, muito provavelmente se entenderá que a cláusula de eleição de foro é permissiva, e que a ação pode ser ali processada. Entretanto, se a cláusula for interpretada conforme as leis aplicáveis à Alemanha (neste caso, o Regulamento Bruxelas I da União Europeia), considerar-se-á que a cláusula é mandatória, e que os Estados Unidos não possuem jurisdição para apreciá-la[116].

As questões em torno da interpretação da cláusula de eleição de foro remetem à sua redação, especialmente ao se tratar de contratos internacionais, pois nem sempre se indica com clareza se o tribunal eleito terá jurisdição exclusiva. Se a escolha for considerada não exclusiva, poderá não ser afastada a jurisdição de outro estado. Valesca Moschen e Marcel Guerra reuniram cláusulas já interpretadas como indicadoras de jurisdição não exclusiva: "*jurisdiction for all and any disputes arising out of or in connection with this agreement is Munich; parties submit to the jurisdiction of the courts of New York; shall have jurisdiction*"[117].

---

[115] MOURA, Aline Beltrame de; HORMANN, Rafaela. A lei aplicável à análise de validade e interpretação dos acordos de eleição de foro em contratos internacionais no Brasil. *Direito, Estado e Sociedade*, Rio de Janeiro, Ahead of print, p. 1-26, 2021. Disponível em: https://revistades.jur.puc-rio.br/index.php/revistades/article/view/ 1504/650 Acesso em: 14 jun. 2013. p. 14.

[116] MOURA, Aline Beltrame de; HORMANN, Rafaela. A lei aplicável à análise de validade e interpretação dos acordos de eleição de foro em contratos internacionais no Brasil. *Direito, Estado e Sociedade*, Rio de Janeiro, Ahead of print, p. 1-26, 2021. Disponível em: https://revistades.jur.puc-rio.br/index.php/revistades/article/view/ 1504/650 Acesso em: 14 jun. 2013. p. 6.

[117] MOSCHEN, Valesca Raizer Borges; GUERRA, Marcel Magalhães e. Autonomia da vontade das partes no plano internacional: novo paradigma do processo civil internacional brasileiro. *Revista Internacional Consinter de Direito*, Lisboa, v. 1, n. 1, p. 609-26, 2015. Disponível em: https://revistaconsinter.com/index.php/ojs/article/ view/403/787 Acesso em: 29 jun. 2023. p. 615.

Foram, também, reunidas cláusulas interpretadas como de jurisdição exclusiva: "*submit to the jurisdiction of*" e "*jurisdiction and venue shall be in*"[118]. Outro exemplo pode ser verificado em publicação de Fernanda Volpon:

> the Borrower agrees that any action or proceeding with respect to this Agreement or any judgment entered by any court in respect thereof may be brought in the United States District Court for the Southern District of New York, in the Supreme Court of the State of New York sitting in New York County (including its Appellate Division), or in any other appellate court in the State of New York, as the party commencing such suit, action or proceeding may elect in its sole discretion[119].

A partir dessas lições, vê-se a importância da redação da cláusula contratual para que se imprima, exatamente, aquilo que for da vontade das partes, evitando-se dúvidas sobre a significação do texto contratual quando surgir um conflito ao longo da execução contratual. No bojo dos artigos selecionados, não foi pautada a redação da cláusula em contratos internos, estando a produção científica especialmente voltada para os contratos internacionais.

3. NULIDADE DA CLÁUSULA DE ELEIÇÃO DE FORO POR ASSIMETRIA CONTRATUAL

A cláusula de eleição de foro pode ser considerada abusiva quando as partes integrarem relação jurídica assimétrica, matéria que pode ser conhecida de ofício pelo juízo. Esse estado de coisas pode se apresentar nos contratos de consumo, de adesão, de trabalho, circunstâncias em que há presumida hipossuficiência de uma das partes contratantes. Sendo assim, esta não poderá ser prejudicada pela derrogação ou prorrogação da jurisdição, justamente por não ter participado da decisão com paridade de armas[120].

---

118 MOSCHEN, Valesca Raizer Borges; GUERRA, Marcel Magalhães e. Autonomia da vontade das partes no plano internacional: novo paradigma do processo civil internacional brasileiro. *Revista Internacional Consinter de Direito*, Lisboa, v. 1, n. 1, p. 609-26, 2015. Disponível em: https://revistaconsinter.com/index.php/ojs/article/view/403/787 Acesso em: 29 jun. 2023. p. 616.

119 VOLPON, Fernanda. Os contratos internacionais de financiamento e o centro financeiro de Nova Iorque: considerações sobre a autonomia da vontade. *Revista de Direito Internacional*, Brasília, v. 14, n. 1, p. 265-82, 2017. Disponível em: https://www.publicacoesacademicas.uniceub.br/rdi/article/view/4372/pdf Acesso em: 14 jun. 2023. p. 274.

120 MOSCHEN, Valesca Raizer Borges; GUERRA, Marcel Magalhães e. Autonomia da vontade das partes no plano internacional: novo paradigma do processo civil internacional brasileiro. *Revista Internacional Consinter de Direito*, Lisboa, v. 1, n. 1, p. 609-26, 2015. Disponível em: https://revistaconsinter.com/index.php/ojs/article/view/403/787 Acesso em: 29 jun. 2023. p. 621.

Para Luciana Vieira, a possibilidade de cláusula de eleição de foro com competência exclusiva do foro estrangeiro não poderá ser considerada válida nos contratos internacionais de consumo, devendo ser privilegiado o foro do domicílio do consumidor, "por tratar-se de hipótese de jurisdição internacional exclusiva, prevista pelo legislador no art. 22, II do novo Código, como medida destinada a facilitar o acesso à jurisdição ao vulnerável"[121]. Em verdade, trata-se de hipótese de competência concorrente, o que remete à análise da abusividade.

Nas lições de Fredie Didier Jr., a abusividade restará configurada nas relações de consumo se: a) a parte aderente não poderia compreender o sentido e consequências da estipulação contratual; b) se dela derivar inviabilidade ou especial dificuldade no acesso à justiça; c) se se tratar de contrato de obrigatória adesão, como serviços prestados exclusivamente por uma empresa[122].

Excepcionalmente, a Corte nacional poderia derrogar jurisdição em favor de outra estrangeira, aplicando-se a doutrina do *forum non conveniens*. Tal aplicação se daria em caso de jurisdição concorrente, verificado abuso, ônus desproporcional e/ou obstrução do acesso à justiça. Se, de um lado, a Convenção de Haia nega tal possibilidade, de outro, o CPC possibilita ao juízo nacional declarar, de ofício, a ineficácia da cláusula de eleição de foro estrangeiro ou nacional que considere abusiva[123].

Diante disso, Valesca Moschen e Maciel Guerra concluem que:

> [...] na excepcionalidade de verificar um ônus desproporcional a uma das partes, passível de obstruir o pleno acesso à justiça, poderá extinguir o processo sem julgamento de mérito, ante a eleição abusiva do foro, vez que a jurisdição exorbitante e abusivamente exercida pelos tribunais de um país compromete sua responsabilidade internacional e afeta os valores constitucionais, o acesso à justiça e a ampla defesa[124].

---

[121] VIEIRA, Luciane Klein; FERNANDES, Matheus Lúcio Pires. Os acordos de eleição de foro nos contratos internacionais: perspectivas a partir da entrada em vigor do novo Código de Processo Civil brasileiro. *Revista de la Secretaría del Tribunal Permanente de Revisión*, Montevidéu, v. 5, n. 9, p. 224-43, 2017. Disponível em: Acesso em: https://www.revistastpr.com/index.php/rstpr/article/view/209/339 14 jun. 2023. p. 113-114.

[122] DIDIER JR, Fredie. *Curso de Direito Processual Civil*: introdução ao direito processual civil, parte geral e processo de conhecimento. Salvador: JusPODIVM, 2015. p. 227-228.

[123] MOSCHEN, Valesca Raizer Borges; GUERRA, Marcel Magalhães e. Autonomia da vontade das partes no plano internacional: novo paradigma do processo civil internacional brasileiro. *Revista Internacional Consinter de Direito*, Lisboa, v. 1, n. 1, p. 609-26, 2015. Disponível em: https://revistaconsinter.com/index.php/ojs/article/ view/403/787 Acesso em: 29 jun. 2023. p. 620.

[124] MOSCHEN, Valesca Raizer Borges; GUERRA, Marcel Magalhães e. Autonomia da vontade das partes no plano internacional: novo paradigma do processo civil internacional brasileiro. *Revista Internacional Consinter de Direito*, Lisboa, v. 1, n. 1, p. 609-26, 2015. Disponível em: https://revistaconsinter.com/index.php/ojs/article/ view/403/787 Acesso em: 29 jun. 2023. p. 620.

O Superior Tribunal de Justiça (STJ), ao julgar casos relacionados aos contratos de franquia, vem consolidando entendimento no sentido de que a cláusula de eleição de foro deve ser declarada nula quando houver o reconhecimento de assimetria na relação entre franqueado e franqueador, sendo este último o redator de um contrato de adesão. Como explica Leandro Lages, a constatação da assimetria se apoia no princípio da proteção ao contratante dependente, havendo possível colisão com o princípio da vinculação do contratante ao contrato[125].

Ao se posicionar nesse sentido, o STJ faz referência à hipossuficiência da parte ou dificuldade de acesso à justiça como fundamentação da nulidade da cláusula de eleição de foro. O autor supramencionado salienta ser inadequado o termo "hipossuficiência" para se referir a uma das partes de relações empresariais, pois ele deveria ser reservado às relações trabalhistas, de consumo ou outra que conte com legislação protetiva. No âmbito empresarial, pode haver dependência ao se tratar de contrato de adesão, mas não hipossuficiência[126].

No tocante ao contrato de franquia, a legislação dá sinais de proteção ao franqueado, vide a necessidade de entrega, por parte do franqueador, dez dias antes da assinatura do contrato, da Circular de Oferta de Franquia (COF) a partir da Lei n. 8.955/1994. Trata-se de documento no qual devem constar informações essenciais, a exemplo do histórico resumido da franquia e balanços e demonstrações financeiras. Ausente o documento ou havendo informações falsas, o contrato se torna anulável, devendo o franqueador devolver os valores previamente recebidos[127].

Questiona-se se a exigência da COF representaria que a legislação entende ser a relação entre franqueador e franqueado assimétrica, estando o segundo em situação de dependência em relação ao primeiro, o que o faz merecer uma proteção contra abusos. A presunção de equilíbrio nas relações empresariais

---

[125] LAGES, Leandro Cardoso. A nulidade de cláusula de eleição de foro e de cláusula arbitral em contratos de franquia: o princípio da proteção ao contratante dependente em colisão com o princípio da vinculação aos contratos. *Civilistica.com*, Rio de Janeiro, v. 7, n. 3, p. 1-24, 2018. Disponível em: https://civilistica.emnuvens. com.br/redc/article/view/371/311 Acesso em: 14 jun. 2023. p. 1-2.

[126] LAGES, Leandro Cardoso. A nulidade de cláusula de eleição de foro e de cláusula arbitral em contratos de franquia: o princípio da proteção ao contratante dependente em colisão com o princípio da vinculação aos contratos. *Civilistica.com*, Rio de Janeiro, v. 7, n. 3, p. 1-24, 2018. Disponível em: https://civilistica.emnuvens. com.br/redc/article/view/371/311 Acesso em: 14 jun. 2023. p. 2.

[127] LAGES, Leandro Cardoso. A nulidade de cláusula de eleição de foro e de cláusula arbitral em contratos de franquia: o princípio da proteção ao contratante dependente em colisão com o princípio da vinculação aos contratos. *Civilistica.com*, Rio de Janeiro, v. 7, n. 3, p. 1-24, 2018. Disponível em: https://civilistica.emnuvens. com.br/redc/article/view/371/311 Acesso em: 14 jun. 2023. p. 4.

dependeria de uma estrutura de mercado que permite o poder de escolha e negociação a todos os envolvidos; do contrário, se estará diante de uma relação de dependência[128].

Esse elemento, *per si*, não parece ser suficiente para configurar a assimetria relacional. A COF visa propiciar o integral cumprimento do dever de informação atribuído pelo ordenamento jurídico a toda e qualquer pessoa que participe de uma relação jurídica. Está-se a tratar de um dever anexo de conduta decorrente da cláusula geral da boa-fé objetiva prevista no art. 422 do Código Civil[129], cláusula esta que não se aplica apenas quando houver assimetria entre os polos subjetivos da relação jurídicas em questão.

Na compreensão de Leandro Lages, eventual déficit informacional não leva à conclusão de que há assimetria entre franqueador e franqueado. Nessa linha, invoca lições de Fábio Coelho, para quem uma pessoa decide empresariar, não o faz por não ter outra opção de garantir a sua subsistência e a de sua família; bem como o empresário conhece a atividade que desenvolve. São premissas que podem ser contrariadas a depender do caso concreto, pois há quem busca o empreendimento como alternativa ao desemprego e/ou inaugure novas áreas de atuação[130].

Na relação jurídica sob comento, a assimetria decorreria, portanto, da dependência do empresário em face do franqueador, na medida em que o segundo irá pré-determinar as diretrizes para organização da empresa. Tal dá conteúdo ao princípio da proteção ao contratante dependente e justificaria a nulidade da cláusula de eleição de foro enquanto medida para resguardar o franqueado. De outro modo, não se estaria privilegiando a tutela da igualdade material[131].

---

[128] LAGES, Leandro Cardoso. A nulidade de cláusula de eleição de foro e de cláusula arbitral em contratos de franquia: o princípio da proteção ao contratante dependente em colisão com o princípio da vinculação aos contratos. *Civilistica.com*, Rio de Janeiro, v. 7, n. 3, p. 1-24, 2018. Disponível em: https://civilistica.emnuvens. com.br/redc/article/view/371/311 Acesso em: 14 jun. 2023. p. 10.

[129] BRASIL. *Lei n. 10.406, de 10 de janeiro de 2002*. Institui o Código Civil. Disponível em: https://www.planalto. gov.br/ccivil_03/leis/2002/l10406compilada.htm Acesso em: 03 jul. 2023.

[130] LAGES, Leandro Cardoso. A nulidade de cláusula de eleição de foro e de cláusula arbitral em contratos de franquia: o princípio da proteção ao contratante dependente em colisão com o princípio da vinculação aos contratos. *Civilistica.com*, Rio de Janeiro, v. 7, n. 3, p. 1-24, 2018. Disponível em: https://civilistica.emnuvens. com.br/redc/article/view/371/311 Acesso em: 14 jun. 2023. p. 10.

[131] LAGES, Leandro Cardoso. A nulidade de cláusula de eleição de foro e de cláusula arbitral em contratos de franquia: o princípio da proteção ao contratante dependente em colisão com o princípio da vinculação aos contratos. *Civilistica.com*, Rio de Janeiro, v. 7, n. 3, p. 1-24, 2018. Disponível em: https://civilistica.emnuvens. com.br/redc/article/view/371/311 Acesso em: 14 jun. 2023. p. 13.

Este entendimento não comprometeria a tutela da autonomia privada, especialmente quando a cláusula de eleição de foro integrar o conteúdo de um contrato de adesão e importe em dificuldade de acesso à justiça pela parte aderente. Sendo este o cenário, nas palavras de Leandro Lages: "[...] deve prevalecer o princípio da proteção ao contratante dependente, anulando-se a cláusula de eleição de foro e deslocando-se a competência para o foro do domicílio do franqueado, território onde o mesmo desenvolve a sua atividade [...]"[132].

4. CLÁUSULA DE ELEIÇÃO DE FORO EM CONTRATOS INTERNACIONAIS

No CPC de 1973, a lei permaneceu silente a respeito da possibilidade de cláusula de eleição de foro em contratos internacionais. Sua regulação se restringia aos contratos internos, nos termos do art. 111[133]. Diante de um contrato internacional com cláusula elegendo foro estrangeiro, tendo o contratante brasileiro ajuizado ação no Brasil, há quem diga que aplicar o artigo referido por analogia importaria na restrição de acesso ao Poder Judiciário brasileiro, direito assegurado pelo art. 88, III do mesmo diploma legal[134].

O respeito ou não à cláusula de eleição de foro dependia da interpretação do juízo da causa[135]. Muitas decisões judiciais acolhiam essa tese, esvaziando os efeitos da cláusula de eleição de foro em detrimento do suposto cerceamento do direito à jurisdição. Esta constitui uma das razões pelas quais as partes de

---

[132] LAGES, Leandro Cardoso. A nulidade de cláusula de eleição de foro e de cláusula arbitral em contratos de franquia: o princípio da proteção ao contratante dependente em colisão com o princípio da vinculação aos contratos. *Civilistica.com*, Rio de Janeiro, v. 7, n. 3, p. 1-24, 2018. Disponível em: https://civilistica.emnuvens. com.br/redc/article/view/371/311 Acesso em: 14 jun. 2023. p. 20.

[133] "Art. 111. A competência em razão da matéria e da hierarquia é inderrogável por convenção das partes; mas estas podem modificar a competência em razão do valor e do território, elegendo foro onde serão propostas as ações oriundas de direitos e obrigações. § 1º O acordo, porém, só produz efeito, quando constar de contrato escrito e aludir expressamente a determinado negócio jurídico. § 2º O foro contratual obriga os herdeiros e sucessores das partes. BRASIL. *Lei n. 5.869, de 11 de janeiro de 1973.* Institui o Código de Processo Civil. Disponível em: https://www.planalto.gov.br/ccivil_03/leis/l5869.htm Acesso em: 03 jul. 2023.

[134] CAPUCIO, Camilla; CAETANO, Fernanda Araujo Kallas e. Os contratos internacionais de importação e exportação de mercadorias à luz das recentes alterações da legislação brasileira. *Revista de la Secretaría del Tribunal Permanente de Revisión*, Montevidéu, v. 4, n. 4, p. 292-306, 2016. Disponível em: https://www.revista stpr.com/index.php/rstpr/article/ view/165/pdf Acesso em: 14 jun. 2023. p. 295.

[135] VIEIRA, Luciane Klein; FERNANDES, Matheus Lúcio Pires. Os acordos de eleição de foro nos contratos internacionais: perspectivas a partir da entrada em vigor do novo Código de Processo Civil brasileiro. *Revista de la Secretaría del Tribunal Permanente de Revisión*, Montevidéu, v. 5, n. 9, p. 224-43, 2017. Disponível em: Acesso em: https://www.revistastpr.com/index.php/rstpr/article/view/209/339 14 jun. 2023. p. 241.

contratos empresariais passaram a preferir a via arbitral, forma de garantir que as suas escolhas, constantes em contrato, sejam respeitadas no momento de resolução dos conflitos derivados do negócio[136].

A partir do CPC de 2015, a omissão foi sanada pelos arts. 22, III e 25, como já visto. Camilla Capucio e Fernanda Caetano observam que tal disciplina legal se coaduna ao que já vinha sendo defendido pela doutrina internacionalista, a saber, que deveriam ser prestigiadas a autonomia privada e a segurança jurídica nos contratos internacionais[137], encerrando as divergências jurisprudenciais sobre a matéria[138].

A esta conclusão se poderia chegar antes do CPC/2015 em relação aos contratos internacionais disciplinados pelo Protocolo de Buenos Aires sobre a Jurisdição Internacional, ratificado pelo Brasil[139]. De acordo com ele, são válidas as cláusulas de eleição de foro previstas em contratos firmados por pessoas físicas ou jurídicas domiciliadas nos países do Mercado Comum do Sul (Mercosul). Sendo assim, no exemplo já ventilado, mesmo que se trate de matéria de competência concorrente, o juízo não escolhido deve declinar da competência[140].

---

[136] CAPUCIO, Camilla; CAETANO, Fernanda Araujo Kallas e. Os contratos internacionais de importação e exportação de mercadorias à luz das recentes alterações da legislação brasileira. *Revista de la Secretaría del Tribunal Permanente de Revisión*, Montevidéu, v. 4, n. 4, p. 292-306, 2016. Disponível em: https://www.revista stpr.com/index.php/rstpr/article/ view/165/pdf Acesso em: 14 jun. 2023. p. 296.

[137] Nessa mesma linha, Aline Moura e Rafaela Hormann celebram a disciplina do CPC/2015 sobre a cláusula de eleição de foro nos contratos internacionais: "Com o reconhecimento da possibilidade de eleição de foro estrangeiro pelo Artigo 25 do Código de Processo Civil de 2015 e o amadurecimento dos debates a nível jurisprudencial, o Brasil finalmente caminha na direção da aceitação da possibilidade de escolha da jurisdição em contratos internacionais. O sistema jurídico nacional se alinha ao entendimento de que a previsibilidade é indispensável às relações globais, e que a expectativa das partes ao celebrarem um acordo de eleição de foro deve ser preservada." MOURA, Aline Beltrame de; HORMANN, Rafaela. A lei aplicável à análise de validade e interpretação dos acordos de eleição de foro em contratos internacionais no Brasil. *Direito, Estado e Sociedade*, Rio de Janeiro, Ahead of print, p. 1-26, 2021. Disponível em: https://revistades.jur.puc-rio.br/index.php/ revistades/article/view/1504/650 Acesso em: 14 jun. 2013

[138] CAPUCIO, Camilla; CAETANO, Fernanda Araujo Kallas e. Os contratos internacionais de importação e exportação de mercadorias à luz das recentes alterações da legislação brasileira. *Revista de la Secretaría del Tribunal Permanente de Revisión*, Montevidéu, v. 4, n. 4, p. 292-306, 2016. Disponível em: https://www.revista stpr.com/index.php/rstpr/article/ view/165/pdf Acesso em: 14 jun. 2023. p. 296-297.

[139] Cf. BRASIL. *Decreto n. 2.095, de 17 de dezembro de 1996*. Promulga o Protocolo de Buenos Aires sobre Jurisdição Internacional em Matéria Contratual, concluído em Buenos Aires, em 5 de agosto de 1994. Disponível em: https://www.planalto.gov.br/ccivil_03/decreto/1996/d2095.htm Acesso em: 03 jul. 2023.

[140] CAPUCIO, Camilla; CAETANO, Fernanda Araujo Kallas e. Os contratos internacionais de importação e exportação de mercadorias à luz das recentes alterações da legislação brasileira. *Revista de la Secretaría del Tribunal Permanente de Revisión*, Montevidéu, v. 4, n. 4, p. 292-306, 2016. Disponível em: https://www.revista stpr.com/index.php/rstpr/article/ view/165/pdf Acesso em: 14 jun. 2023. p. 296.

Portanto, à luz da disciplina inaugurada pelo CPC/2015, com exceção dos casos de competência internacional exclusiva, o juízo nacional passa a ser incompetente diante da presença de cláusula de eleição de foro estrangeiro em contrato internacional. Essa orientação está alinhada com acordos internacionais, a exemplo do Convênio de Eleição de Foro (2005), promovido pela Conferência de Haia de Direito Internacional Privado[141]. De acordo com ele, o foro eleito será considerado exclusivo, exceto disposição expressa em sentido contrário[142].

Também entendem Luciane Vieira e Matheus Fernandes que, uma vez havendo cláusula de eleição de foro em contrato internacional, esta deve ser respeitada em caso de conflito de jurisdição, desde que não haja violação à ordem pública. A autonomia para a escolha do foro estaria em consonância com o acesso à justiça, pois este princípio se orienta à ordem jurídica justa, e esta será aquela eleita pelas partes nos contratos internacionais em que há igual poder de negociação entre as partes[143].

Adicione-se que, como pontuado por Valesca Moschen e Marcel Guerra, há de se distinguir norma pública de norma de ordem pública, podendo haver casos em que as primeiras possam ser disponíveis. A partir das regras em vigor, são requisitos de validade da cláusula de eleição de foro em contrato internacional: a) não ser abusiva – a saber, não violar a ordem pública interna ou internacional; b) constar por escrito no instrumento contratual; c) não ser hipótese de jurisdição exclusiva[144].

Nos contratos internacionais civis e empresariais, as partes contratantes podem determinar livremente, na cláusula de eleição de foro, jurisdição

---

141 VIEIRA, Luciane Klein; FERNANDES, Matheus Lúcio Pires. Os acordos de eleição de foro nos contratos internacionais: perspectivas a partir da entrada em vigor do novo Código de Processo Civil brasileiro. *Revista de la Secretaría del Tribunal Permanente de Revisión*, Montevidéu, v. 5, n. 9, p. 224-43, 2017. Disponível em: Acesso em: https://www.revistastpr.com/index.php/rstpr/article/view/209/339 14 jun. 2023. p. 233-234.

142 MOSCHEN, Valesca Raizer Borges; GUERRA, Marcel Magalhães e. Autonomia da vontade das partes no plano internacional: novo paradigma do processo civil internacional brasileiro. *Revista Internacional Consinter de Direito*, Lisboa, v. 1, n. 1, p. 609-26, 2015. Disponível em: https://revistaconsinter.com/index.php/ojs/article/ view/403/787 Acesso em: 29 jun. 2023. p. 616.

143 VIEIRA, Luciane Klein; FERNANDES, Matheus Lúcio Pires. Os acordos de eleição de foro nos contratos internacionais: perspectivas a partir da entrada em vigor do novo Código de Processo Civil brasileiro. *Revista de la Secretaría del Tribunal Permanente de Revisión*, Montevidéu, v. 5, n. 9, p. 224-43, 2017. Disponível em: Acesso em: https://www.revistastpr.com/index.php/rstpr/article/view/209/339 14 jun. 2023. p. 227-228.

144 MOSCHEN, Valesca Raizer Borges; GUERRA, Marcel Magalhães e. Autonomia da vontade das partes no plano internacional: novo paradigma do processo civil internacional brasileiro. *Revista Internacional Consinter de Direito*, Lisboa, v. 1, n. 1, p. 609-26, 2015. Disponível em: https://revistaconsinter.com/index.php/ojs/article/ view/403/787 Acesso em: 29 jun. 2023. p. 621.

nacional ou internacional sem qualquer vínculo ou relação com as hipóteses de competência internacional concorrente do CPC. O limite à autonomia privada, nesse ínterim, reside nas hipóteses de competência exclusiva e eventual abusividade. Constatada uma dessas hipóteses, o juízo poderá declarar a nulidade de ofício, prorrogando ou derrogando a jurisdição[145].

Em outras palavras, as normas que fixam a jurisdição são disponíveis pela vontade das partes, exceto aquelas que se referem a competências exclusivas. Não se exige, das partes contratantes, qualquer elemento de conexão razoável, seja para prorrogar (efeito positivo) ou derrogar a jurisdição (efeito negativo). Para alguns, nas hipóteses de competência concorrente com foro estrangeiro, presume-se de modo relativo o interesse do país em prestar a jurisdição. Nas hipóteses de jurisdição exclusiva, tal presunção é absoluta[146].

Questão anterior à até aqui apresentada seria investigar qual lei deve ser aplicada no juízo sobre a validade da cláusula de eleição de foro em contrato estrangeiro, questão ainda incipiente na doutrina brasileira e que não conta com jurisprudência consolidada. A depender do país que analise a questão, pode ser acolhido o que consta na cláusula, ou podem ser invocadas objeções, a exemplo da violação à ordem pública, irrazoabilidade da cláusula ou hipossuficiência das partes[147].

Sendo assim, tal investigação permitiria às partes contratantes a possibilidade de adequar a cláusula de eleição de foro aos padrões de uma dada jurisdição e, assim, garantir o seu reconhecimento pelos potenciais tribunais do local de ingresso da ação[148]. Nas palavras de Aline Moura e Rafaela Hormann, os tribunais podem chegar a conclusões distintas nesta matéria, tendo sido mapeadas, pelo menos, três possibilidades:

---

145 MOSCHEN, Valesca Raizer Borges; GUERRA, Marcel Magalhães e. Autonomia da vontade das partes no plano internacional: novo paradigma do processo civil internacional brasileiro. *Revista Internacional Consinter de Direito*, Lisboa, v. 1, n. 1, p. 609-26, 2015. Disponível em: https://revistaconsinter.com/index.php/ojs/article/ view/403/787 Acesso em: 29 jun. 2023. p. 621.

146 MOSCHEN, Valesca Raizer Borges; GUERRA, Marcel Magalhães e. Autonomia da vontade das partes no plano internacional: novo paradigma do processo civil internacional brasileiro. *Revista Internacional Consinter de Direito*, Lisboa, v. 1, n. 1, p. 609-26, 2015. Disponível em: https://revistaconsinter.com/index.php/ojs/article/ view/403/787 Acesso em: 29 jun. 2023. p. 619.

147 MOURA, Aline Beltrame de; HORMANN, Rafaela. A lei aplicável à análise de validade e interpretação dos acordos de eleição de foro em contratos internacionais no Brasil. *Direito, Estado e Sociedade*, Rio de Janeiro, Ahead of print, p. 1-26, 2021. Disponível em: https://revistades.jur.puc-rio.br/index.php/revistades/article/view/ 1504/650 Acesso em: 14 jun. 2013. p. 14.

148 MOURA, Aline Beltrame de; HORMANN, Rafaela. A lei aplicável à análise de validade e interpretação dos acordos de eleição de foro em contratos internacionais no Brasil. *Direito, Estado e Sociedade*, Rio de Janeiro, Ahead of print, p. 1-26, 2021. Disponível em: https://revistades.jur.puc-rio.br/index.php/revistades/article/view/ 1504/650 Acesso em: 14 jun. 2013. p. 3.

> i) a lei do foro onde se processa o litígio, a *lex fori* (na teoria de que a escolha do foro é uma questão processual, sujeita às regras locais); ii) a lei que rege o contrato subjacente das partes (seguindo a tese de que o cumprimento de um acordo de eleição do foro é uma questão de direito substantivo, não diferente de outras questões de interpretação e validade do contrato); ou iii) a lei do foro contratualmente especificado (na teoria de que as partes implicitamente pretendiam que as regras deste foro governassem seu acordo de eleição de foro). Ainda existe a possibilidade de o contrato não conter uma escolha de lei, e o tribunal utilizar das regras de conexão para determinar a lei que governa o contrato e, então, aplicá-la à análise da eleição de foro[149].

No Brasil, a legislação não confere resposta clara à questão, podendo-se construir um entendimento a partir da Lei de Introdução às Normas do Direito Brasileiro (LINDB) de que: no art. 7º, determina-se a aplicação da lei do país de domicílio da pessoa para determinação da sua capacidade; no art. 9º, indica-se a lei do país em que se constituíram as obrigações para qualificá-las e regê-las; e no art. 17 prevê-se que os atos, sentenças ou qualquer declaração de vontade não terão eficácia no Brasil se ofender a soberania nacional a ordem pública e os bons costumes[150].

A despeito disso, as autoras referidas não identificaram registros da aplicação desses dispositivos para este fim na doutrina, nem na jurisprudência. A partir de pesquisa jurisprudencial, concluiu-se que, no Brasil, predomina a aplicação da *lex fori* para análise da validade das cláusulas de eleição de foro, linha semelhante à da jurisprudência majoritária nos Estados Unidos da América (EUA). Nas decisões brasileiras não se fez presente a indicação da lei pertinente para interpretar a cláusula de eleição de foro, discussão aquecida nos EUA[151].

Nos EUA, vem prevalecendo a tese de que a cláusula de eleição de foro em contrato estrangeiro será presumidamente válida se: a) não houver vício por fraude, influência indevida ou poder de barganha excessivo; b) não contiver

---

[149] MOURA, Aline Beltrame de; HORMANN, Rafaela. A lei aplicável à análise de validade e interpretação dos acordos de eleição de foro em contratos internacionais no Brasil. *Direito, Estado e Sociedade*, Rio de Janeiro, Ahead of print, p. 1-26, 2021. Disponível em: https://revistades.jur.puc-rio.br/index.php/revistades/article/view/ 1504/650 Acesso em: 14 jun. 2013. p. 4.

[150] MOURA, Aline Beltrame de; HORMANN, Rafaela. A lei aplicável à análise de validade e interpretação dos acordos de eleição de foro em contratos internacionais no Brasil. *Direito, Estado e Sociedade*, Rio de Janeiro, Ahead of print, p. 1-26, 2021. Disponível em: https://revistades.jur.puc-rio.br/index.php/revistades/article/view/ 1504/650 Acesso em: 14 jun. 2013. p. 14-15.

[151] MOURA, Aline Beltrame de; HORMANN, Rafaela. A lei aplicável à análise de validade e interpretação dos acordos de eleição de foro em contratos internacionais no Brasil. *Direito, Estado e Sociedade*, Rio de Janeiro, Ahead of print, p. 1-26, 2021. Disponível em: https://revistades.jur.puc-rio.br/index.php/revistades/article/view/ 1504/650 Acesso em: 14 jun. 2013. p. 14-19.

violação de política pública do foro no qual a ação é movida; c) não designar foro inconveniente, a exemplo de localidade remota para disputa essencialmente local.

Sobre qual lei aplicar para a análise de validade e interpretação da cláusula de eleição de foro, a doutrina norte-americana apresenta algumas diretrizes[152]. No que se refere à análise da validade, há quem aponte a *lex fori*, pois isso permitiria aos tribunais controlarem sua própria jurisdição a partir de regras uniformes, coibir cláusulas abusivas e evitar o desconforto decorrente do fato de lei estrangeira determinar a jurisdição do tribunal acionado. Por outro lado, o contrato pode vir a se sujeitar a diversas leis, impedindo que as partes antecipem, no momento de celebração do negócio jurídico, qual lei, de fato, guiaria tal análise[153].

Além disso, tal entendimento poderia estimular a busca por jurisdições que não reconhecem a eleição de foro. Sendo assim, a lei do foro deveria orientar o juízo de validade em questão, correspondendo às expectativas dos contratantes. Para a interpretação da cláusula de eleição de foro, por se tratar de uma questão substantiva, costuma-se indicar a *lex contractus*, a qual poderá ou não coincidir com a lei do foro. Com isso, privilegia-se a autonomia privada dos contratantes e a segurança jurídica, afastando-se a prática de *forum shopping*[154].

CONCLUSÃO

A partir das considerações tecidas até aqui, foi possível identificar cinco problemas de investigação, a seguir elencados:

1. Extensão da autonomia da cláusula de eleição de foro em relação ao contrato à luz da teoria do fato jurídico ponteana;
2. Circunstâncias em que a cláusula de eleição de foro poder será considerada abusiva nas relações jurídicas empresariais paritárias;

---

[152] MOURA, Aline Beltrame de; HORMANN, Rafaela. A lei aplicável à análise de validade e interpretação dos acordos de eleição de foro em contratos internacionais no Brasil. *Direito, Estado e Sociedade*, Rio de Janeiro, Ahead of print, p. 1-26, 2021. Disponível em: https://revistades.jur.puc-rio.br/index.php/revistades/article/view/ 1504/650 Acesso em: 14 jun. 2013. p. 9.

[153] MOURA, Aline Beltrame de; HORMANN, Rafaela. A lei aplicável à análise de validade e interpretação dos acordos de eleição de foro em contratos internacionais no Brasil. *Direito, Estado e Sociedade*, Rio de Janeiro, Ahead of print, p. 1-26, 2021. Disponível em: https://revistades.jur.puc-rio.br/index.php/revistades/article/view/ 1504/650 Acesso em: 14 jun. 2013. p. 9-10.

[154] MOURA, Aline Beltrame de; HORMANN, Rafaela. A lei aplicável à análise de validade e interpretação dos acordos de eleição de foro em contratos internacionais no Brasil. *Direito, Estado e Sociedade*, Rio de Janeiro, Ahead of print, p. 1-26, 2021. Disponível em: https://revistades.jur.puc-rio.br/index.php/revistades/article/view/ 1504/650 Acesso em: 14 jun. 2013. p. 10.

3. Aplicação da doutrina do *forum non conveniens* para a derrogação da jurisdição em favor de outra estrangeira a partir do sistema jurídico interno e convencional;
4. Análise da vulnerabilidade da parte aderente em contratos de adesão empresariais, como visto em relação ao contrato de franquia, sem recorrer a pressupostos sobre a condição de empresário que possam não refletir a realidade;
5. Sistematização das convenções e tratados ratificados pelo Brasil que versem sobre a cláusula de eleição de foro em âmbito internacional.

Com isso, espera-se contribuir com a doutrina nacional a partir desta sistematização de questões a serem continuamente objeto de reflexão e, possivelmente, pesquisas futuras, cujos resultados têm o potencial de conferir aos atores contratuais maior segurança na eleição do foro em contratos internos e internacionais.

7. CLÁUSULA DE RETENÇÃO PECUNIÁRIA

Ana Alice Lima de Queiroz

1. INTRODUÇÃO

O presente artigo versa sobre a prática retenções pecuniárias em contratos empresariais e elença algumas das formas de utilização desta ferramenta e suas possibilidades como remediação de desvios das condições previamente acordadas.

Trata da fundamentação jurídica destas práticas e suas principais fragilidades, sugerindo alguns ajustes para facilitar a sua aplicação e a continuidade do contrato.

Parte do princípio de que a estratégia jurídica e o desenho contratual podem ser determinantes no atendimento da função econômica e social do contrato, esta entendida como a justificativa de seu objeto e a finalidade prática decorrente do cumprimento das obrigações pelas partes.

No universo dos contratos empresariais, em especial no caso de coligação contratual[1], ou naqueles de execução diferida, ou de longa duração, é comum a dificuldade de antever todas as hipóteses de desvios futuros no ato da contratação.

---

[1] *"... situação em que duas ou mais diferentes relações contratuais se encontram vinculadas (...) com o reconhecimento de uma operação econômica unificada, que se sobrepõe aquela pertinente a cada um dos contratos que se encontram coligados."* Leonardo, Rodrigo Xavier, Contratos Coligados, Redes Contratuais e Contratos Conexos in Contratos Empresariais: fundamentos e princípios dos contratos empresariais, Wanderley Fernandes, coordenador – 2ª. Ed. São Paulo: Saraiva, 2012 – Série GVLaw, pág. 351.

A antecipação e o tratamento de eventuais inadimplementos ao longo do contrato, quando feitos sob a ótica de sua finalidade e da realização integral de seu objeto, tem melhor chance de assegurar a razão primeira do acordo estabelecido entre as partes.

Retenção e multa estão regulamente presentes nos contratos empresariais como instrumentos de penalização por descumprimento defeituoso ou parcial das obrigações avençadas. Há pouca referência a este tipo de mecanismo e ao uso da autotutela como remédio para inadimplementos contratuais, talvez devido ao fato deste exercício ser feito diretamente pelas contratantes, e, na maioria dos casos, fora dos tribunais.

O exercício do direito de retenção de valores tem fundamento em princípios constitucionais e em diferentes disposições do Código Civil Brasileiro, particularmente na Parte Especial, Livro I – Direito das Obrigações.[2]

A retenção pecuniária é utilizada como uma suspensão temporária do pagamento de valor devido à contratada, e a multa como um desconto definitivo no pagamento de montante devido pela contratante. Estes instrumentos podem ser utilizados com diversas finalidades, tais como garantir o cumprimento do objeto, reforçar o adimplemento de obrigações legais e acessórias, estabelecer penalizações por obrigações realizadas em desacordo com o contrato, e permitir indenização por danos causados à contratante.

Uma redação elaborada exclusivamente para eventual defesa judicial pode desviar o foco principal da utilização destes remédios, comprometendo o desempenho contratual e colocando em risco a própria execução do contrato.

As diferentes situações do uso deste mecanismo são analisadas aqui, agrupadas em função de sua finalidade e fundamentação jurídica.

O objetivo deste artigo é auxiliar os que lidam rotineiramente com contratos desta natureza e proporcionar uma breve visão da vida dos contratos fora dos tribunais.[3]

2. LINGUAGEM E INTERPRETAÇÃO

É importante adequar a linguagem aos destinatários que executarão o contrato; a redação das cláusulas terá um papel crucial na interpretação das

---

[2] Lei 14.406, Art. 233 a 965.

[3] *"...there is an identifiable, nonjudicial domain of contract that is inhabited by layers and amenable to the kind of analysis that a legal scholarship employs.* "RUBIN, Edward L. The Nonjudicial Life of Contract: Beyond the Shadow of the Law. Northwestern University School of Law. 1985. p.114/115.

obrigações pelas partes, especialmente por seus operadores e gestores, técnicos de diversas qualificações.

Os termos específicos jurídicos podem ser compreendidos na interpretação da Lei; porém, em se tratando dos destinatários que executarão o contrato, a linguagem jurídica pode dificultar a solução de impasses. Aqueles que tem facilidade para interpretar os termos jurídicos raramente tem experiência prática nas dificuldades operacionais que estas contratações apresentam; aqueles que executam as obrigações no dia a dia, por sua vez, não tem usualmente prática em interpretação jurídico-contratual.

A interpretação das obrigações pelas partes - seus operadores e gestores que executam o objeto – é vital para que seja possível conhecer o contrato e entender seus deveres, prazos e obrigações. Nesta relação todos desenvolvem suas expectativas em relação à outra parte, e a interpretação das tarefas e eventos do dia a dia não será feita por juízes ou advogados, mas por aqueles que estão envolvidos em sua execução. E muitas vezes, o exercício do direito de retenção ou multa como expresso no acordo, pode criar atritos, inviabilizar a execução da obrigação e levar ao encerramento do contrato não desejado pelas partes.

Se a clareza se impõe para que eventuais diferenças e desvios possam, preferencialmente, serem avaliados e acomodados pelos próprios operadores (lógica que considera a preservação do contrato), o desafio é harmonizar de forma clara e precisa, os preceitos jurídicos de forma a permitir sua sustentação em juízo.

Não há garantia de que o contrato transcorra até seu final sem qualquer disputa judicial; entretanto, o foco na execução do contrato (correta, corrigida ou adaptada), e na resolução de desvios pelas partes, poderá incrementar os acordos e reduzir disputas judiciais.

A seguir, a título de exemplo, são apresentadas algumas cláusulas, encontradas em diversos contratos empresariais, com o intuito de concretizar as práticas destes mecanismos.

2.1. Retenção com previsão legal

Como o título define, esta retenção é determinada por Lei. Nesta hipótese, a contratante deve deduzir e recolher aos cofres públicos taxas e tributos de responsabilidade da contratada. Embora não se trate de ferramenta para implementação do objeto, é causa frequente de dificuldades durante a execução do contrato.

Este artigo não tem como foco tratar de tributos, nem tampouco das inúmeras operações econômicas, sujeitas ao mecanismo de atribuição da responsabilidade pelo crédito tributário a terceira pessoa, vinculada ao fato gerador da respectiva obrigação.[4] Por oportuno, seguem apenas alguns apontamentos sobre este tipo de retenção.

Ainda que possa parecer desejável redigir prévia e detalhadamente cada uma das retenções legais, esta lógica não considera a dificuldade, o prazo e o investimento necessários para obter uma interpretação correta das obrigações das empresas antes da assinatura do contrato.

Empresas que têm grande volume de contratações buscam reduzir seus custos de transação[5] através da elaboração de minutas padrão, para aplicação geral aos fornecedores e subcontratados. Comentamos abaixo brevemente alguns formatos encontrados nos contratos empresariais:

1. *"A Contratante efetuará a retenção, fonte do tributo a que estiver sujeito o serviço executado."* - bastante genérica, obrigará as contratantes a estabelecer as práticas aplicáveis após a assinatura do contrato;
2. *"Sempre que exigido pela legislação aplicável, a contratante reterá 11% (onze por cento) sobre o valor total da fatura, ou sobre o valor da mão de obra destacada, em favor do INSS, nos termos da legislação vigente."* - bastante específica, cria dúvidas relativas ao enquadramento fiscal da contratada, tem alcance limitado e pode ficar desatualizada durante a vigência do contrato;
3. *"Qualquer oposição à retenção e ao recolhimento na fonte dos tributos e contribuições, na forma prevista no item 11.1 desta Cláusula, deverá ser apresentada, pela Contratada, por escrito e devidamente fundamentada e acompanhada de solução de consulta fiscal, emitida pelas autoridades competentes, dispensando a retenção e recolhimento na fonte ou de medida judicial que suspenda a exigibilidade dos tributos e contribuições, nos termos do art. 151 do CTN."* - Extremamente específica (segundo os termos na Cláusula 11.1. mencionada) e fortemente impositiva, prejudica o espaço para atualização ou diálogo, podendo gerar desentendimento, esforço e tempo das contratantes para ser superada;

---

[4] CTN: "Art. 128. Sem prejuízo do disposto neste capítulo, a lei pode atribuir de modo expresso a responsabilidade pelo crédito tributário a terceira pessoa, vinculada ao fato gerador da respectiva obrigação, excluindo a responsabilidade do contribuinte ou atribuindo-a a este em caráter supletivo do cumprimento total ou parcial da referida obrigação."

[5] WILLIANSON, Oliver E. The Economic Institutions of Capitalism. Free Press. N. York 1985, Chapter 1.

4. *"A Contratada declara haver levado em conta na apresentação de sua proposta, os tributos incidentes sobre a execução dos serviços, obras ou fornecimento objeto deste contrato, não cabendo qualquer reivindicação devida a erro nessa avaliação, para o efeito de solicitar revisão de preço ou reembolso por recolhimentos determinados pela autoridade competente."* – o texto deixa clara a responsabilidade da contratada em cláusula aberta que facilita a interação das partes no caso do advento de alterações ou novos tributos;[6]
5. *"A contratante, quando fonte retentora, descontará e recolherá, nos prazos da lei, dos pagamentos que efetuar, os tributos a que esteja obrigada pela legislação vigente."* – similar a anterior, permite diálogo assegurando a responsabilidade da contratada.

Pode-se concluir que algumas cláusulas citam legislação específica aplicável e se destacam pela prolixidade, na tentativa de incluir todas as possibilidades e contemplar diferentes naturezas de objeto. Esta postura leva frequentemente à desatualização do contrato durante a execução, por modificações supervenientes da Lei (em parte ou no todo), que atingem as definições específicas prévias, aumentando as dificuldades de gestão das partes.

Neste sentido é conveniente, de um lado, não especificar muito, e de outro, evitar expressões ambíguas tais como "no que couber". A redação deve promover o diálogo e facilitar a apresentação e discussão de enquadramentos.

2.2. Garantia para o cumprimento do contrato

A função do contrato é atingir o seu fim, que é obtido através do adimplemento das obrigações ali definidas.[7] Esta função social e econômica é mais visível e tem maior relevância quando este se encontra inserido em uma rede contratual, que tem por nexo causal determinada operação econômica, realizada por intermédio de diversos contratos coligados.

Especialmente nos casos de alta complexidade, o processo de cotação no mercado para a contratação é trabalhoso: edital e modelo de contrato; requisitos comerciais; pressupostos jurídicos; comprovação da capacitação do participante; documentação e exigências técnicas específicas; e gestão do processo

---

[6] Vide Lei 14.133 de 14 da abril de 2021: *"Art. 134: Os preços contratados serão alterados, para mais ou para menos, conforme o caso, se houver, após a data da apresentação da proposta, criação, alteração ou extinção de quaisquer tributos ou encargos legais ou a superveniência de disposições legais, com comprovada repercussão sobre os preços contratados."*

[7] FORGIONI, Paula A. Teoria Geral dos Contratos Empresariais. Editora Revista dos Tribunais. São Paulo, 2009. P. 60.

concorrencial, entre outras providencias. O investimento em tempo é significativo para chegar até a assinatura do contrato.

É evidente que eventual substituição da empresa contratada seria complexa e onerosa. Neste cenário, a garantia de cumprimento do contrato é mais um elemento, que poderá assegurar à contratante o reembolso imediato de parte dos gastos com um novo processo de contratação substitutivo. E esta garantia pode ser também exigida no caso de subcontratações.

O valor da garantia para cumprimento do contrato tem usualmente como base de indenização um montante entre 5% e 20% de seu valor.

Abaixo algumas cláusulas sobre retenção em espécie, com breves comentários:

1. *"A contratada autoriza a contratante a reter 5% (cinco por cento) do valor de cada fatura a título de caução ou garantia de cumprimento das obrigações contratuais. O valor nominal retido deverá ser devolvido à contratada, 2 (dois) anos após a emissão do termo de quitação, o qual será corrigido pro rata temporis pelo índice IPCA."* - Destaque para a justa remuneração dos valores da contratada em posse da contratante; por outro lado, o preço de venda da contratada deve contemplar o adiamento do recebimento deste valor e sua remuneração pelo prazo exigido para liberação;
2. *"Os valores das retenções realizadas só serão devolvidos à subempreiteira após a conclusão final do serviço contratado, devidamente aprovado, recebido e aceito pelo proprietário da obra."* – aqui se a "conclusão final do serviço" ficar a critério exclusivo (e subjetivo?) da contratante, ou ainda, de seu cliente, isto poderá gerar atrito e desequilíbrio na relação das empresas caso sejam feitas retenções de grande monta por pequenos defeitos;
3. *"A contratante reserva-se o direito de reter o pagamento de quaisquer valores devidos à contratada nos seguintes casos: (...)* – cláusula com valor genérico de administração difícil; as hipóteses de retenção devem ser explícitas e os valores definidos para evitar atrito entre operadores das empresas.
4. *"A Contratante reserva-se o direito de reter o pagamento de quaisquer valores devidos à Contratada nos seguintes casos:*

   (...)

   (e) Se a Contratada deixar de cumprir suas obrigações previstas no contrato em relação à emissão, entrega e manutenção das garantias corporativas, bancária e/ou ao seguro; – uma das obrigações que permite a retenção pecuniária até seu cumprimento, pois se refere ao objeto do contrato como um todo; quanto à garantia em si, o texto

indica opção da contratada, que poderá apresentar a que considere menos gravosa;

A retenção pecuniária como garantia do cumprimento do contrato é considerada um mecanismo simples de operar, por não depender de terceiros. Entretanto, ela exige da contratante uma precisa administração contratual, fiscal e financeira dos valores retidos.

Nesta forma de garantia, o valor retido cresce na medida inversa da realização do contrato, o que a torna mais onerosa para a contratada à medida que a realização do objeto avança. É bastante trabalhosa para a contratante, pois esta deverá gerir estes recursos, os eventos de sua utilização detalhados e comprovados, até a devolução do valor remanescente à contratada. A seu favor, este procedimento envolve apenas as contratantes. Não há a interferência de um terceiro, instituições financeiras ou seguradoras, na operação.

A depender do objeto do contrato, de sua complexidade, do prazo de duração e do risco envolvido, poderão ser utilizadas como alternativas a carta de fiança bancária e/ou a garantia de fiel cumprimento (mesmo que seguro garantia ou caução).

A escolha destas alternativas tem também uma função de seleção natural, pois as contratadas precisarão ter cadastro satisfatório no mercado, nas empresas bancárias e seguradoras. A carta de fiança e o seguro garantia têm natureza jurídica distinta,[8] e são emitidos tendo como base o contrato e o objeto a ser realizado.

Seguem alguns exemplos de cláusulas sobre garantias bancárias e securitárias com breves comentários:

1. *"A Garantia de Fiel Cumprimento do Contrato corresponde à garantia que a contratada deverá conceder à contratante de exato e fiel cumprimento de todas e de cada uma das obrigações assumidas pela contratada. A contratada deverá entregar à contratante, no prazo máximo de até 20 (vinte) dias corridos, contados da data de assinatura do presente contrato, a referida garantia sob pena de retenção de pagamento"* - o contrato já usualmente determina o tipo de garantia que será exigida – aqui o seguro garantia;
2. *"A fim de garantir qualquer quantia que deve ser paga a título de adiantamento, a contratada deve entregar à contratante, antes do pagamento de tais adiantamentos, Garantias Bancárias separadas (uma carta de fiança bancária), em conformidade com o Anexo*

[8] A fiança está regulada pelo artigo 818 e seguintes do Código Civil; o seguro garantia deve obedecer ao disposto no Código Civil, Artigos 757 e seguintes, ao Decreto-lei nº 73, de 21 de novembro de 1966,e às determinações da SUSEP.

XX..." – é usual a solicitação de garantias bancárias para cobertura de eventuais adiantamentos; já a imposição de texto para a carta fiança traz regulamente problemas, uma vez que os bancos têm seu próprio padrão;

3. *"A apresentação de fiança bancária e/ou seguro garantia deverá seguir o modelo a ser apresentado pela contratante."* – como mencionado acima, o Banco pode não aceitar o modelo contratual; quanto ao seguro garantia, o clausulado da apólice, validado pela SUSEP, tem pouca possibilidade de alteração. Consequentemente, cláusulas contratuais que exigem o uso de um "modelo" nestes casos não tem muita efetividade, e podem comprometer, no mínimo, o prazo para a emissão da garantia.

A existência de uma garantia formal impele a contratada a adimplir suas obrigações e constitui um remédio alternativo à execução específica prevista no Art. 497 da Lei n. 13.105/2015.

2.3. Inadimplemento de obrigação contratuaL

O tratamento de falhas específicas - inadimplemento de obrigação contratual determinada - pode ser feito através de suspensão temporária de valores ou por compensação definitiva, com desconto no pagamento da contratada.

Esta alternativa entre a retenção temporária e glosa definitiva tem como base a distinção entre mora e inadimplemento absoluto parcial, que estará fundamentada na análise da gravidade da falha da contratada.

No caso do inadimplemento parcial absoluto não haverá mais a possibilidade de cumprimento da obrigação; à contratante credora caberá apenas a indenização por perdas e danos como decorrência do não recebimento, total ou parcial, da prestação avençada no contrato.

No caso de mora (também tratada de inadimplemento relativo), a principal característica é que a prestação ainda tem utilidade para a contratante. Esta utilidade é subjetiva, aplicável apenas àquele credor naquele contexto, e, portanto, deve ser analisada no caso específico do contrato avençado entre as partes.[9]

Na prática, para os casos de mora, com possível dano ou ameaça ao objeto ou à contratante, a suspensão temporária de valores representa uma medida

[9] CAVALLI Cassio. Direito da Obrigações: Mora e Utilidade. Os standards da utilidade no modelo jurídico da mora do devedor. Rio de Janeiro: Editora FGV, 2011. Pag. 67 e seguintes.

intermediária, menos gravosa, que tem a finalidade de induzir a contratada ao cumprimento das obrigações avençadas.[10]

Se por um lado o mecanismo pode ser bastante eficiente, por impor um ritmo regular no cumprimento dos deveres pela contratada, o exercício da suspensão parcial dos pagamentos, sem caracterização contratual clara do inadimplemento ocorrido, pode levar a situações incompatíveis com o bom andamento do contrato, sujeitas a revisão posterior pelos tribunais, incluindo eventual indenização pelas perdas e danos causados.[11]

Esta condição recomenda a avaliação criteriosa da situação concreta para estabelecer a dosimetria apropriada da penalidade a ser aplicada em cada caso, de forma que o uso do mecanismo de retenção não represente um risco jurídico à contratante. A precisão é vital para que seja possível identificar e convencionar previamente quais as situações concretas têm potencial para causar um maior ou menor prejuízo à contratante.

Exemplos com breves comentários:

1. *"A contratante apenas efetuará os pagamentos das notas fiscais dos serviços executados referentes às medições por ela aprovadas e liberadas, após o recebimento de cópias dos documentos abaixo relacionados, todos relativos ao período da competência da execução dos serviços."* – cláusula detalhada sobre a obrigação da documentação trabalhista a ser entregue; provavelmente necessitará atualização regular;
2. *"Não sendo apresentados os comprovantes dos recolhimentos de que tratam as cláusulas 3.6 e 3.7, a Compradora poderá adotar uma das seguintes medidas, a seu exclusivo critério:*
   (a) reter o pagamento devido pela prestação dos Serviços ou pelo fornecimento das Mercadorias até que a Vendedora apresente tais comprovantes.
   (b) reter o pagamento devido pela prestação dos Serviços ou pelo fornecimento das Mercadorias, destinando-os, por conta e ordem da Vendedora, à realização dos recolhimentos aqui previstos que estiverem em atraso (...)" – aqui o detalhamento dos documentos exigidos está descrito em cláusulas específicas; o pagamento por conta e ordem pode trazer complicações, caso a contratante avance sobre as prerrogativas da contratada em relação às suas obrigações; em especial,

[10] SCHREIBER, Anderson. A tríplice transformação do adimplemento. Revista Trimestral de Direito Civil, vol. 32 out/dez 2007 p. 12 e 13.

[11] *"A exceção, consoante a melhor doutrina, não pode "ser levada ao extremo de acobertar o descumprimento sob invocação de haver o outro deixado de executar parte mínima ou irrelevante da que é a seu cargo".* - STJ Recurso Especial 883.990 - (2006/0159555-1) RJ. Relator Min Fernando Gonçalves

expressões como "a seu exclusivo critério" podem autorizar operadores a atitudes que prejudicam interesses da contratada (como exemplo, pagamentos ou valores que podem estar sendo objeto de questionamento pela contratada);

3. *"Se durante a vigência deste contrato a carta de fiança perder sua validade e a contratada (i) não apresentar nova carta de fiança ou (ii) apresentar carta de fiança em desconformidade com os termos desta cláusula, a contratante poderá reter 100% (cem por cento) dos pagamentos devidos à contratada em decorrência da execução dos serviços até que a contratada apresente carta de fiança nos termos desta cláusula."* – trata-se de item fundamental para a garantia da contratante, que poderá levar ao descumprimento absoluto do contrato pela contratada; por outro lado é importante avaliar quanto tempo a retenção total dos pagamentos pode ser suportada pela contratada;
4. *"Sempre que legalmente exigível, em função da natureza dos serviços contratados, a contratante entregará à contratada o Laudo Técnico de Condições Ambientais no Trabalho relativo ao local onde serão prestados os serviços. A contratada, com base em tal documento e em outras informações sobre riscos ambientais que porventura solicitar à contratante, elaborará o Programa de Prevenção de Riscos Ambientais, o Programa de Gerenciamento de Riscos Ocupacionais, o Programa de Controle Médico de Saúde Ocupacional e o Perfil Profissiográfico Previdenciário de seus empregados lotados na contratante. (...) Cópias dos mencionados documentos serão entregues à contratante junto com os documentos de cobrança relativos ao primeiro mês de prestação de serviços, sob pena de retenção do respectivo pagamento."* – aqui temos as exigências e o tratamento para os descumprimentos relativos às questões de saúde ocupacional, medicina e segurança, que podem exigir a responsabilização solidária da contratante;
5. *"Na hipótese dos serviços não serem executados de acordo com as especificações, prazos e condições acordadas, os respectivos pagamentos serão suspensos até que a contratada execute as necessárias correções."* – cláusula bastante aberta, que pode ser operacionalizada com notificação expressa dos problemas e das ações exigidas; sem determinação clara do descumprimento, pode conturbar o andamento do contrato, especialmente nos casos de suspensão de todos os pagamentos, por tempo indeterminado, por falha específica relativa a algum item menor do serviço e/ou fornecimento;

6. *"Deverá entregar à contratante, no prazo máximo de 30 (trinta) dias contados da assinatura deste contrato, cópia autenticada da respectiva ART - Anotação de Responsabilidade Técnica, devidamente recolhida, sob pena de retenção de pagamento, sendo que no momento do efetivo pagamento não haverá acréscimo de quaisquer juros de mora ou correção monetária".* – Exigência de documentação técnica imprescindível para realização do objeto.

No caso de impossibilidade da contratada, a contratante poderá executar diretamente o objeto ou parte dele, se presente o interesse e a utilidade do cumprimento da obrigação faltante. Para tal importa a caracterização contratual e a constatação da incapacidade e/ou impossibilidade de execução da prestação completa pela contratada.[12]

Vários contratos preveem a possibilidade de execução direta pela contratante da parte do escopo.

Exemplo:

> *"Caso a CONTRATANTE não use o seu direito de rescisão previsto neste contrato, nos termos desta cláusula, poderá, a seu exclusivo critério, suspender a execução do mesmo e sustar o pagamento de faturas pendentes até que a CONTRATADA cumpra integralmente a condição contratual infringida ou a entregar parte dos serviços ora contratados para terceiros, sem que caiba à CONTRATADA qualquer direito de reclamação."*

Sob a perspectiva funcional do adimplemento,[13] os descumprimentos parciais podem tornar obrigação realizada imperfeita: "*exceptio non rite adimpleti contractus*" ou a exceção do contrato mal cumprido. Assim, o descumprimento de deveres laterais determinados poderá levar ao seu encerramento, como exemplo:

> *"As partes poderão considerar rescindido de pleno direito o presente contrato, independentemente de interpelação ou notificação judicial ou extrajudicial, sem que caiba à parte contrária qualquer reclamação ou indenização, nos seguintes casos:*
>
> *(...)*

[12] Vide Lei 10406/2002, Art. 249.: Se o fato puder ser executado por terceiro, será livre ao credor mandá-lo executar à custa do devedor, havendo recusa ou mora deste, sem prejuízo da indenização cabível.

[13] TEPEDINO, Gustavo. A tríplice transformação do adimplemento: Adimplemento substancial, inadimplemento antecipado e outras figuras. Revista Trimestral de Direito Civil, v.32 (outubro/ dezembro 2007). Rio de Janeiro: Padma. P.17 e 18.

> *Caso a contratante não se utilize do direito de rescindir o contrato nos termos desta cláusula, poderá, a seu exclusivo critério, suspender a execução do mesmo, ou sustar os pagamentos seguintes, até que a contratada cumpra integralmente a condição contratual infringida. Durante esse período ficarão suspensos todos os pagamentos devidos."*

Por outro lado, caso a lesão do inadimplemento seja mínima, não cabe a utilização deste fato para resolução do contrato, aproveitando a contratante deste ato para liberar-se de um contrato que não mais lhe convém.[14] Ou seja, a transformação da mora em inadimplemento absoluto total não pode ficar exclusivamente a critério do credor. O credor terá o ônus de provar que a prestação não lhe é mais útil.[15]

Outra questão que merece cuidado é a análise da contribuição da contratada no evento determinante do descumprimento parcial do contrato; é necessário verificar se há fato claramente imputável à contratada, por lei ou pela convenção, se há nexo causal entre o fato de sua responsabilidade e o dano, se o dano decorre de sua exclusiva negligência, imperícia ou imprudência, ou se concorre com a conduta de outros agentes.

Eventuais excessos, tais como uma rescisão desmotivada, ou que tenha como base falha menor da contratada, pode não ser validada em juízo. Segue abaixo exemplo de decisão – parte da sentença:

> *"4. A existência de cláusula contratual que prevê a possibilidade de rescisão desmotivada por qualquer dos contratantes não é capaz, por si só, de afastar e justificar o ilícito de se rescindir unilateralmente e imotivadamente um contrato que esteja sendo cumprido a contento, com resultados acima dos esperados, alcançados pela contratada, principalmente quando a parte que não deseja a resilição e realizou consideráveis investimentos para executar suas obrigações contratuais.*
>
> *5. Efetivamente, a possibilidade de denúncia "por qualquer das partes" gera uma falsa simetria entre os contratantes, um sinalagma cuja distribuição obrigacional é apenas aparente. Para se verificar a equidade derivada da cláusula, na verdade, devem ser investigadas as consequências da rescisão desmotivada*

---

[14] SALLES, Raquel Bellini de Oliveira. A Autotutela pelo Inadimplemento nas Relações Contratuais. Tese de Doutorado. Universidade do Estado do RJ. 2011. P.221

[15] TEPEDINO, Gustavo. A tríplice transformação do adimplemento: Adimplemento substancial, inadimplemento antecipado e outras figuras. Revista Trimestral de Direito Civil, v.32 (outubro/dezembro 2007). Rio de Janeiro: Padma. P.15.

do contrato, e, assim, descortina-se a falácia de se afirmar que a resilição unilateral era garantia recíproca na avença."[16]

2.4. Inadimplemento de obrigação extracontratual

Nesta hipótese, a aplicação do mecanismo de retenção pecuniária foca eventual descumprimento de obrigações extracontratuais, que poderiam trazer responsabilidade solidária ou subsidiária à contratante, tais como as obrigações trabalhistas, previdenciárias, fiscais, de meio ambiente, de integridade, entre outras, conforme determinado nas leis aplicáveis. A contratante também poderá ser solidária frente a seu cliente final por prejuízos causados por suas subcontratadas, seja por expressa disposição da Lei ou por determinação contratual.

É comum tratar nos textos contratuais as obrigações convencionais e as responsabilidades extracontratuais na mesma cláusula.

Uma das formas que pode ser utilizada para distingui-las é a análise dos efeitos do seu inadimplemento. Enquanto a responsabilidade extracontratual exige do demandante o ônus da prova da culpa do demandado ("culpa aquiliana"), na obrigação convencional o singelo não atendimento a determinada disposição já constitui automaticamente o devedor em mora, e é suficiente para a aplicação da sanção ali expressamente determinada ("culpa contratual").[17]

Também vale mencionar que a responsabilidade contratual pode ser regida conforme o local específico da realização do objeto e de acordo com o sistema de solução de controvérsias eleito no contrato, enquanto a responsabilidade aquiliana é apurada no lugar do delito e na forma da Lei.[18]

A contratante usualmente busca, através da retenção, uma segurança adicional para eventual inadimplemento da contratada, que possa acarretar sua responsabilidade solidária ou subsidiária. Fazem parte deste rol, entre outras,

---

[16] STJ Recurso Especial Nº 1.555.202 - SP (2014/0345696-6). Ementa: Responsabilidade Civil. Cláusula contratual. Resilição unilateral. Denúncia imotivada. Vultosos investimentos para realização da atividade. Dano injusto. Boa-fé objetiva. Fins social e econômico. Ofensa aos bons costumes. Art. 473, Parágrafo Único Do CC/2002. Perdas e danos devidos. Lucros cessantes afastados.

[17] *"Não obstante confundirem-se ontologicamente a culpa contratual e a aquiliana, e nos seus efeitos identificarem-se, pois que toda culpa está sujeita a prova, a distinção ainda sobrevive em razão do ônus desta. Enquanto a culpa extracontratual ao queixoso incumbe demonstrar todos os extremos da responsabilidade, evidenciado a transgressão, o dano e a relação de causalidade, na culpa contratual há a inversão deste encargo."* PEREIRA, Caio Mário da Silva. Instituições de Direito Civil, Vol. II. 21a. Edição. Rio de Janeiro. Forense: 2006. P. 368

[18] AGUIAR, José Dias de. Cláusula de não indenizar. Rio de Janeiro: Revista Forense, 1947. P. 66 e seguintes

as obrigações de pagamento da mão de obra e de recolhimento de todos os encargos trabalhistas e previdenciários, obrigações tributárias e fiscais, obtenção de licenças e autorizações específicas para execução do escopo contratado, indenizações ambientais, pleitos de subcontratadas da contratada, entre outras, em gama variável conforme a modalidade do contrato, do escopo, e dos fatos ocorridos durante sua execução.[19]

Entretanto, a retenção dos valores durante a execução do contrato nem sempre é compatível com os prazos judiciais para a resolução de conflitos. E ainda pode ser que demandas sejam apresentadas somente após o encerramento do contrato, e o pagamento de todos os valores, mas ainda dentro de seu prazo de prescrição legal.

Na prática, a retenção tem eficiência como mecanismo de autotutela enquanto o contrato está em fase de execução. Demandas que cheguem ao conhecimento da contratante após o encerramento, a entrega do objeto principal, e a liberação do último pagamento, já não se aproveitam desta facilidade.

Especialmente corriqueiras, as ações trabalhistas representam ônus constante para as empresas. Algumas consideram, em sua previsão de risco, um valor percentual da folha de pagamento a título de indenizações trabalhistas.

É aconselhável a previsão contratual a respeito de eventuais indenizações, especialmente quando a execução do objeto é realizada dentro da propriedade do cliente ou da contratante.

Alguns exemplos com breves comentários:

1. *"A contratada deverá ressarcir à contratante os gastos com escritórios de advocacia e peritos diversos, feitos no curso dos processos judiciais e/ou administrativos, sendo permitida a retenção pela contratante destes valores conforme os termos das cláusulas de retenção deste Contrato, caso tal ressarcimento não ocorra no prazo previsto nas referidas cláusulas, ou, após o término deste Contrato,*

---

[19] Como exemplo: *" É cediço que nos contrato de subempreitada, a fim de resguardar os direitos dos trabalhadores, consignou expressamente a CLT que a responsabilidade pelo adimplemento das obrigações oriundas do contrato de emprego pertence ao empregador direto (subempreiteiro), porém com permissivo legal autorizando a responsabilização do empreiteiro principal em caso de inadimplemento por parte do primeiro, responsabilidade esta na modalidade solidária, já que prescinde do ajuizamento conjunto da ação em face do empregador, bastando a inadimplência deste no campo das relações materiais, em sede precedente à judicial, desde que esta instância a reconheça. Em tal sentido, dispõe o art. 455 da CLT, verbis: 'Nos contratos de subempreitada responderá o subempreiteiro pelas obrigações derivadas do contrato de trabalho que celebre, cabendo, todavia, aos empregados, o direito de reclamação contra o empreiteiro principal pelo inadimplemento daquelas obrigações por parte do primeiro."* Tribunal Regional do Trabalho da 18ª Região Coordenadoria da 2ª Turma Julgadora PROCESSO RO-0000258-64.2012.5.18.0001 Relator: Desembargador Paulo Pimenta. J. 05 de junho de 2012. Parte da sentença

através das medidas legais pertinentes."- cláusula que remete a muitas outras, de difícil execução; a menção do uso de "medidas legais pertinentes" nada acresce já que sempre serão possíveis; a sugestão seria focar nos encargos e riscos contratuais que seriam objeto de retenção, os fatos sujeitos à indenização, e os prazos; esta redação também não resolve como seria a indenização após o encerramento do contrato;

2. *"Se a contratante for autuada, notificada, citada, intimada ou condenada em razão do não cumprimento, em época própria, de qualquer obrigação atribuível à contratada, seja de natureza ambiental, fiscal, trabalhista, previdenciária ou de qualquer outra espécie, assistir-lhe-á o direito de reter os pagamentos devidos, até que a contratada satisfaça a respectiva obrigação ou até que a contratante seja excluída do polo passivo da autuação, notificação, citação, intimação ou condenação, mediante decisão irrecorrível ou, ainda, até que a contratada apresente garantia suficiente para cobertura de eventual condenação da contratante."* – esta redação define claramente o foco e o quantum da retenção e resolve os eventos que se encerrem durante a execução do contrato; sugere ainda, como solução após a entrega do objeto, a apresentação de uma garantia judicial; atenção apenas na redação "o direito de reter os pagamentos devidos" (todos?), que poderá caracterizar excesso da contratante e levar ao desequilíbrio econômico da contratada;

3. *"Se, em descumprimento das obrigações estabelecidas no item acima, a contratante for envolvida em qualquer demanda, processo, reclamação, queixa, multa ou cominação aplicada por qualquer dos poderes públicos, ou por fiscalização de qualquer natureza, inclusive do proprietário da obra, ou outro tipo de ação judicial ou extrajudicial, assistirá a contratante o direito de reter pagamentos devidos à contratada, até o montante do débito, inclusive descontar da medição, ou cobrar da contratada o valor das referidas obrigações, consideradas, desde, já dívida líquida e certa."* - Similar a anterior, nesta há definição clara do valor a ser retido; resolve situações durante a execução; para possibilitar o encerramento definitivo do contrato mantendo a possibilidade de indenização após esta data, a sugestão é a emissão de uma carta de fiança bancária ou de um seguro garantia) vide item 2.1. retro.

4. *"Extinto por qualquer forma este contrato, serão deduzidos do pagamento devido pela compradora à vendedora por serviços e/ou mercadorias contratados, se necessários, e a exclusivo critério da Compradora: (a) mão de obra, materiais e demais gastos para correção dos Serviços*

> *e/ou Mercadorias não aceitos ou o objeto que necessite de reparos; (...)* – cláusula aberta ("a exclusivo critério da Compradora"), não deixa clara a obrigação da Compradora de demonstrar, de forma documentada, os danos e seus respectivos valores; risco de excesso em relação às obrigações contratadas, dando margem para disputas judiciais entre as partes.

CONCLUSÃO

Como visto, a retenção pecuniária como pena privada constitui importante instrumento para promover o cumprimento do contrato[20]. Pode ser exercida como suspensão temporária de valores, até que seja adimplida uma determinada obrigação, ou pode ter caráter de perda definitiva das quantias glosadas, neste caso como multa ou indenização prefixada.[21]

Em qualquer das hipóteses é necessária a caracterização do descumprimento da parte e da previsão expressa no contrato das hipóteses de suspensão, retenção e compensação, que estabelecerá o vínculo entre a pena e a obrigação concernente.[22]

Assim descrita, a autotutela pode configurar um mecanismo legítimo de defesa de interesses que são juridicamente protegidos, pela lei ou pela convenção, e se desenvolverá no espaço que se abre entre a autonomia privada e o controle jurisdicional do contrato. Não representa medida excepcional, pois já está contemplada no arcabouço legal. Nas palavras de Raquel Salles: *"Especialmente na seara comercial, a importância da retenção é relacionada à necessidade de os credores recorrerem a garantias mais céleres e eficazes."*[23]

As cláusulas de suspensão de pagamento devem orientar os executores do contrato quanto aos seus próprios limites de aplicação. A redação do mecanismo deve ser direcionada ao público que operará o contrato, para que seu exercício seja compatível com as condutas esperadas das partes e permita o adimplemento completo e correto do contrato.

---

[20] RODRIGUES JUNIOR, Otávio Luiz. Função, Natureza e modificação da clausula penal no direito civil brasileiro. Tese de Doutorado. Faculdade de Direito da Universidade de São Paulo. 2006. P. 274

[21] TCU - Acórdão nº 3.114/2010 –Recurso de Reconsideração. Segunda Câmara. Disponível em: https://contas.tcu.gov.br/etcu/AcompanharProcesso?p1=17320&p2=2000&p3=5. Acesso em 13.06.2017.

[22] Vide artigos Art. 476. e Art. 477 do Código Civil, Lei 10.406, de 10 de janeiro de 2002.

[23] SALLES, Raquel Bellini de Oliveira. A Autotutela pelo Inadimplemento nas Relações Contratuais. Tese de Doutorado. Universidade do Estado do RJ. 2011, p. 146

Uma comunicação mais direta e simplificada não elimina, entretanto, o tratamento jurídico adequado e necessário à sua sustentação em sede judicial.[24]

[24] *"O ato de autonomia privada não é um valor em si; pode sê-lo, em certos limites, se e quando responder a um interesse digno de proteção por parte do ordenamento. Isto deve ser verificado, a cada vez, certificando-se depois, se possa ser, ainda que parcialmente, regulado por fonte que não seja a lei."* PERLINGIERI, Pietro. Perfis do direito civil. Introdução ao direito civil constitucional. Tradução CICCO, Maria Cristina de. Rio de Janeiro: Renovar. 2002. 2ª edição. Pag. 279.

8. CLÁUSULAS DE RENEGOCIAÇÃO NO DIREITO BRASILEIRO

Anderson Schreiber

1. INTRODUÇÃO

Em uma economia cada vez mais dinâmica, torna-se patente a importância de que o direito desenvolva remédios aptos a lidar com o problema do desequilíbrio econômico surgido no curso da execução dos contratos. Também parece evidente que tais remédios devem privilegiar o reequilíbrio do contrato e a conservação da relação contratual, preservando ao máximo o que foi ajustado entre as partes, em vez de dar preferência a soluções que conduzem à ruptura do vínculo entre as partes (anulação, resolução etc.). O Código Civil brasileiro, embora tratando da extinção como regra (especialmente nos artigos 156, 157 e 478), permitiu, em diferentes passagens, o afastamento dos remédios terminativos mediante *"oferta"* de reequilíbrio por parte do contratante favorecido, quer se trate de desequilíbrio originário (artigo 157, §2º),[1] quer se trate de desequilíbrio superveniente (artigo 479).[2]

A referida abordagem legislativa – que encontra paralelo em algumas codificações estrangeiras, como o Código Civil italiano (artigo 1467, *in fine*)

---

[1] *"Art. 157. (...) §2º Não se decretará a anulação do negócio, se for oferecido suplemento suficiente, ou se a parte favorecida concordar com a redução do proveito"*.

[2] *"Art. 479. A resolução poderá ser evitada, oferecendo-se o réu a modificar equitativamente as condições do contrato"*.

– tem a virtude de abrir caminho para aquela que seria, para muitos, a solução "*mais simples*" para o problema do desequilíbrio, na medida em que as próprias partes, por exercício da sua autonomia, estariam contornando-o, de comum acordo, mediante uma revisão convencional do contrato ou, mais precisamente, um *reequilíbrio contratual espontâneo*.[3] Entretanto, a ineficiência (e, de certo modo, a contradição valorativa) desse modelo revela-se no fato de que acaba por restringir demasiadamente o acesso à via do reequilíbrio contratual, ao condicioná-lo à vontade exclusiva de um dos contratantes, restando ao outro o extraordinário ônus de iniciar um processo pleiteando a anulação ou resolução do contrato – que pode não desejar – e "torcer" pela oferta da contraparte, já em sede de defesa judicial.[4]

Em outras palavras, há, na literalidade do Código Civil brasileiro, uma valorização do reequilíbrio contratual, mas sua obtenção é sempre indireta, dependente que fica da iniciativa do contratante favorecido pelo desequilíbrio.[5]

Daí todo o esforço interpretativo que tem sido conduzido, já agora há muitos anos, por nossa doutrina e jurisprudência no sentido de admitir o pleito direto de revisão judicial do contrato por parte do contratante prejudicado.[6] Tal abordagem permite superar a insuficiência da disciplina geral traçada no

---

[3] Paolo Gallo, *Sopravvenienza contrattuale e problemi di gestione del contratto*, Milão: Giuffrè, 1992, p. 364. No direito brasileiro, ver, sobre o tema, obra de Franscisco Paulo de Crescenzo Marino, *Revisão Contratual: onerosidade excessiva e modificação contratual equitativa*, São Paulo: Almedina, 2020.

[4] Tal modelo reflete aquele que havia sido adotado pelo legislador italiano de 1942, e já foi considerado "*assai strano*" e "*perfino illogico*" em sua terra natal: "*È bene mettere subito in evidenza che il nostro sistema avverte chiaramente l'esigenza di un riequilibrio contrattuale, ma la soddisfa in modo assai incompleto e perfino illogico. Risulta infatti assai strano che, in via di principio, il mutamento delle circostanze può condurre, nei contratti corrispetivi, soltanto all'esecuzione del contratto alle condizioni programmate, oppure alla sua risoluzione, essendo riservata la 'rinegoziazione' o l'adeguamento del regolamento contrattuale all'iniziativa di una sola delle parti ed, in particolare, all'iniziativa del beneficiario della sopravvenienza*" (Carlo G.Terranova, *L'eccessiva onerosità nei contratti – artt. 1467-1469*, in Piero Schlesinger (Org.), *Il Codice Civile Commentario*, Milão: Giuffré, 1995, p. 239).

[5] Trata-se de um direito potestativo, a exemplo do que ocorre no Código Civil italiano, em que a doutrina destaca: "*La riduzione ad equità è un diritto potestativo del convenuto in risoluzione, che questi esercita – nel proprio interesse – quando valuta che l'utilità di conservare il contratto valga più del sovraprezzo che deve sborsare per ridurlo ad equità*" (Angelo Riccio, *Eccessiva onerosità – Arts. 1467-1469*, in Francesco Galgano (Cur.), *Commentario del Codice Civile*, Livro IV, Bolonha: Zanichelli, 2010, p. 241).

[6] Ver, nesse sentido e em caráter pioneiro, Vladimir Mucury Cardoso, *Revisão contratual e lesão, revisão contratual e lesão à luz do Código Civil de 2002 e da Constituição da República*, Rio de Janeiro: Renovar, 2008, pp. 408-409: "*É necessário, pois, ampliar a norma legal por meio da interpretação, para se autorizar ao juiz realizar a justiça no caso concreto, modificando equitativamente o contrato, com vista a privilegiar o equilíbrio entre as prestações e a satisfação dos legítimos interesses das partes*".

nosso Código Civil e também harmonizá-la quer com as disposições específicas da própria codificação (artigos 620, 770 etc.), quer com as leis especiais, como o Código de Defesa do Consumidor, a Lei do Inquilinato e a Lei de Licitações, que já asseguram, cada qual à sua maneira e em seus próprios limites, o acesso do contratante prejudicado à revisão judicial do contrato, em vez da resolução contratual. Ainda assim, não é possível ignorar aqui uma dificuldade que a via da revisão judicial do contrato tampouco contorna: a necessidade de recurso ao Poder Judiciário.

Não se trata apenas de lamentar os custos envolvidos, as formalidades inerentes e o tempo exigido pela solução judicial - ônus que se verificam, de resto, também nas demandas voltadas à anulação ou resolução do contrato –, mas de destacar a particular desarmonia entre o caminho da judicialização e a ideia de reequilíbrio contratual. A propositura de uma demanda judicial, por si só, é usualmente percebida por ambas as partes como um fato perturbador da sua relação contratual e produz, não raro, um acentuado efeito de desestímulo à obtenção do consenso, na medida em que, por sua própria estrutura e por uma certa cultura beligerante do contencioso, o processo costuma acirrar divergências entre as partes.[7]

Há, ainda, que se recordar a resistência à interferência do juiz no objeto do contrato. Mesmo que a intervenção judicial nos contratos na experiência

---

[7] Nesse sentido, John W. Cooley, *A Advocacia na Mediação*, Tradução de René Loncan, Brasília: Universidade de Brasília, 2001, p. 30: "*As partes muitas vezes acham que o processo de julgamento por tribunal perturba significativamente suas vidas pessoais durante longos períodos de tempo e em última análise produz um resultado que as deixa ainda mais polarizadas do que estavam quando do início do processo*". Na mesma direção, Gerald R. Williams, *Negotiation as Healing Process*, in *Journal of Disput Resolution*, 1996, pp. 39-40, destacando que, mesmo em casos em que se logra obter transações em juízo, recomendadas por seus próprios advogados, as partes, por vezes, não superam o estado de divergência: "*Once parties are in conflict, there are essentially only two ways out: negotiation or adjudication. Both are ritual processes. Both are intended to end the conflict and permit the parties to get on with their lives. Nevertheless, except for the relatively few cases which require a trial verdict, the most desirable outcome is for both to have a change of heart, to arrive not only at unacceptable compromise, but to also experience a genuine reconciliation. The fundamental principle is this: if both sides do not experience a change of heart, then one or both of them will continue to carry everything that was left unresolved into the indefinite future with little prospect for resolving it short of another conflict. This conclusion is supported by research showing that in many situations, conflicts are not resolved, but continue in an endless cycle until one party or the other is able to 'exit', that is, to escape the situation by moving far enough away that the disputants no longer see each other. However, it should be noted that this exit does not really 'resolve' the conflict because nothing has really changed in either of the parties. The best prediction is that both parties will soon find themselves in similar conflicts wherever they may end up. More troublesome still, there is research suggesting that even when plaintiffs have retained lawyers and obtained a mutually agreeable settlement (but not a genuine settlement or change of heart), they will continue to suffer from emotional and physical traumas growing out of the original problem*".

jurisprudencial brasileira afigure-se comedida e criteriosa – com alterações que se limitam, no mais das vezes, a modificar índices de reajuste de preços ou estender prazos de cumprimento, sem revelar ingerência sobre aspectos essenciais do negócio que pudessem comprometer sua utilidade para as partes –, é compreensível que as partes sejam acometidas de certa insegurança quanto ao resultado da sua demanda,[8] quer pela inevitável falta de *expertise* do magistrado acerca não apenas da atividade econômica que é objeto da contratação, mas também do "mundo dos negócios" em geral, quer pela ampla discricionariedade que a ação de revisão contratual concede ao julgador, que pode, em teoria, modificar qualquer aspecto da relação contratual, a fim de obter o reequilíbrio pretendido.[9]

---

[8] "*An adjustment of the contract may be achieved by different methods. It can be qualified as an operation of law, which the courts are called upon to carry out (e.g., the Netherlands, Spain, Sweden). An alternative mechanism is to entitle the burdened party to request adjustment, which is then enforced by the courts (e.g., Germany, Italy). Another option is to combine termination of the contract with a claim of compensation for the party who would have benefited from the contract (e.g., England under the Law Reform (Frustrated Contracts) Act 1943). All the methods of adjustment have in common that they leave wide discretion to the courts in determining a fair allocation of risks related to the unexpected circumstances in accordance with the principle of equity. Therefore, the price of an equitable allocation of the risks is that courts strongly interfere with the parties' contractual dispositions. Consequently, the parties have little certainty with regards to the outcome of a lawsuit*" (Ewoud Hondius e Hans Christoph Grigoleit, *Unexpected Circumstances in European Contract Law*, Cambridge: Cambridge University Press, 2011, p. 9).

[9] Em perspectiva internacional, destaca Christoph Brunner, ao tratar da revisão do contrato por cortes estatais e arbitrais: "*The court may adjust the contrat in a variety of ways. It may: increase or reduce the price or the extent of a performance obligation of a party (e.g., the contract quantity); and/or adjust a particular means or method of performance, e.g., extend the period for performance or due date, change the place of performance or allow for partial performances, or extend or shorten the duration of a contract; and/or order a compensatory payment or monetary adjustment appropriate or adequately allow for the hardship event in view of any other adjustments of the contract*" (Christoph Brunner, *Force Majeure and Hardship under General Contract Principles – Exemption for Non-Performance in International Arbitration*, Austin: Wolters Kluwer, 2009, p. 501). Na Itália, registra, em semelhante direção, Enzo Roppo, *O Contrato*, Coimbra: Almedina, 1988, p. 175: "*Mas que significa, em concreto, a determinação 'equitativa' do regulamento, contemplada pelo art. 1374.º cód. civ.? Parece consistir em o juiz, chamado a definir as situações complexas de direitos e deveres que, para as partes, derivam do regulamento contratual, estar legitimado a atribuir, para esse fim, relevância a todas as circunstâncias – externas ao mesmo regulamento, porque não tomadas em consideração naquele e, como tal, não assumidas pelas partes como sua 'vontade' contratual – que ele, face 'a um ponto não resolvido pelo regulamento contratual', considerará, com a sua valoração discricionária, 'idóneas a permitir a solução que pareça mais harmônica com a operação desenvolvida no seu conjunto' (Rodotá): ainda que tal solução não resulte imediatamente do teor das cláusulas acordadas entre as partes*". No Brasil, ver Rogério Marrone de Castro Sampaio, *A Atuação do Juiz no Direito Processual Civil Moderno*, São Paulo: Atlas, 2008. p. 109: "*Segundo essa nova técnica, a aplicação da lei ao caso concreto depende da valoração dessas expressões de significado mais abrangente, gerando, com isso, aumento no poder de atuação no juiz. Se de um lado o abandono ao sistema fechado abranda, em certa medida, a referida segurança jurídica, de outro serve como instrumento eficaz à busca dos ideais de justiça e equidade, já que permite ao juiz, com base na mesma norma, outorgar tutelas diferenciadas em atenção às peculiaridades de cada caso*".

Não é por outra razão que, na prática negocial, tornou-se frequente que o contratante prejudicado pelo desequilíbrio tente, antes da propositura da demanda judicial, uma solução consensual com o outro contratante, com base em cláusulas contratuais prevendo a "renegociação de boa-fé" ou mesmo na ausência delas. A doutrina reconhece, por toda parte, que essa tentativa prévia de renegociação do contrato representa, ela sim, "*a melhor alternativa*" entre aquelas disponíveis para o problema do desequilíbrio contratual ou "*o remédio mais eficiente*" para lidar com a alteração superveniente do equilíbrio contratual.[10] Ocorre que, à falta de cláusula contratual expressa, não há nenhuma "garantia" de que o contratante favorecido responderá à tentativa de renegociação efetuada por quem sofre a excessiva onerosidade, nem o direito brasileiro se ocupa, em qualquer medida, daquilo que se passa nessa fase, mantendo um autêntico *vácuo normativo* em relação àquela que seria a solução mais ágil, eficiente e segura para o desequilíbrio do contrato.

2. CONCEITO E FUNDAMENTO DO DEVER DE RENEGOCIAR

A doutrina brasileira, em sua ampla maioria, ainda alude à renegociação do contrato como mera "faculdade" entre as partes.[11] Em alguns poucos casos, chega-se a aludir à renegociação como "primeira alternativa" a ser seguida

---

[10] Rona Serozan, *General Report on the Effects of Financial Crises on the Binding Force of Contracts: Renegotiation, Rescission or Revision*, in Başak Başoğlu (Ed.), *The Effects of Financial Crises on the Binding Force of Contracts: Renegotiation, Rescission or Revision*, Nova Iorque: Springer, 2016, p. 23: "*Renegotiation is the most efficient remedy for the change of circumstances since it enables the parties to find a mutual resolution. Renegotiation is not an all-or-nothing remedy like the termination of contract since it provides the parties with the full discretion of reallocating the risk and regenerating the contractual balance*". No Brasil, Giovanni Ettore Nanni, tratando das cláusulas contratuais de renegociação, afirma que "*a adequação consensual do contrato, fruto de exitoso emprego da cláusula de renegociação, é, sem dúvida, sempre mais eficiente e satisfatória para os contratantes. A prática demonstra que o acordo é celebrado por ambas as partes, ao passo que a decisão judicial usualmente proporciona comemoração só de uma delas. Logo, é recomendável a inclusão de uma cláusula de renegociação nos contratos de duração, o que já acontece com frequência nos negócios internacionais*" (Giovanni Ettore Nanni, *A Obrigação de Renegociar no Direito Contratual Brasileiro*, in *Revista do Advogado*, São Paulo, v. 116, 2012, p. 96).

[11] "*Antes de cuidarmos dos efeitos propriamente ditos, é oportuno consignar neste passo a importância da postura a ser adotada pela parte prejudicada pela excessiva onerosidade superveniente. Embora deva recorrer ao judiciário, atentando ainda para não se tornar inadimplente, é certo dizer que antes de qualquer medida deve cientificar a contraparte de sua dificuldade, facultando-lhe discutir a contenda amigavelmente, colocando na notificação um prazo para isto*" (Nelly Maria Potter Welton, *Revisão e Resolução dos Contratos no Código Civil conforme Perspectiva Civil-Constitucional*, Rio de Janeiro: Lumen Juris, 2009, p. 205).

pelas partes, quase sempre no âmbito de contratos relacionais.[12] Informar o outro contratante prontamente acerca do desequilíbrio tampouco é visto, pela maior parte da nossa doutrina, como um dever jurídico, sendo apresentado, pelos raros autores que tratam do tema, como uma atitude "indicada"[13] ou "recomendável".[14] Mesmo a escassa doutrina que defende alguma abertura de ordem jurídica brasileira a um dever de renegociar registra que "*não há no ordenamento jurídico brasileiro uma norma específica que determine a renegociação dos contratos iníquos*"[15] e que, entre nós, "*a jurisprudência e a doutrina não qualificam o comportamento do contratante que se recusa à revisão como abuso*".[16]

Em que pese esse desestimulante cenário, afigura-se não apenas possível, mas imperativa e urgente a construção (*rectius*: o reconhecimento) de um dever de renegociação de contratos desequilibrados no direito brasileiro, como expressão do valor constitucional da solidariedade social,[17] bem como de normas infraconstitucionais.

---

[12] São denominados contratos relacionais aqueles "*que se caracterizam pelos seguintes elementos: (i) os contratos relacionais tendem a se estender no tempo; (ii) em virtude de sua ligação, busca-se mais a disciplina de questões futuras entre as partes. Ou seja, o contrato não visa a estabelecer apenas regras sobre as trocas em si, mas disciplinar o relacionamento a ser fruído ao longo da vida do contrato. Assim, é comum que, na redação do instrumento, as partes valham-se de termos amplos, sem significado claramente definido no momento da celebração do ato. Lançam-se bases para um futuro comportamento colaborativo, mais do que a ordem específica de obrigações determinadas; (iii) há uma certa interdependência entre os contratantes, uma vez que o sucesso de uma (e do negócio globalmente considerado) reverterá em benefício da outra (i.e., de outras delas)*" (Paula Andrea Forgioni, *Contratos de Distribuição*, 2ª ed., São Paulo: Revista dos Tribunais, 2008, p. 71).

[13] Fábio Siebeneichler de Andrade, *A Teoria da Onerosidade Excessiva no Direito Civil Brasileiro: Limites e Possibilidades de sua Aplicação*, in *Revista da AJURIS*, v. 41, n. 134, jun. 2014, pp. 246-247.

[14] "*Ao devedor lesado pela modificação superveniente recomenda-se dê aviso ao credor, inclusive para lhe garantir a possibilidade de propor ainda a tempo útil a modificação das cláusulas do negócio, ou de colaborar na criação das condições que viabilizem a perfeição do contrato*" (Ruy Rosado de Aguiar Júnior, *Extinção dos Contratos por Incumprimento do Devedor (Resolução)*, 2ª ed., Rio de Janeiro: Aide, 2004, p. 159).

[15] Rafael Renner, *Novo Direito Contratual: a Tutela do Equilíbrio Contratual no Código Civil*, Rio de Janeiro, Freitas Bastos, 2007, pp. 137-138.

[16] Antônio Junqueira de Azevedo, *Relatório Brasileiro sobre Revisão Contratual apresentado para as Jornadas Brasileiras da Associação Henri Capitant*, in Novos Estudos e Pareceres de Direito Privado, São Paulo, Saraiva, 2009, pp. 137-138.

[17] Expressamente nesse sentido, afirma-se na doutrina estrangeira: "*Quest'obbglio sembra avere radici profonde, saldamente ancorate ai principi fondamentali della Costituzione. Difatti, è nel dovere di solidarietà sociale previsto dall'art. 2 Cost. Che viene additata la giustificazione del perchè il contraente Fortunato, che há trato beneficio de uma imprevista circostanza sopravvenuta, dovrebbe rinegoziare i termini dell'accordo originário, così rinunciando a parte dei vantaaggi conseguiti*" (Cosimio D'Arrigo, *Il Controllo delle Sopravvenienze nei Contratti a Lungo Termine*, in Raffaele Tommasini, *Sopravvenienze e Dinamiche di Riequilibrio tra Controllo e Gestione del Rapporto contrattuale*, Turim: G. Giappichelli, 2003, p. 534).

Como se sabe, a boa-fé objetiva impõe a cooperação e a colaboração entre as partes em prol do escopo comum do contrato (Código Civil, art. 422).[18] O dever de renegociar exsurge, assim, como um dever anexo ou lateral de comunicar a outra parte prontamente acerca de um fato significativo na vida do contrato – seu excessivo desequilíbrio – e de empreender esforços comuns para superá-lo por meio da revisão extrajudicial.[19]

Como dever anexo, o dever de renegociar integra o objeto do contrato independentemente de expressa previsão das partes.[20] Note-se que o dever de renegociar não configura um dever de alcançar certo resultado ou de aceitar as novas condições propostas pelo contratante desfavorecido pelo desequilíbrio; não se trata de um dever de revisar o contrato extrajudicialmente, mas simplesmente de ingressar em renegociação, informando prontamente o fato que a enseja e formulando um pleito de revisão do contrato, ou analisando, com seriedade, o pleito apresentado pelo outro contratante e dando-lhe uma resposta. Desdobra-se, como já referido, em duas etapas: (a) o dever de comunicar prontamente a contraparte acerca da existência do desequilíbrio contratual identificado; e (b) o dever de suscitar uma renegociação que possibilite o reequilíbrio do contrato ou de responder a uma proposta nesse sentido, analisando-a seriamente.[21]

Não há, assim, necessidade de norma específica estabelecendo, entre nós, o dever de renegociar.[22] Com a consagração da boa-fé objetiva no Código Civil, o contrato deixa de ser pacto originário estático para se converter em relação

---

[18] *"Art. 422. Os contratantes são obrigados a guardar, assim na conclusão do contrato, como em sua execução, os princípios de probidade e boa-fé."*

[19] Embora originariamente concebido como um remédio em face do desequilíbrio contratual superveniente, o dever de renegociar assume relevância também diante de outras patologias internas ao contrato que não determinem de modo definitivo a impossibilidade de cumprimento ou a perda da utilidade da prestação para o credor.

[20] Na síntese de Luiz Edson Fachin: "*Quem contrata não mais contrata tão só o que contrata*" (*Contratos na Ordem Pública do Direito Contemporâneo*, in Gustavo Tepedino e Luiz Edson Fachin (Coords.), *O Direito e o Tempo: Embates Jurídicos e Utopias Contemporâneas*, in *Estudos em Homenagem ao Professor Ricardo Pereira Lira*, Rio de Janeiro, Renovar, 2008, p. 458). E, em outra passagem, completa: "*Probidade e boa fé são princípios obrigatórios nas propostas e negociações preliminares, na conclusão do contrato, assim em sua execução, e mesmo depois do término exclusivamente formal dos pactos. Desse modo, quem contrata não mais contrata tão só o que contrata, via que adota e oferta um novo modo de ver a relação entre contrato e ordem pública*" (p. 460).

[21] Para mais detalhes, ver Anderson Schreiber, *Equilíbrio contratual e dever de renegociar*, 2ª ed., São Paulo: Saraiva, 2020, pp. 380-384.

[22] Igual entendimento tem sido adotado por parcela da doutrina em países em que a codificação civil é omissa a respeito, como ocorre, por exemplo, na Turquia: "*As regards to Turkish law, neither the Court of Appeal nor the legislator addressed at all the renegotiations, as if they are unaware of the subject matter. On the other hand, Article 138 of the Turkish Civil Code does not exclude renegotiation. In our opinion, renegotiation shall be performed not to violate the principle of good faith which is, in fact, the legal groud of the provision*" (Başal Baysal, *The Adaptation of the Contract in*

contratual dinâmica, funcionalizada ao atendimento do fim comum que as partes pretendem alcançar com sua mútua cooperação.[23] Não se quer dizer, note-se, que o mundo dos negócios se torne um ambiente romântico, em que cada contratante deve, altruisticamente, abandonar suas posições de vantagem em benefício do outro. É natural e legítimo que cada contratante busque a realização de seu próprio interesse, mas não se permite mais que essa busca se realize com o sacrifício da finalidade comum que conduziu as partes à contratação. Não se tolera, à luz da boa-fé objetiva, que um contratante esvazie a utilidade do contrato, ou permaneça inerte quando sua atuação se faz necessária para que tal utilidade seja atingida. Impõe-se às partes o agir responsável, tomando em consideração os interesses do outro contratante, respeitando suas legítimas expectativas, tudo em prol da realização efetiva do fim contratual.[24]

Essa profunda transformação operada pela boa-fé objetiva tem íntima relação com o reconhecimento de um dever de renegociar contratos em desequilíbrio.[25] A dimensão comportamental valorizada pela boa-fé objetiva e consubstanciada na conduta adotada pelas partes ao longo da relação contratual desempenha papel relevantíssimo nos casos de desequilíbrio superveniente das prestações. A partir do momento em que os contratantes são chamados

---

Turkish Law, in Başal Baysal, *The Effects of Financial Crises on the Binding Force of Contracts: Renegotiation, Rescission or Revision*, Nova Iorque: Springer, 2016, pp. 326-327).

[23] Sobre a boa-fé objetiva e seu impacto no direito contratual, ver Anderson Schreiber, *A Proibição de Comportamento Contraditório – Tutela da Confiança e Venire Contra Factum Proprium*, 4ª ed., São Paulo, Atlas, 2016, especialmente Capítulo 2.

[24] Jacques Mestre chega a aludir, nesse sentido, a uma espécie de "*affectio contractus*", a substituir o ferrenho antagonismo entre os direitos do credor e os direitos do devedor (*L'évolution du Contrat en Droit Privé Français*, in Jean Carbonnier et al., *L'évolution Contemporaine du Droit des Contrats – Journées René Savatier* (Poitiers, 24-25 octobre 1985), Paris: Presses Universitaires de France, 1986, p. 51).

[25] Traçando um panorama da relação entre boa-fé e dever de renegociação, o General Report apresentado no XIX Congresso da Academia Internacional de Direito Comparado, em Viena, em 2014, registra: "*This recent approach, arising from the general principle of loyalty and good faith, is also observed in the United Kingdom. In Quebec, the principle of good faith is generally recognized and although it has not yet been applied to change of circumstances cases, some authors have suggested it as a tool to enable the courts to temper the principle of pacta sunt servanda. The possibility of such a duty to renegotiate is also stated in the Turkish report. According to the Turkish reporter, such duty deduced from the general principle of good faith and the duty of cooperation, would be more consistent with the economic reality, since application to the court in order to invoke other remedies is more expensive and time consuming for both parties. Moreover, in the United States, there is an incresingly liberal attitude towards the way of renegotiation depending on good faith as stated in the national report. This attitude most probably originates from the effects of frustration in the Common Law tradition. Frustration causes namely an automatic (eo ipso) release of the parties from the contract and this fact makes it necessary to renegotiate about a new contract with different terms*" (Rona Serozan, *General Report on the Effects of Financial Crises on the Binding Force of Contracts: Renegotiation, Rescission or Revision*, Nova Iorque: Springer, 2016, p. 24).

a abandonar posturas de imobilismo para cooperar, de modo leal e transparente, em prol da realização do fim contratual, deixa de ser aceitável à luz da ordem jurídica que o contratante que recebe uma proposta de renegociação do contrato, em virtude de um desequilíbrio a que a ordem jurídica atribui relevância (*e.g.*, Código Civil, artigos 317 e 478-480), simplesmente silencie, deixando o contratante prejudicado em situação de insegurança que se prolonga na exata medida em que se agrava o seu prejuízo. Ninguém é obrigado a aceitar propostas de renegociação, mas a boa-fé objetiva impõe que tal proposta seja respondida, em tempo razoável, para que aquele que pleiteia o reequilíbrio possa, eventualmente, recorrer à jurisdição arbitral ou estatal, a fim de corrigir a excessiva onerosidade que o atinge. Tampouco se admite que um dos contratantes guarde para si, tal qual "carta na manga", eventual desequilíbrio do contrato, esperando para invocá-lo tardiamente, em sede de defesa em ação judicial proposta diante do seu inadimplemento. Impõem-se a pronta comunicação e a interação com a contraparte.

Como se vê, o dever de renegociar consiste, essencialmente, em um dever anexo ou lateral[26] de comunicação e esforço de superação de um fato significativo na vida do contrato: um excessivo desequilíbrio contratual, nos termos delimitados pela ordem jurídica. A boa-fé objetiva impõe que, em ocorrendo referido desequilíbrio, que compromete a plena concretização do escopo contratual, empenhem-se as partes em colaborar reciprocamente em busca do reequilíbrio, por meio de uma readequação mutuamente aceitável do contrato. Doutrina estrangeira chega a aludir nesse sentido a um "*principio di adeguamento*" (princípio de adequação) do contrato, a ser concretizado pela atuação permanente das partes em prol da sua conformação à realidade social e econômica subjacente.[27] Rejeita-se, em síntese, a inércia, quer do contratante favorecido, que não pode silenciar diante de uma proposta de renegociação apresentada pelo contratante que alega sofrer a excessiva onerosidade, quer

---

[26] Os deveres anexos, também chamados deveres laterais, são deveres impostos pela boa-fé objetiva ao lado das obrigações principais e acessórias pactuadas pelas partes, como explica Menezes Cordeiro, *Da Boa Fé no Direito Civil*, Coimbra: Almedina, 2001, p. 605 e ss. Acerca da ampla variabilidade do conteúdo dos deveres criados pela boa-fé, ver Clóvis do Couto e Silva, *A Obrigação como Processo*, São Paulo: José Bushatsky, 1976, p. 113, para quem os deveres anexos "*comportam tratamento que abranja toda a relação jurídica. Assim, podem ser examinados durante o curso ou o desenvolvimento da relação jurídica, e, em certos casos, posteriormente ao adimplemento da obrigação principal. Consistem em indicações, atos de proteção, como o dever de afastar danos, atos de vigilância, da guarda de cooperação, de assistência. O objeto de alguns deles é, portanto, fazer ou não fazer, consistindo alguns em declarações de ciência, como nas indicações e comunicações; outros, em atos determinados*".

[27] Antonio De Mauro, *Il Principio di Adeguamento nei Rapporti Giuridici tra Privati*, Milão: Giuffré, 2000, especialmente p. 83.

desse último contratante, que não pode se retardar a comunicar o desequilíbrio, invocando-o tardiamente como oportunista justificativa para seu inadimplemento, o qual poderia mesmo ter sido evitado caso a renegociação chegasse a bom termo.[28]

Nada disso afasta, contudo, a verdade evidente que tanto melhor será se as próprias partes insiram em seu contrato cláusulas de renegociação ou revisão do contrato. Daí a importância do estudo de tais cláusulas, quer no tocante à sua estrutura, quer no tocante à sua função no direito contratual brasileiro.

3. CLÁUSULAS CONTRATUAIS DE RENEGOCIAÇÃO OU REVISÃO CONTRATUAL

Registre-se, em primeiro lugar, que é ampla a tipologia das chamadas cláusulas contratuais de renegociação ou de revisão do contrato. Tem-se, a rigor, uma infinidade de gêneros e espécies de pactos voltados à superação do desequilíbrio contratual, que desafia uma organização sistemática exatamente porque, sendo fruto da autonomia privada, encontram-se em constante ampliação e adaptação aos negócios específicos em que se inserem. Alguns exemplos de cláusulas extraídos da prática contratual ajudam a ilustrar a amplitude e sofisticação do teor dessas convenções:

> *9.4.1. Em ocorrendo fato superveniente, extraordinário, irresistível e imprevisto que altere o equilíbrio da equação econômico-financeira original deste contrato, as partes renegociarão as suas condições para que se retorne à equação comutativa originária, utilizando-se, para tanto, as provas apresentadas pela contratada e o demonstrativo de formação de preços apresentado para fins de contratação.*
>
> *15.5. The prices of all services, materials and/or equipment used in the construction of the vessel not listed in the annexes shall only be changed by mutual agreement in the event of unpredictable and/or predictable changes of unimaginable consequences, which have direct impact on the prices and make enforcement of this contract excessively costly for the shipyard. In such case the shipyard shall follow the procedure of article 23.*

---

[28] Nessa direção, Cosimo D'Arrigo, *Il Controllo delle Sopravvenienze nei Contratti a Lungo Termine*, in Raffaele Tommasini, *Sopravvenienze e Dinamiche di Riequilibrio tra Controllo e Gestione del Rapporto Contrattuale*, Turim: G. Giappichelli, 2003, p. 535: "*In particolare, il principio di buona fede, prevenendo i comportamenti opportunistici – vale a dire, il tentativo di appropriarsi del surplus di profitto inatteso ed immeritato – cui potrebbe dar luogo una sopravvenienza contrattuale, rinsalda la fiducia fra le parti* (...)".

20.1 - Na superveniência de fato extraordinário e imprevisível, que altere o equilíbrio da equação econômico-financeira original deste contrato, causando excessiva onerosidade para uma das partes, a parte prejudicada poderá pedir a resolução deste contrato. As partes terão a faculdade de mantê-lo, desde que, mediante consenso, revisem as condições segundo as quais o vínculo contratual continuará vigente.

4.2. Qualquer alteração nas alíquotas dos impostos atuais, ou, ainda na hipótese de criação de tributo ou quaisquer encargos legais que venham a incidir sobre os serviços, de forma a, comprovadamente, provocar desequilíbrio econômico-financeiro do instrumento, implicará na sua revisão, mediante acordo mútuo entre as Partes.[29]

Como se vê dos exemplos mencionados, as cláusulas aqui reunidas possuem estruturas e funções específicas distintas: ora aludem genericamente a uma faculdade de renegociação entre as partes, ora determinam que o contrato será revisto de acordo com tal ou qual parâmetro (*v.g.*, "*demonstrativo da formação de preços*"), ora estabelecem um procedimento determinado para a tentativa de renegociação, ora restringem sua eficácia a acontecimentos específicos (v.g., "*criação de tributo*"), ora aludem a qualquer forma de desequilíbrio. Desse modo, revelam-se cientificamente frágeis os esforços de agrupá-las sob um mesmo rótulo, ainda que demasiadamente abstrato.

De maneira bastante geral, porém, pode-se afirmar que existem, de um lado, (a) cláusulas de revisão *automática* do contrato; e, de outro, (b) cláusulas de revisão *participativa* do contrato.[30]

O primeiro grupo caracteriza-se pela desnecessidade de participação das partes na deflagração dos efeitos da cláusula de revisão, condicionada que restou pelas próprias partes simplesmente a termo ou condição. É o caso, por exemplo, das habituais cláusulas de reajuste periódico de preços por incidência de índices econômicos predefinidos, cláusulas de atualização monetária a

---

[29] Todas as cláusulas transcritas acima são cláusulas constantes de instrumentos contratuais reais, celebrados entre 2005 e 2020, as quais serviram de fundamento a arbitragens ou processos estatais. Qualquer elemento que, porventura, pudesse levar à identificação das partes foi suprimido das referidas cláusulas.

[30] Em direção semelhante, Ruy Rosado de Aguiar Júnior distingue as cláusulas de revisão e renegociação do contrato em duas espécies: de um lado, aquelas que "*admitem a revisão automática, ocorrendo a condição prevista, como acontece com as cláusulas de indexação de preços, correção monetária ou variação cambial*"; e, de outro lado, aquelas que "*ficam dependentes de algum procedimento a ser atendido pelos interessados, à espera de que suscitem renegociação, ou deleguem a terceiro a definição da nova condição, ou transfiram a tribunal judicial ou arbitral a solução do impasse*" (*Comentários ao Novo Código Civil*, v. VI, t. II, in Sálvio de Figueiredo Teixeira (coord.), *Comentários ao Novo Código Civil*, Rio de Janeiro: Forense, 2011, p. 940).

partir da aplicação de índices de mercado, e assim por diante. Como as próprias partes já fixaram, na formação da cláusula, os parâmetros de revisão, sua aplicação costuma trazer menos controvérsia na prática.

O segundo grupo reúne, por outro lado, as cláusulas que dependem de algum grau de participação das partes para a deflagração de seus efeitos. É o caso, por exemplo, das usuais cláusulas de *hardship*, frequentes em contratos internacionais, que nada mais são que cláusulas segundo as quais, diante de adversidades que não chegam a configurar caso fortuito ou força maior (impossibilidade da prestação), a parte prejudicada pode notificar a contraparte para que iniciem, de boa-fé, um processo de renegociação e revisão do contrato.[31] Também no segundo grupo inserem-se as chamadas cláusulas *MAC* e *MAE*, que têm se tornado frequentes em contratos interempresariais brasileiros, por força da influência advinda da prática contratual norte-americana – tais siglas designando, respectivamente, uma *material adverse change* (mudança adversa substancial) ou um *material adverse effect* (efeito adverso substancial) –, as quais autorizam que o contratante prejudicado, diante de certa espécie de evento, deflagre ou a resolução do contrato ou um processo de renegociação destinado à sua revisão.[32]

Ainda no segundo grupo, podem ser inseridas as cláusulas que permitem a qualquer das partes, diante de desequilíbrio contratual, submeter a questão à avaliação de um terceiro, responsável pela solução do impasse. Discute-se, na doutrina estrangeira, qual seria exatamente a posição jurídica do terceiro, ora tido como "árbitro" – assim entendido aquele investido do poder jurisdicional de decidir a controvérsia ou mesmo aquele a que somente se atribui um poder de natureza negocial –, ora tido como "arbitrador" de uma controvérsia

[31] Nessa direção, ver José Maria Rossani Garcez, *Contratos Internacionais Comerciais*, São Paulo: Saraiva, 1994, p. 122, para quem o termo "*hardship clause se aplica às cláusulas de revisão, frequentes nos contratos internacionais e em particular nos de longa duração, podendo tal expressão (hardship) ser livremente traduzida como 'adversidade', 'infortúnio', 'necessidade' ou 'privação' (de fatos ou circunstâncias). Essas cláusulas serão complementares às de força maior, porque, além dos fenômenos naturais, políticos e outros que autorizarão a suspensão ou a resolução do contrato, através delas será possibilitada a intervenção no contrato para promover-lhe adaptação que o torne mais equilibrado.*"

[32] "*As cláusulas MAC e MAE são, normalmente, tratadas de forma semelhante, pois diferem basicamente em sua terminologia, não em suas consequências. Muitos contratos utilizam as duas denominações, prevendo tanto a resolução quanto a revisão de seu conteúdo na ocorrência de quaisquer delas. A utilização de tais cláusulas constitui, dessa forma, prática usual nos negócios empresariais, por meio das quais as partes, por lidarem com relevantes interesses econômicos, buscam antever a ocorrência de situações de risco e, assim, regular as consequências de tais acontecimentos sobre o contrato*" (Nelson Eizirik e Marcus de Freitas Henriques, *Notas sobre a Revisão dos Contratos*, in André Fernandes Estevez e Marcio Felix Jobim (Org.), *Estudos de Direito Empresarial: Homenagem aos 50 anos de Docência do Professor Peter Walter Ashton*, São Paulo: Saraiva, 2012, pp. 234-235).

puramente econômica,[33] sendo preferível aqui reconhecer que a exata qualificação do terceiro há de depender do modo como a cláusula restar concebida e elaborada pelas partes em seu comum interesse.

Há, ainda, quem insira no âmbito dessa temática as cláusulas que permitem a modificação unilateral do contrato por uma das partes[34] – o chamado *ius variandi* –,[35] que caracteriza, por exemplo, a disciplina dos contratos administrativos no Brasil, em que a Administração Pública dispõe da prerrogativa de modificar o contrato unilateralmente ante a presença de certos requisitos legais. O mesmo fenômeno se verifica em dados setores de mercado, especialmente caracterizados pela dependência de um agente econômico dominante. A doutrina enxerga, aqui, nova dicotomia entre (a) cláusulas que permitem a modificação unilateral do contrato com base em parâmetros predeterminados pelas partes e (b) cláusulas que permitem a modificação unilateral do contrato com base na simples discricionariedade do contratante favorecido, afigurando-se frequente a discussão, nesse último caso, acerca da configuração ou não de mero arbítrio do contratante, a atrair a aplicação das normas jurídicas que repelem as condições puramente potestativas (Código Civil, art. 122).[36]

Há, por fim, cláusulas que podem ser denominadas *mistas* ou *híbridas*, as quais combinam elementos de duas ou mais espécies: assim, não é incomum que as partes estipulem que, diante do desequilíbrio contratual, ingressarão em negociação de boa-fé para superar o problema, mas, uma vez não

---

33 *"Sulla qualificazione dell'intervento del terzo la dottrina è divisa. Secondo alcuni il terzo assumerebbe la veste di arbitro, dovendo risolvere una controversia giuridica. (...) Secondo altri, invece, il terzo assumerebbe la veste di arbitro, ma con connotati negoziali piuttosto che giurisdizionali, dato che in questo caso la funzione dell'arbitrato sarebbe quella di attuare una revisione del contenuto del contratto o di indicare alle parti i parametri da assecondare nel riassetto del rapporto. Secondo altri ancora, il terzo assumerebbe la veste di arbitratore, dovendo risolvere una controversia economica"* (Angelo Riccio, *Eccessiva onerosità - Arts. 1.467-1.469*, Francesco Galgano, in *Commentario del Codice Civile*, livro IV, Bolonha: Zanichelli, 2010, pp. 459-460).

34 Ver, por exemplo, Enrico Gabrielli, *L'Eccessiva Onerosità Sopravvenuta*, Turim: G. Giappichelli, 2012, p. 101, para quem as cláusulas de readequação automática do contrato caracterizam-se por atuar sob a lógica da "*completezza del contratto*" e distribuir "*ex ante rischi tra le parti, seppur in modo diverso da quanto fa la legge*", enquanto as demais cláusulas de renegociação e revisão do contrato atuariam sob a lógica "*dell'impletezza del contratto, poiché si programma la rideterminazione (consensuale, unilaterale o da parte di un terzo) del contenuto del contratto al verificarsi di una determinata circostanza*".

35 Aqui, é preciso alguma cautela na medida em que tais cláusulas não necessariamente se dirigem à superação de um desequilíbrio contratual, mas, por vezes, exprimem necessidade de readequação interna de um dos contratantes, não raro dotado de maior poder negocial na fase de formação do contrato.

36 Código Civil brasileiro, artigo 122: "*São lícitas, em geral, todas as condições não contrárias à lei, à ordem pública ou aos bons costumes; entre as condições defesas se incluem as que privarem de todo efeito o negócio jurídico, ou o sujeitarem ao puro arbítrio de uma das partes*".

alcançado o acordo em determinado lapso de tempo, remeterão a matéria à decisão de um terceiro, com base em parâmetros predeterminados ou não. Ou se pode encontrar, ainda, cláusulas que prevejam, diante do desequilíbrio contratual, a possibilidade de readequação unilateral de uma das partes, reservando, todavia, à outra a oportunidade de iniciar um processo de "contestação" ou revisão do ajuste entre as próprias partes, com ou sem a participação de um terceiro (auditorias etc.).

Embora cada uma das espécies aqui contempladas possua contornos próprios e suscite peculiaridades no curso de seu particular processo de interpretação e aplicação concreta, o problema que mais comumente se coloca e aquele que interessa mais de perto ao objeto deste estudo consiste na imbricada relação entre a disposição contratual e a tutela *ex lege* do equilíbrio contratual. Duas questões, em particular, merecem ser enfrentadas: (a) definir se podem ou não as partes, por cláusula contratual, limitar ou excluir a tutela *ex lege* do equilíbrio contratual; e (b) definir qual a consequência do chamado desequilíbrio contratual *transcendente*, assim entendido aquele que, embora afetando um contrato do qual conste cláusula de readequação automática ou renegociação, transborda dos seus limites, não encontrando solução na convenção entre as partes.

4. O CHAMADO DESEQUILÍBRIO CONTRATUAL *TRANSCENDENTE*

Nosso Código Civil não declarou, nem forneceu qualquer indicativo sobre a natureza cogente ou dispositiva das normas legais que tutelam o equilíbrio contratual no curso da relação contratual.[37] Diante disso, discute-se, no Brasil, como ocorre também no exterior, se o direito à resolução ou revisão do contrato desequilibrado (ou, ainda, à sua renegociação, que, de resto, afigura-se instrumental à revisão) poderia restar afastado por livre e consciente disposição entre as partes.[38] De um lado, situam-se aqueles autores que admitem aí

[37] Diversamente do que fez, por exemplo, o Código Civil peruano, que declarou expressamente: "*Art. 1.444. Es nula la renuncia a la acción por excesiva onerosidad de la prestación*".

[38] Outro aspecto, embora de ordem mais ligada ao direito processual, que deriva dessa discussão é a possibilidade ou não de reconhecimento de ofício pelo juiz do desequilíbrio contratual. Sobre o tema, ver Catarina Monteiro Pires, *Efeitos da alteração das circunstâncias*, in *O Direito*, ano 145, v. I e v. II, 2013, p. 196-198, que, após levantamento de posições favoráveis e contrárias em Portugal, Itália e Alemanha, conclui: "*(...) No direito alemão posterior à LMDO, é entendimento comum que o desaparecimento da base do negócio não é de conhecimento oficioso, idêntica solução prevalecendo em Itália em relação à onerosidade excessiva. Pela nossa parte, independentemente da ligação do instituto à boa fé, e da intensidade desta ligação, não nos parece que existam razões suficientes para permitir, como regra geral, o respetivo conhecimento oficioso*".

amplo espaço de atuação para autonomia privada, restringindo ou afastando por completo a incidência do regime legal de tutela do equilíbrio contratual em autêntico exercício de "*autorregulamentação*", por meio da qual "*os próprios contratantes estabelecem índices e hipóteses em que está determinada a onerosidade, a fim de prever e afastar a invocação da cláusula rebus sic stantibus.*"[39] De outro lado, estão aqueles que defendem que a tutela do equilíbrio contratual funda-se "*obviamente em normas inderrogáveis*", consubstanciando instrumento de "*limitação à livre disposição das partes*" e de "*garantia de atuação, segundo critérios de justiça substancial, dos valores fundamentais*" da ordem jurídica.[40] Nossa jurisprudência tem oscilado entre um e outro entendimento ao sabor do caso concreto.[41]

---

[39] Fábio Siebeneichler de Andrade, *A Teoria da Onerosidade Excessiva no Direito Civil Brasileiro: limites e possibilidades de sua aplicação*, in *Revista da AJURIS*, v. 41, n. 134, jun. 2014„ p. 248. No exterior, ver Rodolfo Sacco e Giorgio De Nova, *Il contratto*, 2. Ed, Milão: Giuffrè, 2012„ p. 724-725. t. II: "*Se le due parti sono disponibili, s'incontrano e concludono. Se una delle due si nega, il giudice decide. I parametri di clui egli dispone garantiscono alle parti che il suo verdetto non sarà casuale, né soggettivo, né arbitrario. Se le parti, concludendo il contratto originale, temono questo sviluppo, bloccheranno, con apposita clausola, la revisione del contratto nel'ipotesi di sopravvenienza. La clausola di non revisibilità non esorbita dai larghi limiti aperti all'autonomia privata delle parti: esse possono dunque volerla, e subirne poi le rovinose conseguenze*".

[40] Raffaele Tommasini, *Dalle Logiche di Revisione del Rapporto alle Più Articolate Forme di Gestione*, Turim: G. Giappichelli, 2003, p. 18: "*Ma in queste ipotesi il discorso coinvolge il piano più generale della funzione complessiva svolta dall'ordinamento in sede di realizzazione dei valori fondamentali di uguaglianza e di solidarietà, ai quali deve pure ispirarsi la fase attuativa delle situazioni giuridiche, secondo soluzioni che riescano a contemperare da un verso gli interessi delle parti e, dall'altro, gli interessi poziori che vengano in emergenza nella vita della società. In questo senso la revisione, che trova la propria fonte nella legge, ed ovviamente in norme inderogabili, diviene altresì strumento per limitare la libera disponibilità delle parti e per garantire l'attuazione, secondo criteri di giustizia sostanziale, di valori fondamentali delle parti o di gruppi più estesi della collettività*".

[41] Assim, o Superior Tribunal de Justiça já concluiu pela possibilidade de renúncia à revisão, inclusive na hipótese de direito à revisão de fonte legal (revisão de aluguel nos termos da Lei do Inquilinato): "*A matéria tratada nos autos diz respeito à possibilidade, ou não, de rever o valor do aluguel, uma vez que existe cláusula de renúncia a tal direito. No meu sentir, inexiste a alegada violação, porquanto o acordo firmado prevê, expressamente, durante o prazo original do contrato, renúncia à revisão do valor da locação (...) A rigidez, na manutenção do contrato, tal qual foi celebrado pelas partes, funda-se na norma moral de que todo homem deve honrar a palavra empenhada e no próprio princípio da autonomia da vontade. A bem da verdade, a possibilidade de intervenção judicial, no contrato, se admitida de forma irrestrita, atingiria o poder de obrigar-se, ferindo a liberdade de contratar e trazendo sérios transtornos para a segurança dos negócios jurídicos. (...) Quisessem as empresas-litigantes possibilitar a revisão do valor do aluguel, decorrido o prazo de vigência do contrato de locação, como é permitido pelo art. 19, da Lei do Inquilinato (Lei n. 9.245/91), não deveriam ter incluído cláusula expressa de renúncia a este direito. Relevando observar que as empresas -contratantes, principalmente, a empresa-locatária, a autora, ora agravada, é empresa de grande porte, no ramo de supermercados, que, obviamente, é assessorada por advogados de alto nível, que devem ter esclarecido a seus representantes o alcance e as consequências da inclusão da cláusula em discussão.*" (STJ, 6ª T., AgRg no REsp 692.703/SP, Rel. Min. Celso Limongi,

A referida discussão não pode ser destacada dos fatores culturais próprios de cada experiência jurídica, podendo-se notar, por exemplo, que o entendimento de que se trata de uma proteção imperativa (*ius cogens*) tende a prevalecer nos países mais intensamente afetados por crises econômicas recentes.[42] Muitos autores brasileiros seguem esse último posicionamento, sustentando que as normas contidas nos artigos 317 e 478 a 480 do Código Civil brasileiro e as normas similares contidas em nossa legislação especial *"são normas imperativas ou de ordem pública, que não podem ser afastadas pela vontade das partes"*.[43] Argumentam, em síntese, que *"a manutenção do equilíbrio é inerente à função social interna do contrato, a qual assegura às partes o acesso a um mecanismo de restabelecimento da equidade em face de onerosidade excessiva que acometa as prestações nos contratos de duração"*, de modo que seu eventual afastamento por disposição das partes restaria vedado pelo parágrafo único do art. 2.035 do Código Civil, segundo o qual *"nenhuma convenção prevalecerá se*

18-5-2010). Em sentido diametralmente oposto, já decidiu o Tribunal de Justiça do Estado de São Paulo: *"Mesmo se afastada a invocação da equidade, para se ater, apenas, ao equilíbrio que dá estrutura ao direito das obrigações, a renúncia a direitos de natureza patrimonial encontrará limites quando se destrói a base do negócio, e, entre suas consequências, acha-se a opção por sua revisão (...) Feitas essas observações não se pode afirmar a invalidade de renúncia à revisão em qualquer hipótese, mas somente naquelas em que os fatos demonstrarem a destruição da base do negócio, o que depende de apreciação fática, em cada caso"* (TJSP, Apelação s/ Revisão 860.832-0/4, Rel. Des. Irineu Pedrotti, j. 31-1-2007).

42 Na Grécia, por exemplo, o anterior entendimento de que se tratava de normas dispositivas não sobreviveu à convulsão econômica sofrida por aquele país nos últimos anos, registrando a doutrina grega que, atualmente, prevalece o entendimento de que as normas de tutela do equilíbrio contratual ostentam natureza cogente: *"The precise legal nature of art. 388 CC as a suppletive (jus dispositivum) or mandatory (jus cogens) rule of law was heavily debated in Greek legal doctrine. Today, the prevailing view holds that art. 388 CC is a mandatory provision and that parties may not beforehand derogate from the protection afforded by this rule of law"* (Nikolaos A. Davrados, *Financial Turmoil as a Change of Circumstances under Greek Contract Law*, in Başak Başoğlu (Ed.), *The Effects of Financial Crises on the Binding Force of Contracts: Renegotiation, Rescission or Revision*, Nova Iorque: Springer, 2016, p. 152). É de se registrar que o Código Civil Grego de 1946, embora amplamente influenciado pelo BGB de 1900, inovou nesse particular, inserindo um dispositivo expresso sobre desequilíbrio contratual superveniente (art. 388), muitas vezes apontado como a primeira expressão legislativa sob influência da doutrina e jurisprudência alemã. O BGB só viria a fazê-lo, como já visto, na reforma do Direito das Obrigações de 2002. Muitos comparatistas têm registrado que o Areios Pagos, a mais elevada corte grega para assuntos civis, tem aplicado com mais frequência e elasticidade que o BGH alemão, por exemplo (Antonis Karampatzos, *Supervening Hardship as Subdivision of the General Frustration Rule: A Comparative Analysis with Reference to Anglo-American, German, French and Greek Law*, in *European Review of Private Law*, issue 2, Alphen aan den Rijn: Kluwer Law International, 2005, p. 143).

43 Arnoldo Wald, *O Equilíbrio Econômico-Financeiro e a Revisão dos Contratos*, in Thiago Ferreira Cardoso Neves (coord.), *Direito & Justiça Social: por uma Sociedade mais Justa, Livre e Solidária*, São Paulo: Atlas, 2013, p. 301.

contrariar preceitos de ordem pública, tais como os estabelecidos por este Código para assegurar a função social da propriedade e dos contratos".[44]

A construção, conquanto engenhosa, acaba sendo facilmente contornada na prática contratual. Não é, de fato, incomum que as partes contemplem em cláusulas contratuais acontecimentos teoricamente imprevisíveis (greves, por exemplo) que passam, por isso mesmo, a serem considerados como fatos previstos pelos contratantes, escapando, por essa só razão, à incidência dos arts. 317 e 478 a 480 do Código Civil.[45] A revisão e a resolução contratual por excessiva onerosidade ficam, assim, afastadas não pela derrogação das partes, mas pela ausência de preenchimento dos pressupostos indicados nos referidos enunciados normativos, de modo que a anunciada imperatividade daquelas normas acaba por exercer um papel puramente ficcional.

No embate entre aqueles que defendem o caráter imperativo da tutela *ex lege* do equilíbrio contratual e aqueles que sustentam a ampla possibilidade de sua derrogação pela autonomia privada parece existir uma via intermediária. Cumpre reconhecer que os contratantes podem distribuir entre si os riscos inerentes ao cumprimento do contrato, aí incluídos os riscos de alterações supervenientes do equilíbrio contratual, inclusive por caso fortuito ou de força maior.[46] De fato, quando as partes optam por certo tipo contratual, e não outro, ou quando decidem celebrar um contrato aleatório, em vez de um contrato comutativo, o que estão a fazer nada mais é que repartir entre si os riscos que decorrem do seu projeto comum. Se tal esfera de liberdade lhes é reconhecida, não há por que se lhes negar a possibilidade de transferir convencionalmente riscos decorrentes de fatos supervenientes que podem impactar sobre a sua relação contratual. Tal transferência sujeita-se, todavia, como todo e qualquer exercício de autonomia privada, ao controle de legitimidade em concreto, voltado a aferir sua compatibilidade com a ordem jurídica e, portanto, com seus valores fundamentais, aí incluída a solidariedade social. Referido controle somente pode ser efetuado à luz da específica relação contratual estabelecida pelas partes, mas é possível, ressalvada a indispensável análise da

---

44 Paulo Magalhães Nasser, *Onerosidade Excessiva no Contrato Civil*, São Paulo: Saraiva, 2011,, p. 162, o qual conclui: "Daí por que, em sendo instrumento de defesa da função social e do equilíbrio contratual, as normas de revisão e de resolução do contrato não podem ser afastadas por declaração unilateral ou bilateral das partes".

45 Daí a conclusão de Silvio de Salvo Venosa no sentido de que "deve ser admitida (...) uma cláusula que proíba as partes de pedirem a revisão do contrato, no caso, por exemplo, da edição de um plano econômico que altere os parâmetros de correção monetária" (*Direito Civil: Teoria Geral das Obrigações e Teoria Geral dos Contratos*, 13ª ed., São Paulo: Atlas, 2013, p. 496).

46 É o que admite expressamente nosso Código Civil no seu art. 393, *in fine*: "*Art. 393. O devedor não responde pelos prejuízos resultantes de caso fortuito ou força maior, se expressamente não se houver por eles responsabilizado*".

situação concreta, compartilhar, como linha de tendência, a conclusão de Ruy Rosado de Aguiar Júnior segundo a qual não se deve dar guarida a cláusulas por meio das quais "*as partes aludem genericamente a fatos desencadeantes de onerosidade, ou se limitam a excluir a revisão*".[47]

De fato, cláusulas que atribuem genericamente a um dos contratantes *todos* os riscos relacionados a "*instabilidades econômicas*" ou "*acidentes naturais*" ou, ainda, "*alterações da legislação*" consubstanciam disposições insuficientes a especificar o risco efetivamente assumido no âmbito do contrato. Em geral, é de se reconhecer que "*unexpected events are beyond the parties' imagination and thus beyond their dispositions*" ("*eventos inesperados estão além da imaginação das partes e, portanto, além das suas disposições*").[48] Por isso, eventual disposição sobre acontecimentos futuros há de se caracterizar, em regra, por um grau de detalhamento suficiente a permitir concluir que, de fato, o contratante conhecia especificamente o risco assumido e decidiu, de modo consciente e inequívoco, assumi-lo.

Em conclusão, conquanto se deva admitir a assunção de riscos de desequilíbrio contratual superveniente por algum dos contratantes, tal assunção subordina-se a controle de merecimento de tutela, a fim de se verificar sua compatibilidade em concreto com a ordem jurídica brasileira. A princípio, é de se negar merecimento de tutela, nesse campo, a cláusulas genéricas, que exprimem uma renúncia geral e irrestrita à renegociação, à revisão ou à resolução do contrato desequilibrado, ou que, empregando linguagem abstrata, não especificam suficientemente o risco assumido pelo contratante. Em outras palavras: reconhece-se à autonomia privada a possibilidade de assunção de riscos, desde que tal assunção se revele inequívoca, o que somente costuma ocorrer diante da especificação e precisa delimitação do risco. Não se trata, em definitivo, de afastar a força coercitiva do princípio do equilíbrio contratual, mas tão somente de verificar, em concreto, a desnecessidade da sua incidência diante da inequívoca assunção de risco específico pelo contratante, em opção que se revele merecedora de tutela à luz da ordem jurídica.[49]

---

[47] Ruy Rosado de Aguiar Júnior, *Comentários ao Novo Código Civil*, v. VI, in Sálvio de Figueiredo Teixeira (Coord.), *Comentários ao Novo Código Civil*, Rio de Janeiro: Forense, 2011., p. 860. t. II, declaradamente inspirado no pensamento do jurista argentino Jorge Iturraspe.

[48] Ewoud Hondius, Hans Christoph Grigoleit et al., *Unexpected Circumstances in European Contract Law*, Cambridge: Cambridge University Press, 2011, p. 648, em que se conclui que, na maioria das jurisdições europeias, "*a general disclaimer will predominantly be regarded as invalid*", pois "*the rationale for the majority perspective is that unexpected events are beyond the parties' imagination and thus beyond their dispositions. One may also draw the conclusion that equity principles from which the doctrines governing unexpected circumstances are derived are qualified as ius cogens*".

[49] Nessa direção, destaca, ainda uma vez, Cosimo D'Arrigo, *Il Controllo delle Sopravvenienze nei Contratti a Lungo Termine*, in Raffaele Tommasini, *Sopravvenienze e dinamiche di riequilibrio tra controllo e gestione del rapporto contrattuale*, Turim: G. Giappichelli, 2003,, p. 554: "*Infatti, il profilo*

Assim, o tratamento a ser reservado ao chamado desequilíbrio contratual transcendente dependerá do próprio conteúdo da cláusula de renegociação ou revisão entre as partes. Se de sua interpretação se puder extrair que as partes anteviram o risco que dá ensejo ao desequilíbrio contratual transcendente, mas deliberadamente o deixaram de fora do seu ajuste neste particular, a conclusão inevitável será aquela de que não está presente um dos requisitos para incidência do dever de renegociar (a imprevisão da alteração das circunstâncias que afeta o contrato). Trata-se, em suma, de uma questão de interpretação contratual, e não já de uma discussão sobre o caráter cogente ou dispositivo das normas legais que tutelam o equilíbrio contratual no direito brasileiro.

4. CONSEQUÊNCIAS DA VIOLAÇÃO À CLÁUSULA DE RENEGOCIAÇÃO OU REVISÃO CONTRATUAL E AO DEVER DE RENEGOCIAR

As consequências da violação à cláusula de renegociação ou revisão contratual são, naturalmente, aquelas estipuladas na própria cláusula. O legítimo exercício de autonomia privada na estipulação destas consequências deve ser respeitado. Assim, podem as partes prever efeitos preclusivos ou sancionatórios, como uma cláusula penal, ou, ainda, remeter aos efeitos gerais do inadimplemento estabelecidos no direito brasileiro.

E aí a questão deve ser bem compreendida, à luz, inclusive, da experiência jurídica estrangeira. Parte da doutrina estrangeira, que defende a existência de um dever legal de renegociação, sustenta que tal dever deve ser encarado não como um dever em sentido estrito, mas como mero encargo.[50] Nessa direção, sustenta-se que o dever de renegociação configuraria tão somente um *ônus* do contratante que pretende obter em juízo a revisão ou a resolução do contrato, competindo-lhe demonstrar, como uma espécie de condição de admissibilidade do pleito judicial, que já tentou razoavelmente obter, por negociação, uma revisão extrajudicial do contrato.[51]

---

critico di questo rilievo si stempera considerando che il problema, in realtà, non è di accertare se la funzione integrativa della buona fede sia cogente o derogabile, bensì di valutare se in concreto la disposizione de qua possa trovare applicazione (...) È, dunque, scongiurato il pericolo di ridurre lo spazio dell'autonomia privata nel pattuire formule convenzionali di allocazione del rischio contrattuale. Si richiede solamente che venga puntualizzato ogni aspetto di tale accordo, in modo da evidenziare in modo chiaro che un intervento integrativo dell'ordinamento non è necessario".

[50] Rona Serozan, *General Report on the Effects of Financial Crises on the Binding Force of Contracts: Renegotiation, Rescission or Revision*, in Başak Başoğlu (Ed.), *The Effects of Financial Crises on the Binding Force of Contracts: Renegotiation, Rescission or Revision*, Nova Iorque: Springer, 2016., p. 24.

[51] Nesse sentido, confira-se a conclusão alcançada por Catarina Monteiro Pires, após detalhado levantamento das posições em torno da matéria no direito português: "*A parte afetada*

Tal qualificação do dever de renegociar como condicionante a um pleito posterior é adotada, por exemplo, no *Draft Common Frame of Reference*, que, em sua seção III, item 1:110 (3) (d), estabelece que o poder da corte competente de adaptar o contrato ou extingui-lo depende, dentre outros requisitos, de que *"o devedor tenha tentado, de forma razoável e de boa fé, alcançar por meio de negociação um ajuste razoável e equitativo da disciplina da obrigação"*.[52] Também os Princípios do Unidroit podem ser interpretados nesse sentido, em virtude do seu artigo 6.2.3 (3) que estabelece que, *"à falta de acordo das partes em tempo razoável, cada uma das partes poderá recorrer ao Tribunal"*. *A contrario sensu*, nenhuma das partes poderia recorrer ao tribunal se não tiver tentado, antes, por um tempo razoável, a obtenção de um acordo.[53]

Esse é também o caminho seguido pelo Código Civil da República Tcheca de 2012 (§§ 1.764 a 1.766) – que chega a definir prazo de *dois meses* como prazo razoável para a conclusão da renegociação extrajudicial, se outro não advier das circunstâncias específicas do caso. É também o caminho seguido pelo Código Civil da Romênia de 2011 (art. 1.271), entre outras normas nacionais que elencam a prévia tentativa de renegociação como requisito ou condição para o pleito de revisão judicial do contrato.[54] Registre-se que tal abordagem não afasta, por si só, o cabimento de eventual direito à reparação em virtude da recusa da contraparte à renegociação, mas reforça, diante da omissão normativa sobre o cabimento do remédio indenizatório, a posição daqueles que, como mencionado, defendem que o dever de renegociar consiste em mero

---

pela alteração das circunstâncias deverá procurar alcançar uma solução extraprocessual antes de recorrer a juízo, sob pena de ver precludido o seu próprio interesse em agir (cf. Artigo 26, n. 2 CPC)" (*Efeitos da alteração das circunstâncias*, in *O Direito*, v. 145, 2013, I-II, p. 205).

[52] Tradução livre: "(...) *the debtor has attempted, reasonably and in good faith, to achieve by negotiation a reasonable and equitable adjustment of the terms regulating the obligation*".

[53] *"Artigo 6.2.3 (Efeitos da hardship) (...) (2) O pleito para renegociação não dá, por si só, direito à parte em desvantagem de suspender a execução. (3) À falta de acordo das partes em tempo razoável, cada uma das partes poderá recorrer ao Tribunal. (4) Caso o Tribunal considere a existência de hardship, poderá, se for razoável, (a) extinguir o contrato, na data e condições a serem fixadas, ou (b) adaptar o contrato com vistas a restabelecer-lhe o equilíbrio."*

[54] A doutrina tcheca, em particular, registra que a inadmissibilidade da ação judicial em caso de ausência de tentativa de renegociação em tempo razoável independe de alegação da contraparte, na medida em que as cortes devem reconhecê-la de ofício: *"The other party does not even have to claim that the period was missed, as the court has to research the period ex offo; of course, prior to that, the court would have to solve a preliminary question whether, with respect to all circumstances, the adequacy of the period does not differ from the presumption set forth by the law"* (Marketa Selucká, *Elimination of the Impacts of Financial Crisis on Legal Relationships according to Czech Private Law*, in Başak Başoğlu (ed.), *The Effects of Financial Crises on the Binding Force of Contracts: Renegotiation, Rescission or Revision*, Nova Iorque: Springer, 2016 p. 112).

ônus ou encargo do contratante que pretenda obter em juízo a revisão ou resolução do contrato.

Entretanto, parcela da doutrina estrangeira sustenta abertamente o cabimento de indenização em virtude do descumprimento do dever de renegociar: tratando-se de um dever em sentido estrito, sua violação gera, como remédio geral, o surgimento do dever de reparar o dano eventualmente sofrido em decorrência do descumprimento do dever anterior. Não parece importar, aqui, que o dever de renegociar derive de uma cláusula contratual ou adentre a disciplina jurídica da relação contratual *ex bona fide*. Como consequência da violação de um dever anexo, o surgimento da responsabilidade civil pelo dano causado parece indiscutível, ainda que se possa debater acerca da natureza de tal responsabilidade: se contratual ou aquiliana.[55] Também aqui, aliás, não faltam paralelismos com a responsabilidade pré-contratual incidente sobre as tratativas, chegando parte da doutrina a aludir a uma espécie de "*culpa in recontrahendo*" como fundamento para o surgimento do dever de reparar em virtude da omissão na fase de renegociação.

O exemplo mais explícito de acolhimento da responsabilidade civil por danos derivados da violação ao dever de renegociar encontra-se nos chamados *Princípios de Direito Contratual Europeu*, mais especificamente na parte final do art. 6:111 (3)., no qual se lê, em tradução livre: "*Art. 6:111 (...) 3) Se as partes fracassarem em alcançar um acordo dentro de um lapso de tempo razoável, a corte pode: (a) extinguir o contrato em data e em condições a serem determinadas pela corte; ou (b) adaptar o contrato a fim de distribuir entre as partes de maneira justa e equitativa as perdas e ganhos resultantes da alteração das circunstâncias. Em qualquer dos casos, a corte pode conceder indenização pelos danos sofridos em virtude de recusa de uma das partes a negociar ou de ruptura das negociações contrariamente à boa-fé e aos bons usos do comércio.*"

O expresso reconhecimento de que o tribunal pode "*conceder indenização pelos danos sofridos em virtude de recusa de uma das partes à negociar ou de ruptura das negociações contrariamente à boa-fé e aos bons usos do comércio*"[56] em um documento tão significativo quanto o conjunto de princípios que pretende exprimir o núcleo comum do direito de diferentes países da União Europeia tem servido de argumento para a defesa da reparabilidade dos danos derivados do descumprimento do dever de renegociar em diversas experiências jurídicas que carecem de norma expressa sobre o tema. Nessa esteira,

---

[55] Como se verá adiante, não faltam autores que qualificam o dever de renegociar como um dever contratual, cuja violação acarreta inadimplemento em sentido técnico, a deflagrar outros remédios além do cabimento de reparação dos danos.

[56] Tradução livre: "*Article. 6:111: (...) award damages for the loss suffered through a party refusing to negotiate or breaking off negotiations contrary to good faith and fair dealing*".

verifica-se que, mesmo em países nos quais inexiste regra explícita sobre o dever de renegociar, a violação a tal dever tem sido reconhecida como fonte do dever de reparar, autorizando-se, inclusive, que o ressarcimento do dano seja pleiteado separada ou conjuntamente com o pedido de revisão ou resolução por excessiva onerosidade.

Há, ainda, quem sustente, além da eventual preclusão da via judicial e do cabimento da reparação pelos danos causados, a possibilidade de invocação de outros remédios derivados da violação do dever de renegociar como "*inadimplemento*" em sentido técnico.[57] Com efeito, aqueles autores que encaram o descumprimento do dever de renegociação *ex bona fide* como inadimplemento, por si só, de uma obrigação, admitem a partir daí a produção de efeitos como a possibilidade de invocação da *exceptio non adimpleti contractus* ou do próprio exercício do direito à resolução do contrato, restando a aplicabilidade de tais instrumentos dependente, por óbvio, da gravidade do inadimplemento consubstanciado no desrespeito ao dever de renegociar.[58]

A rigor, a qualificação da violação do dever de renegociação como inadimplemento contratual e a deflagração de suas consequências típicas – como a exceção do contrato não cumprido e o direito à resolução – têm como etapa lógica antecedente a discussão sobre a natureza contratual ou extracontratual da responsabilidade civil decorrente da violação a deveres anexos impostos pela boa-fé objetiva. Para aqueles autores que qualificam o dever anexo como uma verdadeira e própria "*obrigação*", ao lado das obrigações principais e acessórias convencionadas pelas partes, seu descumprimento consubstancia inadimplemento obrigacional, a deflagrar todas as consequências inerentes ao inadimplemento. Para aqueles que, ao contrário, qualificam os deveres anexos

---

[57] Ver, entre outros, Angelo Riccio, *Eccessiva Onerosità – Arts. 1467-1469*, in *Commentario del codice civile*, libro IV, Francesco Galgano (cur.), Bologna: Zanichelli, 2010,, p. 462-463: "*La violazione del dovere di rinegoziare il contratto secondo buona fede, a prescindere dall'esistenza di norme specifiche o clausole contrattuali, costituisce di per sé inadempimento contrattuale tale da poter giustificare, oltre all'eccezzione di inadempimento ex art. 1460 cod. civ., non solo la risoluzione del contratto ai sensi degli art. 1453 e segg. cod. civ., con l'autonoma domanda di risarcimento di danni, da interesse contrattuale positivo, ma anche e soprattutto l'adeguamento del contratto alle mutate situazioni di fatto*".

[58] Confira-se, entre outros, Gerardo Marasco, *La Rinegoziazione*, in Giovanna Visintini, *Trattato della Responsabilità Contrattuale*, v. I. Pádua: Cedam, 2009, p. 602-603, o qual sustenta que "*al fine di valutare la gravità dell'inadempimento dell'obbligo rinegoziativo più che considerare il rifiutto in sé della parte 'infedele' di sedersi al tavolo delle trattative o la sua scorretta condotta nella conduzione del processo di revisione, il giudicante dovrà principalmente considerare l'entità dello squilibrio economico che la rinegoziazione è chiamata a superare. Così se l'economia del contratto viene gravemente intaccata dal sopraggiungere di nuove circostanze, sí che solo la revisione degli originari termini di contratto ne rende possibile la realizzazione, il rifiuto di rinegoziare, e di rinegoziare seriamente, acquista i caratteri dell'inadempieza rilevante che legittima la risoluzione del contratto*".

impostos pela boa-fé objetiva como deveres jurídicos *ex lege*, sua violação não acarreta os efeitos típicos do inadimplemento, mas atrai o efeito geral da responsabilidade civil aquiliana, desde que demonstrados seus pressupostos.

Discute-se, por fim, se seria cabível a execução específica do dever de renegociação. A doutrina que lhe é favorável invoca, ainda uma vez calcada na natureza contratual do referido dever, a preferência geral pela execução específica das obrigações, bem como a necessidade de se assegurar meios efetivos para a tutela da boa-fé objetiva.[59] Para tais autores, o juiz poderia substituir-se à vontade do contratante que descumpre seu dever de renegociar (recusando-se a analisar um pedido de renegociação ou interrompendo injustificadamente as tratativas voltadas à revisão extrajudicial do contrato), por meio de uma sentença "*que tome o lugar da modificação contratual à qual a parte obrigada não deu prosseguimento*".[60] Já a doutrina contrária à execução específica do dever de renegociação recorda, por sua vez, que, em se tratando de um dever de conduta que independe de qualquer resultado, afigurar-se-ia impossível ao juiz substituir-se à vontade do contratante, especialmente se a renegociação não tiver alcançado, ainda, uma mínima determinação do seu objeto.[61] Tal debate, conquanto rico sob o prisma científico, acaba por apresentar menor importância prática naquelas experiências jurídicas, como a brasileira, em que o reconhecimento da possibilidade de pleitear a revisão judicial do contrato já oferece ao contratante uma via para obter a superação do desequilíbrio contratual, talvez mais simples e igualmente eficiente se comparada ao pleito de um provimento jurisdicional substitutivo da vontade do contratante que descumpre seu dever de renegociar.

O panorama apresentado até aqui revela, em síntese, que o descumprimento do dever de renegociar pode suscitar diferentes consequências legais a depender do modo como tal dever é qualificado em cada experiência jurídica. Há todo um conjunto de remédios (*exceptio non adimpleti contractus*, resolução etc.) cuja aplicabilidade depende da atribuição, mesmo à falta de cláusula

[59] Francesco Macario, *Adeguamento e Rinegoziazione nei Contratti a Lungo Termine*, Nápoles: Jovene, 1996, p. 419.

[60] Cosimo D'Arrigo, *Il Controllo delle Sopravvenienze nei Contratti a Lungo Termine*, in Raffaele Tommasini, *Sopravvenienze e Dinamiche di Riequilibrio tra Controllo e Gestione del Rapporto Contrattuale*, Turim: G. Giappichelli, 2003, p. 565.

[61] O problema aqui seria análogo àquele decorrente da execução específica dos contratos preliminares, na medida em que se faria necessário um consenso em torno do conteúdo mínimo do novo acordo, não sendo por outra razão que o Código Civil brasileiro exige, em seu art. 462, que o contrato preliminar contenha "*todos os requisitos essenciais do contrato a ser celebrado*", *assegurando, por tal caminho, a efetividade do art. 464 da mesma seção que permite ao juiz, "a pedido do interessado, suprir a vontade da parte inadimplente, conferindo caráter definitivo ao contrato preliminar, salvo se a isto se opuser a natureza da obrigação"*.

contratual, de uma natureza contratual ao dever de renegociar *ex bona fide*. O que se reconhece, de modo indiscutível em diversas experiências jurídicas, e independentemente da alocação do ilícito no campo contratual ou extracontratual, é a tutela ressarcitória que pode ser obtida em face daquele que viola o dever de renegociação.

No Brasil, a violação ao dever de renegociar – quer pelo silêncio ou pela recusa em iniciar a renegociação, quer pela ruptura injustificada da renegociação já iniciada, quer, ainda, pela ausência de tão pronta quanto possível comunicação à contraparte acerca do desequilíbrio contratual superveniente – enseja, a nosso ver, responsabilidade civil pelos danos causados.[62] O simples reconhecimento de incidência da tutela reparatória na hipótese de descumprimento do dever de renegociação imposto pela boa-fé objetiva promete desestimular a postura passiva e indiferente muitas vezes adotada pelo contratante favorecido pelo desequilíbrio contratual. Sob o prisma teórico, não há qualquer razão para se afastar, na hipótese em análise, a aplicação da Responsabilidade Civil, como remédio geral, disponível a todo aquele que sofre dano injusto em virtude da violação de um dever jurídico.

Antes: a previsão contida na parte final do artigo 478 do Código Civil – segundo a qual "*os efeitos da sentença que a decretar* [a resolução contratual por excessiva onerosidade] *retroagirão à data da citação*" – torna imprescindível o reconhecimento de que o período compreendido entre o descumprimento do dever de renegociar, clausulado ou não, e a eventual propositura de ação judicial está coberto de algum modo pelo direito, por meio da tutela reparatória. Afastar o remédio ressarcitório pelo descumprimento do dever de renegociar seria relegado ao plano puramente moral, privando-o de efeitos jurídicos *in totum*.

A questão da liquidação do dano sofrido em decorrência do descumprimento do dever de renegociar (*quantum debeatur*) – que alguns têm suscitado como obstáculo ao próprio reconhecimento de um dever, em nítida contradição lógica – não deve despertar nenhum temor. Trata-se de um dever de conduta, não já de uma garantia de obtenção de qualquer resultado, como ocorre em tantos campos onde a responsabilidade pelo descumprimento tem sido amplamente reconhecida, inclusive no ilustrativo exemplo das obrigações de melhores esforços (*best efforts*). Com o perdão do truísmo, o fato de não se assegurar um dado resultado não significa que o descumprimento de um dever esteja imune à reparação.

---

[62] Seja consentido remeter, ainda uma vez, a Anderson Schreiber, *Equilíbrio contratual e dever de renegociar*, 2ª ed., São Paulo: Saraiva, 2020, pp. 398-399.

Evidentemente, a estipulação de cláusulas contratuais de renegociação ou revisão ou disposições similares, as quais não apenas podem já estabelecer parâmetros objetivos de readequação do contrato, mas também podem, como é relativamente frequente na prática negocial, acrescentar ao dever de renegociação *ex bona fide* uma cláusula penal,[63] nos termos do art. 409 do Código Civil,[64] destinada a funcionar como pré-liquidação das perdas e danos decorrentes de seu descumprimento (art. 416, *caput*)[65] ou mínimo indenizatório (art. 416, parágrafo único, *in fine*).[66]

CONCLUSÃO

A ordem jurídica brasileira protege a liberdade dos contratantes, admitindo livremente a assunção de riscos de desequilíbrio contratual superveniente por meio das cláusulas de renegociação ou revisão contratual. A tutela da liberdade contratual, porém, não autoriza ao contratante obter, à custa da contraparte, ganhos extraordinários derivados de fatores aleatórios que impõe excessiva onerosidade àquele com quem mantém vínculo obrigacional. É nesse sentido que se alude ao controle de merecimento de tutela das cláusulas de renegociação, a fim de se verificar sua compatibilidade em concreto com a ordem jurídica brasileira. O princípio do equilíbrio contratual, afinal, tem como objetivo garantir a preservação da proporcionalidade econômica interna de um contrato.

Tal escopo somente pode ser alcançado por meio da construção e reconstrução de instrumentos jurídicos sob uma ótica objetiva, imune tanto aos argumentos retóricos daqueles que desprezam o contrato como exercício legítimo da autonomia privada quanto aos medos irracionais daqueles que não

---

[63] Sobre o tema, ver a obra seminal de António Pinto Monteiro, *Cláusula Penal e Indemnização*, Coimbra: Almedina, 1999, *passim*, mas especialmente pp. 577-675, em que o autor trata da superação do modelo unitário e da teoria da dupla função da cláusula penal para concluir que "*só uma clara separação entre duas espécies ou figuras – de um lado, a cláusula penal em sentido estrito, enquanto sanção compulsória; do outro, a fixação antecipada do quantum respondeatur, como liquidação forfaitare do dano e, portanto, com a natureza de indemnização – permite resolver, de forma coerente, várias questões de regime, cuja resposta terá de ser diferenciada, consoante o escopo das partes*" (p. 671).

[64] "*Art. 409. A cláusula penal estipulada conjuntamente com a obrigação, ou em ato posterior, pode referir-se à inexecução completa da obrigação, à de alguma cláusula especial ou simplesmente à mora.*"

[65] "*Art. 416. Para exigir a pena convencional, não é necessário que o credor alegue prejuízo.*"

[66] "*Art. 416. (...) Parágrafo único. Ainda que o prejuízo exceda ao previsto na cláusula penal, não pode o credor exigir indenização suplementar se assim não foi convencionado. Se o tiver sido, a pena vale como mínimo da indenização, competindo ao credor provar o prejuízo excedente.*"

enxergam a necessidade de adaptação contínua do programa contratual em uma realidade dinâmica e em permanente mutação. O contrato não pode ser um mandamento cego de remissão a um instrumento originário, datado de anos atrás, ao ponto de se extrair de seu silêncio efeitos fictícios (imprevisibilidade) em relação a um futuro que não se contemplou, mas deve ser, antes de tudo, uma relação contínua atrelada a um fim comum perseguido pelas partes de modo transparente, colaborativo e equilibrado.

9. CLÁUSULAS LIMITATIVAS E EXCLUDENTES DO DEVER DE INDENIZAR

André de Albuquerque Cavalcanti Abbud
Carla Wainer Chalréo Lgow

1. LINHAS GERAIS

Como preceituam os artigos 186 e 927, *caput* e parágrafo único, do Código Civil, aquele que comete ato ilícito fica obrigado a repará-lo, assim como o fica aquele que pratica atividade arriscada, independentemente de culpa, gerando dano a outrem. Em princípio, esse dever de reparar deve ser suficientemente amplo para ressarcir integralmente a vítima. Trata-se do princípio da reparação integral, insculpido no artigo 944, *caput*, do Código Civil, que pode, contudo, ser excepcionado, tanto em razão de previsão legal como também por manifestação de vontade[1].

Nesse sentido, admitem-se, em nosso ordenamento jurídico, as chamadas cláusulas limitativas ou excludentes do dever de indenizar, como expressão da

---

[1] "Embora a responsabilidade objetiva encontre seu fundamento na solidariedade social, não há completa incompatibilidade entre o sistema objetivo e a pactuação de cláusulas de não indenizar" (Diana Loureiro Paiva de Castro, *Potencialidades funcionais das cláusulas de não indenizar*: releitura dos requisitos tradicionais de validade, Dissertação de mestrado, UERJ, 2018, p. 204). De modo semelhante: Wanderley Fernandes, *Cláusulas de exoneração e de limitação de responsabilidade*, São Paulo, Saraiva, 2013, p. 334.

autonomia privada das partes em uma relação contratual[2]. Como, contudo, este tipo de pactuação não encontra regulamentação específica na lei brasileira, cabe à doutrina e à jurisprudência estabelecer seus contornos, limites e requisitos de validade[3].

Ao limitarem ou excluírem o dever de reparar, essas cláusulas alteram o tratamento comum previsto na legislação, servindo, assim, do ponto de vista econômico, como instrumento para a gestão de riscos dos contratos, na medida em que asseguram às partes um conhecimento prévio acerca das obrigações a que poderão estar sujeitas diante do cometimento de um ato ilícito. Nesse sentido, oferecem maior segurança e previsibilidade no trato negocial, servindo de verdadeiro "instrumento de fomento da economia, viabilizando a atividade produtiva"[4].

Uma vez pactuadas tais cláusulas em um instrumento contratual, a indenização será calculada segundo os critérios definidos pelas partes, respeitando-se os limites por elas fixados, independentemente da extensão do dano, que será levada em consideração somente quando o valor total dos prejuízos for inferior ao limite indenizatório fixado na convenção, já que neste caso a cláusula limitativa não precisará incidir[5].

No mais das vezes, as cláusulas de exoneração ou limitação do dever de indenizar inserem-se no âmbito de relações contratuais, figurando como cláusulas acessórias[6], mas na visão de alguns nada impede sua existência em rela-

---

[2] Nesse sentido, o Enunciado 631 da VIII Jornada de Direito Civil: "Como instrumento de gestão de riscos na prática negocial paritária, é lícita a estipulação de cláusula que exclui a reparação por perdas e danos decorrentes do inadimplemento (cláusula excludente do dever de indenizar) e de cláusula que fixa valor máximo de indenização (cláusula limitativa do dever de indenizar)".

[3] Na visão de alguns, o artigo 946 do Código Civil teria positivado as cláusulas limitativas do dever de indenizar (Letícia Marquez de Avelar, *A cláusula de não indenizar*: uma releitura do instituto à luz do atual Código Civil brasileiro, Dissertação de mestrado, USP, 2011, p. 135). Para outros, embora as cláusulas excludentes e limitativas do dever de indenizar não encontrem sistematização no ordenamento jurídico brasileiro, certos dispositivos legais serviriam para endossar a sua admissibilidade, no sentido de que o legislador não seria avesso a situações em que afastado ou reduzido o dever de reparar. Citam-se, exemplificativamente, os artigos 416 (cláusula penal), 420 (arras penitenciais), 787 (seguro de responsabilidade civil), 840-850 (transação) e 1.052 (limitação da responsabilidade dos sócios), todos do Código Civil (José Luiz Bayeux Neto, *A validade da cláusula de limitação de responsabilidade no direito privado e, em especial, no contrato de transporte de carga*, Dissertação de mestrado, USP, 2014, p. 112-125).

[4] Fábio Henrique Peres, *Cláusulas contratuais excludentes e limitativas do dever de indenizar*, São Paulo, Quartier Latin, 2009, p. 44.

[5] Letícia Marquez de Avelar, *A cláusula de não indenizar*: uma releitura do instituto à luz do atual Código Civil brasileiro, Dissertação de mestrado, USP, 2011, p. 43.

[6] *Ibidem*, p. 93: "pode-se definir a cláusula de não indenizar e a cláusula limitativa do dever de indenizar como um pacto acessório ao contrato (...) por meio do qual as partes antecipadamente afastam ou mitigam um eventual e futuro dever de indenizar". Em sentido semelhante: José Luiz

ções extracontratuais, desde que as partes envolvidas celebrem um negócio jurídico nesse sentido, anterior ao eventual acontecimento gerador dos danos[7].

Como sua própria denominação aponta, essas cláusulas limitam ou excluem o dever de indenizar, e não a responsabilidade em si[8]. Quer dizer, afasta-se a obrigação que é a consequência da responsabilidade, isto é, o dever de reparar[9]. Nesse ponto, a distinção entre essas cláusulas e as causas de irresponsabilidade é elucidativa. Enquanto estas últimas retiram do agente a própria responsabilidade, a exemplo da previsão legal que afasta a responsabilidade do devedor pelos prejuízos resultantes de caso fortuito ou de força maior (CC, art. 393. "o devedor *não responde* pelos prejuízos (...)"), as cláusulas limitativas ou excludentes, como expressão da autonomia privada, limitam ou

---

Bayeux Neto, *A validade da cláusula de limitação de responsabilidade no direito privado e, em especial, no contrato de transporte de carga*, Dissertação de mestrado, USP, 2014, p. 34; Caio Mário da Silva Pereira, *Instituições de direito civil*, 30. ed., Rio de Janeiro, Forense, 2018, v. 2, p. 342.

[7] Os adeptos dessa corrente explicam que, mesmo sem relação contratual prévia, as partes podem instituir instrumento autônomo para regular o dever de reparar em suas relações extracontratuais com outrem. Exemplo prático seriam as relações de vizinhança. Nesse sentido: Fábio Henrique Peres, *Cláusulas contratuais excludentes e limitativas do dever de indenizar*, São Paulo, Quartier Latin, 2009, p. 120; Ricardo Dal Pizzol, Cláusulas de exoneração e limitação de responsabilidade: relações paritárias e não paritárias, *Revista de Direito Civil Contemporâneo*, São Paulo, v. 14, p. 207-236, jan./mar. 2018; António Pinto Monteiro, Cláusulas excludentes de responsabilidade, *in*: Otavio Luiz Rodrigues Junior, Gladston Mamede e Maria Vital da Rocha (coords.), *Responsabilidade civil contemporânea: em homenagem a Silvio de Salvo Venosa*, São Paulo, Atlas, 2011, p. 120; Wanderley Fernandes, *Cláusulas de exoneração e de limitação de responsabilidade*, São Paulo, Saraiva, 2013, p. 151-163. Diana Loureiro Piva de Castro, por sua vez, explica que, nesses casos, a cláusula deixa de ser pacto acessório a contrato para ser tornar o próprio objeto do contrato. Porém, ressalva que a previsão em aviso unilateral não se mostra admissível, a exemplo de avisos em estacionamentos de condomínios no sentido de que o condomínio não se responsabiliza por danos aos veículos ali estacionados (Diana Loureiro Paiva de Castro, *Potencialidades funcionais das cláusulas de não indenizar*: releitura dos requisitos tradicionais de validade, Dissertação de mestrado, UERJ, 2018, p. 192). Outros repudiam a inclusão e tais cláusulas em relações extracontratuais: Flávio Tartuce, *Direito Civil*: direito das obrigações e responsabilidade civil, 16. ed., Rio de Janeiro: Forense, 2021, v. 2, p. 688-689; Arnoldo Wald, A cláusula de limitação de responsabilidade no direito brasileiro, *Revista de Direito Civil Contemporâneo*, São Paulo, v. 4, p. 131-138, jul./set. 2015; Caio Mário da Silva Pereira, *Responsabilidade civil*, 12. ed., Rio de Janeiro, Forense, 2018, p. 399.

[8] Não obstante, há quem chame essas cláusulas de cláusulas de irresponsabilidade, ou cláusulas limitativas da responsabilidade, denominação que nos parece equivocada. Nesse sentido: Flávio Tartuce, *Direito Civil*: direito das obrigações e responsabilidade civil, 16. ed., Rio de Janeiro, Forense, 2021, v. 2, p. 688-689.

[9] José de Aguiar Dias, *Cláusula de não-indenizar*, 4. ed., Rio de Janeiro, Forense, 1980, p. 38; Antonio Junqueira de Azevedo, Cláusula cruzada de não indenizar (cross-waiver of liability), ou cláusula de não indenizar com eficácia para ambos os contratantes – renúncia ao direito de indenização – promessa de fato de terceiro – estipulação em favor de terceiro, *Revista dos Tribunais*, São Paulo, v. 769, p. 103-109, nov. 1999; Caio Mário da Silva Pereira, *Instituições de direito civil*, 30. ed., Rio de Janeiro, Forense, 2018, v. 2, p. 342.

excluem apenas o dever de indenizar, não sendo facultado às partes, aliás, pactuar a limitação ou exclusão da responsabilidade.

A distinção não é meramente teórica. Como será visto no item 5, *infra*, a inclusão de uma cláusula limitativa ou excludente do dever de indenizar não franqueia ao devedor a opção de não cumprir a avença, apenas restringe ou exclui uma de suas alternativas diante do inadimplemento, que é o direito à indenização. Mantêm-se hígidos, porém, os demais remédios do inadimplemento, a exemplo do recurso à execução específica, justamente porque o devedor, com a aposição da cláusula limitativa ou excludente, não se exime de sua obrigação ou de sua responsabilidade. Por outras palavras, a inserção de uma cláusula limitativa ou excludente do dever de indenizar não torna a obrigação principal subjacente uma obrigação natural[10].

Diante da ausência de previsão legal, os contornos das cláusulas limitativas e excludentes do dever de indenizar são amplos a maleáveis, proporcionais à criatividade humana, sujeitando-se, obviamente, aos limites da autonomia privada. Não obstante, a doutrina costuma apontar diversas modalidades de cláusulas limitativas e excludentes do dever de indenizar, como será visto a seguir.

2. MODALIDADES

Como dito, enquanto expressão da autonomia privada, a variedade das cláusulas limitativas e excludentes do dever de indenizar é virtualmente infinita. Não obstante, retratam-se a seguir as modalidades mais comumente observadas na prática negocial.

Uma das modalidades mais comuns de cláusula limitativa é aquela que estabelece um valor máximo de reparação, fixando uma espécie de teto indenizatório. Isto é, independentemente do valor dos danos efetivamente incorridos pelo contratante fiel em razão do inadimplemento, seu direito de ser indenizado só poderá alcançar, no máximo, o montante previamente estabelecido (desde que respeitados os requisitos de validade das cláusulas limitativas, como será visto no item 3, *infra*).

---

[10] Fábio Henrique Peres, *Cláusulas contratuais excludentes e limitativas do dever de indenizar*, São Paulo, Quartier Latin, 2009, p. 55. A justificativa ao Enunciado 631 da VIII Jornada de Direito Civil também ressalta que "tais cláusulas atuam apenas sobre a reparação por perdas e danos, permanecendo hígidos todos os demais efeitos da responsabilidade contratual, de sorte que a obrigação civil não se transforma em obrigação natural".

Note-se que esta modalidade de cláusula limitativa não se confunde com a cláusula penal. A cláusula penal, em sua função ressarcitória[11], estipula um montante indenizatório que funcionará como pré-fixação de perdas e danos, cabendo à parte credora comprovar apenas o inadimplemento culposo[12], fazendo jus ao montante fixado independentemente da comprovação de que tenha sofrido dano naquele patamar (CC, arts. 408 e 416). Diversamente, a cláusula limitativa que estabelece um teto de indenização não assegura à parte credora direito ao montante ali previsto diante do inadimplemento, sendo necessário comprovar a efetiva extensão do dano, podendo a indenização, contudo, alcançar apenas o limite máximo contratualmente estabelecido.

A cláusula limitativa que fixa um teto indenizatório comporta uma série de variações. Pode indicar um valor fixo, como também um percentual a ser aplicado sobre o valor total dos danos efetivamente sofridos, e mesmo um valor determinável a partir da aplicação de fórmulas matemáticas. A vantagem dessa modalidade é que, ao prever um montante máximo de indenização, ainda que determinável, o devedor pode "conhecer de antemão o risco máximo a que se encontra sujeito e, por conseguinte, manifestar de forma mais consciente a sua vontade negocial"[13].

---

[11] É sabido que a cláusula penal assume também outras funções. Além da cláusula penal ressarcitória acima referida, compreendida como uma antecipação, convencionada entre as partes, da liquidação por perdas e danos, a cláusula penal pode assumir uma função coercitiva, isto é, de estimular ou constranger o devedor ao adimplemento, dividindo-se em duas subespécies. Uma, a cláusula penal em sentido estrito, de caráter substitutivo à prestação, sem que o credor possa escolher entre o adimplemento da prestação pactuada e o pagamento da cláusula penal. A segunda, a cláusula penal puramente coercitiva, ou punitiva, com caráter exclusivamente sancionatório, estipulando o pagamento, ao credor, de um valor extra que se somará à execução específica ou à indenização pelo inadimplemento da prestação, a exemplo da cláusula penal punitiva. O aprofundamento da temática, contudo, foge ao escopo do presente estudo.

[12] Discute-se se a cláusula penal é exigível em situações de inadimplemento culposo quando o dano causado à parte credora for igual a zero. Para Fernanda Girardi Tavares, por exemplo, a cláusula penal pode ser executada "sem que nenhum dano tenha havido" (Os instrumentos de equilíbrio contratual no Código Civil e no Código de Defesa do Consumidor: estudo da cláusula penal e da cláusula de não indenizar, *in:* Cláudia Lima Marques (coord.), *A nova crise do contrato*: estudos sobre a nova teoria contratual, São Paulo, Revista dos Tribunais, 2007, p. 385). Em sentido semelhante: Gustavo Tepedino, Heloisa Helena Barboza e Maria Celina Bodin de Moraes (coords.), *Código Civil interpretado conforme a Constituição da República*, 2. Ed., Rio de Janeiro, Renovar, 2007, v. 1, p. 762-763; José Fernando Simão, *in:* Anderson Schreiber, Flávio Tartuce, José Fernando Simão, Marco Aurélio Bezerra de Melo e Mário Luiz Delgado (coords.), *Código Civil comentado*: doutrina e jurisprudência, 3. ed., Rio de Janeiro, Forense, 2021, livro em formato digital não paginado, comentário ao art. 416. Esta discussão, contudo, foge ao escopo do presente trabalho.

[13] Fábio Henrique Peres, *Cláusulas contratuais excludentes e limitativas do dever de indenizar*, São Paulo, Quartier Latin, 2009, p. 87.

Outra modalidade bastante comum, também sujeita aos requisitos de validade (item 3, *infra*), é aquela que afasta o dever de indenizar em relação a determinadas espécies de danos, como por exemplo os lucros cessantes. Inserta no contrato uma cláusula como esta, estar-se-á afastando a regra geral do artigo 402 do Código Civil, segundo a qual "salvo as exceções expressamente previstas em lei, as perdas e danos devidas ao credor abrangem, além do que ele efetivamente perdeu, o que razoavelmente deixou de lucrar".

A respeito dessa modalidade de cláusula, vale referir ser comum, especialmente em instrumentos que importam cláusulas contratuais estrangeiras, a limitação do dever de reparar decorrente de danos indiretos, bem como em relação a parcelas de danos sem correspondente exato no ordenamento jurídico brasileiro (p. ex., "danos consequenciais").

Com relação à primeira questão – limitação dos danos indiretos – o artigo 403 do Código Civil estatui que "ainda que a inexecução resulte de dolo do devedor, as perdas e danos só incluem os prejuízos efetivos e os lucros cessantes por efeito dela *direto e imediato*, sem prejuízo do disposto na lei processual".

Logo, por força do artigo 403, a legislação brasileira considera indenizáveis apenas os danos diretos[14]. É até possível que uma das partes se responsabilize contratualmente para além das disposições legais e, assim, passe a estar sujeita a indenizar sua contraparte também por danos indiretos. Essa responsabilização, no entanto, tem fonte contratual, e não legal, e se dá de forma análoga à responsabilização contratual agravada por prejuízos decorrentes de caso fortuito ou força maior (artigo 393 do Código Civil, *caput*).

Existe ampla controvérsia sobre o que caracteriza um dano como direto ou indireto. Apesar de a discussão não ser simples, uma das correntes majoritariamente aceitas busca verificar a existência, ou não, de nexo causal entre o dano alegado e a conduta perpetrada pelo agente. Havendo nexo causal entre a

[14] Confira-se, a esse respeito, a lição de Judith Martins-Costa: "o art. 403 fixa certos limites à indenização que é consequente ao dano: esta não pode abranger senão os prejuízos efetivos e os lucros cessantes derivados por efeito direto e imediato da inexecução. Chegamos, assim, ao ponto em que devemos responder 'até que ponto' se indeniza o dano ressarcível. E a primeira consideração é que, diante do texto do art. 403 a indenização não vai a ponto de alcançar o *damnum remotum* que não guarde relação causal direta e imediata com a inexecução bem como o dano meramente hipotético ou incerto" (*in:* Sálvio de Figueiredo Teixeira (coord.), *Comentários ao novo Código Civil*, 2. ed., Rio de Janeiro, Forense, 2008, v. 5, t. 2, p. 498). No Superior Tribunal de Justiça: "(...) não se deve perder de vista o disposto no art. 403 do CC, que dispõe, como regra inflexível, que o devedor só responde pelos danos diretos e imediatos" (STJ, 3ª T., REsp 1553790/PE, Rel. Min. Ricardo Villas Bôas Cueva, j. em 25.10.2016, DJe 09.11.2016, v.u.).

conduta e o dano, trata-se de dano indenizável. Já se tiver havido rompimento do nexo causal, trata-se de dano indireto e, portanto, não indenizável[15].

O critério, portanto, não é temporal: pode haver um dano próximo indenizável ou não, assim como o dano distante (chamado por alguns de indireto[16]) também pode ser indenizável ou não. A avaliação sobre o nexo de causalidade – e, consequentemente, a caracterização do dano como direito ou indireto – costuma depender fortemente dos elementos do caso concreto.

No que tange às cláusulas limitativas ou excludentes do dever de indenizar, como os danos indiretos, de *lege lata*, não são indenizáveis, a rigor sequer seria necessário incluir a restrição em tais cláusulas. Compreende-se que as partes a incluam num esforço de limitar ao máximo os riscos de exposição da parte inadimplente, visando à segurança jurídica, especialmente em contexto envolvendo partes oriundas de sistemas jurídicos diversos.

No entanto, muito mais relevante seria o detalhamento, no instrumento contratual, de situações concretas que se enquadrariam na definição de danos diretos – portanto, indenizáveis – e de situações que constituiriam danos indiretos – portanto, não indenizáveis –, do que a inclusão de uma previsão genérica de que danos indiretos não seriam indenizáveis, já que esta espécie de dano já não é passível de indenização de acordo com o ordenamento jurídico brasileiro, e a inclusão de previsões desse tipo pode dar margem a uma série de controvérsias de ordem prática.

Já a respeito da segunda questão – importação de categorias de danos de outros ordenamentos jurídicos –, o já citado artigo 402 do Código Civil traça uma divisão entre danos emergentes e lucros cessantes. Essas são as duas grandes categorias de danos patrimoniais tradicionalmente indenizáveis

---

15 Nas palavras de Gisela Sampaio da Cruz Guedes, "na generalidade dos casos, os limites do dano indenizável são estabelecidos pelas noções de necessariedade da causa ou de sua adequação à produção do dano, conforme se adote a teoria do dano direto e imediato ou a teoria da causalidade adequada. Atualmente, os autores mais modernos que adotam a teoria da causalidade adequada também têm trabalhado com a ideia de interrupção do nexo causal, razão pela qual apresentam soluções práticas que em muito se assemelham à causalidade necessária" (*Lucros cessantes*: do bom-senso ao postulado normativo da razoabilidade, São Paulo, Revista dos Tribunais, 2011, p. 83.) Para uma visão bem diversa do que seriam os danos indiretos, confira-se: Luiz Felipe Silveira, *Dano indireto e culpa grave no contexto de cláusulas de limitação e exoneração de responsabilidade em contratos de construção*, Dissertação de mestrado, FGV/SP, 2014, p. 84.

16 Para Anderson Schreiber, por exemplo, um dano que deriva necessariamente do dano anterior, sem que para tanto seja preciso a intervenção de qualquer outra causa, configuraria um dano indireto indenizável (*Manual de direito civil contemporâneo*, São Paulo, Saraiva, 2022, livro em formato digital não paginado, capítulo 24, item 5.2.). Tais danos, realmente, são indenizáveis, tratando-se, assim, apenas de uma questão de terminologia. Como, nestes casos, não há rompimento do nexo causal, trata-se de um dano direto.

no Brasil[17]. Os danos emergentes equivalem ao que efetivamente se perdeu, abrangendo a diminuição do ativo e o aumento do passivo. Já os lucros cessantes equivalem ao que razoavelmente se deixou de lucrar, categoria de conceituação mais complexa, geralmente atrelada ao "curso normal" da situação caso o dano não tivesse ocorrido. Há ainda a figura da perda de uma chance. Enquanto alguns entendem que se trata de hipótese de dano emergente, outros consideram que a perda da chance é espécie de lucro cessante, havendo, também, aqueles que a categorizam como um terceiro gênero[18].

Não obstante, é comum, principalmente em contratos que envolvem partes estrangeiras, a importação de conceitos, com a previsão contratual de categorias de danos que não encontram equivalência direta no ordenamento jurídico nacional. É o caso, por exemplo, de figuras como "consequential damages", "special damages", "punitive damages", "incidental damages", "future loss", etc. Para efeitos de cláusulas limitativas ou excludentes do dever de indenizar, melhor seria se ater às categorias de danos reconhecidas no Brasil, evitando, assim, controvérsias futuras acerca da amplitude da limitação contratual.

Há, outrossim, cláusulas que limitam o dever de indenizar em razão do fundamento da responsabilidade, isto é, estabelecem que a indenização não será devida, por exemplo, diante de condutas praticadas com culpa leve, ou em decorrência de mora[19]. Como será visto no item 3, *infra*, não é possível estabe-

---

[17] Como explicam Gustavo Tepedino, Aline de Miranda Valverde Terra e Gisela Sampaio da Cruz Guedes, estamos vivendo a era dos danos, com novas terminologias de danos indenizáveis surgindo rapidamente. Não obstante, "não há que se falar propriamente em 'novos danos', vale dizer, em expansão das espécies autônomas de danos, que sempre se restringiram – e assim continua a ser – a duas categorias: o dano moral, entendido como a lesão à dignidade da pessoa humana, a abarcar todos os danos extrapatrimoniais; e o dano patrimonial, subdividido em dano emergente, relativo à efetiva diminuição do ativo ou incremento do passivo patrimonial, e lucro cessante, definido como o não aumento do ativo ou a não diminuição do passivo. Portanto, *tertium non datur*: ou a lesão ocorre no patrimônio da vítima, a acarretar dano patrimonial, ou há lesão à dignidade da pessoa humana, a gerar dano moral. Qualquer lesão, por conseguinte, reconduzir-se-á, necessariamente, a uma dessas duas espécies de dano, e apenas a análise do caso concreto poderá indicar se se trata de uma e/ou outra categoria" (*Fundamentos do direito civil*, Rio de Janeiro, Forense, 2023, v. 4, p. 61-65).

[18] Para Gisela Sampaio da Cruz Costa Guedes, "quando se entende a chance como um valor que já compõe o patrimônio à época do evento danoso, fica mais fácil enquadrá-la na categoria dos danos emergentes. (...) E é isto que se espera que ocorra com a teoria no Brasil: seu progressivo afastamento da disciplina dos lucros cessantes" (*Lucros cessantes*: do bom-senso ao postulado normativo da razoabilidade, São Paulo, Revista dos Tribunais, 2011, p. 123-124). Porém, a autora reconhece que "o dano decorrente da perda de uma chance nem sempre, porém, poderá ser qualificado como dano emergente, porque pode também envolver interesses extrapatrimoniais".

[19] Fábio Henrique Peres, *Cláusulas contratuais excludentes e limitativas do dever de indenizar*, São Paulo, Quartier Latin, 2009, p. 94-95.

lecer restrições ao dever de reparar em razão de alguns fundamentos específicos, a exemplo de condutas praticadas com dolo.

Mencionam-se, ainda, as previsões que equiparam certas situações enumeradas no contrato ao caso fortuito ou de força maior, alargando o conceito do artigo 393, parágrafo único, do Código Civil, e, indiretamente, excluindo o dever de indenizar nestes casos[20].

Apesar da ausência de previsão legal, todas essas modalidades de cláusulas limitativas ou de exoneração do dever de indenizar devem atender a certos requisitos de validade, como será visto no item a seguir.

3. REQUISITOS DE VALIDADE

Como mencionado, as cláusulas limitativas e excludentes do dever de indenizar não encontram regulamentação sistematizada no ordenamento brasileiro, havendo apenas previsões esparsas a respeito[21]. Não obstante, vêm sendo admitidas tanto em doutrina como em jurisprudência, como expressão da autonomia privada das partes, desde que respeitados certos requisitos de validade.

Além dos requisitos gerais de validade de qualquer negócio jurídico (CC, artigo 104[22]), cláusulas limitativas e excludentes do dever de indenizar devem ser aceitas, e não impostas, o que, na prática, significa que devem estar inseridas num contexto de relações paritárias, "entendidas estas como as

[20] António Pinto Monteiro, Cláusulas excludentes de responsabilidade, *in:* Otavio Luiz Rodrigues Junior, Gladston Mamede e Maria Vital da Rocha (coords.), *Responsabilidade civil contemporânea:* em homenagem a Silvio de Salvo Venosa, São Paulo, Atlas, 2011, p. 123; Fábio Henrique Peres, *Cláusulas contratuais excludentes e limitativas do dever de indenizar*, São Paulo, Quartier Latin, 2009, p. 96.

[21] O artigo 51 do Código de Defesa do Consumidor (lei n.º 8.078/1990), ressalvadas certas exceções, considera abusiva qualquer disposição que impossibilite, exonere ou atenue a responsabilidade do fornecedor. O artigo 734, *caput*, do Código Civil, por sua vez, determina o seguinte, relativamente ao transporte de pessoas: "O transportador responde pelos danos causados às pessoas transportadas e suas bagagens, salvo motivo de força maior, sendo nula qualquer cláusula excludente da responsabilidade". Já a Súmula 161 do Supremo Tribunal Federal estatui que "Em contrato de transporte, é inoperante a cláusula de não indenizar". A previsão da Súmula, contudo, não impediu o Superior Tribunal de Justiça de admitir as cláusulas limitativas (e não as excludentes) em contratos de transporte, desde que a reparação não representasse um valor irrisório. Nesse sentido: STJ, 2ª Seção, REsp 39.082/SP, Rel. Min. Nilson Naves, Rel. p/ acórdão Min. Fontes de Alencar, j. 09.11.1994, DJ 20.03.1995, v.m; STJ, 4ª T., REsp 1.076.465/SP, Rel. Min. Marco Buzzi, j. 08.10.2013, DJe 25.11.2013, v.u.; STJ, 4ª T., REsp 233.023/SP, Rel. Min. Massami Uyeda, j. 25.03.2008, DJe 16.06.2008, v.u.

[22] "Art. 104. A validade do negócio jurídico requer: I - agente capaz; II - objeto lícito, possível, determinado ou determinável; III - forma prescrita ou não defesa em lei".

situações nas quais as partes se encontram em reais condições de discutir e, conjuntamente, construir o conteúdo negocial"[23], refletindo uma relação contratual equilibrada[24].

Daí a dificuldade em aceitar a inserção dessas cláusulas em contratos de adesão. Alguns fundamentam a impossibilidade de inserção de tais cláusulas em contratos de adesão no artigo 424 do Código Civil, pelo qual "nos contratos de adesão, são nulas as cláusulas que estipulem a renúncia antecipada do aderente a direito resultante da natureza do negócio". Isso porque a cláusula de não indenizar conteria "uma renúncia à indenização, uma renúncia prévia"[25], ainda que se tratasse de renúncia parcial, no caso das cláusulas limitativas.

Tecnicamente, contudo, cláusulas limitativas e excludentes do dever de indenizar não caracterizam uma real renúncia, pois enquanto a renúncia representa um ato unilateral em sua natureza, tais cláusulas, enquanto instrumento de alocação de riscos do contrato, encontram-se no bojo de uma relação bilateral, demandando a concessão de uma contrapartida (ainda que não seja necessária uma contrapartida específica), como será visto a seguir[26].

---

[23] Fábio Henrique Peres, *Cláusulas contratuais excludentes e limitativas do dever de indenizar*, São Paulo, Quartier Latin, 2009, p. 137.

[24] Nesse sentido, em jurisprudência: TJ/PR, 17ª CC., AC 0038166-97.2017.8.16.0030, Rel. Des. Rosana Amara Girardi Fachin, j. em 10.06.2020, v.u.; TJ/SE, 2ª CC., AC 201800833977, Rel. Des. Ricardo Múcio Santana de A. Lima, j. em 19.03.2019, v.u.; TJ/SP, 33ª CDPriv., AC 1098710-44.2014.8.26.0100, Rel. Des. Luiz Eurico, j. 04.07.2016, v.u.; TJ/SP, 29ª CDPriv., AC 0024950-94.2005.8.26.0100, Rel. Des. Silvia Rocha, j. 05.02.2020.

[25] Antonio Junqueira de Azevedo, Cláusula cruzada de não indenizar (cross-waiver of liability), ou cláusula de não indenizar com eficácia para ambos os contratantes – renúncia ao direito de indenização – promessa de fato de terceiro – estipulação em favor de terceiro, *Revista dos Tribunais*, São Paulo, v. 769, p. 103-109, nov. 1999, p. 103-109. No mesmo sentido: Judith Martins-Costa, Contrato de construção. "Contratos-aliança". Interpretação contratual. Cláusulas de exclusão e de limitação do dever de indenizar. Parecer, *Revista de Direito Civil Contemporâneo*, São Paulo, v. 1, p. 315-351, out./dez. 2014; Letícia Marquez de Avelar, *A cláusula de não indenizar*: uma releitura do instituto à luz do atual Código Civil brasileiro, Dissertação de mestrado, USP, 2011, p. 153; Carolina Raboni Ferreira, A admissibilidade da cláusula de não indenizar e da cláusula limitativa do dever de indenizar numa comparação jurídica entre os ordenamentos brasileiro e francês, Dissertação de mestrado, UFPR, 2016, p. 93; José de Aguiar Dias, *Cláusula de não-indenizar*, 4. ed., Rio de Janeiro, Forense, 1980, p. 155; Caio Mário da Silva Pereira, *Instituições de direito civil*, 30. ed., Rio de Janeiro, Forense, 2018, v. 2, p. 344.

[26] "Deve-se refletir que não haveria, no caso de uma cláusula de não indenizar, uma real renúncia, no sentido técnico do termo, apesar de efetivamente existir uma prévia exclusão ou limitação do direito de indenização. Isto porque, nesse tipo de negociação existe, como nas transações, concessões mútuas entre os estipulantes, as quais, como visto, não se compatibilizam com o negócio da renúncia, unilateral em sua natureza" (Marcella Campinho Vaz, *Renúncia de direitos*, Rio de Janeiro, Processo, 2021, p. 165-166). No mesmo sentido, Luiz Octávio Villela de Viana Bandeira: "justamente por verificarmos que a renúncia e a cláusula de não indenizar são essencialmente diferentes no que se refere à abdicação de uma posição jurídica sem contraprestação,

Tal constatação, contudo, não retira a pertinência do argumento de que cláusulas limitativas e excludentes do dever de indenizar seriam incompatíveis com contratos de adesão. Com efeito, apesar de não se estar diante de renúncia, é fato que, nesse tipo de contrato, há pouca ou nenhuma margem para negociação, já que apenas uma das partes elabora o conteúdo negocial e, como dito, cláusulas limitativas ou excludentes precisam ser aceitas, não impostas.

Por outro lado, diante da ausência de vedação legal expressa à pactuação de cláusulas limitativas ou excludentes do dever de indenizar nos contratos de adesão em relações civis, há também quem as admita. Alguns exigem a presença de vantagem em contrapartida ao aderente[27], outros interpretam que a admissibilidade de tais cláusulas em contratos de adesão não restaria prejudicada pelo teor do já referido artigo 424, pois "a reparação por perdas e danos não constitui direito resultante da natureza de determinado negócio, mas um dos efeitos do inadimplemento de qualquer contrato, de sorte que a aposição do pacto limitativo ou excludente em contrato de adesão em relação civil não viola o artigo 424 do Código Civil"[28].

Ainda em relação a este requisito do equilíbrio contratual, diz-se que o credor deveria ser necessariamente "compensado pela renúncia – seja ela total ou parcial – ao direito de receber indenização"[29]. Contudo, não parece necessária uma compensação financeira específica (uma espécie de preço a ser pago, ou ainda uma outra espécie de contraprestação contratual), pela cláusula limitativa ou de exclusão[30], mas sim a concessão de alguma contrapartida mais geral no programa contratual como um todo, que poderá se verificar na reciprocidade da exclusão ou da limitação do dever de indenizar, ou ainda na concessão de condições negociais mais benéficas do que aquelas que estariam presentes

---

entendemos não ser propriamente correto denominar tal cláusula como uma 'renúncia' à indenização" (*As cláusulas de não indenizar no direito brasileiro*, São Paulo, Almedina, 2016, p. 266).

[27] Diana Loureiro Paiva de Castro, *Potencialidades funcionais das cláusulas de não indenizar*: releitura dos requisitos tradicionais de validade, Dissertação de mestrado, UERJ, 2018, p. 75.

[28] Diana Loureiro Paiva de Castro e Milena Donato Oliva, As cláusulas de não indenizar nas relações de consumo e nos contratos de adesão em relações civis, *Revista de Direito do Consumidor*, São Paulo, v. 129, p. 223-245, mai./jun. 2020. Em sentido semelhante: Ricardo Dal Pizzol, Cláusulas de exoneração e limitação de responsabilidade: relações paritárias e não paritárias, *Revista de Direito Civil Contemporâneo*, São Paulo, v. 14, p. 207-236, jan./mar. 2018, p. 207-236; Luiz Octávio Villela de Viana Bandeira, *As cláusulas de não indenizar no direito brasileiro*, São Paulo, Almedina, 2016, p. 151-152; Wanderley Fernandes, *Cláusulas de exoneração e de limitação de responsabilidade*, São Paulo, Saraiva, 2013, p. 202-203.

[29] Letícia Marquez de Avelar, *A cláusula de não indenizar*: uma releitura do instituto à luz do atual Código Civil brasileiro, Dissertação de mestrado, USP, 2011, p. 169.

[30] "O princípio da autonomia privada (...) seria contrariado se, para admiti-la [a cláusula limitativa ou excludente], houvesse que se constatar uma equivalência objetiva entre a cláusula excludente do dever de indenizar e a sua contraprestação" (*Ibidem*, p. 174).

se a limitação ou exclusão do dever de reparar estivesse ausente, como a redução do preço contratual. Deve-se presumir que, numa relação paritária, as partes negociaram tal compensação na construção do programa contratual, não cabendo à parte beneficiada pela restrição ao dever de indenizar o ônus da prova de que sua contraparte recebeu alguma vantagem em contrapartida à sua concessão[31].

Tais cláusulas sujeitam-se, ainda, às limitações impostas pela ordem pública[32], por lei cogente e pelos bons costumes[33], assim como todos os negócios jurídicos[34]. Nesse cenário, há relativo consenso no sentido de que não seria possível pactuá-las, por exemplo, em relações de direito do trabalho, diante de eventuais danos sofridos pelos empregados[35], assim como também em relação a danos relacionados à integridade física e àqueles de natureza extrapatrimonial, incluídos os danos morais, sofridos por pessoas naturais, respaldados pelo princípio constitucional da dignidade da pessoa humana[36].

Já com relação a danos extrapatrimoniais sofridos por pessoas jurídicas, não há tanta clareza quanto à impossibilidade da limitação contratual do dever de indenizar. Para Diana Loureiro Paiva de Castro, será admitida "a limitação ou a exoneração do dever de indenizar por ofensa à denominada honra objetiva da pessoa jurídica, eis que, nesse caso, não há lesão à pessoa humana"[37].

---

[31] José Luiz Bayeux Neto, *A validade da cláusula de limitação de responsabilidade no direito privado e, em especial, no contrato de transporte de carga*, Dissertação de mestrado, USP, 2014, p. 176. A esse respeito, explica José de Aguiar Dias que a cláusula de exoneração, para valer, deve "corresponder a uma causa, definindo-a como a razão pela qual o credor consente na exoneração do devedor, sem esquecer de ponderar que a contraprestação é pressuposto da sua existência, embora não seja necessário que haja equivalência objetiva entre elas, mas somente equivalência subjetiva para o aceitante da exoneração, isto é, (...), que tenha achado razoável aceitá-la, evidentemente por correspondente a uma vantagem por ele realizada" (Cláusula de não-indenizar, *Revista Forense*, Rio de Janeiro, v. 119, set. 1948, p. 6).

[32] Código Civil, art. 2.035, parágrafo único: "Nenhuma convenção prevalecerá se contrariar preceitos de ordem pública (...)".

[33] Caio Mário da Silva Pereira, *Responsabilidade civil*, 12. ed., Rio de Janeiro, Forense, 2018, p. 400.

[34] Cláusula de não-indenizar, *Revista Forense*, Rio de Janeiro, v. 119, set. 1948, p. 6.

[35] Fábio Henrique Peres, *Cláusulas contratuais excludentes e limitativas do dever de indenizar*, São Paulo, Quartier Latin, 2009, p. 145.

[36] Anderson Schreiber, *Manual de direito civil contemporâneo*, 5. ed., São Paulo, Saraiva Educação, 2022, livro em formato digital não paginado, capítulo 18, item 3.8.

[37] Diana Loureiro Paiva de Castro, *Potencialidades funcionais das cláusulas de não indenizar*: releitura dos requisitos tradicionais de validade, Dissertação de mestrado, UERJ, 2018, p. 81. Igualmente, para Fábio Henrique Peres, cláusulas limitativas do dever de indenizar danos extrapatrimoniais sofridos por pessoas jurídicas seriam plenamente válidas (Diana Loureiro Paiva de Castro, *Potencialidades funcionais das cláusulas de não indenizar*: releitura dos requisitos tradicionais de validade, Dissertação de mestrado, UERJ, 2018, p. 152). Vale referir, ainda, que apesar do amplo reconhecimento da possibilidade de pessoas jurídicas sofrerem dano moral, sendo a matéria inclusive objeto da Súmula 227 do Superior Tribunal de Justiça, já sustentamos em outra oportunidade

Outro requisito que se discute nos âmbitos doutrinário e jurisprudencial é o relativo ao valor contratualmente estabelecido para a indenização. Para alguns, baseando-se em jurisprudência do Superior Tribunal de Justiça relativa a contratos de transporte, o valor da reparação não poderia ser irrisório em comparação com o valor total dos danos sofridos pelo credor. Nesse sentido, mesmo fora do âmbito de contratos de transporte, já se viu afastarem-se limitações convencionais do dever de reparar em razão da grande diferença entre o valor do limite estipulado e o valor efetivo do dano sofrido[38].

Desde a entrada em vigor do Código Civil de 2002, um dos argumentos utilizados por esta corrente é a invocação do artigo 413 do Código Civil, que prevê o controle judicial do valor da cláusula penal. Ora, se o juiz poderia reduzir equitativamente a cláusula penal de montante manifestamente excessivo, porque não poderia, analogicamente, elevar o patamar da indenização quando fosse muito reduzido?

A razão para a diversidade de tratamento dessas duas situações, na visão de alguns, estaria no fato de a cláusula penal representar uma pena privada, justificando-se, aí, o controle judicial sobre o montante da pena. Isto é, se a pena não for adequada à sua finalidade de incentivar o devedor a cumprir a obrigação, ela servirá apenas para locupletar o credor, daí a razão de sua possível redução. Tal fundamento, que outorga aos juízes o poder de reduzir penas excessivas, não poderia justificar o entendimento segundo o qual seria admissível a intervenção judicial para a majoração do dever de reparar[39].

Há, assim, quem discorde desse requisito, até porque, se a cláusula excludente é admissível no ordenamento brasileiro, não faria sentido impedir a cláusula limitativa que restringisse a indenização a valor irrisório. Nesse sentido: "se é admitida a exoneração total do dever de indenizar, não haveria unidade lógica no ordenamento ao não se aceitar a cláusula contratual limitativa, independente do valor indenizatório resultante"[40].

---

que, enquanto expressão da dignidade da pessoa humana, "a pessoa jurídica não pode ser sujeito passivo de dano moral, não sendo correto estender a elas direitos típicos dos seres humanos. (...) Em geral, a pessoa jurídica – em especial, as sociedades empresárias –, diversamente da pessoa natural, é informada pela otimização dos lucros, sem espaço para valores existenciais" (Carla Wainer Chalréo Lgow, Pessoas jurídicas e direitos da personalidade: pessoa jurídica pode sofrer dano extrapatrimonial, *Revista de direito privado*, São Paulo, v. 51, p. 115-139, jul./set. 2012).

[38] Nesse sentido, em jurisprudência: TJ/CE, 5ª CC, AC 1104090200780600011, Rel. Des. Francisco Suenon Bastos Mota, j. 25.08.2010, v.u.

[39] José Luiz Bayeux Neto, *A validade da cláusula de limitação de responsabilidade no direito privado e, em especial, no contrato de transporte de carga*, Dissertação de mestrado, USP, 2014, p. 172-173.

[40] Fábio Henrique Peres, *Cláusulas contratuais excludentes e limitativas do dever de indenizar*, São Paulo, Quartier Latin, 2009, p. 161.

Portanto, a cláusula limitativa do dever de indenizar que reduz o dever de reparar a montante irrisório quando comparado com a efetiva extensão dos danos sofridos só não seria permitida nas hipóteses em que lei proíbe a cláusula excludente do dever de indenizar.

Uma das restrições à imposição das cláusulas limitativas e excludentes do dever de indenizar que menos gera controvérsias é a relativa ao dolo, isto é, tais cláusulas não seriam admissíveis diante de danos originados em condutas dolosas praticadas pelo devedor[41]. Verifica-se, aí, uma violação frontal à ordem pública e aos ditames da boa-fé objetiva. Note-se que não se está a tratar, aqui, do dolo enquanto defeito do negócio jurídico, manifestado no momento da formação do vínculo contratual, e que tem como consequência a possibilidade de anulação da avença, mas sim do dolo enquanto comportamento deliberado com vistas a inadimplir as obrigações pactuadas, verificado no momento da execução do contrato[42].

Há quem equipare o inadimplemento doloso ao inadimplemento praticado com culpa grave, para fins de fulminar de nulidade cláusulas limitativas e excludentes do dever de indenizar nesses casos. Trata-se, contudo, de questão controvertida. Para alguns, tais cláusulas deveriam, sim, ser permitidas diante de atos praticados por culpa grave, pois diferente dos atos praticados com dolo, não há intenção deliberada em descumprir, mas sim falta de diligência ou prudência, ainda que graves. Não haveria, neste caso, ofensa à ordem pública[43]. Para outros, fundamentando-se na ordem pública e na dificuldade de comprovação do dolo, a gravidade da falta autorizaria a equiparação ao dolo[44]. Isso porque "a admissão irrestrita de cláusulas de limitação de respon-

---

[41] Nas palavras de Judith Martins-Costa, "quando voltada a exonerar o agente em caso de dolo, é nula a cláusula, pois admitir a sua validade importaria em dar uma autorização para delinquir" (Contrato de construção. "Contratos-aliança". Interpretação contratual. Cláusulas de exclusão e de limitação do dever de indenizar. Parecer, *Revista de Direito Civil Contemporâneo*, São Paulo, v. 1, p. 315-351, out./dez. 2014).

[42] Letícia Marquez de Avelar. *A cláusula de não indenizar*: uma releitura do instituto à luz do atual Código Civil brasileiro, cit., p. 193. Para a autora, a consequência da pactuação de cláusula de exclusão ou limitação do dever de indenizar em casos de dolo seria a ineficácia.

[43] Nesse sentido: Fábio Henrique Peres, *Cláusulas contratuais excludentes e limitativas do dever de indenizar*, São Paulo, Quartier Latin, 2009, p. 179; Vinícius Pereira, *Cláusula de não indenizar*: entre riscos e equilíbrio, Rio de Janeiro, Lumen Iuris, 2015, p. 50-53; Agostinho Alvim, *Da inexecução das obrigações e suas consequências*, 5. ed., São Paulo, Saraiva, 1980, p. 336-337: "Geralmente não se admite também a exclusão da culpa grave. Mas, nós a admitimos, uma vez que a nossa lei repeliu a graduação da culpa". Em jurisprudência: TJ/SP, 36ª CDPriv., AC 0048836-47.2013.8.26.0002, Rel. Des. Maria de Lourdes Lopez Gil, j. 02.06.2016, v.u.

[44] Contrato de construção. "Contratos-aliança". Interpretação contratual. Cláusulas de exclusão e de limitação do dever de indenizar. Parecer, *Revista de Direito Civil Contemporâneo*, São Paulo, v. 1, p. 315-351, out./dez. 2014; Letícia Marquez de Avelar, *A cláusula de não indenizar*:

sabilidade, incluindo, pois, casos de culpa grave, representaria forte estímulo à negligência, à desatenção, em situação contrária à ordem pública contratual e ao interesse social"[45].

Ainda, para alguns, as cláusulas limitativas e excludentes do dever de indenizar não serão admissíveis se se referirem às obrigações principais do contrato, pois a limitação ou a exclusão do dever de reparar, nesses casos, desnaturaria por completo a essência da relação jurídica[46]. Significaria, efetivamente, negativa da causa final do negócio jurídico, tornando-a abusiva ao deixar o contrato de cumprir sua função social, ferindo a boa-fé objetiva. Tais cláusulas estariam limitadas, assim, a obrigações contratuais acessórias.

Por outro lado, há que admita esse tipo de pactuação quando o credor tiver à sua disposição outros mecanismos adequados para assegurar a eficácia da prestação que lhe é devida[47], até mesmo porque, admitido o entendimento que a cláusula de exclusão ou limitação do dever de indenizar não poderia abranger as obrigações principais, tais cláusulas estariam praticamente fadadas à

---

uma releitura do instituto à luz do atual Código Civil brasileiro, Dissertação de mestrado, USP, 2011, p. 201; António Pinto Monteiro, Cláusulas excludentes de responsabilidade, *in*: Otavio Luiz Rodrigues Junior, Gladston Mamede e Maria Vital da Rocha (coords.), *Responsabilidade civil contemporânea: em homenagem a Silvio de Salvo Venosa*, São Paulo, Atlas, 2011, p. 127; Ana Prata, *Cláusulas de exclusão e limitação da responsabilidade contratual*: regime geral, Coimbra, Almedina, 2005, p. 289-297.

[45] Antonio Junqueira de Azevedo, *Novos estudos e pareceres de direito privado*, São Paulo, Saraiva, 2009, p. 427-441. Em jurisprudência: TJ/CE, 5ª CC, AC 1104090200780600011, Rel. Des. Francisco Suenon Bastos Mota, j. 25.08.2010, v.u. Cf. também: Wanderley Fernandes, *Cláusulas de exoneração e de limitação de responsabilidade*, São Paulo, Saraiva, 2013, p. 209-230.

[46] Arnoldo Wald, A cláusula de limitação de responsabilidade no direito brasileiro, *Revista de Direito Civil Contemporâneo*, São Paulo, v. 4, p. 131-138, jul./set. 2015, p. 131-138; Silvio de Salvo Venosa, *Direito Civil*: obrigações e responsabilidade civil, 21 ed., São Paulo, Atlas, 2021, v. 2, p. 417; Sérgio Cavalieri Filho, *Programa de Responsabilidade Civil*, 14. ed., São Paulo, Atlas, 2020, p. 551-552; Judith Martins-Costa, Contrato de construção. "Contratos-aliança". Interpretação contratual. Cláusulas de exclusão e de limitação do dever de indenizar. Parecer, *Revista de Direito Civil Contemporâneo*, São Paulo, v. 1, p. 315-351, out./dez. 2014. Há, ainda, quem justifique a proibição no artigo 122 do Código Civil, posição com a qual não concordamos, já que não se trata de negócio jurídico condicional (Antonio Junqueira de Azevedo, Cláusula cruzada de não indenizar (cross-waiver of liability), ou cláusula de não indenizar com eficácia para ambos os contratantes – renúncia ao direito de indenização – promessa de fato de terceiro – estipulação em favor de terceiro, *Revista dos Tribunais*, São Paulo, v. 769, p. 103-109, nov. 1999, p. 103-109).

[47] Nesse sentido: Fábio Henrique Peres, *Cláusulas contratuais excludentes e limitativas do dever de indenizar*, São Paulo, Quartier Latin, 2009, p. 184; Letícia Marquez de Avelar, *A cláusula de não indenizar*: uma releitura do instituto à luz do atual Código Civil brasileiro, Dissertação de mestrado, USP, 2011, p. 212-215.

inutilidade, já que é justamente o descumprimento das prestações principais que, em grande parte das vezes, origina os danos mais relevantes às partes[48].

Nessa linha, diferenciam-se as cláusulas limitativas do dever de indenizar das cláusulas limitativas do objeto contratual, sendo que estas últimas é que não poderiam se referir a obrigações essenciais, sob pena de desnaturar o contrato[49].

4. CLÁUSULAS LIMITATIVAS E EXCLUDENTES DO DEVER DE INDENIZAR COMO MECANISMO DE ALOCAÇÃO DE RISCOS DO CONTRATO: EFEITOS PARA O REGIME DE VALIDADE

Como mencionado, as cláusulas limitativas e excludentes do dever de indenizar são espécie de mecanismo de alocação de riscos do contrato, ao restringirem o dever de reparar em hipóteses em que, sem a previsão contratual, eles incumbiriam à parte inadimplente[50].

Nesse sentido, do ponto de vista econômico, tais cláusulas podem servir, por exemplo, para "distribuir os riscos contratuais à parte a quem os custos de evitá-los ou preveni-los são menores"[51]. Ou, ainda, "podem representar economicamente um mecanismo de transferência do risco contratual para a parte contratante que tem mais apetite ao risco"[52], cogitando-se, ademais, a transferência do risco "para a parte que tem mais informações acerca do quanto o inadimplemento contratual poderá causar danos: a própria parte sofredora dos danos"[53].

Esse tipo de cláusula, expressão da autonomia privada, ganha maior suporte a partir da entrada em vigor da Lei de Liberdade Econômica (lei n.º

[48] José Luiz Bayeux Neto, *A validade da cláusula de limitação de responsabilidade no direito privado e, em especial, no contrato de transporte de carga*, Dissertação de mestrado, USP, 2014, p. 164.

[49] "Exige-se, nessa toada, a diferenciação na disciplina incidente para as cláusulas limitativas do objeto contratual, de um lado, e para as cláusulas excludentes, limitativas do dever de indenizar e penais de perfil limitativo, de outro, afigurando-se o requisito das obrigações essenciais procedente apenas para as primeiras" (Diana Loureiro Paiva de Castro, *Potencialidades funcionais das cláusulas de não indenizar*: releitura dos requisitos tradicionais de validade, Dissertação de mestrado, UERJ, 2018, p. 132-134). Em sentido semelhante: António Pinto Monteiro, Cláusula limitativas e de exclusão de responsabilidade civil (1985), Coimbra, Almedina, 2011, p. 126-129.

[50] Nesse sentido, em jurisprudência: TJ/MG, 14ª CC., AC 1.0000.20.516959-2/001, Rel. Des. Estevão Lucchesi, j. em 03.12.2020, v.u.

[51] José Luiz Bayeux Neto, *A validade da cláusula de limitação de responsabilidade no direito privado e, em especial, no contrato de transporte de carga*, Dissertação de mestrado, USP, 2014, p. 45.

[52] *Ibidem*, p. 48.

[53] *Ibidem*, p. 53.

13.874/2019), que reforça a possibilidade de as partes, especialmente numa relação jurídica paritária, gerirem os riscos contratuais da forma que melhor lhes aprouver[54]. Nesse sentido, o artigo 421-A, inciso II, determina que, nos contratos civis e empresariais, que se presumem simétricos e paritários, "a alocação de riscos definida pelas partes deve ser respeitada e observada"[55].

Importante reflexão prática da constatação de que tais cláusulas servem para a alocação de riscos do contrato tem relação com o seu caráter acessório. Isso porque, embora se trate de cláusula acessória, no sentido de que depende de uma relação jurídica principal, indaga-se se a eventual invalidade da cláusula limitativa ou excludente trará impactos na validade ou mesmo no conteúdo da prestação principal, não havendo grandes dúvidas de que a invalidade desta última implicará também a da primeira. A esse respeito, o artigo 184, parte final, do Código Civil determina que "a invalidade da obrigação principal implica a das obrigações acessórias, *mas a destas não induz a da obrigação principal*".

Não obstante, tendo em vista que a cláusula limitativa serve justamente como instrumento de alocação de riscos num contrato, parece-nos que sua eventual invalidade pode gerar impactos na obrigação principal, porque a sua existência foi levada em consideração pelas partes na negociação de tal obrigação e sua desconsideração afeta a economia do contrato.

Imagine-se, por exemplo, que num determinado programa contratual, em razão do potencial elevado do montante indenizatório diante de um eventual inadimplemento, as partes optaram por incluir uma cláusula limitativa do dever de indenizar, o que trouxe impactos diretos no preço do contrato (já que, sem o limite indenizatório, o preço deveria ser fixado em patamar substancialmente maior, de modo a cobrir os riscos dessa eventual indenização por inadimplemento)[56]. Uma vez constatada a invalidade da cláusula limitativa, a manutenção da higidez da prestação principal geraria um desequilíbrio na relação contratual, já que uma das partes seria beneficiada pelo preço menor,

---

[54] Rafael Villac Vicente de Carvalho, Da cláusula limitadora de indenização em contratos de M&A, *in:* Marcelo Vieira von Adamek e Rafael Setoguti Julio Pereira (coords.), *Fusões e aquisições (M&A)*, São Paulo, Quartier Latin, 2022, p. 823.

[55] "A Lei n. 13.874/2019 (Lei da Liberdade Econômica) revigorou a autodeterminação em termos de primazia de soluções consensuais em detrimento da heteronomia judicial, valorizando a alocação de riscos" (Nelson Rosenvald, *in:* Cezar Peluso (coord.), *Código Civil comentado*: doutrina e jurisprudência, 17. ed., Santana de Parnaíba, Manole, 2023, livro em formato digital não paginado, comentário ao artigo 421-A).

[56] "Como sabido, risco e preço são fatores que caminham na mesma direção. Se o primeiro diminui, o segundo, em consequência, será reduzido" (Diana Loureiro Paiva de Castro, *Potencialidades funcionais das cláusulas de não indenizar*: releitura dos requisitos tradicionais de validade, Dissertação de mestrado, UERJ, 2018, p. 18).

e ainda assim poderia buscar a reparação integral de eventual dano sofrido, sendo que a limitação do dever de reparar foi justamente elemento para a definição do preço do contrato.

Há, ainda, situações em que tais cláusulas viabilizam negócios que seriam inexequíveis sem a sua inclusão, por ausência de interessados em contratar com tamanha assunção de riscos. Nesses casos, simplesmente desconsiderar a limitação do dever de indenizar por se tratar de pactuação acessória geraria um enorme impacto na economia contratual.

Nesse cenário, afirma-se que naquelas situações em que obrigação principal não seria assumida nos mesmos termos se ausente a cláusula de não indenizar, ou que somente seria contraída em condições distintas, a invalidade da cláusula de não indenizar poderia acarretar a invalidade de toda a relação contratual ou, alternativamente, possibilitar a revisão judicial de seus termos e condições[57].

A posição, porém, não é consensual. Para António Pinto Monteiro, ao tratar das cláusulas excludentes do dever de indenizar, a invalidade da pactuação teria como consequência a sua substituição pelo regime geral de responsabilidade civil[58]. De modo semelhante, outros entendem que, viciada a cláusula limitativa ou excludente do dever de indenizar, não se contamina o restante do contrato, mantendo-se incólumes as prestações principais, e que o direito à indenização passa a vigorar "sem o limite temporal ou quantitativo"[59].

5. CLÁUSULAS LIMITATIVAS OU EXCLUDENTES DO DEVER DE INDENIZAR NÃO IMPACTAM OUTROS REMÉDIOS CONTRATUAIS DECORRENTES DO INADIMPLEMENTO

As cláusulas limitativas ou excludentes do dever de indenizar restringem apenas a indenização, não impedindo o credor de buscar a satisfação da prestação por outros meios disponíveis. Isso porque, como já explicado, tais

---

[57] Fábio Henrique Peres, *Cláusulas contratuais excludentes e limitativas do dever de indenizar*, São Paulo, Quartier Latin, 2009, p. 50. Em sentido semelhante: Letícia Marquez de Avelar, *A cláusula de não indenizar*: uma releitura do instituto à luz do atual Código Civil brasileiro, Dissertação de mestrado, USP, 2011, p. 191-192; Luiz Octávio Villela de Viana Bandeira, *As cláusulas de não indenizar no direito brasileiro*, São Paulo, Almedina, 2016, p. 174-176.

[58] António Pinto Monteiro, Cláusulas excludentes de responsabilidade, *in:* Otavio Luiz Rodrigues Junior, Gladston Mamede e Maria Vital da Rocha (coords.), *Responsabilidade civil contemporânea: em homenagem a Silvio de Salvo Venosa*, São Paulo, Atlas, 2011, p. 129.

[59] Ivo Bari Ferreira e Renato Vilela, Breves comentários sobre a cláusula de limitação de responsabilidade em contratos de compra e venda de participações societárias no Brasil, *in:* Marcelo Vieira von Adamek e Rafael Setoguti Julio Pereira (coords.), *Fusões e aquisições (M&A)*, São Paulo, Quartier Latin, 2022, p. 381.

cláusulas não interferem na exigibilidade das obrigações, subsistindo, assim, todos os demais remédios do inadimplemento.

Assim, diante do inadimplemento por uma das partes, caberá, em primeiro lugar, à parte adimplente, pleitear a resolução do contrato (CC, artigo 475), podendo recorrer, a depender da situação concreta, à cláusula resolutiva expressa ou tácita. Resolvendo-se o contrato, extinguem-se as obrigações a cuja prestação as partes haviam previamente se comprometido (efeito liberatório), reconduzindo-as, na medida do possível, ao estado em que estariam se o contrato não tivesse sido celebrado. Neste caso, se a parte adimplente já tiver cumprido a sua prestação prevista no programa contratual, caberá o pedido restituitório, decorrente do princípio que veda o enriquecimento sem causa (efeito restituitório)[60]. As cláusulas limitativas ou excludentes do dever de indenizar impactam apenas o efeito ressarcitório da resolução, na medida em que limitam ou excluem o dever de reparar que seria devido em razão do inadimplemento[61], mantendo-se hígidos seus efeitos liberatório e restituitório[62].

Poderá a parte adimplente, ainda, exigir a execução específica da obrigação (*rectius*: tutela específica[63]), que tem prioridade sobre a tutela ressarcitória em nosso sistema (CF, art. 5º, inc. XXXV; CPC, arts. 497-501; CC, arts. 234

[60] Diana Loureiro Paiva de Castro, *Potencialidades funcionais das cláusulas de não indenizar*: releitura dos requisitos tradicionais de validade, Dissertação de mestrado, UERJ, 2018, p. 34; Rodrigo da Guia Silva, Cláusulas limitativas ou excludentes do dever de restituir: estudo a partir da releitura funcional dos efeitos da resolução, *in*: Eduardo Nunes de Souza e Rodrigo da Guia Silva (coords.), *Controvérsias atuais em responsabilidade civil*: estudos de direito civil constitucional, São Paulo, Almedina, 2018, p. 680.

[61] Discute-se se a indenização decorrente da resolução do contrato deve equivaler ao interesse positivo ou negativo do credor. Para Gisela Sampaio da Cruz Costa Guedes, "se o credor optar pela resolução do contrato, não faria sentido que pudesse exigir do devedor o ressarcimento do benefício que normalmente lhe traria a execução do negócio" (*Lucros cessantes*: do bom-senso ao postulado normativo da razoabilidade, São Paulo, Revista dos Tribunais, 2011, p. 133-134). A autora reconhece, contudo, que a jurisprudência costuma deferir indenização pelo interesse positivo. Nesse sentido: STJ, 3ª T., AgInt no REsp 1.930.427/SP, Rel. Min. Moura Ribeiro, j. 12.12.2022, DJe 14.12.2022, v.u.; STJ, 3ª T., EDcl no AgInt no REsp 1.849.417/SP, Rel. Min. Paulo de Tarso Sanseverino, j. 16.05.2022, DJe 19.05.2022, v.u.

[62] Nas palavras de Rodrigo da Guia Silva, "as cláusulas excludentes ou limitativas de responsabilidade não afetam o dever de restituir" (Cláusulas limitativas ou excludentes do dever de restituir: estudo a partir da releitura funcional dos efeitos da resolução, in: Eduardo Nunes de Souza e Rodrigo da Guia Silva (coords.), *Controvérsias atuais em responsabilidade civil*: estudos de direito civil constitucional, São Paulo, Almedina, 2018, p. 688).

[63] Apesar do uso comum do termo "execução específica" para designar o cumprimento forçado *in natura* de obrigações de fazer, não fazer ou entregar coisa (*specific performance*), a rigor trata-se de tutela jurisdicional em forma específica, porque seu cumprimento forçado pode se dar (e normalmente se faz) pela via do processo de conhecimento, não de execução (CPC, art. 497-501) (André de Albuquerque Cavalcanti Abbud, Execução específica dos acordos de acionistas, São Paulo, Quartier Latin, 2006, esp. p. 83 ss.).

e 248).[64] Para tanto, poderá pleitear na via jurisdicional adequada, inclusive, a cominação de astreintes, que têm função coercitiva, e não indenizatória[65].

A parte adimplente poderá alegar exceção do contrato não cumprido, nos termos do artigo 476 do Código Civil: "nos contratos bilaterais, nenhum dos contratantes, antes de cumprida a sua obrigação, pode exigir o implemento da do outro". Tradicionalmente, a *exceptio non adimpleti contractus* é vista como mecanismo de defesa alegável no âmbito de um contrato bilateral pela parte adimplente, quando demandada ao cumprimento pela parte inadimplente, pois permite que a primeira se recuse a cumprir sua obrigação enquanto a contraparte não adimplir, anterior ou simultaneamente, a que lhe compete. Suspende-se, assim, a exigibilidade das prestações contratuais diante do inadimplemento da contraparte. Há, contudo, quem defenda uma maior abrangência da regra, extraindo dela uma norma geral sobre um direito a não cumprir[66].

Nos casos em que for possível, caberá, ainda direto de retenção[67]. Trata-se de prerrogativa do credor de conservar em seu poder o objeto do contrato até que lhe sejam pagos os valores devidos. No ordenamento brasileiro, na seara obrigacional, a disciplina legislativa reserva o direito de retenção como "meio de pressão para assegurar ao credor dois principais objetivos: (i) a pretensão ressarcitória (reparação por perdas e danos); (ii) a exata prestação devida (remuneração contratualmente fixada somada ao reembolso de despesas incorridas na execução contratual)"[68]. A cláusula limitativa ou excludente do dever de indenizar afeta apenas o primeiro objetivo.

---

[64] Cf. André de Albuquerque Cavalcanti Abbud, Execução específica dos acordos de acionistas, São Paulo, Quartier Latin, 2006, p. 35 e 56.

[65] Nesse sentido: "A multa cominatória (também chamada de astreintes, multa coercitiva ou multa diária) é penalidade pecuniária que caracteriza medida executiva de coerção indireta, pois seu único escopo é compelir o devedor a realizar a obrigação" (STJ, 4ª T., REsp 1.560.976/RJ, Rel. Min. Luis Felipe Salomão, j. 30.05.2019, DJe 01.07.2019, v.u.); "Multa [astreinte] não tem natureza indenizatória, mas tão somente de estimular o cumprimento de decisão judicial pelo devedor. Decisão agravada mantida. Recurso desprovido." (TJ/SP, 1ª CDPriv., AI 2023767-33.2023.8.26.0000, Rel. Des. Francisco Loureiro, j. 28.03.2023, v.u.).

[66] "Apesar da alcunha atribuída ao instituto, o art. 476 do Código Civil não dá azo apenas a uma exceção a ser alegada no processo, mas consagra um direito potestativo, que pode ser exercido de diversas maneiras e independe de reconhecimento judicial. O tão-só fato jurídico 'inadimplemento lato sensu' será suficiente para disparar os efeitos do mecanismo estudado. O eventual reconhecimento em juízo da legitimidade da recusa terá eficácia meramente declaratória" (Vitor Augusto José Butruce, *A exceção de contrato não cumprido no direito civil brasileiro contemporâneo*: funções, pressupostos e limites de um "direito a não cumprir", Dissertação de mestrado, UERJ, 2009, p. 215).

[67] Mário Júlio de Almeida Costa, *Direito das obrigações*, 12. ed., Coimbra, Almedina, 2011, p. 791.

[68] Diana Loureiro Paiva de Castro, *Potencialidades funcionais das cláusulas de não indenizar*: releitura dos requisitos tradicionais de validade, Dissertação de mestrado, UERJ, 2018, p. 37-38.

6. ABRANGÊNCIA DA LIMITAÇÃO OU EXCLUSÃO: EFEITO RESTITUITÓRIO DA RESOLUÇÃO, CONVERSÃO DA TUTELA ESPECÍFICA, RELAÇÕES EXTRACONTRATUAIS E DANOS DE TERCEIROS

Cumpre definir, por fim, quais valores devidos pela parte inadimplente estão abrangidos pela cláusula limitativa ou excludente do dever de indenizar. À primeira vista, a resposta parece simples: tais cláusulas referem-se às perdas e danos sofridas pelo contratante fiel. Uma análise mais detida, contudo, levanta alguns questionamentos de grande relevância prática.

Em primeiro lugar, cabe examinar as perdas e danos quando a parte adimplente opta por resolver o vínculo contratual, como lhe faculta o artigo 475 do Código Civil. Neste caso, como visto no item 5, *supra*, um dos efeitos da resolução é o restituitório, o que significa que os contratantes deverão recuperar tudo o que eventualmente já houverem prestado, em razão do retorno, tanto quanto possível, ao estado anterior à contratação. Nesta hipótese, as perdas e danos (efeito ressarcitório) parecem equivaler ao interesse negativo do credor, a despeito de posições em sentido contrário.

Como bem apontado por Gisela Sampaio da Cruz Guedes e Aline de Miranda Valverde Terra, em algumas situações, pode parecer irrelevante a distinção entre esses dois efeitos – restituitório e ressarcitório –, "como acontece quando o credor não consegue recuperar, *in natura*, o objeto da prestação, e o valor do bem acaba compondo (indevidamente) o cálculo do dano ressarcível"[69]. Imperioso, contudo, não confundir as verbas. Enquanto as cláusulas limitativas ou excludentes do dever de indenizar impactam apenas o efeito ressarcitório da resolução, mantém-se hígido o efeito restituitório. Não se atentando a esta distinção, "o valor contemplado na cláusula [excludente ou limitativa do dever de indenizar] pode acabar sendo utilizado para 'indenizar' tanto o dano quanto o montante restituitório, a limitar indevidamente os valores a que o credor faz jus"[70]. Assim, diante de um pleito de resolução, tais cláusulas não deveriam restringir a restituição das prestações já adimplidas, "a menos que se extraia da própria interpretação do contrato, ou das circunstâncias em que foi celebrado, que as partes pretenderam estabelecer um limite geral de valor"[71].

---

[69] Efeito indenizatório da resolução por inadimplemento, *in*: Aline de Miranda Valverde Terra e Gisela Sampaio da Cruz Guedes (coords.), *Inexecução das obrigações*: pressupostos, evolução e remédios, Rio de Janeiro: Processo, 2020, v. 1, p. 400.

[70] *Ibidem*, p. 400.

[71] Gisela Sampaio da Cruz Guedes e Aline de Miranda Valverde Terra, Efeito indenizatório da resolução por inadimplemento, *in:* Aline de Miranda Valverde Terra e Gisela Sampaio da Cruz

Em segundo lugar, cabe examinar as perdas e danos quando o contratante fiel opta pela tutela específica da obrigação. Neste caso, o credor não visa o retorno ao estado anterior, tendo, isso sim, interesse na prestação que não foi, ainda, adimplida. Não sendo a tutela específica possível (isto é, convertendo-se a mora em inadimplemento absoluto), o interesse do credor volta-se para um pleito substitutivo (CPC, art. 499; CC, art. 248), fazendo jus a uma indenização pelo interesse positivo, que coloca o credor na situação em que estaria se o contrato tivesse sido cumprido. Mantém-se, assim, o credor vinculado à sua contraprestação, quer dizer, não recebe de volta o preço pago pela coisa, objeto da prestação. Esta é a visão tradicional.

Por outro lado, há quem sustente que, uma vez impossibilitada a prestação, isto é, diante do inadimplemento absoluto, o credor que ainda mantenha interesse no cumprimento do contrato deverá pleitear não as perdas e danos substitutivas (indenização pelo interesse positivo, como mencionado), mas sim o *equivalente* à prestação inadimplida, acrescido das perdas e danos eventualmente sofridas.

Essa corrente se baseia no artigo 475 do Código Civil, que, ao se referir ao "cumprimento específico da obrigação", não estaria a tratar da tutela específica. Esse dispositivo não incidiria em casos de mora (em que ainda há possibilidade de tutela específica), mas somente em casos de inadimplemento absoluto, quando já não é mais possível ao credor pleitear a prestação *in natura*. Diante do inadimplemento absoluto, abrir-se-iam para o credor duas alternativas: (i) pretender obter a manutenção do vínculo contratual para obter o equivalente pecuniário da prestação, isto é, seu valor em dinheiro – seria a chamada execução pelo equivalente, ou (ii) pleitear a extinção da relação obrigacional – por meio do pedido de resolução, sem prejuízo, em ambas as hipóteses, da indenização pelas eventuais perdas e danos experimentadas[72]. O raciocínio funda-se, também, no teor do artigo 234 do Código Civil, pelo qual, se a coisa se perder com culpa do devedor, "responderá este pelo equivalente e mais perdas e danos".

Guedes (coords.), *Inexecução das obrigações*: pressupostos, evolução e remédios, Rio de Janeiro: Processo, 2020, v. 1, p. 400.

[72] "A escolha a ser feita pelo credor, com base no art. 475, é entre a resolução e o cumprimento pelo equivalente" (Aline de Miranda Valverde Terra, Execução pelo equivalente como alternativa à resolução: repercussões sobre a responsabilidade civil, *Revista Brasileira de Direito Civil*, Belo Horizonte, v. 18, p. 49-73, out./dez. 2018, p. 55. Disponível em: https://rbdcivil.ibdcivil.org.br/rbdc/article/view/305. Acesso em 18.05.2023). Em sentido semelhante: Cristiano de Sousa Zanetti, *in* Giovanni Ettori Nanni (coord.), *Comentários ao Código Civil*: direito privado contemporâneo, 2. ed., São Paulo, Saraiva, 2021, livro em formato digital não paginado, comentário ao art. 475.

Esta forma de interpretar as alternativas à disposição do credor diante do inadimplemento absoluto traz impactos na compreensão da abrangência das cláusulas limitativas e excludentes do dever de indenizar. Isso porque, como os partidários desse segundo ponto de vista consideram que a natureza da execução pelo equivalente não é indenizatória, ela não estaria abrangida pelas restrições das cláusulas limitativas ou excludentes do dever de indenizar. Nas palavras de Aline Terra: "a execução pelo equivalente confere ao credor o valor pecuniário correspondente ao objeto da relação obrigacional. E esse valor não se confunde, como já se destacou, com eventual montante indenizatório ao qual o credor também faça jus. (...) Reconhecendo-se a autonomia do equivalente em relação às perdas e danos, eventual opção do credor pela execução pelo equivalente não o impedirá de perseguir o pagamento do valor da prestação a despeito da cláusula limitativa. Afigura-se possível, portanto, que o credor some ao eventual montante máximo de indenização previsto na referida cláusula o valor equivalente da prestação devida"[73].

Diversamente, como visto, na visão tradicional, quando a tutela específica resta impossibilitada, convertendo-se a mora em inadimplemento absoluto, o credor poderá pleitear que a prestação seja substituída por uma indenização pelo interesse positivo (aí incluído o valor da prestação inadimplida), claramente, portanto, sujeita aos ditames das cláusulas limitativas ou excludentes do dever de indenizar.

A questão segue em aberto. Para António Pinto Monteiro, independentemente da natureza, indenizatória, ou não, da execução pelo equivalente, as cláusulas limitativas ou excludentes do dever de indenizar a atingiriam[74].

Uma terceira questão interessante diz respeito à abrangência das cláusulas limitativas ou excludentes do dever de indenizar quando as partes do contrato mantêm, além do vínculo contratual, relações extracontratuais. Nesse cenário, indaga-se se qualquer indenização devida, inclusive extracontratual, estaria abrangida pela cláusula limitativa.

---

[73] Aline de Miranda Valverde Terra, Execução pelo equivalente como alternativa à resolução: repercussões sobre a responsabilidade civil, *Revista Brasileira de Direito Civil*, Belo Horizonte, v. 18, p. 49-73, out./dez. 2018, p. 65-69. No mesmo sentido: Diana Loureiro Paiva de Castro, Cláusulas limitativas e excludentes do dever de indenizar: espécies, efeitos e controle valorativo, *in*: Aline de Miranda Valverde Terra e Gisela Sampaio da Cruz Guedes (coords.), *Inexecução das obrigações*: pressupostos, evolução e remédios. Rio de Janeiro, Processo, 2020, p. 350.

[74] "No domínio contratual, deve tratar-se da exclusão da responsabilidade pela violação – ilícita e culposa – de uma obrigação compreendida na relação contratual. Excluída a responsabilidade, ficará excluída a obrigação de indemnização, em qualquer das suas formas: em espécie ou por equivalente" (António Pinto Monteiro, Cláusula limitativas e de exclusão de responsabilidade civil (1985), Coimbra, Almedina, 2011, p. 99).

Para António Pinto Monteiro, sendo válida a cláusula excludente do dever de indenizar, em princípio restariam afastadas tanto a responsabilidade contratual como também a extracontratual do devedor, que resultassem de um mesmo fato, "desde que, num caso e no outro, se trate dos danos tidos em vista pelas partes ao estipularem a cláusula exoneratória"[75]. De modo semelhante, para Wanderley Fernandes, havendo concurso de responsabilidade contratual e extracontratual, a cláusula contratual de não indenizar poderá afastar a responsabilidade em qualquer de seus fundamentos (contratual ou extracontratual)"[76].

Por fim, uma quarta questão tem relação com danos experimentados por terceiros. Evidentemente, cláusulas contratuais excludentes ou limitativas do dever de indenizar não podem pretender restringir direitos de terceiros, em razão do princípio da relatividade dos efeitos dos contratos. O que se questiona, aqui, é se esses pactos abrangem, ou não, eventual indenização devida a terceiros pela parte adimplente em razão do inadimplemento de sua contraparte. Em outras palavras, se a cláusula limitativa ou excludente abrange tão somente as perdas e danos sofridas diretamente pelo credor, ou se incidem também em relação aos prejuízos que o credor sofreu em demandas regressivas de terceiros, quando o inadimplemento da contraparte trouxe como consequência a impossibilidade de o credor satisfazer suas obrigações perante tais terceiros.

Ao analisar esse problema, José Luiz Bayeux Neto dá a entender que sim. O autor descreve o exemplo em que um certo fornecedor de mercadorias tem alguns clientes para os quais o eventual atraso na entrega dos produtos terá efeitos irrelevantes, e outros clientes para os quais o atraso ocasionará sérias consequências, pois impossibilitará estes últimos de honrar diversos compromissos perante seus respectivos clientes, gerando severos prejuízos. Partindo da premissa de que todos os danos experimentados em razão do atraso seriam de responsabilidade do fornecedor das mercadorias, enquanto o primeiro tipo de clientes o expõe a pouco risco, o segundo tipo o expõe a muito risco. Nesse cenário, a cláusula limitativa do dever de indenizar poderia servir para que este fornecedor de mercadorias se previna das incertezas relativas ao grau de risco que ele assumirá. Ao incluir em seus contratos de fornecimento uma cláusula limitativa do dever de indenizar, por exemplo, excluindo o dever de indenizar lucros cessantes ou fixando um limite de valor dos danos ressarcíveis, "o

[75] António Pinto Monteiro, Cláusulas excludentes de responsabilidade, *in*: Otavio Luiz Rodrigues Junior, Gladston Mamede e Maria Vital da Rocha (coords.), *Responsabilidade civil contemporânea: em homenagem a Silvio de Salvo Venosa*, São Paulo, Atlas, 2011, p. 129.

[76] *Cláusulas de exoneração e de limitação de responsabilidade*, São Paulo, Saraiva, 2013, p. 185. Ainda: Carlos Alberto da Mota Pinto, *Teoria geral do direito civil*, 4. ed., Coimbra, Coimbra Editora, 2005, p. 604.

fornecedor de mercadorias faz com que todos os seus clientes lhe ofereçam o mesmo grau de risco, independentemente de quanto eles sofram com o seu eventual inadimplemento"[77].

Luiz Felipe Silveira chega a conclusão semelhante, referindo-se a julgado do Tribunal de Justiça de São Paulo envolvendo o atraso de uma empresa de fornecimento de equipamentos que causou demora na conclusão da obra da autora com terceiro. A autora pleiteava, então, a condenação da ré ao pagamento dos valores que precisou despender em razão do descumprimento contratual havido. A decisão não reconheceu o pleito, "com fundamento no fato de que não pode a autora imputar à ré obrigações decorrentes de outros contratos da qual a ré não foi parte. O acórdão complementa sua decisão apoiada na existência de cláusula de exoneração de responsabilidades por "lucros cessantes, perdas de receita ou de produção, perdas de contrato ou quaisquer hipóteses de danos indiretos/consequentes"[78].

A resposta, contudo, não nos parece simples, devendo-se extrair da interpretação do contrato a real intenção das partes, devendo-se ter em vista, também, a necessidade de interpretação restritiva das cláusulas limitativas e excludentes do dever de indenizar, por representarem restrições ao princípio da reparação integral.

[77] José Luiz Bayeux Neto, *A validade da cláusula de limitação de responsabilidade no direito privado e, em especial, no contrato de transporte de carga*, Dissertação de mestrado, USP, 2014, p. 50; 52-53.

[78] *Dano indireto e culpa grave no contexto de cláusulas de limitação e exoneração de responsabilidade em contratos de construção*, Dissertação de mestrado, FGV/SP, 2014, p. 84. O julgado referido pelo autor é o TJSP, 34ª CDPriv., AC 01110261420118260100/SP 0111026-14.2011.8.26.0100, Rel. Soares Levada, j. 25.08.2014.

10. CLÁUSULAS DE INTERPRETAÇÃO: A DISTRIBUIÇÃO CONVENCIONAL DOS RISCOS DA LÍNGUA

André Nunes Conti

"'When I use a word,' Humpty Dumpty said, in rather a scornful tone, 'it means just what I choose it to mean – neither more nor less.'
'The question is,' said Alice, 'whether you *can* make words mean so many different things.'"[1]

1. INTRODUÇÃO

As cláusulas de interpretação, habitualmente estipuladas no início ou no fim de diversas espécies de contrato, reduzem-se, com frequência, a disposições triviais, utilizadas como meras cláusulas de estilo, sem maior relevância para o conjunto do regramento contratual em que figuram. Disposições como a de que o contrato deve ser interpretado "as a whole, in a simple manner, and according to its fair meaning" não costumam ter, no Brasil, conteúdo normativo relevante, e uma disposição como a de que a regra legal de interpretação *contra proferentem* (CC, art. 113, § 1º, IV) não deve ser aplicada na interpretação de certo contrato não sói levantar quaisquer problemas na prática. É apenas em circunstâncias excepcionais que a estipulação de cláusulas de interpretação se torna objeto de disputas, como, por exemplo, quando se apresenta uma dúvida quanto a se certo termo de um contrato foi utilizado em sentido técnico, como

[1] *Lewis Carroll*, Through the Looking-Glass and What Alice Found There, New York, 1911, p. 117.

com uma referência implícita ao vocabulário formalizado de certa autoridade de contabilidade, e é preciso decidir se a previsão de uma interpretação "in a simple manner, and according to its fair meaning" afasta ou não a possibilidade de recurso a esse sentido técnico formalizado.

No entanto, para além de problemas pontuais que a casuística apresenta, o que justifica uma reflexão sobre as cláusulas de interpretação é, sobretudo, o fato de que seu principal potencial ainda é pouco valorizado. Com efeito, essas cláusulas são, antes de mais nada, um instrumento com que as partes podem fazer uso de sua autonomia privada para dispor sobre o dilema fundamental que, em qualquer sistema normativo, subsiste entre a segurança jurídica, de um lado, e a equidade, de outro. Aliás, foi claramente em vista desse potencial específico que o legislador se posicionou expressamente em favor das cláusulas de interpretação ao inserir o art. 113, § 2º, e o art. 421-A, I, no Código Civil com a promulgação da Lei da Liberdade Econômica.

Para esclarecer em que medida as cláusulas de interpretação podem desempenhar, no Brasil, esse potencial de disposição pela autonomia privada sobre o dilema entre segurança jurídica e equidade, bem como para apontar como elas mesmas devem ser interpretadas e a que controle de validade a elas estão sujeitas, convém examiná-las sob uma perspectiva que, conquanto já sugerida por sua própria natureza, não costuma ser explicitamente adotada pela doutrina, isto é: sob a perspectiva que as encara como uma forma de *alocação convencional dos riscos da língua.*

2. OS RISCOS DA LÍNGUA

O problema dos "riscos da língua" ("Sprachrisiken") ou dos "riscos do entendimento" ("Verständigungsrisiken") é tipicamente discutido no contexto de contratações por partes que falam línguas diferentes, em que uma possivelmente não compreende corretamente a declaração que a outra faz em uma língua que a primeira não domina.[2]

É evidente, no entanto, que um problema similar também se faz presente mesmo quando os contratantes falam uma língua comum. Isso porque, ainda quando os falantes de uma língua se esforcem por se expressar de forma clara e precisa, simplesmente não é possível excluir *ex ante* toda e qualquer

[2] *Cf. Michael Kling*, Sprachrisiken im Privatrechtsverkehr: Die wertende Verteilung sprachenbedingter Verständnisrisiken im Vertragsrecht, Tübingen, 2008; *Gert Baumgärtel*, Das Sprachrisiko oder das Aufeinandertreffen unterschiedlicher Sprachen im Deutschen materiellen und Internationalen Schuldvertragsrecht, Tese de doutorado: Augsburg, 1982, p. 2.

possibilidade de desentendimento na comunicação.[3] A incerteza sobre como um ato de comunicação poderá ser interpretado caso considerado em certo contexto não antevisto pelo declarante sempre confere à decisão de comunicar o caráter de risco.[4]

E, cumpre observar, o problema desdobra-se em dois níveis. Por um lado, há uma incerteza relativa às possibilidades de compreensão semântica de uma proposição em si mesma, pois os termos que se utilizam para comunicá-la são sempre em alguma medida ambíguos ou vagos. Por outro lado, além disso, mesmo quando uma proposição tem um sentido claro e é adequadamente compreendida, subsiste uma incerteza quanto às possibilidades de sua compreensão pragmática, isto é, das suas implicações em casos concretos. Na estipulação de cláusulas contratuais, isso significa: a formulação de certa cláusula potencialmente deixa dúvidas *tanto* no que se refere ao modo de compreender a disposição em si mesma (*i.e.* quanto ao que seria uma paráfrase adequada da cláusula) *quanto* no que diz respeito ao modo de compreender sua aplicação a casos concretos (*i.e.* quanto a se ela abrange ou não determinada situação de fato).

Ambas essas incertezas correspondem, no caso da celebração de contratos, ao risco relativo ao modo como o juiz ou a autoridade competente para tomar decisões com base no contrato irá interpretá-lo. E note-se: não se trata simplesmente do risco de saber se o juiz vai ou não acertar à hora de tomar uma decisão, mas sim do risco decorrente do fato de que normalmente há, objetivamente, margem para diversas interpretações plausíveis.

Além disso, o objeto da incerteza que configura o risco é o uso concreto que se fará da linguagem, o resultado prático a ser obtido quando o contrato tiver que ser interpretado por uma autoridade. Essa incerteza não se confunde com a que recai sobre se o resultado prático vai ser materialmente satisfatório para uma das partes, ou se vai levar às consequências mediatas por ela esperadas. Há, na verdade, uma verdadeira *tensão* entre essas duas incertezas, que corresponde à tensão entre segurança jurídica (certeza sobre como certa norma será concretamente aplicada) e equidade (certeza sobre a justiça material da aplicação concreta de certa norma). Esse dilema compõe justamente o cerne da problemática relativa ao potencial das cláusulas de interpretação, e quem procura dissolvê-lo negando a tensão entre equidade e segurança jurídica

[3] *Cf.* em detalhes *Gordon Park Backer/Peter Michael Stephan Hacker*, An Analytical Commentary on the Philosophical Investigations, vol. I – Wittgenstein: Understanding and Meaning, parte 2 – Exegesis §§1-184, 2ª ed. Malden/Oxford, 2009, pp. 178-179 ("it is neither necessary nor possible to guard against the mere possibility of vagueness. No determinate totality is signified by 'all possible circumstances.'").

[4] *Cf. Niklas Luhmann*, Soziologie des Risikos, Berlin, 2003, p. 25.

e afirmando que "a observância da boa-fé [...] contribui para garantir segurança jurídica aos negócios"[5], distorce o que se quer dizer com "segurança jurídica" (que passa a se referir à expectativa de justiça material, e não à previsibilidade do resultado formal da aplicação de certas normas) e deixa de enfrentar a questão que realmente importa.

3. A DISTRIBUIÇÃO LEGAL DOS RISCOS DA LÍNGUA PELAS NORMAS DE IMPUTAÇÃO DO SIGNIFICADO DAS DECLARAÇÕES DE VONTADE

As normas legais que preveem regras sobre a interpretação e sobre o controle de validade e eficácia das declarações de vontade podem ser compreendidas como regras de imputação de um dos possíveis significados do ato de declaração.

Com efeito, a vinculação negocial por agentes privados dá-se por força de uma norma legal (não escrita) que reconhece vigência às normas negociais estipuladas pelas partes.[6] Essa norma legal atribui certas consequências ao fato da declaração de vontade. Ocorre que essa é uma espécie peculiar de fato jurídico, uma vez que se torna juridicamente relevante em diversos níveis de institucionalização (*i.e.* em consideração de um contexto institucional mais ou menos complexo). É dizer, o fato da declaração de vontade pode ser encarado como: (*i*) simples atuação humana livre; (*ii*) ato de comunicação; ou (*iii*) ato de comunicação com determinado conteúdo.[7]

A vinculação de uma parte perante outra por uma declaração de vontade exige que a declaração seja imputável (*i.e.* pertinente) a ambas, é dizer, que se possa considerar uma declaração emitida pelo declarante e dirigida ao destinatário.[8]

Concretamente, para que o declarante esteja definitivamente vinculado a certa relação jurídica negocial, é preciso que a declaração lhe seja plenamente

---

[5] *Gustavo Tepedino/Laís Cavalcanti*, Notas sobre as alterações promovidas pela Lei nº 13.874/2019 nos arts. 50, 113 e 421 do Código Civil, in: Luis Felipe Salomão et al., Lei de Liberdade Econômica e seus impactos no Direito Brasileiro, São Paulo, 2020, p. 498 ("A observância da boa-fé, portanto, contribui para garantir segurança jurídica aos negócios, afastando pretensões que eventualmente seriam extraídas de redações dúbias de cláusulas contratuais abertas, comportamentos lícitos que, na prática, conferissem mais poder a uma das partes do que se pretendeu outorgar ou, ainda, condutas desleais que contribuíssem para o enfraquecimento do vínculo contratual").

[6] *Cf. André Nunes Conti*, Desconsideração atributiva no direito privado: A imputação de fatos da pessoa jurídica aos seus membros e vice-versa, São Paulo, 2022, p. 150.

[7] *Cf. Karl Larenz*, Die Methode der Auslegung des Rechtsgeschäfts: Zugleich ein Beitrag zur Theorie der Willenserklärung, reimp., Frankfurt a.M., 1966, pp. 10 e 36.

[8] *Cf. André Nunes Conti*, Desconsideração atributiva no direito privado, cit., pp. 150-151.

imputável (com consciência positiva) no nível mais profundo de institucionalização, isto é, enquanto uma declaração que tem por conteúdo a estipulação das regras componentes dessa relação jurídica negocial.[9] Já quando a declaração é plenamente imputável apenas no nível menos profundo, isto é, enquanto ação humana livre, sem consideração de seu significado (situação em que os alemães dizem haver apenas *Handlungsbewusstsein*), e é imperfeitamente imputável (com consciência apenas potencial) nos demais níveis de institucionalização, enquanto ato de comunicação (faltando *Erklärungsbewusstsein*) ou ato de comunicação com certo significado (faltando *Geschäftswille*) a declaração vincula o declarante apenas provisoriamente, até que este, caso deseje, providencie sua anulação.

E para que o destinatário faça parte da relação jurídica que provém da declaração, esta deve ser-lhe pelo menos imperfeitamente imputável (com consciência potencial) em seu nível de institucionalização mais profundo, isto é, estar para com ele em uma relação de pertinência determinada pela consciência potencial do seu significado. Essa consciência potencial do significado da declaração pelo destinatário determina-se pelo "horizonte objetivo de compreensão" que se define pela boa-fé e pelos usos e costumes (CC, art. 113, *caput*).

Nesse contexto, a "interpretação" das declarações de vontade consiste na determinação daquele, dentre seus possíveis significados, que é imputável ao declarante e ao destinatário.[10] Isto é, dentre os vários possíveis significados que poderia assumir uma declaração de vontade, a depender do contexto que se utilize como seu pano de fundo, a interpretação visa a determinar o significado abrangido pela norma de imputação do art. 113, *caput*, do Código Civil, que considera relevante para declarante e destinatário o sentido que poderia e

[9] *Cf. Matthias Lüdeking*, Die zugerechnete Willenserklärung: Existenz, Struktur und Kriterien, Berlin, 2017, p. 69 ("no caso da declaração de vontade é preciso distinguir entre a imputação do sinal da declaração e a imputação do conteúdo da declaração"; no original: "Im Fall der Willenserklärung muss zwischen der Zurechnung des Erklärungszeichens und derjenigen des Erklärungsinhalts unterschieden werden").

[10] *Cf. Karl Larenz*, Die Methode der Auslegung des Rechtsgeschäfts, cit., p. 17 ("Tampouco Leonhard percebeu claramente que o objetivo da interpretação só pode ser a constatação daquele significado de uma declaração que, dentre os vários possíveis significados, deve ser encarado em vista de certo critério jurídico como o significado juridicamente vinculante, e que, assim, a questão relativa à interpretação 'correta' de uma declaração de vontade torna-se uma questão relativa *à imputação do significado da declaração*"; no original: "Auch Leonhard hat noch nicht klar erkannt, daß das Ziel der Auslegung nur die Feststellung derjenigen Bedeutung einer Erklärung sein kann, die unter verschiedenen möglichen Bedeutungen gerade nach einem rechtlichen Beurteilungsmaßstab als die rechtsverbindliche angesehen werden muß, und daß damit die Frage nach der ‚richtigen' Auslegung einer Willenserklärung zu einer Frage der *Zurechnung* des *Erklärungssinnes* wird"). *Cf.* também, já décadas antes: *Hans Kelsen*, Hauptprobleme der Staatsrechtslehre entwickelt aus der Lehre vom Rechtssatze, 2ª ed. Tübingen, 1923, pp. 126 e 143.

deveria ser compreendido por ambos levando em conta o contexto ditado pela boa-fé e pelos usos e costumes.

Assim, as diversas normas legais sobre os critérios para a interpretação e para o controle de validade e eficácia das declarações de vontade, enquanto normas que estatuem os critérios para a determinação do significado imputável (provisória ou definitivamente) da declaração ao declarante e ao destinatário, são normas que realizam uma *distribuição legal dos riscos da língua*. Ao prever quando um dos significados de uma declaração potencialmente ambígua, vaga ou incerta em suas implicações pragmáticas pode ou não vincular declarante e destinatário com base na sua consciência meramente potencial desse significado, essas normas determinam quem é que corre o risco de uma falha no autoregramento dos agentes privados através de declarações de vontade.[11]

4. POSSIBILIDADE DE ALOCAÇÃO CONVENCIONAL DOS RISCOS DA LÍNGUA

A autonomia privada, enquanto o poder dos agentes privados de dispor livremente dos seus bens, comporta o poder de estipular uma alocação convencional de riscos distinta da distribuição legal (CC, art. 421-A, II). E a alocação convencional de riscos pode se dar, seja de forma direta, através da assunção de deveres e da disposição de direitos, seja de forma oblíqua, através de uma redistribuição dos riscos relativos ao modo como o próprio ato de assunção de deveres ou de disposição de direitos (*i.e.* a declaração de vontade) será compreendido, é dizer, de uma redistribuição dos riscos da língua. Com efeito, quem pode o mais pode o menos, e se as partes podem dispor diretamente de certos bens, é evidente que elas também podem dispor deles indiretamente, dispondo dos riscos relativos ao próprio ato de disposição desses bens.[12]

---

[11] *Cf. Werner Flume*, Allgemeiner Teil des Bürgerlichen Gesetzbuches, vol. II: Das Rechtsgeschäft, 4ª ed. Berlin, 1992, § 4, p. 61 ("A declaração de vontade, enquanto ato de conformação de relações jurídicas, não diz respeito apenas ao declarante, mas é um ato social, que também diz respeito a outros. Da essência da declaração de vontade enquanto conformação de relações jurídicas provém o problema relativo a quem corre o risco de uma falha da autodeterminação: aquele que exerce a autodeterminação, ou aquele a quem a relação jurídica que envolve o declarante diz respeito"; no original: "Die Willenserklärung ist als Akt der Gestaltung von Rechtsverhältnissen nicht nur auf den Erklärenden bezogen, sondern ein Sozialakt, der andere angeht. Aus dem Wesen der Willenserklärung als Gestaltung von Rechtsverhältnissen ergibt sich das Problem, wer das Risiko einer Verfehlung der Selbstbestimmung zu tragen hat: derjenige, welcher die Selbstbestimmung ausübt, oder derjenige, welchen das fragliche Rechtsverhältnis zugleich mit dem Erklärenden angeht").

[12] *Cf. José de Oliveira Ascensão*, O Direito – Introdução e teoria geral: Uma perspectiva luso-brasileira, 2ª ed. Lisboa, 1980, p. 207 ("São regras interpretativas injuntivas as que interpretam fontes do direito; dispositivas, as que interpretam negócios particulares. No primeiro caso, porque

Ocorre aqui algo semelhante ao que se verifica quando as partes estipulam uma cláusula compromissória ou uma cláusula sobre provas.[13] A cláusula compromissória pode ser compreendida como um modo de disposição indireta dos bens a que certo contrato se refere, pois, se a parte pode dispor dos bens diretamente, ela também pode dispor do risco relativo a como será decidida uma disputa relativa à disposição desses bens. E a cláusula sobre provas também comporta uma disposição indireta em sentido semelhante, pois ao restringir as possibilidades de provar em juízo os pressupostos para o exercício de certo direito, as partes nada mais fazem do que dispor, de forma indireta, do próprio direito.

Assim, ao estipular uma alocação convencional dos riscos da língua relativos a uma declaração de vontade, as partes nada mais fazem que definir, mais concretamente, o significado dessa mesma declaração.[14] Uma declaração de vontade consiste em um discurso compreendido como um todo, e as cláusulas que tratam expressamente de como ela deve ser compreendida fazem parte do discurso e contribuem para a definição do seu sentido global.[15]

Há duas formas pelas quais essa definição expressa do sentido de uma declaração pode ocorrer.[16] Por um lado, o declarante pode fazer uma precisão específica para complementar o sentido de uma disposição em concreto, como quando complementa uma afirmação antepondo algo como "para evitar

fixam o entendimento das fontes, fixam-no objectivamente, sem atender à vontade das partes. No segundo caso, porque visam a esclarecer os termos que os particulares usaram porque quiseram, fazem-no dispositivamente: assim como podiam não ter feito a declaração, também os particulares podem fazê-la usando os termos em sentido diverso do que se prevê na norma interpretativa"); *Geneviève Helleringer*, Les clauses du contrat: Essai de typologie, Paris, 2012, p. 36 ("Sendo livres para determinar os termos do seu acordo, as partes parecem *a fortiori* autorizadas a precisar a significação desse acordo e, mais precisamente, a maneira como ele deverá ser compreendido"; no original: "Libres de déterminer les termes de leur accord, les parties paraissent *a fortiori* autorisées à préciser la signification de cet accord et, plus précisément, la manière dont il doit être compris").

[13] *Cf. Geneviève Helleringer*, Les clauses du contrat, cit., pp. 331-333.

[14] *Cf. Geneviève Helleringer*, Les clauses du contrat, cit., p. 36.

[15] Apenas quando a determinação do sentido da declaração de vontade é realizada em um momento posterior, de forma separada da emissão da declaração, é que ela se considera como uma nova declaração que volta a dispor dos bens de que a primeira dispusera, seja como uma transação, seja como uma ratificação; *cf. Michele Onorato*, Clausola di significazione, in: Massimo Confortini (org.), Clausole negoziali: Profili teorici e applicative di clausole tipiche e atipiche, Milano, 2017, p. 1517. Obviamente, o poder das partes de determinar o conteúdo da própria declaração de vontade através de cláusulas de interpretação (CC, art. 113, § 2º) não implica um poder irrestrito de, retroativamente, alterar o conteúdo ou sanar vícios de declarações passadas, *cf.* TJRJ, AI 0046452-68.2020.8.19.0000, 1ª Câm. Cív., rel. Des. Camilo Ribeiro Rulière, v.u., j. 17.02.2022.

[16] *Cf. Michele Onorato*, Clausola di significazione, cit., p. 1521.

dúvidas, ..." a uma paráfrase do que viera antes. Por outro lado, ele pode fazer uma precisão para fixar os critérios gerais de como o conjunto da declaração deve ser entendido. Esses critérios gerais, por sua vez, podem assumir tanto a forma de uma fixação de regras gerais de compreensão (por exemplo, através de definições), quanto a forma do estabelecimento de ônus argumentativos para resolver dúvidas em casos de falta de clareza quanto ao significado de parte da declaração, especialmente no que se refere às suas implicações pragmáticas, isto é, às dúvidas relativas ao modo como essa parte da declaração deve ser aplicada em casos concretos.

Em nenhuma dessas hipóteses a cláusula de interpretação configura uma "meta-cláusula" ou uma cláusula "de segunda ordem" em algum sentido relevante.[17] Assim como um livro que fala sobre livros ou uma notícia que fala sobre notícias não se tornam um livro ou uma notícia "de segunda ordem", mas permanecem simplesmente como um livro ou uma notícia normais, as cláusulas de interpretação são cláusulas contratuais como quaisquer outras, integrando o regramento contratual e devendo ser tratadas como as demais cláusulas do contrato.

Desse modo, se as regras legais que definem critérios e estabelecem ônus argumentativos para os casos de dúvida na interpretação determinam quando o significado de uma declaração de vontade é imputável e, assim, realizam uma distribuição legal dos riscos da língua, as cláusulas de interpretação, que estipulam critérios e ônus argumentativos diversos dos legais, configuram-se como uma forma de redistribuição convencional desses riscos. Essa alocação convencional de riscos é fundamentalmente permitida (CC, art. 113, § 2º e 421-A, I e II), estando sujeita apenas aos limites que, excepcionalmente, restringem a autonomia privada das partes como um todo.

5. LIMITES À ALOCAÇÃO CONVENCIONAL DOS RISCOS DA LÍNGUA

A principal pergunta relativa às cláusulas de interpretação diz respeito ao que as partes *não* podem fazer através delas. Essa é a pergunta normalmente feita pela doutrina brasileira a esse respeito.[18] E essa pergunta ganha um sentido claro e concreto quando se compreende que ela corresponde à pergunta relativa aos limites da autonomia privada para a alocação privada de riscos. Dois são os principais limites que se devem ter em conta.

---

[17] Como pretende, por exemplo, *Michele Onorato*, Clausola di significazione, cit., p. 1512.

[18] *Cf.* por exemplo *Rodrigo Xavier Leonardo/Otavio Luiz Rodrigues Jr.*, A interpretação dos negócios jurídicos na Lei da Liberdade Econômica, in: Alexandre J. Carneiro da Cunha et al. (org.), Lei da Liberdade Econômica Anotada, vol. 2, São Paulo, 2020, pp. 225-226.

O primeiro deles decorre das normas que limitam o uso do próprio instrumento de alocação convencional de riscos e que, evidentemente, não podem ser afastadas pelo instrumento cujo uso limitam. Nesse sentido, uma cláusula de interpretação (ou de disposição oblíqua) não pode, por meio do seu conteúdo, subtrair-se ao controle da sua própria vigência exercido pelas normas legais sobre interpretação, validade e eficácia das declarações de vontade, pois para isso já precisaria pressupor sua vigência. É por esse mesmo motivo que uma cláusula de adesão não pode afastar a incidência das normas sobre cláusulas de adesão, e um acordo verbal não pode afastar a exigência de forma escrita para certo contrato. Assim, não é possível celebrar validamente uma cláusula de interpretação que viole, ela mesma, alguma proibição legal, por exemplo no que se refere ao controle de cláusulas inesperadas ou excessivamente desvantajosas (adesão, consumidor, trabalho).[19]

Especialmente no que se refere à disciplina do erro invalidante aplicada às cláusulas de interpretação, vale observar que o erro na estipulação de uma cláusula de interpretação, configurando-se por uma discrepância entre o sentido da declaração de que o declarante efetivamente tinha consciência e o sentido dela que lhe é imputável por ser potencialmente conhecível pelos critérios do art. 113 do Código Civil, diz respeito ao significado *da própria cláusula de interpretação*, e não ao significado das cláusulas a cuja interpretação ela se refere. Em razão disso, o fato de que o risco assumido através da cláusula de interpretação porventura não tenha sido adequadamente estimado por uma parte, isto é, o fato de que a regra de interpretação tenha acabado por levar a uma interpretação de outras cláusulas do contrato não antecipada pela parte, não configura erro, mas o falso motivo irrelevante do art. 140 do Código Civil. Apenas se ambas as partes tinham consciência positiva sobre o significado que queriam atribuir a outra cláusula do contrato, e se a regra de interpretação estipulada levou, de forma não antecipada por nenhuma delas, a uma interpretação diferente, prepondera o significado querido por ambas mesmo contra a regra de interpretação (CC, art. 142: *falsa demonstratio non nocet*).

O segundo limite à autonomia privada decorre das normas cogentes, que já não poderiam ser diretamente afastadas por disposição das partes e, evidentemente, tampouco podem sê-lo por via oblíqua, através de uma alteração do sentido da declaração de vontade. Esse limite, no entanto, não diz respeito principalmente à cogência das normas legais de interpretação – que são raras,

[19] *Cf. Maria Cândida do Amaral Kroetz*, Interpretações – art. 113 do Código Civil, in: Floriano Peixoto Marques Neto et al. (org.), Comentários à Lei da Liberdade Econômica – Lei 13.874/2019, São Paulo, 2019, pp. 360-361; *Paula Forgioni*, A interpretação dos negócios jurídicos II – alteração do art. 113 do Código Civil: art. 7º, in: Floriano Peixoto Marques Neto et al. (org.), Comentários à Lei da Liberdade Econômica – Lei 13.874/2019, São Paulo, 2019, p. 385.

e só abrangem normas de interpretação explicitamente protetivas, como a do art. 47 do CDC; mesmo os critérios básicos dos arts. 112 e 113 do Código Civil *não são cogentes*, e não prevalecem sobre os critérios com que as próprias partes definiram o significado da sua declaração.[20] Ele refere-se, antes, às normas legais cogentes em geral. Não sendo possível afastar a incidência do art. 413 do Código Civil por uma previsão que estipula que "a multa contratual não poderá ser reduzida pelo juiz", tampouco é possível afastá-la por uma previsão que estipule que "a multa aqui prevista não é uma penalidade para os fins do art. 413 do Código Civil" ou que "esta cláusula deve ser interpretada de modo a assegurar que a parte inocente em qualquer caso receba o valor integral da multa". Não sendo possível prever uma condição puramente potestativa nos termos do art. 122, parte final, do Código Civil, tampouco é possível fazê-lo através da previsão indireta de que "a obrigação aqui prevista deve ser interpretada de modo a ser compatível com o comportamento que vier ser adotado pelo devedor".

Para além desses dois limites relativos ao controle da própria cláusula de interpretação e à impossibilidade de violação de normas cogentes por via oblíqua, a alocação convencional de riscos da língua está coberta pela autonomia privada, e pode ser utilizada para realizar um papel cujo potencial vai muito além daquele que as cláusulas de interpretação hoje costumam desempenhar.

6. RELEVÂNCIA PRÁTICA DAS CLÁUSULAS DE INTERPRETAÇÃO

Como se disse ao princípio, as cláusulas de interpretação habitualmente são utilizadas de forma restrita e trivial na prática da redação de contratos, como meras cláusulas de estilo sem verdadeira importância: elas não são objeto de efetiva negociação entre as partes, frequentemente são incluídas no contrato apenas por constar do modelo utilizado e muitas vezes apenas reforçam o

[20] *Cf. Fábio Ulhoa Coelho*, A interpretação dos negócios jurídicos após a lei das liberdades econômicas, in: André Santa Cruz et al. (org.), Declaração de direitos de liberdade econômica – Comentários à Lei 13.874/2019, Salvador, 2020, p. 431; *Paula Forgioni*, A interpretação dos negócios jurídicos II – alteração do art. 113 do Código Civil: art. 7º, cit., p. 385 (concluindo serem as regras legais inafastáveis apenas em contratos em que a livre negociação é restrita, como nos contratos de adesão). Em sentido contrário, mas baseando-se apenas em argumentos pouco convincentes relativos ao caráter "estruturante" dos arts. 112 e 113, e sem tratar propriamente do fato de que estabelecer critérios privados de interpretação (na medida em que eles sejam compreensíveis) é simplesmente determinar o conteúdo da declaração de vontade, o que está abrangido pela autonomia privada, *cf. Guilherme Nitschke*, Comentário ao art. 113, in: Judith Martins-Costa e Guilherme Nitschke (org.), Direito Privado na Lei da Liberdade Econômica – Comentários, São Paulo, 2022, pp. 420-422.

que já está previsto na lei.[21] É o que ocorre especialmente com várias definições e ficções provenientes da práxis anglo-saxã.[22]

Para além disso, de resto, elas normalmente se reduzem a uma lista de definições relativas à matéria específica sobre que versa o contrato, e que até podem gerar na prática algumas discussões relativas à própria interpretação de uma ou outra definição (como frequentemente as definições de "parte relacionada" ou de "controle"), mas sem levantar problemas teóricos consideráveis, ou então se reduzem a regras de menor magnitude. É o caso de cláusulas prevendo a irrelevância de certas partes da redação do contrato (como títulos e subtítulos), a compatibilidade da interpretação com a lei, o afastamento da regra legal de interpretação *contra proferentem* (CC, art. 113, § 1º, IV), ou a atribuição de certo sentido a um comportamento das partes, como as que preveem que a omissão importará na prorrogação do prazo do contrato, ou que o silêncio não importará em renúncia.

Um pouco mais interessantes, além disso, são as cláusulas que prescrevem uma interpretação em função do seu resultado, dando uma relevância absoluta à teleologia explicitada, ao prever que "o contrato deverá ser interpretado de modo a assegurar que...". O resultado que guia a interpretação pode ser um resultado prático qualquer (como assegurar o maior valor possível para uma indenização), e muitas vezes é a preferência ao benefício de uma das partes (devendo quaisquer dúvidas ser resolvidas em favor dela). Também apresentam uma complexidade peculiar as cláusulas que indicam um responsável por resolver dúvidas interpretativas, e que funcionam quase como cláusulas compromissórias.

Mas o principal potencial das cláusulas de interpretação está em *reduzir os riscos da língua através de um aumento do risco de uma decisão materialmente*

---

[21] No entanto, o mero fato de estarem previstas no corpo do contrato em princípio autoriza o juiz a utilizá-las para fundamentar a interpretação do negócio. A parte que alega não ser uma disposição contratual mais que uma mera cláusula de estilo sem força normativa tem contra si o ônus da prova dos elementos que demonstrem ter sido essa mesmo a vontade das partes. Além disso, a previsão dessas cláusulas pode até mesmo trazer efeitos colaterais, pois elas podem ser utilizadas como critério para concluir que as partes optaram por utilizar uma linguagem estrita (do contrário, não seria necessário fazer esse tipo de precisão minuciosa), de modo que podem gerar confusão; o intérprete deve averiguar se elas realmente o quiseram, ou se apenas seguiram um modelo de forma irrefletida.

[22] As quais, a rigor, seriam dispensáveis no Brasil em vista dos arts. 112 e 113 do Código Civil, como quando preveem que "a palavra 'incluindo' deve ser considerada como seguida pelas palavras 'mas não se limitando a'", "a palavra 'ou' deve ser considerada inclusiva, não exclusiva, a menos que o contexto exija o contrário", "o singular deve ser considerado como incluindo o plural, e vice-versa, e o uso de qualquer gênero deve incluir o uso de qualquer outro, conforme exija o contexto", "referências a 'escrever' incluem imprimir, digitar, litografar e outros meios de reprodução de palavras de forma visível".

desfavorável. Elas tornam isso possível ao delimitar o contexto relevante para a compreensão da declaração de vontade.

Assim, elas podem exigir a consideração de um contexto amplo, como o previsto no art. 113 do Código Civil, que manda utilizar os critérios de boa-fé e usos e costumes para avaliar todo o comportamento das partes, inclusive antes e após a celebração do negócio. Mas elas também podem exigir que o intérprete se retenha a um contexto mais restrito, não podendo considerar nenhum elemento do comportamento das partes para além do texto escrito do instrumento do contrato (cláusulas de acordo integral[23]), não podendo ir além do sentido literal da linguagem para considerar os motivos que provavelmente animaram as partes (derrogação do art. 112 do Código Civil) ou não podendo recorrer aos critérios abstratos da boa-fé e dos usos e costumes, devendo ater-se a uma interpretação estrita (derrogação do art. 113 do Código Civil). E elas podem determinar a relevância ou irrelevância de contextos concretos, como por exemplo a relevância ou irrelevância de certo vocabulário técnico, como o contábil; bem como a relevância ou irrelevância de outros contratos, instrumentos ou versões de instrumentos (como quando há diferentes línguas), seja estabelecendo a prioridade absoluta de um deles, seja estabelecendo uma hierarquia.[24]

A restrição do contexto relevante, especialmente a restrição ao sentido literal da linguagem ou a preferência a uma interpretação estrita, consiste precisamente na fixação de "parâmetros objetivos para a interpretação das cláusulas negociais" (CC, art. 412-A, I) cuja possibilidade a Lei da Liberdade Econômica tinha por finalidade chancelar. O contexto restrito confere objetividade e previsibilidade à forma concreta como a cláusula será interpretada, e configura, assim, um favorecimento da segurança jurídica em detrimento da equidade material.[25]

A restrição do contexto reduz a complexidade que deve ser levada em conta pelas próprias partes para saber o que estão combinando (*i.e.* como o contrato será interpretado), com o risco associado a não poder se valer de

[23] Não cabe aqui discutir os problemas concretos que podem surgir com a utilização de cláusulas de acordo integral, que apresentam uma complexidade própria e são objeto de um comentário específico.

[24] *Cf. Geneviève Helleringer*, Les clauses du contrat, cit., pp. 35-36.

[25] *Cf. Maria Cândida do Amaral Kroetz*, Interpretações – art. 113 do Código Civil, cit., p. 359 ("Esse gênero de cláusulas contribui para aumentar o grau de segurança e previsibilidade do contrato. Quanto maior a possibilidade de se antever os desdobramentos futuros da relação contratual, maior a sua certeza e regularidade. Assim, em homenagem ao fortalecimento do controle da evolução dos negócios jurídicos, as partes aceitam sacrificar uma possível margem interpretativa, carregada de percepções individualistas, para objetivar critérios comuns, garantindo uma maior segurança jurídica à operação que o contrato disciplina").

elementos que escapam a essa menor complexidade para evitar uma decisão materialmente insatisfatória. Esse é um importante aspecto da autonomia privada das partes e é preciso ganhar clareza quanto ao fato de que é justamente ele que é relevante na problemática das cláusulas de interpretação, bem como de que a opção por privilegiar a segurança jurídica em detrimento da equidade mediante a previsão de regras divergentes dos arts. 112 e 113 do Código Civil pode ser tomada por agentes capazes no direito brasileiro vigente.

11. CLÁUSULAS DE SOLIDARIEDADE

André Yukio I. Lacerda

1. ASPECTOS GERAIS

As cláusulas de solidariedade nada mais são do que cláusulas que, numa relação contratual, estabelecem o caráter *solidário* de uma determinada *obrigação*.

Em outras palavras, são cláusulas contratuais que, na hipótese de pluralidade de credores, permitem que qualquer um deles *exija do devedor a prestação total* como se houvesse um único credor; ou, no caso de pluralidade de devedores, possibilitam que qualquer um deles *seja compelido a adimplir toda a prestação* em prol do credor, como se houvesse um único devedor[1].

Nesse sentido, a obrigação solidária, imposta pela cláusula de solidariedade, é definida como aquela em que há *pluralidade de sujeitos*, mas *unidade da prestação*[2].

O nosso ordenamento jurídico conceitua as obrigações solidárias de forma bastante precisa no art. 264 do Código Civil, segundo o qual "[h]*á solidariedade, quando na mesma obrigação concorre mais de um credor, ou mais de um devedor, cada um com direito, ou obrigado, à dívida toda*".

---

1 MONTEIRO, Washington. *Curso de direito civil*, vol. 4: direito das obrigações, 1ª parte, 36ª ed., São Paulo: Saraiva, 2011, p. 178.

2 SILVA PEREIRA, Caio Mário da. *Instituições de direito civil*, vol. II, 24ª ed., Rio de Janeiro: Forense, 2011, p. 82.

Vê-se, assim, que as obrigações solidárias se caracterizam essencialmente pela existência de uma *coincidência de interesses* voltados à satisfação de uma prestação, de modo que os credores ou devedores estão unidos entre si pelo vínculo de solidariedade para atingir um *fim comum*, que é o cumprimento da obrigação.

Segundo Orlando Gomes, essa ideia de *fim comum* é tão forte que, "*se faltar, não haverá solidariedade*"[3]. Na mesma linha, essa noção de fim comum também é entendida na doutrina como a união de partes autônomas voltada à consecução de um mesmo objetivo, o adimplemento da prestação, o qual, quando atingido, acarreta a extinção da obrigação.

Regra relevante da solidariedade, prevista nos artigos 257 e 265 do Código Civil, é a de que ela *não pode ser presumida*. Dessa forma, nos contratos em que há mais de um devedor ou mais de um credor, estabelece-se, como *regra geral*, a divisão igualitária da prestação entre os devedores ou credores.

Havendo, por exemplo, prestação de 100, numa determinada obrigação entre dois credores e dois devedores, presume-se que cada credor pode exigir 50 e cada devedor pode ser cobrado de 50, inexistindo *unidade da prestação*. São as *obrigações parciárias*, que somente são lugar às *obrigações solidárias* caso a lei ou a vontade das partes assim determine.

Dentre as obrigações solidárias decorrentes da lei, pode-se citar, por exemplo, a obrigação dos comodatários em relação ao comodante, quanto à conservação e restituição da coisa (art. 585 do Código Civil) ou a obrigação dos mandatários frente ao mandante pelos compromissos assumidos em razão do mandato (art. 680 do Código Civil).

O foco do presente estudo, contudo, recai sobre os casos em que a solidariedade se origina pela *vontade das partes*, a qual, como se sabe, é declarada em contrato, por meio das cláusulas ali estabelecidas. Nesse sentido, parte da doutrina discute se a cláusula contratual que estabelece o caráter solidário da obrigação deve ser *expressa* ou se a solidariedade pode resultar de forma *implícita* das declarações de vontade das partes.

Gustavo Tepedino, Heloisa Helena Barboza e Maria Celina Bodin de Moraes, em sua obra de comentários ao Código Civil, observam que, embora alguns autores entendam pela possibilidade de previsão implícita das obrigações solidárias, é necessária uma previsão contratual *expressa*, citando como exemplos as regras dos arts. 914 e 1.317, do Código Civil, que tratam, respectivamente, da obrigação solidária do endossante, no cumprimento da prestação constante do título em que lançado o endosso, apenas se houver "*cláusula*

[3] GOMES, Orlando. *Obrigações*, 18ª ed. rev. e atual., Rio de Janeiro: Forense, 2016, p. 64.

expressa", e do condômino, nos casos de obrigação contraída por todos os condôminos, somente se se "*estipular a solidariedade*"[4].

Convém, no entanto, refletir sobre o que exatamente significa uma "*cláusula implícita*". Afinal, conforme já antes ressaltado, a *regra geral* é a de que uma obrigação em que há pluralidade de sujeitos, seja em seu polo ativo, seja em seu polo passivo, divide-se em tantos quantos forem os sujeitos, tratando--se de *obrigação parciária*, pelo que a solidariedade constitui uma *exceção*, que deve resultar da lei ou de acordo entre as partes. Isento de dúvidas, pois, que a solidariedade decorrente da vontade das partes deve ser objeto de previsão *inequívoca* no contrato.

Assim, acaso se entenda que cláusula implícita é aquela que, mesmo sem o uso das expressões *solidariedade* ou *obrigação solidária*, permite uma conclusão *inequívoca* quanto à intenção das partes em se estabelecer a solidariedade - como, por exemplo, com a previsão de que as partes se obrigam *in solidum*, *por inteiro* ou *um por todos e todos por um* -, então a resposta parece ser a de que, sim, a cláusula de solidariedade pode ser explícita ou implícita.

Portanto, o critério relevante não é se explícita ou implícita a disposição contratual, mas sim o caráter *inequívoco* ou não da redação da cláusula, sendo o requisito essencial para que se considere haver solidariedade a existência de uma cláusula que, em termos expressos ou não, estabeleça *inequivocamente* a obrigação solidária, como bem observa Washington de Barros Monteiro[5].

1.1. Classificação das obrigações solidárias e exemplos

As obrigações solidárias podem ser classificadas de acordo com o polo do vínculo obrigacional em que se verifica a pluralidade de sujeitos e a unidade da prestação: se somente entre credores, verifica-se a *solidariedade ativa*; se apenas entre devedores, tem-se a *solidariedade passiva*; e, por último, se em ambos os polos, é o caso da *solidariedade mista*.

A *solidariedade ativa* é definida no art. 267 do Código Civil, que prevê, em tais casos, que "*cada um dos credores solidários tem direito a exigir do devedor o cumprimento da prestação por inteiro*". É o que ocorre, por exemplo, no contrato de mútuo financeiro em que os mutuantes "C_1", "C_2" e "C_3" podem exigir do mutuário D a integralidade da quantia emprestada.

---

4 TEPEDINO, Gustavo; BARBOZA, Heloisa Helena; MORAES, Maria Celina Bodin de. *Código Civil interpretado conforme a Constituição da República*. Rio de Janeiro: Renovar, 2007, pp. 549/550.

5 MONTEIRO, Washington de Barros. *op. cit.*, p. 197.

Já a *solidariedade passiva* é prevista no art. 275, *caput*, do Código Civil, que estabelece que, estipulada a obrigação solidária entre diferentes devedores, o "*credor tem direito a exigir e receber de um ou de alguns dos devedores, parcial ou totalmente, a dívida comum*".

Dessa forma, mantendo-se no exemplo do contrato de mútuo financeiro, o mutuante C pode exigir de qualquer dos mutuários "D_1", "D_2" ou "D_3", isolada ou conjuntamente, todo o valor emprestado, ou apenas parte dele, conforme melhor lhe convier.

Por fim, a *solidariedade mista* se verifica quando, na mesma obrigação, concorrem vários credores e vários devedores, com a unidade da prestação para ambos os polos.

Considerando o mesmo exemplo do contrato de mútuo financeiro mencionado anteriormente, cada um dos mutuantes "C_1", "C_2" e "C_3" pode exigir de qualquer um dos mutuários "D_1", "D_2" ou "D_3", isolada ou conjuntamente, o valor total emprestado, ou apenas parte dele. Apesar da falta de previsão expressa da solidariedade mista em lei, é possível a sua constituição pela vontade das partes, que passarão, assim, a se submeter, simultaneamente, ao regime da solidariedade ativa e passiva[6].

As regras da solidariedade ativa e passiva serão tratadas, em detalhe, nos capítulos 2 e 3 do presente artigo.

1.2. Obrigações solidárias x obrigações indivisíveis

Não é rara, entre os aplicadores do direito, a confusão entre *obrigações solidárias* e *obrigações indivisíveis*, pois, em ambas, há *unidade da prestação*, de forma que, havendo múltiplos credores, cada um deles tem a faculdade de exigir a integralidade do objeto da obrigação, e, caso haja mais de um devedor, cada um deles também responde pelo todo.

A despeito dessa semelhança, a doutrina entende, de forma unânime, serem *nítidas* as distinções entre esses dois tipos de obrigação, observando que, na obrigação indivisível, a unidade da prestação decorre da natureza do objeto, que é insuscetível de repartição, enquanto na obrigação solidária essa unidade da prestação decorre da vontade das partes ou da disposição da lei[7].

---

[6] GOMES, Orlando. *op. cit.*, p. 72.

[7] RODRIGUES, Sílvio. *Direito Civil*, v. 2: Parte geral das obrigações, 30ª ed., São Paulo: Saraiva, 2002, p. 64.

Em outras palavras, nas obrigações solidárias, muito embora a natureza da prestação seja compatível com o fracionamento, impera a sua unidade, por um motivo de ordem *técnica*[8]: a letra da lei ou a vontade das partes.

Essa distinção se mostra particularmente relevante nos casos em que a prestação é convertida em indenização: nas obrigações indivisíveis, ocorrida a sua conversão no equivalente pecuniário, cada devedor deve arcar apenas com sua quota-parte (art. 263 do Código Civil); já nas obrigações solidárias, mesmo após a conversão da prestação em indenização, os devedores seguem responsáveis pela totalidade do valor monetário equivalente à prestação, cabendo ao devedor culpado apenas as verbas indenizatórias adicionais (arts. 271 e 279 do Código Civil).

Caio Mário sintetiza, com clareza, as principais diferenças entre as obrigações solidárias e indivisíveis: (I) a causa das primeiras é o título (ou seja, o contrato ou a lei) e a das segundas é a natureza da prestação; (II) nas primeiras, cada devedor paga por inteiro, pois deve por inteiro, já nas segundas solve-se a totalidade por conta da impossibilidade jurídica de repartição da prestação; (III) as primeiras são subjetivas, pois visam a facilitar a satisfação da prestação do devedor ao credor, e as segundas são objetivas, resultando das próprias características da prestação; (IV) as primeiras têm origem técnica, advindo da lei ou do contrato, e as segundas são um dado real, isto é, a impossibilidade do fracionamento da prestação; (V) a solidariedade cessa com a morte dos devedores relativamente a cada um dos herdeiros, mas a indivisibilidade subsiste enquanto a prestação a suportar; e (VI) a indivisibilidade cessa quando a obrigação se converte em indenização, mas a solidariedade conserva a unidade da prestação mesmo em tais casos[9].

Assim, em se tratando de contrato que tem como objeto uma prestação indivisível, caso as partes queiram se submeter ao regime da solidariedade – o que abrange, em especial, a regra da conservação da unidade da prestação após a conversão da obrigação em perdas e danos –, a redação contratual deve prever de modo *inequívoco* que se trata não apenas de obrigação indivisível, mas também de uma obrigação solidária.

1.3. Relações externa e interna das obrigações solidárias

As obrigações solidárias, ativas ou passivas, devem ser enxergadas em duas óticas distintas: a relação *externa* à solidariedade, dos credores solidários

---

[8] SILVA PEREIRA, Caio Mário da. *op. cit.*, p. 80.

[9] SILVA PEREIRA, Caio Mário da. *op. cit.*, pp. 78/79.

com o devedor (na solidariedade ativa) ou dos devedores solidários com o credor (na solidariedade passiva); e a relação *interna* dos sujeitos unidos pelo vínculo de solidariedade, dos credores entre si (na solidariedade ativa) ou dos devedores entre si (na solidariedade passiva).

As relações *externas* são aquelas que primeiro aparecem na obrigação solidária. Por meio delas, cada credor solidário tem a faculdade de exigir do devedor a prestação por inteiro ou cada devedor solidário pode ser compelido à satisfação total da obrigação. Cumprida a prestação, extingue-se o vínculo obrigacional existente entre os credores solidários e o devedor ou entre os devedores solidários e o credor na relação *externa*, e exsurge a relação *interna* dos cocredores entre si ou dos codevedores entre si.

Nessa relação *interna*, os credores solidários que não receberam a prestação do devedor podem exigir as suas respectivas quotas-partes do credor solidário que figurou como *accipiens* - ou seja, que efetivamente recebeu a prestação -, assim como o codevedor que atuou como *solvens* - ou seja, que adimpliu a prestação - tem o direito de exigir dos demais coobrigados as suas respectivas quotas-partes[10].

Dessa forma, *externamente*, os credores solidários estão igualmente vinculados ao devedor, apresentando-se como um *único credor*, nos casos de solidariedade ativa, e os devedores solidários estão igualmente vinculados ao credor, podendo ser encarados como um *único devedor*, nos casos de solidariedade passiva.

Sob o ponto de vista *interno*, porém, cada credor solidário é titular de uma quota-parte da prestação e cada coobrigado deve uma quota-parte da prestação[11].

Presumem-se *iguais* as quotas-partes a serem objeto de divisão entre os credores ou devedores solidários na relação *interna*, mas essa presunção é de caráter relativo, pois pode ser elidida pelo acordo das partes em sentido diverso, com a distribuição desigual das quotas-partes da prestação entre os sujeitos que figuram no mesmo polo da relação obrigacional, sendo possível até mesmo a existência de cocredores ou codevedores que, na relação interna, não tenham direito ou não devam nenhuma quota-parte da prestação.

Vale o alerta, por fim, de que não existe solidariedade na relação *interna*, ou seja, o devedor solidário que adimpliu a prestação somente poderá cobrar de cada um dos demais coobrigados sua respectiva quota-parte, da mesma forma que os credores solidários apenas poderão exigir do credor solidário que figurou como *accipiens* as suas respectivas quotas-partes.

Caso contrário, se se admitisse a manutenção da solidariedade também para a relação interna, ficaria instituído um movimento cíclico da obrigação,

---

10 GOMES, Orlando. *op. cit.*, p. 65.

11 RODRIGUES, Sílvio. *op. cit.*, p. 72.

indefinido e perpétuo[12], que impossibilitaria a completa satisfação dos créditos e débitos entre todos os sujeitos envolvidos na obrigação solidária.

1.4. Unicidade ou pluralidade de vínculos obrigacionais

Questão controvertida no âmbito das obrigações solidárias é o número de vínculos obrigacionais criados a partir da instituição da solidariedade: há quem entenda existir *um único vínculo obrigacional*, que liga os credores solidários ao devedor ou o credor aos devedores solidários, adeptos da chamada *teoria unitária*; e há quem considere haver *tantos vínculos quanto forem os sujeitos*, ativos ou passivos, solidariamente unidos no mesmo polo da obrigação, que integram a teoria *pluralista*.

Unitaristas dizem que o vínculo obrigacional é único, abrangente de vários sujeitos, tendo em vista a *unidade da prestação* e o *fim comum*, dos quais se falou no início do presente artigo. Em tais condições, por haver uma única prestação, que, satisfeita por qualquer dos devedores solidárias ou em benefício de qualquer dos credores solidários, acarreta a extinção da obrigação, entende-se pela existência de um único vínculo obrigacional.

Contrapondo-se a essa ideia, os pluralistas sustentam que a obrigação solidária não se encerra num só vínculo obrigacional, mas se desdobraria em tantas obrigações quanto o número de seus respectivos titulares, no polo ativo ou no polo passivo da relação obrigacional, e isso se verificaria, em especial, na regra do art. 266 do Código Civil, que dispõe que a obrigação solidária pode ser pura e simples para um dos codevedores ou cocredores e condicional ou a prazo os outros.

Nesse cenário, questiona-se como seria possível compatibilizar, num único vínculo obrigacional, essas características distintas da obrigação para os diferentes sujeitos, ressaltando-se, em acréscimo, a importância de se incluir a obrigação solidária no patrimônio de cada um dos sujeitos unidos no mesmo polo da relação obrigacional como mais uma razão para defender a *teoria pluralista*[13].

Igualmente relevante, por outro lado, é a dúvida dos unitaristas a respeito de como se poderia explicar o fenômeno a partir do qual, na solidariedade passiva, o devedor solidário que adimple a prestação libera os demais codevedores ou, na solidariedade ativa, o credor solidário *accipiens* alforria o devedor em relação a todos os outros cocredores senão por meio da existência de um único vínculo obrigacional.

---

[12] SILVA PEREIRA, Caio Mário da. *op. cit.*, p. 97.
[13] MONTEIRO, Washington de Barros. *op. cit.*, pp. 184/185.

Observa-se, assim, serem problemáticas as justificativas criadas pelos pluralistas – que vão da *teoria da representação*, em que haveria um mandato tácito entre os sujeitos unidos internamente pela solidariedade, à *teoria fidejussória*, na qual a solidariedade seria instituída como uma garantia de solução[14].

Há, em suma, divergência enorme[15] sobre esse tema, tendo Orlando Gomes observado que a teoria pluralista predomina no direito estrangeiro, em particular na Alemanha, "*onde o problema despertou maior interesse*", ao passo que, entre nós, a maior parte da doutrina pende para a *teoria unitária*[16].

Deve ser destacada, nesse contexto, a posição de Pontes de Miranda que, ao menos no âmbito nacional, parece ser quem melhor resolve o problema. Defensor da *teoria unitária*, ele destaca que a relação jurídica obrigacional é *uma só* e, ao analisar os casos de solidariedade *passiva*, observa que a pretensão do credor é, de início, *única* e, num dado momento, se *irradia* entre os devedores solidários[17]. Assim, o autor ressalta que o credor tem a sua pretensão contra todos os devedores solidárias, em conjunto ou individualmente, como se fossem um só devedor, existindo unidade na "*direção ativa*" da obrigação e pluralidade da passividade, de modo que a pretensão do credor pode seguir por qualquer um dos caminhos irradiados no polo passivo.

O autor apresenta, em tais condições, uma figura da solidariedade *passiva*, que, com duas pequenas adaptações[18], é reproduzida abaixo, representando-se o credor pela letra "C" e cada um dos devedores pela letra "D":

---

[14] SILVA PEREIRA, Caio Mário da. *op. cit.*, p. 85.

[15] Veja-se, a título de curiosidade, que a divergência é tão grande, que não há consenso sequer quanto aos adeptos de cada uma das teorias. Afinal, Caio Mário lista, como pluralistas, Edmundo Lind, Brinz, Ricci, Mourlon, Baudry, Lafaille, Aubry et Rau, **Orozimbo Nonato**, Eneccerus e Mazeaud et Mazaud e, como unitaristas, **Larenz**, Oertmann, Gierke, Saleilles, Pacchioni, Ruggiero, Beviláqua, João Luis Alves, Tito Fulgêncio e Serpa Lopes (*op. cit.*, pp. 85/86). Já Orlando Gomes cita, como pluralistas, Dernburg, Gierke, Crome, Kohler, Ennerccerus, Hedeman, **Larenz** e Lacerda de Almeida, e unitaristas Clóvis Bevilacqua, Carvalho de Mendonça, **Orozimbo Nonato**, Caio Mário, Von Tuhr, Pacchioni, Giorgi, Bonfante e Salvat (*op. cit.*, p. 65). Como se pode ver dos nomes negritados, há divergência quanto às posições de Orozimbo Nonato e Karl Larenz: o primeiro é visto como pluralista por Caio Mário e como unitarista por Orlando Gomes; e o segundo é unitarista para Caio Mário e pluralista para Orlando Gomes.

[16] GOMES, Orlando. *op. cit.*, pp. 64/65.

[17] Pontes de Miranda, Francisco Cavalcanti. *Tratado de Direito Privado*, Tomo XXII: Direito das obrigações, atualizado por Nelson Nery Jr. e Rosa Maria de Andrade Nery, São Paulo: Editora Revista dos Tribunais, 2012, p. 438.

[18] Em relação à figura apresentada por Pontes de Miranda (*op. cit.*, p. 438), foram feitas as seguintes modificações: o início do feixe de obrigações dos devedores solidários foi unificado, a fim de se evidenciar que elas possuem exatamente o mesmo ponto de partida; e os devedores solidários foram numerados como "D_1", "D_2" e "D_3", para deixar claro serem sujeitos distintos.

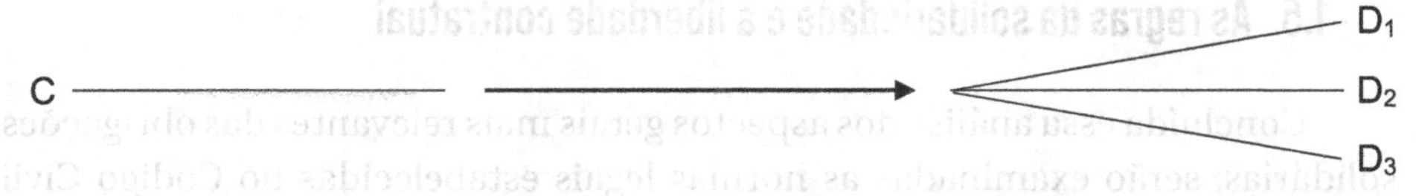

O esquema é bastante interessante, porque demonstra que o vínculo obrigacional é *único*, o que justifica o fato de que o adimplemento por somente um dos devedores acarreta a extinção da obrigação junto ao credor (na relação *externa*), dando ensejo à divisão do débito entre os coobrigados, na proporção de suas respectivas quotas-partes (na relação *interna*).

Ao mesmo tempo, a figura também evidencia que a obrigação pode seguir por caminhos distintos até chegar em cada devedor solidário, razão pela qual pode assumir diferentes características para cada um deles, conforme disposto no art. 266 do Código Civil, e pode constar do patrimônio de cada um dos devedores, esclarecendo, assim, as críticas trazidas pelos pluralistas, as quais foram destacados acima.

Embora Pontes de Miranda não tenha ilustrado a solidariedade ativa, é possível imaginar um desenho semelhante, no qual as pretensões dos diferentes credores solidários se *fecham* num mesmo vínculo obrigacional, tendo como destino a satisfação da obrigação perante o devedor, pelo que o adimplemento da prestação pode se iniciar a partir de qualquer um dos caminhos existentes no polo ativo. O esquema da solidariedade *ativa* pode ser exposto pela figura abaixo, sendo os credores solidários representados pela letra "C" o devedor pela letra "D":

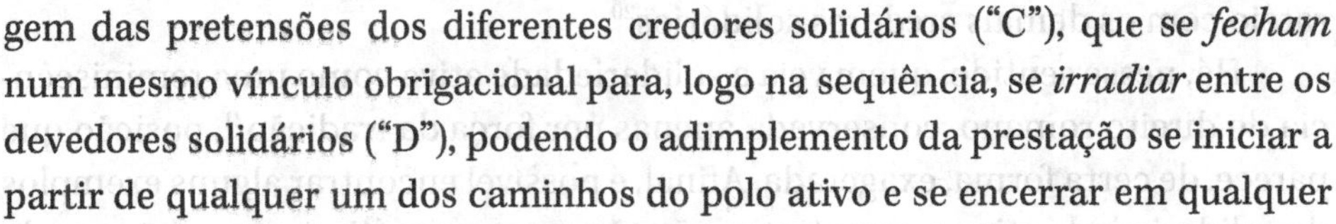

Também os casos de solidariedade *mista* podem ser entendidos pela imagem das pretensões dos diferentes credores solidários ("C"), que se *fecham* num mesmo vínculo obrigacional para, logo na sequência, se *irradiar* entre os devedores solidários ("D"), podendo o adimplemento da prestação se iniciar a partir de qualquer um dos caminhos do polo ativo e se encerrar em qualquer um daqueles irradiados no polo passivo:

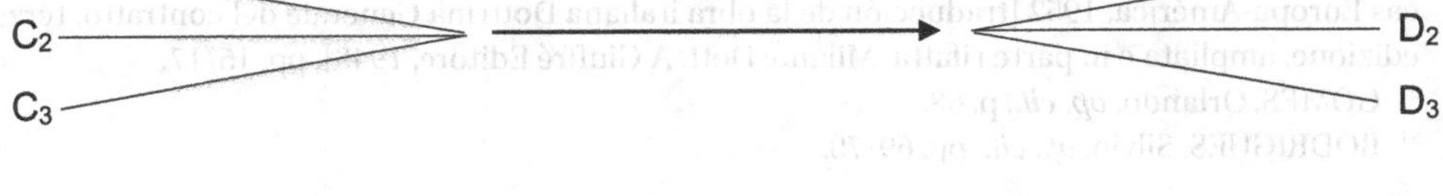

1.5. As regras da solidariedade e a liberdade contratual

Concluída essa análise dos aspectos gerais mais relevantes das obrigações solidárias, serão examinadas as normas legais estabelecidas no Código Civil para a regulação das solidariedades ativa (capítulo 2) e passiva (capítulo 3).

Deve-se pontuar, contudo, que as regras a serem vistas em detalhes na sequência deste artigo são de caráter geral e podem, dentro dos limites do *princípio da liberdade contratual*, ser alteradas pela vontade das partes, já que esse princípio constitui, segundo ensina Francesco Messineo, a pedra angular da disciplina contratual, determinando a prevalência da autonomia da vontade dos contratantes e concedendo-lhes a faculdade de prever regime diverso daquele estabelecido legalmente[19].

Em tais condições, convém alertar que, em se tratando de solidariedade estabelecida contratualmente pelas partes, as regras abaixo examinadas prevalecerão apenas na hipótese de não terem sido pactuadas cláusulas contratuais em sentido diverso.

2. SOLIDARIEDADE ATIVA

A *solidariedade ativa*, como já visto, é caracterizada pela pluralidade de sujeitos no polo ativo da relação obrigacional – com a existência, portanto, de múltiplo credores –, podendo, cada credor, exigir o cumprimento da prestação toda pelo devedor, conforme definido no art. 267 do Código Civil, ante a unidade da prestação.

São raros, no entanto, os casos de solidariedade ativa estabelecidas por vontade das partes. Isso se deve ao risco de que o credor que recebeu o pagamento crie embaraços para repassar aos demais a prestação recebida ou, pior, não possa fazer a divisão da prestação recebida com os outros cocredores – o que ocorre, por exemplo, no caso de insolvência do *accipiens* antes do devido rateio com os demais credores solidários[20].

Há, nesse sentido, quem veja a solidariedade ativa como uma reminiscência do direito romano, conservada apenas por força da tradição[21], posição que parece, de certa forma, exagerada. Afinal, é possível encontrar alguns exemplos de solidariedade ativa em contratos não tão raros na prática, como é o caso do

[19] MESSINEO, Francesco. *Doctrina general del contrato*, Tomo I, Buenos Aires: Ediciones Jurídicas Europa-América, 1952 [traducción de la obra italiana Dottrina Generale del contratto, terza edizione, ampliata e in parte rifatta, Milano: Dott. A Giuffré Editore, 1948], pp. 15/17.

[20] GOMES, Orlando. *op. cit.*, p. 68.

[21] RODRIGUES, Silvio. *op. cit.*, pp. 69/70.

contrato bancário de conta conjunta, no qual os seus titulares possuem individualmente o direito de movimentar o montante depositado junto à instituição financeira, e do contrato de depósito conjunto em cofre de segurança, em que qualquer um dos depositantes pode, sem a presença do outro, realizar a entrega ou a retirada de objetos do cofre[22].

No âmbito legal, cabe dar relevo à previsão do art. 2º da Lei de Locação, segundo a qual, na hipótese de existirem mais de um locador, entende-se que eles são solidários, de modo que cada um deles poderá, por exemplo, exigir do locatário o pagamento integral do aluguel.

2.1. A escolha do credor solidário que recebe a prestação e a *prevenção judicial*

A primeira dúvida que se destaca na solidariedade ativa é *para qual* dos credores solidários o devedor deve adimplir sua prestação. Supondo-se, pois, uma obrigação do devedor "D" para os credores "C_1", "C_2" e "C_3", estaria "D" obrigado a fracionar a prestação em três partes iguais e pagar uma parte para "C_1", outra para "C_2" e uma terceira a "C_3"?

A resposta é *negativa*, na medida em que a obrigação solidária impõe a *unidade da prestação* e, assim, o devedor pode adimplir a prestação a qualquer um dos credores solidários, enquanto não tiver sido demandado por qualquer um deles. Ou seja, até que algum dos credores solidários ingresse em juízo para exigir o cumprimento da obrigação, o devedor pode optar para qual o credor irá pagar a prestação, conforme determinado pelo art. 268 do Código Civil.

O ajuizamento de uma ação para a exigência da prestação recebe o nome de *prevenção judicial* e, a partir dela, o credor solidário – ou os credores solidários, uma vez que nada impede o ingresso conjunto em juízo por alguns dos credores solidários –, que foi o autor da ação judicial, torna-se *prevento* para receber a prestação, não podendo o devedor pagar senão ao credor que o acionou.

É necessário, contudo, que haja a efetiva proposição da ação judicial, não sendo suficientes para gerar a *prevenção judicial* as medidas meramente preparatórias[23], como o envio de notificação extrajudicial ou o protesto em cartório do nome do devedor.

Desse modo, instaurada a demanda, opera-se a *prevenção judicial*, e o devedor somente se libera pagando ao credor que o acionou, perdendo a

---

[22] GOMES, Orlando. *op. cit.*, pp. 69/70.

[23] SILVA PEREIRA, Caio Mário da. *op. cit.*, p. 88.

faculdade de adimplir a prestação em prol dos credores solidários que não o acionaram. Acaso faça o pagamento, após o ajuizamento de ação judicial, a um credor solidário que não aquele que figurou como autor da demanda, o devedor poderá ser obrigado a adimplir novamente a prestação[24], dando-se aplicação prática ao brocardo *quem paga mal, paga duas vezes.*

É interessante notar que essa opção, detida pelo devedor, de escolher o credor solidário que receberá a prestação levou alguns autores a compararem as *obrigações solidárias* às *obrigações alternativas*, havendo, nas primeiras, a indeterminação do *accipiens* e, nas segundas, a indeterminação do objeto da prestação[25].

A discussão, no entanto, parece meramente teórica, não sendo possível visualizar qualquer consequência prática da aproximação feita entre esses dois institutos, que, como visto, cessa quando da *prevenção judicial* advinda do ajuizamento da ação por qualquer dos credores, pondo fim à indeterminação do credor que receberá a prestação.

Assim, realizado o pagamento pelo devedor, a obrigação se extingue até o montante do que foi pago (art. 269 do Código Civil): ou seja, sendo apenas parcial o adimplemento, a obrigação será extinta na exata proporção do que foi pago.

2.2. Oposição de exceções comuns e pessoais na solidariedade ativa

Outra questão interessante nas obrigações solidárias ativas recai sobre a oposição de *exceções* pelo devedor. A exceção, como define Renan Lotufo, é a força contrastante à ação, isto é, um poder ou "*contradireito*", que o réu possui para se defender, opondo-se à pretensão do autor da ação[26].

As exceções podem ser divididas em dois grupos: o das *exceções comuns* e o das *exceções pessoais.* O primeiro grupo é composto pelas defesas que atingem a obrigação como um todo, alcançando todos os sujeitos envolvidos na relação obrigacional, como, por exemplo, a nulidade da obrigação por violação à forma prevista em lei ou por impossibilidade do objeto, a exceção do contrato não cumprido ou o anterior pagamento, direto ou indireto, da prestação[27]. Já o segundo grupo trata das defesas que atingem apenas uma (ou algumas) das

---

[24] MONTEIRO, Washington de Barros. *op. cit.*, p. 205.

[25] MONTEIRO, Washington de Barros. *op. cit.*, p. 205.

[26] LOTUFO, Renan. *Código Civil Comentado: obrigações, parte geral (art. 233 a 420)*, vol. 2, São Paulo: Saraiva, 2003, p. 105.

[27] VARELA, Antunes. *Das obrigações em geral*, vol. I, 10ª ed. rev. e actualiz., Coimbra: Almedina, 2011, pp. 770/771.

pretensões detidas pelos credores solidários[28], o que ocorre, por exemplo, com o dolo exercido por apenas um (ou alguns) dos credores solidários, a condição não implementada ou o vencimento ainda não ocorrido, quando a condição ou o prazo são fixados apenas em relação a um (ou alguns) dos cocredores, na forma do art. 266 do Código Civil.

Retroagindo-se à figura da solidariedade ativa apresentada no item 1.4, *supra*, tem-se que as exceções *comuns* atingem toda a relação obrigacional, ao passo que as exceções *pessoais* alcançam apenas um (ou alguns) dos feixes de pretensões dos diferentes credores solidários.

Nesse contexto, a regra estabelecida em nosso ordenamento jurídico é a de que o devedor pode opor as exceções *gerais* contra *todos* os credores e as exceções *pessoais* somente contra os credores em relação aos quais elas digam respeito, não podendo opô-las aos demais cocredores (art. 273 do Código Civil).

Correlacionando-se essa regra à *prevenção judicial* vista no item 2.1, *supra*, é possível concluir que, até ser demandado, o devedor pode escolher os credores solidários especificamente atingidos por suas exceções pessoais e opô-las contra eles. Entretanto, a partir do momento em que instaurada a ação judicial voltada ao adimplemento da obrigação, o devedor somente poderá opor as exceções pessoais pertinentes ao credor solidário que ingressou em juízo.

A dúvida que fica é, tendo o devedor logrado opor a exceção pessoal contra um dos credores solidários, os demais cocredores poderão continuar a exigir toda a prestação? Ou, em outras palavras, qual a consequência aos credores não atingidos pela exceção pessoal da sua oposição por parte do devedor?

A resposta a essa questão é trazida pela doutrina portuguesa. Primeiro, Antunes Varela, que observa que as exceções, comuns ou pessoais, podem afastar a pretensão do credor de forma *temporária*, como ocorre, por exemplo, com a defesa de que o prazo para cumprimento da obrigação não foi atingido, ou de modo *definitivo*, como é o caso do dolo praticado por um dos credores[29].

Assim, em se tratando de exceção de caráter *temporário*, não há razão para que a sua oposição pelo devedor tenha qualquer repercussão perante os demais credores solidários. Por outro lado, caso se cuide de exceção de caráter *definitivo*, a sua oposição deve refletir perante os outros cocredores *na exata medida da quota-parte detida pelo credor* atingido pela exceção pessoal.

Como explica Almeida Costa, nessa última situação, os demais credores solidários permanecem com direito à prestação, mas deve ser *deduzida* a parte correspondente ao credor afetado pela exceção pessoal, já que, se admitida a

---

[28] ALMEIDA COSTA, Mário Júlio. *Direito das obrigações*, 12ª ed. rev. e act., Coimbra: Almedina, 2009, p. 673.

[29] VARELA, Antunes. *op. cit.*, p. 770.

defesa do devedor, deixa de ser devida a quota-parte que era de titularidade do credor atingido pela exceção[30]. Acaso se permitisse a cobrança da prestação integral pelos demais credores solidários, haveria uma situação de *enriquecimento injustificado*, ou do credor que foi alvo da exceção – que, apesar da exceção oposta, receberia sua parte da prestação –, ou dos cocredores restantes – que se apropriariam da quota-parte daquele.

Assim, por exemplo, numa dívida de 300, com solidariedade ativa entre os credores "C_1", "C_2" e "C_3", em que cada um deles tem, na relação interna, direito a partes iguais da prestação, e o devedor consegue opor exceção pessoal de caráter definitivo contra "C_1", tem-se que "C_2" e "C_3" poderão, no máximo, exigir a quantia de 200 do devedor.

Dentre as exceções possíveis de serem arguidas pelo devedor, não se falou aqui das formas de extinção da obrigação sem pagamento (novação, compensação, confusão e remissão) e da prescrição, temas que, tendo em vista a sua maior complexidade, serão objeto de capítulo apartado, o último deste artigo.

2.3. Julgamento da demanda entre um credor solidário e o devedor

Uma última questão de destaque a respeito da solidariedade ativa versa sobre as consequências do julgamento de ação judicial movida por um credor solidário e o devedor.

Nesse contexto, cabe indagar: se um dos credores solidários ajuíza uma demanda contra o devedor, exigindo o cumprimento da prestação, mas fracassa, vindo a ação a ser julgada improcedente, ficam os demais cocredores impedidos de exigir a prestação do devedor? Ou, se essa mesma ação for bem-sucedida, e o credor solidário tiver cobrado apenas parte da pretensão, podem os outros credores dela se aproveitar para exigir o restante da prestação?

A resposta a essas perguntas está no art. 274 do Código Civil, no qual se estabelece a regra de que o julgamento contrário a um credor solidário não atinge os demais credores solidários. Dessa forma, a primeira indagação deve ser respondida *negativamente*: os credores solidários que não ajuizaram a demanda não ficam impedidos de exigir o cumprimento da prestação pelo devedor após o insucesso da ação movida por apenas um dos credores solidários.

Essa regra se justifica pelo fato de que o fracasso da demanda ajuizada pelo credor solidário pode decorrer da apresentação de uma exceção pessoal pelo devedor que só diga respeito ao autor da ação, pelo que os demais credores não podem ser prejudicados por conta disso – ressalvado, como visto no

---

[30] ALMEIDA COSTA, Mário Júlio. *op. cit.*, pp. 681/682.

item anterior, a necessidade de se deduzir a quota-parte do credor derrotado em juízo, caso a exceção oposta tenha caráter definitivo.

Pode acontecer, também, de a sentença de improcedência advir da falta de diligência do credor que ingressou em juízo, fundamentando-se, por exemplo, na ausência de provas. Assim, os demais credores solidários não podem ser prejudicados pela desídia daquele que ajuizou a ação, de modo que a regra prevista no art. 274 do Código Civil serve para protegê-los e, bem assim, para evitar a possibilidade de conluios entre o credor que ingressa em juízo e o devedor[31].

Lado outro – respondendo a segunda dúvida exposta no início deste item 2.3 –, se se tratar de sentença *favorável* obtida pelo credor solidário que moveu a demanda judicial para cobrar apenas a sua quota-parte da pretensão, o mesmo dispositivo legal prevê que os demais credores solidários podem dela se aproveitar, ressalvando, porém, em termos expressos, o direito do devedor de invocar, contra qualquer um dos cocredores remanescentes, as exceções pessoais que lhes digam respeito.

3. SOLIDARIEDADE PASSIVA

A *solidariedade passiva*, como visto no item 1.1, *supra*, se caracteriza pela pluralidade de sujeitos no polo passivo da relação obrigacional – havendo, pois, múltiplos devedores –, podendo cada um dos devedores ser compelido ao cumprimento da prestação toda, nos termos do art. 275, *caput*, do Código Civil, ante a unidade da prestação.

Ao contrário da solidariedade ativa, a solidariedade passiva é bastante frequente na prática, em razão da segurança e da garantia que o instituto oferece ao credor, que justificam a sua disseminação. Nesse contexto, as obrigações solidárias passivas têm a relevante função de permitir a expansão do crédito e, por consequência, ampliar o desenvolvimento econômico e social.

A solidariedade passiva é, portanto, uma arma eficiente em defesa dos interesses do credor, que, ao invés de se ver na contingência de ter que acionar todos os devedores, cobrando de cada um a respectiva fração de seu crédito, pode exigir de um, ou de alguns, o pagamento do todo.

O exemplo mais corriqueiro de solidariedade passiva é o do contrato de empréstimo bancário, com dois ou mais devedores, em que se estabelece serem eles solidariamente responsáveis pelo pagamento da dívida, aumentando, pois, a possibilidade de a instituição financeira receber o seu crédito.

---

31 ALMEIDA COSTA, Mário Júlio. *op. cit.*, pp. 679/680.

3.1. A escolha do devedor solidário que paga a prestação

Viu-se, no item 2.1, *supra*, que, na obrigação solidária ativa, a escolha do credor que receberá a prestação é, até a *prevenção judicial*, do devedor, que poderá optar para qual dos cocredores irá realizar o pagamento. Porém, a partir do ajuizamento da ação por algum dos credores, o devedor deve pagar a prestação ao cocredor que lhe demandou.

Já na obrigação solidária passiva, a escolha do devedor solidário que deverá adimplir a prestação cabe, a princípio, ao *credor*.

Isso porque o credor tem a faculdade de optar por *apenas um*, *alguns* ou *todos* os codevedores, devendo atuar de maneira estratégica, escolhendo, ao ingressar com a ação judicial ou tomar qualquer medida voltada à satisfação de sua pretensão, por aquele que possui o maior ou mais líquido patrimônio[32], ou, ainda, o mais fácil de ser localizado, a fim de evitar a multiplicação de demandas e diminuir os esforços necessários para o recebimento do crédito[33].

Essa escolha não implica, de modo algum, concentração do débito, isto é, se o devedor escolhido não satisfizer integralmente a prestação, pode o credor voltar-se contra os outros codevedores, conjunta ou isoladamente[34].

O parágrafo único do art. 275 do Código Civil é bastante claro a esse respeito, prevendo que a propositura de ação judicial pelo credor contra apenas um ou alguns dos devedores não importará renúncia da solidariedade, valendo, com ainda maior razão, a mesma regra para as medidas extrajudiciais de cobrança do crédito, que são mais brandas do que o ajuizamento de uma demanda, como o envio de notificação extrajudicial ou o protesto do nome do devedor.

Nada impede, entretanto, que, vencido o prazo da obrigação e não tendo havido cobrança judicial pelo credor, qualquer um dos codevedores, interessado na extinção do vínculo obrigacional, cumpra a prestação, podendo, em caso de embaraços criados pelo credor, valer-se da consignação.

3.2. Consequências do inadimplemento da obrigação solidária passiva

Se inadimplida a obrigação solidária e, diante da impossibilidade de seu cumprimento, a prestação vier a ser convertida em perdas e danos, os devedores seguem solidariamente responsáveis perante o credor? Se sim, devem

---

32 RODRIGUES, Sílvio. *op. cit.*, p. 65.

33 MONTEIRO, Washington de Barros. *op. cit.*, p. 210.

34 GOMES, Orlando. *op. cit.*, p. 70.

responder igualmente ou é feita alguma distinção a partir da *culpa* pelo inadimplemento?

Em atenção à primeira indagação, já se observou no item 1.2, *supra*, que a unidade da prestação é preservada mesmo após a obrigação se converter no seu equivalente pecuniário, de modo que a resposta é *positiva*: os codevedores permanecem responsáveis conjuntamente perante o credor, subsistindo, a teor dos arts. 271 e 279 do Código Civil, a obrigação de cada um deles de pagar a totalidade o equivalente pecuniário da prestação.

A parte final do art. 279 do Código Civil traz, contudo, uma diferença relevante: as perdas e danos, correspondentes ao valor que ultrapassa o equivalente pecuniário da obrigação convertida, devem ser arcadas apenas e tão somente por aquele que é *culpado* pelo inadimplemento.

Logo na sequência, contudo, o art. 280 prevê que todos os devedores solidários respondem pelos juros de mora, mesmo se a ação tiver sido proposta apenas contra um deles, estabelecendo, em acréscimo, que, *internamente*, o devedor culpado responde perante os demais pela obrigação acrescida.

Portanto, após o inadimplemento da prestação e a impossibilidade de seu cumprimento posterior, com a sua conversão em perdas e danos os valores devidos ao credor podem ser divididos em três partes[35]: (*I*) o equivalente pecuniário da obrigação, (*II*) os juros de mora devidos pelo atraso no pagamento e (*III*) as indenizações diversas, correspondentes a eventuais danos emergentes e lucros cessantes sofridos pelo credor.

Nesse cenário, os devedores solidários seguem responsáveis, perante o credor (na relação *externa*, portanto), pelos valores do item (*I*), que, na relação *interna*, continuam repartidos entre os codevedores da mesma forma que já estava originalmente. Já os valores do item (*II*) permanecem, *externamente*, devidos ao credor pelos devedores, mantida a solidariedade, mas, no âmbito *interno*, serão de responsabilidade apenas do devedor culpado pelo inadimplemento, que deverá reembolsar o *solvens*. Por fim, o valor do item (*III*) deve ser pago ao credor apenas pelo devedor *culpado* pelo inadimplemento, não havendo, nesse ponto, solidariedade.

Há, na doutrina, críticas à distinção de tratamento dada pelo art. 280 do Código Civil aos juros de mora, que podem ser cobrados pelo credor de qualquer codevedor, em relação às indenizações diversas, que, de acordo com o art.

[35] Admite-se, aqui, a hipótese de interesse *positivo*, em que o credor remanesce interessado no cumprimento na realização da prestação (ainda que convertida no seu equivalente pecuniário), continuando obrigado a efetuar a contraprestação, e não de interesse negativo, com a resolução do contrato, seguindo-se a distinção estabelecida por Francisco Paulo De Crescenzo Marino em seu artigo "Responsabilidade contratual. Efeitos" (In: LOTUFO, Renan; NANNI, Giovanni Ettore. [Org.]. *Teoria Geral dos Contratos*. São Paulo: Editora Atlas, 2011, p. 409-431).

279, só podem ser exigidas do codevedor culpado. Isso porque, entende-se que a "*solução ideal (...) seria deferir ao credor a prerrogativa de cobrar dos outros o total da prestação e os juros apenas do culpado*", de modo que a solução adotada "*refoge à lógica do sistema e é, evidentemente, injusta*"[36] ao permitir que sejam cobrados juros de mora de devedores que não deram causa à sua aplicação.

De outro lado, essa diferença de regramento entre os juros de mora e as indenizações diversas pode ser justificada, como observa Caio Mário, pelo fato de que os juros de mora poderiam ser evitados por qualquer um dos devedores solidários, bastando que cumprissem a obrigação dentro do vencimento, com exceção de eventuais devedores que estavam obrigados a termo ou condição, os quais devem ficar exonerados de arcar com os juros de mora. E a mesma regra valeria também para os demais efeitos da sucumbência, como a correção monetária e os honorários advocatícios, a teor do art. 389 do Código Civil[37].

3.3. Oposição de exceções comuns e pessoais na solidariedade passiva

No tocante à oposição de exceções, há um paralelismo entre as regras previstas na solidariedade ativa e na solidariedade passiva.

Na primeira, como destacado no item 2.2, *supra*, o devedor pode opor as exceções *gerais* contra *todos* os credores solidários e as exceções *pessoais* aos credores em face dos quais a defesa diga diz respeito. Assim, por exemplo, a exceção de que não se implementou a condição prevista para a exigibilidade da prestação de um dos credores solidários (mas não de todos) ou de que um dos cocredores agiu com dolo.

Seguindo a mesma linha de raciocínio, nas hipóteses de solidariedade passiva, o devedor solidário pode opor ao credor todas as exceções *comuns*, além das exceções *pessoais* que lhe disserem respeito, não podendo, contudo, utilizar as exceções *pessoais* de outros codevedores (artigo 281 do Código Civil).

Desse modo, o codevedor escolhido pelo credor para adimplir a prestação pode alegar, por exemplo, a nulidade do negócio jurídico por vício de forma ou por ilicitude do seu objeto (exceção *comum*) e a coação por ele sofrida (exceção *pessoal* que lhe diz respeito), mas não a incapacidade de outro codevedor (exceção *pessoal* que não lhe diz respeito).

Há, no entanto, uma diferença importante: enquanto na solidariedade *ativa*, a exceção pessoal efetivamente oposta pelo devedor contra um dos cocredores, se tiver caráter *definitivo*, deve ser estendida aos demais, com a *dedução*

---

[36] RODRIGUES, Sílvio. *op. cit.*, p. 77.

[37] SILVA PEREIRA, Caio Mário da. *op. cit.*, p. 95.

da quota-parte do credor afetado; na solidariedade *passiva*, a situação precisa ser examinada com uma cautela maior, não havendo essa extensão *automática*.

Como explica Antunes Varela[38], existem situações em que a exceção pessoal oposta por um codevedor é *aproveitada* pelos demais devedores solidários, extinguindo, parcial ou totalmente, a pretensão do credor. Isso ocorre quando a exceção, retomando-se a figura ilustrativa da solidariedade passiva do item 1.4, *supra*, *atinge diretamente* a pretensão do credor (e não apenas um dos feixes da obrigação de um dos devedores), ainda que apenas uma *parte* dela, como, por exemplo, ocorre nos casos de compensação de uma parcela da prestação, que se verá em maiores detalhes no capítulo 4 deste artigo.

Assim, por exemplo, numa dívida de 300, com solidariedade passiva entre os devedores "D_1", "D_2" e "D_3", e o devedor "D_1" consegue opor exceção pessoal contra o credor, alegando a compensação de 100, tem-se que apenas poderá ser cobrado de "D_2" e "D_3" a quantia máxima de 200.

Um segundo grupo de casos é composto pelas exceções pessoais que, opostas por um dos devedores solidários, *prejudicam* os demais codevedores, que continuarão obrigados à satisfação total da prestação e não poderão pleitear o reembolso da quota-parte do devedor que opôs a exceção, que, em razão do acolhimento da sua exceção, libertou-se da obrigação.

Nessa situação, a exceção pessoal atinge apenas o feixe da obrigação do devedor que a opôs, justificando-se, portanto, a preservação da obrigação dos demais codevedores. Além disso, a exceção também afeta a relação *interna* da obrigação solidária, impedindo o *solvens* de pleitear regressivamente o reembolso da quota-parte do devedor que opôs a exceção pessoal, pois a defesa é capaz de encerrar totalmente o vínculo do sujeito perante a obrigação, externa e internamente. É o que ocorre, por exemplo, com a exceção de incapacidade de um dos devedores solidários.

Desse modo, mantendo-se no exemplo da dívida de 300, em que os devedores "D_1", "D_2" e "D_3" são solidários, com a oposição de exceção pessoal pelo devedor "D_1", alegando a sua incapacidade, tem-se que o credor poderá cobrar de "D_2" e "D_3" a quantia de 300, e aquele que fizer o pagamento não terá a faculdade de exigir o reembolso da quota parte de "D_1".

O último grupo de casos é o das exceções pessoais opostas por um dos devedores solidárias que *não podem ser aproveitadas* pelos codevedores, mas *não lhes prejudicam*, permitindo o reembolso do *solvens* perante o devedor que opôs a exceção.

Portanto, tem-se que a exceção atinge apenas o feixe da obrigação do devedor que opôs a exceção, mas não afeta a relação *interna* da obrigação

[38] VARELA, Antunes. *op. cit.*, pp. 771/772.

solidária. Isso ocorre, por exemplo, com a prescrição havida apenas em relação a um dos codevedores[39].

Citando-se novamente o exemplo da dívida de 300, com solidariedade passiva entre os devedores "D_1", "D_2" e "D_3", tendo sido oposta exceção pessoal pelo devedor "D_1", a partir da alegação de prescrição da pretensão do credor em relação a si, tem-se que o credor poderá cobrar de "D_2" e "D_3" a quantia de 300 – tendo em vista que a sua pretensão não está prescrita em relação a eles –, e aquele que fizer o pagamento poderá exigir de "D_1" o reembolso da quota-parte devida por ele.

3.4. Renúncia à solidariedade

Outro tema interessante no âmbito da solidariedade passiva é a consequência da renúncia à solidariedade feita pelo credor em favor de um ou de alguns dos devedores solidários.

O art. 282 do Código Civil prevê expressamente a possibilidade de renúncia pelo credor à solidariedade em favor *"de um, de alguns ou de todos os devedores"*, estabelecendo o seu parágrafo único que, se a renúncia se der em relação a apenas um ou alguns dos codevedores, subsistirá a solidariedade dos demais devedores.

Em tais condições, se a renúncia for *total*, ou seja, perante todos os devedores, a consequência é simples: a solidariedade desaparece e a obrigação passa a ser *parciária*, dividindo-se em tantas quantas forem os devedores[40]. No entanto, se houver uma renúncia parcial, abarcando um ou alguns dos codevedores, como fica a situação dos devedores solidários que não foram beneficiados com a renúncia? Eles seguirão respondendo pela íntegra da prestação ou deve ser deduzida a quota-parte do devedor em relação ao qual a solidariedade foi renunciada?

A dúvida se mantém viva, em especial, porque não cuidou o Código Civil atualmente vigente de respondê-la, ao contrário do que ocorria no diploma processual de 1916. O parágrafo único do art. 912 do Código Civil de 1916 previa que os devedores solidários perante os quais não houve renúncia só poderiam ser cobrados *"abatendo no débito a parte correspondente aos devedores, cuja obrigação remitiu"*.

[39] Essa posição, vale ressaltar, não é uníssona na doutrina, como se verá, em detalhes, no item 4.5, *infra*.

[40] RODRIGUES, Sílvio. *op. cit.*, p. 75.

A disposição pecava pela falta de técnica, ao confundir a *renúncia à solidariedade* com a *remissão da dívida* (já que, regulando situação de renúncia, falava em "cuja obrigação *remitiu*"). De toda forma, a previsão legal tinha o mérito de esclarecer que, após a renúncia parcial à solidariedade, deve-se *deduzir* a quota-parte dos codevedores renunciados, podendo-se exigir dos demais codevedores apenas o saldo remanescente.

Não obstante a ausência de previsão expressa no Código Civil em vigor, a doutrina majoritária entende que essa regra se mantém, pelo que a renúncia em favor de *um* ou *alguns* dos codevedores altera a situação de *todos*, já que o credor somente poderá exigir dos devedores solidários remanescentes a prestação com o abatimento da quota-parte dos devedores favorecidos pela renúncia[41].

São muitas as razões para a manutenção dessa regra. Primeiro, se fosse lícito ao credor exigir toda a prestação dos devedores remanescentes, estaria se realizando uma renúncia sem qualquer efeito prático, permitindo que o devedor renunciado seja cobrado regressivamente na relação *interna* entre os codevedores. Ou, caso não se permitir essa cobrança regressiva, a consequência seria ainda mais difícil de ser explicada, na medida em que se agravará a situação dos demais codevedores (impondo-lhes uma quota-parte maior do que a anteriormente devida por eles) sem o seu consentimento, em violação ao art. 278 do Código Civil.

Vale observar, em acréscimo, que a renúncia à solidariedade não implica remissão da dívida – confusão, como visto, feita no Código Civil de 1916 –, pelo que o devedor favorecido pela renúncia não fica *exonerado* de cumprir a sua prestação (que corresponde à quota-parte da prestação antes unificada com os demais codevedores), mas apenas vê a sua obrigação se transformar numa obrigação *simples*, com apenas um sujeito em cada um dos polos.

Assim, parece mesmo não haver outra solução lógica que não o abatimento da quota-parte do devedor beneficiado pela renúncia ao se exigir a prestação dos devedores solidários remanescentes.

Vozes dissonantes a esse respeito são as de Gustavo Tepedino, Heloisa Helena Barboza e Maria Celina Bodin de Moraes[42], que observam que o "*credor, embora possa renunciar à garantia, exonerando um ou alguns dos devedores, não tem poder de interferir nas suas relações internas*". Dessa passagem se pode inferir que, na visão de tais autores, a relação *interna* entre os codevedores ficaria inalterada pela renúncia parcial, razão pela qual o credor poderia exigir

---

[41] Nesse sentido: Caio Mário da Silva Pereira (*op. cit.*, p. 95); Orlando Gomes (*op. cit.*, p. 71); Sílvio Rodrigues (*op. cit.*, pp. 75/76); e Washington de Barros Monteiro (*op. cit.*, p. 228).

[42] TEPEDINO, Gustavo *et. al. op. cit*, pp. 568/569.

dos demais devedores solidários a prestação integral, e eles poderiam pedir o reembolso da quota-parte do devedor renunciado.

O entendimento, porém, não parece ser o ideal, seja porque a renúncia parcial, em tais termos, não teria efeitos práticos, permanecendo o devedor renunciado vinculado à obrigação solidária, seja porque seria complexo explicar o fenômeno pelo qual obrigação simples, entre o credor e o devedor favorecido pela renúncia, pode ser extinta a partir do pagamento integral realizado na obrigação solidária.

Enfim, a conclusão mais correta é a de que, havendo renúncia à solidariedade por parte do credor em relação a apenas um ou alguns dos devedores, a cobrança em face dos devedores solidários remanescentes deve ter como objeto a prestação com a dedução da quota-parte dos devedores renunciados.

Dessa forma, no exemplo da dívida de 300, com solidariedade passiva entre os devedores "D_1", "D_2" e "D_3", sendo iguais as quotas-partes de cada um e vindo o credor a renunciar a solidariedade em favor do devedor "D_1", ele poderá exigir de "D_2" e "D_3", na *obrigação solidária*, apenas a quantia de 200, possuindo, em acréscimo, um crédito de 100 na *obrigação simples* com "D_1".

3.5. Insolvência de um dos devedores solidários

Como já observado no item 1.3, *supra*, adimplida a prestação por um dos devedores solidários, no âmbito da relação *externa* com o credor, o *solvens* pode exigir dos demais codevedores, na relação *interna* entre eles, o reembolso de suas respectivas quotas-partes, que se presume serem iguais.

O que ocorre, contudo, se um dos devedores for insolvente? A resposta é trazida pelo art. 283 do Código Civil, que determina que a quota-parte do devedor insolvente deve ser dividida igualmente entre os demais codevedores. Indo além, o art. 284 prevê que até mesmo os devedores que tiverem sido favorecidos pela renúncia à solidariedade feita pelo credor devem contribuir no rateio da quota-parte do insolvente.

Sendo a insolvência *anterior* ao cumprimento da obrigação, não existe dúvida quanto à aplicação dessas regras. A divergência, no entanto, se dá nos casos em que a insolvência do codevedor é *posterior* ao adimplemento da prestação ao credor da obrigação solidária.

Afinal, em tais casos, os demais codevedores podem alegar que o *solvens* demorou para, na relação interna, pleitear o reembolso, sustentando, assim, que foi ele quem deu causa à impossibilidade de recuperação desse valor[43] e, por essa razão, caberia exclusivamente a ele arcar com esse valor.

Contudo, admita essa recusa ao reembolso, tem-se que o devedor que solveu a obrigação acabará sendo penalizado e, muito embora não tenha deixado prescrever a sua pretensão regressiva, se verá impedido de obter o ressarcimento da quota-parte devida pelo devedor solidário que se tornou insolvente[44].

Trata-se, em resumo, de questão controvertida, com ponderáveis argumentos para que a insolvência *posterior* do codevedor seja imputada ao *solvens*, impedindo-o de cobrar o rateio da respectiva quota-parte junto aos demais devedores, e outros tantos para que seja aplicada a regra de repartição da quota-parte do devedor insolvente entre todos os codevedores, inclusive aqueles que tiverem sido beneficiados com a renúncia, independentemente da circunstância de a insolvência ser *anterior* ou *posterior* ao cumprimento da prestação.

4. AS MODALIDADES DE EXTINÇÃO DA OBRIGAÇÃO DIVERSAS DO PAGAMENTO E A PRESCRIÇÃO

O caminho natural das obrigações solidárias é, como o de qualquer outra obrigação, a sua extinção por meio do cumprimento da prestação pelo devedor (ou pelos devedores) em prol do credor (ou dos credores).

Além do pagamento direto – com o adimplemento da obrigação na exata forma pactuada em contrato –, as obrigações solidárias podem ser extintas pelas chamadas modalidades de pagamento indireto ou especial: consignação, sub-rogação, imputação e dação.

Havendo, em tais hipóteses, a satisfação dos interesses do credor, da mesma que no pagamento direito, não há dúvida de que essas modalidades de pagamento indireto ou especial acarretam também a extinção da obrigação solidária[45] e, após a sua ocorrência, se o credor insistir no recebimento da pres-

---

[43] SILVA PEREIRA, Caio Mário da. *op. cit.*, p. 97.

[44] TEPEDINO, Gustavo *et. al. op. cit*, p. 568.

[45] A esse respeito, vale citar a seguinte passagem da obra de Caio Mário: "*Sendo a remissão, a compensação e a novação, modalidades extintivas do vínculo obrigacional, equiparáveis nos seus efeitos à solução da dívida, razão não existe para diversificação das consequências. Recebendo um credor a dívida, perdoando-a, ou ocorrendo novação ou compensação, o devedor é liberado.*" (*op. cit.*, p. 89). Como se vê, referido autor mencionou todas as modalidades de extinção da obrigação diversas do pagamento, com exceção da "*confusão*". Considerando, no entanto, o fundamento dado para justificar a extinção da obrigação, que equipara tais medidas ao pagamento (o que é válido também à confusão), parece que a falta de referência expressa à confusão foi fruto de mero esquecimento, sendo ela igualmente apta a extinguir a obrigação solidária.

tação, qualquer devedor poderá se opor, arguindo *exceção* que será *comum*, por abarcar o vínculo obrigacional como um todo.

Já as hipóteses de extinção da obrigação sem pagamento – quais sejam: novação, compensação, confusão e remissão –, embora sejam igualmente aplicáveis às obrigações solidárias, demandam uma análise individual a respeito da forma em que isso se dá.

Além dos casos de novação, compensação, confusão e remissão, este capítulo tratará também da *prescrição* que, apesar de não acarretar a extinção da obrigação, implica, como bem destacado por Orlando Gomes, a *extinção do crédito*, tendo em vista que o credor fica impedido de exercer a sua pretensão, isto é, a ação que lhe permitiria o recebimento da prestação, cessando, portanto, a responsabilidade do devedor[46].

4.1. Novação

A novação é apta a extinguir as obrigações solidárias, *ativas* ou *passivas*, e não há a necessidade de que ela seja feita, respectivamente, entre o devedor e *todos* os credores solidários ou entre o credor e *todos* os devedores solidários, bastando que apenas um dos membros do polo em que há a multiplicidade de sujeitos unidos pela solidariedade integre a obrigação nova.

Dessa forma, para os casos de solidariedade *ativa*, o art. 844, § 2º, do Código Civil estabelece que, tendo a novação sido operada o *devedor* e *um dos credores solidários*, a consequência é a extinção da obrigação do devedor em relação a todos os demais cocredores.

Já para a solidariedade *passiva*, a questão é regulamentada nos arts. 365 e 844, § 3º, do mesmo diploma legal, que determinam que a novação entre o *credor* e *um dos devedores solidários* pode recair somente sobre os bens do devedor que a pactuou e acarreta a exoneração dos demais codevedores.

Assim, citando um exemplo de solidariedade *mista* – que abarca, como visto, a solidariedade *ativa* e *passiva*, conjuntamente –, pode-se imaginar uma dívida de 300, com os credores solidários "C_1", "C_2" e "C_3" e os devedores solidários "D_1", "D_2" e "D_3", em que "C_1" e "D_1" acordam entre si nova obrigação, com ânimo de novar, o que tem como consequência a extinção da obrigação solidária como um todo.

Nesse caso, "C_1" deverá, no âmbito da relação *interna* entre os credores solidários, prestar contas da obrigação nova perante "C_2" e "C_3" e, se o caso, indenizá-los pelas quotas-partes que deixaram de receber, da mesma forma

[46] GOMES, Orlando. *op. cit.*, p. 132.

que "D_1", comprovando o prejuízo sofrido isoladamente a partir da assunção da obrigação nova, poderá exigir, na relação *interna* entre os devedores solidários, o valor equivalente às quotas-partes de "D_2" e "D_3", relativamente da anterior obrigação solidária.

Ocorrida a novação, qualquer credor solidário que intentar cobrar a sua anterior prestação poderá ser impedido pela alegação de que houve novação, assim como qualquer codevedor solidário poderá argui-la para se defender, tratando-se, pois, de exceção *comum*[47], que atinge a obrigação solidária como um todo, na medida em que, reitere-se, a obrigação é *extinta* pela novação.

4.2 Compensação

O art. 1.020 do Código Civil de 1916 previa que o devedor solidário tinha a faculdade de compensar, na obrigação solidária, o que era devido pelo credor a outro devedor solidário, até o valor da quota-parte deste último. Assim, no exemplo da dívida de 300, dos devedores solidários "D_1", "D_2" e "D_3", sendo iguais as quotas-partes de cada um, "D_1" pode compensar 100 em razão de uma dívida do credor com "D_2", mesmo sem a anuência de "D_2", restando, na *obrigação solidária*, a quantia de 200.

Não há, contudo, regra análoga no Código Civil atualmente em vigor.

Nesse contexto, é isento de dúvidas que o devedor solidário que detenha um crédito perante o credor pode *compensar* esse crédito particular com a dívida comum, reembolsando-se, na sequência, junto aos demais codevedores, na proporção de suas respectivas quotas-partes. Mas, diante da ausência, no Código Civil de 2002, de norma semelhante ao art. 1.020 do Código Civil de 1916, controverte a doutrina acerca da possibilidade ou não de um devedor solidário invocar a compensação, tendo por fundamento não um crédito próprio, mas sim um crédito de titularidade de outro codevedor.

Washington de Barros Monteiro considera que, mesmo na vigência do atual Código Civil, remanesce a faculdade do devedor solidário de compensar com o credor o que esse último deve a qualquer um dos codevedores, até o valor equivalente à quota-parte, na obrigação solidária, desse codevedor titular do crédito compensado. O autor entende que *limitar* a arguição da compensação apenas ao codevedor titular do crédito em face do credor é "*inconveniente*" e "*fomentadora da má-fé*", pois possibilitaria ao credor dirigir sua cobrança aos coobrigados que nada lhe devem, evitando a compensação[48].

---

[47] ALMEIDA COSTA, Mário Júlio. *op. cit.*, p. 672.

[48] MONTEIRO, Washington de Barros. *op. cit.*, pp. 233/234.

O entendimento se torna ainda mais forte quando se considera que a compensação não depende da declaração das partes interessadas, operando-se *ipso jure* quando da verificação de seus pressupostos legais – isto é, as duas dívidas compensadas devem ser recíprocas, líquidas, vencidas e homogêneas –, mesmo contra a vontade de alguma das partes[49].

Enxergada a questão por essa ótica, parece mesmo acertado o entendimento de que devedor solidário pode arguir a compensação da pretensão do credor, até o limite da quota-parte do codevedor titular do crédito compensado, já que essa compensação se opera *automaticamente*, não havendo a necessidade de qualquer outra formalidade.

Por outro lado, é também relevante a observação de que a ausência, no Código Civil de 2002, de regra análoga ao art. 1.020 do Código Civil de 1916 pode ter tido justamente a função de afastar a faculdade do devedor solidário de arguir a compensação a partir de um crédito de outro codevedor, aplicando-se, portanto, a regra geral do art. 371 do diploma civil atualmente em vigor, segundo a qual "*o devedor somente pode compensar com o credor o que este lhe dever*".

A segunda parte desse dispositivo legal, aliás, apresenta uma exceção, que é a possibilidade de o *fiador* compensar sua dívida com aquela detida pelo credor com o afiançado. Ainda que consideradas as poucas distinções entre as obrigações solidárias e a fiança[50], pode-se admitir que a obrigação do fiador é uma obrigação solidária, à qual se acresce o benefício de ordem[51]. Assim, parece ser plenamente justificável a interpretação de que o art. 371 do Código Civil, ao ressalvar apenas e tão somente a possibilidade de o fiador arguir a compensação com base numa dívida do credor com o afiançado, veda que, *em qualquer outra obrigação solidária*, a compensação seja invocada por outro codevedor, que não o próprio titular do crédito a ser utilizado na compensação. E isso se reforça pela já mencionada ausência, no Código Civil de 2002, de disposição análoga ao art. 1.020 do Código Civil de 1916.

Partindo-se dessa última interpretação, a situação, no mesmo exemplo da dívida de 300, dos devedores solidários "D_1", "D_2" e "D_3", em que são iguais as quotas-partes de cada um, somente "D_2", titular do crédito de 100 em face do credor, poderia arguir a compensação, sendo vedado que "D_1" ou "D_3" oponham essa exceção ao credor[52].

---

49 MONTEIRO, Washington de Barros. *op. cit.*, p. 342.

50 WALD, Arnoldo. "*Solidariedade e fiança*" *in*: Revista de informação legislativa, v. 28, n. 109, p. 257-268, jan./mar. de 1991.

51 GOMES, Orlando. *op. cit.*, p. 72.

52 VARELA, Antunes. *op. cit.*, p. 774.

São duas, portanto, as interpretações possíveis: a *primeira*, seguindo a regra do art. 1.020 do Código Civil de 1916, entende que a compensação, mesmo antes de ser declarada, é uma exceção *comum*, podendo ser arguida por qualquer devedor solidário; já a *segunda* considera que a compensação ainda não declarada somente pode ser invocada pelo codevedor que detém o crédito junto ao credor, correspondendo, pois, a uma exceção *pessoal*.

A mesma questão pode ser levada às situações de solidariedade *ativa*, discutindo-se se o devedor pode ou não invocar a compensação de seu débito na obrigação solidária com um crédito detido por ele detém com apenas um dos cocredores, na hipótese de a *prevenção judicial*, vista no item 2.1, *supra*, já ter sido criada por um cocredor distinto.

Caso se considere a compensação, mesmo antes de ser declarada, uma exceção *comum*, a resposta é *positiva*: o devedor poderá invocá-la perante o credor solidário que ajuizou a ação, mesmo não sendo ele o devedor do crédito a ser compensado. Acaso se entenda, contudo, que a compensação, previamente à sua declaração, é uma exceção *pessoal*, a resposta, então, passa a ser *negativa*: o devedor só poderia argui-la em face do credor solidário que lhe deve, não podendo fazê-lo perante o outro credor solidário, que, ante o ajuizamento da demanda, tornou-se *prevento* para receber a prestação.

De todo modo, independentemente da corrente que se siga, tem-se um *ponto comum*, e que vale para as solidariedades ativa e passiva: após declarada a compensação, ela passa a ser uma exceção *comum*, que pode ser alegada por qualquer um[53]. Isso porque, operada a compensação, a obrigação solidária se extingue, na exata medida do crédito compensado.

Em tais condições, no mesmo exemplo da dívida de 300, dos devedores solidários "D_1", "D_2" e "D_3", *se já tiver sido declarada* a compensação de 100, com base no crédito detido apenas por "D_2" em face do credor, é incontroverso que qualquer um dos codevedores pode arguir a compensação, ficando obrigado a pagar somente 200.

4.3. Confusão

A confusão é aplicada de forma bastante simples na solidariedade: a teor do disposto no art. 383 do Código Civil, ela extingue a obrigação até o limite da quota-parte do crédito, ou do débito, detida pelo sujeito em relação ao qual se operou a confusão.

---

[53] ALMEIDA COSTA, Mário Júlio. *op. cit.*, p. 672.

Assim, no exemplo do crédito de 300, dos credores solidários "C_1", "C_2" e "C_3", sendo iguais as quotas-partes de cada um e, num cenário em que o devedor é o herdeiro de "C_1", pelo que ambos se confundem na mesma pessoa, a obrigação é extinta na quota-parte de 100, restando, pois, "C_2" e "C_3" como titulares do crédito de 200 na *obrigação solidária*.

Por outro lado, pensando-se na solidariedade passiva, o exemplo é o da dívida de 300, dos devedores solidários "D_1", "D_2" e "D_3", sendo iguais as quotas-partes de cada um e confundindo-se o credor e "D_1" na mesma pessoa – pela aquisição do crédito, por hipótese, feita entre ambas as partes –, a obrigação é extinta na quota-parte 100, permanecendo "D_2" e "D_3", na *obrigação solidária*, responsáveis pela quantia de 200.

4.4. Remissão

Igualmente simples é a regulamentação da remissão para as obrigações solidárias.

Primeiro, para os casos de solidariedade *ativa*, o art. 272 do Código Civil estabelece que o credor que tiver remitido a dívida responderá perante os demais cocredores pela parte que cabia a esses últimos. Então, no exemplo do crédito de 300, dos credores solidários "C_1", "C_2" e "C_3", vindo "C_1" a promover a remissão da dívida, fica o devedor exonerado, ante a extinção da obrigação solidária, mas "C_2" e "C_3" poderão exigir suas respectivas quotas-partes de "C_1".

Na solidariedade *passiva*, o art. 388 do Código Civil permite que a remissão seja concedida a apenas um dos devedores solidários, de forma que, reservando-se a solidariedade contra os demais codevedores, deve ser deduzida a quota-parte do devedor beneficiado pela remissão.

Assim, no exemplo da dívida de 300, dos devedores solidários "D_1", "D_2" e "D_3", sendo iguais as quotas-partes de cada um e tendo o credor remitido a dívida de "D_1", tem-se que a obrigação é extinta na quota-parte 100, que deve ser deduzida, podendo o credor exigir de "D_2" e "D_3", solidariamente, a quantia de 200.

4.5. Prescrição

O último assunto a ser tratado no presente artigo é o da *prescrição* das obrigações solidárias, que, como já antes destacado, não extingue a obrigação, mas sim a pretensão do credor, correspondendo, portanto, a uma hipótese de *extinção do crédito*.

Em primeiro lugar, observe-se que a regra do *caput* do art. 204 do Código Civil, de que a interrupção da prescrição feita por um credor não se estende aos outros e a operada contra um devedor não prejudica os demais, aplica-se apenas às obrigações *parciárias*. Para as obrigações solidárias, a norma aplicável é a do § 1º do mesmo dispositivo legal: a interrupção da prescrição por um credor solidário aproveita aos outros cocredores e aquela efetuada contra um dos devedores solidários envolve os demais codevedores e seus herdeiros. Essa é a chamada *comunicação dos efeitos interruptivos* da prescrição[54].

Já a suspensão da prescrição em favor de um dos credores solidários somente é estendida aos demais credores se a obrigação, além de solidária, for indivisível, a teor do art. 201 do Código Civil. Embora a lei seja omissa sobre a suspensão da prescrição em relação a apenas um dos devedores solidários, pode-se considerar, por analogia, que, em tais casos, ela também não é, regra geral, estendida aos demais codevedores, exceção feita às obrigações indivisíveis.

Nesse cenário, a diferença de regras entre as causas *interruptivas* e *suspensivas* da prescrição – no sentido de que as primeiras se *comunicam* entre os credores ou devedores solidários, mas as segundas, em geral, não – é justificada pelo fato de que a *interrupção* diz respeito ao conteúdo *objetivo* da obrigação (como se extrai das hipóteses listadas no art. 202 do Código Civil, a prescrição é interrompida, em síntese, com atos de cobrança pelo credor) e a *suspensão* é de ordem *pessoal*, atingindo especificamente os sujeitos envolvidos numa determinada *relação* (conforme o art. 197 do Código Civil) ou encontrados numa *situação específica* (nos termos dos arts. 199 e 200 do Código Civil)[55].

Dessa forma, se, por exemplo, o credor solidário ingressa em juízo para cobrar a prestação de um dos devedores solidários e o juiz ordena a sua citação (art. 202, I), a prescrição é interrompida perante todos os codevedores, ante a *comunicação dos efeitos interruptivos* da prescrição.

Por outro lado, se o credor se casa com um devedor solidário (art. 197, I) ou se o prazo para o cumprimento da prestação por um dos codevedores ainda não venceu (art. 199, II), a prescrição não corre em relação a eles, mas corre perante os demais devedores, que não estão casados com o credor e que já tiveram o prazo de pagamento vencido.

Isso significa que os prazos prescricionais de credores ou devedores solidários podem ser *distintos*, caso se verifique, em relação um ou alguns deles, uma causa suspensiva da prescrição.

---

[54] MONTEIRO, Washington de Barros. *op. cit.*, p. 222.

[55] TEPEDINO, Gustavo *et. al. op. cit*, pp. 556.

Assim, nas obrigações solidárias em que os prazos prescricionais são distintos, a dúvida relevante que se coloca é, em se tratando de solidariedade *passiva*, pode o credor cobrar a *totalidade* da prestação dos devedores solidários em relação aos quais a prescrição não se consumou, mesmo já estando prescrita a sua pretensão perante outros codevedores? Ou, nas hipóteses de solidariedade ativa, pode um credor, que ainda não teve a sua pretensão fulminada pela prescrição, cobrar a *integralidade* da prestação do devedor, ainda que outros credores já tenham deixado a prescrição se consumar?

Em outras palavras, a questão pode ser redigida da seguinte forma: a prescrição é uma exceção *comum* ou uma exceção *pessoal*? Acaso se considere uma exceção *comum*, ela pode ser alegada por qualquer devedor solidário ou perante qualquer credor solidário, de forma que a resposta das duas indagações feitas no parágrafo acima será *negativa*: a pretensão só pode ser exigida com a dedução da quota-parte prescrita. Já se se entender que a prescrição é exceção *pessoal*, a resposta das duas dúvidas é *positiva*: a prestação pode ser cobrada integralmente, desde que não envolve os credores ou devedores atingidos pela prescrição.

Washington de Barros Monteiro é, dentre nós, quem esclarece a sua posição sobre o tema com maior clareza, observando que a prescrição havida em relação a apenas um dos codevedores aproveita aos demais, pois o *direito de agir* do credor seria atingido quando consumada a prescrição, ainda que em face de somente um dos devedores solidários[56].

Portanto, para o aludido autor, a prescrição, ao menos na solidariedade passiva, é uma exceção *comum* e pode ser arguida por todo e qualquer devedor, mesmo se tiver ocorrido apenas perante a um ou alguns deles, sendo necessária a dedução da quota-parte da prestação devida pelo devedor em relação ao qual operada a prescrição.

Como destacado no item 3.3, *supra*, Antunes Varela tem entendimento diverso, considerando que a prescrição é exceção *pessoal*, que não interfere na relação interna entre os devedores solidários. Desse modo, a prescrição ocorrida em face de apenas um dos codevedores não impactaria na pretensão do credor perante os demais devedores, que remanesceriam obrigados a arcar com a *integralidade* da prestação, mas poderiam exigir a quota-parte devida pelo devedor que havia se beneficiado da prescrição em relação ao credor. Tal solução, segundo o autor, "*assinala, por forma bastante expressiva, o vínculo de solidariedade que une os vários condevedores, através da relação obrigacional unitária*"[57].

---

[56] MONTEIRO, Washington de Barros. *op. cit.*, p. 192.

[57] VARELA, Antunes. *op. cit.*, p. 776.

O Código Civil português prevê exatamente essa regra, no art. 521[58], que ainda impõe uma exceção: apenas não terá direito de regresso perante os demais devedores solidários o *solvens* que, embora pudesse arguir a prescrição da pretensão do credor em relação a si próprio, não o fez, como observa Almeida Costa[59]. Assim, o devedor, que, por desídia ou conluio com o credor, deixou de invocar a prescrição, dando causa à perda correspondente ao cumprimento de obrigação, em relação à qual a pretensão do credor já estava prescrita, não poderá repartir esse prejuízo com os demais codevedores.

Apesar de não haver regra análoga no direito brasileiro, essa parece ser a melhor solução. Afinal, considerando-se a *unidade da prestação*, a possibilidade de a obrigação solidária ter prazos diferentes para os devedores solidários (art. 266 do Código Civil) e a figura da solidariedade passiva vista no item 1.3, *supra*, como explicar que, fulminada pela prescrição a pretensão do credor apenas em relação a um dos codevedores, ele fica impedido de cobrar a totalidade da prestação em face dos demais, em relação aos quais sua pretensão permanece incólume?

Sendo característica essencial das obrigações solidárias a unidade da prestação, conforme destacado no capítulo inicial deste artigo, e remanescendo inalterada a pretensão do credor em face de um ou alguns dos devedores, deve-se concluir que ele pode exigir o pagamento *integral* dos devedores em relação aos quais não se operou a prescrição.

A prescrição não atinge, pois, a pretensão do credor como um todo, mas apenas o feixe da pretensão dirigida a um dos devedores ou os feixes dirigidos a alguns dos devedores, restando ilesa a pretensão perante os demais codevedores. Para que o *solvens* não saia prejudicado, é certo que ele poderá se reembolsar, em relação aos demais devedores solidários, no valor de suas respectivas quotas-partes, o que, vale enfatizar, não se mostra contraditório ao reconhecimento da prescrição operada quanto a esses outros devedores solidários, uma vez que essa prescrição que beneficia tais codevedores atingiu a pretensão do credor, mas não a pretensão regressiva do *solvens*.

Em tais condições, voltando-se ao exemplo da dívida de 300, dos devedores solidários "D_1", "D_2" e "D_3", mesmo estando prescrita a pretensão do credor em relação a "D_1", ele poderá exigir de "D_2" e "D_3" a quantia de 300, e aquele que

---

[58] "ARTIGO 521º (Prescrição) 1. Se, por efeito da suspensão ou interrupção da prescrição, ou de outra causa, a obrigação de um dos devedores se mantiver, apesar de prescritas as obrigações dos outros, e aquele for obrigado a cumprir, cabe-lhe o direito de regresso contra os seus condevedores. 2. O devedor que não haja invocado a prescrição não goza do direito de regresso contra os condevedores cujas obrigações tenham prescrito, desde que estes aleguem a prescrição".

[59] ALMEIDA COSTA, Mário Júlio. *op. cit.*, p. 677.

fizer o pagamento poderá exigir de "D_1" o reembolso de 100, caso sejam iguais as quotas-partes, na relação *interna.*

Já na solidariedade ativa, o cenário é diferente. Não obstante a unidade da prestação esteja igualmente presente, deve-se observar que, se operada a prescrição em relação a um dos cocredores, a pretensão individual desse credor é atingida como um todo, ficando ele com o seu direito de crédito extinto.

Por essa razão, o art. 530 do Código Civil português prevê que pode o devedor opor, ao credor que lhe exigir o cumprimento da obrigação, a prescrição da pretensão de um cocredor diverso, na proporção de sua quota-parte[60]. Trata-se, nesse caso, de exceção *pessoal*, mas que, excepcionalmente, pode ser oposta perante todos, na exata medida do crédito do credor solidário em relação ao qual operada a prescrição[61].

Embora não exista, no direito brasileiro, norma com semelhante conteúdo, deve-se entender, também aqui, aplicável essa solução, de modo a permitir ao devedor a arguição da prescrição do crédito de um dos cocredores a qualquer credor que lhe exija o cumprimento da prestação.

Isso não conflita com a solução contrária estabelecida para a hipótese de solidariedade passiva, no sentido de que somente o devedor beneficiado pela prescrição pode invocá-la. Afinal, na solidariedade passiva, a prescrição atinge a pretensão do credor perante um dos codevedores, mas não provoca a extinção de nenhuma parte do crédito em face dos demais devedores; já na solidariedade ativa, uma parcela do crédito é *extinta* quando operada a prescrição em relação a um cocredor (justamente a parte que, na relação interna entre os credores solidários, era devida a ele).

Desse modo, se fosse admitida a cobrança integral da prestação pelo credor não atingido pela prescrição, quem poderia ficar com a quota-parte do credor atingido pela prescrição? Seja o credor que teve seu crédito prescrito, seja qualquer um dos demais credores solidários, haverá, aqui, um potencial *enriquecimento sem causa*, já que nenhum deles faz jus ao recebimento da prestação (o primeiro pela extinção do seu crédito, os demais por não serem os seus titulares).

Assim, retomando, pela última vez, o exemplo da dívida de 300, em que as quotas-partes dos credores solidários "C_1", "C_2" e "C_3" são iguais, operada a prescrição apenas da pretensão de "C_1", tem-se que "C_2" e "C_3" somente poderão exigir do devedor a quantia de 200.

---

[60] "ARTIGO 530º (Prescrição) 1. Se o direito de um dos credores se mantiver devido a suspensão ou interrupção da prescrição ou a outra causa, apesar de haverem prescrito os direitos dos restantes credores, pode o devedor opor àquele credor a prescrição do crédito na parte relativa a estes últimos.".

[61] Nesse sentido: VARELA, Antunes. *op. cit.*, p. 797; e ALMEIDA COSTA, Mário Júlio. *op. cit.*, p. 680.

Portanto, deve-se concluir que, na solidariedade *passiva*, a prescrição somente pode ser arguida pelo codevedor beneficiado pela inércia do credor, não aproveitando aos demais devedores solidários, que seguem obrigados a arcar com a prestação integral. Já na solidariedade *ativa*, o devedor pode invocar, perante qualquer cocredor, a prescrição da pretensão de um deles, ficando obrigado a cumprir a prestação deduzida a quota-parte daquele que deixou a pretensão prescrever.

12. CLÁUSULAS DE BREAK-UP FEE

Antonio Alberto Rondina Cury

INTRODUÇÃO

Operações de fusões e aquisições, em suas diversas formas[62], costumam ser pautadas por uma maior complexidade em seus termos e em suas negociações, o que reflete no tempo para que as partes cheguem a um acordo e haja o fechamento do negócio – o chamado *interim period*.

Nesse intervalo de tempo, porém, as partes seguem tomando riscos[63], com uma incerteza mais patente para o primeiro potencial comprador (aquele que procura a sociedade-alvo com a proposta inicial de aquisição), que fica vulnerável à apresentação de propostas concorrentes[64], ou à recusa da proposta

---

[62] Incluídas aqui tanto os negócios de aquisição de participação acionárias quanto os de aquisição de empresas; cf.: PIRES, Catarina Monteiro. *Aquisição de empresas e de participações acionistas: problemas e litígios*. Coimbra: Almedina, 2018, p. 17.

[63] MARTINS-COSTA, Judith. A cláusula break up fee: qualificação perante o direito brasileiro. In: *Revista de Direito Societário e M&A*, v. 1, jun/2022, cap. 2.

[64] JEON, Jin Q.; LIGON, James A. How much is reasonable? The size of termination fees in mergers and acquisitions. In: *Journal of Corporate Finance*, n. 17, 2011, p. 959. KHALIL, Samer; MAGNAN, Michel; ANDRÉ, Paul. *Termination Fees in Mergers and Acquisitions: Protecting investors or managers?* Disponível em ssrn.com/abstract=676348, p. 5: "In a friendly deal, there is usually a two to four months period between the signing of a merger agreement by management, and the voting by shareholders' to approve the deal. During that time, competing bidders have the chance to free ride on the information disclosed by the initial bidder and present a less costly, more competitive bid to the target firm".

pela assembleia geral (uma vez que, em companhias de capital mais pulverizado, a negociação é geralmente conduzida com os administradores[65]).

Uma das formas encontradas para proteção do negócio[66] foi a previsão de multas para o caso de a operação não ser concluída, em textos que receberam o nome de cláusulas de *break-up fee*, que constituem o objeto deste trabalho. Embora não sejam medida totalmente eficaz[67], elas se tornaram cada vez mais frequentes em negócios de fusões e aquisições[68]; no Brasil, ainda com mais timidez, mas já marcando o cenário jurídico nacional.

A primeira cláusula de *break-up fee* nos moldes atuais registrada na literatura data de 1983; já a *reverse break-up fee* veio um pouco mais tarde, em 1988[69]. Desde então, seu uso se popularizou: em estudos quantitativos mais recentes, as diferentes bases de dados mostram que 74% a 84% dos contratos preveem uma cláusula desse tipo[70].

Algumas questões surgem quase que naturalmente de sua inclusão. Em termos jurídicos, a sua precisa regulação, em especial por causa da necessária transposição, para o ordenamento brasileiro, de uma figura desenvolvida em terras norte-americanas[71]. E, em termos econômicos e de governança, certa desconfiança de que os administradores celebrem esse tipo de obrigação, visando a garantir o fechamento do negócio, em benefício próprio (como manutenção de seus cargos), não dos acionistas (que se veriam, em tese, impedidos

---

[65] PINTO, Marcos Barbosa. As break-up fees nas incorporações envolvendo companhias sem controlador. In: *Revista de direito das sociedades e dos valores mobiliários*, v. II, dez/2021, p. 257: "Nessas situações, o adquirente normalmente celebra um acordo com os administradores da companhia alvo, definindo os termos do negócio. Todavia, esse acordo não vincula os acionistas, que terão liberdade para votar contra ou a favor da matéria em assembleia geral. Para o adquirente, celebrar um acordo desse tipo significa dar uma opção de graça - em termos econômicos, uma verdadeira *put* - para os acionistas da companhia alvo".

[66] Além da comum a estruturação de tais negociações por meio de um ou mais contratos preliminares, que visam à proteção do próprio negócio através da previsão de obrigações de exclusividade; cf.: ADAMEK, Marcelo Vieira von. No-shop, break-up fee e fiduciary out em contratos preparatórios a operações de fusões e aquisições (M&A): validade e compatibilidade com os deveres fiduciários dos administradores. In: *Revista de Direito Societário e M&A*, v. 1, jun/2022, cap. 1.

[67] PIETRANCOSTA, Alain. Break-up fees et offres publiques: une pratique en voie de consécration? In: *Revue trimestrielle de droit financier*, 2008, § 3. KLING, Lou; NUGENT, Eileen. Negotiated Acquisitions of Companies, Subsidiaries, and Divisions. Vol. 1. New York: Law Journal Press, 2005, p. 4-87: "soft lock-ups".

[68] BATES, Thomas W.; LEMMON, Michael L. Breaking up is hard to do? An analysis of termination fee provisions and merger outcomes. In: *Journal of Financial Economics*, n. 69, 2003, p. 470.

[69] OFFICER, Micah. Termination Fees in Mergers and Acquisitions. In: *Journal of Financial Economics*, v. 69, n. 3, 2003, pp. 440-441.

[70] JEON, Jin Q.; LIGON, James A. *Op. cit.*, 961, estudo de 2011; comparativamente, em 2003, aproximadamente 66% dos contratos a previam, cf.: OFFICER, Micah. *Op. cit.*, p. 432.

[71] MARTINS-COSTA, Judith. *Op. cit.*, cap. 1.

de rejeitar uma proposta que não lhes é muito favorável, ou de aceitar outra proposta concorrente mais vantajosa)[72].

Tais questões vêm à tona periodicamente, em casos emblemáticos que tomam a mídia para apontar apenas um ou outro aspecto de sua celebração, geralmente ligado aos altos valores cominados[73], e ensejam maior discussão acadêmica sobre seu regime jurídico e a realidade no meio negocial que tais cláusulas representam.

1. CONCEITO

As cláusulas de *break-up fee*, sendo fruto da liberdade criativa das partes, não tem um conceito unívoco. Ele dependerá, necessariamente, da função que se busca com essa cláusula e das situações por ela abarcadas[74].

Deve-se, então, tomar os seus principais atributos para formular uma definição precisa e tão abrangente quanto possível. A partir do quanto será exposto neste trabalho, pode-se definir a cláusula de *break-up fee* como uma *cláusula que prevê o pagamento de uma soma em dinheiro quando sejam verificados certos gatilhos previamente definidos em um contrato de compra e venda*

---

[72] OFFICER, Micah. *Op. cit.*, p. 432.

[73] *The New York Times*, Elon Musk's deal for Twitter includes a $1 billion break-up fee, 26.04.2022: "Twitter would have to pay if it signed a deal with another suitor. Mr. Musk would have to pay if his financing falls apart". PINTO, Marcos Barbosa. *Op. cit.*, p. 255: "Multas como as previstas na operação da Linx (...) são pouco comuns no Brasil (...). Entretanto, à medida que a propriedade acionária se torne mais dispersa no país, como vem ocorrendo nas últimas décadas, é muito provável que as break-up fees passem a ser mais comuns no Brasil". LOBATO, Rafael S.; OLIVEIRA, Túlio F. Break-up fee: A importância da multa pela desistência entre o signing e closing em operações de M&A. In: *Migalhas*, 15.04.2021. OFFICER, Micah. *Op. cit.*, p. 435: "agreement signed by the boards of directors of Compaq Computer (the bidder) and Digital Equipment (the target) in January 1998".

[74] ADAMEK, Marcelo Vieira von, *Op. cit.*, cap. 1: "cláusula que prevê o pagamento de uma 'multa compensatória' como consequência a ser imposta caso configuradas algumas situações fáticas descritas no contrato". MARTINS-COSTA, Fernanda Mynarski. *Execução Diferida nos Contratos de M&A*. São Paulo: Almedina, 2022, p. 168: "cláusulas que instituem o pagamento de uma soma pecuniária em virtude da não realização de determinada exigência ao fechamento". PIETRANCOSTA, Alain. *Op. cit.*, § 1: "les stipulations contractuelles fixant à l'avance et forfaitairement les conséquences des actes d'un cocontractant le conduisant à ne pas réaliser l'opération envisagée ou à ne pas exécuter l'obligation contractée". MARTINS-COSTA, Judith. *Op. cit.*, cap. 1: "mecanismo [*que*] tem como peculiaridade o pagamento de uma soma pecuniária pelo vendedor e/ou pela sociedade-alvo ao comprador em virtude da desvinculação da contratação, comumente permitida em razão do surgimento de um terceiro ofertante, nas alienações de companhias". OFFICER, Micah. *Op. cit.*, p. 432: "A target termination, or breakup, fee clause requires that the target pay the bidder a fixed cash fee if the target does not consummate the proposed merger".

de participação acionária, quer por sua ocorrência ser imputada a uma das partes, quer porque impedem a continuidade da transação[75].

Dentre esses gatilhos que desencadeiam a aplicação da multa, os mais comuns incluem a quebra de pactos acessórios de exclusividade para negociação, que pode chegar à aprovação de uma proposta concorrente pela sociedade-alvo; bem como a falta de autorizações necessárias para o fechamento do negócio, como a não aprovação da operação pela assembleia geral da sociedade-vendedora, ou por órgãos públicos[76] (por exemplo, o Conselho Administrativo de Defesa Econômica - CADE, ou agências regulatórias dos mercados em que estejam inseridas as partes[77]).

Para esses dois últimos casos, há diferenças importantes[78]. Nos casos de aplicação de multa por falta de aprovação da assembleia geral dos sócios da companhia-alvo, quando não há uma proposta concorrente - isto é, rejeita-se a própria venda nos termos em que formulada -, elas passam a ser conhecidas com "*naked no votes*"[79]. Já no caso em que a operação, apesar de aceita pela assembleia, não é aprovada por órgãos governamentais (em especial os de

---

[75] Adaptado de GUINOMET, Pascal. *Break Fee-Vereinbarungen*. Berlin: Duncker & Humblot, 2003, p. 30; trad.: Marcelo Vieira von Adamek, *Op. cit.*; orig.: "Vertragliches Versprechen der Zahlung einer vereinbarten Geldsumme für den Fall, daß die geplante Transaktion aufgrund von bestimmten, vertraglich festgelegten Gründen scheitert, die entweder durch eine Partei zu vertreten sind oder zwar von keiner Partei zu vertreten sind, jedoch die Transaktion nicht mehr durchführbar machen". Também preferindo tal definição, GYSI, Markus. Break Fee-Vereinbarungen bei Unternehmensübernahmen. In: *Jusletter*, 29.10.2007, p. 3.

[76] ADAMEK, Marcelo Vieira von, *Op. cit.*, cap. 1. MARTINS-COSTA, Fernanda Mynarski. *Op. cit.*, p. 168. JEON, Jin Q.; LIGON, James A. How much is reasonable? The size of termination fees in mergers and acquisitions. In: Journal of Corporate Finance, n. 17, 2011, p. 959. KHALIL, Samer; MAGNAN, Michel; ANDRÉ, Paul. *Op. cit.*, p. 1: "The triggering events are somehow uniform, and principally include the shareholders' rejecting the merger, or accepting a superior bid from a third-party". WALD, Arnoldo; BLATTNER, Marina Gaensly. A *break-up fee* e o *business judgment rule* na incorporação ou mudança de controle de S.A. In: *Fusões e aquisições: pareceres*. Org.: Carlos Portugal Gouvêa, Mariana Pargendler e Maurizio Levi-Minzi. São Paulo: Almedina, 2022, pp. 23-24. BADAWI, Adam; DE FONTENAY, Elisabeth. Is There a First-Drafter Advantage in M&A? In: *California Law Review*, v. 107, n. 4, 2019, p. 1134. GYSI, Markus. *Op. cit.*, pp. 3-4.

[77] Por exemplo, na operação entre a CETIP e a BOVESPA, em que a operação deveria ser aprovada pelo CADE, pela CVM e pelo Banco Central (CADE, ACO 08700.004860/2016-11, doc. SEI 0215898, cláusulas 3.1 e 7.6).

[78] MARTINS-COSTA, Judith. *Op. cit.*, cap. 3: "percebe-se dois distintos grupos de causas, distinguo que terá relevância na sua qualificação jurídica. A multa está atrelada tanto ao fato do descumprimento de obrigações do negócio jurídico imputável a um comportamento culposo (isto é, negligente) da parte; quanto à verificação de fatos alheios à vontade dos contratantes que impeçam o prosseguimento da execução contratual".

[79] ZEBERKIEWICZ, John Mark; ROHRBACHER, Blake. Paying for the Privilege of Independence: Termination Fees Triggered by "Naked No Votes". In: *InSights*, v. 21, n. 9, set/2007, p. 1.

defesa da concorrência[80]), as cláusulas passam a ter como beneficiária a própria companhia-alvo e são chamadas de "*reverse break-up fee*"[81].

Além disso, é comum que as cláusulas de *break-up fee* sejam conjugadas com outras visando à exclusividade da negociação, ou mesmo à mitigação de seus efeitos[82].

Em termos de tradução, é comum que se utilizem apenas os termos "multa" ou "multa compensatória"[83]; no entanto, trata-se de uma generalização que deixa de fora pontos essenciais de sua função e aplicação. Uma possível solução seria um nome mais longo, na linha de "multa para encerramento das negociações", "multa em caso de não aprovação do negócio", ou "multa por desistência motivada"[84] o que não parece tão comum em termos de estilo e mantém certas limitações quanto ao seu conteúdo. Dessa forma, embora sem perder de vista as críticas ao estrangeirismo no direito civil e comercial[85], parece que o uso do termo "*break-up fee*", em inglês, é mais adequado, ao invocar todo o conjunto de regras próprias que o regulam[86].

---

[80] Nos termos dos arts. 9º, X, 53 a 57, e 88 a 91 da Lei nº 12.529/11.

[81] TUCKER, Darren; YINGLING, Kevin. Keeping the Engagement Ring: Apportioning Antitrust Risk with Reverse Breakup Fees. In: *Antitrust*, vol. 22, n. 3, 2008, pp. 70-73. Ou, menos comumente, "bidder termination fee"; OFFICER, Micah. *Op. cit.*, p. 436: "Merger agreements sometimes also require the bidder to pay the target a fee if the bidder initiates termination. However, bidder termination fees are not nearly as common in practice as the target termination fees".

[82] JEON, Jin Q.; LIGON, James A. *Op. cit.*, pp. 959-960: "Commonly used deal protection devices include, but are not limited to, termination fees, lock-up options, and no-shop provisions". ADAMEK, Marcelo Vieira von. *Op. cit.*, cap. 1: "a matizar a obrigação de exclusividade assegurada pela break-up fee, as partes podem prever também uma fiduciary out clause, que deixa ao Conselho de Administração da sociedade-alvo a possibilidade de avaliar e recomendar uma eventual proposta concorrente de terceiro não solicitada e, geralmente, não sujeita a due diligence ou a financiamento (mas que, apesar disso, não impede o desencadeamento da break-up fee na hipótese de essa operação concorrente efetivamente se celebrar)".

[83] ADAMEK, Marcelo Vieira von, *Op. cit.*, cap. 1.

[84] MARTINS-COSTA, Fernanda Mynarski, *Op. cit.*, p. 168.

[85] GAGLIANO, Pablo Stolze. "Der tote erbt den Lebenden" e o estrangeirismo indesejável. In: *Revista Magister de Direito Civil e Processual Civil*, v. 9, n. 49, 2012, pp. 91-97.

[86] Sendo esse, justamente, o papel do *nomen iuris*, como nomenclatura de certo instituto jurídico. Não por menos, o ambiente contratual é profícuo em cláusulas e institutos que mantêm o idioma original; basta comparar o sumário de CONFORTINI, Massimo (org.). *Clausole negoziali: Profili teorici e applicativi di clausole negoziali tipiche e atipiche*. Turim: UTET, 2019, pp. VII-XXXI.

Por fim, esclareça-se que mesmo em inglês há certa variação de usos, encontrando-se com frequência a alternativa "*termination fee*"[87]; e, em menor, "*inducement fee*", "*cancellation fee*"[88] e "*kill fee*"[89].

2. APLICAÇÕES CONCRETAS

2.1. Funções

Além da nomenclatura, também as funções a que servem as cláusulas de *break-up fee* são bastante variadas.

Dentre as principais, destacam-se: **(a)** o ressarcimento de custos incorridos pelo potencial comprador; **(b)** criar uma camada de proteção do primeiro ofertante contra concorrentes; **(c)** facilitar as transações, em especial quanto à troca de informações; **(d)** incentivar o fechamento da operação negociada; **(e)** incentivar a busca por melhores ofertas, aumentando-se o prêmio oferecido pelas ações; **(f)** proteger o próprio negócio; **(g)** promover uma alocação dos riscos a cada uma das partes; e **(h)** em casos de *reverse break-up fee*, compensar a perda de eficiência da sociedade-alvo.

A mais citada dessas funções é a de **(a)** ressarcir o potencial comprador dos custos por ele incorridos na negociação. Com isso, busca-se determinar de antemão as consequências de uma quebra do dever de exclusividade pela vendedora, ou, caso simplesmente haja a rejeição da proposta ou desistência do acordo, reembolsar os "custos de oportunidade de se entrar em um negócio que não se consumou"[90].

Esses custos se referem aos investimentos feitos pelo potencial comprador para localizar uma empresa, selecioná-la como alvo e, posteriormente, prepará-la para a venda. Muitas vezes, além de vultosos, eles são irrecuperáveis num cenário em que o negócio não se concretize, de forma que a cláusula de *break-up fee* acaba protegendo os interesses patrimoniais do ofertante[91].

---

[87] BADAWI, Adam; DE FONTENAY, Elisabeth. *Op. cit., passim.* MAYANJA, James. *Op. cit., passim.* WACHTEL, Jonathan. Breaking Up is Hard to Do: A Look at Brazen v. Bell Atlantic and the Controversy over Termination Fees in Mergers and Acquisitions. In: *Brooklyn Law Review*, v. 65, n. 2, 1999, *passim.* BATES, Thomas W.; LEMMON, Michael L. *Op. cit., passim.*

[88] GYSI, Markus. *Op. cit.*, p. 2, nota 1.

[89] KHALIL, Samer; MAGNAN, Michel; ANDRÉ, Paul. *Op. cit., passim.*

[90] CADE. *Guia para análise da consumação prévia de atos de concentração econômica.* 2015, p. 8. BADAWI, Adam; DE FONTENAY, Elisabeth. *Op. cit.*, p. 1134.

[91] ADAMEK, Marcelo Vieira von. *Op. cit.*, cap. 2. WALD, Arnoldo; BLATTNER, Marina Gaensly. *Op. cit.*, pp. 23-24.

Eles abrangem custos diretos e indiretos, como pagamentos para auditores, assessores financeiros, advogados, busca e obtenção de documentos, alocação de recursos humanos e o tempo dos negociadores envolvidos[92]. Ademais, como visto, incluem também o custo de oportunidade, "como uma contrapartida razoável pelo valor que o *finder* agrega à companhia-alvo, deixando-a 'pronta para a venda'"[93], uma vez que a proposta inicial acaba estabelecendo um piso para outras propostas concorrentes[94] – as quais partirão de uma realidade fática distinta da empresa-alvo, já lapidada pelo ofertante original.

Em resumo, a mais comum, senão a principal, função das cláusulas de *break-up fee* é a indenização do interesse negativo do proponente[95]; e, com isso, incentivando-o a correr riscos que não seriam sequer cogitados sem essa proteção[96].

Na mesma linha, outra função é de **(b)** conferir uma camada adicional de proteção ao primeiro ofertante, uma "contrapartida adequada pelo ônus ligado à sua peculiar posição econômica de 'desbravador'"[97]. Uma vez que ele acaba por formar um piso para outras ofertas potenciais, a *break-up fee* permite aumentar os custos de um segundo ofertante – que deverá propor um valor mais atrativo para a companhia e que permita cobrir os gastos havidos com o pagamento da multa – e, com isso, diminuir os interessados em figurar nesse papel[98].

Desse nível extra de proteção surge a função de **(c)** facilitar as negociações, estimulando as partes, em especial o comprador, a trocar informações

---

[92] PIETRANCOSTA, Alain. *Op. cit.*, § 2. PINTO, Marcos Barbosa. *Op. cit.*, p. 258. MARTINS-COSTA, Judith. Op. cit, cap. 3. OFFICER, Micah. *Op. cit.*, p. 436. LOBATO, Rafael Sasse; OLIVEIRA, Túlio Foganholi. *Op. cit.* TARBERT, Heath Price. Merger Breakup Fees: A Critical Challenge to Anglo--American Corporate Law. In: *Law and Policy in International Business*, vol. 34 (2003), pp. 670-673. MAYANJA, James. No-shop, no-talk and break-up fee agreements in merger and takeover transactions: the case for a fresh regulatory approach. In: *Australian Journal of Corporate Law*, v. 14, n. 1, pp. 6.

[93] ADAMEK, Marcelo Vieira von. *Op. cit.*, cap. 2.

[94] TUCKER, Darren; YINGLING, Kevin. *Op. cit.*, p. 70.

[95] ADAMEK, Marcelo Vieira von. *Op. cit.*, cap. 3. Sobre o interesse negativo e as rubricas incluídas em seu bojo, cf.: STEINER, Renata. *Reparação de danos: interesse positivo e interesse negativo*. São Paulo: Quartier Latin, 2018, pp. 81, 199. MOTA PINTO, Paulo. *Interesse contratual negativo e interesse contratual positivo*. Coimbra: Coimbra, 2008, vol. I, pp. 842 e ss. AGUIAR JR, Ruy Rosado de. *Extinção dos contratos por incumprimento do devedor*. Rio de Janeiro: AIDE, 2004, p. 267.

[96] PINTO, Marcos Barbosa. *Op. cit.*, p. 253. KHALIL, Samer; MAGNAN, Michel; ANDRÉ, Paul. *Op. cit.*, p. 16: "the larger the expenses incurred to conclude a deal, the greater is the termination fee".

[97] ADAMEK, Marcelo Vieira von. *Op. cit.*, cap. 2.

[98] KHALIL, Samer; MAGNAN, Michel; ANDRÉ, Paul. *Op. cit.*, p. 1. TUCKER, Darren; YINGLING, Kevin. *Op. cit.*, p. 70.

sensíveis necessárias à definição dos termos negociais[99] – como segredos industriais ou comerciais que, em última análise, poderiam servir de vantagem competitiva indevida a um segundo proponente.

Duas outras funções que andam lado a lado são **(d)** o incentivo ao correto fechamento da operação; bem como **(e)** o incentivo à busca por melhores propostas no mercado, que acabem por incluir o pagamento da multa e um prêmio maior pela participação alienada[100]. No entanto, são funções mais controversas, com conclusões distintas em estudos empíricos.

Um estudo publicado em 2000 "concluiu que 93,4% das operações com *break-up fees* são consumadas, enquanto apenas 75,7% das operações sem *break-up fees* o são"[101].

Já em 2003, outro estudo chegou à conclusão que a presença de *break-up fees* aumenta em quase 20% as chances de que um acordo seja fechado, ao mesmo tempo em que acaba por levar a prêmios 4% maiores aos acionistas. Igualmente, os dados trazidos mostram que a *break-up fee* reduz pela metade a probabilidade de que uma oferta alternativa apareça (de 6% para 3% dos casos); e, quando aparecem, contratos com tal cláusula resultam em prêmios médios significativamente maiores (68%, contra 33%)[102].

Por fim, um estudo mais recente, publicado em 2011, concluiu que multas "moderadas" servem como mecanismos contratuais eficientes para incentivar o fechamento de operações (dos contratos que não a previam, 56% foram concluídos; com a inclusão, o número sobe para 93,5%[103]), enquanto multas mais elevadas não possuem eficiência proporcional; de toda forma, as evidências mostraram que a razão para tanto não eram as cláusulas em si, mas

---

[99] PINTO, Marcos Barbosa. *Op. cit.*, p. 259. Estados Unidos, Supreme Court of Delaware, Revlon, Inc. v. MacAndrews & Forbes Holdings, Inc., 506 A.2d 173 (Del. 1986), j. 13.03.1986: "Current economic conditions in the takeover market are such that a 'white knight' like Forstmann might only enter the bidding for the target company if it receives some form of compensation to cover the risks and costs involved". Sobre o relevante papel da informação nos negócios de aquisição de empresas, cf.: PIRES, Catarina Monteiro. *Op. cit.*, pp. 21-31.

[100] MARTINS-COSTA, Judith. *Op. cit.*, cap. 3. OFFICER, Micah. *Op. cit.*, p. 434. KHALIL, Samer; MAGNAN, Michel; ANDRÉ, Paul. *Op. cit.*, p. 3. Estados Unidos, Supreme Court of Delaware, Revlon, Inc. v. MacAndrews & Forbes Holdings, Inc., 506 A.2d 173 (Del. 1986), j. 13.03.1986: "such options can entice other bidders to enter a contest for control of the corporation, creating an auction for the company and maximizing shareholder profit". WALD, Arnoldo; BLATTNER, Marina Gaensly. *Op. cit.*, p. 24. MAYANJA, James. *Op. cit.*, p. 9. GYSI, Markus. *Op. cit.*, p. 5. BATES, Thomas W.; LEMMON, Michael L. *Op. cit.*, p. 471.

[101] COATES, J.; SUBRAMANIAN, G. A Buy-Side Model of Lockups: Theory and Evidence. In: *Harvard Law School, Law-Econ Discussion Paper*, n. 274, 2000, apud PINTO, Marcos Barbosa. *Op. cit.*, pp. 263-264.

[102] OFFICER, Micah. Op. cit, pp. 433-446, 454.

[103] JEON, Jin Q.; LIGON, James A. *Op. cit.*, p. 973.

o receio de arcar com o pagamento da multa nela trazida. Por outro lado, não se encontrou uma relação adequada entre a previsão de uma *break-up fee* e prêmios mais elevados; pelo contrário: multas muito elevadas acabavam resultando em prêmios significativamente menores[104]; ou seja, elas não apontam para uma melhor negociação.

Em relação ao primeiro ponto, a justificativa do estudo não parece convencer do ponto de vista jurídico; afinal, independentemente da razão psicológica pela qual os acionistas votam pelo fechamento da operação, fato é que há um aumento considerável na taxa de conclusão; no mais, é já pacífica a possibilidade de as partes instituírem meios coercitivos nos contratos, como as cláusulas penais[105]. Em relação ao segundo ponto, uma possível explicação para as divergências reside no "impacto da atratividade da companhia alvo sobre o prêmio observado"; isso porque empresas mais atrativas tendem a ter prêmios maiores e, pela maior competitividade nas negociações, multas mais elevadas e uma maior frequência de *break-up fees*[106]; ou seja, os prêmios não são maiores pela existência de tal cláusula, mas ambos, prêmio maior e presença da cláusula, decorrem de um fator comum.

A partir da síntese das funções anteriores, duas outras podem ser encontradas, as quais, dada a sua importância, acabam se destacando como autônomas: **(f)** de proteção do próprio acordo[107]; e **(g)** de alocação de riscos entre as partes, equilibrando-os com os benefícios esperados em uma operação estratégica, como costumam ser as de fusões e aquisições[108].

Por fim, especificamente para as *reverse break-up fees*, a função é de **(h)** compensar a companhia-alvo pela perda de eficiência sofrida ao longo do processo de negociação, em que há alocação de recursos financeiros e humanos para a compra, impedindo-a de conduzir como antes as suas atividades,

---

[104] JEON, Jin Q.; LIGON, James A. *Op. cit.*, pp. 961-979.

[105] PEREIRA, Caio Mário da Silva. Instituições de direito civil. Vol. 2, 24ª ed. Rio de Janeiro: Forense, 2011, pp. 141-142. RODRIGUES JR., Otávio Luiz. *Função, natureza e modificação da cláusula penal no direito civil brasileiro.* Tese de doutorado, Universidade de São Paulo, 2006, p. 240. FRANÇA, Rubens Limongi. *Teoria e prática da cláusula penal.* São Paulo: Saraiva, 1988, p. 156. ROSENVALD, Nelson. *Cláusula penal: a pena privada nas relações negociais.* 2ª ed. Indaiatuba: Foco, 2020, pp. 68-71.

[106] PINTO, Marcos Barbosa. *Op. cit.*, p. 264.

[107] Estados Unidos, Delaware, Court of Chancery, In Re Toys R Us, Inc., 22.06.2005: "deal protection". BROWN, Meredith; FERRARA, Ralph; BIRD, Paul; KUBEK, Gary. *Takeovers: A Strategic Guide to Mergers and Acquisitions.* 3ª ed. New York: Wolters Kluwer, 2020, § 12.05. GYSI, Markus. *Op. cit.*, p. 5. TARBERT, Heath Price. *Op. cit.*, pp. 638-639.

[108] TUCKER, Darren; YINGLING, Kevin. *Op. cit.*, p. 76: "they can also serve as a useful alternative to other antitrust risk-shifting measures for strategic transactions. Merging parties may be able to use these fees to allocate regulatory risks with more precision than other provisions". PIETRANCOSTA, Alain. *Op. cit.*, § 2. MARTINS-COSTA, Judith. *Op. cit.*, cap. 1.

buscar novos clientes ou manter colaboradores críticos para seu normal funcionamento[109].

2.2. Exemplos de redação

A multiplicidade de aplicações e funções das cláusulas de *break-up fee* torna bastante amplas as possibilidades de redação, marcadas pela criatividade negocial das partes. Isso se nota nos exemplos abaixo[110]:

> *"Uma vez obtidas as aprovações societárias para a Operação previstas no item [-], não havendo a conclusão da Operação: (a) em decorrência da não satisfação de quaisquer das Condições Suspensivas previstas nos itens [-] [aprovação pelo CADE, pela CVM e pelo BACEN] (...); ou (c) em decorrência do inadimplemento das obrigações previstas neste Protocolo pela Compradora, a Vendedora poderá dar a Operação por resolvida e fará jus ao pagamento, pela Compradora, a título de pré-fixação de perdas e danos, do montante de R$ [-], não podendo a Vendedora exigir qualquer valor suplementar em decorrência da não consumação da Operação, conforme previsto no parágrafo único do artigo 416 do Código Civil"*[111].
>
> *"Termination Fees. (a) Seller Termination Fees. (ii) If this Agreement is terminated by either the Buyer or the Seller, because the Seller's Shareholder Approval shall not have been obtained at the Seller's Shareholder Meeting (including any adjournment or postponement thereof), then the Seller shall pay to Buyer, by way of compensation, $ [-] within [-] Business Days after the date of termination of the Agreement"*[112].
>
> *"Termination Payment. (a) Seller shall pay to Buyer R$ [-], if this Agreement is terminated by Seller in order to enter into a definitive binding agreement to effect a Superior Proposal. A Superior Proposal shall mean a bona fide, written Company Competing Proposal made by a third party to acquire all or substantially all of the assets of the Company, which the board of directors of Seller determines in good faith, after consultation with its financial advisors and its outside legal counsel and taking into account the financial, regulatory,*

---

109 TUCKER, Darren; YINGLING, Kevin. Op. cit, 71.

110 Os exemplos são tomados de contratos sejam públicos, extraídos dos processos indicados a seguir. Apesar disso, visando a maior clareza, pela complexidade inerente a esse tipo de contrato e para indicar precisamente o polo a que se referem as obrigações, as redações foram descaracterizadas e simplificadas.

111 Adaptação de CADE, ACO 08700.004860/2016-11, doc. SEI 0215898, cláusula 7.6.

112 Adaptação de CADE, ACO 08700.004028/2019-59, doc. SEI 0648815, cláusulas 10.01 e 10.03.

legal and other aspects of such Company Competing Proposal, would result in a transaction that, if consummated, is more favorable to Seller from a financial point of view than the transactions contemplated by this Agreement. (b) Buyer shall pay to Seller R$ [-], if this Agreement is terminated by either Party, if the Buyer's Shareholder Approval shall not have been obtained at the relevant Buyer shareholders' meeting. (c) Seller shall pay to Buyer R$ [-], if this Agreement is terminated by Buyer, if Seller fails to consummate the cash transfer by delivering the within two business days of the Closing Date"[113].

"Multa. As Partes acordam que a multa compensatória no valor de R$ [-] ('Multa') será devida, integral ou parcialmente, conforme abaixo disposto: (i) A Vendedora deverá pagar a Multa à Compradora em caso de descumprimento, pela Vendedora, das obrigações de exclusividade previstas no Capítulo [-]: não solicitar, não buscar e/ou não iniciar qualquer proposta relacionada a qualquer acordo, arranjo ou operação com terceiros que seja concorrente ou que tenha o efeito de concorrer com a Operação ou possa prejudicar ou inviabilizar o seu fechamento; bem como informar às outras Partes deste Acordo, imediatamente e por escrito, acerca de qualquer abordagem por escrito que seja recebida de terceiros com o intuito de realizar ou discutir a realização de uma Operação Concorrente. (ii) A aprovação de contratar ou a própria contratação pela Vendedora ou seus acionistas de uma Operação Concorrente, ou a realização ou aceitação de uma Operação Concorrente pela Vendedora ou seus acionistas, sob qualquer forma, implicará na obrigação de pagamento da Multa pela Vendedora em favor da Compradora. (...) (v) Na hipótese de o Tribunal do CADE impor restrições como condição para aprovação da Operação e as Partes, pós envidarem os melhores esforços, não as conseguirem atender, ou na hipótese de o Tribunal do CADE reprovar a Operação, a Compradora deverá pagar a Multa à Vendedora"[114].

3. NATUREZA JURÍDICA

À luz de tantas funções distintas, seria difícil, para não dizer incorreto, tentar reconduzir as cláusulas de *break-up fee* a um único instituto jurídico, de forma a se avaliar a sua natureza e o regramento dela decorrente. Isso é especialmente relevante para fins de determinação dos limites contratuais impositivos a tais previsões.

---

[113] Adaptação de TJ-SP, 1ª Vara Empresarial e Conflitos de Arbitragem de São Paulo, Cautelar nº 1097999-29.2020.8.26.0100, fls. 76 ss., cláusulas 10.1 e 10.3.

[114] Adaptação de CADE, ACO 08700.003969/2020-17, doc. SEI 0795740, cláusula 8.1.

Além das funções, a multiplicidade de institutos possíveis reflete os vários gatilhos que podem ser previstos em uma cláusula desse tipo[115], desde fatos imputáveis a uma das partes, por culpa, até mesmo situações que, a princípio, decorreriam de um risco normal do negócio.

O entendimento majoritário é o de que as cláusulas de *break-up fee* possuem a natureza jurídica de *cláusula penal*, uma vez que elas estipulam o pagamento de certa quantia para a hipótese de inadimplemento de alguma obrigação contratual, por culpa ou dolo de uma das partes[116]. Uma parcela da doutrina, porém, é mais precisa ao afirmar que elas só recebem essa tipificação para casos em que haja culpa de uma das partes, que não seria vislumbrada em todas as hipóteses; por exemplo, no caso de descumprimento das obrigações de exclusividade (como negociação ou aprovação de proposta concorrente) e inadimplemento de alguma obrigação que impeça a conclusão do contrato[117].

Partindo-se da premissa de que elas são cláusulas penais, cabe distinguir entre os seus tipos internos[118]. Considerando que nas hipóteses cobertas pelas cláusulas de *break-up fee*, já se pode afastar a cláusula penal moratória, que visa a sancionar o atraso na execução de certa obrigação[119]. Por outro lado, uma vez que ela busca a liquidação prévia do interesse negativo do contratante para o caso de inexecução, afigura-se pertinente a sua classificação como cláusula penal compensatória[120]. Entretanto, em casos nos quais a multa convencionada seja maior que as perdas e danos, ela poderá ser qualificada como uma cláusula penal coercitiva[121].

---

[115] MARTINS-COSTA, Judith. *Op. cit.*, cap. 3: "Examinando esse conjunto de disposições contratuais, percebe-se dois distintos grupos de causas, distinguo que terá relevância na sua qualificação jurídica".

[116] ADAMEK, Marcelo Vieira von. *Op. cit.*, cap. 3. PINTO, Marcos Barbosa. *Op. cit.*, p. 256: "utilizarei o termo break-up fee para me referir a três tipo de cláusulas penais que são comuns em operações envolvendo companhias sem controlador". TJ-MG, 6ª Câmara Cível, Agravo de Instrumento nº 0308072-02.2019.8.13.0000, rel. Des. Edilson Olímpio Fernandes, j. 20.08.2019: "a rescisão contratual nessa hipótese ensejaria a incidência da 'termination fee'. Tratando-se de verdadeira cláusula penal, que se torna exigível apenas quando efetivado o descumprimento contratual, não há se falar em correção monetária desde a assinatura da avença".

[117] MARTINS-COSTA, Judith. *Op. cit.*, cap. 3.(i): "das quatro hipóteses em vista das quais foi a 'multa compensatória' prevista no exemplo acima figurado, só se poderia pensar na sua qualificação como cláusula penal relativamente àquelas estatuídas para o caso de a execução contratual não prosseguir em razão do inadimplemento imputável pelo fator de imputação 'culpa' ao comportamento de qualquer das Partes".

[118] BERGER, Renato. *Temas complexos de direito empresarial.* São Paulo: Quartier Latin, 2019, p. 141.

[119] GOMES, Orlando. *Obrigações.* 17ª ed. Rio de Janeiro: Forense, 2008, p. 191.

[120] ADAMEK, Marcelo Vieira von. *Op. cit.*, cap. 3. TEPEDINO, Gustavo; SCHREIBER, Anderson. *Fundamentos do direito civil.* Vol. II - Obrigações, 2ª ed. Rio de Janeiro: Forense, 2021, cap. XII.3.

[121] ADAMEK, Marcelo Vieira von. *Op. cit.*, cap. 3.

Por fim, note-se que a cumulação entre as funções compensatória e coercitiva ainda é matéria debatida na doutrina[122]. O que já é mais assentado é que, apesar do nome "penal" e da função coercitiva que lhe é legítima, as cláusulas penais não têm uma função punitiva; ou seja, ela busca incentivar o adimplemento pelo devedor, não o punir em caso de descumprimento[123].

Para os casos em que a multa é aplicada mesmo na ausência de culpa (como no caso de rejeição da operação pelo CADE), que é requisito essencial da cláusula penal[124], a doutrina se divide.

A primeira linha entende que, nessas hipóteses em que não há culpa, as cláusulas de *break-up fee* são qualificadas como *pena convencional*, ou multa penitencial[125]. Trata-se de uma cláusula em que as partes convencionam que o devedor poderá, por seu arbítrio, deixar de cumprir uma obrigação, pagando a quantia nela fixada; dito de outra forma, é um preço para exercício do direito de arrependimento[126]. De toda forma, apesar de serem figuras distintas[127], o seu regramento seria o mesmo das cláusulas penais, aplicando-se por analogia os arts. 408 a 416 do Código Civil[128].

Uma segunda corrente entende que ela se qualifica como uma *cláusula de garantia*, uma vez que, através dela, uma parte asseguraria à outra determinado resultado, assumindo o risco de sua eventual não realização e pagando o preço correspondente[129]. Isso porque não há, aqui, o inadimplemento culposo

---

122 MONTEIRO, António Pinto. *Cláusula penal e indemnização*. Coimbra: Almedina, 1999, p. 647: "a resposta a vários problemas de disciplina jurídica exige que se diferencie, claramente, uma cláusula penal com escopo coercitivo ou compulsório de uma cláusula penal com a finalidade de prefixar o montante da indemnização: a primeira, é uma sanção; a segunda, uma simples liquidação antecipada do dano. Sanção essa, porém, que não se identifica ou confunde com a indenização".

123 MONTEIRO, António Pinto. *Op. cit.*, p. 670.

124 PEREIRA, Caio Mário da Silva. *Op. cit.*, p. 144. GOMES, Orlando. *Op. cit.*, p. 192.

125 PIETRANCOSTA, Alain. *Op. cit.*, § 5: "Incorporé dans des engagements d'apport, le break-up fee a été judiciairement analysé non comme une clause pénale, faute de caractère comminatoire et en l'absence d'inexécution fautive de la part de leur débiteur, mais comme une clause de dédit". ADAMEK, Marcelo Vieira von. *Op. cit.*, cap. 3, nota 25.

126 GOMES, Orlando. *Op. cit.*, p 225. TEPEDINO, Gustavo; SCHREIBER, Anderson. *Op. cit.*, cap. XII.3. Para as cláusulas de *break-up fees*, TUCKER, Darren; YINGLING, Kevin. *Op. cit.*, pp. 70-71: "The recent turmoil in the credit markets has caused some sponsors to exercise their 'option' by paying the reverse termination fee and abandoning the transaction".

127 SEABRA, André Silva. *Limitação e Redução da Cláusula Penal*. São Paulo: Almedina, 2022, pp. 79-81.

128 ADAMEK, Marcelo Vieira von. *Op. cit.*, cap. 3, nota 25. Tanto que, por vezes, ela é chamada de "cláusula penal liberatória", termo que recebeu críticas da doutrina; cf.: FRANÇA, Rubens Limongi. *Op. cit.*, p. 137.

129 MARTINS-COSTA, Fernanda Mynarski. *Op. cit.*, pp. 169-170: "As multas por desistência motivada quando vinculadas a condições suspensivas são, em nosso ponto de vista, cláusulas de

de uma obrigação, mas a não implementação de uma condição[130] – sobre a qual as partes, por definição, não têm total controle, sob pena de invalidade[131].

Porém, essa corrente parte de uma premissa específica, a de que "não está na esfera de controle dos contratantes a realização da Assembleia Geral ou a decisão que será tomada pelo CADE"[132], o que não parece totalmente correto. Isso porque ambas as situações estão, em maior ou menor grau, dentro da esfera de controle das partes.

No caso da reprovação em assembleia, não há uma separação efetiva entre quem assinou o contrato e quem aprova ou reprova a operação, pois ambos são atos realizados por órgãos da mesma pessoa jurídica, ainda que representados por pessoas distintas (os sócios de um lado e os administradores de outro)[133]. Dessa forma, a situação se assemelha muito mais ao exercício do direito de arrependimento, pela mesma sociedade que assinou o contrato, do que um risco em si – isto é, um fenômeno que não pode ser reconduzido a uma "ação subjetiva" das partes[134].

Já no caso da reprovação da operação por órgãos governamentais, há, até certo ponto, ingerência das partes; afinal, espera-se que o ofertante analise precisamente o mercado em que inserida a companhia-alvo, para aferir a viabilidade da sua concentração nos limites legais, ou a devida atenção a temas regulatórios. Ao seguir com o negócio apesar dos indicativos de que seu fechamento seria reprovado, acaba por agir com um grau (ainda que leve), de culpa – vista aqui não como uma reprovabilidade moral, mas como um padrão de conduta esperado de um empresário ou administrador envolvido em negociações e contratações complexas[135]. Por outro lado, a depender do caso concreto, ela pode ter também o viés de multa penitencial, se o negócio for aprovado

---

garantia, que atuam como preço da desistência e préliquidação dos prejuízos daí decorrentes". MARTINS-COSTA, Judith. *Op. cit.*, cap. 3.

130 MARTINS-COSTA, Judith. *Op. cit.*, cap. 3.(i).

131 Código Civil, art. 122. (...) entre as condições defesas se incluem as que privarem de todo efeito o negócio jurídico, ou o sujeitarem ao puro arbítrio de uma das partes. AMARAL, Francisco. *Direito Civil: Introdução.* 9ª ed. São Paulo: Saraiva, 2017, p. 572:

132 MARTINS-COSTA, Judith. *Op. cit.*, cap. 3.

133 BORBA, José Edwaldo Tavares. *Direito Societário.* 12ª ed. Rio de Janeiro: Renovar, 2010, p. 365: "A sociedade anônima, como qualquer pessoa jurídica, manifesta-se através de órgãos aos quais compete produzir a vontade social. Assim, quando um órgão social se pronuncia é a própria sociedade que está emitindo o pronunciamento".

134 DE MORAES, Maria Celina Bodin. Risco, solidariedade e responsabilidade objetiva. In: *Revista dos Tribunais*, a. 95, v. 954, dez/2006, p. 27.

135 SCHREIBER, Anderson. *Novos paradigmas da responsabilidade civil: da erosão dos filtros da reparação à diluição dos danos.* São Paulo: Atlas, 2007, p. 42. DE MORAES, Maria Celina Bodin. *Op. cit.*, p. 24.

com recomendações, que o comprador não aceita cumprir e, economicamente, escolhe pagar a multa.

Assim, a primeira corrente parece mais adequada; isto é, as cláusulas de *break-up fee* podem ser qualificadas como cláusulas penais, para as situações em que haja comportamento culposo de uma das partes (como pela solicitação ativa ou pela aprovação de uma proposta concorrente); e, para os casos em que não haja o descumprimento de um dever, como multa penitencial, que tem o mesmo regramento jurídico.

4. REFLEXOS SOCIETÁRIOS

4.1. Perante os acionistas

Um ponto importante das cláusulas de *break-up fee* são os reflexos que ela pode ter na condução do negócio perante os diversos órgãos da sociedade. Por isso, elas não são indenes a críticas – as quais, em certas situações, podem ser procedentes e exigir um controle maior por parte do intérprete.

A principal fonte dessas críticas é a diferença entre os órgãos responsáveis pela negociação e, posteriormente, pela aprovação das operações. Uma desconfiança pode surgir, de que o administrador, que negocia um contrato prevendo o pagamento de uma multa (de fato, às vezes atingindo valor elevado), nem sempre age no interesse da companhia, mas em interesse próprio – talvez o de manter uma posição na futura administração, ou um prêmio em dinheiro por meios laterais.

No entanto, a doutrina afasta as evidências de que isso efetivamente ocorra. Cabe ver, uma a uma, as críticas e as considerações sobre elas.

A primeira crítica é que as cláusulas de *break-up fee* impediriam a busca por outras propostas, o que seria contrário ao interesse da companhia, de realizar a operação num mercado competitivo, escolhendo a melhor oferta[136]. Ou, de outra forma, diz-se que a imposição de uma obrigação de exclusividade seria uma possível usurpação dos poderes da assembleia[137], quase como uma pré-seleção da "melhor oferta" antes de ela ser apresentada aos acionistas, a quem caberia efetivamente decidir sobre essa qualidade.

Todavia, a presença de uma cláusula de exclusividade, com a previsão de uma multa em caso de descumprimento, não tem o condão de afastar a

[136] ADAMEK, Marcelo Vieira von. *Op. cit.*, cap. 4.

[137] ADAMEK, Marcelo Vieira von. *Op. cit.*, cap. 4.

apresentação espontânea de outras propostas[138]. O que tais previsões proíbem é a busca ativa e a mando da empresa-alvo de outros compradores no mercado, mas não o recebimento de propostas concorrentes, apresentadas por livre e espontânea vontade de um segundo potencial comprador[139].

Isso é até mais comum com a cláusula de *break-up fee*, que "mais promove que inibe a competição pela aquisição de uma companhia-alvo, uma vez que contribui para dar início a uma disputa pela aquisição, funcionando como um estímulo decisivo para que interessados decidam a tomar sobre si o risco de formular uma primeira proposta"[140] – o que é confirmado em estudos quantitativos[141]. Mas vale notar: ela aumenta a possibilidade de uma segunda oferta ser apresentada, mas não a de sua aceitação, uma vez que tais cláusulas "podem aumentar consideravelmente o custo de aquisição de uma companhia-alvo por um segundo ofertante (possivelmente hostil)"[142].

Esse custo, aliás, é um dos motivos para afastar a crítica levantada, uma vez que o montante da multa é sempre muito inferior ao valor da transação[143]. Por essa razão, a celebração de contratos com cláusulas de *break-up fee* não extrapola os poderes da administração, à luz das competências privativas da assembleia geral previstas no art. 223 da Lei 6.404/76[144]-[145].

---

[138] WALD, Arnoldo; BLATTNER, Marina Gaensly. *Op. cit.*, p. 32. Por isso, inclusive, as cláusulas de *break-up fee* vêm conjugadas com cláusulas de *fiduciary out*, que permitem à administração avaliar outras propostas – mas não à assembleia aprová-las.

[139] BROWN, Meredith; FERRARA, Ralph; BIRD, Paul; KUBEK, Gary. *Op. cit.*, p. 12-30: "there are limits to such agreements, and that a full lock-up of a merger that has not yet been approved by shareholders is not permissible if it precludes the shareholders from taking a better deal".

[140] ADAMEK, Marcelo Vieira von. *Op. cit.*, cap. 4.

[141] TUCKER, Darren; YINGLING, Kevin. *Op. cit.*, p. 73: "As expected, agreements with reverse breakup provisions result in a high rate of second requests and enforcement actions. The thirty-one agreements in our survey resulted in nineteen second requests, a 61 percent rate".

[142] OFFICER, Micah. *Op. cit.*, p. 436, tradução livre. PIETRANCOSTA, Alain. *Op. cit.*, § 10. KHALIL, Samer; MAGNAN, Michel; ANDRÉ, Paul. *Op. cit.*, p. 1: "Hence, in a takeover battle, the presence of a termination fee raises the ante for any second bidder as its ultimate disbursement, if its offer is successful, will include its payment to the target's shareholders plus a payment to the first bidder to whom the kill fee has been promised".

[143] PIETRANCOSTA, Alain. *Op. cit.*, § 6. ADAMEK, Marcelo Vieira von. *Op. cit.*, cap. 4.

[144] ADAMEK, Marcelo Vieira von. *Op. cit.*, cap. 6. Nada impede, contudo, que o estatuto social estipule regras de alçada, que tornem a assunção de obrigações acima de determinado valor de competência privativa da assembleia, ou do conselho de administração (em oposição à diretoria).

[145] No entanto, para casos envolvendo recuperação judicial, a jurisprudência entende que a assembleia geral de credores deve ratificar a contratação, incluindo as cláusulas especiais, como as de *break-up fee*. TJ-SP, 2ª Câmara Reservada de Direito Empresarial, *Agravos de instrumento nº 2152895-87.2015.8.26.0000 e nº 2176529-15.2015.8.26.*0000, rel. Des. Carlos Alberto Garbi, j. 16.12.2015: "Acrescente-se, agora, no sentido do que foi decidido, o parecer trazido pelas recuperandas em outros recursos, do Professor Manoel Justino Bezerra Filho: '(...) as cláusulas estabelecidas no contrato a ser celebrado entre as partes vão depender, para sua implementação, da

A segunda crítica se volta contra os valores (por vezes elevados) da *break-up fee*, suscitando-se que os administradores agiriam contra o interesse da companhia ao contrair uma obrigação de pagamento sem contrapartida[146] – como a obtenção imediata de um bem ou direito.

Por um lado, como será analisado abaixo, as cláusulas de *break-up fee* equivalem a uma porcentagem relativamente pequena do valor total do negócio. Por outro – e é a esse detalhe que deve se atentar o intérprete – não há como ignorar que essa pequena porcentagem se refere a um negócio que envolve uma base elevadíssima, que pode corresponder ao valor de mercado de toda a empresa. A situação é completamente diferente de um contrato operacional da empresa, para aquisição de bens ou contratação de serviços, cuja base de cálculo já é, em si, comparativamente pequena[147]. Assim, ainda que proporcionalmente não haja riscos, não se pode olvidar o impacto econômico-financeiro da multa perante a sociedade alvo.

No entanto, o simples valor elevado não é razão suficiente para afastar a legalidade e a conveniência da multa – e, como tal, pôr em dúvida a sua contratação pela administração da sociedade. Afinal, todos os envolvidos devem considerar o impacto econômico-financeiro *da break-up fee* no negócio, que reflete a quantificação e alocação de riscos tomados, o que pode ser um ponto fulcral para o fechamento da operação[148].

Justamente por isso, não é adequada a percepção de que a multa não teria contrapartida. Ela se afigura como uma compensação pelo risco assumido pelo ofertante, em um contexto mais amplo de uma negociação[149]. Por outro lado,

---

decisão da AGC, que poderá aprovar ou rejeitar o que está sendo apresentado. (...) cabendo à Assembleia Geral de Credores ratificar a contratação, suas cláusulas especiais ('right to top', 'go shop', dentre outras), o valor negociado e as garantias ofertadas, tudo nos termos do quanto já decidido no julgamento dos agravos regimentais precedentes".

[146] ADAMEK, Marcelo Vieira von. *Op. cit.*, cap. 4.

[147] Contrariamente, WALD, Arnoldo; BLATTNER, Marina Gaensly. *Op. cit.*, pp. 27-28: "(...) os gestores têm que, por vezes, decidir sobre a rescisão de contratos que contenham cláusula penal expressiva (por exemplo, um contrato com um fornecedor de grande volume). Nessas circunstâncias, cabe à administração da companhia sopesar o retorno previsto para o futuro com a diminuição patrimonial imediata advinda do pagamento de cláusulas penais – exatamente como terão a possibilidade de fazer os acionistas da Companhia reunidos em assembleia geral".

[148] BERGER, Renato. *Op. cit.*, p. 139. Estados Unidos, Supreme Court of Delaware, Brazen v. Bell Atl. Corp., 695 A.2d 43 (Del. 1997), j. 27.05.1997: "the parties took into account the losses each would have suffered as a result of having focused attention solely on the merger to the exclusion of other significant opportunities for mergers and acquisitions in the telecommunications industry". TARBERT, Heath Price. *Op. cit.*, p. 657: "stockholders are simply weighing the cost of triggering the breakup fees in relation to the possible benefits inured through an alternative transaction or none at all".

[149] ADAMEK, Marcelo Vieira von. *Op. cit.*, cap. 4.

apesar de o pagamento ser feito pela empresa alvo, as razões econômicas da *break-up fee* também a beneficiariam, uma vez que sua presença no contrato acarreta a elevação do prêmio a ser pago, como uma compensação paga pela perda de potenciais transações concorrentes[150].

Por fim, a terceira crítica se refere a uma suposta pressão indevida sobre a assembleia geral, que se vê numa situação delicada de aprovar uma proposta com a qual não concordam totalmente (ou com a qual não estão de todo confortáveis pela falta de comparação com concorrentes), ou de reprovar a proposta e ter de pagar uma elevada multa ao ofertante. Entende-se, porém, que o fato de a multa ser de uma porcentagem do negócio, bem como de sua função primordial ser a pré-liquidação de danos, não uma pressão para aceitação, afasta as críticas que surjam nesse sentido[151].

Nessa linha, a corte de Delaware já decidiu que "a multa não é punitiva, nem coercitiva. (...) o simples fato de os acionistas saberem que votar pela reprovação da fusão resultaria na aplicação da multa não constitui, por si só, coerção dos acionistas"[152]. As razões para tanto incluem o valor da multa, que não foi considerado "flagrantemente elevado", e o seu caráter bilateral, que teria como objetivo proteger o acordo como um todo, não apenas uma das partes.

Por outro lado, essa coerção pode aparecer em um tipo específico de cláusula de *break-up fee*, a *naked no votes*, em que o gatilho da multa é a simples reprovação da proposta, sem a presença de uma proposta concorrente. Ou seja, a discussão aqui se separa da obrigação de exclusividade na negociação e passa a residir apenas e tão somente na aceitação da única proposta; o que dá a entender que a reprovação se deu, justamente, pelo entendimento assemblear de que ela é desfavorável por si só para o futuro da companhia, ou para os interesses dos acionistas. Esse tipo de *break-up fee* é bem mais rara na prática e é caracterizada por um porcentual menor que as suas versões mais comuns[153]; e, embora não haja decisões com fundamentos mais elaborados, há

---

150 OFFICER, Micah. *Op. cit.*, p. 440.

151 WALD, Arnoldo; BLATTNER, Marina Gaensly. *Op. cit.*, p. 27: "A *break-up fee*, nesse contexto, representa apenas um dos diversos cenários econômicos que devem ser levados em consideração pelo acionista no livre exercício do seu direito de voto na assembleia geral". ADAMEK, Marcelo Vieira von. *Op. cit.*, cap. 4.

152 Estados Unidos, Supreme Court of Delaware, Brazen v. Bell Atl. Corp., 695 A.2d 43 (Del. 1997), j. 27.05.1997; tradução livre; original: "We further find that the fee was not a penalty and was not coercive. (...) the mere fact that the stockholders knew that voting to disapprove the merger may result in activation of the termination fee does not by itself constitute stockholder coercion". BADAWI, Adam; DE FONTENAY, Elisabeth. *Op. cit.*, p. 1135: "Courts have therefore held in the case of termination fees that the amount payable by the target must be reasonable and appropriate, rather than punitive".

153 ZEBERKIEWICZ, John Mark; ROHRBACHER, Blake. *Op. cit.*, p. 1.

um precedente da Corte de Delaware que as declara lícitas, com base no valor costumeiramente menor, visto como "um preço barato a se pagar pela liberdade dos acionistas da companhia-alvo"[154].

A solução para essas críticas, porém, reside nos administradores da empresa-alvo.

4.2. Perante os administradores

Isso porque, como adiantado, a principal razão das críticas se deve ao fato de serem os administradores que, em companhias sem controlador, negociam as cláusulas de *break-up fee* – as quais, por suas funções, pode parecer deletéria à companhia. Essa desconfiança chega ao entendimento de que, por vezes, tais cláusulas são negociadas não em benefício da companhia-alvo, mas dos próprios administradores, forçando a conclusão de uma operação desfavorável aos acionistas, mas com compradores que tenham prometido vantagens pessoais (financeiras ou continuidade da relação empregatícia) aos signatários do contrato[155].

Embora isso possa ser verdade em alguns casos, fato é que as cláusulas de *break-up fee* podem ser favoráveis aos acionistas, bem como ao contrato em si; portanto, ao invés de tomar o instituto em seu viés patológico, é importante analisar como ele pode ser reduzido, quer pela forma de interpretar tais

---

[154] ZEBERKIEWICZ, John Mark; ROHRBACHER, Blake. *Op. cit.*, pp. 1-3. No Brasil, porém, embora não haja precedentes públicos, o entendimento da doutrina é por sua ilicitude; PINTO, Marcos Barbosa. *Op. cit.*, p. 273: "Segundo os artigos 138, 224 e 252 da Lei n2 6.404/76, a realização de uma incorporação precisa ser aprovada pela administração, a quem incumbe negociar o respectivo protocolo. Porém, a decisão final sobre o assunto cabe somente à assembleia geral. A administração não pode restringir esse direito, prevendo a incidência de uma penalidade caso a assembleia rejeite a incorporação por ela negociada. Na medida em que extrapolaram os poderes conferidos por lei aos administradores, as *naked break-up fees* são ilegais".

[155] PINTO, Marcos Barbosa. *Op. cit.*, p. 262: "Nesse contexto, surge o risco de que os diretores prefiram realizar operações com potenciais adquirentes que pretendam mantê-los no cargo ou que estejam dispostos a oferecer-lhes benefícios particulares. Assim, para proteger uma operação que lhes é vantajosa, mas não necessariamente melhor para a companhia alvo, os administradores terão incentivos para aceitar break-up fees elevadas". JEON, Jin Q.; LIGON, James A. *Op. cit.*, p. 960: "Conversely, unreasonably high termination fees might raise suspicion that target managers are willing to preclude superior competing bids and might lead shareholders to forego a higher premium offer because paying a high termination fee would offset the higher premium in that offer". OFFICER, Micah. *Op. cit.*, p. 432: "the entrenchment hypothesis presumes that termination fees are effective deterrents to competing bids for the target firm, and therefore allow entrenched target managers to selectively deal with one particular bidder in return for some benefit (for example, job security). The agency cost to target shareholders is the assumed loss of takeover premium resulting from the curtailment of a full auction for the target firm".

cláusulas, à luz de sua função econômica[156], quer pelo cumprimento de requisitos básicos em sua negociação.

No primeiro ponto, de interpretação da cláusula de *break-up fee* através de sua função econômica (entendendo-se o contrato como a formalização jurídica de um ato de circulação objetiva de riqueza[157]), há que se considerar que, em sua expressão mais comum, elas são benéficas também aos acionistas – como visto acima. Mas, além das conclusões empíricas sobre os efeitos dessas cláusulas nos contratos de fusões e aquisições, há que se analisar, pelo lado dos administradores, as impressões econômico-financeiras que justificariam a inclusão de uma tal disposição.

Elas se resumem, novamente, à proteção do negócio em si e dos interesses de ambas as partes (inclusive com benefícios à própria companhia-alvo, como no caso da *reverse break-up fee*), atenuando os riscos envolvidos[158] – o que é, em si, uma proteção aos administradores[159].

A razão para tanto é que, considerando a *break-up fee* uma cláusula penal, aplica-se o art. 416, parágrafo único, do Código Civil, segundo o qual "ainda que o prejuízo exceda ao previsto na cláusula penal, não pode o credor exigir indenização suplementar se assim não foi convencionado". Ou seja, ela acaba fixando um teto para o interesse negativo que pode ser pleiteado pelo potencial comprador, em uma limitação convencional ao princípio da reparação integral[160]. Com isso, o administrador fica protegido de ações de responsabilidade diversas pelo pagamento de indenizações elevadas, que ultrapassem o teto da cláusula penal.

Outrossim, a maior proteção ao negócio acaba trazendo outros benefícios laterais, uma vez que a previsibilidade aumentada pela *break-up fee* permite aos envolvidos a quantificação mais apurada dos riscos e acesso mais amplo a operações estruturadas de financiamento ou de captação de recursos em mercado[161].

No segundo ponto, a solução para o impasse parece ser uma maior transparência por parte dos administradores ao negociar e comunicar aos acionistas

---

[156] JEON, Jin Q.; LIGON, James A. *Op. cit.*, p. 979.

[157] ROPPO, Enzo. *O contrato*. Trad.: Ana Coimbra e M. Januário Gomes. Coimbra: Almedina, 2009, pp. 10-15. ARAÚJO, Fernando. *Teoria econômica do contrato*. Coimbra: Almedina, 2007, p. 18: "na visão mais ampla que é consentida pelo prisma económico, o contrato é essencialmente um facilitador da circulação de titularidades de valores (...)".

[158] PIETRANCOSTA, Alain. *Op. cit.*, § 10.

[159] KHALIL, Samer; MAGNAN, Michel; ANDRÉ, Paul. *Op. cit.*, p. 8.

[160] SANSEVERINO, Paulo de Tarso. *Princípio da reparação integral*. São Paulo: Atlas, 2010, p. 57: "a indenização deve guardar equivalência com a totalidade do dano causado, mas não pode ultrapassá-lo para que também não sirva de causa para o seu enriquecimento injustificado".

[161] BERGER, Renato. *Op. cit.*, p. 144.

a inclusão da *break-up fee*. Isso permite a todos os envolvidos deter um painel mais completo das informações necessárias ao entendimento das funções econômicas acima relatadas.

Em posse dessas informações completas, pode-se proceder a um exame de mercado das condições pactuadas, que são o parâmetro usual para aferir a legalidade e conveniência de sua inclusão no negócio. Em resumo, "the test is whether the board reasonably believes that the transaction at issue, including the lock-up, is the best available, and, in particular, that the decision to grant the lock-up, in light of the deterrent effect any such arrangement could have on subsequent competing bidders, was reasonable"[162].

Esse teste pode ser realizado *a posteriori*, à luz dos impactos da multa para o contrato, como impeditivo ao recebimento de outras propostas, ou mesmo como valor desarrazoado para que um segundo ofertante possa ultrapassar a proposta original[163]. Também é importante analisar as demais disposições relacionadas à multa, como a possibilidade de se negociar com terceiros (ainda que a iniciativa, claro, parte deles, não da companhia-alvo), ou o nível de sigilo imposto à proposta original (para que o segundo proponente possa fazer uma oferta devidamente informada)[164].

Além da transparência, que permite aos acionistas maior informação sobre a cláusula, também os administradores devem se pautar por tomar uma decisão completamente consciente e informada, analisando as possíveis consequências da *break-up fee* e todas as alternativas à sua disposição em determinado momento negocial. Do contrário, a "atenção insuficiente" pode levar à invalidade da cláusula, com potencial responsabilização dos administradores,

[162] KLING, Lou; NUGENT, Eileen. *Op. cit.*, p. 4-88. Similarmente, GYSI, Markus. *Op. cit.*, pp. 11-12.
[163] KLING, Lou; NUGENT, Eileen. *Op. cit.*, pp. 4-77-82: "Unfortunately, the Delaware courts have indicated a good deal of skepticism towards this view, taking the position that a market test is, under ordinary circumstances, the most and, possibly, the only, reliable indicator of whether a particular bid represents the best available alternative. The market test docs nor have to take place prior to the target entering into an acquisition agreement. however. It can also occur afterwards. (...) First, the economics of the executed agreement must be such that it does not usually impede the ability of third parties to make competing bids".
[164] KLING, Lou; NUGENT, Eileen. *Op. cit.*, pp. 4-82-83: "Second, the target should be permitted to disclose confidential information to third parties who might be interested in submitting (and who are capable of consummating) a higher competing bid. In this regard, the target should also be able to negotiate with such third parties. (...). Any serious potential bidder interested in competing for the acquisition of a company which has executed an acquisition agreement will be sufficiently motivated and knowledgeable to obtain a copy of the acquisition agreement in plenty of time to request confidential information and launch a competing bid. It does not need a formal (or informal) invitation from the target to understand that it can get into the game".

como já decidiu a Suprema Corte de Delaware[165]. Isso, frise-se, não por uma análise diferente quanto à conveniência da cláusula em si, mas pela falha na busca de uma decisão informada, auxiliada por assessores jurídicos e financeiros, por exemplo[166].

Como se nota dos próprios termos utilizados no precedente, a questão das cláusulas de *break-up fee* acaba se inserindo dentro da *business judgment rule*, segundo a qual "o dever de diligência deve ser encarado sobre o ponto de vista procedimental. Ou seja, não cabe ao Judiciário nem a CVM avaliar o mérito das decisões dos administradores, apenas se certificar de que o processo de decisão foi adequado"[167].

Especificamente para as *break-up fees*, que são bastante complexas em sua natureza, já se escreveu que, diferentemente de outros tipos de decisões, a revisão judicial desse tipo de cláusula se dá nos limites da análise aprofundada, pelos administradores, de todo o material que lhes foi colocado à disposição, ou que poderia estar disponível dentro de um juízo de razoabilidade e à luz das circunstâncias concretas da negociação[168].

---

[165] Estados Unidos, Supreme Court of Delaware, Paramount Communications Inc. v. QVC Network Inc., 637 A.2d 34, 49 (Del. 1993), j. 04.02.1994: "When entering into the Original Merger Agreement, and thereafter, the Paramount Board clearly gave insufficient attention to the potential consequences of the defensive measures demanded by Viacom. (...) Furthermore, the Termination Fee, whether or not unreasonable by itself, clearly made Paramount less attractive to other bidders, when coupled with the Stock Option Agreement. Finally, the No-Shop Provision inhibited the Paramount Board's ability to negotiate with other potential bidders, particularly QVC which had already expressed an interest in Paramount".

[166] KLING, Lou; NUGENT, Eileen. *Op. cit.*, p. 4-92, nota 130.

[167] PINTO, Marcos Barbosa. *Op. cit.*, p. 276; segue: "Como vimos, a decisão de aceitar ou não uma break-up fee é extremamente complexa, envolvendo uma série de avaliações subjetivas e juízos de probabilidade. Seria um enorme erro tentar determinar se uma decisão desse tipo foi correta ou não. O foco da CVM e do Judiciário não deve ser a decisão, no processo decisório, que precisa ser informado, refletido e desinteressado, como ressalta a jurisprudência". ADAMEK, Marcelo Vieira von. *Op. cit.*, cap. 4: "Quando, portanto, essa decisão é tomada pelos administradores de modo informado, contando com assessoria jurídica e econômica, e, justamente pela miríade de variáveis que envolve na apreciação da conveniência de assumir determinado risco, ela costuma estar plenamente coberta pelo critério da business judgment rule". WALD, Arnoldo; BLATTNER, Marina Gaensly. *Op. cit.*, pp. 39-41.

[168] TARBERT, Heath Price. *Op. cit.*, pp. 651-652: "Unlike legal standards examining the reasonableness of decisions, the business judgment rule as applied to breakup fees essentially analyzes the board's deliberative process. Rather than evaluating the results, a court instead merely reviews the directors' decision-making process to determine whether "prior to making a business decision, [directors availed themselves] of all material information reasonably available to them." In essence, the standard is gross negligence (or recklessness). Losing the presumption of the business judgment rule has been normally confined to those situations where boards have made important decisions (such as mergers) without any degree of thought". Estados Unidos, Delaware, Court of Chancery, In Re Toys R Us, Inc., 22.06.2005: "That reasonableness inquiry does

Por fim, esclareça-se que isso não se aplica às *reverse break-up fees*, uma vez que elas favorecem a própria companhia-alvo caso o gatilho se verifique[169], de forma que sua estipulação em valores elevados não viola os deveres fiduciários dos administradores[170].

5. LIMITES CONTRATUAIS

5.1. Limites impositivos às cláusulas penais

Além das questões societárias, há que se considerar os limites às cláusulas de *break-up fee* oriundos do direito das obrigações e da teoria geral dos contratos – quer por sua qualificação como cláusulas penais, atraindo o regime dos arts. 408 e seguintes do Código Civil, quer por serem consideradas negócios atípicos (ou, a depender do intérprete, como socialmente típico[171]), aos quais o art. 425 do Código Civil determina a observância das normas gerais[172].

---

not presume that all business circumstances are identical or that there is any naturally occurring rate of deal protection, the deficit or excess of which will be less than economically optimal. Instead, that inquiry examines whether the board granting the deal protections had a reasonable basis to accede to the other side's demand for them in negotiations. In that inquiry, the court must attempt, as far as possible, to view the question from the perspective of the directors themselves, taking into account the real world risks and prospects confronting them when they agreed to the deal protections".

169 OFFICER, Micah. *Op. cit.*, pp. 462-463: "target termination fees are not detrimental to target stockholders".

170 TUCKER, Darren; YINGLING, Kevin. *Op. cit.*, p. 71: "Unlike breakup fees, there are no fiduciary duty-related legal restrictions on the size of reverse breakup fees. Courts have not limited the size of reverse breakup fees because they do not affect the bidding process to the detriment of shareholders". BADAWI, Adam; DE FONTENAY, Elisabeth. *Op. cit.*, p. 1136.

171 A principal consequência da qualificação de certo negócio como socialmente típico é a maior liberdade que as partes têm na regulação dos direitos e obrigações nele consubstanciados; todavia, não lhes é lícito escapar de normas cogentes incidentes sobre o objeto negociado. LARENZ, Karl. Metodologia da Ciência do Direito. 3ª ed. Trad. José Lamego. Lisboa: Calouste Gulbenkian, 1997, pp. 667: "Se se trata de um tipo contratual extralegal que se desenvolveu no tráfego jurídico, então o lugar das regras legais é ocupado, em primeiro lugar, pelos modelos contratuais que se tornaram usuais".

172 MARTINS-COSTA, Judith. *Op. cit.*, cap. 4: "Logo, se não caracterizar cláusula penal, qualificando-se, por exemplo, como obrigação de garantia, a break up fee será tida como negócio jurídico atípico, submetendo-se apenas às 'regras gerais' estabelecidas no Código Civil, como comanda o seu artigo 425, parte final". MORAES, Maria Celina Bodin de. A causa dos contratos. In: *Revista Trimestral de Direito Civil*, v. 6, n. 21, 2005, p. 107: "para que negócios atípicos sejam reconhecidos e adquiram valor perante o ordenamento, exige-se que realizem interesses considerados merecedores de tutela jurídica, sendo insuficiente, embora necessário, que não contrariem as normas inderrogáveis, o bom costume e a ordem pública". TARBERT, Heath Price. *Op. cit.*, p. 700, fala na "delicate interplay of Corporate Law and Contract Law", pois "a breakup fee is both a contractual

Nessa linha, um limite impositivo, até mesmo pelo teor expresso da lei, é trazido no art. 412 do Código Civil: "o valor da cominação imposta na cláusula penal não pode exceder o da obrigação principal". Trata-se de preceito de ordem pública[173] que, embora questionado no passado[174], foi mantido no Código Civil de 2002. A razão para tanto é evitar que a cláusula penal seja uma fonte de enriquecimento ao credor e acabe estimulando o descumprimento do contrato, uma vez que ela se tornaria mais vantajosa que a própria operação por ele buscada[175] – incluindo em contratos empresariais[176].

Em se tratando de disposição expressa em lei, apesar das possíveis críticas, não há como desconsiderar o comando limitador das cláusulas penais, com argumentos como a autonomia das partes, a sofisticação dos contratantes ou a alocação consciente dos riscos envolvidos nesse negócio – uma vez que todas elas são limitadas por normas cogentes, como a do art. 412.

5.2. Parâmetros usuais das cláusulas de *break-up fee* e redução equitativa

Situação um pouco distinta é aquela trazida pelo art. 413 do Código Civil, que prevê que "a penalidade deve ser reduzida eqüitativamente pelo juiz se a obrigação principal tiver sido cumprida em parte, ou se o montante da penalidade for manifestamente excessivo, tendo-se em vista a natureza e a finalidade do negócio".

Isso porque, considerando o seu valor elevado em termos absolutos (lembre-se: as *break-up fees* têm uma base de cálculo elevada), é comum que surjam críticas quanto a uma alegada desproporção entre o valor pago e o ato que serve de gatilho à sua imposição.

Embora o valor absoluto possa servir de parâmetro de análise para fins societários, como no caso de responsabilização de administradores ou dos efeitos deletérios à apresentação de propostas concorrentes, para os fins do

provision and a device arising out of a business combination. (...) Thus, the breakup fee simultaneously draws upon contract and corporate law for its very constitution". WACHTEL, Jonathan. *Op. cit.*, p. 603.

173 SIMÃO, José Fernando. *Código Civil Comentado*. Rio de Janeiro: Forense, 2019, p. 234. SEABRA, André Silva. *Op. cit.*, pp. 340-341. PEREIRA, Caio Mário da Silva. *Op. cit.*, p. 153.

174 BEVILAQUA, Clóvis. *Código Civil dos Estados Unidos do Brasil commentado*, 4ª ed. Rio de Janeiro: Francisco Alves, 1934, p. 72: "O limite imposto à pena por este artigo não se justifica. Nasceu da prevenção contra a usura, e é uma restricção à liberdade das convenções, que mais perturba do que tutela os legítimos interesses individuaes".

175 TEPEDINO, Gustavo; SCHREIBER, Anderson. *Código Civil Comentado*. Vol. IV. Coord.: Álvaro Villaça Azevedo. São Paulo: Atlas, 2008, pp. 396-397.

176 BERGER, Renato. *Op. cit.*, p. 150.

art. 413, deve-se ter em mente o percentual das *break-up fees*, comparados com outras cláusulas penais e, especialmente, com outras *break-up fees* verificadas no mercado, "tendo-se em vista a natureza e a finalidade do negócio".

Afigura-se relevante, portanto, voltar aos estudos quantitativos.

Especificamente em relação ao Brasil, o único levantamento disponível foi elaborado pela Consultoria Dealogic a pedido do jornal Valor Econômico, que comentou sobre a adoção crescente da "taxa de insucesso" nos negócios celebrados no país. A consultoria concluiu, em 2018, que a taxa média das *break-up fees* era de 8,2% do valor do negócio[177]; em 2020, em uma atualização do estudo, chegou-se à média de 7,4%[178]. Em termos jurisprudenciais, há um único precedente em que o percentual da multa é explicitado, de "2% (dois por cento) do valor total de emissão das Debêntures"[179].

Outros países têm percentuais variados.

Eles são mais altos na Alemanha, girando em torno de 10 a 15% do valor da operação[180]; e bem mais baixos na Suíça, não alcançando 1%[181].

No Canadá, estudos empíricos mostram *break-up fees* entre 0,5% e 11,7% do valor do negócio, com média entre 4,5 e 6,9%; elas crescem proporcionalmente às sinergias esperadas no fechamento da operação e, por conta dessa dissociação com os custos incorridos em si, entre o período de 1997 e 2002, esses percentuais equivaleram a 1,2 a 2,7 vezes o valor das despesas incorridas pelo potencial comprador[182].

Já nos Estados Unidos, há registros de média de 3,8%[183], ou de 2,6%[184], ou de variações entre 2 e 5%[185]. No total, apenas 3% dos casos possuem *break-up*

---

[177] Valor Econômico, "Adoção de 'taxa de insucesso' cresce em aquisições no Brasil", 20.03.2018.

[178] Valor Econômico, "Acordo chama atenção para multas elevadas", 21.08.2020. WALD, Arnoldo; BLATTNER, Marina Gaensly. *Op. cit.*, pp. 29-31. ADAMEK, Marcelo Vieira von. *Op. cit.*, cap. 2.

[179] TJ-SP, 2ª Câmara Reservada de Direito Empresarial, *Agravos de Instrumento nº 2152895-87.2015.8.26.0000 e nº 2176529-15.2015.8.26.0000*, rel. Des. Carlos Alberto Garbi, j. 16.12.2015. LOBATO, Rafael Sasse; OLIVEIRA, Túlio Foganholi. *Op. cit.*: "Não há uma regra que imponha qual o percentual que deve constar como Break-Up Fee nos contratos de M&A".

[180] ADAMEK, Marcelo Vieira von. *Op. cit.*, cap. 2.

[181] GYSI, Markus. *Op. cit.*, p. 5; exceção para o contrato entre a Alusuisse Group AG e a Alcan Aluminium Limited, que previa uma multa de 2,32% do valor total do negócio.

[182] KHALIL, Samer; MAGNAN, Michel; ANDRÉ, Paul. *Op. cit.*, pp. 3, 14-16.

[183] OFFICER, Micah. *Op. cit.*, p. 441. BATES, Thomas W.; LEMMON, Michael L. *Op. cit.*, p. 479. ADAMEK, Marcelo Vieira von. *Op. cit.*, cap. 2.

[184] GYSI, Markus. *Op. cit.*, p. 5, nota 55.

[185] JEON, Jin Q.; LIGON, James A. *Op. cit.*, p. 963. KLING, Lou; NUGENT, Eileen. *Op. cit.*, p. 4-92.6: "fees in the range of 3-4% have become common". *The New York Times*, Elon Musk's deal for Twitter includes a $1 billion break-up fee, 26.04.2022: "The fee Mr. Musk is on the hook for — roughly 2.5 percent of the deal — is on par withother acquisitions [2,25%]".

fees acima de 6% sobre o valor do negócio[186]; ou, conforme estudo mais antigo, 95% dos exemplos analisados tinham como teto multas de 7,55%[187]. Já as *reverse break-up fees* costumam ser menores que as suas contrapartidas, com uma média de 3,9% e uma mediana de 2,9% do valor total do negócio[188]. Embora não haja uma limitação legal, há um precedente mencionando que uma multa na ordem de 6,3% "extrapola a definição de razoabilidade, provavelmente além de seu limite"[189], tendo as cortes americanas aceitado multas entre 1 e 5% como razoáveis[190].

Por fim, no Reino Unido, as *break-up fees* tinham um limite de até 1% do valor do negócio, com base em diretriz do Takeover Panel, vigente entre 1999 e 2011[191]; em 2011, porém, elas foram totalmente proibidas, o que levou a uma redução de 50% no volume de fusões e aquisições naquele país[192]. Assim, retornou-se à possibilidade de sua fixação em 2015, mas com o limite original de 1%[193].

À luz dos dados acima, algumas conclusões podem ser extraídas do art. 413 do Código Civil e de sua aplicação às *break-up fees*.

Embora ele seja entendido como norma de ordem pública, que caracteriza um dever do julgador, não uma faculdade[194], ela deve ser analisada não só

---

186 JEON, Jin Q.; LIGON, James A. *Op. cit.*, p. 963.

187 OFFICER, Micah. *Op. cit.*, p. 443.

188 TUCKER, Darren; YINGLING, Kevin. *Op. cit.*, p. 73. BADAWI, Adam; DE FONTENAY, Elisabeth. *Op. cit.*, p. 1135: "Termination fees in the range of 2 to 4 percent of the transaction value are routinely agreed to in public company mergers".

189 Phelps Dodge Corp. v. CyprusAmax Minerals Co., Civ.A. No. 17398 (Del. Ch. Sept. 27, 1999), tradução livre, orig.: "certainly seems to stretch the definition of range of reasonableness and probably stretches the definition beyond its breaking point".

190 JEON, Jin Q.; LIGON, James A. Op cit., p. 960. Estados Unidos, Supreme Court of Delaware, Brazen v. Bell Atl. Corp., 695 A.2d 43 (Del. 1997), j. 27.05.1997: "Bell Atlantic and NYNEX decided that $550 million, which represented about 2% of Bell Atlantic's approximately $28 billion market capitalization, would serve as a 'reasonable proxy' for the opportunity cost and other losses associated with the termination of the merger". WACHTEL, Jonathan. *Op. cit.*, pp. 600-601.

191 Reino Unido, The Takeover Panel, Practice Statement nº 10, 16.07.1999. GYSI, Markus. *Op. cit.*, p. 6, nota 57. TARBERT, Heath Price. *Op. cit.*, pp. 678-679.

192 PINTO, Marcos Barbosa. *Op. cit.*, p. 266: "O Reino Unido oferece um exemplo marcante do que pode ocorrer se as break-up fees forem proibidas. De 1999 a 2011, break-up fees de até 1% do valor do negócio eram permitidas naquele país. Porém, em 2011, o Takeover Panel proibiu-as completamente. Após essa proibição, o volume de aquisições e incorporações no Reino Unido caiu cerca de 50% em relação a um grupo do controle formado por outros países europeus".

193 Reino Unido, The Takeover Panel, Practice Statement nº 29, 08.10.2015, § 8.

194 IV Jornada de Direito Civil, Enunciado 355: "Não podem as partes renunciar à possibilidade de redução da cláusula penal se ocorrer qualquer das hipóteses previstas no art. 413 do Código Civil, por se tratar de preceito de ordem pública". Enunciado 356: "Nas hipóteses previstas no art. 413 do Código Civil, o juiz deverá reduzir a cláusula penal de ofício". STJ, 3ª Turma, *REsp 1989439*, rel. Min. Nancy Andrighi, j. 04.10.2022; 3ª Turma, *REsp 1999836*, rel. Min. Nancy Andrighi, j.

à luz das justificativas econômicas que motivam a celebração de uma *break-up fee*, como também do porte dos contratantes, uma vez que não há, nesse tipo de contrato, assimetria entre as partes[195].

Há que se considerar, também, que a redução equitativa efetuada pela jurisprudência não é sistemática[196]; e, quando analisada numericamente, não chega aos extremos de reduzir uma multa nos limites usuais das cláusulas de *break-up fee*[197].

Tal cenário não parece endereçar adequadamente a alocação de riscos escolhida pelas partes, que deve ser obedecida à risca, à luz do art. 421-A, III, do Código Civil; ainda mais se tais partes forem presumidamente sofisticadas, celebrando contratos empresariais complexos, como os de aquisição de participações societárias[198]. Entende-se, em casos tais, deve haver uma maior liberdade das partes para estipulação da pena privada, tida por elas como adequada (e razoável em termos numéricos) para regular a sua operação[199].

Por fim, deve-se sempre levar em conta, novamente, não o montante absoluto da *break-up fee*, mas a sua expressão percentual em relação ao total contratado, como uma forma de se obedecer ao ditame legal de redução "tendo-se em vista a natureza e a finalidade do negócio". Nesse sentido:

> *"Incidente a regra, será necessário mensurar a excessividade – a qual, como requer a Lei Civil, haverá de ser manifesta, isto é, deve saltar aos olhos, evidenciando, com clareza palmar segundo padrões de experiência comum aplicados ao caso concreto, uma irrazoabilidade do valor da indenização, sendo essa valorada em contraste com 'a natureza e a finalidade do negócio'. A noção é, pois, relacional. É irrazoável o que é desmedido ou excessivo, tendo em conta certo ponto de equilíbrio dado pela compreensão do contrato em suas concretas circunstâncias contextuais. (...) Para o exame da 'exorbitância', ou não, do valor, o elemento nuclear da fattispecie é a noção de 'obrigação principal'. Por*

27.09.2022; 3ª Turma, *REsp 1888028*, rel. Min. Marco Aurelio Bellizze, j. 16.08.2022; 2ª Seção, *REsp 1635428*, rel. Min. Luís Felipe Salomão, j. 22.05.2019; 4ª Turma, *REsp 1447247*, rel. Min. Luís Felipe Salomão, j. 19.04.2018. Listando posições contrárias e intermediárias, SEABRA, André Silva. *Op. cit.*, pp. 375-380. Admitindo a irredutibilidade convencional da cláusula penal, SIMÃO, José Fernando. *Op. cit.*, p. 236.

[195] BERGER, Renato. *Op. cit.*, pp. 151-155.

[196] CHAGAS, Beatriz Uchôas. A redução equitativa da cláusula penal: a aplicação do artigo 413 do Código Civil. In: *Revista de Direito Privado*, v. 110, 2021, cap. 5.

[197] WALD, Arnoldo; BLATTNER, Marina Gaensly. *Op. cit.*, pp. 31-35.

[198] I Jornada de Direito Comercial, Enunciado 25: "A revisão do contrato por onerosidade excessiva fundada no Código Civil deve levar em conta a natureza do objeto do contrato. Nas relações empresariais, deve-se presumir a sofisticação dos contratantes e observar a alocação de riscos por eles acordada".

[199] BERGER, Renato. *Op. cit.*, p. 151.

> *essa expressão se há de ter o conjunto de prestações atinentes ao interesse à prestação (incluindo, pois, as obrigações secundárias e anexas referentes ao interesse à prestação), não se equiparando, de modo algum, as expressões 'valor da obrigação principal' e 'valor do contrato'"*[200].

Portanto, diferentemente da limitação prevista no art. 412 do Código Civil, a redução equitativa trazida pelo seu art. 413 não comporta uma aplicação direta às cláusulas de *break-up fee*; e, mesmo quando possível, parece haver pouco espaço prático para que essa redução ocorra. Do contrato, haveria uma indevida redistribuição dos riscos assumidos conscientemente pelas partes, presumidamente sofisticadas e bem assessoradas, com base em parâmetros descolados da realidade de um contrato de tal complexidade.

No mais, isso se resolveria, parcialmente, com a mesma solução proposta para as várias limitações societárias: mais transparência, pela administração, das funções e dos critérios para negociação e celebração da *break-up fee*, afastando eventuais abusos em sua configuração que possam transbordar para os valores finais[201].

CONCLUSÃO

Ao longo deste trabalho, foram expostas questões relevantes sobre as cláusulas de *break-up fee*, cada vez mais comuns no cenário jurídico atual. É possível que elas se tornem ainda mais comuns no mercado brasileiro, o que demandará uma análise cada vez mais aprofundado sobre o seu regime jurídico.

À luz de suas funções econômicas e do seu uso atual, vê-se nas cláusulas de *break-up fee* a natureza de cláusula jurídica penal, uma vez que ela tem como objetivo primordial a pré-liquidação de danos, bem como servir como incentivo ao fechamento da operação. Para os casos em que não haja culpa de uma das partes, ela pode ser caracterizada como pena privada, que segue o mesmo regime jurídico. Ou, em casos extremos, como multa penitencial, um preço pelo simples exercício do direito potestativo de arrependimento.

---

[200] MARTINS-COSTA, Judith. *Op. cit.*, cap. 4.

[201] PINTO, Marcos Barbosa. *Op. cit.*, pp. 267-268: "Uma estratégia menos arriscada é exigir total transparência sobre o assunto, obrigando a divulgação ao mercado de quaisquer promessas ou benefícios conferidos aos administradores da companhia alvo. Além de elevar o custo reputacional dos administradores que abusam de seus cargos para obter benefícios indevidos, essa estratégia pode criar as condições necessárias para que os próprios acionistas evitem ou repreendam os abusos eventualmente praticados. (...) O problema dessa estratégia de transparência é que, sozinha, ela não elimina o caráter potencialmente coercitivo das break-up fees".

Também por conta dessas funções econômicas, não se entende que a fixação de multa possa levar a um cerceamento indevido do direito de voto pelos acionistas; afinal, elas são só mais uma das várias obrigações pecuniárias a serem consideradas por um segundo ofertante, ao apresentar sua proposta à sociedade-alvo; e, de toda forma, representam apenas um percentual do valor total do negócio (o qual, de fato, pode ser elevado, uma vez que ele se refere a todo o valor de mercado da companhia e a todas as obrigações acessórias que podem surgir de uma operação tão complexa). Enfim, desde que sigam livres para rejeitar a operação, não há que se falar em coerção dos sócios – isto é, não há espaço no ordenamento brasileiro para as *naked break-up fees*.

Outro ponto importante é que elas não implicam um impedimento ao recebimento ou à consideração de propostas concorrentes; busca-se, apenas, proteger os interesses do primeiro ofertante, impedindo a companhia-alvo de ativamente prospectar novas propostas de terceiros.

Tudo isso vem sendo refletido em tais funções econômicas, as quais, segundo estudos empíricos diversos, vêm sendo adequadamente alcançadas – desde que estipuladas em valores não excessivos, ou seja, em valores que representem uma estimativa razoável do interesse negativo das partes.

Ainda no tema dos valores, basta que não haja um enriquecimento sem causa de uma das partes, como se a incentivar o descumprimento da obrigação principal para recebimento da multa. Por conta disso, aplica-se, mesmo nos casos de *break-up fees*, o art. 412 do Código Civil, que estabelece uma limitação aos valores de cláusulas penais, que não podem superar o total da obrigação principal.

Todavia, deve ser aplicado com cuidado o art. 413 do mesmo diploma, uma vez que a jurisprudência tem reservado a ele soluções pouco sistemáticas, que não se coadunam com a função de alocação de riscos (por partes presumidamente sofisticadas) das cláusulas de *break-up fees*. Ainda mais se considerarmos que, na prática, elas representam uma fração pequena do total negociado.

Uma solução menos drástica seria a aplicação da *business judgment rule*, avaliando-se o processo decisório que levou à inclusão e à configuração da *break-up fee* no caso concreto, tomando-se o procedimento, não o resultado, como parâmetro de conveniência e adequação. Com isso, preserva-se o interesse de todos os envolvidos: companhia-alvo, incluindo ambos administradores e sócios, e potenciais compradores, num ambiente de maior segurança jurídica e de respeito aos negócios jurídicos empresariais.

13. CLÁUSULA DE *WASHOUT* NOS CONTRATOS DO AGRONEGÓCIO: PRÁTICA E RECOMENDAÇÕES DE CONDUTA

Antonio Carlos de Oliveira Freitas
Jose Roberto Camasmie Assad

INTRODUÇÃO

O presente estudo analisa a importância de se reconhecer a validade jurídica da cláusula de *washout* em contratos do agronegócio e seu uso prático e faz recomendações para esse uso sugerindo uma redação para tal cláusula.

Geralmente, a discussão se restringe à natureza jurídica da cláusula de *washout*, tendo o tema sido pouco explorado na doutrina e, mesmo na jurisprudência, sob outros aspectos.

Considerando que esta coletânea não versa especificamente sobre o setor, vale contextualizar o agronegócio com uma breve evolução histórica. Antes, porém, cumpre fazer uma distinção – hoje mais tênue do que fora no passado – entre direito do agronegócio e direito agrário.

Vale esclarecer que os contratos envolvendo arranjos negociais da cadeia de suprimentos do agronegócio não costumam ter cláusulas específicas, exceto por questões relativas ao direito agrário.

Não obstante os pontos acima, o contexto complexo e frenético da cadeia agroindustrial também implica outros desafios, o que justifica nossas recomendações de conduta. Apesar da cláusula de *washout*, em caso de compra de produto no mercado à vista ou *spot*,[1] o vendedor de *commodity* pode questionar o comprador sobre os critérios considerados na escolha do fornecedor. Ou seja, a compra deve observar determinadas condições.

Além disso, é essencial discutir os impactos do desabastecimento no setor, do rompimento da cadeia mundial de suprimentos em virtude de uma conjunção de fatores como a pandemia da Covid-19 ou o conflito entre Ucrânia e Rússia. Os contratos do agronegócio podem estabelecer mecanismos de alocação de riscos mais eficientes, que acomodem os interesses das partes envolvidas para mitigar discussões, arbitrais ou judiciais, reduzindo custos de transação e dando mais segurança jurídica às relações envolvidas na cadeia agroindustrial.

Por fim, partindo de exemplos de cláusulas utilizadas por grandes empresas do setor e sem pretender esgotar o tema, a ideia é redigir uma cláusula de *washout* adequada – embora não infalível – em arranjos contratuais do agronegócio.

1. BREVE SÍNTESE DA EVOLUÇÃO HISTÓRICA DO AGRONEGÓCIO E O CONTEXTO DO DIREITO AGRÁRIO

Em linha com o que foi exposto em artigo sobre o tema,[2] o termo *agribusiness* surgiu em 1957, entre professores da Universidade de Harvard,[3] mas o conceito econômico clássico evoluiu sensivelmente no mundo.

No Brasil, sua origem histórica remonta à agricultura rudimentar e tem relação com a fixação do homem no campo. Mas há que traçar uma linha divisória nos anos 1970, quando, por meio da política intervencionista de modernização da agricultura promovida pelo governo, se passou a reconhecer a absorção do viés capitalista na atividade agropecuária, aliado à explosão da produção de soja. Nesse momento, já se notava a "pedra fundamental"[4]

---

[1] São aqueles negociados quando o produtor já colheu ou está em via de colher sua produção, ou seja, tem-na disponível para compra imediata.

[2] FREITAS, Antonio Carlos de Oliveira. Cédula de Produto Rural: a alienação fiduciária de *commodities* agrícolas como mecanismo efetivo para a recuperação do crédito. *Revista do Advogado*, São Paulo, v. 37, n. 134, p. 7-21, 2017. Disponível em: <https://aplicacao.aasp.org.br/aasp/servicos/revista_advogado/paginaveis/134/6/>. Acesso em: 10 maio 2023, p. 9.

[3] Segundo os autores, *agribusiness* é "a soma das operações de produção e distribuição de suprimentos, das operações de produção nas unidades agrícolas, do armazenamento, processamento e distribuição dos produtos agrícolas e de itens produzidos a partir deles". DAVIS, John H.; GOLDBERG, Ray Allan. *A concept of agribusiness*. Boston: Harvard University, 1957, p. 156, tradução nossa.

[4] Considera-se que esses já são indícios de uma ruptura, ou seja, algo começa a mudar na atividade do campo, por meio da modernização. Mas há quem sustente que tal contexto só se vem a

do que hoje é considerado o agronegócio, próximo do conceito de complexo agroindustrial.[5]

Deve-se entender por agronegócio o conjunto de todas as operações de produção, distribuição de suprimentos, armazenamento e processamento de produtos agrícolas e dos itens produzidos com base neles.[6]

De outro lado, o direito agrário se mostra diferente, e diversos autores o definem. Destaque-se o professor Fernando Pereira Sodero, que o conceitua como "[...] conjunto de princípios e normas de direito público e de direito privado, que visa a disciplinar as relações emergentes da atividade agrária, com base na função social da terra".[7]

Entretanto, considerando que o direito agrário é um ramo do direito debatido há anos, inclusive com previsão constitucional (CF, art. 22, I) e tendo passado por certa evolução em seu contexto e em sua definição, se estabeleceu que, por exemplo, os contratos agrários estão compreendidos na categoria ligada à noção de agrariedade,[8] ou seja, de sua relação com um fato técnico, consistente no desenvolvimento de um ciclo biológico vegetal ou animal.

O autor segue notando que a definição de agrariedade se inspira na disciplina da empresa agrária dada pelo *Codice Civile* italiano e corresponde àquilo que só ocorre nas atividades agrárias, ou seja, o desenvolvimento de um ciclo biológico vegetal ou animal com a conjugação de esforços e organização humana para desfrutar direta ou indiretamente das forças e dos recursos naturais para a obtenção economicamente orientada de frutos vegetais ou animais destinados ao consumo ou à industrialização.

Assim sendo, e segundo o autor, no Estatuto da Terra pode parecer que os contratos agrários se limitam a instrumentos jurídicos a serviço do cumprimento da função social da propriedade. Sob o paradigma moderno do direito agrário, o núcleo fundamental dos contratos agrários não deve ser o imóvel

---

verificar nos anos 1980, descrito pela expressão "complexo agroindustrial". RODRIGUES, Rafael Molinari. *Alienação fiduciária de produtos agropecuários no financiamento do agronegócio*. Dissertação (Mestrado comercial) – Pontifícia Universidade Católica, São Paulo, 2015.

[5] FREITAS, op. cit., p. 9.

[6] Logo, estão nesse conjunto todos os serviços financeiros, de transporte, classificação, *marketing*, seguro e bolsas de mercadorias, entre outros. Todas essas operações são elos de cadeias que se tornaram cada vez mais complexas à medida que a agricultura se modernizou e o produto agrícola passou a agregar mais e mais serviços que estavam fora da fazenda. MENDES, Judas Tadeu Grassi; PADILHA JUNIOR, João Batista. *Agronegócio:* uma abordagem econômica. São Paulo: Pearson Prentice Hall, 2007, p. 48.

[7] SODERO, Fernando Pereira. *Direito agrário e reforma agrária*. São Paulo: 1968 apud COELHO, José Fernando Lutz. *Contratos agrários:* uma visão neo-agrarista. 2. reimpr. Curitiba: Juruá, 2011, p. 26.

[8] BUENO, Francisco de Godoy. *Contratos agrários:* novas modalidades e cláusulas obrigatórias. São Paulo: Almedina, 2023, p. 33-35.

rural, mas a atividade agropecuária e a interação da empresa e de sua função produtiva econômica com o ciclo biológico. Entende-se que o ciclo agrobiológico influi na disciplina contratual e deve ser considerado por esta um interesse jurídico fundamental, objeto de tutela jurídica.[9]

Entretanto, em que pese o fato de o conceito de direito agrário ter evoluído na concepção contemporânea – tanto pela doutrina como pela jurisprudência, com o que concordamos –, o Estatuto da Terra define a tipologia e a disciplina dos contratos agrários de modo defasado e insuficiente para a complexidade das relações contratuais na agropecuária moderna inserida no contexto do agronegócio.[10]

Diante disso, o Decreto n. 59.566, de 14 de novembro de 1966, implementou diversas cláusulas obrigatórias nos contratos agrários, algumas não previstas no Estatuto da Terra, resultando em que tais contratos tenham pouca ou nenhuma margem para as partes definirem a alocação de riscos que considerem mais eficiente.

Isso nos remete a um dos pontos descritos: ao contrário dos contratos de direito agrário, com cláusulas obrigatórias, os que envolvem arranjos negociais da cadeia agroindustrial não costumam ter cláusulas específicas.

Pela natureza dos contratos rurais, algumas cláusulas devem ser sempre observadas, tanto nos nominados como nos inominados,[11] ou seja, no caso do direito agrário, por imposição do Estado, prevalece o interesse social sobre o particular, o que não acontece necessariamente nos contratos do agronegócio.

2. O MERCADO DO AGRONEGÓCIO NA ATUALIDADE

O agronegócio avançou, e, ao longo dos anos, tem-se difundido máximas como "o Brasil é o celeiro do mundo" ou "no Brasil, em se plantando, tudo dá", entre outras.

E isso não é à toa. De fato, nos anos 1970, o avanço do setor agropecuário no País foi exponencial, e um fator determinante para isso foi a criação da Empresa Brasileira de Pesquisa Agropecuária (EMBRAPA),[12] onde se con-

---

[9] BUENO, op. cit., p. 36.

[10] BUENO, op. cit. p. 199.

[11] COELHO, op. cit., p. 78.

[12] Em 7 de dezembro de 1972, o então presidente da República sancionou a Lei n. 5.851, que autorizava o Poder Executivo a instituir uma empresa pública, sob a denominação de Empresa Brasileira de Pesquisa Agropecuária (EMBRAPA), vinculada ao Ministério da Agricultura. O ato de instalação da empresa data de 26 de abril de 1973. EMBRAPA. EMPRESA BRASILEIRA DE PESQUISA AGROPECUÁRIA. Brasília, DF, [s.d.]. Disponível em: <https://www.embrapa.br/50-anos/linha-do-tempo>. Acesso em: 30 abr. 2023.

centrou um quadro de técnicos de escol, possibilitando o desenvolvimento de tecnologia para aplicação no campo.

Uma demonstração da importância da EMBRAPA para o agronegócio é o próprio desenvolvimento tecnológico, por exemplo, com o recente lançamento do SIBRAAR,[13] que implementou tecnologia digital *blockchain* para rastrear produtos agroindustriais do setor sucroalcooleiro.

Trata-se de um movimento muito valorizado no mercado internacional, especialmente na União Europeia, pois imprime transparência em toda a cadeia produtiva e em busca de sustentabilidade, evitando que insumos provenientes de áreas desmatadas ilegalmente ou onde há trabalho análogo ao de escravo, entre outros elementos deletérios, maculem a imagem do setor no País e no mundo.

Atualmente, o Brasil é o quarto maior exportador mundial de produtos agropecuários (cerca de US$ 100,7 bilhões), atrás apenas da União Europeia, dos EUA e da China.

Além disso, até outubro de 2021, o volume das exportações do agronegócio cresceu 20,6% e sua receita em dólares, 5,9% em relação a outubro de 2020. Só para a China, o crescimento foi de 28% em volume e 26% em receita.

Esses dados demonstram a importância do setor na economia nacional. Na Figura 1, constata-se o aumento significativo do saldo da balança comercial brasileira impulsionado sobretudo pelos números do agronegócio.

Figura 1. Saldo da balança comercial brasileira de 2010 a 2020 (em US$ bilhões)

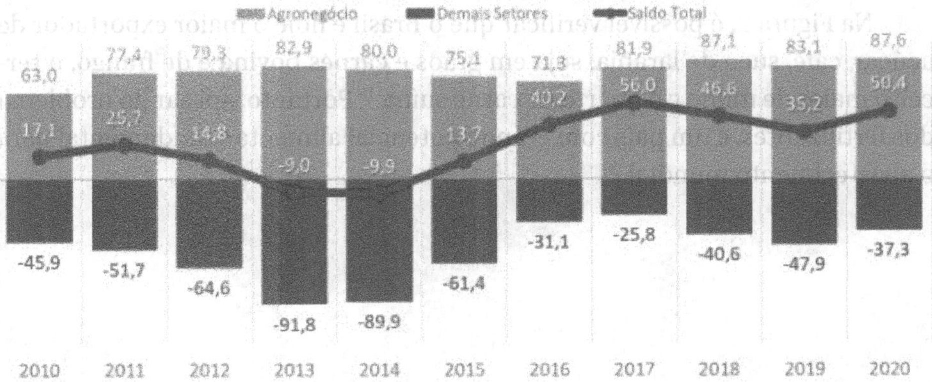

Fonte: CNA Brasil.[14]

[13] EMBRAPA. EMPRESA BRASILEIRA DE PESQUISA AGROPECUÁRIA. Brasília, DF, [s.d.]. Disponível em: <https://www.embrapa.br/busca-de-solucoes-tecnologicas/-/produto-servico/8599/sibraar---sistema-brasileiro-de-agrorrastreabilidade>. Acesso em: 30 abr. 2023.

[14] CNA. CONFEDERAÇÃO DA AGRICULTURA E PECUÁRIA DO BRASIL. Panorama do Agro: a CNA defende, trabalha e fala em seu nome e de todos os produtores rurais do Brasil. Brasília, DF: 2021. Disponível em: <https://cnabrasil.org.br/cna/panorama-do-agro>. Acesso em: 30 abr. 2023.

Diante disso, resta evidente a magnitude do setor, mas isso exige um volume expressivo de recursos para viabilizar a produção propriamente dita. Daí o sistema de financiamento do agronegócio também ter passado por grandes mudanças ao longo dos últimos 50 anos.

Porém, pródigo em paradoxos, assim como é um grande fornecedor de alimentos, o Brasil é extremamente dependente da importação de fertilizantes, o que nos coloca numa posição vulnerável, inclusive com risco de segurança alimentar.

Estudo recente sobre assuntos estratégicos[15] constatou que, atualmente, o Brasil responde por cerca de 8% do consumo global de fertilizantes, sendo o quarto do mundo, atrás apenas de China, Índia e EUA. Entre 1992 e 2020, o País deixou de ser exportador de fertilizantes para ser grande importador. Mais de 80% dos fertilizantes consumidos aqui têm origem estrangeira, a despeito de haver no território nacional grandes reservas de matérias-primas necessárias à produção de fertilizantes.

Foram identificados gargalos e óbices para a redução da dependência da importação de produtos e insumos no setor de fertilizantes, como dificuldades logísticas, questões tributárias, defasagem tecnológica e concentração de mercado. Assim, até por questão de segurança alimentar, é preciso fazer investimentos significativos nesse setor. Nesse sentido, o confronto entre Rússia e Ucrânia tem sido decisivo, pois, sendo a região uma das maiores fontes de fertilizantes, afetou o abastecimento do Brasil e do mundo com falta de insumos e aumento de custos.

Na Figura 2, é possível verificar que o Brasil é hoje o maior exportador de açúcar, café, suco de laranja, soja em grãos e carnes bovina e de frango, o terceiro maior de milho e o quarto de carne suína.[16] Portanto, apesar do problema dos fertilizantes, é um país com grande potencial alimentar, fundamental para o abastecimento mundial.

---

[15] SECRETARIA ESPECIAL DE ASSUNTOS ESTRATÉGICOS. Produção nacional de fertilizantes: estudo estratégico. Brasília, DF: 2 jul. 2020. Disponível em: <https://www.gov.br/planalto/pt-br/assuntos/assuntos-estrategicos/documentos/estudos-estrategicos/sae_publicacao_fertilizantes_v10.pdf>. Acesso em: 1 maio 2023.

[16] CNA, op. cit.

Figura 2. Produção e exportações brasileiras no *ranking* mundial em 2020

	Soja	Café	Suco de Laranja	Açúcar	Carne de Frango	Carne Bovina
Produção	MAIOR PRODUTOR MUNDIAL	MAIOR PRODUTOR MUNIDIAL	MAIOR PRODUTOR MUNIDIAL	MAIOR PRODUTOR MUNDIAL	3º MAIOR PRODUTOR MUNDIAL	2º MAIOR PRODUTOR MUNDIAL
Exportação	MAIOR EXPORTADOR MUNDIAL	MAIOR EXPORTADOR MUNDIAL	MAIOR EXPORTADOR MUNDIAL	MAIOR EXPORTADOR MUNDIAL	MAIOR EXPORTADOR MUNDIAL	MAIOR EXPORTADOR MUNDIAL
Share Mundial (exportação)	50%	33%	75%	36%	32%	24%

Fonte: CNA Brasil.[17]

O sistema de financiamento, que era predominantemente público, especialmente nos anos 1970-90, por conta do endividamento do Estado, se viu pressionado a criar instrumentos para captar recursos de outras formas, tendo crescido o sistema de financiamento privado do agronegócio, com a inclusão não apenas de bancos como das próprias empresas de insumos, que viram a necessidade de financiar o setor para que os negócios não entrassem em colapso.[18]

Apesar dos números superlativos do financiamento público do setor, estima-se que ele responda por um terço do que é necessário à produção para cada safra. Os outros dois terços vêm do financiamento privado, por intermédio de empresas, mas principalmente do mercado financeiro e de capitais com operações estruturadas.

O STJ reconheceu a importância desse financiamento no voto do ministro Luís Felipe Salomão:

> [...] a exploração da atividade econômica depende em grande medida do acesso regular ao crédito, viabilizado por mecanismos que assegurem o financiamento das atividades empresariais e pelo desenvolvimento de

[17] CNA, op. cit.

[18] Na jurisprudência do STJ, se reconheceu esse fato: "Durante a década de 1970, o modelo eleito no Brasil para o desenvolvimento do setor agrícola consistiu em políticas públicas de acentuada intervenção governamental, sustentado por instrumentos públicos de financiamento. Diante desse cenário, os títulos de financiamento rural instituídos pelo Decreto-Lei n. 167/1967 acabaram por representar ainda uma tímida evolução, que se verificou na virada nos anos 80, rumo à reformulação da política agrícola com financiamento eminentemente privado" (REsp n. 1.327.643/RS, relator Ministro Luis Felipe Salomão, Quarta Turma, julgado em 21/5/2019, DJe de 6/8/2019.)

> instrumentos negociais próprios para atendimento às peculiaridades de cada setor da economia [...] [caracterizando-se o] Sistema Privado de Financiamento do Agronegócio [...] pelo patrocínio privado da agricultura comercial profissionalizada e da agroindústria.[19]

A título de exemplo, analisamos o Plano Agrícola e Pecuário de 2021/2022, para cuja safra foram disponibilizados R$ 251,22 bilhões para o crédito rural, sendo R$ 165,16 bilhões em recursos controlados e R$ 86,06 bilhões em livres; quanto à finalidade, R$ 177,78 bilhões foram destinados a custeio e comercialização e R$ 73,44 bilhões a investimento.[20]

Se um terço do valor para colocar em andamento cada safra significa aproximadamente R$ 170 bilhões só para custeio e comercialização, então os aportes para tanto perfazem cerca de R$ 500 bilhões por safra. Isso mostra a evolução do agronegócio em termos de complexidade.

Nos anos 1990, as operações eram simples, com emissão de duplicatas mercantis e cheques, às vezes para garantia de pagamento, e, quando era necessário renegociar débitos, fazia-se uma simples confissão de dívida.[21] Porém, com o aumento do volume e as operações desenvolvidas para captar novos recursos, se colocaram outros desafios, como a criação de contratos com diferentes mecanismos, buscando alocar e atenuar riscos de forma mais eficiente.

Nesse contexto, começam a surgir leis para atender a essa sofisticação de instrumentos para representar negócios jurídicos mais complexos: a Lei da Cédula de Produto Rural (Lei n. 8.929/1994), a chamada à época Lei dos Novos Títulos do Agronegócio (Lei n. 11.076/2004), a chamada Lei do Agro (Lei n. 13.986/2020), a Lei do Fundo de Investimento nas Cadeias

---

[19] ASSAD, Jose Roberto Camasmie. A inclusão de cláusula arbitral nos títulos de financiamento do agronegócio. In: FREITAS, Antonio Carlos de Oliveira et al. (Org.). *Panorama Jurídico do Agronegócio*. São Paulo: Singular, 2021, p. 70.

[20] MINISTÉRIO DA AGRICULTURA, PECUÁRIA E ABASTECIMENTO. Brasília, DF: 2021. Disponível em: <https://www.gov.br/agricultura/pt-br/assuntos/politica-agricola/todas-publicacoes-de-politica-agricola/plano-agricola-pecuario/plano-safra-2021-2022.pdf>. Acesso em: 30 abr. 2023.

[21] Se, por um lado, o País experimentou avanços econômicos, de igual modo assistiu à evolução das relações jurídicas subjacentes, posto que, enquanto no passado as bases contratuais rurais eram relativamente simples, sobre objetos cotidianos e execuções imediatas, no contexto do desenvolvimento alcançado, essas relações atingiram novos patamares. A atividade do agronegócio enfrenta agora novos arranjos contratuais e a sofisticação dos contratos existentes para reduzir o déficit temporal entre a realidade econômica-social e o Direito. CASTRO, Thiago Soares Castellano Lucena de; GUIMARÃES, Rejaine Silva; LACERDA, Murilo Couto. A legalidade da cláusula de *washout* nos contratos de compra e venda futura de soja. *Cadernos de Dereito Actual*, n. 18, 283-297, 2022. Disponível em: <https://www.cadernosdedereitoactual.es/ojs/index.php/cadernos/article/view/801>. Acesso em: 11 maio 2023.

Produtivas Agroindustriais (FIAGRO) (Lei n. 14.130/2021) e a Lei do Agro 2 (Lei n. 14.421/2022), entre outras.

3. CONTRATOS DO AGRONEGÓCIO E CLÁUSULA DE *WASHOUT*

O objetivo aqui é demonstrar, de modo juridicamente consistente, a possibilidade de se constituir uma cláusula de *washout* em contratos de compra e venda de *commodities* agrícolas a preço fixo para entrega futura de forma prática e com recomendações, para mitigar riscos em eventuais disputas jurídicas em câmaras arbitrais ou no Poder Judiciário.

Vale esclarecer algumas modalidades de contratos de compra e venda de *commodities*, a começar com os chamados contratos *spot* ou à vista,[22] normalmente com o preço do mercado, que estabelecem a entrega dos bens e o pagamento correspondente imediatamente após a conclusão do negócio jurídico. Já em contratos futuros, muito comuns na negociação de *commodities*, admite-se que elas sejam compradas em data futura mas com valor fixado no momento da assinatura do contrato, dando estabilidade contra a flutuação de preços.[23] Tais contratos também estimulam os produtores de *soft commodities* a estocar parte de seus produtos para vender durante o ano, o que reduz a imprevisibilidade dos preços.[24]

Finkelstein diz ainda que os contratos a termo também envolvem compra e venda de *commodities* em data futura por um preço fixo, mas só podem ser pagos na data de vencimento e quase sempre resultam na entrega física dos bens, enquanto o valor dos contratos futuros sofre ajustes diários, e apenas 3% das transações resultam na entrega física dos bens. Além disso, contratos futuros são negociados exclusivamente em bolsas de valores, de modo que as operações de *hedge* de ambas as partes são fechadas simultaneamente.[25]

Diretamente aplicável em seu cotidiano, o assunto interessa a todo o complexo agroindustrial e a suas cadeias integradas. Assim, os contratos de compra e venda futura são um mecanismo importante de fomento do agronegócio.

---

[22] FINKELSTEIN, Claudio. A aplicação da CISG na compra e venda internacional de commodities agrícolas. In: ROVAI, Armando Luiz (Org.). *Agronegócio:* da declaração de direitos de liberdade econômica, com ênfase na atividade negocial e no agronegócio. Belo Horizonte/São Paulo: D'Plácido, 2020, p. 320-321.

[23] FINKELSTEIN, op. cit., p. 320.

[24] São produtos que podem ser consumidos ou usados como matéria-prima, por exemplo, soja, milho, algodão e açúcar, entre outros.

[25] FINKELSTEIN, op. cit.

Porém, antes de discutir a cláusula de *washout* propriamente dita, vejamos, em linhas gerais, como funciona esse mercado, quem são os *players* e como endereçar as necessidades do setor.[26]

O mercado de compra e venda de produtos agrícolas envolve riscos importantes como causas naturais (climáticas ou pragas, por exemplo), oscilações de preço no mercado internacional e a precária infraestrutura do País (rodovias, problemas logísticos nos portos), entre outros.[27]

Assim, quando um produtor rural pretende formar uma lavoura, precisa de uma série de informações para que seu negócio prospere. Deve entender a região e o mercado, interno e internacional, para identificar as *commodities* mais adequadas para produzir ali – em termos de produtividade e quantidade de insumos necessários –, mas também de um planejamento adicional, estudando a logística para o escoamento da produção.

Então, não basta uma boa produtividade, com insumos de ponta, mão de obra especializada e alta tecnologia na produção, inclusive no maquinário agrícola, sem um escoamento eficiente, com modais adequados, ou sem saber a quem e como ela será vendida (por intermédio de cooperativas, com exportação direta, no mercado interno direto a um canal de distribuição ou por meio de uma *trading company*).[28]

---

26 Vejamos uma ilustração simplificada: o produtor vende sua produção agrícola para determinada cooperativa; esta adquire a produção de inúmeros produtores, formando lotes maiores, e os vende para empresas esmagadoras; estas processam o grão, transformando-o, por exemplo, em óleo e farelo; o óleo é revendido para indústrias que produzirão biodiesel; o farelo é exportado e adquirido por uma indústria que o utilizará como matéria-prima para fabricar ração para consumo animal; a ração é vendida para pecuaristas, que vendem a carne aos frigoríficos, que finalmente a comercializam para o consumidor final. Observe-se que todos os elos dessa cadeia são interconectados e interdependentes, logo, a ruptura de um deles afeta os demais. Em cada elo, o agente que assume a posição de credor de determinada obrigação será devedor no elo seguinte. VOGAS, Amarilis Cerizze Cerazo. A cláusula de *washout* como mecanismo de alocação de riscos criado pela lei de liberdade econômica. Trabalho de Conclusão de Curso (LLM em Direito dos Contratos) – Instituto de Ensino e Pesquisa, São Paulo: 2022. Disponível em: <https://repositorio.insper.edu.br/handle/11224/5512>. Acesso em: 11 maio 2023, p. 21.

27 Segundo a jurisprudência do STJ, "nos contratos agrícolas, o risco é inerente ao negócio, de forma que eventos como seca, pragas, ou estiagem, dentre outros, não são considerados fatores imprevisíveis ou extraordinários". AgInt no AREsp n. 1.027.435/GO, relator Ministro Marco Aurélio Bellizze, Terceira Turma, julgado em 24/8/2020, DJe de 1/9/2020.

28 Segundo o Ministério do Desenvolvimento, Indústria e Comércio Exterior (MDIC), uma das formas de inserção no mercado internacional é por meio de *trading companies*, ou comercial exportadoras, empresas que surgiram com o Decreto-Lei n. 1.248/1972, que criou condições para que elas pudessem atuar no Brasil. Operam essencialmente adquirindo bens no mercado interno para vender no mercado externo. Essas comerciais exportadoras detêm conhecimentos específicos necessários à inserção dos produtos no exterior, a saber: procedimentos comerciais, mercados e suas características, riscos comerciais e fiscais, procedimentos necessários à contratação de transportes e seguros, formas de pagamento e financiamentos disponíveis, além de

Munido desse leque de informações, o produtor rural passa a identificar seus parceiros e a adquirir os produtos necessários à formação de sua lavoura. Aí tem início a fase de negociação, para obter os melhores preços e formalizar os negócios jurídicos para instrumentalizar a compra dos insumos.

Em geral, quando surgem necessidades financeiras, o produtor rural deve saber, conforme seja de pequeno, médio ou grande porte, onde, como e sob que condições obter recursos. Muitas vezes, há uma gama variada de fontes para financiar a produção (capital próprio, custeio proveniente do governo, instituições financeiras, cooperativas de crédito, nas próprias empresas de insumos, por meio de operações estruturadas no mercado de capitais ou diretamente em *trading companies*), e há casos em que se recorre a todos esses modos de captação.

Ademais, sendo cediço, o mercado de *commodities* é dolarizado, já porque as cotações provêm de bolsas de mercadorias internacionais, já porque a maior parte dos princípios ativos dos insumos agrícolas é importada, e todos são dolarizados. Nesses termos, os envolvidos procuram diminuir seus riscos com as variações do dólar estadunidense e acabam buscando *hedges* para que a situação não saia do controle.

Esta é uma prática de diversos *players* do mercado, que não querem se arriscar com a tradicional volatilidade dos preços das *commodities* agrícolas. O objetivo é proteger o preço imprimindo-lhe alguma previsibilidade, e não aumentar o lucro:

> Na procura de formas de gerenciar o risco de sua atividade, de seu produto ou ativo, é muito comum os *hedgers* lançarem mão das bolsas de *commodities* para tomar posição no mercado futuro e assegurar um patamar mínimo de retorno para o produto ou título que pretendem negociar. São operações para garantir preço e margens de lucro. A intenção primeira não é ampliar o lucro.[29]

O contrato de compra e venda futura de produtos agrícolas faz parte desse intrincado mecanismo de redução dos riscos inerentes a essa atividade econômica. No agronegócio, essa modalidade é muito comum, por exemplo,

---

cultura, idioma e costumes dos países destinatários dos produtos. SOUZA, Alba Maria Nogueira de. *O papel das* trading companies *para a inserção internacional das micro, pequenas e médias empresas do estado de Pernambuco.* Dissertação (Mestrado em Economia) – Centro de Ciências Sociais Aplicadas, Universidade Federal de Pernambuco, Recife, 2008. Disponível em: <https://repositorio.ufpe.br/handle/123456789/3796>. Acesso em: 11 maio 2023, p. 13.

[29] CORRÊA, Arnaldo Luiz; RAÍCES, Carlos. *Derivativos agrícolas.* 2. ed. atual. e rev. São Paulo: Globo, 2010, p. 61-62.

entre *tradings* e produtores rurais: na data de celebração de cada contrato, as partes podem fixar o preço de determinado volume de produto (soja, milho, algodão ou qualquer outro). Com essa fixação prévia, tanto o vendedor quanto o comprador sabem quanto irão receber ou pagar pela *commodity* e podem planejar seu fluxo de caixa com base nessas obrigações, sem se ocupar com a oscilação do mercado.

Não é possível inferir que a alta do preço da *commodity* pode implicar algum benefício para o comprador, pois o volume que lhe será entregue já terá sido considerado para formar e travar posição por meio de operações de *hedge* na Bolsa de Mercadorias e Futuros de Chicago (Chicago Board of Trade – CBOT). Isso significa que o preço pelo qual o comprador venderá tal produto a terceiros também já foi fixado e não sofrerá nenhuma alteração (em razão da variação de seu preço de mercado).

Por outro lado, se o vendedor não cumprir o contrato de compra e venda, para honrar os contratos de compra e venda firmados com seus clientes finais, o comprador deverá recomprar o produto pelo valor de mercado. Eis o ponto-chave desta discussão.

A não entrega do produto prejudica diretamente o comprador, que precisa cumprir as obrigações que assumiu com terceiros, e sujeita esses terceiros a um risco de atraso e até de inadimplemento (porque podem não obter produto suficiente no prazo previamente combinado com seus clientes finais).

Assim, a questão não se restringe à esfera de direitos do produtor rural e do comprador, mas incide nas relações estabelecidas entre os outros participantes da cadeia agroindustrial. Foi diante desse impasse que se buscou fora do país uma solução – e assim se passou a adotar a cláusula de *washout*.[30]

Em termos gerais, a cláusula de *washout* dispara uma consequência pecuniária que consiste no pagamento da diferença entre o preço contratado e o valor de mercado das mercadorias – se a diferença for positiva – pelo vendedor que não entregou a *commodity*. Sua denominação remete ao verbo *to wash-out*, que tem diversos significados na língua inglesa, entre os quais o de "cancelar em função de chuva pesada". Em consonância com essa metáfora, um dos significados imediatamente associados à expressão "cancelamento" do contrato é por causa superveniente à sua conclusão e não necessariamente ligada ao fato do inadimplemento imputável, muito embora, como regra, a eficácia

[30] Cumpre esclarecer que a cláusula de *washout*, originada no direito estrangeiro, tem sido adotada no nosso ordenamento como meio de proteger o comprador. Nada obstante, no comércio internacional não se descarta seu uso em favor quer do comprador, quer do vendedor, conforme a situação concreta e as particularidades de cada contrato.

da cláusula seja disparada por alguma falta imputável ao devedor que não entrega a mercadoria.[31]

Trata-se de uma prática comum nas relações comerciais tanto no âmbito internacional como no nacional. A título ilustrativo, vejamos algumas orientações formuladas por entidades estrangeiras.

A Grain Trade Australia (GTA) foi criada em 1991 para formalizar padrões comerciais de *commodities*, desenvolver e publicar regras comerciais e padronizar os contratos de grãos em toda a indústria australiana. Para tanto, criou um guia com orientações a seus parceiros, onde sugere providências para a não entrega de produtos:

> QUESTÕES DE CONTRATO
>
> Tão logo suspeite que pode ter problemas para cumprir qualquer condição do contrato, inclusive o fornecimento da qualidade e da quantidade de grãos no prazo especificado, é imperativo discutir o problema com o comprador o mais depressa possível. Quanto mais cedo ocorrer essa discussão, maior é a chance de entender os problemas e encontrar uma solução amigável.
>
> [...]
>
> *A importância da notificação precoce:*
>
> Dado que terá alocado o grão contratado para uma venda (por exemplo, um moinho de farinha), o comprador é obrigado a substituir qualquer grão que falte. Se o inadimplemento for um contrato de entrega de 500 toneladas, o comprador terá que repor esse grão comprando no mercado no momento da notificação. Quanto mais tempo houver para fazer os acordos, provavelmente será melhor para a negociação e evitará uma eventual exposição a um mercado de grãos em alta.
>
> OPÇÕES PADRÃO DE CONTRATO
>
> [...]
>
> É importante dizer que o termo *washout* não está definido nas Regras de Comércio do GTA – é um termo da indústria.
>
> O valor do *washout* é o custo adicional para o comprador substituir o grão do contrato comprado anteriormente pelo grão com valor de mercado atual.
>
> *Como é determinado o preço do* washout*?*
>
> O preço do *washout* pode ser calculado de várias maneiras, inclusive revendo ofertas anunciadas em certa data acordada ou eventualmente o custo real da substituição do grão.

---

[31] MARTINS-COSTA, Judith; XAVIER, Rafael Branco. A cláusula de *wash-out* nos contratos de compra e venda de *commodities* a preço fixo. *In:* TERRA, Aline de Miranda Valverde; GUEDES, Gisela Sampaio da Cruz. (Coord.). *Inexecução das obrigações*: pressupostos, evolução e remédios. Rio de Janeiro: Processo, 2021. v. 2. p. 785-818, p. 787.

> Quando o vendedor e as partes não chegarem a um acordo sobre os modos de determinar o *washout*, qualquer uma das partes do contrato pode encaminhar a questão ao GTA para ser resolvida no Serviço de Resolução de Disputas (aplicam-se taxas). Referência GTA Trade Rule 17.10.
>
> *Quando acionar o* washout *de um contrato?*
>
> Um *washout* é uma forma de liquidar obrigações de um contrato sem recorrer a um tribunal ou a uma corte de arbitragem e geralmente antes de vencer o prazo para o cumprimento dessas obrigações.
>
> [...]
>
> *A força maior é uma saída?*
>
> NÃO. A força maior só estende o prazo que uma contraparte tem para cumprir suas obrigações contratuais, seja o vendedor ou o comprador. A falha na produção agrícola é expressamente excluída. Não se pode cancelar um contrato por invocação de força maior. Referência GTA Trade Rule 23.
>
> [...]
>
> CONCLUSÃO
>
> Um *washout* é um processo voluntário apoiado pelo Serviço de Resolução de Disputas do GTA. Em geral, se você acha que não conseguirá cumprir suas obrigações contratuais até a data de vencimento e sabe disso com antecedência, pode valer a pena fazer um acordo um *washout* para se proteger de futuras flutuações no preço do contrato.[32]

Vale citar ainda alguns trechos da política contratual de *washout* da CHS:[33]

> Se o vendedor falhar (ou nos notificar de que teme falhar) na entrega de grãos à CHS Broadbent sob um contrato, podemos optar por rescindir o contrato de acordo com os principais termos, assim resumidos:
>
> (a) Quanto ao grão cuja entrega falhou ou falhará, para entregar de acordo com os termos do contrato ("Grão não entregue"), a CHS Broadbent verificará seu preço justo de mercado (conforme estabelecido nas Regras de Comércio do GTA).

---

[32] FACT SHEET, Sydney: Grain Trade Australia, Series n. 14, July 2019. Disponível em: <https://www.graintrade.org.au/sites/default/files/Publications/014%20Grain%20Contracts%20-%20Contract%20'Washout'%2017July2019.pdf>. Acesso em: 30 abr. 2023, tradução nossa.

[33] A CHS é uma empresa multinacional pertencente a agricultores, pecuaristas e cooperativas nos EUA. Com negócios em energia, agronomia, grãos e alimentos, a CHS fornece o que os agricultores precisam para cultivar safras saudáveis e lucrativas e depois compra os grãos de seus clientes e os vende para empresas de alimentos e rações em todo o mundo. Emprega mais de 10.000 pessoas nos EUA e no mundo, que se concentram em atender os agricultores e pecuaristas que alimentam o planeta. CHS INC. Localidades globais. Em todo o mundo. [S.l.]: [s.d.]. Disponível em: <https://www.chsinc.com/global-locations>. Acesso em: 30 abr. 2023, tradução nossa.

(b) Se o preço justo de mercado for maior que o preço do grão não entregue sob o contrato, você deve pagar:

(i) a diferença de valor até o fechamento do negócio 14 dias úteis após a data prevista no Acordo de *Washout* (data do *washout*); e

(ii) todos os custos e as despesas administrativas associadas da CHS Broadbent.

(c) A CHS Broadbent não permitirá que os contratos existentes sejam transferidos para a temporada seguinte (colheita vermelha).

(d) Contratos de venda a termo somente serão cancelados quando houver preocupação genuína com a produção de grãos e/ou uma falha e a CHS Broadbent estiver convencida de que o risco de produção/falha na safra é genuíno.

[...].

(a) é uma dívida imediatamente exigível e uma preestimativa genuína da perda que sofrerá a CHS Broadbent com a falha na entrega dos grãos;

(b) se o preço justo de mercado for menor que o do grão não entregue sob contrato, a CHS Broadbent deve, sujeita ao parágrafo (d), pagar a você a diferença do valor até o fechamento do negócio, 14 dias úteis após a data do *washout*; e

(c) A CHS Broadbent pode reter qualquer valor devido a você de acordo com o parágrafo (c) contra um grão real ou futuro pagamento que a CHS Broadbent lhe deva em qualquer outro contrato.

[...]

(a) rescindir o contrato e qualquer outro contrato entre você e a CHS Broadbent, quer você tenha ou não cometido uma inadimplência (caso em que o contrato será fechado a preço justo de mercado de acordo com as Regras de Comércio do GTA);

(b) exigir de você um depósito como garantia da execução do contrato, ou (se você for o comprador) em dinheiro, antes da entrega dos grãos;

(c) (se você for o comprador) exigir que você pague imediatamente o preço total do grão entregue pela CHS Broadbent, não obstante qualquer acordo anterior em contrário; e

(d) (se você for o comprador) cancelar e/ou suspender quaisquer outras entregas de grãos para você ou (se você for o vendedor) recusar-se a aceitar quaisquer outras entregas de grãos de você.[34]

[34] CHS BROADBENT. Contract washout Policy. [S.l.]: [s.d.]. Disponível em: <https://irp-cdn.multiscreensite.com/676f0780/files/uploaded/chsb_external_contract_washout_policy.pdf>. Acesso em: 30 abr. 2023, tradução nossa.

Assim, foi preciso analisar do ponto de vista jurídico a política praticada por empresas e entidades de fora do País – seguida aqui para efetivar o *washout* de um contrato de compra e venda de *commodity* – para traçar uma equivalência, ainda que parcial, para a validade de tal dispositivo. Na prática, o *washout* é usado no Brasil há anos, mas as discussões junto ao Poder Judiciário se avolumavam, e era preciso defender sua validade de forma consistente.

Em parecer sobre o tema, Martins-Costa mostra a natureza jurídica do *washout* como cláusula penal compensatória:

> Ao receber a quantia prevista na cláusula *wash-out*, o comprador, que não mais receberá a *commodity* contratada, é colocado na posição em que estaria caso o contrato fosse cumprido como inicialmente previsto. [...] O comprador recebe a diferença do que pagaria e do que terá pago pela aquisição da *commodity*, pois se presume que o terá de fazer imediatamente – até porque normalmente o seu destino está selado em negócios subsequentes.[35]

Neste ponto, cabe uma breve digressão para explicar por que o interesse nesse tipo de cláusula contratual varia com a época, situação intrinsecamente ligada ao mercado. Em 2019, o valor dos contratos futuros de açúcar bruto em Nova York estava baixo, e aumentaram os cancelamentos.[36]

Também com a pandemia da Covid-19 as cadeias globais de suprimento foram duramente afetadas e, em 2021, aumentou sensivelmente o descumprimento de contratos em que havia cláusula de *washout* e, em grande medida, a judicialização da matéria.

Embora, de um lado, a cláusula de *washout* se coadune com o ordenamento jurídico brasileiro, de outro, ela não é aplicada aqui como no comércio internacional. Segundo Frederico Favacho, só no cenário externo se reconhece que a aplicação tanto pode ser a favor do comprador como do vendedor, quando a diferença de mercado for favorável ao último.[37]

Há que ter em mente o momento em que é necessário aplicar a cláusula de *washout*. O ideal é identificá-lo com antecedência, mas, em geral, sobrevém (i) uma quebra de safra, (ii) valorização da *commodity* maior do que o esperado, fazendo com que o produtor não tenha interesse em entregar o produto, e (iii)

---

[35] MARTINS-COSTA, Judith. Parecer concedido à Associação Brasileira das Indústrias de Óleos Vegetais (ABIOVE). Porto Alegre, 13 maio 2021, p. 43.

[36] TEIXEIRA, Marcelo. Brazil mills cancel sugar delivery contracts as prices dip. *Reuters*, Sept. 2019. Disponível em: <https://www.reuters.com/article/brazil-sugar-ethanol-idUKL5N2624Z1>. Acesso em: 30 abr. 2023, tradução nossa.

[37] FAVACHO, Frederico. Aplicação da cláusula de *washout*. *Agroanalysis*, p. 39-39, set. 2021.

um ponto pouco aventado é o não recebimento dos produtos quando o valor da *commodity* está abaixo do contratado.

Como se vê, o aspecto operacional da cláusula de *washout* é juridicamente simples, mas há eventuais desdobramentos que podem vir a torná-la complexa.

Na visão de Rodrigues,[38] trata-se de um grande estímulo à manutenção e/ou fortalecimento da parceria entre *tradings* e produtores. Ao invés de ir a mercado comprar soja para cumprir contrato celebrado com a *trading*, o produtor negocia o *washout*, se desobriga da entrega física do produto que não logrou produzir por questões climáticas, normalmente repaga em condições acordadas o montante indenizatório (muitas vezes em parcelas ou mesmo em negócios já estabelecidos para aquela ou outra *commodity* – safra de soja/safrinha de milho, por exemplo) e evita processos judiciais contra si, inclusão de seu nome em órgãos de proteção ao crédito e ainda contratar advogados para se defender.

O autor mostra ainda o ponto de vista das *tradings*. Embora contasse com a produção que havia comprado – e talvez tivesse já comprometido numa exportação, na industrialização ou no mercado interno, com parceiros comerciais –, a *trading* consegue reduzir seu prejuízo financeiro naquele contrato específico considerando o recebimento do montante indenizatório que fora acordado, também sem precisar ter custos advocatícios ou judiciais. Além disso, e talvez mais importante, fortalece os laços comerciais com o produtor.

Há outros tipos de contrato com *trading companies*: aqueles em que a empresa paga o produtor rural *ex ante*, hoje incomuns; os híbridos, em que a empresa paga apenas uma parte do valor do produto; e os mais comuns, em que a *trading* só paga o valor da *commodity* quando a recebe.

Pensando nesse cenário, o autor reconhece que é muito diferente e mais complexa, tanto no aspecto jurídico quanto sob as alocações de riscos de parte a parte, a situação dos contratos de compra e venda a termo ou de venda antecipada de produtos agrícolas. Isso porque há algumas diferenças importantes quanto ao contrato à vista ou *spot*, especialmente no preço, que pode ser fixado alguns meses antes da colheita e entrega ou retirada das *commodities* ou ainda a fixar, com regras e prazos específicos, atrelados à cotação em bolsas de mercadorias e futuros, à praça de entrega, a prêmios e a prazos para fixação.[39]

Nesse ponto, produtores costumam escolher entre fixar previamente o preço de parte ou de toda a produção, garantindo os custos e uma margem

---

[38] RODRIGUES, Rafael Molinari. A tradicional relação de parceria comercial entre produtores rurais e *tradings* e a importância do cumprimento dos contratos de compra e venda antecipadas. In: SOUZA, Lucas Monteiro de; RODRIGUES, Rafael Molinari (Org.). *Direito do agronegócio:* sustentabilidade e comércio exterior. São Paulo: LTr, 2022. p. 249-259.

[39] RODRIGUES, op. cit., p. 252.

de lucro, e/ou deixar para fixar o preço na época da colheita e entrega para a *trading*; normalmente, eles se protegem dessas oscilações com operações de *hedge* e derivativos agrícolas.[40]

Em lição singular sobre o tema, Martins-Costa aduz que o vendedor contrata a compra e venda de uma mercadoria não porque *pode* entregar o bem, mas porque *deve* fazê-lo. Se as partes não previrem expressamente direito de arrependimento (Código Civil, art. 420), não compete ao devedor se desobrigar do cumprimento simplesmente deixando de entregar o prometido e de receber o preço acordado, sobretudo nos casos em que o credor mantém o interesse na prestação.[41]

E a autora finaliza vaticinando que só haverá conversão em pecúnia se o devedor não cumprir a prestação na espécie ajustada, o que é confirmado pelos arts. 498 e 499 do Código de Processo Civil. Logo, se o vendedor pretender não entregar a mercadoria contratada visando revendê-la a terceiros pelo valor corrente de mercado, pode o comprador exigir o cumprimento específico da obrigação dessa entrega.[42]

Nesse cenário, não há nenhum problema em admitir a validade da cláusula *washout* fazendo uma analogia com as cláusulas penais compensatórias. Aliás, algumas vezes, o Poder Judiciário brasileiro já chancelou sua admissibilidade.[43]

O ponto é que fatos imprevisíveis e extraordinários afetam os contratos e prejudicam todos os envolvidos direta e indiretamente nesses contratos, e, se não houver previsão estabelecida contratualmente pelas partes para lidar com tais fatos, aumentará a insegurança jurídica em função do aumento dos recursos ao Poder Judiciário.

Se se rompe o contrato ou instala uma disputa, o prejuízo se estende para além da esfera de atuação dos contratantes (e mais ainda considerando as relações que se multiplicam em safras futuras e culturas diversas), num efeito dominó nocivo para a cadeia agroindustrial. Daí ser recomendável estruturar uma cláusula de *washout* visando reduzir ao mínimo os riscos e lembrando que, embora não exista a cláusula perfeita, pode-se adequá-la para que seja o mais eficiente possível na alocação de riscos.

---

[40] RODRIGUES, op. cit., p. 252.

[41] MARTINS-COSTA; XAVIER, op. cit., p. 802.

[42] MARTINS-COSTA; XAVIER, op. cit., p. 804.

[43] TJMT. 3ª Câmara Cível. AI n. 1005822-38.2021.8.11.0000, rel. Des. Antônia Siqueira Gonçalves, j. em 19.4.2021; TJSP. 32ª Câmara Cível. Ap. Cível n. 1078003-79.2019.8.26.0100, rel. Des. Ruy Coppola, j. em 25.2.2021; TJRS. 15ª Câmara Cível. Ap. Cível n. 70081733776, rel. Des. Vicente Barroso de Vasconcelos. J. em 28.10.2020; TJMS. 4ª Câmara Cível. Ap. Cível 0808089-73.2017.8.12.0001. Rel. Des. Sidnei Soncini Pimentel. J. em 18.01.2020.

4. A CLÁUSULA DE *WASHOUT* NA ATUALIDADE

Para aduzir elementos práticos ao desenvolvimento de uma sugestão de cláusula de *washout*, nada melhor do que partir de exemplos concretos. Assim sendo, seguem-se dois modelos praticados por grandes *tradings* mundiais do setor, ADM[44] e COFCO.[45]

Contrato da ADM	Contrato da COFCO
Cláusula 6.1.1 Caso a pretensão da compradora de obter o *cumprimento forçado* da obrigação de entrega da integralidade do produto seja frustrada, por qualquer motivo, *adicionalmente à multa não compensatória*, o vendedor deverá: (a) restituir eventuais valores em aberto que tenham sido pagos antecipadamente pela compradora ("dever de restituição"), acrescidos dos juros remuneratórios e correção monetária ajustados entre as partes, desde o desembolso até a data do efetivo pagamento, além de juros moratórios de 1% (um por cento) ao mês, contados desde a data do inadimplemento até a data do efetivo pagamento ("devolução adiantamentos"); e (b) pagar todas as *perdas e danos* sofridos pela compradora pelo não recebimento da integralidade do produto, que as partes decidem prefixar do seguinte modo ("multa compensatória"): (i) *20% (vinte por cento) do preço da quantidade de produto não entregue ("saldo");* ou (ii) *a diferença entre o preço ajustado neste contrato para o saldo e o preço de mer*	Cláusula 4.5 O vendedor assume e reconhece, em caráter irrevogável e irretratável, dentre outros, que, em razão da celebração do presente contrato, a compradora assume o compromisso junto à bolsa de mercadorias e futuros de Chicago (Chicago Board of Trade – CBOT), principal bolsa comercializadora e formadora dos preços desse produto, sendo que o adimplemento das obrigações da compradora perante a CBOT depende do cumprimento pelo vendedor das suas obrigações oriundas deste contrato. Consequentemente, na hipótese de o vendedor não cumprir o contrato de acordo com os prazos e condições deste, o vendedor assume e reconhece que a compradora incorrerá em perdas e danos, sem prejuízo da multa prevista na cláusula 8.1 abaixo, bem como de outros motivos que ensejem perdas e danos, já que a compradora arcará com eventuais custos, em razão da (i) recompra de posições de contratos futuros referente à quantidade, total ou parcial, de produto não entregue conforme os termos deste contrato; e/ou (ii) a recompra de mercadoria física no mercado

[44] "Combinando o conhecimento incomparável da indústria com um compromisso inabalável com a excelência, aproveitamos ao máximo as oportunidades por 120 anos, crescendo de um negócio regional de óleo de linhaça para líder global em nutrição humana e animal e a principal empresa de origem e processamento agrícola do mundo". ADM. Disponível em: <https://www.adm.com/en-us/about-adm/our-company/history/#founders-story>. Acesso em: 1 maio 2023, tradução nossa.

[45] "Uma empresa global de agronegócios com visão clara, fortes valores e cultura positiva. Com 11 mil colaboradores em 35 países, a COFCO International é uma plataforma de agronegócios da COFCO Corporation, uma das maiores companhias agrícolas e de alimentos da China, com atuação global. A companhia está acelerando seu crescimento para criar uma cadeia de suprimentos agrícolas de excelência, ancorada na China e competitiva em escala global". COFCO INTL. Disponível em: <https://br.cofcointernational.com/>. Acesso em: 1 maio 2023, tradução nossa.

Contrato da ADM	Contrato da COFCO
cado do saldo, que será obtido com base na cotação de compra para o produto, praticada na *praça mais próxima do local de entrega*, conforme divulgada pela consultoria Safras & Mercado (http://www.safras.com.br/) ("índice de referência"), no último dia do período de entrega ou na data do inadimplemento/vencimento antecipado, o que ocorrer primeiro. A multa compensatória aqui estabelecida será acrescida de correção monetária pelo IGP-M/FGV e juros moratórios de 1% (um por cento) ao mês, contados desde a data do inadimplemento até a data do efetivo pagamento.	com os mesmos padrões de quantidade e qualidade do produto conforme informado, por escrito, através de notificação a ser enviada pela compradora ao vendedor.

Ainda que contemplem pontos importantes, as redações das cláusulas acima não são suficientes nem adequadas para garantir o êxito em caso de discussão arbitral ou judicial.

Vejamos, em primeiro lugar, a cláusula da ADM, que dedica metade do texto para garantir o cumprimento da entrega forçada do produto contratado e da restituição do valor adiantado, caso seja esse o modelo de contratação – como mencionado anteriormente, as *tradings* costumam trabalhar com três tipos de contrato, sendo um deles o de adiantamento do valor. Assim, a disposição da cláusula de *washout* propriamente dita está só na segunda parte, e com atecnia redacional, na medida em que pleiteia "pagar todas as *perdas e danos* sofridos pela compradora pelo não recebimento da integralidade do produto".

Isso porque, confrontando os dois institutos, constata-se que a cláusula de *washout* é penal, e não uma indenização por lucros cessantes, que deveria substituir um acréscimo patrimonial que não será incorporado no futuro porque a prestação principal não foi cumprida. Essa perda do ganho esperado deve ser reflexo do inadimplemento, e não a mora da prestação do produtor rural em si mesma considerada, qual seja a não entrega da safra. Quando o produtor rural se recusa a cumprir sua prestação, com inadimplemento doloso, há perda patrimonial do comprador, que não recebe a prestação devida, embora tenha cumprido a sua, não havendo de imediato preocupação com outra situação patrimonial futura, mas apenas reflexa, motivada pelo lucro cessante.[46]

Os autores esclarecem que, em contratos de entrega futura de safra, a cláusula penal se transforma no meio de que se valem as partes para punir o

[46] CASTRO; GUIMARÃES; LACERDA, op. cit., p. 289.

produtor rural por descumprir sua prestação, podendo ser fixada como moratória, caso em que o comprador da safra exige multa e a prestação principal, ou compensatória, se ele dispensa a obrigação principal e recebe apenas a multa, que servirá como perdas e danos. Em ambas as hipóteses, é acessória à obrigação principal. Diante disso, não tem semelhança com o lucro cessante, porque são ontológica e funcionalmente diferentes.[47]

Por fim, a parte alternativa da penalidade, em que a compradora (*trading*) prevê que o vendedor arque com o percentual previsto na cláusula 4.5.b.I e 4.5.b.II acima.

Também aí há margem para questionamento, na medida em que a fixação de 20% do preço da quantidade do produto não entregue não se justifica racionalmente. E, na outra opção, há uma disfuncionalidade, porque é muito vago o local para checagem da cotação a ser aplicada – se, por exemplo, houver mais de uma praça mais próxima, alguma delas pode ser mais vantajosa para o vendedor inadimplente do que a outra.

Por sua vez, a cláusula do contrato da COFCO também tem problemas redacionais. Na primeira metade do dispositivo, se diz apenas o óbvio:

> [...] a *compradora assume o compromisso junto à bolsa de mercadorias e futuros de Chicago* (Chicago Board of Trade – CBOT), principal bolsa comercializadora e formadora dos preços deste produto, sendo que o adimplemento das obrigações da compradora perante a CBOT depende do cumprimento pelo vendedor das suas obrigações oriundas deste contrato.

Em suma, não acrescenta nada à estipulação da cláusula de *washout* propriamente dita.

Na cláusula do contrato da COFCO comete o mesmo erro do contrato da ADM, pois afirma que: "a compradora *incorrerá em perdas e danos, sem prejuízo da multa* prevista na cláusula 8.1 abaixo", sendo que a questão não é de perdas e danos.

E finaliza com a disposição de que haverá *recompra*, seja de posições de contratos futuros e/ou de mercadoria física no mercado com os mesmos padrões de quantidade e qualidade do produto conforme informado, o que não se mostra correto nem adequado, porque não existe a figura da *recompra*, mas apenas a aquisição de produto no mercado à vista.

Nessa linha é a lição de Souza, destacando que o pressuposto da cláusula é que o comprador precisa dos grãos adquiridos, seja para revender ou para empregar em sua atividade produtiva. Ou seja, ao executar o *washout*, o

47 CASTRO; GUIMARÃES; LACERDA, op. cit., p. 289.

comprador não está trocando a receita da venda subsequente por uma revenda ao vendedor originário da operação inadimplida, mas buscando meios para uma nova aquisição do produto não recebido, dessa vez no mercado. Por isso não se pode denominar *recompra* a cláusula de *washout*. A receita que o comprador da operação originária obtém pela venda dos grãos segue sendo o preço pago a este pelo mercado nacional ou internacional na venda posterior à aquisição.[48]

Todos esses elementos demonstram a necessidade de se desenvolver uma cláusula tecnicamente mais adequada, para figurar em contratos de compra e venda de *commodity* com preço fixo e entrega futura. Evidentemente, sempre há particularidades que se deve observar em cada caso, mas a consulta ao jurídico interno e/ou externo das empresas faz essa sintonia fina para não comprometer o intuito demonstrado aqui.

Não obstante as questões apontadas, na formulação das cláusulas de *washout* vem crescendo a determinação da comprovação do prejuízo efetivo para que se reconheça o valor como devido. Nesse sentido, julgou o Tribunal de Justiça de São Paulo:

> Compra e venda futura de safra de soja. Ação revisional de contrato. Inadimplemento contratual em decorrência de seca na região. Vendedor que expressamente assumiu responsabilidade pelos prejuízos decorrentes de força maior ou caso fortuito. Abusividade não configurada. Álea esperada no ramo da agropecuária. Multa pactuada para a hipótese de inadimplemento. Redução devida. Valor excessivo, por se tratar de inadimplemento que não decorreu de culpa do agricultor. *Indenização suplementar por "wash out". Efetivo prejuízo experimentado pela ré-reconvinte não comprovado.* Inteligência do artigo 416, parágrafo único, do Código Civil. Indenização indevida. Segundo contrato de compra e venda celebrado pelas partes. Validade. Declaração de nulidade apenas da cláusula que autoriza a retenção correspondente ao "wash out" do contrato anterior. Exigibilidade da multa pelo inadimplemento do segundo contrato, reduzida, contudo, na forma do artigo 413 do Código Civil. Prejuízo da ré que sequer foi alegado. Indenização por "wash out" afastada também em relação ao segundo contrato. Parcial procedência da ação principal e da reconvenção. Sucumbência recíproca. Recurso parcialmente provido.[49]

---

[48] SOUZA, Pedro Guilherme Gonçalves de. A cláusula de Wash-out no comércio de grãos e a não incidência do PIS e da COFINS: uma análise jurisprudencial. *Revista Direito Tributário Atual*, n. 52, ano 40, p. 283-302, 2022. DOI: https://doi.org/10.46801/2595-6280.52.11.2022.2131, p. 285.

[49] Tribunal de Justiça de São Paulo; Apelação Cível 1036450-23.2017.8.26.0100; Relator(a): Maria Cláudia Bedotti; Órgão Julgador: 32ª Câmara de Direito Privado; Data do Julgamento: 06/02/2020;

E na mesma linha segue o Superior Tribunal de Justiça (STJ),[50] entendendo que os autos não comprovam que o valor por saca de produto corresponda ao efetivo prejuízo da *trading*:

> PROCESSUAL CIVIL. AGRAVO INTERNO NOS EMBARGOS DE DECLARAÇÃO NOS EMBARGOS DE DECLARAÇÃO NO AGRAVO EM RECURSO ESPECIAL. RECURSO MANEJADO SOB A ÉGIDE DO NCPC. AÇÃO REVISIONAL DE CONTRATO. AUSÊNCIA DE PREQUESTIONAMENTO DOS DISPOSITIVOS LEGAIS APONTADOS COMO VIOLADOS. SÚMULA N. 211 DO STJ. PRETENSÃO RECURSAL FUNDADA NA OFENSA A ARTIGOS DE LEI NÃO DEBATIDOS E QUE DEMANDA O REEXAME DE MATÉRIA FÁTICA E CLÁUSULA CONTRATUAL. SÚMULAS N. 5 E 7, AMBAS DO STJ. DECISÃO MANTIDA. AGRAVO INTERNO NÃO PROVIDO.
>
> 1. [...].
>
> 2. [...].
>
> 3. A alteração das conclusões do acórdão recorrido exige reapreciação do acervo fático-probatório da demanda, o que faz incidir o óbice da Súmula nº 7 do STJ.
>
> 4. [...].
>
> *O TJSP declarou inexigível a indenização por wash out em relação a ambos os contratos por entender que não há nos autos comprovação de que o valor de R$ 16,50 por saca corresponda ao efetivo prejuízo experimentado pela BUNGE.*
>
> Ademais, o Tribunal esposou as seguintes razões de fato para afastar a indenização em testilha:
>
> *De outra banda, não há como se admitir a cobrança da indenização de "wash out" (documento de fls. 39), correspondente à indenização pela suposta diferença necessária para a reposição da mercadoria faltante, na medida em que não há nos autos comprovação de que o valor de R$ 16,50 por saca corresponda ao efetivo prejuízo experimentado pela apelada.*
>
> *E, como é cediço, ainda que tenha sido convencionada a possibilidade de cobrança de indenização suplementar além da cláusula penal pactuada, cabia à credora demonstrar o prejuízo excedente, nos termos do artigo 416, parágrafo único, do Código Civil, o que não ocorreu no caso dos autos, já que a apelada sequer comprovou qual era o valor da soja no momento do inadimplemento.*
>
> *Por sua vez, não merece prosperar a alegação do apelante no sentido de que o segundo contrato de compra e venda firmado pelas partes (nº*

Data de Registro: 07/02/2020.

[50] Superior Tribunal de Justiça. AgInt nos EDcl nos EDcl no Agravo em Recurso Especial n. 1798992 – SP (2020/0317751-5); Relator Ministro: Moura Ribeiro; 3ª T. Data do Julgamento: 16/08/2021; Data da Publicação: 18/08/2021.

> *030-00229-0209863, fls. 45/50) relativo à safra de 2017, tenha consistido, única e exclusivamente, em uma repactuação para pagamento da referida indenização por "wash out" e não uma contratação avulsa para escoamento da safra de soja de 2017.* (e-STJ, fls. 200/201)
>
> Assim, rever as conclusões quanto a exigibilidade ou não da indenização somente seria possível mediante o reexame do conjunto fático-probatório dos autos, o que é vedado em razão do óbice da Súmula n. 7 do STJ.
>
> [...]
>
> Nessas condições, pelo meu voto, NEGO PROVIMENTO ao agravo interno.

Não têm sentido as decisões acima, uma vez que a imposição de mais esse ônus ao comprador – "a declaração de nulidade da cláusula que autoriza a retenção correspondente ao 'wash out' do contrato anterior" – significa beneficiar indevidamente o vendedor inadimplente. A cláusula de *washout* é um mecanismo de proteção do comprador, que já se comprometeu com terceiros por meio de outros contratos, dentro da cadeia de fornecimento agrícola.

A propósito, alinhamo-nos com o quanto decidido em acórdão do TJSP,[51] que, revertendo decisão de primeiro grau fundada no entendimento de que seria obrigação do comprador demonstrar os prejuízos decorrentes da não entrega das *commodities*, corretamente interpretou o contrato, a finalidade e o alcance da cláusula de *washout* levando em conta a dinâmica e a prática adotadas no mercado do agronegócio. A decisão reformada assim se pronunciou:

> Com relação às perdas e danos explicadas na petição de fls. 399/410, contudo, a exequente muito alega e nada comprova. As perdas e danos não podem ser presumidas nem pautadas em alegações unilaterais da parte, devendo ser efetivamente comprovadas por documento, podendo inclusive o juiz determinar sua liquidação, nos termos do artigo 809, §2º do CPC. Portanto, por ora, ausente prova documental efetiva de outras perdas ou danos que não a multa contratual, a execução prossegue pelo valor desta, com as atualizações acima mencionadas.

O acórdão, por outro lado, se posicionou na seguinte fundamentação:

> Nota-se que há irresignação da exequente no que se refere ao capítulo do *decisum* que determinou o prosseguimento da execução apenas quanto à multa contratual, excluindo o montante exigido a título de prejuízos experimentados em razão da não entrega da mercadoria.

[51] Agravo de Instrumento n. 2040144-16.2022.8.26.0000, 28ª Câmara de Direito Privado, Relator Desembargador CESAR LUIZ DE ALMEIDA, j. 18.04.22.

> Respeitado o posicionamento adotado na origem, entendo que razão assiste a agravante ao afirmar que a r. decisão combatida comporta modificação no que tange ao tema questionado por esta via recursal. Ora, o artigo 809 do Código de Processo Civil é claro ao consignar que: "O exequente tem direito a receber, além de perdas e danos, o valor da coisa, quando essa se deteriorar, não lhe for entregue, não for encontrada ou não for reclamada do poder de terceiro adquirente". Sic
>
> No caso em tela, patente que a obrigação de entregar 300.000 kg de soja não foi cumprida pelo executado, ensejando a exigência de multa contratual e prejuízos experimentados pela exequente em razão do inadimplemento.
>
> Importante destacar que o montante perseguido a título de prejuízo decorrente do inadimplemento contratual corresponde à diferença verificada entre o valor de mercado da saca de soja no momento em que deveria se efetivar a entrega da mercadoria e o preço que teria sido pago ao executado caso a obrigação tivesse sido cumprida a contento.

O trecho que se segue merece atenção especial:

> Destaque-se que, diante da não entrega do produto pelo agravado, a exequente viu-se obrigada a adquirir mercadoria pelo preço praticado naquele momento, a fim de honrar compromissos já assumidos com terceiros. Nesses termos, é óbvio que a recorrente pagou valor superior pela soja, em razão da não entrega dos grãos antes negociados junto ao recorrido.
>
> Válido pontuar que a obrigatoriedade de reparação de prejuízo dessa natureza e a forma de apurar a quantia devida foi expressamente prevista no instrumento contratual (Cláusula 10.1.3.ii),[52] não havendo que se falar em exclusão imediata e oficiosa dos valores perseguidos pela exequente a este título.
>
> Ressalte-se, por oportuno, que cabe ao executado valer-se da impugnação que entender cabível, pela via adequada para tanto, momento em que o MM. Juiz da causa poderá analisar eventuais teses levantadas, decidindo pela adequação ou não do valor exigido pela credora.

[52] A cláusula 10.1.3 (ii) referida no acórdão dispõe que a indenização a ser paga em favor da LDC (Louis Dreyfus Company Brasil S.A.) será o "valor correspondente à diferença entre o preço de mercado do produto não entregue e o preço estabelecido na forma do presente contrato aplicado sobre a quantidade de produto que não tenha sido entregue pelo vendedor à compradora sob este contrato. Para os fins desta cláusula, o preço de mercado do produto será estabelecido com base no preço de compra definido na tabela 'Disponível/FOB', preço médio de 1 semana (coluna 'ISEM') informado no boletim 'Safras e Mercado' publicado na data de entrega e disponível no endereço eletrônico www.safras.com.br relativamente ao local de entrega ou localidade mais próxima ao local de entrega".

Assumindo-se a natureza de cláusula penal compensatória e considerando que o adquirente dispensa a obrigação principal e recebe apenas a multa, que servirá como perdas e danos, espera-se se consolide o entendimento de validade da cláusula de *washout*, independentemente da comprovação do comprador quanto ao efetivo prejuízo[53] pela mercadoria não entregue no mercado *spot*, ao demonstrar a cotação da *commodity* no momento do *default*.[54]

5. RECOMENDAÇÕES DE CONDUTA E SUGESTÃO DE REDAÇÃO DE CLÁUSULA DE *WASHOUT*

Ante as considerações e os argumentos desenvolvidos ao longo do presente artigo, como forma de contribuir para a melhoria do ambiente de negócios, se recomenda que vendedor e comprador procurem se antecipar a problemas decorrentes de inadimplemento e se empenhem em encontrar uma solução contratual e consensual.

É recomendável que os contratantes usem mecanismos contratuais que viabilizem a solução consensual de conflitos, com o objetivo quer de manter as relações continuadas habitualmente verificadas na compra e venda de *commodities* agrícolas, quer de se reduzir custos de transação e evitar litígios e a necessidade da intervenção de terceiro julgador (juiz ou árbitro).

Outro aspecto de vital importância é o de que a solução contratual pode ser usada como meio de evitar ou minimizar os efeitos negativos que o conflito entre vendedor e comprador pode causar aos demais integrantes da cadeia agroindustrial, na medida em que as relações nesse mercado são encadeadas e interdependentes.

O Informe Técnico APROSOJA n. 122 demonstrou, à época de sua edição, a preocupação dos produtores rurais com a "possibilidade de quebra de produtividade" e o "fato de que muitos produtores optaram por fazer a venda antecipada de sua produção atrelada a contratos de venda futura".[55]

---

[53] Quanto a tal aspecto, vale conferir o entendimento da jurisprudência do STJ sobre cláusula penal compensatória: "A cláusula penal compensatória constitui pacto acessório, de natureza pessoal, por meio do qual os *contratantes*, com o objetivo de estimular o integral cumprimento da avença, determinam previamente uma penalidade a ser imposta àquele que der causa à inexecução, total ou parcial, do contrato. Funciona ainda como fixação prévia de perdas e danos, que dispensa a comprovação de prejuízo pela parte inocente pelo inadimplemento contratual" (AgInt nos EDcl no AREsp n. 1.659.480/RJ, relator Ministro Raul Araújo, Quarta Turma, julgado em 30/5/2022, DJe de 24/6/2022).

[54] FAVACHO, op. cit.

[55] APROSOJA. ASSOCIAÇÃO DOS PRODUTORES DE SOJA E MILHO DE MATO GROSSO. Disponível em: <http://www.aprosoja.com.br/produtor/informes-tecnicos/2016/pagina/3/>. Acesso

Ao tratar dos "procedimentos para renegociação de contratos devido a problemas com clima", o Informe reconheceu que "esse tipo de contrato geralmente prevê multas contratuais pelo não cumprimento da obrigação, além de indenização na chamada cláusula *wash-out* – quando o produtor tem que indenizar a compradora quanto ao preço do dia da liquidação do contrato".[56]

Reconhecendo ainda os problemas que podem decorrer do inadimplemento contratual, o Informe destacou a importância de se cumprirem os contratos, enfatizando que, "num ambiente de produção organizado, seriedade e confiabilidade são pontos cruciais na relação comercial entre produtor e comprador", sendo "fundamental manter e cumprir os contratos firmados para que o agricultor mostre seriedade quanto ao que acordou".[57] E, por mais que possa parecer óbvio, o Informe toca no ponto nodal da questão:

> A alta do preço no mercado físico não pode servir de escusa ao cumprimento do contrato, porque uma das premissas do contrato a termo futuro é exatamente a possibilidade de que o produtor se proteja da possível perda de preço, mas também corre o risco de que o preço suba muito, o que ocorreu especialmente nessa safra.[58]

Nota-se a preocupação com a ruptura dos contratos e o incentivo ao cumprimento das obrigações assumidas pelos contratantes, inclusive a recomendação de que, diante da possibilidade de inadimplemento, o vendedor "(i) procure o comprador antes do vencimento e informe sobre o problema" e (ii) tente "negociar amigavelmente a rescisão ou cumprimento parcial do contrato, se não tiver a quantidade total de produto a ser entregue".[59]

O Informe também adverte de que as sanções decorrentes do inadimplemento normalmente se materializam em multa e na "cláusula de indenização (wash-out)", sendo a opção menos traumática para o vendedor a busca do acordo, na medida em que "as empresas [compradoras] têm procurado renegociar",[60] inclusive porque a solução consensual e contratual imprime mais previsibilidade do que a incerteza do que se pode esperar de uma decisão judicial ou arbitral.

Nesse contexto, ainda que possa parecer paradoxal, na medida em que este estudo defende uma solução contratual – e consensual – para os conflitos que

em: 3 maio 2023, p. 1.

56 APROSOJA, op. cit., p. 2.

57 APROSOJA, op. cit., p. 2.

58 APROSOJA, op. cit., p. 2.

59 APROSOJA, op. cit., p. 3.

60 APROSOJA, op. cit., p. 4.

envolvam vendedor e comprador, a formulação de cláusula de *washout* com critérios objetivos capazes de reduzir a margem de discussão sobre a implementação do pagamento pelo devedor inadimplente pode favorecer um consenso.

Se, de um lado, o comprador pode esperar que a cláusula será considerada uma vantagem em eventual disputa judicial ou arbitral – ante o princípio da força obrigatória dos contratos, se esse não vier a ser relativizado, assim seria –, de outro, o vendedor pode dar uma interpretação diametralmente oposta e questionar sua validade ou seu alcance perante o juiz ou o árbitro alegando, por exemplo, desproporcionalidade.

Embora o modelo seja aplicado em contratos do cenário estrangeiro, transcrevemos aqui a cláusula de *washout* adotada pela Louis Dreyfus Company India:

> (4) É evidente que a intenção das partes é fornecer o algodão de acordo com a execução dos referidos contratos, que também estipulam metodologia bem definida para sua liquidação/encerramento (geralmente referido como "encerramento" ou "washout" do contrato), no caso de fornecimento de mercadorias não efetuado pelo fornecedor de algodão ou pagamento não efetuado pelo destinatário de bens. O "encerramento" ou "washout" dos referidos contratos é necessariamente descumprimento ou resultado inequívoco dos termos contratuais. (5) No caso de fornecimento de algodão efetuado nos termos do contrato, o beneficiário do algodão é obrigado a pagar uma quantia preespecificada no contrato contra o fornecimento de uma quantidade predeterminada de algodão. (6) Por outro lado, em caso de "encerramento" ou "washout" dos referidos contratos, a parte do contrato que optar por tal "encerramento" ou "washout" é obrigada a pagar à outra uma quantia equivalente à diferença entre a taxa de liquidação e a taxa de algodão em que o fornecimento do mesmo é acordado. (7) A taxa de liquidação é estipulada no contrato como segue: Contrato de venda – fica a critério da companhia liquidar/encerrar o contrato a taxa por ela fixada. Nesse sentido, a taxa na qual a companhia liquida é geralmente a taxa de mercado do algodão prevalecente em bolsas de mercadorias, como a MCX, no dia em que é feita a liquidação. Contrato de compra – taxa de mercado de algodão predominante em bolsas de mercadorias, como MCX, no dia em que é feita a liquidação. A fixação da taxa de acordo com o contrato é vinculativa para a outra parte do contrato, sem margem para discussões ou deliberações/negociações adicionais. A taxa com a qual as partes concordaram em resolver o contrato no caso de não entrega do algodão é sacrossanta, e qualquer desvio deve ser interpretado como violação dos termos contratuais com potencial de

causar disputa e processos de arbitragem resultantes, também incluído nos próprios contratos.[61]

Em síntese, a cláusula delineia o mais objetivamente possível – e consideradas as características contratuais e do mercado local – os critérios para a liquidação do *washout* e a taxa estabelecida, dispondo que é vinculante e não há margem para discussões – caracterizando-a como "sacrossanta", estabelecendo que o eventual descumprimento implica má-fé e pode remeter a disputa arbitral ou judicial.

Empenhados nessa objetividade e sem a pretensão de haver criado um texto perfeito, sem margem para discussões, sugerimos a seguinte redação para a cláusula de *washout:*

> Cláusula x.x. Se, por qualquer motivo, o vendedor deixar de entregar sua produção, ou parte dela, ou o produto especificamente previsto em contrato de compra e venda firmado livremente e em comum acordo entre as partes, arcará com os custos e pagará ao comprador da *commodity* o valor do

[61] "(4) It is apparent that the intention of the Parties is to effect supply of cotton pursuant to execution of aforesaid Contracts. The Contracts also stipulates well defined methodology for settlement / closure of Contract (generally referred to as "closure" or "washout" of contract), in the event of Supply of goods not being effected by Supplier of cotton or payment not being made by recipient of goods. The "closure" or "washout" of aforesaid Contracts is necessarily a fall out or unequivocal resultant of Contractual terms. (5) In case of supply of cotton effected in terms of Contract, the Recipient of cotton is required to pay sum pre-specified in the Contract against supply of predetermined quantity of cotton. (6) On the other hand, in case of "closure" or "washout" of aforesaid Contracts, the party to the Contract which opts for such "closure" or "washout" is required to pay to the other party a sum equivalent to difference between the Settlement rate and the rate of cotton at which the supply of the same is agreed upon. (7) The Settlement rate is enshrined in the Contract to be as follows: Sale Contract – It is discretionary upon the Company to settle/close the Contract at the rate fixed by it. In this regard, the rate at which the Company settles is usually the market rate of cotton prevalent on the Commodities Exchange such as MCX on the day on which such settlement is made. Purchase Contract – Market rate of cotton prevalent on Commodities Exchange such as of goods by the Recipient from Supplier's designated gin/ warehouse. N. Cash Discount Cash discount of 16.8% per 360 days for max 8 days pro-rated will be deducted by the Recipient for early payment on total Invoice value including taxes, if any. Bank charges, if any, to Recipient's account. MCX on the day on which such settlement is made. The fixation of rate as per the Contract is binding on the other Party to the Contract without any room for aberration or further deliberation / negotiation. The rate at which the Parties had agreed to settle the Contract in the event of non-delivery of cotton is sacrosanct and any deviation to the same is to be construed as violation of Contractual terms with potential of causing dispute and resultant arbitration proceedings, which is also in-built in the Contracts itself". INSTA VAT. Advance Ruling Order n. AAR/GST/PB/001. Patiala, IN, 28 Sept. 2018. Disponível em: <http://insta.instavat.in/pdf/PUNJAB_ADVANCE_RULING-Louis%20Dreyfus.pdf>. Acesso em: 3 maio 2023, p. [6-7], tradução nossa.

> produto no mercado à vista ou *spot*, considerado *washout*, sendo desnecessária a prova de prejuízo e bastando a demonstração do descumprimento. Ambas as partes estão acordes com os critérios e requisitos levados em conta para a efetivação da compra em relação à escolha do fornecedor, pontos de escolha exclusiva do comprador, sem objeção do vendedor, que está ciente de que sua manifestação ou pleito em sentido contrário caracterizarão sua atitude como de má-fé.
>
> Cláusula x.x.1. Sem prejuízo do pactuado na cláusula antecedente, tampouco quanto a outras penalidades ou multas, as partes estão de acordo que a atividade rural se caracteriza pelo risco e, mesmo em caso de desabastecimento no setor – por guerras, atentados, pandemias, catástrofes ou outros eventos que não sejam considerados fortuitos ou de força maior –, permanece a obrigação do comprador de arcar com os custos do valor do produto no mercado à vista ou *spot* ao comprador da *commodity*.
>
> Cláusula x.x.2. As partes estipulam ainda, a título de constituição de cláusula de *washout*, considerada também, por analogia, cláusula penal, que estão de acordo, pelo não recebimento parcial ou integral do produto pela compradora, em prefixar o prejuízo do seguinte modo: *a diferença entre o preço ajustado neste contrato para o saldo e o preço de mercado do saldo*, que será obtido com base na cotação de compra para o produto, praticada na *praça X* [local determinado], conforme cotação divulgada pela consultoria xxxxx [definir a empresa e dar o respectivo *site*], no último dia do período de entrega ou na data do inadimplemento/vencimento antecipado, o que ocorrer primeiro. A multa compensatória aqui estabelecida será acrescida de correção monetária pelo IGP-M/FGV e juros moratórios de 1% (um por cento) ao mês, contados desde a data do inadimplemento até a data do efetivo pagamento.

Portanto, com as estipulações das cláusulas acima – que formam um único direcionamento, de modo que não se pode aplicá-las separadamente –, é possível alocar riscos *ex ante* com vistas a mitigá-los em caso de inadimplemento de operações contidas em contratos de compra e venda de *commodity* com preço fixo e entrega futura.

CONCLUSÃO

Nesta finalização do artigo, arrolamos seis pontos da cláusula de *washout* nos contratos do agronegócio para reflexão e mesmo para inserção nas previsões contratuais a ser desenvolvidas por compradores e vendedores: (i) partes e interesses envolvidos, customizando-se a cláusula quando necessário, na medida em que a redação padronizada pode demandar ajustes; (ii) diferenças de qualidade: a identificação precisa da qualidade dos produtos agrícolas é complexa e pode ser objeto de interpretações diferentes, devendo a(s) cláusula(s) que estipulem o *washout* estabelecer critérios objetivos acerca disso; (iii) variação de preços: como vimos, os produtos agrícolas estão sujeitos a flutuações de mercado, e a cláusula de *washout* deve prever como serão compensadas eventuais diferenças de preços; (iv) logística e custos de transporte: a cláusula precisa considerar como se podem compensar tais custos e eventuais perdas durante o transporte; (v) prazos e procedimentos: a cláusula deve estabelecer de forma clara e objetiva a dinâmica de notificação, avaliação e compensação de diferenças; e, por fim, (vi) aspectos legais e regulatórios: a cláusula de *washout* precisa estar em conformidade com as leis e as regulamentações aplicáveis do agronegócio.

Finalmente, seguem-se algumas conclusões importantes a partir dos temas desenvolvidos. Primeiramente, o cuidado na redação dos termos da cláusula de *washout*, na medida em que há diversos exemplos no mercado que não se coadunam com a técnica mais adequada e aceita nos tribunais brasileiros.

Também cumpre destacar a desnecessidade de fazer prova de prejuízo do *washout*: basta demonstrar o não cumprimento, pois o restante é decorrência natural das práticas de mercado.

Ademais, vale ficar atento não apenas à redação de cláusulas que formam a possibilidade de fazer o *washout* do quanto pactuado, mas também observar as recomendações acima, os seis pontos que devem constar no instrumento contratual, sempre buscando aconselhamento de profissionais da advocacia, a fim de que seus riscos sejam de fato mitigados, com sua alocação eficiente nos contratos do agronegócio que integram sua complexa cadeia. Quando se fala em agronegócio, é preciso delimitar muito bem de que ramo se está tratando, ante a miríade de peculiaridades existentes.

14. CLÁUSULA DE GARANTIA EM CONTRATO DE CONSTRUÇÃO: DISCIPLINA, FUNÇÃO, EFEITOS, CONTROVÉRSIAS E RECOMENDAÇÕES

Antonio Carlos Nachif Correia Filho[1]

1. INTRODUÇÃO

É notória no Brasil a grande intensidade e relevância da atividade de construção, bem como sua propensão a gerar conflitos entre os envolvidos, muitas vezes relacionados a falhas construtivas[2].

---

[1] O autor agradece a Vitória Pedroso Silva, especialista em Direito Processual Civil pela PUC-SP e bacharel em Direito pela Universidade Presbiteriana Mackenzie-SP, pelas contribuições com pesquisas para este artigo.

[2] Não se desconhece as usuais nomenclaturas e possível distinção conceitual de *vícios* e de *defeitos* em diferentes contextos relacionados a construção e/ou garantias. Porém, tal distinção, em linhas gerais, é irrelevante para os fins de aplicação do Código Civil, cf. SIMÃO, José Fernando. A responsabilidade pelo vício do produto: comparação com a responsabilidade por vícios ocultos do direito civil tradicional e o regime do CDC. *In*: SILVA, Regina Beatriz Tavares da (coord.). *Responsabilidade civil: responsabilidade civil nas relações de consumo*. São Paulo: Saraiva, 2009, p. 184 ("*Já o Código Civil vigente (...) utiliza as palavras 'vício' e 'defeito' como sinônimos, não fazendo nenhuma distinção conceitual e dando aos termos o mesmo tratamento. (...) Para o Código Civil, vício é defeito e defeito é vício.*"); e ZANETTI, Cristiano de Souza. *In*: NANNI, Giovanni Ettore (coord.). *Comentários ao código civil: direito privado contemporâneo*. São Paulo: Editora Saraiva, 2021. *E-book*. ISBN 9786555591934. Disponível em: https://integrada.minhabiblioteca.com.br/#/books/9786555591934/. Acesso em: 22/6/2023, p. 448 ("*No que tange à aplicação da disciplina prevista nos arts. 441 a 446 do Código Civil, 'vícios' e 'defeitos' são empregados como sinônimos.*

As partes de um contrato de construção têm ampla liberdade, nos limites de sua autonomia privada, para nele regularem a distribuição de riscos associados a tais falhas e estabelecerem direitos, obrigações e ônus relacionados[3]. Inclusive, o art. 421-A, II, do Código Civil ("CC") dispõe expressamente que se deve respeitar a alocação de riscos convencionada entre partes de contratos paritários e simétricos[4].

A cláusula de garantia é um dos muitos meios disponíveis para partes de contratos de construção endereçarem riscos relacionados a vícios construtivos.

Este artigo objetiva analisar alguns aspectos relevantes de tal cláusula e, para esse fim, abordar disciplina legal, função e efeitos de garantias aplicáveis a contrato de construção sujeito ao direito comum (i.e., civil e/ou empresarial). Ou seja, este trabalho, inclusive para evitar ampliação excessiva de escopo, não tem foco em relações de direito do consumidor ou direito administrativo e, assim, tampouco em diplomas legais a elas aplicáveis – como são, respectivamente, o Código de Defesa do Consumidor (Lei 8078/1990 – "CDC") e a Lei de Licitações (Lei 14133/2021).

Nesse particular, o código também não efetua qualquer distinção entre 'vícios redibitórios' e 'vícios ocultos'."). Diante disso e do escopo deste artigo focado no regime de direito comum – cf. esclarecido adiante – aplicável a garantias na construção, os termos *falhas*, *vícios* e *defeitos* podem, em geral, ser considerados neste trabalho sinônimos e um conceito único, em linha com o da NBR 17170 (tal como definida no cap. 4.1, abaixo), focado em garantias na construção, cf. esclarecido na introdução da NBR 17170, p. vii ("*Esta Norma adota como conceito único o termo 'falha', o qual está apresentado nas definições para expressar as ocorrências abrangidas pelas garantias, as quais se referem exclusivamente a falhas atribuíveis ao processo de produção de edificações ou de serviços específicos de construção, considerando seus sistemas, componentes e equipamentos. Também são definidas as falhas decorrentes do uso, operação ou manutenção. Em outras Normas Técnicas existem outros termos e definições como, por exemplo, vícios construtivos, vícios aparentes, vícios ocultos, defeitos, anomalias, os quais não são utilizados nesta Norma, sendo utilizados exclusivamente no contexto em que são apresentados nas Normas em que são definidos.*").

[3] Nesse sentido: ZANETTI, Cristiano de Souza. O risco contratual. *In:* LOPEZ, Tereza Ancona. LEMOS, Patrícia Faga Iglesias. RODRIGUES JR., Otavio Luiz (coord.). *A sociedade de risco e o direito privado: desafios normativos, consumeristas e ambientais.* São Paulo: Atlas, 2013, p. 455-456 ("*O contrato é um instrumento privilegiado da autonomia privada. Trata-se provavelmente da mais importante espécie de negócio jurídico. Por seu intermédio, as partes podem criar, modificar e extinguir relações jurídicas obrigacionais. A delimitação do conteúdo do negócio fica essencialmente a cargo dos contratantes. Para o direito privado, todos são livres para assumir os riscos julgados apropriados. Não podem depois, todavia, recusar as consequências de sua materialização. Liberdade e responsabilidade são faces de uma mesma moeda. Sem isso não há sociedade de direito privado. Sem isso, não há cidadãos.*")

[4] "*Art. 421-A. Os contratos civis e empresariais presumem-se paritários e simétricos até a presença de elementos concretos que justifiquem o afastamento dessa presunção, ressalvados os regimes jurídicos previstos em leis especiais, garantido também que: (...) II - a alocação de riscos definida pelas partes deve ser respeitada e observada.*".

Com base nessa análise e na identificação de certas controvérsias sobre garantias, pretendemos indicar pontos de atenção e algumas recomendações na elaboração de cláusula de garantia em contrato de construção, com 2 principais objetivos.

Primeiro, que este trabalho propicie aos agentes envolvidos com tal cláusula (partes, advogados, julgadores etc.) um panorama breve e condensado de certos pontos que nos pareceram importantes no intrincado regime jurídico que podem razoavelmente esperar ao lidar com uma cláusula de garantia em contrato de construção. Esse panorama parece pertinente, inclusive, porque tal regime jurídico está muito longe de ser sistematizado na lei, estudado de modo profundo na doutrina ou compreendido de maneira uniforme na jurisprudência.

Segundo, que nossas considerações neste trabalho – sem, logicamente, pretender exaurir o assunto – sejam úteis e contribuam, tanto quanto possível, para conferir clareza e previsibilidade quanto à aplicação e aos efeitos de cláusula de garantia em contrato de construção.

Uma cláusula dessas que dispusesse que "*a construtora contratada oferece à contratante garantia quanto ao escopo deste contrato pelo prazo de 3 (três) anos*" soaria comum e usual à primeira vista? Provavelmente, sim para muitas pessoas.

Entretanto, essa singela convenção seria suficiente e adequada para regular direitos, obrigações e ônus das partes de contrato de construção associados a tal garantia? Seguramente, não, como será demonstrado pelas análises e considerações a seguir.

2. DISCIPLINA LEGAL E PREMISSAS CONCEITUAIS SOBRE GARANTIAS EM CONSTRUÇÃO

A cláusula (obrigação) de garantia é, em geral, pouco regulada na lei brasileira e abordada de forma limitada na doutrina.

Uma das poucas obras monográficas sobre garantias no direito brasileiro que identificamos esclarece que o significado predominante da palavra garantia no CC é o de *garantia das obrigações*, vinculada ao direito de crédito, como no caso do penhor e da hipoteca, e que a palavra também é empregada com outras duas acepções. Uma de *garantia de direitos*, como no caso dos vícios redibitórios e da evicção, "*cuja finalidade é a certeza de fruição do bem*", e outra, como no contexto de *seguros*, de *proteção da parte contra riscos-fatos* incertos que não precisam estar relacionados com direitos ou obrigações[5].

[5] Cf. SILVA, Fábio Rocha Pinto e. *Garantias das obrigações: uma análise sistemática do direito das garantias e uma proposta abrangente para a sua reforma*. São Paulo: Ed. IASP, 2017, p. 33-34.

Quanto a contrato de construção, entendem-se usualmente como normas impositivas de *garantias* o art. 618 e os arts. 441 a 446 do CC.

O art. 618 estabelece, para edifícios ou outras construções consideráveis, que o empreiteiro de materiais e execução *responderá* pela *solidez e segurança* do trabalho e em razão dos materiais, como do solo, pelo prazo irredutível de 5 anos.

Ainda que o *caput* do dispositivo use a expressão *responderá*, seu parágrafo ("par.") único trata do direito *assegurado* neste artigo e, assim, remete às ideias de *garantia de direitos* e/ou de *proteção contra riscos*, acima mencionadas. A propósito, a possível correlação entre o verbo *responder* (ou *responsabilidade*) e obrigação de *garantia* é clara, por exemplo ("p. ex."), no art. 447 do CC, ao dispor que o alienante *responde pela evicção* e se referir a tal *responsabilidade* como *esta garantia*.

Além disso, é recorrente na doutrina e na jurisprudência o entendimento de que os 5 anos previstos no art. 618 do CC consistem em *prazo de garantia*[6].

Ainda, em princípio, são reguladas pelos arts. 441 a 446 do CC, que tratam dos vícios redibitórios em geral, as falhas construtivas que *não* impactem solidez e segurança da obra[7]. Aliás, esses dispositivos que disciplinam direitos

---

[6] P. ex., na doutrina, ao comentar o art. 618 do CC: MEIRELLES, Hely Lopes. *Direito de construir*. 11ª ed. atualizada por Adilson Abreu Dallari [et al.]. São Paulo: Malheiros, 2013, p. 308 ("*O prazo quinquenal dessa responsabilidade é de garantia (...)*"); e GUERRA, Alexandre Dartanhan de Mello. *In*: NANNI, Giovanni Ettore (coord.). *Comentários ao Código Civil: direito privado contemporâneo*. São Paulo: Editora Saraiva, 2021. *E-book*. ISBN 9786555591934. Disponível em: https://integrada.minhabiblioteca.com.br/#/books/9786555591934/. Acesso em: 20/6/2023, p. 578 ("*O prazo de cinco anos apresentado pela regra em foco é o chamado prazo de garantia*"); e, na jurisprudência: STJ, AgInt no AREsp 1.897.767/CE, rel. Min. Marco Aurélio Bellizze, 3ª Turma, j. 21/3/2022 ("*Segundo orientação jurisprudencial deste Superior Tribunal, "a 'solidez e segurança do trabalho de empreitada de edifícios ou outras construções consideráveis' foram destacadas pelo legislador (artigo 618 do Código Civil) para fins de atendimento ao prazo irredutível de garantia de cinco anos (...)" (AgInt no AREsp 438.665/RS, Rel. Ministro Luis Felipe Salomão, Quarta Turma, julgado em 19/09/2019 (...)*".

[7] Cf. ANDRIGHI, Nancy. BENETI, Sidnei. ANDRIGHI, Vera. *Comentários ao Novo Código Civil*, vol. IV, coord. Sálvio de Figueiredo Teixeira. Rio de Janeiro: Forense, 2008, p. 323-324 ("*(...) a garantia oferecida pelo art. 618 em tela não é geral e irrestrita. (...) não lida especificamente com vício oculto nas seguintes hipóteses: (...) e (iii) quando o vício não apresenta risco para a solidez e segurança da obra. Nessas circunstâncias, aplica-se o regime geral, constantes dos artigos 441 e seguintes do CC/2022 (...)*"; TEPEDINO, Gustavo. BARBOZA, Heloisa Helena. MORAES, Maria Celina Bodin de. *Código Civil interpretado conforme a Constituição da República*, vol. II. Rio de Janeiro: Renovar, 2006, p. 364 ("*(...) na hipótese do vício de construção que não diz respeito à segurança e solidez da obra, nos termos acima, devem ser aplicadas as regras relativas aos vícios ocultos previstas nos arts. 441 e seguintes do CC, ou as de responsabilização civil, aplicáveis ao caso*"); SILVA, Clovis V. do Couto e. Contrato de "Engeneering". *Revista dos Tribunais*, vol. 685/1992, p. 29-40, nov./1992, versão digital disponível na RT online, p. 9, em referência aos prazos de vícios redibitórios do CC de 1916 ("*Por isso é comum inserir no contrato um prazo de garantia. O Código Civil (LGL\2002\400)*

e deveres associados a vícios redibitórios incluem uma referência expressa a *prazos de garantia* (CC, art. 445, § 2º)[8].

Aqui, também parecem se caracterizar *garantias de direitos*, quais sejam, do adquirente de receber a coisa *sem* vícios "*que a tornem imprópria ao uso a que é destinada, ou lhe diminuam o valor*" e, assim, de rejeitar a coisa ou pedir abatimento do preço caso verifique que recebeu a coisa *com* algum desses vícios (CC, arts. 441 e 442)[9].

Nesse sentido, afirma-se expressamente na doutrina que os dispositivos em comento estabelecem *garantia legal* de adimplemento perfeito da obrigação de dar, de modo que o adquirente receba coisa com utilidade e valor econômico a ela correspondentes[10].

Dessa forma, pode-se dizer que as normas acima mencionadas correspondem à disciplina legal essencial de falhas e garantias na construção.

---

alude apenas a 'obras de engenharia consideráveis", e o prazo de garantia, neste caso, é de cinco anos, período em que o empreiteiro de materiais de construção responderá pela 'solidez e segurança do trabalho, assim em razão dos materiais como do solo, exceto se quanto a este, se não o achando firme, preveniu a tempo o dono da obra'. Nos demais casos aplicam-se os prazos dos vícios redibitórios, 15 dias para as coisas móveis, ou 6 meses para imóveis (...)."; e DEUS, Adriana Regina Sarra de. Responsabilidade civil dos empreiteiros e construtores. *Revista de Direito Privado*, vol. 79/2017, p. 101-130, jul./2017, versão digital disponível na RT Online, p. 10 ("*Não sendo o vício redibitório daqueles que comprometam a solidez e a segurança da obra, aplica-se o regime geral dos vícios redibitórios previsto nos arts. 441 a 446 do Código Civil de 2002.*").

[8] "*Art. 445. O adquirente decai do direito de obter a redibição ou abatimento no preço no prazo de trinta dias se a coisa for móvel, e de um ano se for imóvel, contado da entrega efetiva; se já estava na posse, o prazo conta-se da alienação, reduzido à metade. § 1 o Quando o vício, por sua natureza, só puder ser conhecido mais tarde, o prazo contar-se-á do momento em que dele tiver ciência, até o prazo máximo de cento e oitenta dias, em se tratando de bens móveis; e de um ano, para os imóveis. § 2 o Tratando-se de venda de animais,* os prazos de garantia *por vícios ocultos serão os estabelecidos em lei especial, ou, na falta desta, pelos usos locais, aplicando-se o disposto no parágrafo antecedente se não houver regras disciplinando a matéria.*".

[9] Nesse sentido, em comentários ao art. 441 do CC: VENOSA, Sílvio de Salvo. *Código civil interpretado*. 3ª ed. São Paulo: Atlas, 2013, p. 622 ("*Obrigações de garantia na entrega da coisa. (...) O alienante deve garantir ao adquirente que ele possa usufruir da coisa conforme sua natureza e destinação. (...) Essa modalidade de garantia, que sucede a entrega da coisa, assume três diferentes facetas. (...) Finalmente, o alienante deve assegurar a materialidade idônea da coisa, garantindo o adquirente de vícios ocultos.*")

[10] Cf. SCHREIBER, Anderson. *In*: SCHREIBER, Anderson. [et al.]. *Código Civil comentado – doutrina e jurisprudência*. Rio de Janeiro: Forense, 2019, p. 262. As diferentes teorias (p. ex., da evicção parcial, do erro e do risco) – sobre as quais entendemos ser impertinente nos estendermos dentro do limitado e específico escopo deste artigo – para sustentar existir esta que José Fernando Simão afirma ser "*verdadeira obrigação de garantia*" no regime legal dos vícios redibitórios, que ele entende ser fundada na teoria da boa-fé objetiva e nos deveres a ela inerentes, são por ele descritas sem seu livro *Vícios do produto no novo código civil e no código de defesa do consumidor*. São Paulo: Atlas, 2003, p. 81-86, com a transcrição *retro* na p. 86.

É importante também estabelecer algumas premissas conceituais para a devida compreensão das diferentes etapas pelas quais passa o exercício de direitos relacionados a essas garantias.

O prazo de 5 anos do art. 618 do CC é de vigência da *garantia* de solidez e segurança da obra. Por sua vez, o prazo de 180 dias no par. único, contado do aparecimento da falha construtiva, é de decadência para exercer os direitos inerentes a tal garantia mediante a propositura de demanda contra o construtor.

Conforme entendimento predominante, os prazos de 5 anos garantia e de 180 dias para exercício dos direitos correspondentes não se confundem com o prazo prescricional para pleitear perdas e danos[11], que é de 10 anos na responsabilidade civil contratual[12] (CC, arts. 389 e 205), usualmente aplicável em cenário de construção.

De outra parte, pode-se dizer serem tanto de garantia quanto de decadência[13] os prazos no *caput* do art. 445 do CC, de 30 dias para coisas móveis e 1 ano para imóveis, como regra contados da entrega da coisa, para o adquirente identificar o vício e pleitear redibição ou abatimento do preço.

Ou seja, diferentemente do que se viu com relação ao art. 618 do CC, em que são distintos o termo inicial e a duração dos prazos de garantia (5 anos da entrega da obra) e de decadência para exercer os direitos inerentes à garantia (180 dias contados do aparecimento da falha), no caso do *caput* do art. 445 do CC esses prazos têm, em regra, os mesmos termo inicial e duração (de 30 dias para coisas móveis e 1 ano para imóveis).

---

[11] Nesse sentido, p. ex., o Enunciado 181 do CJF aprovado na 3ª Jornada de Direito Civil, de 1º a 3 de dez./2004 ("*O prazo referido no art. 618, parágrafo único, do CC refere-se unicamente à garantia prevista no caput, sem prejuízo de poder o dono da obra, com base no mau cumprimento do contrato de empreitada, demandar perdas e danos.*") e a súmula 194 do STJ, de 24/9/1997 ("*Prescreve em vinte anos a ação para obter, do construtor, indenização por defeitos da obra.*"), então na vigência do CC de 1916, mas que continua sendo aplicada, com alteração do prazo nela referido para 10 anos, em linha com o atual CC, cf., p. ex., entre muitos outros que se poderiam citar no mesmo sentido: STJ, AgRg no Ag 991.883/SP, rel. Min. Aldir Passarinho Junior, 4ª Turma, j. 12/6/2008 ("*O prazo estabelecido no art. 618 do Código Civil vigente é de garantia, e, não, prescricional ou decadencial.*"); e STJ, AgInt no AREsp 1.633.302/DF, rel. Min. Raul Araújo, 4ª Turma, j. 1/3/2021 ("*Nos termos da jurisprudência desta Corte, 'O evento danoso, para caracterizar a responsabilidade da construtora, deve apresentar-se dentro dos 5 (cinco) anos previstos no art. 618 do Código Civil de 2002 (art. 1.245, CC/16). Uma vez caracterizada tal hipótese, o construtor poderá ser acionado no prazo prescricional de vinte (20) anos na vigência do CC/16, e 10 (anos) na vigência do CC/02' (AgInt nos EDcl no REsp 1.814.884/SP (...))*".

[12] Cf. entendimento consolidado pela Corte Especial do STJ no EREsp 1.281.594/SP, rel. Min. Benedito Gonçalves, rel. p/ acórdão Min. Felix Fischer, j. 15/5/2019.

[13] Ao que parece nesse sentido, por se referir tanto a "*prazo decadencial*" quanto a "*garantia*" ao tratar dos prazos do art. 445 do CC: ZANETTI, Cristiano de Souza. *In*: NANNI, Giovanni Ettore (coord.). *Op. cit.*, p. 450.

Entretanto, quanto a vícios que não possam ser identificados no momento da tradição, pode-se dizer que os prazos no § 1º do art. 445 do CC, de 180 dias para bens móveis e de um 1 para imóveis, são de garantia[14]. Ademais, tais prazos são estabelecedores dos limites temporais para constatação do vício não aparente (e, assim, de decadência dos direitos correspondentes a tal garantia na falta de tal constatação dento desses limites[15]), a partir da qual começarão a correr os prazos decadenciais do *caput* para o exercício de tais direitos[16]. Nesse caso, os termos iniciais daqueles prazos do *caput* ficam obstados até o aparecimento da falha.

Assim, esse período até o aparecimento do defeito, em que não tiveram curso tais prazos do *caput* do art. 455 do CC, acaba de certa forma integrando e estendendo os prazos totais de *garantia* aplicáveis para esse tipo de vício imperceptível na tradição, os quais podem, dessa forma, acabar sendo superiores aos prazos do *caput*[17].

Deve-se também ter em mente que a contagem dos prazos do art. 445 do CC não se iniciará enquanto estiver em vigor *cláusula de garantia*, nos termos da primeira parte do art. 446 do CC. Este efeito de obstar a fluência dos prazos legais, ao que parece, é o único expressamente estabelecido no CC para uma cláusula de garantia.

---

[14] Como se infere da expressa menção, no § 2º do art. 445 do CC (vide nota 8, acima), a *prazos de garantia* a serem estabelecidos em lei especial para o caso de venda de animais, seguida da afirmação de que se aplica o § 1º se não houver regras sobre a matéria em lei especial.

[15] Cf., p. ex., Enunciado 28 do CJF aprovado na 1ª Jornada de Direito Civil, em 12 e 13 de set./2002 ("*O disposto no art. 445, §§ 1º e 2º, do Código Civil reflete a consagração da doutrina e da jurisprudência quanto à natureza decadencial das ações edilícias.*").

[16] Nesse sentido: SCHREIBER, Anderson. *In*: SCHREIBER, Anderson. [et al.]. *Op. cit.*, p. 264; Enunciado 174 do CJF aprovado na 3ª Jornada de Direito Civil, de 1º a 3 de dez./2004 ("*Em se tratando de vício oculto, o adquirente tem os prazos do caput do art. 445 para obter redibição ou abatimento de preço, desde que os vícios se revelem nos prazos estabelecidos no § 1º, fluindo, entretanto, a partir do conhecimento do defeito.*"); e STJ, REsp 1.095.882/SP, rel. Min. Maria Isabel Gallotti, 4ª Turma, j. 9/12/2014 ("*O prazo decadencial para o exercício da pretensão redibitória ou de abatimento do preço de bem móvel é de 30 dias (art. 445 do CC). Caso o vício, por sua natureza, somente possa ser conhecido mais tarde, o § 1º do art. 445 estabelece, em se tratando de coisa móvel, o prazo máximo de 180 dias para que se revele, correndo o prazo decadencial de 30 dias a partir de sua ciência.*").

[17] Cf. ZANETTI, Cristiano de Souza. *In*: NANNI, Giovanni Ettore (coord.). *Op. cit.*, p. 450, em exemplificação que contribui para adequada compreensão do assunto ("*Um exemplo ajuda a esclarecer a disciplina dos prazos prevista na legislação. Se o comprador de dada coisa móvel descobre vício dessa natureza 100 dias depois da tradição, passa a fluir o prazo de 30 dias para manejar a ação redibitória ou a ação estimatória. O prazo total da garantia será, então, de 130 dias. Se, no entanto, o vício for descoberto 150 dias depois da tradição, o prazo total da garantia será de 180 dias. Assim, a responsabilidade do outorgante perdurará, no máximo, por 210 dias para as coisas móveis e por dois anos para as coisas imóveis.*").

Após essa primeira parte do art. 446 do CC estabelecer que não correrão ditos prazos "*na constância de cláusula de garantia*", a segunda parte do dispositivo ressalva: "*mas o adquirente deve denunciar o defeito ao alienante nos trinta dias seguintes ao seu descobrimento, sob pena de decadência*".

Há entendimento na doutrina de que esse prazo de 30 dias não seria para a propositura de demanda para pleitear o que couber em razão do defeito, e sim para *simples comunicação* ou *notificação* dele ao alienante[18].

Portanto, vê-se que, nessa hipótese, é possível que o *meio* para exercício dos direitos inerentes à garantia dentro do respectivo prazo, sob pena de decadência, seja diferente daquele de *propor a ação* expressamente previsto no par. único do art. 618 do CC relativamente à garantia de solidez e segurança do *caput* do dispositivo.

Os aspectos acima descritos da disciplina das garantias legais aplicáveis, em regra, a contrato de construção demonstram a importância de (i) uma cláusula de garantia identificar separadamente e com clareza, para sua adequada aplicação, (a) os prazos de *garantia* de cada sistema ou componente da obra, que podem, inclusive e conforme o caso, ter início em momentos distintos[19], e (b) o *prazo* decadencial e o *meio* adequado para *exercício* dos direitos inerentes a tais garantias, bem como (ii) ter em mente que tais prazos, em princípio, não se confundem com o prazo prescricional legal de pretensão indenizatória do proprietário contra o construtor por perdas e danos resultantes de falhas construtivas.

---

[18] VENOSA, Sílvio de Salvo. *Op. cit.*, p. 635 ("*(...) uma vez evidenciado o defeito, o adquirente deve denunciá-lo ao alienante. Não se trata de prazo para o ingresso de ação, mas para simples comunicação, denúncia do defeito, solicitando as providências cabíveis. Com isso, se não for resolvida a questão, abre-se a possibilidade para ação redibitória ou* quanti minoris. *Como os prazos decadenciais não correm durante o período de garantia, conforme a dicção legal, eles somente se iniciam após o termo final dessa garantia. (...); não efetivando essa denúncia, o que ocorre nessa situação melhor se denomina perempção, pois não há mais que se falar em decadência, cujo prazo nem se iniciara.*"). Na mesma linha, há na doutrina, em comentários ao art. 446 do CC, referência a "*exigência de notificação* [e não propositura de ação] *no prazo legal*" de 30 dias (SCHREIBER, Anderson. *In*: SCHREIBER, Anderson. [et al.]. *Op. cit.*, p. 265).

[19] Em alguma medida nesse sentido, p. ex., em referência à situação em que certos equipamentos entram em funcionamento antes da conclusão e entrega de toda a obra: SILVA, Clovis V. do Couto e. *Op. cit.*, p. 7 ("*Estipulado, pois, que os equipamentos somente entrarão em operação com todas as suas fases acabadas, pode o dono da obra, por sua conveniência, determinar que certas partes do conjunto entrem em funcionamento imediatamente. Se isto ocorrer, tornar-se-á ineficaz a cláusula de as garantias pelos equipamentos somente terem seu prazo iniciado após a conclusão de toda a obra. A colocação em funcionamento comercial significa aceitação da obra; não pode, assim, o dono da obra pretender que a obra não foi entregue, porquanto, segundo o contrato, isto somente ocorreria com todos os equipamentos em funcionamento, e não apenas alguns deles. Nessa hipótese, terá havido aceitação parcial das obras, ou seja, serão considerados aceitos os equipamentos que entraram em funcionamento.*").

3. FUNÇÃO E EFEITOS DE CLÁUSULA (OBRIGAÇÃO) DE GARANTIA

A cláusula (obrigação) de garantia, pactuada com frequência em contrato de construção, é usualmente abordada pela doutrina ao tratar da classificação das obrigações pelo seu conteúdo, que as dividem em obrigações de meio, de resultado e de garantia.

Em resumo, a obrigação de meio consiste em pacto pelo qual o devedor deve empenhar seus melhores esforços com diligência adequada para a consecução de determinado objetivo, sem se responsabilizar por alcançá-lo. Costuma-se, em linhas gerais, enquadrar nessa categoria as obrigações de advogados e médicos na prestação de serviços, em que eles devem empregar os meios próprios para cuidar da melhor forma possível, respectivamente, dos interesses jurídicos e da saúde de seus clientes.

De outra parte, na obrigação de resultado há sim um acordo pelo qual o devedor está obrigado a alcançar determinado resultado em benefício do credor. É exemplo típico dessa modalidade, p. ex., a obrigação do transportador de conduzir coisas ou pessoas em segurança de um local para outro.

Quanto à responsabilidade pela não realização da prestação, pode-se dizer que na obrigação de meio o credor deve provar a culpa do devedor, ou seja, que este não agiu de acordo com o esperado à luz de sua obrigação, e sim com negligência, imprudência ou imperícia. Em outras palavras, trata-se de *responsabilidade subjetiva*[20].

Na obrigação de resultado, como geralmente se entende ser caracterizada a do construtor perante do dono da obra[21], há tanto entendimento de que há

---

[20] Vide nota 23.

[21] Cf., p. ex., lição de Sérgio Cavalieri Filho na nota 23; PUOLI, José Carlos Baptista. Capítulo 15 –Vícios construtivos. *In*: BORGES, Marcos Vinícius Motter (coord.). *Curso de Direito Imobiliário Brasileiro*. 1ª ed. São Paulo: RT, 2021, p. 626-627 ("*(...) cumpre inicialmente mencionar algumas 'responsabilidades básicas' do construtor, principiando com a menção a que a obrigação por ele assumida pode ser classificada como de resultado, no sentido do construtor, ao aceitar a contratação para a execução de uma obra, vincular-se à necessidade de cumprir as especificações do projeto e da melhor técnica disponível para proceder com a entrega da edificação em conformidade com tais diretrizes e aptidão para atender às finalidades para as quais ela é destinada.*"); BAPTISTA, Luiz Olavo. Contratos de Engenharia e Construção. *In*: BAPTISTA, Luiz Olavo; PRADO, Maurício Almeida (org.). *Construção civil e direito*. São Paulo: Lex Magister, p. 17 ("*A obra, objeto da prestação que é, resultará do cumprimento do objeto da obrigação, que é de fazer. Esta, na empreitada, segundo a classificação clássica de Demogue, é uma obrigação de resultado. Isso porque a obra resulta da ação de quem a faz, sendo o objeto da prestação a obra concluída. Ela é o resultado completo, determinado, da ação do empreiteiro.*"); e PORTO, Mario Moacyr. Responsabilidade civil do construtor – o art. 1.245 do CC [de 1916]. *Revista dos Tribunais*, vol. 623/1987, p. 7-12, set./1987, versão digital disponível na RT online, p. 3 ("*A obrigação que o construtor assume, em face da lei e do contrato, é de fim ou resultado, e não apenas uma obrigação de meio ou de prudência e*

culpa presumida (i.e., em que se admite prova da não culpa) do devedor pelo fato de não ter prestado aquilo a que se obrigou[22], quanto de que é o caso de *responsabilidade objetiva*[23] (i.e., independentemente de culpa, sendo, em princípio, irrelevante eventual prova da não culpa).

Por sua vez, a conceituação da obrigação de garantia, bem como a definição da espécie de responsabilidade do devedor e remédios do credor a ela associados, tem estudo bem menos aprofundado no direito brasileiro comparativamente às obrigações de meio e de resultado.

Isso fica claro, p. ex., pela observação em obra recente sobre direito das obrigações de que a *doutrina majoritária* sequer reconhece as obrigações de garantia como uma classe própria e autônoma ao lado das obrigações de meio e de resultado[24] e, assim, nada ou pouco trata de garantia ao abordar essa classificação das obrigações.

Ainda, a dificuldade de definir o regime jurídico das obrigações de garantia também se evidencia pela variedade de entendimentos entre aqueles que não as reconhecem como uma espécie própria.

---

diligência. O seu compromisso não é de apenas executar os trabalhos da construção, mas executá-los de modo satisfatório de maneira que a obra contratada e entregue seja sólida, segura e funcional, nos termos do ajuste.").

[22] Cf. MIRAGEM, Bruno. *Direito Civil - Direito das Obrigações.* 3ª ed. Rio de Janeiro: Grupo GEN, 2021. *E-book.* ISBN 9788530994259. Disponível em: https://integrada.minhabiblioteca.com.br/#/books/9788530994259/. Acesso em: 23/6/2023, p. 142. No mesmo sentido, ainda que sem tratar expressamente de *culpa* do devedor: MONTEIRO, Washington de Barros; MALUF, Carlos Alberto Dabus. *Curso de direito civil, vol. 4: direito das obrigações, 1ª parte.* 36ª ed. São Paulo: Saraiva, 2011, p. 70 ("*Na primeira hipótese* [obrigação de resultado], *a simples verificação material do inadimplemento basta para determinar a responsabilidade do devedor; na segunda* [obrigação de meio], *verificada a inexecução, cumpre examinar o procedimento do obrigado para averiguar se deve ou não ser responsabilizado.*").

[23] Cf., p. ex., RENTEIRA, Pablo Waldemar. *Obrigações de meios e resultado: análise crítica.* São Paulo: Grupo GEN, 2011. *E-book.* ISBN 978-85-309-4230-4. Disponível em: https://integrada.minhabiblioteca.com.br/#/books/978-85-309-4230-4/. Acesso em: 24/7/2023, p. 85 ("*(...) difundiu-se no direito brasileiro o entendimento de que a classificação entre as obrigações de meios e de resultado seria relevante para determinar o regime de responsabilidade do devedor. Nas obrigações de meios, a responsabilidade do devedor estaria fundada na culpa, ao passo que, nas obrigações de resultado, a responsabilidade seria objetiva, prescindindo, portanto, da culpa para a sua configuração.*"); e, na mesma linha, FILHO, Sérgio Cavalieri. *Programa de Responsabilidade Civil.* 16ª ed. Barueri: Grupo GEN, 2023. *E-book.* ISBN 9786559775217. Disponível em: https://integrada.minhabiblioteca.com.br/#/books/9786559775217/. Acesso em: 28/6/2023, p. 429 ("*A distinção teórica entre obrigação de meio e a de resultado tem por finalidade prática determinar a natureza da responsabilidade. Por ser de resultado a obrigação do construtor, a sua responsabilidade é objetiva, e não com culpa presumida como pretendia parte minoritária da doutrina. Em se tratando de responsabilidade objetiva, não há espaço para a discussão da culpa. Há, sim, presunção de responsabilidade, e não de culpa).*".

[24] TEPEDINO, Gustavo; SCHREIBER, Anderson. *Fundamentos do Direito Civil: Obrigações. v. 2.* Rio de Janeiro: Grupo GEN, 2022. *E-book.* ISBN 9786559643905. Disponível em: https://integrada.minhabiblioteca.com.br/#/books/9786559643905/. Acesso em: 22/6/2023, p. 166.

Por um lado, há quem afirme que a obrigação de garantia é uma subespécie da obrigação de resultado, sem esclarecer suficientemente por que ou em que medida o regime jurídico dessa subespécie se diferenciaria do regime da obrigação de resultado[25].

Por outro lado, há quem diga que a obrigação de garantia poderia ser considerada subespécie da obrigação de meio "*em muitas ocasiões*". Nessa linha, sustenta-se que haveria obrigações "*tipicamente de garantia*", como nos contratos de seguro e fiança, e outras em que a obrigação de garantia "*surg*[iria] *combinada com uma obrigação de meio*", como no caso de contrato de segurança para proteger bens ou pessoas. Porém, tudo isso também de forma singela, sem explicar os motivos para a obrigação de garantia ser reputada subespécie da de meio ou distinguir os regimes jurídicos de uma e outra[26].

De todo modo, a parte da doutrina que entende serem as obrigações de garantia uma classe própria põe alguma luz sobre suas funções e possíveis efeitos.

Em linhas gerais, parece adequada a definição mais ampla de garantia trazida por Renan Lotufo como "*a categoria dos direitos e obrigações acessórias destinadas a assegurar o adimplemento de obrigações ou o gozo de direitos*"[27].

Além disso, parece haver razoável consenso na doutrina[28] no sentido de que a função precípua da obrigação de garantia é *eliminar (*ou *atenuar*[29], ou *minimizar*[30]*) um risco* para o credor ou as suas consequências, e que a assun-

---

[25] GONÇALVES, *Carlos Roberto. Direito Civil Brasileiro - Volume 2.* 19ª ed. São Paulo: SaraivaJur, 2022. *E-book*. ISBN 9786555596236. Disponível em: https://integrada.minhabiblioteca.com.br/#/books/9786555596236/. Acesso em: 22/6/2023, p. 202.

[26] Tudo neste par. cf. VENOSA, Sílvio de Salvo. *Direito Civil: Obrigações e Responsabilidade Civil. v.2.* 23ª ed. Rio de Janeiro: Grupo GEN, 2023. E-book. ISBN 9786559774692. Disponível em: https://integrada.minhabiblioteca.com.br/#/books/9786559774692/. Acesso em: 26/6/2023, p. 63.

[27] LOFUTO, Renan. *As garantias no direito brasileiro.* Palestra proferida no 1º Congresso Internacional de Direito Privado, Instituto de Direito Privado, São Paulo, 12/5/2014, *apud* SILVA, Fábio Rocha Pinto e. *Op. cit.*, p. 147.

[28] Com opinião divergente da descrita neste par.: RENTEIRA, Pablo Waldemar. *Op. cit.*, p. 97 ("*Tal opinião* [de que a obrigação de garantia seria gênero próprio e distinto das de meio e de resultado; e teria por conteúdo a eliminação de um risco], *contudo, não deve prosperar. Conforme reiterado exaustivamente neste trabalho, o objeto da obrigação consiste, sempre e sempre, no comportamento do devedor. Desta feita, mostra-se inconcebível a relação obrigacional que tenha por objeto a realização de um fato objetivo ou, com maior razão ainda, a concretização de uma finalidade abstrata, como é a eliminação de um risco.*")

[29] Cf. NADER, Paulo. *Curso de Direito Civil - Vol. 2 - Obrigações.* 9ª ed. Rio de Janeiro: Grupo GEN, 2019. E-book. ISBN 9788530986650. Disponível em: https://integrada.minhabiblioteca.com.br/#/books/9788530986650/. Acesso em: 25/6/2023, p. 55 ("*Um* tertium genus – *garantia – é apresentado por Carlos Alberto Bittar. Tal espécie tem por finalidade a atenuação de riscos do credor, destinando-se a assegurar o cumprimento da obrigação principal.*").

[30] Cf. CLÁPIS, Alexandre Laizo. Obrigações de meio, de resultado e de garantia. *Revista de Direito Privado*, vol. 39/2009, p. 9-42, jul.-set./2009, versão digital disponível na RT Online, p. 1.

ção do risco em si (i.e., de *dever de prestar segurança*) já corresponderia ao adimplemento dela[31].

Assim, obrigações de garantia em contrato de construção parecem tender, em regra, a ter a segunda função mencionada no trecho acima por Renan Lotufo (*assegurar o gozo de direitos*). Ou seja, a de *garantir* ao dono da obra *o direito de fruição da coisa construída* e/ou contra *riscos* que o impactem. Essa proposição está em linha com funções de garantias mencionadas no segundo par. do cap. 2 acima e com a garantia legal de que a coisa seja *própria ao uso* a que é destinada prevista no art. 441 do CC[32], a qual pode se aplicar a contratos de construção, como visto também no cap. 2 acima.

Ainda, Judith Martins-Costa esclarece que as cláusulas de garantia são aquelas pelas quais se estabelece obrigação de garantia em que o devedor assegura ao credor um resultado específico e assume o risco de esse resultado, por qualquer causa, não se verificar, bem como *promessa de indenização* correspondente[33]. Na mesma linha, Fábio Konder Comparato ensina que o conteúdo da obrigação de garantia de eliminar de um risco "*significa 'a fortiori' reparar as consequências de sua realização*"[34] (i.e., do risco).

Quanto a essa obrigação de reparar o credor em caso de materialização do risco objeto da garantia, identifica-se alguma variação de posições na doutrina.

---

[31] Cf. COMPARATO, Carlos Konder. Obrigações de meios, de resultado e de garantia. *Revista dos Tribunais*, RT 386/26, dez./1967, versão digital disponível na RT online, p. 6; GONÇALVES, Carlos R. *Op. cit.*, p. 201; LEÃES, Luiz Gastão Paes de Barros. Carta de conforto como obrigação de garantia vinculante. *Revista de Direito Bancário e do Mercado de Capitais*, vol. 13/2001, p. 207-216, jul.-set./2001, versão digital disponível na RT online, p. 3. ROSENVALD, Nelson. *Obrigações de meio, de resultado e de garantia*. Disponível em https://www.nelsonrosenvald.info/artigos-juridicos, sem data (possivelmente, reprodução de capítulo, do mesmo autor e com o mesmo título, em LOTUFO, Renan; MARTINS, Fernando Rodrigues (coord.). *20 anos do Código de Defesa do Consumidor: conquistas, desafios e perspectivas*. São Paulo: Saraiva, 2011). Acesso em: 22/6/2023, p. 11.

[32] Nesse sentido quanto à função da cláusula da garantia, ainda que relacionada a máquinas em vez de construção: ROSENVALD, Nelson. *In*: PELUSO, Cezar (coord.). *Código Civil comentado: doutrina e jurisprudência: Lei n. 10.406 de 10.01.2002*. 17ª ed. Santana de Parnaíba: Editora Manole, 2023. *E-book*. ISBN 9788520462799. Disponível em: https://integrada.minhabiblioteca.com.br/#/books/9788520462799/. Acesso em: 27/6/2023, p. 499 ("*É comum que nas relações interempresariais os alienantes de determinadas mercadorias, notadamente máquinas, ampliem os prazos de garantia, chegando até mesmo a 5 ou 10 anos. Essa garantia em geral é dada sobre o perfeito funcionamento da máquina durante esse período, incluindo os vícios ocultos, assim como outros defeitos que podem ocorrer em certas mercadorias pelo seu uso prolongado ou por quaisquer demais motivos, em regra especificados nos contratos.*")

[33] MARTINS-COSTA, Judith. *Comentários ao Novo Código Civil - Vol. V - Tomo II*. 2ª ed. Rio de Janeiro: Grupo GEN, 2008. *E-book*. ISBN 978-85-309-5605-9. Disponível em: https://integrada.minhabiblioteca.com.br/#/books/978-85-309-5605-9/. Acesso em: 26/6/2023, p. 629.

[34] Cf. COMPARATO, Carlos Konder. *Op. cit.*, p. 6.

O entendimento mais comum parece ser o de que o devedor da obrigação de garantia estaria sujeito à responsabilidade independentemente de culpa e – com o agravante de – que não seria afastada nem mesmo por caso fortuito ou força maior[35], como já afirmado, inclusive, em texto específico sobre a responsabilidade do construtor[36].

Nesse sentido, afirma-se na doutrina também que as obrigações de garantia seriam obrigação de resultado *agravada*[37] e/ou implicariam responsabilidade objetiva *agravada*[38], justamente por não ser excluída nem por caso fortuito e força maior.

Esse entendimento de que a obrigação de garantia tornaria o devedor responsável mesmo nas hipóteses de caso fortuito e força maior é baseado, essencialmente, na noção de que o conteúdo daquela obrigação é eliminar um risco, que é por definição um evento de caráter aleatório (ou fortuito) e, assim, não depende da vontade do devedor[39].

Aqueles que afirmam essa posição citam como exemplos de obrigações de garantia – e, portanto, parecem entender que a elas não se aplica a regra do art. 393 do CC pela qual caso fortuito e força maior são excludentes de responsabilidade – aquelas (i) da seguradora perante o segurado, (ii) do vendedor de indenizar o comprador evicto, (iii) do fiador, e (iv) do contratante por vícios redibitórios em contratos comutativos (esta última, possivelmente aplicável a contratos de construção, como visto no cap. 2), entre outras[40].

---

[35] Nesse sentido, ao tratar, em geral, das obrigações de garantia: GONÇALVES, Carlos Roberto. *Op. cit.*, p. 201-202; COMPARATO, Carlos Konder. *Op. cit.*, p. 6-7; LEÃES, Luiz Gastão Paes de Barros. *Op. cit.*, p. 4. CARVALHO, Mônica Rodrigues Dias de. Impossibilidade de cumprimento das obrigações de meio, resultado e garantia nas relações de consumo durante a pandemia da Covid-19. *In*: MALFATTI, Alexandre David; GARCIA, Paulo Henrique Ribeiro; SHIMURA, Sérgio Seiji. *Direito do Consumidor: reflexões quanto aos impactos da pandemia de Covid-19 – Volume 2.* São Paulo: EPM, 2020, p. 415.

[36] DEUS, Adriana Regina Sarra de. *Op. cit.*, p. 3 ("*Por fim, na obrigação de garantia, a responsabilidade do devedor é ainda mais agravada, tratando-se de verdadeira responsabilidade objetiva. Uma vez provado o nexo de causalidade entre o evento cujo risco se deveria evitar e o dano, nem mesmo a prova do caso fortuito ou da força maior se presta a afastar a responsabilidade do devedor.*").

[37] RENTEIRA, Pablo Waldemar. *Op. cit.*, p. 97, tratando a obrigação de garantia como espécie de obrigação de resultado e se referindo à expressão *obligation de resultat aggravée* da doutrina francesa.

[38] PASQUALOTO, Adalberto de Souza. *Garantias no direito das obrigações: um ensaio de sistematização.* Tese de doutorado. Faculdade de Direito da Universidade Federal do Rio Grande do Sul, Porto Alegre, 2005, p. 184.

[39] Cf. mesmas referências citadas na nota 35.

[40] GONÇALVES, Carlos Roberto. *Op. cit.*, p. 202 (citando os 4 exemplos); COMPARATO, Carlos Konder. *Op. cit.*, p. 7 (citando os dois primeiros exemplos); e LEÃES, Luiz Gastão Paes de Barros. *Op. cit.*, p. 4 (citando o primeiro, o terceiro e o quarto exemplos e, ainda, a promessa de fato de terceiro e as cartas de crédito, estas em referência ao art. 264 do Código Comercial).

Há, ainda, quem afirme que a obrigação de garantia seria "*mais vinculativa*" que a obrigação de resultado porque na primeira o devedor "*nem sempre*" terá sua responsabilidade afastada em caso de força maior[41].

Por fim, há ponderação na doutrina de que pela obrigação (no original: *pelo contrato*) de garantia o devedor não se responsabiliza por todos os riscos que podem frustrar as expectativas do credor, mas apenas pelos riscos assumidos na convenção de garantia, o que deve ser delimitado e apurado caso a caso. Assim, não seria correto afirmar que o garante "*assume os riscos por todos os 'acasos atípicos*"[42].

Vale lembrar que, em linha com essa ponderação, a lei estabelece que, (i) em regra, o devedor não responde por prejuízos decorrentes de caso fortuito e força maior, exceto se houver *expressamente* se responsabilizado por eles (CC, art. 393), (ii) deve ser *respeitada e observada* a alocação de riscos definida pelas partes em contratos civis e empresariais (CC, art. 421-A, II) e (iii) as partes podem celebrar convenções *atípicas* (como poderia ser reputada a cláusula de garantia em contrato de construção[43]), *observadas as normas gerais* do CC (CC,

---

[41] GARCIA, Paulo Henrique Ribeiro. Responsabilidade civil por fato do produto ou serviço: reflexões referentes à aplicabilidade da classificação das obrigações de meios, resultado e garantia. *In: Cadernos Jurídicos da Escola Paulista de Magistratura.* São Paulo, ano 20, nº 49, p. 121-138, mai.-jun./2019, p. 129.

[42] Tudo neste par. cf. ROSENVALD, Nelson. *Op. cit.*, sem data, p. 13. Ao que tudo indica no mesmo sentido, por afirmar que a estipulação de obrigação de garantia para o fim de o devedor responder mesmo em hipótese de caso fortuito ou força maior depende de *expressa* manifestação de vontade das partes ou previsão legal: RENTEIRA, Pablo Waldemar. *Op. cit.*, p. 97 ("*De mais a mais, obrigações de resultado e de garantia não se distinguem no que diz respeito ao conteúdo da prestação devida, pois, tanto em uma como em outra, o devedor promete a realização de determinado fato. A rigor, a diferença entre as duas se dá no âmbito das excludentes de responsabilidade, em que, na obrigação de garantia, por* expressa *manifestação de vontades das partes ou previsão legal, o devedor assume o risco de indenizar o credor pelos danos decorrentes do descumprimento, ainda que este decorra de força maior ou de caso fortuito.*"); e, ainda na mesma linha, em texto dedicado especificamente a certos aspectos de contratos privados de construção civil: WILLCOX, Victor. *Risco e desequilíbrio nos contratos privados de construção civil,* texto publicado em ago./2023 no *Espaço dos Convidados* no site do IBDiC – Instituto Brasileiro de Direito da Construção. Disponível em: https://www.linkedin.com/posts/victor-willcox-085a563b_risco-e-desequil%C3%ADbrio-nos-contratos-privados-activity-7095133334581764096-fQTI?utm_source=share&utm_medium=member_desktop, acesso em 18/8/2023, p. 5 ("*Em se tratando de contratos paritários, o exercício da autonomia negocial comporta, ainda, a possibilidade de alocação* expressa *de riscos resultantes de caso fortuito ou força maior, a serem assumidos por uma ou outra parte.*").

[43] Isso porque, como mencionado no cap. 2 acima, o CC traz muito poucas normas de regência de cláusula (ou obrigação) de garantia como aquela abordada neste artigo e, como se sabe, "*não disciplinou de forma expressa* [sequer] *as obrigações de meio e resultado*" (CLÁPIS, Alexandre Laizo. *Op. cit.*, p. 5), que são as outras classes além das obrigações de garantia na classificação de obrigações conforme seu conteúdo – e mais estudadas que as de garantia – para aqueles

art. 425), como dita regra referente a caso fortuito e força maior como excludentes de responsabilidade e a previsão de que exceção a ela deve ser *expressa*.

Sendo assim, não parece que o simples uso da expressão *garantia* em uma cláusula contratual, como no exemplo singelo do penúltimo par. do cap. 1 deste artigo, possa, por si só, representar necessariamente a intenção dar partes – que podem usar a palavra *garantia* sem ter plena consciência de suas possíveis consequências jurídicas[44] – e ter o efeito de responsabilizar amplamente o devedor da obrigação de garantia nela estabelecida mesmo em situações que caracterizem caso fortuito e força maior.

Afinal, a rigor, o simples uso da expressão *garantia* não implica assunção *expressa* de responsabilidade por caso fortuito e força maior exigida pela segunda parte do *caput* do art. 393 do CC para excetuar a regra de que essas são hipóteses excludentes de responsabilidade.

Além disso, caso fortuito e força maior podem, em alguma medida e conforme o caso[45], ser reconhecidos como excludente de responsabilidade, inclu-

---

que admitem autonomia conceitual das de garantia, ou, de acordo com outros entendimentos expostos neste cap., espécies das quais a obrigação de garantia seria subespécie.

[44] Nesse sentido, ainda que não tratando exatamente dessa questão: GRAU, Eros Roberto. Nota sobre a distinção entre obrigação, dever e ônus. *Revista da Faculdade de Direito, Universidade de São Paulo* [*S. l.*], v. 77, p. 177-183, 1982. Disponível em: https://www.revistas.usp.br/rfdusp/article/view/66950. Acesso em: 27/6/2023, p. 177 ("*A linguagem jurídica é construída, fundamentalmente, mediante a apropriação de palavras e expressões da linguagem natural. Ao contrário dos especialistas em outras ciências, não desfrutamos da vantagem de criar palavras novas, artificiais, como termos dos conceitos com os quais trabalhamos. Por isso, a linguagem jurídica, tal como a natural, é marcantemente ambígua e imprecisa — o que lhe confere u m a textura aberta. As situações de imprecisão — que se manifestam quando não há limites precisos do campo de significação a que corresponde a palavra ou expressão — leva o jurista ao necessário exame dos chamados conceitos indeterminados, abertos ou práticos. As de ambigüidade — que se manifestam quando a mesma palavra ou expressão assume, em contextos distintos, diversos significados — impele-nos ao tratamento dos chamados conceitos plurissignificativos. O horizonte de indagações que desde aí se abre nos conduz às questões da discricionariedade e da interpretação. É certo que tais circunstâncias findam, inúmeras vezes, por comprometer o perfeito entendimento das noções jurídicas.*").

[45] Parece valer ter em mente na necessária análise caso a caso, p. ex., (i) se o caso fortuito ou a força maior causador(a) de prejuízo ocorreu antes ou depois da entrega (tradição) da obra (ainda que efeitos e/ou prejuízos resultantes tenham se manifestado depois), pois é aspecto a que os arts. 234 e 444 do CC, p. ex., conferem importância ao tratar da responsabilidade do alienante; e (ii) a distinção entre fortuito – e/ou força maior – interno(a) ou externo(a), que, em resumo e linhas gerais, "*se estabelece em razão de o primeiro ser inerente à atividade empresarial desempenhada, enquanto o segundo tem origem em fenômeno estranho a ela. O fortuito externo corresponde à força maior, pois não se insere no desdobramento natural da atividade organizada da empresa (Valéria Bononi Gonçalves de Souza, em ALVIM, Arruda; ALVIM, Thereza (Coord.), Comentários ao Código Civil Brasileiro. Rio de Janeiro: Forense, 2004, p. 77)*", cf. citação em decisão monocrática no STJ, AREsp 1.111.375, Min. Antonio Carlos Ferreira, DJe de 4/10/2017. Para mais detalhes e aprofundamento sobre o tema, nos quais não convém adentrar aqui à luz do escopo limitado deste

sive, com relação à garantia *legal* de solidez e segurança de obras estabelecida pelo art. 618 do CC[46], que é geralmente reconhecida como de *ordem pública* e *indisponível*[47].

A fortiori, caso fortuito e força maior também podem e, se as circunstâncias justificarem, devem ser reconhecidos como causas excludentes de responsabilidade também no contexto de (cláusula de) garantia *convencional* em contrato de construção em que não tenha sido *expressamente* previsto que o devedor responde por prejuízos, inclusive, nessas situações.

Sendo assim, para identificar os efeitos de uma cláusula de garantia, deve-se, em primeiro lugar, realizar a detida análise dos seus termos e daqueles do negócio jurídico em que está inserida para tentar ao máximo identificar a

---

artigo: MORSELLO, Marco Fábio. *Contratos de transporte: novos paradigmas do caso fortuito e força maior*. São Paulo: Thomson Reuters Brasil, 2021, especialmente o cap. 3.

[46] Cf., p. ex., FILHO, Sergio Cavalieri. *Op. cit.*, p. 429 ("*A responsabilidade do construtor é de resultado, como já assinalado, porque se obriga pela boa execução da obra, de modo a garantir sua solidez e capacidade para atender ao objetivo para o qual foi encomendada. Defeitos na obra, aparentes ou ocultos, que importem sua ruína total ou parcial configuram violação do dever de segurança do construtor, verdadeira obrigação de garantia (ele é o garante da obra), ensejando-lhe o dever de indenizar independentemente de culpa. Essa responsabilidade só poderá ser afastada se o construtor provar que os danos resultaram de uma causa estranha – força maior, fato exclusivo da vítima ou de terceiro, não tendo, aqui, relevância o fortuito interno*"); em comentário ao art. 618 do CC: RODRIGUES, Fabrício Dias. *In*: MACHADO, Antônio Cláudio Costa (org.); CHINELLATO, Silmara Juny (coord.). *Código civil interpretado: artigo por artigo, parágrafo por parágrafo*. 15ª ed. Barueri: Editora Manole, 2022. *E-book*. ISBN 9786555767339. Disponível em: https://integrada.minhabiblioteca.com.br/#/books/9786555767339/. Acesso em: 28/6/2023, p. 537 ("*O prazo de que trata o caput deste artigo é de garantia legal, não se compreendendo sê-lo prescricional ou decadencial. As partes podem ampliar essa garantia legal com a contratual, porém, não podem reduzi-la. Cessa a garantia legal em face de distúrbios da natureza, como o fortuito ou a força maior, que danificarem a obra.*"); e, na mesma linha, referindo-se a *causa estranha* de defeitos durante o período de garantia ao tratar do art. 1.245 do CC de 1916 (correspondente ao art. 618 do atual CC): PORTO, Mario Moacyr. *Op. cit.*, p. 3 ("*Assumindo uma obrigação de garantia, presume-se responsável pelos defeitos, até que prove que os mesmos ocorreram por força de uma causa estranha, não havendo, em conseqüência, uma relação de causalidade entre o defeito ou defeitos constatados e a execução dos trabalhos de construção.*"). Na jurisprudência, p. ex., o seguinte trecho de julgado de Tribunal Estadual, estabelecendo caso fortuito e força maior como exceções à responsabilidade (reputada naquele caso) objetiva do construtor e mantido no STJ por decisão monocrática (AREsp 2.174.050, Min. Marco A. Bellizze, DJe 22/11/2022): "*Na hipótese de defeito/vício estrutural na obra, a responsabilidade do construtor é presumida, independentemente da comprovação de culpa (objetiva), ressalvada somente em casos excepcionais, como força maior, caso fortuito ou culpa exclusiva da vítima, o que não é o caso*.".

[47] Cf., p. ex. e por todos: ASSIS, Araken de. Responsabilidade por vícios de construção. In: AMORIM, José Roberto Neves; ELIAS FILHO, Rubens Carmo (org.). *O direito e a incorporação imobiliária*. São Paulo: Ed. sine nomine, 2016, p. 63 ("*Por imperativo de ordem pública, o prazo quinquenal não comporta convenção em contrário dos figurantes no contrato de empreitada, que para excluí-lo, quer para reduzi-lo. (...) A autonomia privada poderá aumentar o prazo e o âmbito de garantia, ficando interditado, porém, sua redução quantitativa e qualitativa.*").

intenção das partes ao estabelecê-la e interpretá-la de acordo com o disposto no art. 113 do CC e seus parágrafos.

Então, tendem a ser efeitos relevantes da cláusula de garantia dedutíveis de tal análise, durante o prazo de garantia convencionado e respeitados os procedimentos estabelecidos para exercício dos direitos correspondentes, os seguintes.

Primeiro, a aplicação do regime *convencional* estabelecido entre partes para os prazos de *garantia* e de *exercício* dos direitos a ela inerentes[48], obrigações, responsabilidades e ônus relacionados[49], inclusive os remédios disponíveis ao credor em caso de realização do risco coberto pela garantia, como, p. ex., redução ou devolução do preço, realização de reparos ou pagamento de quantia.

Segundo e em linha com o primeiro, o devedor responder por prejuízos decorrentes da materialização do risco ainda que resultantes, inclusive, de caso fortuito e força maior *se e na medida em que* for assim *expressamente* pactuado.

Terceiro, na omissão das partes sobre o regime de responsabilidade aplicável durante o prazo de garantia (como no exemplo de cláusula simples no penúltimo par. do cap. 1), submeter o construtor, em regra, a regime de responsabilidade *mais rígido* que o da *subjetiva*, o qual tende a ser o da *culpa presumida* ou o da *responsabilidade objetiva*, a depender da posição que prevalecer no caso concreto. Isso (i) porque se entende ser esse regime *mais rígido* o da garantia *legal* devida pelo construtor por força do art. 618 do CC[50] e, assim, por interpretação lógico-sistemática e coerência, parece razoável aplicá-lo a garantia *convencional* em caso de omissão das partes sobre o regime de responsabilidade do construtor-garantidor; e/ou (ii) porque se viu neste cap. 3 ser este regime *mais rígido* aplicável à obrigação *de resultado*, da qual alguns entendem que a *de garantia* é subespécie.

Desse modo, a cláusula de garantia tem o efeito de limitar o tempo pelo qual o construtor fica sujeito a tal regime de *culpa presumida* ou *responsabilidade objetiva* quanto a riscos cobertos pela convenção. Ou seja, depois de transcorrido o prazo contratual de garantia, o construtor responde por prejuízos

48 Os quais tendem a configurar prazos de decadência *convencional* (CC, art. 211).

49 No sentido de que as partes podem *atenuar* ou *agravar* o regime de responsabilidade a que, em princípio, está sujeito o devedor, p. ex.: RENTEIRA, Pablo Waldemar. *Op. cit.*, p. 96 ("*Admite-se, por exemplo, que se atenue a responsabilidade subjetiva do devedor, restringindo-a a hipóteses de descumprimento doloso, regra, aliás, prevista pelo Código para os contratos benéficos (Código Civil, art. 392, acima referido). Por outro lado, pode agravar-se a responsabilidade objetiva, prevendo-se que certos eventos específicos não poderão ser alegados como causas de exclusão da responsabilidade do devedor.*").

50 Vide nota 51.

no regime geral de *reponsabilidade subjetiva*, cabendo então ao dono da obra provar a culpa dele[51].

---

[51] Nesse sentido, ao tratar da garantia *legal* de solidez e segurança (CC, art. 618), que no caso de omissão das partes parece razoável aplicar, *mutatis mutandis* e por intepretação lógico-sistemática, como dito, a garantias *convencionais*: FILHO, Sergio Cavalieri. *Op. cit.*, p. 435 ("*No entanto, o escoamento do prazo de garantia e segurança da obra não importa dizer que a responsabilidade do construtor também está encerrada. Não mais haverá responsabilidade objetiva decorrente da sua obrigação de garantia e segurança, mas poderá haver responsabilidade subjetiva. Com efeito, pode não haver responsabilidade objetiva, que sempre decorre de previsão legal, e haver responsabilidade subjetiva pela falta residual praticada com culpa. A responsabilidade subjetiva é a regra básica, que persiste independentemente de existir ou não regra legal a respeito. Todos respondem subjetivamente pelos danos causados a outrem, por um imperativo ético-jurídico universal de justiça. Destarte, não havendo previsão legal de responsabilidade objetiva, ou não estando esta configurada, será sempre aplicável a cláusula geral da responsabilidade subjetiva se configurada a culpa, nos termos do art. 186 do Código Civil. Pois bem, a regra é a responsabilidade objetiva do construtor sempre que o defeito da obra surgir no prazo quinquenário de garantia e segurança. Resta, todavia, espaço para a responsabilidade subjetiva do construtor nos casos em que o defeito surgir depois de vencido o prazo de garantia e segurança. Nesse caso, repita-se, a responsabilidade não mais será objetiva, mas sim subjetiva e por culpa provada. Caberá ao autor da ação indenizatória – dono da obra, adquirente ou terceiro – provar a culpa do construtor, seja por imperícia, negligência ou imprudência, nos termos do art. 186 do Código Civil.*"); TEPEDINO, Gustavo. BARBOZA, Heloisa Helena. MORAES, Maria Celina Bodin de. *Op. Cit.*, p. 366 ("*A seu turno, e sob a égide do CC1916, Arnoldo Wald afirma que a responsabilidade do empreiteiro 'esta existe sem prejuízo da ação contratual com prazo prescricional de vinte anos que o dono tem contra o construtor. É um caso de culpa presumida, sem prejuízo do exercício posterior da ação provando-se culpa do empreiteiro' (Obrigações, p. 468).*"; e PUOLI, José Carlos Baptista. *Op. cit.*, p. 635 ("*Quando se fez referência, acima, à disciplina dos vícios redibitórios, bem como à interpretação do artigo 618 do Código Civil, foi mencionada a existência de uma obrigação de 'garantia', a qual permite presumir a responsabilidade do construtor/incorporador, desde que o aparecimento do vício ocorra 'dentro' do período previsto na lei.*") e 638 ("*(...) mesmo depois de ultrapassado o prazo de garantia, ainda se poderá postular 'tutela' alegando vício construtivo, mas, esgotada a garantia, além de ser necessária prova da culpa do construtor, ainda se terá de ter atenção para ver se não foi ultrapassado o prazo de vida útil de projeto do item construtivo específico.*"). Nesse sentido, na jurisprudência: AREsp 2.085.739, Min. Paulo de T. Sanseverino, DJe 11/11/2022 ("*É da jurisprudência desta Terceira Turma a possibilidade de ajuizamento da ação de reparação de danos por danos relativos à solidez e segurança de construções dentro do prazo de garantia, hipótese em que a responsabilidade do construtor é presumida, na forma do art. 618 do CCB, ou fora deste, mas dentro do prazo geral de prescrição, hipótese em que não há presunção de responsabilidade, havendo a necessidade de comprovação da falha na prestação dos serviços contratados.*"). Ainda, na mesma linha, o seguinte trecho do voto da rel. Dep. Bruna Furlan no parecer, de 29/6/2011, no âmbito da Comissão de Desenvolvimento Urbano da Câmara dos Deputados, pela aprovação do PL 4.749/2009 (entre outros), que pretende alterar o *caput* do art. 618 do CC, "*visando elevar de cinco para dez anos a responsabilidade do empreiteiro pela solidez e segurança da edificação*": "*Note-se que, dentro do prazo legal previsto, a responsabilidade do empreiteiro é objetiva, ou seja, independe de culpa, a qual é presumida, permitindo ao proprietário simplesmente exigir a realização dos reparos. O legislador, ao elaborar o Código Civil, consagrou o período de cinco anos para a responsabilidade do empreiteiro, por entender que, dificilmente, um defeito decorrente de vício na construção demoraria mais do que isso para se manifestar. Realmente, é comum que defeitos decorrentes de vício da construção apareçam logo*

4. RELAÇÃO ENTRE DISCIPLINAS LEGAL E CONVENCIONAL, E POSSÍVEIS CONTROVÉRSIAS

A disciplina que as partes estabelecerem em contrato com relação a garantias tende a ter aplicação prioritária relativamente às garantias legais[52], em linha com o disposto no já referido art. 421-A, II, do CC e dita *precedência* da incidência de cláusula de garantia relativamente a garantias legais que se pode inferir do art. 446 do CC[53].

Além disso, é importante ter em mente que o regime legal de garantia por vícios redibitórios (CC, arts. 441 a 446) é disponível e, assim, as partes podem pactuar sua inaplicação a determinado contrato de construção[54].

Porém, se não excluído pelas partes o regime *legal* dos vícios redibitórios, os prazos decadenciais relacionados às garantias estabelecidas em lei não podem ser reduzidos ou ampliados, pois são indisponíveis por expressa

---

nos primeiros meses após o término da obra. Entretanto, a observação empírica nos mostra que existem vícios graves que não são perceptíveis logo e que podem se manifestar depois de período significativo de tempo. Quando isso acontece, o caminho para a responsabilização do construtor é muito mais longo, pois a responsabilidade não será mais objetiva, mas dependerá de perícia e prova de culpa." (disponível em https://www.camara.leg.br/proposicoesWeb/prop_mostrarintegra?codteor=894104&filename=Tramitacao-PL%204749/2009, acesso em 28/6/2023, p. 1-2).

52 Nesse sentido: ZANETTI, Cristiano de Souza. *In*: NANNI, Giovanni Ettore (coord.). *Op. cit.*, p. 451 (*"As garantias convencional e legal seguem regimes distintos e tutelam o outorgado de maneira concorrente e tendencialmente sucessiva. Como regra, o outorgado recorre, primeiro, à garantia convencional e, se não tiver sido satisfeito, à legal."*); ROSENVALD, Nelson. *In*: PELUSO, Cezar (coord.). *Op. cit.*, p. 499 (*"O legislador pretendeu valorizar a garantia contratual nas relações interprivadas e interempresariais, atribuindo subsidiariedade e complementariedade aos prazos do CC."*); e VENOSA, Sílvio de Salvo. *Op. cit.*, 2013, p. 630, em comentários ao art. 445 do CC (*"Não se esqueça que nesse e nos negócios jurídicos em geral as partes podem estabelecer prazos de garantia ou para reclamação, devendo preponderar sua vontade."*).

53 *"Art. 446. Não correrão os prazos do artigo antecedente na constância de cláusula de garantia; mas o adquirente deve denunciar o defeito ao alienante nos trinta dias seguintes ao seu descobrimento, sob pena de decadência."*.

54 Cf. ZANETTI, Cristiano de Souza. *In*: NANNI, Giovanni Ettore (coord.). *Op. cit.*, p. 449 (*"A garantia por vícios ocultos tem natureza dispositiva. Ao disciplinar a evicção, o art. 448 do Código Civil é expresso ao conferir às partes a possibilidade de reforçar, diminuir ou excluir a garantia legal. O fato de não haver dispositivo semelhante na seção atinente aos vícios ocultos não autoriza concluir pela natureza cogente das normas nela constantes."*); e TEPEDINO, Gustavo. BARBOZA, Heloisa Helena. MORAES, Maria Celina Bodin de. *Op. Cit.*, p. 72 (*"Da mesma forma como pode ser ampliada, a garantia por vícios redibitórios também pode ser suprimida, em vista do caráter dispositivo que, em oposição ao CDC, é pressuposto pelo regime estabelecido no Código Civil (assim como o é em relação, especificamente, à garantia por evicção - art. 448."*).

previsão legal (CC, art. 209[55]), sem prejuízo de eventual estipulação de prazo diferente de garantia *convencional*[56].

Por seu turno, a garantia legal de solidez e segurança estabelecida no art. 618 do CC e o respectivo prazo, de 5 anos, é indisponível, como já mencionado no cap. 3[57].

Nesse contexto, pode haver certas controvérsias na relação entre as disciplinas legal e convencional de garantias em construção, como as abordadas a seguir.

4.1. Objeto: a abrangência do art. 618 do CC

Como visto, é reputada de ordem pública e, assim, não pode ser afastada ou reduzida – i.e., em regra, não é negociável – em contrato de construção a garantia legal de solidez e segurança pelo prazo de 5 anos prevista no art. 618 do CC[58].

Diante disso, é importante ter em mente na elaboração de cláusula de garantia em contrato de construção que há considerável variação nos entendimentos sobre a abrangência dessa garantia legal.

Há posições mais restritivas, no sentido de que a garantia legal abrange *somente* falhas que tragam risco a solidez e segurança da construção em si, pois impõe ao construtor responsabilidade *excepcional* e que, por isso, deve ter intepretação *estritíssima*[59].

---

[55] *"Art. 209. É nula a renúncia à decadência fixada em lei."*. Nesse sentido, ZANETTI, Cristiano de Souza. *In*: NANNI, Giovanni Ettore (coord.). *Op. cit.*, p. 451, em comentários ao art. 446 do CC (*"Por força do previsto no art. 209 do Código Civil, o prazo legal não pode ser modificado pelas partes."*).

[56] VENOSA, Sílvio de Salvo. *Op. cit.*, 2013, p. 630, em comentários ao art. 445 do CC (*"Em qualquer caso, não podem* [as partes] *renunciar à decadência fixada em lei (art. 209), mas nada impede que convencionem prazos mais extensos."*).

[57] Vide nota 47.

[58] No sentido de reforçar a indisponibilidade dessa garantia, o Enunciado 34 do CJF aprovado na 1ª Jornada de Direito Comercial, em 23 e 24 de out./2012, dispõe que, "[c]*om exceção da garantia contida no artigo 618 do Código Civil, os demais artigos referentes, em especial, ao contrato de empreitada (arts. 610 a 626) aplicar-se-ão somente de forma subsidiária às condições contratuais acordadas pelas partes de contratos complexos de engenharia e construção, tais como EPC, EPC-M e Aliança."*.

[59] Cf., p. ex., PEREIRA, Caio Mário da Silva. *Responsabilidade Civil.* 13ª ed. Rio de Janeiro: Grupo GEN, 2022. E-book. ISBN 9786559644933. Disponível em: https://integrada.minhabiblioteca.com.br/#/books/9786559644933/. Acesso em: 26/6/2023, p. 301-303, em comentários à garantia do art. 618 do CC (*"No tocante à aplicação das normas jurídicas, é pacífico que as disposições de cunho excepcional não comportam interpretação ampliativa, nem podem ser estendidas por analogia. Vem do direito romano que as leis de exceção interpretam-se estritissimamente* – Exceptiones sunt strictissimae interpretationis. *(...) Assentado o caráter excepcional do art. 618, cumpre, então,*

Por outro lado, há posições mais ampliativas dos efeitos da garantia do art. 618, no sentido de que ela abrange falhas que tornem a obra imprópria para os fins a que se destina, ou que impliquem falta de habitabilidade ou de salubridade[60], ou que tragam riscos para pessoas na sua utilização[61], entre outros, as quais parecem predominar[62].

Portanto, pode haver algum grau de incerteza sobre a abrangência e, assim, a eficácia da garantia de solidez e segurança do art. 618 do CC.

Nesse contexto, quanto mais abrangente for considerado o âmbito de aplicação da garantia do art. 618 do CC, mais restrito será o potencial *objeto disponível* – e, assim, passível de negociação – da cláusula de garantia em contrato de construção. E, consequentemente, maior a chance de serem reputadas invalidas ou, se não, ineficazes em cenário de disputa cláusulas que estabeleçam prazo de garantia inferior a 5 anos com relação a risco que julgador(es) entenda(m) estar incluído no escopo de proteção do art. 618 do CC.

---

esclarecer em que consiste a excepcionalidade. (...) Em terceiro lugar, não cobre a responsabilidade do art. 618 o aparecimento de qualquer defeito, pois que em toda obra humana não se pode impor o requisito da perfeição. Somente aqueles que põem em risco a solidez e segurança da obra contratada. Tal exigência há de condizer com a ideia oposta de ruína ou ameaça de ruína. Somente está em risco a solidez e segurança do edifício ou da construção, quando surge defeito que por sua natureza importe em ruína, esboroamento, destruição, perecimento, sejam efetivamente já verificados, ou que ameacem ocorrer.").

60 ANDRIGHI, Nancy. BENETI, Sidnei. ANDRIGHI, Vera. *Op. cit.*, p. 314 ("*A jurisprudência vem acertadamente alargando o conceito de solidez e segurança, para responsabilizar o empreiteiro quando a obra se revela imprópria para os fins a que se destina.*") e 323 ("*(...) e que pese o louvável esforço judicial para ampliar o conceito de solidez e segurança, incluindo neles a falta de habitabilidade ou de salubridade, ficam fora da proteção os vícios ocultos de pequena monta, que não ponham a obra em risco de ruína, mas que representem mero incômodo para o comitente.*").

61 TEPEDINO, Gustavo. BARBOZA, Heloisa Helena. MORAES, Maria Celina Bodin de. *Op. Cit.*, p. 361, em comentários ao art. 618 do CC ("*Indispensável incluir o elemento humano, uma vez que o risco que se quer assegurar é o que podem sofrer pessoas humanas (Carvalho Santos, Código Civil, p. 346). Desses esclarecimentos pode-se inferir que as expressões utilizadas na lei* [solidez e segurança] *são genéricas e complementares, de modo a abranger toda e qualquer obra que possa trazer risco para as pessoas, em razão de sua utilização.*").

62 Nesse sentido, p. ex.: GOMIDE, Alexandre Junqueira. Contrato de empreitada e inexecução: aspectos controvertidos envolvendo prazos do exercício de pretensões e direitos. *Revista do Instituto dos Advogados de São Paulo*, ano 17, nº 34, jul.- dez./2014, p. 257-258 ("*Assim, temos aqui a primeira conclusão do presente trabalho: seja na doutrina ou na jurisprudência dominante, vence a corrente que entende que o conceito de solidez e segurança da obra deve ser interpretado de forma extensiva, aplicando-se, portanto, o art. 618 do Código Civil não somente aos defeitos e vícios que comprometem a segurança e estabilidade da obra, mas a todos aqueles que possam comprometer a habitabilidade da edificação. Assim, sejam (i) infiltrações; (ii) vazamentos; (iii) problemas decorrentes de irregularidade de projeto; (iii) mau funcionamento de equipamentos; (iv) ou mesmo o não atendimento, pela construção, do quanto determinam as normas técnicas, todas essas situações devem ser entendidas como suscetíveis da aplicação do art. 618, do Código Civil.*")

A propósito, é razoável inferir de manifestação de vontade das partes ao estabelecerem prazos de garantia inferior a 5 anos para determinados sistemas ou componentes da obra que reputaram eles não integrantes da garantia legal de solidez e segurança, pois, em regra, não poderiam fazê-lo se a integrassem, já que tal prazo é irredutível (CC, art. 618)[63]. Isso, inclusive, porque é sabido que ninguém pode alegar desconhecimento dessa irredutibilidade da garantia de 5 anos, pois prevista expressamente em lei, e as partes em contrato de construção são usualmente assessoradas por advogados.

Ainda, é importante que as partes de contrato de construção acompanhem as diferentes iniciativas que parecem pretender delimitar de forma mais detalhada e, assim, diminuir dita incerteza sobre a abrangência da garantia prevista no art. 618 do CC.

É esse o caso, p. ex., do substitutivo, apresentado pelo Deputado Hildo Rocha em parecer no âmbito da Comissão de Desenvolvimento Urbano, em 10/11/2015[64], ao Projeto de Lei ("PL") 4749/2009 (e seu apenso PL 243/2011). Esse substitutivo visa alterar o art. 618 do CC para estabelecer, de forma mais específica que a redação atual e em referência a legislações francesa e espanhola na mesma linha, que o empreiteiro responde, (i) por 10 anos, por vícios ou defeitos na estrutura ou fundação da obra, que comprometam diretamente a resistência mecânica e a estabilidade da construção; (ii) por 3 anos, por vícios ou defeitos dos elementos construtivos ou das instalações, que impliquem desatendimento dos requisitos de habitabilidade tecnicamente estabelecidos; e (iii) por 1 ano, por vícios ou defeitos de execução que afetem os elementos de acabamento da obra.

Por sua vez, a recém-publicada norma técnica ABNT NBR 17170:2022 ("NBR 17170"), de 12/12/2022, sobre *Edificações — Garantias — Prazos recomendados e diretrizes*[65] propõe, além de "*prazos de garantia tecnicamente recomendados relativos à solidez e segurança (...) em conformidade aos prazos da*

---

[63] Em alguma medida nesse sentido, ao tratar dos *prazos de garantia recomendados* na tabela D.1 da chamada norma de desempenho (NBR ABNT 15575:2013 - "NBR 15575"): CAMPELO, Ricardo. Vícios construtivos: os prazos de garantia e vida útil. In: ABELHA, André (coord.). *Estudos de Direito Imobiliário: Homenagem a Sylvio Capanema de Souza.* São Paulo: IBRADIM, 2020, p. 266 ("*Se é certo que a garantia contratual ou certificada é aquela concedida acima do prazo de garantia legal, a Norma de Desempenho, ao estabelecer os sistemas, elementos, componentes e instalações com prazos de garantia contratual com prazos [sic] menores do que cinco anos, reconheceu que estes itens não estão / ligados a solidez e segurança do imóvel, pais, caso contrário, estariam protegidos pela garantia legal.*").

[64] Disponível em https://www.camara.leg.br/proposicoesWeb/prop_mostrarintegra?codteor=1414693&filename=Tramitacao-PL%204749/2009, acesso em 28/6/2023.

[65] Disponível em https://www.abntcatalogo.com.br/pnm.aspx?Q=Z0tYL2hUWk8rL2JCeUhMNXVRRXQ1OFJhcm9MUGwyaklHMm5adFdSNVlNUT0=, acesso em 28/6/2023.

legislação vigente e aplicável"[66], outros prazos que se afirma na NBR 17170 poderem ser "*parâmetros para a formulação dos termos de garantia indicados nos manuais de uso, operação e manutenção das edificações*".

Alguns desses outros *prazos recomendados* de garantias na NBR 17170 são menores que 5 anos[67]. Desse modo, pode-se deduzir que os sistemas ou componentes da obra com tais prazos inferiores a 5 anos foram, para os fins dessas *recomendações* da norma técnica, considerados não abrangidos pela garantia legal de solidez e segurança de 5 anos estabelecida no art. 618 do CC[68].

4.2. Manutenção e (in)adequação do uso da coisa

Há entendimento na doutrina de que a manutenção e o uso adequado da coisa construída seriam em alguma medida *condição* para preservação da eficácia de garantias relativas a construção[69], como também sugere do ponto de vista técnico a referida NBR 17170[70]. Na mesma linha, há quem afirme que a manutenção e o uso adequado da coisa seriam *pressupostos* da garantia e que sua ausência ou deficiência seria *causa excludente da responsabilidade do construtor* ou *hipótese de perda da garantia*[71].

---

66 Cf. Tabela 1 da p. 16 NBR 17170, aqui incluídos os sistemas de *contenções, fundações, estrutura*, e *estruturas de pisos e de sistemas de cobertura*.

67 Cf. maioria dos prazos recomendados na Tabela 2 a partir da p. 18 da NRB 17170, aqui incluídos, p. ex., aspectos dos sistemas de *pisos de ambientes internos e externos*, de *pavimentação externa à edificação* e *rodapés*, entre outros.

68 Em linha com a referência doutrinária mencionada na nota 63 com relação à NBR 15575.

69 Cf. PUOLI, José Carlos Baptista. *Op. cit.*, p. 633-634 ("*(...) a despeito da 'garantia' pela qual responde o construtor, o fato é que, como ocorre com qualquer produto, também nas edificações o respeito à garantia está* condicionado *a que tenha havido, por parte do 'comprador', plena observância do plano de manutenção preventiva o razoável (adequado) uso do bem. (...) Em outras palavras, todo 'dono' deve estar atento às atividades de manutenção, sendo que, não sendo estas observadas, a ocorrência de vícios não poderá ser imputada ao construtor. (...) o uso adequado é mais um fator que condiciona a persistência da obrigação de garantia do bem construído.*".

70 Ao definir, no seu item 3.17, *prazo de garantia* como o "*tempo em que um fornecedor é responsável perante o consumidor por corrigir falhas nos produtos por ele fornecidos originadas no processo de sua concepção e produção,* desde que *seja realizada a manutenção devida, os produtos sejam corretamente utilizados e observadas as demais condições previstas no manual de uso, operação e manutenção deste produto.*".

71 Cf. DEL MAR, Carlos Pinto. *Direito na construção civil.* São Paulo: Pini: Leud, 2015, p. 179. ("*Durante o período de garantia, é dever dos usuários realizar bom uso da edificação e a manutenção conforme especificado no Manual de Uso e Operação, pois isto é um pressuposto da garantia. Caso não tenha sido realizada a manutenção, ou tenha sido realizada de forma deficiente, isto constituirá causa excludente da responsabilidade do construtor ou incorporador, pois romperá a relação de causa e efeito entre a falha e a fabricação ou construção. O nexo causal decorrerá de atos*

A esse respeito, voto recente do rel. Dep. Marangoni, de 17/5/2023, em parecer no âmbito da Comissão de Constituição e Justiça e de Cidadania da Câmara dos Deputados, com relação ao já referido PL 4749/2009, considera que devido às lacunas na lei há "*longas discussões sobre (...) as ressalvas pela falta de manutenção*" e outros aspectos relacionados à garantia prevista no art. 618 do CC que atravancam o Judiciário. Ainda, assevera que "*as construções e seu* [sic] *materiais*" *se deterioram pelo uso e pela ação do tempo, e a realização da manutenção é necessária para mantê-los em condições de funcionamento, de modo que também não se pode responsabilizar o empreiteiro se os usuários não realizarem as manutenções devidas, recomendadas ou previstas nas normas técnicas.*"[72].

Nesse cenário, o substitutivo a dito PL anexado a esse parecer propõe a inclusão de um art. 618-B no CC para estabelecer que "[a] *falta ou a deficiente realização da manutenção especificada nos manuais e normas técnicas, pelos usuários e demais interessados, bem como intervenções no imóvel que modifiquem as suas características, constituem excludentes da garantia e da responsabilidade do empreiteiro.*"[73].

Atualmente, contudo, não parece haver expressa norma *legal* estabelecendo, como regra geral, a falta de manutenção ou uso inadequado da coisa construída pelo dono da obra como causa extintiva ou excludente de garantia ou de responsabilidade do construtor. De todo modo, esses aspectos *podem* sim gerar controvérsias e ser importantes para fins de garantias *convencionais* em contratos de construção à luz da relação delas com a disciplina legal de falhas construtivas, pelo menos por três razões.

Primeiro, porque, a depender das circunstâncias, a ausência de manutenção ou o uso indevido da coisa pode implicar *rompimento* (ausência) do nexo causal que poderia responsabilizar o construtor por algum defeito, ou mesmo ser a única efetiva causa de prejuízos. E sem esse nexo causal o construtor não tem, em regra, obrigação de indenizar ainda que sujeito a regime de *presunção de culpa* ou de *responsabilidade objetiva* que pode decorrer de cláusula de garantia, pois mesmo nesses regimes o construtor responderia apenas por prejuízos que fossem efeito *direto e imediato* da falha construtiva (CC, art. 403).

Segundo, porque, conforme o caso, a falta de manutenção ou o uso inadequado da coisa pode caracterizar concausa de prejuízos imputável ao dono da

da própria vítima (mau uso ou falta de manutenção), configurando uma das hipóteses de perda da garantia (culpa exclusiva da vítima).").

[72] Disponível em https://www.camara.leg.br/proposicoesWeb/prop_mostrarintegra?codteor=2274636&filename=Tramitacao-PL%204749/2009, acesso em 28/6/2023, p. 4 e 6.

[73] *Idem*, p. 9

obra que atraia aplicação do regime legal de concorrência de causas a diminuir a extensão da responsabilidade do construtor (CC, art. 945[74]).

Terceiro, porque o art. 937 do CC, que trata da *responsabilidade por fato da coisa*, com fundamento na *teoria da guarda*[75], estabelece expressamente a responsabilidade do dono da obra[76] sobre prejuízos resultantes da ruína do edifício por *falta de reparos* de *necessidade manifesta*. E, por vezes, essa responsabilidade é associada a falta de manutenção (ou conservação) ou uso inadequado da coisa construída[77].

A esse respeito, recente artigo de doutrina reputa "*necessário, diante de uma falha concreta, um estudo adequado da respectiva origem – que pode ser causada por um uso indevido (...), por uma falta de manutenção*"[78] e faz referências a diversas normas técnicas específicas sobre manutenção[79].

Porém, o mesmo artigo conclui que "*os tribunais brasileiros dão pouca relevância à questão da necessidade de realização de manutenção do imóvel pelo*

---

[74] "*Art. 945. Se a vítima tiver concorrido culposamente para o evento danoso, a sua indenização será fixada tendo-se em conta a gravidade de sua culpa em confronto com a do autor do dano.*".

[75] Cf., p. ex., SCHREIBER, Anderson. *In*: SCHREIBER, Anderson. [et al.]. *Op. cit.*, p. 937-938.

[76] A propósito, vale observar que o Enunciado 556 do CJF, aprovado na 6ª Jornada de Direito Civil em 11 e 12 de mar./2013, dispõe que "[a] *responsabilidade civil do dono do prédio ou construção por sua ruína, tratada pelo art. 937 do CC, é objetiva.*".

[77] Cf., p. ex., TEPEDINO, Gustavo. BARBOZA, Heloisa Helena. MORAES, Maria Celina Bodin de. *Op. Cit.*, em comentários ao art. 937 do CC, p. 845 ("*O dano, em verdade, não é causado pela coisa em si, mas pela sua má utilização (Caio Mário da Silva Pereira,* Responsabilidade, *p. 101).*") e 847 ("*(...) o dispositivo tem sido aplicado (...) a qualquer outro evento danoso de alguma forma relacionado à má conservação de um bem imóvel.*"); e VENOSA, Sílvio de Salvo. *Op. cit.*, 2013, p. 1169, em comentários ao art. 937 do CC ("*A doutrina entende, a propósito, que a simples ruína da construção já demonstra a falta de manutenção e obriga indenização (...).*).

[78] RAMOS, Vitor Lia de Paula; PETERSEN, André Barros Bolzani; JACQUES, Luísa Dresch da Silveira. A relevância da manutenção predial para a aferição da responsabilidade civil do construtor: entre a engenharia civil, os tribunais e o direito. *Revista de Direito Civil Contemporâneo*, vol. 33, ano 9, p. 225-262. São Paulo: RT, out./dez. 2022, versão digital disponível na RT Online, p. 8-9.

[79] RAMOS, Vitor Lia de Paula; PETERSEN, André Barros Bolzani; JACQUES, Luísa Dresch da Silveira. *Op. cit.*, p. 9 ("*Tendo em vista, portanto, que a degradação das edificações não ocorre de forma uniforme (uma vez que essas são compostas por diversos sistemas que se degradam a seu ritmo em função de estarem sujeitos a diferentes solicitações e mecanismos de degradação), a ABNT possui normas técnicas específicas sobre manutenções (ABNT NBR 5674) e reformas (ABNT NBR 16280), que classificam a periodicidade para cada sistema, a atividade e a qualificação de quem deve realizar o serviço, assim como a diretriz que orienta a elaboração dos manuais de uso, operação e manutenção (ABNT NBR 14037). Ademais, a ABNT NBR 15575 apresenta categorias, segmentadas em função do custo de tal manutenção nos respectivos componentes dos edifícios, conforme demonstram os Quadros 1 e 2, a seguir, que dão uma visão macro das segmentações dos serviços de manutenção que deveriam ser realizados, de acordo com sua aplicabilidade e custo financeiro.*").

seu proprietário, não sendo esse, na maior parte dos casos, considerado um fator relevante em ações indenizatórias ajuizadas em face das construtoras."[80].

Além disso, ainda é importante ter em mente na elaboração de cláusula de garantia em contrato de construção que pode haver controvérsias sobre o ônus da prova relacionado a esses pontos de manutenção ou uso (in) adequado da coisa.

Por um lado, o entendimento predominante da doutrina parece ser o de que seria ônus do proprietário comprovar a manutenção, porque (i) realizá-las caracterizaria fato constitutivo de seu direito a reparação por vício construtivo, e/ou (ii) o dono da coisa teria melhores condições de fazer essa prova, e/ ou (iii) não se poderia impor ao construtor a prova (*diabólica*) de fato *negativo* consistente na *ausência* de manutenção[81].

Por outro lado, dito artigo recente apurou aparente tendência da jurisprudência a atribuir ao construtor as consequências negativas da falta de prova de ausência de manutenção pelo dono da coisa construída[82].

A prova do mau uso, por sua vez, inclusive a doutrina indica que se trataria de ônus do construtor, pois ele caracterizaria *fato extintivo* do direito do proprietário a reparação por falha construtiva[83].

Nesse contexto de alguma incerteza sobre os efeitos de falta da manutenção da coisa ou (in)adequação do seu uso com relação a garantias e responsabilidades relacionadas, bem como respectivos ônus de prova, é importante que todos esses aspectos sejam também regulados em cláusula de garantia[84], ainda que mediante incorporação por referência de outros documentos que os detalhem, como, p. ex., normas técnicas e/ou manuais de uso, operação e manutenção[85].

---

[80] RAMOS, Vitor Lia de Paula; PETERSEN, André Barros Bolzani; JACQUES, Luísa Dresch da Silveira. *Op. cit.*, p. 6.

[81] Cf., p. ex., PUOLI, José Carlos Baptista. *Op. cit.*, p. 644; e DEL MAR, Carlos Pinto. *Op. cit.*, p. 201-202.

[82] RAMOS, Vitor Lia de Paula; PETERSEN, André Barros Bolzani; JACQUES, Luísa Dresch da Silveira. *Op. cit.*, p. 5 ("*Além disso, entre os 123 casos (78% do total) em que o construtor foi responsabilizado, em 12% (15 casos) reconheceu-se que ele não possuía responsabilidade pela totalidade dos vícios constatados, mas apenas pelos caracterizados pelo expert como vícios ou defeitos construtivos. Nos demais casos (88%, isso é, 108 casos), quando considerada inexistente a prova acerca da falta de manutenção do imóvel pelo proprietário, reconheceu-se que essa seria ônus do construtor.*").

[83] Cf., p. ex., PUOLI, José Carlos Baptista. *Op. cit.*, p. 644.

[84] No sentido ser possível em alguma medida convenção sobre o ônus da prova: Enunciado 128 do CJF aprovado na 2ª Jornada de Direito Processual Civil, de 13 a 14 de set./2018 ("*Exceto quando reconhecida sua nulidade, a convenção das partes sobre o ônus da prova afasta a redistribuição por parte do juiz.*").

[85] Nesse sentido, p. ex., RAMOS, Vitor Lia de Paula; PETERSEN, André Barros Bolzani; JACQUES, Luísa Dresch da Silveira. *Op. cit.*, p. 15-16 ("*Em relação às incorporadoras e construtoras,*

A clara estipulação desses aspectos em contrato de construção é relevante, inclusive, para (i) o construtor cumprir seu *dever de informar* inerente à boa-fé objetiva (CC, art. 422) quanto a eventuais obrigações ou ônus de fazer ou não fazer do proprietário relativos a manutenção ou uso da coisa para conservá-la própria para uso; e, (ii) idealmente, estabelecer com clareza as consequências de eventual descumprimento pelo proprietário, como, p. ex., a extinção dos direitos inerentes a garantias relacionadas a componente ou sistema com relação ao qual houve falta de manutenção ou uso inadequado[86].

5. CONCLUSÕES E RECOMENDAÇÕES

A cláusula de garantia é convenção atípica, muito pouco regulada em lei, que pode ser e é comumente inserida em contrato de construção.

Como convenção atípica, essa cláusula em contrato de construção deve observar as normas gerais do CC (CC, art. 425), como a de que de que eventual responsabilidade do construtor por caso fortuito e força maior deve ser, quando for o caso, *expressamente* estabelecida (CC, art. 393).

Ainda por ser pacto atípico, é importante que a cláusula de garantia regule de forma tão completa e inteligível quanto possível aspectos importantes para

---

dever-se-ia auxiliar, já na fase de sua instauração dos condomínios, que esses obtivessem auxílio para a formação e execução de planos de manutenção – não só com o manual de uso, operação e manutenção, mas também com intervenções mais diretas, disponibilizando a norma técnica de manutenção e reformas da ABNT e exigindo contratualmente a realização do previsto nessas. Ainda, quando diante de uma demanda concreta, requerer, inclusive com fulcro no art. 400 do CPC (LGL\2015\1656) e na NBR 16280, a apresentação de documentos técnicos comprobatórios das ações de manutenções periódicas, a fim de que se verifique se os serviços realizados realmente atendem aos parâmetros técnicos estabelecidos, inclusive no que tange às especializações das empresas contratadas para cada tipo de intervenção."). Ainda a esse respeito, cf. o item 4.2 da NBR 17170, p. 4, "[o]*s componentes, sistemas construtivos e equipamentos devem passar por atividades de conservação e manutenção ao longo da vida útil da edificação, cuja necessidade e características devem ser informadas aos proprietários e usuários nos manuais de uso, operação e manutenção.*".

86 Nesse sentido, p. ex., PUOLI, José Carlos Baptista. *Op. cit.*, p. 634 ("*Em outras palavras, todo 'dono' de uma edificação deve estar atento às atividades de manutenção, sendo que, não sendo estas observadas, a ocorrência de vícios não poderá ser imputada ao construtor. Contudo, para que este impedimento ocorra, deverá haver adequado cumprimento do dever, do incorporador/construtor, de informar a respeito de quais atividades de manutenção necessárias para a edificação específica, o que pode ser feito por intermédio da elaboração de um manual de proprietário a ser disponibilizado ao adquirente do imóvel e entregue juntamente com o bem. (...) tal como já mencionado no que diz respeito à manutenção, também quanto ao uso, as peculiaridades da obra específica (...) deverão ser explicitadas ao 'comprador', de maneira que ele saiba quais as condutas 'vedadas', ou prejudiciais, ao tipo de edificação em si considerado. Isto também pode ser feito mediante entrega de manual de proprietário de imóvel.*").

sua adequada aplicação, a fim de evitar ou ao menos mitigar incertezas que se viu acima haver na aplicação de garantias em contrato de construção.

Nesse sentido, é recomendável que cláusula de garantia estipule em detalhes e com clareza, na máxima medida em que for negocialmente viável, p. ex., (i) quais sistemas ou componentes da obra e riscos relacionados são cobertos pela obrigação de garantia; (ii) os direitos e respectivos remédios do dono da obra (como, p. ex., reparos ou pagamento de valor pelo construtor) caso se realizem tais riscos; (iii) os prazos *de garantia*, bem como os *prazos* e *meios* adequados para o proprietário *exercer* os direitos inerentes à garantia e os termos iniciais de cada um desses prazos, esclarecendo, conforme aplicável, se são os mesmos ou diferentes, e neste caso especificando os termos iniciais de um e outro; (iv) eventuais obrigações ou ônus do proprietário com relação à garantia, especialmente quanto a manutenção ou uso da coisa, e (v) o regime de responsabilidade do construtor (objetiva, subjetiva, ou alguma variação atenuada ou agravada delas) durante os prazos de garantia[87], inclusive eventual atribuição específica ao proprietário, se o caso, de responsabilidade por certos custos para remediação dos prejuízos resultantes da realização do risco coberto pela garantia, como, p. ex., de transporte, mão-de-obra, substituição ou reparo de componentes não cobertos pela garantia ou outros que sejam necessários para dita remediação e com os quais as partes concordem que o construtor não deve arcar.

Diante disso, resta claro que o exemplo de singela cláusula de garantia referido no fim do cap. 1 é claramente insuficiente para regular adequadamente os direitos, obrigações e ônus das partes a ela relacionados e, assim, pode gerar incertezas indesejadas quanto a sua aplicação e respectivas responsabilidades em cenário de disputa[88].

---

[87] A propósito da importância de cláusula (obrigação) de garantia esclarecer determinados aspectos relevantes dela, vale observar que o art. 50, *caput* e par. único, do CDC (ainda que, em princípio, não se aplique às relações jurídicas de *direito comum*, de que trata este artigo, como explicado no cap. 1) estabelece que "[a] *garantia contratual é complementar à legal e será conferida mediante termo escrito*", e que "[o] *termo de garantia ou equivalente deve ser padronizado e esclarecer, de maneira adequada em que consiste a mesma garantia, bem como a forma, o prazo e o lugar em que pode ser exercitada e os ônus a cargo do consumidor, devendo ser-lhe entregue, devidamente preenchido pelo fornecedor, no ato do fornecimento, acompanhado de manual de instrução, de instalação e uso do produto em linguagem didática, com ilustrações.*".

[88] Nesse sentido, p. ex., julgado do TJSP, em caso de contrato de empreitada para serviço reforma no piso da quadra esportiva de condomínio residencial em que, após 1 ano da execução dos serviços, foram constatados defeitos de fissuras e na pintura, com cláusula de garantia dispondo que "*A CONTRATADA garante a qualidade dos serviços descritos neste contrato pelo período de 3 (três) anos, desde que os problemas não tenham sidos causados por acidentes ou mau uso.*" (assim, em termos semelhantes ao daquela dada de exemplo no cap. 1 deste artigo), (i) afirmou que "[t] *al cláusula, sem ressalvas, seria suficiente para a responsabilização do prestador de serviço*", "[a]

Portanto, recomenda-se que as partes procurem detalhar na convenção de garantia os aspectos que se mencionou acima nesta conclusão. Nesse sentido, a singela cláusula dada como exemplo no fim do cap. 1 deste artigo seria certamente mais adequada se alterada para estabelecer, p. ex., os seguintes termos:

> "*A construtora contrai neste ato obrigações de garantia perante a proprietária com relação aos sistemas e componentes da obra, bem como respectivos riscos detalhados no Anexo 1 deste contrato* [ou em norma técnica se o caso].
> *As partes estipulam de comum acordo nesse Anexo 1, que deve ser reputado parte integrante deste contrato, os prazos dessas garantias e os direitos correspondentes da proprietária, bem como os prazos e meios para exercê-los.*
> *A responsabilidade da construtora será objetiva, independentemente de culpa, quanto a falhas ocorridas durante os prazos de garantia e decorrentes da realização dos respectivos riscos estabelecidos no Anexo 1.*
> *A falta de notificação, pela proprietária à construtora, sobre a ocorrência de falha construtiva dentro de 30 dias contados de sua constatação pela proprietária, ou o incumprimento de qualquer ônus da proprietária com relação ao respectivo sistema ou componente da obra, tal como estabelecido no manual de manutenção ou no manual de uso e operação anexos a este contrato, resultará na extinção da obrigação de garantia da construtora referente ao sistema ou componente afetado pela falha, conforme aplicável de acordo com o Anexo 1.*"

Cláusula de garantia com detalhamentos como esses, ainda que em termos e formatos diferentes, tende a propiciar que a convenção reflita o efetivo acordo de vontades das partes ao estipulá-la, evitando ou diminuindo, inclusive por força do disposto no art. 421-A, II, do CC, a chance de ser necessária indesejável integração ou intepretação dela por julgador(es), possivelmente em desacordo com a real intenção dos contratantes.

Dessa forma, esses detalhamentos também tendem a conferir mais previsibilidade quanto aos efeitos da cláusula de garantia[89] comparativamente

dicionalmente, há que se considerar a garantia legal, que responsabiliza o empreiteiro pela solidez do solo, pelo prazo de cinco anos" e "*a garantia legal abrange os defeitos construtivos reclamados pela Autora*"; e (ii) condenou a construtora a reparar os defeitos no prazo contratual para tanto sob pena de conversão da obrigação em perdas e danos (Apel. 1017948-30.2017.8.26.0005, rel. Des. Mario de Oliveira, 38ª Câm. de D. Privado, j. 27/8/2021).

[89] Como pareceu ter ocorrido em julgado do TJSP de improcedência de demanda de proprietário contra construtora visando indenização por "*defeitos, como por exemplo trincas e fissuras, infiltrações e o estufamento de parte do piso*" de imóvel, "*que a autora aponta como sendo estruturais*", com defesa da construtora, entre outras, no sentido de que "*já teria se expirado o prazo de garantia contratual de um ano*". Nesse caso, diferentemente do verificado naquele mencionado na nota imediatamente antecedente, "*o próprio contrato contempla as hipóteses de aplicação do prazo de*

a cláusulas mais singelas e genéricas, sem tais detalhamentos, como aquela dada de exemplo no cap. 1.

Essa previsibilidade, como se sabe, é desejável em geral para conferir segurança jurídica às partes[90] e, portanto, deve ser buscada pelos operadores do direito, inclusive na elaboração e na aplicação de cláusula de garantia em contrato de construção.

---

garantia de cinco anos, jamais desprezando a regra insculpida no dispositivo supra *mencionado* [CC, art. 618]", e os prazos de garantia "*foram previstos de maneira expressa e pormenorizada, levando-se em consideração cada tipo de vício passível de ocorrer, e contou com a concordância da autora, não havendo que se falar em abusividade*". Diante disso, o TJSP entendeu que "*os vícios apontados – no caso o descolamento do piso da sala, infiltrações e fissuras de pequena monta nas paredes – não são do tipo que comprometem a segurança da edificação, não ensejam risco à solidez e segurança da obra e em nada vulneram a própria habitabilidade da unidade habitacional, requisito imprescindível para que se pudesse cogitar do prazo quinquenal de garantia, alargando-se aquele outro, menos extenso, livremente pactuado pelas partes*", e "[d]*evem, assim, ser considerados os prazos de garantia constantes do manual do proprietário*". Dessa forma, o TJSP entendeu que "*não era dado à demandante pleitear o afastamento de cláusula que restrinja a responsabilidade da requerida pela construção, pois tal se traduziria em afronta à livre manifestação da vontade e autonomia das partes. Na medida em que se despreza a autonomia da manifestação de vontade, cria-se a insegurança jurídica, desrespeita-se o ato jurídico perfeito e acabado (CF, artigo 5º, inciso XXXVI). E nada, no estado de direito, é mais grave. O Poder Judiciário não pode, dessa forma, criar obrigações contratuais inexistentes. Pode e deve coibir o abuso do direito. Não o uso regular, dentro dos princípios constitucionais, pois isso só se defere à própria lei.*" (Apel. 4002335-64.2013.8.26.0196, rel. Des. Vito Guglielmi, 6ª Câm. de D. Privado, j. 15/6/2015).

[90] Nesse sentido, em linhas gerais e ainda que com enfoque em decisões judiciais: DELGADO, José Augusto. *A imprevisibilidade das decisões judiciárias e seus reflexos na segurança jurídica*, 2007, disponível em http://bdjur.stj.jus.br/dspace/handle/2011/74120, acesso em 28/6/2023, p. 4-5 ("*A acentuada imprevisibilidade das decisões judiciais fortalece os males provocados pela insegurança jurídica, contribuindo para enfraquecer o regime democrático. (...) Há longo caminho doutrinários procurando fixar a compreensão do que deve ser compreendido por segurança jurídica no seu sentido mais amplo. Identificamos, de modo bem objetivo, três correntes sobre o assunto: (...) b) a que visualiza segurança como previsibilidade jurídica; (...).*").

15. ASPECTOS GERAIS DA CLÁUSULA DE *EARN-OUT*

Antônio Pedro Garcia de Souza
Mário Pimenta Camargo Neto

OBJETO

O presente artigo tem por objetivo analisar a cláusula de earn-out em contratos de compra e venda de participação societária e os problemas dela decorrentes. Quer pela assimetria de informação entre as partes, quer pela externalização do risco, a cláusula de earn-out tornou-se recorrente nos contratos de compra e venda de participações societárias. Por isso, deve ser analisada de forma pragmática e crítica.

1. CONTEXTO E FUNCIONAMENTO

O earn-out é uma estipulação contratual presente em diversos contratos de compra e venda de participação societária. Funciona como uma cláusula de ajuste de preço, em que se condiciona o pagamento de determinada parcela do preço a um evento posterior e incerto, relacionado ao atingimento de metas (financeiras ou não) ou outras condições em geral. Trata-se, noutras palavras, de uma cláusula de parcela contingente do preço, a qual somente se tornará devida na hipótese de ocorrer a condição prevista[1]. A cláusula de earn-

[1] DEPHAMPLHILIS, Donald. *Mergers and Acquisitions Basics All You Need To Know*. Oxford: Elsevier, 2011. p.191.

-out baseia-se, portanto, no art. 121 do Código Civil, que prevê a condição nos negócios jurídicos.

Como em qualquer contrato de compra e venda, o comprador quer pagar o menor preço possível, ao passo que o vendedor quer receber o maior preço possível pelo mesmo bem. Em situações normais, a compra e venda ocorre quando há o encontro entre a oferta e a demanda e a convergência quanto ao preço do bem. Nos contratos de compra e venda de participação societária, entretanto, pode ocorrer um impasse quanto à fixação do preço *(ask price* e *bid price)*, de forma que, sem algum mecanismo para superá-lo, a transação não ocorre, porque não há convergência entre o polo comprador e o polo vendedor.

É nesse contexto que a cláusula de earn-out permite superar o impasse de preço entre as partes, destacando uma parcela contingente do preço, que só se tornará devida se implementadas as condições pactuadas.

A doutrina, de modo geral, sintetiza os motivos que tornam a cláusula de earn-out atrativa: (i) reduz a assimetria informacional entre as partes e a possibilidade de comportamentos oportunistas na fase pré-contratual, já que parte do preço só será paga se as condições pactuadas forem implementadas; (ii) em termos psicológicos, é mais fácil pagar uma parcela maior do preço somente após o negócio se concretizar e revelar-se como esperado; (iii) parte do preço, a rigor, somente se torna exigível quando a sociedade já está gerando resultados, que podem ser usados, por seu turno, para pagar o valor do earn-out, reduzindo-se a descapitalização do comprador; (iv) permite uma avaliação mais precisa da sociedade-alvo na fixação do preço, tomando-se por base resultados concretos e não apenas projeções[2]. Em suma, esse tipo de cláusula permite, a um só tempo, mitigar o risco do comprador e garantir incentivos competitivos para os vendedores que venham a permanecer ou atuar na gestão da sociedade-alvo após a venda[3]. Em termos concretos[4], o pagamento da par-

---

[2] BUSCHINELLI, Gabriel Saad Kik. Compra e Venda de Participações Societárias de Controle. São Paulo: Quartier Latin, 2018, p. 217.

[3] BRUNER, Robert F. Deals From Hell: M&A Lessons That Rise Above the Ashes. New Jersey, John Wiley & Sons Inc., Hoboken, 2005, p. 34.

[4] Veja-se abaixo possível redação, que contempla as principais variações mencionadas ao longo do artigo: "1. Condições para Pagamento do Preço Contingente Ações. Observado o disposto nas cláusulas abaixo, a Compradora se obriga, neste ato, a pagar à Vendedora, o Preço Contingente Ações, na forma abaixo prevista, se, e somente se, no 3o aniversário da data de início do plano de negócios base (1) os contratos e obrigações a seguir listados estiverem em pleno vigor e efeito entre suas respectivas partes contratantes, e sendo cumpridos pelas respectivas partes contratadas ou vinculadas; (2) a empresa Holding esteja validamente existente e constituída, a cessão de créditos descrita acima esteja implementada e formalizada. 2. Forma de pagamento do Preço Contingente Ações. Para fins do pagamento à Vendedora do Preço Contingente Ações, se aplicável nos termos aqui previstos, a Compradora deverá, na data do Fechamento, emitir um bônus de subscrição nos termos aqui previstos em benefício da Vendedora, substancialmente nos

termos da minuta do certificado de bônus de subscrição constante do Anexo X. 2.1. Verificação das Condições de Pagamento do Preço Contingente Ações. Verificadas todas as Condições de Pagamento Preço Contingente Ações pelas partes, a Vendedora poderá exercer o bônus de subscrição em até cinco dias úteis contados da data do terceiro aniversário. 2.2. Não Verificação das Condições de Pagamento Preço Contingente Ações. Na hipótese de não ser verificada uma ou mais Condições de Pagamento Preço Contingente Ações, o previsto nas subcláusulas abaixo deve ser observado, confirme aplicável, sem prejuízo do direito da Compradora a perdas e danos decorrentes do descumprimento ou falha no cumprimento de tais condições. 2.2.1. Condição 1: Caso, a qualquer momento, até a data do terceiro aniversário, o Contrato X seja rescindido: (i) por decisão ou descumprimento da Vendedora, ou, ainda, por decisão da Compradora por justo motivo, a Vendedora não terá direito ao recebimento do Preço Contingente Ações independentemente de serem verificadas as demais Condições de Pagamento Preço Contingente Ações na data do terceiro aniversário; (ii) por decisão da Compradora sem justo motivo, não haverá pagamento do Preço Contingente Ações. No entanto, a Compradora deverá pagar à Vendedora, no prazo de cinco dias úteis contados da referida rescisão, a título de preço de aquisição remanescente, obrigatoriamente, ao menos o montante total de R$ X, sendo certo que caso a companhia tenha atingido até a data do término do contrato por qualquer motivo, no mínimo, 75% dos níveis de performance definidos no Plano de Negócios Base, conforme métricas previstas no Anexo Y, o preço a ser pago será acrescentado de um montante igual a R$ Z. 3. Earn-out. Observados os termos e condições previstos neste Contrato, o Earn-out é parte do Preço de Aquisição, sendo que a obrigação de a Compradora pagar à Vendedora o Earn-out, nas formas previstas nas cláusulas abaixo, conforme o caso, estará condicionada ao cumprimento de cada uma das respectivas condições detalhadas nas Cláusulas X abaixo, conforme aplicável. 3.1. Observado o disposto na Cláusula X abaixo, o Earn-out é composto por (i) um montante contingente sujeito à verificação das condições previstas na Cláusula X abaixo, o qual, dependendo do valor do EBITDA da Companhia apurado nos 12 (doze) meses imediatamente anteriores à Data do Terceiro Aniversário, conforme procedimentos previstos na Cláusula X abaixo (o "Período do Earn-out"), poderá variar de R$ 40.200.000,00 (quarenta milhões e duzentos mil reais) a R$ 93.200.000,00 (noventa e três milhões e duzentos mil reais) (o "Earn-out Terceiro Aniversário"); e (ii) um montante contingente sujeito à verificação das condições previstas na Cláusula X abaixo, o qual, também dependendo do valor do EBITDA da Companhia apurado no Período do Earn-out, pode variar de R$ 45.000.000,00 (quarenta e cinco milhões de reais) a R$ 105.000.000,00 (cento e cinco milhões de reais) (o "Earn-out A Partir do 6o Aniversário"). 3.2. Condições para Pagamento do Earn-out Terceiro Aniversário. O Earn-out Terceiro Aniversário passará a ser devido pela Compradora se, e somente se, (i) as Condições de Pagamento Preço Contingente Ações tenham sido verificadas, desde a Data de Fechamento até a Data do Terceiro Aniversário, de forma que referido pagamento tenha se tornado uma obrigação devida pela Compradora nos termos detalhados neste Contrato; e, cumulativamente, (ii) a Companhia atinja os níveis de EBITDA previstos na Cláusula X abaixo na Data do Terceiro Aniversário (as condições descritas nos itens (i) e (ii) em conjunto são doravante denominadas como as "Condições para o Earn-Out Terceiro Aniversário"). 3.3. Apuração do Earn-out Terceiro Aniversário. O Earn-out Terceiro Aniversário será determinado com base no valor do EBITDA do Período do Earn-out, a ser apurado de acordo com as seguintes regras (a data em que for efetivamente acordado o valor do EBITDA, a "Data de Apuração do Earn-out"): (i) Em até 45 (quarenta e cinco) dias contados da Data do Terceiro Aniversário, a Compradora deverá elaborar e entregar à Vendedora uma notificação razoavelmente detalhada com o cálculo do EBITDA da Companhia do Período do Earn-out, bem como com o cálculo das receitas acumuladas da Companhia em referido período para fins da Cláusula X abaixo (a "Notificação de Cálculo do EBITDA"), sendo ambos os cálculos baseados nas

cela contingente do preço condiciona-se ao atingimento de metas definidas de

---

demonstrações financeiras auditadas da Companhia levantadas com data base no último dia do mês imediatamente anterior ao mês do Terceiro aniversário da Data de Início do Plano de Negócios Base ("DF Auditada do Terceiro Aniversário"). O prazo de entrega da Notificação de Cálculo do EBITDA será prorrogado caso a Companhia não apresente, em até 30 (trinta) dias contados da Data do Terceiro Aniversário, a DF Auditada do Terceiro Aniversário. Tal prorrogação será equivalente aos dias de atraso para a apresentação, pela Companhia à Compradora, da DF Auditada do Terceiro Aniversário. (ii) A Vendedora poderá, dentro de até 45 (quarenta e cinco) dias contados do recebimento da Notificação de Cálculo do EBITDA, discordar dos cálculos apresentados na Notificação de Cálculo do EBITDA, por meio de notificação, por escrito, à Compradora, especificando os pontos de que discorda e descrevendo de forma detalhada os motivos e valores de sua objeção, bem como demonstrando sua memória de cálculo dos valores do EBITDA e receitas acumuladas da Companhia no Período do Earn-out (a "Contraproposta de Cálculo do EBITDA"). (iii) Caso a Vendedora entregue uma Contraproposta de Cálculo do EBITDA, então a Compradora e a Vendedora deverão tentar resolver de boa-fé a discordância apresentada pela Vendedora dentro de 30 (trinta) dias a contar do recebimento da Contraproposta de Cálculo do EBITDA ("Prazo de Discussão do EBITDA"). Os valores do EBITDA e das receitas acumuladas da Companhia acordados entre as Partes nos termos desta Cláusula X serão considerados finais e vinculativos para as Partes. (iv) Caso a Compradora e a Vendedora não cheguem a um consenso durante o Prazo de Discussão do EBITDA, a Compradora e a Vendedora deverão contratar, em até 10 (dez) dias contados do final do Prazo de Discussão do EBITDA, uma das empresas independentes de contabilidade com reputação internacional listadas no Anexo X ("Auditor Independente") para resolver os pontos em disputa no menor prazo possível, mediante a revisão e entrega de um parecer no qual o Auditor Independente deverá, após considerar os cálculos da Compradora previstos na Notificação de Cálculo do EBITDA, bem como os cálculos feitos pela Vendedora constantes da Contraproposta de Cálculo do EBITDA, determinar os valores finais do EBITDA e das receitas acumuladas da Companhia no Período do Earn-Out ("Parecer do EBITDA Final"). O Auditor Independente não poderá analisar quaisquer questões que não tenham sido objeto de discordância expressa da Vendedora na Contraproposta de Cálculo do EBITDA. (v) Fica acordado entre as Partes que o Parecer do EBITDA Final deverá ser emitido pelo Auditor Independente dentro de até 45 (quarenta e cinco) dias a contar de sua contratação e deverá ser entregue simultaneamente à Compradora e à Vendedora. Todas as Partes concordam em aceitar os valores finais do EBITDA e das receitas acumuladas da Companhia no Período do Earn-Out constantes do Parecer do EBITDA Final como uma determinação final, vinculante e definitiva entre as Partes, salvo se ocorrerem erros manifestos, razoavelmente aparentes. Os honorários do Auditor Independente deverão ser igualmente suportados pela Compradora e pela Vendedora, devendo cada uma arcar com 50% (cinquenta por cento) de tais custos. 3.4. Apurado o EBITDA da Companhia do Período do Earn-out nos termos da cláusula acima, as Partes verificarão o valor do Earn-out Terceiro Aniversário conforme segue: (i) se o EBITDA da Companhia na Data de Apuração do Earn-out for um montante inferior a R$ 10.000.000,00 (dez milhões de reais), o Earn-out Terceiro Aniversário será zero e as regras previstas na Cláusula X.X abaixo deverão ser observadas pelas Partes; (ii) se o EBITDA da Companhia na Data de Apuração do Earn-out for igual a R$ 10.000.000,00 (dez milhões de reais), o Earn-out Terceiro Aniversário será equivalente a R$ 40.200.000,00 (quarenta milhões e duzentos mil reais); (...) 3.4. Vencimento Antecipado. Caso até a Data do Terceiro Aniversário, ocorra uma Transferência de Controle Acionário na Compradora (i.e. feita exclusivamente na forma privada e não por meio de abertura de capital), e, em decorrência de tal Transferência de Controle Acionário, qualquer das opções de compra ou de venda decorrentes da Transferência de Controle Acionário constantes do Acordo sobre Transferência de Ações e Outras Avenças previsto na Cláusula X.X abaixo tenha sido exercida, então, o

antemão pelas partes. As metas podem ser: (i) financeiras[5], (ii) não financeiras[6] ou (iii) mistas.

2. ESPÉCIES DE CLÁUSULAS DE EARN-OUT

As metas financeiras são relativamente óbvias: a sociedade-alvo, cuja participação societária é objeto da compra e venda, deve atingir resultados financeiros que satisfaçam parâmetros pré-definidos em determinado lapso de tempo. Essas metas financeiras podem relacionar-se tanto a números absolutos, como o EBITDA (*"eanings before interest, tax, depreciation and amortization"*) ou lucro líquido da sociedade-alvo, quanto a algum múltiplo financeiro (ROE, ROA, ROIC etc.)[7]. Essas metas financeiras costumam ser objeto de intensa negociação entre as partes envolvidas e acabam resultando na elaboração de um plano de negócios (*business plan*) a ser seguido pela administração da sociedade-alvo. Esse

---

pagamento do Earn-out Terceiro Aniversário deverá ser antecipado pela Compradora à Vendedora, independentemente de a Companhia ter atingido ou não os níveis de EBITDA previstos na Cláusula acima, mas desde que as Condições de Pagamento Preço Contingente Ações acima sejam verificadas até tal data. Para tanto, as Partes acordam que na hipótese de vencimento antecipado aqui previsto, o valor do Earn-out Terceiro Aniversário a ser pago pela Compradora à Vendedora deverá corresponder a (o "Earn-out Vencimento Antecipado"): (i) um montante igual a R$ 12.000.000,00 (doze milhões de reais), equivalente ao valor do Earn-out Alternativo previsto na Cláusula X.X abaixo, se a Transferência de Controle Acionário na Compradora ocorrer até a data do 1o (primeiro) aniversário da Data de Início do Plano de Negócios Base (inclusive); ou (ii) um montante igual a R$ 18.000.000,00 (dezoito milhões de reais), equivalente a 150% (cento e cinquenta por cento) do Earn-out Alternativo, caso a Transferência de Controle Acionário na Compradora ocorra entre a data do 1o (primeiro) aniversário da Data de Início do Plano de Negócios Base e a data do 2o (segundo) aniversário da Data de Início do Plano de Negócios Base (inclusive); ou (iii) um montante igual (1) a R$ 48.000.000,00 (quarenta e oito milhões de reais), equivalente a 400% (quatrocentos por cento) do Earn-out Alternativo, ou, se na data da Transferência de Controle Acionário na Compradora, a Companhia já tiver atingido um dos níveis de EBITDA previstos na Cláusula X.X, (2) ao Earn-out (incluindo Earn-out Terceiro Aniversário e Earn-out A Partir do Sexto Aniversário), em ambos os casos se a Transferência de Controle Acionário na Compradora ocorrer entre a data do 2o (segundo) aniversário da Data de Início do Plano de Negócios Base e a Data do Terceiro Aniversário (inclusive). (...)"

5 PENNA, Paulo Eduardo; PINHO, Luisa Shinzato. "Preço contingente em operações de fusões e aquisições (M&A): a cláusula de *earn-out*.". In: *Atualidades em Direito societário e mercado de capitais*, Vol. II. HANSZMANN, Felipe (Org.). Rio de Janeiro: Lumen Juris, 2017. p.367

6 PENNA, Paulo Eduardo; PINHO, Luisa Shinzato. "Preço contingente em operações de fusões e aquisições (M&A): a cláusula de *earn-out*.". In: *Atualidades em Direito societário e mercado de capitais*, Vol. II. HANSZMANN, Felipe (Org.). Rio de Janeiro: Lumen Juris, 2017. p.367

7 FERRO, Marcelo R.; SOUZA, Antonio P. G. de. International Post-M&A Arbitrations in Brazil. In: International Arbitration: Law and Practice in Brazil. SESTER, Peter (Edited). Oxford University Press, 2020, cap. 15.

plano de negócios, em regra, reflete o resultado das negociações, pavimentando o caminho que as partes devem seguir durante o prazo do earn-out. Espera-se que, observado o plano de negócios pactuado quando da celebração do contrato, a sociedade-alvo terá o potencial de atingir as metas financeiras em determinado prazo, possibilitando-se aos vendedores receber a parcela do preço relativa ao earn-out. De outra ponta, se as metas não forem atingidas no prazo pactuado, nenhum valor seria devido a título de earn-out.

As metas também podem desatrelar-se de critérios financeiros. O pagamento do preço contingente pode não se relacionar à performance financeira da sociedade-alvo, mas sim a determinados eventos ou fatos de terceiro. Não há restrições às condições passíveis de serem pactuadas, encontrando-se elas no âmbito da liberdade contratual das partes, mas, em regra, relacionam-se ao objeto do contrato e a algum aspecto da sociedade-alvo. Por exemplo, o earn-out pode condicionar-se à obtenção de determinada patente, à finalização de um projeto, à obtenção de autorização governamental ou regulatória para a exploração de determinada atividade, ao desenvolvimento de um novo método de produção ou distribuição, entre muitas outras. As condições não financeiras podem também relacionar-se a fatos dos vendedores ou dos administradores da sociedade alvo, tal como sua permanência, por determinado período de tempo, na administração da sociedade alvo após o fechamento da operação. Em qualquer desses casos, verificada a ocorrência da condição, o preço a título de earn-out seria devido pelos compradores aos vendedores.

É possível, ainda, combinar as condições a metas financeiras e não financeiras, no que se denomina de condições ou metas mistas. Pode-se exigir que ambas as condições (financeiras e não financeiras) tenham que ser concomitantemente atingidas para que a parcela do earn-out torne-se exigível. Pode-se estabelecer uma redução no valor devido, caso apenas uma das duas (ou mais) metas seja atingida. A fixação de condições mistas costuma ser o modelo prevalente no mercado[8], exigindo-se a manutenção de certas pessoas chaves na administração da sociedade alvo por determinado período de tempo, aliada a uma geração de resultados financeiros mínimos estipulados.

As metas também se classificam como positivas ou negativas, consoante alude BUSCHINELLI. Por assim dizer, elas podem vincular-se à ocorrência de determinada situação (meta positiva) ou à não ocorrência de determinada situação (meta negativa)[9].

---

[8] Tal como a cláusula constante do rodapé n. 4.

[9] BUSCHINELLI, Gabriel Saad Kik. Compra e Venda de Participações Societárias de Controle. São Paulo: Quartier Latin, 2018, p. 217.

Não é incomum também o escalonamento do earn-out em diversos marcos temporais, fracionando-se o pagamento da parcela contingente do preço ao cumprimento de cada marco. Há clausulas, por exemplo, que preveem pagamentos em determinados aniversários, após o fechamento do contrato, de acordo com metas anuais estabelecidas[10]. Fixam-se determinadas metas para o primeiro aniversário, metas mais elevadas para o segundo aniversário e assim sucessivamente, sendo devido o earn-out anualmente, se cumprida a respectiva meta anual, mas não há proibição para que as partes admitam o diferimento da meta para o exercício subsequente caso ela não seja cumprida no primeiro ano. Quando isso ocorre, não raro prevê-se um desconto na respectiva parcela do earn-out em razão do atraso no atingimento da sua meta.

É possível, ainda, pactuar-se o pagamento do earn-out de modo proporcional. A meta, nessas hipóteses, não é específica e unitária, tal como alcançar determinado faturamento em dado exercício, mas compreende uma faixa de faturamento, que, se atingida, torna o earn-out devido em certa proporção. Em regra, isso ocorre com as metas financeiras: se a sociedade-alvo alcançar determinada faixa de faturamento estabelecida, o earn-out devido é 'x'; se faturar acima dessa faixa, o valor a ser pago a título de earn-out é majorado em determinada proporção.

3. CONFUSÕES COM A NOMENCLATURA DO EARN-OUT NOS CONTRATOS

Há, por um lado, situações impropriamente referidas pelas partes em contratos de compra e venda de participação societária como de earn-out, embora não o sejam. São geralmente os pagamentos a termo, impropriamente chamados de earn-out fixo ou mínimo. Nesses casos, o pagamento realiza-se independente do implemento de condição. Essas hipóteses não consistem no pagamento de um earn-out propriamente dito, porque o pagamento do preço não está condicionado à ocorrência de um evento futuro e incerto, mas sim a um simples termo pré-definido. Trata-se, em verdade, do pagamento de uma simples parcela do preço, não do earn-out.

Há, por outro lado, hipóteses chamadas nos contratos de "vencimento antecipado", mas que na verdade afiguram-se de earn-out. São situações em que as metas atreladas ao earn-out ainda não foram efetivamente alcançadas, mas que, por superveniência de uma circunstância não imputável aos vendedores, o pagamento do earn-out torna-se devido, segundo os termos do contrato. Esses casos geralmente contemplam ocorrência de evento de liquidez na sociedade-alvo ou

---

[10] Tal como a cláusula constante do rodapé n. 4.

em sua controladora, tal como a realização de abertura de capital ou de um *private placement*. Embora fale-se em vencimento antecipado ou aceleração, entendemos que tal nomenclatura não reflete a natureza jurídica da previsão, uma vez que, na verdade, se trata de mais uma hipótese de ocorrência do earn-out, paralela e independente às outras hipóteses previstas. Isto é, não se trata de vencimento antecipado, mas de uma hipótese de implemento da condição, como qualquer uma das outras, aptas a ensejarem o pagamento do earn-out.

4. PRAZO E FORMA DE PAGAMENTO

O prazo para a ocorrência das metas do earn-out deve ser objeto de negociação informada das partes. Não se recomenda que seja longo a ponto de criar um ambiente propício para litígio entre elas, especialmente no que toca à gestão da sociedade-alvo, mas também não pode se afigurar tão curto a ponto de impedir a ocorrência das metas[11]. Segundo PIVA, o período de verificação do earn-out costuma ser de um a três anos[12]. Esse lapso de tempo é corroborado pelo estudo de CAVALLO e QUATRINI, que pontuam, ainda, que os prazos podem variar de um a dez anos, sendo três anos o tempo médio[13].

Nas hipóteses em que o comprador prontamente assume a administração da sociedade-alvo, quanto maior o lapso de tempo entre o fechamento e o pagamento do earn-out, menor será a relação causal entre a gestão desenvolvida pelos então vendedores e a situação posterior da sociedade-alvo. Esse tipo de cláusula vai contra a noção de que os riscos da coisa seriam transferidos ao comprador após a sua entrega, na forma do art. 492 do Código Civil, pois os vendedores ainda sofrem os impactos da sociedade-alvo[14]-[15].

O valor a ser pago pelo earn-out pode, a rigor, ser de duas formas: por uma ou mais parcelas fixas, quando da ocorrência das metas unitárias ou absolutas,

---

[11] PIVA, Luciano Zordan. *O earn-out na compra e venda de empresas.* São Paulo: Quartier Latin, 2019, p. 102.

[12] PIVA, Luciano Zordan. *O earn-out na compra e venda de empresas.* São Paulo: Quartier Latin, 2019, p. 102.

[13] CAVALLO, Manuela; QUATRINI, Giulia. Earn-out clauses: advantages and pitfalls. International Bar Association, an International Online Media Partner to the Association of Corporate Counsel and European Online Media Partner to the European Company Lawyers Association: 2012. Acesso em 09.07.2023 <www.internationallawoffice.com/subscribe.cfm>

[14] BUSCHINELLI, Gabriel Saad Kik. Compra e Venda de Participações Societárias de Controle. São Paulo: Quartier Latin, 2018, p. 218.

[15] "Art. 492. Até o momento da tradição, os riscos da coisa correm por conta do vendedor, e os do preço por conta do comprador.".

ou por uma ou mais parcelas variáveis, proporcionais a alguma métrica financeira, como o faturamento ou lucro auferido no período[16].

Muitas vezes, devido ao longo período de tempo entre o fechamento de uma operação e o fim do prazo para o earn-out, os recursos relativos ao pagamento da parcela contingente permanecem depositados em uma conta garantia, cuja movimentação é restrita.[17] Seus valores são liberados ao final do prazo, quer em favor do comprador, caso as metas não sejam atingidas, quer em favor do vendedor, se forem atingidas. A finalidade precípua dessa previsão é assegurar ao vendedor que o comprador não se tornará insolvente ou dissipará recursos, tornando insuficiente seu patrimônio para o pagamento do earn-out[18].

A cláusula de earn-out consta, com frequência, de contratos de compra e venda de participação societária de *startups* ou de empresas de pequeno ou médio porte, conforme pontua BRUNER[19]. Elas são também comuns, segundo o autor, quando o comprador e a sociedade-alvo atuam em mercados ou segmentos distintos[20]. Embora essa circunstância não tenha sido explicada pelo autor, seu motivo é apreensível: a manutenção da administração dos vendedores por um período de tempo permite aos compradores desenvolver, gradativamente, seu *know-how* naquele ambiente de negócios que de certo modo lhe é novo, até que adquiram a competência para gerirem sozinhos, depois do prazo do earn-out.

5. RACIONALIDADE

Na formação dos negócios jurídicos de compra e venda de participação societária, há uma relevante assimetria informacional entre vendedor e comprador, que pode, por vezes, obstar a celebração do contrato, consoante adiantado acima. O vendedor conhece o bem ou a sociedade a ser alienada melhor do que o potencial comprador. Por isso, para a correta formação da vontade,

[16] BUSCHINELLI, Gabriel Saad Kik. Compra e Venda de Participações Societárias de Controle. São Paulo: Quartier Latin, 2018, p. 218.

[17] PARO, Giácomo & DINIZ, Rodrigo de Madureira Pará. "As implicações das cláusulas de ajustes de preços e das contas escrow na tributação pelo Imposto de Renda". In: *Revista Tributária e de Finanças Públicas*, vol. 121. Revista dos Tribunais Online, 2015. p. 144.

[18] PENNA, Paulo Eduardo; PINHO, Luisa Shinzato. "Preço contingente em operações de fusões e aquisições (M&A): a cláusula de earn-out.". In: *Atualidades em Direito societário e mercado de capitais*, Vol. II. HANSZMANN, Felipe (Org.). Rio de Janeiro: Lumen Juris, 2017. p.369.

[19] BRUNER, Robert F. Deals From Hell: M&A Lessons That Rise Above the Ashes. New Jersey, John Wiley & Sons Inc., Hoboken, 2005, p. 52.

[20] Idem.

a prestação de informações na fase pré-contratual é fundamental[21]. Na negociação de cláusulas de earn-out, a informação é relevante para a formação do preço a ser pago, permitindo-se ao comprador conhecer aspectos importantes da sociedade alvo e de seus ativos e passivos.

A assimetria e a imperfeição de informações na formação dos preços e a sua consequência para as relações negociais foram notadas e elaboradas por GEORGE AKERLOF, ao analisar o mercado de revenda de carros usados. Explica AKERLOF que os carros usados a serem revendidos podem ser bons ou ruins (o que denomina de "*lemons*")[22]. Quando não há informações confiáveis sobre um bem e suas qualidades, ele acaba por ter seu valor depreciado, sob a perspectiva prudente ou pessimista do comprador[23], que prefere não internalizar os riscos de veracidade das declarações prestadas pelo vendedor. Nesse mercado de assimetria informacional e informações imperfeitas, tendem-se a depreciar o valor dos ativos de maneira geral, bons ou ruins, pois não é possível ao comprador distingui-los. Com o tempo, os bons ativos são retirados do mercado, porque sofrem os mesmos descontos dos ativos ruins, nivelando-se o preço por baixo[24].

Diferentemente dos carros usados invocados no exemplo de AKERLOF, as empresas não são fungíveis. São bens específicos, com particularidades e predicados próprios, que as singularizam. Daí porque a praxe comercial desenvolveu mecanismos para reduzir a assimetria de informação entre comprador e vendedor, aperfeiçoar a prestação de informações e otimizar a alocação de riscos entre as partes, a fim de superar o problema apresentado por AKERLOF.

---

[21] MARTINS-COSTA FERREIRA, Mariana. Responsabilidade Civil pela Falha Informacional no Mercado de Valores Mobiliários: Pressupostos e Análise Crítica. Universidade de São Paulo (tese de doutorado), 2022, p. 26.

[22] Segundo o exemplo de AKERLOF, o proprietário do carro usado sabe se o seu carro é bom ou ruim, porque o utiliza constantemente (detém as informações sobre o carro), ao passo que o potencial comprador não sabe se o carro é bom ou ruim, pois consegue ver apenas fatores externos do carro e não o seu funcionamento diário. AKERLOF pontua que há pessoas que estão dispostas a vender seu carro ruim pelo preço de um carro bom. O problema do comprador seria, pois, identificar a qualidade do bem a ser adquirido, a fim de concordar ou não com o preço solicitado pelo vendedor. Por não saber se se trata de um carro bom ou ruim, o comprador não aceitará pagar um preço elevado, equivalente ao preço de um carro bom. Há, pois, uma assimetria informacional. A conclusão parcial de AKERLOF é a de que os carros bons são expulsos do mercado de carros usados, uma vez que seu real valor não seria pago pelos compradores, em vista do risco de o carro ser, na verdade, ruim. É o que ele chama de custo da desonestidade. (AKERLOF, George. The market for lemons: quality uncertainty and the market mechanism. The Quarterly Journal of Economics, Massachusetts: MIT Press, v. 84, n. 3, 1970, p. 489-496).

[23] MACKAAY, E.; ROUSSEAU, S. Análise Econômica do Direito. 2a ed. São Paulo: Atlas, 2015, trad. Rachel Sztajn. p. 140

[24] AKERLOF, George. The market for lemons: quality uncertainty and the market mechanism. The Quarterly Journal of Economics, Massachusetts: MIT Press, v. 84, n. 3, 1970, p. 489-496.

Nas relações de compra e venda, como se disse, o comprador deseja pagar o menor valor possível e o vendedor deseja receber o maior valor possível pelo bem[25]. Diante desse desencontro entre os interesses dos vendedores e dos compradores – em que cada um deseja maximizar seu ganho –, o earn-out serve como uma ferramenta para melhor definir o preço e viabilizar a celebração do negócio jurídico[26], representando uma solução criativa para a convergência de interesses das partes envolvidas[27].

Para superar suas divergências, as partes remetem a definição final do preço a um momento posterior[28], a depender da confirmação de certos fatos ou premissas financeiras. Com essa previsão, o comprador externaliza seu risco decorrente da assimetria informacional, imputando-o ao vendedor: confirmando-se as condições estabelecidas, o preço integral acordado será pago. Por outro lado, se as metas, marcos ou fatos não se verificarem, a parcela contingente do preço não se torna devida.

Cumpre pontuar que não é que o vendedor esteja sempre imbuído do objetivo de inflar artificialmente o valor da sociedade alvo. Há, por vezes, divergências de opiniões entre comprador e vendedor sobre as qualidades do bem objeto da compra e venda e sobre sua capacidade de geração de resultados. Há uma inerente subjetividade na formação do preço.

De todo modo, a recusa de um vendedor em aceitar a cláusula de earn-out pode, em tese, sinalizar falta de credibilidade em seu próprio negócio e, portanto, desestimular o comprador a concretizar a operação. Quanto maior a oposição do vendedor ao recebimento de parcela do preço de forma contingente, mais forte será o sinal de sua aversão ao risco da parcela contingente ou ao implemento da condição a que está sujeita, ressalvadas, claro, as particularidades específicas da negociação.

CAVALLO e QUATRINI[29] argumentam, ainda, que a confiança do vendedor em seu negócio (sociedade-alvo) também pode influenciar a proporção entre a quantia paga a título de earn-out e a quantia paga quando do fechamento,

---

[25] REZAEE, Zabihollah. *Financial services firms*: governance, regulations, valuations, mergers, and acquisitions. 3rd ed. Hoboken: J. Wiley, 2011. p.436

[26] PENNA, Paulo Eduardo; PINHO, Luisa Shinzato. "Preço contingente em operações de fusões e aquisições (M&A): a cláusula de *earn-out*". In: *Atualidades em Direito societário e mercado de capitais*, Vol. II. HANSZMANN, Felipe (Org.). Rio de Janeiro: Lumen Juris, 2017. p.363.

[27] MILLER, Edwin L. & SEGALL, Lewis. "Mergers and acquisitions: a step-by-step legal and practical guide". 2nd ed. Hoboken: Wiley, 2017. p.98

[28] MARTINS-COSTA, Judith. "Contrato de Cessão e Transferência de Quotas. Acordo de Sócios. Pactuação de Parcela Variável do preço contratual denominada *earn-out*." In: *Revista de Arbitragem e Mediação*, v.42. Revista dos Tribunais Online, 2014. p.155.

[29] CAVALLO, Manuela; QUATRINI, Giulia. Earn-out clauses: advantages and pitfalls. International Bar Association, an International Online Media Partner to the Association of Corporate

sendo certo que, quanto maior a confiança do vendedor na sociedade-alvo, maior a parcela do preço que ele estaria disposto a relegar para o earn-out, acrescida eventualmente de um prêmio pelo risco.

A despeito dessas considerações e sinalizações, a proporção entre o preço pago no fechamento e o preço pago posteriormente, a título de earn-out, não se relaciona exclusivamente à confiança do vendedor na sociedade alvo. Na verdade, o vendedor deve levar em consideração outros fatores alheios ao seu controle, por exemplo a administração da sociedade-alvo, perspectivas de mercado, entre outros. De igual modo, o prazo do earn-out também influencia a parcela do preço atrelada ao earn-out, porque quanto maior o prazo de vencimento da parcela contingente, maior será o número de fatores externos, alheios ao controle das partes, a influírem no resultado.

Estabelecidas as bases para a racionalidade da celebração da cláusula de earn-out, expõem-se seus principais problemas, as condutas abusivas que as partes podem adotar, bem como possíveis soluções para tais questões.

6. PROBLEMAS

Por se tratar de uma cláusula que se estende no tempo e se sujeita à performance das partes envolvidas, o earn-out pode redundar em diversos litígios. Não à toa, H. KENT BAKER e HALIL KIYMAZ esclarecem que somente 3% dos contratos firmados nos EUA contam com o referido mecanismo. Esse percentual dobra, entretanto, quando se trata de situações em que o comprador não atua no mesmo ramo industrial da companhia adquirida; e aumenta de forma expressiva, chegando a cerca de 13%, quando o comprador não tem experiência com operações do gênero[30].

Seguindo a classificação proposta por PIVA, há duas espécies de litígios oriundos das cláusulas de earn-out[31]. A primeira delas relaciona-se às hipóteses em que a sociedade adquirida não atinge as metas, de sorte que o earn-out não se torna devido. Nesses casos, não é incomum verificar-se condutas do comprador que contribuem para o resultado negativo, a fim de reduzir o valor

---

Counsel and European Online Media Partner to the European Company Lawyers Association: 2012. Acesso em 09.07.2023 <www.internationallawoffice.com/subscribe.cfm>.

[30] BAKER, H. Kent & KIYMAZ, Halil. "The art of capital restructuring: creating shareholder value through mergers and acquisitions.". Hoboken: John W., 2011. p.504.

[31] PIVA, Luciano Zordan. *O earn-out na compra e venda de empresas.* São Paulo: Quartier Latin, 2019, pp. 136 – 137.

a ser pago na relação contratual[32]. A segunda categoria de casos relaciona-se ao atingimento das metas pactuadas para o earn-out, mas por algum fato imputável ao vendedor, que teria agido em interesse próprio, desviando-se do padrão de conduta esperado.

7. CONDUTAS ABUSIVAS DO COMPRADOR

As discussões mais recorrentes envolvendo as cláusulas de earn-out relacionam-se ao não atingimento das metas fixadas. O não atingimento pode ocorrer por diversos fatores. O mais óbvio deles é o de que a externalização do risco mostrou-se exitosa, porque o negócio não valia tudo aquilo que estimava o vendedor. Nesse caso, o earn-out terá se provado valiosa ferramenta para nivelar o preço pago pelo ativo.

A situação ganha contornos mais sensíveis, todavia, quando há a imputação, pelo vendedor, de que as metas – financeiras ou não – não teriam sido atingidas por condutas abusivas ou fatos imputáveis ao comprador. Afinal, seria vantajoso para ele não pagar a parcela do earn-out e receber o ativo por um valor inferior.

A título de exemplo, BUSCHINELLI[33] esclarece que o comprador poderia, em tese, retardar a cobrança de créditos da sociedade alvo, a fim de reduzir as receitas percebidas no período de earn-out; atrasar o aproveitamento de sinergias entre a sociedade adquirida e outras de seu grupo econômico[34]; desperdiçar oportunidades comerciais que poderiam ser lucrativas e poderiam, em tese, contribuir para o atingimento das metas contratuais, entre outras medidas. Há, ainda, movimentos e formas de contabilização de ativos, passivos, receitas e despesas que minam os resultados da sociedade-alvo, podendo, porventura, frustrar o cumprimento da meta para fins do earn-out.

Em síntese, são diversas as condutas e manobras que podem frustrar ou obstar o implemento da condição, apta a ensejar o pagamento da parcela contingente do preço. São condutas que se desviam do comportamento leal e

---

32 REED, Stanley Foster; LAJOUX, Alexandra Reed & NESVOLD, H. Peter. *The Art of M&A*: A Merger Acquisition Buyout Guide. 4 ed. McGraw-Hill: United States. 2007. p.134.

33 BUSCHINELLI, Gabriel Saad Kik. Compra e Venda de Participações Societárias de Controle. São Paulo: Quartier Latin, 2018, p. 232.

34 BAKER, H. Kent & KIYMAZ, Halil. "The art of capital restructuring: creating shareholder value through mergers and acquisitions.". Hoboken: John W., 2011. p.498

diligente esperado das partes na condução dos negócios[35] e buscam interferir no implemento da condição livremente pactuada.

A resposta do legislador para esse comportamento não é nova. O Codigo Civil prevê, em seu art. 129, que, caso a parte obste maliciosamente o implemento da condição (leia-se, aqui, o atingimento das metas), opera-se seu implemento ficto, tornando-se devido o preço do earn-out[36]. Não se faculta à parte interferir ou obstar o implemento da condição estipulada, sob pena de desvirtuar o instituto. Nesses casos, a lei reprime a conduta desleal do agente: a obrigação, que antes estava suspensa até o implemento da condição, torna-se exigível[37].

Muito se discute acerca da exigência de dolo para a incidência do art. 129 do Código Civil. Há quem entenda necessário o dolo da parte com o fim de obstar a condição, uma vez que o dispositivo invoca o termo "maliciosamente". Segundo esse entendimento, aceito pela jurisprudência[38], na hipótese de condutas culposas da parte, a solução seria a conversão em perdas e danos[39], mas não o implemento ficto da condição.

No entanto, a despeito da posição jurisprudencial, tal entendimento tem sido flexibilizado por parte da doutrina, a fim de se reputar desnecessária a conduta dolosa para a aplicação do art. 129 do Código Civil. Segundo esse entendimento, o advérbio "maliciosamente" deveria, em tese, ser interpretado à luz do comportamento cooperativo, em prol da boa-fé, prescindindo-se do elemento volitivo do agente[40]-[41]. É a noção de que o credor deve colaborar com o devedor para o adimplemento da obrigação contratual, por força da boa-fé objetiva. Considera-se a malícia como uma "*interferência voluntária para o fim*

---

[35] BUSCHINELLI, Gabriel Saad Kik. Compra e Venda de Participações Societárias de Controle. São Paulo: Quartier Latin, 2018, p. 232.

[36] "Art. 129. Reputa-se verificada, quanto aos efeitos jurídicos, a condição cujo implemento for maliciosamente obstado pela parte a quem desfavorecer, considerando-se, ao contrário, não verificada a condição maliciosamente levada a efeito por aquele a quem aproveita o seu implemento".

[37] PEREIRA, Caio Mário da Silva. *Instituições de Direito Civil.* Vol. I. 21ª ed. Rio de Janeiro: Forense, 2018. Pp. 468 – 472.

[38] STJ, REsp 1.337.749 – MS(2012/0166165-2), rel. Min. Luis Felipe Salomão, j. 14.02.2017.

[39] Por todos: OLIVEIRA, Eduardo Ribeiro de. "Comentário ao art. 129 do CC/02". In: TEIXEIRA, Sálvio de Figueiredo. *Comentários ao Novo Código Civil,* vol. II, 2ª ed., Rio de Janeiro, Forense, 2012. pp. 347 – 348.

[40] TEPEDINO, Gustavo; BARBOZA, Heloísa Helena; MORAES, Maria Celina Bodin de. *Código Civil Interpretado:* conforme a Constituição da República. Vol. I. 2ª ed. rev. e atu. Rio de Janeiro: Renovar, 2007. p. 262.

[41] MARTINS-COSTA, Judith. "Contrato de Cessão e Transferência de Quotas. Acordo de Sócios. Pactuação de Parcela Variável do preço contratual denominada earn-out." In: *Revista de Arbitragem e Mediação,* v.42. Revista dos Tribunais Online, 2014.

reprovado pelo ordenamento, sendo dispensável, por isso mesmo, a presença do dolo"[42]. Não se exigiria prova do comportamento doloso, mas da prática de conduta desleal ou culposa, contrária à cooperação exigida e esperada das partes[43], por força do art. 422 do Código Civil[44].

Outra fonte de problemas deriva da criação de obstáculos, pelo comprador, ao pleno acesso às informações pelo vendedor. É inerente à cláusula de earn-out que o vendedor tenha total interesse em acompanhar os resultados da empresa vendida, a fim de verificar se as metas pactuadas foram atingidas ou não e o que pode ser feito para contribuir ao atingimento das metas no curso da relação contratual.

Nem sempre o vendedor permanece na administração da sociedade-alvo, após o fechamento da operação, tornando-se mero espectador do atingimento ou não das metas estabelecidas. Qualquer que seja a hipótese, deve-se conceber mecanismos para que o vendedor tenha acesso às informações relativas ao atingimento do earn-out, sendo recomendável que o próprio contrato estabeleça os meios adequados para a correta fiscalização[45] e a extensão e qualidade das informações a serem fornecidas[46]. O acesso à informação pelo vendedor foi confirmado pela jurisprudência do Tribunal de Justiça do Estado de São Paulo, que reconheceu o direito de fiscalizar as atividades da empresa, na pendência do implemento das condições do earn-out[47].

---

[42] TEPEDINO, Gustavo; BARBOZA, Heloísa Helena; MORAES, Maria Celina Bodin de. *Código Civil Interpretado:* conforme a Constituição da República. Vol. I. 2ª ed. rev. e atu. Rio de Janeiro: Renovar, 2007. p. 262.

[43] SCHREIBER, Anderson *et alii. Código Civil Comentado.* Doutrina e Jurisprudência. Rio de Janeiro: GEN-Forense, 2019, p. 84.

[44] Tal entendimento é também presente no Direito Português, consoante a previsão contida no art. 275º, 2, do Código Civil: "Artigo 275.º
(Verificação e não verificação da condição)
1. A certeza de que a condição se não pode verificar equivale à sua não verificação.
2. Se a verificação da condição for impedida, contra as regras da boa fé, por aquele a quem prejudica, tem-se por verificada; se for provocada, nos mesmos termos, por aquele a quem aproveita, considera-se como não verificada."

[45] PENNA, Paulo Eduardo; PINHO, Luisa Shinzato. "Preço contingente em operações de fusões e aquisições (M&A): a cláusula de *earn-out*". In: *Atualidades em Direito societário e mercado de capitais*, Vol. II. HANSZMANN, Felipe (Org.). Rio de Janeiro: Lumen Juris, 2017. p.376.

[46] Buschinelli bem pontua que não faz sentido, por exemplo, o fornecimento de informações relativas às despesas da empresa, quando o earn-out se vincula somente ao faturamento (BUSCHINELLI, Gabriel Saad Kik. Compra e Venda de Participações Societárias de Controle. São Paulo: Quartier Latin, 2018, pp. 233-235).

[47] TJSP; Apelação Cível 0125493-61.2012.8.26.0100; Relator (a): Francisco Loureiro; Órgão Julgador: 1ª Câmara Reservada de Direito Empresarial; Foro Regional XI - Pinheiros - 5ª Vara Cível; Data do Julgamento: 02/10/2012; Data de Registro: 03/10/2012.

8. CONDUTAS ABUSIVAS DO VENDEDOR

Há, ainda, o chamado *moral hazard* ou risco moral do lado do vendedor que atua na qualidade de administrador. *Moral hazard* é um conceito familiar ao mercado de seguros e à análise econômica do direito, mas que possui igual relevância no exame das cláusulas de earn-out.[48] Isso porque o vendedor que atua como administrador pode, em tese, adotar condutas inconsequentes ou que não se alinhem ao melhor interesse da sociedade-alvo, almejando cumprir as metas do earn-out no curto prazo, tendo em vista que não sofrerá as consequências nocivas de sua conduta no longo prazo[49].

São diversos exemplos que podem ilustrar condutas nocivas, passíveis da configuração de *moral hazard*. O vendedor pode (i) adotar condutas temerárias mas que tragam benefícios financeiros de curto prazo, sendo que o risco jurídico somente seria concretizado ou percebido anos depois[50]; (ii) queimar estoque para maximizar os lucros no curto prazo por valores abaixo do preço de mercado; (iii) reduzir investimentos nas áreas de pesquisa e desenvolvimento, eis que seus resultados tardam a se converterem em ganhos financeiros[51]; (iv) repactuar dívidas, com prazos mais longos e condições mais onerosas, para preservar mais caixa no curto prazo; (v) reduzir custos de matéria prima que prejudicam a qualidade dos produtos ou serviços prestados, mas que aumentam vendas no curto prazo; (vi) introduzir no mercado, de modo precipitado, produtos que ainda não estejam totalmente finalizados, dentre inúmeras outras condutas[52].

---

[48] No contexto do mercado securitário, o moral hazard revela que, em razão de fiscalização ou controle imperfeitos – quer porque inviáveis, quer porque custosos – o segurado consegue distanciar-se de um comportamento zeloso do bem, buscando vantagens para si ou aumentando a probabilidade da ocorrência do sinistro. No direito dos seguros, a resposta ao *moral hazard* soluciona-se por um aumento da fiscalização por parte do segurador ou mediante tentativa de maior alinhamento de interesses entre o segurado e o segurador. Nessa segunda solução, atribui-se parte do custo do sinistro para o segurado, de forma a incentivá-lo a evitar ocorrência do sinistro e o conhecido custo de franquia. (MACKAAY, E.; ROUSSEAU, S. Análise Econômica do Direito. 2a ed. São Paulo: Atlas, 2015, trad. Rachel Sztajn. pp. 138-145).

[49] MARTINS-COSTA, Judith. "Contrato de Cessão e Transferência de Quotas. Acordo de Sócios. Pactuação de Parcela Variável do preço contratual denominada *earn-out*." In: *Revista de Arbitragem e Mediação*, v.42. Revista dos Tribunais Online, 2014.

[50] DEPHAMPLHILIS, Donald M. *Mergers and acquisitions basics*: negotiation and deal structuring. Oxford: Elsevier, 2011.

[51] BAKER, H. Kent & KIYMAZ, Halil. "The art of capital restructuring: creating shareholder value through mergers and acquisitions.". Hoboken: John W., 2011. p.498.

[52] MILLER, Edwin L. & SEGALL, Lewis. "Mergers and acquisitions: a step-by-step legal and practical guide". 2nd ed. Hoboken: Wiley, 2017. p.99

São inúmeros os comportamentos abusivos que o vendedor-administrador pode tomar, a fim de maximizar os ganhos no curto prazo, relegando para o futuro os prejuízos daí decorrentes. A finalidade é óbvia: como o prazo para verificação das metas de earn-out são relativamente curtos, suas condutas teriam por finalidade a maximização dos resultados para o atingimento das metas ou sua superação, pouco importando suas consequências de médio ou longo prazo.

O comprador não pode tolerar essas condutas e deve possuir meios para coibi-las. A solução para esse problema parece ser dúplice: vincular o vendedor-administrador às consequências de sua conduta e promover meios de fiscalizar seu comportamento. Com relação ao primeiro ponto, a vinculação do vendedor-administrador às suas condutas pode ser solucionada mediante a previsão de que, caso adote determinadas práticas, será destituído da administração por justa causa e, portanto, nada mais seria devido a título de earn-out. Nesses casos, a solução consiste na fixação de mais uma meta não financeira: a sua permanência como administrador vinculada a determinado padrão de conduta esperado e expressamente pactuado no contrato.

O segundo ponto consiste em aumentar a fiscalização do comprador sobre as condutas do vendedor-administrador. Pode-se pactuar que determinadas condutas necessitam de aprovação prévia do comprador. Em termos societários, seria vincular a diretoria a um órgão superior de controle, seja o conselho de administração, seja a assembleia geral, cuja maioria e controle, em ambos os casos, pertenceriam ao comprador.

A solução culmina, essencialmente, por delinear padrões de conduta aos quais o vendedor-administrador encontrar-se-ia subordinado na condução dos negócios. Eles devem ser expressamente pactuados no contrato ou corresponder ao que já vinha sendo praticado na administração da sociedade-alvo antes da compra e venda.

9. REMÉDIOS E SOLUÇÕES

Como se apontou acima, conquanto a cláusula de earn-out permita superar impasse entre comprador e vendedor quanto ao preço da participação societária e sua forma de pagamento, ela traz alguns riscos de abuso por ambos os lados. Há uma série de meios para preveni-los ou remediá-los.

Muitos desses remédios foram tratados ao longo do artigo. É o caso, por exemplo, da utilização de prazos mais curtos, em vez de alongados, para a verificação das condições e pagamento do earn-out. Como visto, quanto maior o tempo entre a compra e venda de participação societária e a data de pagamento do earn-out, maiores as influências de fatores alheios às partes e as chances de divergências entre elas. De igual modo, também se verificou que meios de acesso à informação e de fiscalização são instrumentos importantes para se evitar conflitos. O dever de informação e o direito à fiscalização estende-se a ambos os polos. Tanto o comprador quanto o vendedor devem manter a outra parte informada e permitir a correta fiscalização para a tutela de seus respectivos direitos e interesses. O vendedor que permanece na administração deve manter o comprador informado de suas condutas, a fim de se evitar a prática de atos imediatistas, mas temerários e nocivos a longo prazo. Também é possível, como visto, a criação de mecanismos de fiscalização pelo comprador, como a necessidade de prévia aprovação, para a prática de determinadas atividades ou atos de gestão. Se há, no entanto, receio quanto à capacidade financeira do comprador, a constituição de uma conta *escrow* serve como garantia do adimplemento do comprador.

Com relação às condutas abusivas que podem ser praticadas tanto pelo vendedor quanto pelo comprador, as respectivas soluções específicas partem de lógica comum: delinear um padrão de conduta para as partes. É esperado que as partes adotem comportamentos similares aos que já eram adotados na gestão da sociedade-alvo[53] e que foram apurados no processo de *due diligence*[54], a fim de se evitar condutas contrárias à boa-fé e ao dever de lealdade[55]. Em outras palavras, haveria um "dever de coerência" no curso da relação contratual, de forma que a parte deve manter uma conduta uniforme[56].

Em relação ao comprador, caso adote comportamento contrário à boa-fé, pode-se reputar verificado o implemento ficto da condição, na forma nos termos do art. 129 do Código Civil, conforme detalhado acima. Já em relação ao vendedor, caso atue na administração, recomenda-se a criação de mecanismos para vinculá-lo às consequências de sua conduta, a fim de assegurar que elas se pautarão na boa-fé. Por exemplo, sua remoção da administração e a perda do direito ao earn-out se praticadas determinadas condutas.

Não se pode ignorar, todavia, que em alguns casos o earn-out pode vincular-se à uma mudança, reorganização ou reestruturação na sociedade-alvo.

---

[53] REED, Stanley Foster; LAJOUX, Alexandra Reed & NESVOLD, H. Peter. "The Art of M&A: A Merger Acquisition Buyout Guide." 4 ed. McGraw-Hill: United States. 2007. p.133.

[54] PIVA, Luciano Zordan. O earn-out na compra e venda de empresas. São Paulo: Quartier Latin, 2019, pp. 135 - 136

[55] PENNA, Paulo Eduardo; PINHO, Luisa Shinzato. "Preço contingente em operações de fusões e aquisições (M&A): a cláusula de earn-out.". In: Atualidades em Direito societário e mercado de capitais, Vol. II. HANSZMANN, Felipe (Org.). Rio de Janeiro: Lumen Juris, 2017. p.375.

[56] MARTINS-COSTA, Judith. "Contrato de Cessão e Transferência de Quotas. Acordo de Sócios. Pactuação de Parcela Variável do preço contratual denominada earn-out." In: Revista de Arbitragem e Mediação, v.42. Revista dos Tribunais Online, 2014. p.166

Nesses casos, é mais difícil subordinar as partes a um comportamento pretérito, porque se espera, justamente, uma mudança comportamental. Nesse cenário, é fundamental que as partes estipulem diretrizes de conduta para os administradores, vendedor e comprador. Entre as sugestões de boa redação para essa hipótese está a elaboração de um detalhado plano de negócios, no qual se indiquem as ações empresariais a serem adotadas, aliada a um orçamento pré-aprovado. Com isso, há relevante mitigação dos conflitos oriundos da cláusula de earn-out.

BUSCHINELLI traz uma solução interessante para os comportamentos abusivos do comprador. O autor sugere a aplicação analógica do art. 413 do Código Civil, que prevê a redução da cláusula penal em hipóteses em que ela se figurar excessiva. Embora o atingimento das metas não consista, efetivamente, em obrigação do comprador ou da sociedade-alvo, é possível, como já visto, que o comprador adote algum comportamento abusivo para obstar o pagamento do earn-out às vésperas de seu termo final.

Nesses casos, assim como a cláusula penal deveria ser reduzida equitativamente pelo juiz se a obrigação principal tiver sido cumprida em parte, o autor defende a noção de que, desde que se atente para a natureza e finalidade do negócio, seria possível aplicar o mesmo princípio para o earn-out. Isto é, caso uma das metas não seja atingida, mas parte substancial tenha sido, sustenta o autor que pareceria excessivo excluir, por completo, o pagamento do earn-out, devendo ser o montante definido judicialmente de forma equitativa, seguindo-se os parâmetros de aplicação do art. 413 do Código Civil. Com isso, fugir-se-ia de uma solução binária de verificação ou não do implemento das condições[57], para se cogitar o implemento substancial da condição.

A solução apresentada pelo autor, embora criativa, deve ser analisada com cuidado. Não há dúvida de que comportamentos oportunistas e abusivos do comprador devem ser coibidos. Daí a razão de ser do art. 129 do Código Civil, como já visto acima. Contudo, se as partes optaram por estabelecer condição binária em vez de escalonada para o pagamento do earn-out, o julgador deve ter cautela ao cogitar interferir na autonomia da vontade para considerá-la implementada, caso não tenha sido na prática, ainda que por pouco. Isso porque a intervenção judicial nesse aspecto pode romper a alocação de riscos entabulada entre as partes quando da celebração do contrato. É preciso, pois, antes de se aplicar de forma automática eventuais teorias que suscitam noções equitativas, como do adimplemento substancial ou da redução da cláusula

---

[57] BUSCHINELLI, Gabriel Saad Kik. Compra e Venda de Participações Societárias de Controle. São Paulo: Quartier Latin, 2018, p. 229.

penal, preservar a alocação de riscos entre as partes, assim como a lógica econômica e financeira das disposições livremente pactuadas.

O earn-out pode ensejar condutas oportunistas de ambas as partes, cada qual pautada em seu interesse individual. A solução para tais problemas é casuística, mas pauta-se em um ponto comum: a atuação da parte com base na boa-fé objetiva e em padrões previamente pactuados em contratos ou previamente verificados no cotidiano da empresa. As partes devem proceder com cautela ao pactuar uma cláusula de earnout, a fim de tentar minimizar as possíveis fontes de litígio ora estudadas.

A despeito dos potenciais problemas que pode ocasionar, a cláusula de earn-out constitui técnica eficiente para superação de entraves entre as partes para fixação de preço nos contratos de compra e venda de participação societária, sendo mecanismo frequente nas operações domésticas. Daí a contínua relevância de seu estudo e compreensão.

16. A CLÁUSULA DE ALOCAÇÃO DO RISCO DE OBTENÇÃO DE LICENÇAS AMBIENTAIS NOS CONTRATOS DE CONCESSÃO: EVITANDO-SE UMA INTERPRETAÇÃO ABUSIVA

Arnoldo Wald
Mariana Tavares Antunes

1. INTRODUÇÃO

Uma das funções precípuas dos contratos é a alocação dos riscos assumidos de parte a parte; e desse destino não escaparia o contrato administrativo, instrumento que almeja uma relação estável e duradoura entre poder público e ente privado, em prol da concretização de um projeto de interesse público. Entende-se por risco o evento ou fator indesejado, superveniente à conclusão do contrato, de natureza possível e incerta, que ameaça a realização do empreendimento ou atividade contratada, afetando seu cronograma, seus custos, ou a qualidade do resultado, impactando, assim, a equação econômico-financeira do arranjo. A despeito de sua incerteza, alocam-se os riscos entre as partes contratantes de modo a antecipar a respectiva responsabilidade, buscando-se, de forma eficiente, a continuidade da execução do objeto do contrato.

No âmbito dos contratos administrativos, a matriz de risco definida quando da licitação corresponde às condições segundo as quais o concorrente apresentará sua proposta, vinculando a Administração à sua manutenção ao longo da execução do contrato, com respaldo no art. 37, XXI, da Constituição[1].

Em que pese a prerrogativa da administração pública de estabelecer condições unilaterais – as conhecidas cláusulas exorbitantes[2] –, da avença celebrada com o particular não se retira a natureza contratual[3], pois, do complexo regime jurídico da contratação administrativa, não se afastam as normas de direito civil, de direito comercial, de direito penal etc[4].

Não por acaso, a doutrina[5] e a jurisprudência são pacíficas no entendimento de que, na mesma medida em que o ordenamento impõe aos

---

[1] Art. 37, XXI, da Constituição Federal: "ressalvados os casos especificados na legislação, as obras, serviços, compras e alienações serão contratados mediante processo de licitação pública que assegure igualdade de condições a todos os concorrentes, com cláusulas que estabeleçam obrigações de pagamento, *mantidas as condições efetivas da proposta*, nos termos da lei, o qual somente permitirá as exigências de qualificação técnica e econômica indispensáveis à garantia do cumprimento das obrigações".

[2] MEIRELLES, Hely Lopes. *Licitação e contrato administrativo*. 14 ed. São Paulo: Malheiros, 2007. p. 203: "as cláusulas exorbitantes são absolutamente válidas no contrato administrativo, uma vez que decorrem da lei ou dos princípios que regem a atividade administrativa e visam a estabelecer prerrogativas em favor de uma das partes, para o perfeito atendimento do interesse público, que se sobrepõe sempre aos interesses particulares. É, portanto, a presença dessas cláusulas exorbitantes no contrato administrativo que lhe imprime o que os franceses denominam *la marque du Droit Public*: a marca do direito público".

[3] DI PIETRO, Maria Sylvia Zanella. *Direito Administrativo*. 25 ed. São Paulo: Atlas, 2012, p. 263.

[4] JUSTEN FILHO, Marçal. *Curso de Direito Administrativo*. 8 ed. Belo Horizonte: Fórum, 2012, p. 109.

[5] CORDEIRO, António Manuel da Rocha e Menezes. *Da boa fé no direito civil*. Coimbra: Almedina, 1997, p. 391-392: "Nas obras gerais de Direito administrativo, encontram-se, apenas, referências escassas e desalinhadas à boa fé. Embora ela não seja ignorada, faltam desenvolvimentos que tratem a sua natureza, as suas aplicações e as suas fórmulas de concretização. Tal situação é surpreendente, pois traduz uma quebra efectiva perante os estudos realizados em tempos. Poderia ser inóqua se representasse o confinar da boa fé ao privatismo: o Direito público contrapor-lhe-ia, então, outros princípios próprios. E como não se vislumbra que a boa fé, no âmbito alargado de aplicação que lhe veio a ser conferido pela evolução jurídica registrada nos últimos cem anos, esteja indissociavelmente, ligada apenas a valores e representações jurídico-privados – provam-no, aliás, a literatura e a jurisprudência que a boa fé no Direito público – seria de esperar que, entre os tais princípios de Direito público, figurasse algum em tudo semelhante a ela. Na verdade, isso não acontece, aparecendo vários institutos dependentes da boa fé – abuso do direito, *suppressio*, alteração de circunstâncias, certos deveres de comportamento e protecção da confiança – tratados sem conexão em si. A situação agrava-se, ainda, porque a jurisprudência administrativa decide com recurso à boa fé caindo, na falta de concretizações, no sentimento e na equidade. Tais falhas são, porém, muito compensadas pela profundidade com que o juspublicismo tem tratado outros princípios gerais – como o da igualdade – enriquecendo, desse modo a Ciência do Direito"; GORDILLO, Agustín. *Tratado de Derecho Administrativo*, Tomo 1, Parte General. 5 ed. Buenos Aires: Fundación de Derecho Administrativo, 1998, p. XI-47: "*La buena fe contractual. Se dice también que los contratos administrativos son esencialmente de buena fe, lo que lleva a que la administración no debe actuar como si se tratara de un negocio lucrativo, ni tratar de obtener ganancias ilegítimas a costa del contratista, o aprovecharse de situaciones legales o fácticas que la favorezcan en perjuicio del contratista*".

contratantes privados o respeito ao princípio da boa-fé objetiva[6], no direito público ao particular se assegura que o poder concedente assumirá postura colaborativa e viabilizadora ao longo da parceria, em respeito à moralidade administrativa, prevista no art. 37, *caput*, da Constituição[7], e ao princípio da vinculação ao processo licitatório[8]. Nesse contexto, a alocação de riscos do contrato administrativo[9] deve se orientar pela eficiência do arranjo, de modo a garantir que os respectivos ônus recairão sobre a parte que puder geri-los ao menor custo[10].

A eficiência e a preservação das condições da proposta compõem, assim, a linha mestra dos contratos administrativos e, nessa condição, devem orientar a sua execução. Não raras vezes, contudo, a prática contratual revela uma miríade de situações em que discussões interpretativas exsurgem acerca da correta alocação dos riscos do contrato.

Esse é o caso da distribuição do ônus sobre a obtenção de licenças ambientais necessárias à execução de contratos de concessão de diferentes setores. É bastante comum que os contratos atribuam, de forma ampla, o risco de não obtenção das referidas licenças ao próprio concessionário que, caso não logre

---

[6] Art. 113 do Código Civil: "Os negócios jurídicos devem ser interpretados conforme a boa-fé e os usos do lugar de sua celebração". MARTINS-COSTA, Judith. *A boa-fé no direito privado:* critérios para a sua aplicação. São Paulo: Revista dos Tribunais, 2005.

[7] BANDEIRA DE MELLO, Celso Antônio. *Curso de Direito Administrativo*. 21 ed. São Paulo: Malheiros, 2006, p. 115: "de acordo com esse princípio, a Administração e seus agentes têm de atuar na conformidade de princípios éticos. Violá-los implicará violação ao próprio Direito, configurando ilicitude que assujeita a conduta viciada a invalidação"; JUSTEN FILHO, Marçal. O Princípio da Moralidade Pública e o Direito Tributário, conferência proferida no IX Congresso Brasileiro de Direito Tributário. *Revista de Direito Tributário*. São Paulo: Malheiros, vol. 67, 1996, p. 70, 1996: "o princípio da moralidade pública contempla a determinação jurídica da observância de preceitos éticos produzidos pela sociedade, viáveis segundo as circunstâncias de cada caso".

[8] Já tivemos a oportunidade de analisar a extensão do princípio da vinculação da administração pública ao processo licitatório, no sentido de que "[o] edital vincula as partes aos seus critérios, requisitos e condições, cuja observância poderá ser exigida durante a licitação, na assinatura do contrato e durante a vigência da concessão, tanto pela concessionária quanto pelo Poder Concedente e, em tese, até pelos usuários" (WALD, Arnoldo. *O Direito de Parceria e a Lei de Concessões*. São Paulo: Saraiva, 2004, p. 356 e 357).

[9] No caso das parcerias público-privadas, a disciplina contratual *expressa* da alocação de riscos é exigida pelo art. 4º, VI, da Lei nº 11.079/2004: "Na contratação de parceria público-privada serão observadas as seguintes diretrizes: (...) VI – repartição objetiva de riscos entre as partes".

[10] GUIMARÃES, Fernando Vernalha. Alocação de riscos na PPP. In: JUSTEN FILHO, Marçal; SCHWIND, Rafael Wallbach (Coord.). *Parcerias Público-Privadas*: Reflexões sobre os 10 anos da Lei 11.079/2004. São Paulo: Revista dos Tribunais, 2015, p. 244. "A alocação de riscos permite, portanto, alcançar um alinhamento de interesses entre as partes, criando incentivo a que a parte com capacidade para influir no risco gerencie adequadamente a sua prevenção, e, ao mesmo tempo, evitando condutas oportunistas que poderiam ser adotadas caso a parte responsável por essas escolhas não ficasse exposta aos riscos que lhe são derivados".

êxito em obtê-las, responderá pelas consequências da inexecução do contrato. Nada há de errado em tal previsão, desde que, é claro, não se atribua à regra uma interpretação extensiva e abusiva, de forma a colocar na cesta do particular riscos extraordinários, não afetos à sua gestão e que subvertam a linha mestra do contrato de concessão.

Este artigo busca identificar, especialmente nos contratos de concessão de petróleo e gás natural, identificar como os tribunais arbitrais[11] têm delimitado o escopo da obrigação de obtenção de licenças ambientais na indústria, visando à conciliação do interesse público e da observância dos princípios e normas que norteiam as complexas relações jurídicas entre entes públicos e privados.

2. ALOCAÇÃO DO RISCO DE OBTENÇÃO DE LICENÇAS AMBIENTAIS NOS CONTRATOS DE CONCESSÃO

Para além da comum repartição dos riscos decorrentes de caso fortuito e força maior, fato da administração, ou fato do príncipe, os contratos de concessão alocam, de costume, os riscos ambientais das atividades do projeto.

Como é cediço, a execução de qualquer atividade empresarial potencialmente poluidora está condicionada à autorização do órgão competente. Nesse sentido, recai de praxe sobre o particular, a quem incumbe a execução das atividades operacionais, a responsabilidade civil, administrativa e penal, perante as instâncias competentes, em decorrência dos danos ambientais eventualmente causados ao longo da execução do contrato de concessão.

A título de exemplo, a cláusula 21.5 de contrato de concessão de petróleo e gás natural[12] estabeleceu a ampla responsabilidade do concessionário pelos danos ao meio ambiente e terceiros, decorrentes de suas atividades. Por meio

---

[11] Desde 1998, a ANP realizou 17 rodadas de licitações de blocos exploratórios terrestres e marítimos a dezenas de empresas e consórcios petrolíferos por meio de contratos de concessão que, desde o primeiro modelo, incluíam a arbitragem como método de solução de controvérsias, contribuindo, nas últimas décadas, para uma jurisprudência rica acerca da interpretação de suas cláusulas.

[12] Cláusula 21.5 dos contratos de concessão de petróleo e gás natural da 7ª rodada de licitações da ANP: "Sem prejuízo do disposto no parágrafo 21.1 e na conformidade deste, o Concessionário assumirá responsabilidade integral e objetiva por todos os danos e prejuízos ao meio ambiente e a terceiros que resultarem, direta ou indiretamente, das Operações e sua execução, bem como do seu abandono e da remoção e reversão de bens nos termos dos parágrafos 18.8 a 18.19, obrigando-se a repará-los e a indenizar a União e a ANP, nos termos dos parágrafos 2.2 e 2.3, por toda e qualquer ação, recurso, demanda ou impugnação judiciais, juízo arbitral, auditoria, inspeção, investigação ou controvérsia de qualquer espécie, bem como por quaisquer indenizações, compensações, punições, multas ou penalidades de qualquer natureza, relacionados ou decorrentes de tais danos e prejuízos".

do referido dispositivo, o particular ainda é obrigado a indenizar a União e a ANP pelos custos incorridos em função de qualquer defesa administrativa, judicial ou arbitral realizada pelo ente estatal em virtude de infração ambiental praticada na execução do contrato. Uma proteção do ente público aos efeitos da responsabilidade ambiental que, como se sabe, tem natureza objetiva, nos termos do art. 14, § 1º, da Lei nº 6.938/1981[13].

Trata-se da regular aplicação da lei ambiental[14]. A controvérsia aqui abordada diz respeito a uma outra face das questões ambientais, mais especificamente a responsabilidade pela obtenção das licenças, permissões e autorizações necessárias à execução do objeto da concessão.

Naturalmente que o fato de o contrato de concessão ter sido celebrado com ente público não vincula a atuação do órgão ambiental no sentido de autorizar o início das atividades, caso a lei exija uma licença para tanto. Caberá, assim, ao particular, diligenciar perante os órgãos competentes, praticando todos os atos necessários para a obtenção da referida autorização a fim de possibilitar o desenvolvimento do projeto. Abaixo, destacam-se alguns exemplos da contratação da referida obrigação em concessões de diferentes setores da indústria:

Contrato de Concessão Patrocinada para Implantação e Operação do Veículo Leve sobre Trilhos (VLT) do Subúrbio de Salvador

7.1 A CONCESSIONÁRIA deverá cumprir com todas as providências exigidas pelos órgãos competentes, nos termos da legislação vigente, para a obtenção e renovação das licenças, permissões e autorizações necessárias para a IMPLANTACÃO e OPERACÃO do VLT, arcando com as despesas e custos correspondentes.

> **Contrato de Concessão da Exploração da Rodovia BR-153lSP (Trecho div. MG/SP - divisa SP/PR)**
>
> 16.16 Caberá à Concessionária obter todas as licenças e autorizações necessárias ao exercício das atividades vinculadas a Concessão.

> **Contrato de Concessão de Serviço Público de Transmissão de Energia Elétrica nº 05/2023-ANEEL**
>
> CLÁUSULA DÉCIMA SÉTIMA – RISCOS DO NEGÓCIO

[13] Art. 14, § 1º, da Lei nº 6.938/1981: "Sem obstar a aplicação das penalidades previstas neste artigo, é o poluidor obrigado, independentemente da existência de culpa, a indenizar ou reparar os danos causados ao meio ambiente e a terceiros, afetados por sua atividade. O Ministério Público da União e dos Estados terá legitimidade para propor ação de responsabilidade civil e criminal, por danos causados ao meio ambiente".

[14] IGLECIAS, Patrícia; TANURE, Fernanda Abreu; GOUVEI, Jorge; SANTOS, Caroline Jorge (Coord.). *Proteção ao Meio Ambiente no Brasil: passado, presente e futuro: estudos em homenagem a Patrícia Iglecias.* São Paulo: Almedina, 2023.

O negócio de transmissão de energia elétrica contempla riscos anteriores e posteriores à assinatura do Contrato de Concessão, os quais, ainda que não explicitados neste CONTRATO, são de inteira responsabilidade da TRANSMISSORA, salvo disposição legal em contrário.

Primeira Subcláusula – São riscos de responsabilidade exclusiva da TRANSMISSORA: (...) m) o licenciamento ambiental, limitado ao prazo legal do órgão licenciador, sendo o prazo mínimo aquele definido para o órgão ambiental federal, conforme disposto na Quarta Subcláusula desta Cláusula;

Contrato de Concessão PBOA/SPB nº 125/2011-ANATEL

Capítulo XXX - Do Meio Ambiente e do Controle Ambiental

Parágrafo único. A Concessionária —apresentará aos órgãos competentes, sempre que exigível, os relatórios de impacto ao meio ambiente, bem como providenciará a obtenção da respectiva licença, conforme legislação aplicável.

Contrato de Concessão de Petróleo e Gás Natural da 7ª Rodada de Licitações da ANP

13.14 Caberá ao Concessionário, por sua conta e risco, obter todas as licenças, autorizações, permissões e direitos, exigidos nos termos da lei, por determinação das autoridades competentes ou em razão de direito de terceiros, referidos ou não neste Contrato, inclusive relativos ao meio ambiente e que sejam necessários para a execução das Operações, visando *inter alia* a livre entrada, saída, importação, exportação, desembaraço alfandegário, movimentação, construção, instalação, posse, uso ou consumo, tanto no que diz respeito ao País quanto à Área da Concessão, de quaisquer pessoas, serviços, processos, tecnologias, equipamentos, máquinas, materiais e bens em geral, inclusive para a utilização de recursos naturais, nos termos do parágrafo 2.4, instalação ou operação de meios de comunicação e transmissão de dados, e transporte por via terrestre, fluvial, lacustre, marítima ou aérea.

Além de alocar ao concessionário o risco de sua obtenção, a obrigação acaba por abranger igualmente os ônus relacionados tanto à *não obtenção* das licenças, quanto ao de *atraso na sua obtenção*. Trata-se, portanto, de uma atribuição de riscos baseada no resultado, segundo a qual a parte assume as consequências econômicas em decorrência do seu não atingimento.

Muito embora o ônus da não obtenção do licenciamento pareça objetiva e integralmente atribuído ao particular, existem situações em que a aparente obviedade da regra é posta à prova diante da complexidade das relações jurídicas que permeiam uma concessão. Dessa forma, a interpretação da obrigação acabará por definir os limites da responsabilidade do concessionário sobre a ocorrência do evento indesejado.

Como já adiantado, este artigo dedica-se a compreender de que modo a aplicação da referida obrigação deve ser interpretada a fim de não resultar na imposição de excessivo ônus ao particular, na hipótese em que a impossibilidade de obtenção da licença, autorização ou permissão foge ao seu controle, de modo que o não atingimento do resultado esperado não decorre da gestão da parte privada.

Nesse sentido, desde a publicação do edital da primeira rodada de licitações de blocos pela ANP, a minuta do contrato de concessão atribui expressamente ao particular a responsabilidade pela obtenção das licenças, autorizações e permissões necessárias à implementação da atividade concedida.

Considerando que, na jurisprudência atinente à execução dos contratos de concessão de petróleo e gás natural, a interpretação da cláusula em comento já foi objeto de análise de tribunal arbitral – e relaciona-se a disputa recentemente submetida a segundo procedimento administrado pela Corte de Arbitragem da Câmara de Comércio Internacional (CCI) –, este artigo optou por focar no estudo do referido dispositivo. Antes, contudo, de adentrar no cerne da questão, cumpre estabelecer algumas premissas que serão úteis à abordagem dos contratos de concessão de petróleo e gás natural, bem como os julgados pertinentes.

2.1. A noção de risco no contrato de concessão de petróleo e gás natural

Desde o advento da Emenda Constitucional nº 9, de 1995, o § 1º do art. 177 da Constituição[15] estabelece que as atividades de prospecção, exploração, produção, refino e transporte de petróleo e gás natural podem ser exploradas pela iniciativa privada, sem a quebra do regime de monopólio da União previsto no *caput*. Para tanto, com o objetivo de regular o art. 177, promulgou-se a Lei nº 9.478/97 (Lei do Petróleo), por meio da qual as atividades atinentes à indústria do petróleo foram regulamentadas a fim de concretizar a política energética nacional, criando-se o Conselho Nacional de Política Energética (CNPE) e a Agência Nacional do Petróleo, Gás Natural e Biocombustíveis (ANP), com a finalidade de implementar a política estabelecida pelo CNPE.

[15] Art. 177, § 1º, da Constituição Federal: "A União poderá contratar com empresas estatais ou privadas a realização das atividades previstas nos incisos I a IV deste artigo *observadas as condições estabelecidas em lei*".

Muito se debate, desde então, a respeito da natureza jurídica do ato por meio do qual a União Federal, através da ANP, autoriza os particulares a explorarem petróleo e gás natural no território nacional. Há quem sustente se tratar de contrato de natureza pública[16], desde as modalidades de concessão de atividade de interesse público[17], serviços de utilidade pública, a exploração de bem público[18]. Na opinião destes autores, a última classificação parece adequada na medida em que o objetivo dos contratos em comento se concretiza com a produção e apropriação de bem público.

Especialmente no que tange à exploração e à produção de petróleo e gás natural, os elevados riscos são integralmente assumidos pelo concessionário no momento da contratação. Nesse sentido o art. 26, da Lei nº 9.478/1997 ("Lei do Petróleo"), previu que "a concessão implica, para o concessionário, a obrigação de explorar, *por sua conta e risco* e, em caso de êxito, produzir petróleo ou gás natural em determinado bloco (...)".

O racional por trás do referido dispositivo busca, portanto, alocar ao particular o risco integral de realização das atividades operacionais ao longo da execução do contrato, sobretudo no que diz respeito à descoberta de jazidas nos blocos explorados e à sua comercialidade[19]. Nesse cenário, cabe exclusivamente ao concessionário suportar os prejuízos decorrentes da eventual inexistência de hidrocarbonetos nas reservas exploradas, de seu volume e oscilações de preço praticado no mercado; além de providenciar todos os estudos e documentos necessários à obtenção das licenças ambientais, segundo a Lei aplicável.

Por outro lado, a principal particularidade que caracteriza a concessão de petróleo e gás natural consiste no fato de que o poder concedente não concorrerá com qualquer forma de remuneração em benefício do particular, como sói ocorrer nas concessões de serviço público ou nas parcerias público-privadas.

Contudo, ainda que o concessionário assuma, exclusivamente, todos os riscos, incluindo os investimentos, relacionados com a execução das atividades exploratórias, em contrapartida, ainda conforme o art. 26 da Lei do Petróleo,

---

16 TÁCITO, Caio. Permissão de Refino de Petróleo. In: Temas de Direito Público, Ed. Renovar, Rio de Janeiro, 1997, p. 1617-1631.

17 MARQUES NETO, Floriano de Azevedo. *Concessões.* Belo Horizonte: Fórum, 2015. p. 289; ARAGÃO, Alexandre Santos de. O contrato de concessão de exploração de petróleo e gás. *Revista de Direito Administrativo.* Rio de Janeiro, n. 239, p. 424, jan./mar. 2005.

18 SCHIRATO, Vitor Rhein. O novo regime jurídico da indústria do gás natural no Brasil. In: ARAGÃO, Alexandre Santos de (Org.). *Direito do petróleo e outras fontes de energia.* Rio de Janeiro: Lumen Juris, 2011. p. 475.

19 SCHIRATO, Vitor Rhein. Contratações públicas no setor de petróleo. *Revista de Contratos Públicos.* Belo Horizonte, v.4, n. 7, mar./ago. 2015, p. 144.

ao particular concessionário são outorgados direitos de exploração[20], devendo-lhe ser garantida a possibilidade de exercê-los, e assegurando-lhe a propriedade sobre os recursos que venham a ser descobertos e efetivamente extraídos.

Assim, decorre da sistemática da Lei do Petróleo que a matriz de riscos dos contratos de concessão de petróleo e gás natural consistirá, no que tange aos ônus atribuídos ao concessionário, na integralidade dos eventos indesejados resultantes (i) da inexistência de recursos comerciáveis nos blocos explorados; ou (ii) de sua incapacidade técnico-operacional, sobretudo no tocante ao cumprimento das condições exigidas pela legislação aplicável.

2.2. Risco ambiental v. risco regulatório: necessária ponderação da possibilidade de gerenciamento do risco pelas partes

Feitos os esclarecimentos a respeito da moldura legal em que se inserem os contratos de concessão de petróleo e gás natural, retorna-se a atenção à cláusula 13.14, que, de modo semelhante à redação dos dispositivos destacados anteriormente, atribui ao particular signatário do contrato de concessão de petróleo e gás natural todo o risco de obtenção de licenças ambientais. Relembre-se seu teor:

> **Contrato de Concessão de Petróleo e Gás Natural da 7ª Rodada de Licitações da ANP**[21]
>
> 13.14 Caberá ao Concessionário, por sua conta e risco, obter todas as licenças, autorizações, permissões e direitos, exigidos nos termos da lei, por

---

[20] MENEZELLO, Maria D'Assunção Costa. *Comentários à Lei do Petróleo*: lei federal nº 9.478, de 6-8-1997. São Paulo. Editora Atlas, 2000, p. 190-191: "(...) ao concessionário são outorgados os direitos de exploração e, em compensação, são impostas as "obrigações de explorar por sua conta e risco"; ou seja, não há, por parte da União, aqui representada pela ANP, a garantia de qualquer parcela de êxito, tanto na exploração, como na produção. O risco da atividade é exclusivo do concessionário, característica típica da indústria petrolífera desde o seu aparecimento nos meados do século XIX".

[21] Optou-se por analisar a cláusula 13.14 dos contratos de concessão de petróleo e gás natural da 7ª rodada de licitações da ANP por esta preservar a redação analisada em ambos os precedentes que serão discutidos neste tópico. Não obstante, as rodadas de licitações mais recentes ainda contêm previsões em igual sentido, embora com redação mais direta. Confira-se o teor da cláusula 15.14 dos contratos de concessão de petróleo e gás natural da 17ª rodada de licitações da ANP: "15.14. O Concessionário deverá, por sua conta e risco, obter todas as licenças, autorizações e permissões exigidas nos termos da Legislação Aplicável. 15.14.1. Caso as licenças, autorizações e permissões dependam de acordo com terceiros, a negociação e execução de tais acordos serão da exclusiva responsabilidade do Concessionário, podendo a ANP prestar assistência conforme parágrafo 16.5".

> determinação das autoridades competentes ou em razão de direito de terceiros, referidos ou não neste Contrato, inclusive relativos ao meio ambiente e que sejam necessários para a execução das Operações, visando *inter alia* a livre entrada, saída, importação, exportação, desembaraço alfandegário, movimentação, construção, instalação, posse, uso ou consumo, tanto no que diz respeito ao País quanto à Área da Concessão, de quaisquer pessoas, serviços, processos, tecnologias, equipamentos, máquinas, materiais e bens em geral, inclusive para a utilização de recursos naturais, nos termos do parágrafo 2.4, instalação ou operação de meios de comunicação e transmissão de dados, e transporte por via terrestre, fluvial, lacustre, marítima ou aérea.

Depreende-se da leitura do referido dispositivo que as licenças, autorizações e permissões devem ser obtidas através da atuação do próprio concessionário mediante o cumprimento dos requisitos e procedimentos previstos na Lei e nas normativas editadas pelas autoridades competentes.

No entanto, em que pese a concessão das licenças, autorizações e permissões consistir em encargo do respectivo órgão competente[22], poderá o concessionário requerer a assistência da ANP no sentido de fornecer informações e documentação necessárias para a conclusão do procedimento licenciatório de maneira mais célere e eficiente[23].

> 13.15 Caso as licenças, autorizações, permissões e direitos referidos no parágrafo 13.14 dependam de acordo com terceiros, tais como proprietários de terra, comunidades urbanas, rurais ou indígenas, governos locais ou outras entidades ou pessoas com legítimo direito, a negociação e execução de tais acordos será da exclusiva responsabilidade do Concessionário, podendo a ANP fornecer a assistência descrita no parágrafo 14.6.
>
> 13.16 O concessionário responderá pela infração do direito de uso de materiais e processos de execução protegidos por marcas, patentes ou outros direitos, correndo por sua conta o pagamento de quaisquer ônus, comissões, indenizações ou outras despesas decorrentes da referida infração, inclusive as judiciais.

---

[22] No tocante à indústria do petróleo e gás natural, a Lei Complementar nº 140/2011 e o Decreto nº 8.437/2015 distribuem, de modo geral, a competência licenciatória entre os órgãos ambientais federal e estaduais.

[23] Rodrigo Tostes de Alencar Mascarenhas: "O dispositivo parece estabelecer uma faculdade da ANP mas, a nosso ver, respeitado o enunciado – e óbvio – limite de suas competências, o pedido de apoio razoavelmente solicitado deve ser atendido. Isso se aplica, em especial, quando o pedido se limita à necessidade de prestação de informações pela ANP a outros órgãos. Na verdade, o papel da ANP deveria equivaler ao de um mediador entre o outro órgão público envolvido e o concessionário".

No entanto, se, por um lado, como visto, o concessionário assume integralmente os riscos relacionados à obtenção das licenças, autorizações e permissões necessárias à execução do contrato, por outro, incumbe ao poder concedente o ônus de submeter ao certame licitatório blocos exploratórios nos quais as atividades de exploração e produção de petróleo e gás natural sejam passíveis de licenciamento e sigam licenciáveis ao longo da concessão. Trata-se de condição essencial à própria concessão.

Nos termos do art. 6º da Resolução do Conselho Nacional de Política Energética nº 17/2017[24], que revogou a Resolução nº 8/2003[25] do dito órgão, antes de serem licitadas, as áreas onde se encontram os blocos devem ser analisadas pela ANP, IBAMA e órgãos ambientais estaduais para fins de formulação das diretrizes ambientais, atualizadas a cada rodada. Referidas diretrizes consistem em informações técnicas a respeito do licenciamento ambiental das atividades a serem implementadas durante a execução do contrato de concessão.

Tal lógica decorre do dever fundamental da ANP, estabelecido pelo art. 8º, IX, da Lei do Petróleo, de "fazer cumprir as boas práticas de conservação e uso racional do petróleo, gás natural, seus derivados e biocombustíveis e de preservação do meio ambiente"[26], no âmbito do qual cabe à agência "articular-se com órgãos reguladores estaduais e ambientais, objetivando compatibilizar e

---

[24] Art. 6º da Resolução do CNPE nº 17/2017: "O planejamento de outorga de áreas levará em consideração as conclusões de estudos multidisciplinares de avaliações ambientais de bacias sedimentares, com abrangência regional, que subsidiarão o planejamento estratégico de políticas públicas, de modo a dar maior segurança e previsibilidade ao processo de licenciamento ambiental dos empreendimentos petrolíferos, segundo as melhores práticas internacionais. § 1º Os estudos, referidos no caput, contemplarão a análise do diagnóstico socioambiental de bacias sedimentares e da identificação dos potenciais impactos socioambientais associados às atividades ou empreendimentos de exploração e produção de petróleo e gás natural, subsidiarão a classificação da aptidão da bacia sedimentar avaliada para o desenvolvimento das referidas atividades ou empreendimentos, bem como a definição de recomendações a serem integradas aos processos decisórios relativos à outorga de áreas e ao respectivo licenciamento ambiental".

[25] Art. 2º, V da Resolução CNPE nº 8/2003: "A Agência Nacional do Petróleo - ANP, deverá, na implementação da política supramencionada, observar as seguintes diretrizes: (...) V - selecionar áreas para licitação, adotando eventuais exclusões de áreas por restrições ambientais, sustentadas em manifestação conjunta da ANP, do Instituto Brasileiro do Meio Ambiente e dos Recursos Naturais Renováveis - IBAMA e de Órgãos Ambientais Estaduais".

[26] *Cf.* MENEZELLO, Maria D'Assunção Costa. *Comentários à Lei do Petróleo*: lei federal nº 9.478, de 6-8-1997. São Paulo. Editora Atlas, 2000, p. 53. "O art. 8º, IX, da lei nº 9.478/1997 determina à ANP o exercício de competências regulatórias que se fizerem necessárias para assegurar boas práticas de conservação e uso racial na indústria do petróleo e na indústria dos biocombustíveis. É preciso ressaltar que o conceito de 'boas práticas' é indeterminado, devendo a sua fluidez ser reduzida por meio da edição de atos normativos pela ANP que restrinjam o espaço de avaliação subjetiva da Administração Pública nessa matéria. Acresça-se que os atos normativos editados pela ANP com tal escopo devem ser precedidos de processo administrativo que permita a participação da comunidade acadêmica e profissional desses setores de energia".

uniformizar as normas aplicáveis à indústria e aos mercados de gás natural", conforme art. 8º, XXVIII, da Lei do Petróleo[27].

As diretrizes ambientais são definidas levando em consideração as sensibilidades ambientais de cada região, adotando-se exclusões de áreas caso as restrições ambientais a elas associadas tenham potencial para inviabilizar a realização das atividades de exploração e/ou produção de petróleo e gás natural. É dizer, portanto, que não se admite que sejam levadas à licitação áreas ambientalmente sensíveis onde, de antemão, seja proibida a realização das atividades necessárias à execução do contrato de concessão.

Isto é, presume-se que a União Federal, através da ANP, oferecerá, no âmbito do processo licitatório, áreas com viabilidade operacional, onde as atividades de exploração e produção de petróleo e gás natural sejam passíveis de licenciamento ambiental; caso contrário, o objeto da concessão restaria inviabilizado por premissa, sendo impossível a obtenção do licenciamento ambiental[28].

Nesse sentido, o tribunal arbitral do caso *Newfield Brasil Ltda. v. Agência Nacional do Petróleo, Gás Natural e Biocombustíveis* (Caso CCI nº 14543/CCO/JRF), o qual um dos autores deste artigo teve a honra de compor – debruçou-se sobre situação semelhante.

O concessionário iniciou procedimento arbitral visando à rescisão do contrato de concessão celebrado no âmbito da 5ª rodada de licitações da ANP após ter denegada licença ambiental em virtude da criação do Parque Nacional de Abrolhos, que ocorreu depois da celebração do contrato de concessão, abrangendo a integralidade do bloco exploratório concedido, e tornando-o uma área ambientalmente sensível.

---

[27] *Cf.* MENEZELLO, Maria D'Assunção Costa. *Comentários à Lei do Petróleo*: lei federal nº 9.478, de 6-8-1997. São Paulo. Editora Atlas, 2000, p. 62 "O art. 8º, XXVIII, da lei federal nº 9.478/1997 reconhece à ANP a competência para realizar convênios que tenham por objeto a compatibilização e uniformização das normas regulatórias e ambientais aplicáveis à indústria do gás natural e ao correspondente petróleo. Os acordos em apreço deverão ser celebrados entre ANP e os entes reguladores estaduais quando envolverem normas regulatórias, e entre a ANP e os entes dotados de competência de polícia administrativa ambiental, quando se tratar da defesa do meio ambiente".

[28] MASCARENHAS, Rodrigo Tostes de Alencar. A exploração e produção de petróleo no mar: aspectos ambientais. *Revista de Direito da Procuradoria Geral do Rio de Janeiro*, Edição Especial Royalties do Petróleo, 2013, p. 116: "Ou seja, a inclusão de uma área na licitação há de presumir alguma viabilidade locacional do empreendimento. É possível que algumas localizações específicas dentro de um bloco não possam admitir poços, é possível se impor diferentes condicionantes, mas não nos parece possível, quando mais não seja pelo princípio da confiança legítima, que o órgão ambiental afirme, pura e simplesmente, que nenhuma atividade de exploração ou produção será admitida na área já licitada. Se, de fato, existirem fortes razões ambientais para tal medida ela poderá ser tomada, mas é difícil excluir, neste caso, algum direito de indenização por parte do concessionário".

No caso, o tribunal arbitral reconheceu que a impossibilidade superveniente de executar o objeto da concessão não teria decorrido de culpa das partes, mas de fato atribuível a terceiro – isto é, ao IBAMA – externo à relação jurídica. Assim, exonerando-as de responsabilidade pela extinção do contrato de concessão, para o tribunal arbitral, a denegação da licença por razões de caráter ambiental, sem que tivesse havido culpa de qualquer das partes, daria ensejo à sua restituição ao *status quo ante*.

Ao delinear a obrigação do concessionário, decorrente da cláusula 13.4[29] (de conteúdo equivalente ao da cláusula 13.14 ora analisada), de "diligenciar para que as licenças fossem obtidas", o tribunal arbitral decidiu que não é possível atribuir o ônus pela decisão do órgão ambiental de criar reserva ambiental sobre o concessionário. Isso porque, com base na referida cláusula, "[c]aberia inculpar a Newfield se a denegação da licença ambiental pelo IBAMA tivesse como causa ato ou omissão culposos na execução da obrigação, que lhe cabia, de diligenciar para que as licenças fossem obtidas, o que, contudo, não ocorreu no caso"[30].

Mais recentemente, a interpretação da cláusula 13.14 tornou-se objeto de discussão no âmbito de outro procedimento arbitral em andamento perante a Corte de Arbitragem da CCI. Dessa vez, no entanto, a leitura do alcance da cláusula partiu da análise de ato da própria ANP, que veio a impactar diretamente a obrigação de obtenção de licença ambiental necessária à continuidade das operações da concessionária.

No caso, a Requerente, signatária de contratos de concessão firmados no contexto da 7ª rodada de licitações da ANP, tendo realizado extensa campanha exploratória, teve suas atividades paralisadas após a edição da Resolução ANP nº 21/2014, que veio a regular *restritivamente* a utilização da única técnica que permitia a exploração de gás nas áreas objeto da concessão. Diante da necessidade de adequação à norma federal, o órgão licenciador estadual suspendeu

[29] Cláusula 13.4 dos contratos da 5ª rodada de licitações da ANP: "Caberá ao Concessionário, por sua conta e risco, obter todas as licenças, autorizações, permissões e direitos, exigidos nos termos da lei, por determinação das autoridades competentes ou em razão de direito de terceiros, quer expressamente referidos ou não neste Contrato, e que sejam necessários para a execução das Operações, visando *inter alia* a livre entrada, saída, importação, exportação, desembaraço alfandegário, movimentação, construção, instalação, posse, uso ou consumo, tanto no que diz respeito ao País quanto à Área da Concessão, de quaisquer pessoas, serviços, processos, tecnologias, equipamentos, máquinas, materiais e bens em geral, inclusive para a utilização de recursos naturais, instalação ou operação de meios de comunicação e transmissão de dados, e transporte por via terrestre, fluvial, lacustre, marítima ou aérea".

[30] *Newfield Brasil Ltda. v. Agência Nacional do Petróleo, Gás Natural e Biocombustíveis*, Caso CCI 14543/CCO/JRF, sentença arbitral, 08.12.2008, § 119. Publicado na *Revista de Arbitragem e Mediação*, n. 39, p. 311-360, out./dez. 2013.

de forma ampla o licenciamento ambiental, até que pudessem ser avaliados e implementados os requisitos da norma federal.

Reconhecendo o nexo de causalidade entre a edição da Resolução ANP nº 21/2014 e a suspensão do licenciamento ambiental pelo órgão ambiental estadual, o tribunal arbitral entendeu que a cláusula 13.14, a despeito de atribuir ao concessionário o risco da obtenção das licenças, não lhe poderia impor o ônus decorrente do risco regulatório resultado da atividade estatal, o qual "não é gerenciável pela concessionária[31].

Os dois casos mencionados, apesar de diferentes[32], levam a interpretações coerentes com o aqui sustentado, no sentido de que tanto a contribuição uma das partes para o acontecimento do evento indesejado quanto a sua (in)capacidade de afastar o resultado oneroso devem ser consideradas, reforçando a vinculação do risco/ônus à parte que detém melhores meios para gerenciá-lo, reafirmando a sistemática proposta pela Lei do Petróleo[33].

Isso porque, como visto, embora a previsão do art. 26 do referido diploma legal pareça ampla o suficiente para se concluir pela total assunção de riscos pelo concessionário, ela reflete, a bem da verdade, a noção de controle que deve nortear a alocação eficiente de riscos de qualquer contrato. A noção de exploração "por conta e risco" do concessionário deve-se restringir apenas àqueles riscos expressa ou implicitamente transferidos pelo contrato ao particular, não se admitindo uma extrapolação a resultar em aplicação abusiva da regra contratual[34].

---

[31] *Petra Energia S.A. v. Agência Nacional do Petróleo, Gás Natural e Biocombustíveis*, Caso CCI 25891/PFF/RLS, sentença arbitral parcial, 30.05.2023, § 253: "Sendo assim, no caso em análise, apesar de o risco de licenciamento ambiental ter sido atribuído à REQUERENTE pela matriz de riscos dos Contratos de Concessão, na forma da Cláusula 13.14, o risco regulatório não o foi, como não poderia deixar de ser. Isso porque, como apontado, o risco de alterações regulatórias não é gerenciável pela concessionária, de modo que esta não pode ser obrigada a arcar com eventuais ônus decorrentes da atividade estatal".

[32] No caso *Newfield*, afastou-se o fato do príncipe, já que o IBAMA é órgão estranho à concessão e distinto do Poder Concedente. A indenização foi atribuída à concessionária, com fundamento no Código Civil. No segundo caso, um dos vários fundamentos do pedido indenizatório é justamente o fato do príncipe, já que foi a própria ANP, concedente, quem praticou o ato que inviabilizou as atividades concedidas.

[33] REALE, Miguel. *Lições Preliminares de Direito*. 25ª ed. São Paulo: Saraiva, 2001, p. 262: "Cada artigo de lei situa-se num capítulo ou num título e seu valor depende de sua colocação sistemática. E preciso, pois, interpretar as leis segundo seus valores lingüísticos, mas sempre situando-as no conjunto do sistema. Esse trabalho de compreensão de um preceito, em sua correlação com todos os que com ele se articulam logicamente, denomina-se interpretação lógico-sistemática".

[34] PEREZ, Marcos Augusto. *O risco no contrato de concessão de serviço público*. Belo Horizonte: Fórum, 2006, p. 130.

Resta evidente, portanto, que o contrato de concessão de petróleo e gás natural possui, ainda que de forma peculiar, uma matriz de risco delineada através de dispositivos contratuais que revelam a razoabilidade e proporcionalidade da contratação pública.

2.3. Em direção a maior clareza na alocação dos riscos de obtenção de licenças ambientais nos contratos de concessão

A interpretação conferida pelos precedentes analisados indica que a alocação de riscos nos contratos de concessão, como adiantado no início, deve prestigiar a eficiência do arranjo e as *condições efetivas da proposta* --- no caso aquelas essenciais à execução do próprio contrato.

As vantagens de uma alocação de riscos transparente vão além da regular execução do contrato de concessão, contribuindo para uma ampliação da concorrência e, consequente aumento na eficiência e qualidade da execução da contratação pública.

Em linha com tais objetivos, destaca-se a redação proposta, no âmbito da Agência Nacional de Aviação Civil (ANAC), para os contratos de concessão visando à gestão dos aeroportos brasileiros. Veja-se o exemplo do Contrato de Concessão do Aeroporto Internacional de Brasília, conforme texto compilado até o Termo Aditivo nº 004, de 17 de dezembro de 2020, que acertadamente já excetua dos riscos do concessionário aqueles oriundos da não obtenção de licenças por fato imputável à administração pública. Confira-se:

> **Contrato de Concessão do Aeroporto Internacional de Brasília (Termo Aditivo nº 004, de 17 de dezembro de 2020)**
>
> Seção I - Da Concessionária
>
> Subseção I - Dos Deveres Gerais (...)
>
> 3.1.20. providenciar todas as licenças necessárias para a execução das obras do Aeroporto, observadas as condicionantes previstas nas Licenças Prévias e de Instalação obtidas pelo Poder Concedente e as novas exigências dos órgãos ambientais decorrentes do projeto adotado pela Concessionária;
>
> 3.1.21. cumprir integralmente com as condicionantes ambientais e medidas compensatórias das Licenças Prévias, de Instalação e de Operação do Aeroporto e com novas exigências solicitadas pelos órgãos ambientais; (...)
>
> 5.2. Constituem **riscos suportados exclusivamente pelo Poder Concedente**, que poderão ensejar Revisão Extraordinária, nos termos deste contrato: (...)

5.2.11. atrasos decorrentes da não obtenção de autorizações, licenças e permissões de órgãos da Administração Pública Federal exigidas para construção ou operação das novas instalações, *exceto se decorrente de fato imputável à Concessionária*; (...)

5.4. Observado o disposto no item 5.3, constituem **riscos suportados exclusivamente pela Concessionária**: (...)

5.4.15. atrasos decorrentes da não obtenção de autorizações, licenças e permissões da Administração Pública federal exigidas para construção ou operação das novas instalações, *exceto se decorrente de fato imputável à Administração Pública Federal;*

Ainda que tal iniciativa seja pontual em meio à preservação de cláusulas mais conservadoras nos modelos recentes de contratos de concessão de diferentes entes federados, a adoção de uma alocação de riscos que reflita, de forma expressa, a capacidade de gerenciamento de cada uma das partes parece a saída ótima a evitar custos e tempo desperdiçados em constantes recursos aos mecanismos interpretativos do contrato.

CONCLUSÕES

O presente trabalho buscou evidenciar, através da experiência dos contratos de concessão de petróleo e gás natural, como a interpretação da cláusula de alocação do risco de obtenção de licenças ambientais necessárias à execução contratual pode afastar a imposição de ônus abusivo ao particular. Para tanto, o precedente citado evidencia que a matriz de risco contratual deve ser interpretada segundo a capacidade de gerenciamento de determinado evento indesejado por cada parte, de modo que a gestão dos prejuízos dele decorrentes será de responsabilidade daquela que detiver meios mais eficientes para evitar a sua materialização.

Muito embora a prática contratual das concessões evidencie ainda existir espaço para uma delimitação da repartição de riscos mais eficiente, os recentes contratos de concessão da ANAC, de modo expresso, colocam o elemento subjetivo no centro da distribuição dos ônus contratuais entre as partes, evitando-se uma interpretação extensiva que acabe por privilegiar a aplicação abusiva da norma.

O sistema de distribuição de riscos revela-se essencial para a dinâmica estabelecida em um arranjo contratual que se pretende sólido por longa vigência, como um importante mecanismo na busca pela eficiência do exercício, pelo ente privado, de uma função inerente à Administração, ou da exploração de bens públicos.

17. A CLÁUSULA-DÓLAR NO DIREITO BRASILEIRO

Bruno Meyerhof Salama

1. INTRODUÇÃO

Uma típica cláusula-dólar estipula no contrato, em dólares, o valor monetário de uma obrigação exequível no Brasil, mas prevê a liquidação do pagamento em Reais correspondentes. Por exemplo, num *share purchase agreement*, um estrangeiro adquirindo ações de empresa brasileira convenciona, com o vendedor brasileiro, o *purchase price* – o preço da compra – nos seguintes termos: *o comprador pagará ao vendedor, na data de pagamento, o equivalente em Reais ao montante de US$ 1,000,000 [...].*

Há na cláusula, como se vê, referência a duas moedas. O dólar faz as vezes de moeda de conta, dando a medida da obrigação: é a moeda *in obligatione*, para ficarmos com a dicção medieval[1] ainda em voga no direito comparado.[2]

---

[1] Wolfgang Ernst, The Legists' Doctrines on Money and the Law from the Eleventh to the Fifteenth Centuries, in Money in the Western Legal Tradition: Middle Ages to Bretton Woods (David Fox e Wolfgang Ernst, eds.), Oxford University Press, 2016, p. 126 ("*the medieval jurists employed a distinction between the* moneta in obligatione *and the* moneta in solutione. Moneta in obligatione *referred to the money used to define the obligation, in terms of the type of coin* and *the number thereof (in short, the 'money-of-account').* Moneta in solutione *referred to the coins that could be tendered to obtain an effective discharge of the obligation (sometimes the tender of these coins was compulsory)*").

[2] Cf. Matthias Niyonzima, La Clause de Monnaie Etrangere dans les Contrats Internationaux: Etude de Droit Compare, Bruylant, 1991, p. 40 ("*La monnaie de compte est la monnaie* in obligatione*; elle mesure le montant de la dette contractuelle fixé par les parties elles-mêmes [...] La monnaie de paiment est une monnaie* in solutione*; elle concerne le mode d'éxecution de l'obligation et non son contenue ou son montant*").

Já o Real funciona como moeda de pagamento, correspondendo, portanto, à moeda na qual deve ocorrer a liquidação da obrigação:[3] é a moeda *in solutione*, aquela que solve e libera o devedor.[4]

Este tipo de cláusula tem recebido entre nós diversas denominações, sendo "cláusula de pagamento em moeda estrangeira" a mais comum. Tal denominação, no entanto, é ambígua, porque dá a entender que a liquidação do pagamento seja em moeda estrangeira, quando, na realidade, na cláusula-dólar típica, a moeda estrangeira é apenas moeda de conta. Mais apropriada é a expressão "cláusula estipulada em moeda estrangeira", também relativamente usual e, ademais, similar àquela utilizada no direito anglo-americano, *foreign currency clause*, algo como "cláusula de moeda estrangera". A *foreign currency clause* distingue-se da *multiple currency clause*,[5] que permite, ora ao credor, ora ao devedor, escolher a moeda de pagamento, e que, por isso mesmo, também é chamada de *optional currency clause*. A expressão mais precisa, no entanto, vem do direito francês - *clause valeur-monnaie étrangère*, "cláusula valor-moeda estrangeira". Esta denominação tem como principal vantagem indicar de modo inequívoco que a moeda estrangeira serve como unidade de valor (*unité de valeur*)[6] para a denominar da obrigação, e não como unidade de pagamento (*unité de paiment*) para solvê-la.

Neste texto, no entanto, utilizo a expressão "cláusula-dólar". Primeiro, porque no Brasil o dólar norte-americano é a mais comum dentre as moedas de conta – se bem que o leitor deve ficar avisado desde já que, em princípio, é lícito elaborar cláusulas valor-moeda estrangeira em qualquer moeda, e que não é incomum encontrá-las em euro, libra, yen e, cada vez mais, em yuan chinês. Segundo, pelo paralelismo com "cláusula-ouro", da qual trato mais adiante. E terceiro porque, como veremos, a expressão "cláusula-dólar" permite criar uma tipologia abrangente que compreende a cláusula-dólar *típica*, a cláusula-dólar

---

[3] Sobre a distinção entre moeda de conta e moeda de pagamento ver, no direito inglês, *Woodhouse AC Israel Cocoa Ltd v Nigerian Produce Marketing Co Ltd* [1971] 2 QB 23, p. 54 ("the money of account is the currency in which an obligation is measured. It tells the debtor how much he has to pay. The money of payment is the currency in which the obligation is to be discharged. It tells the debtor by which means he has to pay"). No direito alemão, cf. Arthur Nussbaum, Money in the Law, National and International, 2ª ed., Brooklin, 1950, p. 360. No direito italiano, cf. Bruno Inzitari, Clausole Monetarie, in Trattato di Diritto Commerciale e di Diritto Pubblico dell'Economia / diretto da Francesco Galgano, Padova, CEDAM, 1983, p. 139-157.

[4] Para tratamento clássico no Brasil sobre a distinção entre moeda de conta e moeda de pagamento, v. Arnoldo Wald, O Poder Monetário e suas Repercussões no Direito Previdenciário e Bancário, *Revista De Direito Administrativo*, 1990, p. 46–54.

[5] V. Arthur Nussbaum, Multiple Currency and Index Clauses, University of Pennsylvania Law Review, Vol. 84, No. 5, 1936, p. 569-599.

[6] No direito francês, Rémy Libchaber, Recherches sur la Monnaie em Droit Privé, Paris, Lgdj, 1992, p. 32-47 (traçando distinção entre *unité de valeur* e *unité de paiment*).

com correção cambial, e a cláusula-dólar *própria*. Antes, no entanto, é preciso examinar a função e regime jurídico da cláusula-dólar, por onde começamos.

2. FUNÇÃO DA CLÁUSULA-DÓLAR

À primeira vista, a denominação em dólar de uma obrigação contratual representa uma avença como outra qualquer, isto é, a mera indicação de certa quantidade de moeda a compor o objeto da prestação contratual. Assim, se o valor estipulado é de US$ 100, temos que o devedor deverá entregar na moeda de pagamento – o Real – o equivalente a cem unidades de dólares ao credor na data de vencimento. A singeleza dessa construção, no entanto, esconde sua função: o uso da moeda estrangeira como moeda de conta no contrato representa um mecanismo de transferência de risco cambial.

Suponha que um brasileiro, devedor de obrigação pecuniária, estipule pagar R$ 500 para credor estrangeiro no prazo de um ano. Suponha, ainda, que o pagamento deva ocorrer no Brasil – digamos, mediante depósito em uma conta corrente de não residente mantida pelo credor estrangeiro em banco brasileiro – e que, na data da assinatura do contrato, a taxa de câmbio entre Reais e dólares seja de 5:1 (ou seja, na data da assinatura do contrato são necessários R$ 5 para que se possa comprar US$ 1). Aqui, o credor corre o risco da desvalorização do Real frente ao dólar, pois, se após um ano a taxa de câmbio se mover, digamos, para 6:1, ao receber o pagamento de R$ 500, o credor terá obtido o equivalente a apenas US$ 83.33. Ou seja, o credor terá sofrido uma perda em dólar de 16.67%.

Há diversos mecanismos a que o credor pode recorrer para livrar-se deste risco. Um deles é negociar com o devedor a cisão da moeda do contrato, com a moeda de conta sendo prevista em dólares e apenas a moeda de pagamento sendo mantida em Reais. Para seguirmos com o mesmo exemplo, o valor da obrigação pode, assim, ser estipulado em US$ 100, e não em R$ 500. Essa nova estipulação protegerá o credor do risco de desvalorização do Real pois, se após um ano o câmbio Real:Dólar estiver em 6:1, o credor seguirá recebendo o equivalente em Reais aos mesmos US$ 100. A perda decorrente da desvalorização cambial do Real será, então, suportada pelo devedor, que terá que desembolsar R$ 600 para adimplir a obrigação contratual. A denominação da obrigação em dólares terá, como se vê, realocado o risco cambial para o devedor.

Esta transferência de risco operacionalizada mediante a cisão da moeda do contrato pode ser objeto de negociação entre as partes. Nesse caso, o devedor poderá exigir do credor, no curso das negociações, compensações como contrapartida pela adoção da denominação monetária que se lhe apresenta como desfavorável. Tal compensação pode vir na forma de mudança do prazo, modo, lugar, ou mesmo na alteração do conteúdo monetário da prestação de pagar – por exemplo, na forma de desconto no preço que compense o devedor pelo novo risco que passa a suportar.

Repare que o risco cambial nem sempre se apresentará ao devedor como desvantagem, isto é, como risco de perda. Pode haver diferença de expectativa das partes sobre os prováveis movimentos da taxa de câmbio. Por exemplo, o devedor pode ter expectativa de valorização do Real frente ao dólar, e não de desvalorização. Nesse caso, a denominação da obrigação em dólar se apresentará ao devedor como vantagem econômica, e não como desvantagem. Além disso, a opção pela utilização da moeda estrangeira como unidade de valor pode decorrer da estrutura de custos das partes, independentemente das suas expectativas sobre as futuras oscilações da taxa de câmbio. Por exemplo, se o devedor brasileiro for também um exportador de *commodities* internacionais, seus ingressos estarão denominados em dólar, pelo que obrigar-se em dólares poderá se lhe apresentar como uma alternativa para evitar descasamentos de fluxos financeiros.

3. REGIME JURÍDICO

As motivações das partes e o exercício da autonomia privada para adoção da cláusula-dólar encontram limite na lei. Não se trata apenas dos usuais requisitos de validade – agente capaz, objeto lícito, forma prescrita etc. – mas de sanção de nulidade. "São nulas", diz-nos o art. 318 do Código Civil, "as convenções de pagamento em ouro ou em moeda estrangeira, bem como para compensar a diferença entre o valor desta e o da moeda nacional, excetuados os casos previstos na legislação especial." Usualmente, nas relações comerciais permite-se o que não está proibido em lei; aqui, pela dicção do Código, permite-se apenas o que está autorizado.

Em parte por causa das confusões trazidas pela ambígua denominação de cláusula de "pagamento em moeda estrangeira", em parte por causa do legado histórico do Decreto 23.501 de 1933 (do qual trato adiante), é possível interpretar que o art. 318 esteja atribuindo sanção de nulidade à cláusula-dólar. Dessa ótica, o Código Civil estaria impondo, sem maiores cerimonias, sanção de nulidade à adoção de moeda estrangeira para determinação do valor devido ao credor – ressalvados apenas, é claro, os casos de autorização legal em sentido oposto. O melhor argumento para sustentar tal interpretação é de natureza lógica. Não faria sentido - e isto já foi apontado pela doutrina[7] - vedar a compensação da "diferença entre o valor desta [moeda estrangeira] e o da moeda nacional" - isto é, vedar a correção cambial da obrigação -, e, ao mesmo tempo, tolerar a utilização da moeda estrangeira como unidade de conta nos contratos. Afinal, o efeito econômico de uma cláusula prevendo correção cambial (que expressamente corrige o valor da obrigação pela variação da cotação do dólar perante o Real) e de uma cláusula-dólar típica (que desdobra em duas a moeda do contrato, como vimos) é, em princípio, o mesmo. Mas o Código não poderia, esta é a lógica do argumento, autorizar e desautorizar a mesma operação ao mesmo tempo.

É preciso marcar, por outro lado, que tal interpretação não deflui simplesmente da letra da lei. A expressão que determinaria genericamente a nulidade da cláusula-dólar -"convenções de pagamento [...] em moeda estrangeira" - associa *moeda estrangeira* diretamente com *pagamento*, e não com a unidade de conta que traz a medida da obrigação. Por esse ângulo, haveria nulidade da cláusula de variação cambial, mas não da cláusula-dólar típica. A sanção de nulidade estaria, assim, dirigida apenas ao uso da moeda estrangeira para a liquidação do pagamento; não para o uso da moeda estrangeira como unidade conta.

Mais evidente sob o art. 318 é a atribuição de nulidade à cláusula-ouro. Esta tipicamente concede ao credor a faculdade de escolher a moeda de pagamento e, em particular, de optar por pela solvência da obrigação através de um pagamento na moeda especificada no contrato ou em moeda metálica correspondente a uma determinada quantidade de ouro. Essa cláusula era relevante no período anterior à desmonetização do ouro, o que se deu progressivamente entre a década de 1930 (no plano nacional) e na década de 1970 (no plano internacional). Hoje, os contratos com ouro estão basicamente relegados aos mercados de *commodities* e aos contratos de opções.

O Código Civil de 1916 continha sistemática distinta. Em seu art. 947, §1º, o antigo Código dispunha ser "lícito as partes estipular que se efetue [o pagamento] em certa e determinada espécie de moeda, nacional, ou estrangeira". O

[7] Marcelo Sampaio Siqueira, Obrigação com Convenção de Pagamento em Moeda Estrangeira. Revista Jurídica da FA7, Vol. 4, No. 1, 123-146, 2007, p. 139 ("o preço quando ajustado em moeda estrangeira, estipulando-se sua equivalência a certa quantidade de moeda nacional, implica infração ao ordenamento jurídico. Aceitar a tese contrária é concordar com a indexação da prestação pecuniária à variação cambial, tendo com base moeda estrangeira, fato vedado anteriormente pela Lei 6.423/77 e atualmente pelo artigo 318 do Código Civil. Aceitar que é válido o negócio jurídico se o pagamento se der em moeda corrente nacional tendo como parâmetro moeda estrangeira é indubitavelmente utilizar a variação da moeda estrangeira como indexador, fato que acarretaria também a nulidade da avença.").

predomínio da liberdade contratual em matéria de escolha da denominação monetária para o pagamento vinha de antes, pois o art. 431 do Código Comercial de 1850 já contemplava a possibilidade de convenção em "moeda metálica", respaldando, assim, o uso também da cláusula-ouro – tudo a mercê da autonomia da vontade.

Coube ao Decreto 23.501, editado em 27 de novembro de 1933, suspender a vigência do §1º do art. 947 do antigo Código Civil[8] e redefinir o tema da liberdade contratual em matéria monetária.[9] Editado por Getúlio Vargas ainda como chefe do "Governo Provisório", o referido decreto determinou ser nula "qualquer estipulação de pagamento em ouro, ou em determinada espécie de moeda, ou por qualquer meio tendente a recusar ou restringir, nos seus efeitos, o curso forçado do mil réis papel". A redação excessivamente ampla teve que ser tolhida logo adiante, e os Decretos 6.650, de 29 de junho de 1934, e 6.882, de 20 de setembro de 1934, isentaram desta vedação draconiana as obrigações contraídas no exterior e os empréstimos externos celebrados em moeda estrangeira.[10]

Apesar do descuido redacional, sobre a extensão do poder estatal na seara monetária já desde aquela época pouco se questionou. Waldemar Ferreira argumenta que, na década de 1930, as querelas jurídicas versaram sobre a retroatividade – vale dizer, sobre a legalidade da invalidação das cláusulas-ouro insertas nos contratos anteriormente à edição do Decreto 23.501 –, porém "que pudesse o decreto [23.501] proibir a inserção, nos contratos, de futuras convenções de pagamento em ouro ou em moeda estrangeira, não se contestou".[11]

---

[8] O Decreto 23.510/1933 fora pensado originalmente como lei temporária. Seu preâmbulo dispunha: "Considerando que o § 1º do art. 947 do Código Civil, como disposição geral destinada á perpetuidade, não colide com a existência, por sua natureza transitória, do curso forçado, mas enquanto êste perdura não pode aquele ser aplicado."

[9] Antecedentes legais da restrição ao princípio da livre estipulação da moeda podem ser encontrados no Decreto 4.182, de 13 de novembro de 1920 (criando controles de câmbio), e no Decreto no 21.316, de 25 de abril de 1932 (proibindo a abertura de contas correntes em moeda estrangeira em bancos brasileiros).

[10] Discussão em G. van Hecke, International Encyclopedia of Comparative Law Online (K. Zweigert and Ulrich Drobnig, eds.), Volume III: Private International Law, capítulo 36 (1972): Currency. Além disso, a Lei 28, de 15 de fevereiro de 1935, estabelecera que "Os contratos para importação de mercadorias do estrangeiro, inclusive os celebrados pela administração pública, não se incluem nos dispositivos do Decreto no 23.501 de 27 de novembro de 1933, extensiva aos contratos realizados a partir de 16 de julho de 1934". Adiante, os Decretos-Lei no 6.650, de 29 de junho de 1944, e nº 6.882, de 20 de setembro de 1944, reconheceram a validade das dívidas em moeda estrangeira.

[11] Waldemar Ferreira, A Estipulação de Pagamento em Moeda Estrangeira, Revista da Faculdade de Direito de São Paulo, v. 38, 1943, p. 36.

O Decreto 23.501 foi revogado pelo Decreto-Lei 238, de 28 de fevereiro de 1967. Tratou-se, no entanto, de mera atualização do quadro normativo, e não do restabelecimento do princípio da livre estipulação da moeda inscrito no Código Civil de então. Isso porque, logo no mês seguinte à revogação do Decreto 23.501, o Decreto-Lei 316 esclareceu que tal revogação teria aplicação somente aos empréstimos externos e à sua cessão, transferência, delegação, assunção ou modificação entre partes residentes no Brasil. Dois anos adiante, em 11 de setembro de 1969, o Decreto-Lei 857 consolidaria a legislação sobre a matéria.

O Decreto-Lei 857/69 permaneceria em vigor por mais de meio século. Por isso, quando da publicação do Código Civil em 2002, muitas das exceções à regra geral de nulidade prevista no art. 318 já estavam coligidas em lei. No art. 1º do Decreto-Lei 857/69, lia-se serem nulos "os contratos, títulos e quaisquer documentos, bem como as obrigações que exequíveis no Brasil, estipulem pagamento em ouro, em moeda estrangeira, ou, por alguma forma, restrinjam ou recusem, nos seus efeitos, o curso legal do cruzeiro." O art. 2º, logo adiante, estipulava as exceções, no geral ligadas ao comércio exterior e aos negócios internacionais. Também se permitia a vinculação da obrigação a moeda estrangeira nos casos de cessão, delegação e modificação dessas obrigações ainda que envolvendo apenas partes brasileiras (art. 2º, V).

Durante todo o período de vigência do Decreto 857/69, pairou dúvida sobre a legalidade de disposição contratual estabelecimento a cobrança de correção cambial, seja pela existência de diversas disposições legais que a tolhiam (e.g. 6.423/77, art. 1º, *caput*;[12] Lei 8.880/94, art. 28, par. único;[13] Lei 9.069/95, art. 27[14]) ou até a criminalizavam (Lei 8.137/90, art. 6º, II[15]), seja porque a correção cambial violaria a disposição expressa do art. 1º do próprio Decreto-Lei 857/69 ao "restringir" ou "recusar" nos seus efeitos o curso legal da moeda nacional.[16]

---

[12] Lei 6.423, de 17 de junho de 1977, art. 1º. "A correção, em virtude de disposição legal ou estipulação de negócio jurídico, da expressão monetária de obrigação pecuniária somente poderá ter por base a variação nominal da Obrigação do Tesouro Nacional – OTN" (exceções indicadas no restante da lei).

[13] Lei 8.880, de 27 de maio de 1994, art. 38, parágrafo único. "Observado o disposto no parágrafo único do art. 7º, é nula de pleno direito e não surtirá nenhum efeito a aplicação de índice, para fins de correção monetária, calculado de forma diferente da estabelecida no caput deste artigo."

[14] Lei 9069 de 29 de junho de 1995, art. 27. "A correção, em virtude de disposição legal ou estipulação de negócio jurídico, da expressão monetária de obrigação pecuniária contraída a partir de 1º de julho de 1994, inclusive, somente poderá dar-se pela variação acumulada do Índice de Preços ao Consumidor, Série r - IPC-r" (exceções indicadas no restante da lei).

[15] Lei 8.137/90, de 27 de dezembro de 1990. "Art. 6º Constitui crime da mesma natureza: [...] II - aplicar fórmula de reajustamento de preços ou indexação de contrato proibida, ou diversa daquela que for legalmente estabelecida, ou fixada por autoridade competente.

[16] Cf. REsp 23.707/MG, Rel. Min. Athos Carneiro, Quarta Turma, DJ.02.08.1993. ("Ementa: Contrato de compra e venda, com preço fixado e indexado em dólares, para pagamento em cruzeiros.

Esta leitura restritiva, no entanto, foi vigorosamente contestada na doutrina[17] e, com o tempo, foi se tornando minoritária na jurisprudência.

Assim, uma casuística foi se formando para amenizar a leitura mais restritiva do Decreto-Lei 857/69.[18] Uma motivação encontrada na jurisprudência da época era a de que a afirmação da nulidade da cláusula-dólar permitiria a certos contratantes tirarem proveito da sua própria torpeza, pois aufeririam benefício sem honrarem a contrapartida avençada no contrato.[19] O descontentamento da sociedade com a manipulação dos índices de correção monetária administrados pelo governo criou espaço para que o Judiciário passasse a afirmar, também, o uso do dólar norte-americano como parâmetro para a atualização monetária da obrigações contratuais.[20]

Mais recentemente, em 2021, o Decreto-Lei 857/69 foi revogado e substituído pela Lei 14.286/21, em cujo art. 13 pode-se encontrar um novo rol de hipóteses em que se admite a "estipulação de pagamento em moeda estrangeira de obrigações exequíveis no território nacional".[21] Uma dessas novas hipóteses

---

Nulidade da cláusula. Decreto-Lei 857/69. É taxativamente vedada a estipulação, em contratos exequíveis no brasil, de pagamento em moeda estrangeira, a tanto equivalendo calcular a dívida com indexação ao dólar norte-americano, e não a índice oficial ou oficioso de correção monetária, lícito segundo as leis nacionais. Ação de cobrança da variação cambial, proposta pela vendedora. Nulidade de pleno direito da cláusula ofensiva a norma imperativa e de ordem pública. Recurso especial conhecido e provido").

[17] E.g. Carlos Alberto Bittar, A questão da legitimidade da cláusula de indexação de contrato pela variação de moeda estrangeira, *Revista da Faculdade de Direito, Universidade de São Paulo, 87*, 1992, p. 113-130.

[18] AgRg no REsp 466.801/RJ; REsp 33.992/SP; REsp 361.206/SP; REsp194.629/SP; AgRg no Ag 612.405/MG.

[19] REsp 36.120-6 – SP, Rel. Min. Waldemar Zveiter.

[20] REsp 119.773-RS, DJ 15/3/1999 ("Nada impede, todavia, que o dólar seja utilizado como indexador, como mero fator de atualização monetária, devendo haver a conversão em real no momento do pagamento conforme a cotação avençada"); REsp 239.238-RS (DJ 1/8/2000) ("A moeda estrangeira não pode ser adotada como meio de pagamento, mas serve como indexador").

[21] Lei 14.286, de 29 de dezembro de 2021, art. 13. "A estipulação de pagamento em moeda estrangeira de obrigações exequíveis no território nacional é admitida nas seguintes situações: I - nos contratos e nos títulos referentes ao comércio exterior de bens e serviços, ao seu financiamento e às suas garantias; II - nas obrigações cujo credor ou devedor seja não residente, incluídas as decorrentes de operações de crédito ou de arrendamento mercantil, exceto nos contratos de locação de imóveis situados no território nacional; III - nos contratos de arrendamento mercantil celebrados entre residentes, com base em captação de recursos provenientes do exterior; IV - na cessão, na transferência, na delegação, na assunção ou na modificação das obrigações referidas nos incisos I, II e III do caput deste artigo, inclusive se as partes envolvidas forem residentes; V - na compra e venda de moeda estrangeira; VI - na exportação indireta de que trata a Lei nº 9.529, de 10 de dezembro de 1997; VII - nos contratos celebrados por exportadores em que a contraparte seja concessionária, permissionária, autorizatária ou arrendatária nos setores de infraestrutura; VIII - nas situações previstas na regulamentação editada pelo Conselho Monetário Nacional, quando a estipulação em moeda estrangeira puder mitigar o risco cambial ou

surge nos contratos celebrados por exportadores em que a contraparte seja concessionária, permissionária, autorizatária ou arrendatária nos setores de infraestrutura (art. 13, VII). A Lei 14.286/21 também eliminou referência à nulidade de obrigações que "restrinjam" ou "recusem" nos seus efeitos o curso legal da moeda nacional, o que, ademais, fortaleceu a tese da permissão à cláusula-dólar típica sob o art. 318 do Código Civil.[22]

4. TIPOLOGIA DA CLÁUSULA-DÓLAR

Para além de formular um rol de hipóteses legais autorizando a estipulação de obrigação em moeda estrangeira, a Lei 14.286/21 revogou diversos dispositivos antigos versando sobre matéria cambial e estabeleceu um novo marco da disciplina das operações de câmbio no Brasil, isto é, uma verdadeira lei-quadro com diretrizes gerais sobre os negócios envolvendo moeda estrangeira com partes situadas no Brasil. Ao fazê-lo, a Lei 14.286/21 reconfigurou algumas das competências do Banco Central do Brasil, atribuindo-lhe, assim, poder para "regulamentar as contas em moeda estrangeira no País" (art. 5º, IX).

O Banco Central do Brasil, por sua vez, desincumbiu-se da tarefa de regulamentar as contas em moeda estrangeira no Brasil nos arts. 69 a 76 da Resolução nº 277, de 2022. Com isso, permitiu, em limitadíssimas hipóteses, a realização de transferências em moeda estrangeira entre titulares dessas contas em moeda estrangeira sem a necessidade realização de operação de câmbio (art. 72, IV). Desse modo, o Banco Central do Brasil, ao amparo da Lei 14.286, acabou por excepcionar regra basilar do direito monetário brasileiro segundo a qual as obrigações exequíveis no Brasil deveriam ser solvidas em moeda nacional – em "moeda corrente", na dicção do art. 315 do Código Civil.[23]

A possibilidade da realização de pagamentos em moeda estrangeira no Brasil – não apenas a estipulação em dólar da obrigação, mas também a sua liquidação em dólar no Brasil, ainda em que hipóteses muito limitadas – permite formular uma tipologia da cláusula-dólar, que, como gênero de convenção sobre a fixação de obrigação em moeda estrangeira, se subdivide em três espécies. A primeira dessas espécies, que é também a mais comum, surge quando se estipula em dólar o valor monetário da obrigação contratual,

---

ampliar a eficiência do negócio; IX - em outras situações previstas na legislação. Parágrafo único. A estipulação de pagamento em moeda estrangeira feita em desacordo com o disposto neste artigo é nula de pleno direito."

[22] Cf. AgInt no AgResp 1.711.772/MG (2020/0135869-6), Min. Ricardo Villas Bôas Cueva.

[23] Código Civil, art. 315. "As dívidas em dinheiro deverão ser pagas no vencimento, em moeda corrente e pelo valor nominal, salvo o disposto nos artigos subsequentes".

mas se convenciona, ao mesmo tempo, a liquidação do pagamento em Reais. É o tipo de cláusula de que vimos falando desde o começo, aquela em que o dólar funciona como moeda de conta, mas não como moeda de pagamento. Por ser a mais usual, podemos chamar essa espécie de cláusula-dólar de "normal" ou "típica".

A segunda espécie de cláusula-dólar surge quando a obrigação está denominada em Reais, porém as partes convencionam ajustá-la com base na variação da sua taxa de câmbio. O efeito econômico é muito parecido com o da cláusula-dólar típica, porque cumula-se a manutenção do valor da obrigação preso ao dólar e a liquidação do pagamento em Reais. Podemos chamá-la de cláusula-dólar "com correção cambial".

Finalmente, desde a edição em 2022 da Resolução nº 277 pelo Banco Central do Brasil, passou a ser possível, também, ainda que em caráter excepcionalíssimo, a redação de cláusulas para pagamento de montante expresso em dólares, com liquidação do pagamento em dólares no território nacional. Trata-se, aqui, de uma cláusula-dólar "própria", que, à semelhança das cláusulas-ouro de antanho, permite a liquidação do pagamento na moeda referência do contrato. Temos aqui, propriamente, a "cláusula de pagamento em moeda estrangeira", denominação que, como vimos, é muitas vezes equivocadamente utilizada para qualificar as cláusulas-dólar típicas.

5. CAUTELAS NA REDAÇÃO DA CLÁUSULA-DÓLAR

A primeira cautela a ser tomada é indicar no texto do contrato, sempre que possível, a específica circunstância fática que se subsume a uma autorização legal para a adoção da cláusula-dólar, quer sob o art. 13 da Lei 14.286/21, quer sob outro dispositivo aplicável. É bem verdade que, como vimos, a jurisprudência mais recente do Superior Tribunal de Justiça tem entendido como "válida a contratação de pagamento em moeda estrangeira, desde que feita a conversão em moeda nacional no ato do pagamento".[24] Porém, também como discutido, o tema se presta à polêmica, e, sempre que possível, é conveniente mitigar no contrato os riscos criados pelas querelas interpretativas acerca do alcance do art. 318 do Código Civil.

Um segundo ponto diz respeito ao detalhamento da cláusula-dólar para fins de clareza. Como vimos, numa cláusula-dólar típica, a liquidação do pagamento se dá em moeda nacional e, por isso mesmo, convém identificar com a maior precisão possível o índice de referência para a conversão em Reais do

[24] AgInt no AgResp 1.711.772/MG (2020/0135869-6), Min. Ricardo Villas Bôas Cueva.

valor em dólares estipulado no contrato para a obrigação. Também convém eliminar do contrato ambiguidades sobre a data da conversão da moeda de conta em moeda de pagamento, sendo, em princípio, recomendável indicar para a conversão a data do efetivo pagamento, inclusive do pagamento de juros, em vez da data do vencimento da obrigação.

É possível prever também, no contrato, uma regra de substituição do índice de conversão caso aquele originalmente acordado seja extinto ou descontinuado. Aqui, pode-se atribuir a faculdade de escolha do novo índice a uma das partes e, ao mesmo tempo, indicar um parâmetro para a escolha do novo índice (aquele adotado como praxe no mercado, aquele que melhor reflita a oscilação da moeda, ou, nos contratos financeiros, aquele que melhor reflita os custos em operações creditícias semelhantes).

Finalmente, é bom ter em conta que a variação do valor do pagamento em Reais decorrente da adoção da cláusula-dólar pode, a depender das circunstâncias, representar significativo acréscimo para o devedor. A fim de mitigar o risco de aplicação da teoria da imprevisão (CC, art. 317) ou onerosidade excessiva (CC, art. 478), pode ser conveniente incluir no contrato linguagem por meio da qual o devedor declara ter condição de avaliar e de assumir riscos ligados a oscilações do câmbio, tendo ciência, ademais, do risco de que o valor da sua prestação em Reais seja significativamente majorado por conta de eventual desvalorização cambial.

18. A CLÁUSULA MARCIANA COMO INSTRUMENTO DE CONSERVAÇÃO DOS CONTRATOS

Carlos Edison do Rêgo Monteiro Filho

1. CONTORNOS INTRODUTÓRIOS

Espraiou-se falsamente no cenário acadêmico a percepção de que os direitos reais, na contramão do direito contratual e da responsabilidade civil, seriam matéria monótona, algo plácida e sem maiores controvérsias. Isso porque, enquanto as obrigações mostram-se efêmeras e nascem com o gérmen da sua extinção, os direitos reais tendem a uma estabilização, a se protrair no tempo. Em que pese a próprio tratamento normativo que lhes destina o Código Civil, cujos esforços se voltaram principalmente para extinção das obrigações em contraposição à criação dos direitos reais, tal ordem de ideias não poderia estar mais distante da realidade. Os direitos reais, em tempo relativamente recente, passaram por verdadeiro processo de reforma[1], articulada em três eixos principais: "(i) intervenções legislativas; (ii) expansão da autonomia negocial e seus novos princípios; e (iii) efetividade e segurança propiciada por novos institutos e tecnologias".

É nesse terceiro ponto que se insere o objeto do presente estudo. Buscando conferir maior efetividade às garantias, o pacto comissório cede espaço

[1] Para ulterior desenvolvimento do assunto, cf. prefácio de nossa autoria à obra coletiva intitulada Reforma dos Direitos Reais, p. 9 (MONTEIRO FILHO, Carlos Edison do Rêgo. A Reforma dos Direitos Reais - a Caminho da Unidade dos Direitos Patrimoniais. Rio de Janeiro: Processo, 2020).

ao pacto marciano. Pela cláusula marciana, o credor também poderá se apropriar do bem objeto da garantia na hipótese de inadimplemento, mas desde que tal expediente seja precedido de avaliação justa e devolução de eventual valor excedente ao devedor[2].

Imagine-se o seguinte cenário: A, carente do numerário de 500 mil reais, celebra com B contrato de mútuo, oferecendo em garantia bem imóvel avaliado em 1 milhão de reais. As partes preveem ainda cláusula marciana, de modo que, caso A descumpra o contrato, B poderá se tornar proprietário da coisa mediante justo preço. Havendo o inadimplemento absoluto, promover-se-á a avaliação do imóvel, devendo B restituir a A a parcela que exceder o montante da dívida.

Delineados os contornos de sua atuação, passa-se a sumária contextualização histórica, a qual se revela indispensável à identificação dos choques e cruzamentos de rumo entre comissório e marciano, bem como seus respectivos fundamentos ao longo do tempo.

A cláusula marciana mostrou-se objeto de controvérsias já no Direito Romano, em que fora discutido se constituiria também *lex comissoria*, de modo a ser considerada nula a partir do édito de Constantino, ou se a circunstância de se assegurar a execução do bem por seu preço justo permitiria considerá-la válida.[3]

Com o fim do Império Romano e início do medievo, houve grandiosa influência do Direito Canônico – repressivo a práticas usurárias – nas relações privadas,[4] a ponto de por ele se orientar o chamado *direito dos reinos*. Nesse

---

[2] Nesse sentido, "Em sua estrutura, pois, o ajuste marciano envolve igualmente a aquisição da propriedade plena da coisa objeto da garantia pelo credor, a partir do inadimplemento absoluto. Se tal característico comum de aquisição da propriedade da coisa objeto da garantia faz aproximar o pacto marciano do comissório, o valor justo pelo qual se dá a aludida aquisição as estrema em definitivo, rompendo-se qualquer laço de identidade entre as duas cláusulas..." (MONTEIRO FILHO, Carlos Edison do Rêgo. Pacto comissório e pacto marciano no sistema brasileiro de garantias - Rio de Janeiro: Processo, 2017, p. 278).

[3] MATOS, Isabel Andrade de. *O pacto comissório*: contributo para o estudo do âmbito da sua proibição. Coimbra: Almedina, 2006, p. 84.

[4] Sobre a relação entre o Direito Canônico e o Direito Civil, v., por todos, HESPANHA, António Manuel. "Num plano superior, está o direito canônico que, como direito diretamente ligado à autoridade religiosa, pretende um papel de critério último de validação das outras ordens jurídicas, em obediência ao princípio da subordinação do governo terreno aos fins sobrenaturais de salvação individual. Assim, em princípio o direito canônico deveria prevalecer em assuntos relacionados com a ordem sobrenatural, deixando ao direito civil as matérias de natureza temporal. Porém, como já vimos, esta regra não era geral nem automática, pois, mesmo em matérias temporais, podia acontecer que devesse vigorar o direito canônico, desde que a solução do direito civil contrariasse gravemente princípios de conveniência impostos pela ordem religiosa" (*Cultura jurídica europeia*: síntese de um milênio. Lisboa: Almedina, 2012, p. 153).

contexto, editaram-se as *Siete Partidas*, corpo normativo redigido no Reino de Castela, durante o reinado de Afonso X (1252-1284), que condenavam o pacto comissório enquanto admitiam o pacto marciano (Lei 41, Título V, Partida V[5] e Lei 12, Título XIII, Partida V[6]).

Já na Lei 12, Título XIII, Partida V, a passagem "mas se o ajuste fosse realizado de forma que, se o penhor não fosse quitado até o dia certo, o objeto empenhado seria vendido por um e pelo outro comprado pelo preço que arbitrassem

---

[5] Para proibição do pacto comissório, previa-se na referida Lei 41: "de la postura que es puesta sobre el peño; si non fuere quito a día cierto, que fusse comprada del que la tiene a peños; si deve valer, o non. Empeñado un ome a otro alguna cosa, a tal pleyto, que si la no quitasse a dia cierto, que fuesse suya comprada, de aquel a que la rescebio a peños: dando o pagando sobre aquello que auia dado quando la tomo a peños tanto quanto podria valer la cosa segund alvedrio de omnes Buenos: tal pleyto como este deve valer. Mas si la comprasse de otra quisa, diziendo assi: que fazia tal pleyto con ele, que si ta non quitasse adia senãnalado, que fuesse suya, por aquello que dava sobre ella a peños; entonce non valdria el pleyto, nin la vendida. E por esta razon non tenemos por bien que vala tal pleyto, porque los que emprestan dineros a otros sobre peños, non lo quarrian fazer de otra guise. E los omnes quando estoviessen muy cuytados con muy grando mengua que oviessen, farina tal pleyto como este, maguer entendiessen seria a su daño". Tradução livre: Da questão que é posta sobre o penhor; se não for quitado ao dia certo, que fosse comprada a coisa daquele que a empenhou; se deve valer ou não. Empenhando um homem a outro alguma coisa, convencionando-se que, se não a quitasse ao dia certo, fosse comprada a coisa daquele que a empenhou: dando ou pagando aquilo que dava sobre ela a penhor; então não valeria o pacto nem a venda. Mas, se, de modo diverso, comprasse dizendo assim: que faz tal pacto com ele, e se não quitado ao dia avençado, que a coisa se tornasse sua, então não valeria o pacto nem a venda. E por essa razão não temos por bem que valha tal pacto, porque os que emprestam dinheiro a outros sobre penhor não fariam de outra forma. E os homens, quando estivessem muito necessitados, fariam pactos como esse.

[6] Em razão de proibir o pacto comissório, previa a Lei 12, Título XIII, Partida V: "Quales pleytos pueden ser puestos por razon de los peños e quales non. Todo pleyto, que non sea contra derecho, nun contra buenas costumbres, puede ser puesto sobre las cosas que dan los omnes a peños. Mas olos outros non deven valer. E porende dedzimos, que si algun omne empeñasse su cosa a otro, a tal pleyto diziendo assi: si vos non quitare este peño fasta tal dia, otorgo que sea vuestro dende Adelante, por esse que me prestaes, o, que sea vuestro comprador; que a tal pleyto como este non deve valer. Ca si que a tal postura valiesse, no la quarrian los omnes rescibir de otra guisa los peños, e vernia porende muy gran daño a la tierra: porque quando algunos estuviessen muy cuytados, empeñariam las cosas, por quanto quier que les diesen sobre ellas, e perderlas yan port al postura como esta". Tradução livre: Quais pactos podem ser postos no penhor e quais não. Toda avença que não seja contra o direito nem contra os bons costumes pode ser posta sobre as coisas dadas em penhor. Mas algumas outras não devem valer. E, portanto, dizemos que se algum homem empenhasse sua coisa a outro, com o pacto assim dizendo: se não vos quitar este penhor até tal dia, outorgo que seja vosso o bem; este pacto não deve valer. Se tal postura valesse, sofreriam os homens grandes danos, porque quando alguns estivessem muito necessitados, empenhariam as coisas pelo valor que quisessem dar e as perderiam por posturas como essa.

homens bons, diríamos que tal cláusula é válida"[7] permite afirmar que a cláusula marciana romana foi considerada lícita pelos castelhanos no século XIII.

As Ordenações Portuguesas também previram a licitude do pacto marciano, no mesmo título em que declararam a ilicitude do comissório. Em interpretação das Ordenações Filipinas, a doutrina portuguesa do século XIX apontava que a ilicitude do pacto comissório residia na ausência de justa avaliação do bem que ficaria com o credor, considerando lícita a cláusula que previa a realização de tal avaliação por meio da participação de peritos nomeados por credor e devedor.[8]

No direito brasileiro, a Consolidação das Leis Civis, obra legislativa de Teixeira de Freitas, tratou da matéria em seus artigos 769 a 772, a tomar como base as Ordenações Portuguesas. Ao pacto marciano conferiu-se tratamento no artigo 771[9], que contemplava a validade da cláusula de ficar o credor com o penhor pelo seu justo preço – desde que determinado, após o vencimento, por dois avaliadores juramentados e escolhidos por ambas as partes.[10]

Após tantos séculos de caminhada conjunta, o advento do Código Civil de 1916 impôs corte radical no paralelismo legal que se estabelecera desde o Século IV, como visto, e não contemplou o pacto marciano. Manteve, por outro lado, a vedação ao pacto comissório em seu artigo 765, prescrevendo-lhe a sanção de nulidade.[11]

De se registrar ter havido, em aprofundamento, no trâmite legislativo do diploma, a propositura de emenda parlamentar a favor da admissibilidade do pacto marciano, rejeitada no curso do processo legislativo. Na ocasião, opinou o Barão de Loreto pela possibilidade de o credor ficar com o penhor pelo preço

---

[7] No original: "pero si el pleyto fuesse puesto, de guisa, que si el peño no le quitasse, fasta dia certo, el que lo empeño, que fuesse suyo, vendido, e del outro, comprado, por tanto precio, quanto los apreciassen los omnes buenos, tal pleyto, deezimos que valdria".

[8] Nesse sentido, cf. DA ROCHA, M.A Coelho. *Instituições de direito civil portuguez, para uso de seus discípulos.* t. II. Coimbra: Imprensa da Universidade, 1848, p. 494-495; TELLES, J.H Correa. *Digesto portuguez ou tractado dos modos de adquirir a propriedade e a gozar e administrar e de a transferir por derradeira vontade para servir de subsídio ao novo código civil.* t. III. Coimbra: Livraria J. Augusto Orcel, 1860, p. 193-195.

[9] Artigo 771. "Do mesmo modo é lícita a cláusula de ficar o credor com o penhor pelo seu justo preço".

[10] "não é nullo porém o pacto de ficar o credor com o penhor a elle vendido por um preço certo declarado no contracto, se a dívida não for paga no tempo convencionado. Se o declarado preço não for justo, a ponto de haver lesão enorme, cabe o remédio do Livro 4, Título XIII da Ordenação" (FREITAS, A. Teixeira de. *Consolidação das leis civis.* vol. 1. Brasília: Senado Federal, 2003, p. 474-476).

[11] Artigo 765. "É nula a cláusula que autoriza o credor pignoratício, anticrético ou hipotecário a ficar com o objeto da garantia, se a dívida não for paga no vencimento".

em que for avaliado por peritos, escolhidos de comum acordo – sustentava, em suma, a licitude do pacto marciano nos moldes previstos nas Ordenações.[12]

Aproximadamente um século depois, o Código Civil de 2002 seguiu, nos artigos 1.365 e 1.428, o teor disposto no diploma ab-rogado, isto é, *previu a codificação atual a nulidade do pacto comissório, silenciando-se acerca da cláusula marciana.*[13] Observa-se, contudo, que, assim como ocorreu no trâmite de aprovação do Código de 1916, o processo legislativo que culminou no Código de 2002 também trouxe à tona o tema da admissibilidade do pacto marciano.

Com efeito, foi apresentada emenda a propor que a redação do artigo 1.397 – atual artigo 1.365 – permitisse a constituição da cláusula marciana em alienação fiduciária em garantia. O dispositivo permitiria ao credor ficar com a coisa, desde que, após avaliação judicial, entregasse ao devedor o montante que excedesse o valor de seu crédito deduzidas as eventuais despesas. Tratava-se de previsão de licitude do pacto marciano.

Percebe-se, portanto, travar-se o debate relativo ao pacto marciano na penumbra da omissão legislativa, razão pela qual desponta o papel da doutrina na elucidação de seu conceito, elementos essenciais e modalidades (estrutura), além de sua *ratio* justificadora e finalidades (função), para que se possa, à luz de seus perfis estrutural e funcional, concluir acerca de sua eventual tutela no direito pátrio, em confronto com a disciplina do pacto comissório[14].

2. ESTRUTURA DO PACTO MARCIANO

É possível dizer que o pacto marciano foi por muito tempo submetido a tratamento lateral, tratado como exceção a coadjuvar o estudo dos fundamentos

[12] No trâmite legislativo do Código Civil de 1916, opinou Barão de Loreto: "À mesma disposição [vedação ao pacto comissório], porém, conviria accrescentar as seguintes excepções, relativas ao penhor, as quaes igualmente decorrem do direito romano, e são reconhecidas pelo nosso direito. E' licito ajustar presupposto o caso de não pagamento da divida no prazo estipulado: 1, que possa o credor vender o penhor extrajudicialmente; 2, que o credor fique com o penhor pelo preço em que fór avaliado por peritos, escolhidos de commum acordo" (BRASIL. *Código civil brasileiro*: trabalhos relativos à sua elaboração. vol. 2. Rio de Janeiro: Imprensa Nacional, 1917, p. 376).

[13] No mesmo sentido: "(...) Código Civil de 2002, cujo art. 1428 reproduziu *ipsis litteris* o commando contido no art. 765 do diploma precedente. A única inovação textual refere-se ao reconhecimento, no parágrafo único do aludido preceito, da licitude da dação em pagamento do objeto da garantia. Quanto ao pacto Marciano, nada é ditto" (RENTERIA, Pablo. *Penhor e autonomia privada.* São Paulo: Atlas, 2016, p. 161).

[14] O Enunciado 626 da VIII Jornada de Direito Civil dispõe: "Não afronta o art. 1.428 do Código Civil, em relações paritárias, o pacto marciano, cláusula contratual que autoriza que o credor se torne proprietário da coisa objeto da garantia mediante aferição de seu justo valor e restituição do supérfluo (valor do bem em garantia que excede o da dívida)".

de vedação do pacto comissório, a cuja conceituação foi concedida maior atenção pelos operadores jurídicos. Tanto é que, doutrina e jurisprudência não apresentam registro de debates sobre sua etiologia, e se percebe que cada autor, ao privilegiar determinado aspecto do mecanismo marciano, acaba por revelar abordagem tanto quanto insuficiente. Não obstante, extraem-se alguns elementos essenciais da cláusula, assim como alguns de seus corolários.

Nas palavras de Pietro Perlingieri, o pacto marciano é o ajuste "com o qual o credor, na hipótese de inadimplemento, torna-se proprietário da coisa recebida em garantia restituindo ao devedor a diferença entre o valor do crédito e eventual valor a maior do bem".[15] No Brasil, Carvalho Santos buscou conceituá-lo como a cláusula que autoriza o credor a ficar com a garantia mediante um preço fixado por avaliação de peritos escolhidos pelas partes ou nomeados de ofício.[16] A partir dessas e de outras definições, mostram-se recorrentes, pois, pelo menos duas ideias centrais.

A primeira, que também se faz presente na sistemática do pacto comissório, consubstancia-se em que o *credor se torna proprietário da coisa objeto da garantia*, expressa por fórmulas análogas – "a propriedade da coisa se transfere", "faz sua a coisa objeto da garantia" ou "fica com a garantia".

A segunda ideia essencial à concepção do pacto marciano – esta, por sua vez, ausente no mecanismo da cláusula comissória – reside no fato de que a aquisição da propriedade ocorrerá após *aferição do justo valor* do bem dado em garantia, revelada de forma diversa em diferentes trechos, tais como "justa estimação do valor da coisa" e "preço justo". A partir desse elemento pode-se distinguir, já em primeiro plano, o pacto marciano do comissório, estruturalmente.[17]

---

15 No original: "Ciò induce a reputare lecito il patto marciano (...) con il quale in creditore, nell'ipotesi di inadempimento, diventa proprietario della cosa ricevuta in garanzia naturalmente previa corresponsione al debitore della differenza tra l'ammontare del credito e l'eventuale maggior valore del bene" (*Manuale di diritto civile.* Napoli: Edizioni Scientifiche Italiane, 1997, p. 304). No mesmo sentido, cf. "é permitido, porém, estipular-se a venda da coisa ao credor pelo preço que for estimado por avaliadores" (PEREIRA, Lafayette R. *Direito das coisas.* Rio de Janeiro: Livraria Freitas Bastos S.A., 1956, p. 397). V. tb. "Nada impede, todavia, que se reconheça a validade de acordo em que, diante do incumprimento do devedor, a entrega do bem dado em garantia não se revele abusiva quando em cotejo com a obrigação principal descumprida, a evidenciar o enriquecimento sem causa do credor. Trata-se do chamado *pacto marciano*" (PEREIRA, Caio Mário da Silva. *Instituições de Direito Civil.* vol. IV. Atualizado por Carlos Edison do Rêgo Monteiro Filho. Rio de Janeiro: Forense, 2016, p. 290).

16 CARVALHO SANTOS, J.M. de. *Código civil brasileiro interpretado.* vol. X. Rio de Janeiro: Livraria Freitas Bastos, 1964, p. 92.

17 Francesco Caringella, ao tratar da admissibilidade no ordenamento do pacto marciano, aduz que se trata de "patto che prevede un meccanismo fondamentalmente identico a quello comissorio – ciò trasferimento del bene in caso di inadempimento – ma che dal patto *ex* art. 2744 c.c. si differenzia per il fatto che, al momento dell'inadempimento, un terzo designato di

2.1. Aquisição da propriedade da coisa objeto de garantia

Quanto à primeira característica, vale ressaltar que a transferência de propriedade poderá se consumar de diversas maneiras, a depender do instrumento jurídico de que se valeram as partes na pactuação da garantia. Em se tratando de penhor, por cujos contornos o credor já se encontra na posse do bem móvel dado em garantia, a propriedade lhe será transferida via tradição *brevi manu*.[18] No caso da hipoteca, também haverá transferência da propriedade, que se operará no caso mediante o registro do imóvel em nome do credor no ofício competente. Negando-se o devedor a proceder ao registro, terá o credor hipotecário direito, em face daquele, de obter provimento judicial que supra o ato volitivo do qual se furtou o devedor.

No mais, prefere-se neste estudo tratar-se como *aquisição* da propriedade o primeiro elemento do pacto marciano e não como sua *transferência* porque, no que tange à alienação fiduciária em garantia, o credor, em rigor técnico, já se fez titular do domínio, posto que resolúvel, do bem garantido.[19] A execução do pacto marciano opera de modo a consolidar a propriedade plena na pessoa do credor, pela baixa do gravame no registro, no caso de bem imóvel, ou pela tradição da coisa em seu favor, se móvel for o bem objeto da garantia.

---

comune accordo dalle parti, ovvero dal presidente del tribunale, procede alla stima del valore del bene al fine di verificarne l'effettiva corrispondenza all'importo del credito non restituito. Quindi, nel *patto marciano*, pur essendo previsto un meccanismo commissorio, non sussiste il rischio dell'esposizione del debitore ad una pattuizione iniqua, perché nell'ipotesi in cui il bene avesse un valore superiore al credito erogato il creditore sarebbe tenuto a versarne al debitore la differenza". (CARINGELLA, Francesco. *Studi di diritto civile*. t. I. Milano: Dott. A. Giuffrè, 2003, p. 1.036). Tradução livre: pacto que prevê um mecanismo fundamentalmente idêntico àquele comissório – isto é, transferência do bem em caso de inadimplemento – mas que do pacto *ex* art 2744 c.c. se diferencia pelo fato de que, ao momento do inadimplemento, um terceiro designado de comum acordo pelas partes, ou pelo presidente do tribunal, procede à avaliação do bem a fim de verificar a efetiva correspondência dele à importância do crédito não restituído. Então, no pacto marciano, sendo previsto um mecanismo comissório, não subsiste o risco de exposição do devedor a uma pactuação iníqua, porque na hipótese em que o bem tivesse um valor superior ao crédito derrogado o credor seria obrigado a versar ao devedor essa diferença.

[18] "Quando alguém já tem a posse do objeto, posse direta em razão de um vínculo jurídico, por exemplo, como depositário ou como credor pignoratício, e adquire o seu domínio, não há mister devolver-se ao dono, para que este novamente lhe faça a entrega (tradição real) do mesmo. É suficiente a demissão voluntária da posse pelo transmitente, para que se repute *tradita* a coisa; tradição de breve mão, *traditio brevi manu*". (PEREIRA, Caio Mário da Silva. *Instituições de Direito Civil*. vol. IV. Atualizado por Carlos Edison do Rêgo Monteiro Filho. 28ª ed. Rio de Janeiro: Forense, 2022, p. 39).

[19] Sobre a aquisição da propriedade na alienação fiduciária em garantia, v. ALVES, José Carlos Moreira. *Da alienação fiduciária em garantia*. Rio de Janeiro: Saraiva, 1979, p. 107: "pelo pacto marciano, se o débito não for pago, a coisa poderá passar à propriedade plena do credor pelo seu justo valor, a ser estimado, antes ou depois de vencida a dívida, por terceiro".

Um último aspecto a ser destacado consiste em saber se, diante do inadimplemento absoluto, a aquisição da propriedade constituiria direito potestativo[20] do credor ou se o devedor possuiria o direito subjetivo de exigir a execução da cláusula marciana em cumprimento ao pactuado. A solução depende da interpretação da cláusula marciana, no bojo da relação contratual complexa, como fruto da autonomia negocial.[21] Dever-se-á examinar se o ajuste foi previsto em teor facultativo ou obrigatório, prevalecendo aqui, no âmbito de relações patrimoniais disponíveis, a força obrigatória dos pactos que, contudo, não se furtará ao controle de merecimento de tutela à luz dos valores do ordenamento jurídico.

2.2. Aferição do justo valor da coisa objeto de garantia

Mesmo sabendo-se haver elementos estruturais que os assemelham, pacto marciano e pacto comissório exercem funções distintas e derivam de perfis axiologicamente diversos. O pacto marciano promove a aquisição do bem pelo credor por seu preço justo, fruto de avaliação objetiva, razão pela qual se conferem disciplinas antagônicas entre os dois: ao comissório, ilicitude[22]; ao

---

[20] Na definição de Pietro Perlingieri: "o seu titular pode, sozinho, constituir, modificar ou extinguir uma situação, apesar de isso significar invasão da esfera jurídica de outro sujeito que não pode evitar, em termos jurídicos, o exercício do poder. Este exercício dá-se com uma manifestação unilateral de vontade mesmo quando (segundo alguns), para realizar o resultado favorável ao titular, seja necessária (além da manifestação unilateral da vontade) uma sentença do juiz. (...) A posição correlata do sujeito que não pode se opor ao exercício do direito potestativo e deve se submeter ao efeito a ele desfavorável é definida sujeição" (PERLINGIERI, Pietro. *O direito civil na legalidade constitucional.* Rio de Janeiro: Renovar, 2008, p. 685). V. tb. PEREIRA, Caio Mário da Silva. *Instituições de direito civil.* vol. I. Atualizado por Maria Celina Bodin de Moraes. Rio de Janeiro: GEN, 2014, p. 30; ASCENSÃO, José de Oliveira. *Direito civil*: teoria geral. vol. III. Coimbra: Coimbra Editora, 2002, p. 12.

[21] "A relevância constitucional da autonomia contratual deve ser entendida sob duplo perfil: o positivo, relativo ao fundamento e à tutela constitucional da autonomia, e o negativo que lhe impõe limites. O fundamento da autonomia negocial não pode ser desvinculado da natureza dos interesses pelos quais se explica em concreto". (BARBOZA, Heloisa Helena. Reflexões sobre a autonomia negocial. in. TEPEDINO, Gustavo; FACHIN, Luiz Edson (Coords.). *O direito e o tempo*: embates jurídicos e utopias contemporâneas. Estudos em homenagem ao Professor Ricardo Pereira Lira. Rio de Janeiro: Renovar, 2008, p. 413). Em sentido semelhante, v. "Sublinhe-se que se mostra admissível tanto a cláusula que atribui ao credor a faculdade de apropriar-se do bem como aquela por meio da qual aquele se obriga a tanto. No primeiro caso, se quiser, o credor pode preferir a alienação do bem, de modo a pagar-se com o preço obtido. No segundo, não lhe resta alternativa senão adquirir o bem, o que, diga-se por oportuno, pode ser efetuado mediante tradição ficta" (RENTERIA, Pablo. *Penhor e autonomia privada.* São Paulo: Atlas, 2016, p. p. 178).

[22] Em mais de uma oportunidade o STJ enfrentou a questão do pacto comissório, declarando sua nulidade: STJ - REsp: 1747956 SP 2018/0144705-0, Relator: Ministro ANTONIO CARLOS

marciano, sem a objeção central da iniquidade do desequilíbrio em favor do credor, licitude.[23]

Por outras palavras, ao não promover equilíbrio entre o montante da dívida e o valor do bem cuja propriedade se transfere ao credor, sendo este usualmente superior àquele, considera-se a *lex comissoria* mecanismo fértil a gerar injustiças, pois a extinção da obrigação se opera mediante a transferência da propriedade independentemente da devolução do *superfluum* ao devedor ou ao terceiro que tenha oferecido o bem em garantia.[24]

Esta segunda característica envolve, de um lado, o aspecto procedimental (avaliação do bem por terceiro imparcial ou por comum acordo das partes), e, de outro, o aspecto temporâneo (avaliação deverá se dar necessariamente no momento da aquisição da coisa).

FERREIRA, Data de Julgamento: 15/06/2021, T4 - QUARTA TURMA, Data de Publicação: DJe 30/08/2021; STJ - REsp: 1640955 SP 2011/0235216-3, Relator: Ministra REGINA HELENA COSTA, Data de Julgamento: 28/05/2019, T1 - PRIMEIRA TURMA, Data de Publicação: DJe 30/05/2019; STJ - REsp n. 1.649.595/RS, relator Ministro Marco Aurélio Bellizze, Terceira Turma, julgado em 13/10/2020, DJe de 16/10/2020.

[23] "Ahora, como hemos demostrado, parece claro que el motivo determinante de la prohibición del pacto comisorio tiene que ver con la desproporción que se puede originar entre el monto de lo debido y el valor de la pérdida que padece el deudor por el hecho de que el acreedor se apropie de la cosa dada en garantía, por lo que en tanto se respete dicha proporcionalidad, mientras se conserve la conmutatividad entre las prestaciones, el pacto debiera ser lícito. Si lo que se pretende es evitar que el acreedor pueda prevalerse de una situación difícil del deudor (lo que se logra en el pacto marciano mediante mecanismos de tasación de carácter objetivo), ello es a costa de limitar la autonomía de la voluntad, por lo que la prohibición no debiera alcanzar aquellos casos en que los intereses del deudor queden salvaguardados" (STOCKEBRAND, Adolfo Wegmann. Algunas consideraciones sobre la prohibición del pacto comisorio y el pacto marciano. *Revista Chilena de Derecho Privado*, vol. 13, 2009, p. 111-112). Tradução livre: Agora, como temos demonstrado, parece claro que o motivo determinante da proibição do pacto comissório tem a ver com a desproporção que se pode originar no montante devido e o valor da perda que padece o devedor pelo fato de que o credor se aproprie da coisa dada em garantia, pelo que, respeitando-se a dita proporcionalidade, enquanto se conserve a comutatividade entre as prestações, o pacto deve ser lícito. Se o que se pretende é evitar que o credor possa se prevalecer de uma situação difícil do devedor (o que se consegue no pacto marciano mediante mecanismos de taxação de caráter objetivo), não deve ser limitada a autonomia da vontade nos casos em que os interesses do devedor estejam salvaguardados. Aqui não incidirá a proibição do pacto comissório.

[24] "(...) patto marciano, convenzione molto simile al patto commissorio, ma che da questo si discosta laddove prevede la stima del bene conferito in garanzia e la restituzione al debitore dell'eventuale differenza tra l'ammontare del debito garantito e il valore del bene stesso" (CIPRIANI, Nicola. Nuovi scenari in tema di patto commissorio autonomo? *Rassegna di diritto civile*, vol. 1-2, 2002, p. 430). Tradução livre: (...) pacto marciano, convenção muito similar ao pacto comissório, mas que deste se afasta quando prevê a avaliação do bem conferido em garantia e a restituição ao devedor da diferença entre o montante do débito garantido e o valor do próprio bem.

A elucidação do valor justo pelo qual se executará a cláusula marciana, ponto central de sua definição, pode se dar por diferentes caminhos. Todos, porém, como indicam os conceitos cristalizados, devem ser capazes de garantir imparcialidade, critérios objetivos, congruência, boa-fé, enfim, tudo o quanto assegurar a justiça da aferição do valor.[25]

Argumenta-se de início ser necessária a intervenção de terceiros independentes escolhidos pelas partes para o desempenho do mister. Nesse sentido, constava da Consolidação das Leis Civis, elaborada por Teixeira de Freitas no século XIX, ser lícita a cláusula de ficar o credor com o penhor pelo seu justo preço, desde que este fosse *determinado por dois avaliadores* após o vencimento da obrigação.[26] Em Carvalho Santos acha-se opinião similar, no sentido de que o preço, no pacto marciano, deverá ser objeto de avaliação por "peritos escolhidos pelas partes ou nomeados de ofício".[27]

Na experiência estrangeira, o Código Civil Argentino de 2014 exigiu, do mesmo modo, a intervenção *de terceiro* (agora, no singular), na previsão legal da cláusula marciana – validando o pacto que autoriza o credor a se apropriar da coisa dada em garantia pela estimação de seu valor no momento de vencimento da dívida, a ser arbitrado por perito designado por acordo das partes ou, na falta de consenso, pelo juiz por meio de simples petição do credor.[28]

---

[25] "Para efeitos do apuramento do 'preço justo' do bem dado em garantia, é necessário proceder à sua avaliação. Tal avaliação reveste, assim, um papel crucial, devendo ser rodeada de todas as cautelas. Pela nossa sorte, cremos que a avaliação deverá ser feita segundo critérios de caráter objectivo, mediante recurso às regras de Mercado ou com a intervenção de um terceiro imparcial designado pelas partes de comum acordo, para que fiquem salvaguardados os direitos do devedor e dos demais credores" (MATOS, Isabel Andrade de. *O pacto comissório*: contributo para o estudo do âmbito da sua proibição. Coimbra: Almedina, 2006, p. 83).

[26] Artigo 772. "No caso do art. antecedente, vencida a dívida, o penhor será avaliado por dois peritos, escolhidos por ambas as partes, e juramentados, aplicando-se então o pagameno pelo preço da avaliação".

[27] CARVALHO SANTOS, J.M. de. *Código civil brasileiro interpretado*. vol. X. Rio de Janeiro: Livraria Freitas Bastos, 1964, p. 92.

[28] Articulo 2.198 do Código Civil y Comercial Unificado de la Nación Argentina. "Cláusula nula. Es nula toda cláusula que permite al titular de un derecho real de garantía adquirir o disponer del bien gravado fuera de las modalidades y condiciones de ejecución previstas por la ley para cada derecho real de garantía"; Artículo 2.229. "Ejecución. El acreedor puede vender la cosa prendada en subasta pública, debidamente anunciada con diez días de anticipación en el diario de publicaciones legales de la jurisdicción que corresponde al lugar en que, según el contrato, la cosa deba encontrarse. Si la prenda consiste en títulos u otros bienes negociables en bolsas o mercados públicos, la venta puede hacerse en la forma habitual en tales mercados, al precio de cotización. Las partes pueden convenir simultáneamente con la constitución que: a) el acreedor se puede adjudicar la cosa por la estimación del valor que de ella se haga al tiempo del vencimiento de la deuda, según lo establezca el experto que las partes designen o bien por el que resulte del procedimiento de elección establecido; en su defecto, el experto debe ser designado por el juez a simple petición del acreedor; b) la venta se puede realizar por un procedimiento

Contudo, defende-se não ser imprescindível que o arbitramento se realize por *terceiro*, podendo as partes chegar a bom termo acerca do preço justo. A avaliação, evidentemente, deverá ser "rodeada de todas as cautelas", com a busca de expedientes confiáveis de precificação.[29] Ponha-se, entre parênteses, que a avaliação não se furtará à apreciação do Poder Judiciário ou do juízo arbitral, em caso de conflito.[30]

---

especial que ellas determinan, el que puede consistir en la designación de una persona para efectuarla o la venta por el acreedor o por un tercero a precios que surgen de un determinado ámbito de negociación o según informes de los valores corrientes de mercados al tiempo de la enajenación que indican una o más cámaras empresariales especializadas o publicaciones designadas en el contrato. A falta de estipulación en contrario, estas alternativas son optativas para el acreedor, junto con las indicadas en los párrafos primero y segundo de este artículo, según el caso. El acreedor puede adquirir la cosa por la compra que haga en la subasta o en la venta privada o por su adjudicación". Tradução livre: Art. 2.198 – Cláusula nula. É nula toda cláusula que permite o titular de um direito real de garantia adquirir ou dispor do bem gravado fora das modalidades e condições de execução previstas pela lei e para cada direito real de garantia. Art. 2.229 – Execução. O credor pode vender a coisa empenhada em leilão público, devidamente anunciado com dez dias de antecipação no diário de publicações legais da jurisdição que corresponde ao lugar em que, segundo o contrato, a coisa deva se encontrar. Se o penhor consiste em títulos ou outros bens negociáveis em bolsa ou mercados públicos, a venda pode se fazer na forma habitual em tais mercados, ao preço da cotação. As partes podem convencionar simultaneamente com a constituição que: a) o credor pode adjudicar a coisa pela estimação do valor que dela se faça ao tempo do vencimento da dívida, segundo estabeleça o perito designado pelas partes ou outro procedimento de avaliação estabelecido; não havendo acordo, o perito deve ser designado pelo juiz por simples petição do credor. b) A venda pode ser realizada por um procedimento especial que as partes determinem, que pode consistir na designação de uma pessoa para efetuá-la; ou a venda pelo credor ou por um terceiro a preços que surgem de um determinado âmbito de negociação ou segundo informes de valores de mercado ao tempo da alienação que indicam uma ou mais câmaras empresariais especializadas ou publicações designadas no contrato. À falta de estipulação em contrário, essas alternativas são optativas para o credor junto com as indicadas aos parágrafos primeiro e segundo deste artigo, conforme o caso. O credor pode adquirir a coisa pela compra que se faça em leilão público ou venda privada ou por sua adjudicação.

[29] Em Portugal, desenharam-se pressupostos para que haja uma avaliação correta do objeto do penhor financeiro:"(i) que no contrato de penhor financeiro sejam claramente identificados os critérios a que deve obedecer a avaliação e os prazos dentro dos quais a mesma deverá realizar-se; (ii) que tais critérios sejam objectivos e conformes com os ditames da boa fé, e (iii) que o credor só possa exercitar o seu direito de apropriação até ao montante das obrigações financeiras garantidas que se encontre em dívida" (MATOS, Isabel Andrade de. *O pacto comissório*: contributo para o estudo do âmbito da sua proibição. Coimbra: Almedina, 2006, p. 154).

[30] A respeito do controle judicial da avaliação, aduz Massimo Bianca "In effetti, per quanto non possa escludersi il pericolo che il creditore imponga la nomina di un soggetto di non sicura imparzialità, a favore del debitore rimarrebbe sempre fermo il diritto ad un equo accertamento del valore del bene, con la possibilità, offerta anche ai creditori eventualmente pregiudicati, di impugnare la determinazione del terzo dolosamente influenzata ovvero manifestamente iniqua o erronea (art. 1349 c.c.)" (BIANCA, C. Massimo. *Il divieto del patto commissorio*. Napoli: Edizioni Scientifiche Italiane, 2013, p. 222-223). Tradução livre: Com efeito, embora não se possa excluir o perigo de que o credor imponha a obrigação [de avaliação do bem] a um sujeito de uma insegura

Seria desmedida ingerência na autonomia negocial vedar-se a contratantes equipolentes, em relação isonômica, que pudessem produzir avaliação fundamentada em parâmetros objetivos. Por outro lado, nas hipóteses de vulnerabilidade, a situação jurídica reclama solução diversa, à luz da axiologia do ordenamento. No particular, o arbitramento deverá ser realizado por terceiro, como modo de coibir abusos, escolhido em processo de eleição imune à supremacia do mais forte.

Para efeito de aquisição pelo credor da propriedade plena da coisa dada em garantia, não parece haver uniformidade entre as fontes quanto ao exato momento em que se deve proceder à apuração de seu valor, identificando-se os seguintes entendimentos: (i) antes do vencimento da dívida; (ii) no seu vencimento; (iii) no inadimplemento e (iv) na efetiva aquisição da propriedade.

Antecipa-se a posição de que a determinação do justo preço deve ocorrer, em momento subsequente ao inadimplemento absoluto da obrigação, *quando da efetiva aquisição da coisa objeto da garantia em favor do credor.* Apenas nesse instante se pode assegurar o desejado *equilíbrio* entre o valor do bem e o do débito. Como Brasil, em virtude dos efeitos meramente obrigacionais dos contratos[31], há necessidade de ato executório de transferência de titularidade, pode haver interregno temporal entre o surgimento da obrigação e a transmissão de propriedade, de modo que se faz mais apropriada a avaliação do bem no *efetivo* momento da aquisição do domínio.

Precedendo a aferição a este momento, a variação do valor do bem poderia gerar enriquecimento indevido tanto a favor do credor, no caso de valorização do bem, quanto a benefício do devedor, na circunstância de desvalorização. *E é justamente tal desequilíbrio que o pacto marciano se presta a coibir.* Se assim

imparcialidade, em favor do devedor permaneceria sempre o direito a um acerto justo do valor do bem com a possibilidade oferecida também ao credor eventualmente prejudicado de impugnar a determinação do terceiro dolosamente infuenciado ou manifestamente iníqua ou inidônea (art. 1349 c.c.).

[31] "Como já se teve a oportunidade de estudar largamente, no nosso direito, fiel ao Direito Romano, o contrato apenas gera obrigações para as partes; isto está na sua própria definição: 'o contrato produz somente um direito pessoal, isto é, para o alienante a obrigação de fazer a entrega da coisa; para o adquirente o direito de exigir a tradição". Antes da tradição há apenas um direito de crédito, não há domínio transferido: o alienante retém a propriedade do objeto alienado e pode validamente dispor dele: o adquirente é um mero credor, com ação pessoal para forçar o alienante, ou a entregar a coisa, ou a restituir o preço nno caso de ter sido pago. No momento, porém, em que a coisa foi entregue, gera-se um direito real e se sai do campo do direito das obrigações, penetrando-se no domínio dos direitos reais". (DANTAS, San Tiago. *Programa de direito civil.* vol. III. Rio de Janeiro: Editora Rio, 1979, p. 151). V. tb. SERPA LOPES, Miguel Maria de. *Curso de direito civil.* vol. III. Rio de Janeiro: Freitas Bastos, 1991, p. 291 e CARVALHO SANTOS, J.M. de. *Código civil brasileiro interpretado.* vol. XVI. Rio de Janeiro: Livraria Freitas Bastos, 1964, p. 10.

não fosse, estar-se-ia diante de pacto comissório ou análogo, vedado pela ordem jurídica.

Ademais, de todo modo, se se considerasse o valor do bem no momento da celebração do negócio ou da constituição da garantia elevar-se-ia o risco de arbitramentos injustos, por estar o devedor em posição de maior vulnerabilidade negocial. De fato, o credor, com mais facilidade, poderia pressionar o devedor a aceitar uma avaliação do objeto da garantia muito inferior a seu real valor de mercado.

3. EFEITOS DA CLÁUSULA MARCIANA

Por efeito da justa avaliação, quatro hipóteses podem se verificar. No caso de se precificar o bem por valor inferior ao montante do débito, quita-se parcialmente a dívida, mantendo-se o devedor obrigado ao restante, agora sem a presença da garantia. Pode ser, ainda, que o valor do bem seja idêntico ao da dívida, extinguindo-se a obrigação sem que nada mais seja devido. Ademais, na hipótese em que o valor do bem seja superior ao da dívida, o credor obriga-se a restituir ao devedor ou ao terceiro que tenha oferecido o bem em garantia a soma correspondente à diferença entre o valor justo do bem e o total do débito. Com efeito, de nada adiantaria o procedimento de avaliação objetiva se não se obrigasse o credor a devolver ao devedor tal diferença.[32]

Há, contudo, casos em que a lei expressamente perdoa o devedor ou o credor deste excedente, liberando-o da obrigação. Nesta esteira, na esfera do Sistema Financeiro de Habitação (SFH), o artigo 7º da Lei 5.741/71 prevê que "não havendo licitante na praça pública, o Juiz adjudicará, dentro de quarenta e oito horas, ao exequente o imóvel hipotecado, ficando exonerado o executado da obrigação de pagar o restante da dívida". Já no campo do Sistema de Financiamento Imobiliário (SFI), preveem os parágrafos 5º e 6º do artigo 27 da

[32] "el único mecanismo para soslayar la prohibición del pacto comisorio es que las partes acuerden que, en caso de incumplimiento de la obligación garantizada, el bien constituido en garantía sólo se transfiera al acreedor-fiduciario con la condición de que éste se obligue a abonar al deudor-fiduciante una suma igual a la diferencia entre el valor del bien, calculado de forma objetiva, y la cuantía del débito impagado (*pacto comisorio marciano*)" (BOUZA VIDAL, Nuria. *Las garantías mobiliarias en el comercio internacional.* Madrid: Marcial Pons, 1991, p. 75). Tradução livre: O único mecanismo para salvar a proibição do pacto comissório é que as partes acordem que, no caso de inadimplemento da obrigação garantida, o bem constituído em garantia somente se transfira ao credor-fiducidário com a condição de que este se obrigue a abonar ao devedor-fiduciante uma monta igual à diferença entre o valor do bem, calculado de forma objetiva, e a quantia do indébito.

Lei 9.514/97[33] a quitação da integralidade da dívida, liberando tanto o credor quanto o devedor de eventual excedente.

Quanto a eventual *superfluum*, reputa-se imperioso que a operação de seu cálculo deva tomar em conta a complexidade de todos os fatores que reunidos formam a chamada situação em concreto. Significa dizer que a devolução não pode se limitar a aspectos parcelares, devendo, antes, contemplar globalmente ativos e passivos da equação obrigacional. Assim, não se pode olvidar do valor principal e seus acessórios (juros, multas, perdas e danos, atualizações monetárias), mas também das benfeitorias eventualmente realizadas na coisa, e das despesas relativas à sua guarda e conservação, dentre outros.[34]

O adequado retorno do *superfluum* precedido da justa avaliação do bem individualiza a estrutura do pacto marciano frente ao comissório, a justificar a licitude do primeiro e a ilicitude do segundo. Afinal, como bem se apontou na doutrina espanhola, em geral o valor das coisas dadas em garantia apresenta-se em muito superior ao montante da obrigação garantida, e não há razão alguma para que o credor obtenha tal sobrepreço, que obviamente é conseguido, geralmente, graças à posição dominante que ostenta frente ao devedor.[35] Em outras palavras, o dever de devolução do excedente, nas hipóteses em que assim se configurar, se revela essencial, a integrar a substância do pacto marciano, em linha de contraposição ao comissório.[36]

---

33 Art. 27. "Uma vez consolidada a propriedade em seu nome, o fiduciário, no prazo de trinta dias, contados da data do registro de que trata o § 7º do artigo anterior, promoverá público leilão para a alienação do imóvel. (...) § 5º Se, no segundo leilão, o maior lance oferecido não for igual ou superior ao valor referido no § 2º, considerar-se-á extinta a dívida e exonerado o credor da obrigação de que trata o § 4º. § 6º Na hipótese de que trata o parágrafo anterior, o credor, no prazo de cinco dias a contar da data do segundo leilão, dará ao devedor quitação da dívida, mediante termo próprio".

34 Em igual sentido, em especial para a garantia do penhor, cf. RENTERIA, Pablo. *Penhor e autonomia privada*. São Paulo: Atlas, 2016, p. 181: "não apenas o valor do capital emprestado e dos juros, mas também de outras verbas devidas ao credor que tenham relação com a obrigação garantida, como, por exemplo, a cláusula penal estipulada no contrato e, na hipótese do penhor comum, as despesas de guarda e conservação da coisa".

35 "(...) por lo general, el valor de las cosas dadas en prenda o hipoteca es bastante superior al montante de la obligación garantizada y no hay razón alguna para que el acreedor obtenga tal *sobreprecio*, que obviamente es conseguido, generalmente, gracias a la posición dominante que ostenta el acreedor frente al deudor" (ALVAREZ, Carlos Lasarte. *Curso de derecho civil patrimonial*. Madrid: Tecnos, 2008, p. 324). Tradução livre: No geral, o valor das coisas dadas em penhor ou hipoteca é bastante superior ao montante da obrigação garantida e não há razão alguma para que o credor obtenha tal *sobrepreço*, que obviamente é conseguido, geralmente, graças a posição dominante que ostenta o credor em face do devedor.

36 "Podemos simplificar la cuestión senãlando que en la práctica todo se reconduce al destino patrimonial del *superfluum*" (REY, Manuel Ignacio Feliu. *La prohibición del pacto comisorio y la opción en grantia*. Civitas: Madrid, 1995, p. 95). Tradução livre: Podemos simplificar a questão assinalando que a prática todo se reconduz ao destino patrimonial do *superfluum*.

Em resumo, como efeito da entrega da coisa com procedimento de avaliação do justo valor, ter-se-á: (i) equiparação entre o valor da coisa e o da dívida ou perdão legal e nada mais será devido; ou (ii) se a coisa for avaliada em montante inferior ao débito, o devedor se manterá obrigado ao pagamento da soma correspondente à diferença entre os dois valores em causa; (iii) no caso de a coisa dada em garantia ser avaliada em *quantum* superior ao da dívida, o credor se obrigará a restituir ao devedor ou ao terceiro que tenha oferecido o bem em garantia o excedente.

4. FUNÇÕES DA CLÁUSULA MARCIANA

Verificadas as nuances estruturais do pacto marciano, em cotejo com o pacto comissório, percebe-se que os institutos se distinguem já em seu aspecto estático. Não é, contudo, por meio da análise meramente estrutural que se chega à fundamental diferença entre a cláusula comissória e a marciana. Para além da análise estática, encontra-se no perfil funcional a maior distinção entre os institutos, como se torna a expor.

Com efeito, defendeu-se que (i) a "vulnerabilidade" do devedor; (ii) o enriquecimento sem causa do credor; (iii) e o interesse social na não difusão do pacto comissório se inserem no matiz mais amplo que justifica a proibição: buscar evitar a violação da *função de garantia* prestada no âmbito da relação jurídica concreta. Ao contrário do comissório, o pacto marciano garante a preservação do sistema de garantias e, passo adiante, contribui para suas funções preventiva e promocional, assegurando, à luz da solidariedade constitucional, o equilíbrio funcional da relação como processo.[37]

Desta feita, o pacto marciano age como barreira de contenção aos abusos do credor, tutelando a vulnerabilidade do devedor. Impede-se que o credor fixe unilateralmente o valor da coisa dada em garantia, bem como que se aproprie de valor superior ao da obrigação principal. Demais disso, ao prever o mecanismo de apreciação do justo valor, a cláusula marciana pretende afastar a possibilidade de enriquecimento sem causa do credor, que não lucrará com o ajuste.

---

[37] "No quadro contemporâneo, marcado pela superação da dicotomia clássica entre o direito público e o direito privado, perderam relevo as concepções que consideravam o direito subjetivo, *a priori*, como um poder atribuído à vontade individual para a realização de um interesse exclusivo – cabendo-lhe respeitar apenas uns poucos limites externos, dispostos no interesse de terceiros ou da coletividade. Ao contrário, as limitações deixam de constituir exceção e passam a contribuir para a identificação da função dos institutos jurídicos" (BODIN DE MORAES, Maria Celina. O princípio da solidariedade. In: BODIN DE MORAES, Maria Celina. *Na medida da pessoa humana*: estudos de direito civil-constitucional. Rio de Janeiro: Renovar, 2010, p. 249).

Previnem-se, em última análise, os danos causados pelo pacto comissório, que justificam o fundamento de interesse social de não difusão da cláusula.[38]

O pacto marciano expressa, assim, as exigências de solidariedade social ao assegurar "perfis objetivos de equidade distributiva".[39] Isso porque, enquanto o pacto comissório gera o risco de desvirtuamento do sistema de garantias, que passaria a apresentar intuito especulativo, a cláusula marciana assegura a manutenção do sistema por meio da proteção da comutatividade da equação prestacional. Veja-se: o credor não passa a "desejar" o inadimplemento, vez que com este nada lucrará, obrigando-se a restituir ao devedor, ou ao terceiro que conferiu o bem em garantia, eventual *superfluum*. Por outro lado, a garantia mantém-se como acessória do débito, sem que o credor se aproprie de valor superior ao da dívida. Como resultado, o sistema de garantias é preservado.

Passo adiante, contribui o pacto marciano para a função preventiva do sistema ao conceder maior eficácia à garantia, permitindo a aquisição da coisa pelo credor. De outro giro, colabora para a função promocional, ao proporcionar, a um só tempo, ao credor modo mais célere e menos dispendioso de satisfação do crédito, e ao devedor o alcance do valor de mercado do bem, dificilmente obtido no procedimento de leilão, e o recebimento do eventual *superfluum*. Cria-se, sem dúvida, fator de encorajamento aos credores para disponibilizarem mais recursos no mercado, sem, contudo, se descurar do equilíbrio funcional.[40]

---

[38] "La finalidad de ia prohibición del pacto comisorio es evitar que el acreedor obtenga la propiedad de un bien de valor notablemente superior al nominal del débito, en perjuicio del deudor y del resto de los acreedores de este. Este peligro no existe en el denominado pacto marciano. Por tal cabe entender el acuerdo entre las partes de que, en caso de incumplimiento del deudor, la propiedad del bien se transmitirá al acreedor-fiduciario con la condición de que éste se obligue a abonar al deudor-fiduciante una suma iguai a ia diferencia entre ei valor dei bien, calculado de forma objetiva, y la cuantía dei débito" (PERERA, Angel Carrasco; LOBATO, Encarna Cordero; LÓPEZ, Manuel Jesús Marín. *Tratado de los derechos de garantía*. t. II. Navarra: Thompson – Aranzadi, 2008, p. 625). Tradução livre: A finalidade da proibição do pacto comissório é evitar que o credor obtenha a propriedade de um bem de valor notavelmente superior ao nominal do débito, em prejuízo ao devedor e do resto de seus credores. Esse perigo não existe no denominado pacto marciano. Por tal pacto cabe entender o acordo entre as artes de que, no caso de incumprimento do devedor, a propriedade do bem se transmitirá ao credor fiduciário com a condição de que esse se obrigue a abonar ao devedor-fiduciante uma soma igual à diferença entre o valor do bem, calculado de forma objetiva, e a quantia do débito.

[39] "A solidariedade diz respeito a perfis objetivos de equidade distributiva e representa ou uma verdadeira liberalidade ou então o adimplemento de um dever moral e social ou de um dever jurídico, que encontra fundamento na própria solidariedade" (PERLINGIERI, Pietro. *O direito civil na legalidade constitucional*. Rio de Janeiro: Renovar, 2008, p. 517).

[40] "A sociedade não se pode reduzir somente ao mercado e às suas regras; o direito, ao qual compete a regulamentação da sociedade, indica limites e corretivos, ditados não somente pela persecução da riqueza e da sua distribuição, mas pelos valores e interesses de natureza diversa. O mercado necessita de normas que o legitimem e o regulamentem: entre mercado e direito não

Ainda com relação à função promocional, outro efeito socialmente desejável da cláusula marciana consiste no aumento da previsibilidade das relações contratuais e, por via de consequência, de segurança jurídica.[41] Isso porque a convenção pré-fixa os efeitos do inadimplemento, assegurando o justo preço e a devolução de eventual excedente. Favorece, assim, o bom funcionamento do mercado e do sistema econômico.

Destarte, o pacto marciano, como regulamento de interesses fruto da autonomia negocial no âmbito das garantias, deve ser tutelado não como fim em si mesmo, mas como expressão da solidariedade constitucional, ao assegurar, a partir da apreciação do justo valor, (i) a preservação do sistema de garantias; (ii) o aprimoramento de suas funções preventiva e promocional e (iii) o equilíbrio funcional na relação entre credor e devedor como mecanismo de tutela das vulnerabilidades.

Para além de tal função no momento fisiológico da relação, o mecanismo de reequilíbrio do pacto marciano também exerce importante papel nas hipóteses de patologia, como instrumento de purga da invalidade do comissório, operando verdadeiro efeito salvífico da nulidade. À luz do princípio da conservação dos negócios jurídicos, permite-se recompor o equilíbrio afetado, comprometido na cláusula comissória, como se verá a seguir.

5. DECLARAÇÃO DE NULIDADE E CONSERVAÇÃO DO NEGÓCIO JURÍDICO POR MEIO DO PACTO MARCIANO

Os contornos do equilíbrio funcional e da perspectiva globalizante da atuação dinâmica da cláusula marciana ganham maior relevo e importância ao se

---

há um antes ou um depois, mas uma inseparabilidade lógica e histórica" (PERLINGIERI, Pietro. *O direito civil na legalidade constitucional.* Rio de Janeiro: Renovar, 2008, p. 506). V. tb. "novos parâmetros para a definição da ordem pública, relendo o direito civil à luz da Constituição, de maneira a privilegiar, insista-se ainda uma vez, os valores não patrimoniais e, em particular, a dignidade da pessoa humana, o desenvolvimento da sua personalidade, os direitos sociais e a justiça distributiva, para cujo atendimento deve se voltar a iniciativa econômica privada e as situações jurídicas patrimoniais" (TEPEDINO, Gustavo. Premissas metodológicas para a constitucionalização do direito civil. In: TEPEDINO, Gustavo. *Temas de direito civil.* Rio de Janeiro: Editora Renovar, 2004, p. 22).

[41] "Fautor de riscos, o Direito é chamado, em diversos planos, a enquadrá-los e a minorá-los: quer tenham natureza puramente jurídica, quer advenham das múltiplas variáveis envolvidas. Um dos esquemas tradicionais mais conseguidos para lidar com o risco, no plano das obrigações, é, justamente, a prestação de garantias" (CORDEIRO, António Menezes. *Direito bancário.* Coimbra: Almedina, 2014, p. 774).

apreciarem os efeitos de eventual declaração de nulidade, em virtude da vedação ao pacto comissório.

Nos casos em que o ordenamento impõe a sanção de nulidade por violação (direta ou indireta) da proibição de pacto comissório, o mecanismo do pacto marciano pode exercer função salvífica, à luz do princípio da conservação dos negócios jurídicos.[42] Trata-se de hipóteses em que a sanção de nulidade se afigura inadequada para a tutela dos interesses do caso concreto.

Nesta esteira, leciona Pietro Perlingieri que "da contraposição nítida entre as figuras de nulidade e de anulabilidade passou-se, pouco a pouco, a atribuir importância às exceções: assim, a nulidade não é apenas absoluta, mas relativa; não é apenas total, mas parcial; determinam-se, além disso, razões para derrogar a disciplina da anulabilidade". Desse modo, "constata-se, realisticamente, que os interesses individuados, deduzidos do contrato ou a eles coligados, são diversos, de maneira que as patologias contratuais são obrigadas a se conformar a tais interesses". E prossegue o autor: "os 'remédios' devem ser adequados aos interesses, de modo que a prevalência da nulidade parcial, como expressão da prevalência do princípio de conservação dos efeitos, é aceitável toda vez que for melhor (para o ordenamento) que o contratante (vulnerável) obtenha, pelo menos em parte, o resultado". Conclui-se, portanto, ser errôneo "sustentar, ainda hoje, que a nulidade, como regra, é absoluta".[43]

Propõe-se, assim, a *possibilidade de preservação* do negócio celebrado em afronta à proibição de pacto comissório, a partir da incidência do princípio da conservação dos negócios jurídicos. Com efeito, à luz da solidariedade constitucional, a tábua axiológica do ordenamento sugere a presença do equilíbrio

---

[42] "O princípio da conservação consiste, pois, em se procurar salvar tudo que é possível num negócio jurídico concreto, tanto no plano da existência, quanto da validade, quanto da eficácia. Seu fundamento prende-se à própria razão de ser do negócio jurídico; sendo este uma espécie de fato jurídico, de tipo peculiar, isto é, uma declaração de vontade (manifestação de vontade a que o ordenamento jurídico imputa os efeitos manifestados como queridos), é evidente que, para o sistema jurídico, a autonomia da vontade produzindo auto-regramentos de vontade, isto é, a declaração produzindo efeitos, representa algo de juridicamente útil. A utilidade de cada negócio poderá ser econômica ou social, mas a verdade é que, a partir do momento em que o ordenamento jurídico admite a categoria negócio jurídico, sua utilidade passa a ser jurídico, visto vez que somente cada negócio concreto é que adquire existência a categoria negócio jurídico. Não fosse assim e esta permaneceria sendo sempre algo abstrato e irrealizado. Obviamente, não foi para isso que o ordenamento jurídico a criou. O princípio da conservação, portanto, é a consequência necessária do fato de o ordenamento jurídico, ao admitir a categoria negócio jurídico, estar implicitamente reconhecendo a utilidade de cada negócio jurídico concreto". (AZEVEDO, Antonio Junqueira de. *Negócio jurídico*: existência, validade e eficácia. São Paulo: Saraiva, 2014, p. 66-67).

[43] PERLINGIERI, Pietro. *O direito civil na legalidade constitucional*. Rio de Janeiro, Renovar, 2008, p. 373-375.

entre as prestações pactuadas, sem descuidar da autonomia das partes, eis que a solidariedade rejeita o desequilíbrio disfuncional.[44]

Em outras palavras, se o ordenamento possui função promocional, deve-se, antes de tratar o ato de autonomia viciado como letra morta, a ser afastado do mundo jurídico pela teoria das nulidades, preferir a manutenção do negócio quando, em sintonia com a carga valorativa do sistema, for possível sua convalidação.[45]

Nesse sentido, uma vez que a liberdade se encontra atrelada à solidariedade, bem se poderia vislumbrar hipótese de revisão judicial ou arbitral, na qual se prefira, antes da declaração de nulidade do pacto comissório, sua transformação em marciano. Cuidar-se-ia da tutela sobre o preço justo da coisa recebida, exigindo-se o equilíbrio entre as prestações[46]. E, desse modo, impor-se-ia ao credor a devolução de eventual *superfluum*.

A solução, como se sabe, não poderá ser imposta em abstrato. Somente ao examinar o concreto regulamento de interesses poderá o intérprete verificar a adequação da sanção de nulidade aos valores do ordenamento. Nas hipóteses de inadequação, justifica-se *a utilização do mecanismo do pacto marciano para superar a rigidez da sanção de nulidade* em prol do atingimento do equilíbrio funcional, por meio de tal instrumento flexível.[47]

---

[44] MONTEIRO FILHO, Carlos Edison do Rêgo; RITO, Fernanda Paes Leme Peyneau . Subsídios para o equilíbrio funcional dos contratos. In: TEPEDINO, Gustavo; TEIXEIRA, Ana Carolina Brochado; ALMEIDA, Vitor. (org.). *O direito civil entre o sujeito e a pessoa*: estudos em homenagem ao Professor Stefano Rodotà. Belo Horizonte: Editora Fórum, 2016, p. 425.

[45] "(...) queremos referir-nos ao *princípio da conservação*. Por ele, tanto o legislador quando o intérprete, o primeiro, na criação das normas jurídicas sobre os diversos negócios, e o segundo, na aplicação dessas normas, devem procurar conservar, em qualquer um dos três planos – existência, validade e eficácia –, o máximo possível do negócio jurídico realizado pelo agente". (AZEVEDO, Antonio Junqueira de. *Negócio jurídico*: existência, validade e eficácia. São Paulo: Saraiva, 2014, p. 66).

[46] Sobre a dinâmica do equilíbrio contratual, confira-se: "[n]o sistema dos arts. 478 e 479 do Código Civil, cabe ao devedor da prestação tornada excessivamente onerosa pleitear unicamente a resolução da relação contratual, podendo o credor requerido evitá-la, oferecendo-se a modificar equitativamente as bases do contrato. O poder de modificar as bases do contrato não é conferido ao devedor, muito menos, ex officio, ao juiz. (...) A dinâmica dos remédios legais justifica-se por conta de uma desigualdade de posições entre as partes. Nesse quadro, soa compreensível, primeiramente, que o poder resolutório seja outorgado ao devedor, e apenas a ele, pois será dele o interesse em liberar-se do dever de prestar, ante o agravamento superveniente, considerável e imprevisível do custo da prestação. Mostra-se justificável, ademais, a atribuição do poder modificativo somente ao credor, dado o efeito econômico resultante da conservação do vínculo, correlatamente positivo para o devedor e negativo para o credor" (MARINO, Francisco Paulo De Crescenzo. Revisão contratual: onerosidade excessiva e modificação contratual equitativa. São Paulo: Almedina, 2020, p. 73).

[47] CIPRIANI, Nicola. *Patto commissorio e patto marciano:* proporzionalità e legittimità delle garanzie. Napoli: Edizioni Scientifiche Italiane, 2000, p. 296-298.

Analise-se o proposto no bojo das garantias típicas. Se pactuada cláusula comissória em contrato de mútuo com garantia real de hipoteca, o artigo 1.428 do Código Civil imporá a sanção de *nulidade da cláusula*, preservando-se o contrato de mútuo.[48] O bem oferecido continuaria a servir como garantia, com a especificidade de que jamais passaria ao domínio do credor, à exceção da hipótese de dação em pagamento, permitida no parágrafo único do artigo 1.428.

A nulidade da cláusula, portanto, ensejaria, na hipótese de inadimplemento do devedor, a execução ordinária da coisa sobre a qual se havia pactuado o pacto comissório, com a morosidade e os custos que lhe são inerentes. Veja-se: perderá o devedor o bem, por valor provavelmente inferior ao de mercado, em virtude do procedimento de leilão e, de outra parte, o credor restará impossibilitado de alcançar o efeito inicialmente pactuado de aquisição da propriedade da coisa, devendo arcar com os custos do procedimento de execução. Por que, então, não se transformar a avença em pacto marciano, em homenagem ao princípio da conservação dos negócios jurídicos, procedendo-se à justa avaliação do bem e à restituição do *superfluum*? É o que se propõe.

Por outro lado, no âmbito dos negócios jurídicos com escopo de garantia, poderá se configurar, no caso concreto, nulidade por fraude à lei (artigo 166, VI do Código Civil[49]), mais especificamente por fraude à vedação de pacto comissório. Note-se que aqui a nulidade também será parcial, e não de todo o negócio jurídico.[50] A uma, porque a lei que se frauda (artigos 1.365 e 1.428) impõe a nulidade parcial ("é nula *a cláusula*"). A duas, porque cominar a nulidade total do negócio geraria incoerência sistemática, verificando-se nulidade parcial no caso em que as partes expressamente previssem a cláusula comissória nas garantias típicas, em contrariedade direta aos artigos 1.365 e 1.428 do Código Civil, e nulidade total no caso de afronta indireta à disposição por fraude à lei.

Por rigor técnico, em ambos os casos a solução deverá ser a mesma. Tome-se como exemplo a retrovenda com escopo de garantia. Evidenciado o inadimplemento do devedor, a propriedade se consolidará na esfera do credor que, contudo, não poderá permanecer com o bem, tal qual ocorre na alienação

[48] Verifica-se que o STJ, no julgamento do REsp 10.952/MG, posicionou-se pela invalidação tão somente da cláusula comissória, sem que prejudicasse a hipoteca estabelecida: "o artigo 765 declara nulo o pacto comissório, não abrangendo, nem haveria para isso qualquer razão, o ônus real legitimamente estabelecido". (STJ, REsp. 10.952/MG, 3ª T., Rel. Min. Eduardo Ribeiro, julg. 29.10.1991).

[49] Art. 166. "É nulo o negócio jurídico quando: (...) VI - tiver por objetivo fraudar lei imperativa".

[50] Nesse sentido, v. CIPRIANI, Nicola. *Patto commissorio e patto marciano:* proporzionalità e legittimità delle garanzie. Napoli: Edizioni Scientifiche Italiane, 2000, p. 148; MOURA, Mario Aguiar. Promessa de compra e venda com cláusula de arrependimento. Cláusula lícita que não se confunde nem com o pacto de retrovenda, nem com o pacto comissório. *Revista dos Tribunais,* vol. 684, 1992, p. 27.

fiduciária em garantia, devendo promover público leilão para a alienação da coisa. Mais uma vez, o devedor perderá o bem, muitas vezes por valor inferior ao de mercado, enquanto o credor será obrigado a se submeter ao procedimento custoso e moroso de leilão, a evidenciar as desvantagens da solução.

Nesses casos, em vez de se impor sanção de nulidade, em virtude da suposta intenção fraudatória das partes, poder-se-ia, quando assim se revelar mais adequado à tutela dos interesses em jogo, preservar o negócio jurídico por meio do mecanismo do pacto marciano, reequilibrando a relação.[51] Ilustre-se com exemplo: em contrato de compra e venda com pacto de retrovenda, A, carente de numerário, alienou seu imóvel (de valor de mercado de 1 milhão de reais) para B, mediante o valor de 500 mil reais, reservando-se o direito de recuperar o bem imóvel no prazo de três anos por meio do pagamento dos 500 mil reais. A, contudo, restou inadimplente. Nesse caso, a aquisição de bem que supera o valor da dívida por B configuraria burla ao pacto comissório. Diante da nulidade, poderá o juiz, a depender da ponderação dos interesses incidentes no caso concreto, preservar o negócio celebrado, mediante a justa avaliação do bem e a devolução do excedente (no exemplo formulado, de 500 mil reais) para A.

Dessa forma, privilegia-se não somente a conservação dos negócios jurídicos, como também se proporciona maior celeridade à composição dos interesses das partes. A confirmação da nulidade, em que pese aventada como solução possível, teria o inconveniente de sujeitar os contratantes à morosidade e aos vultosos custos do procedimento ordinário de execução. Por meio da utilização do mecanismo do pacto marciano, ao contrário, a solução do conflito se encerraria de modo muito mais célere. O devedor, de um lado, se encontraria rapidamente satisfeito, ao obter a avaliação do bem pelo valor de mercado, dificilmente obtido no procedimento de leilão e ao receber o eventual *superfluum*. E o credor, por outro lado, obteria a satisfação do crédito por meio da aquisição da propriedade da coisa. Desse modo, ponderando-se os valores em tela, esta poderá se revelar a solução mais adequada, segundo a axiologia que orienta o ordenamento pátrio[52].

---

[51] CIPRIANI, Nicola. *Patto commissorio e patto marciano*: proporzionalità e legittimità delle garanzie. Napoli: Edizioni Scientifiche Italiane, 2000, p. 165-166.

[52] Nota-se, porém, que tal solução não foi adotada pelo TJ-SC, que, em julgamento recente, limitou-se a declarar a nulidade do pacto comissório. Veja-se: APELAÇÕES CÍVEIS. EXECUÇÃO PARA ENTREGA DE COISA CERTA (ART. 621 E SEGUINTES DO CPC/1973). CONTRATO DE MÚTUO GARANTIDO POR PENHOR INDUSTRIAL INCIDENTE SOBRE MAQUINÁRIO. DÉBITO INADIMPLIDO. NOVAÇÃO DA DÍVIDA EM TERMO ADITIVO. PREVISÃO DE TRANSFERÊNCIA AUTOMÁTICA DA PROPRIEDADE DOS BENS DADOS EM PENHOR AO MUTUANTE COMO FORMA DE PAGAMENTO, CASO O DÉBITO NÃO VIESSE A SER SATISFEITO NA DATA APRAZADA. PLEITO EXECUTIVO FUNDADO NESSA DISPOSIÇÃO. PACTO COMISSÓRIO CONFIGURADO.

Importante para a conformação dos efeitos da nulidade se faz o critério hermenêutico da razoabilidade e da proporcionalidade (que se equivalem em termos funcionais[53]). Isso porque se fará necessária a ponderação dos diversos vetores incidentes no caso concreto, integrando-se regras, princípios e valores do sistema, para que se possa, ao final, construir a norma do caso concreto que melhor realize a tábua axiológica constitucional. Nas palavras de Gustavo Tepedino, tal critério hermenêutico permite "aferir em que medida a disciplina individuada para certa hipótese fática, mesmo diante de regras aparentemente claras, se encontra consentânea com os princípios e valores do ordenamento, tendo-se em conta as especificidades dos interesses em questão". Assim, o magistrado pode "entrever as consequências da sua atividade interpretativa no caso concreto, em busca da solução razoável que, ao mesmo tempo, seja rigorosamente fiel aos valores do ordenamento jurídico".[54]

Quanto ao específico papel da razoabilidade na modulação dos efeitos da declaração de nulidade, sustenta Giovanni Perlingieri que tal critério

---

INTELIGÊNCIA DO ART. 1.428 DO CÓDIGO CIVIL. CASO CONCRETO QUE NÃO SE AMOLDA À HIPÓTESE DO PARÁGRAFO ÚNICO DA NORMA, ASSEMELHADO AO „PACTO MARCIANO". DAÇÃO EM PAGAMENTO QUE DEVE SER FEITA EM MOMENTO POSTERIOR AO VENCIMENTO, DE MODO ESPONTÂNEO, E NÃO NO PRÓPRIO TÍTULO, COMO SE DEU NA ESPÉCIE. SENTENÇA QUE, A UM SÓ TEMPO, ACOLHEU OS EMBARGOS À EXECUÇÃO E EXTINGUIU A EXECUCIONAL, MANTIDA NESSE TOCANTE. INSURGÊNCIA DO EXEQUENTE QUE SÓ PROSPERA QUANTO AO VALOR DOS HONORÁRIOS ADVOCATÍCIOS, ARBITRADOS EM VALOR EXCESSIVO, NÃO CONDIZENTE COM A REALIDADE DA DEMANDA. REDUÇÃO QUE SE IMPÕE. RECURSOS CONHECIDOS E PARCIALMENTE PROVIDOS PARA TAL FIM. [...] Na verdade, o que o Código proíbe é que o credor venha a expropriar o devedor tão logo vencida a dívida. O devedor, como parte hipossuficiente do negócio, poderia, por exemplo, ter sido compelido a autorizar o devedor a ficar com a garantia. Entretanto, depois de vencida a dívida, nada obsta a que o devedor, por sua livre e espontânea vontade, celebre com o credor uma espécie de dação em pagamento, tendo por objeto a própria coisa dada em garantia. E a nova regra tem respaldo na jurisprudência do Superior Tribunal de Justiça, que já vinha decidindo no sentido de ser lícita, nesse caso, a dação em pagamento, por visar simplesmente a saldar o débito, sem que a ela tenha se condicionado o negócio. [...]. O parágrafo único, na verdade, assemelha-se ao chamado "Pacto Marciano", que não se confunde com pacto comissório e cuja licitude é pacífica. Nesse sentido as lições do Ministro José Carlos Moreira Alves: "Não é ilícito, porém, o denominado Pacto Marciano (por ser defendido pelo jurisconsulto romano Marciano e confirmado em reescrito dos imperadores Severo e Antonino). Por esse pacto, se o débito não for pago, a coisa poderá passar à propriedade plena do credor pelo seu justo valor, a ser estimado, antes ou depois de vencida a dívida, por terceiro" (Da alienação fiduciária em garantia. São Paulo: Saraiva, 1973, p. 127) (ASSUNÇÃO, Alexandre Guedes A. et al. Código civil comentado. São Paulo: Editora Saraiva, 2010, p. 1396-1397, grifo nosso). (TJ-SC - AC: 00066543720088240015 Canoinhas 0006654-37.2008.8.24.0015, Relator: Stanley da Silva Braga, Data de Julgamento: 12/02/2019, Sexta Câmara de Direito Civil).

[53] BARROSO, Luís Roberto. *A nova interpretação constitucional*: ponderação, direitos fundamentais e relações privadas. Rio de Janeiro: Renovar, 2005, p. 363.

[54] TEPEDINO, Gustavo. A razoabilidade e a sua adoção à moda do jeitão. *Revista Brasileira de Direito Civil*, vol. 8, 2016, p. 6.

hermenêutico permite a escolha do remédio mais adequado, isto é, do "justo remédio", inclusive nos casos em que o remédio invalidante é expressamente contemplado pelo legislador. Isso porque, como já referido, afigura-se insuficiente a técnica subsuntiva de aplicação automática da regra de nulidade sem apreciação das especificidades do caso. Desse modo, defende o autor que o magistrado possa conformar os efeitos da nulidade nas hipóteses em que tal sanção resulte desproporcional e irrazoável em relação à *ratio* da proscrição, ou quando a nulidade contrariar os próprios interesses protegidos pela norma violada.[55]

Em síntese, à luz do equilíbrio funcional da relação como processo, deve o magistrado proceder à conservação do ajuste inquinado de vício de nulidade por violação (direta ou indireta) da proscrição do pacto comissório nos casos em que esta solução se impuser como a mais adequada à tutela dos interesses em jogo. Para tanto, o recurso ao critério hermenêutico da razoabilidade permitirá a ponderação entre os vetores incidentes da complexidade das situações jurídicas ligadas em relação para que se possa, ao final, construir o ordenamento do caso concreto mais adequado à solidariedade constitucional.

CONCLUSÃO

A ode à subsunção como mecanismo silogístico de interpretação — capaz de promover o encaixe da premissa menor à premissa maior — implica a desconexão constante entre factualidade e normatividade, de maneira a considerar a interpretação e a aplicação do direito como etapas distintas. Em tema de pacto marciano, a situação se agudiza em virtude da inexistência do dado legislativo específico.

Descortinam-se, então, dois caminhos igualmente problemáticos: o primeiro diz com a consideração isolada das regras de vedação ao pacto comissório

---

55 PERLINGIERI, Giovanni. *Profili applicativi della ragionevolezza nel diritto civile*. Collana: Cultura giuridica e rapporti civili. Napoli: Edizioni Scientifiche Italiane, 2015, p. 86-91. V. tb. RIZZO, Vito. Disciplina del contratto, tutela del contraente debole e valori costituzionali. *Revista Brasileira de Direito Civil*, vol. 6, 2015, p. 116: "Come le norme di carattere sostanziale si orientano in senso assiologico al fine di garantire una piena tutela del contraente svantaggiato, così è anche per le disposizioni aventi carattere sanzionatorio. Queste, cioè, devono adattare la propria struttura e disciplina alle concrete esigenze della singola e peculiare fattispecie al fine di poter realizzare, pur in un momento patologico, le finalità che il sistema ordinamentale intende perseguire". Tradução livre: Como a norma de caráter substancial se orienta, em sentido axiológico, à finalidade de garantir uma plena tutela do contraente vulnerável, assim também para as disposições com caráter sancionatório. Estas, por seu turno, devem adaptar a própria estrutura e disciplina às concretas exigências da singular e peculiar fattispecie, a fim de poder realizar, no momento patológico, a finalidade que o sistema pretende perseguir.

insculpidas nos artigos 1.365 e 1.428 do Código Civil, em apego à literalidade do texto codificado, de modo a considerar ilícito o marciano por ignorar sua distinção estrutural e funcional em face do comissório. O segundo levaria à compreensão da autonomia privada como princípio ilimitado e insulado, sem a necessária apreciação do merecimento de tutela de cada pacto marciano.

A fim de individualizar a solução que melhor realize os valores constitucionais, deverá o intérprete tomar o ordenamento jurídico em sua unidade, coerência e complexidade, procedendo à interpretação unitária do ordenamento no estudo do problema da cláusula marciana em sua singularidade, considerando-se a hermenêutica em função aplicativa.

No que se refere à projeção dos princípios contratuais às relações reais, observou-se que, na legalidade constitucional, a crise dos tradicionais critérios distintivos entre situações reais e situações pessoais conduz à conclusão de que as relações patrimoniais são suscetíveis de tratamento axiológico unitário (direito comum das situações patrimoniais). De maneira que, diante da unidade do ordenamento e da carga hierárquica da tábua de valores constitucionais, os denominados princípios contratuais do equilíbrio econômico, da boa-fé objetiva e da função social devem também contemplar as relações reais, em particular para a solução dos conflitos envolvendo o pacto marciano.

Por meio do mecanismo marciano, portanto, e a teor do equilíbrio funcional da relação como processo, sustenta-se que o julgador proceda à conservação do ajuste inquinado de vício de nulidade por violação (direta ou indireta) da proscrição do pacto comissório, nos casos em que esta solução se impuser como a mais adequada à tutela dos interesses em jogo, permitindo-se a modulação dos efeitos da invalidade. Para tanto, o recurso ao critério hermenêutico da razoabilidade ensejará a ponderação entre os vetores incidentes do caso concreto para que se possa, ao final, construir o ordenamento do caso concreto mais adequado ao equilíbrio funcional e à solidariedade constitucional.

19. A CLÁUSULA DE DESCONEXÃO EM OPERAÇÕES PLURICONTRATUAIS: O EXEMPLO DE CONTRATOS COLIGADOS COM DIFERENTES MÉTODOS DE SOLUÇÃO DE DISPUTAS

Carlos Nelson Konder
Naomi Fiszon Zagarodny

1. INTRODUÇÃO

É frequente na prática negocial a realização de operações complexas que se materializam em múltiplos negócios jurídicos que miram uma finalidade econômica comum. Os contratos componentes de um mesmo negócio, por vezes, estabelecem métodos de resolução de conflito distintos entre si, o que pode resultar do fato de que, na prática, tais disposições são redigidas ao final de longos e extenuantes processos de negociação, já sem o mesmo cuidado e diligência do restante da operação.

Nesse contexto, percebe-se que, em paralelo ao aumento de disputas relativas à interpretação e ao alcance de cláusulas que elegem diferentes métodos de resolução de disputas, a doutrina vem aprofundando os estudos sobre coligação contratual. Assim, em um cenário de relevantes divergências resolvidas por tribunais arbitrais ou estatais, revela-se pertinente que a atividade interpretativa seja pautada pela proteção da confiança dos envolvidos e voltada a determinar o alcance dessas cláusulas que estabelecem o meio de solução de conflitos, notadamente a cláusula arbitral, no âmbito das coligações negociais.

No entanto, litígios que versam inicialmente sobre a definição do método de solução de disputa causam o indesejado adiamento de uma solução de mérito e, assim, operam contra a economia contratual. Para evitá-los, os contratantes podem se valer de meios no processo redacional dos instrumentos que buscam conferir maior grau de certeza quanto à abrangência da disposição que elege determinado método de solução de conflitos sobre a totalidade da operação, abarcando litígios decorrentes de todos os negócios que integram a operação (e não apenas aqueles referentes ao negócio em que tal cláusula está inserida). Da mesma maneira, as partes podem estabelecer outras disposições que buscam exatamente o contrário, isto é, que visem a afastar os efeitos da coligação contratual, assegurando a individualidade e a autonomia de cada um dos negócios firmados.

Este artigo tem como objeto a análise de uma ferramenta cujo objetivo é afastar um dos efeitos decorrentes da ligação entre dois ou mais contratos (podendo, inclusive, ser direcionada meramente aos métodos de resolução de disputas): a cláusula de desconexão. Assim, a partir da análise do conceito e da função da cláusula de desconexão nas operações plurinegociais, bem como dos seus limites na desconexão voluntária, serão abordadas as repercussões da cláusula de desconexão em contratos coligados que estabelecem distintos métodos de resolução de disputa. O artigo também busca explorar outros elementos que reforçam a intenção das partes de escolher métodos de solução de conflitos distintos, ainda que decorrentes de contratos que integram a mesma operação econômica e que não haja previsão expressa de cláusula de desconexão com esse objetivo.

2. A CLÁUSULA DE DESCONEXÃO NO CONTEXTO DAS OPERAÇÕES PLURINEGOCIAIS: CONCEITO E FUNÇÃO

A ligação entre negócios jurídicos encontra-se amplamente reconhecida em doutrina e jurisprudência nacionais como fonte de efeitos próprios sobre cada um deles. A começar pelo processo hermenêutico, sempre guiado pelo necessário contexto, afirma-se que os contratos coligados devem ser interpretados a partir de sua finalidade comum e que a qualificação de cada um pode ser afetada pelo vínculo com os demais.[56] Além disso, tradicionalmente se des-

[56] Enunciado n. 621 da VIII Jornada de direito civil (CEJ/CJF): "Os contratos coligados devem ser interpretados a partir do exame do conjunto das cláusulas contratuais, de forma a privilegiar a finalidade negocial que lhes é comum". Em doutrina, sobre o tema, CASCAES, Amanda Celli. A

taca como efeito possível da vinculação a contaminação das vicissitudes, de modo que a invalidação ou ineficácia superveniente de um atinja também o outro.[57] A identificação de um sinalagma pluricontratual também enseja invocações da exceção de contrato não cumprido e dos mecanismos de tutela do equilíbrio contratual – ou sistemático – nessa seara.[58] O papel da boa-fé no surgimento de deveres entre as partes de diferentes contratos interligados em favor do sistema contratual como um todo também tem sido objeto de estudo.[59] Da mesma forma, ressalvam-se as peculiaridades que atingem a responsabilidade dos integrantes de operações plurinegociais.[60] Enfim, vem ganhando atenção especial o tratamento de cláusulas compromissórias em contratos conexos.[61]

---

interpretação dos contratos coligados, *RJLB – Revista jurídica luso-brasileira*, ano 4 (2018), n. 3, p. 101-133; MARINO, Francisco Paulo De Crescenzo. *Contratos coligados no direito brasileiro*. São Paulo: Saraiva, 2009, p. 145 e ss..; KONDER, Carlos Nelson. Qualificação e coligação contratual. *Revista forense*, v. 406, 2010, p. 55-86.

[57] STJ, 4ª T., REsp. 337040/AM, Rel. Min. Ruy Rosado de Aguiar, julg. 02.05.2002. Em doutrina, de forma pioneira, LEONARDO, Rodrigo Xavier. *Redes contratuais no mercado habitacional*. São Paulo: Revista dos Tribunais, 2003, p. 181-205; MARINO, Francisco Paulo De Crescenzo. *Contratos coligados no direito brasileiro*. São Paulo: Saraiva, 2009, p. 189-209; KONDER, Carlos Nelson. *Contratos Conexos: grupos de contratos, redes contratuais e contratos coligados*. Rio de Janeiro: Renovar, 2006, p. 219-256.

[58] STJ, 4ª T., REsp. 419362, Rel. Min. César Asfor Rocha, Rel. para o acórdão Min. Ruy Rosado de Aguiar, julg. 17.06.2003. Em doutrina, v. TERRA, Aline de Miranda Valverde; NANNI, Giovanni Ettore. Exceção de contrato não cumprido na coligação contratual. *Civilistica.com*, v. 10, n. 2, p. 1-26, 19 set. 2021. Sobre as duas acepções de equilíbrio, FAJNGOLD, Leonardo. Um alerta para a contratação na atualidade: o choque entre a manutenção das condições pactuadas individualmente e o equilíbrio do sistema nas redes contratuais. *In* TERRA, Aline de Miranda Valverde; KONDER, Carlos Nelson; GUEDES, Gisela Sampaio da Cruz (coord.). *Princípios contratuais aplicados*. São Paulo: Foco, 2019, p. 359-376.

[59] MARTINS-COSTA, Judith. O fenômeno da supracontratualidade e o princípio do equilíbrio: inadimplemento de deveres de proteção (violação positiva do contrato) e deslealdade contratual em operação de descruzamento acionário. *Revista trimestral de direito civil*, v. 26, 2006, p. 220; BELO, Emília. *Os efeitos decorrentes da coligação de contratos*. São Paulo: MP Editora, 2014, p. 201-206; PENTEADO, Luciano de Camargo. Redes contratuais e contratos coligados. *In* HIRONAKA, Giselda; TARTUCE, Flavio (coord.). *Direito contratual: temas atuais*. São Paulo: Método, 2007, p. 466.

[60] KIRCHNER, Felipe. *Contratos coligados: conformação teórica e fundamentos de responsabilidade civil*. Rio de Janeiro: Processo, 2022, p. 239 e ss.; BAGGIO, Andreza Cristina. A proteção da confiança e a formação de redes contratuais como fundamentos da responsabilidade dos sites de compras coletivas perante o consumidor. *Revista de Direito do Consumidor*, v. 97. São Paulo, jan.-fev./2015, p. 271-299; KONDER, Carlos Nelson. *Contratos conexos: grupos de contratos, redes contratuais e contratos coligados*. Rio de Janeiro: Renovar, 2006, p. 257-271.

[61] STJ, 3ª T., REsp 1639035/SP, Rel. Min. Paulo de Tarso Sanseverino, julg. 18.09.2018. Na doutrina, ROCHA, Pedro Cavalcanti de Almeida. *Extensão da convenção arbitral aos contratos conexos*. Salvador: Juspodium, 2020; FONSECA, Rodrigo Garcia da. Os contratos conexos, as garantias e a arbitragem na indústria do petróleo e do gás natural. *Revista de Arbitragem e Mediação*, vol. 29. São Paulo: abr.-jun./2011, p. 165-180; KONDER, Carlos Nelson. O alcance da cláusula compromissória em contratos coligados: leitura a partir da tutela da confiança. *Revista de arbitragem e mediação*, v. 63, out.-dez./2019, p. 295-331.

Entretanto, essa variada gama de efeitos pode revelar-se ameaçadora ante a falta de precisão na identificação e individuação do fenômeno. O desenvolvimento científico da teoria da conexão contratual permitiu reconhecer igualmente a significativa *generalidade* e *heterogeneidade* dessa categoria. A doutrina estrangeira dedicada ao tema há muito alerta para os perigos de sua invocação de forma aberta – como na referência genérica à "mesma operação econômica" – em razão da excessiva extensão e da falta de um ponto de referência seguro dos seus confins.[62] Diante da realidade econômica cada vez mais complexa, esse grau de generalidade levaria a uma redução ao infinito, tornando a própria categoria inútil ou, ante os diversos efeitos que pode cominar, perigosa. Alerta Carlo Di Nanni:

> *"Bisogna però fin d'ora precisare che questa tendenza generalizzante non può essere seguita con un'adesione spesso priva di convinzione, perché, per converso, di trasformare quella del collegamento in una sorta di nozione di rifugio, vanificandone il contenuto per l'eccessivo allargamento dei confini e facendo dissolvere il valore proprio di questa vicenda giuridica. Una figura di proporzioni così ampie e di contenuto così vario si risolverebbe più che in un criterio che illumini in un mantello che ricopra e nasconda caratteri differenziali".*[63]

A atuação desses "caracteres diferenciais" é decisiva na identificação de distintas formas de conexão de acordo com sua fonte, ou, de forma mais precisa, a atuação de distintas fontes na produção de vínculos entre negócios distintos. Nesse sentido, debruça-se a doutrina por buscar diferenciar a coligação entre negócios das chamadas redes contratuais.[64] Tradicionalmente, estabelece-se também distinção entre a coligação necessária (também chamada

[62] SCOGNAMILIO, Renato. Collegamento negoziale. *Enciclopedia del diritto*, t. VII. Milano: Giuffré, 1962, p. 381.

[63] DI NANNI, Carlo. Collegamento negoziale e funzione complessa. *Rivista di diritto commerciale*, n. 9-10, a. 1977, p. 292. Em tradução livre, "É necessário, porém, desde já ressaltar que essa tendência generalizante não pode ser seguida pela adesão muitas vezes desprovida de convicção, pois, por outro lado, transforma a conexão em uma espécie de conceito de refúgio, esvaziando seu conteúdo pelo alargamento excessivo de suas fronteiras e pela dissolução do próprio valor desse instituto jurídico. Uma figura de proporções tão amplas e de conteúdo tão variado se tornaria, mais do que um critério iluminador, um manto que cobre e esconde caracteres diferenciais".

[64] MARINO, Francisco Paulo De Crescenzo. *Contratos coligados no direito brasileiro.* São Paulo: Saraiva, 2009, p. 96-97; EICK, Fernando Gemelli. *Redes contratuais no direito brasileiro.* São Paulo: Almedina, 2022, p. 124 e ss.. Em sentido diverso, v. LEONARDO, Rodrigo Xavier. Contratos coligados. *In* BRANDELLI, Leonardo (Org.). *Estudos de Direito Civil, Internacional Privado e Comparado: Coletânea em homenagem à professora Vera Jacob de Fradera.* São Paulo: LEUD, 2014, e KIRCHNER, Felipe. *Contratos coligados: conformação teórica e fundamentos de responsabilidade civil.* Rio de Janeiro: Processo, 2022, p. 206.

"natural" ou "legal"), em que a ligação entre os contratos é oriunda de norma heterônoma, seja como imposição ou como decorrência dos tipos contratuais escolhidos (como entre locação principal e sublocação), e a coligação voluntária, oriunda do exercício da autonomia privada.[65]

Nesse contexto de busca por maior clareza e segurança, o papel especial da autonomia negocial na coligação entre contratos serve não somente a produzir vínculos entre contratos, mas também na modulação dos efeitos dessa ligação. Afirma-se que, assim como são variadas as situações que ensejam a coligação, "a intensidade e os próprios efeitos variam de acordo com o evento concreto e as suas peculiaridades".[66] Assim, reconhece-se que podem as partes atuar não somente para estabelecer a coligação, mas também para aumentar ou reduzir seus efeitos. Trata-se de parte da prerrogativa de distribuição negocial de riscos na operação plurinegocial.[67]

Surge, dessa forma, a questão sobre a autonomia negocial poder chegar também ao ponto de afastar de todo os efeitos da conexão entre contratos. Com efeito, essa seria a chamada *cláusula de desconexão*: a estipulação negocial que visa a afastar os efeitos de eventual ligação entre dois ou mais contratos. Trata-se de exercício da autonomia negocial voltado a abstrair aquele negócio de outros aos quais se vincula, autonomizando sua existência em face de vicissitudes que atinjam contratos a ele ligados. Configura-se, assim, uma cláusula de separação voltada especificamente a afastar algum dos efeitos próprios do reconhecimento de coligação, o qual, por alguma razão, seria incompatível com o interesse das partes. Resta investigar, todavia, se, ante a destacada variedade de efeitos, essa prerrogativa alcança a todos, de forma indistinta e incondicionada.

3. LIMITES DA DESCONEXÃO VOLUNTÁRIA ENTRE CONTRATOS: OS EXEMPLOS DO CRÉDITO AO CONSUMO E DAS GARANTIAS AUTÔNOMAS

A cláusula de desconexão é normalmente reconhecida como uma estipulação negocial *prima facie* válida, mas sempre dependente de controle em concreto.

---

[65] CASCIO, Orlando; ARGIROFFI, Carlo. Contratti misti e contratti collegati. *Enciclopedia giuridica Treccani*, t. IX. Roma: Treccani, 1988, p. 1; GOMES, Orlando. *Contratos*. 26. ed. Rio de Janeiro: Forense, 2008, p. 122.

[66] NANNI, Giovanni Ettore. Contratos coligados. *In* LOTUFO, Renan, NANNI, Giovanni Ettore (coord.). *Teoria geral dos contratos*. São Paulo: Atlas, 2011, p. 264. Sobre a intensidade do vínculo intercontratual, v. MARINO, Francisco Paulo De Crescenzo. *Contratos coligados no direito brasileiro*. São Paulo: Saraiva, 2009, p. 150.

[67] KATAOKA, Eduardo Takemi. *A coligação contratual*. Rio de Janeiro: Lumen Juris, 2008, p. 166 e ss.

Firmada a coligação cada vez menos em um *animus collegandi* e mais sobre o nexo funcional, corporificando o fim de vincular os negócios, a manifestação de vontade não pode ser tomada de forma desligada das restrições do ordenamento.[68] Nessa aferição, deve-se ter em mente, em especial, o grau de assimetria existente entre os contratantes, como também acontece no controle das cláusulas de conexão.[69]

Dessa forma, a cláusula de desconexão em relações de consumo pode frequentemente vir a colidir com a tutela de direitos básicos do consumidor assegurados pela L. 8.078/90 (art. 6º) ou mesmo ser enquadrada diretamente entre uma das hipóteses dentro do rol de cláusulas abusivas (art. 51). Nos termos gerais do inciso IV deste dispositivo legal, são inválidas cláusulas que "estabeleçam obrigações consideradas iníquas, abusivas, que coloquem o consumidor em desvantagem exagerada, ou sejam incompatíveis com a boa-fé ou a equidade". Os conceitos indeterminados utilizados pelo legislador demandam especial atenção do intérprete ao caso concreto.[70] Com efeito, não se pode afastar do consumidor qualquer espaço de exercício de autonomia negocial para a assunção legítima de riscos, se compatíveis com a legítima expectativa sobre o produto e serviço contratado.[71]

Exemplo ilustrativo pode ser encontrado nas hipóteses de crédito ao consumo, em que a instituição financeira celebra contrato com o consumidor para o financiamento da aquisição, apartado da compra e venda firmada pelo fornecedor, do qual consta cláusula de desconexão para viabilizar a cobrança do financiamento independentemente da resolução do contrato de compra e venda. A hipótese já vinha sendo objeto de debate no direito europeu, onde a cláusula de separação (*Trennungsklauseln*) era reputada nula quando havia pacto de exclusividade entre o fornecedor e aquela instituição financeira.[72] Após a reforma do Código de Defesa do Consumidor de 2021, a hipótese passou a ser objeto de regra específica, consistente no art. 54-F, que impõe a coligação quando a instituição financeira recorre aos serviços do fornecedor do produto

---

[68] Sobre o tema, v. LENER, Giorgio. *Profili del collegamento negoziale*. Milano: Giuffré, 1999, p. 18-19.

[69] Sobre a relevância da assimetria entre as partes no controle de validade da cláusula de *cross default*, v. KONDER, Carlos Nelson. Controle de validade da cláusula *cross default* no ordenamento jurídico brasileiro. *Scientia Iuris (Uel)*, v. 26. Londrina: 2022, p. 109-121.

[70] NERY JR., Nelson. Da proteção contratual. *In* AAVV. *Código brasileiro de defesa do consumidor comentado pelos autores do anteprojeto*, 7. ed. Rio de Janeiro: Forense Universitária, 2001, p. 513.

[71] OLIVA, Milena Donato; RENTERÍA, Pablo. Obrigação de meios e assunção de riscos pelo consumidor. *Revista de Direito do Consumidor*, vol. 111, 2017, p. 25.

[72] Contrapondo-se à posição de juristas como D'Angelo e Galgano, que indicam a função da complexa operação atua como limite de validade e eficácia de uma cláusula de separação, Giorgio Lener sustenta que a questão se resolveria na interpretação para configuração de coligação: "*ove l'indipendenza dei contratti, sancita dalla clausola di separazione, risulti artificiosa, ciò è soltanto perché, a dispetto della previsione di siffatta clausola, quei contratti sono collegati*" (LENER, Giorgio. *Profili del collegamento negoziale*. Milano: Giuffré, 1999, p. 20, nota 54).

ou serviço para a contratação ou oferece o crédito no mesmo local, o que enseja a extinção do financiamento pelo arrependimento, invalidade ou ineficácia do contrato principal.[73] A disposição em questão vem sendo reputada cogente, de modo a afastar a validade da cláusula de desconexão nesses casos.[74]

Fora das relações de consumo, a assimetria também pode se fazer relevante quando a contratação se realiza por adesão, cominando o Código Civil, nesses casos, não somente a interpretação favorável ao aderente (art. 423), mas também a nulidade das cláusulas que impliquem renúncia antecipada a direito resultante da natureza do negócio (art. 424). A rigor, entre dois contratos que seriam naturalmente ou legalmente coligados, a interpretação cruzada, a contaminação da ineficácia, os deveres sistemáticos e os demais efeitos da conexão poderiam ser reputados direitos resultantes da natureza coligada daquele negócio. A disposição legal, todavia, é objeto de alguma controvérsia entre doutrina e jurisprudência, de modo que sua aplicação também será sensível a elementos relevantes do caso concreto.[75]

Exemplo que pode ser trazido para ilustrar o debate nesse âmbito é o das chamadas garantias autônomas, que asseguram a posição do credor independentemente da validade ou eficácia do negócio que deu origem à dívida garantida.[76] A figura tem origem no contexto das contratações internacionais, em que a coligação e o risco de contágio da garantia pelos vícios do negócio de base imporia ao contratante conhecimento significativo da legislação aplicável àquele negócio, inserida em ordenamento distinto do seu.[77] Entretanto, a figura se expandiu para os contratos internos de cada ordenamento, em razão de sua eficiência e da

---

[73] Sobre o debate na jurisprudência anterior à reforma legislativa, v. KONDER, Carlos Nelson. A coligação contratual na jurisprudência do STJ. *In* FRAZÃO, Ana; TEPEDINO, Gustavo (org.). *O Superior Tribunal de Justiça e a reconstrução do direito privado.* São Paulo: Revista dos Tribunais, 2011, p. 303-328.

[74] KIRCHNER, Felipe. *Contratos coligados: conformação teórica e fundamentos de responsabilidade civil.* Rio de Janeiro: Processo, 2022, p. 174.

[75] Acerca da controvérsia envolvendo a compreensão do alcance do artigo 424 do Código Civil, v. SANTOS, Deborah Pereira Pinto dos. Assimetria de poder negocial na contratação por adesão. *In* BARLETTA, Fabiana; ALMEIDA, Vitor. *Vulnerabilidades e suas dimensões jurídicas.* Indaiatuba, SP: Foco, 2023, p. 529-545.

[76] LEITÃO, Luís Manuel Teles de Menezes. *Garantias das obrigações.* 6. ed. Coimbra: Almedina, 2018, p.139-140. Pablo Rentería sustenta que isso não afastaria sua caracterização como acessória, se lida a acessoriedade como instrumentalidade à relação principal, o que seria corroborado pela existência de posterior direito de regresso do garante em face do devedor (RENTERIA, Pablo. *Penhor e autonomia privada.* São Paulo: Atlas, 2016, p. 108-109).

[77] MENDES, Eduardo Heitor da Fonseca. A garantia autônoma no direito brasileiro. *In* GUEDES, G. S. C.; MORAES, M. C. B.; MEIRELES, R. M. V. (coord.). *Direito das garantias.* São Paulo: Saraiva, 2017, p. 106. WALD, Arnoldo. Garantia à primeira demanda no direito comparado. *Revista de Direito Mercantil, Industrial, Econômico e Financeiro,* São Paulo: Revista dos Tribunais, vol. 66, abr.-jun./1987, p. 5-6; FRADERA, Vera Maria Jacob de. Os contratos autônomos de garantia. *Ajuris,* n. 53, nov. 1991, p. 242.

segurança para o sistema de crédito como um todo.[78] Consideradas ilustrativo exemplo da idoneidade de cláusulas voltadas a desconectar negócios que a princípio estariam vinculados entre si, dentro dos limites do exercício legítimo da autonomia negocial, essas cláusulas de autonomização vêm tendo a sua validade colocada em xeque quando constante de contratos por adesão.[79]

Mesmo no âmbito das relações paritárias, a desconexão prevista pelas partes não tem valor absoluto.[80] Destaca-se em doutrina a importância de cotejar esse exercício da autonomia negocial com a vedação ao abuso do direito e as restrições impostas pelo princípio da boa-fé.[81] A doutrina também estabelece paralelo entre o efeito da cláusula de desconexão e a abstração daquele negócio jurídico frente à sua causa, o que também justificaria controle rigoroso mesmo em relações paritárias.[82]

Nesse sentido, parece adequado destacar que a validade e eficácia da cláusula de desconexão se beneficia de sua especificidade. Entre a vasta miríade de efeitos que a coligação pode produzir, uma cláusula de desconexão que pretenda afastar todos eles, em grande grau de generalidade, padecerá com muito mais probabilidade de alguma restrição em concreto. Por outro lado, as chances de sucesso da cláusula que vise a desconectar os contratos apenas quanto a um efeito específico da coligação possivelmente será mais bem sucedida. Exemplo rico dessa hipótese consiste na cláusula de desconexão voltada exclusivamente aos mecanismos de solução de conflitos.

4. AS REPERCUSSÕES DA CLÁUSULA DE DESCONEXÃO EM CONTRATOS COLIGADOS COM DISTINTAS FORMAS DE RESOLUÇÃO DE DISPUTA

A jurisprudência sobre a cláusula de desconexão ainda é parca, de modo que não se sabe como os tribunais judiciais e arbitrais decidiriam as

[78] TEPEDINO, Gustavo; PEÇANHA, Danielle Tavares. Contornos das garantias autônomas no direito brasileiro. *Revista Brasileira de Direito Civil – RBDCivil*, Belo Horizonte, v. 28, abr./jun. 2021, p. 279-280.

[79] PEÇANHA, Danielle Tavares. *Qualificação funcional, contornos e limites das garantias autônomas no direito brasileiro*. Dissertação de mestrado. Rio de Janeiro: UERJ, 2023, p. 65.

[80] MARINO, Francisco Paulo De Crescenzo. *Contratos coligados no direito brasileiro*. São Paulo: Saraiva, 2009, p. 103.

[81] KIRCHNER, Felipe. *Contratos coligados: conformação teórica e fundamentos de responsabilidade civil*. Rio de Janeiro: Processo, 2022, p. 174. Sobre a atuação da boa-fé não somente sobre o modo do exercício de direitos, mas também em controle do próprio conteúdo contratual, MARTINS-COSTA, Judith. *A boa-fé no direito privado: critérios para a sua aplicação*, 2. ed. São Paulo: Saraiva, 2018, p. 625.

[82] ROPPO, Vincenzo. *Il contratto*. Milano: Giuffré, 2001, p. 390. Sobre a impossibilidade de uma abstração completa em nosso ordenamento, AZEVEDO, Antônio Junqueira de. *Negócio jurídico: existência, validade e eficácia*, 4. ed. São Paulo: Saraiva, 2007, p. 143.

controvérsias envolvendo a sua aplicação. Esse cenário, que reforça a utilidade dos estudos da doutrina sobre o tema, justifica que os exemplos aqui tratados partam de situações hipotéticas ou situações concretas julgadas pelos tribunais em que não havia previsão de cláusula de desconexão, cujas soluções poderiam ser, em tese, facilitadas se tal cláusula tivesse sido prevista. Uma vez feito tal registro, passa-se a tratar propriamente das repercussões da cláusula de desconexão em contratos coligados que elegem distintos métodos de solução de conflitos.

É inegável que a interpretação da cláusula que estabelece um método alternativo de solução de disputas, sobretudo quanto ao alcance da sua eficácia e à possibilidade da ampliação dos seus limites objetivos[83] e subjetivos,[84] é um tema que enseja intensas controvérsias. São vários os exemplos de sofisticadas disputas que têm como tema central a interpretação do alcance da eficácia da cláusula de arbitragem (aqui tida como exemplo por excelência de método alternativo de solução de disputa).

Por sua pertinência ao tema deste artigo, a título ilustrativo, destaca-se o emblemático caso julgado pelo Superior Tribunal de Justiça em que se discutiu a intensidade da coligação contratual de contratos de abertura de crédito (com cláusula compromissória) e contratos de *swap* (com cláusula de eleição de foro) firmados pela Paranapanema S.A. com o Banco UBS Pactual S.A. e o Banco Santander Banespa S.A. (hoje, respectivamente, Banco BTG Pactual S.A. e Banco Santander S.A.).[85] Naquele caso concreto, a turma julgadora decidiu que a divergência sobre o pagamento do valor adicional nos contratos de *swap* deveria ser resolvida por arbitragem, uma vez que o contrato principal (no caso, os contratos de abertura de crédito) determinava as regras que deveriam ser seguidas pelos demais instrumentos da operação.

O exemplo acima trazido a título ilustrativo tinha como pano de fundo hipótese de coligação contratual reconhecida, em julgamento por maioria, pelo Superior Tribunal de Justiça após 8 anos de tramitação de uma intrincada disputa em virtude de questionamentos a respeito da higidez da sentença arbitral

---

[83] Sobre a extensão objetiva da cláusula compromissória, v. GAGO, Jéssica Ricci; FERNANDES, Wanderley. Extensão objetiva da cláusula arbitral. *Revista Brasileira de Arbitragem*, Porto Alegre, n. 43, jul.-set./2014, p. 33-38.

[84] Sobre a extensão subjetiva da cláusula compromissória, casos de grande relevância no contexto internacional e nacional são, respectivamente, o caso *Dow Chemical* (CCI 4131, *Isover Saint-Gobain v. Dow Chemical*, julg. 23.09.1982) e o "caso Trelleborg" (TJSP, 7ª CDPriv., AC com Revisão 267.450.4/6-00, Rel. Des. Constança Gonzaga, julg. 24.05.2006). Sobre o caso *Dow Chemical*, v. TEPEDINO, Gustavo. Consensualismo na arbitragem e teoria do grupo de sociedades. *Revista dos Tribunais*, vol. 903, jan. 2011, p. 9-25. Sobre o "caso Trelleborg", v. WALD, Arnoldo; GALÍNDEZ, Valeria. Caso Trelleborg. *Revista de Arbitragem e Mediação*, vol. 10, jul.-set./2006, p. 243-247.

[85] STJ, 3ª T., REsp 1639035/SP, Rel. Min. Paulo de Tarso Sanseverino, julg. 18.09.2018.

de mérito, inclusive quanto ao alcance da cláusula compromissória. Naquela ocasião, o Ministro Luis Felipe Salomão divergiu do entendimento do Ministro Relator Paulo de Tarso Sanseverino e manifestou em voto apartado o seu entendimento de que os negócios não perdiam a sua autonomia e individualidade, de modo que a ausência de previsão de cláusula compromissória nos contratos de *swap* impediria que os litígios oriundos de tais pactos fossem solucionados por meio de arbitragem, sob pena de violação da autonomia privada.[86]

Trata-se de um eloquente indicativo de que o impasse poderia ter sido evitado se os contratantes houvessem estipulado expressamente uma *cláusula de desconexão*, desvinculando a cláusula compromissória do contrato principal da forma de solução de disputas relativas aos contratos de *swap*.[87] O exemplo serve para demonstrar que uma cláusula de desconexão pode ser um relevante instrumento de economia contratual (e mesmo financeira), a evitar gastos e perda de tempo resultante da pendência de uma disputa para definir apenas a jurisdição competente para uma futura solução de mérito, bem como prevenir discussões a respeito da higidez de uma sentença de mérito.

De fato, a situação em que um dos contratos prevê cláusula de eleição de foro e o outro contrato a ele coligado contém cláusula compromissória pode indicar a incompatibilidade mais comum entre distintas formas de resolução de disputa de contratos coligados. No entanto, há outras diversas possíveis incompatibilidades relacionadas a divergências de solução de disputa de contratos coligados que podem ser objeto de controvérsias, cabendo destacar: (i) contratos com cláusulas de eleição de foros diversos; (ii) contratos com cláusulas compromissórias em que uma delas prevê a mediação como etapa obrigatória prévia à instauração da arbitragem (cláusula escalonada) e a outra não; (iii) contratos com cláusulas compromissórias em que uma determina que as controvérsias devem ser julgadas por um tribunal arbitral, composto por três árbitros, enquanto a outra prevê que a causa será julgada por um árbitro único; (iv) contratos com cláusulas compromissórias que estabelecem câmaras arbitrais distintas para administrar eventuais litígios deles decorrentes; (v) contratos com cláusulas compromissórias em que uma estabelece a arbitragem institucional, enquanto a outra determina a arbitragem *ad hoc*; (vi) contratos com cláusulas compromissórias em que uma prevê que o tribunal arbitral deve ser formado necessariamente por integrantes da lista de árbitros de determinada câmara arbitral e a outra não. Enfim, parecem infinitas as possíveis incongruências entre cláusulas de solução de disputas em dois ou mais contratos coligados.

---

[86] STJ, 3ª T., REsp 1639035/SP, Rel. Min. Paulo de Tarso Sanseverino, julg. 18.09.2018.

[87] Não se nega que a coligação contratual naquele caso concreto poderia ter sido reconhecida em razão da existência de um vínculo funcional e econômico entre os contratos analisados.

Nesse contexto, não há dúvida de que a cláusula de desconexão se revela como um instrumento valioso para auxiliar o intérprete na árdua tarefa de interpretar a intenção das partes ao preverem distintos métodos de solução de conflitos. A bem da verdade, especificamente quanto a contratos que integram uma mesma operação econômica ou têm algum elo funcional, é recomendável que as partes unifiquem o sistema de resolução de conflitos – usando a mesma cláusula em todos os instrumentos[88] ou prevendo uma cláusula compromissória minuciosa no "contrato-mãe" que abarque todos os demais[89] – ou então recorram a uma cláusula expressa de desconexão. Nesse contexto, a existência de cláusula de desconexão é um fator de mitigação do risco de que os contratantes iniciem uma contenda apenas para definir o método adequado de solução de disputa, antes de iniciar a análise de mérito propriamente dito.

Tratando-se de coligação voluntária, a liberdade contratual e a autonomia privada são fundamentos que tutelam não somente o direito dos contratantes de decidir se vinculam ou não os contratos,[90] mas também o de determinar a extensão dos efeitos dessa vinculação. Da mesma forma que a interpretação das manifestações de vontade pode identificar indícios de conexão entre os negócios, em determinados casos é possível inferir também aspectos dos negócios em que sobressai o objetivo de desconexão, isto é, o fim de, para aqueles efeitos, manter a independência, em um exercício de modulação do grau de vinculação entre os negócios. Mas, mesmo assim, a existência de cláusula de desconexão pode ser decisiva na interpretação da extensão de uma cláusula de arbitragem, por exemplo.

A caracterização de coligação voluntária entre os contratos perpassa pela identificação, no exercício da autonomia negocial pelos contratantes, de elementos idôneos a demonstrarem essa vontade ou esse objetivo de efetivamente estabelecer a ligação entre os negócios e, se identificada, determinar até que medida as partes almejaram a vinculação de seus efeitos. Sob essa perspectiva, a conexão é a exceção que deve ser provada, *"la regla es el contrato aislado, un universo o integralidad, que se satisface a sí mismo, nace, vive y muere en soledad"*.[91] Consequentemente, a desconexão é a regra, sendo a previsão de

[88] WALD, Arnoldo. A arbitragem e o direito societário (II): casos práticos. *Revista de arbitragem e mediação*, n. 14. São Paulo, jul.-set./2007, p. 27.

[89] FONSECA, Rodrigo Garcia da. Os contratos conexos, as garantias e a arbitragem na indústria do petróleo e do gás natural. *Revista de arbitragem e mediação*, vol. 29. São Paulo: abr.-jun./2011, p. 171.

[90] GALGANO, Francesco. *Diritto Civile e Commerciale*, vol. II, 3. ed. t. I. Padova: CEDAM, 1999, p. 203.

[91] ITURRASPE, Jorge Mosset. *Contratos conexos: grupos y redes de contratos*. Buenos Aires-Santa Fé: Rubinzal-Culzoni, 1999, p. 63. Em tradução livre: "a regra é o contrato isolado, um universo ou integralidade que satisfaz a si mesmo, que nasce, vive e morre na solidão".

cláusula de desconexão voltada exclusivamente aos mecanismos de solução de conflitos elemento expresso que demonstra a intenção das partes de que os litígios sejam resolvidos conforme especificamente estipulado no contrato do qual ele decorre, embora outros elementos possam levar o intérprete a conclusões distintas.

É em razão de tais diretrizes que a extensão da cláusula compromissória não deve ser realizada de maneira automática a todos os casos em que se identifique a existência de coligação contratual.[92] Trata-se de análise casuística, em que cabe ao intérprete identificar o grau de intensidade da ligação entre os negócios à luz das circunstâncias do caso e dos usos e costumes daquele mercado.[93] E isso a despeito da autonomia da cláusula compromissória,[94] que não pode ser considerada um fator de absoluta independência quanto ao contrato em que ela está inserida e, consequentemente, ao contexto negocial a ele subjacente.

Isso porque é possível que determinado contrato que contém cláusula de desconexão tenha um forte vínculo econômico e funcional com um negócio subjacente, de forma que os litígios dele decorrentes devem se submeter à mesma forma de resolução de disputa prevista naquele negócio. Caso contrário, sendo os litígios submetidos a distintos métodos de solução de conflitos, haverá risco de decisões conflitantes e de discussões quanto à validade da sentença de mérito, que não respeitem o vínculo funcional dos contratos que

---

[92] KULESZA. Gustavo Santos; PEREIRA, Thais Vieira de Souza. Jurisprudência estatal comentada: Ação anulatória de Sentença Arbitral. Extensão da Cláusula Compromissória a Contrato Coligado com Cláusula de Eleição de Foro. Coligação Como Requisito autônomo Insuficiente para a Extensão da Cláusula Compromissória. Elementos Determinantes para a Extensão. Relevância da Autonomia da Vontade das Partes. *Revista Brasileira de Arbitragem*, n. 61, jan.-mar./2019, p. 147.

[93] NANNI, Giovanni Ettore. Contratos coligados. *In* LOTUFO, Renan, NANNI, Giovanni Ettore (coord.). *Teoria geral dos contratos*. São Paulo: Atlas, 2011, p. 268.

[94] Não se ignora que característica relevante do instituto da arbitragem é a separabilidade, que se traduz na autonomia da cláusula compromissória em relação ao contrato principal. Nesse sentido, vale destacar que o art. 8º da Lei 9.307/1996 dispõe que "[a] cláusula compromissória é autônoma em relação ao contrato em que estiver inserta, de tal sorte que a nulidade deste não implica, necessariamente, a nulidade da cláusula compromissória". A respeito da autonomia da cláusula compromissória, v. LEBOULANGER, Philippe. The Arbitration Agreement: Still Autonomous?. *In International Arbitration*, 2006: Back to Basics?, Albert Jan van den Berg (ed.), ICCA Congress Series, vol. 13, Kluwer, The Netherlands, p. 3-31; MARTINS, Pedro Batista. Poder Judiciário - Princípio da Autonomia da Cláusula Compromissória - Princípio da Competência-Competência - Convenção de Nova Iorque - Outorga de Poderes para Firmar Cláusula Compromissória - Determinação da Lei Aplicável - Julgamento pelo Tribunal Arbitral. *Revista de Arbitragem e Mediação*, vol. 7, out.-dez./2005, p. 173-194.

devem ser executados de forma harmônica e desconsiderem a unidade da operação negocial como um todo.[95]

Há, ainda, situações marcadas pela relação de acessoriedade entre contratos, de modo que um negócio é subjacente ao outro.[96] A identificação de relação principal-acessório entre os contratos, embora não resolva a questão de forma definitiva, é um elemento que respalda a interpretação de que a cláusula do contrato principal abrange também as relações oriundas do vínculo acessório.[97]

Essa foi a conclusão do Tribunal de Justiça do Estado de São Paulo ao entender que a controvérsia referente à indenização devida por rescisão antecipada de locação estava abarcada pela cláusula compromissória prevista no instrumento de contrato de compra e venda de ações, eis que existente dependência unilateral do primeiro (contrato-meio com cláusula de eleição de foro) frente ao segundo (contrato-fim com cláusula compromissória), pois, apesar de "o pedido estar fundamentado na rescisão do contrato-meio de locação, as consequências (pedidos) que a autora-agravada busca estão diretamente relacionadas ao contrato-fim de venda de ações".[98] Nesse caso, ainda que houvesse previsão de cláusula de desconexão voltada aos mecanismos de solução de conflitos nos referidos instrumentos, provavelmente a decisão do Tribunal estadual paulista não seria alterada, já que foi reconhecido o forte vínculo funcional entre os contratos.

No que diz respeito à coligação necessária, eventual previsão de cláusula de desconexão também evidencia a intenção das partes de elegerem mecanismos distintos de resolução de conflitos e, em regra, deve ser respeitada. Tome-se como exemplo a situação hipotética em que são firmados dois contratos, sendo (i) o primeiro, um contrato de empreitada celebrado entre o dono da obra e o empreiteiro para construção de usina solar fotovoltaica no prazo de 24 meses; e (ii) o segundo, um contrato de subempreitada firmado entre empreiteiro e subempreiteiro para fornecimento de materiais utilizados na fabricação

---

[95] KONDER, Carlos Nelson O alcance da cláusula compromissória em contratos coligados: leitura a partir da tutela da confiança. *Revista de arbitragem e mediação*, v. 63, out.-dez./2019, p. 295-331.

[96] A respeito da insuficiência da acessoriedade, v. FONSECA, Rodrigo Garcia da. Os contratos conexos, as garantias e a arbitragem na indústria do petróleo e do gás natural. *Revista de Arbitragem e Mediação*, vol. 29. São Paulo: abr.-jun./2011, p. 165-180.

[97] Deve-se ter atenção, todavia, pois frequentemente se estabelece entre os negócios vínculo de dependência bilateral, tornando a invocação do esquema da gravitação jurídica excessivamente simplista. Sobre a distinção entre negócios com dependência unilateral e negócios com dependência bilateral, v. ENNECERUS, Ludwig. *Tratado de derecho civil*, t. II, vol. II: *Derecho de obligaciones*. Barcelona: Bosch, 1935, p. 6-7; MARINO, Francisco Paulo De Crescenzo. *Contratos coligados no direito brasileiro*. São Paulo: Saraiva, 2009, p. 99.

[98] TJSP, 1ª CRDE, AI 2113312-90.2018.8.26.0000, Rel. Des. Fortes Barbosa, julg. 29.08.2018.

dos painéis solares – as células fotovoltaicas – no prazo de 12 meses, contado desde o início da vigência do contrato de empreitada.

Nesse caso hipotético de coligação necessária entre contratos de empreitada e de subempreitada, enquanto o primeiro previa cláusula compromissória, o segundo estabelecia cláusula de eleição de foro e, em ambos os contratos, havia cláusula de desconexão visando a afastar um dos possíveis efeitos da coligação necessária: a utilização de um mesmo mecanismo de solução de conflitos.

Durante a execução do contrato, o subempreiteiro não forneceu os materiais em tempo e modo contratualmente previstos, de forma que o empreiteiro, de maneira diligente e preocupado em cumprir o contrato de empreitada, contratou um terceiro para fornecer as referidas células a tempo de entregar a usina solar no prazo estabelecido.

Embora a coligação entre os contratos de empreitada e subempreitada seja necessária, por decorrer dos tipos contratuais escolhidos, eventual controvérsia movida pelo empreiteiro contra o subempreiteiro para reaver os custos incorridos com a compra das células voltaicas que eram de sua responsabilidade seria, em tese, estanque da relação jurídica principal, entre o dono da obra e o empreiteiro. Neste caso, a pretensão do empreiteiro contra o subempreiteiro deveria ser submetida à jurisdição estatal (e não arbitral), na medida em que, além de a discussão não depender de qualquer aspecto do negócio subjacente (no caso, o contrato de empreitada), a cláusula de desconexão, sendo válida e eficaz, prevaleceria sobre a ligação entre os contratos.

5. OUTROS ELEMENTOS QUE REFORÇAM A DESCONEXÃO DOS CONTRATOS, AFASTANDO EXTENSÃO OBJETIVA DA CLÁUSULA COMPROMISSÓRIA

Como já mencionado, a função primordial da cláusula de desconexão é afastar determinados efeitos decorrentes do reconhecimento da coligação entre dois ou mais contratos que são incompatíveis com os interesses dos contratantes. Embora a cláusula de desconexão voltada exclusivamente aos mecanismos de solução de conflitos evidencie a intenção das partes de afastar a possibilidade de extensão objetiva da cláusula compromissória prevista em um dos contratos coligados (ou seja, a intenção de que o objeto de determinada disputa se limite apenas a aspectos do contrato a que ela se refere, e não sejam admitidos pleitos relativos a um outro contrato), há outros elementos que podem reforçar a desconexão dos contratos quanto a esse efeito específico e que indicam que as partes buscaram assegurar a autonomia dos métodos eleitos para a solução de conflitos.

Um desses elementos é a inserção, em um último contrato coligado firmado em uma operação plurinegocial, de cláusula de solução de disputas distinta de todos os contratos anteriores (por exemplo, uma cláusula de eleição de foro em contrato mais recente, distinguindo-se de todos os outros contratos anteriores com previsão de cláusula arbitral).[99]

Nessa situação, em tese, "a vontade ulteriormente manifestada funcionaria como uma espécie de novação da vontade inicialmente externada",[100] devendo-se considerar a opção jurisdicional estabelecida no último instrumento. Desse modo, não seria possível estender a cláusula compromissória prevista nos primeiros contratos firmados aos que foram posteriormente firmados sem essa disposição.

Ao tratar do tema, Arnoldo Wald alude a uma arbitragem administrada pela Corte Internacional de Arbitragem da Câmara de Comércio Internacional (CCI), envolvendo apenas companhias brasileiras, em que o Tribunal arbitral não reconheceu a extensão dos efeitos da convenção de arbitragem prevista em um primeiro contrato, cuja validade ficou condicionada à celebração de outro contrato, para a resolução de litígios decorrente deste. Apesar de a conexão dos contratos naquele caso parecer inequívoca, os árbitros entenderam que a incompatibilidade entre as previsões dos dois contratos impedia que a escolha pela arbitragem unicamente em um deles prevalecesse sobre a cláusula de eleição de foro. Decidiu-se, então, que "os litígios decorrentes do contrato contendo a cláusula de eleição de foro somente poderiam ser apreciados pelas autoridades judiciárias, enquanto aqueles relativos ao outro pelos árbitros".[101]

Situação similar foi apreciada pelo Tribunal de Justiça do Estado de Minas Gerais ao julgar controvérsia sobre cláusula compromissória arbitral constante de um contrato específico (sendo este o último instrumento firmado pelas partes em um negócio formado por dez contratos com o objetivo de prestar serviços no mesmo local) ter o condão ou não de vincular à arbitragem os outros nove contratos assinados anteriormente àquele sem cláusula arbitral. A 12ª Câmara Cível do Tribunal estadual mineiro entendeu que, para que a cláusula arbitral prevista no último contrato fosse estendida aos demais instrumentos, a redação do contrato deveria dispor no sentido de que essa última manifestação de vontade teria alcance retroativo, afastando-se as cláusulas de eleição de foro previstas nos contratos anteriores e estendendo os efeitos da cláusula

---

[99] GAGO, Jéssica Ricci; FERNANDES, Wanderley. Extensão objetiva da cláusula arbitral. *Revista Brasileira de Arbitragem*, Porto Alegre, n. 43, jul.-set./2014, p. 55.

[100] SOUZA, Ananda Portes. Extensão de cláusula arbitral em contratos coligados celebrados entre as mesmas partes. *Revista de Arbitragem e Mediação*, v. 52, jan.-mar./2017, p. 171-194.

[101] WALD, Arnoldo. A arbitragem, os grupos societários e os conjuntos de contratos conexos. *Revista de Arbitragem e Mediação*, vol. 2, maio-ago./2004, p. 31-59.

compromissória inserta no contrato mais recente aos demais instrumentos.[102] A cláusula compromissória contida no último contrato, portanto, seria aplicável às controvérsias decorrentes dos contratos anteriores se as cláusulas de eleição de foro estatal tivessem sido expressamente revogadas.

Como já dito, a acessoriedade também é um elemento útil na análise quanto à desconexão de contratos coligados quando a cláusula compromissória for prevista em contrato acessório e o litígio decorrer do contrato principal, que, por sua vez, contém cláusula de eleição de foro. Em situação concreta com tais características, o Tribunal de Justiça do Estado do Rio de Janeiro negou provimento à apelação interposta diante de sentença que julgou procedente ação de rescisão de contrato de promessa de compra e venda de imóvel no valor de R$ 134.276,00, uma vez que a parte ré teria se comprometido a fornecer materiais de construção como forma de pagamento e ainda apresentava um saldo devedor de R$ 97.050,40.

Foi afastada a preliminar de ausência de jurisdição do Poder Judiciário, suscitada pela parte ré, ao fundamento de que a cláusula arbitral teria sido estipulada apenas no contrato acessório de fornecimento de materiais, celebrado apenas para regular a quitação da obrigação do promitente comprador estabelecida no contrato principal de promessa de compra e venda de imóvel. Ao julgar a apelação interposta pela parte ré, a 7ª Câmara Cível do Tribunal estadual fluminense reconheceu ter jurisdição para decidir acerca da rescisão do contrato principal, uma vez que a promessa de compra e venda era independente do contrato de fornecimento de materiais e que a pretensão da parte autora era a de rescindir o próprio contrato principal.[103]

Da mesma forma, há situações em que a cláusula compromissória prevista em contrato principal não deve ser estendida aos litígios oriundos do contrato acessório, salvo nos casos em que houver previsão específica para tanto. Esse foi o entendimento da Suprema Corte da província canadense de Nova Escócia ao julgar a controvérsia envolvendo *Sunny Corner Enterprises Inc v. Dustex Corporation.*[104]

Naquele caso, o contrato principal continha uma cláusula arbitral impondo que qualquer litígio entre o proprietário e o contratante seria submetido à arbitragem e o subcontrato estava contido em uma ordem de compra que estabeleceu que o objetivo do serviço seria tal como definido no contrato principal.[105]

---

102 TJMG, 12ª CC, AI 1.0000.20.054772-7/002, Rel. Des. Saldanha da Fonseca, julg. 15.10.2020.

103 TJRJ, 7ª CC, AC 0000155-82.2005.8.19.0079, Rel. Des. Andre Gustavo Correa de Andrade, julg. 15.08.2007.

104 *Sunny Corner Enterprises Inc v. Dustex Corporation*, 2011 NSSC 172 (CanLII).

105 ALMEIDA, Caroline Sampaio de. *A cláusula compromissória arbitral: uma perspectiva do direito canadense e do direito brasileiro*. Tese de doutorado. São Paulo: USP, 2013, p. 225-226.

O empreiteiro afirmou que a ordem de compra incorporou ao subcontrato os termos do contrato principal, inclusive a cláusula arbitral. O subcontratante, por sua vez, embora tenha reconhecido o vínculo entre os contratos, afirmou que ela não incorporou no subcontrato, expressa e especificamente, a cláusula arbitral prevista no contrato principal, o que seria necessário para que a extensão da cláusula compromissória fosse admitida.

A Suprema Corte de Nova Escócia acolheu o argumento do subcontratante e reconheceu que a cláusula arbitral prevista no contrato principal só poderia ser incorporada ao subcontrato se houvesse disposição específica nesse sentido.[106] O julgamento do caso, portanto, prosseguiu na jurisdição estatal.

Outro importante elemento interpretativo para se aferir o grau de vinculação entre cláusulas de solução de disputas em diferentes contratos é a ausência de estipulação expressa de que uma cláusula compromissória abarca litígios oriundos de outros contratos, ainda que conexos. Foi esse o parâmetro utilizado pelo Tribunal de Justiça do Estado de Minas Gerais ao dar provimento à apelação interposta diante de sentença que extinguiu, sem resolução de mérito, ação de cobrança decorrente de contrato de corretagem.

Naquele caso, o juízo de primeiro grau reconheceu que a controvérsia deveria ser dirimida na jurisdição arbitral, tendo em vista a existência de cláusula compromissória em contrato de compra e venda de quotas sociais, coligado ao contrato de corretagem. No entanto, a 18ª Câmara Cível do Tribunal estadual mineiro reformou a sentença e reconheceu que a extensão da cláusula compromissória seria incabível no caso, porque (i) a cláusula compromissória constava apenas do contrato de compra e venda de quotas sociais (e não do contrato de corretagem discutido nos autos) e (ii) não havia estipulação expressa quanto ao alcance dessa cláusula arbitral a outros contratos.

Nessa linha, entendeu-se que desconsiderar a ausência de manifestação expressa das partes representaria verdadeira violação à "autonomia da vontade das partes". O Desembargador Relator também registrou em seu voto que, ainda que os contratos sejam coligados, a "autonomia das obrigações ajustadas em cada um deles é evidente",[107] afastando-se a possibilidade de extensão da cláusula compromissória arbitral inserida no contrato principal ao contrato acessório a ele conexo.

Essa conclusão está alinhada ao entendimento de que a extensão objetiva da cláusula compromissória é medida excepcional e só deve ocorrer quando o julgador identificar a vontade das partes em participar da operação econômica única e o conhecimento delas acerca de tal operação, bem como quando

[106] *Sunny Corner Enterprises Inc v. Dustex Corporation*, 2011 NSSC 172 (CanLII), parágrafos 39 e 40.

[107] TJMG, 18ª CC, AC 1.0000.22.242536-5/001, Rel. Des. Arnaldo Maciel, julg. 22.11.2022.

o negócio for incindível e, por isso, não é possível realizar a interpretação do contrato de forma singular fora da operação econômica única, ainda que haja conexão contratual.[108]

Por fim, recorre-se aqui ao entendimento manifestado pelo Ministro Luis Felipe Salomão, por ocasião do julgamento do já referido caso envolvendo Paranapanema e os bancos Santander e BTG. Daquele voto, extrai-se que outro elemento importante que pode indicar a desconexão entre contratos é a intensidade do vínculo contratual.[109]

Caso o vínculo entre os contratos coligados não seja intenso, permitindo a divisão entre os respectivos modos de solução de conflitos, seria concebível as partes estabelecerem que determinados litígios, relativos a aspectos específicos da coligação, sejam solucionados de uma forma, enquanto os demais litígios, decorrentes de outros aspectos da operação, sejam submetidos a outro método de solução de conflitos.[110]

Apesar de o entendimento predominante naquele precedente ter admitido a extensão dos efeitos da cláusula compromissória inserta em contrato principal para os litígios relativos ao contrato secundário, o Ministro Luis Felipe Salomão, embora tenha reconhecido a existência de coligação contratual, entendeu que os negócios não perdiam a sua autonomia e individualidade, de maneira que a ausência de previsão de cláusula compromissória nos contratos de *swap* impediria que os litígios oriundos de tais pactos fossem solucionados por meio de arbitragem.[111]

Tal entendimento é reforçado ainda pela opinião de José Carlos de Magalhães, para quem, se as partes ratificaram todas as cláusulas, termos e condições do contrato de abertura de crédito (contrato principal) que não tenham sido alteradas quando da celebração dos contratos de *swap* (contrato secundário),

---

108 ROCHA, Pedro Cavalcanti de Almeida. *Extensão da convenção arbitral aos contratos conexos.* Dissertação de mestrado. Rio de Janeiro: UERJ, 2019, p. 112-113.

109 A intensidade do vínculo entre os negócios ("divisibilidade" x "indivisibilidade") guiou o Superior Tribunal de Justiça em discussão sobre a necessidade ou não de incluir o "contratante-terceiro" no procedimento arbitral, conforme STJ, 3ª T., REsp 1519041/RJ, Rel. Min. Marco Aurélio Belizze, julg. 01.09.2015. Sobre o referido caso, v. KULESZA, Gustavo Santos. Contratos Coligados e Litisconsórcio Necessário. Intervenção Obrigatória do Litisconsorte Necessário na Arbitragem. Controle Judicial da Sentença Arbitral Parcial. Termo *a Quo* do Prazo Decadencial para Propositura da Ação Anulatória contra Sentença Parcial Inválida. Efeitos do Transcurso *In Albis* do Prazo Decadencial. Tribunal de Justiça do Rio de Janeiro. 16ª Câmara Cível. Apelação Cível 0298605-09.2011.8.19.0001. Rel. Des. Mauro Dickstein. j. 08.04.2014. *Revista Brasileira de Arbitragem*, São Paulo, n. 48, out.-dez./2015, p. 83-123.

110 KONDER, Carlos Nelson. O alcance da cláusula compromissória em contratos coligados: leitura a partir da tutela da confiança. *Revista de arbitragem e mediação*, v. 63, out.-dez./2019, p. 313.

111 STJ, 3ª T., REsp 1639035/SP, Rel. Min. Paulo de Tarso Sanseverino, julg. 18.09.2018.

a cláusula de eleição de foro neles prevista modificou a cláusula de arbitragem estabelecida naquele instrumento, tornando-a superada.[112]

CONSIDERAÇÕES FINAIS

Da mesma forma que a autonomia negocial permite que os contratantes atuem para estabelecer coligação entre diferentes contratos integrantes de um mesmo negócio, inclusive para que a cláusula de resolução de disputa prevista em determinado contrato abranja conflitos oriundos da relação jurídica decorrente de outro contrato, é também a autonomia negocial que possibilita que os contratantes afastem determinados efeitos próprios da conexão contratual.

Daí se evidencia a relevância da cláusula objeto deste estudo – a cláusula de desconexão –, tida como a convenção contratual estipulada para afastar algum efeito incompatível com o interesse das partes.

Tal prerrogativa, contudo, não pode ser exercida de maneira ilimitada, estando sujeita a controle em concreto. É importante considerar, por exemplo, o grau de assimetria existente entre os contratantes no caso concreto para aferir a validade da cláusula de desconexão.

A redação da cláusula de desconexão também assume especial relevância na análise da sua validade e eficácia, pois, enquanto a cláusula de desconexão que tem redação genérica e visa a afastar todos os efeitos produzidos pela coligação está sujeita a maiores e mais frequentes limitações, é possível que a cláusula de desconexão, com redação específica voltada a afastar um efeito determinado da coligação, seja mais bem sucedida em evitar questionamentos sobre sua validade e eficácia.

Exemplo de cláusula de desconexão com redação específica é aquela voltada exclusivamente aos mecanismos de solução de conflitos. Trata-se de importante mecanismo contratual a ser utilizado pelas partes para evitar futuras discussões a respeito da incompatibilidade entre distintas formas de resolução de disputas previstas em contratos coligados. Além disso, serve como parâmetro para o intérprete averiguar a intenção das partes de determinada cláusula de resolução de disputa absorver (ou não) conflitos oriundos de outros contratos divergentes daquele instrumento em que está prevista. Na realidade, a cláusula de desconexão também pode evitar que as partes iniciem

---

112 MAGALHÃES, José Carlos de. Arbitragem multiparte, constituição do tribunal arbitral, princípio da igualdade e vinculação à cláusula compromissória. *Revista de Arbitragem e Mediação*, v. 38, jul.-set./2013, p. 338.

uma contenda apenas para estabelecer qual o método de solução de controvérsias a ser adotado, para somente depois obterem um julgamento de mérito.

Nas situações em que um dos contratos estabelece cláusula compromissória e o outro não, ainda que a cláusula de desconexão não esteja prevista para afastar a coligação entre esses negócios, há outros elementos que podem revelar a intenção das partes de restringir o objeto de determinada disputa a questões do contrato a que ela se refere, inadmitindo-se pleitos referentes a outro contrato e afastando a extensão objetiva da cláusula compromissória, quais sejam: (i) a inserção, em um último contrato coligado firmado em uma operação plurinegocial, de cláusula de solução de disputas distinta de todos os contratos anteriores; (ii) o grau de acessoriedade; (iii) a ausência de estipulação expressa de que uma cláusula compromissória abarca litígios oriundos de outros contratos, ainda que conexos; (iv) a divisibilidade ou a indivisibilidade dos negócios.

Diante disso, fica claro que a cláusula de desconexão se apresenta como valiosa ferramenta de auxílio ao intérprete no exame do alcance da eficácia da cláusula arbitral inserida em um dos contratos que integra operação plurinegocial. Tal mecanismo não apenas poupa as partes de arcarem com gastos desnecessários e perderem tempo em razão da pendência de uma disputa travada para definir qual é a jurisdição competente para uma futura solução de mérito, como também evita controvérsias sobre a higidez da futura sentença de mérito.

Entretanto, mesmo que a cláusula de desconexão não esteja prevista nesses instrumentos, outros elementos são capazes de revelar a intenção das partes de não admitir a extensão da cláusula compromissória para abarcar litígios decorrentes de outro negócio, distinto daquele ao qual ela se refere. Afinal, sendo a conexão medida excepcional, a desconexão é regra que deve ser privilegiada.

20. ASSINATURA ELETRÔNICA

Clarisse Frechiani Lara Leite

INTRODUÇÃO[1]

A evolução tecnológica e a informatização das relações têm imposto novas formas de manifestação de vontade e demandado a criação de distintos métodos de identificação da autoria e vinculação ao ato jurídico praticado. Ao mesmo tempo, a "realidade digital", online, de registros instantâneos, onipresentes e onicompreensivos, interfere na forma de provar e de solucionar conflitos.

Daí a importância de estudar as assinaturas eletrônicas e compreender suas diversas modalidades e efeitos, com vista a guiar as partes a celebrar negócios jurídicos, na contemporaneidade, mediante formas dotadas de adequada eficácia material e processual.

1. ASSINATURA

Assinar provém do latim assignare, remetendo à ideia de signo, sinal. Assinar "é apor um sinal, marcar, deitar a assinatura, firmar com seu nome ou sinal".[2]-[3]

---

[1] Este artigo corresponde ao desenvolvimento de ideias iniciais apresentadas em dois trabalhos desta autora: *Comentários ao Código de Processo Civil*, v. VIII, t. II, São Paulo: Saraiva, 2020 e "Persuasão racional e prova documental na arbitragem brasileira", *Revista de processo*, v. 321, nov. 2021, p. 395-424, disponível em RT-Online, p. 1-25. Algumas ideias foram mantidas e outras alteradas, indicando-se, neste último caso, a alteração de posição.

[2] MOACYR AMARAL SANTOS, Prova judiciária no cível e comercial, v. IV, São Paulo: Max Limonad, (s.d.), n. 99, p. 128.

[3] Constituem sinônimos de assinar: *firmar* (tornar firme) e subscrever (escrever embaixo). FRANCESCO CARNELUTTI observa que a indicação do autor ao final do documento deriva de "costume

Para o direito, assinatura é forma de ligar determinada pessoa a um ato, exibindo assim dupla função: (a) expressar a identidade do signatário, por se tratar de marca ou sinal próprios desse específico sujeito (função indicativa ou identificativa) e (b) vinculá-lo às declarações manifestadas no documento assinado (função declarativa).[4] Quem assina, identifica-se e declara ser sua a declaração registrada no documento, vinculando-se juridicamente a ela.[5]

2. A ASSINATURA NO "MUNDO OFFLINE"

No "mundo offline", a assinatura tradicionalmente[6] consiste no nome da pessoa, escrito de próprio punho, de maneira particular. Essa assinatura, denominada autógrafa, pode ser completa, abarcando nome e sobrenomes, ou abreviada (rubrica), consistindo em um dos elementos do nome, uma letra ou um sinal característico.

A pessoa que não sabe ou que não pode grafar o próprio nome é autorizada, em certos casos, a se valer da assinatura *a rogo*. Por ela, a parte apõe sua impressão digital no documento físico e, a seu pedido ("rogo"), um terceiro assina em seu lugar, normalmente na presença de testemunhas.[7]

Admite-se também em determinadas hipóteses a assinatura por chancela mecânica ("reprodução exata da assinatura de próprio punho, resguardada por características técnicas, obtida por máquina especialmente destinada a

---

relativamente moderno", pois nas lettere romanas o nome do autor constituía a inscriptio e não a subscriptio ("Studi sulla sottoscrizione", in Rivista del Diritto Commerciale. 1929, v. XXVII, Parte I, p. 509-543, n. 4, p. 512).

[4] Cf. FRANCESCO CARNELUTTI, "Studi sulla sottoscrizione", esp. n. 5-6, p. 513-516; LUIGI PAOLO COMOGLIO, Le prove civili, 3ª ed., Turim: Utet Giuridica, 2010, p. III, cap. II, n. 2, p. 453; MOACYR AMARAL SANTOS, Prova judiciária no cível e comercial, v. IV, n. 99, p. 128.

[5] A assinatura pode ser pois compreendida como uma declaração autônoma, mediante a qual a parte assume outra declaração (CF. FRANCESCO CARNELUTTI, "Studi sulla sottoscrizione", esp. n. 11 e 20, p. 520 e 543; ANDREA GRAZIOSI, "Premesse ad una teoria probatoria del documento informatico", in Rivista Trimestrale di Diritto e Procedura Civile, LII, 1998, t. 2, p. 481-529, esp. n. 5, p. 503-504.

[6] LIGIA PAULA PIRES PINTO anota a evolução do conceito de assinatura no Dicionário Jurídico De Plácido e Silva, que originalmente se definia apenas como aquela advinda de próprio punho e, em atualização posterior, passou a abarcar também assinatura impressa e mecânica ("Títulos de crédito eletrônicos e assinatura digital": análise do artigo 889, § 3º, do Código Civil de 2002", in PENTEADO, Mauro Rodrigues (coord.), *Títulos de crédito: teoria geral e títulos atípicos em face do Novo Código Civil (análise dos artigos 887 a 903*, São Paulo, Walmar, 2004, pp. 187-205, esp. p. 197).

[7] O Código Civil admite expressamente a assinatura a rogo na escritura pública (art. 215, § 2º); no contrato de prestação de serviços (art. 595) e no testamento público (art. 1.865). Já o art. 968, II, do Código Civil, parece afastá-la ao disciplinar a inscrição de empresário, exigindo assinatura autógrafa.

esse fim, mediante processo de compressão"[8]) ou *eletrônica*. É o que se passa com a emissão de cheques (Lei n. 7.357/1985, art. 1º, inc. VI e par.) e com a confecção de certidões de dívida ativa e petições iniciais de execuções fiscais (Lei n. 10.522/2002, art. 25).

3. ASSINATURA E FORMA DOS NEGÓCIOS JURÍDICOS

No "mundo offline" a assinatura vai intuitivamente associada à ideia de atos celebrados por escrito.

Para existir, todo ato jurídico reclama algum modo de exteriorização da vontade, sendo pois a *forma* (*qualquer forma*, como a oral, escrita, gestual *etc.*) elemento de sua existência.[9]

Já quando se pensa na correspondência entre a forma prevista no modelo legal (ou convencional) para determinado ato e a forma efetivamente assumida por tal ato, está-se no plano da validade (CC, arts. 104, inc. III, e 166, inc. IV).

Em nosso sistema, vige a regra da *liberdade das formas*, segundo a qual "a validade da declaração de vontade não dependerá de forma especial, senão quando a lei expressamente a exigir" (CC, art. 107).

Ao impor a observância de determinada forma (*negócios solenes*[10]), o legislador ou as partes normalmente têm em mira determinadas funções. Entre elas, destacam-se: a *função assecuratória* (relacionada aos casos em que as partes convencionam a necessidade de observar forma solene); a *função acautelatória* (observada nas hipóteses em que o legislador visa a chamar a atenção das partes para o relevo do negócio a ser concluído) e a *função de esclarecimento* (voltada especialmente a assegurar a ciência do contratante tutelado quanto a todas as disposições que regerão a sua relação).[11]

---

[8] A definição consta do item n. 7 da Resolução do Conselho Monetário Nacional n. 885, de 22.12.1983, que estabelece o regulamento do cheque, a partir da autorização do art. 1º, inc. VI e parágrafo único, da Lei n. 7.357/1985.

[9] Cf. ANTÔNIO JUNQUEIRA DE AZEVEDO, Negócio jurídico – existência, validade e eficácia, 4ª ed., São Paulo: Saraiva, 2008, cap. II, §§ 2º e 3º, esp. p. 31 e 43; CAIO MÁRIO DA SILVA PEREIRA, Instituições de direito civil, v. I, Rio de Janeiro: Forense, 2001, n. 102, p. 376-377, e CRISTIANO DE SOUSA ZANETTI, A conservação dos contratos nulos por defeito de forma, São Paulo: Quartier Latin, 2003, cap. 3, n. 1, p. 157

[10] Prefere-se a locução "negócio solene" a "negócio formal", vez que todo negócio jurídico tem forma (FRANCISCO PAULO DE CRESCENZO MARINO, *Interpretação do negócio jurídico*, São Paulo: Saraiva, 2011, p. 360).

[11] Cf. CRISTIANO DE SOUSA ZANETTI, A conservação dos contratos nulos por defeito de forma, cap. 3, esp. p. 192-210. Segundo FABIANO MENKE, a doutrina alemã identifica sete funções da forma escrita (que pressupõe a assinatura manuscrita): (i) identificação; (ii) autenticidade; (iii) verificação; (iv) probatória; (v) alerta; (vi) fechamento (do documento, no sentido de sinalizar e

Os exemplos mais comuns de negócios solenes são aqueles em que a lei prescreve a forma escrita como requisito de validade (documento *ad substantiam*), tais como: a doação (salvo se de bens móveis de pequeno valor - CC, art. 541); a fiança (CC, art. 819); a cláusula de reserva de domínio (CC, art. 522); a cláusula de exclusividade da corretagem (CC, art. 726); a convenção arbitral (LArb, art. 4º, § 1º) e o mandato, quando o ato a ser celebrado pelo mandatário deva observar a forma escrita (CC, art. 658).

Em alguns casos, exige-se, para além da forma escrita, a celebração do ato por *escritura pública* (alienação de direitos reais sobre imóveis de valor superior a trinta salários-mínimos - CC, art. 108;[12] celebração de pacto antenupcial - CC, arts. 1.640, par. e 1.653 *etc.*). Em outros, requer-se a forma solene não para a validade do ato, mas para que ele se repute eficaz perante terceiros (cessão de crédito - CC, art. 288).

Para satisfazer o requisito da forma escrita tradicionalmente se exige não apenas que a *declaração de vontade venha manifestada por escrito,* mas também que seja *assinada* por seu autor (ou representante).[13]

Muitos negócios celebram-se, contudo, por escrito, sem que a forma escrita constitua seu requisito de validade. Nessas situações, é importante ter em mente a regra do art. 183, do Código Civil, segundo a qual (adequadamente lida) *a invalidade do instrumento não induz à invalidade do negócio jurídico, sempre que não for desrespeitada forma exigida em lei.*[14] Assim, será válido o negócio não solene "formalizado" em instrumento escrito defeituoso - p.ex., porque desprovido de assinatura - desde que as partes tenham manifestado inequivocamente a vontade de contratar.

4. ASSINATURA NO PLANO PROCESSUAL

No plano processual, há normas variadas regulando o relevo da assinatura.

---

limitar o conteúdo da declaração de vontade, bem como finalização da fase pré-contratual); (vii) perpetuação ("A forma dos contratos eletrônicos", in *Revista de Direito Civil Contemporâneo*, vol. 26/2021, p. 85-113, Jan-Mar 2021, DTR\2021\5582, acesso à versão eletrônica no portal RTOnline, nota 21, p. 15 - paginação eletrônica, n. 2, p. 4-5 – paginação eletrônica).

[12] Ressalvadas as exceções legais, como a conferência de bens à sociedade (Lei n. 8.934/1994, art. 64).

[13] Cf. Caio Mário da Silva Pereira, Instituições de direito civil, v. I, n. 104, p. 384; Cf. Enzo Roppo, *O contrato*, trad. Ana Coimbra e M. Januário C. Gomes, Coimbra: Almedina, 2009, cap. II, p. 97. Como observa Fabiano Menke, a exigência de assinatura na forma escrita é expressa no direito alemão ("A forma dos contratos eletrônicos", n. 2, p. 4 - paginação eletrônica).

[14] A parte final do art. 183 do Código Civil em verdade mistura os conceitos de validade e eficácia probatória, ao dispor que a invalidade do instrumento não invalida o negócio "sempre que este puder provar-se por outro meio".

No campo probatório, a *assinatura* constitui elemento de *prova* de que a declaração emanou de determinado sujeito ou – o que juridicamente tem o mesmo efeito – de que ele assumiu a autoria da declaração. Daí dispor o Código de Processo Civil que a pessoa identificada pela assinatura se reputa – salvo impugnação e prova em contrário – autora do documento (art. 410, incs. I e II) e, consequentemente, das declarações documentadas (art. 412).

Em princípio, a assinatura é suficiente para confirmar a autoria do documento, apenas se fazendo necessária prova adicional se houver questionamento ou aparência de defeito (CPC, arts. 411, inc. III e 426). Mesmo diante de impugnação, algumas formas de provar a autoria se revestem de especial eficácia probatória (ou seja, de *presunção relativa de veracidade*): o reconhecimento de firma por tabelião e, de modo geral, o meio de certificação indicado em lei, inclusive o eletrônico (CPC, art. 411, incs. I e II). Nesses casos, afasta-se a regra do art. 429, inc. I, do diploma processual e impõe-se à própria impugnante o ônus de provar que, a despeito do reconhecimento de firma ou da certificação por outro meio legal, a assinatura e a declaração a que ela se vincula não provêm da pessoa indicada como signatária.

Nem todo documento escrito é, contudo, assinado. O Código de Processo Civil trata de exemplos de documentos escritos não assinados nos arts. 410, inc. III e no art. 415 (livros empresariais e assentos domésticos) – além de disciplinar documentos não declaratórios (imagens, vídeos, fotografias *etc.*) no art. 422.

Em documentos escritos não assinados, a certeza da autoria das declarações documentadas é obtida por força da ausência de impugnação ou por outro meio de prova. Nos termos do art. 415, havendo certeza de autoria, documentos não assinados *provam contra quem os escreveu*. Em outras palavras: as declarações *contrárias ao interesse do declarante* (declarações confessórias) revestem-se de *presunção relativa de veracidade*, mesmo quando encartadas em documento não assinado mas de autoria certa.[15]

Como se vê, para efeitos probatórios, não se estabelece a associação, referida pela doutrina civil, entre o ato escrito e a assinatura.

Essa é uma constatação importante, porque remanescem em nosso direito positivo algumas poucas normas exigindo prova *documental* ou por escrito para a demonstração de determinados fatos (*documento ad probationem*). Veja-se que, quando se fala na exigência do escrito para reputar-se *provado* o fato (documento *ad probationem*), não se está tratando das regras, antes

---

[15] Também nesse sentido: FREDIE DIDIER JR., PAULA SARNO BRAGA e RAFAEL ALEXANDRIA DE OLIVEIRA, *Curso de direito processual civil*, v. 2, 10ª ed., Salvador: JusPodivm, 2015, cap. 6, n. 8.3.4, p. 205.

mencionadas, que impõem a *forma escrita* de manifestação da vontade como requisito de validade do ato (documento *ad substantiam*).[16]

Com a supressão da norma que exigia documento para provar negócios jurídicos de valor superior ao décuplo do salário-mínimo,[17] os poucos exemplos de normas requerendo *documento ad probationem* em nosso sistema referem-se hoje especialmente: (a) ao contrato de depósito voluntário (CC, art. 646); (b) à existência de sociedade de fato, quando o próprio sócio pretenda prová-la em seu benefício (CC, art. 987) e (c) ao tempo de serviço para fins de aposentadoria (Lei n. 8.213/1991, art. 55, § 3º).

Tais exigências submetem-se entretanto a diversas mitigações legais e interpretativas, que reduzem significativamente o seu âmbito de incidência.[18] Uma delas é a de que a prova escrita ou documental não requer assinatura. Afinal, a própria lei processual disciplina a eficácia probatória de documentos não escritos e de escritos não assinados.

Fora do campo probatório, há normas processuais que requerem *documento* para a concessão de tutela processual diferenciada, pautada em cognição sumária, como nos casos de tutela da evidência (CPC, art. 311, II-IV), tutela monitória (CPC, art. 700, caput) e mandado de segurança (Lei n. 12.016/2009, art. 1º, caput).

Como dito em outra sede,[19] o que importa em todos esses casos é a existência de prova pré-constituída dotada de suficiente eficácia probatória quanto aos fatos relevantes, para viabilizar a sumarização da cognição precedente à concessão da tutela jurisdicional (definitiva ou provisória), assegurando um grau de razoável verossimilhança imediata.[20] Por isso, não é necessário documento escrito assinado.

---

[16] A distinção é assentada tanto na doutrina processual como na civil. Entre os processualistas, cf. Francesco Carnelutti, *La prova civile* - reimpressão da Scuola di specializzazione in diritto civile dell'Università di Camerino da edição Ateneo, Roma, 1947 -, Napoli: Edizioni Scientifiche Italiane, 2016, n. 24, p. 104-106; Luigi Paolo Comoglio, *Le prove civili*, p. 424-425, inclusive notas 18 e 19; Moacyr Amaral Santos, *Prova judiciária no cível e comercial*, v. IV, n. 23, p. 36-37. Entre civilistas: Enzo Roppo, *O contrato*, cap. II, n. 3.1, p. 98-99; Caio Mario da Silva Pereira, *Instituições de direito civil*, v. I, n. 84, 102 e 103, p. 311-312 e 376-383.

[17] O Código de Processo Civil de 2015 não reproduziu a regra constante do art. 401 do Código de 1973. Além disso, o art. 1.072, II, do diploma processual revogou expressamente o caput do art. 227 do Código Civil de 2002, que continha idêntico preceito.

[18] Sobre o ponto, cf. Clarisse Frechiani Lara Leite, *Comentários ao Código de Processo Civil*, v. VIII, t. II, nn. 9-13, p. 39-49.

[19] Cf. Clarisse Frechiani Lara Leite, *Comentários ao Código de Processo Civil*, v. VIII, t. II, n. 15, p. 59.

[20] Tratando da demanda monitória, Eduardo Talamini fala em "convicção de razoável verossimilhança acerca dos fatos que embasam a pretensão de crédito" ("Prova escrita e cognição sumária na monitória". In: YARSHELL, Flávio Luiz; SICA, Heitor Vitor Mendonça; BEDAQUE, José

Já no que respeita à conformação de título executivo extrajudicial, exige-se que o documento tenha conteúdo escrito,[21] para representar a obrigação certa, líquida e exigível.[22] Na maior parte dos casos, o título executivo extrajudicial contemplará, além da declaração da credora, também alguma forma de reconhecimento da devedora - usualmente mediante sua assinatura. Tal participação do sujeito passivo é excepcionalmente dispensada nas hipóteses de encargos de condomínio, duplicata sem aceite e dívida ativa fiscal. Nos instrumentos particulares, requer ainda a lei a assinatura de duas testemunhas (CPC, art. 784, inc. III). Não se exige, contudo, que as firmas sejam reconhecidas por tabelião.[23]

Por fim, ainda no campo processual, a assinatura do advogado ou da advogada é necessária para a prática dos atos processuais que se realizam mediante petição (demanda inicial, contestação, pedido de provas, recursos *etc.*).

É importante perceber a existência dessa diversidade de normas processuais, para as quais a assinatura (ou sua ausência) pode assumir significados e efeitos variados.

5. ASSINATURA ELETRÔNICA

De acordo com as definições constantes da legislação brasileira (Lei n. 14.063/2020, art. 3º, inc. II) e de diplomas internacionais,[24] a assinatura eletrônica pode ser conceituada como *conjunto de dados em formato eletrônico, relacionado de algum modo a determinada pessoa, que se liga ou logicamente se*

ROBERTO DOS SANTOS (coord.). Estudos de direito processual civil em homenagem ao Professor José Rogério Cruz e Tucci. Salvador: JusPodivm, 2018. p. 177-195, esp. p. 189).

[21] Não parece que tal exigência de escrito no documento que conforma o título se equipare à forma escrita da manifestação de vontade. Trata-se, aqui, de escritura como representação do ato que legitima a execução, sem que o negócio em si tenha que ter sido celebrado por escrito. Nessa linha, parte da doutrina refere a possibilidade de executar débitos de aluguel advindos de contrato não escrito de locação (CPC, art. 784, inc. VIII) (cf. HEITOR VITOR MENDONÇA SICA, *Cognição do juiz na execução civil*, São Paulo: RT, 2017, p. 176).

[22] Cf. HUMBERTO THEODORO JR., *Comentários ao Código de Processo Civil*, v. XV, São Paulo: Saraiva, 2017, nn. 106 e 113, p. 202 e 212; ARAKEN DE ASSIS, *Manual da execução*, 20ª ed., São Paulo: RT, 2018, n. 23, p. 188.

[23] Cf. HUMBERTO THEODORO JR., *Comentários ao Código de Processo Civil*, v. XV, n. 121, p. 239.

[24] A definição da lei brasileira reproduz aquela do art. 3º, n. 10, da versão portuguesa do Regulamento (UE) n. 910/2014 do Parlamento Europeu e do Conselho de 23 de julho de 2014 (Regulamento eIDAS). Dela não diverge em substância o conceito da Sec. 2 (8) do Uniform Electronic Transactions Act - 1999 (UETA) norte-americano ou do art. 2(a) da Model Law on Electronic Signature da UNCITRAL.

associa a outro conjunto de dados em formato eletrônico, evidenciando a intenção do signatário de se vincular por seu conteúdo.[25]

Trata-se de técnicas voltadas a desempenhar, no "mundo online", as mesmas funções da assinatura manuscrita:[26] identificar a pessoa e vinculá-la a determinado ato.

A despeito da equivalência funcional entre a assinatura física e a eletrônica,[27] ao passar do "mundo offline" para o "mundo online", algumas coisas naturalmente se alteram.

Primeiro, altera-se a forma de distinguir a pessoa das demais (função identificativa da assinatura). Como o manuscrito não opera (ao menos não imediatamente) no mundo digital, é preciso substituir a distintividade da grafia do próprio nome por outros métodos de identificação unívoca.

Nos processos cibernéticos, a identificação de uma pessoa (ou de algo despersonalizado, como uma máquina ou um site) é denominada *autenticação*.[28] Fala-se usualmente em três fatores de autenticação: (i) "algo que a pessoa sabe" (como login e senha, p.ex.); (ii) "algo que a pessoa tem" (como um dispositivo móvel para o qual se envia determinado código de confirmação ou um token) ou (iii) "algo que a pessoa é" (biometria facial, impressões digitais, frequência de voz, íris, padrões de grafometria *etc.*).[29] Há também fatores adi-

---

[25] De acordo com Fabiano Menke, "assinatura eletrônica é considerada o gênero que abarca as diversas espécies possíveis de vinculação do sujeito a uma declaração de vontade pelo meio eletrônico" ("A forma dos contratos eletrônicos", n. 2, p. 6 – paginação eletrônica). Conquanto seja essa a sua função mais usual, nem toda assinatura – manuscrita ou eletrônica – liga-se contudo a uma manifestação de vontade. A identificação de autoria pode ter também por objeto, p.ex., uma obra artística, uma opinião técnica (um parecer), uma declaração de ciência (como um testemunho).

[26] Cf. Ligia Paula Pires Pinto, "Títulos de crédito eletrônicos e assinatura digital": análise do artigo 889, § 3º, do Código Civil de 2002", p. 198.

[27] Sobre "equivalência funcional", cf. Fabiano Menke, *Assinatura eletrônica no direito brasileiro*, São Paulo: RT, 2005, n. 3.10.2, p. 141-143, e in "A forma dos contratos eletrônicos", n. 2, p. 3- paginação eletrônica.

[28] O *Uniform Electronic Transactions Act* - 1999 (UETA), norte-americano, esclarece que o termo "assinatura" foi adotado de modo amplo, abarcando o que outros regulamentos denominam "autenticação" (UETA, 1999, Sec. 2, Comment "Electronic signature"). Constatação semelhante é feita (e criticada) por Pedro Dourado de Rezende, "Certificados digitais, chaves públicas e assinaturas - o que são, como funcionam e como não funcionam", in *Revista de Direito Imobiliário*, vol. 49/2000, p. 129-142, Jul - Dez / 2000, disponível em *RT-Online*, n. 7, p. 9 - paginação eletrônica.

[29] Em sentido semelhante: José Manoel de Arruda Alvim e Ígor Martins da Cunha, "As assinaturas eletrônicas no ordenamento jurídico brasileiro e a relevância da autonomia privada: uma breve análise da validade dos documentos eletrônicos à luz da MP 2.200-2/2001 e da Lei 14.063/2020", in *Revista de processo*, vol. 337, mar-2023, p. 83-114, disponível in *RT-Online*, n. 5, p. 11 (paginação eletrônica).

cionais, que servem a confirmar a identidade do agente, como a localização geográfica e o horário.

As diversas técnicas de assinatura eletrônica valem-se de tais fatores de autenticação, de forma isolada ou combinada, para permitir a associação entre o agente e o ato praticado eletronicamente. A depender dos fatores adotados, as técnicas revestir-se-ão de maior ou menor confiabilidade. Mas isso não significa que as técnicas mais simples não constituam igualmente meios, a princípio, idôneos de identificação da autoria de atos eletrônicos.

A *segunda* alteração decorrente da passagem do paradigma físico para o eletrônico diz respeito à forma de vinculação entre a marca distintiva da signatária e o ato por ela praticado. Tradicionalmente, tal vinculação opera apondo-se a assinatura no mesmo *papel* em que registrada a declaração. No mundo eletrônico, isso não é possível.

Os diplomas normativos não costumam discriminar as formas legítimas de promover tal associação entre dados eletrônicos. Da perspectiva da interação com o usuário, essa vinculação pode abarcar procedimentos diversos, tal como a digitação de nome e de senha pelo signatário, a aposição da imagem da assinatura na página eletrônica do documento, a inserção de dispositivo contendo certificado digital em uma porta USB, o clique em "botões" contendo expressões como "assinar", "aceito", "concluir a compra", "enviar" *etc.*, de modo a evidenciar a intenção de praticar o ato – e, pois, de vincular-se ao seu conteúdo.

A depender da tecnologia empregada, a assinatura eletrônica pode ser integrada ao próprio arquivo em que contido o documento assinado (assinatura *normal* ou *anexada*) ou pode ser *destacada* em um arquivo diferente.[30]

Conforme se examinará mais à frente, as assinaturas eletrônicas mais seguras valem-se de técnicas de vinculação que impedem a modificação do documento assinado, assegurando certeza não apenas quanto à identidade do signatário mas também quanto à integridade do documento.

A *terceira* mudança de paradigma respeita ao maior alcance do uso da assinatura eletrônica em relação às transações em geral.

No mundo físico, as assinaturas servem para identificar a autoria e vincular o agente a atos praticados por escrito, que representam apenas uma pequena parcela dos atos jurídicos diuturnamente celebrados. Para os atos realizados de forma oral ou gestual, a identificação do agente faz-se por sua

[30] Cf. Instituto Nacional de Tecnologia da Informação, VALIDAR, Serviço de validação de assinaturas eletrônicas, Dúvidas, disponível em https://validar.iti.gov.br/duvidas.html#15, acesso em 31/05/2023.

própria presença,[31] ou mediante o reconhecimento de suas feições ou de sua voz pelos demais sujeitos.

No ambiente digital, a assinatura eletrônica – com o conceito amplo acima exposto – serve à identificação e vinculação da pessoa a qualquer ato praticado, assuma ele ou não representação em forma escrita.

De uma perspectiva dinâmica, os dados eletrônicos a que se associa a assinatura eletrônica podem ser compreendidos como qualquer "interação eletrônica", ou seja "ato praticado por particular ou por agente público, por meio de edição eletrônica de documentos ou de ações eletrônicas, com a finalidade de: a) adquirir, resguardar, transferir, modificar, extinguir ou declarar direitos; b) impor obrigações; ou c) requerer, peticionar, solicitar, relatar, comunicar, informar, movimentar, consultar, analisar ou avaliar documentos, procedimentos, processos, expedientes, situações ou fatos" (Decreto-federal n. 10.543/2020, art. 3º, inc. I).[32]

De uma perspectiva estática, tais interações constituem um *documento eletrônico*, cujo conceito é muito mais amplo do que aquilo que tradicionalmente se entendia por documento em papel (ou cartáceo): qualquer "*informação registrada, codificada em dígitos binários, acessível e interpretável por meio de sistema computacional*".[33-34]

Qualquer tipo de interação eletrônica gera uma sequência de bits contendo informação a respeito da interação. Quando alguém "posta" conteúdo em alguma rede social, cria um documento eletrônico, assinado por sua prévia identificação para acessar a conta e pelo procedimento usado para confirmar a intenção de realizar o ato. Também é o que se passa quando alguém faz uma

---

[31] O caixa de uma padaria sabe que a compradora é a pessoa que está pagando pelos produtos adquiridos e que irá levá-los consigo, sendo essa identificação suficiente para a compra e venda ali realizada.

[32] Conquanto o Decreto Federal n. 10.543/2020 tenha por objeto a regulamentação da Lei n. 14.063/2020, que trata de essencialmente de interações eletrônicas envolvendo entes públicos, o conceito pode ser aproveitado para interações envolvendo quaisquer entes.

[33] Cf. "*Diretrizes para a implementação de repositórios arquivísticos digitais confiáveis* – RDC", anexo da Resolução n. 39, de 24/04/2014 do CONARQ (Conselho Nacional de Arquivos), alterada pela Resolução n. 43, de 04/9/2015 do CONARQ para documento digital.

[34] O conceito extremamente amplo de *documento eletrônico* acabou impactando o próprio conceito de *documento*, que vai paulatinamente deixando de significar uma "*coisa formada por atividade humana (ainda que mediata), que representa, de forma estável ou permanente, um fato que lhe é externo (uma declaração de ciência ou de vontade, um ato não declarativo, um acontecimento natural etc.)*" (Cf. CLARISSE FRECHIANI LARA LEITE, *Aporte de fatos ao processo e superação de estabilidades a partir de fatos e provas novos*, tese de Livre-Docência, São Paulo: Faculdade de Direito da Universidade de São Paulo, 2022, n. 57, p. 224), para considerar-se simplesmente uma "*unidade de registro de informações, qualquer que seja o suporte ou formato*" (lei n. 12.527/2011, art. 4º, inc. II).

transferência bancária ou compra online. Todas essas interações vão eletronicamente assinadas – ou seja, vinculam-se a uma determinada pessoa identificada – por métodos distintos, que exibem graus variados de segurança, mas se encaixam todos no conceito amplo de assinatura eletrônica.

É importante reforçar esse ponto. As técnicas de assinatura eletrônica resolvem-se muitas vezes em *processos*, dotados de diversas etapas, e não necessariamente em um único ato. Assinar eletronicamente não é apenas apor a assinatura em um documento. É também, às vezes, "logar-se" previamente em um sistema com suas credenciais, selecionar campos e clicar em botões representando atos a serem praticados. A conjugação dessas diversas etapas gera a assinatura eletrônica, ou seja, gera os dados eletrônicos que se vinculam ao signatário e que são associados a outros dados eletrônicos conformadores do ato intencionalmente praticado.

Com a percepção dessa sistemática própria dos sistemas digitais, constata-se com maior facilidade que a assinatura eletrônica não se limita a atos e negócios que exigem a forma escrita nem mesmo àqueles que, a despeito da inexistência de exigência de solenidade, usualmente se celebram por escrito. Grande parte dos atos realizados eletronicamente com o uso de algum tipo de assinatura eletrônica realizar-se-iam no mundo físico de forma meramente oral ou gestual.

6. CLASSIFICAÇÕES DA ASSINATURA ELETRÔNICA NO SISTEMA BRASILEIRO

Nosso ordenamento conta com dois diplomas principais sobre assinaturas eletrônicas: a MP 2.200-2/2001 e a Lei n. 14.063/2020. Além deles, outras normas setoriais relevantes também disciplinam a matéria, como a Lei n. 11.419/2006 ("Lei do Processo Eletrônico"), a Lei n. 6.015/1973 (Lei de Registros Públicos), com alterações instituídas pela Lei n. 14.382/2022, que disciplina o Sistema Eletrônico de Registros Públicos, a Lei n. 8.929/1994 (Cédula de Produto Rural),[35] e o novel § 4º do art. 784 do Código de Processo Civil (títulos executivos extrajudiciais), incluído pela Lei n. 14.620/2023.

[35] Com as alterações instituídas pela Lei n. 14.421/2022. Esta última lei também institui mudanças relativas à disciplina da assinatura eletrônica na Lei n. 492/1937, sobre o penhor rural e a cédula pignoratícia, e na Lei n. 11.076/2004/2004, que dispõe sobre o certificado de depósito agropecuário, warrant agropecuário, certificado de direitos creditórios do agronegócio, letra de crédito do agronegócio e certificado de recebíveis do agronegócio.

Essa dispersão normativa[36] – em alguma medida inexorável – vem dificultando a compreensão e embaraçando a operacionalização do sistema de assinaturas eletrônicas pelos agentes econômicos e operadores das diversas áreas do direito.

A MP 2.200-2/2001 instituiu a Infraestrutura de Chaves Públicas Brasileira (ICP-Brasil). Trata-se de aparato normativo e administrativo, em cujo vértice se encontra autarquia federal (o Instituto Nacional de Tecnologia da Informação - ITI), voltada a assegurar "a autenticidade, a integridade e a validade jurídica de documentos em forma eletrônica, das aplicações de suporte e das aplicações habilitadas que utilizem certificados digitais, bem como a realização de transações eletrônicas seguras" (art. 1º).[37]

Conquanto não tenha utilizado nomenclatura específica, foi a MP 2.200-2/2001 que introduziu em nosso sistema a espécie de assinatura eletrônica que depois veio a ser denominada *assinatura digital*,[38] ou, na nomenclatura atual, *assinatura eletrônica qualificada*. A assinatura digital ou qualificada baseia-se em processo de certificação realizado no âmbito da ICP-Brasil, revestindo-se (ela e os documentos a ela associados) de presunção de autenticidade, integridade e validade jurídica, independentemente de qualquer *aceitação* das partes envolvidas na transação.

Paralelamente, a MP 2.200-2/2001 ressaltou em seu art. 10, § 2º, que a disciplina sobre assinatura digital ICP-Brasil "*não obsta a utilização de outro meio de comprovação da autoria e integridade de documentos em forma eletrônica, inclusive os que utilizem certificados não emitidos pela ICP-Brasil, desde que admitido pelas partes como válido ou aceito pela pessoa a quem for oposto o documento*". Por essa norma ampla, meios bastante singelos, como a indicação do remetente e a assinatura ao final de um e-mail, podem ser validamente admitidos como formas de comprovação da autoria do documento eletrônico, sempre que haja aceitação das partes ou do terceiro ao qual oposto o documento assim assinado.

---

[36] Em sentido semelhante, cf. SÉRGIO JACOMINO, "Assinaturas eletrônicas e a lei 14.382/2022 - Parte I - Breves anotações e sugestões para sua regulamentação", *Portal Migalhas*, 17/2/2023, disponível em https://www.migalhas.com.br/coluna/migalhas-notariais-e-registrais/381782/assinaturas-eletronicas-e-a-lei-14-382-2022, acesso em 24/05/2023.

[37] Infraestrutura de Chaves Públicas (ICP) "é um conjunto de regimes normativos, procedimentos, padrões e formatos técnicos que viabilizam o uso em escala da criptografia de chaves públicas; constitui um modelo formado por autoridades certificadoras responsáveis pela geração e gerenciamento de chaves e certificados públicos, utilizados (como método ou tecnologia viável) para garantir a autenticidade, a integridade e a validade jurídica de documentos e transações eletrônicas" (cf. *cfr*. DEMÓCRITO REINALDO FILHO, "A ICP-Brasil e os poderes regulatórios do ITI e do CG", disponível em https://jus.com.br/artigos/7576/a-icp-brasil-e-os-poderes-regulatorios-do-iti-e-do-cg/1, publ. nov. 2005, acesso em 6/8/2018, s/p).

[38] A relação de gênero-espécie entre a assinatura eletrônica e a assinatura digital veio a ser estabelecida no art. 1º, § 2º, III, da Lei n. 11.419/2006.

As disposições da MP 2.200-2/2001, inaugurando a disciplina da matéria em nosso ordenamento, abarcaram amplamente todas as transações eletrônicas, tanto entre particulares como as envolvendo entes públicos.

Alguns anos depois, a Lei do Processo Eletrônico disciplinou o uso da assinatura eletrônica quanto à "tramitação de processos judiciais, comunicação de atos e transmissão de peças processuais" (Lei n. 11.419/2006, art. 1º). Nesse âmbito específico, determinou que seriam admissíveis: (a) "assinatura digital baseada em certificado digital emitido por Autoridade Certificadora credenciada, na forma de lei específica" (ou seja, a assinatura digital ICP-Brasil) e (b) aquelas obtidas "mediante cadastro de usuário no Poder Judiciário, conforme disciplinado pelos órgãos respectivos" (art. 1º, § 2º, inc. III).

Uma das confusões comumente encontradas na jurisprudência é aplicar a Lei do Processo Eletrônico para os atos, celebrados entre particulares, que vêm a ser encartados nos autos processo – tais como procuração judicial e acordos – quando tal lei se aplica apenas à "tramitação de processos judiciais, comunicação de atos e transmissão de peças processuais" (ou seja, ao ato de peticionar, mas não ao documento apresentado com a petição).

Mais recentemente, a Lei n. 14.063/2020 disciplinou o uso de assinaturas eletrônicas em interações com entes públicos, em atos de pessoas jurídicas (assembleias, convenções e reuniões) e em questões de saúde. Por disposição expressa, tal lei não se aplica (a) às relações entre particulares, que permanecem reguladas pelas disposições da MP 2.200-2/2001 (ou submetidas a outras normas específicas), nem (b) aos processos judiciais, que seguem regidas pela Lei do Processo Eletrônico (art. 2º, par., incs. I e II, "a"). Portanto, a Lei 14.063/2020 não revogou a MP 2.200-2/2001.[39]

Dentro de sua área de abrangência, a Lei n. 14.063/2020 classifica os tipos de assinatura eletrônica em três categorias, dotadas de níveis de confiança diversos: (i) *assinatura eletrônica simples*; (ii) *assinatura eletrônica avançada*, e (iii) *assinatura eletrônica qualificada* (art. 4º, incs. I-III e § 1º).

Em princípio, reconhece-se às três modalidades a *aptidão* a demonstrar que a pessoa indicada pela assinatura eletrônica é a autora da declaração veiculada no documento eletrônico e que essa declaração representa a manifestação de sua vontade. Mas essa demonstração conta com maior ou menor grau de confiança conforme o tipo de assinatura eletrônica em questão: menor nas

---

[39] No mesmo sentido: FABIANO MENKE, "A MP 983 e a classificação das assinaturas eletrônicas: comparação com a MP 2.200-2 de 2001", in *Cryptoid*, 29/6/2020, disponível em: https://cryptoid.com.br/banco-de-noticias/a-mp-983-e-a-classificacao-das-assinaturas-eletronicascomparacao-com-a-mp-2-200-2-por-fabiano-menke/, p. 1-5 - paginação eletrônica -, p. 1 (sabendo-se que a Lei n. 14.063/2020 adveio de conversão da MP 983).

assinaturas simples, intermediário nas assinaturas avançadas e maior nas assinaturas qualificadas (art. 4º, § 1º).

Para o que concerne às interações com entes públicos, compete aos respectivos titulares do Poder ou órgãos a disciplina "do nível mínimo exigido para a assinatura eletrônica em documentos e em interações com o ente público" (art. 5º), observadas normas gerais enunciadas na lei (§§ 1º e 2º). De acordo com essas disposições gerais: (a) qualquer modalidade de assinatura, inclusive a *simples*, é admitida nos assuntos não sigilosos e de menor impacto, (b) em assuntos de maior relevo e gravidade, que não se reputem contudo críticos, admite-se o uso da *assinatura eletrônica avançada* e, (c) em qualquer caso se admite irrestritamente a *assinatura qualificada*.

A própria Lei n. 14.063/2020 esclarece em seu art. 4º, inc. III, que a *assinatura eletrônica qualificada* é aquela obtida mediante o uso de certificado digital ICP-Brasil, conforme disciplina da MP 2.200-2/2001 – antes denominada *assinatura digital*.

Quanto à *assinatura eletrônica avançada* e à *simples*, pode-se compreender que ambas as modalidades correspondem à disposição do art. 10, § 2º, da MP 2.00-2/2001, segundo a qual qualquer outro "meio de comprovação da autoria e integridade de documentos em forma eletrônica" pode ser validamente utilizado, "desde que admitido pelas partes como válido ou aceito pela pessoa a quem for oposto o documento", "inclusive [mas não apenas] os que utilizem certificados não emitidos pela ICP-Brasil".

7. ASSINATURA DIGITAL ICP-BRASIL OU ASSINATURA ELETRÔNICA QUALIFICADA

Assinatura digital ou qualificada é, em nosso sistema, espécie de assinatura eletrônica, produzida por intermédio da ICP-Brasil, que permite assegurar tanto a autoria do documento eletrônico como a integridade de seu conteúdo.

Trata-se de técnica baseada em protocolo de criptografia de chave pública (criptografia assimétrica), que utiliza um par de chaves criptográficas – uma pública e outra privada, ou secreta – associado a um certificado digital.

No âmbito da ICP-Brasil, as chaves e os certificados digitais são emitidos pelas chamadas Autoridades Certificadoras (AC), por solicitação das Autoridades de Registro (AR), a quem compete identificar e cadastrar usuários "presencialmente, mediante comparecimento pessoal do usuário, ou por outra forma que garanta nível de segurança equivalente, observadas as normas técnicas da ICP-Brasil"[40]. As Autoridades Certificadoras estão submetidas à Autoridade

---

[40] Art. 7º, par., da MP 2.200-2/2001, incluído pela Lei n. 14.063/2020.

Certificadora Raiz, que é o Instituto Nacional de Tecnologia da Informação (ITI), uma autarquia pública. Tais entidades também gerenciam e revogam os certificados, conferindo publicidade ao registro.[41]

Em determinados tipos de certificado, a chave privada fica armazenada, de forma permanente, dentro de um dispositivo criptográfico, como token ou cartão. As operações de assinatura são realizadas com o dispositivo, mediante o uso de senha (PIN) do titular.

Dispondo de certificado digital (e respectiva senha), o signatário (a) gera um resumo criptográfico do documento eletrônico[42] e (b) cifra o resumo criptográfico com sua chave privada, associada a uma chave pública constante do seu certificado digital. A assinatura digital é gerada e fica associada ao documento eletrônico, tal como ele se encontrava no momento da assinatura, para futura validação.[43] A verificação da assinatura é feita com o uso da chave pública: as informações codificadas com determinada chave privada somente podem ser decodificas com a chave pública do respetivo par.[44] Como a chave privada de assinatura é de exclusivo controle, uso e conhecimento do titular (MP 2.200-2/2001, art. 6º, par.), é possível atribuir-lhe a autoria do documento que fora codificado com o uso daquela chave.

7.1. Ampla eficácia da assinatura digital ICP-Brasil ou assinatura eletrônica qualificada no plano material e processual

Nosso direito positivo atribui ampla eficácia jurídica à assinatura digital ou qualificada (ICP-Brasil), comparável àquela que adviria de assinatura

---

[41] Exemplificativamente: a Associação dos Advogados de São Paulo (AASP) é Autoridade de Registro (AR) vinculada à Autoridade Certificadora de 2º Nível (AC2) Valid Brasil, a qual se vincula à Autoridade Certificadora de 1º Nível (AC1) Valid, estando essa a seu turno diretamente vinculada ao ITI, que é a Autoridade Certificadora Raiz. A estrutura completa da ICP-Brasil pode ser conferida em https://estrutura.iti.gov.br/. Há também autoridades de registro, vinculadas à ICP-Brasil, sediadas no exterior (cf. https://www.gov.br/mre/pt-br/consulado-londres/reconhecimento-de-firma/assinatura-digital-e-notariado-ou-certificacao-digital).

[42] A forma mais comum de gerar o resumo criptográfico é a utilização da chamada função de hash: um algoritmo matemático que transforma qualquer bloco de dados (uma palavra, um texto, um contrato inteiro etc.) em uma série de caracteres de comprimento fixo.

[43] Cf. item 6.3.3 do Regulamento do ICP-Brasil denominado "Visão Geral sobre Assinaturas Digitais na ICP-Brasil – DOC-ICP-15 v.3.0".

[44] Sobre o processo de verificação da assinatura digital, v. item 6.3.4 do Regulamento do ICP-Brasil denominado "Visão Geral sobre Assinaturas Digitais na ICP-Brasil – DOC-ICP-15 v.3.0", e a didática explicação de AUGUSTO MARCACINI, in: TALAMINI, EDUARDO et al. (coord.). Breves comentários ao novo Código de Processo Civil, 3ª. ed., São Paulo: RT, 2016, coment. à Seção VIII - Dos documentos eletrônicos, p. 1250-1252.

manuscrita com reconhecimento de firma por autenticidade, com o *plus* da garantia de integridade do documento.

O *documento eletrônico dotado de assinatura ICP-Brasil*:

(i) tem validade jurídica assegurada por lei (MP n. 2.200-2/2001, art. 1º);

(ii) é admitido em qualquer interação eletrônica com ente público[45] e com a administração pública direta e indireta pertencentes aos Poderes Executivo, Legislativo e Judiciário (Lei n. 14.063/2020, art. 5º, § 1º, inc. III e art. 8º);

(iii) reveste-se de presunção legal de autenticidade (MP n. 2.200-2/2001, art. 1º c.c. CPC, art. 411, II) – ou seja, admite-se, até prova em contrário,[46] que os arquivos eletrônicos foram subscritos e encaminhados pela pessoa física ou jurídica cadastrada perante a Autoridade de Registro (AR) como detentora do certificado digital;

(iv) reveste-se de presunção legal de integridade (MP n. 2.200-2/2001, art. 1º) – pois qualquer alteração do documento, por menor que seja, invalida a assinatura digital. Daí assumir-se, salvo prova em contrário, que o documento encaminhado pelo remetente é exatamente o mesmo recebido pelo destinatário, sem qualquer alteração;

(v) enseja a presunção de veracidade das declarações constantes do documento, em relação aos signatários (MP n. 2.200-2/2001, art. 10, § 1º) – o que significa que o reconhecimento de fatos contrários ao interesse do autor do documento eletrônico dispensará a produção de outras provas (CPC, arts. 374, incs. II e IV, 389, 408, *caput* e 415) – salvo, naturalmente, se houver contraprova apta a afastar a presunção legal;

(vi) equipara-se, para todos os fins legais, aos documentos públicos ou particulares (MP n. 2.200-2/2001, art. 10, caput), conforme tenha sido assinado por agente público ou privado. Tratando-se de documento eletrônico público, as declarações do agente público relativas aos atos por ele presenciados ou praticados também se presumirão verdadeiras, com eficácia erga omnes (CPC, art. 405).

---

[45] O Brasil assinou o "Acordo de Reconhecimento Mútuo de Certificados de Assinatura Digital do Mercosul", na cidade de Bento Gonçalves, em 5 de dezembro de 2019, que tem por objeto o reconhecimento mútuo de certificados de assinatura digital emitidos por serviços de certificação credenciados ou certificadores licenciados, aí estando abrangido inequivocamente o certificado digital ICP-Brasil. Atualmente, aguarda-se a edição do decreto legislativo (PLD n. 380/2021) voltado a internalizar o acordo.

[46] Em sentido diverso, Antonio Carlos de Oliveira Freitas entende tratar-se de presunção absoluta ("Assinatura eletrônica no sistema brasileiro: avanços e retrocessos", in FREITAS, Antonio Carlos de Oliveira et. al, *Panorama jurídico do agronegócio*, São Paulo: Singular, 2021, p. 135-165, esp. p. 148).

Diante de tais normas, pode-se dizer que, no sistema brasileiro, o documento eletrônico dotado de assinatura eletrônica qualificada:

(a) supre a exigência de *forma escrita* imposta como requisito de validade de negócios jurídicos – sempre que o conteúdo do documento possa ser representado como declaração escrita[47] –,[48] inclusive quando necessária a lavratura de escritura pública (que poderá ser assinada com o uso de certificado ICP-Brasil[49]);

(b) supre a exigência de *prova documental ou escrita* para que se possam reputar demonstradas no processo determinadas alegações de fato;

(c) quando apto a ser trazido ao processo mediante a técnica da prova documental, autoriza o uso de instrumentos de cognição sumária, como a tutela monitória, o mandado de segurança e a tutela de evidência, e

(d) mostra-se apto a conformar título executivo extrajudicial, desde que sejam observados os demais requisitos de forma da espécie de título em questão e desde que no documento esteja representado crédito

---

[47] A exigência de que o conteúdo do documento possa ser representado por declaração escrita parece inerente ao sentido de "forma escrita". No direito português, ela está expressa no art. 3º, n. 1, do Decreto-Lei n. 12/2021, que assegura a execução interna do Regulamento eIDAS.

[48] Como reporta Fabiano Menke, na Alemanha o legislador excluiu expressamente a forma eletrônica (mesmo aquela acompanhada de assinatura qualificada) de determinados atos para os quais reputa especialmente relevante a função de alerta da forma escrita: extinção do contrato de trabalho por denúncia, fiança e reconhecimento de dívida (BGB, §§ 623, 766 e 781). Também na China são observadas restrições ao uso da forma eletrônica em atos do direito de família (casamento, adoção e sucessão), bem como para o cancelamento de serviços públicos essenciais (Lei de Assinaturas Eletrônicas, art. 3º 66 veda o emprego da forma eletrônica na assinatura de documentos relacionados ao direito pessoal de família, como, do mesmo modo que a afasta de todos os documentos que digam respeito ao cancelamento de serviços essenciais como o fornecimento de água, gás, calefação, entre outros serviços públicos. ("A forma dos contratos eletrônicos", n. 3, p. 7 – paginação eletrônica).

[49] O campo notarial e registral vem passando por progressiva modernização legislativa, voltada a disciplinar a prática de atos eletrônicos. O Provimento n. 100/2020 do CNJ já previa a possibilidade de lavratura de escritura pública eletrônica, com o uso de certificado ICP-Brasil ou do certificado digital notarizado. A Lei n. 14.063/2020 previu a necessidade de uso de assinatura eletrônica qualificada (ICP-Brasil) nos atos de transferência e de registro de bens imóveis. Mas, pouco tempo depois, a Lei n. 14.382/2022 instituiu o Sistema Eletrônico de Registros Públicos – SERP, passando a também admitir o uso de assinatura eletrônica avançada em atos que envolvam imóveis, conforme disciplinado em ato da Corregedoria Nacional de Justiça do CNJ. O Provimento 139/2023 do CNJ regulamenta o SERP e determina a instituição de Comitê de Normas Técnicas, responsável por estabelecer, entre outras coisas, "diretrizes técnicas para uso de assinaturas eletrônicas perante os registros públicos" (art. 2º, § 6º). Atualmente, as Normas Extrajudiciais da Corregedoria Geral de Justiça do Estado de São Paulo (NSCGJ - TOMO II - NORMAL - Válido a partir de 06-01-2020 - Atualizado em 17-03-2023) exigem que os "documentos eletrônicos apresentados aos serviços de registro de imóveis deverão atender aos requisitos da Infraestrutura de Chaves Públicas Brasileira (ICP-Brasil) e à arquitetura e-PING (Padrões de Interoperabilidade de Governo Eletrônico)" (item 366).

certo, líquido e exigível – o que foi objeto de recente disciplina legislativa na Lei n. 14.620/2023.

Em todo caso, não se afasta a possibilidade de impugnação da autenticidade e integridade, abrindo-se então oportunidade para a instrução probatória.

7.1.1. Em especial: eficácia executiva de documentos dotados de assinatura digital ICP-Brasil ou assinatura eletrônica qualificada, dispensada a assinatura de duas testemunhas (CPC, art. 784, § 4º)

Quanto ao último ponto, a Lei n. 14.620, de 13 de julho de 2023, inseriu o § 4º no art. 784, do Código de Processo Civil, para estabelecer que "[n]os títulos executivos constituídos ou atestados por meio eletrônico, é admitida qualquer modalidade de assinatura eletrônica prevista em lei, dispensada a assinatura de testemunhas quando sua integridade for conferida por provedor de assinatura".

Além de reafirmar a exequibilidade de documentos eletrônicos assinados com assinatura ICP-Brasil – o que já se extraía tranquilamente do sistema –, a norma positivou e expandiu orientação manifestada em precedente do Superior Tribunal de Justiça, no qual se dispensou a necessidade da assinatura de testemunhas instrumentárias para conferir eficácia executiva a contrato eletrônico assinado pelas partes com assinatura qualificada.[50] Naquele julgado, admitira-se, de modo excepcional, a superação de tal requisito formal do título executivo diante do elevado grau de confiabilidade da autenticidade e integridade atestadas pelo uso da assinatura qualificada.[51] Agora, o § 4º do art. 784 erige em regra a dispensa da assinatura de duas testemunhas, sempre que a modalidade de assinatura eletrônica utilizada também ateste a integridade do documento – o que, como visto, é assegurado pela assinatura ICP-Brasil.

8. ASSINATURAS ELETRÔNICAS SIMPLES E AVANÇADA

Tarefa mais desafiadora do que examinar as assinaturas eletrônicas qualificadas ICP-Brasil é distinguir as demais formas de assinatura eletrônica e definir seus efeitos jurídicos.

---

[50] STJ, 3ª T., REsp 1.495.920, rel. Min. Paulo De Tarso Sanseverino, j. 15/05/2018. No mesmo sentido: STJ, 3ª T., AgInt no AREsp n. 2.001.080/SP, rel. Min. Moura Ribeiro, j. 3/10/2022, DJe 5/10/2022; TJRJ, 27ª Câm. Cív., Agr. Inst. n. 0005321-11.2023.8.19.0000, rel. Des. Lucia Helena do Passo, j. 20/04/2023; TJPR, 13ª Câm. Cív., Apel. n. 0038691-44.2019.8.16.0019, rel. Des. Fabio Andre Santos Muniz, j. 07/10/2022.

[51] O entendimento do STJ é endossado por Agatha Gonçalves Santana, Carla Noura Teixeira e Neila Moreira Costa, "A taxatividade dos títulos executivos extrajudiciais e a hipótese do contrato assinado eletronicamente no Brasil", in *Revista de processo*, vol. 341, jul/2023, p. 107-129, acesso à versão eletrônica disponível in *RTOnline*, sem paginação.

A Lei n. 14.063/2020 – aplicável especialmente às interações com entes públicos (e não às relações entre particulares) – distingue assinaturas eletrônicas simples e assinaturas eletrônicas avançadas, com base nos seguintes critérios:

(a) *assinatura eletrônica simples* é a que permite identificar o seu signatário e anexa ou associa dados a outros dados em formato eletrônico do signatário;

(b) *assinatura eletrônica avançada* é a que utiliza certificados digitais alheios à ICP-Brasil ou outro meio de comprovação da autoria e da integridade de documentos em forma eletrônica, desde que admitido pelas partes como válido ou aceito pela pessoa a quem for oposto o documento, com as seguintes características: i) está associada ao signatário de maneira unívoca; ii) utiliza dados para a criação de assinatura eletrônica cujo signatário pode, com elevado nível de confiança, operar sob o seu controle exclusivo, e iii) está relacionada aos dados a ela associados de tal modo que qualquer modificação posterior é detectável.

Como se vê, a *assinatura eletrônica simples* consiste em qualquer técnica eletrônica de identificação e associação do signatário a outros dados em formato eletrônico. Pela lei, tal modalidade não precisa assegurar a *univocidade* da identificação do signatário, nem *elevado grau de confiabilidade na vinculação* entre o signatário e a assinatura, nem tampouco *integridade do documento*. Métodos singelos como a mera digitação do nome ao final de uma mensagem eletrônica de texto,[52] a inserção em documento "pdf" do nome grafado de modo semelhante a uma assinatura manuscrita e a chamada "assinatura digitalizada" (ou seja, aposição do recorte da imagem da assinatura de próprio punho no documento eletrônico), constituem exemplos de assinaturas eletrônicas simples.[53]

---

[52] No mesmo sentido: Fabiano Menke, "A MP 983 e a classificação das assinaturas eletrônicas: comparação com a MP 2.200-2 de 2001", p. 2 (paginação eletrônica).

[53] Em outro trabalho, esta autora havia concluído que a assinatura digitalizada, como reprodução da imagem da assinatura, não constituiria modalidade de assinatura eletrônica (Clarisse Frechiani Lara Leite, *Comentários ao Código de Processo Civil*, v. VIII, t. II, n. 135, p. 174). Todavia, analisando mais detidamente a matéria, à luz da edição da 14.063/2020 e de aportes da doutrina, entende-se que a assinatura digitalizada pode ser considerada como modalidade de assinatura eletrônica simples, pois "permite identificar o seu signatário" e "anexa ou associa dados a outros dados em formato eletrônico do signatário" – independentemente de univocidade e confiabilidade. Também afirmam ser a assinatura digitalizada espécie de assinatura simples: Fabiano Menke, "A MP 983 e a classificação das assinaturas eletrônicas: comparação com a MP 2.200-2 de 2001", p. 2 (paginação eletrônica) e in "A forma dos contratos eletrônicos", n. 2, p. 6 (paginação eletrônica); Milena Donato Oliva, Andre Vasconcelos Roque, e Filipe Medon, "Qual o valor jurídico das assinaturas digitalizadas?", in *Portal Migalhas*, 28/1/2021, disponível em: https://www.migalhas.com.br/depeso/339521/qual-o-valor-juridico-das-assinaturas-digitalizadas, acesso em 1º/1/2023 (sem paginação). Com visão mais crítica quanto à assinatura digitalizada, cf. Rodrigo Fernandes Rebouças, *Contratos eletrônicos: formação e validade*, São Paulo: Almedina, 2018, p. 131.

Já a *assinatura eletrônica avançada* deve exibir os atributos de associação unívoca, elevado nível de confiança no poder exclusivo do signatário sobre os dados aptos a realizar a assinatura e garantia de integridade do documento. Trata-se de atributos muito semelhantes aos das assinaturas ICP-Brasil.

A integridade do documento é, como visto, garantida mediante uso de criptografia, usualmente por meio da função de *hash*. Através dela, pode-se identificar qualquer alteração feita no documento após assinatura, sendo, pois, íntegro o documento que passa no teste da verificação. Uma assinatura eletrônica que não assegure a integridade do documento não será assinatura avançada – nem muito menos qualificada. Será uma assinatura eletrônica simples.

Mais difícil é saber quando se podem reputar atendidas as demais exigências da assinatura avançada, consistentes na "associação unívoca" e no "elevado nível de confiança" de que o signatário tem controle exclusivo dos dados aptos a gerar assinatura.

Os procedimentos e requisitos voltados a atingir tais atributos são bastante variáveis, remontando às já vistas técnicas de autenticação, fundadas em *algo que a pessoa tem, sabe ou é*: conferência (tele)presencial dos documentos e da pessoa a quem se atribuirá a assinatura eletrônica; verificação de dados biométricos; exigência de dados de usuário e senha; utilização de dispositivo que esteja em seu poder (celular, token, cartão *etc.*) – às vezes associados a outros elementos como localização geográfica e data.

Não há predefinição legal de quais dessas técnicas sejam suficientes para configurar a assinatura avançada.

Nas interações com o poder público, cabe aos respectivos entes defini-las e estabelecer em quais casos elas serão aceitas, observados os parâmetros gerais da Lei n. 14.063/2020 (art. 5º).

Nas relações entre particulares, em princípio será irrelevante saber se uma assinatura pode ser classificada como avançada, bastando a aceitação pelas partes do método utilizado (MP 2.200-2/2001, art. 10, § 2º). O cenário pode alterar-se, contudo, diante de exigências de forma escrita para a validade de atos jurídicos (documento *ad substantiam*) e em caso de controvérsia quanto à autenticidade e integridade do documento ou interação eletrônica.

8.1. Breve panorama da regulamentação das assinaturas eletrônicas simples e avançada nas interações com entes que exercem função pública

A Lei n. 14.063/2020 estabelece os parâmetros gerais de admissibilidade do uso das assinaturas eletrônica simples, avançadas e qualificadas, deixando aos respectivos entes a regulamentação detalhada da matéria. De acordo com seu art. 5º, §§ 1º e 2º, podem ser admitidas: (a) assinaturas eletrônicas simples, em interações de menor impacto, que não envolvam informações sigilosas; (b) assinaturas eletrônicas avançada, nos casos em que se admite a simples e no registro de atos perante juntas comerciais; (c) assinaturas eletrônicas qualificadas, em qualquer interação eletrônica com ente público, sendo estas ademais obrigatórias nos atos assinados por chefes de Poder, Ministros de Estado ou titulares de Poder ou de órgão constitucionalmente autônomo de ente federativo e nas emissões de notas fiscais eletrônicas (salvo as emitidas por pessoas físicas ou MEIs).[54]

É ilustrativa a regulamentação dada pelo Decreto federal n. 10.543/2020, no âmbito da administração pública federal. De acordo com tal norma: (a) a *assinatura simples* pode ser feita mediante cadastro do usuário pela internet, "mediante autodeclaração validada em bases de dados governamentais" (art. 5º, inc. I), sendo admitida para interações cujo conteúdo "não envolva informações protegidas por grau de sigilo e não ofereça risco direto de dano a bens, serviços e interesses do ente público", entre as quais: solicitação de agendamentos, atendimentos, anuências; acesso a sítio eletrônico oficial que contenha informações de interesse; envio de documentos digitais ou digitalizados; requerimento de benefícios assistenciais, trabalhistas ou previdenciários diretamente pelo interessado (art. 4º, inc. I). Já (b) a *assinatura avançada* requer o cadastro pelo usuário "com garantia de identidade a partir de validador de acesso digital", *inclusive* mediante "validação biográfica e documental, presencial ou remota, conferida por agente público", "validação biométrica conferida em base de dados governamental" ou "validação biométrica, biográfica ou documental, presencial ou remota, conferida por validador de acesso digital que demonstre elevado grau de segurança em seus processos de identificação" (art. 5º, inc. II). O próprio decreto esclarece o que constitui "validação biográfica" ("confirmação da identidade da pessoa natural mediante comparação de fatos da sua vida, tais como nome civil ou social, data de nascimento, filiação, naturalidade, nacionalidade, sexo, estado civil, grupo familiar, endereço e vínculos profissionais, com o objetivo de identificá-la unicamente com médio grau de segurança") e "validação biométrica" ("confirmação da identidade da pessoa natural mediante aplicação de método de comparação estatístico de medição biológica das características físicas de um indivíduo com objetivo de identificá-lo unicamente com alto grau de segurança") (art. 3º, incs. III e IV). A

---

[54] O inc. IV, do § 2º do art. 5º da Lei n. 14.063/2020 também exigia assinatura qualificada nos atos de transferência e de registro de bens imóveis, mas a Lei n. 14.382/2022 passou a admitir o uso de assinatura eletrônica avançada em "atos que envolvam imóveis", conforme disciplinado em ato da Corregedoria Nacional de Justiça do CNJ (Lei n. 6.015/1973, art. 17, §§ 1º e 2º, com redação dada pela Lei n. 14.382/2022).

assinatura avançada pode ser usada em interações que envolvam: informações classificadas ou protegidas por grau de sigilo; requerimentos e decisões administrativas para o registro ou a transferência de propriedade ou de posse empresariais, de marcas ou patentes; manifestação de vontade para a celebração de contratos, convênios, acordos e termos; declarações prestadas em virtude de lei que constituam reconhecimento de fatos e assunção de obrigações, e apresentação de defesa e interposição de recursos administrativos (art. 4º, inc. II).

Tais normas, repita-se, não se aplicam às relações entre particulares.

Exemplo de assinatura avançada aceita perante a administração pública federal é aquela realizada através da Plataforma de Assinaturas do sistema Gov.br, para os titulares de contas com nível de segurança "prata" (contas validadas por biometria facial da carteira de motorista, dados bancários ou cadastro SIGEPE de servidores públicos) ou "ouro" (contas validadas por biometria facial da Justiça Eleitoral ou por certificado digital ICP-Brasil).[55] As contas cadastradas exclusivamente com informações do CPF ou do INSS são consideradas de nível "bronze", e não permitem a realização de assinatura eletrônica. A Plataforma de Assinaturas também confirma a identidade do signatário mediante o envio de código para o seu telefone celular, que tem que ser informado no momento da realização da assinatura eletrônica (autenticação em dois fatores).

As Juntas Comerciais, em cujo âmbito as assinaturas avançadas foram admitidas pela Lei n. 14.063/2020 (art. 5º, § 1º, inc. II, "c"),[56] vêm também aceitando o uso da assinatura da Plataforma Gov.br – sem prejuízo da admissibilidade de assinaturas avançadas propiciadas por plataformas privadas.

No âmbito do Sistema Eletrônico de Registros Públicos – SERP, instituído pela Lei n. 14.382/2022, também se permite o uso de assinatura eletrônica avançada: (a) em "documentos eletrônicos apresentados aos serviços de registros públicos ou por eles expedidos" (Lei n. 11.977/2009, art. 38, com redação dada pela Lei n. 14.382/2022); (b) "acesso ou o envio de informações aos registros públicos, quando realizados por meio da internet", e (c) em "atos que envolvam imóveis", conforme disciplinado em ato da Corregedoria Nacional de Justiça do CNJ (Lei n. 6.015/1973, art. 17, §§ 1º e 2º, com redação dada pela Lei n. 14.382/2022). O Provimento 139/2023 do CNJ determina a instituição de

---

[55] Cf. https://www.gov.br/empresas-e-negocios/pt-br/empreendedor/contas-com-nivel-prata-ou-ouro.

[56] O art. 968, II, do Código Civil, estabelece que a assinatura autógrafa exigida para a inscrição de empresário pode ser substituída pela assinatura autenticada com certificação digital ou meio equivalente que comprove a sua autenticidade.

Comitê de Normas Técnicas (CNT/Serp),[57] responsável por estabelecer, entre outras coisas, "diretrizes técnicas para uso de assinaturas eletrônicas perante os registros públicos" (art. 2º, § 6º). Enquanto tais diretrizes não são publicadas, as Corregedorias vão disciplinando a matéria no âmbito de cada Estado.

No sistema e-notariado,[58] há assinatura eletrônica avançada realizada por meio de certificado digital notarizado, emitido por um notário mediante identificação (tele)presencial da pessoa física ou jurídica (Provimento 100/2020, art. 2º, inc. II).

Não se identificaram definições técnicas objetivas aptas a possibilitar o enquadramento de assinaturas eletrônicas viabilizadas por plataformas privadas como assinaturas avançadas. Mesmo na disciplina mais detalhada do Decreto federal n. 10.543/2020, a única forma de "garantia de identidade a partir de validador de acesso digital" que não se vale de agente ou base de dados públicos é genericamente mencionada como "validação biométrica, biográfica ou documental, presencial ou remota, conferida por validador de acesso digital que demonstre *elevado grau de segurança em seus processos de identificação*" (art. 5º, inc. II). Essa situação gera insegurança e dificulta o tráfego jurídico, pois a despeito da multiplicidade de plataformas hoje disponíveis para a realização de assinaturas eletrônicas, não se sabe se tal ou qual método virá a ser depois aceito, por exemplo, pela junta comercial de um ou de outro Estado.

Diante da diversidade de interações com entes que exercem funções públicas, é natural que varie a rigidez dos padrões configuradores das assinaturas avançadas, conforme o nível de segurança necessário em cada segmento.

Mas é preciso que tais diretrizes técnicas sejam definidas e amplamente publicizadas (inclusive nos respectivos *sites*) pelo "titular do Poder ou do órgão constitucionalmente autônomo de cada ente federativo" (Lei n. 14.063/2020, art. 5º, *caput* e § 4º), levando-se sempre em conta a necessidade de equilibrar exigências de segurança e confiabilidade com anseios de desburocratização, democratização e fortalecimento do ambiente de negócios, expressamente enunciados pela Lei n. 13.726/2018 (Lei da Desburocratização).[59]

Por fim, no que respeita às interações com o Poder Judiciário, a assinatura dos atos processuais segue regulada pela Lei do Processo Eletrônico (Lei

---

[57] O CNT/Serp é órgão técnico a ser instituído no âmbito do Operador Nacional do Sistema Eletrônico dos Registros Públicos (ONSERP), que o Provimento CNJ 139/2023 manda seja constituído como entidade civil sem fins lucrativos (art. 2º).

[58] O e-notariado é regulado no Provimento 100 do CNJ, de 26/5/2020, que atribui ao Colégio Notarial do Brasil – Conselho Federal, a competência para a sua implantação e manutenção.

[59] Para a crítica à formalista (e custosa) exigência de assinatura qualificada ICP-Barsil em alguns atos, cf. ANTONIO CARLOS DE OLIVEIRA FREITAS, "Assinatura eletrônica no sistema brasileiro: avanços e retrocessos", p. 149-156.

n. 11.419/2006), segundo a qual se admite, além da assinatura qualificada ICP--Brasil, forma inequívoca de identificação do signatário mediante cadastro de usuário no Poder Judiciário, conforme disciplinado pelos órgãos respectivos (art. 1º, § 2º, III, b). É importante ter em mente que tal disciplina se aplica apenas às interações com o Poder Judiciário (consulta de autos, peticionamento, agendamento de sustentações orais *etc.*), e não também aos atos e negócios jurídicos levados ao processo.

8.2. Eficácia das assinaturas eletrônicas simples e avançada nas relações entre particulares

Nas relações entre particulares, o regime das assinaturas eletrônicas deve ser definido tendo em mira duas questões principais: (a) exigir-se ou não forma escrita para a validade do ato que se pretende praticar eletronicamente e (b) haver ou não controvérsia entre as partes sobre a autenticidade e integridade do documento.

Nos casos em que inexiste exigência de solenidade em lei ou convenção, deve ser admitida qualquer modalidade de assinatura eletrônica. Se o negócio pode celebrar-se inclusive verbalmente, não há fundamento para recusar aprioristicamente validade e eficácia às diversas formas de assinatura eletrônica em relações privadas. Não se aplicam às relações entre particulares, repita-se, as regulamentações relativas ao uso de assinaturas eletrônicas nas interações com entes públicos, tal como a norma do art. 4º, inc. II, do Decreto federal n. 10.543/2020, que requer assinatura avançada para a celebração de contratos.

A despeito da ausência de norma expressa, a regra geral de liberdade das formas para a validade da manifestação de vontade (CC, art. 107) permite afirmar que também entre nós se aplica o princípio instituído pelo Regulamento UE n. 910/2014 (eIDAS), segundo o qual "não podem ser negados efeitos legais nem admissibilidade enquanto prova em processo judicial a uma assinatura eletrónica pelo simples facto de se apresentar em formato eletrónico ou de não cumprir os requisitos exigidos para as assinaturas eletrónicas qualificadas" (art. 25).[60]

Os contratos em geral, portanto, podem validamente celebrar-se não apenas com o uso de certificados digitais ICP-Brasil mas também mediante

---

[60] Tal regra geral de validade já estava presente na Sec. 101 do E-Sign Act (Federal Public Law 106–229 /JUNE 30, 2000) na Sec. 7 do UETA. Também a Lei Modelo UNCITRAL para o Comércio Eletrônico (1996) contém disposição semelhante em seus arts. 5 a 7. Em sentido semelhante: Fabiano Menke, "A forma dos contratos eletrônicos", item 1, p. 3 – paginação eletrônica (que se refere a tal princípio como "postulado da não discriminação").

a utilização de assinaturas eletrônicas realizadas via plataformas específicas (p.ex. Docusign, Certisign, Assinador AASP *etc.*), com a simples identificação da pessoa que manifesta a vontade em e-mail ou em mensagem enviada via aplicativos, bem como mediante o uso de assinatura digitalizada.[61]

Nessas situações, é irrelevante perquirir se a assinatura eletrônica é do tipo simples ou avançada, porque não variarão as consequências jurídicas da utilização de um ou de outro método.

Especialmente no que se refere à assinatura digitalizada, é possível – e usual – que ela seja aposta no documento eletrônico por terceiro, mediante autorização do signatário. Tal ato também se reputará válido e eficaz, com base nas regras de representação (CC, arts. 115 ss.).

Naturalmente, as próprias partes e os terceiros a quem seja oposto o documento eletrônico assinado podem questionar a confiabilidade do método eleito, ensejando a necessidade de alteração da técnica de assinatura ou, no plano processual, de instrução probatória para averiguar em juízo se a manifestação de vontade efetivamente adveio, naqueles exatos termos, do sujeito indicado como signatário.[62]

Isso não legitima, contudo, a recusa apriorística de validade e eficácia que às vezes se encontra na jurisprudência[63] para algumas modalidades de assinatura eletrônica utilizadas nos negócios jurídicos levados aos autos.

Repita-se: as exigências de forma da assinatura eletrônica constantes da Lei de Informatização do Processo Judicial (Lei n. 11.419/2006) aplicam-se apenas às interações com o Poder Judiciário (consulta de autos, peticionamento,

---

[61] Também nesse sentido: Milena Donato Oliva, Andre Vasconcelos Roque, e Filipe Medon, "Qual o valor jurídico das assinaturas digitalizadas?", (s/p.) Escrevendo em 2000, e da perspectiva de um especialista em ciência da computação, Pedro Dourado de Rezende adotava visão crítica sobre tal ponto, afirmando que apenas as formas de autenticação pautadas no uso de criptografia assimétrica poderiam ser admitidas como "assinatura" de contratos ("Certificados digitais, chaves públicas e assinaturas - o que são, como funcionam e como não funcionam", n. 7, p. 9 - paginação eletrônica).

[62] Vejam-se, exemplificativamente, os seguintes julgados do TJSP impondo à instituição financeira o ônus da prova da autenticidade diante da impugnação da assinatura eletrônica não-ICP Brasil: TJSP, 12ª Câm. Dir. Priv., Apel. n. 1011280-20.2021.8.26.0032, rel. Des. Sandra Galhardo Esteves, j. 22/11/2022; TJSP, 16ª Câm. Dir. Priv., Apel. n. 1009976-21.2022.8.26.0009, rel. Des. Mauro Conti Machado, j. 20/04/2023.

[63] Repudiando a assinatura digitalizada: STJ, Corte Especial, AgInt nos EAREsp 1.555.548/RJ, rel. Ministro Herman Benjamin, j. 2/8/2021, DJe de 16/8/2021. Em caso extraído da jurisprudência do TJSP, o relator havia negado a homologação de acordo assinado via Docusign e apenas diante da interposição de agravo interno reconsiderou a decisão (TJSP, 35ª Câm. Dir. Priv. Ag. Interno n. 2009739-31.2021.8.26.0000, rel. Des. Melo Bueno, j. 31/08/2021). No primeiro grau do Judiciário Paulista às vezes se depara com decisões em tal sentido – muitas das quais são simplesmente cumpridas pelas partes, que preferem apresentar outro documento assinado a recorrer.

agendamento de sustentações orais *etc.*), e não também aos próprios atos e negócios jurídicos levados ao processo. A assinatura digitalizada, p.ex., não é admitida para a prática do ato de interposição de recurso, que requer assinatura eletrônica pela plataforma do respectivo Tribunal, normalmente mediante o uso de certificado digital ICP-Brasil. Isso não impede (ou não deveria impedir) que ela seja validamente usada no contrato que embasa o pedido formulado pela parte ou mesmo no instrumento de mandato. A jurisprudência, todavia, segue firme em, sempre que provocada, negar quaisquer efeitos à assinatura digitalizada em procurações e substabelecimentos (sabendo-se de todo modo que muitas vezes sequer se percebe tratar-se de assinatura digitalizada e não de digitalização de documento físico assinado).

8.2.1. Eficácia probatória das assinaturas eletrônicas simples e avançada

Como visto acima, a assinatura eletrônica qualificada ICP-Brasil enseja a *presunção legal* de autenticidade e integridade da declaração registrada no documento eletrônico (MP n. 2.200-2/2001, art. 1º c.c. CPC, art. 411, II). Assim, caso a parte contra a qual se opõe o documento eletrônico assinado com certificado digital ICP-Brasil queira obter o reconhecimento de que não foi ela quem assinou ou de que o documento foi adulterado, terá de se desincumbir do difícil ônus de provar alguma falha na cadeia de certificação ou da utilização indevida de seu certificado por terceiro.

Nas demais modalidades de assinatura eletrônica, a definição de sua eficácia probatória nos negócios particulares (não regulados por norma específica) dependerá em primeiro lugar da existência de eventual convenção das partes (MP 2.200-2/2001, art. 10, § 2º e CPC, arts. 190 e 373, § 3º). Havendo convenção quanto à idoneidade de determinada modalidade de assinatura eletrônica, deverá presumir-se que o documento eletrônico assinado com tal técnica efetivamente provém do autor indicado (é autêntico) e, a depender do método e da convenção, que também é íntegro.

Se não houver convenção, entende-se que a eficácia probatória da assinatura eletrônica quanto à autenticidade e integridade do documento dependerá da técnica utilizada. Demonstrando a parte que o método empregado supre as exigências da assinatura avançada disciplinada no inc. II, do art. 4º, da Lei n. 14.063/2020,[64] será legítimo presumir, com base na regra de experiência técnica

[64] Quais sejam: "a) está associada ao signatário de maneira unívoca", "b) utiliza dados para a criação de assinatura eletrônica cujo signatário pode, com elevado nível de confiança, operar sob o seu controle exclusivo", e "c) está relacionada aos dados a ela associados de tal modo que qualquer modificação posterior é detectável".

(CPC, art. 375), a autenticidade e integridade do documento eletrônico assinado, impondo-se em consequência ao adversário impugnante o ônus de provar o contrário. Como se extrai da parte final do art. 375, do Código de Processo Civil, caso o exame da confiabilidade da técnica seja complexo, será necessária a prova pericial a cargo do próprio apresentante do documento.[65]

É importante observar que a locução "desde que admitido pelas partes como válido ou aceito pela pessoa a quem for oposto o documento", constante tanto do art. 10, § 2º, da MP 2.200-2/2001 como do art. 4º, inc. II, da Lei n. 14.063/2020, não confere à parte em um processo judicial o poder absoluto de repudiar o documento e com isso suprimir automaticamente sua eficácia material e probatória.

Tal norma deve ser conjugada com a regra de liberdade das formas (CC, art. 107) e com a ampla admissibilidade dos meios probatórios (CPC, art. 369), permitindo-se pois que se prove com qualquer meio a existência de manifestação de vontade validamente emitida de forma eletrônica, a despeito de não haver convenção prévia.[66] Paralelamente, a partir da regra de experiência técnica (CPC, art. 375), pode ser legítimo, como visto, partir da "presunção" de autenticidade e integridade (ou seja, reputar *a priori* provadas a autenticidade e a integridade pela assinatura eletrônica pautada em técnica confiável) e impor ao impugnante o ônus de provar o contrário. Pense-se, p.ex., em assinaturas eletrônicas avançadas realizadas por meio de conta ouro na Plataforma Gov.br.

Já nos casos de assinaturas eletrônicas simples, é natural que, diante de impugnação da autoria, parta-se da premissa de sua menor eficácia probatória, aplicando-se a regra do art. 428, inc. I, do Código de Processo Civil, segundo a qual constitui ônus da parte que apresentou (produziu) o documento em juízo provar a autenticidade. Ademais, deve-se ter em mente que tais modalidades ordinariamente não atestam a integridade do documento.

8.2.2. Eficácia probatória das assinaturas eletrônicas simples e avançada diante das exigências (residuais) de prova escrita

No que respeita à eficácia dos documentos eletrônicos para satisfazer a exigências de prova documental ou escrita, como a própria lei processual disciplina a eficácia probatória de documentos não escritos (CPC, art. 422) e de

[65] Sobre a distribuição do ônus da prova quanto à impugnação de autenticidade e falsidade, cf. Clarisse Frechiani Lara Leite, *Comentários ao Código de Processo Civil*, v. VIII, t. II, n. 95-96, p. 207-211.

[66] Em sentido semelhante, Fabiano Menke, "A forma dos contratos eletrônicos", n. 1, p. 3 – paginação eletrônica.

escritos não assinados (CPC, arts. 410 e 415), em princípio não há óbice a reputar suprida tal exigência com documentos eletrônicos dotados de assinatura eletrônica simples ou avançada.

8.2.3. Eficácia das assinaturas eletrônicas simples e avançada para legitimar o uso de instrumentos pautados em cognição sumária

Quanto aos instrumentos de cognição sumária pautados em prova documental ou escrita (tutela da evidência, tutela monitória e mandado de segurança), como o que se busca é um "grau de razoável verossimilhança imediata", não sendo necessário documento escrito assinado (v. *supra* n. 4), nada obsta a que se admitam documentos eletrônicos assinados com técnicas de assinatura eletrônica alheias à ICP-Brasil para a utilização de tais mecanismos.

Naturalmente, a depender do método de assinatura utilizado, será maior ou menor a verossimilhança dos fatos representados no documento, aumentando-se ou reduzindo-se as chances de obtenção do provimento postulado. Mas essa é uma questão própria do campo da eficácia probatória ("poder de convicção") e não matéria de admissibilidade.

8.2.4. Eficácia das assinaturas eletrônicas simples e avançada para conformar título executivo: o *novel* § 4º do art. 784 do CPC

Até o advento da Lei n. 14.620/2023, a eficácia executiva de documentos assinados por assinatura eletrônica avançada era objeto de dúvidas, por força do tradicional *princípio da tipicidade dos títulos executivos*.

Diante da gravidade do efeito jurídico-processual associado à *fattispecie* legal "título executivo", autorizando desde logo a adoção de atos de coerção ou de invasão patrimonial,[67] bem como do detalhado rol do art. 784 do CPC e da exigência de *expressa disposição de lei atribuindo força executiva*, para reconhecer-se exequibilidade a outros títulos (inc. XII), afirma-se tradicionalmente que as partes não dispõem do poder de criar título não previsto em lei nem de eliminar exigência formal constante do tipo legalmente previsto.[68]

---

[67] Cândido Rangel Dinamarco, *Instituições de direito processual civil*, v. IV, n. 1.632, p. 184 – que também invoca a indisponibilidade do tipo de tutela jurisdicional.

[68] Cf. Humberto Theodoro Jr., *Comentários ao Código de Processo Civil*, v. XV, n. 121, p. 239; Cândido Rangel Dinamarco, *Instituições de direito processual civil*, v. IV, 4ª ed., São Paulo: Malheiros, 2019, n. 1.632, p. 183-184.

Nesse cenário, a dúvida que então se apresentava aos operadores do direito era: haveria uma forma legal típica no que respeita à assinatura eletrônica adequada à conformação do título executivo? Seria ela a forma exigida pela Lei do Processo Eletrônico, que requer assinatura digital ICP-Brasil?

A Lei n. 14.620/2023 veio resolver definitivamente essa questão, incluindo no art. 784, do Código de Processo Civil, o seguinte dispositivo: "*§ 4º Nos títulos executivos constituídos ou atestados por meio eletrônico, é admitida qualquer modalidade de assinatura eletrônica prevista em lei, dispensada a assinatura de testemunhas quando sua integridade for conferida por provedor de assinatura*".

Diante de tal norma, que refere expressamente "qualquer modalidade de assinatura prevista em lei", é agora inquestionável a possibilidade de terem força executiva os documentos eletrônicos assinados mediante assinaturas qualificadas ou simples – desde que, naturalmente, atendidos os demais requisitos do título.

A norma confirma, de um lado, a inaplicabilidade da Lei do Processo Eletrônico para disciplinar tal matéria, pois o título executivo extrajudicial é constituído externamente ao processo, ainda que (parte de) seus efeitos se produzam em seu interior.[69] A assinatura da petição inicial executiva deve observar as exigências da Lei do Processo Eletrônico; a do título extrajudicial, não.[70]

Por outro lado, o novel § 4º reafirma opção legislativa que já havia sido tomada quanto à Cédula de Produto Rural (CPR) eletrônica: título de crédito que representa promessa de entrega futura de produtos rurais. Na disciplina desse título, já se previra a possibilidade de as partes estabelecerem "a forma e o nível de segurança da assinatura eletrônica que serão admitidos para fins de validade, eficácia e *executividade*", admitindo-se expressamente "a utilização de assinatura eletrônica simples, avançada ou qualificada" (Lei n. 8.929/1994, art. 3º, § 4º e inc. I[71]).[72]

---

[69] De acordo com Araken de Assis, a eficácia executiva tem natureza processual, "não operando o título executivo como tal fora do processo" (*Manual da execução*, n. 23, p. 188).

[70] Distinção explícita a esse respeito se encontra na disciplina dos processos de autorização junto ao Bacen, conforme Comunicado n. 38.484, de 25 de março de 2022: "A assinatura digital nos padrões indicados deverá ser aposta nos documentos produzidos especificamente para a respectiva instrução processual, a exemplo de requerimentos, de declarações e de autorizações. Contudo, a referida instrução normativa não estabelece padrão para assinatura de documentos que tratem da relação entre terceiros, por exemplo: atos societários, contratos, *etc.*".

[71] Com redação dada pela Lei n. 14.421/2022. No inc. II, exige-se contudo utilização de assinatura eletrônica avançada ou qualificada "no registro e na averbação de garantia real constituída por bens móveis e imóveis".

[72] Ao disciplinar as Cédulas de Crédito Bancário e Cédulas de Crédito Rural escriturais, conforme arts. 27-D e 29, § 5º da Lei n. 10.931/2004), a Circular BACEN / DC n. 4036 de 15/07/2020 também admite o uso de assinatura eletrônica simples ("como senha eletrônica, código de autenticação emitido por dispositivo pessoal e intransferível e identificação biométrica, desde que previamente aceitos por credor e devedor") (em seu art. 5º, par.).

Nesse quadro, antes mesmo do advento do § 4º do art. 784 já seria possível sustentar, a partir da cláusula geral constante do art. 190 do Código de Processo Civil,[73] e em cenário de valorização da autonomia privada promovida pela Lei n. 13.874/2020,[74] que as partes dispunham do poder de convencionar o uso de assinatura eletrônica avançada ou simples para conferir exequibilidade a instrumentos particulares.

A despeito de alguma vacilação, a jurisprudência já vinha caminhando no sentido de endossar a utilização de assinaturas eletrônicas alheias à ICP-Brasil em títulos executivos extrajudiciais.[75]

O § 4º do art. 784 vai contudo além e positiva uma grande novidade. Tratando-se de modalidades de assinatura eletrônica que também asseguram a integridade do documento (ou seja, assinaturas avançada e qualificada ICP-Brasil), fica dispensada a assinatura das testemunhas instrumentárias, exigidas no inc. III para conferir exequibilidade ao documento particular. O dispositivo, como visto, inspira-se em julgado do STJ em que já se havia admitido a possibilidade *excepcional* de dispensar a assinatura de duas testemunhas em documento particular eletrônico assinado mediante certificado ICP-Brasil (v. n. 8.1.1, *supra*).

A despeito dos muitos méritos do dispositivo (que gera segurança e desburocratiza), é criticável a opção por dispensar-se a assinatura de testemunhas

---

[73] Sobre a autorização dada pelo art. 190 do CPC para a criação negocial de modalidade de título executivo, cf.: Antonio do Passo Cabral e Fredie Didier Jr., "Negócios processuais atípicos e execução", in *Revista do Ministério Público do Rio de Janeiro*, n. 67, jan./mar. 2018, p. 137-165, esp. p. 148-149; Alexandre Freitas Câmara, *O novo Processo Civil brasileiro*, 8ª. ed., São Paulo: Atlas, 2022, versão eletrônica, Minha Biblioteca, p. 343, e Fernanda Costa Vogt, "A tomada do procedimento pela vontade: as convenções processuais e o princípio da atipicidade na execução civil", in *Civil Procedure Review*, v.10, n.3: set.-dez. 2019, p. 171-191, esp. p. 179.

[74] No sentido do fortalecimento da liberdade assegurada no art. 10, § 2º, da MP 2.200-2/2001 pela Lei da Liberdade Econômica, cf. José Manoel de Arruda Alvim e Ígor Martins da Cunha, "As assinaturas eletrônicas no ordenamento jurídico brasileiro e a relevância da autonomia privada: uma breve análise da validade dos documentos eletrônicos à luz da MP 2.200-2/2001 e da Lei 14.063/2020", in *Revista de processo*, vol. 337, mar-2023, p. 83-114, disponível in *RT-Online*, n. 5, p. 10 (eletrônica).

[75] Admitindo assinaturas eletrônicas diversas da ICP-Brasil em título executivos extrajudiciais: STJ, Decisão Monocrática, AREsp n. 2.217.466, Min. Paulo de Tarso Sanseverino, DJe de 06/03/2023; TJDFT, 2ª T. Cív. Apel. n. 0743459-07.2021.8.07.0001, rel. Des., Hector Valverde Santanna, j. 27/04/2022; TJDFT, 5ª T. Cív., Apel. n. 0734132-38.2021.8.07.0001, rel. Des. João Luís Fischer Dias, j. 27/04/2022; TJSP, 29ª Câm. Dir. Priv., Agr. Inst. n. 2274048-43.2022.8.26.0000, rel. Des. Carlos Henrique Miguel Trevisan, 24/03/2023, reg. 24/03/2023; TJSP, 2ª Câm. Dir. Priv., Agr. Inst. n. 2014051-79.2023.8.26.0000, rel. Des. Álvaro Torres Júnior, j. 09/03/2023; TJSP, 37ª Câm. Dir. Priv., Ag. Inst. n. 2075030-07.2023.8.26.0000, rel. Des. Pedro Kodama, j. 20/04/2023, reg. 20/04/2023. Em sentido contrário: TJPR, 15ª Câm. Cível, Apel. n. 0023572-39.2021.8.16.0030, rel. Des. Hayton Lee Swain Filho, j. 1º/04/2023.

apenas com base na certificação da integridade do documento, quando a função da assinatura desses sujeitos sempre esteve mais ligada à confirmação da identidade do signatário e à intencionalidade de sua vinculação pelo documento assinado. Em tese, pois, além da integridade, também esses elementos deveriam ser assegurados pelo provedor de assinatura para dispensar-se a assinatura das testemunhas.

E é possível que alguns provedores de assinatura disponham de mecanismo de certificação da integridade, sem exibir elevado grau de confiabilidade quanto à confirmação da identidade do signatário e de sua intenção de assinar – falando-se, nesses casos, em assinatura eletrônica simples, a despeito de atestada a integridade.

De todo modo, é preciso reconhecer que a assinatura por testemunhas instrumentárias há muito se converteu em um expediente de ficção, sendo por todos sabido que as testemunhas assinam documentos particulares a pedido de seus autores, em qualquer momento, estando ou não na presença das partes.[76]

Considerando as coisas como elas efetivamente são, o novo dispositivo é, pois, sem dúvida bem-vindo.

Segue viva, contudo, a questão relativa à assinatura digitalizada. Como dito, conquanto neste trabalho se reconheça ser a assinatura digitalizada espécie de assinatura eletrônica simples, a jurisprudência do Superior Tribunal de Justiça é firme em recusar-lhe qualquer valor.[77] Alguma abertura para seu uso há apenas em casos de certidões de dívida ativa e petições iniciais de execuções fiscais, com base na autorização para utilização de assinatura por *chancela mecânica ou eletrônica* (Lei n. 10.522/2002, art. 25).[78]

Diante da nova norma, não é possível dispensar a assinatura de testemunhas quando utilizada a assinatura digitalizada, pois ordinariamente nesse caso a inserção da imagem é feita pelas próprias partes, sem o uso de provedor de assinatura que também ateste a integridade do documento (mas nada impede que as duas técnicas sejam associadas).

---

[76] Cf. meus Comentários ao Código de Processo Civil, v. VIII, t. II, n. 38, e nota 277, com referência ao seguinte julgado: TJSP, 13ª Câm. Dir. Priv., Ap. 1058045-42.2016.8.26.0576, rel. Des. HERALDO DE OLIVEIRA, j. 14.07.2017.

[77] "O STJ possui orientação de que, por se tratar de mera inserção de imagem em documento, a assinatura digitalizada ou escaneada não se confunde com a assinatura digital baseada em certificado digital emitido por Autoridade Certificadora credenciada, e, por isso, não tem valor" (STJ, Corte Especial, AgInt nos EAREsp 1.555.548/RJ, rel. Ministro HERMAN BENJAMIN, j. 2/8/2021, DJe de 16/8/2021).

[78] Decisão monocrática, AREsp n. 1.932.108, Ministro HERMAN BENJAMIN, DJe de 13/10/2021. No mesmo sentido: TJSP, 15ª Câmara de Direito Público, Agravo de Instrumento n. 2158390-78.2016.8.26.0000, Relator Des. EUTÁLIO PORTO, j. 10/11/2016, registro 17/11/2016.

Mas se espera que a ampla abertura à utilização de qualquer modalidade de assinatura prevista em lei, associada à singela previsão do art. 4º, inc. I, da Lei n. 14.063/2020 de que a assinatura simples é a que "que permite identificar o seu signatário" e "anexa ou associa dados a outros dados em formato eletrônico do signatário [ou seja, os dados referentes à imagem da assinatura manuscrita]", faça com que a jurisprudência reveja a sua orientação formalista e restritiva.

Ademais, a valorização da autonomia privada promovida tanto pelo art. 190 do Código de Processo Civil como pela Lei n. 13.874/2020 deve igualmente conduzir ao reconhecimento de que as partes têm o poder de convencionar acerca da utilização da assinatura digitalizada na assinatura de instrumentos dotados de força executiva.[79-80]

Em todos os casos, segue permitida ao executado impugnar a autenticidade da assinatura. Mais do que isso. A depender dos elementos concretos conformadores do título executivo, pode a julgadora determinar que o exequente demonstre por outros meios a autenticidade e integridade do documento apresentado (como, p.ex., a troca de e-mails mediante a qual trocaram as minutas assinadas com assinatura digitalizada), antes de ordenar atos de invasão patrimonial.[81]

Por fim, para revestir de maior segurança a exequibilidade do instrumento, segue importante fazer constar cláusula expressa a respeito da admissibilidade das formas de assinatura eletrônica, inclusive no que respeita à eventual dispensa das testemunhas, especialmente quando as partes pretenderem se valer de assinatura digitalizada.

8.2.5. Eficácia das assinaturas eletrônicas simples e avançada diante das regras de forma escrita

A exigência de forma escrita como requisito de validade do negócio jurídico (documento *ad substantiam*) também lança dúvidas quanto à

---

[79] Esse também parecer ser o entendimento de: Milena Donato Oliva, Andre Vasconcelos Roque, e Filipe Medon, "Qual o valor jurídico das assinaturas digitalizadas?", (s/p.).

[80] Colhe-se da jurisprudência do Tribunal de Justiça de São Paulo julgado em que se reconheceu a configuração da forma escrita, para fins de reconhecimento como título executivo nos termos do art. 24 da Lei 8.906/94, de contrato de honorários celebrado mediante envio de e-mail, por preposto da empresa contratante, contendo aceitação dos termos de instrumento contratual digitalizado remetido como anexo de e-mail pelo advogado (TJSP, 28ª Câmara de Dir. Priv., Agravo de Instrumento n. 2134868-12.2022.8.26.0000, relatora Desembargadora Angela Moreno Pacheco de Rezende Lopes, j. 31/01/2023, registro 31/01/2023).

[81] Adiante, examina-se a questão da instrução da execução com cópia do título executivo extrajudicial.

admissibilidade de outros métodos de assinatura eletrônica, que não a assinatura qualificada ICP-Brasil.

Como observa a doutrina, a despeito da crescente utilização dos meios eletrônicos, a assinatura em papel segue despertando maior "sentimento de solenidade" e "consciência acerca da vinculatividade da declaração", sendo esse justamente um dos objetivos da forma escrita.[82] Por isso, considerando as variadas e simplificadas formas com que se pode manifestar a vontade em meio eletrônico, equiparar toda e qualquer forma eletrônica à forma escrita poderia ensejar a banalização das *funções da forma*.

Os regulamentos estrangeiros sobre assinaturas eletrônicas costumam equiparar a assinatura manuscrita e a forma escrita apenas aos documentos eletrônicos (cujo conteúdo possa ser representado por escrito) dotados de assinatura qualificada (equivalente à obtida via ICP-Brasil).[83]

Tal equiparação pode ser também extraída, em nosso sistema, do art. 10, caput, *da* MP n. 2.200-2/2001 – segundo a qual o documento eletrônico dotado de assinatura ICP-Brasil se considera, *para todos os fins legais*, documento público ou particular. Mas, tal como dito quanto à eficácia executiva, nossa norma não chega a excluir a aptidão de outros meios eletrônicos para suprir a exigência de forma escrita.[84]

---

[82] "A forma dos contratos eletrônicos", n. 3. p. 7 – paginação eletrônica. O autor admite o uso de "forma eletrônica" na fiança, invocando a liberdade da forma e a ampla admissibilidade dos meios de prova, sem deixar claro se com "forma eletrônica" se refere àquela obtida no âmbito da ICP-Brasil – como antes mencionado em seu texto – ou formas eletrônicas associadas a outros tipos de assinatura mais simples também seriam admitidas ("A forma dos contratos eletrônicos", n. 3. p. 8 – paginação eletrônica).

[83] O Regulamento eIDAS (UE 910/2014) estabelece expressamente em seu art. 25, n. 2, que a assinatura eletrônica qualificada "tem um efeito legal equivalente ao de uma assinatura manuscrita". Em Portugal, o Decreto-Lei n. 12/2021, que assegura a execução interna do Regulamento eIDAS, dispõe em seu art. 3º, nn. 1 e 2 (sobre forma e força probatória) que o "documento eletrónico satisfaz o requisito legal de forma escrita quando o seu conteúdo seja suscetível de representação como declaração escrita" e a "aposição de uma assinatura eletrónica qualificada a um documento eletrónico equivale à assinatura autógrafa dos documentos com forma escrita sobre suporte de papel". No direito alemão, a forma escrita pode ser suprida pela forma eletrônica, desde que adotada a assinatura eletrônica qualificada (BGB, § 126, n. 4 e § 126a, n. 1), com exceção de determinados atos para os quais se reputa especialmente relevante a função de alerta da forma escrita: extinção do contrato de trabalho por denúncia, fiança e reconhecimento de dívida (BGB, §§ 623, 766 e 781) (cf. Fabiano Menke, "A forma dos contratos eletrônicos", n. 3, p. 7 – paginação eletrônica; Giulia di Fazzio, *Contributo allo studio della prova documentale pubblica*, Torino: Giappichelli, 2018, cap. 2, n. 3, esp. nota 75, p. 101-102).

[84] Mas em projeto substitutivo apresentado em novembro de 2022, pelo Deputado João Campos, ao PL n. 7.316, DE 2002, propõe-se que a assinatura qualificada ICP-Brasil seja o único meio eletrônico apto a suprir a exigência *legal* de forma escrita.

Quanto à assinatura avançada, diante dos requisitos estabelecidos em lei para que uma técnica possa ser assim classificada (Lei n. 14.063/2020, art. 4º, inc. II) e diante de sua crescente valorização legislativa – sendo tal método atualmente admitido inclusive para a celebração de escritura pública (Provimento CNJ 100/2020) e para a prática de atos de transação e registro envolvendo imóveis (Lei n. 6.015/1973, art. 17, §§ 1º e 2º, com redação dada pela Lei n. 14.382/2022) –, entende-se que essa modalidade de assinatura eletrônica pode ser usada para realizar atos que requerem a forma escrita. Isso foi reforçado pelo advento do § 4º do art. 784 do Código de Processo Civil, que não apenas admite o uso de assinatura avançada em títulos executivos extrajudiciais como ainda dispensa a assinatura de testemunhas instrumentárias nesse caso (pois a assinatura avançada assegura também a integridade do documento).

Diverso é o cenário quanto às assinaturas eletrônicas simples, que – mesmo agora admitidas para dar eficácia executiva ao documento particular, nesse caso com assinatura de duas testemunhas – revestem-se de baixo grau de confiabilidade, tanto da perspectiva técnica como do aspecto legal.

Parece fora de dúvida apenas que, quando a exigência de forma advenha de convenção, e não de lei, as partes possam estabelecer que as assinaturas eletrônicas simples (ou alguma de suas espécies) supram a forma convencional. É pensar em cláusula estabelecendo que as alterações do contrato apenas serão válidas se convencionadas por escrito, admitindo-se para tal finalidade troca de e-mails ou mensagens de texto via aplicativos.

Já quando a forma escrita é imposta em lei, a questão se complica. De acordo com Cristiano de Sousa Zanetti, conquanto as partes tenham sempre o poder de eleger consensualmente *forma mais rígida* do que a ordinariamente prevista em lei (CC, art. 109), não lhes seria dado *"restringir a observância do rigor formal* quando houver previsão legal nesse sentido".[85]

Será que a equiparação de determinada forma eletrônica à forma escrita representaria *restrição do rigor formal*? Não seria dado às partes, com amparo no § 2º, do art. 10, da MP 2.200-2/2001, convencionar quanto à utilização de assinatura eletrônica simples para suprir a exigência legal de forma escrita? Pense-se, p.ex., em fiança ou convenção de arbitragem celebradas mediante simples envio de e-mail com o nome do fiador digitado ao final ou mediante a inclusão de sua assinatura digitalizada em documento "pdf". Seriam tais negócios inválidos e ineficazes?

A questão não parece encontrar resposta uniforme em todos os casos, considerando as variadas modalidades de assinatura simples e as distintas funções desempenhadas pela exigência de forma escrita nas diversas situações, à

[85] A conservação dos contratos nulos por defeito de forma, cap. 3, n. 4, p. 193.

luz do dever de observar o princípio da boa-fé objetiva na celebração e execução dos negócios jurídicos (CC, art. 422).

Especificamente no que respeita à convenção de arbitragem, a doutrina admite que a simples troca de mensagens eletrônicas com a identificação do remente possa suprir o requisito de forma escrita para a celebração da convenção arbitral.[86] Entendimento semelhante foi encampado pelo Superior Tribunal de Justiça no julgamento do recurso especial n. 1.569.422, em que se atribuiu efeito vinculante a "*convenção arbitral*"[87] constante de carta, sem a assinatura de uma das partes.[88]

Também se colhe da jurisprudência do Tribunal de Justiça de São Paulo julgado admitindo que o consentimento escrito do locador com a cessão da locação se satisfaça por troca de mensagens eletrônicas.[89]

Em sentido contrário, a mesma corte paulista não admitiu, com base no art. 472 do Código Civil, que o contrato celebrado por instrumento escrito e assinado fosse distratado por e-mail.[90]

O Superior Tribunal de Justiça igualmente não admite que a forma escrita requerida no art. 43, § 2º, do Código de Defesa do Consumidor para a notificação prévia à inscrição em cadastros de proteção ao crédito seja suprida por envio de e-mail ou mensagem de texto.[91] Mas a exigência parece nesse caso referir-se mais à forma de recebimento da comunicação pelo consumidor do que propriamente à forma do documento eletrônico e da assinatura.

Por outro lado, tal Corte Superior vem casuisticamente flexibilizando a solenidade do testamento particular, sempre que resultar inequívoca a manifestação de vontade do *de cujus*. Embora as discussões não tenham envolvido meios eletrônicos, afirmou-se em paradigmático acórdão que "em uma sociedade que é comprovadamente menos formalista, na qual as pessoas não mais se individualizam por sua assinatura de próprio punho, mas, sim, pelos seus tokens, chaves, logins e senhas, ID's, certificações digitais, reconhecimentos faciais, digitais e oculares e, até mesmo, pelos seus hábitos profissionais, de consumo e de vida captados a partir da reiterada e diária coleta de seus dados pessoais, e na qual se admite a celebração de negócios jurídicos complexos e

---

[86] Luis Fernando Guerrero, *Convenção de arbitragem e processo arbitral*, 4ª ed., São Paulo: Almedina – Ibmec, 2022, item 1.4, p. 84.

[87] Em verdade, a cláusula referia à necessidade de *arbitramento*, por avaliadores, para a fixação do valor de determinado ativo.

[88] STJ, 3ª T., REsp 1569422/RJ, rel. Min. Marco Aurélio Bellizze, j. 26/04/2016, DJe 20/05/2016.

[89] TJSP, 28ª Câm. Dir. Priv., Apel. n. 1000012-97.2015.8.26.0704, rel. Des., Celso Pimentel, j. 13/09/2016, reg. 15/09/2016.

[90] TJSP, 2ª Câm. Dir. Priv., Apel. n. 1001144-72.2020.8.26.0654, rel. Des. Hertha Helena de Oliveira,j. 30/08/2021, reg. 30/08/2021.

[91] STJ, 3ª T., REsp n. 2.056.285/RS, rel. Min. Nancy Andrighi, j. 25/4/2023, DJe 27/4/2023.

vultosos até mesmo por redes sociais ou por meros cliques, o papel e a caneta esferográfica perdem diariamente o seu valor e a sua relevância, devendo ser examinados em conjunto com os demais elementos que permitam aferir ser aquela a real vontade do contratante".[92]

A despeito do grande casuísmo, parece possível afirmar a existência de tendência à flexibilização dos requisitos de forma, para manter a exigência de validade aderente à dinâmica das relações sociais. O próprio § 4º do art. 784, do Código de Processo Civil reforça essa tendência.

Tal orientação destoa daquela, mais cautelosa, adotada pelo legislador alemão. De acordo com os § 126, n. 4 e § 126a, n. 1 do BGB, a forma escrita apenas pode ser suprida pela forma eletrônica acompanhada de assinatura eletrônica qualificada (equivalente à ICP-Brasil). E, mesmo assim, veda-se a utilização da forma eletrônica (mesmo com assinatura qualificada) para determinados atos sensíveis, como a extinção do contrato de trabalho por denúncia, a fiança e o reconhecimento de dívida (BGB, §§ 623, 766 e 781).[93] O § 126b do BGB também disciplina a forma textual ("Textform" ou, na versão oficial em inglês, "text form"), para a qual não se exige assinatura, bastando a declaração legível, acompanhada da identificação do nome da pessoa, feita em qualquer meio durável (i. é, que permita o armazenamento e a acessibilidade da informação armazenada, por determinado período de tempo, bem como a reprodução inalterada da informação armazenada).[94]-[95]

Também entre nós seria proveitoso o advento de norma de modernização e adaptação das formas, que, ponderando a importância das funções da

---

[92] STJ, 2ª Seção REsp 1633254/MG, rel. Min. Nancy Andrighi, j. 11/03/2020, DJe 18/03/2020, p.m. Lê-se ainda na ementa: "em se tratando de sucessão testamentária, o objetivo a ser alcançado é a preservação da manifestação de última vontade do falecido, devendo as formalidades previstas em lei serem examinadas à luz dessa diretriz máxima, sopesando-se, sempre casuisticamente, se a ausência de uma delas é suficiente para comprometer a validade do testamento em confronto com os demais elementos de prova produzidos, sob pena de ser frustrado o real desejo do testador". No mesmo sentido: "para preservar a vontade do testador, são admissíveis determinadas flexibilizações nas formalidades legais exigidas para a validade do testamento particular, a depender da gravidade do vício de que padece o ato de disposição" (STJ, 3ª T., REsp 1.583.314/MG, rel. Min. Nancy Andrighi, j. 21/08/2018, DJe 23/08/2018). Mas, "vícios de maior gravidade, que podem ser chamados de formais-materiais porque transcendem a forma do ato e contaminam o seu próprio conteúdo, acarretam a invalidade do testamento lavrado sem a observância das formalidades que servem para conferir exatidão à vontade do testador" (STJ, 3ª T., REsp n. 2.005.877/MG, rel. Min. Nancy Andrighi, j. 30/8/2022, DJe 1/9/2022).

[93] Fabiano Menke, "A forma dos contratos eletrônicos", n. 3, p. 7 – paginação eletrônica.

[94] Cf. Giulia di Fazzio, *Contributo allo studio della prova documentale pubblica*, cap. 2, n. 3, esp. nota 75, p. 101-102.

[95] Como reporta Fabiano Menke, tais normas advieram da "lei de adaptação das formas", publicada no já longínquo ano de 2001 ("A forma dos contratos eletrônicos", nota 21, p. 15 - paginação eletrônica).

forma e a necessidade de acompanhar a velocidade das transações atuais, (i) repensasse os negócios que efetivamente requerem forma escrita (ou outras solenidades) como requisito de validade e eficácia, (ii) avaliasse a conveniência de diferenciar a forma escrita da forma textual, como na Alemanha, e (iii) estabelecesse mais clara correspondência entre os requisitos de forma e as modalidades de assinatura eletrônica.

Enquanto tal regulação não vem, entende-se que não se deve excluir a legitimidade da utilização de assinaturas eletrônicas simples em documento eletrônico para suprir exigência legal de forma escrita.[96] Especialmente nas relações paritárias em que as partes tenham convencionado tal forma de manifestação de vontade (conquanto não apenas em tais casos), a assinatura eletrônica simples deve ser em tese admitida.

Naturalmente, assim como se passa com assinaturas realizadas de forma manual, eventuais casos patológicos, de falsificação, podem ser combatidos com os instrumentos processuais disponíveis no sistema. Também se pode discutir, à luz das circunstâncias concretas, se a declaração de vontade efetivamente emanada mediante assinatura simples é suficiente para produzir os efeitos do negócio jurídico. Mas isso não justifica o repúdio *apriorístico* ao uso de toda e qualquer forma de assinatura eletrônica simples para a realização de atos que requerem forma escrita.

Tanto quanto dito no item anterior, o cenário é contudo incerto e demanda cautela das contratantes.

8.2.6. Procuração assinada com assinaturas eletrônicas simples e avançadas

Na jurisprudência, encontra-se atualmente divergência quanto à admissibilidade da utilização de assinaturas eletrônicas que não a qualificada ICP-Brasil para a outorga de procuração *ad judicia*.

No que respeita às procurações outorgadas "em papel", como os atos praticados em juízo devem observar a forma escrita, tanto a doutrina[97] como a

[96] Em sentido semelhante, João Fábio Azevedo e Azeredo admite a equiparação da forma eletrônica com a forma escrita exigida por lei ou vontade das partes, independentemente de assinatura digital (ICP-Brasil), "desde que seja possível preservar e compreender o conteúdo" (*Reflexos do emprego de sistemas de inteligência artificial nos contratos*, Dissertação (Mestrado) – Faculdade de Direito da USP, São Paulo, 2014, n. 2.2, p. 51). O presente artigo revê posição anterior desta autora (*Comentários ao Código de Processo Civil*, v. VIII, t. II, n. 133, nota 681, p. 271-272), que questionara a ampla equiparação proposta por João Fábio Azevedo e Azeredo.

[97] Bruno Vasconcelos Carrilho Lopes, *Comentários ao Código de Processo Civil*, v. II, 2ª ed., São Paulo: Saraiva, 2018, n. 207, p. 291; Araken de Assis, *Processo civil brasileiro*, v. II, t. I, 2ª ed., São Paulo: RT, 2016, n. 1.202, p. 1.094.

jurisprudência[98] reputam necessária a observância da *forma escrita* na procuração *ad judicia*, consoante a regra do art. 657 do Código Civil. Daí ser preciso apresentar nos autos, como exigido no art. 105, *caput*, do Código de Processo Civil, instrumento escrito assinado pelo outorgante.

Ao mesmo tempo, também se consolidaram doutrina[99] e jurisprudência no sentido de não ser necessário o reconhecimento de firma da assinatura,[100] bem como no de ser admissível a apresentação da procuração em cópia não autenticada.[101]

No mundo eletrônico, o art. 105, § 1º, do Código de Processo Civil admite que a procuração seja "assinada digitalmente, na forma da lei".

Uma primeira observação quanto a tal dispositivo é a de que, embora a lei fale em "assinado digitalmente", não parece adequado restringir a admissibilidade de assinaturas eletrônicas realizadas fora da ICP-Brasil. A uma, porque a própria MP 2.200-2/2001, que regula os atos entre particulares, não utiliza a nomenclatura assinatura digital para tratar das assinaturas ICP-Brasil. A duas, porque é eloquente a supressão, na norma atualmente constante do § 1º do art. 105 do Código de Processo Civil, da locução "com base em certificado emitido por Autoridade Certificadora credenciada" que constava do § 1º do art. 38 do Código de Processo Civil de 1973 após sua pela Lei n. 11.419/2006 (Lei do Processo Eletrônico). Fosse para restringir a assinatura eletrônica de procurações à modalidade qualificada, seria lógico manter a referência às Autoridades Certificadoras credenciadas, que integram a ICP-Brasil.

Para além disso, é importante lembrar que a procuração é um negócio entre particulares, que legitima a advogada ou o advogado a praticar atos em juízo, mas que não se confunde com tramitação, comunicação de atos e transmissão de peças processuais, para as quais a Lei do Processo Eletrônico disciplina segue exigindo assinatura qualificada ICP-Brasil.

---

[98] STJ, 4ª T. AgRg no Ag n. 388.274/DF, rel. Min. Aldir Passarinho Jr., j. 4/12/2001, DJ 18/03/2002 p. 264; STJ, 4ª T., AgInt nos EDcl no AREsp n. 2.146.547/SP, rel. Min. João Otávio de Noronha, j. 6/3/2023, DJe de 9/3/2023.

[99] Bruno Vasconcelos Carrilho Lopes, *Comentários ao Código de Processo Civil*, v. II, n. 207, p. 291.

[100] "O Superior Tribunal de Justiça entende que o art. 38 do Código de Processo Civil, com a redação dada pela Lei 8.952/1994, dispensa o reconhecimento de firma nas procurações ad judicia utilizadas em processo judicial, ainda que contenham poderes especiais" (STJ, 2ª T., AgRg no AREsp n. 399.859/RJ, rel. Min. Herman Benjamin, j. 26/11/2013, DJe 6/3/2014). No mesmo sentido: STJ, 3ª T., AgRg no REsp n. 1.259.489/PR, rel. Min. Paulo de Tarso Sanseverino, j. 24/9/2013, DJe 30/9/2013; TJSP, 13ª Câm. Dir. Priv., Agr. Inst. n. 2147892-10.2022.8.26.0000, rel. Des. Nelson Jorge Júnior, j. 11/11/2022.

[101] Bruno Vasconcelos Carrilho Lopes, *Comentários ao Código de Processo Civil*, v. II, n. 207, p. 291; STJ, Corte Especial, EREsp n. 898.510/RS, rel. Min. Teori Albino Zavascki, j. 19/11/2008.

Por fim, como a assinatura eletrônica ICP-Brasil equivale a assinatura manuscrita com reconhecimento de firma, e como a doutrina e a jurisprudência há muito dispensam o reconhecimento de firma nas procurações *ad judicia* – inclusive porque se presumem verdadeiras as declarações de autenticidade feitas por advogados e advogadas (CPC, arts. 425, inc. IV e 914, § 1º) –, não teria sentido interpretar restritivamente a norma.

Por isso, e considerando as conclusões alcançadas no item anterior, devem ser também admitidas procurações outorgadas mediante assinaturas eletrônicas simples e avançadas.

A questão está, contudo, dividida na jurisprudência do Tribunal de Justiça do Estado de São Paulo, no que tange a assinaturas eletrônicas avançadas e simples (que não a assinatura digitalizada).[102]

Possivelmente, com o advento do novel § 4º, do art. 784, do Código de Processo Civil, que expressamente admite o uso de qualquer modalidade de assinatura eletrônica nos títulos executivos, a jurisprudência venha a se unificar também quanto à sua ampla admissibilidade nas procurações.

Não se sabe, contudo, se tal inovação terá o condão de vencer o preconceito dos tribunais quanto ao uso de assinaturas digitalizadas.[103]

---

[102] Exigindo assinatura ICP-Brasil nas procurações: TJSP, 12ª Câm. Dir. Priv., Ag. Inst. n. 2243269-08.2022.8.26.0000, rel. Des. ALEXANDRE DAVID MALFATTI, j. 31/10/2022; TJSP, 28ª Câm. Dir. Priv., Apel. n. 1046181-20.2021.8.26.0224, rel. Des. DIMAS RUBENS FONSECA, j. 16/01/2023; TJSP, 24ª Câm. Dir. Priv., Ag. Inst. n. 2237212-71.2022.8.26.0000, rel. Des. CLÁUDIO MARQUES, j. 14/04/2023. Admitindo outras formas de assinatura eletrônica: TJSP, 24ª Câm. Dir. Priv., Ag. Inst. n. 2029062-51.2023.8.26.0000, rel. Des. RODOLFO PELLIZARI, j. 07/03/2023; TJSP, 13ª Câm. Dir. Priv., Ag. Inst. n. 2295880-35.2022.8.26.0000, rel. Des. NELSON JORGE JÚNIOR, j. 09/02/2023; TJSP, 31ª Câm. Dir. Priv., Ag. Inst. n. 2293270-94.2022.8.26.0000, rel. Des. PAULO AYROSAj. 19/01/2023; TJSP, 28ª Câm. Dir. Priv., Ag. Inst. n. 2266668-66.2022.8.26.0000, rel. Des. ANGELA MORENO PACHECO DE REZENDE LOPES, j. 30/11/2022; TJSP, 33ª Câm. Dir. Priv., Ag. Inst. n. 2012689-76.2022.8.26.0000, rel. Des. MARIO A. SILVEIRA, j. 16/02/2022.

[103] A jurisprudência dos tribunais superiores, nos casos regidos pelo Código de Processo Civil de 1973, tratava como *irregularidade insanável* a inserção de assinatura digitalizada em instrumentos de mandato (STJ, 3ª T., AgInt no AREsp 1033125, rel. Min. PAULO DE TARSO SANSEVERINO, j. 15/05/2018, *DJe* 18/05/2018) ou do próprio recurso (em processo de autos físicos) (STF, 2ª T., AI 558995 AgR, rel. Min. EROS GRAU, j. 09/05/2006, DJ 02-06-2006 PP-00029 EMENT VOL-02235-09 PP-01806; STJ, 3ª T., REsp 1442887, rel. Min. NANCY ANDRIGHI, j. 06/05/2014, *DJe* 14/05/2014). Após a entrada em vigor do Código de Processo Civil de 2015, o STF, discutindo questão de ordem suscitada no julgamento do ARE 953.221, acenou para o entendimento de que a falta de procuração e a inexistência de assinatura constituiriam hipóteses de vícios sanáveis à luz do art. 932, par. (STF, 1ª T., ARE 953.221, rel. Min. LUIZ FUX, j. 07/06/2016). Mas esse entendimento não vem sendo aplicado no STJ: "Na instância especial é inexistente recurso interposto por advogado sem procuração nos autos (Súmula n. 115 do STJ)" (STJ, 4ª T., AgInt nos EDcl no AREsp n. 2.146.547/SP, rel. Min. JOÃO OTÁVIO DE NORONHA, j. 6/3/2023, DJe de 9/3/2023). No mesmo sentido: STJ, 4ª T., AgInt nos EDcl no AREsp n. 960.932/PR, rel. Min. RAUL ARAÚJO, j. 7/2/2017, DJe de 16/2/2017.

9. REPRODUÇÃO DE DOCUMENTOS ASSINADOS ELETRONICAMENTE

É comum haver alguma confusão entre documentos originais e reproduções (cópias), quando se pensa em documentos eletrônicos. Às vezes, confunde-se o original do documento eletrônico assinado eletronicamente com sua impressão (em papel ou em "pdf"); noutras, confunde-se o documento físico assinado manualmente com a sua reprodução digitalizada.

É importante perceber a diferença ontológica entre esses elementos e compreender o regime jurídico das reproduções, para entender os efeitos a elas atribuíveis.

O documento assinado eletronicamente apenas existe como documento eletrônico. É somente em sua forma original que os dados da assinatura eletrônica se associam aos dados "assinados". A aposição da assinatura eletrônica em certos tipos de documento pode eventualmente ensejar a inserção de espécie de "carimbo", contendo o nome do signatário e a data da assinatura. Mas esse "carimbo" não é a própria assinatura eletrônica.

Muitas vezes, quando se imprime o arquivo eletronicamente assinado – seja em papel seja em "pdf" –, o "carimbo" desaparece. Mas ainda que o carimbo siga visível, ele mantém a sua natureza de simples "ilustração" da assinatura eletrônica.

Mesmo no caso da assinatura digitalizada, são os dados eletrônicos da imagem da assinatura, associados aos dados do documento eletrônico no qual inserida, que perfazem a assinatura eletrônica simples. A imagem que se vê na tela é a mera ilustração de tal associação de dados.

Isso não significa, contudo, que as impressões de documentos eletrônicos assinados não tenham valor.

Ressalvados os casos em que "a lei ou as circunstâncias condicionarem o exercício do direito à (...) exibição" do original (CC, art. 223, par.) – como se passa p.ex. com os títulos de crédito –, as cópias e reproduções são aptas a representar o próprio documento original e, por decorrência, os fatos nele representados (CPC, arts. 422 a 425), especialmente quando não impugnada a conformidade da cópia com o original.[104] Entre as espécies de cópias, a lei trata expressamente da forma impressa de mensagem eletrônica (art. 422, § 3º).

Portanto, é plenamente possível atribuir os efeitos do original à impressão do documento eletrônico em que a assinatura eletrônica vem ilustrada como um "carimbo" indicando o signatário e os dados da assinatura. Aliás, nos autos de processos físicos e, muitas vezes, nos dos processos eletrônicos, somente

[104] Sobre o tema, cf. Clarisse Frechiani Lara Leite, *Comentários ao Código de Processo Civil*, v. VIII, t. II, nn. 78-84, p. 175 ss.

será possível encartar as impressões, em papel ou em "pdf", dos documentos eletrônicos (CPC, arts. 439 e 440).

Não havendo impugnação, nem outro motivo para exigir a apresentação do original, a cópia será tomada como o próprio documento original,[105] inclusive para o fim de demonstrar o atendimento da exigência legal de forma escrita.

Além disso, muitos métodos de assinatura eletrônica – especialmente os qualificados e avançados – geram a emissão de certificados, acoplados ao documento impresso, com dados (QR-Code, links, senhas, ou termos de acesso) que permitem conferir o documento original e validar a assinatura eletrônica.[106]

Também é possível utilizar serviços notariais para obter a "materialização" em papel do documento eletrônico, por agente revestido de fé-pública, conferindo-se assim presunção de fidelidade à reprodução e certificando-se os atributos do próprio documento original – que, a depender da situação, poderão abarcar a certeza de autenticidade e de integridade.

Tais regras aplicam-se igualmente à reprodução digitalizada de documentos físicos. Se a lei ou as circunstâncias não condicionarem o exercício do direito à exibição do original (CC, art. 223, par.), as cópias digitalizadas fazem a mesma prova e produzem os mesmos efeitos do original, sempre que não impugnada a conformidade nem demonstrada a desconformidade (CPC, art. 425, inc. VI).

Tratando-se de título executivo extrajudicial, extrai-se do art. 425, § 2º, do Código de Processo Civil que o uso da cópia é admitido, mas poderá ser exigido o depósito do documento original em secretaria. A exibição do original é ordinariamente dirigida às hipóteses em que a certeza da titularidade do crédito vincula-se à posse do título, como nos casos de título ao portador (p.ex., bilhete de loteria) e dos títulos de crédito passíveis de circulação por endosso (p.ex., notas promissórias, duplicatas aceitas *etc.*). Nessa linha, a jurisprudência do Superior Tribunal de Justiça requer a apresentação do documento original

---

[105] Em sentido semelhante, a norma do art. 5º-A, do DL de Portugal n. 12/2021: "Força probatória das cópias digitalizadas e das fotocópias. 1 - É reconhecida às cópias digitalizadas e às fotocópias dos atos e contratos a força probatória dos respetivos originais, salvo se a pessoa a quem forem apresentadas requerer a exibição desse original".

[106] Atualmente, as assinaturas eletrônicas qualificadas ICP-Brasil, as assinaturas eletrônicas providas por infraestruturas de chaves públicas nacionais de outros países e as assinaturas avançadas realizadas via plataforma Gov.br podem ser verificadas no portal Validar do Instituto Nacional de Tecnologia da Informação (https://validar.iti.gov.br/). A validação identifica o titular do certificado digital utilizado e confirma se o documento assinado não sofreu nenhuma adulteração após a assinatura. Os prestadores de assinaturas avançadas (Docusign, Certisign etc.) também dispõe de validadores próprios, que realizam as mesmas funções.

sempre que o título seja passível de circulação (*lato sensu*),[107] dispensando a apresentação do original, ao revés, "quando não há dúvida quanto à existência do título e do débito e quando comprovado que não circulou".[108] Por essa razão, nos casos de execução de instrumentos particulares – cuja cessão de crédito dependeria da notificação do devedor para lhe ser oponível –, a exigência de exibição do original não costuma vingar.[109]

De todo modo, para evitar eventual perda de tempo com a exigência de exibição do original, as partes podem convencionar acerca da idoneidade da cópia da versão assinada, inclusive eletronicamente, para instaurar a execução. Ou, inversamente, caso pretendam reforçar a segurança diante de eventual cenário litigioso, podem condicionar a eficácia executiva à exibição do original em juízo, tornando impositiva a possibilidade instituída no art. 425, § 2º, do Código de Processo Civil.

10. "Forma híbrida"

Por fim, é possível formar "instrumentos híbridos", associando tipos diversos de assinatura eletrônica (p.ex., assinatura ICP-Brasil e assinatura digitalizada) ou mesmo conjugando a assinatura manuscrita, em via impressa, com a assinatura eletrônica.

O direito português tem dispositivo no sentido de que "a assinatura das cópias digitalizadas dos atos e contratos por via manuscrita ou por via de assinatura eletrónica qualificada não afeta a validade dos mesmos, ainda que coexistam no mesmo ato ou contrato formas diferentes de assinatura" (DL n. 12/2021, art. 5º-A, n. 2[110]).

---

107 STJ, 3ª T., REsp n. 1.997.729/MG, rel. Min. Nancy Andrighi, j. 23/8/2022, DJe de 25/8/2022 (no caso, tratava-se de cédula rural pignoratícia). No mesmo sentido: STJ, 3ª T., REsp n. 1.946.423/MA, rel. Min. Nancy Andrighi, j. 9/11/2021, DJe 12/11/2021 (cédula de crédito bancário não escritural); STJ, 3ª T., REsp n. 1.915.736/MG, rel. min. Nancy Andrighi, j. 22/6/2021, DJe de 1/7/2021 (cédula de produto rural não escritural); STJ, 4ª T., AgInt no REsp n. 1.955.949/MT, rel. Min. Marco Buzzi, j. 13/12/2021, DJe 16/12/2021 (cédula de crédito bancário). Mas, em recente julgamento por maioria, assentou-se que "a necessidade de juntada da via original do título executivo extrajudicial deve ficar a critério do julgador e se faz necessária apenas quando invocado pelo devedor algum fato concreto impeditivo da cobrança do débito", não bastando para tanto a alegação da possibilidade de circulação (STJ, 3ª T., REsp n. 2.013.526/MT, rel. Min. Nancy Andrighi, rel. para acórdão Min. Moura Ribeiro, j. 28/2/2023, DJe de 6/3/2023).

108 STJ, 4ª T., REsp n. 1.086.969, rel. Min. Marco Buzzi, j. 16/06/2015, DJe 30/06/2015.

109 No STJ, sequer se encontraram discussões nesse sentido. No TJSP, repelindo a necessidade de exibição de original de contrato de compra e venda: 18ª Câm. Dir. Priv., Apel. N. 1007031-81.2020.8.26.0704, rel. Des. Israel Góes dos Anjos, j. 11/11/2022, registro 11/11/2022.

110 Aditado pelo Decreto-Lei n. 66-A/2022, de 30 de Setembro.

A ausência de norma expressa entre nós não impede que se chegue à mesma conclusão. Mas, para evitar discussões, podem as partes convencionar expressamente a tal respeito.[111]

11. CLÁUSULAS CONTRATUAIS SOBRE ASSINATURA ELETRÔNICA

Como se viu, várias são as possibilidades de regular o uso dos tipos de assinatura eletrônica, no que respeita aos efeitos materiais e processuais que produzirão nas relações entre as partes. Além da regra da autonomia da vontade (reforçada pela Lei da Liberdade Econômica - Lei n. 13.874/2020), a cláusula geral de negociabilidade processual (CPC, art. 190) e a norma do art. 10, § 2º, da MP 2.200-2/2001 conferem aos contratantes poder convencionar a tal respeito.[112]

A depender da intenção das partes, a cláusula poderá ser mais aberta ou mais restritiva. Caso se pretenda admitir amplamente as diversas formas de assinatura eletrônica, inclusive em instrumentos "híbridos", assegurando-se exequibilidade também às reproduções, pode-se utilizar cláusula de seguinte teor.

"Nos termos do art. 10, § 2º, da MP 2.200-2/2001, as partes e as testemunhas reconhecem que a formalização do negócio jurídico, integral ou parcialmente, por intermédio de meios eletrônicos e tecnológicos em geral é válida e eficaz para todos os fins, constituindo forma suficiente de manifestação de ciência e vontade – inclusive quando exigida forma escrita –, e meio apto à comprovação da autoria e integridade.

Cada parte e testemunha pode assinar este instrumento com o uso de assinatura manuscrita ou de assinaturas eletrônicas qualificadas, avançadas ou simples (Lei n. 14.063/2020, art. 4º) – inclusive assinatura digitalizada –, reconhecendo-se em todos os casos a validade, a eficácia e a exequibilidade do instrumento.

As partes reconhecem que as reproduções físicas, eletrônicas ou digitalizadas do presente instrumento têm os mesmos efeitos da via original".

CONCLUSÕES

I. *Assinaturas eletrônicas qualificadas ou assinaturas digitais ICP-Brasil*: são aquelas realizadas mediante o uso de certificados digitais

---

[111] FABIANO MENKE reputa conveniente que a diversidade de forma seja enunciada em cláusula específica, declarando-se que as partes assinam o instrumento em "vias de igual teor e formas distintas" ("A forma dos contratos eletrônicos", p. 11, paginação eletrônica).

[112] Em sentido semelhante: FABIANO MENKE, "A forma dos contratos eletrônicos", n. 2, p. 6, paginação eletrônica.

emitidos via Autoridades Certificadoras e de Registro cadastradas junto à Infraestrutura de Chaves Públicas Brasileira, gerenciada pelo Instituto Nacional de Tecnologia da Informação (ITI). Equipara-se, por lei força, à assinatura manuscrita com reconhecimento de firma por autenticidade, com o *plus* da garantia de integridade do documento. Serve para a realização de qualquer interação com o Poder Público, inclusive no âmbito do Mercosul. Têm ampla eficácia jurídica, atendendo a todas as regras, materiais ou processuais, que requerem documento escrito e assinado. Em alguns casos, vêm sendo admitida inclusive para dispensar a assinatura de duas testemunhas em títulos executivos extrajudiciais. Atualmente, são as únicas formas de assinatura eletrônicas admitidas em atos de chefe de poder e na emissão de notas fiscais eletrônicas (ressalvadas as de pessoas físicas e MEI).

II. *Assinaturas eletrônicas avançadas*: revestem-se de atributos muito semelhantes aos da assinatura qualificada (Lei n. 14.063/2020, art. 4º, inc. II), com a diferença apenas de não integrarem a ICP-Brasil (conquanto possam inclusive advir de sistemas públicos, como a plataforma Gov.br), assegurando assim certeza da autoria, da intenção da signatária de assinar e da integridade do documento. Vêm sendo cada vez mais admitidas em interações com entes públicos e delegatários, inclusive para a prática de atos envolvendo bens imóveis. Entre particulares, devem ser amplamente admitidas para a produção de efeitos materiais e processuais (celebração de negócios em geral, inclusive os que requerem forma escrita, como a outorga de procuração *ad judicia*; atendimento de exigências de prova escrita; uso de instrumentos de cognição sumária e executividade – dispensando inclusive a assinatura das testemunhas instrumentárias – CPC, art. 784, § 4º),[113] pesando sobre a impugnante o ônus da prova da irregularidade, sempre que demonstradas pela apresentante as credenciais de certificação.

III. *Assinaturas eletrônicas simples*: por abranger uma multiplicidade de técnicas de associação de dados eletrônicos do autor ao documento

[113] Sem distinguir assinaturas avançadas e simples, José Manoel de Arruda Alvim e Ígor Martins da Cunha também defendem a atribuição dos mesmos efeitos de uma assinatura ICP-Brasil às demais assinaturas eletrônicas, quando convencionado pelas partes em tal sentido ("As assinaturas eletrônicas no ordenamento jurídico brasileiro e a relevância da autonomia privada: uma breve análise da validade dos documentos eletrônicos à luz da MP 2.200-2/2001 e da Lei 14.063/2020", in *Revista de processo*, vol. 337, mar-2023, p. 83-114, disponível in *RT-Online*, n. 5, p. 12-14 – paginação eletrônica).

eletrônico, sem certificar a integridade do documento, são admitidas apenas em interações de menor impacto com o Poder Público. Entre particulares, devem ser amplamente admitidas, com fundamento na regra da autonomia da vontade (reforçada pela Lei n. 13.874/2019) e nas normas do art. 10, § 2º, da MP 2.200-2/2001, dos arts. 190 e 784, §4º, do Código de Processo Civil, inclusive para a outorga de procurações e conformação de títulos executivos. Mas é preciso atentar ao preconceito da jurisprudência com as assinaturas digitalizadas (modalidade de assinatura simples) e ao risco de a singeleza do procedimento de realização da assinatura simples não suprir as funções das exigências legais de forma escrita.

IV. Reproduções de documentos eletrônicos assinados eletronicamente ou de documentos físicos assinados manualmente: ressalvados os casos em que "a lei ou as circunstâncias condicionarem o exercício do direito à (...) exibição" do original (CC, art. 223, par.), as cópias e reproduções são aptas a representar os fatos representados no documento original e produzir os mesmos efeitos. Algumas formas de reprodução de documentos eletrônicos permitem conferir a autenticidade e integridade do original. A exibição do original é especialmente relevante nos casos de títulos executivos extrajudiciais aptos a circular sem a cientificação do devedor.

V. Âmbito da aplicação da Lei do Processo Eletrônico: importante dissipar confusão às vezes encontrada na jurisprudência e compreender que a Lei n. 11.419/2006 se aplica apenas à "tramitação de processos judiciais, comunicação de atos e transmissão de peças processuais", e não aos atos, celebrados entre particulares, encartados nos autos processo (tais como procuração judicial, acordos e títulos executivos). Ou seja, a Lei do Processo Eletrônico regula o ato de peticionar, mas não a produção do documento apresentado com a petição.

VI. É possível e conveniente estipular cláusula contratual disciplinando a admissibilidade e os efeitos das variadas espécies de assinatura eletrônica, inclusive, se for o caso, admitindo o uso técnicas diversas pelos signatários do negócio jurídico.

21. CLÁUSULAS MATERIAL ADVERSE CHANGE (MAC) OU CLÁUSULAS MATERIAL ADVERSE EFFECT (MAE): PARA ALÉM DAS SUPERVENIÊNCIAS DE CIRCUNSTÂNCIAS

Crisleine Yamaji

1. CONSIDERAÇÕES INICIAIS

Cláusulas *Material Adverse Change* (MAC) ou *Material Adverse Effect* (MAE) são cláusulas que preveem regramento jurídico à alteração ou efeito material adverso no programa contratual. Assim são conceituadas e nelas são corriqueiramente contidas fórmulas de redação amplas, genéricas e elásticas que tendem a ser compostas por elementos circulares ou tautológicos[1].

Tempos atrás essas cláusulas eram consideradas cláusulas-padrões (*boilerplate clauses*), com estilo comum; à semelhança de cláusulas de estilo[2]. Estavam presentes nas operações econômicas por repetição ou mero conforto de uma

[1] Cf. ADAMS, Kenneth A. *A legal usage analysis of "material adverse change" provisions in Fordham. Journal of Corporate & Financial Law, v. 10, p. 9-53, 2004, p. 1, 22.* Disponível em: http://ir.lawnet.fordham.edu/jcfl/vol10/iss1/2. Acesso em: fev. 2017; YAMAJI, Crisleine. As previsões contratuais da superveniência de circunstâncias: uma construção teórica à luz das cláusulas *Material Adverse Change.* 2019. 359 f. Tese (Doutorado em Direito) – Faculdade de Direito, Universidade de São Paulo, São Paulo; Tesi (*Dottorato di Ricerca)* –Facoltà di Giurisprudenza, Università degli Studi di Roma Tor Vergata, 2019, p. 16, 28-29, 93-94.

[2] Os franceses costumam diferenciar cláusulas *standard* e cláusulas de *style.* Enquanto aquelas têm reconhecida influência na conformação da intenção e na vontade manifestada pelas partes no programa contratual, estas têm seu valor legal e seus efeitos fortemente questionados pela doutrina e jurisprudência. Cf. HELLERINGER, Geneviève. *Les clauses du contrat*: essai de typologie. Paris: LGDJ, 2012, p. 4 (nota 19 e nota 20).

prática contratual, inserida em alguns contratos socialmente típicos, importados em seu modelo anglo-americano, sem maiores cuidados com sua elaboração e conteúdo, em especial quanto ao seu enquadramento na lei nacional aplicável.[3]

A reiteração desse padrão comum, sujeito a tantos questionamentos, nunca foi, no entanto, sem propósito, servindo ao fim de deixar um gatilho no programa contratual para o cumprimento de um específico propósito.[4]

Houve, por assim dizer, uma evolução do padrão mais amplo e genérico para outro padrão mais detalhado ou analítico, com exemplos e/ou exceções de situações fáticas da alteração material adversa[5] De todo modo, as cláusulas passaram por essa evolução até mesmo em resposta a litígios milionários, especialmente na esfera societária, surgidos por sua amplitude e indefinição, o que as colocou no centro das atenções de todos.

Cláusulas MAC ou MAE são reconhecidas pela prática como cláusula contratual; na nossa visão, não são apenas uma única cláusula, como indicado na melhor apreciação doutrinária na matéria – DE NOVA, por exemplo, que as trata como uma "cláusula de alocação de riscos disfarçada de definição"[6] –, mas sim um "conjunto de cláusulas disfarçadas de definição"[7].; ou seja, cláusulas que contêm o elemento central da definição da alteração ou efeito material adverso complementada por uma variedade de regimes

---

[3] Cf. CORDERO-MOSS, Giuditta (Ed.). *Boilerplate clauses, international commercial contracts and the applicable law.* Cambridge: Cambridge University Press, 2011, p. 1, 3, 23.

[4] Cf. EASTERBROOK, Frank. In: Arnold R. Rissman, Plaintiff-Appellant, v. Owen Randall Rissman and Robert Dunn Glick, Defendants-Appellees, United States Court of Appeals, Seventh Circuit n. 99-2719, mai 2000. Disponível em: https://caselaw.findlaw.com/us-7th-circuit/1014155.html. Acesso em: mar. 2018.

[5] Cf. GILSON, Ronald; SCHWARTZ, Alan. Understanding MACs: Moral Hazard in Acquisitions. *Journal of Law, Economics & Organization,* Cary, v. 21, n. 2, p. 330-358, 2005, p. 331 (nota 5). Disponível em: http://digitalcommons.law.yale.edu/fss_papers/305. Acesso em: fev. 2017; ELKEN, Andrew C. Rethinking the material adverse change clause in merger and acquisition agreements: should the United States consider the British Model? *Southern California Law Review,* Los Angeles, v. 88, p. 291-339, 2009, p. 292. Hein Online. Acesso em: jun. 2017; COATES IV, John C. M&A Contracts: Purposes, Types, Regulation, and Patterns of Practice. In: *Harvard John M. Olin Discussion Paper Series,* Paper No. 825, p. 1-34, abr. 2015, p. 7. Disponível em: https://dash.harvard.edu/handle/1/17743076. Acesso em: 8 jun. 2017; MILLER, Robert. Hexion v. Huntsman: elaborating the Delaware MAC standard. *The Journal of the Federalist Society Practice Groups,* p. 1-14, fev. 2009, p. 1. Disponível em: Westlaw. Acesso em: jun. 2017.

[6] DE NOVA, Giorgio. *Il Sale and Purchase Agreement:* un contratto commentato, Torino: Giappichelli, 2017, p. 102.

[7] YAMAJI, Crisleine. As previsões contratuais da superveniência de circunstâncias: uma construção teórica à luz das cláusulas *Material Adverse Change.* 2019. 359 f. Tese (Doutorado em Direito) – Faculdade de Direito, Universidade de São Paulo, São Paulo; Tesi (*Dottorato di Ricerca)* –Facoltà di Giurisprudenza, Università degli Studi di Roma Tor Vergata, 2019, p. 28; cf. YAMAJI, Crisleine. Cláusulas *Material Adverse Change* (MAC): conjunto de cláusulas disfarçadas de definição In: *Riscos no Direito Privado e na Arbitragem.* São Paulo: Almedina, 2023, pp. 401-426, pp. 405-409.

consequentes. A definição, combinada com outras cláusulas que internamente a contêm, faz irradiar consequentes efeitos jurídicos decorrentes da mesma combinação.

Afirmamos, portanto, sem titubear, tratar-se de mais de uma cláusula, pois, em nossa prática contratual romano-germânica, cláusulas contratuais costumam ser identificadas a partir de unidades elementares plenas de sentido, elementos negociais autônomos que se combinam na composição de um sistema ou todo contratual mais complexo[8] e formam uma norma jurídica incindível no interior do programa contratual.[9]

Essas cláusulas são produto de técnicas negociais que modulam a formação ou a eficácia contratual; cláusulas de reconhecida tipicidade social, com padrão transposto de experiência estrangeira e transnacional.[10]. Subvertem a lógica da unidade elementar autônoma, na medida em que inovam na combinação de proposições e disposições e não se encaixam nas tipologias de apreciação de cláusulas contratuais pela doutrina privatista, nascidas de sistemas classificatórios que parte de padrões romano-germânicos.

Nesse sentido, por exemplo, ROPPO diferencia cláusulas de outros dispositivos, premissas ou definições contratuais, considerando seu conteúdo preceptivo ou descritivo e reconhecendo nas cláusulas a prevalência desse valor preceptivo; são cláusulas contratuais em sentido estrito, portanto, unidades contratuais elementares dotadas de valor linguístico preceptivo, não podendo, portanto, ser meras disposições que contêm definições em seu conteúdo ou, ainda, depender de combinações[11]; Helleringer, de outra forma, classifica cláusulas contratuais como cláusulas de prestação - cuja função é delimitar o conteúdo da relação contratual; cláusulas de poder - cuja função é de conferir particular poder ou prerrogativa às partes; e cláusulas residuais - cuja função é levar à extinção contratual[12].

Como se verá neste artigo, cláusulas MAC ou MAE são comumente encontradas em uma variedade de operações econômicas, cuja diversidade de efeitos jurídicos têm, em comum, características de uma série de operações econômicas que se prolongam no tempo. Abarcam uma variedade de operações

---

[8] Cf. JUNQUEIRA DE AZEVEDO, Antônio. *Negócio jurídico*: existência, validade e eficácia. São Paulo: Saraiva, 2002, p. 29-30.

[9] Cf. GALLETTO, Tomaso. Clausola Rebus Sic Standibus. In: *Digesto delle Discipline Privatistiche* - Sezione Civile, v. II, Torino: UTET, 1988, p. 383-396, p. 384; GRASSETTI, Cesare. Clausola. In: *Enciclopedia del diritto*. Milano: Giuffrè, 1960, p.184-186.

[10] Cf. GOMES, Orlando. Hardship clause. Opção. Condição Alternativa. In: *Questões mais recentes de direito privado* - Pareceres. São Paulo: Saraiva, 1988, p. 299-306, p. 302.

[11] Cf. ROPPO, Vincenzo. Il contratto. In: IUDICA, Giovanni; ZATTI, Paolo (Coord.). *Trattato di diritto privato*. 2 ed. Milano: Giuffrè, 2011, p. 432.

[12] Cf. HELLERINGER, Geneviève. *Les clauses du contrat: essai de typologie*. Paris: LGDJ, 2012, p. 18.

societárias e de mercado financeiro e de capitais e podem ser encontradas em documentos preliminares de negociação e conformação das operações econômicas, com contornos, no entanto, de contratações definitivas.

Assim como as inteiras operações econômicas das quais fazem parte, tratam-se de cláusulas de tipologia social cuja estrutura e função encontram-se atualmente muito influenciadas pelo transplante de modelos anglo-saxões. No Brasil, essas cláusulas têm gerado um bom volume de conflitos arbitrais e judiciais, pois sua definição, apesar de ampla e de pretensão totalizante, não consegue abarcar o todo da realidade concreta e circunstancial, com a clareza necessária para se evitar conflitos no ínterim entre assinatura e execução contratual.

2. CLÁUSULAS MAC OU MAE: EXEMPLOS DE REDAÇÃO

Cláusulas MAC ou MAE são combinações de cláusulas com cerne em uma definição. Essa definição pode se apresentar expressamente em cláusula própria de interpretação ou definição ou pode vir no corpo de outra cláusula ou, ainda, não vir expressamente definida no contrato. Para compreendê-la, é preciso compreender o contexto fático da própria operação econômica. Quando há uma definição apartada, nela se costuma encontrar uma referência genérica, ampla e, às vezes, circular ou tautológica ao mesmo evento, qualificando-o como material, sinônimo de relevante, e deixando claro que o efeito se trata de algo adverso, sinônimo de prejudicial. E esse conceito ou definição vem sempre inserido em outros dispositivos do programa contratual e com eles combinado, todo esse conjunto normalmente submetido à lei aplicável nacional, apesar de o contrato ser resultado de um estrangeirismo (modelo de *common law*) inserido nos sistemas nacionais.

Assim como na música clássica, pode-se dizer que as cláusulas MAC ou MAE tratam-se de um tema com variações. O tema com variações é uma forma musical em que, a cada repetição, o tema apresenta variações em seu ritmo, sua harmonia, sua instrumentação ou alguma ornamentação em sua melodia, para fins ilustrativos, tais quais as variações feitas por Rachmaninoff sobre o tema de Paganini em Rapsódia sobre um tema de Paganini.

Para visualizarmos bem essa ideia, partimos de alguns exemplos da definição ou conceituação de efeito material adverso no programa contratual, os dois primeiros retirados de uma operação de financiamento, também típico de projetos e valores mobiliários, e os demais de três diferentes operações de fusões e aquisições (M&A)[13]:

> "Alteração Material Adversa": qualquer evento ou circunstância (ou séries de eventos ou circunstâncias) que ocorram e tenham ou seria razoavelmente esperado que tenham um Efeito Material Adverso [...][14]
>
> "Efeito Material Adverso": (a) na situação (econômica, financeira, operacional ou de outra natureza) da Emissora, nos seus negócios, bens, ativos, resultados operacionais e/ou perspectivas; (b) no pontual cumprimento das obrigações assumidas pela Emissora perante os Debenturistas, nos termos desta Escritura de Emissão; e/ou (c) nos seus poderes ou capacidade jurídica e/ou econômico-financeira de cumprir qualquer de suas obrigações nos termos desta Escritura de Emissão e/ou dos demais documentos que instruem a Emissão e a Oferta, conforme aplicável[15].
>
> "Evento Material Adverso: qualquer fato que possa afetar de forma adversa, individual ou conjuntamente, os ativos, situação financeira, perspectivas, negócios ou resultados da [companhia], que não tenha sido declarado no Contrato e/ou em seus Anexos e/ou em seus Apêndices" [16].
>
> "Efeito Adverso Relevante": um efeito adverso relevante sobre a capacidade de qualquer uma das Partes de cumprir e realizar suas obrigações nos termos do presente Contrato[17].
>
> "Evento Material Adverso": significa, com relação à Sociedade, um acontecimento ou efeito que ocorra durante o Período Interino e seja materialmente adverso nas condições financeiras ou resultados operacionais da Sociedade e suas Controladas, consideradas em conjunto, no atual exercício social observado, entretanto, em nenhuma hipótese deverá qualquer

---

[13] Todos os exemplos foram coletados e reproduzidos de casos concretos e da prática contratual pesquisados para ilustração de nossa tese de doutorado, a qual também serve de fonte e inspiração para este artigo. Apud: YAMAJI, Crisleine. As previsões contratuais da superveniência de circunstâncias: uma construção teórica à luz das cláusulas *Material Adverse Change*. 2019. 359 f. Tese (Doutorado em Direito) – Faculdade de Direito, Universidade de São Paulo, São Paulo; Tesi (*Dottorato di Ricerca)* –Facoltà di Giurisprudenza, Università degli Studi di Roma Tor Vergata, 2019.

[14] Cf. *Term Facility Agreement*, mar. 2017. Disponível em: OTCMarkets. Acesso em: jan. 2018.

[15] Cf. Instrumento particular de escritura da 5ª (quinta) emissão de debêntures simples, não conversíveis em ações, da espécie quirografária, em série única, para distribuição pública com esforços restritos, da AES Tietê Energia S.A., de 8 nov. 2016. (X.1) Disponível em: Debentures. com. Acesso em: dez.2017.

[16] Cf. Contrato de compra e venda de Ações e Outras Avenças. In: *Ato de Concentração 08012009325/2006-24*. Disponível em: CADE. Acesso em: *nov. 2017*.

[17] Cf. Contrato de compra e venda de ações. In: *Ato de Concentração 08012.000070/2004-72*. Disponível em: CADE. Acesso em: nov. 2017.

dos seguintes eventos, individualmente ou em conjunto, ser considerado constituir ou ser levado em conta para constituir uma Alteração Material Adversa: (a)(i) alterações nas condições da economia nacional ou global ou nos mercados financeiro, de crédito e de capitais global em geral, inclusive mudanças nas taxas de empréstimos de bancos comerciais, taxas de juros ou taxas de câmbio; (ii) mudanças na lei aplicável ou nas condições legais, tributárias, regulatórias ou políticas em geral; ou (iii) mudanças que geralmente afetam o setor em que a Sociedade e suas Controladas operam; (b) mudanças requeridas pelo GAAP; (c) o efeito da negociação, assinatura, divulgação deste Contrato ou as operações aqui contempladas nas relações da Sociedade, relações contratuais ou não, ou ainda com clientes, fornecedores, vendedores, bancos credores, parceiros estratégicos em negócio de risco (*strategic venture partners*) ou empregados; (d) terremotos, furacões, enchentes, ou outros desastres naturais; (e) qualquer conduta comissiva tomada conscientemente do Comprador da qual se poderia razoavelmente esperar um Efeito Material Adverso; (f) qualquer conduta da Sociedade, a pedido expresso do Comprador, ou qualquer ação ou omissão requerida nos termos do Contrato; (g) circunstâncias: (i) existentes na data deste Contrato; e (ii) que foram razoavelmente divulgadas pelo Comprador ou conhecidas publicamente e por todos a partir da data deste Contrato[18].

"Efeito Material Adverso" significa um evento: (i) que individualmente ou em conjunto com outros Efeitos Materiais Adversos impeça a Sociedade e suas Controladas, consideradas em conjunto, de conduzir seus negócios ou qualquer alteração daí decorrentes ou (ii) que poderia causar perdas ou danos maiores que o equivalente no valor presente líquido (net present value) descontados tributos (calculado à taxa de desconto de 8%) de EUR 20.000.000 (vinte milhões de euros), observado, entretanto, que os eventos que individualmente poderiam causar perdas e danos menores que EUR 1.000,000 (um milhão de euros) deverão ser desconsiderados na determinação dos EUR 20.000.000 (vinte milhões) [19].

Em complemento, verificamos a combinação dessas definições com outras cláusulas contratuais, exemplificadas na seguinte ordem: duas cláusulas de declarações e garantias (transposição de um padrão de *representations and warranties*, cujas definições correspondem à primeira e à segunda definição acima apresentada), uma cláusula relativa à condição precedente, que pode se

[18] Cf. *Share and Purchase Agreement*. Disponível em: SEC. Acesso em: jan. 2018.

[19] Cf. Share Purchase Agreement by and between Montedison S.p.A. and Longside International S.A. and Solvay S.A. In: *Ato de Concentração nº 08012.007318/2006-98*. Disponível em: CADE. Acesso em: *nov. 2017*.

traduzir tanto em uma obrigação como em um caso fortuito ou força maior ou aspecto de veracidade de declaração ou uma cláusula de responsabilidade ou uma verdadeira condição, como pudemos notar em nossa pesquisa[20].

> 11. Das Declarações da Emissora[21]
>
> 11.1. A Emissora declara e garante que, nesta data: [...] os documentos e as informações fornecidos por ocasião da Oferta incluindo, mas não se limitando, àquelas contidas nesta Escritura de Emissão, e no material de divulgação da Oferta para Investidores Profissionais, serão verdadeiros, consistentes, completos corretos e suficientes, permitindo aos Investidores uma tomada de decisão fundamentada a respeito da Oferta, e (ii) não tem conhecimento de informações que não aquelas mencionadas no item (i) acima e conforme constem dos documentos da Emissão e da Oferta disponibilizados até esta data (1) cuja omissão faça com que qualquer informação seja falsa, inconsistente, imprecisa, incompleta, incorreta e/ou insuficiente e/ou (2) que possam resultar em um Efeito Material Adverso.
>
> Cláusula VII - Declarações e Garantias das Vendedoras[22]
>
> 7.1. Cada uma das vendedoras, neste ato e com respeito a si, presta a cada uma das compradoras as declarações e garantias abaixo relacionadas: [...]
>
> c) Inexistência de Violação: sujeito à obtenção das aprovações e consentimentos mencionados na Cláusula 5.1(c), a assinatura e o cumprimento do presente Contrato (i) não estão em conflito nem violam quaisquer disposições contidas nos documentos societários da VENDEDORA; (ii) não acarretam a infração ou inadimplemento (que enseje qualquer direito de rescisão, cancelamento ou vencimento antecipado) por força de qualquer termo ou disposição de qualquer acordo, contrato, endividamento, arrendamento, compromisso, alvará, autorização ou concessão dos quais seja parte ou pelos quais esteja obrigada; (iii) não acarretam a violação de qualquer lei, norma jurídica, regra, regulamento, portaria, código, despacho, sentença, mandado, liminar, decreto ou decisão a ela aplicáveis, excluindo-se dos itens

---

[20] Vide: YAMAJI, Crisleine. As previsões contratuais da superveniência de circunstâncias: uma construção teórica à luz das cláusulas *Material Adverse Change*. 2019. 359 f. Tese (Doutorado em Direito) – Faculdade de Direito, Universidade de São Paulo, São Paulo; Tesi (*Dottorato di Ricerca)* –Facoltà di Giurisprudenza, Università degli Studi di Roma Tor Vergata, 2019.

[21] Cf. Instrumento particular de escritura da 5ª (quinta) emissão de debêntures simples, não conversíveis em ações, da espécie quirografária, em série única, para distribuição pública com esforços restritos, da AES Tietê Energia S.A., de 8 nov. 2016. (X.1) Disponível em: Debentures. com. Acesso em: dez.2017.

[22] Cf. Contrato de compra e venda de ações. In: *Ato de Concentração 08012.000070/2004-72*. Disponível em: CADE. Acesso em: nov. 2017.

(ii) e (iii) acima as violações, infrações ou inadimplementos que não tenham uma possibilidade razoável de causar um Efeito Adverso Relevante sobre a Vendedora ou às Sociedades. [...]

Os VENDEDORES não têm conhecimento de qualquer evento material adverso, qualquer fato que possa afetar de forma adversa, individual ou conjuntamente, os ativos, situação financeira, perspectivas, negócios ou resultados da [COMPANHIA], que não tenha sido declarado no CONTRATO e/ou em seus Anexos e/ou em seus Apêndices.

ARTIGO IV - CONDIÇÕES PRECEDENTES À CONCLUSÃO[23]

4.2. - Condições para as Obrigações da GLOBOSAT. As obrigações da GLOBOSAT de cumprir as operações aqui contempladas estarão sujeitas ao cumprimento, antes ou na Data de Fechamento, das seguintes condições adicionais: (a) Averiguação de Diligências. A GLOBOSAT deverá ter recebido relatórios de diligências sobre a Sociedade satisfatórios à GLOBOSAT e que não revelem fatos ou circunstâncias que possam ter um Efeito Material Adverso na Sociedade ("Defeito Maior").

9. OBRIGAÇÕES DE INDENIZAR DOS VENDEDORES[24]

9.1 Responsabilidade dos Vendedores

9.1.1 A partir e após a Conclusão, e sujeito às condições e limitações estabelecidas abaixo, a Montedison concorda em indenizar o Comprador ou, a pedido do Comprador, a Sociedade e as Controladas e seus sucessores (por força de lei ou conforme qualquer designação permitida nos termos deste Contrato) (o "Comprador Indenizado"), contra:

(a) sujeito à Cláusula 9.3:

(i) toda e qualquer Perda por violação de declarações e garantias, declarações e garantias falsas ou imprecisas e por violação de obrigações (o mesmo que Perdas decorrentes ou resultantes da violação pelo Vendedor das Declarações e Garantias Fundamentais, Declarações e Garantias Específicas, violação da declaração e garantia estabelecida na Cláusula 6.2 E (f) e na Obrigação Fundamental); [*inclusas aquelas de evento/efeito material adverso*]

22.18 Vencimento Antecipado[25]

---

[23] Cf. Instrument of contribution and other covenants. In: *Ato de Concentração nº 08012.005864/2000-07*. Disponível em: CADE. Acesso em: nov. 2017.

[24] Cf. Share Purchase Agreement by and between Montedison S.p.A. and Longside International S.A. and Solvay S.A. In: *Ato de Concentração nº 08012.007318/2006-98*. Disponível em: CADE. Acesso em: nov. 2017.

[25] Cf. *Term Facility Agreement*, mar. 2017. Disponível em: OTCMarkets. Acesso em: jan. 2018.

(a) A qualquer momento e após a ocorrência de um Evento de Inadimplemento: (i) estabelecido nas Cláusulas 22.1 (Não-pagamento) e 22.5 (Inadimplemento cruzado), que se mantenha, o Agente poderá (e, se assim for determinado pela Maioria dos Credores, deverá), mediante notificação à Sociedade, declarar a ocorrência de um Evento de Inadimplemento e resolver este Contrato (...);

(ii) previsto nas Cláusulas 22.2 (obrigações-*covenants* financeiras), 22.3 (Outras obrigações), 22.4 (Falsas Declarações), 22.6 (Insolvência), 22.7 (Processo de Insolvência), 22.8 (Processo de Credores e Sentença Final) e 22.10 (Ilegibilidade), que continua, o Agente pode (e, se assim for determinado pela Maioria dos Credores, deverá) resilir, mediante notificação à Sociedade este Contrato (...)

3. ÂMBITO DE APLICAÇÃO DAS CLÁUSULAS MAC OU MAE

Conforme mencionamos brevemente na introdução, cláusulas MAC ou MAE são previstas em uma variedade de operações econômicas que têm em comum tipos e padrões de importação[26] para a conformação das circunstâncias concretas, conforme intenções, vontades e interesses das partes, no curso e diferimento do tempo. São incluídas em contratos que formalizam operações de compra e venda de participações societárias ou ativos (*merger and acquisitions*), projetos de financiamento de infraestrutura (*project finances*) ou financiamentos bancários, empréstimos sindicalizados (*syndicated loans*), títulos e valores mobiliários emitidos no mercado para captação da poupança popular. Ainda, são identificadas em documentos preliminares, negociais ou pré-contratuais – cartas de intenções, memorandos de entendimento, cartas-conforto, sumários de termos e condições de operações econômicas, aos quais se possam atribuir contornos a contratações definitivas.

4. FUNÇÕES DAS CLÁUSULAS MAC OU MAE

Muitas vezes, para tratar de funções no programa contratual, trata-se de causa concreta, com foco no propósito ou fim específico a que se destina

[26] Causa tal estranheza aos sistemas romano-germânicos que DE NOVA classifica esses modelos como alienígenas. Cf. DE NOVA, Giorgio. Contratto alieno. *Digesto delle Discipline Privatistiche--sezione civile.* 4. ed., aggiornamento A-Z. Torino: UTET, 2009, p. 140-146, p. 140-141; DE NOVA, Giorgio. The Law which governs this agreement is the law of the Republic of Italy. *Studi in onore di Giorgio Cian*, t. I. Padova: CEDAM, 2010, p. 725-734, p. 726.

determinada previsão contratual. Toda causa concreta leva a uma avaliação jurídica, um processo de validação, ao enquadramento a um esquema jurídico-causal que sustenta os efeitos de relevância jurídica, diretamente relacionados às respectivas funções[27].

Partimos, portanto, dessas premissas para refletir sobre as funções das cláusulas MAC ou MAE no programa contratual e para constatar que somente a definição ou conceito de alteração ou efeito material adverso não tem função nesse contexto, mas depende do uso próprio que se faz desse conceito inserido em outro dispositivo contratual. Assim sendo, sua função depende da combinação feita para regular a expressão da composição dos interesses das partes.

Cláusulas MAC são usadas principalmente para alocação ou distribuição de riscos contratuais, renegociação contratual, extinção antecipada, informação ou atribuição de específicas obrigações de indenizar, consequentes direitos a uma ou ambas as partes[28]

Apesar dessas funções, seu cumprimento é desafiador; segue a sorte da vagueza do conteúdo, com dificultosa aferição de seu alcance e da comum intenção das partes no curso do contrato, interpretação bastante restritiva dos

---

[27] Cf. BIANCA, Cesare Massimo. *Diritto Civile* – il contratto, v. 3. 2. ed. Milano: Giuffrè, 2000, p. 412; BIANCA, Cesare Massimo. *Istituzioni di Diritto Privato*. Milano: Giuffrè, 2014, p. 439

[28] Cf. LANGE, Christopher. "Material Adverse Effect" und "Material Adverse Change" - Klauseln in amerikanischen Unternehmenskaufverträgen. In: *Neue Zeitschrift für Gesellschaftsrecht* (NZG). München: C. H. Beck, p. 454-488, maio 2005, p. 455. Disponível em: BECK-Online. Acesso em: abr. 2018; HENSSLER, Martin. Material Adverse Change-Klauseln in deutschen Unternehmenskaufverträgen – (r)eine Modeerscheinung? In: BAUMS, Theodor; WERTENBUCH, Johannes; LUTTER, Marcus; SCHMIDT, Karsten. *Festschrift für Ulrich Huber zum siebzigsten Geburtstag*. Tübingen: Mohr Siebeck, 2006, p. 739-756, p. 741; 753; HENSSLER, Martin. *Risiko als Vertragsgegenstand*. Tübingen: Mohr Siebeck, 1994, p. 95; PREISSER, Simone. *Risikoverteilung Im Unternehmenskaufvertrag*: Zur Bedeutung Einer Material Adverse Change-Klausel Nach Deutschem Recht. Baden-Baden: Nomos, 2015, p. 186; LE NABASQUE, Hervé. L'imprévision et les cessions de droits sociaux. *Bulletin Joly Sociétés*, n. 115, m. 4, p. 538 ss., set. 2016, p. 3-4. Disponível em: Lextenso. Acesso em: jun. 2018; MEKKI, Mustapha. Les incidences de la réforme du droit des obligations sur le droit des sociétés: rupture ou continuité (Le contrat). *Revue des Sociétés*, p. 483ss, 2016. Disponível em: Dalloz.Fr. Acesso em: 29 jun. 2018, p. 21; COURET, Alain. Le projet de réforme du droit des obligations: incidences sur le régime des cessions de droits sociaux. *Bulletin Joly Sociétés*, n. 113, m8, p. 247 ss., maio 2015. Disponível em: Lextenso. Acesso em: jun. 2018; DE NOVA, Giorgio. *Il Sale and Purchase Agreement*: un contratto commentato, Torino: Giappichelli, 2017, p. 101-102; CAPECCHI, Gabriele. Modello commentato di contratto preliminare di acquisizione societaria (S.r.L). In: DRAETTA, Ugo; MONESI, Carlo. *I contratti di acquisizione di società ed aziende*. Milano: Giuffrè, 2007, p. 671-696, p. 687; TINA, Andrea. *Il contratto di acquisizione di partecipazioni societarie*. Milano: Giuffrè, 2007, p. 397-399; RENNA, Luca. *Compravendita di partecipazioni sociali* – dalla lettera di intenti al closing. Torino: Zanichelli, 2015, p. 297-299; SPERANZIN, Marco. *Vendita della partecipazione di "controllo" e garanzie contrattuali*. Milano: Giuffrè, 2006, p. 304-305; AURELIANO, Nuno. *O risco nos contratos de alienação* - contributo para o estudo do direito privado português. Coimbra: Almedina, 2009, p. 487.

tribunais e árbitros, em casos de litígios, e exigência de um pesado ônus probatório e uma enorme dificuldade de comprovação. Identificando essas funções, pode-se identificar também quão desafiador é atribuir efetividade às cláusulas MAC ou MAE para aquilo que foram originalmente previstas pelas partes.

Escapa à comum pretensão das partes, para fins de cumprimento de sua função, a impossibilidade de efetiva autossuficiência de seu regramento contratual. São também insatisfatórias e ineficazes para fins de precisa precificação ou indenização. E se encontram dificuldades adicionais na concretização de funções de informação e renegociação das operações. Notável, por fim, é seu desencaixe em qualquer lei nacional aplicável.

4.1. Alocação de riscos

Todo o contrato pode ser considerado um instrumento de alocação de riscos, tratando-se de ato ou uma série de atos articulados em operação econômica fixada entre as partes.[29] As cláusulas MAC contribuem para essa alocação de riscos, pois lidam com previsão de contingências[30] no interior do contrato, de forma a distribuir entre as partes os riscos de eventos, alterações, mudanças e efeitos negativos em relação a uma situação fática analisada e atribuir, alternativamente, efeitos contratuais consequentes à sua verificação de revisão, ajuste, indenização ou extinção contratual.

Em regra, cláusulas MAC ou MAE alocam riscos verificáveis ao longo do tempo, entre dois momentos: o da assinatura do contrato e o da completa execução das obrigações nele previstas. Essa alocação é feita a partir de uma definição ampla de alteração material adversa, como já dito, com eventuais enumerações e exceções previstas na própria cláusula ou nos anexos do próprio contrato, inclusive aqueles que listam o resultado de análises e diligências, com antecipação de possíveis riscos exógenos, tornando-os, se for o caso, riscos endógenos à operação econômica para fins de sua negociação e precificação.

Nota-se um evidente esforço das partes para atribuir alguma certeza às incertezas, com maior previsibilidade jurídica do ponderável e do imponderável para alocação dos riscos, a qual, já se sabe na largada, nunca se concretizará da maneira esperada. No caso dos contratos de M&A, isso ocorre entre assinatura *(signing) e* conclusão (*closing)* da operação econômica, quando se conclui a efetiva transferência da titularidade das participações societárias ou dos

---

[29] Cf. GALLO, Paolo. *Contratto e buona fede.* Torino: UTET, 2009, p. 623.

[30] Cf. SOMOGIE, Nathan. Failure of a "basic assumption": the emerging standard for excuse under MAE provisions. *Michigan Law Review*, Ann Arbor, p. 81-111, v. 108, n. 1, out. 2009, p. 89-90. Disponível em: http://repository.law.umich.edu/mlr/vol108/iss1/3. Acesso em: abr. 2018.

ativos em contraprestação à total disponibilização dos recursos financeiros; no caso dos contratos de financiamento, entre o momento da concessão dos recursos e sua efetiva destinação, com integral restituição dos valores acrescidos da remuneração pactuada.

A construção de um quadro informativo de premissas e declarações combinada com a análise precisa, em devida diligência, da situação concreta atual (*as is*) procura estabelecer uma fotografia da realidade concreta para uma adequada precificação da operação e distribuição de riscos da situação fático-patrimonial. Esse quadro de alocação de riscos estabelece um equilíbrio, normalmente oneroso e comutativo, com limites na sua distribuição, havendo uma possível identificação da álea normal ou ordinária para a materialização dos riscos na definição do preço, cuja superação possa levar a renegociações, ajustes de preços, indenizações ou até liberação das obrigações e extinção antecipada do contrato[31].

4.2. Renegociação

Na prática contratual, é comum reconhecer nas cláusulas MAC ou MAE seu papel relevante na renegociação contratual, decorrente do caráter amplo e genérico de sua conceituação, o qual acaba por obrigar as partes a reavaliarem conjuntamente, *a posteriori*, o quadro fático posto e pressuposto pelas partes na composição de seus interesses. Sem dúvidas, por esse caráter genérico e amplo expõe-se o programa contratual ao arrependimento[32] e à sua revisão por conveniência de uma das partes, o que, muito embora, se busca evitar.

Ademais, apesar da reconhecida função de renegociação, não é normalmente objeto de uma específica cláusula contratual a conter uma obrigação de meio de renegociar. Algumas vezes, por articulação ou combinação de seu conceito com o conteúdo com outros dispositivos contratuais, pode levar a um ajuste de preço; outras, à indenização posterior à conclusão do contrato.

Em qualquer caso, pode-se dizer que essa renegociação contratual acaba sendo uma verdadeira expressão de um poder, o poder de barganha das partes. Nesse caso, poder-se-ia reconhecer uma faculdade a uma das partes ou

---

[31] Vide, por exemplo, cf. MILLER, Robert. Hexion v. Huntsman: elaborating the Delaware MAC standard. *The Journal of the Federalist Society Practice Groups*, p. 1-14, fev. 2009, p. 1-2. Disponível em: Westlaw. Acesso em: jun. 2017.

[32] Arrependimento: fator de eficácia apenas em cláusulas de arrependimento de contratos preliminares e não costuma ser aceito em contratos definitivos a prazo determinado por afrontar a conservação e segurança do contrato. Cf. ZANETTI, Cristiano de Sousa. *A conservação dos contratos nulos por defeito de forma*. São Paulo: Quartier Latin, 2013, p. 135ss.

ambas que, na maioria das vezes, permanecem interessadas na conclusão da operação econômica, mas com bem diversa caracterização daquelas previstas na assinatura do contrato, especialmente quanto ao preço pactuado, ou bastante preocupadas com informações confidenciais e sensíveis trocadas sobre os negócios e sobre as atividades, o que pode, em todo caso, gerar efeitos negativos posteriores às partes.[33]

4.3. Informação

Cláusulas MAC ou MAE são vinculadas ao dever de informar na formação do contrato e durante sua execução, diante do previsível e o imprevisível da operação econômica. De algum modo, visam lidar com a assimetria da informação, corrigindo suas vicissitudes.[34]

Reforçam o dever de informar, anexo à boa-fé objetiva, em declarações e diligências prévias e ao longo da execução da operação, entre a assinatura do contrato e a conclusão da operação. Ao definir um quadro fático para a tomada de decisão, estabelecem padrões de preço e de álea, garantindo a manutenção de determinada matriz de risco em decorrência da operação econômica[35].

4.4. Extinção antecipada

Ao permitir a extinção antecipada do contrato, cláusulas MAC ou MAE liberam as partes do vínculo contratual e, por conseguinte, do total cumprimento de suas obrigações e responsabilidades no programa contratual.[36]

---

[33] Cf. LANGE, Christopher. "Material Adverse Effect" und "Material Adverse Change"-Klauseln in amerikanischen Unternehmenskaufverträgen. In: *Neue Zeitschrift für Gesellschaftsrecht* (NZG). München: C. H. Beck, mai. 2005, p. 454-488, p. 458. Disponível em: BECK-Online. Acesso em: abr. 2018.

[34] Cf. GARRETT, Michelle Shenker. Efficiency and Certainty in Uncertain Times: The Material Adverse Change Clause Revisited. *Columbia Journal of Law and Social Problems*, New York, n. 43, p. 333-362, 2010, p. 339. Disponível em: Hein Online. Acesso em: jun. 2017.

[35] Cf. HUBER, Ulrich. Die Praxis des Unternehmenskauf im System des Kaufrechts. *Archiv für die zivilistische Praxis*, Bd., H. 2. Tübingen: Mohr Siebeck, 2002, p. 179-242, p. 199; p. 207-208. Disponível em: JStor. Acesso em: out. 2018; TINA, Andrea. *Il contratto di acquisizione di partecipazioni societarie*. Milano: Giuffrè, 2007, p. 504; SPERANZIN, Marco. *Vendita della partecipazione di "controllo" e garanzie contrattuali*. Milano: Giuffrè, 2006, p. 327.

[36] Cf. GAUGHAN, Patrick. *Mergers, Acquisitions, and Corporate Restructurings*. 6. ed. New Jersey: Wiley, 2015, p. 23; ZAKRZEWSKI, Rafael. Material adverse change and material adverse effect provisions: construction and application. *Law and Financial Markets Review*, v. 5, n. 5, p. 344-356, set. 2011, p. 344. Disponível em: http://dx.doi.org/10.5235/175214411797474222 (Harvard database). Acesso em: jun. 2017.

Essa função extintivo-liberatória pode ser prevista a partir da inclusão do conceito da alteração ou efeito material adverso em uma diversidade de dispositivos ou categorias de cláusulas com as quais esse conceito se combina: condições potestativas, situações de resolução expressa ou até de resilição unilateral. Do mesmo modo que a função de renegociação, sua causa concreta de atribuição não deve se fundamentar no mero arrependimento de uma parte ou na mera conveniência ou mudança de opinião sobre a operação econômica, entre a assinatura e a conclusão da operação. Mesmo a doutrina estrangeira, nesse caso, reforça a necessidade de verificação de uma alteração econômica essencial durante a execução do programa contratual.[37]

5. ESTRUTURA E DISCIPLINA JURÍDICA DAS CLÁUSULAS MAC OU MAE

É comum relacionar a disciplina das cláusulas MAC ou MAE a situações concretas que afetem a prestação por circunstâncias imprevisíveis ou não[38], excessivamente onerosas ou fortuitas. Diversamente do que se costuma pensar, no entanto, as cláusulas MAC ou MAE não tratam necessariamente, ou tão somente, de uma disciplina contratual de superveniência de circunstâncias. Lidam com a superveniência de circunstâncias, sendo elas próprias consideradas perturbações no programa contratual, mas têm uma variedade de regimes consequentes em sua estrutura jurídica.

Ao tratar de disciplina jurídica ou regime jurídico, estamos a pensar no modo como vem ordenado ou regulado o fenômeno jurídico, em ato ou atividade compreendido na linguagem jurídica que tem efeitos concretos na realidade dos fatos. Como foi possível notar na exemplificação trazida no item 2, acima, a estrutura das cláusulas MAC ou MAE compõe-se de antecedente e consequente: um antecedente de definição, conceituação ou descrição do efeito ou evento material adverso e outro consequente regime jurídico, um prescritivo normativo. Tal suporte fático-normativo permite subsumir o fato concreto à norma pactuada entre as partes em uma disciplina de contratos paritários. Mais do que uma cláusula, no sentido corrente atribuído às cláusulas contratuais, como mencionado anteriormente, estamos a vislumbrar,

---

[37] Cf. MONSON, Brian. The Modern MAC: allocating deal risk in the post-IBP v. Tyson World. *Southern California Law Review*, Los Angeles, v. 88, p. 769-804, 2014-2015, p. 769-771. Disponível em: Hein Online. Acesso em: jun. 2017.

[38] Sobre a inexigibilidade do requisito da imprevisibilidade, vide: Cf. MARTINS-COSTA, Judith; COSTA E SILVA, Paula. *Crise e perturbações no cumprimento da prestação* – estudos de direito comparado luso-brasileiro. São Paulo: Quartier Latin, 2020, p. 129.

portanto, a estrutura composta por um "conjunto de cláusulas disfarçadas de definição"[39].

6. EFICÁCIA DAS CLÁUSULAS MAC OU MAE

Cláusulas contratuais exprimem, em seu conteúdo, um regramento de interesses concretamente perseguidos pelas partes no programa contratual, regramento esse que irradia efeitos na medida em que o ordenamento jurídico a ele atribui relevância, por meio de uma qualificação jurídica, e eleva a própria operação econômica à categoria de um fenômeno jurídico juridicamente qualificado[40]

Essa qualificação jurídica leva ao reconhecimento da validade ou não da operação econômica juridicamente formalizada no contrato em um determinado ordenamento jurídico e, sendo válida, à relevância necessária para que surtam efeitos jurídicos na realidade concreta. Ainda assim, reconhecemos, em linha com a doutrina, quão desafiadora possa ser essa qualificação dogmática de um modelo característico de sistemas anglo-americanos[41].

6.1. Breve referência ao papel da interpretação

Para essa apreciação da relevância jurídica, é necessário, antes de tudo, submeter as cláusulas a um processo interpretativo que lhes atribua sentido ao seu conteúdo, pois sua clareza não é suficiente para essa atribuição; na sequência, qualificar para fins de aferição de sua regularidade jurídica, ou seja, de sua validade, conforme seus elementos essenciais, ausência de vícios e sujeição a normas imperativas ou dispositivas do respectivo ordenamento jurídico; por fim, a compreensão de sua eficácia, decorrente da idoneidade de cláusulas válidas na produção de efeitos jurídicos, para então, se necessário, integrá-las

---

39 YAMAJI, Crisleine. As previsões contratuais da superveniência de circunstâncias: uma construção teórica à luz das cláusulas *Material Adverse Change*. 2019. 359 f. Tese (Doutorado em Direito) – Faculdade de Direito, Universidade de São Paulo, São Paulo; Tesi (*Dottorato di Ricerca)* –Facoltà di Giurisprudenza, Università degli Studi di Roma Tor Vergata, 2019, p. 28.

40 Cf. SCOGNAMIGLIO, Claudio. *Interpretazione del Contratto e Interessi dei Contraenti.* Padova: CEDAM, 1992, p. 256; FERRI, Giovanni. *Causa e tipo nella teoria del negozio giuridico.* Milano: Giuffrè, 1966, p. 264-265, 268-269; PONTES DE MIRANDA. *Tratado das Ações.* Rio de Janeiro: Revista dos Tribunais, 1970, v. I, p. 4-8.

41 Nessa linha, vide: Cf. MARTINS-COSTA, Judith; COSTA E SILVA, Paula. *Crise e perturbações no cumprimento da prestação* – estudos de direito comparado luso-brasileiro. São Paulo: Quartier Latin, 2020, p. 134.

em suas lacunas, com efeitos definidos pela disciplina legal nacional[42]. Nesse contexto, é fundamental mencionar a dificuldade probatória das alterações materiais adversas contidas no antecedente para fundamentar a aplicação de seu regime consequente.

6.2. Juízo de validade

No exame de validade das cláusulas MAC, a nulidade é a principal sanção à deficiência estrutural ou funcional das cláusulas, especialmente como resultado de uma contrariedade a normas imperativa ou de ordem pública, ilicitude de motivos, impossibilidade ou indeterminação do objeto[43]. Ademais, é notável o papel da irregularidade de declaração negocial, ausência de requisitos de formação contratual e de regularidade no consentimento das partes.

Com o propósito de enfrentar brevemente a contrariedade a normas imperativas ou cogentes, vale lembrar que não é simples identificar o caráter imperativo ou dispositivo das normas previstas em nossa legislação civil, especialmente quando essas normas não proíbem expressamente um comportamento ou resultado que possa afrontar o interesse geral. Seria simples se nossa legislação trouxesse uma anotação à margem, indicando se as normas previstas são imperativas ou dispositivas; não o fazendo, encontramos na literalidade das previsões legais, ou seja, em seus elementos textuais, alguns indicativos para uma precisa identificação, tais como uma expressa previsão "salvo disposição em contrário das partes" da norma de responsabilização por caso fortuito e força maior (artigo 393 do Código Civil) [44], exemplo de norma dispositiva, ou de sanção de invalidação ou nulidade, como se observa na norma relativa à fixação do preço deixada ao arbítrio de uma das partes[45].

---

[42] Cf. YAMAJI, Crisleine. As previsões contratuais da superveniência de circunstâncias: uma construção teórica à luz das cláusulas *Material Adverse Change*. 2019. 359 f. Tese (Doutorado em Direito) – Faculdade de Direito, Universidade de São Paulo, São Paulo; Tesi (*Dottorato di Ricerca)* –Facoltà di Giurisprudenza, Università degli Studi di Roma Tor Vergata, 2019, pp. 92-110.

[43] "Art. 166. É nulo o negócio jurídico quando: I - celebrado por pessoa absolutamente incapaz; II - for ilícito, impossível ou indeterminável o seu objeto; III - o motivo determinante, comum a ambas as partes, for ilícito; IV - não revestir a forma prescrita em lei; V - for preterida alguma solenidade que a lei considere essencial para a sua validade; VI - tiver por objetivo fraudar lei imperativa; VII - a lei taxativamente o declarar nulo, ou proibir-lhe a prática, sem cominar sanção." *Código Civil Brasileiro.* Lei n. 10.406, de 10 de janeiro de 2002, conforme alterada.

[44] "Art. 393. O devedor não responde pelos prejuízos resultantes de caso fortuito ou força maior, se expressamente não se houver por eles responsabilizado." *Código Civil Brasileiro.* Lei n. 10.406, de 10 de janeiro de 2002, conforme alterada.

[45] "Art. 489. Nulo é o contrato de compra e venda, quando se deixa ao arbítrio exclusivo de uma das partes a fixação do preço". *Código Civil Brasileiro.* Lei n. 10.406, de 10 de janeiro de 2002,

O mesmo não se verifica, por exemplo, na norma relativa à resolução por onerosidade excessiva (artigo 478 do Código Civil), a qual que não prevê expressos elementos textuais expressos que nos permitam apontar se se trata, com certeza, de norma imperativa ou dispositiva, mas se limita a facultar ao devedor um pedido de resolução contratual, caso se verifiquem seus requisitos: contrato de execução continuada ou diferida, por acontecimentos extraordinários e imprevisíveis, que tem uma prestação tornada excessivamente onerosa para uma das partes com consequente extrema vantagem para a outra.[46] Nesse caso, a doutrina diverge sobre o caráter cogente ou dispositivo da norma legal de onerosidade excessiva superveniente, na medida em que essa norma consagre, de um modo, a *rebus sic standibus* em tutela ou proteção do devedor ou, de outro modo, possa ser considerada um remédio convencional de ampla autonomia das partes e balanceamento de interesse privado, com o fim de lidar com superveniências juridicamente relevantes no âmbito da operação econômica[47]

Outra questão relevante a ser enfrentada nesse exame de validade das cláusulas MAC é a configuração da regularidade da declaração negocial em proteção à integridade da vontade das partes, especialmente quanto ao dolo, pois a aplicação das cláusulas MAC depende muito da veracidade, completude e simetria das informações para a formação do sinalagma contratual, o que inclui a conformação de um quadro informacional definido durante as diligências e a negociação.

Quanto ao dolo, é fundamental lembrarmos seu papel de vício do consentimento ao se configurar como engano intencional, por meio do qual o contratante é induzido ao engano por um ato desleal, manobra, mentira ou

---

conforme alterada.

[46] "Art. 478. Nos contratos de execução continuada ou diferida, se a prestação de uma das partes se tornar excessivamente onerosa, com extrema vantagem para a outra, em virtude de acontecimentos extraordinários e imprevisíveis, poderá o devedor pedir a resolução do contrato. Os efeitos da sentença que a decretar retroagirão à data da citação." *Código Civil Brasileiro*. Lei n. 10.406, de 10 de janeiro de 2002, conforme alterada.

[47] Na linha de ser uma norma dispositiva, encontramos: Cf. JUNQUEIRA DE AZEVEDO, Antonio. *Negócio jurídico:* existência, validade e eficácia. 4. ed. São Paulo: Saraiva, 2002, p. 35-36; RODRIGUES JÚNIOR, Otavio Luiz Rodrigues. *Revisão judicial dos contratos*: autonomia da vontade e teoria da imprevisão. 2.ª ed. São Paulo: Atlas, 2006, p. 148-149; NICOLÒ, Rosario. Alea. In: *Enciclopedia del diritto*, I. Milano: Giuffrè, 1958, p. 1024-1031, p. 1026-1027; GALLO, Paolo. Eccessiva onerosità sopravvenuta e pressuposizione. In: *Digesto delle Discipline Privatistiche - sezione civile*, Aggiornamento. Torino: UTET, 2012, p. 439-470, p. 450; DELFINI, Francesco. *Autonomia privata e rischio contrattuale*. Milano: Giuffrè, 1999, p. 197-198, 221; SACCO, Rodolfo; DE NOVA, Giorgio. *Il contratto*. 4ª ed. Torino: UTET, 2016, p. 1683. Em sentido contrário e na defesa de ser uma norma de ordem pública: Cf. AGUIAR JÚNIOR, Ruy Rosado de. *Comentários do Novo Código Civil*, v. 6, t. 2: da extinção do contrato; Sálvio de Figueiredo Teixeira (coord.). Rio de Janeiro: Forense, 2011, p. 942-943.

relutância, da contraparte. Para as cláusulas MAC, importa reforçarmos tanto o papel do dolo essencial, ou seja, incidente sobre elementos essenciais e determinantes para o consenso, inclusive sobre o próprio ato de contratar ao qual foi induzido – o que pode resultar na invalidação do contrato –, e quanto do dolo acidental, verificável no conteúdo do contrato, nas condições contratuais, na pactuação de preço ou nas garantias de adimplemento da obrigação – o que pode impactar a medida de indenização e reparação de danos. Ainda, é importante diferenciarmos a intenção maliciosa do engano e a exaltação excessiva da qualidade da coisa, sendo lícita a mera exaltação não idônea a enganar e a convencer para a formação do sinalagma[48]

Por fim, reforçamos o relevante papel da reticência dolosa, forma de dolo omissivo que se configura no silêncio relevante, na inércia da parte, na omissão do dever de informar. Isso leva, como consequência, a uma relevância do nexo causal entre a omissão e a falsa representação da contraparte na contratação, com vício do consenso e consequente reparação de danos; por exemplo, relativamente a elementos informacionais sobre a situação financeira e patrimonial da sociedade[49].

6.3. Breve exame de eficácia contratual

No exame de eficácia, é importante partirmos de uma crítica quanto à pretensão totalizante e autossuficiente da redação padrão das cláusulas MAC ou MAE. Na sequência, mencionarmos a eficácia instável dos negócios providos de algum vício em sua conformação inicial, especialmente pela dependência da informação na construção do quadro circunstancial preliminar ao consenso e durante a execução do contrato. Ainda, buscarmos identificar a ineficácia na combinação da definição abrangente da alteração material adversa com os consequentes normativos que levam à conformação de fatores de eficácia, entre outros: condições, hipóteses de extinção antecipada do contrato, critérios ajustes de preços ou de responsabilização de uma das partes.

---

[48] Cf. GALLO, Paolo. I vizi del consenso. In: GABRIELLI, Enrico (a cura di). *I contratti in genere* – Trattato dei contratti (diretto da Pietro RESCIGNO e Enrico GABRIELLI. Torino: UTET-Wolters Kluwer), p. 459-537, p. 517; FERREIRA DA SILVA, Luis Renato. Do dolo. In: LOTUFO, Renan; NANNI, Giovanni Ettore (Coord.). *Teoria Geral do Direito Civil*. São Paulo: Atlas, 2008, p. 514-529, p. 51; SACCO, Rodolfo. *Dolus bonus*. In: *Digesto delle Discipline Privatistiche-sezione civile*, Aggiornamento. Torino: UTET, 2011, p. 362-363, p. 363.

[49] Cf. SACCO, Rodolfo. Dolo omissivo e obbligo di informazione. In: *Digesto delle Discipline Privatistiche-sezione civile*, Aggiornamento. Torino: UTET, 2011, p. 356-362, p. 356, 359; DE NOVA, Giorgio. *Il Sale and Purchase Agreement*: un contratto commentato. Torino: G. Giappichelli, 2017, p. 222-223.

Fatores de atribuição de eficácia dizem respeito à produção dos efeitos das cláusulas MAC ou MAE, decorrentes de uma atribuição de relevância jurídica, após o processo interpretativo-integrativo e a qualificação para identificação de validade das cláusulas.

A produção de efeitos expressa a utilidade concreta que as partes buscam com o programa contratual, a concretização dos fins por elas almejados na pactuação dessas cláusulas no específico programa contratual[50].

A alteração material adversa é fato jurídico ao qual o Direito atribui uma eficácia[51]; vem regrada no programa contratual para que seja de aplicação suficiente e independente da disciplina legal, inclusive para fins de distribuição e balanceamento dos riscos. Todavia, na prática, sua pretensão totalizante tem se mostrado deficiente para atender adequadamente os interesses das partes, como já mencionamos. Seu conteúdo pleno de ambiguidades e obscuridades são, em muito, dependentes de saneamento posterior e de consideração cuidadosa da intenção das partes e das circunstâncias concretas para interpretação e integração do contrato. A bem da verdade, embora as partes prevejam conscientemente a alteração ou o efeito material adverso, parecem inserir um conteúdo propositadamente dúbio para que não haja acordo prévio em sua aplicação, a qual acaba por depender da aplicação da lei nacional, muito embora sua formulação e regulação ignorem completamente essa lei.[52]

Em documentos de caráter preliminar, podem fazer o papel da cláusula de arrependimento, se essa for a intenção das partes, conforme sua conveniência[53], tendo uma combinação de efeitos essenciais com cláusulas que atribuem

---

[50] "As frases tornam-se padrão quando as partes entendem que sua linguagem serve aos seus fins" (trad. livre). Cf. EASTERBROOK, Frank. In: United States Court of Appeals, Seventh Circuit n. 99-2719 - Arnold R. RISSMAN, Plaintiff-Appellant, v. Owen Randall RISSMAN and Robert Dunn Glick, Defendants-Appellees, mai. 2000. Disponível em: https://caselaw.findlaw.com/us-7th-circuit/1014155.html. Acesso em: mar. 2018.

[51] Cf. GOMES, Orlando. *Introdução ao direito civil.* 7. ed. Rio de Janeiro: Forense, 1983, p. 208.

[52] Cf. DE NOVA, Giorgio. *Il Sale and Purchase Agreement:* un contratto commentato. Torino: G. Giappichelli, 2017, p. 8-9; DE NOVA, Giorgio. The law which governs the agreement is the Law of the Republic of Italy: il contratto alieno, p. 47-62. In: *Il contratto alieno.* 2. ed., Torino: G. Giappichelli, 2010, p. 48; HENSSLER, Martin. Material Adverse Change-Klauseln in deutschen Unternehmenskaufverträgen – (r)eine Modeerscheinung? In: BAUMS, Theodor; WERTENBUCH, Johannes; LUTTER, Marcus; SCHMIDT, Karsten. *Festschrift für Ulrich Huber zum siebzigsten Geburtstag.* Tübingen: Mohr Siebeck, 2006, p. 739, 741, 752, 756; ROPPO, Vincenzo. Il contratto. In: IUDICA, Giovanni; ZATTI, Paolo (Coord.). *Trattato di diritto privato.* 2 ed. Milano: Giuffrè, 2011, p. 75-76; CORDERO-MOSS, Giuditta (Ed.). *Boilerplate clauses, international commercial contracts and the applicable law.* Cambridge: Cambridge University Press, 2011, p. 1, 3, 23.

[53] Cf. TINA, Andrea. *Il contratto di acquisizione di partecipazioni societarie.* Milano: Giuffrè, 2007, p. 47 ; SPERANZIN, Marco. *Vendita della partecipazione di "controllo" e garanzie contrattuali.* Milano: Giuffrè, 2006, p. 34.

um direito unilateral de rompimento do vínculo contratual, de sua extinção antecipada, mediante pagamento de uma multa (*break up fee*)[54].

No regime jurídico consequente de condição precedente ao negócio jurídico com a qual se combina a definição da alteração material adversa, não sempre traz uma condição propriamente dita, fator de eficácia, ao verificar a concretização da alteração material adversa. Certas vezes a alteração material adversa não se trata de evento futuro incerto caracterizante de uma condição, mas sim de falsa representação da realidade fática. Sendo falsa representação da realidade fática, leva à nossa consideração de vícios de consentimento, especialmente do dolo, por informação reticente, e a efeitos combinados com reparação de danos, quando acidental, ou até mesmo inativação ou retroatividade de efeitos por invalidação do negócio jurídico, quando essencial.

De outro modo, quando vertidas na combinação com o regime de cláusulas resolutiva expressa, surtem efeitos ao atribuir um direito potestativo a uma das partes e pôr fim antecipado aos efeitos da própria operação econômica; ou seja, seus efeitos tornam incompatíveis o pleno adimplemento da operação econômica e a plena satisfação do interesse das partes. Essencial, portanto, é a sua não-verificação, passando a depender disso a própria sorte do contrato[55].

A alteração material adversa é uma daquelas expressões que toma a forma de vocabulário novo, a conferir uma nova prerrogativa ou uma potestade unilateral[56]; no caso, a prerrogativa de frustrar o perfeito adimplemento da inteira operação econômica justificado pela frustrante verificação da alteração material adversa.

---

[54] Cf. GRANOTIER, Julien. *Le droit unilatéral de rompre le contrat: de la faculté de dédit à la clause de «break-up fees»*. Recueil Dalloz, 2014, p.1960. Disponível em: Dalloz.Fr. Acesso em: jun. 2018; ETIENNEY-DE SAINTE MARIE, Anne. *La validité des prérogatives contractuelles après la réforme du droit des contrats.* Recueil Dalloz, 2017, p.1312 ss., n. 9. Disponível em: Dalloz.Fr. Acesso em: jun. 2018; MEKKI, Mustapha. Les incidences de la réforme du droit des obligations sur le droit des sociétés: rupture ou continuité (Le contrat). *Revue des Sociétés*, p. 483ss, 2016. Disponível em: Dalloz.Fr. Acesso em: jun. 2018; SPERANZIN, Marco. *Vendita della partecipazione di "controllo" e garanzie contrattuali.* Milano: Giuffrè, 2006, p. 30-40; TINA, Andrea. *Il contratto di acquisizione di partecipazioni societarie.* Milano: Giuffrè, 2007, p. 147-148, 157; GAMBARO, Francesco. *Mergers & Acquisitions*: la formazione progressiva dei contratti di acquisizione e dismissione. Milano: Giuffrè, 2013, p. 158.

[55] Em linha com o que trata Messineo: "É come se le parti dichiarino essenziali date modalità di adempimento e ne facciano dipendere la sorte del contratto." MESSINEO, Francesco. *Dottrina generale del contrato* (art. 1321-1469 Cod. Civ.). 3. ed. (ampliata e in parte rifatta). Milano: Giuffrè, 1948, p. 484.

[56] Cf. ETIENNEY-DE SAINTE MARIE, Anne. *La validité des prérogatives contractuelles après la réforme du droit des contrats.* Recueil Dalloz, 2017, p.1312 ss., n. 2. Disponível em: Dalloz.Fr. Acesso em: jun. 2018.

Somado a isso, há de se considerar a eficácia da alteração ou efeito material adverso qualificado como uma obrigação de garantia atípica,[57] de manter indene da verificação ou da não-concretização da hipótese de alteração ou efeito material adverso, o que pode ter efeitos no próprio adimplemento da operação econômica, sua extinção antecipada, seu ajuste de preço ou sua sujeição a complementar reparação de danos indenizáveis.

Outras duas situações podem ser consideradas na apreciação da eficácia das cláusulas MAC ou MAE: a caracterização das alterações materiais adversas como caso fortuito ou força maior e o fato superveniente e excessivamente oneroso. Quanto à primeira, temos notado na prática uma disciplina que busca excluir ou excetuar eventos de caso fortuito e força maior da conformação da definição de alteração ou efeito material adverso, respeitado, nesse caso, o caráter absolutamente dispositivo da norma para que as partes pactuem a melhor distribuição dos riscos contratuais endógenos e exógenos, permitindo que haja alguma medida de agravamento da posição de uma ou outra parte pelo fortuito, conforme regramento contratual[58]. Na segunda, a disciplina convencional das partes já determina que o contrato seja assinado *rebus sic standibus*[59]; ou seja, com uma distribuição de riscos a critério das partes, em

[57] Cf. TINA, Andrea. La natura giuridica delle clausole di garanzia nel trasferimento di partecipazioni societarie (massima commentata: Corte appello Roma, 05 marzo 2011, sez. II). *Giurisprudenza commerciale*, fasc. 5, p. 1015 ss., 2012. Disponível em: DE JURE. Acesso em: jul. 2018; LUONI, Sergio. Ancora in tema di vendita di quote, vizi della volontà e garanzia: con qualche divagazione a latere (nota a sentenza: Tribunale Milano, 25/08/2006). In: *Giurisprudenza Italiana*. Padova: CEDAM, 2007, f. 4, p. 913 ss. Disponível em: PLURIS. Acesso em: jul. 2018; PROVERBIO, Davide. Spunti di riflessione in tema di compravendita di partecipazioni sociali (nota a sentenza: Trib. Milano, 26 novembre 2001). *Le Società*, Milano, f. 5, p. 568 ss, 2002. Disponível em: Leggi D'Italia. Acesso em: jul. 2018; SPERANZIN, Marco. *Vendita della partecipazione di "controllo" e garanzie contrattuali*. Milano: Giuffrè, 2006, p. 119.

[58] Cf. OLIVEIRA E SÁ, Fernando. Cláusulas Material Adverse Change em contratos de compra e venda de empresas. In: *Direito Comercial e das Sociedades*: Estudos em memória do Professor Doutor Paulo M. Sendim. Lisboa: Universidade Católica Editora Lisboa, 2012, p. 427-444, p. 433; TINA, Andrea. *Il contratto di acquisizione di partecipazioni societarie*. Milano: Giuffrè, 2007, p. 259-260; LANGE, Christopher. "Material Adverse Effect" und "Material Adverse Change" - Klauseln in amerikanischen Unternehmenskaufverträgen. In: *Neue Zeitschrift für Gesellschaftsrecht* (NZG), München: C.H. Beck, p. 454-488, mai. 2005, p. 455. Disponível em: BECK-Online. Acesso em: abr. 2018; MAFFEIS, Daniele. La vendita di partecipazioni sociali: natura, contenuto e tipi. In: ROPPO, Vincenzo (diretto da). *Trattato dei contratti* – vendita e vendite, v. I. Milano: Giuffrè, 2014, p. 835-862, p. 835.

[59] Cf. DE NOVA, Giorgio. Il Sale and Purchase Agreement: un contratto commentato. Torino: G. Giappichelli, 2017, p. 101.

detrimento do regime legal, entendendo-se, nesse caso, haver plena eficácia da disciplina contratual por se tratar de norma legal dispositiva[60].

Por fim, verificamos também sua eficácia em composição de regime consequente indenizatório, muitas vezes previsto em obrigações de indenizar, cujos efeitos estão sujeitos a critérios e limites máximos e mínimos de valores e de prazos, de apuração *ex facto*, sem fixar previamente um valor e independentemente da imputação de culpa de uma ou outra parte. Combinam-se, em grande medida, à eficácia de obrigações de garantia[61]. Ademais, possuem relação com a informação dada a conhecimento da outra parte, segundo adequada diligência; nesse caso, um destaque seja feito para previsões "no melhor conhecimento" (*best knowledge*) que trazem não só limitações aos efeitos indenizatórios, mas também afetam a produção e o ônus probatório da parte que alega a verificação da alteração ou efeito material adverso[62].

6.4. Produção da prova e ônus probatório

As provas são o "*prius* à interpretação"[63], pois são fatos jurídicos exteriores que servem para controlar alegações das partes. No geral, as provas incumbem a quem alega, sendo ônus do autor os fatos constitutivos de direito e ônus do réu fatos impeditivos, modificativos ou extintivos de direitos (art. 373 do Código de Processo Civil)[64], sempre que houver dúvida em relação às alterações ou aos efeitos materiais adversos sujeitos a discordâncias ou afirmações

---

[60] Cf. HENSSLER, Martin. Material Adverse Change-Klauseln in deutschen Unternehmenskaufverträgen – (r)eine Modeerscheinung? In: BAUMS, Theodor; WERTENBUCH, Johannes; LUTTER, Marcus; SCHMIDT, Karsten. *Festschrift für Ulrich Huber zum siebzigsten Geburtstag.* Tübingen: Mohr Siebeck, 2006, p. 739-756, p. 750; OLIVEIRA E SÁ, Fernando. Cláusulas Material Adverse Change em contratos de compra e venda de empresas. In: *Direito Comercial e das Sociedades:* Estudos em memória do Professor Doutor Paulo M. Sendim. Lisboa: Universidade Católica Editora Lisboa, 2012, p. 427-444, p. 434; SPERANZIN, Marco. *Vendita della partecipazione di "controllo" e garanzie contrattuali.* Milano: Giuffrè, 2006, p. 252-253; TINA, Andrea. *Il contratto di acquisizione di partecipazioni societarie.* Milano: Giuffrè, 2007, p. 138-139.

[61] TERSILLA, Silvio. Le clausole di garanzia nei contratti di acquisizione. *Dir. comm. internaz.*, fasc. 1, p. 101ss., 2004. Disponível em: DE JURE. Acesso em: jul. 2018.

[62] Cf. HUBER, Ulrich. Die Praxis des Unternehmenskauf im System des Kaufrechts. *Archiv für die zivilistische Praxis*, Bd., H. 2. Tübingen: Mohr Siebeck, 2002, p. 179-242, p. 199; p. 207-208. Disponível em: JStor. Acesso em: out. 2018; TINA, Andrea. *Il contratto di acquisizione di partecipazioni societarie.* Milano: Giuffrè, 2007, p. 504; SPERANZIN, Marco. *Vendita della partecipazione di "controllo" e garanzie contrattuali.* Milano: Giuffrè, 2006, p. 327.

[63] CARNELLUTI, Francesco. *Lezioni di diritto processuale civile* – la funzione del processo di cognizione. Padova: CEDAM, 1931, v. 3, p. 7-8.

[64] "Art. 373. O ônus da prova incumbe: I - ao autor, quanto ao fato constitutivo de seu direito; II - ao réu, quanto à existência de fato impeditivo, modificativo ou extintivo do direito do autor.

antagônicas das partes, que justifiquem a irradiação de determinados efeitos no programa contratual[65].

Normalmente, provas satisfatórias das alterações ou efeitos materiais adversos são exigidas daquela parte que as alega para se liberar das obrigações contratuais, de forma a evitar seguramente o mero arrependimento, sem deixar de considerar, no entanto, eventual necessidade de redistribuição do ônus da prova para facilitar sua demonstração ou não a quem apresenta maior facilidade em sua produção.

As alterações ou efeitos materiais adversos são fatos jurídicos controversos e sujeitam os efeitos do contrato à solução de um litígio por terceiro (juiz ou árbitro). Por sua natureza, alterações ou efeitos materiais adversos contidos em cláusulas MAC ou MAE são de tutela probatória difícil, para não dizer diabólica. Faltam critérios para apreciação e produção dessas provas, o que torna rara a comprovação dos fatos e pesado o ônus da prova à parte que alega as tais alterações ou efeitos materiais adversos[66].

Nesse caso, torna-se essencial a documentação dos fatos conhecidos mediante uma organizada e precisa disponibilização de documentos em diligências, esclarecimentos solicitados e concedidos por trocas de minutas, *e-mails* ou cartas de divulgação (*disclousure letters*), o que a doutrina já vem reconhecendo como forma estruturada de defesa (*due diligence defense*) e fundamental para a prévia e diligente mensuração dos riscos[67]. Sendo o fato com-

§ 1º Nos casos previstos em lei ou diante de peculiaridades da causa relacionadas à impossibilidade ou à excessiva dificuldade de cumprir o encargo nos termos do caput ou à maior facilidade de obtenção da prova do fato contrário, poderá o juiz atribuir o ônus da prova de modo diverso, desde que o faça por decisão fundamentada, caso em que deverá dar à parte a oportunidade de se desincumbir do ônus que lhe foi atribuído. § 2º A decisão prevista no § 1º deste artigo não pode gerar situação em que a desincumbência do encargo pela parte seja impossível ou excessivamente difícil. § 3º A distribuição diversa do ônus da prova também pode ocorrer por convenção das partes, salvo quando: I - recair sobre direito indisponível da parte; II - tornar excessivamente difícil a uma parte o exercício do direito. § 4º A convenção de que trata o § 3º pode ser celebrada antes ou durante o processo". *Código de Processo Civil.* Lei n. 13.105, de 16 de março de 2015, conforme alterada.

[65] Cf. DINAMARCO, Candido Rangel. *Instituições de direito processual civil.* 7. ed. São Paulo: Malheiros, 2017, v. 2, p. 301; MARINONI, Luiz Guilherme. A técnica da cognição e a construção de procedimentos adequados à tutela dos direitos. *Revista Forense*: Rio de Janeiro, ano 90, v. 325, p. 51-56, jan./fev./mar. 1994, p. 55

[66] Nesse sentido, interessante decisão de Delaware manifestou: "*a contractual material adverse effect is like a Delaware tornado— frequently alleged but rarely shown to exist*". Chyronhego Corporation, Vector Capital Corporation, and Vector CH Holdings 2 (Cayman), L.P., Plaintiffs v. Cliff Wight and CFX Holdings, Inc., Defendants. Court of Chancery of Delaware, Civil Action No. 2017-0548-SG, New Castle County, jul. 2018. Disponível em: Westlaw.

[67] Cf. SPERANZIN, Marco. *Vendita della partecipazione di "controllo" e garanzie contrattuali.* Milano: Giuffrè, 2006, p. 345 e nota 127.

provadamente já conhecido pela contraparte ou que a contraparte poderia conhecer, incorpora-se ao quadro fático e ao suporte fático ou circunstancial, excluindo-se da configuração das referidas alterações materiais adversas. De toda sorte, há de notar uma forte dependência à análise *ex post* de circunstâncias externas, exatamente pela vagueza e imprecisão da definição das alterações ou efeitos materiais adversos que ativam o regime jurídico consequente, com enorme dificuldade de convencimento do juiz ou árbitro na efetiva verificação de alterações materiais adversas para aplicação de cláusulas MAC ou MAE[68].

CONCLUSÕES

As cláusulas MAC, tal qual formuladas, a partir de um padrão ou tipo social, não têm se traduzido nos melhores meios para atingimento dos fins almejados pelas partes, no intento de segurança, autossuficiência de seu conteúdo e previsibilidade de seus efeitos.

Este artigo partiu de uma breve conceituação das cláusulas e indicação de alguns exemplos comuns de redação para demonstrar que não estamos a tratar de cláusulas em seu sentido estrito e reconhecimento tradicional da prática e doutrina jurídica, ou seja, unidades semânticas elementares, prescritivas de uma conduta às partes. Tratam-se, como mencionamos, de um conjunto de cláusulas, nas quais vêm inserida uma definição ampla, de pretensão totalizadora, autossuficiente, compostas, em sua combinação com outras cláusulas, por regimes jurídicos consequentes com uma variedade de efeitos jurídicos.

Na sequência, o artigo trouxe o âmbito de aplicação das cláusulas MAC. Na qualidade de cláusulas comuns no transplante de modelos contratuais anglo-americanos, são encontradas em operações econômicas de padrão transnacional, cujo traço comum é o diferimento no tempo, tais como operações de compra e venda de participações societárias ou ativos, projetos de

[68] Vide, por exemplo, os casos: Akorn, Inc., Plaintiff and Counterclaim Defendant, v. FRESENIUS KABI AG, Quercus Acquisition, Inc., and Fresenius SE & Co. KGaA, Defendants and Counterclaim Plaintiffs. Court of Chancery of Delaware, Civil Action No. 2018-0300-JTL, New Castle County, 1 out. 2018. Disponível em: Westlaw. Acesso em: ago. 2018; Frontier Oil Corporation v. Holly Corporation, Court of Chancery of the State of Delaware, C.A. No. 20502, 29 abr. 2005. Disponível em: Westlaw. Acesso em: jun. 2017; Hexion Specialty Chemicals, Inc. v. Huntsman Corp. Court of Chancery of Delaware, C.A. No. 3841–VCL., 29 set., 2008. Disponível em: Westlaw. Acesso em: jun. 2017; In re IBP, Inc. Shareholders Litigation. IBP, Inc., Defendant and Cross-Claim Plaintiff, and Counterclaim Defendant, v. Tyson Foods, Inc. and Lasso Acquisition Corporation, Defendants, Cross-Claim Defendants and Counterclaim Plaintiffs. Court of Chancery of Delaware, Civil Action No. 18373.789 A.2d 14 (2001), New Castle County, 15 jun. 2001. Disponível em: Westlaw. Acesso em: jun. 2017.

financiamento de infraestrutura ou financiamentos bancários, empréstimos sindicalizados, títulos e valores mobiliários emitidos no mercado financeiro e de capitais. Ainda, em documentos de caráter preliminar na contratação dessas operações.

Identificada sua forma comum de aplicação, o artigo passou a tratar de funções e estruturas na disciplina-jurídico normativa dessas cláusulas, com apontamento de suas principais funções, quais sejam: alocação de riscos, renegociação, informação e extinção antecipada.

Por fim, em referência à sua eficácia, apontou a importância do processo interpretativo-integrativo, a qualificação da relevância jurídica de seu conteúdo por meio da identificação de sua validade, as questões relativas à própria eficácia da definição inserida em uma diversidade de regimes jurídicos consequentes e, por fim, breve menção à dificultosa matéria probatória e ao peso do ônus probatório a quem as alega para fins de exoneração da obrigação prevista no programa contratual.

22. CLÁUSULAS RELACIONADAS À SEGURANÇA DA INFORMAÇÃO NOS CONTRATOS QUE ENVOLVEM COMPARTILHAMENTO DE DADOS

Daniele Verza Marcon
Luis Alberto Salton Peretti

INTRODUÇÃO

A quarta revolução industrial caracteriza-se pela digitalização resultante de diversas tecnologias: "internet das coisas, o *big data*, a computação em nuvem, a robótica avançada, a inteligência artificial, novos materiais e as novas tecnologias de manufatura"[1]. Nessa evolução, o crescimento no poder de computação e a disponibilidade de vastos acervos de dados também desempenham papel primordial. Na "Indústria 4.0", "um número crescente de dispositivos capazes de se comunicarem uns com os outros e coletar dados do ambiente e dos usuários (e.g. smartphones, veículos, eletrodomésticos, sistemas de iluminação), associado às tecnologias de *big data*, computação em nuvem e novas tecnologias de tratamento de dados, certamente abrirão espaço para a criação de novos modelos de negócios e poderá alterar a forma como as empresas se relacionam com clientes e fornecedores"[2]. O povoamento do ciberespaço

[1] CONFEDERAÇÃO NACIONAL DA INDÚSTRIA. Desafios para a indústria 4.0 no Brasil. Brasília: CNI, 2016, p. 12.

[2] *Ibidem*, p. 10.

se acelera com a integração de usuários e de "objetos" que por meio dele se comunicam, de modo que a coleta, o armazenamento e o controle de dados (pessoais ou não) torna-se valioso subsídio da atividade empresarial.

O controle de dados é insumo e condição para o desenvolvimento da inteligência artificial. Segundo LEE, o desenvolvimento de ferramentas de *deep learning* requer três subsídios primordiais: poder de computação, competência técnica e volumes consideráveis de dados. É esse último o fator determinante[3] na corrida para o desenvolvimento da tecnologia que pretende revolucionar em diversos aspectos a sociedade.

O protagonismo da acumulação de dados no desenvolvimento dessas ferramentas tecnológicas torna a segurança da informação relevante para a proteção de sistemas e "infraestruturas críticas"[4]. Ataques cibernéticos recentes a hospitais, entidades públicas e ao gasoduto Colonial Pipeline, um dos maiores na costa oeste dos Estados Unidos, ilustram porque a segurança da informação extrapola os dados pessoais, gerando preocupações sanitárias, de segurança pública e de abastecimento[5].

A segurança pode ser obtida de diferentes meios, mas seria possível eliminar o risco de incidentes? É possível entabular um contrato com esse objetivo? De que forma? Este artigo analisa os contornos da segurança da informação como uma obrigação contratual, que pode tomar a forma acessória de uma cláusula inserida em negócio a contemplar outras obrigações ou figurar como obrigação principal de um negócio próprio.

Para tanto, a primeira parte tratará da evolução do conceito de segurança da informação, tanto no contexto dos acordos de compartilhamento de dados em ambiente doméstico quanto no que tange aos acordos de compartilhamento internacional de dados, ressaltando a importância do arcabouço normativo sobre a matéria (**I**). Em seguida, o artigo explora o conteúdo de tal obrigação, tendo por referência algumas cláusulas-modelo. Com base nessas estipulações, mapeiam-se as medidas envolvidas na preservação dos atributos

[3] LEE, Kai-Fu. *AI Superpowers*: China, Silicon Valley, and the New World Order [Livro Eletrônico]. Boston e Nova Iorque, HMH Books, 2018, p. 14: "This brings us to the second major transition, from the age of expertise to the age of data. Today, successful AI algorithms need three things: big data, computing power, and the work of strong—but not necessarily elite—AI algorithm engineers. Bringing the power of deep learning to bear on new problems requires all three, but in this age of implementation, data is the core".

[4] SCHNEIER, Bruce. *Clique aqui para matar todo mundo*: segurança e sobrevivência em um mundo hiperconectado. Trad.: Eduardo Lima. Rio de Janeiro: Alta Books, 2020, p. 101.

[5] Parte dessas preocupações tem inaugurado debates que extrapolam a própria noção de segurança da informação. Fala-se em *cibersegurança*, para abranger também aspectos sociotécnicos e a proteção de redes públicas e privadas. Nesse sentido: SOMMERVILLE, Ian. *Engenharia de Software*. Tradução: Luiz Cláudio Queiroz. 10 ed. São Paulo: Pearson Education do Brasil, 2018, p. 383.

da segurança da informação (confidencialidade, integridade e disponibilidade) e a intersecção dessa obrigação com as cláusulas de confidencialidade (**II**). Já a terceira parte se ocupará da disciplina contratual propriamente dita, explorando a natureza jurídica da cláusula, as consequências do inadimplemento e a extensão de possíveis prejuízos (**III**). Ao final, conclui-se que, a despeito das referências ao termo "garantia", cláusulas de segurança da informação revelam uma obrigação de resultado, que legitima expectativas de elevado grau de diligência do devedor, mas também reconhecem que a segurança permanece limitada em um mundo hiperconectado em que os ataques cibernéticos se tornaram ameaça constante apesar de todas as medidas defensivas (**IV**).

1. A SEGURANÇA DA INFORMAÇÃO: A EVOLUÇÃO TECNOLÓGICA, NORMATIVA E SEUS REFLEXOS CONVENCIONAIS

O desenvolvimento das primeiras noções sobre segurança da informação acompanhou o avanço das estruturas hierarquizadas de controle administrativo e militar nos países ocidentais. Nessas áreas, desde cedo se identificavam preocupações com o controle de acessos, a exatidão e a disponibilidade de informações consideradas relevantes. Contudo, os estudos de segurança da informação não se desenvolveram de forma autônoma, angariando contribuições de diferentes áreas do conhecimento como, por exemplo, da criptografia[6].

A segurança da informação preocupa-se com o ciclo de vida da *informação*, esteja ela armazenada em meio físico ou digital[7]. Foi a ciência da computação a área precursora no desenvolvimento do conceito e na identificação de seus principais atributos. Com o uso crescente de sistemas informáticos para o processamento massivo de dados, a ciência da computação desenvolveu práticas visando a proteger a informação contra o uso ou acesso não autorizado (*confidencialidade*), bem como a evitar a alteração indevida de uma informação ao longo do seu ciclo de vida (*integridade*), ou ainda tendentes a assegurar a possibilidade de acesso à informação sempre que necessário (*disponibilidade*)[8]. A informação segura é, portanto, aquela que permanece sigilosa, íntegra e disponível.

---

[6] LEEUW, Karl de; BERGSTRA, Jan. *The History of Information Security*: a comprehensive handbook. Amsterdam: Elsevier, 2007, p. 3-4.

[7] MATWYSHYN, Andrea. Hacking speech: informational speech and the first amendment. *Northwestern University School of Law*, v. 107, n. 2, 2013, p. 817.

[8] A esses atributos o art. 32(1)(b) do Regulamento Geral de Proteção de Dados da União Europeia acrescentou a resiliência, que tem por objetivo assegurar a sua rápida recuperação após um incidente. Nesse sentido: MENKE, Fabiano; GOULART, Guilherme Damásio. Segurança da informação e vazamento de dados. *In*: DONEDA, Danilo *et al.* (org.). *Tratado de Proteção de Dados Pessoais*. Rio de Janeiro: Forense, 2021, p. 344.

A literatura sobre engenharia de software descreve a segurança da informação como a aptidão dos sistemas de software a resistirem a invasões[9]. O conceito foi incorporado ao direito alemão como "*Datensicherung*" ou "*Datensicherheit*". Paralelamente ao conceito de segurança da informação, em 1970, a Lei de Hesse inaugurou o termo "proteção de dados" ("*Datenschutz*"), dando um passo importante para o desenvolvimento da matéria[10]. Apesar da distinção terminológica adotada na legislação alemã, as ideias de segurança da informação e de proteção de dados desenvolveram-se de forma conjunta nos anos seguintes, sendo a segurança da informação reconhecida como um instrumento essencial para a proteção dados.

A primeira geração de leis de proteção de dados promulgadas na Europa – notadamente a lei da Suécia (1973) e a lei federal da Alemanha (1977) – objetivava controlar o processamento automatizado de grandes bancos de dados pelos Estados que começaram a se utilizar dos primeiros sistemas informáticos. O traço comum entre tais leis foi a inclusão de regras específicas sobre segurança da informação e sigilo de dados[11]. Esse tema foi aprimorado nas décadas seguintes, quando as novas gerações de leis de proteção de dados passaram a incorporar preocupações com a privacidade e o tratamento de dados pessoais também pelo setor privado.

No final de 1970, organizações internacionais começaram a discutir a elaboração de instrumentos para tratar do processamento de informações pessoais e estabelecer diretrizes para viabilizar o fluxo internacional de dados[12]. Em setembro de 1980, a OCDE publicou as "*Guidelines on the Protection of Privacy and Transborder Flows of Personal Data*", elencando a adoção de medidas de segurança como um dos princípios para o tratamento de dados[13]. O Conselho da Europa também vinha debatendo o assunto desde 1976 e o resultado das discussões foi a publicação da "Convenção 108" em abril de 1980. A Convenção

---

9 Diferencia-se, nesse sentido, a noção de segurança da informação (*security*) da noção de segurança do sistema (*safety*) propriamente dita, que pressupõe que o sistema funcionará sem apresentar falhas. In: SOMMERVILLE, Ian. *Engenharia de Software*. Tradução: Luiz Cláudio Queiroz. 10 ed. São Paulo: Pearson Education do Brasil, 2018, p. 262.

10 DONEDA, Danilo. Panorama histórico da proteção de dados pessoais. In: DONEDA, Danilo *et al.* (coord.). *Tratado de proteção e dados pessoais*. Rio de Janeiro: Forense, 2021, p. 8.

11 MAYER-SCHÖNBERGER, Viktor. Generational Development of Data Protection in Europe. In: AGRE, Philip E.; ROTENBERG, Marc (org.). *Technology and Privacy*: The New Landscape. Cambridge: The MIT Press, 1997, p. 223.

12 FUSTER, Gloria González. *The Emergence of Personal Data Protection as a Fundamental Right of the EU*. Brussels: Springer, 2014, p. 75.

13 Art. 11: "Personal data should be protected by reasonable security safeguards against such risks as loss or unauthorised access, destruction, use, modification or disclosure of data". OECD. Guidelines on the Protection of Privacy and Transborder Flows of Personal Data. Paris, 12 fev. 2002. Disponível em: https://doi.org/10.1787/9789264196391-en.

108 foi disponibilizada para a assinatura dos estados da então Comunidade Europeia em 28 de janeiro de 1981 e buscou disciplinar a proteção de indivíduos com relação ao tratamento de dados pessoais a um nível transnacional[14]. Dentre os princípios básicos para a proteção dos dados, estava a adoção de medidas apropriadas de segurança da informação visando a evitar o acesso acidental ou não autorizado, a destruição, a perda, o uso, a modificação ou a divulgação de dados pessoais[15].

Esses instrumentos foram aprimorados nos anos seguintes. No âmbito da União Europeia, a Diretiva 95/46/CE estabeleceu regras uniformes a serem observadas por todos os países-membros na edição de leis internas, novamente elencando o uso de medidas técnicas e organizacionais de segurança como um dos princípios para o processamento de dados. A Diretiva foi substituída em maio de 2018 com a entrada em vigor do Regulamento Geral de Proteção de Dados (**"RGPD"**), que tornou as normas de proteção de dados vinculantes para os países-membros. Os deveres de segurança no tratamento de dados pessoais foram detalhados no Considerando 83 e no art. 32 do RGPD[16]. Tais dispositivos pressupõem que o processamento de dados envolve riscos inerentes, que devem ser avaliados pelos agentes responsáveis, a fim de que medidas de

[14] FUSTER, Gloria González. *The Emergence of Personal Data Protection as a Fundamental Right of the EU*. Brussels: Springer, 2014, p. 87-88.

[15] UNIÃO EUROPEIA. *Convention 108*: Convention for the protection of individuals with regard to the processing of personal data. Council of Europe, jun. 2018. Disponível em: https://rm.coe.int/convention-108-convention-for-the-protection-of-individuals-with-regar/16808b36f1.

[16] "(83) A fim de preservar a segurança e evitar o tratamento em violação do presente regulamento, o responsável pelo tratamento, ou o subcontratante, deverá avaliar os riscos que o tratamento implica e aplicar medidas que os atenuem, como a cifragem. Essas medidas deverão assegurar um nível de segurança adequado, nomeadamente a confidencialidade, tendo em conta as técnicas mais avançadas e os custos da sua aplicação em função dos riscos e da natureza dos dados pessoais a proteger. Ao avaliar os riscos para a segurança dos dados, deverão ser tidos em conta os riscos apresentados pelo tratamento dos dados pessoais, tais como a destruição, perda e alteração acidentais ou ilícitas, e a divulgação ou o acesso não autorizados a dados pessoais transmitidos, conservados ou sujeitos a qualquer outro tipo de tratamento, riscos esses que podem dar azo, em particular, a danos físicos, materiais ou imateriais", "Artigo 32.º Segurança do tratamento. 1. Tendo em conta as técnicas mais avançadas, os custos de aplicação e a natureza, o âmbito, o contexto e as finalidades do tratamento, bem como os riscos, de probabilidade e gravidade variável, para os direitos e liberdades das pessoas singulares, o responsável pelo tratamento e o subcontratante aplicam as medidas técnicas e organizativas adequadas para assegurar um nível de segurança adequado ao risco, incluindo, consoante o que for adequado: a) A pseudonimização e a cifragem dos dados pessoais; b) A capacidade de assegurar a confidencialidade, integridade, disponibilidade e resiliência permanentes dos sistemas e dos serviços de tratamento; c) A capacidade de restabelecer a disponibilidade e o acesso aos dados pessoais de forma atempada no caso de um incidente físico ou técnico; d) Um processo para testar, apreciar e avaliar regularmente a eficácia das medidas técnicas e organizativas para garantir a segurança do tratamento".

mitigação adequadas possam ser implementadas para garantir um nível apropriado de segurança.

No Brasil, talvez a primeira referência à segurança da informação esteja no Decreto 3.505, de 13 de junho de 2000, que tinha entre seus objetivos disponibilizar "instrumentos jurídicos, normativos e organizacionais" que capacitassem a Administração Pública Federal "a assegurar a confidencialidade, a integridade, a autenticidade, o não-repúdio e a disponibilidade dos dados e das informações tratadas, classificadas e sensíveis".

No entanto, a relevância da segurança da informação em se tratando de quaisquer sistemas de dados emergiu em 2014, quando o Marco Civil da Internet[17] ("**MCI**") elencou entre os princípios do uso da internet a "preservação da estabilidade, segurança e funcionalidade da rede, por meio de medidas técnicas compatíveis com os padrões internacionais e pelo estímulo ao uso de boas práticas". O detalhamento sobre os referidos "padrões de segurança" foi introduzido pelo art. 13 do Decreto nº 8.771, de 11 de maio de 2016, que regulamentou o MCI, com medidas que priorizavam o controle de acesso e autenticação, aspectos relacionados à *confidencialidade*.

A Lei Geral de Proteção de Dados (Lei nº 13.709 de 2018 - "**LGPD**") delimitou o conceito de segurança da informação aplicável de forma ampla às relações com o Estado e entre privados. A proteção da segurança dos dados é princípio para o tratamento (art. 6º, VII, LGPD) e um dever de todas as pessoas físicas ou jurídicas que realizam alguma atividade com dados pessoais, estendendo-se inclusive para o momento posterior ao término de eventual tratamento, como preveem expressamente os arts. 46 e 47 da LGPD.

As referências específicas à segurança da informação em leis de proteção de dados, como a LGPD e o RGDP, regulamentações estipulando cláusulas modelo para o tratamento de dados e em instrumentos internacionais que buscam regular o fluxo internacional de dados, permitem concluir que se está diante de um efetivo *dever jurídico*. Como este artigo destaca nos capítulos a seguir, esse dever jurídico pode decorrer de fonte normativa, impondo-se *erga omnes* (como ocorre com dados pessoais), ou de fonte convencional, estando limitado pela relatividade dos efeitos contratuais. Em ambas as modalidades, o conteúdo desse dever recebe influências recíprocas: a regulamentação da matéria não ignora os usos e costumes estabelecidos entre os entes privados e as estipulações contratuais atentam para o conteúdo normativo aplicável.

Alguns conceitos afeitos à matéria recebem consagração regulamentar e resultam importantes para a delimitação das obrigações contratuais. O titular (*data subject*) é a pessoa *natural* passível de ser identificada pelos dados

[17] BRASIL. Lei 12.965, de 23 de abril de 2014.

pessoais processados. O controlador (*data controller*) é a pessoa física ou jurídica que determina o que é feito com os dados. O operador (*data processor*) pode ser contratado pelo controlador para executar determinadas atividades relacionadas ao tratamento de dados de acordo com as orientações recebidas. Assim, o controlador poderá tratar os dados referentes a um titular por conta própria ou com o apoio de operadores (que, por sua vez, poderão subcontratar *suboperadores*), além de compartilhar informações com outros controladores. As responsabilidades pelo tratamento e compartilhamento dos dados variam a depender da posição ocupada por cada parte nas respectivas relações, devendo ser regrada por acordo específico.

Esses acordos de compartilhamento de dados são comumente referidos como "**DPAs**", abreviação para "*Data Processing Agreement*"[18]. O art. 28 (3) do RGPD, elenca oito itens básicos que deverão constar dos contratos de tratamento de dados, dentre eles as medidas de segurança adotadas para viabilizar o compartilhamento. O DPA pode ser o próprio contrato principal, quando a contratação diz respeito apenas ao processamento de dados em si, ou um anexo ao contrato principal, quando a operação econômica por ele viabilizada demandar o compartilhamento de dados pessoais. Da mesma forma, pode constar como uma obrigação principal ou acessória, a depender da natureza do negócio.

No entanto, um modelo distinto de contrato deve ser utilizado se o compartilhamento de dados demandar o envio de dados pessoais para um controlador ou operador localizado em outro país. Nesse caso, configura-se uma transferência internacional de dados, que requer a avaliação das normas de proteção de dados aplicáveis, as quais podem derivar de ordenamentos diversos, e avaliar a necessidade de complementação. Em junho de 2021, a Comissão Europeia divulgou um modelo de *Standard Contractual Clauses* ou "**SCCs**" para transferência internacional de dados, a ser anexado ao contrato principal ou ao DPA. Trata-se de outro instrumento com outras cláusulas sobre segurança da informação que fornece elementos de análise para a proposta deste texto.

Como o Brasil ainda não recebeu decisão de adequação da União Europeia ou de outro país, os instrumentos contratuais privados são, hoje, a principal forma de viabilizar a transferência internacional de dados. Até a escrita deste artigo, a Autoridade Nacional de Proteção de Dados ainda não havia definido

---

[18] A nomenclatura "*Data Processing Agreement*" é utilizada, no entanto, para contratos entre controladores e operadores. Se o compartilhamento de dados ocorrer entre dois ou mais controladores, utiliza-se o termo "*Data Sharing Agreement*". Nesse sentido: https://www.griffinhouseconsultancy.co.uk/blog/when-do-we-need-to-put-in-place-data-sharing-or-data-processing-agreements/.

as cláusulas contratuais padrão para a LGPD. Porém, em outubro de 2022[19], o Brasil juntou-se à Red Iberoamericana de Protección de Datos (“**RIPD**”), organização que publicou no início do ano as Cláusulas Contratuais Modelo (“**CCM**”) para transferência internacional de dados, que podem ser utilizadas por países que integram a RIPD e não possuem decisões de adequação[20]. Assim, resta aos contratantes brasileiros avaliar modelos contratuais estrangeiros para informar a redação dos contratos domésticos e que envolvam transferências internacionais.

Neste artigo, após delinearmos o conteúdo dessa obrigação, consideraremos três modelos contratuais: as cláusulas modelos para os acordos de compartilhamento de dados e para transferência internacional de dados definidas em junho de 2021 pela Comissão Europeia, as CCMs da RIPD e o Modelo de Contrato de Exportação de Dados Chinês[21].

2 SEGURANÇA DA INFORMAÇÃO COMO UMA OBRIGAÇÃO

A segurança da informação, como um efetivo *dever* jurídico, pode decorrer de diferentes fontes normativas, em nível nacional ou internacional. Porém, a segurança da informação também pode ser uma *obrigação,* inserida em contratos privados ou administrativos para regrar as medidas cabíveis com relação às informações compartilhadas entre as partes. Este capítulo delimita o conteúdo do dever de segurança da informação e as principais medidas necessárias para cumpri-lo (**A**), para, então, analisar os modelos de cláusulas contratuais típicas que regulam obrigações de segurança da informação no compartilhamento de dados pessoais (**B**).

A. O conteúdo do dever de segurança da informação

Antes de abordar o regramento contratual, o *dever* de segurança da informação observa exigências de origem legal, que lhe conferem contornos mínimos. O fato de ter se desenvolvido no âmbito da ciência da computação, com incorporação ao direito, fez com que a segurança da informação demandasse requisitos

[19] Informação disponível em: https://www.gov.br/anpd/pt-br/assuntos/noticias/anpd-torna-se-membro-da-rede-ibero-americana-de-protecao-de-dados. Acesso em: 28 jun. 2023.

[20] A Red Iberoamericana de Protección de Datos foi criada em 2003 para integrar atores dos setores público e privado envolvidos no desenvolvimento de iniciativas e projetos relacionados à proteção de dados nos países ibero-americanos, a fim de fomentar e manter um diálogo permanente de experiências e informações entre seus membros. Atualmente, a RIPD possui 14 membros na América Latina, Europa e África.

[21] 个人信息出境标准合同规定. Disponível no site da administração chinesa para o ciberespaço. http://www.cac.gov.cn/2022-06/30/c_1658205969531631.htm. Acesso em: 18 jul. 2023.

diversos para ser concretizada. O aspecto transversal, que reúne contribuições de diferentes áreas do conhecimento, explica as exigências de medidas "técnicas" e "organizacionais" ou "administrativas" nas leis de proteção de dados, por exemplo. Assim, é interessante sopesar os contornos impostos pela lei à segurança da informação para então interpretar os modelos de cláusulas contratuais. Hoje, esses contornos se encontram nas leis de proteção de dados e em regulações recentes sobre cibersegurança, podendo ser complementados convencionalmente no exercício da autonomia privada das partes contratantes.

O dever de segurança da informação implica a adoção das medidas técnicas necessárias para proteger os dados pessoais, visando a assegurar sua confidencialidade, integridade e disponibilidade. O art. 46 da LGPD exige que agentes envolvidos no tratamento de dados pessoais adotem medidas "aptas a proteger os dados pessoais de acessos não autorizados e de situações acidentais ou ilícitas de destruição, perda, alteração, comunicação ou qualquer forma de tratamento inadequado ou ilícito". A lei não define o que seriam medidas técnicas e administrativas, mas os termos sugerem que as medidas técnicas têm relação com as configurações dos recursos de tecnologia da informação de uma organização, enquanto as medidas administrativas ou organizacionais dizem respeito às orientações dadas às pessoas que operam os sistemas informáticos, por exemplo.

No Guia da Segurança da Informação para Agentes de Tratamento de Pequeno Porte editado em outubro de 2021, a ANPD exemplificou tais medidas. Elas incluem: (i) a elaboração da Política de Segurança da Informação, com diretrizes sobre uso de senhas, e-mails, antivírus, compartilhamento e acesso a informações; (ii) treinamentos de colaboradores sobre a operação dos sistemas e a preservação das informações, inclusive quando armazenadas em meios físicos; e (iii) gerenciamento de contratos, com a inclusão de "cláusulas de segurança da informação que assegurem a adequada proteção dos dados pessoais". Já as medidas técnicas incluem: controles de acesso, autenticação multifatorial, manutenção de *backups*, recursos para formatação e eliminação definitiva de dados, uso de criptografia ponta a ponta, sistema de *firewall* (para monitorar, detectar e bloquear ameaças cibernéticas), antivírus, filtros de e-mails e ferramentas *anti-spam*, além de controles para atualização e instalação de correções de segurança (*patches*)[22].

Ao tratar da segurança no tratamento de dados pessoais, o art. 32 (1) do RGPD determina que controladores e operadores considerem "as técnicas mais avançadas, os custos de aplicação e a natureza, o âmbito, o contexto e as

---

[22] AUTORIDADE NACIONAL DE PROTEÇÃO DE DADOS. Guia Orientativo sobre Segurança da Informação para Agentes de Tratamento de Pequeno Porte. Brasília, out. 2021. Disponível em: https://www.gov.br/anpd/pt-br/documentos-e-publicacoes/guia-vf.pdf.

finalidades do tratamento, bem como os riscos, de probabilidade e gravidade variável, para os direitos e liberdades das pessoas" para adotar medidas "para assegurar um nível de segurança adequado ao risco". Dentre as medidas sugeridas, estão a pseudonimização, encriptação[23], recursos para restabelecer a disponibilidade e acesso aos dados em tempo razoável e uso de processos para testar e avaliar regularmente a eficácia das medidas implementadas[24].

Mas a adoção de medidas protetivas idôneas não exaure o conteúdo dessa obrigação. Ocorrendo falha dessas medidas de segurança e a constatação de um incidente, surge o dever de investigação, a fim de avaliar a gravidade do evento e, em sendo o caso, notificar a autoridade de proteção de dados e os titulares afetados. As obrigações de verificação, registro e notificação do incidente estão previstas no art. 48 da LGPD e nos arts. 33, 34 e 35 do RGPD.

Também no âmbito da União Europeia, merece atenção a Diretiva 2022/2555, de 14 de dezembro de 2022, conhecida como NIS 2 (sigla para "*Network and Information Security*"), que trata de medidas para a promoção da cibersegurança[25]. A NIS 2 recomenda, por exemplo, o uso de tecnologia e inteligência artificial para melhorar a detecção e prevenção de ataques cibernéticos, como consta dos Considerandos 51 e 89. O art. 21 (2) elenca dez medidas mínimas para a gestão de riscos cibernéticos que incluem políticas de análise de risco, de resposta a incidentes, de gestão de *backups* e de procedimentos para avaliar a efetividade das medidas implementadas, autenticação multifatorial, criptografia e encriptação. Também exige medidas de segurança sobre a cadeia de fornecimento, também atentando para as relações com fornecedores – uma medida fundamental, especialmente quando falhas de fornecedores já originaram prejuízos multimilionários, como correu com a varejista Target em 2014[26].

---

[23] Encriptação é uma forma de criptografia. Uma das definições indicadas no glossário do NIST – National Institute of Standards and Technology para "encriptação" é "Cryptographic transformation of data (called "plaintext") into a form (called "ciphertext") that conceals the data's original meaning to prevent it from being known or used. If the transformation is reversible, the corresponding reversal process is called "decryption," which is a transformation that restores encrypted data to its original state.". Disponível em: https://csrc.nist.gov/glossary/term/encryption. Acesso em: 29 jun. 2023.

[24] UNIÃO EUROPEIA. *Regulamento (UE) 2016/679, de 27 de abril de 2016.* Disponível em: https://eur-lex.europa.eu/legal-content/PT/TXT/?uri=celex%3A32016R0679#d1e4224-1-1.

[25] UNIÃO EUROPEIA. *Directive (EU) 2022/2555, de 14 de dezembro de 2022.* Disponível em: https://eur-lex.europa.eu/eli/dir/2022/2555.

[26] Um funcionário da Fazio Mechanical, fornecedora da varejista, clicou em um *phishing* recebido por e-mail, permitindo a instalação de um *malware* em seu computador. O *malware*, que poderia ter sido identificado se a Fazio Mechanical estivesse utilizando um antivírus adequado à época, capturou as credenciais do fornecedor e permitiu que *hackers* acessassem os sistemas da Target, gerando um prejuízo de mais de 300 milhões de dólares. In: KASSNER, Michael. Anatomy of the Target data breach: Missed opportunities and lessons learned. *ZDNet*, 02.02.2015.

Outro exemplo interessante sobre as medidas mínimas de segurança exigidas por lei pode ser extraído da Lei de Cibersegurança da China[27], vigente desde junho de 2017. De acordo com o art. 21 dessa lei, os operadores da rede devem adotar ao menos quatro medidas para prevenir vazamentos de dados, furtos e falsificações: (i) elaborar sistemas internos de gestão de segurança e regras operacionais, identificando responsáveis pela cibersegurança e por implementar medidas de proteção e responsabilidade; (ii) adotar medidas técnicas para prevenir vírus de computador, ataques cibernéticos, invasões à rede e outras ameaças; (iii) adotar medidas técnicas para monitorar e registrar o status de operação da rede e incidentes de cibersegurança, armazenando os logs por ao menos seis meses; e (iv) adotar medidas de classificação de dados, backup e encriptação.

A comparação entre as medidas sugeridas pela LGPD (Brasil), RGPD e NIS 2 (União Europeia), e pela Lei de Cibersegurança chinesa revela preocupações comuns e complementares. Além de fornecer uma delimitação mínima sobre o conteúdo do *dever* de segurança da informação que decorre de tais legislações, a comparação estabelece critérios de interpretação das cláusulas inseridas nos modelos de contratos de compartilhamento de dados e, consequentemente, dos contornos das medidas que se consideram recobertas por um dever geral de preservar a segurança da informação.

Nesse sentido, uma medida "básica" de segurança é o uso de antivírus e uma medida "básica" para recuperação após uma violação é a manutenção de *backups*. Mesmo que isso não seja expressamente referido no contrato, não nos parece razoável deduzir, a partir de tal "omissão", que as partes não têm o dever de utilizar esses recursos como medida essencial para obter um nível mínimo de segurança e resiliência em seus sistemas.

De certo modo, a obrigatoriedade de tais cuidados se relaciona com a boa-fé objetiva e configura-se em deveres de proteção, obrigações complementares que se justapõem aos deveres de prestação estipulados pelas partes em seu negócio. Como ensina MARTINS-COSTA, enquanto os deveres de prestação tutelam o interesse do credor no recebimento da prestação, os deveres de proteção tratam da integridade da esfera jurídica da parte e buscam evitar os prejuízos "que decorreriam da própria relação de obrigação considerada como um fato social tendencialmente produtor de danos em razão da especial aproximação

---

Disponível em: https://www.zdnet.com/article/anatomy-of-the-target-data-breach-missed-opportunities-and-lessons-learned/?ref=hackernoon.com. Acesso em: 12 jan. 2023.

[27] CHINA. Lei de Cibersegurança da China (中华人民共和国网络安全法), promulgada em 7 de novembro de 2016. Disponível em: https://www.gov.cn/xinwen/2016-11/07/content_5129723.htm.

('contato social qualificado') que promove entre as partes"[28]. Mesmo na ausência de estipulação, a segurança da informação impor-se-ia como um dever de proteção decorrente da boa-fé objetiva. Trata-se de lógica semelhante ao que se aplica com relação à confidencialidade, igualmente associada aos deveres de proteção, mesmo quando inexistente um regramento contratual específico.

Outra semelhança que corrobora o enquadramento da segurança da informação como um dever de proteção – independente, no que diz respeito à exigibilidade, de uma inserção no contrato – é o fato de a segurança ser uma obrigação que se estende para o momento posterior ao fim da relação contratual, como prevê o art. 47 da LGPD. Nesse sentido, MARTINS-COSTA aponta que, "[c]om base na boa-fé, remanescem deveres jurídicos de proteção, embora extintos os de prestação"[29].

Ao assumirem uma obrigação de segurança da informação, as partes estão reconhecendo também um compromisso com a confidencialidade, já que esse é um dos atributos da segurança. Não por outro motivo, todos os modelos contratuais analisados a seguir preveem que o receptor dos dados (um controlador, operador ou importador, no caso de transferência internacional) deve assegurar que as pessoas autorizadas a tratar dados pessoais em seu nome assumiram um compromisso de confidencialidade ou estão sujeitas a obrigações legais apropriadas de sigilo. Trata-se de uma preocupação adicional, que não substitui a cláusula de confidencialidade – afinal, esta última pode ter finalidades distintas dentro (e para além) da relação contratual – mas que reforça os contornos da segurança da informação também dentro da boa-fé.

B. Modelos de cláusulas para a segurança da informação

Existem diversas fontes regulamentares que impõem um conteúdo mínimo de segurança a ser adotado pelos contratantes em se tratando tanto do tratamento de dados pessoais (**i**) ou da transferência de dados pessoais para países terceiros (**ii**). Esse conteúdo mínimo (cogente em se tratando de dados pessoais) pode ser complementado por outras estipulações pactuadas pelas partes. No entanto, a segurança da informação, não se limita à hipótese de dados pessoais. Assim, além do regramento aplicável aos dados pessoais, existe uma margem de disposição para que as partes, no exercício de sua autonomia, disciplinem temas conexos de forma complementar (**iii**), como se verá.

---

[28] MARTINS-COSTA, Judith. *Comentários ao novo Código Civil*: do inadimplemento das obrigações, vol. V. Tomo II. 2 ed. Rio de Janeiro: Forense, 2009, p. 89.

[29] MARTINS-COSTA, Judith. *A boa-fé no direito privado*: critérios para a sua aplicação. São Paulo: Saraiva, 2018, p. 473.

i. Compartilhamento e Tratamento de Dados Pessoais

No que tange ao compartilhamento e tratamento de dados pessoais, existem exemplos de cláusulas-tipo regulamentares estabelecidas pelas autoridades competentes.

Na União Europeia, incide o regramento relativo às cláusulas contratuais-tipo entre os responsáveis pelo tratamento de dados pessoais estabelecidas pela Comissão Europeia, nos termos do art. 28 (3) e (4) do RGPD e do art. 29 (3) e (4) do Regulamento 2018/1725. Essas cláusulas[30], conhecidas pelo acrônimo inglês "**SSCs-DPA**" encontram-se no documento anexo à Decisão de Execução 2021/915 da Comissão Europeia[31].

A cláusula 7.4 das SCCs-DPA dispõe sobre a segurança no tratamento[32]. A alínea (a) estipula a obrigação de o operador implementar ao menos as medidas técnicas e organizacionais descritas no Anexo III. O modelo desse Anexo indica que as medidas devem ser descritas de forma específica, sem referências genéricas. Dentre as sugestões, constam as medidas já referidas no art. 32 (2) do RGPD, além de medidas para identificação, autorização, armazenamento, transmissão de dados, segurança física dos lugares onde os dados são tratados, garantias com relação às configurações de segurança dos sistemas, gestão de tecnologia da informação, minimização dos dados retidos e responsabilização dos envolvidos. Já a alínea (b) exige do operador o controle e a restrição do acesso aos dados às pessoas estritamente necessárias, além de impor-lhe o dever de assegurar a vinculação individual dessas pessoas (inclusive eventuais

---

[30] Trata-se de cinco anexos, um com as cláusulas contratuais e outros quatro com detalhamentos sobre o tratamento, dentre eles o anexo III, que trata das medidas técnicas e organizativas adotadas para garantir a segurança dos dados.

[31] COMISSÃO EUROPEIA. Decisão de Execução (UE) 2021/915 da Comissão de 4 de junho de 2021 relativa às cláusulas contratuais-tipo entre os responsáveis pelo tratamento de dados pessoais e os subcontratantes nos termos do artigo 28, n. 7, do Regulamento (UE) 2016/679 do Parlamento Europeu e do Conselho e do artigo 29, nº 7, do Regulamento (UE) 2018/1725 do Parlamento Europeu e do Conselho. Disponível em: https://eur-lex.europa.eu/legal-content/EN/TXT/?locale-en=&uri=CELEX%3A32021D0915

[32] "**7.4. Segurança do tratamento**. a) O subcontratante deve, pelo menos, aplicar as medidas técnicas e organizativas especificadas no anexo III para garantir a segurança dos dados pessoais. Tal inclui a proteção dos dados contra uma violação da segurança que provoque, de modo acidental ou ilícito, a destruição, a perda, a alteração, a divulgação ou o acesso não autorizados aos dados (violação de dados pessoais). Ao avaliar o nível de segurança adequado, as Partes devem ter em devida conta as técnicas mais avançadas, os custos de aplicação, a natureza, o âmbito, o contexto e as finalidades do tratamento e os riscos para os titulares dos dados. b) O subcontratante só deve conceder acesso aos dados pessoais objeto de tratamento aos membros do seu pessoal na medida estritamente necessária para a execução, a gestão e o acompanhamento do contrato. O subcontratante deve assegurar que as pessoas autorizadas a tratar os dados pessoais assumiram um compromisso de confidencialidade ou estão sujeitas às obrigações legais de confidencialidade adequadas".

suboperadores) a obrigações de confidencialidade ou a um dever legal de sigilo. O operador também deve comprovar o cumprimento das obrigações relacionadas ao tratamento de dados, que incluem a possibilidade de o controlador realizar auditorias e inspeções periódicas nas instalações físicas do operador, conforme prevê a cláusula 7.6 do modelo[33].

Outra obrigação relacionada à segurança da informação é a de notificar a ocorrência de incidentes de segurança, tal como disposto na cláusula 9 do modelo de DPA[34]. Essa cláusula regula as condutas esperadas do operador para colaborar com o controlador na avaliação da gravidade do incidente e na reunião de informações que eventualmente servirão para embasar uma notificação à autoridade de proteção de dados ou aos próprios titulares afetados[35]. Essas informações incluem o detalhamento sobre a natureza dos dados pessoais e, se possível, o número de titulares afetados, além das possíveis consequências decorrentes do incidente e as medidas propostas para mitigar os seus efeitos.

ii. Transferência Internacional de Dados

No contexto da transferência internacional de dados, também existem cláusulas-tipo estabelecidas por autoridades competentes, a exemplo do que ocorre na União Europeia com as cláusulas contratuais-tipo aplicáveis

---

[33] "7.6 **Documentação e cumprimento**. a) As Partes devem poder demonstrar o cumprimento das presentes cláusulas. b) O subcontratante deve responder, rápida e adequadamente, aos pedidos de informação do responsável pelo tratamento sobre o tratamento de dados, em conformidade com as presentes cláusulas [...]".

[34] "9. **Notificação de violação de dados pessoais**. Em caso de violação de dados pessoais, o subcontratante deve cooperar com o responsável pelo tratamento e prestar-lhe assistência para que este cumpra as obrigações que lhe incumbem por força dos artigos 33 e 34 do Regulamento (UE) 2016/679 ou dos artigos 34 e 35 do Regulamento (UE) 2018/1725, se aplicável, tendo em conta a natureza do tratamento e as informações ao seu dispor. 9.1 Violação de dados relativa a dados tratados pelo responsável pelo tratamento. Em caso de violação de dados pessoais relativa a dados tratados pelo responsável pelo tratamento, o subcontratante deve prestar assistência ao responsável pelo tratamento: a) Na notificação da violação de dados pessoais à(s) autoridade de controlo competente(s), sem demora injustificada, após o responsável pelo tratamento ter tomado conhecimento da violação, quando pertinente/(salvo se essa violação não for suscetível de constituir um risco para os direitos e para as liberdades das pessoas singulares); b) Na obtenção das informações a seguir enumeradas que, nos termos do [...], devem ser indicadas na notificação do responsável pelo tratamento e têm de incluir, pelo menos: A natureza dos dados pessoais, incluindo, se possível, as categorias e o número aproximado de titulares de dados afetados, e as categorias e o número aproximado de registos de dados pessoais em causa, 2) As consequências prováveis da violação de dados pessoais, 3) As medidas adotadas ou propostas pelo responsável pelo tratamento para reparar a violação de dados pessoais, incluindo, se for caso disso, medidas para atenuar os seus eventuais efeitos negativos [...]."

[35] Nem todo incidente deve ser notificado. O art. 33(1) do RGPD e o art. 48 da LGPD restringem a obrigação de notificação aos casos em que a violação dos dados puder acarretar risco ou dano "relevante" ao titular.

à transferência de dados pessoais para países terceiros (“**SCCs-TIDP**”)[36], das Cláusulas Contratuais Modelo da Red Iberoamericana de Proteção de Dados (“**CCM-RIPD**”)[37] ou das Cláusulas Modelo para exportação de dados pessoais da República Popular da China[38]. Na prática da gestão da segurança de dados, diversos ordenamentos jurídicos podem se tornar relevantes, mas, para efeito de ilustrar a convergência das cláusulas-tipo na matéria, este artigo se atém a essas três fontes.

Inicialmente, os modelos podem estipular medidas de proteção de dados adotadas pelo importador (que pode ser um controlador ou um operador, importando dados de outro controlador ou operador) que buscam assegurar os atributos da segurança da informação:

EU (controla-dor-controlador)	**RIPD (controla-dor-controlador)**	**China**
Cláusula 8 Garantias em matéria de proteção de dados O exportador de dados garante que envidou esforços razoáveis para determinar que o importador de dados tem capacidade, através da aplicação de medidas técnicas e organizativas adequadas, para cumprir as obrigações que lhe incumbem por força das presentes cláusulas. [...]	Cláusula 6. Garantias em termos de proteção de dados 6.1. Princípio da responsabilidade a. O Exportador de dados garante que tem feito esforços razoáveis para determinar que o Importador de dados poderá, aplicando as Medidas administrativas, físicas e técnicas adequadas, cumprir com suas obrigações atribuídas nos termos do presente Acordo. [...]	Article 2 Duties of the personal information processors The personal information processor hereby represents, warrants and promises as follows: [...] (4) Reasonable efforts have been made to ensure that the overseas recipient can perform the obligations stipulated in this contract and take the following technical and management measures (comprehensively considering the type, quantity, scope

[36] COMISSÃO EUROPEIA. Decisão de Execução (UE) 2021/914 da Comissão de 4 de junho de 2021 relativa às cláusulas contratuais-tipo aplicáveis à transferência de dados pessoais para países terceiros nos termos do Regulamento (UE) 2016/679 do Parlamento Europeu e do Conselho. Disponível em: https://eur-lex.europa.eu/eli/dec_impl/2021/914/oj.

[37] Cláusulas Contratuais Modelo da Red Interamericana de Proteção de Dados. Disponíveis em: https://www.gov.br/anpd/pt-br/assuntos/noticias/anpd-torna-se-membro-da-rede-ibero-americana-de-protecao-de-dados. Acesso em: 28 jun. 2023.

[38] 个人信息出境标准合同规定. Disponível no site da administração chinesa para o ciberespaço. http://www.cac.gov.cn/2022-06/30/c_1658205969531631.htm. Acesso em: 18 jul. 2023.

EU (controlador-controlador)	RIPD (controlador-controlador)	China
8.5. Segurança do tratamento a) O importador de dados e, durante a transmissão, também o exportador de dados devem aplicar medidas técnicas e organizativas adequadas para garantir a segurança dos dados pessoais, incluindo a proteção contra uma violação da segurança que provoque, de modo acidental ou ilícito, a destruição, a perda, a alteração, a divulgação ou o acesso não autorizado (a seguir designada por «violação de dados pessoais»). [...]. As Partes devem, em particular, ponderar o recurso à cifragem ou à pseudonimização, nomeadamente durante a transmissão, sempre que a finalidade do tratamento possa ser cumprida dessa forma. [...] c) O importador de dados deve assegurar que as pessoas autorizadas a tratar os dados pessoais assumiram um compromisso de confidencialidade ou estão sujeitas às obrigações legais de confidencialidade adequadas. [...]	6.4. Precisão e minimização de dados a. As Partes devem garantir que os Dados pessoais sejam precisos e, se necessário, que estejam atualizados. O Importador de dados tomará todas as medidas necessárias para que os Dados pessoais imprecisos em relação aos propósitos para os quais são tratados sejam excluídos ou ratificados sem dilação. [...] 6.6. Princípio de Segurança a. O Importador de dados e, durante a transferência, também o Exportador de dados estabelecerão e manterão Medidas de caráter administrativo, físico e técnico suficientes para garantir a confidencialidade, integridade e disponibilidade dos Dados pessoais objeto deste Acordo.	and sensitivity of personal information, the amount and frequency of transmission, personal information transmission and overseas receivers Personal information security risks that may be brought about by the deadline, purpose of personal information processing, etc.): (such as encryption, anonymization, de-identification, access control and other technical and management measures). [...]

Como aspectos comuns das obrigações gerais impostas aos exportadores e importadores, temos os deveres de (i) adotar as medidas adequadas para (ii) garantir a segurança das informações, incluindo-se (iii) a obrigação de organizar cláusulas de sigilo com seus prepostos. Embora esses modelos abordem os mesmos temas (finalidade do tratamento, transparência, acurácia e minimização de dados, limitação de armazenamento, segurança, dados sensíveis, novas transferências e documentação de *compliance*), a redação de cada cláusula varia de modelo para modelo.

Esses modelos também estipulam as consequências de violação à segurança dos dados pessoais, impondo especialmente ao controlador a obrigação de adotar medidas para mitigar danos e documentar todos os fatos relevantes:

EU (controlador-controlador)	RIPD (controlador-controlador)	China
Cláusula 8 Garantias em matéria de proteção de dados O exportador de dados garante que envidou esforços razoáveis para determinar que o importador de dados tem capacidade, através da aplicação de medidas técnicas e organizativas adequadas, para cumprir as obrigações que lhe incumbem por força das presentes cláusulas. [...] 8.5. Segurança do tratamento d) Em caso de violação de dados pessoais relativa a dados pessoais tratados pelo importador de dados ao abrigo das presentes cláusulas, o importador de dados deve tomar as medidas adequadas para reparar a violação de dados pessoais, incluindo medidas para atenuar os seus eventuais efeitos negativos. e) Em caso de violação de dados pessoais suscetível de constituir um risco para os direitos e as liberdades das pessoas singulares, o importador de dados deve notificar, sem demora, o exportador de dados e a autoridade de controlo competente, nos termos da cláusula 13. [...] Na medida em que não seja possível ao importador de dados fornecer todas as informações ao mesmo tempo, poderá fazê-lo por fases, sem demora injustificada.	Cláusula 6. Garantias em matéria de proteção de dados 6.6. Princípio da Segurança [...] Violação à segurança dos dados pessoais a. No caso de Violação da segurança dos dados pessoais tratados pelo Importador de dados no âmbito do presente Acordo, o Importador de dados tomará as medidas adequadas para resolvê-los e mitigar os possíveis efeitos negativos. b. O Importador de dados documentará todos os fatos relevantes relativos à violação da segurança dos dados pessoais, como seus efeitos e as medidas corretivas tomadas, e manterá um registro das mesmas. c. Quando alguma das Partes tomar conhecimento de uma Violação de segurança de dados, notificará a outra Parte, a Autoridade de controle competente e os Titulares afetados de tal evento, sem dilação alguma e no máximo dentro de um período não superior a cinco (5) dias. d. A notificação que seja realizada em virtude do parágrafo anterior será redigida em linguagem clara e simples. [...] f. A notificação aos Titulares não será necessária quando tal notificação envolver um esforço desproporcional. Neste caso, o Importador de dados fará uma comunicação pública ou adotará uma medida semelhante para informar o público sobre a Violação de segurança de dados.	Article 3 Obligations of Overseas Receivers The overseas receiving party hereby represents, warrants and promises as follows: [...] (6) In the event of a data breach of the processed personal information, it will: 1. Take appropriate remedial measures in a timely manner to mitigate the adverse impact on the subject of personal information; 2. Immediately notify the personal information processor, and report to the regulatory authorities of the People's Republic of China in accordance with relevant laws and regulations.

Os modelos ainda estipulam a responsabilização sobre os danos decorrentes de violação da segurança dos dados pessoais. Vale observar que nenhum modelo contém cláusula de limitação de responsabilidade:

EU	RIPD	China
Cláusula 12 Responsabilidade MÓDULO UM: Transferência entre responsáveis pelo tratamento MÓDULO QUATRO: Transferência de subcontratante para responsável pelo tratamento a) Cada Parte é responsável perante a(s) outra(s) Parte(s) por quaisquer danos que lhe(s) cause decorrentes de qualquer violação das presentes cláusulas. b) Cada Parte é responsável perante o titular dos dados, tendo o titular dos dados o direito de receber uma indemnização, por quaisquer danos materiais ou imateriais que a Parte cause ao titular dos dados em consequência da violação dos direitos de terceiro beneficiário ao abrigo das presentes cláusulas. Tal não prejudica a responsabilidade do exportador de dados nos termos do Regulamento (UE) 2016/679. c) Quando mais de uma Parte for responsável por quaisquer danos causados ao titular dos dados devido a uma violação das presentes cláusulas, todas as Partes responsáveis são solidariamente responsáveis e o titular dos dados tem o direito de intentar uma ação em tribunal contra qualquer uma destas Partes.	Cláusula 9. Responsabilidade civil a. Cada Parte será responsável perante a outra por qualquer dano ou prejuízo causado pela violação dos direitos e obrigações estabelecidos no presente Acordo. b. Cada parte será responsável perante o Titular. O Titular terá o direito de ser indenizado por danos e prejuízos materiais ou imateriais que qualquer uma das Partes cause ao Titular por violar os direitos de Terceiros beneficiários que derivem deste Acordo. Isso não prejudica a responsabilidade que a Lei aplicável atribui ao Exportador de dados. c. Quando mais de uma parte for responsável por qualquer dano ou prejuízo causado ao Titular como resultado de uma violação do presente Acordo, todas as partes responsáveis serão solidariamente responsáveis. d. As Partes acordam que, se uma das partes for considerada responsável nos termos do presente Acordo, estará legitimada para exigir à outra parte a indemnização correspondente à sua responsabilidade pelo dano ou prejuízo.	Article 8 Liability for breach of contract (1) Both parties shall be liable to the other party for any damage caused to the other party due to their breach of this contract. (2) The liability between the two parties is limited to the losses suffered by the non-breaching party. (3) Each party that violates this contract and violates the rights enjoyed by the personal information subject as a third-party beneficiary shall be liable to the personal information subject; the personal information subject is entitled to compensation. This is without prejudice to the responsibilities of personal information processors under relevant laws and regulations. (4) If the personal information processor and the overseas receiver are jointly responsible for any material or non-material damage caused to the personal information subject due to the violation of this contract, the personal information processor and the overseas receiver shall bear joint and several liabilities for the personal information subject.

EU	RIPD	China
d) As Partes acordam que, se uma Parte for considerada responsável nos termos da alínea c), tem o direito de reclamar à(s) outra(s) Parte(s) a parte da indemnização correspondente à sua responsabilidade pelos danos. e) O importador de dados não pode invocar o comportamento de um subcontratante ou subcontratante ulterior para se eximir à sua própria responsabilidade.		(5) Both parties agree that if one party (the 'compensating party') is jointly and severally liable to the personal information subject due to the other party's ('recovered party') violation of this contract and the joint and several liability assumed by the compensating party exceeds its responsibilities share, the indemnifying party has the right to recover from the claimed party. (6) Notwithstanding the provisions of Article 8(3) and Article 8(4), the personal information processor shall compensate the personal information subject for any material and non-material damages caused by the overseas receiver due to the violation of this contract. The loss is responsible to the personal information subject, and the personal information subject has the right to It claims liability for damages. (7) Both parties agree that if the personal information processor is liable for damages caused by the overseas receiver in accordance with Article 8(6), it has the right to seek compensation from the overseas receiver.

Observa-se, porém, que as CCMs da RIPD não replicam as exceções à notificação de titulares e da autoridade supervisora previstas no RGPD e na LGPD (que se limitam aos casos de risco ou dano relevante ao titular). A leitura desse modelo dá a entender que os agentes responsáveis pelo tratamento de dados pessoais deveriam notificar qualquer incidente de segurança, e não apenas aqueles que puderem causar risco ou dano relevante. Trata-se de alteração importante, pois (*i.*) a notificação envolve custos, que podem ser elevados a depender do número de titulares envolvidos, e (*ii.*) nem todas as organizações possuem cobertura securitária para cobrir tal despesa (conforme será abordado no item III.C, abaixo).

Todos os modelos incluem a assunção de responsabilidade, por ambas as partes, de indenizar terceiros, quais sejam, os titulares dos dados eventualmente vazados, pelos danos decorrentes da obrigação de segurança da informação. Essa obrigação também deve ser assumida por eventuais suboperadores contratados pelo operador, que se tornam responsáveis diretos pelo tratamento de dados em caso de insolvência ou desaparecimento do exportador ou do importador que assinaram originalmente o contrato para a transferência internacional:

EU	RIPD	China
Cláusula 3. Cláusula do terceiro beneficiário a) Os titulares dos dados podem invocar e fazer aplicar as presentes cláusulas, enquanto terceiros beneficiários, contra o exportador e/ou importador de dados, com as seguintes exceções: [...] Cláusula 9. Recurso a subcontratantes ulteriores [...] b) Se o importador de dados contratar um subcontratante ulterior para realizar operações específicas de tratamento (por conta do exportador de dados), deve fazê-lo através de um contrato escrito que preveja, do ponto de vista material, as mesmas obrigações em matéria de proteção de dados que as que incumbem ao importador de dados por força das presentes cláusulas, incluindo em termos de direitos de terceiro beneficiário para os titulares dos	Cláusula 3. Terceiros beneficiários Os Titulares poderão invocar, como Terceiros beneficiários, as cláusulas do presente Acordo contra o Exportador de dados e/ou o Importador de dados e exigir deles o seu cumprimento. 7.2 Contrato com o sub encarregado [...] b. Quando o Importador de dados recorra a um Sub encarregado para realizar atividades específicas de tratamento (por conta do Exportador de dados), fará isso por meio de um contrato escrito que estabeleça, em essência, as mesmas obrigações em matéria de proteção de dados que foram impostas ao Importador de dados em virtude do presente Acordo, especialmente no que diz respeito aos direitos dos Titulares, desde que sejam Terceiros beneficiários. As partes	Article 3 Obligations of Overseas Receivers The overseas receiving party hereby represents, warrants and promises as follows: [...] (7) Do not provide personal information to third parties located outside the People's Republic of China, unless the following requirements are also met: [...] 3. Reach a written agreement with the third party to ensure that the third party's level of protection of personal information is not lower than the personal information protection standards stipulated in the relevant laws and regulations of the People's Republic of China, and assume joint and several liability for possible damage to the subject of personal information due to re-provision[...]. Article 5 Rights of Personal Data Subjects

EU	RIPD	China
dados (8). As Partes concordam que, ao cumprir esta cláusula, o importador de dados cumpre as obrigações que lhe incumbem por força da cláusula 8.8. O importador de dados deve garantir que o subcontratante ulterior cumpre as obrigações a que o importador de dados está sujeito nos termos das presentes cláusulas. [...] e) O importador de dados deve acordar com o subcontratante ulterior uma cláusula do terceiro beneficiário nos termos da qual — em caso de desaparecimento de facto, de extinção legal ou de insolvência do importador de dados — o exportador de dados tem o direito de rescindir o contrato do subcontratante ulterior e de dar instruções ao subcontratante ulterior para apagar ou devolver os dados pessoais.	concordam que, ao cumprir o presente Acordo, o Importador de dados também cumpre as obrigações que lhe são atribuídas pela cláusula relativa às Transferências ulteriores. O Importador de dados também cumpre as obrigações atribuídas a cláusula correspondente a Transferências ulteriores. O Importador de dados deve garantir que o sub encarregado cumpra com as obrigações a ele atribuídas no presente Acordo.	Both parties acknowledge that, in accordance with relevant laws and regulations, the personal information subject is granted the right to perform the personal information protection obligations of both parties in this contract as a third-party beneficiary. [...] (6) The personal information subject, as the third-party beneficiary of this contract, has the right to claim and demand the performance of the following clauses related to the rights of the personal information subject under this contract against either the personal information processor or the overseas recipient: [...].

Por fim, os modelos ainda regulam o encerramento da relação contratual:

EU	RIPD	China
Cláusula 16. Incumprimento das cláusulas e rescisão a) O importador de dados deve informar imediatamente o exportador de dados se, por qualquer motivo, não puder cumprir as presentes cláusulas.	Cláusula 13. Descumprimento das cláusulas e resolução do contrato a. O Importador de dados informará imediatamente ao Exportador de dados, caso ele não possa cumprir com alguma das cláusulas deste Acordo por qualquer motivo.	Article 7 Termination of Contract (1) If the overseas recipient violates the obligations stipulated in this contract, the personal information processor may suspend the transmission of personal information to the overseas recipient until the breach is corrected or the contract is terminated.

EU	RIPD	China
b) Se o importador de dados violar ou não puder cumprir as presentes cláusulas, o exportador de dados deve suspender a transferência de dados pessoais para o importador de dados até que o cumprimento seja novamente assegurado ou o contrato seja rescindido. Esta disposição não prejudica o disposto na cláusula 14, alínea f). c) O exportador de dados tem o direito de rescindir o contrato, na medida em que este diga respeito ao tratamento de dados pessoais ao abrigo das presentes cláusulas, caso: i) o exportador de dados tenha suspendido a transferência de dados pessoais para o importador de dados nos termos da alínea b) e o cumprimento das presentes cláusulas não for restabelecido num prazo razoável e, em todo o caso, no prazo de um mês a contar da suspensão, ii) o importador de dados viole, de forma substancial ou persistente, as presentes cláusulas, ou iii) o importador de dados não cumpra uma decisão vinculativa de um tribunal ou autoridade de controlo competente relativamente às obrigações que lhe incumbem por força das presentes cláusulas.	b. Caso o Importador de dados não cumpra com as obrigações atribuídas a ele pelo presente Acordo, o Exportador de dados suspenderá a transferência de dados pessoais ao Importador de dados até que o cumprimento seja novamente garantido ou o contrato seja rescindido. c. O Exportador de dados terá o poder de rescindir este Acordo quando: i) o Exportador de dados tenha suspendido a transferência de dados pessoais para o Importador de dados nos termos do parágrafo anterior e não volte a ser dado cumprimento ao presente Acordo dentro de um prazo razoável e, em qualquer caso, no prazo de 30 (trinta) dias úteis a contar da data da suspensão; ii) o Importador de dados viole substancial ou persistentemente o presente Acordo; ou iii) o Importador de dados não cumpra com uma resolução vinculante de um órgão jurisdicional ou Autoridade de controle competente em relação às suas obrigações atribuídas nos termos do presente Acordo. Neste caso, informará a Autoridade de controle competente sobre seu descumprimento.	(2) In any of the following circumstances, the personal information processor has the right to terminate this contract and notify the supervisory authority when necessary: 1. The personal information processor suspends the transmission of personal information to overseas recipients for more than one month in accordance with Article 7(1); 2. Complying with this contract by the overseas receiving party will violate the laws and regulations of the country where it is located; 3. The overseas receiving party seriously or continuously violates the obligations stipulated in this contract; 4. According to the non--appealable final decision made by the competent court or supervisory authority of the overseas recipient, the overseas recipient or personal information processor has violated the provisions of this contract; 5. Bankruptcy, dissolution or liquidation of the overseas receiving party[...]. (3) If the regulatory agency makes a decision related to the export of personal information in accordance with relevant laws and regulations, such as the security assessment of the export of personal information,

EU	RIPD	China
Nestes casos, deve informar a autoridade de controlo competente [para o módulo três: e o responsável pelo tratamento] desse incumprimento. Se o contrato envolver mais de duas Partes, o exportador de dados só pode exercer este direito de rescisão em relação à Parte pertinente, salvo decisão das Partes em contrário. [...]	d. Os dados pessoais que tenham sido transferidos antes da resolução do contrato deverão, por escolha do Exportador de dados, ser devolvidos imediatamente ao Exportador de dados ou ser destruídos em sua totalidade. O mesmo se aplica às cópias dos dados. O Importador de dados evidenciará a destruição dos dados ao Exportador de dados. [...]	which makes this contract unenforceable, either party may terminate this contract. (4) Both parties agree to terminate the contract, but the termination of this contract does not exempt them from their personal information protection obligations in the process of personal information processing. (5) When the contract is terminated, the overseas receiving party shall promptly return, destroy or anonymize the personal information it has received under this contract, and provide an audit report that has been destroyed or anonymized.

Em linhas gerais, os modelos aqui analisados são semelhantes nas obrigações que estabelecem a respeito das medidas de segurança da informação, notificação de autoridades e titulares, responsabilidade civil e hipóteses de rescisão. Apesar de oferecerem cláusulas padronizadas, os modelos deixam espaço em anexo próprio para que as partes particularizem as medidas de segurança que entenderam pertinentes para a sua operação específica. Outras obrigações relacionadas ao compartilhamento de dados devem ser tratadas em instrumento específico – o contrato principal ou outro anexo. É o caso de eventual limitação de responsabilidade, que se aplicaria exclusivamente às perdas e danos decorrentes da relação entre exportador e importador – desde que sem afetar os terceiros beneficiários (isto é, os titulares).

iii. *Outros dados*

A obrigação de segurança da informação não se impõe apenas no que tange a dados pessoais. Com a digitalização da economia, o fluxo de dados produzido por uma empresa pode representar um subsídio apreciável que, na ausência de proteção, pode perder-se ou difundir-se no mercado. À semelhança do que ocorre com direitos de propriedade industrial não suscetíveis de privilégio de exclusividade, como o *know-how*, a divulgação ou perda de dados empresariais pode representar a perda de uma vantagem competitiva. De outra banda, a vulnerabilidade de dados não necessariamente recobertos por sigilo comercial ou por proteção de segredo de indústria também pode gerar infortúnios, basta lembrar os episódios de empresas ou mesmo pessoas atacadas por *ransomware*, que subitamente perdem o acesso aos dados necessários para sua atividade profissional ou mesmo memórias pessoais valiosas, como fotos e recordações.

Se a obrigação de segurança da informação nesses casos não decorre diretamente da proteção legislativa, que se concentra sobre os dados pessoais, as partes ainda podem, no exercício da autonomia privada, estabelecer regras específicas para proteger a integridade, a disponibilidade e a confidencialidade das informações compartilhadas.

Essa proteção adicional não é contemplada pelas cláusulas de sigilo, pois elas nada dizem sobre os atributos da integridade e da disponibilidade), tampouco disciplinam medidas importantes de resiliência, que têm por objetivo assegurar a retomada dos sistemas. Para suprir tais lacunas, contratos que envolvem compartilhamento de dados não pessoais podem estipular obrigações de manutenção de *backup* de dados atualizado, por exemplo, que é uma forma de mitigar as consequências de um ataque *ransomware*[39] (muito embora sem efeito nos casos de dupla extorsão ou nas situações em que a própria indisponibilização dos dados/sistemas afeta organizações críticas, como hospitais[40]).

Esses cuidados também devem ser observados quando da contratação de serviços de bancos de dados ou de computação em nuvem. Nesses casos, posto que a obrigação deva ser convencionalmente estipulada, a disciplina contratual desse dever em muito se assemelhará à tutela da obrigação de segurança da informação no que tange a dados pessoais.

3. A DISCIPLINA CONTRATUAL DA CLÁUSULA DE SEGURANÇA DA INFORMAÇÃO

O regime do adimplemento ou a tutela do inadimplemento dessas estipulações provocam reflexões sobre sua natureza jurídica e a qualificação das obrigações por elas impostas. A seguir, avaliaremos a natureza jurídica dessa obrigação (**A**), que pode influenciar – ou não – na tutela do inadimplemento (**B**) e na contratação de seguros, pois prejuízos associados ao uso da tecnologia e ao processamento massivo de dados ainda são desconhecidos (**C**).

39 SOLOVE, Daniel J; HARTZOG, Woodrow. *Breached!* Why data security fails and how to improve it. New York: Oxford University Press, 2022, p. 153-155.

40 SCHNEIER, Bruce. *Clique aqui para matar todo mundo*: segurança e sobrevivência em um mundo hiperconectado. Trad.: Eduardo Lima. Rio de Janeiro: Alta Books, 2020, p. 67.

A. A natureza da obrigação

A cláusula de segurança da informação tem uma natureza dúplice. A prestação que ela estipula é, por um lado, a adoção de medidas visando à manutenção da segurança das informações tratadas e, por outro lado, a garantia da segurança dessas informações. Prescreve, portanto, duas séries de condutas, que geram consequências jurídicas diversas.

Essa dualidade pode ser percebida nos modelos abordados anteriormente.

A cláusula inserida no modelo de "SCCs" da Comissão Europeia obriga o devedor (receptor dos dados) a "[1] *aplicar medidas técnicas e organizativas adequadas para* [2] *garantir a segurança dos dados pessoais, incluindo a proteção contra uma violação da segurança que provoque, de modo acidental ou ilícito, a destruição, a perda, a alteração, a divulgação ou o acesso não autorizados*".

O modelo da Red Iberoamericana de Protección de Datos estipula que as partes "[1] *estabelecerão e manterão Medidas de caráter administrativo, físico e técnico suficientes para* [2] *garantir a confidencialidade, integridade e disponibilidade dos Dados pessoais objeto deste Acordo*".

Logo, a obrigação de adotar medidas protetivas combina-se com a assunção de um dever de garantir a incolumidade dos dados (ou seja, "*garantir a segurança de dados pessoais*", "*medidas*" "*suficientes para garantir*" ou tendentes a "*ensure the security*"). Se o primeiro aspecto da obrigação de segurança de informações implica a adoção de medidas "*técnicas e organizativas adequadas*", sua orientação no sentido de garantir a segurança das informações adiciona um dever de responder pelo resultado de eventual vazamento; já não se trataria mais de uma prestação, mas da assunção de um risco. Essa dicotomia parece relevante à luz da distinção das obrigações de meio, resultado e garantia.

Tradicionalmente, a natureza das obrigações de fazer podem ser divididas entre obrigações de meio e de resultado. Segundo a clássica lição de DEMOGUE, a obrigação que paira sobre o devedor pode ter naturezas distintas: o devedor pode obrigar-se a produzir certa consequência (obrigação de resultado), entregando um pacote ou construindo um edifício[41]. Nas obrigações de resultado, "*só se considera adimplida a prestação com a efetiva produção do resultado*". O devedor poderá exonerar-se de responsabilidade se o inadimplemento for escusável, como nas hipóteses de caso fortuito ou força maior, porém o não atingimento do resultado o priva da contraprestação pactuada.

O devedor também pode se obrigar a adotar certas medidas, realizar certas condutas (prestações), que são normalmente tendentes a uma finalidade, sem, no entanto, comprometer-se no sentido de que esse resultado será

41 DEMOGUE, René. *Traité des obligations en général*, Tome V "Sources des Obligations". Paris : Arthur Rousseau, 1925, § 1237, p. 538. Disponível em: www.gallica.fr.

necessariamente atingido (obrigação de meio). Assim, DEMOGUE distingue a obrigação de resultado assumida pelo depositário, que se compromete a restituir a coisa no termo e a obrigação de meio assumida pelo locador de cofres-fortes, que só se responsabiliza pelo desaparecimento do objeto nele depositado em caso de culpa[42]. O inadimplemento do depositário configura-se pelo perecimento da coisa (podendo ser escusado em caso de caso fortuito ou força maior), porém o inadimplemento do locador só se verifica se o desaparecimento do objeto depositado puder ser atribuído à conduta culposa de sua parte.

Nesse sentido, poder-se-ia conceber o conteúdo obrigacional da obrigação de segurança da informação como a adoção das medidas mais modernas de proteção, ou a implementação das técnicas de proteção adequadas. Trata-se de obrigação de resultado: construído o edifício, o devedor teria adimplido seu dever de segurança. Em adição, o devedor ficaria escusado na ausência de culpa.

Entretanto, é apenas disto que se trata no caso de cláusulas de segurança da informação? Não haveria nesse segundo aspecto de assunção do risco e de garantia da segurança dos dados — algo mais intenso do que a promessa de um resultado? Haveria nessa situação uma verdadeira obrigação de garantia?

De acordo com COMPARATO, as obrigações de garantia constituem um *tertius genus* complementando a classificação das obrigações entre obrigações de meio e de resultado[43]. Mais do que a promessa de uma conduta diligente ou de um resultado, as obrigações de garantia têm por objeto *"a eliminação de um risco que pesa sobre o credor"*, o que significa "a fortiori *reparar as consequências de sua realização*".

Como ensina RUSSO, *"a essência da obrigação de garantia é assegurar o credor contra riscos"*[44]. Dessa forma, o oferecimento da garantia implica que *"o devedor (o vendedor) responde pelas eventuais divergências entre o que declara no contrato e a realidade 'haja o que houver'"*, assumindo *"plenamente o risco da não verificação da 'situação' garantida, independentemente de culpa da sua parte"*[45].

42 DEMOGUE, René. *Traité des obligations en général*, Tome V "Sources des Obligations". Paris : Arthur Rousseau, 1925, § 1237, p. 538. Disponível em www.gallica.fr.

43 COMPARATO, Fabio Konder. Obrigações de Meios, de Resultado e de Garantia. In: *Ensaios e Pareceres de Direito Empresarial*. Rio de Janeiro: Forense, 1978, p. 536 e 537.

44 PENTEADO, Luciano de Camargo; FIGUEIREDO, Fabio Vieira. Outas Modalidades de Obrigações. In: LOTUFO, Renan; NANNI, Giovanni Ettore. *Obrigações*. São Paulo: Atlas, 2011, p. 226.

45 RUSSO, Fábio Castro. Das cláusulas de garantia nos contatos de compra e venda de participações sociais de controlo. *Direito das Sociedades em Revista*, Ano 2, Vol. 4, p. 115 e segs.: "Assim, o 'aspecto essencial e qualificativo da garantia é constituído pela transmissão de um risco ao garante que, em base aos critérios normais de repartição, deveria ser suportado pelo garantido: aquando da verificação do evento danoso contemplado, o garante será obrigado a efectuar uma prestação – normalmente de natureza pecuniária – a favor do garantido'. O que vem de se expor impede que se fale em incumprimento no sentido tradicional do termo: 'não é correcto, de um

CORRIAS ensina que a obrigação de garantia não configura uma relação obrigacional em sentido estrito, "*pois falta em seu conteúdo um componente essencial desse último: a previsão de uma conduta e/ou de comportamento pessoal do sujeito passivo apto a satisfazer o interesse do sujeito ativo*"[46]. Assim, o objeto da obrigação de garantia não é um dar, fazer ou não fazer, mas a assunção de um risco pelo garantidor[47]. Logo, os efeitos do descumprimento são distintos em se tratando de obrigações de resultado ou de obrigações de garantia, não se admitindo a exoneração do devedor nem mesmo nos casos em que há caso fortuito ou força maior[48].

Essa é a marca da obrigação de garantia, cuja violação não se escusa nem pela ausência de culpa nem pela ocorrência de caso fortuito ou força maior: o devedor responde haja o que houver. O advento do evento cujo risco de ocorrência foi garantido não consiste em inadimplemento propriamente dito, pois não importa o descumprimento, pelo devedor, das obrigações ao seu encontro. Em verdade, a violação da garantia desencadeia uma obrigação de segunda ordem, impondo ao devedor o dever de indenizar os prejuízos dela decorrentes. Por isso, o exemplo maior da obrigação de garantia, tratada por CORRIAS como seu "arquétipo" [49] encontra-se no contrato de seguro[50], no qual não se concebe o sinistro como inadimplemento do segurador, mas como hipótese de indenização do segurado.

Assim, deve-se interpretar as referências à garantia da segurança de dados inserida nas cláusulas modelos referidas neste artigo como uma obrigação de garantia propriamente dita? A resposta parece, em princípio, negativa.

Inicialmente, a elisão dos riscos à segurança da informação não é um resultado que possa ser razoavelmente garantido no atual estado da técnica.

---

ponto de vista jurídico, qualificar como incumprimento a violação das garantias por parte do vendedor', já que este assumiu um risco e não uma obrigação específica de comportamento (a qual apenas surgirá – por via da reconstituição in natura ou da indemnização em espécie a seu cargo – aquando da verificação do evento contemplado)".

46 CORRIAS, Paoloefisio. *Garanzia Pura e Contratti di Rischio*. Milão, Giuffrè, 2006, p. 253.

47 COMPARATO, Fabio Konder. Obrigações de Meios, de Resultado e de Garantia. Ensaios e Pareceres de Direito Empresarial. Rio de Janeiro: Forense, 1978, p. 537: "[A] simples assunção do risco pelo devedor de garantia representa o adimplemento de sua prestação. 'O fato de se não ter verificado o risco, em previsão do qual se fez o seguro, reza o Código Civil, 'não exime o segurado de pagar o prêmio que se estipulou' (art. 1.452)".

48 COMPARATO, Fabio Konder. Obrigações de Meios, de Resultado e de Garantia. *Ensaios e Pareceres de Direito Empresarial*. Rio de Janeiro: Forense, 1978.

49 CORRIAS, Paoloefisio. *Garanzia Pura e Contratti di Rischio*. Milão, Giuffrè, 2006, pp. 23 e 259.

50 COMPARATO, Fabio Konder. Obrigações de Meios, de Resultado e de Garantia. In: *Ensaios e Pareceres de Direito Empresarial*. Rio de Janeiro: Forense, 1978, p. 538. RUSSO, Fábio Castro. Das cláusulas de garantia nos contatos de compra e venda de participações sociais de controlo. *Direito das Sociedades em Revista*, Ano 2, Vol. 4, p. 115 e segs.

Os esforços que o devedor pode empregar são limitados pelo que SCHNEIER refere como "dilema da segurança"[51]: atacar é mais fácil e mais barato do que defender um sistema informático. As defesas precisam se preocupar com *todos* os aspectos do sistema, mas os ataques precisam de apenas *uma* falha para serem exitosos. Nesse contexto, é muito mais fácil ser pedra do que vidraça. Casos paradigmáticos, como o vazamento de dados da Equifax, são exemplos emblemáticos nesse sentido. Em março de 2017, a Equifax atualizou o software Apache Struts para 399 funcionários, mas um funcionário não recebeu o e-mail da equipe de segurança. Foi o que bastou para que *hackers* invadissem o sistema da empresa e acessassem 145 milhões de dados[52].

Devido a essa particularidade, a fronteira entre eventos que configuram fortuito interno e fortuito externo nem sempre é clara. Alguns incidentes poderão ocorrer por atos dolosos ou culposos de prepostos ou funcionários da empresa ou por negligência na adoção de medidas mínimas de segurança, como o uso de antivírus, *firewalls* e *backups*, ou má gestão de acessos físicos, já referidos anteriormente. Outros poderão ocorrer por exceções ou falhas pontuais: um software que não foi atualizado na data correta ou uma vulnerabilidade ainda não constatada pela equipe de tecnologia da informação pela sua novidade no mercado. Ainda que não se possa concluir antecipadamente que todo incidente é um fortuito interno, há limites nos esforços[53] que podem ser exigidos do devedor no cumprimento da obrigação de segurança da informação.

Logo, na ausência e estipulação específica, parece mais adequado interpretar a referência à garantia da segurança da informação como fonte de uma obrigação de resultado e não de garantia. Obviamente, as partes podem convencionalmente intensificar esse dever e estipular que o devedor assume uma obrigação de garantir a segurança da informação haja o que houver em face de

---

51 SCHNEIER, Bruce. *Clique aqui para matar todo mundo*: segurança e sobrevivência em um mundo hiperconectado. Trad.: Eduardo Lima. Rio de Janeiro: Alta Books, 2020, p. 64.

52 SOLOVE, Daniel J; HARTZOG, Woodrow. **Breached!** Why data security fails and how to improve it. New York: Oxford University Press, 2022, p. 93-95.

53 A interpretação de tal obrigação deve ser pautada na razoabilidade. É valioso, neste ponto, o comentário de Catarina Monteiro Pires: "Se o devedor, para cumprir, tiver que desenvolver esforços superiores aos que lhe são exigíveis segundo aquele critério do bom pai de família (cf. arts. 487.º, n.º 2 e 799.º, n.º 2), a falta de cumprimento não poderá ser culposa, nem (salvo convenção em contrário) dar azo a responsabilidade. Quer dizer, o devedor não faltará culposamente ao cumprimento (cf. art. 798.º). O devedor acima da média da sua espécie e classe não deverá mais, em termos de esforço (e não em termos de qualidades), do que o devedor médio da sua espécie e classe. O interesse do credor na escolha de certo devedor que habitualmente faz uso de um nível elevado de esforço não é tutelado, sem prejuízo de o contrato poder elevar a bitola de diligência". In: MONTEIRO PIRES, Catarina. Limites dos esforços e dispêndios exigíveis ao devedor para cumprir. *Revista da Ordem dos Advogados*, Lisboa, p. 105-136, 2016. Disponível em: http://www.catarinamonteiropires.com/Archive/Docs/f755007429055.pdf.

quaisquer riscos e de responder pelas consequências de eventual falha na proteção independentemente de culpa, erigindo esse dever em verdadeira obrigação de garantia.

Inversamente, a intensidade desse dever também pode ser mitigada. A responsabilidade pelas consequências do incidente de vazamento ou perda de informações poderia ser afastada convencionalmente por meio de cláusula limitativa de responsabilidade no âmbito dos contratos.

Parece discutível que as partes possam exonerar o devedor do cumprimento da obrigação principal, eximindo-o previamente de responsabilidade pelo descumprimento da prestação. Dito isso, como sinaliza FERNANDES, não há norma no direito brasileiro *"que restrinja a aplicação* [da cláusula limitativa de responsabilidade] *às obrigações meramente acessórias"*, só sendo possível questionar a validade da exclusão nos casos em que tal exclusão *"compromete a função econômico-social da operação econômica"* ou para *"assegurar um mínimo de equilíbrio das relações"*[54]. Ademais, em se tratando de contratos paritários e sofisticados como os contratos de acordos de processamento ou de transferência de dados, e na ausência de norma cogente em contrário, não parece haver óbice para a exclusão convencional de responsabilidade em situações específicas similares ao caso fortuito ou à força maior.

Considerando o teor das cláusulas-tipo analisadas e as particularidades da obrigação assumida, conclui-se que a assunção de obrigação de segurança da informação, tanto no seu viés de adoção das técnicas adequadas quanto de garantia da segurança dos dados, resulta em obrigação de resultado cujo cumprimento pode ser escusado na ausência de culpa, contanto que, é claro, a obrigação não tenha sido expressamente estipulada como obrigação de garantia.

B. A tutela do inadimplemento

A violação da obrigação de segurança da informação pode consistir, inicialmente, na falta de implementação das condições adequadas de proteção dessas informações ou no desenvolvimento de proteções inadequadas, situação em que ocorrerá inadimplemento propriamente dito. Além disso, pode ocorrer a violação à garantia de segurança das informações.

Quais são as consequências dessas situações? Vamos inicialmente tratar do inadimplemento da obrigação de proteção da informação para em seguida abordar a violação da garantia de segurança.

O descumprimento da obrigação de segurança da informação, especialmente nos casos de vazamento de dados, expõe o controlador a prejuízos

54 FERNANDES, Wanderley. *Cláusulas de Exoneração e de Limitação de Responsabilidade* [livro eletrônico]. São Paulo: Saraiva, 2013, p. 7284.

significativos em termos reputacionais, perante o mercado (notadamente quando o vazamento de torna público), além da possibilidade de imposição de penalidades administrativas e ações individuais e coletivas com pleitos indenizatórios dos titulares afetados.

Inicialmente, em caso de inadimplemento relativo, poderá haver execução específica, o modo preferido de cumprimento da obrigação segundo o art. 947 do Código Civil[55], e o devedor poderá ser compelido a cumprir o pactuado. No compartilhamento de dados, tanto as SCCs da União Europeia quanto as CCMs da RIPD estipulam que, ocorrendo vazamento de dados, o controlador deve (i) notificar os sujeitos de dados afetados e (ii) adotar as medidas apropriadas para tratar do vazamento de dados, incluindo medidas mitigatórias dos efeitos adverso[56].

Obviamente, havendo inadimplemento, o credor pode reclamar indenização por perdas e danos na disciplina do art. 389 do Código Civil. Paralelamente à adoção dessas medidas, as CCMs da União Europeia reafirmam a responsabilidade do devedor por indenizar os prejuízos decorrentes do inadimplemento. Além da tutela dos prejuízos do devedor, estabelecem a responsabilidade das Partes pelos prejuízos causados aos sujeitos de dados, que são, no plano formal, terceiros à relação contratual[57].

No entanto, o prejuízo decorrente do vazamento de informações pode resultar de comprovação e quantificação muito tormentosas. Essa dificuldade também ocorre no que tange às cláusulas de sigilo[58], oferecendo dificuldades

55 Código Civil, art. 947: "Se o devedor não puder cumprir a prestação na espécie ajustada, substituir-se-á pelo seu valor, em moeda corrente".

56 "**Violação à segurança dos dados pessoais**

a. No caso de Violação da segurança dos dados pessoais tratados pelo Importador de dados no âmbito do presente Acordo, o Importador de dados tomará as medidas adequadas para resolvê-los e mitigar os possíveis efeitos negativos.

b. O Importador de dados documentará todos os fatos relevantes relativos à violação da segurança dos dados pessoais, como seus efeitos e as medidas corretivas tomadas, e manterá um registro das mesmas. [...]"

57 COMISSÃO EUROPEIA. Decisão de Execução (UE) 2021/914 da Comissão de 4 de junho de 2021 relativa às cláusulas contratuais-tipo aplicáveis à transferência de dados pessoais para países terceiros nos termos do Regulamento (UE) 2016/679 do Parlamento Europeu e do Conselho: "a) Cada Parte é responsável perante a(s) outra(s) Parte(s) por quaisquer danos que lhe(s) cause decorrentes de qualquer violação das presentes cláusulas. b) Cada Parte é responsável perante o titular dos dados, tendo o titular dos dados o direito de receber uma indemnização, por quaisquer danos materiais ou imateriais que a Parte cause ao titular dos dados em consequência da violação dos direitos de terceiro beneficiário ao abrigo das presentes cláusulas. Tal não prejudica a responsabilidade do exportador de dados nos termos do Regulamento (UE) 2016/679".

58 FONTAINE, Marcel, DE LY, Filip. *Drafting International Contracts*: an analysis of contract clauses. New York: Transnational Publishers, 2006, p. 282. Ao comentar sobre os remédios associados ao descumprimento das obrigações de confidencialidade, Fontaine e De Ly apontam que:

interpretativas com efeitos bastante práticos. De fato, a existência virtual das informações e as consequências de seu eventual descaminho ou perdimento não são facilmente capturáveis nem no que tange aos prejuízos de ordem patrimonial (danos emergentes e lucros cessantes) nem, muito menos, no que diz respeito a possíveis danos extrapatrimoniais.

Uma forma de resolver parte do problema é inserir uma cláusula penal compensatória para fins de pré-liquidação dos danos oriundos do incidente de segurança, atentando-se, obviamente para os limites do art. 412 do Código Civil que restringe o valor da penalidade ao valor da obrigação principal. A relação entre a obrigação de segurança da informação e o contrato principal deve refletir no instrumento do contrato principal não apenas como uma eventual justa causa para a rescisão, mas especialmente para regrar as consequências desse descumprimento, que são ainda incertas no cenário de desenvolvimento tecnológico.

Por fim, existindo verdadeira obrigação de garantia da segurança da informação, o devedor deve indenizar a totalidade do prejuízo infligido ao lesado, conforme estipulado no instrumento contratual. A doutrina que as obrigações de garantia são análogas ao regime securitário, podendo ser regidas por analogia a diversas normas do direito securitário. A principal dessas normas seria a aplicação do princípio indenitário, descrito por CORRIAS como "um vínculo estreito e inseparável entre a prestação prometida pela seguradora e o interesse do segurado (ao bem da vida) lesado pelo evento danoso"[59]. Diante disso, a extensão da garantia deve ficar limitada ao valor do interesse segurado[60]. Como dispõe o art. 778 do Código Civil, "*a garantia prometida não pode ultrapassar o valor do interesse segurado no momento da conclusão do contrato*".

Pelas mesmas incertezas que atingem a determinação dos danos emergentes e dos lucros cessantes que podem advir do inadimplemento contratual, também é tormentoso identificar qual o valor do interesse segurado pela obrigação de garantia da segurança da informação. Isso torna ainda mais relevante a prática de contratação de cobertura securitária nesse tipo de contratos.

C. A importância prática da cobertura securitária

"(a) It is rare to find confidentiality clauses that provide specific sanctions. This may result from the fact that the parties have not seen any need to provide particular remedies being satisfied with the sanctions provided by the law generally or those that the contract may have provided unspecifically. This lack may also reveal a certain skepticism as to the ability of enforcing compliance with a confidentiality undertaking. (b) Some clauses limit themselves to affirming the liability of the party in default without providing any particular sanctions."

59 CORRIAS, Paoloefisio. *Garanzia Pura e Contratti di Rischio*. Milão, Giuffrè, 2006, p. 267.

60 CORRIAS, Paoloefisio. *Garanzia Pura e Contratti di Rischio*. Milão, Giuffrè, 2006, p. 267.

Cláusulas de limitação de responsabilidade e multas compensatórias para fins de pré-liquidação de danos são essenciais para conferir às partes parâmetros mínimos sobre as consequências econômicas de uma violação à segurança das informações compartilhadas em um dado negócio jurídico. Porém, o compartilhamento de dados pessoais produz efeitos para além das partes contratantes. As consequências de um vazamento de dados podem afetar milhares – ou milhões – de indivíduos, causando prejuízos que podem superar significativamente esses limites, seja porque tais titulares buscarão indenização em demandas judiciais (individuais ou coletivas), seja porque incidentes de segurança podem ensejar a aplicação de penalidades por autoridades supervisoras.

Essas consequências podem ser ainda mais significativas quando relacionadas a ataques cibernéticos e ameaças de extorsão por *hackers*. Nesses casos, o contrato que originalmente envolvia apenas as partes contratantes passa a afetar diretamente titulares de dados e terceiros, tornando inócuas as convenções que disciplinavam eventuais limitações de responsabilidade entre os contratantes originais.

Danos postulados por terceiros e ameaças de *hackers* para reaver sistemas e dados têm sido paulatinamente excluídos das apólices tradicionais de seguros de responsabilidade civil geral, de modo que a gestão dos prejuízos passaria imediatamente às partes. Um novo produto, no entanto, tem sido introduzido no mercado securitário para suprir a lacuna de cobertura por ameaças cibernéticas. Trata-se do seguro compreensivo contra riscos cibernéticos, incluído no ramo de seguro de responsabilidade civil pela Circular Susep 579/2018[61]. As apólices são ainda incipientes, com termos em construção e coberturas baixas, mas opções mais amplas podem ser encontradas no exterior, principalmente nos Estados Unidos[62].

Um diferencial desse tipo de seguro está justamente no fato de que há coberturas não apenas para danos de terceiros, como também para danos suportados pela própria segurada em decorrência de incidentes de segurança da informação[63]. Apesar de tal modalidade securitária ter se popularizado após a entrada em vigor da LGPD, a garantia pode englobar prejuízos associados

61 SUPERINTENDÊNCIA DE SEGUROS PRIVADOS. *Circular nº 579, de 13 de novembro de 2018.* Disponível em: https://www.in.gov.br/web/dou/-/circular-n-579-de-13-de-novembro-de-2018-50481886.

62 SANTOS, Gilmara. Busca por seguro cibernético cresce no país, mas análise das apólices fica mais burocrática. *InfoMoney*, 06 mar. 2023. Disponível em: https://www.infomoney.com.br/minhas-financas/busca-por-seguro-cibernetico-cresce-no-pais-mas-analise-das-apolices-fica-mais-burocratica/. Acesso em: 25 mai. 2023.

63 A lógica foge, portanto, da regra prevista no art. 787 do Código Civil, segundo o qual "[n]o seguro de responsabilidade civil, o segurador garante o pagamento de perdas e danos devidos pelo segurado a terceiro."

a dados não pessoais, como violações relacionadas a direitos de propriedade intelectual e danos reputacionais da empresa envolvida em um incidente.

A divisão encontrada em alguns artigos acadêmicos se dá em dois grupos de riscos. O primeiro grupo trata de riscos da própria segurada, como a garantia para custos incorridos com a investigação forense para analisar a origem do incidente, restauração de informações e sistemas afetados, relações públicas, notificação a titulares e lucros cessantes resultantes de eventual interrupção das operações. O segundo grupo abrange os riscos de terceiros, como os custos decorrentes da violação de dados pessoais ou protegidos por direitos autorais e propriedade industrial, defesa em processos judiciais administrativos, pagamento de indenizações a terceiros e cobertura de mídia e monitoramento de crédito[64].

A cobertura adquirida por meio do seguro contra risco cibernético é interessante porque as obrigações estipuladas em contratos de compartilhamento de dados poderão ser afetadas por ataques cibernéticos criminosos. Assumindo-se que a obrigação das partes é de resultado – e não de garantia, com a assunção de riscos relacionados a caso fortuito ou força maior –, parece-nos que a concretização de um ataque *hacker* não configura propriamente inadimplemento contratual, já que decorre diretamente de fato de terceiro. Ainda assim, o ataque irradia consequências na esfera jurídica de terceiros – notadamente os titulares, que têm direitos garantidos pelas cláusulas de terceiro beneficiário e poderão demandar reparação civil em face das partes signatárias do contrato de compartilhamento de dados.

Portanto, as obrigações de segurança da informação relacionadas a determinado contrato de compartilhamento de dados não dependerão apenas dos esforços das partes contratantes. Incidentes podem ocorrer por falhas técnicas, humanas ou por ataques intencionais de terceiros. Os dois primeiros fatores poderão ser resolvidos pelos termos do contrato, mas o último parece justificar a procura de mecanismos adicionais de gestão de riscos. A lembrança do seguro parece fazer sentido nesse contexto.

CONCLUSÕES

64 Adaptação de: BENTZ, Thomas H. Jr. Is Your Cyber Liability Insurance Any Good: a guide for banks to evaluate their cyber liability insurance coverage. *North Carolina Banking Institute*, 21, 2017, p. 39-54; e TALESH, Shauhin A. Data Breach, Privacy, and Cyber Insurance: how insurance companies act as 'Compliance Managers' for businesses. *Law & Social Inquiry*, vol. 43, n. 2, 2018, p. 11.

As cláusulas de segurança da informação inserem-se no ambiente sofisticado e em constante evolução tecnológica da gestão de dados. Desde sua gênese, têm elevado grau de intimidade com o substrato prático no qual estão inseridas e devem cumprir diversas funções e normas impostas no interesse público. Ainda assim, subsiste margem para a conformação das estipulações contratuais no interesse da autonomia privada.

As prestações tipicamente pactuadas incluem medidas técnicas e organizacionais voltadas à garantia da segurança, confidencialidade, integralidade e disponibilidade dos dados protegidos, deveres de notificação e elaboração de documentação para controle. Ao imporem obrigações de resultado (no que tangem à segurança da informação), mas também de garantia contra os riscos, essas cláusulas ainda dependem de estipulações acessórias, como a penalidade convencional, ou coligada, como a contratação de seguros a fim de viabilizar a indenização dos eventuais prejuízos decorrentes de falha na prestação e, assim fazendo, assegurar a previsibilidade dos resultados contratados.

Mas contratos de compartilhamento de dados não afetam apenas os interesses das partes contratantes. Os efeitos de eventual violação da segurança da informação irradiam na esfera jurídica de terceiros e podem gerar obrigações perante titulares e autoridades supervisoras, nem sempre por fatos imputáveis às partes contratantes – como é o caso de ataques criminosos por *hackers*. Nessas situações, os mecanismos contratuais podem se mostrar inócuos, cabendo às partes buscar recursos adicionais para gerenciar os riscos associados ao tratamento de dados, a exemplo de seguros contra riscos cibernéticos. A contratação de tais garantias também pode ser convencionada pelas partes, demonstrando que, a despeito da existência de modelos contratuais padronizados em razão das leis de proteção de dados, há lacunas passíveis de colmatação pela autonomia privada – e um interessante espaço para o desenvolvimento contratual.

23. BÔNUS DE SUBSCRIÇÃO: CLÁUSULA DE AJUSTE

Daniella Neves Reali Fragoso

1. CONSIDERAÇÕES INICIAIS

As sociedades anônimas constituem modelo jurídico de organização de um grupo de pessoas. Tal modelo estabeleceu-se, originalmente, para reunir grande número de acionistas, essencialmente interessados no desempenho da função empresarial, dentre os quais podem se destacar grupos com maior interesse para o retorno patrimonial, ou grupo com interesses voltados para o exercício da administração da empresa[1].

Com a evolução dos modelos societários, o desenvolvimento econômico de um país atrela-se ao desempenho da atividade empresarial e à capacidade de produção. Para a viabilidade de tal desenvolvimento, mister a preservação da função essencial de produção da companhia[2] em detrimento dos interesses específicos dos sócios que a compõem[3].

---

[1] Leopoldo José Porfírio Carpio, "Las acciones sin voto en la Sociedad Anónima" assegura que *"Las mayorias y minorias - de capital, de acciones o de voto y no de personas - no se forman en lo seno de la Junta general cuando se debaten los asuntos del orden del día, sin que, antes bien, aquéllas ya están configuradas con anterioridad a la celebracion de la Junta."*, p. 9 e 10.

[2] Fábio Konder Comparato, RDM 96/70, define que "*o chamado interesse da companhia nada mais é do que o interesse abstrato e comum dos acionistas enquanto acionistas. E este se realiza logicamente com a produção e partilha de lucros pelo exercício da atividade empresarial definida no estatuto.*" (grifou-se)

[3] Para a preservação da função essencial de produção da empresa essencial a tutela dos interesses da minoria. Como ensina Osmar Brina Corrêa Lima em "O Acionista minoritário no Direito Brasileiro": *"Não é novo, no Direito, o cuidado com a proteção à minoria. Ela se manifesta, constantemente, ora de maneira ostensiva, ora de forma implícita e sutil, como um fio ou linha constante, subjacente ao ordenamento jurídico."*, p. 3.

Por outro lado, nos tempos atuais, as sociedades, inseridas num contexto de economia cada vez mais competitiva, devem ter acesso a recursos financeiros para que possam implementar os investimentos necessários ao aprimoramento da atividade empresarial[4].

Nesse contexto, tais recursos - que representam a possibilidade de atingirem-se patamares cada vez mais elevados de atividade - podem ser obtidos através do mercado de capitais, desde que bem estruturado e, consequentemente, bem desenvolvido.

O desenvolvimento do mercado de capitais depende do bom desempenho da função empresarial[5], constituindo-se, dessa forma, um círculo vicioso. Por isso, devem estar bem enraizadas as estruturas societárias, definindo-se princípios e posições da administração para atender e proteger os interesses dos detentores de capital a ser investido nas companhias, deste modo dando credibilidade e confiança ao investimento a ser captado.

Nesse contexto, insere-se a importância dos bônus de subscrição[6], denominação outorgada aos títulos negociáveis emitidos pelas companhias, que conferem "*aos seus titulares, nas condições constantes do certificado, direito de subscrever ações do capital social, que será exercido mediante apresentação do título à companhia e pagamento do preço de emissão das ações.*"[7].

---

[4] Maurizio de Acutis, "*Le azioni di risparmio*", relata que "*Se si rivolge lo sguardo a considerare la evoluzione della struttura finanziaria e dei canali di finanziamento delle imprese si può registrare una realtà, nella quale è impossibile riconoscere il modello tradizionale - cosa del tutto ovvia e inevitabile, viste le transformazioni complessive intervenute nell'assetto capitalistico dallóttocento in poi - ma per la quale appare insufficiente anche il riferimento a um modello che tenga conto della tendenza progressiva del sistema delle imprese a ricorrere all'auto-finanziamento publico.*", p. 48/49.

[5] Cf. Giorges Ripert, "Aspectos jurídicos do capitalismo moderno": "*Então, e em falta de maior concepção, chegou-se a acordo sobre um fim: proteger a economia. Isto não quer dizer nada, porque se trata justamente de meter a mão na economia. Trata-se, pois, de proteger acionistas ou portadores de obrigações contra os que querem se apoderar de sua economia. É reduzir o problema das sociedades por ações à defesa da moralidade comercial. De fato, não há outro assunto nas leis mais recentes do que delitos e penas. O problema das sociedades por ações deve ser colocado de outra maneira. É um problema jurídico, mas não se poderia resolvê-lo se não começasse pela investigação dos dados econômicos.*", p. 63 e 64 (grifou-se).

[6] Luiz Gastão Paes de Barros Leães, "Comentários à Lei da Sociedades Anônimas", Saraiva, São Paulo, 1980, assim destaca a importância dos bônus de subscrição: "*...o bônus é instrumento de extraordinária importância para a companhia aberta de capital autorizado. Isso porque as emissões de ações ou debêntures nem sempre são de fácil e rápida colocação no mercado, que pode ser vital para a sociedade. Ela usará, então, do bônus de subscrição para incentivar a subscrição de debêntures ou de ações em aumento de capital.*", p. 110.

[7] Conforme definição contida no Parágrafo único do artigo 75 da Lei nº 6.404/76.

Em que pese a legislação anterior – mais especificamente o § 8º do artigo 44 da Lei nº 4.728/65 ("Lei do Mercado de Capitais")[8] – já haver contemplado o cupão destacável de debêntures conversíveis em ações[9], instrumento semelhante ao bônus de subscrição[10], os mesmos apenas foram introduzidos no nosso ordenamento jurídico pela Lei n. 6.404/64 ("LSA").

Conforme ensina Fran Martins:

> "A nova lei, no desejo de dotar as sociedades anônimas de várias opções para a sua dinamização, elege um título próprio de direito de subscrição de ações, não mais em virtude da conversão de debêntures, mas com autonomia, tratando-se, assim, de um título novo. Nas debêntures conversíveis em ações não mais poderão ser anexados cupões destacáveis, incorporando os direitos de conversão e negociáveis separadamente daquelas, como antes era permitido; mas a sociedade poderá emitir títulos diferentes, denominados bônus de subscrição, que qualquer pessoa poderá adquirir, dando esses títulos a tais pessoas direito de subscrição de ações, quando for o caso"[11].

Em outras palavras, a LSA além de trazer estrutura societária, trouxe novos instrumentos que possibilitaram o desenvolvimento do nosso mercado de capitais, dentre os quais se inserem os bônus de subscrição, conforme se pretende abordar a seguir.

---

[8] Assim estabelece o § 8º: "*O direito à subscrição de capital poderá ser negociado ou transferido separadamente da debênture conversível em ação, desde que seja objeto de cupão destacável ou sua transferência seja averbada pela sociedade emissora, no próprio título e no livro de registro, se for o caso.*".

[9] Justamente por ter sua origem nas escrituras de emissão de debêntures conversíveis – na qual se prevê que o debenturista possa, a seu critério, converter o título de dívida em um certo número de ações, com base em um preço de emissão originalmente fixado pela assembléia geral tomando em conta necessariamente os parâmetros estabelecidos no § 1º. do art. 170 da Lei nº 6404/76 (i.e., de sorte a evitar, com a emissão das debêntures, uma diluição injustificada – ainda que indireta – dos antigos acionistas) – pode-se estabelecer o preço de emissão de ações de forma similar aos preços estabelecidos no caso de debêntures conversíveis.

[10] No regime anterior, as debêntures conversíveis poderiam ser acompanhadas por um cupão anexo, que garantia ao titular o direito de converter esse título em ações. Ao ser emitido, o cupão circulava independentemente da debênture, acabando por veicular direito independente. Fran Martins, "Comentários à Lei de Sociedades Anônimas", Forense, Rio de Janeiro, 1977, vol I, p. 462, nesse particular assim esclarece: "*...a simples transferência desse documento ensejaria ao adquirente do mesmo a subscrição de ações, conforme é da natureza dos títulos de empréstimo emitidos pelas sociedades anônimas com essa cláusula. Sendo esse cupão negociável, o portador da debênture transferia a outra pessoa aquela faculdade que a lei lhe outorgava ao serem subscritas tais debêntures*".

[11] Fran Martins, Op. cit., p. 462.

2. ORIGENS DO INSTITUTO

Os "*stock purchase warrants*", também conhecidos como "*warrants*", instrumentos que servem para conceder aos seus portadores o direito de subscreverem ações de uma determinada companhia, foram introduzidos no ordenamento norte-americano pela "*Delaware Corporation Law*", através das emendas efetuadas em 1929. Segundo Fran Martins:

> "o que verdadeiramente se destaca e dá maior valor aos *stock purchase warrants* é o fato de prefixar a sociedade um preço para as ações que serão futuramente subscritas, tendo o portador do título, quando se tratar de efetivação do seu direito, a obrigação de pagar apenas o preço estabelecido, não aquele que, no momento da subscrição, a ação tiver obtido"[12].

A partir da experiência de Delaware, os *warrants* passaram a ser regulados por várias leis de vários estados, conforme se verifica, por exemplo, do § 2º do "*Model Bussiness Corporation Act*".

Mais tarde, os bônus de subscrição passaram a ser adotados em outros ordenamentos jurídicos, como ocorreu com a nossa legislação acionária, assim, a LSA, no Brasil, acabou por transpor o modelo norte-americano para o nosso ordenamento jurídico[13].

3. DEFINIÇÃO LEGAL DO BÔNUS DE SUBSCRIÇÃO

No Brasil, os bônus de subscrição foram regulados pelos artigos 75 e seguintes da LSA, sendo definidos como *"título negociável emitido por companhia que confere ao seu titular o direito de subscrever ações do capital social"*.

Trata-se de valor mobiliário (item I do art. 2º da Lei do Mercado de Capitais) que confere a seu titular o direito de adquirir ações da companhia emissora[14] em uma determinada data e por um preço pré-determinado ou determinável. Caso não seja manifestada a intenção de aquisição no prazo estabelecido no

---

[12] Fran Martins, Op. cit., p. 464.

[13] Cf. relatos de Paulo Lucena de Menezes, "Comentários à Lei de Sociedades Anônimas", Forense, 1977, vol I, p. 461.

[14] Em que pese a ausência de comando legal expresso, a CVM já se manifestou, por ocasião de consulta formulada pelo City CCVM Ltda., pela possibilidade de fundos de investimento emitirem bônus de subscrição, desde que possam ser inseridos na lógica de capital autorizado (Parecer CVM/SJU nº 7/2000).

título, decai o direito unilateral de adquirir a ação da companhia emissora, perdendo o seu titular o valor inicialmente investido[15].

O artigo 79 da LSA determina que deverão restar especificados, entre outras condições, a data em que o direito de subscrição deverá ser exercido pelo seu titular e o preço de emissão das ações a serem subscritas (ao menos, os critérios a serem utilizados para o cálculo do preço de emissão das ações a serem subscritas).

Tais títulos podem ser alienados pela companhia ou atribuídos a subscritores de ações ou debêntures como vantagem adicional, por oferta pública ou por uma oferta restrita a seus acionistas. Em ambos os casos, servem como instrumento de arrecadação de recursos pela companhia, seja através do recebimento de determinada quantia pela venda dos bônus de subscrição, seja através da melhor valorização das ações ou debêntures que a companhia venha a alienar em conjunto com os bônus de subscrição.

Quando ofertados podem ser utilizados pelas Companhias como "pesquisa de mercado", possibilitando a verificação da forma pela qual o mercado responde a futura e potencial colocação de outros valores mobiliários, em decorrência da facilidade e da agilidade de emissão dos bônus de subscrição em comparação à emissão de ações ou debêntures[16].

Em suma, tem-se o título pelo qual a companhia assegura ao respectivo titular, no futuro, nas condições e nos prazos nele estabelecidos, o direito de subscrever certo número e espécie de ações. Nesse contexto, o direito mencionado no bônus de subscrição será exercido "mediante apresentação do título à companhia e pagamento do preço de emissão de ações" na data estabelecida. Verifica-se, pois, que o exercício de tal direito apenas se consubstancia com o advento de aumento de capital para a subscrição das ações correspondentes.

Importante destacar a possibilidade de negociação no mercado secundário, o que decorre da cartularidade, abstração e autonomia inerente aos títulos de crédito[17]. Nesse caso, a emissora não fará parte do negócio jurídico entabulado no mercado secundário, mas apenas as partes do negócio[18].

---

[15] Ary Oswaldo Mattos Filho, "Direito dos Valores Mobiliários" (v.1, t.1), Rio de Janeiro: FGV, 2015, p. 335.

[16] Cláudio Köhler, "Bônus de Subscrição", RT nº 641/março de 1989.

[17] A cartularidade dos bônus de subscrição é decorrente do art. 75 da LSA, uma vez que se se caracterizam como abstratos e autônomos, distanciando-o do negócio que lhe deu causa, de modo que circule não através de uma sucessão de obrigações, e sim através da transmissão de direito novo e autônomo desprendido da relação original.

[18] Paulo Cezar Aragão, "Opções de Compra de Ações e Bônus de Subscrição"; trabalho correspondente ao texto do curso "Lei de sociedades por Ações – dez anos de vigência" promovido em dezembro/87 pela Associação de Advogados de São Paulo – RT de maio/1988, p.70.

Os bônus de subscrição, quando alienados de modo autônomo, deverão sê-lo sempre de forma onerosa (pelo pagamento do preço do título), que se soma, posteriormente, ao pagamento do preço pela subscrição, o exercício do direito.

Desse modo, o titular do bônus de subscrição pode alienar o título, contando com a possibilidade de que, durante um prazo determinado, o preço da ação objeto do bônus atinja um patamar superior daquele fixado anteriormente[19].

Nesse particular, aplica-se o artigo 914 do Código Civil[20], tendo em vista que não há qualquer sentido falar em responsabilidade solidária da emissora.

De fato, a responsabilidade solidária na circulação do bônus de subscrição era uma grande questão que impossibilitava o seu total enquadramento na disciplina dos títulos de crédito[21] antes do advento do Código Civil em vigor, em que pese a possibilidade de transferência por endosso outrora abordada pela doutrina pátria:

> "Ainda que a opção de compra tenha traços de semelhança com os bônus de subscrição (versão brasileira dos stock purchase warrants, e que serão de objeto de análise distinta), na medida em que também assegura o direito de subscrever futuramente ações da companhia, **a distinção fundamental reside no fato de que as opções não se acham incorporadas em um título de crédito e, por isto mesmo, não são transferíveis por endosso ou simples tradição, como ocorre com os bônus de subscrição**."[22] (grifou-se e destacou-se).

Por outro lado, não há que se falar em obrigação em subscrever, por constituir direito unilateral do subscritor, inexistindo direito subjetivo da companhia emissora em compelir o investidor para tanto[23]. Todavia, o detentor do

---

[19] Paulo Cezar Aragão, Op. Cit., p.63.

[20] Artigo 914 "Ressalvada cláusula expressa em contrário, constante do endosso, não responde o endossante pelo cumprimento da prestação constante do título."

[21] Mauro Brandão Lopes, cita igualmente a debênture, assegurando que "*não comporta aplicação do endosso como está regulado na lei cambiária.*", in "Títulos e Contratos Novos", São Paulo, Editora Revista dos Tribunais, 1978.

[22] Paulo Cezar Aragão, Op. Cit., p.63.

[23] *"3. Fixada a conclusão de que a PREVI e a FUNCEF não detêm a prerrogativa de exercer o direito previsto no bônus de subscrição pelo valor que entendem correto, cabe analisar a pretensão da AmBev, formulada na reconvenção, de que as autoras sejam compelidas a exercer o direito dos bônus pelo valor, então, que a AmBev entende adequado. Não se vislumbra na providência judicial pleiteada pelas autoras qualquer manifestação de vontade que possa ser aproveitada como causa de pedir da reconvenção, carecendo esta última de fundamento jurídico. Neste aspecto, portanto, não merece reparo o acórdão recorrido.Com efeito, um negócio jurídico caracteriza-se*

título apenas pode exercer o direito mencionado no título consoante os termos e condições da oferta, que representa verdadeiro contrato de adesão[24].

Indaga-se, com efeito, sendo o bônus de subscrição um contrato de adesão, se, em caso de dúvida, suas cláusulas deveriam ser interpretadas contra a parte que as redigiu, como é tomado por diretriz hermenêutica[25]. Esta regra geral não está incorreta, mas não prospera no caso específico deste valor mobiliário, pois se difere do tradicional contrato de adesão, tendo manifestado aceitação o investidor, sem ressalvas, contrata o estabelecido pela companhia emissora.

Em primeiro lugar, não há uma relação consumerista que poderia trazer a aplicação do art. 47 do Código de Defesa do Consumidor – não se contrata com parte absolutamente inexperiente, a qual mereça tutela especial. É uma relação empresarial e regida pelos princípios da regulamentação do mercado de capitais[26], e os investidores são partes, em regra, experientes[27] (os quais, inclusive, podem já ter relação societária pretérita com a emissora do título), e o produto sofisticado e de restrito acesso e circulação.

---

*por uma vontade externada com a finalidade de alcançar determinado efeito jurídico. Nesse sentir, a recorrente defende que ao manifestar a vontade de subscrever as ações com base no bônus, deveriam as autoras ser obrigadas a pagar o preço estipulado na cláusula principal, porquanto esta seria a condição constante do certificado. [...] Ao afirmar que a PREVI e a FUNCEF manifestaram duas vontades - a primeira de subscrever ações e a segunda de pagar o preço da cláusula de ajuste- a recorrente, em verdade, visa realizar verdadeira cisão em manifestação de vontade una, para aproveitar a parte que lhe é útil e desconsiderar a parte que lhe prejudica. Tal pretensão não merece acolhida. Isso porque, **inexiste pleito das autoras em subscrever ações independentemente do preço a ser pago. Ao revés, a declaração de vontade exposta na ação principal tem eminente conteúdo econômico.** A intenção de subscrever as ações liga-se indissociavelmente ao preço. Este necessariamente integra e condiciona a declaração de vontade das autoras, não podendo delas ser retirada.".* (STJ. Resp 0047841-81.2003.8.19.0001, Rel. Min. Marco Buzzi, j. em 14.03.2017).

[24] Ary Oswaldo Mattos Filho, Op. Cit., p. 340.

[25] É neste sentido que Orlando Gomes reflete a respeito da ponderação feita por Dereux entre duas espécies de cláusulas – as *essenciais*, que seriam comumente datilografadas ou manuscritas (estipuladas nos casos particulares) e as *acessórias*, geralmente impressas (inalteradas e uniformes), razão pela qual a parte aderente teria pouco conhecimento destas últimas, trazendo a necessidade de que o juiz atue em defesa da parte que se obrigou por adesão (Orlando Gomes, "Contratos"; atualizadores: Edvaldo Brito [e coord.], Reginalda Paranhos de Brito; 28ª ed.; Rio de Janeiro: Forense, 2022, p. 125-126).

[26] Principalmente as já mencionadas Lei do Mercado de Capitais e LSA, com complemento das regulamentações infralegais expedidas pela Comissão de Valores Mobiliários.

[27] De fato, há uma assimetria informacional entre investidores e emissores dos valores mobiliários, motivo este que justifica uma tutela especial pela regulamentação da CVM, mas que não se confunde com relação consumerista no que tange a interpretação das cláusulas contidas no bônus de subscrição (contrato de adesão).

4. AUMENTO DE CAPITAL DECORRENTE DO EXERCÍCIO DO DIREITO MENCIONADO NO BÔNUS DE SUBSCRIÇÃO

Feitas as considerações iniciais, analisada a origem, verificadas as definições legas e princípios que permeiam os bônus de subscrição, possível concluir que possível ponto de divergência entre as companhias emissoras e os adquirentes dos títulos ora estudados refere-se à cláusula de ajuste de preço.

Isso pois, se de um lado a emissora pretende obter recursos dando sinais da possibilidade de ganho a ser verificado pelos adquirentes dos títulos ofertados; de outro, investidores adquirem tais títulos obter lucro numa futura subscrição de ações por valores inferiores aos praticados no mercado (podendo, ainda, obter ganhos negociando o título em mercado secundário antes do prazo nele estabelecido).

Nesse contexto, importante destacar que caso o preço praticado no mercado pelas ações da emissora seja superior ao estabelecido nos bônus de subscrição, não haverá sentido na subscrição dos direitos mencionados nos bônus de subscrição, ou sequer no mercado secundário.

No que tange à necessidade de subscrição de ações decorrentes do exercício do direito mencionado no bônus de subscrição pela companhia, devem ser observadas as regras de aumento de capital estabelecidas no LSA.

O artigo 166 do referido diploma legal é bastante claro ao expor as espécies de aumento de capital:

> "Art. 166. O capital social pode ser aumentado:
>
> I - por deliberação da assembléia-geral ordinária, para correção da expressão monetária do seu valor (artigo 167);
>
> II - por deliberação da assembléia-geral ou do conselho de administração, observado o que a respeito dispuser o estatuto, nos casos de emissão de ações dentro do limite autorizado no estatuto (artigo 168);
>
> III - por conversão, em ações, de debêntures ou partes beneficiárias e **<u>pelo exercício de direitos conferidos por bônus de subscrição</u>**, **<u>ou de opção de compra de ações</u>**;
>
> IV - por deliberação da assembléia-geral extraordinária convocada para decidir sobre reforma do estatuto social, no caso de inexistir autorização de aumento, ou de estar a mesma esgotada." (grifou-se e destacou-se).

Assim, ao regular o aumento de capital, não trata de um "gênero" aumento de capital. Na verdade, a lei outorga natureza diversa aos aumentos de capital

(i) por subscrição pública ou privada (art. 170 da LSA) e (ii) decorrentes do exercício de opção de compra de ações, de bônus de subscrição ou da conversão de debêntures (art. 168 da LSA).

A Lei, além de tratar separadamente das espécies de aumento de capital, dada a sua patente distinção, adota ainda uma terminologia diferenciada, tratando de aumento de capital por subscrição de ações e, isoladamente, de aumento de capital pelo exercício dos direitos conferidos por bônus de subscrição.

Tendo em mente os dispositivos estabelecidos na LSA, o entendimento manifestado pela mais autorizada doutrina pátria, assim se verifica:

> "A Lei das S.A. regula a modificação do capital social na Seção I do Capítulo XIV (arts. 166 a 172) e (desconsiderada a hipótese de correção monetária do artigo 166, revogada pela legislação posterior), prevê três tipos de aumento de capital:
>
> a) mediante capitalização de lucros e reservas (art. 169);
>
> b) por conversão de ações em debêntures ou partes beneficiárias e pelo exercício de direitos conferidos por bônus de subscrição ou opção de compra de ações (art. 168, III);
>
> c) mediante subscrição pública ou particular de ações, regulado no artigo 170, cuja ementa é "aumento mediante subscrição de ações", do seguinte teor:
>
> Art. 170. Depois de realizados 3/4 (três quartos), no mínimo, do capital social, a companhia pode aumentá-lo mediante subscrição pública ou particular de ações.'
>
> "Esses dispositivos legais deixam evidente que, na terminologia da lei, '**aumento mediante subscrição de ações,' não é todo aumento de capital em que haja subscrição de ações**, mas aquele em que a companhia delibera criar ações mediante oferta à subscrição pública ou à subscrição privada de seus acionistas, pois:
>
> "a) na capitalização de lucros ou reservas, não há subscrição de ações por acionistas;
>
> "b) na conversão em ações de debêntures ou partes beneficiárias e **no exercício de direitos conferidos por bônus de subscrição ou de opção de compra não há oferta à subscrição pública ou privada de ações,** mas novação de direitos de crédito ou de participação (na conversão de debêntures e partes beneficiárias) ou exercício de direitos à subscrição criados

anteriormente, pela emissão de bônus de subscrição ou pela outorga de opção de compra."[28]. (destacou-se).

"O exercício dos direitos conferidos por bônus de subscrição **constitui modalidade de aumento de capital previsto no art. 166 (in. III)**, que difere dos aumentos de capital prevista no art. 166 (inc. III), que difere dos aumentos normais sob o regime do capital autorizado (inc. II). Também neste caso, não prevê a lei específica deliberação da assembléia geral extraordinária para aprovar a operação, na medida em que esse título é de emissão privativa das companhias que adotam o regime do capital autorizado."[29] (grifou-se e destacou-se).

Nesse mesmo sentido, e interpretando os dispositivos legais dos respectivos ordenamentos jurídicos, manifesta-se a doutrina estrangeira:

"(...) Une augmentation de capital à souscription conditionnelle, réalisée à titre gratuit n'est donc concevable que si les promeses d'émission sont consenties isólement, déliées de toutes autres opérations: il en est ainsi des bons de souscription autonomes et des options de souscription au bénéfice des salariés et dirigeants sociaux. La qualification de gratuite peut alors être retenue, si de telles promesses sont crées sans contrapartie.

(...) Les augmentations de capital à souscription conditionnelle, réalisées à titre gratuit, bien que licites, n'en conservent pas moins un caractère exceptionnel ou bien dans leur opportunité ou bien par le montant, car les situations de fait génératrices d'un intérêt qui peut les justifier, sont elles-mêmes exceptionnelles.»[30].

Pelo exposto, resta evidente que o exercício do direito mencionado no bônus de subscrição efetiva-se por meio de aumento de capital em condições especiais, através do qual se possibilita exclusivamente que o direito mencionado no bônus de subscrição seja exercido. Dessa forma, não há que se falar em cumprimento da obrigação estabelecida no bônus de subscrição por ente diverso daquele que o emitiu.

---

[28] Entendimento manifestado por José Luiz Bulhões Pedreira, em parecer extraído dos autos do processo nº 000.03.046926-0, em tramite perante a 23ª Vara Cível da Comarca da Capital do Estado de São Paulo.

[29] Mauro Rodrigues Penteado, "Aumentos de Capital das Sociedades Anônimas", São Paulo, Saraiva, 1988, p. 102-103 – grifou-se e destacou-se.

[30] Henri Hovassei, «Les augmentations de capital a souscription conditionnelle», Ed. Économica: Paris: 1988, p. 93 e 96.

De maneira semelhante também é no caso de opção de compra, em condições especiais e díspares do caso anterior.

Neste último, apesar de ausente direito de preferência aos acionistas por ocasião de sua criação, não há que se falar em diluição injustificada. Como o pressuposto da criação de um plano de opções de compra é exatamente a valorização das cotações, e esta reflete um aumento do patrimônio líquido da companhia, esta diluição nada mais é do que a contrapartida da retribuição ao administrador[31].

5. CLÁUSULA DE AJUSTE: MANUTENÇÃO DA PARIDADE COM NOVAS AÇÕES A SEREM, EVENTUALMENTE, EMITIDAS A PREÇOS INFERIORES AO DE EXERCÍCIO

Tendo em vista a distinção trazida pela LSA de aumentos de capital por subscrição pública ou privada em relação aos aumentos de capital realizados em decorrência de conversão de bônus de subscrição, cumpre examinar a finalidade da cláusula de ajuste prevista nos bônus de subscrição.

A análise de tal questão faz-se mister, tendo em vista que a cláusula de ajuste tem por condão determinar o valor pelo qual serão emitidas as ações a que o titular do bônus de subscrição faz jus, caso opte pelo exercício do direito nele mencionado.

Conforme anteriormente explicitado, no caso de exercício do direito mencionado em bônus de subscrição o aumento de capital realizar-se-á pela emissão de ações pelo preço previamente estabelecido na cláusula de ajuste estabelecida na emissão do bônus, que deve ser estabelecida nos moldes da LSA, a seguir expostos:

> "A fixação deste preço [das ações no caso de aumento de capital para a subscrição de ações decorrentes do exercício do direito contido nos bônus de subscrição], como parece indubitável, deve obedecer ao disposto no § 3º do art. 170, tanto para o bônus como para a opção, não somente porque, embora o parágrafo, prendendo-se ao caput, tenha sido introduzido para aumentos por subscrição pública ou particular, de que não se trata, o seu objetivo é o nivelamento dos direitos de acionistas sobre o acervo social, e este objetivo desautoriza qualquer exceção à regra, sob pena de se beneficiarem os futuros acionistas à custa dos antigos"[32].

---

[31] Paulo Cezar Aragão, Op. Cit., p. 64.

[32] Mauro Brandão Lopes, S.A.. "Títulos e Contratos Novos", São Paulo, Editora Revista dos Tribunais, 1978, p.90.

A referida cláusula tem por finalidade estabelecer o preço pelo qual será exercido o direito mencionado no bônus de subscrição, representando o direito de crédito do portador legitimado do bônus de subscrição.

Sua origem - tal qual a origem do instituto - remonta às escrituras de emissão de debêntures conversíveis[33], na qual se prevê que o debenturista possa, a seu critério, converter o título de dívida em um certo número de ações, com base em um preço de emissão originalmente fixado pela assembléia geral tomando em conta sempre os parâmetros estabelecidos no § 1º do art. 170 da Lei n.º 6.404/76 (i.e., de sorte a evitar, com a emissão das debêntures, uma diluição injustificada - ainda que indireta - dos antigos acionistas).

No entanto, se no curso da vida da debênture, a companhia, em outro aumento de capital, vem a captar recursos do público ou de seus acionistas em geral (i.e. por subscrição pública ou privada), emitindo novas ações a um preço inferior ao preço implícito de conversão das debêntures, por força de fatos supervenientes que tenham feito com que as cotações hajam sofrido redução, parece razoável que os debenturistas recebam um tratamento equitativo, beneficiando-se da vantagem de subscrever ações, convertendo as debêntures, ao mesmo preço que tais fatos supervenientes tornou inferior.

Haveria aí, por assim dizer, uma atualização do preço justo de conversão das debêntures, à luz de uma nova definição do preço de emissão.

Evidente, contudo, que tal cláusula de ajuste se aplica somente nos casos em que ela própria estabelecer, por motivos óbvios[34].

Com efeito, referida cláusula estabelece uma *condição suspensiva* (art. 121 Código Civil) pela qual poderá ser exercido o direito de ajuste de preço. O evento *futuro* e *incerto* que subordina os efeitos da cláusula de ajuste é a ocorrência de um aumento de capital social a um preço inferior daquele fixado na cláusula principal do preço. Referido direito somente surge com a verificação desta condição (art. 125 Código Civil).

Neste caso genérico, há justificativa - a já citada equidade - para que os titulares de bônus não vejam o seu preço (teórico) de subscrição elevando-se em uma curva em patamar superior àquele que a companhia chama, por

---

[33] Exatamente como era usual no aparecimento de tais títulos, conforme destaca Cláudio Köhler em seu artigo "Bônus de Subscrição" (RT nº 641/março de 1989): ***"O bônus de subscrição**, instituído em nosso ordenamento jurídico pela Lei 6.404/76, em seus arts. 75 a 79, **era, anteriormente, por nós conhecido através de um instituto que se lhe assemelhava, o cupão destacável de debêntures conversíveis em ações** (Lei 4.728/65, art. 44, § 8o)."* (destacou-se).

[34] Cláudio Köhler em seu artigo sobre "Bônus de Subscrição" (RT nº 641/março de 1989) destaca que ***"A nova lei ampliou os moldes do instituto [bônus de subscrição] dando-lhe autonomia**, propiciando, desta maneira, maior agilidade na circulação dos direitos e obrigações nele incorporados."* (grifou-se e destacou-se).

subscrição pública ou privada, novos recursos. Haverá, em tal caso, uma potencial diluição adicional para os antigos acionistas? Sem dúvida, mas a mesma diluição que é justificada na captação de novos recursos naquele momento.

O que sucede é a aplicação do mesmo princípio de restabelecimento da equação econômico-financeira próprio a outros contratos de longo prazo: se o titular do bônus ainda aguardaria para poder exercer o seu direito à subscrição de ações, adquirido onerosamente muito anteriormente com a compra do bônus e, em tese, considera-se que, em qualquer momento intermediário, o preço justo para a emissão de novas ações por subscrição pública ou privada é inferior ao preço (teórico) de exercício do direito mencionado no bônus, concede-se ao proprietário do bônus essa vantagem adicional, equalizando a situação da fixação (passada) do preço da subscrição futura com a fixação do preço da subscrição também presente, por assim dizer.

Não vale a mesma razão, contudo, e não se pode aí fazer analogia, se a companhia não está captando novos recursos, mas apenas atendendo uma obrigação contratual pretérita.

Nesse sentido, manifestou-se a Comissão de Valores Mobiliários - CVM ao proferir decisão acerca da matéria em tela:

> "33. Cabe deixar bem claro que o bônus é considerado um valor mobiliário, negociável em bolsa de valores, e **atribui a seu detentor tão-somente o direito de subscrever ações nas condições pré-estabelecidas sem qualquer privilégio**, sendo que o preço de ajuste tinha por finalidade manter a igualdade do preço em **futuras subscrições**. Caso as condições não se verifiquem nada poderá ser exigido da companhia"[35].

Se a cláusula de ajuste restringe direitos da companhia e de seus acionistas deve, portanto, ser interpretada restritivamente.

Isso pois, a cláusula de ajuste de preço é justamente estipulada em favor dos titulares dos bônus de subscrição, sendo restritiva de direitos da companhia, a restrição do direito deve ser interpretada restritivamente, e não o contrário.

Trata-se de decorrência lógica do princípio da literalidade[36].

---

[35] Decisão extraída dos autos do recurso relativo ao Ofício CVM/PTE Nº 339/2002.

[36] *"Finalmente, o bônus de subscrição é um título literal. A **literalidade** pressupõe que o conteúdo, extensão e condições de exercício do direito estejam fixadas no título; o teor do que está declarado no título delimita explicitamente o direito. Para tanto, a própria lei estabelece todas as declarações que deverão constar do certificado."* (Maria Lúcia Borges de Araújo Cintra; "Aspectos jurídicos de bônus de subscrição"; dissertação de mestrado – USP; 1980, p.55/59).

6. A VERIFICAÇÃO DO AUMENTO DE CAPITAL COMO CONDIÇÃO NECESSÁRIA PARA EXERCÍCIO DO DIREITO DE SUBSCREVER

Como já explicitado, a cláusula de ajuste do preço do bônus de subscrição se aplica somente no caso em que ela própria estabelecer, qual seja, por ocasião de um aumento de capital em que tenha sido fixado preço (teórico) inferior ao estabelecido no bônus de subscrição.

Para ilustrar o presente, passa-se a descrever brevemente caso concreto decorrente da emissão de bônus de subscrição pela Companhia Cervejaria Brahma, incorporada pela Companhia de Bebidas das Américas – Ambev, esta última tendo aprovado, em assembleia realizada no dia 14.09.2000, a substituição dos bônus de subscrição da incorporada mantendo os mesmos direitos e condições de exercício.

Os bônus de subscrição conferiam aos seus titulares o direito à subscrição das ações, a ser exercido no período de 01.04.2003 a 30.04.2003, pelo preço de (i) R$1.000,00 por cada lote de mil ações (corrigido monetariamente e acrescido de juros de 12% a.a.) ou (ii) obter tal atualização consoante a cláusula de ajuste de preço, constante da parte final da previsão contratual transcrita abaixo:

> "**<u>Preço de subscrição</u>**: R$ 1.000,00 por lote de mil ações.
>
> **<u>Atualização monetária</u>**: o preço de subscrição será atualizado de acordo com a variação do IGP-M, calculado pela Fundação Getúlio Vargas (ou, na sua extinção, por outro índice de base equivalente determinado pela assembleia geral), aplicado anualmente (ou na menor periodicidade legal admitida) e acrescido ainda de juros de 12% a.a., calculados pro rata tempore. O preço de subscrição será reduzido ainda pelo valor dos dividendos em dinheiro pagos a partir de janeiro de 1997, inclusive, os quais serão reajustados, até a data do exercício do direito à subscrição, pelo mesmo critério de correção monetária e juros acima referidos.
>
> **<u>Subscrições em dinheiro</u>**: caso sejam efetuados aumentos de capital por subscrição privada ou pública até o término do prazo para o exercício do direito à subscrição, aumentos esses nos quais o preço de subscrição venha a ser inferior ao valor ajustado para o exercício de subscrição com base nos bônus calculados, no período de subscrição dessas ações será ajustado para igualar o preço de subscrição e todas as correções e ajustes subsequentes partirão desse novo patamar"[37] (grifou-se).

---

[37] Texto extraído do voto do Ministro Relator Marco Buzzi por ocasião do julgamento do Resp 0047841-81.2003.8.19.0001 (STJ), j. em 14.03.2017.

Na mesma assembleia em que foi aprovada a substituição dos bônus de subscrição, também foi aprovada a ratificação do plano de opção de compra de ações (também originário da companhia incorporada), destinado a funcionários e administradores, levado a feito originalmente em 20.06.1997. Por certo, o exercício do direito mencionado nas opções é sucedido de aumento de capital social.

O preço de exercício destes bônus de subscrição foi objeto de debate na CVM, no tocante à aplicação do ajuste mencionado na referida cláusula, uma vez que o preço fixado para exercício das opções era inferior ao preço fixo para os bônus.

A Ambev, emissora dos títulos, sustentou que não teria sido concretizada a condição necessária para ajustamento do preço. No seu entendimento, o aumento de capital decorrente da opção de compra não poderia ser considerado para fins da cláusula, já que tem natureza especial e a subscrição se dá a preços favorecidos. A equiparação de preços entre os dois seria irrazoável, além de configurar diluição injustificada dos demais acionistas[38].

Para a emissora, não se trataria, dessa forma, *"da captação de novos recursos em condições menos favoráveis do que aquelas anteriormente oferecidas aos titulares dos bônus de subscrição, por força de fatos supervenientes, condições essas estendidas por equidade aos mesmos titulares,* ***mas do atendimento de uma obrigação contratual passada*** **[de outorga de opção de compra]** ***e que não se confunde com a situação jurídica dos titulares de bônus de subscrição."***[39].

De outro lado, os titulares dos bônus de subscrição argumentaram que a emissão de ações decorrente do plano de opção de compras estaria contida na regra geral relativa a *"aumento de capital por subscrição privada ou pública"* contida na cláusula (e decorrente da leitura do art. 166 da LSA). Em sua defesa, sustentaram que deveria ter sido expressa a exclusão do aumento de capital resultante do exercício de opções de compra do rol aplicável ao ajustamento do preço dos bônus de subscrição (critério inexistente na cláusula de ajustamento).

---

[38] A tese da Ambev, por estes e outros argumentos no mesmo sentido, foi corroborada por Pareceres contratados e escritos pelos juristas e José Luiz Bulhões Pedreira, Francisco Costa e Silva, José Alexandre Tavares Guerreiro, Alfredo Lamy Filho e Mauro Rodrigues Penteado.

[39] Trecho destacado do relatório da Diretora Relatora Norma Jonssen Parente, por ocasião do julgamento do Proc. CVM nº SP 2002/0474 (RC Nº 3948/2002). Disponível em: https://conteudo.cvm.gov.br/export/sites/cvm/decisoes/anexos/0001/3948-0.pdf, acesso em: 24 de maio de 2023 (sem grifos no original).

A esta posição se somaria o fato de que o título teria circulado no mercado, tendo sido precificado justamente com base na expectativa de que seria exercido pelo valor correspondente ao da opção de compra[40].

Ao analisar o caso, a então Diretora da CVM Norma Jonssen Parente registrou o seguinte:

> "48. A referência a aumento de capital por subscrição privada ou pública, portanto, não poderia jamais abranger aumentos de capital decorrentes do exercício de opções. Caso se desse esse entendimento à expressão, concluir-se-ia que os acionistas estariam admitindo a possibilidade de efetuar aumento de capital sem a observância do disposto no parágrafo 1º do artigo 170, pois, embora não se tenha essa informação, é provável que todos os aumentos de capital por conta dos exercícios de opções tenham sido feitos a um preço favorecido. Esse, aliás, é o objetivo do plano. (...)
> (...)
> 50. Desse modo, fica evidente que o aumento de capital por subscrição pública ou particular é uma espécie de aumento, que não abrange o aumento de capital por conversão de ações em debêntures ou partes beneficiárias e pelo exercício de direitos conferidos por bônus de subscrição ou de opção de compra de ações.
> 51. O aumento de capital por subscrição de ações, quer público quer particular, pressupõe que haja uma oferta de ações a investidores e não se confunde com aquele destinado exclusivamente à força de trabalho da empresa, como forma de obter maior dedicação e eficiência de seus empregados em benefício da própria empresa e, em última análise, de todos os acionistas igualmente.
> 52. O aumento de capital mediante subscrição de ações tem finalidade totalmente distinta do aumento em decorrência da outorga de opção. O primeiro visa aportar para a companhia capital financeiro recebido dos subscritores de ações, enquanto que o segundo pretende outorgar uma vantagem econômica àqueles que contribuíram para o lucro da companhia."[41]

No entendimento da Diretora, acompanhada unanimemente pelo Colegiado da CVM, o aumento de capital decorrente do exercício da opção teria

[40] A tese dos titulares dos bônus de subscrição, por estes e outros argumentos no mesmo sentido, foi corroborada por Pareceres contratados e escritos pelos juristas Modesto Carvalhosa, Nelson Eizirik e em Parecer técnico de Antônio Marcos Duarte Junior.

[41] Trecho destacado do voto da Diretora Relatora Norma Jonssen Parente, por ocasião do julgamento do Proc. CVM nº SP 2002/0474 (RC Nº 3948/2002). Disponível em: https://conteudo.cvm.gov.br/export/sites/cvm/decisoes/anexos/0001/3948-0.pdf, acesso em: 24 de maio de 2023.

caráter especial, sendo justificado seu preço inferior. As ações adquiridas neste contexto estão sujeitas a restrições, as quais reduziriam seu valor, tais como (i) direito de preferência à companhia, na hipótese de alienação; (ii) limitação à circulação; (iii) regras específicas, no caso de cessar a relação de trabalho; (iv) inalienabilidade das ações; e (v) destino de dividendos. Assim, "*seria injusto equiparar o valor de subscrição das ações com bônus de subscrição àquele adotado pelos titulares de opções*".

A hermenêutica estabelecida pela decisão da CVM para interpretação desta cláusula, para além das já mencionadas restrições, acertadamente levou em consideração a finalidade da lei, dos institutos discutidos e da formação de vontade da assembleia geral.

Sob o ponto de vista da governança corporativa, o plano de opção de compra tem como finalidade alinhar os interesses entre funcionários/administradores e acionistas. Este objetivo é atingido enquanto o beneficiário da opção pode usufruir de uma valorização da cotação das ações que é, em tese, decorrente direta do seu trabalho dispendido na companhia. Como bem destacado pela Diretora, "*[e]sta finalidade seria desvirtuada se os privilégios concedidos aos administradores e empregados obrigassem também aos titulares de bônus.*".

Por certo, enquanto os bônus têm a finalidade de arrecadar recursos, as opções constituem uma estratégia de alinhamento de incentivos por meio de recompensa, um regime de remuneração por desempenho dos administradores[42]. Além disso, a opção não é incorporada em um título de crédito, de modo que a lei não prevê sua transferibilidade a terceiros, de tal modo que sua concessão se dá *intuitu personae*[43].

Não seria razoável de se pensar que os acionistas, quando da aprovação da emissão dos bônus (ou de sua substituição, após incorporação da emissora original), tivessem a intenção de oferecer o atrativo na subscrição com preço equivalente ao do exercício da opção conferido aos seus funcionários (uma vez que isso não estava expresso). A interpretação "expansiva" desta cláusula traria custos não calculados pela companhia e representaria uma diluição injustificada dos demais acionistas, além de abrir possibilidade para diminuição do valor de mercado das ações como um todo.

Irresignados, os investidores recorreram ao judiciário nos foros de São Paulo e Rio de Janeiro, tendo o caso sido apreciado, em última instância, pelo Superior Tribunal de Justiça – STJ. Em decisão unânime, a Quarta Turma do

---

[42] Reinier Kraakman et. al.; "A anatomia do direito societário: uma abordagem comparada e funcional; trad. Mariana Pargendler; São Paulo: Editora Singular; 2018; p. 91.

[43] José Alexandre Tavares Guerreiro, Regime Jurídico do Capital Autorizado, São Paulo: Saraiva; 1984, p. 123.

STJ entendeu pela não aplicação da cláusula de ajuste de preço por ocasião do aumento de capital decorrente da opção de compra, no mesmo sentido do que foi decidido pela CVM e, em parte, com fundamentação semelhante[44].

Destacou o Ministro Relator Marco Buzzi que a cláusula de ajustamento tem natureza de condição suspensiva, condicionando o direito a evento futuro e incerto. Neste sentido, quando os bônus objeto da demanda foram emitidos, em 1996, o plano de opções de compra de 1990 sabidamente ocorreria em seu prazo previsto, não podendo ser considerado para a aplicação da cláusula de ajuste, vez que sua incidência tornaria, de antemão, ilógica e impossível a hipótese da cláusula principal do preço.

Não poderia ser outra a interpretação, vez que para configuração da condição, "*é necessária ocorrência de dois requisitos essenciais: a futuridade e a incerteza*", decorrência mais que natural da leitura do art. 121 do Código Civil de 2002. Neste caso, "*[s]e o evento já estiver concretizado por ocasião da declaração de vontade, o negócio é puro e simples e não condicional.*"[45]. Se a "condição" é certa (o preço dos bônus deveria ser calculado com base no valor das opções), a cláusula principal perderia todo o sentido, o que faria contraditória a decisão tomada em Assembleia. A esse respeito, a doutrina é pacífica e antiga:

> "3. Natureza da Condição. – (a) **Ligada, conceptualmente, ao futuro, não se pode ser relativa a circunstâncias pretéritas, ou presentes.** Se concebida como relativa a fato incerto, futuro, esse, sem no saber o manifestante da vontade, ou sem no saberem os manifestantes da vontade, já se realizou, nem por isso se deixa de tratar como condição. **O que não se tem como condição é a *condicio in praesens vel praeteritum collata*, a dúvida**

---

[44] *"2. A cláusula de ajuste de preço apresenta natureza jurídica de condição suspensiva, de modo que o direito nela previsto deve estar submetido a evento futuro e incerto. Tanto é assim, que à época da emissão dos bônus de 1996, o exercício dos direitos conferidos pelo plano de opções de 1990 e dos bônus emitidos em 1993 já eram conhecidos e sabidamente ocorreriam no prazo previsto, de maneira que considera-los como causa de atração da cláusula de ajuste dos bônus de 1996, acabaria por tornar ilógica a cláusula principal, pois, o preço nela previsto jamais se concretizaria. 2.1. **O aumento de capital decorrente do exercício de bônus ou plano de opções de compra difere do aumento decorrente da subscrição de ações previsto no artigo 170 da Lei 6.404/76. A condição suspensiva prevista na cláusula de ajustamento não ocorreu, pois, referia-se à esta segunda causa de aumento de capital.** 2.2. O aumento de capital mediante subscrição de ações oferecidas no mercado de capitais tem finalidade diametralmente diversa do aumento em decorrência da outorga de opção aos colaboradores da companhia. Não se pode estender à parcela dos investidores vantagem conferida exclusivamente aos colaboradores, sob pena de ocasionar diluição injustificada da participação dos demais acionistas.* (STJ. Resp 0047841-81.2003.8.19.0001, Rel. Min. Marco Buzzi, j. em 14.03.2017).

[45] Maria Helena Diniz, "Tratado teórico e prático dos contratos", v. 1, 4 ed., ampl. e atual. de acordo com o novo Código Civil – São Paulo: Saraiva, 2002, p. 60.

sobre algo que se sabe ter-se dado, ou estar-se a dar. Seria a 'suposição', segundo conceito de R. Henle, espécie que, erradamente, A. Von Tuhr (*Der Allegemeine Teil,* II , 199, e III, 280) inclui na 'pressuposição' (Veraussetzung), **em que, aliás, não há dúvida, mas certeza**. (...)
Se o negócio jurídico foi concebido condicionalmente, mas o que se teve como condição é objetivamente certo, *e.g.* A compra a casa da rua A se a lua, a 1º de janeiro, continuar a ter o mesmo percurso (**fato necessário e, pois, certo**), ou se a lua, àquela data, desaparecer (fato que necessariamente não acontecerá e, pois, é certa a negativa), **a "condição" é, respectivamente, necessária (certa), ou impossível. No primeiro caso, a condição é tida por inexistente: não entra no mundo jurídico, pôsto que, às mais das vêzes, se possa ter como suspensa a eficácia, se há, em verdade, têrmo (*dies certus an*). A razão está em que a condição necessária é contradição evidente**."[46].

De fato, as condições impossíveis, mesmo quando suspensivas, na seara do Código Civil de 1916 eram consideradas inexistentes. Com o advento do Código Civil de 2002, invalidam o negócio jurídico as condições (i) impossíveis, quando suspensivas; (ii) ilícitas e (iii) as contraditórias (art. 123, CC/2002). Interpretação distinta daquela aplicada pela CVM e pelo STJ teria como consequência a declaração de invalidade da cláusula de ajuste de preço, uma vez que foi estabelecida condição contraditória.

Não obstante o entendimento da CVM e STJ e em vista deste debate, é possível encontrar, dentre os termos e condições do bônus de subscrição, a previsão expressa do que seria considerado "aumento de capital" para fins da cláusula de ajuste de preço[47].

---

[46] Pontes de Miranda, "Eficácia jurídica, determinações inexas e anexas, direitos, pretensões, ações"; atualizado por Marcos Ehrhardt Jr., Marcos Bernardes de Mello; São Paulo: Editora Revista dos Tribunais, 2013 (coleção tratado de direito privado: parte geral; 5), p. 172 e 174.

[47] A título de exemplo, foi o Aviso aos Acionistas da Alphaville S.A. do dia 22.05.2023: *"Para fins de esclarecimento, somente serão considerados como "aumentos de capital" da Companhia para fins de ajuste do preço de exercício dos Bônus de Subscrição – Série 1 os aumentos de capital mediante emissão de Ações em que os acionistas da Companhia tenham direito de preferência ou de prioridade para participar de tal aumento de capital."*. Disponível em: https://www.rad.cvm.gov.br/ENET/frmExibirArquivoIPEExterno.aspx?NumeroProtocoloEntrega=1105214.

24. NOTAS SOBRE A CLÁUSULA DE REMÉDIO ÚNICO COMO MECANISMO DE EXCLUSÃO DA RESOLUÇÃO CONTRATUAL POR INADIMPLEMENTO

Deborah Slattery-Pereira
Marília Carneiro da Cunha Lopes Ribeiro

INTRODUÇÃO: AUTONOMIA PRIVADA E ALOCAÇÃO POSITIVA DO RISCO DO INADIMPLEMENTO

Não é uma premissa fora de consenso que o propósito do contrato é a execução do programa contratual, isto é, a concretização da finalidade econômica atribuída ao acordo pelos contratantes.[1] Em consequência, se uma das partes violar um ou vários termos expressos ou implícitos em seu conteúdo, estarão abertas à outra parte, ora prejudicada, as diversas possibilidades de reação previstas no ordenamento jurídico, desde que presentes os seus respectivos pressupostos.

Em termos gerais, são admitidas reações de três ordens: *(i)* execução da prestação *in natura*; *(ii)* execução pelo equivalente pecuniário; e *(iii)* extinção da relação, com o retorno das partes ao *status quo ante*. Assim, quando o devedor deixa de cumprir a obrigação, o credor – em vez de instar a execução específica

[1] Contanto que tal finalidade mereça tutela conforme o ordenamento jurídico, conforme lição de Pietro Perlingieri. PERLINGIERI, Pietro. *Perfis do direito civil.* Tradução de Maria Cristina De Cicco. 3. ed., rev. e ampl. Rio de Janeiro: Renovar, 1997. p. 277.

pelo devedor ou a execução por terceiro que o substitua, se a prestação ainda lhe for útil, ou reclamar o equivalente, mantendo o programa do contrato subsistente – poderá se subtrair do vínculo obrigacional, fazendo desaparecer os seus efeitos do mundo jurídico. Em todos os casos, a parte prejudicada poderá requerer a indenização correspondente aos danos sofridos.[2]

De igual modo, é premissa pacificamente aceita que o contrato constitui negócio jurídico bilateral de conteúdo patrimonial, cujo conteúdo deve ser prioritariamente definido pelas partes, no sentido que lhes cabe estabelecer o regramento da operação econômica a ser realizada por tal instrumento. Se o escopo de todo contrato é a realização convencional do programa econômico, devem as partes definir as regras do jogo ao distribuírem entre si os custos e benefícios. Como já se afirmou em outra sede, entende-se que "o contrato funciona como um instrumento oferecido à autonomia privada para a gestão de riscos, de forma a promover atividades econômicas".[3]

De forma genérica, pode se entender que a conclusão de qualquer contrato expõe os contratantes a todos os tipos de risco econômicos; e se não há meios de eliminá-los, as partes podem livremente alocá-los entre si.[4] Em especial, nos contratos paritários envolvendo interesses patrimoniais, a definição de riscos no contrato é matéria aberta à autonomia privada, inclusive no que se refere ao regime do inadimplemento contratual. Isto é, desde que observadas as normas de ordem pública, poderão os contratantes escolher quais reações que lhes serão disponibilizadas na situação de descumprimento da prestação imputável a qualquer um deles, podendo ser alterada ou, em alguns casos, até mesmo afastada a disciplina legal dispositiva.

Os contratantes podem, no momento de definição do conteúdo contratual, e já antevendo os riscos passíveis de ocorrer na operação econômica, distribuí-los entre si, de forma que cada parte, ao assumi-los, passe a responder pelas consequências econômicas, mas também possa receber o respectivo preço, o que garantirá o equilíbrio da operação. Como sintetiza Gustavo Tepedino, "é possível prever o custo do inadimplemento e, em se tratando de

---

[2] TREITEL, Gunter H. Remedies for breach of contract. In: *International Encyclopedia of Comparative Law*. Tübingen: MohrSiebeck, 1976. v. 7. p. 3.

[3] TEPEDINO, Gustavo; SANTOS, Deborah Pereira Pinto dos. A aplicação da cláusula penal compensatória nos contratos de promessa de compra e venda imobiliária. In: TERRA, Aline de Miranda Valverde; GUEDES, Gisela Sampaio da Cruz (Coord.). *Inexecução das Obrigações*: pressupostos, evolução e remédios. Rio de Janeiro: Editora Processo, 2020. p. 513-514.

[4] BESSONE, Mario. *Adempimento e rischio contrattuale*. Milano: Giuffrè, 1969. p. 4.

contratos paritários e com repercussão essencialmente patrimonial, alocar tal risco no preço (e à equação econômica) do contrato".[5]

No ponto que interessa ao presente trabalho, importa tratar da gestão positiva do risco do inadimplemento absoluto da prestação. De acordo com o artigo 475 do Código Civil, diante do descumprimento definitivo da prestação, imputável a uma das partes, surge o direito da parte prejudicada de escolher o caminho da execução pelo equivalente ou da resolução da relação obrigacional. A Lei Civil deixa à discrição do contratante interessado, alternativamente, dois instrumentos de tutela do direito ao crédito:[6] ele é quem poderá optar entre a resolução ou a exigência da prestação pelo equivalente pecuniário, sem prejuízo, qualquer que seja a decisão, do pedido de indenização pelos danos sofridos.[7]

A resolução configura direito potestativo (também denominado como poder formativo resolutivo)[8] para quem o contrato perdeu a utilidade econômica, trazendo fim ao programa contratual.[9] Como causa de extinção da relação obrigacional, haverá o retorno ao *status quo ante* e, no seu lugar, a formação da relação de liquidação,[10] produzindo-se os seguintes efeitos: *(i)* a liberação das partes do cumprimento das obrigações correspectivas, se ainda não adimplidas; *(ii)* o dever de ambas as partes de restituição do que foi prestado em razão da relação obrigacional ora extinta; e *(iii)* o dever da parte lesante de

---

[5] TEPEDINO, Gustavo. Editorial: Autonomia privada e cláusulas limitativas de responsabilidade. In: *Revista Brasileira de Direito Civil* – RBDCIVIL. Belo Horizonte, v. 23, p. 11-13, jan./mar. 2020.

[6] AGUIAR JÚNIOR, Ruy Rosado de. *Comentários ao novo Código Civil:* da extinção do contrato. Rio de Janeiro: Forense, 2011. v. 6. t. 2. p. 436.

[7] TERRA, Aline de Miranda Valverde. Execução pelo equivalente como alternativa à resolução: repercussões sobre a responsabilidade civil. In: *Revista Brasileira de Direito Civil* - RBDCivil. Belo Horizonte, v.18, p. 49-73, out./dez. 2018. p. 54. Na jurisprudência, cf. BRASIL. Superior Tribunal de Justiça. *EREsp 1280825/RJ.* Relator(a): Min. Nancy Andrighi. Julgamento: 27/06/2018. Órgão Julgador: 2.ª Seção. Publicação: DJe 02/08/2018. Em sentido contrário, entendendo que o art. 475 do Código Civil, ao trazer os remédios para o incumprimento culposo pelo devedor, trata da alternativa entre a resolução contratual e a insistência na execução específica, cf. SOUZA, Eduardo Nunes de. De volta à causa contratual: aplicações da função negocial nas invalidades e nas vicissitudes supervenientes do contrato. In: *Civilistica.com.* Rio de Janeiro, a. 8, n. 2, 2019. Disponível em: <http://civilistica.com/de-volta-a-causa-contratual/>. Acesso em 04.10.2019.

[8] MIRANDA, Pontes de. *Tratado de Direito Privado.* MARQUES, Claudia Lima; MIRAGEM, Bruno (Atual.). São Paulo: Editora Revista dos Tribunais, 2012.t. 38. p. 456.

[9] Cf. BRASIL. Superior Tribunal de Justiça. *REsp 1737992/RO.* Relator: Min. Paulo de Tarso Sanseverino. Julgamento: 20/08/2019. Órgão Julgador: 3.ª Turma. Publicação: DJe 23/08/2019; BRASIL. Superior Tribunal de Justiça. *REsp 1728372/DF.* Relator(a): Min. Nancy Andrighi. Julgamento: 19/03/2019. Órgão Julgador: 3.ª Turma. Publicação: DJe 22/03/2019.

[10] AGUIAR JÚNIOR, Ruy Rosado de. *Extinção dos contratos por incumprimento do devedor.* 2. ed. rev. e atual. Rio de Janeiro: AIDE Editora, 2003. p. 259.

indenizar a parte prejudicada, de modo a recompor seu patrimônio no estado em que estaria não fosse o contrato.[11]

Por sua vez, a execução pelo equivalente representa demanda de cumprimento do contrato.[12] Se ela configura opção do credor à resolução, possui, por coerência sistêmica, exatamente os mesmos pressupostos.[13] Ao eleger o caminho da execução pelo equivalente, a parte mantém a relação obrigacional, havendo, contudo, alteração do programa contratual, com a substituição de objeto (prestação) pelo equivalente em pecúnia.[14] O credor também fará jus à indenização, todavia deverá ser colocado na posição de vantagem em que estaria caso houvesse o cumprimento voluntário da prestação.[15]

A diferença entre a resolução e a execução está no fato de que, enquanto na primeira, há a extinção, como regra, *retroativa* da relação obrigacional (ao menos quanto ao dever de prestar); na segunda, tal relação é preservada. Na execução pelo equivalente, o credor terá de cumprir a prestação a fim de poder exigir que o devedor também o faça, mesmo que não mais tenha sentido – seja pela impossibilidade ou pela inutilidade – que a prestação a cargo do devedor seja atendida *in natura*. Em consequência, haverá fórmulas diversas para cálculo da indenização devida na resolução e na execução pelo equivalente, já que os institutos apresentam efeitos completamente diversos.[16]

Portanto, o ponto central a ser desenvolvido no presente estudo consiste na premissa de que, nos contratos paritários e limitados à regência de interesses patrimoniais, a disciplina legal do risco do inadimplemento e, mais especificamente, do descumprimento definitivo, é *dispositiva*. No ordenamento brasileiro, concebe-se amplo espaço para exercício da autonomia privada na alocação do risco econômico advindo da inexecução da obrigação, conforme melhor se atenda aos interesses dos contratantes. Por conseguinte, é livre a assunção voluntária de risco, com a cobrança refletida no preço, que

---

[11] TERRA, Aline de Miranda Valverde. Execução pelo equivalente como alternativa à resolução: repercussões sobre a responsabilidade civil. In: *Revista Brasileira de Direito Civil - RBDCivil*. Belo Horizonte, v.18, p. 49-73, out./dez. 2018. p. 58.

[12] STEINER, Renata C. *Reparação de Danos:* Interesse positivo e Interesse Negativo. São Paulo: Quartier Latin, 2018. p. 345.

[13] LEITÃO. Luís Manuel Teles de Menezes. *Direito das Obrigações*. 12. ed. Coimbra: Almedina, 2018. v. 2. p. 284.

[14] TERRA, Aline de Miranda Valverde. Execução pelo equivalente como alternativa à resolução: repercussões sobre a responsabilidade civil. In: *Revista Brasileira de Direito Civil* - RBDCivil. Belo Horizonte, v.18, p. 49-73, out./dez. 2018. p. 59.

[15] TERRA, Aline de Miranda Valverde. Execução pelo equivalente como alternativa à resolução: repercussões sobre a responsabilidade civil. In: *Revista Brasileira de Direito Civil* - RBDCivil. Belo Horizonte, v.18, p. 49-73, out./dez. 2018. p. 71.

[16] Sobre o tema, seja consentido remeter à SANTOS, Deborah Pereira Pinto dos. *Indenização e Resolução Contratual*. São Paulo: Almedina, 2022, *passim*, em especial o segundo capítulo.

irá estabelecer o equilíbrio econômico do contrato. Tal afirmação não afasta, todavia, a necessidade de respeito de normas imperativas, bem como o controle de juridicidade do exercício de autonomia privada na distribuição dos riscos contratuais, que deverá ser verificado em cada situação jurídica concreta.

Nesse contexto, discute-se a admissibilidade e aplicação no ordenamento brasileiro da cláusula de único remédio, importada do sistema jurídico da *common law*. Trata-se de mecanismo de alocação positiva do risco de inexecução contratual, de modo a definir de antemão os remédios disponíveis às partes contratantes se e quando verificado determinado suporte fático. Apenas para fins ilustrativos, confira-se o seguinte exemplo de cláusula de único remédio:

> **Recurso Exclusivo**. A obrigação de indenizar prevista no presente Contrato será o único e exclusivo recurso das Partes por qualquer obrigação de indenizar de Parte a Parte com relação a qualquer descumprimento de qualquer declaração, garantia, disposição ou obrigação assumida pelas Partes no presente Contrato. Quaisquer outras demandas por perdas e danos, ou que busquem a rescisão do Contrato ou a redução do Preço Base, e que derivem de qualquer descumprimento de qualquer declaração, garantia, disposição ou obrigação assumida pelas Partes não serão aplicáveis, ainda que sob alegação de erro, dolo ou fraude, sendo certo que esta Cláusula [X] não restringirá ou limitará o direito de uma Parte de buscar a execução específica, quando aplicável.

Para efeito do presente trabalho – e sem deixar de reconhecer a existência de outros modelos possíveis da referida cláusula –, considera-se que a cláusula de remédio único constitui instrumento que visa a predefinir que, diante do inadimplemento de certa obrigação prevista no contrato, a parte prejudicada não poderá optar pela resolução contratual. Assim, caberá à parte somente o recurso ao remédio indenizatório, que poderá ser regulado por cláusula indenizatória conexa.[17]

1. A FUNÇÃO DA CLÁUSULA DE REMÉDIO ÚNICO

Como visto, a cláusula de único remédio consiste em instrumento de gestão positiva dos riscos que afetem o atendimento da prestação, e, especificamente para os fins deste trabalho, do risco de inadimplemento de determinada

---

[17] Sobre o tema, seja consentido remeter à LOPES, Marília Carneiro da Cunha. *A cláusula de único remédio como mecanismo de exclusão da resolução por inadimplemento*. 2022. 152 f. Dissertação (Mestrado em Direito) – Faculdade de Direito, Universidade do Estado do Rio de Janeiro, Rio de Janeiro, 2022.

obrigação contratual. Ao estabelecer o exclusivo remédio aplicável para o descumprimento de determinada obrigação contratual, a cláusula de remédio único afasta a regulamentação heterônoma que poderia (em tese) ser aplicável ao suporte fático descrito pelos contratantes.[18] Ao mesmo tempo, ela garante previsibilidade às partes quanto aos efeitos decorrentes daquele evento, de modo a preservar a segurança jurídica.[19] Sua principal finalidade, portanto, é conferir certeza e previsibilidade aos riscos assumidos pelas partes, delimitando, tanto quanto possível, a intervenção integrativa do direito aplicável.[20]

Ao afastar o remédio resolutório, a cláusula de único remédio visa a definir, conforme os interesses das partes, o âmbito de incidência dos efeitos produzidos pelo inadimplemento contratual.[21] Por meio dela, as partes estabelecem, de antemão, se o descumprimento em questão configurará mora, inadimplemento absoluto, parcial ou total. Com efeito, a exclusão dos remédios legais por acordo entre as partes passa a integrar o próprio sinalagma do contrato, e, portanto, a sua equação econômica. A regra contratual irá refletir tanto no preço acordado para a prestação, quanto no montante previsto na cláusula de indenização conexa – que acompanha, em regra, a cláusula de remédio exclusivo.

A prerrogativa de gestão contratual de riscos conferida pela cláusula de remédio exclusivo assume especial relevância em determinados tipos contratuais. É o caso, por exemplo, do contrato de alienação de participação societária, principalmente quando envolve a transferência de participação representativa do poder de controle da sociedade, na qual se verifica elevado grau de assimetria informacional entre os contratantes. Podem as partes definir, no contrato de alienação de participação societária, que o descumprimento das declarações e garantias nele prestadas[22] ensejará, como único remédio, a inde-

[18] GABRIELLI, Enrico. Autonomia privata ed esclusione dei rimedi contrattuali. (Brevi spunti di riflessione sulla clausola di exclusive remedy. *Rivista del Diritto Commerciale e del Diritto Generale delle obbligazioni*, v. 116, n. 2, p. 217, 2018.

[19] DE NOVA, Giorgio. Il Sale and Purchase Agreement: un contratto commentato. 2° ed. Torino: G. Giappichelli Editore, 2017, p. 218, tradução livre. No original: "Se il contralto di appalto dovesse risolversi si bloccherebbe tutto: la co struzione della centrale e, come conseguenza, il flusso di redditi al committente e la restituzione del finanziamento alle banche finanziatrici".

[20] GRAVIO, Valerio Di. La clausola di unico rimedio. In: CONFORTINI, Massimo (Coord.). *Clausole negociali*: profili teorici e apllicativi di clausole tipiche e atipiche. Vicenza: iutet Giuridica, 2017. p. 1606.

[21] MARINO, Francisco Paulo De Crescenzo. Resolução parcial do contrato por inadimplemento: fundamento dogmático, requisitos e limites. In: TERRA, Aline de Miranda Valverde; GUEDES, Gisela Sampaio da Cruz (Coords.). *Inexecução das obrigações*: pressupostos, evolução e remédios. Rio de Janeiro: Processo, 2020. v. 1. p. 314.

[22] A depender do caso concreto, a doutrina societária entende poder configurar a concretização de risco garantido por obrigação de garantia ou do próprio inadimplemento contratual. Sobre o

nização de uma parte à outra. Em regra, não caberá, para aquele específico enquadramento fático, quaisquer dos demais remédios previstos em lei.

No exemplo acima, as partes alocam de forma positiva os efeitos da concretização do risco do descumprimento das declarações e garantias prestadas no âmbito do contrato. Tal risco passa a ser precificado no próprio contrato, tanto por meio do preço negociado para a participação societária em questão, quanto por meio da cláusula indenizatória, que poderá assumir diversos contornos conforme a autonomia dos contratantes. Após a tradição da participação societária objeto do contrato, o caminho da resolução com a produção dos efeitos a ela inerentes – especificamente, restitutório e liberatório – poderá ser demasiadamente inconveniente às partes ou até mesmo virtualmente impossível.[23]

A dificuldade prática de resolver o contrato diante do descumprimento de dada obrigação contratual se dá por dois motivos principais. Em primeiro lugar, além de a atividade empresarial já contar com intenso dinamismo, a transferência do controle, em geral, é seguida de mudanças estruturais de organização da sociedade – como alteração na composição do conselho de administração e da diretoria –, podendo também ser implementados eventuais aumentos de capital, reorganizações societárias, alterações patrimoniais em geral ou outros eventos societários. Essas mudanças podem trazer enormes dificuldades pragmáticas para o retorno ao *status quo* decorrente do efeito restitutório da resolução contratual.[24]

Em segundo lugar, poderá não ser do interesse das partes a resolução contratual, que teria como consequência a devolução das ações de emissão da sociedade-alvo representativas de poder de controle. Muitas vezes, o comprador terá interesse econômico na manutenção do contrato e na detenção do poder de controle daquela sociedade, sendo-lhe mais conveniente a execução da prestação, ainda que pelo equivalente, além da obtenção da correspondente indenização por perdas e danos. Por isso, nesse contexto, a alternativa

tema, ver GREZZANA, Giacomo. *A cláusula de declarações e garantias em alienação de participação societária*. São Paulo: Quartier Latin, 2019.

[23] SANTOS, Deborah Pereira Pinto dos; LOPES, Marília. Notas sobre a responsabilidade contratual do alienante pela violação das cláusulas de declarações e garantias nos contratos de alienação de participação societária representativa de controle. In: *Revista Brasileira de Direito Civil – RBDCivil*, Belo Horizonte, v. 24, p. 254, abr./jun. 2020.

[24] Estressando o ponto, Calixto Salomão conclui o seguinte: "um dos principais problemas, particularmente relevante para o caso concreto, está no efeito do tempo sobre as relações empresariais. Envolvendo interesses de terceiros e normalmente encadeamento entre vários atos, a passagem do tempo torna na prática qualquer disciplina tendente à reversão do negócio simplesmente impossível de ser aplicada." (COMPARATO, Fábio Konder; SALOMÃO FILHO, Calixto. *O poder de controle na sociedade anônima*. 6. ed. Rio de Janeiro Forense, 2014. p. 242).

de delimitar o remédio em caso de eventual inadimplemento poderá ser mais adequada para a consecução dos interesses concretos das partes.[25]

Dessa forma, em seu uso mais comum, a cláusula de remédio único tem por objetivo definir *a priori* o suporte fático relativo ao descumprimento de determinadas obrigações contratuais, bem como a sua relevância para o programa contratual como um todo, sem, a princípio, excluir *tout court* o remédio resolutório. Em outras palavras, os contratantes convencionam acerca dos pressupostos de ativação do remédio resolutório, definindo, a partir do equilíbrio contratual, quais as obrigações afetam e quais não afetam – ou melhor dizendo, não impedem *per se* o atendimento do – interesse útil do credor no recebimento da prestação.[26] Trata-se, assim, "de oportunidade reconhecida às partes de avaliar antecipadamente o próprio interesse em relação a certos inadimplementos específicos".[27]

Com isso, os contratantes buscam afastar da apreciação do julgador o correto enquadramento jurídico e a consequência que seria (em tese) aplicável aos descumprimentos contratuais verificados no caso concreto, garantindo segurança jurídica na execução do programa contratual. Busca-se dirimir dúvidas de interpretação quanto à (ir)relevância, dentro do escopo econômico do contrato, de determinada obrigação. Nas palavras de Catarina Monteiro Pires, consiste em pura e simples previsão de que "o incumprimento de determinadas cláusulas contratuais não exclui o interesse do credor no recebimento da prestação, não ficando prejudicada a pretensão indenizatória de que possa dispor, nem outras vias alternativas".[28]

---

[25] LOPES, Marília Carneiro da Cunha. *A cláusula de único remédio como mecanismo de exclusão da resolução por inadimplemento*. 2022. 152 f. Dissertação (Mestrado em Direito) – Faculdade de Direito, Universidade do Estado do Rio de Janeiro, Rio de Janeiro, 2022, p.36.

[26] SALVEMINI, Andrea. *I Patti limitativi della risoluzione per inadempimento nei contratti di acquisizione di partecipazioni azionarie*. 2014. 157 f. Tese (Doutorado) – Curso de Doutorado em Ciências Jurídicas, Direito Civil, Universidade de Milão, Milão, 2014. p. 40. No mesmo sentido, GALLARATI, Alberto. Il contratto irresolubile o quasi. Profilo di sostenibilità della clausola 'exclusive remedy' nell' economia delle parti. *Contratto e Impresa*, v. 32, n. 4-5, p. 1042-1044, 2016.

[27] SALVEMINI, Andrea. *I Patti limitativi della risoluzione per inadempimento nei contratti di acquisizione di partecipazioni azionarie*. 2014. 157 f. Tese (Doutorado) – Curso de Doutorado em Ciências Jurídicas, Direito Civil, Universidade de Milão, Milão, 2014. p. 44, tradução livre de: *"Le ragioni che giustificano la validità di entrambe le tipologie di patti è l'opportunità riconosciuta alle parti di valutare preventivamente il proprio interesse in relazione a taluni specifici inadempimenti."*

[28] PIRES, Catarina Monteiro. Cláusulas de acordo integral e cláusulas de solução única ou de 'remédio' único. In: CASTRO, Rodrigo Rocha Monteiro de; AZEVEDO, Luis Andre; HENRIQUES, Marcus de Freitas (Coords). *Direito societário, mercado de capitais, arbitragem e outros temas*: homenagem a Nelson Eizirik. São Paulo: Quartier Latin, 2021. v. 2. p. 908.

A cláusula de único remédio assume, portanto, papel diametralmente oposto àquele assumido pela cláusula resolutiva expressa. Nesta, os contratantes reconhecem, de comum acordo, que a inexecução de determinada obrigação[29] faz esvair por completo o interesse útil do credor na prestação.[30] Naquela, os contratantes estipulam que o descumprimento de certa obrigação contratual, mesmo que usualmente considerada como obrigação essencial para a produção do resultado útil programado, não ensejará a possibilidade de a parte prejudicada pedir a resolução.

Portanto, a cláusula de remédio exclusivo servirá para que as partes estipulem contratualmente os pressupostos de ativação do remédio resolutório – como aliás autoriza de forma expressa o artigo 421-A, inciso I, do Código Civil –, de modo a definir os efeitos do descumprimento de determinada(s) obrigação(ões) contratual(is), à luz do interesse útil do credor. A gestão de riscos por meio da cláusula de único remédio, nessa hipótese, incentiva o comportamento leal entre os contratantes, reduzindo os custos decorrentes da demonstração de que determinado descumprimento não é relevante e não atinge a utilidade econômica da prestação para o credor,[31] consoante a função econômico-individual do contrato.

Com isso, o pacto que afasta a possibilidade de a parte pedir a resolução limita as chances de comportamento oportunista por parte do credor que, diante de conveniência econômica, se aproveita de descumprimento de qualquer obrigação pelo credor, ainda que não apta a atingir o equilíbrio contratual, para buscar se desvincular da relação obrigacional.[32] Não se discute que o ordenamento jurídico brasileiro tenha ferramentas aptas para lidar com situações oportunistas como essas – notadamente, o próprio controle de abusividade das situações jurídicas, nos termos do artigo 187 do Código Civil –, mas, de outra parte, não se pode negar que a gestão positiva de riscos *in casu* atua como forte elemento probatório na análise da definição do interesse útil do credor, auxiliando eventuais dúvidas interpretativas.

Por sua vez, a cláusula de único remédio poderá também excluir *tout court* o remédio resolutório – criando-se o chamado *contrato irresolúvel*, segundo a

[29] Tal obrigação deverá ser, no contexto contratual, obrigação essencial. Ver TERRA, Aline de Miranda Valverde. *Cláusula resolutiva expressa*. Belo Horizonte: Fórum, 2017. p. 76.

[30] TERRA, Aline de Miranda Valverde. *Cláusula resolutiva expressa*. Belo Horizonte: Fórum, 2017. p. 75.

[31] GALLARATI, Alberto. Il contratto irresolubile o quasi. Profilo di sostenibilità della clausola 'exclusive remedy' nell' economia delle parti. *Contratto e Impresa*, v. 32, n. 4-5, p. 1062, 2016.

[32] DELFINI, Francesco. *Autonomia privada e contratto*: tra sinallagma genetico e sinallagma funzionale. Torino: G. Giappichelli Editore, 2015. p. 188, nota de rodapé n.º 7.

doutrina italiana.[33] Tal uso enfrenta maiores controvérsias na doutrina pátria e estrangeira por envolver exclusão genérica. Nesse caso, ao invés de tutelar o inadimplemento por meio do remédio *negativo* por excelência – a resolução –, as partes optam por convencionar remédios *positivos* – assim designados aqueles que conservam a eficácia da relação obrigacional, tais como a execução específica (na hipótese de inadimplemento relativo ou mora) e a execução pelo equivalente (no caso de inadimplemento absoluto), bem como a respectiva indenização, que poderá ser fixada contratualmente.

As partes poderão almejar as mais diversas finalidades, tais como: *(i)* compatibilizar os interesses do contratante com os de terceiros financiadores de determinado projeto; *(ii)* indicar que, enquanto for possível a prestação, haverá interesse útil no seu recebimento mesmo que fora do tempo ou lugar pactuado, definindo-se antecipadamente o suporte fático como de mora, e não como de inadimplemento absoluto; *(iii)* afastar de antemão o efeito restitutório, que poderá ser demasiadamente prejudicial a uma das partes; *(iv)* obrigar o credor ao recebimento da prestação, ainda que tardiamente executada; ou *(v)* assegurar o cumprimento de obrigação que dependa de *expertise* técnica.[34]

Por exemplo, pode-se verificar hipótese em que o interesse subjacente à exclusão do remédio resolutório envolva interesses de terceiros, que sejam parte de contratos conexos, normalmente na posição de financiadores do contrato principal. Assim, pode-se pensar em contrato de *project financing*, para a construção de uma central de energia elétrica. A empresa contratante do projeto confia a construção da usina à empreiteira, e, para tanto, obtém os recursos necessários à operação econômica por meio de financiamento contratado com um terceiro – usualmente uma ou mais instituições de crédito.

Nesse contrato de financiamento, as partes acordam que o crédito obtido para o projeto deverá ser exclusivamente quitado com os rendimentos advindos da operação realizada pela usina elétrica, quando concluída e colocada a operar. Desse modo, fosse mantido e ativado o remédio resolutório, "tudo pararia: a construção da usina elétrica e, como consequência, o fluxo de rendimentos ao contratante e o pagamento do mútuo aos bancos financiadores".[35] É do

[33] A expressão é utilizada em GALLARATI, Alberto. Il contratto irresolubile o quasi. Profilo di sostenibilità della clausola 'exclusive remedy' nell' economia delle parti. *Contratto e Impresa*, v. 32, n. 4-5, p. 1047 e ss, 2016.

[34] BERTINO, Lorenzo. Sulla validità di una clausola di irresolubilità del contratto per inadempimento. *Nuova giur. civ. comm.*, II, 2013, p. 539 apud SALVEMINI, Andrea. *I Patti limitativi della risoluzione per inadempimento nei contratti di acquisizione di partecipazioni azionarie*. 2014. Tese (Doutorado) – Curso de Doutorado em Ciências Jurídicas, Direito Civil. Universidade de Milão, Milão, 2014, p. 67.

[35] DE NOVA, Giorgio. Il Sale and Purchase Agreement: un contratto commentato. 2° ed. Torino: G. Giappichelli Editore, 2017, p. 218, tradução livre. No original: "Se il contralto di appalto dovesse

interesse não apenas do dono do projeto, como dos seus próprios credores, que seja afastado o remédio resolutório, privilegiando-se a utilização dos remédios positivos em caso de inadimplemento.

Não obstante a admissibilidade em tese da exclusão do remédio resolutório, há que se sopesar os concretos interesses em jogo no contexto da operação econômica. A exclusão da resolução visa a assegurar o atendimento dos efetivos interesses das partes envolvidas na construção da usina elétrica, que lhes será útil, ainda que não finalizada no prazo prometido ou com especificações distintas das solicitadas – desde que tais descumprimentos contratuais não sejam suficientes para impossibilitar por completo a sua operação. O remédio adequado será a execução específica (ou até mesmo execução pelo resultado prático equivalente, se possível), além da indenização referente às perdas e danos sofridos.

Em outras palavras, as partes definem, já de antemão, a preservação do interesse econômico na execução da prestação, a despeito de descumprimento imputável à empreiteira. O equilíbrio contratual poderá ser afetado, contudo, na situação em que não seja mais possível a construção ou o funcionamento da usina – razão pela qual os contratantes podem, com fundamento na autonomia privada, delimitar os pressupostos de ativação do remédio resolutório apenas à hipótese de impossibilidade superveniente atribuída à empreiteira. Pode-se dizer, portanto, que a hipótese não contempla a exclusão da resolução em qualquer cenário fático.

2. REQUISITOS DE VALIDADE

Como visto, a opção dos contratantes por convencionar a exclusão do remédio resolutório está intimamente ligada aos interesses concretos das partes na manutenção dos efeitos advindos do vínculo contratual. Em regra, em contratos paritários envolvendo operações de alta complexidade econômica, a gestão contratual, pelas partes, do risco de inadimplemento visa a garantir maior estabilidade e previsibilidade ao longo da execução do programa do contrato, de modo a assegurar a preservação dos seus efeitos.

O debate doutrinário acerca da admissibilidade da exclusão do remédio resolutório por regra autônoma no contrato não é novo em outros países.[36] Sob a égide do sistema romano-germânico, a doutrina italiana e

risolversi si bloccherebbe tutto: la co struzione della centrale e, come conseguenza, il flusso di redditi al committente e la restituzione del finanziamento alle banche finanziatrici".

[36] Para um apanhado da análise sobre a exclusão do remédio resolutório por parte da doutrina italiana, francesa e portuguesa, seja consentido remeter à LOPES, Marília Carneiro da Cunha. *A*

a francesa há muito discutem a validade da cláusula contratual que afasta o remédio resolutório – chamada de cláusula de irresolubilidade. No Brasil, são breves as análises a respeito da exclusão do remédio resolutório – quase todas sob a perspectiva da *renúncia* de direitos.[37] Nesse contexto, os autores divergem acerca da disponibilidade, pelas partes, do direito à resolução legal.

Opondo-se à possibilidade de os contratantes afastarem o remédio resolutivo, Ruy Rosado de Aguiar Júnior defendia ser cogente a norma sobre resolução dos contratos por inadimplemento do devedor. Isso, porque tal norma teria sido criada para "para satisfazer ao interesse público de preservação da igualdade entre as partes e de equivalência de suas prestações",[38] de modo que não poderia ser objeto de *renúncia prévia* pelos contratantes.[39] Por outro lado, o autor reconheceu como válida a renúncia *posterior* ao inadimplemento.[40] As razões de sua preocupação eram duas: *(i)* a exclusão antecipada da resolução afetaria o sinalagma contratual, uma vez que "o direito formativo de resolver integra o sinalagma e garante sua permanência, com o equilíbrio das prestações na fase executiva (sinalagma funcional)";[41] e *(ii)* a cláusula constituiria "perda de direito do contratante mais fraco".[42]

---

cláusula de único remédio como mecanismo de exclusão da resolução por inadimplemento. 2022. 152 f. Dissertação (Mestrado em Direito) – Faculdade de Direito, Universidade do Estado do Rio de Janeiro, Rio de Janeiro, 2022, p. 67-75.

[37] Como já nos manifestamos em outra oportunidade, entendemos que "a cláusula objeto do estudo não configura situação de renúncia antecipada de direitos, visto que, como instrumento de gestão positiva de riscos, a cláusula de único remédio não é caracterizada por uma abdicação pura do direito aos remédios previstos no ordenamento jurídico, tampouco por uma atribuição patrimonial neutra. A exclusão dos remédios legais por acordo entre as partes integra o próprio sinalagma contratual, e, portanto, a equação econômica do contrato, refletindo-se tanto no preço acordado para a prestação, quanto no montante previsto na cláusula de indenização – como é usual na grande parte das cláusulas de remédio exclusivo" (LOPES, Marília Carneiro da Cunha. *A cláusula de único remédio como mecanismo de exclusão da resolução por inadimplemento.* 2022. 152 f. Dissertação (Mestrado em Direito) – Faculdade de Direito, Universidade do Estado do Rio de Janeiro, Rio de Janeiro, 2022, p. 135).

[38] AGUIAR JÚNIOR, Ruy Rosado de. *Extinção dos contratos por incumprimento do devedor.* 2. ed. Rio de Janeiro: Aide, 2004. p. 34.

[39] AGUIAR JÚNIOR, Ruy Rosado de. *Extinção dos contratos por incumprimento do devedor.* 2. ed. Rio de Janeiro: Aide, 2004. p. 33-36.

[40] AGUIAR JÚNIOR, Ruy Rosado de. *Extinção dos contratos por incumprimento do devedor.* 2. ed. Rio de Janeiro: Aide, 2004. p. 196.

[41] AGUIAR JÚNIOR, Ruy Rosado de. *Extinção dos contratos por incumprimento do devedor.* 2. ed. Rio de Janeiro: Aide, 2004. p. 35.

[42] AGUIAR JÚNIOR, Ruy Rosado de. *Extinção dos contratos por incumprimento do devedor.* 2. ed. Rio de Janeiro: Aide, 2004. p. 196.

Para Pontes de Miranda, o direito legal à resolução em caso de inadimplemento seria *renunciável* – visto corresponder a interesses privados –, mas apenas após o efetivo nascimento, na esfera patrimonial do credor, do direito formativo extintivo de resolver o contrato.[43] Por outro lado, segundo o autor, a norma que disciplina a resolução por inadimplemento teria natureza dispositiva, sendo, assim, *pré-eliminável* pela vontade das partes. Em suas palavras, "todo acordo anterior ao inadimplemento é pré-exclusão do direito legal de resolução ou de resilição; e não renúncia".[44] Isto é, embora tecnicamente não se possa denominar *renúncia* – visto que o direito à resolução somente integraria o patrimônio do credor e, portanto, somente seria renunciável, após observados seus pressupostos fáticos – o remédio resolutório poderia ser "pré-eliminado" por acordo entre as partes.[45]

Carvalho Santos manifestou posição claramente favorável à exclusão do remédio resolutório. De acordo com o autor, a resolução seria estranha a razões de ordem pública, cedendo "diante da vontade contrária claramente manifestada das partes que, por isso mesmo, têm liberdade de pactuar que o contrato bilateral não se resolverá no caso de inadimplemento".[46] Araken de Assis também se posicionou favoravelmente ao que chamou de "renúncia expressa" do remédio resolutório por manifestação das partes, visto se tratar de norma dispositiva. Ponderou, contudo, possíveis graves consequências que poderiam advir da referida exclusão, como o risco de a situação patrimonial do contratante inadimplente tornar a demanda de cumprimento inútil, difícil ou desinteressante comparativamente ao resultado esperado pelo credor do efeito restitutório da resolução. A despeito disso, reconheceu que tais possíveis prejuízos ao contratante "renunciante" não modificariam a liberdade contratual das partes, tampouco a índole dispositiva da norma prevista no artigo 475 do Código Civil.[47]

---

[43] MIRANDA, Francisco Cavalcanti Pontes de. *Tratado de direito privado*. Atualizado por Nelson Nery Jr. e Rosa Maria de Andrade Nery. São Paulo: Revista dos Tribunais, 2012. Tomo 25. p. 448.

[44] MIRANDA, Francisco Cavalcanti Pontes de. *Tratado de direito privado*. Atualizado por Nelson Nery Jr. e Rosa Maria de Andrade Nery. São Paulo: Revista dos Tribunais, 2012. Tomo 25. p. 448.

[45] Destaca em sentido semelhante, sob a égide do Código Civil de 1916, que "os figurantes podem pré-excluir, negocialmente, a invocabilidade do art. 1.092, parágrafo único, do Código Civil", ponderando, contudo, não ser lícita a pré-exclusão simultânea da resolução e da pretensão à indenização (MIRANDA, Francisco Cavalcanti Pontes de. *Tratado de direito privado*. Atualizado por Claudia Lima Marques e Bruno Miragem. São Paulo: Revista dos Tribunais, 2012. Tomo 38. p. 475).

[46] SANTOS, J. M. de Carvalho. *Código Civil brasileiro interpretado*. Rio de Janeiro: Calvino Filho, 1936. v. 15. p. 244.

[47] ASSIS, Araken de. *Resolução do contrato por inadimplemento*. 6. ed. rev., atual. e ampl. São Paulo: Thomson Reuters, 2019. p. 30. Giovanni Ettore Nanni também se dispôs a examinar o tema, propugnando pela admissibilidade da convenção das partes destinada a afastar o remédio resolutório. De acordo com o autor, caso seja oportuno para as partes que o liame contratual não seja extinto, tal acordo será plenamente lícito, inexistindo violação à norma de ordem pública.

Com base nas reflexões já traçadas na experiência nacional e estrangeira, observadas, claro, as particularidades de cada ordenamento jurídico, entendemos ser admissível, à luz do ordenamento jurídico brasileiro, a cláusula de único remédio que afasta o remédio resolutório. Para tanto, devem ser observados os seguintes requisitos de validade: *(i)* relação contratual paritária regida por interesses patrimoniais; *(ii)* a existência de outros meios de tutela do credor; e *(iii)* a inexistência de dolo no momento de formação do contrato.

a. Relação contratual paritária regida por interesses patrimoniais

Como se sabe, o espaço da autonomia privada não é ilimitado, estando sujeito a um controle de juridicidade. Ao afastar o remédio resolutório – seja para exclui-lo *tout court*, seja para delimitar que determinada obrigação contratual específica não afete o interesse útil do credor –, a cláusula de remédio exclusivo se insere na alocação de riscos definida entre as partes no que concerne aos efeitos de descumprimentos contratuais, passando a interferir diretamente no equilíbrio contratual.

Diante disso, a validade da cláusula impõe que os contratantes estejam em posição simétrica de negociação, a fim de se garantir que a pactuação efetivamente expressa a vontade das partes e que seus efeitos são plenamente conhecidos, aceitos e desejados. Deve-se, assim, evitar abusos ou imposição dos termos e condições que regerão a relação obrigacional pelo polo contratual mais forte.[48],[49] Não por outra razão, a cláusula é usualmente inserida em negócios jurídicos sofisticados, envolvendo quantias significativas, celebrados entre sociedades empresárias, e em situações em que se verifica demanda por mecanismos de estabilização da relação contratual, mesmo diante de patologias na fase executiva.

Em regra, as partes contam com assessoria jurídica e econômica especializada na negociação e elaboração do regramento contratual. Francesco Delfini, nesse sentido, ressalta que, "diferentemente da contratação *standard* entre sujeitos de status desigual, o pacto de irresolubilidade pode servir a interesses significativos das partes [em situação de paridade negocial], sem que constitua abuso de uma parte em relação à outra".[50] Por outro lado, nas relações de consumo, em

---

Tratar-se-ia de questão, portanto, reservada à autonomia privada, sendo plenamente legítima a escolha dos contratantes de evitar os efeitos retroativos e restitutórios inerentes à resolução contratual (NANNI, Giovanni Ettore. *Inadimplemento absoluto e resolução contratual*: requisitos e efeitos. São Paulo: Thomson Reuters Brasil, 2021. p. 521-522).

[48] NANNI, Giovanni Ettore. *Inadimplemento absoluto e resolução contratual*: requisitos e efeitos. São Paulo: Thomson Reuters Brasil, 2021. p. 523.

[49] PERES, Fábio Henrique. *Cláusulas contratuais excludentes e limitativas do dever de indenizar*. São Paulo: Quartier Latin, 2009. p. 134.

[50] DELFINI, Francesco. *Autonomia privada e contratto*: tra sinallagma genetico e sinallagma funzionale. Torino: G. Giappichelli Editore, 2015. p. 187. No original: "*(...) a diferenza che nella*

que se busca tutelar a parte contratante que esteja no *status* de vulnerável, a cláusula de único remédio encontra obstáculos no ordenamento jurídico brasileiro.

A validade da cláusula de único remédio não poderá ser admitida em contratos essencialmente não paritários, que sejam formados em relações de consumo, os quais têm o consumidor como parte presumidamente vulnerável, por força de lei.[51] De igual modo, tal cláusula também não poderá ser aceita, ao menos de forma indistinta, nos contratos de adesão formados em relações não consumeristas, nos quais se verifique concreta assimetria de poder negocial entre as partes, de modo a incidir a vedação do artigo 424 do Código Civil.[52] Isso, porque a cláusula poderá representar, ao menos potencialmente, situação com efeitos práticos análogos aos da retirada de direito resultante da natureza do negócio.[53]

Nesse sentido, o artigo 424 do Código Civil traz norma imperativa cuja lógica interventiva na autonomia privada encontra o escopo de "parificar posições de desigualdade estrutural dos contraentes ou futuros contraentes no exercício de direitos",[54] tendo a sua aplicação voltada às relações contratuais formadas por adesão *fora* do mercado de consumo, já que as relações de consumo possuem

---

contrattazione standard tra soggeti di status diseguale, il patto di irresolubilità può assolvere a significativi interessi delle parti, pur senza costituire abuso di una parte sull'altra" tradução livre.

[51] A teor do artigo 51, incisos I, IV, IX e XI do Código de Defesa do Consumidor: "São nulas de pleno direito, entre outras, as cláusulas contratuais relativas ao fornecimento de produtos e serviços que: I - impossibilitem, exonerem ou atenuem a responsabilidade do fornecedor por vícios de qualquer natureza dos produtos e serviços ou impliquem renúncia ou disposição de direitos. Nas relações de consumo entre o fornecedor e o consumidor pessoa jurídica, a indenização poderá ser limitada, em situações justificáveis; (...) IV - estabeleçam obrigações consideradas iníquas, abusivas, que coloquem o consumidor em desvantagem exagerada, ou sejam incompatíveis com a boa-fé ou a eqüidade; (...) IX - deixem ao fornecedor a opção de concluir ou não o contrato, embora obrigando o consumidor; (...)XI - autorizem o fornecedor a cancelar o contrato unilateralmente, sem que igual direito seja conferido ao consumidor; (...)".

[52] Art. 424. Nos contratos de adesão, são nulas as cláusulas que estipulem a renúncia antecipada do aderente a direito resultante da natureza do negócio".

[53] A despeito de a cláusula de irresolubilidade não se referir, propriamente à "direito resultante da natureza do negócio", pois constitui instrumento voltado à alocação do risco de inadimplemento, independentemente de tipo contratual, ou seja, não se refere à elemento natural do negócio jurídico, mas, sim, às consequências do inadimplemento, a sua incidência poderia, em tese, gerar o *mesmo efeito* da renúncia a direito decorrente da natureza do contrato. Melhor dizendo: a incidência concreta da cláusula poderia vir a impedir a concretização da finalidade econômica do contrato para a parte aderente. Sobre o ponto, seja consentido remeter à SANTOS, Deborah Pereira Pinto dos. *Renúncia a direitos nos contratos de adesão em relações civis e empresariais*: limites à autonomia negocial nos *business to business contracts*. Dissertação (Mestrado em Direito Civil) – Faculdade de Direito, Universidade do Estado do Rio de Janeiro, Rio de Janeiro, 2015. p. 169-180, em que se analisa o tema sob a perspectiva da cláusula de não indenizar, que também constituir instrumento para alocação do risco de inadimplemento.

[54] MARTINS-COSTA, Judith. *A boa-fé no direito privado*: critérios para a sua aplicação. 2. ed. São Paulo: Saraiva, 2018, p. 638.

disciplina própria.[55] Nas relações contratuais, a assimetria de poder negocial vincula-se, além da ideia de poder, à de *vulnerabilidade*, a qual não é exclusiva das relações consumeristas.[56] Na contratação por adesão, a assimetria entre as partes é constituída em razão do *poder fático* de uma delas de conformar unilateralmente o conteúdo do contrato, conforme seus próprios interesses; por sua vez, a outra parte – aderente à cláusulas contratuais gerais–, poderá estar em posição de *vulnerabilidade*, tendo que se sujeitar ao poder negocial da parte predisponente, passando a fazer jus a proteção jurídica especial.[57]

Em situações em que seja verificada, concretamente, a vulnerabilidade de uma das partes, que não pôde participar ativamente da elaboração do conteúdo contratual, seja na relação consumerista, seja nos contratos de adesão regidos pelo Código Civil, para além da análise da licitude, o controle de abusividade deve ser distinto. Nesses casos, a exclusão do remédio resolutório poderá afetar sensivelmente o interesse da parte aderente no programa contratual, sem que as partes tenham realizado, em posição de plena igualdade, efetiva e simétrica negociação.

Contrariamente ao que ocorre nas relações paritárias, a parte aderente, consumidora ou não, poderá, ao menos em determinadas situações concretas, carecer de força negocial – ou mesmo sofisticação técnica – para garantir que a exclusão do remédio resolutório não afetará o equilíbrio econômico do contrato. Isto é, poderá não ter sido prevista a justa contraprestação pela assunção do risco referente à cláusula de remédio exclusivo no preço definido no contrato. Sendo assim, haverá risco de que a exclusão do remédio resolutório não encontre propriamente correspectivo econômico na fixação

---

[55] Os contratos de adesão não são modo de contratar exclusivo das relações de consumo, sendo adotados de forma corrente nos *business to business contracts (b2b)*. Os tipos contratuais mencionados nos primeiros estudos acerca do contrato de adesão, porém, focavam-se, massivamente, em hipóteses de relação de consumo, além do contrato de trabalho. Cf. LITTY, Olivier. *Inégalité des parties et durée du contrat:* étude de quatre contrats d'adhésion usuels, Paris: LGDJ, 1999. *passim*. (Bibliothèque de Droit Privé, t.322).

[56] Em síntese, como já se manifestou em outra sede: "sob esse novo paradigma, não apenas a manifestação de vontade, mas o próprio ordenamento contribui para a construção do regulamento negocial, e os instrumentos que buscam assegurar a paridade de forças entre as partes contratantes e a superação de determinadas assimetrias cognoscitivas passam a ser aplicáveis, também, aos tipos contratuais que não entram nas relações de consumo" (KONDER, Carlos Nelson; SANTOS, Deborah Pereira Pinto dos. O equilíbrio contratual nas locações em shopping center: controle de cláusulas abusivas e a promessa de loja âncora. In: *Scientia Iuris*, Londrina, v. 20, n. 3, p. 176-200, nov. 2016).

[57] Sobre o tema, seja consentido remeter à SANTOS, Deborah Pereira Pinto dos. Assimetria de poder negocial na contratação por adesão. In: ALMEIDA, Vitor; e BARLETTA, Fabiana Rodrigues. *Vulnerabilidades e suas dimensões jurídicas.* Rio de Janeiro: Foco, 2023. p. 529-546.

do programa contratual – hipótese em que tal regra contratual poderá ser reputada como inválida.

Como já se ponderou sobre o tema, haja vista tais contratos de adesão, firmados em relações civis ou empresariais, não envolverem nível de vulnerabilidade apto a caracterizar o contratante como consumidor – podendo ser verificada até total ausência de vulnerabilidade na situação concreta – parece ser mais adequada a aferição *in casu* do equilíbrio da relação jurídica. Dessa forma, diante dos elementos do caso concreto, caberia analisar a existência de discussão específica entre as partes sobre a inclusão da cláusula de único remédio – que, por si só, não desnaturaria o contrato como de adesão – e, principalmente, da manutenção do equilíbrio contratual, com a atribuição de relevante vantagem patrimonial ao aderente em decorrência da exclusão do remédio resolutório ou da exclusão do remédio resolutório exclusivamente em seu benefício.[58]

b. Existência de outros meios de tutela do credor

Inserida em relações patrimoniais paritárias, a convenção que exclui o remédio resolutório deverá, ainda, manter à disposição da parte credora a possibilidade de recorrer a outro remédio. Em outras palavras, não é possível a exclusão simultânea de caminho alternativo ao credor, o qual deverá ser efetivo. Tal requisito de validade se impõe na medida em que a privação de todos os efeitos decorrentes do inadimplemento contratual tornaria o cumprimento das obrigações contratuais puramente potestativo, ao arbítrio do devedor, rompendo o equilíbrio contratual.[59] A cláusula de único remédio, nesse caso, corresponderia a pacto de irresponsabilidade,[60] com a supressão convencional de todo e qualquer meio coercitivo previsto no ordenamento jurídico para assegurar o cumprimento da obrigação. Ao fim e ao cabo, o inadimplemento contratual seria desprovido de quaisquer consequências jurídicas, equiparando a

[58] LOPES, Marília Carneiro da Cunha. *A cláusula de único remédio como mecanismo de exclusão da resolução por inadimplemento.* 2022. 152 f. Dissertação (Mestrado em Direito) – Faculdade de Direito, Universidade do Estado do Rio de Janeiro, Rio de Janeiro, 2022, p. 108.

[59] "O que invalida, em tese, a cláusula limitativa é a privação completa de efeitos para o descumprimento obrigacional, de tal modo que, ausente qualquer consequência para o inadimplemento, a prestação se tornaria puramente potestativa, rompendo o equilíbrio contratual. Ter-se-ia, neste caso, a desnaturalização de sua função e o aniquilamento da coercitividade do vínculo obrigacional." (TEPEDINO, Gustavo. Autonomia privada e cláusulas limitativas de responsabilidade. Editorial. *Revista Brasileira de Direito Civil – RBDCivil*, Belo Horizonte, v. 23, p. 12, jan./mar. 2020). A lição de Gustavo Tepedino, acerca da cláusula limitativa do dever de indenizar, é plenamente aplicável à cláusula objeto do estudo.

[60] Considerada tal expressão em sentido amplo sob a ótica dos efeitos do inadimplemento e não apenas no que tange aos aspectos da responsabilidade civil.

obrigação contratual à obrigação natural, o que não se pode admitir à luz do ordenamento jurídico brasileiro.[61]

No mesmo sentido, ponderou a doutrina estrangeira, oriunda do sistema da *civil law*. Na lição de Thomas Genicon, à luz do ordenamento jurídico francês, a exclusão da resolução seria reputada válida, na medida em que o credor não quedaria sem meios de tutela, remanescendo à sua disposição "a execução *in natura* ou a execução pelo equivalente pecuniário".[62] Já no direito italiano, Rodolfo Sacco, ao revisitar sua posição original, admitiu a validade da cláusula que afasta o remédio resolutório, desde que mantidos os remédios destinados ao cumprimento da obrigação e à compensação dos danos sofridos pelo contratante não inadimplente.[63]

Como visto, por seu próprio perfil estrutural, a cláusula de único remédio que exclui o remédio resolutório *necessariamente* prevê algum remédio para o suporte fático que regula. Apesar de restar afastado o remédio resolutório e, por consequência, os efeitos restitutório e liberatório, quando acompanhada de cláusula de indenização, a regra contratual manterá hígido o direito ao ressarcimento (e ao equivalente pecuniário, conforme aplicável). Na realidade, quando da exclusão convencional do remédio resolutório, mais do que a

[61] Ao tratar do tema, Pontes de Miranda já ponderava que a pré-exclusão negociada do remédio resolutório seria ilícita se acompanhada da exclusão simultânea da pretensão à indenização pelos danos decorrentes do inadimplemento (MIRANDA, Francisco Cavalcanti Pontes de. *Tratado de direito privado*. Atualizado por Claudia Lima Marques e Bruno Miragem. São Paulo: Revista dos Tribunais, 2012. Tomo 38. p. 475).

[62] *"Enfin, on ne voit pas que la renonciation à la resolution, isolément, portre atteinte à la nature profonde de l'échange pourvu, on l'a dit, que le créancier dispose encore de l'exécution en nature ou par équivalent."* (GENICON, Thomas. *La résolution du contrat pour inexécution*. Paris: Librairie Générale de Droit et de Jurisprudence, 2007. p. 242).

[63] SACCO, Rodolfo. La Risoluzioni per inadempimento. In: SACCO, Rodolfo; DE NOVA, Giorgio. *Il Contratto*. 3.ed. Torino: Utet Giuridica, 2004, t. 2. p. 616-617. Sobre o tema, no direito italiano, ver ainda DELFINI, Francesco. *Autonomia privada e contratto*: tra sinallagma genetico e sinallagma funzionale. Torino: G. Giappichelli Editore, 2015. p. 195. De acordo com Giorgio De Nova, se diante da exclusão do remédio resolutório permanecessem a ação de cumprimento e a ação de ressarcimento dos danos, não haveria fundamento legal para estabelecer a nulidade da cláusula (DE NOVA, Giorgio. *Il contratto ha forza di legge*. Milano: LED Edizione Universitarie, 1993. p. 37-38). Para Alberto Gallarati, o cerne da questão residiria "no campo da indenização por danos contratuais e sua efetiva função reparadora do prejuízo sofrido pelo contratante adimplente em vista da independência do remédio de indenização do da resolução do contrato" (GALLARATI, Alberto. Il contrato irresolubile o quasi. Profilo di sostenibilità della clausola 'exclusive remedy' nell' economia delle parti. *Contratto e Impresa*, v. 32, n. 4-5, p. 1052, 2016). No original: "il nòcciolo della questione parrebbe potersi rinvenire sul terreno del risarcimento del danno contrattuale e della sua effettiva funzione riparatoria del pregiudizio patito dal contraente adempiente nell'ottica dell'indipendenza dello stesso rimedio risarcitorio dall'azione di risoluzione del contratto".

preservação de caminhos alternativos para o credor, o referido caminho remanescente deverá ser hábil a manter o sinalagma e o equilíbrio contratual.[64]

Não se exige, contudo, que haja perfeita equivalência entre os efeitos do remédio resolutório e os da cláusula indenizatória, haja vista que as partes, em relação simétrica, gerirão positivamente os riscos, integrando ao sinalagma contratual a aposição da cláusula de único remédio, que comporá a definição do preço da operação econômica como um todo.[65] Como já afirmado, muitas vezes, a cláusula de único remédio terá a principal finalidade de definir contratualmente quais serão os pressupostos específicos para a ativação do remédio resolutório – nos termos do artigo 421-A, inciso I, do Código Civil –, de modo a estabelecer os efeitos do descumprimento de determinadas obrigações contratuais, à luz do interesse útil do credor.

c. Inexistência de dolo na pactuação da cláusula

O terceiro e último requisito de validade da cláusula consiste na inexistência de dolo na pactuação da cláusula. Desde logo deve ser enfatizado que não se trata de simples descumprimento intencional da obrigação, mas sim de dolo *específico*, presente no momento de formação do contrato, por parte do contratante que elabora a cláusula ou nela se apoia com a intenção precípua de descumpri-la e causar dano à contraparte, em violação ao princípio da boa-fé objetiva.[66] Em outras palavras, trata-se de má-fé deliberada do devedor, que se vale da assimetria informacional entre os contratantes para intencionalmente prestar declaração sabidamente falsa ou omitir informação relevante e, assim, distribuir de forma maliciosa os riscos conforme seus interesses.[67] Isso, porque, em tal situação, a má-fé da parte afeta a distribuição dos riscos na formação do conteúdo do contrato e influi na definição do preço. Caso haja dolo da parte quando da elaboração da cláusula, ela será inválida, exatamente em

---

[64] Haverá assim, "vedação a que as prestações contratuais expressem um desequilíbrio real e injustificável entre as vantagens obtidas por um e por outro dos contratantes, ou, em outras palavras, n[a] vedação a que se desconsidere o sinalagma contratual em seu perfil funcional [...]. O princípio do equilíbrio econômico incide sobre o programa contratual, servindo como parâmetro para a avaliação do seu conteúdo e resultado, mediante a comparação das vantagens e encargos atribuídos a cada um dos contratantes". (NEGREIROS, Teresa. *Teoria do contrato*: novos paradigmas. Rio de Janeiro: Renovar, 2002. p. 155-157).

[65] LOPES, Marília Carneiro da Cunha. *A cláusula de único remédio como mecanismo de exclusão da resolução por inadimplemento*. 2022. 152 f. Dissertação (Mestrado em Direito) – Faculdade de Direito, Universidade do Estado do Rio de Janeiro, Rio de Janeiro, 2022, p. 115-116.

[66] TEPEDINO, Gustavo. Autonomia privada e cláusulas limitativas de responsabilidade. Editorial. *Revista Brasileira de Direito Civil – RBDCivil*, Belo Horizonte, v. 23, p. 12, jan./mar. 2020.

[67] Para um estudo aprofundado sobre dolo omissivo no direito civil, ver BENETTI, Giovanna. *Dolo no direito civil*: uma análise da omissão de informações. Quartier Latin: São Paulo, 2019.

razão da *desvirtuação* do programa contratual, e, portanto, da equação econômica do contrato.[68]

Como visto, a cláusula de único remédio em seu formato socialmente típico, de um lado, exclui a possibilidade de resolução, e, de outro, delimita como único remédio para a inexecução de certas obrigações contratuais determinada indenização (ou, ao menos, os critérios para a definição futura do seu valor). Isto é, a pactuação da cláusula de único remédio é feita de forma *conjunta* e *indissociável* da pactuação que fixa os parâmetros do remédio aplicável, de modo que a gestão positiva de riscos realizada pelos contratantes, em relações paritárias e com poder negocial simétrico, passa a integrar o equilíbrio econômico do contrato.[69]

Ao convencionar a exclusão da resolução, as partes o fazem no pressuposto de que o remédio indenizatório contratado será suficiente para desincentivar e remediar eventual inadimplemento. Consequentemente, o dolo específico da contraparte na *constituição* da cláusula terminará por desvirtuar a equação econômica do contrato – *i.e.* se dispusesse de todos os elementos quando da pactuação da cláusula, a contraparte poderia ter optado por não afastar de antemão o remédio resolutório.

O problema será ainda mais grave se a cláusula indenizatória que acompanha a cláusula de remédio exclusivo consistir em cláusula limitativa do dever de indenizar ou em cláusula penal de perfil limitativo – ou seja, aquela que não contempla a possibilidade de indenização por danos suplementares, nos termos do artigo 416, parágrafo único do Código Civil –, e, portanto, limitar ainda mais o remédio indenizatório. Nesse caso, o dolo na pactuação conjunta de tal cláusula com a cláusula de único remédio invalidará ambas as regras contratuais autônomas. Isso, porque, "não beneficia o autor do dolo a inserção, no contrato, de cláusulas visando limitar a responsabilidade ou restringir os remédios jurídicos disponíveis à parte lesada em razão do dolo antecedente ou contemporâneo à formação do contrato".[70]

É claro que a existência de dolo por parte do contratante no momento da definição da cláusula é questão de difícil comprovação, em razão da necessidade da prova não apenas da indução da vítima a um estado de erro ou de

---

[68] SANTOS, Deborah Pereira Pinto dos. *Indenização e Resolução Contratual.* São Paulo: Almedina, 2022, p. 121.

[69] LOPES, Marília Carneiro da Cunha. *A cláusula de único remédio como mecanismo de exclusão da resolução por inadimplemento.* 2022. 152 f. Dissertação (Mestrado em Direito) – Faculdade de Direito, Universidade do Estado do Rio de Janeiro, Rio de Janeiro, 2022, p. 117-118.

[70] MARTINS-COSTA, Judith. Os regimes do dolo civil no direito brasileiro: dolo antecedente, vício informativo por omissão e por comissão, dolo acidental e dever de indenizar. *Revista dos Tribunais*, São Paulo, v. 923, n. 101, p. 115-143, set. 2012.

ignorância, como também do artifício malicioso utilizado.[71] No entanto, o escrutínio criterioso faz-se necessário, a fim de garantir segurança jurídica ao avençado pelas partes no âmbito de relações eminentemente patrimoniais. Dessa forma, preserva-se o delicado equilíbrio entre segurança jurídica e o respeito à autonomia privada: garante-se a alocação de riscos conforme tenha sido definida pelos próprios contratantes, com poder negocial simétrico, de modo a harmonizar os diversos interesses em jogo.

CONCLUSÕES

O contrato constitui instrumento aberto à autonomia privada pelo qual as partes criam relações jurídicas patrimoniais, viabilizam operações econômicas e as introduzem no meio social, o que possibilita a sua interação com outras relações já existentes. No ordenamento brasileiro, concebe-se amplo espaço para exercício da autonomia privada na alocação do risco econômico advindo da inexecução da obrigação, conforme melhor se atenda aos interesses das partes. Tal afirmação não afasta o controle de juridicidade da distribuição dos riscos entre os contratantes em cada relação concreta.

Entende-se como plenamente possível (e até preferível) que os contratantes, no momento de definição do conteúdo contratual, ao antever riscos passíveis de atingir a operação econômica, valorem as consequências da inexecução da obrigação e distribuam entre si os custos e os benefícios, que deverão refletir no preço da operação econômica. Nesse sentido, quanto à gestão positiva do risco de inadimplemento absoluto da prestação, as partes podem recorrer à cláusula de remédio exclusivo, cuja origem remonta ao sistema jurídico da *common law*. Para efeito do presente estudo, considerou-se que a cláusula de remédio único constitui instrumento para predefinir que, diante do inadimplemento de uma ou mais obrigações do contrato, a parte prejudicada não poderá recorrer à resolução contratual.

Nada obstante, ainda persiste algum debate, na doutrina nacional e estrangeira, acerca da admissibilidade da cláusula de remédio único, especificamente quando configure cláusula de irresolubilidade. Isso, porque, para diversos autores, ter-se-ia renúncia prévia ao direito de resolver o contrato. No presente trabalho, defendeu-se, todavia, a admissibilidade (em tese) dessa cláusula com fundamento na autonomia privada, que permite às partes a livre alocação dos riscos referentes ao incumprimento contratual.

[71] VENOSA, Silvio. Dos vícios do consentimento. São Paulo: Saraiva, 1997, p.129-173.

Não se trata de renúncia prévia ao direito à resolução, seja porque seus pressupostos ainda não se concretizaram, seja porque, como instrumento de gestão positiva de riscos, a cláusula de único remédio não é caracterizada pela abdicação pura do direito à resolução, sem qualquer correspectivo. Diversamente, a exclusão do remédio legal por acordo entre as partes passa a integrar a equação econômica do contrato, refletindo-se tanto no preço acordado para a prestação, quanto no montante previsto na cláusula de indenização que acompanha a cláusula de único remédio.

Além da necessidade de compor o sinalagma contratual, são requisitos de validade da cláusula de único remédio como mecanismo de exclusão do direito à resolução legal: (i) a sua presença em relação contratual efetivamente paritária, em que haja simetria de poder negocial entre as partes, além de tratar de interesses eminentemente patrimoniais; (ii) a ausência de dolo no momento de constituição da cláusula, visto que deturparia o equilíbrio contratual decorrente da alocação de riscos conforme definida pelas partes; e (iii) a existência de outros meios alternativos de reação ao credor, caso haja o inadimplemento da prestação pelo devedor.

Presentes os requisitos de validade da cláusula de remédio exclusivo, caberá, ainda, ao longo da execução do programa contratual, a aferição de seus fatores de eficácia. O primeiro deles consiste na viabilidade dos meios de tutela alternativos à disposição do credor. Isto é, se, em caso de inadimplemento, o reequilíbrio do sinalagma não se mostrar mais factível em razão da inviabilidade posterior dos remédios contratualmente estabelecidos, a cláusula de único remédio perderá, supervenientemente, sua eficácia, em virtude do agravamento substancial da situação jurídica do credor, o que não foi contemplado na álea contratual.

Mais especificamente, se *(i)* inviabilizada a execução específica e a execução por terceiro, quando cabível, transformando-se a mora em inadimplemento absoluto; e se *(ii)* o devedor inadimplente não lograr arcar com o equivalente pecuniário da prestação, quando aplicável, bem como com o remédio indenizatório pactuado, por restar comprometida sua solvabilidade; e *(iii)* se tampouco houver garantia de substituição, deverá a cláusula ser reputada ineficaz.

O segundo fator de eficácia da cláusula consiste na ponderação concreta dos interesses relevantes das partes na operação econômica. Em tal ponderação, os interesses dos contratantes devem ser avaliados a partir de comportamentos e declarações exteriorizadas, identificáveis socialmente, e de dados objetivamente extraídos do conteúdo contratual e inseridos dentro de contexto econômico-social próprio ao negócio jurídico em concreto – i.e. os interesses das parte *jamais* devem ser extraídos da sua vontade subjetiva ou psicológica.

Assim, deverá ser feita, em cada relação contratual, a investigação dos concretos interesses das partes na operação econômica, levando-se em consideração as suas legítimas expectativas e tendo como cânone interpretativo a boa-fé objetiva. Consequentemente, caso se verifique determinada circunstância fática não contemplada pelas partes na função econômico-individual do contrato, mediante a formulação da cláusula de único remédio, ela tampouco poderá ser invocada ou reputada eficaz.

Isso, porque, como se viu no exemplo de *project financing* envolvendo a construção de usina elétrica, a inserção da cláusula de único remédio pode não ter por objetivo afastar a resolução em todo e qualquer cenário, mas unicamente delimitar os pressupostos de ativação do remédio resolutório. Caso não seja mais possível a construção da usina por impossibilidade superveniente imputável à empreiteira, os interesses em jogo estarão definitivamente comprometidos: o dono do projeto não terá como reaver as parcelas já pagas e se desvencilhar da relação obrigacional, embora a usina elétrica já não possa mais ser construída; e o banco financiador não terá como receber, a partir dos rendimentos da operação da usina, o montante dado em empréstimo. Portanto, restará sem eficácia a convenção de único remédio pactuada para a hipótese.

25. CLÁUSULAS LIMITATIVAS DA TRANSFERÊNCIA DAS AÇÕES

Erasmo Valladão Azevedo e Novaes França
Marco La Rosa de Almeida

1. INTRODUÇÃO

Em um trabalho coletivo da envergadura do que se apresenta, não poderia ficar de fora a análise das cláusulas limitativas da transferência de ações.

Por terem características evidentemente obrigacionais, mas também pelas causas e efeitos societários, posto que definem parte do ordenamento societário e da relação patrimonial entre os sócios, são cláusulas que invariavelmente estão presentes na relação societária, mas suscitam grande discussão e dúvidas sobre os limites de sua aplicação.

Como se sabe, a sociedade anônima é o veículo típico e tradicional de captação de investimentos junto ao público investidor para a realização de determinada atividade econômica. Foi criada e desenvolvida para servir de catalizadora de recursos de terceiros, destinados a um fim comum.[1]

---

[1] Sempre necessária, a respeito deste tema, a leitura do notável Capítulo 1, da Parte I, do clássico de Lamy Filho e Bulhões Pedreira. Os autores resumem, no capítulo intitulado "Formação e Desenvolvimento das Sociedades por Ações", a evolução das companhias, afirmando logo de início ter sido "essa 'máquina jurídica' – como chamou Ripert – utilizada em toda a sua potencialidade, que moldou, em grande parte, a estrutura econômica contemporânea". Passando pela evolução do fenômeno associativo na Antiguidade e na Idade Média, eles demonstram como, na Companhia das Índias Orientais, o que se procurava era permitir a participação "de quantos

Nesse contexto, é intuitivo concluir-se que pesará na decisão de investir em uma determinada companhia a capacidade de garantir mecanismos para a realização do investimento (além, evidentemente, de outros fatores como a própria atividade a ser desenvolvida, a reputação dos seus sócios fundadores, a estrutura de gestão, os direitos e poderes atribuídos aos sócios e investidores, a política de pagamentos de dividendos, etc.). Em outras palavras, maior será a capacidade de uma empresa efetivamente atrair investimentos de terceiros e convencer investidores a aportar recursos em sua atividade, quanto maior for a sua capacidade de garantir a saída de tais investidores recuperando o seu investimento. Ou, dito de forma mais direta, quanto maior for a liquidez daquele investimento representado por uma participação societária, maior segurança e conforto o investidor terá para aplicar o seu dinheiro.

A forma mais intuitiva de garantir a saída do investidor e a recuperação do investimento feito é, sem dúvida, mediante a facilitação da venda de sua participação societária.

Por essa razão, as disposições sobre a limitação da circulação das ações em que se divide o capital das sociedades anônimas (ou seja, a sua alienação e a consequente realização do investimento por quem vende) sempre vedaram a proibição pura simples da sua negociação.

O Decreto-Lei nº 2.627, de 1940, já dispunha que "*os estatutos podem impor limitações à circulação das ações nominativas, contanto que regulem minuciosamente tais limitações e não impeçam a sua negociação, nem sujeitem o acionista ao arbítrio da administração da sociedade ou da maioria dos acionistas.*"[2]

A Lei 6.404, de 1976, que por sua vez, passou a distinguir as companhias abertas das fechadas, dispôs que "*o estatuto da companhia fechada pode impor limitações à circulação das ações nominativas, contanto que regule minuciosamente tais limitações e não impeça a negociação, nem sujeite o acionista ao arbítrio dos órgãos de administração da companhia ou da maioria dos acionistas*".[3]-[4]

---

desejassem, 'nacionais ou estrangeiros, cristãos ou judeus', sem limitações de qualquer natureza", com o objetivo de constituir o maior capital possível, dado o gigantismo da empreitada que se pretendia desenvolver. *A Lei das S.A.: (pressupostos, elaboração, aplicação)*, Rio de Janeiro, Renovar, 1992, p. 27 a 110.

[2] Art. 27, §2º, do Decreto-Lei nº 2.627/40.

[3] Art. 36, da Lei 6.404/76.

[4] Interessante notar que, já na Companhia das Índias Orientais, havia essa preocupação. Isso porque os "sócios tinham pouca ou nenhuma influência no comando da Companhia; sua contribuição para o capital social, inicialmente prevista para durar pelo prazo de 10 anos, findo o qual poderiam retirar-se da sociedade com seu investimento e lucros, foi depois alterada e considerada perpétua. Essa exigência era compensada com a livre negociabilidade das ações". Cf. Alfredo Lamy Filho e José Luiz Bulhões Pedreira, ob. cit., p. 42, em que prosseguem demonstrando a importância da livre negociabilidade das ações para a atração de investidores.

Tal regra pretende garantir e proteger a circulação mais livre possível das ações das companhias abertas e, nas companhias fechadas, fixar o princípio de que tais limitações não sejam arbitrárias ou representem verdadeira proibição.

Destinadas as sociedades anônimas à captação de recursos, mediante oferta de ações ao mercado, como se disse, a lei pretendia garantir um mercado de ações com livre circulação e, portanto, a realização ágil e fácil dos investimentos feitos pelos acionistas mediante alienação de suas ações de maneira livre.

Além do objetivo mencionado de garantir liquidez, como forma de recuperar o investimento realizado, há, também, a função não menos relevante de garantir a transferência dos riscos dos acionistas a outros "*que tenham interesse em assumi-los, sem que tal transmissão acarrete qualquer alteração na estrutura da companhia*", conforme assinala Nelson Eizirik.[5]

Fabio Konder Comparato aponta em um clássico trabalho que o regime protetor da circulação dos valores mobiliários funda-se na garantia da posse, por um lado, e na organização de um mercado púbico para esses títulos, de outra parte. É possível, analogamente, concluir que a garantia da circulação das ações igualmente visa criar, organizar e proteger um mercado ativo de ações, incentivando, de um lado, a captação de recursos junto ao público investidor (garantindo-lhe a posse e titularidade daquela participação societária que incorpora o seu investimento) e, de outro, a capacidade desse mesmo público investidor negociar suas ações o mais livremente possível, protegendo a disponibilidade de tais investimentos.[6]

Da letra da lei, em suma, é possível concluir que qualquer limitação à circulação das ações é vedada em companhias abertas. Poderiam os estatutos das companhias fechadas prever tais limitações, regulando-as minuciosamente, sem impedir a negociação ou sujeitar o acionista ao arbítrio da administração ou da maioria dos demais acionistas.

Mas, para além do princípio geral, importa analisar a aplicação concreta das cláusulas limitativas à transferência (e circulação) de ações. Para bem entendermos o seu alcance e a sua aplicação, parece-nos importante investigar a natureza e a causa de referidas cláusulas. É o que passaremos a fazer.

2. BREVE DISTINÇÃO ENTRE AS COMPANHIAS

Como nos ensinam Egberto Lacerda Teixeira e José Alexandre Tavares Guerreiro, é possível identificar "*no ordenamento jurídico positivo duas ordens*

[5] A Lei das S/A Comentada. Volume I. 2ª Edição revista e ampliada. São Paulo, Quartier Latin, 2015, p. 267.

[6] "As ações de Sociedade Anônima como Valores Mobiliários – Natureza e Efeitos do Registro Acionário", em *Novos Ensaios e Pareceres de Direito Empresarial*, Rio de Janeiro, Forense, 1981, p.19.

de sociedades: aquelas que preponderantemente apelam para as poupanças do público investidor e aquelas que formam o seu capital exclusivamente através da combinação de recursos de pessoas que se conhecem, se entendem e se associam. A grosso modo, sociedades abertas e fechadas".[7]

Tomando essa distinção inicial, já tivemos oportunidade de tratar da questão sempre interessante da natureza das normas estatutárias, a depender das características das companhias a que se referem (i.e., abertas ou fechadas, de pessoas ou de capital).[8]

Essa questão é viva e atual, dado que em cada relação constituída entre os acionistas (entre si e perante a companhia) é possível identificar a natureza de sociedades de pessoas ou de capital, com maior ou menor vínculo pessoal e obrigacional, no primeiro caso, ou com preponderância de interesses e relações determinadas pela capacidade e contribuição financeiras de cada um dos sócios, no segundo caso.

Vale retomar, aqui, a sempre necessária lição de Fábio Konder Comparato, em outro texto clássico, sobre a distinção do estatuto das companhias abertas e fechadas[9]. Como o próprio mestre nos ensina, tal distinção tem relação com a aptidão de tais companhias à admissão de novos acionistas a qualquer momento, em razão da maior ou menor possibilidade de circulação de suas ações.

Para Comparato, os estatutos sociais das companhias abertas se apresentam como um *ato-regra*, "*com as características de um direito objetivo ou ius positum no âmbito corporativo*". Tal característica decorre do fato de que nas companhias abertas as regras estatutárias acabam por ser impostas e vinculantes não só aos acionistas fundadores, mas também a novos acionistas, terceiros que venham a ingressar na companhia. Nas companhias abertas, como se sabe, aquela aptidão original das sociedades por ações para servirem como legítimo instrumento de captação da poupança popular é ainda mais evidente e marcante. Ao lançar ações ao mercado, o que a companhia aberta espera é capitalizar-se em montante que seus acionistas fundadores e sua administração reputam necessário, em um dado momento, para o desempenho da sua atividade.

---

7 *Das Sociedades Anônimas no Direito Brasileiro*, São Paulo, Livraria e Editora Jurídica José Bushatsky, 1979, vol. I, p. 97.

8 "Interpretação dos Estatutos das Sociedades por Ações. A posição dos acionistas minoritários", em *Direito Societário Contemporâneo II*, Erasmo Valladão Azevedo e Novaes França, coordenador, São Paulo, Editora Malheiros, 2015, p. 332.

9 "A natureza da sociedade anônima e a questão da derrogabilidade das regras legais de *quorum* nas assembléias gerais e reuniões do conselho de administração", em *Novos Ensaios e Pareceres de Direito Empresarial*, Rio de Janeiro, Forense, 1981, pp. 121 e ss.

Afirma Comparato, de outro lado, que "*nas companhias fechadas, dificilmente poder-se-ão desligar as regras estatutárias do acordo de vontades entre os acionistas, que lhes serviu de fundamento e inspiração*". Ou seja, diferentemente das companhias abertas, em que a liberdade para a criação normativa dos estatutos é limitada, preponderando sempre o ditame legal, dados os seus efeitos em relação a terceiros que não "contrataram" as cláusulas estatutárias, nas companhias fechadas as regras estatutárias parecem muito mais como negócio jurídico privado, entre partes determinadas, do que como regulamento objetivo e impessoal. Não é raro, inclusive, que tais regras se estendam aos acordos de acionistas, cujas cláusulas complementam e detalham, ou regulamentam, por assim dizer, as regras estatutárias.[10]

Em suma, sendo o estatuto social instituído por ato dos acionistas, com o objetivo de disciplinar a própria relação como grupo associado e também a relação da organização criada para com terceiros, e considerando que nas companhias fechadas (nas quais, como se viu, a aptidão para a captação de recursos massificados é limitada) as regras destinam-se, na quase totalidade das vezes, aos próprios acionistas que as criaram e instituíram (ou que, ao menos, tiveram habilidade de as ajustarem e renegociarem, quando do ingresso na companhia), as normas estatutárias em companhias fechadas têm, sobretudo, natureza privada.[11]

---

[10] A distinção, neste ponto, aproxima-se daquela feita entre sociedades de pessoas e de capitais, sem dúvida. Nas primeiras, há casos em que "os acionistas podem ter, para com a companhia, obrigações de prestação acessória, além da normal responsabilidade capitalística pelo pagamento das ações subscritas ou adquiridas", como observa Comparato. Nas segundas a contribuição é meramente de capital. "Restrições à circulação de ações em companhia fechada: nova et vetera", em *Novos Ensaios e Pareceres de Direito Empresarial*, Rio de Janeiro, Forense, 1981, p. 32 e ss.

[11] Aqui se está diante da distinção entre escolhas da autonomia privada e, de outro lado, do ordenamento jurídico. Nas companhias fechadas, como se disse, a liberdade é maior porque tais regras destinam-se, em geral, a interferir na esfera jurídica dos contratantes, que estipularam o próprio regramento a que estarão sujeitos. Em outras palavras, os emissores e os destinatários das regras se confundem. Nas companhias abertas, de outra parte, os limites do ordenamento não podem ser afastados pelos particulares, por não serem estes os seus únicos destinatários. Há uma dialética, enfim, entre as duas destinações das regras estatutárias, como sustenta Carlo Angelici: "In esso risulta esplicita la dialettica tra i due dati, e prima ancora le due sensazioni intuitive, che in ultima analisi caratterizzano la questione generale: che da un lato non può negarsi, ed in effetti è per lo più apparso innegabile, che l'origine dello statuto si situa nell'area dell'autonomia privata ed esso è appunto destinato a costituirne uno strumento; che dall'altro è in uguale modo difficilmente contestabile le peculiarità dei valori che rilevano per e nello statuto, le perplessità in sostanza che è istintivo provare nei confronti di una loro integrale assimilazione a quelli che nell'ordinamento caratterizzano la figura generale del contratto. Vi sono infatti alcuni aspetti peculiari che, anche in punto di interpretazione e prima ancora di ogni approfondimento dogmatico, appaiono differenziare gli statuti societari rispetto al consueto strumento

Feita essa diferenciação, vê-se que, por um lado, o ordenamento positivo veda qualquer limitação à circulação de ações em companhia abertas, mas permite, sob determinadas condições, tal limitação em companhias fechadas, conforme previsão do estatuto social (ou, acrescente-se ainda, do acordo de acionistas).

Em razão da natureza distinta das normas estatutárias, nas companhias abertas e fechadas, conclui-se inicialmente que as cláusulas limitativas à circulação decorrem de verdadeira autonomia de vontade dos acionistas, razão pela qual são vedadas, em princípio, nas companhias abertas, e permitidas nas

---

contrattuale: che essi, in quanto organizzazione di un'attività, sono tipicamente destinati, e non soltanto accidentalmente, ad incidere anche sugli interessi di terzi; e che, essendo naturale (nella società per azioni, anzi, necessaria) la destinazione delle partecipazioni alla circolazione, meno plausibile di quanto non appaia in generale risulta una ricerca puntuale del'intento negoziale dei *contraenti*. A ciò si aggiunge il dato strutturale che gli statuti societari, in quanto complesso di regole organizzative, non esauriscono la loro operatività con riferimento a singole operazioni, ma richiedono una 'vigenza' destinata a prolungarsi nel tempo e si accostano sotto questo profilo alle norme in senso oggettivo: presentano caratteri non del tutto dissimili da quelli della loro generalità ed astrattezza" (Carlo Angelici. Appunti sull'interpretazione degli statuti di società per azioni. In. Giovanni B. Ferri. Studi sull'autonomia dei privati. Torino: Utet, 1997. p. 337-338). Diego Corapi, muito embora reconheça a dificuldade de se encontrar uma *fattispecie* contratual para a relação associativa, observa o seguinte: "Viene così in primo piano l'importanza dell'ulteriore risultato dell'indagine sul concetto di organizzazione: la individuazione delle norme organizzative. L'ordinamento 'statutario', astratto e generale, dei rapporti associativi è espressione di un fenomeno di organizzazione. Per questo, come si è visto, si è dubitato che la sua fonte fosse nella stessa autonomia, che pone la disciplina di rapporti intersoggettivi. Per questo, superato tale dubbio, non si sono tuttavia ancora superate le difficoltà di inquadrare l'ordinamento 'statutario' negli schemi tipici dell'autonomia privata, il negozio ed il contratto. Tali difficoltà si presentano ugualmente, qualunque sia la posizione dottrinale da cui si analizzino le struture del negozio o del contratto. Sia infatti che si segua la teoria volontaristica, sia che si segua la teoria precettiva del negozio, incerta rimane la riconduzione dei rapporti associativi agli schemi contrattuali, proprio per l'esistenza di norme organizzative che danno alla autoregolamentazione una portata differente. La teoria precettiva, per la verità, con il risalto dato al momento normativo, alla regola posta dall'autonomia privata, ha reso più facile la ricomprensione di regole organizzative tra le regole negoziali, ma anch'essa non è sfuggita alla difficoltà di individuare una fattispecie contrattuale alla base dei rapporti associativi. In realtà, come si è visto, è proprio l'assetto di interessi realizzato dai rapporti associativi che mal si piega alla struttura contrattuale. Esso, infatti, si delinea giuridicamente con l'esigenza di soddisfare l'interesse particolare del singolo attraverso il raggiungimento di uno scopo comune a tutti i partecipanti all'operazione. Dal rilievo di questo elemento finalistico (l'interesse comune) deriva la necessità di individuare una attività ad esso diretta e l'attività, secondo il passaggio logico del discorso svolto in precedenza, postula una organizzazione. Di qui la conseguenza che l'incontro delle volontà ovvero il momento precettivo dell'autonomia privata è diretto ad una organizzazione di attività. Proprio perchè l'attività è destinata a svolgersi nel tempo, la organizzazione che la disciplina assume due significati: uno di valore, cioè di norma organizzativa, l'altro di fatto, cioè di complesso di apparati esistenti per lo svolgimento dell'atività" (Diego Corapi. Gli statuti delle società per azioni. Milano: Giuffrè, 1971, p. 39-41).

companhias fechadas, desde que regulem "*minuciosamente tais limitações e não impeça[m] a negociação, nem sujeite[m] o acionista ao arbítrio dos órgãos de administração da companhia ou da maioria dos acionistas*".

3. DAS LIMITAÇÕES À TRANSFERÊNCIA DE AÇÕES COMO MANIFESTAÇÃO DA AUTONOMIA DA VONTADE

Pois bem, visto que os estatutos das companhias abertas não podem impor limitações à circulação de ações, vale, inicialmente, uma outra advertência: tal proibição refere-se ao estatuto social das companhias abertas, não ao acordo de acionistas (mesmo que de companhias abertas). Para sustentar tal advertência, argumenta-se que a norma serve para proteger os acionistas de companhia aberta, no intuito de garantir aquela liquidez mínima das ações de que se falou no início, necessária para a decisão de investir em uma companhia. Ou seja, a proteção visa a adesão dos acionistas de companhias abertas, ao negociarem autonomamente no mercado de capitais. Diferente é o caso do acionista de companhia aberta que negocia os termos e condições de sua entrada na companhia, por exemplo mediante a negociação de acordo de acionistas.

Nesse sentido, recorremos mais uma vez a Egberto Lacerda Teixeira e José Alexandre Tavares Guerreiro, para quem, sendo o acordo de acionistas contrato que obriga somente as partes contratantes, "*nada obsta a que acionistas interessados convencionem o bloqueio de suas ações, mesmo em se tratando de companhia aberta.*" Concluem, ainda, reconhecendo que "*não se pode, pois, pretender extrapolar o significado do art. 36*". Para os ilustres professores, portanto, não haveria vedação, à luz do referido art. 36 da Lei das Sociedades por Ações, a acordos privados que limitassem a transferência de ações. Para eles, a consequência de acordos privados que limitem a circulação de ações em companhias abertas é que, havendo a averbação de acordo dessa natureza nos livros de registros de ações da companhia, as ações pertinentes a referido acordo "*não poderão ser negociadas em bolsa ou no mercado de balcão*", conforme o §4º, do artigo 118, da Lei das Sociedades por Ações.[12]

Ou seja, mesmo nas companhias abertas, os acionistas poderão eles próprios concordar em renunciar à livre circulação das suas ações, desde que o façam no exercício da sua autonomia privada, mediante acordo de acionistas ou instrumento equivalente em que assumam e reconheçam tais limitações, e

[12] Ob. cit., p. 237.

não pretendam negociar tais ações (vinculadas a acordo privado averbado na companhia) no mercado.

Sobre a legitimidade de contratação de limites à circulação das próprias ações, portanto, não parece haver dúvidas de que, tratando-se de disposição válida e eficaz sob a ótica do direito das obrigações, não há como alegar-se irregularidade ou mesmo ilegalidade, do ponto de vista societário. A imposição de limites, como autorizado pela lei, está restrita ao próprio estatuto, não a uma disposição do próprio acionista em relação a característica patrimonial do seu bem.[13]

A validade de tais obrigações, portanto, dependerá da obediência às regras e princípios atinentes às obrigações e ao exercício da autonomia privada dos acionistas.

4. FINALIDADE DAS LIMITAÇÕES À TRANSFERÊNCIA DE AÇÕES

O Estatuto Social, e bem assim o acordo de acionistas, quando examinados sob o prisma dos "contratos de sociedades" (como se viu, em companhias fechadas esse caráter contratual é ainda mais evidente) nos oferecem dois tipos de relação: a societária propriamente dita e a obrigacional entre os sócios (ou, dito de outra forma, uma relação plurilateral e outra bilateral, ou, ainda, regras que visam a defender o interesse comum e organizar a sociedade, e outras que pretendem proteger o interesse individual de cada sócio).

As regras pertinentes à limitação da circulação de ações parecem se enquadrar em uma categoria que visa a proteger, primordialmente, os interesses sociais. Assim, por um lado, pode ser interesse comum dos sócios limitar a transferência de ações a terceiros, desconhecidos e não afeitos aos negócios ou às relações societárias estabelecidas. Pode ser, nesse contexto, mecanismo de consolidação da relação societária criada e desejada no momento da constituição da sociedade ou de aceitação de um determinado sócio.

---

[13] Analisando a legitimidade de disposições de última vontade, bem como sua validade e oponibilidade em relação à companhia, Fábio Konder Comparto enfrentou a questão da seguinte forma: "as convenções de voto, no seio de uma sociedade anônima, não podem ser tratadas como um negócio jurídico *sui generis*, mas devem submeter-se às normas comuns de validade de todo negócio jurídico privado, em particular no tocante à causa deste e aos motivos dos convenentes." No mesmo sentido, afirma que "a estipulação da inalienabilidade marcou o caráter personalíssimo da transferência de propriedade, a modo de mera alienação de uso e gozo sem o *jus abutendi*". Ora, se a imposição de alienabilidade a determinadas ações, por ato de doador, é válida quando conforme com o direito privado, com muito mais razão o será a limitação à circulação das próprias ações, ajustada ente acionistas. *Novos Ensaios e Pareceres de Direito Empresarial*, cit., p. 28.

Para garantir a consecução do interesse comum, os sócios, então, assumem obrigações recíprocas de não transferir suas participações societárias a terceiros, exceto em circunstâncias bem claras e específicas.

Por outro lado, cada acionista pode ter a disposição legítima de limitar ou subordinar os seus próprios interesses de livre disposição de sua propriedade, em favor do interesse comum. Nesse caso, cada acionista pode querer garantir, como contrapartida à renúncia ao direito ilimitado de transferir sua propriedade, o direito de adquirir participação societária de outro sócio, aumentando a sua própria participação naquela sociedade (com reflexos nos próprios direitos patrimoniais, com maior participação em dividendos, por exemplo, ou mesmo políticos, com maior interferência nas decisões sociais, na composição da administração da companhia, etc). Ou seja, como alternativa à limitação da transferência livre das ações da companhia, muitas vezes os acionistas criam mecanismo de transferência entre si das participações, de forma a não tirar totalmente a sua liquidez.

Dito dessa forma, se é verdade que a regra legal pretende dosar a limitação da circulação das ações em favor de um mercado ou da captação mais aberta de recursos mediante o investimento de terceiros, fato é que os próprios sócios podem admitir que, em determinada organização societária, o interesse comum ou social é o de justamente limitar tal circulação.[14]

As cláusulas limitativas da circulação de ações, portanto, não podem ser analisadas, aplicadas e ter seu adimplemento exigido somente sob a perspectiva

---

[14] Vale, pela genialidade e clareza de ideias, transcrever mais uma lição de Fábio Konder Comparato: "Nos contratos plurilaterais, há sempre dois tipos de interesse em causa: o interesse comum das partes e os seus interesses individuais. Entre um e outro existe uma relação de intermediação ou complementariedade. Não são quaisquer interesses individuais que a ordem jurídica protege no contrato de sociedade, mas apenas os interesses dos sócios *enquanto sócios*; isto é, os interesses que não só não se contrapõem ao escopo comum de realização do objeto social com fim lucrativo, mas cuja realização depende da efetiva consecução desse interesse comum. Nos contratos bilaterais, há distribuição de bens para a satisfação de interesses contrapostos. Nos plurilaterais – de que a sociedade é o melhor exemplo – há conjugação de esforços e recursos para a satisfação de interesses convergentes. Aqui o individualismo é não só imoral como ilícito. Os poderes normalmente ligados à propriedade, como o de alienar, por exemplo, não podem ser exercidos segundo o mesmo critério, quando não há nenhuma relação societária envolvida nessa propriedade e quando, ao contrário, essa relação existe. *A fortiori*, a estipulação de preferência à aquisição de bens não pode ser interpretada da mesma forma, entre sócios e não-sócios. Se a relação societária existe e se, ademais dela, foi estipulado um direito de preempção de ações, está fora de cogitações o absolutismo da propriedade (vender a quem quiser pelo preço que bem entender) e a máxima *caveat emptor*, pois não se cuida de interesses puramente individuais (*mea res agitur*). Trata-se, antes, de proteger e reforçar os laços de comunhão societária". Em *Novos Ensaios e Pareceres de Direito Empresarial*, cit., p. 44.

dos interesses próprios dos sócios, mas também na perspectiva dos interesses sociais que permitiram a sua estipulação entre os sócios.[15]-[16]

5. DAS CLÁUSULAS LIMITATIVAS PROPRIAMENTE DITAS

Visto e examinado o princípio da plena circulação das ações, é importante o registro de que a própria lei prevê a possibilidade de acordos privados sobre a compra e venda das ações.[17]

Na prática societária as cláusulas limitativas de transferência (ou de circulação) de ações podem adquirir as mais variadas estruturas, cuja exequibilidade e oponibilidade (a terceiros e à própria companhia) estarão lastreados no artigo 118 da Lei das Sociedades por Ações.

Todas elas, em maior ou menor grau, ligam-se à necessidade de preservação do quadro de sócios, *"em vista de exigências específicas do relacionamento em questão"*.[18]

---

[15] Ou, nas palavras do mestre Guerreiro, deve haver a "compatibilização das cláusulas de preferência com o regime jurídico de valores mobiliários que são destinados, fundamentalmente, à circulação econômica" ou entre "de um lado, a liberdade de movimentação e, de outro, as razões especiais que determinam, ou podem determinar, certas restrições a essa liberdade, na organização negocial em sentido *lato*." José Alexandre Tavares Guerreiro, em *Interpretação de Preferências na Lei de Sociedades Anônimas*, em *Temas de Direito Societário e Empresarial Contemporâneos*, coord. Marcelo Vieira von Adamek, São Paulo, Malheiros, 2011, p. 388.

[16] A estipulação de cláusulas limitativas à circulação das ações objetiva, muitas vezes, evitar que "em sociedades onde prevaleça a livre transmissibilidade das participações societárias, a cizânia se instale por efeito do ingresso de um terceiro indesejado pelos sócios remanescentes ou que a repartição de poderes adrede convencionada possa se alterar". Marcelo Vieira von Adamek, *Abuso de Minoria em Direito Societário*, São Paulo, Malheiros Editores Ltda., 2014, p. 420. Ou, como resume Waldecy Lucena, é possível identificar "os mais variados objetivos para as limitações impostas à circulação das ações". Citando outros mestres, prossegue Waldecy Lucena: "assim, menciona Cunha Peixoto 'o objetivo de selecionar os acionistas', estabelecendo o '*intuitu personae* ou restringindo sua esfera a um âmbito familiar, ou, como acentua Ascarelli, procurando excluir da qualidade de sócio uma determinada classe de pessoas'. Já Miranda Valverde escreve que as limitações impedem 'o ingresso (na sociedade) de pessoas que podem ter interesse na sua ruína, ou não oferecem as garantias morais, ou pecuniárias necessárias, aferidas segundo o critério dos atuais acionistas', ou 'visam, muitas vezes, garantir a estabilidade da administração da companhia', sendo 'um meio indireto de impedir que a sociedade, de um momento para outro, caia nas mãos de concorrentes, ou de pessoas que não se preocupam senão com o lucro imediato' (...) sendo as limitações impostas tanto a benefício da sociedade, como dos acionistas". José Waldecy Lucena. Das Sociedades Anônimas – comentários à lei (arts. 1º a 120), vol. 1. Rio de Janeiro, Renovar, 2009, p.385.

[17] Conforme artigo 118 da Lei das Sociedades por Ações.

[18] Cf. Mariana Conti Craveiro, *Contratos entre Sócios – Interpretação e Direito Societário*, São Paulo: Quartier Latin, 2013, p. 98.

Antes, porém, de seguirmos examinando uma a uma, vale registrar que a validade das cláusulas limitativas dependerá, assim como qualquer outro negócio jurídico, de agente capaz, objeto lícito, possível, determinado ou determinável e de forma prescrita ou não proibida em lei. Sua formação, portanto, deve obedecer às regras próprias do direito das obrigações, mas os interesses privados dos acionistas serão legitimamente tomados e protegidos como "*interesses de sócios enquanto sócios*", ou seja, balizados também pelo interesse social da companhia.

As cláusulas limitativas da transferência de ações devem, portanto, como qualquer outro negócio jurídico, "*consistir em cláusulas de cumprimento possível e não, certamente, de prestações de impossível realização, que, no fundo, disfarçam a inalienabilidade vedada pela lei.*" Quando não colidem, portanto, com o princípio da transmissibilidade das ações, são em geral admitidas pelo ordenamento, "*com plena eficácia*".[19] Nesse sentido, os termos e condições devem ser razoáveis. Não podem servir a impor condicionantes tão difíceis de implementação que, ao fim e ao cabo, disfarçadamente violem o princípio da livre circulação, ainda que aparentemente o estejam prestigiando (como exemplo, os prazos para o exercício do direito de preferência e para a alienação propriamente dita da participação societária oferecida não podem ser demasiadamente dilatados, de forma a prejudicar o interesse de terceiros e, por consequência, impedir a sua circulação).

O relevante, no exame de tais cláusulas, é "*prestigiar o princípio da plena circulação de ações*"[20]. Esse princípio é adotado pela doutrina e a jurisprudência, ao examinarem a validade e exigibilidade de tais cláusulas limitativas da transferência de ações.

É fundamental, portanto, que se defina em tais cláusulas condições razoáveis para a limitação à circulação de ações a fim de que, por um lado, haja previsibilidade quanto ao procedimento a ser observado e, por outro lado, seja possível a verificação do atendimento à advertência feita acima, de que as cláusulas limitativas da transferência de ações devem ser "*cláusulas de*

[19] José Alexandre Tavares Guerreiro, em *Interpretação de Preferências na Lei de Sociedades Anônimas,* ob. cit., p. 389.

[20] Ainda conforme o mestre Guerreiro, "a circulação das ações de sociedades anônimas vem a ser princípio informativo da lei – um dos fundamentos instituídos pela Lei das Sociedades Anônimas, a servir de base a todo o seu sistema, do que decorre a consequência evidente segundo a qual a interpretação da lei, nessa matéria, deve orientar-se exatamente pelo pressuposto da negociabilidade irrestrita das ações. Na dúvida, prevalece o princípio: as limitações à circulação de ações devem ser expressas, sendo vedadas, na espécie, as argumentações extensivas ou analógicas". *Interpretação de Preferências na Lei de Sociedades Anônimas,* ob. cit., p. 395.

cumprimento possível" e não mero artifício para a constituição de uma inalienabilidade vedada pela lei.

Em relação aos prazos, por exemplo, deve-se fixar algo razoável para que os acionistas possam decidir se exercerão ou não o seu direito de preferência (ou qualquer outro direito que restrinja a livre circulação de ações) e, como reverso disso, é fundamental também que haja um prazo razoável para que o acionista venda sua participação societária a terceiros. Quer parecer, por hipótese, que os demais acionistas tenham um prazo inicial de 30 dias para manifestarem sua intenção de exercer ou não um direito de preferência; caso não seja exercido, também nos parece razoável e necessário que o acionista que ofereceu suas ações tenha um prazo mais dilatado para concluir a alienação.

A razoabilidade na fixação dos prazos (e bem assim das condições para o exercício dos direitos atinentes à limitação da circulação de ações) é realmente importante para que não se acabe por impedir a venda das ações, violando o princípio da circulação das ações.

Nesta hipótese, ao determinar um prazo muito dilatado para que os acionistas decidam se vão ou não exercer o seu direito de preferência, corre-se o risco de tirar de um eventual terceiro o interesse na aquisição das ações (o que resultaria por impedir a circulação das ações, ao dificultar que terceiros estejam dispostos a aguardar o referido prazo).

Por outro lado, ao estabelecer um prazo curto demais para que o acionista efetive a alienação das suas ações a terceiros, é possível também que se inviabilize o processo, dado que processos dessa natureza não costumam levar pouco tempo entre auditorias, negociações e implementação da transação.

Enfim, de forma geral é importante que não se criem condições irrazoáveis, impossíveis de serem cumpridas, representando impedimento à venda de ações. Tal advertência ficará mais clara no exame de cada cláusula limitativa, como passaremos a fazer a seguir.[21]

5.1. Direito de preferência à aquisição de ações

Talvez a mais típica e mais utilizada cláusula limitativa da transferência de ações seja a cláusula de preferência para aquisição de participação societária. Trata-se de cláusula que garante aos acionistas de uma determinada

[21] Não trataremos, a seguir, de cláusulas limitativas da transferência de controle, mas limitativas da transferência de ações. Não levaremos em conta, portanto, mecanismos de proteção de tomada de controle ou afins, os quais mereceriam capítulo específico e provavelmente sob outro enfoque.

companhia prioridade para a aquisição das ações que um outro acionista pretenda alienar.

Na hipótese, portanto, de qualquer acionista receber uma oferta válida de terceiro para aquisição de sua participação societária (para fins didáticos, o "acionista vendedor"), imediatamente o acionista vendedor estará obrigado a estendê-la aos demais acionistas (para fins didáticos, os "acionistas remanescentes") que terão, então, o direito de equiparar a oferta recebida e, consequentemente, a preferência para adquirir as ações objeto da proposta, nas mesmas condições da oferta do terceiro.

Tipicamente, o direito de preferência à aquisição de ações é dado aos acionistas no contexto mencionado acima de manutenção do equilíbrio da composição societária ou de garantia da manutenção da composição societária inicial. "*Em verdade, a preferência, de forma geral, está relacionada à estabilidade do corpo de acionistas e, assim, diz respeito ao interesse social. Tem função, portanto, de uma cláusula organizativa.*"[22]

Serve para que os acionistas possam escolher evitar o ingresso de terceiros (ainda que ao custo de ter de adquirir a participação do acionista vendedor) ou, ao menos, manter uma participação societária mínima que lhes garanta determinados direitos, em razão do ingresso de terceiro até então estranho ao capital social.

Em empresas familiares, por exemplo, essa preocupação é marcante, visando proteger aquele núcleo familiar de decisões individuais (e por vezes irrefletidas) que forcem a participação de terceiros estranhos à família.

As cláusulas de preferência conferem às ações a que se referem, nas palavras de Luiz Gastão Paes de Barros Leães, caráter de "*inalienabilidade relativa e pessoal – relativa porque não lhe retira a negociabilidade, senão em face exclusivamente do interesse pessoal do titular da preferência*"[23].

Diversas nuances podem estar presentes em uma cláusula de direito de preferência à aquisição de participação societária. Todas, a bem da verdade, acabam por incentivar ou inibir o seu exercício, garantir maior ou menor interferência dos acionistas remanescentes em uma transferência e assegurar, assim, o maior ou menor grau de liberdade para a circulação das ações.

a) Direito de preferência total ou parcial

A primeira e mais evidente particularidade diz respeito à previsão da preferência para a aquisição de todas ou de parte das ações objeto da proposta de terceiro.

---

[22] José Alexandre Tavares Guerreiro, em *Interpretação de Preferências na Lei de Sociedades Anônimas*, ob. cit., p. 393.

[23] *Pareceres*. São Paulo, Editora Singular, 2004, p. 885.

No primeiro caso, o exercício do direito de preferência somente é permitido se o acionista remanescente que desejar exercer o seu direito de preferência se dispuser a adquirir a totalidade das ações do acionista vendedor, ao passo que na segunda hipótese o acionista ou acionistas remanescentes que desejem exercer seu direito de preferência podem escolher entre adquirir a totalidade ou somente parte das ações do acionista vendedor.

Como exemplo, imaginemos um acionista vendedor, titular de ações representativas de 40% do capital social de uma determinada companhia, que receba uma proposta de terceiro para aquisição das suas ações. Sua participação é relevante o suficiente para alterar substancialmente o quadro de acionistas na hipótese de transferência a terceiro e, eventualmente, também o equilíbrio e as características daquela companhia.

Visando impedir o ingresso de terceiro estranho com tamanha relevância, os acionistas remanescentes avaliam, então, a possiblidade de exercer seus respectivos direitos de preferência para a aquisição das ações do acionista vendedor.

Ocorre que, nos termos do Acordo de Acionistas daquela companhia, o direito de preferência para a aquisição das ações somente poderia ser exercido se contemplasse a totalidade das ações objeto da proposta de terceiro (não sendo permitida a aquisição de parte das ações do acionista vendedor).

Por um lado, é possível sustentar que tal regra limitaria o exercício do direito de preferência à aquisição das ações: se os demais acionistas estão obrigados a adquirir todas as ações oferecidas, na hipótese de apenas um acionista efetivamente pretender exercer tal direito ele estaria obrigado a comprar ações representativas de 40% do capital da companhia. O custo do exercício do direito de preferência, nessa hipótese, seria muito maior, podendo até mesmo inviabilizá-lo.

Por outro lado, a previsão do direito de preferência à aquisição somente da totalidade da participação do acionista vendedor garante ao acionista vendedor a certeza de que, ao final do processo de preferência, ele terá vendido toda a sua participação, seja quem for o comprador (o terceiro ou um acionista remanescente). Nesse sentido, há uma limitação ao exercício do direito de preferência mas, ao fim do procedimento previsto, o objetivo esperado pelo acionista vendedor (de vender a totalidade das suas ações) é alcançado.

Dito de outra forma, permitir o exercício parcial do direito de preferência pode acabar inviabilizando a própria transferência original de ações. Isso pode ocorrer caso o mesmo acionista titular de ações representativas de 40% do capital social da companhia tenha recebido proposta de terceiro para a aquisição da totalidade, e não menos do que a totalidade, das suas ações. Se o Acordo de Acionistas permite o exercício do direito de preferência para aquisição de parte de tais ações, é muito possível que, após o efetivo exercício do direito de preferência por um acionista remanescente sobre, por exemplo, 25% das ações, o terceiro perca o interesse na aquisição somente das ações remanescentes do acionista vendedor (representativas de apenas 15% do capital social daquela companhia).

Ou seja, está claro, nesse exemplo, que a cláusula que garanta o direito de preferência à aquisição das ações em relação a terceiros ora protege o interesse social, comum dos sócios, de manter o quadro societário mais estável possível, ora o interesse particular daquele sócio vendedor de efetivamente vender suas ações.

Tais interesses, por óbvio, deverão ser compatibilizados não só no momento do ajuste daquela cláusula, mas sobretudo no momento da sua aplicação e execução pelos sócios e pela própria companhia.

b) Desconto no exercício do direito de preferência

Outra especificidade que pode estar presente no direito de preferência diz respeito às condições para o seu exercício.

Há casos em que os acionistas têm tanta preocupação em manter o quadro societário estável, inibindo o ingresso de terceiros, que eles resolvem ajustar entre si mecanismos de desincentivo à transferência de ações a estranho.

Não é raro, nesse sentido, que Acordos de Acionistas prevejam que, na hipótese do exercício do direito de preferência por acionistas remanescentes da companhia, o preço para a compra da participação acionária colocada à venda tenha um desconto em relação à proposta de terceiros. Assim, por exemplo, se o terceiro oferecer 100 pelas ações do acionista vendedor, os acionistas remanescentes poderiam comprá-las por, digamos, 70.

Ou seja, muitas vezes cientes de que o mero direito de preferência nem sempre é suficiente a inibir o ingresso de terceiros, além de ter um custo nem sempre acessível, os acionistas impõem reciprocamente um ônus àquele que decidir deixar a companhia alienando sua participação a terceiro (nessa hipótese, o risco de ter sua participação acionária comprada por outros acionistas, com um valor muito menor do que o oferecido por terceiro).

Trata-se, como já discutimos acima, de disposição ajustada no exercício pleno da autonomia da vontade. O interesse dos acionistas em permanecerem associados é tanto que eles concordam em impor uma desvantagem financeira, uma penalidade, àquele que pretendesse sair da companhia vendendo sua participação a terceiro, renunciando unilateralmente ao pacto associativo.

c) Direito de preferência na venda indireta

As cláusulas de preferência costumam prever, também, a possibilidade do exercício do direito de preferência de forma direta ou indireta. Tal previsão é realmente muito importante (embora de difícil execução, em alguns casos) dado o seu efeito prático.

Imaginemos uma companhia qualquer (a "Companhia A"), que tem como acionista outra sociedade (a "Sociedade Acionista"). O que acontece se as quotas em que se divide o capital da Sociedade Acionista forem vendidas a um terceiro? Na prática, a venda das quotas em que se divide o capital social da Sociedade Acionista ocasiona uma mudança (indireta) do quadro de acionistas da Companhia A. Se a Sociedade Acionista tiver uma participação, por hipótese, de 40% do capital da Companhia A, é possível dizer que no caso de o quadro societário da Sociedade Acionista contar com novos sócios, ainda que indiretamente tais novos sócios terão influência na Companhia A, equivalente a 40% do capital social da Companhia A. Poderão eles, então, exercer direitos, poderes e deveres atribuídos a quem detiver 40% do capital social da Companhia A, ainda que não tenha havido qualquer transferência de ações desta companhia.

Na prática, essa transação altera a tal "estabilidade no corpo de acionistas" da Companhia A.

Para evitar essa instabilidade, não é raro que se faça nas cláusulas de direito de preferência distinção entre transferência direta ou indireta, prevendo que os acionistas remanescentes terão (ou não, dependendo da escolha dos acionistas ao se organizarem societariamente) direito de preferência à aquisição das ações de emissão da Companhia A, mesmo na hipótese de os sócios da Sociedade Acionista venderem suas participações na Sociedade Acionista. Ou seja, teriam direito de preferência mesmo na venda indireta das ações da Companhia A. Para esclarecer, não se está falando da venda de ações (ou limitação da transferência de ações) da Companhia A, mas na venda de participação societária na Sociedade Acionista.

Apesar de bastante legítima, do ponto de vista da organização societária, ao tentar impedir que a venda de participação societária de uma sócia de uma companhia escape do alcance de um direito de preferência previsto contratualmente, a aplicação do direito de preferência nesses casos pode apresentar alguns desafios, que os contratos também costumeiramente buscam enfrentar.

Assim, o maior desafio é identificar qual seria, no nosso exemplo, o preço das ações da Companhia A, na hipótese de a venda societária contemplar as quotas da Sociedade Acionista. Tal definição, sem dúvida nenhuma, é fundamental para que os acionistas remanescentes possam efetivamente exercer seu direito de preferência.

Ora, quando o único ativo da Sociedade Acionista for a participação na Companhia A, quer nos parecer relativamente simples a atribuição do preço das ações da Companhia A: ao adquirir as quotas da Sociedade Acionista o terceiro está, na realidade, adquirindo a participação societária na Sociedade Acionista na Companhia A; por consequência, 100% do preço oferecido pela participação societária na Sociedade Acionista diz respeito, na verdade, às ações da Companhia A de titularidade da Sociedade Acionista.

Entretanto, quando a Sociedade Acionista possui outros ativos, separados da atividade da Companhia A, como se atribui o preço às ações da companhia A, para fins do exercício do direito de preferência?

Nesses casos, as cláusulas contratuais precisam estabelecer mecanismos claros e objetivos de aferição desse valor.

Um deles, é exigir que a transação que tiver por objeto as quotas da Sociedade Acionista destaque o preço e demais condições pertinentes àquela parte do seu ativo representado pela participação acionária na Companhia A. Ou seja, o preço a ser pago para a aquisição da Sociedade Acionista deveria destacar a parte alocada como pagamento pela aquisição (ainda que indireta) das ações detidas pela Sociedade Acionista na Companhia A. Dessa forma, os acionistas da Companhia A teriam o parâmetro de preço e condições para o exercício do direito de preferência (ainda que em uma alienação indireta de tal participação societária)

Outro mecanismo é o de indicar qual critério (contábil, por exemplo, de equivalência patrimonial, etc) poderá ser usado, caso a transação não faça o destaque mencionado no parágrafo anterior.

Seja como for, vê-se que uma cláusula minuciosa de direito de preferência para aquisição de ações deve, no mais das vezes, prever formas de garantia de tal exercício também em transferências indiretas de ações.

d) A preferência dentro da preferência

Há casos, ainda, dependendo da lógica que fundamente a composição do quadro societário de determinada companhia, em que a Cláusula de Preferência estabelece níveis ou camadas de preferência.

Assim, é possível que se preveja que acionistas de uma determinada categoria ou bloco poderão, em primeiro lugar, decidir exercer o seu direito de preferência. Caso tais acionistas não o exerçam, então acionistas de outra categoria ou bloco passariam a ter o direito residual, e assim sucessivamente, dependendo dos níveis de prioridade que se atribuíssem.

Por hipótese, se um acionista vendedor receber uma proposta de terceiro deve, inicialmente, oferecer suas ações aos acionistas fundadores. Passado o prazo para o exercício do direito de preferência pelos acionistas fundadores, o acionista vendedor deveria, então, oferecer as ações (ou eventuais sobras de ações em relação às quais o direito de preferência não tenha sido exercido pelos acionistas fundadores) aos acionistas investidores do bloco A (também por hipótese), depois aos acionistas investidores do bloco B e assim sucessivamente.

Tal expediente é bastante comum, por exemplo, em empresas familiares, cujos acionistas já são representantes da segunda geração. Irmãos e primos, nesse exemplo, podem ser divididos em grupos conforme o tronco da família (inclusive para outros fins que não somente o exercício do direito de preferência, mas também para a composição do conselho de administração, indicação de executivos, deliberação em matérias específicas etc). Nesse exemplo, o direito de preferência pode ser exercido inicialmente dentro do mesmo ramo familiar e depois estendido aos demais. Os irmãos, portanto, têm preferência sobre as ações dos irmãos. Passada essa primeira preferência, os primos teriam preferência sobre aquelas ações.

Com tal expediente, os acionistas podem pretender garantir que, no momento da venda da participação societária, essa parte do capital social possa ser adquirida, por exemplo, pelos acionistas fundadores, ou pela primeira geração de acionistas (no caso de uma empresa familiar) e assim sucessivamente, mantendo as proporções das participações entre os blocos (e, consequentemente, a influência, direitos, poderes e deveres de tais blocos), independentemente da proporção da participação dos integrantes de cada bloco entre si.

5.2. Direito de Primeira Oferta

Diferentemente do direito de preferência, o mecanismo do direito de primeira oferta impõe ao acionista que pretende vender sua participação societária (também utilizaremos a expressão "acionista vendedor", para facilidade) a obrigação de manifestar sua intenção aos demais acionistas (também chamados, para entendimento, "acionistas remanescentes"), antes mesmo de receber uma proposta de terceiro.

Nesse caso, portanto, o acionista vendedor deve indicar quantas ações pretende vender, permitindo aos acionistas remanescentes exercerem o seu direito de primeira oferta (i.e., o direito de formularem uma oferta antes mesmo de qualquer terceiro).

Caso o acionista vendedor receba uma oferta de qualquer um ou de todos os acionistas remanescentes, terá ele duas opções: (i) vende-las nas condições ofertadas pelos acionistas remanescentes ou (ii) procurar terceiros interessados no mercado.

Na hipótese (i), exercido o direito de primeira oferta a venda das ações pode ser concluída, caso o acionista vendedor já esteja satisfeito com a primeira oferta recebida. Na hipótese (ii), o acionista vendedor fica autorizado, então, a vender suas ações a um terceiro, desde que obtendo condições mais vantajosas do que aquelas ofertadas pelos acionistas remanescentes.

Aqui, também, a cláusula limitativa da transferência das ações pode ter variações, conforme as decisões societárias e negociais dos acionistas. As características indicadas no capítulo anterior podem também ter aplicação ao direito de primeira oferta, *mutatis mutandis*. Mas há peculiaridades específicas do direito de primeira oferta, que abordaremos nos próximos itens.

a) A preferência após o direito de primeira oferta

Exercido o direito de primeira oferta pelos acionistas remanescentes, o acionista vendedor poderia, como vimos, buscar obter uma proposta mais vantajosas para a venda de suas ações junto a terceiros interessados, estranhos ao corpo de sócios (trata-se da hipótese (ii) nos exemplos acima).

Nessa hipótese, o acionista vendedor ficaria autorizado a vender suas ações a terceiros, caso encontrasse uma proposta com condições mais vantajosas (costumeiramente, um preço maior).

Ocorre que, dependendo da estrutura negocial ajustada entre os acionistas, há casos em que, mesmo após a obtenção de proposta de terceiros melhor do que aquela primeira oferta recebida de acionista remanescente, o acionista vendedor estaria obrigado a voltar ao acionista remanescente que tenha feito a primeira oferta para, mais uma vez, oferecer a preferência para a compra das ações. Seria a hipótese de um direito de preferência ao acionista que tivesse exercido o seu direito de primeira oferta, que teria uma segunda chance para uma oferta que equiparasse, então, a oferta do terceiro.

Trata-se de mecanismo híbrido, em que o direito de primeira oferta ainda garantiria uma salvaguarda adicional de igualar eventual oferta recebida de terceiro.

Como se vê, o mecanismo ora descrito se insere perfeitamente naquela finalidade de manter a "estabilidade do corpo de acionistas". Trata-se de mecanismo que visa conferir aos atuais acionistas da companhia ao menos duas oportunidades de adquirirem as ações (e, assim, evitar o ingresso de novos acionistas, alterando a composição societária). Sem dúvida, é cláusula que limita a negociabilidade das ações, visando o eventual interesse social, reconhecido pelos acionistas ao ajustarem suas relações patrimoniais, de manter o equilíbrio ou a estabilidade do corpo societário.

b) Definições das condições mais vantajosas

Como se viu, pelo mecanismo do direito de primeira oferta, o acionista vendedor fica automaticamente autorizado a vender suas ações caso receba oferta de terceiro mais vantajosa do que aquela eventualmente recebida de um acionista remanescente.

Lembrando aquela advertência feita mais acima, de que as cláusulas limitativas da transferência de ações, assim como qualquer negócio jurídico, devem ter objeto determinado ou determinável, é recomendado que os critérios para a autorização da venda a terceiros estejam o mais exaustivamente indicados. Assim, o que será considerado na eventual oferta de terceiros para se considerar uma proposta mais vantajosa?

Normalmente, a própria cláusula traz os parâmetros que serão validamente considerados para se comparar as ofertas. Preço, forma de pagamento (em dinheiro ou bens), prazo de pagamento, etc., são critérios que podem, em princípio, ser utilizados para a avaliação e comparação das diferentes propostas. Assim, para que a cláusula seja exequível e diminua a possibilidade de interpretações subjetivas ou arbitrárias, convém estabelecer critérios objetivos para aceitação de uma oferta: p.ex., se a primeira oferta de um acionista remanescente contemplar pagamento em moeda corrente nacional, a proposta do terceiro deverá prever também pagamento nas mesmas condições. Se a primeira oferta contemplar pagamento à vista, o terceiro somente poderá oferecer pagamento também à vista. E assim sucessivamente. Tais regras servem a tentar facilitar a comparação objetiva entre as propostas e a execução do direito previsto contratualmente.

5.3. Direito de Venda Conjunta (Tag Along)

Outra cláusula limitativa da transferência de ações é a já famosa cláusula de "tag along", que faculta aos sócios de uma determinada companhia a possibilidade de vender suas ações juntamente com as ações de um acionista vendedor.

Nessa hipótese, se um acionista pretender vender suas ações ("acionista vendedor") a terceiro deverá, sem prejuízo de observar outras limitações (p. ex. o direito de preferência ou o direito de primeira oferta, vistos nas linhas anteriores) manifestar sua intenção aos demais acionistas (também chamados, para entendimento, "acionistas remanescentes"). Feita a comunicação, os acionistas remanescentes poderão manifestar sua intenção de acompanhar o acionista vendedor, também vendendo parte de suas ações (por isso a cláusula é conhecida como "tag along", uma vez que os acionistas remanescentes podem decidir fazer com que suas ações acompanhem as ações do acionista vendedor).

Tal cláusula é, sem dúvida, limitativa do direito de transferência de ações. O acionista vendedor pode, ao fim do procedimento, ver-se obrigado a vender quantidade menor de ações, caso um ou mais acionistas remanescentes tenham acrescido suas próprias ações à venda. Nesse caso, todos venderiam uma proporção das ações negociadas, mas nenhum venderia a totalidade de sua própria participação.

Como remédio para isso, não raramente os acordos de acionistas preveem que, na hipótese de qualquer acionista decidir juntar suas ações na venda, o terceiro estaria obrigado, então, a adquirir todas as ações originalmente oferecidas, acrescidas das ações agregadas pelo acionista remanescente.

Tal mecanismo pode limitar ainda mais a transferência de ações, por eventualmente diminuir o interesse de terceiros em apresentarem oferta para aquisição de ações daquela companhia. Isso porque tais terceiros terão sempre que fazer o cálculo de eventualmente serem obrigados a adquirir ações também dos demais acionistas (aumentando a quantidade inicial de ações que estavam dispostos a adquirir).

5.4. Direito de Venda Atrelada (DragAlong)

Talvez como a contrapartida ou o reverso do direito dado a um acionista de adicionar suas ações a uma venda entabulada por outro acionista (o *tag along* visto acima), alguns acionistas pactuam entre si o direito de obrigar que os demais acionistas vendam suas ações a terceiro.

De acordo com esse mecanismo, na hipótese de um acionista receber proposta de terceiro para a compra de suas ações, tal acionista teria o direito de obrigar os demais acionistas a também venderem suas ações, nas mesmas condições oferecidas ao acionista vendedor. Os demais acionistas, portanto, seriam arrastados para a mesma venda.

Sempre tendo como referência aqueles requisitos mínimos de validade para uma cláusula dessa natureza (agente capaz, objeto lícito, possível, determinado ou determinável e de forma prescrita ou não proibida em lei), convém que a disposição contratual indique as condições para que o acionista seja compelido a vender suas ações (preço mínimo, condições de pagamento, requisitos mínimos para um terceiro ser considerado um comprador válido, etc). A cláusula contratual, nesse caso, deve ser o mais precisa possível. É de todo recomendável que indique as condições de forma determinada (ou facilmente determinável) para não prejudicar o exercício do direito garantido pela disposição contratual, como também o direito patrimonial do sócio que será dragado.

A cláusula de *drag along* pode não parecer, de início, uma cláusula limitativa à circulação de ações. É, na realidade, cláusula impositiva da transferência, nos termos vistos acima.

Ocorre que toda cláusula dessa natureza limita a liquidez da ação a ela submetida, por caracterizar-se como um ônus à participação societária. A capacidade de transferência de uma ação onerada com a obrigação de venda atrelada (o *drag along*) é menor, dado que o adquirente estará sempre sujeito à existência de oferta de terceiro que preencha os requisitos contratuais para arrastar totas as demais ações.

De forma a dosar o efeito dessa cláusula, é comum que se atribua esse direito (de arrastar as demais ações da companhia) somente a determinados acionistas qualificados. Assim, é usual que o acionista controlador ou um majoritário relevante tenha esse direito garantido contratualmente, mas é pouco comum que um acionista minoritário ou não relevante o tenha.

5.5. Cláusula de vedação à venda

Dependendo da estrutura societária definida pelos acionistas, do maior ou menor grau de pessoalidade nas relações societárias e, por consequência, da maior ou menor preocupação com a saída de determinados acionistas e com o ingresso de terceiros, é possível acentuar a limitação à transferência de ações, sempre no contexto do livre exercício da autonomia privada.

Assim, quanto mais contratual a relação societária (ou menos institucional, por contraposição às companhias abertas ou às sociedades de capital), maior a preocupação dos acionistas em manter a composição societária mais estável possível.

Nesse contexto, também não são raras as disposições de bloqueio de venda, por determinados períodos ou em situações específicas.

Em relação a tais cláusulas, o maior desafio é compatibilizar, por um lado, o princípio da livre circulação das ações, de que já se falou bastante, com a autonomia privada dos acionistas em limitarem a própria disposição das suas participações acionárias, a saída de acionistas ou, com ainda maior preocupação, o ingresso de terceiros.

Quando se examina a questão, as mais variadas opiniões baseiam-se no primeiro princípio, sustentando suas posições no fato de ser da natureza das companhias a livre circulação de ações. Como se viu acima, tal princípio não é absoluto, mas apenas um norte daquilo que se pretendeu criar com as companhias (captação de investimentos em massa, para o que a liberdade de circulação de ações era fundamental).

Mais forte do que o princípio da livre circulação nos parece ser o da autonomia privada. Seja em sociedades tipicamente de pessoas, ou mesmo em sociedades de capital, por que não poderiam os acionistas deliberadamente optar por limitar sua capacidade de dispor de suas ações, como já vimos em diversos exemplos acima? Quer nos parecer que em todos os casos, desde que a autonomia da vontade seja válida e legitimamente manifestada (i.e., por agente plenamente capaz, tendo por objeto lícito, possível, determinado ou determinável, de forma prescrita ou não proibida em lei) o interesse comum dos sócios, que ao fim acaba por refletir o interesse social da companhia, deve ser prestigiado.

Sem dúvida, a cláusula de bloqueio puro e simples diminui tremendamente a liberdade privada de um acionista dispor de seus bens. Tal renúncia, porém, decorre de decisão privada tomada anteriormente, de acordo com a qual referido acionista concordou em se associar em vista de um interesse maior e comum de desenvolver determinada empresa, com uma estabilidade na composição do quadro acionário predeterminada pelos próprios acionistas que aprovaram aquela regra.

Não nos parece, entretanto, que o impedimento ou limitação da transferência de ações possa se sobrepor pura e simplesmente ao princípio contido no artigo 36 da Lei das Sociedades por Ações. Assim, as condições e limites para a vedação da transferência (prazo limitado de vigência da vedação à transferência, identidade de terceiros a quem se possa ou não transferir as ações, condições para isso, etc) devem ser objetivas e razoáveis, a fim de que não representem meros subterfúgios para a imposição de inalienabilidade vedada pela lei.

Assim, é comum que a vedação da alienação por um determinado período encontre justificativa no tempo mínimo necessário para a maturação do negócio (antes do qual a venda não seria permitida), na ocorrência de um determinado evento (por exemplo, um investimento de terceiros ou uma oferta pública de ações), determinadas características do terceiro (um concorrente ou alguém que deseje a ruína da companhia, como já mencionado) ou, até mesmo, em determinadas condições de mercado, que justifiquem, por um determinado período de tempo, o bloqueio da venda. Devem ser, porém, justificativas razoáveis que indiquem por qual motivo a alienação de ações dos acionistas seria contrária ao interesse da companhia ou ao interesse dos acionistas no momento da constituição da sociedade.

Sem isso, a vedação poderá parecer violação arbitrária e ilegal do princípio da livre circulação das ações.

5.5. Cláusula de prévio consentimento

Outra limitação à transferência de ações, que poderia ser entendida como uma solução menos absoluta do que a simples adoção do bloqueio, é a cláusula que exige o consentimento prévio do acionista.

Tal hipótese está prevista, a bem da verdade, no artigo 1.057, do Código Civil, dispondo que "*na omissão do contrato, o sócio pode ceder sua quota, total ou parcialmente, a quem seja sócio, independentemente de audiência dos outros, ou a estranho, se não houver oposição de titulares de mais de um quarto do capital social.*" Ou seja, o Código Civil condiciona o ingresso de terceiros em uma sociedade limitada, via aquisição de quotas do seu capital social, ao consentimento de sócios titulares de 75% do capital social de uma limitada. Não há disposição equivalente na legislação aplicável às companhias, somente a autorização do artigo 36 da Lei das Sociedades por Ações para a imposição de limitações nas companhias fechadas.

A redação do Código Civil, como se vê, é mais direta e direcionada para exigir o consentimento dos sócios ao ingresso de terceiros, subordinando, de qualquer forma, a regra à decisão dos sócios, refletida no contrato social.

A hipótese de necessidade de consentimento, assim como a proibição pura e simples de venda e as demais cláusulas limitativas da transferência, destina-se a manter a estabilidade do quadro acionário. Não impede, de início, que o acionista transfira sua participação. É, portanto, menos restritiva do que a vedação à transferência, mas condiciona a possibilidade de ingresso de terceiro à aprovação dos acionistas.

Visa, por óbvio, garantir aos acionistas que permanecerão na companhia a possibilidade de avaliar as características do terceiro que pretende adquirir as ações da companhia, sopesando se aquelas características comuns aos acionistas serão eventualmente afetadas pelo terceiro ingressante.

Tal cláusula pode servir, ainda, a evitar o ingresso de concorrentes, que tenham acesso a segredos comerciais, estratégias e clientes da companhia, ou mesmo que interfiram nas decisões da companhia, contra o seu interesse.

Pelas mesas razões expostas até aqui, sobretudo no item anterior, também não nos parece que a necessidade de prévio consentimento para a alienação de ações a terceiros possa ser exigida de forma arbitrária ou sem o mínimo de objetividade. Exigir o prévio consentimento puro e simples também parece ser um sério risco de se sobrepor ao princípio contido no artigo 36 da Lei das Sociedades por Ações.

Por tais razões, também neste caso as condições e limites para eventual negativa à transferência de ações devem ser claros e objetivos. Fundados, sobretudo, no interesse da companhia e dos sócios, expresso nos documentos adotados por eles para a definição daquela estrutura societária (estatutos, acordos de acionistas, etc). Necessidade de consentimento prévio em casos de alienação a concorrentes, a clientes ou credores que possam exercer controle externo, a sociedades de economia mista (em caso de companhias que contratem com o Poder Público), por exemplo, podem ser hipóteses que, desde que bem fundamentadas, sirvam a justificar a imposição desse tipo de limitação à transferência de ações.

CONCLUSÕES

O princípio norteador das companhias no tocante à circulação das ações é o de que não haja limitações, por ser veículo típico e legítimo da captação de investimentos do público.

Entretanto, os acionistas podem, ao estabelecer a melhor estrutura societária e, consequentemente, o maior ou menor grau de estabilidade e perenidade que pretendem atribuir ao corpo de acionistas, impor limitações variadas, decorrentes do exercício válido da autonomia privada.

Tais limitações, porém, devem ser analisadas e aplicadas não só no contexto dos direitos patrimoniais de cada acionista, mas sobretudo em função do interesse social reconhecido por eles ao definirem tais limitações e restrições e durante a própria vida da companhia.

Assim, as cláusulas limitativas da transferência de ações decorrem, como se disse no início, do exercício da autonomia privada da vontade de cada acionista, mas têm evidentes e notáveis efeitos societários.

A validade de tais obrigações, como se disse, dependerá da obediência às regras e princípios atinentes às obrigações e ao exercício da autonomia privada dos acionistas (tais como agente capaz, objeto lícito, possível, determinado ou determinável, forma prescrita ou não proibida em lei, boa-fé objetiva, etc).

O exercício regular e legítimo, porém, das restrições derivadas das obrigações assumidas, dependerá, também, do respeito ao interesse social e à estrutura da organização societária escolhida pelos sócios, refletida nas regras, mais livres ou mais rígidas, de transferência das ações da companhia.

Como se disse, inicialmente, as cláusulas limitativas da transferência de ações têm características evidentemente obrigacionais (sobretudo na sua formação), mas causas e efeitos societários, posto que definem a própria organização societária e a relação patrimonial entre os sócios.

26. CLÁUSULA DE ELEIÇÃO DE DIREITO APLICÁVEL

Fabio Queiroz Pereira
Henry Colombi

INTRODUÇÃO

Por meio do uso de cláusulas de eleição de direito aplicável, as partes contratantes podem exercer a sua autonomia para a resolução de eventuais conflitos, estabelecendo a legislação a ser utilizada, diversa daquela extraída da aplicação de um critério legal, como o do local em que o contrato é proposto ou o da residência do proponente. O referido expediente pode ser de grande valia para os envolvidos em uma avença, uma vez que permite a designação de normas mais propícias para a solução de conflitos contratuais.

Contudo, é possível identificar no direito brasileiro variadas controvérsias sobre a possibilidade de escolha do direito aplicável e sobre as circunstâncias que lograriam dar às partes autonomia quanto à questão. Os debates em torno do tema são justificados em razão da pluralidade de fontes normativas a tratar do direito aplicável, ora impondo um regime, ora permitindo a livre escolha do arcabouço normativo pelos contratantes. Essas controvérsias trazem insegurança quanto ao uso desse instrumento, podendo ensejar obstáculos para a prática exitosa do comércio internacional.

O presente artigo busca oferecer um panorama teórico-prático acerca dos contornos da denominada cláusula de eleição de direito aplicável. Em um primeiro momento, serão trazidas as justificativas de seu uso, suas funções e sua configuração, com a apresentação de exemplos de sua aplicação. Em seguida, serão abordadas as polêmicas em torno do art. 9º da Lei de Introdução às Normas do Direito Brasileiro – LINDB – (Decreto-Lei n. 4.657/1942), instrumento central na regulação do direito internacional privado. Por fim, serão trabalhados os contextos de possível admissão da cláusula de direito aplicável, à luz do direito brasileiro, tendo em vista o diálogo com outros instrumentos normativos para além da LINDB. Espera-se, em conclusão, contribuir para o aprofundamento e conseguinte utilização desse importante recurso, consagrador da autonomia das partes na resolução de eventuais adversidades contratuais.

1. CLÁUSULAS DE ELEIÇÃO DE DIREITO APLICÁVEL: JUSTIFICATIVA E CONFIGURAÇÃO

O ordenamento jurídico brasileiro busca determinar o lugar de formação de uma estrutura contratual, tendo em consideração dele decorrerem a fixação da lei aplicável e o estabelecimento do foro competente para a solução de eventuais conflitos. Desse modo, o Código Civil (Lei n. 10.406/2001) prevê, em seu art. 435, que "reputar-se-á celebrado o contrato no lugar em que foi proposto" e, em paralelo, a LINDB dispõe, no § 2º do seu art. 9º, que "a obrigação resultante do contrato reputa-se constituída no lugar em que residir o proponente". Prevalece o entendimento de que o dispositivo do Código Civil tem aplicação a situações em que as partes residem no Brasil, enquanto a previsão da LINDB volta-se para contratantes que residem em diferentes países[1].

A par dos debates quanto à conjugação das normas presentes no ordenamento jurídico brasileiro (tema que será abordado à frente), identifica-se uma tendência de valorização da autonomia da vontade das partes quanto à escolha do direito a ser aplicado na solução de conflitos originados de uma relação contratual, principalmente no âmbito do comércio internacional[2]. Tal

[1] MARTINS, Fran. **Contratos e obrigações comerciais.** 18. ed. Atual. Gustavo Saad Diniz. Rio de Janeiro: Forense, 2018. p. 75.

[2] Nesse sentido, sustentam Gary Born e Cem Kalelioglu que "tratados contemporâneos e outros instrumentos internacionais e leis nacionais afirmam a liberdade das partes para selecionar a lei substantiva aplicável aos contratos comerciais ou de investimento internacionais. Não obstante exceções isoladas, em grande parte históricas, praticamente todas as autoridades internacionais e nacionais contemporâneas fornecem inequivocamente a validade presumida das disposições de escolha de lei em contratos comerciais e de investimento internacionais". No original: "[...] contemporary treaties and other international instruments and national laws affirm the parties' freedom to select the substantive law applicable to international commercial or investment contracts. Notwithstanding isolated, largely historical, exceptions, virtually all contemporary international and national authorities provide unequivocally for the presumptive validity of choice-of-law provisions in international commercial and investment contracts. Consequently, as discussed below, the presumptive validity of international choice-of-law agreements in commercial contracts is properly considered as a general principle of law, mandatorily applicable to all states as a matter of customary international law". BORN, Gary; KALELIOGLU, Cem. Choice-of-law agreements in international contracts, **Georgia Journal of International & Comparative Law**, Athens, Vol. 50:44, p. 59.

expediente é reconhecido pela denominação de cláusula de eleição de direito aplicável e retorna às partes, maiores conhecedoras das potenciais divergências envolvidas na avença, a possibilidade de exercício de sua autonomia na escolha da base normativa a conduzir soluções. A escolha voluntária pela aplicação do direito de um determinado país não raramente é denominada pelos internacionalistas pela própria expressão "autonomia da vontade" ou, ainda, "autonomia conflitual", que pretende transparecer que "em vez de ser aplicado o direito primário indicado pela norma de direito internacional privado, fica sendo escolhido [o direito] livremente pelas partes, cuja vontade se encontrará, então, sobreposta a essa norma"[3].

Há grande utilidade em uma previsão contratual dessa natureza, seja em contentas submetidas ao juízo arbitral ou à jurisdição estatal. Uma cláusula que preveja a aplicação da lei de um determinado ordenamento jurídico para resolução de conflitos decorrentes da relação contratual conduz às partes a reflexão sobre aparatos normativos que se mostram mais pertinentes para o enfrentamento de eventuais problemas surgidos ao longo do programa contratual. A pluralidade e a complexidade de fontes legislativas hoje existentes levam à expectativa de designação de ordenamentos que possuam maior expertise e aprofundamento no trato do conteúdo de contratos específicos. O aprimoramento tecnológico ou o multifacetado trato de questões financeiras, por exemplo, podem conduzir as partes a escolherem, para a regência do seu contrato, um determinado sistema normativo que possua soluções mais testadas, com maior tradição no tratamento jurídico desses fenômenos, revelando-se, portanto, mais profícuo na solução de eventuais conflitos.

Pode ser, ainda, interessante aos sujeitos envolvidos na contratação a indicação da legislação de um país em que o contrato se destina a ser cumprido. A título de exemplo, um contrato de transferência de tecnologia com uma das partes sediadas no Brasil e a outra na Alemanha pode ter cláusula prevendo a aplicação do direito de Angola, quando ali será aplicada a referida tecnologia por meio de uma empreitada. Há, ainda, a possibilidade de a escolha ser feita em decorrência do pertencimento de determinadas empresas a grupos econômicos cujas controladoras se encontram localizadas em país diverso daqueles em que estão sediados os contratantes, ou mesmo o eventual interesse dos sujeitos envolvidos em buscar uma legislação que transpareça imparcialidade e ausência de tendências favoráveis para qualquer das partes.

A indicação do direito aplicável propicia, ainda, maior segurança jurídica às partes, e mesmo a terceiros, tendo em vista a certeza quanto à maneira como serão solucionadas as questões afetas ao acordo de vontade. De fato, em

---

[3] CASTRO, Amílcar. **Direito internacional privado**. Vol. 2. Rio de Janeiro: Forense, 1956. p. 166.

se tratando de contratos internacionais, verifica-se, inclusive, a possibilidade de conflito entre normas de direito internacional privado de diferentes países. A referida realidade ocasiona situação de dúvida quanto à determinação do direito aplicável ao caso concreto[4]. Desse modo, resta clara a presença de incentivos relevantes para a inclusão contratual de uma cláusula de eleição de direito aplicável em determinados contratos. Observa-se que as dinâmicas presentes nas transações internacionais são, em si, justificadoras da busca por conjuntos normativos aptos a salvaguarda do contrato, o que realiza, em última instância, a autonomia dos sujeitos contratantes.

O uso de tais expedientes contratuais é bastante reconhecido no âmbito da *Common Law*, principalmente, nos Estados Unidos, em decorrência da maior autonomia de cada um dos estados da Federação para regulação dos mais variados temas. Nesse contexto, são ali reconhecidas pela designação *"choice-of-law agreements"*. A título de exemplo, Nadia Araujo indica que "a maioria dos contratos de financiamento contém cláusula elegendo a lei de Nova York como a aplicável, já que a legislação desse Estado sempre teve a preocupação de adequar-se às necessidades do comércio"[5].

Do ponto de vista da estrutura e do estilo da redação contratual, como regra geral, as cláusulas de direito aplicável são habitualmente indicadas ao final do instrumento. Apesar de comumente previstas em conjunto ou proximamente das cláusulas de eleição de foro (também denominadas por cláusulas de escolha de jurisdição competente), delas se diferenciam significativamente. Enquanto as primeiras voltam-se ao estabelecimento do corpo de regras substanciais que será utilizado para a solução dos conflitos, as últimas buscam identificar qual jurisdição estará apta a receber e conduzir os processos que venham a envolver as questões atinentes ao acordo de vontades firmado.

Revela-se salutar a indicação de alguns exemplos de utilização da cláusula de eleição de direito aplicável. No acórdão do REsp n. 1.280.218/MG, julgado pelo STJ em 21.06.2016, de relatoria do Ministro Paulo de Tarso Sanseverino, o qual será adiante discutido, consta a seguinte redação da cláusula de eleição de direito aplicável e de estabelecimento de foro:

---

[4] Como sustenta Nadia de Araujo: "Estar na situação de negociar um contrato internacional e não saber quais os custos e consequências de litigá-lo em um tribunal que aplicará a lei obtida através da utilização do seu próprio método de DIPr [Direito Internacional Privado] certamente traz insegurança jurídica. Pode ser inclusive um fator de impedimento da contratação, pois os custos da incerteza podem não compensar as vantagens que seriam auferidas a partir da conclusão do contrato". ARAUJO, Nadia. **Direito internacional privado**: teoria e prática brasileira. 7. ed. São Paulo: Revista dos Tribunais, 2018. p. 365.

[5] ARAUJO, Nadia. **Direito internacional privado**: teoria e prática brasileira. 7. ed. São Paulo: Revista dos Tribunais, 2018. p. 366.

> Este Contrato e as Notas Promissórias serão regidos e interpretados de acordo com as Leis do Estado de Nova York e [...] o Tomador, pela presente, reconhece que qualquer demanda, ação ou medida judicial no que diz respeito a este Contrato e Notas Promissórias poderá ser levado a qualquer tribunal localizado na República Federativa do Brasil ou qualquer tribunal estadual ou federal localizado no Estado de Nova York, e o Tomador, pela presente se submete à jurisdição não exclusiva dos referidos tribunais em relação com qualquer demanda, ação ou medidas judiciais, e por este, renuncia a reivindicar que tal demanda, ação ou medida judicial seja levada a um foro inconveniente.

Observa-se, pelo texto transcrito, a cumulação de disposições relativas à eleição de direito aplicável e à definição da jurisdição competente para a solução de eventuais conflitos. A norma aplicável correspondia às Leis do Estado de Nova York (E.U.A.). Lado outro, havia previsão de duas jurisdições não exclusivas, competentes para solucionar demandas relativas ao contrato. Observa-se, assim, a possibilidade de não coincidência entre o estabelecimento do foro e do direito aplicável em único instrumento contratual.

Como destacado, o uso da cláusula de eleição de direito aplicável é bastante corriqueiro no âmbito dos contratos da *Common Law*. A Comissão de Valores Mobiliários dos Estados Unidos disponibiliza base de dados com variados contratos em que é possível se identificar o referido expediente. Assim, a título de exemplo de sua aplicação nesse contexto, apresenta-se o texto de uma cláusula de eleição de direito e de determinação de foro, presente em contrato de cessão de ativos financeiros:

> Este Contrato será regido e interpretado de acordo com as leis do Estado do Texas, independentemente dos princípios aplicáveis de conflitos de leis. Cada uma das partes concorda irrevogavelmente com a jurisdição exclusiva de qualquer tribunal federal ou estadual localizado em Austin, Texas, em conexão com qualquer assunto baseado ou decorrente deste Contrato ou dos assuntos aqui contemplados, concorda que podem ser citados para o processo por qualquer maneira autorizada pelas leis do Estado do Texas e renuncia e concorda em não afirmar ou alegar qualquer objeção que possam ter a tal jurisdição e a tal processo[6].

[6] No original: "This Agreement shall be governed by and construed in accordance with the laws of the State of Texas without regard to applicable principles of conflicts of law. Each of the parties hereto irrevocably consents to the exclusive jurisdiction of any federal or state court located within Austin, Texas, in connection with any matter based upon or arising out of this Agreement or the matters contemplated herein, agrees that process may be served upon them in any manner authorized by the laws of the State of Texas for such persons and waives and covenants not to

Do mesmo modo verificado na cláusula anterior, a referida disposição estabelece que o contrato será regido e interpretado pelas leis de um local específico (no caso, o Estado do Texas). Além disso, aqui também se observa a previsão conjunta da cláusula de estabelecimento de jurisdição.

O uso de tais expedientes no direito brasileiro revela-se crescente, mas ainda se observa certa resistência em razão de alguns posicionamentos doutrinários quanto à possibilidade de seu uso, ante a ausência de clareza acerca da aceitabilidade da cláusula à luz do direito brasileiro. A aludida carência propiciou inúmeros debates quanto ao tema, que serão abordados no próximo tópico.

2. A CLÁUSULA DE ELEIÇÃO DE DIREITO APLICÁVEL SOB A PERSPECTIVA DO DIREITO BRASILEIRO COMO *LEX FORI*: A REGRA GERAL DO ART. 9º DA LINDB

O papel da autonomia da vontade no que concerne à definição da lei aplicável para reger um contrato é tema de debate clássico do Direito Internacional Privado que, ainda hoje, gera discussões que se fundam na criticada redação do art. 9º da LINDB. Referido dispositivo assim estatui: "para qualificar e reger as obrigações, aplicar-se-á a lei do país em que se constituírem" e, especificamente, em matéria de contratos, conforme exposto acima, para dirimir eventuais dúvidas sobre a definição do local de constituição da obrigação, na hipótese de contrato entre ausentes, o § 2º do referido dispositivo esclarece que "a obrigação resultante do contrato se reputa constituída no lugar em que residir o proponente".

Conclui-se, pois, que, em contratos trazidos à cognição de juízos brasileiros, estes deverão aplicar, para regê-los, a lei do local de sua celebração, quando o contrato for celebrado entre presentes, ou, na hipótese de contratos entre ausentes, a lei de residência do proponente. Deve-se entender pelo termo "residir", na lição de Amílcar de Castro, o "lugar onde estiver o proponente"[7], ou seja, o lugar de onde a proposta foi formulada, e não o domicílio ou o local habitual de morada do proponente. Assim define-se, pela indicação da norma de solução de conflito presente no art. 9º da LINDB, a denominada *lex loci contractus*.

A questão hermenêutica que se põe refere-se à possibilidade de inferir ou não, da ausência de uma abertura expressa à possibilidade de definição

assert or plead any objection which they might otherwise have to such jurisdiction and such process". U.S. Securities and Exchange Commission - Edgar Database, Asset Purchase Agreement, Disponível em: https://www.sec.gov/Archives/edgar/data/1428669/000119312510013625/dex21.ht

[7] CASTRO, Amílcar de. **Direito Internacional Privado**. Vol. 2. Rio de Janeiro: Forense, 1956. p. 177.

consensual da lei aplicável no enunciado do art. 9º da LINDB, uma proscrição à autonomia da vontade em matéria conflitual. A intepretação histórica do dispositivo oferece uma resposta certeira, embora inconveniente. Comparando-o com a legislação anterior nesse particular, qual seja, o art. 13 da Introdução do Código Civil de 1916 (Lei n. 3.071/1916), via-se uma expressa abertura à autonomia da vontade, a qual foi suprimida com o advento da LINDB.

Embora com limitações, a revogada Introdução do Código Civil de 1916 prestava deferência à autonomia da vontade das partes contratantes ao estabelecer que o elemento de conexão para a definição da lei aplicável às obrigações seria a do lugar onde essas fossem contraídas, salvo estipulação em contrário. A locução "salvo estipulação em contrário" representava clara abertura às partes para que, pelo poder de suas vontades, dispusessem sobre a lei aplicável. A alteração desse ponto fulcral pela legislação de reforma representa uma clara opção política do legislador pela limitação da autonomia conflitual em matéria contratual, estatuindo-se, de forma forçosa, a *lex loci contractus* com base nos elementos de conexão presentes no art. 9º da LINDB[8].

A solução dada pelo referido dispositivo é claramente insatisfatória. Conforme exposto, observa-se, globalmente, um fenômeno de valorização da autonomia da vontade em matéria conflitual em relação ao qual o Brasil se coloca em contramão. A sua proscrição é indesejada e representa um entrave à fluidez do comércio internacional. As reservas ao princípio da autonomia da vontade em matéria conflitual, encampadas pelo art. 9º da LINDB, são típicas do contexto político e histórico da primeira metade do século XX, quando da edição

---

[8] No mesmo sentido, *cf.* ARAUJO, Nadia de. **Direito Internacional Privado**: teoria e prática brasileira. 7ª ed. São Paulo: Revista dos Tribunais, 2018. p. 375. Em sentido contrário, *cf.* MAZZUOLI, Valerio de Oliveira. **Curso de Direito Internacional Privado**. 5ª ed. Rio de Janeiro: Forense, 2021. pp. 429-431. O autor propugna que a interpretação do art. 9º da LINDB deve ser a mesma anteriormente atribuída ao art. 13 da Introdução ao Código Civil de 1916, entendendo ser possível disposição das partes em contrário, de modo a afastar a aplicação da regra da *lex loci celebrationis* quando da presença de disposição das partes a eleger o direito aplicável. Referida proposição, embora subtraia o Direito Internacional Privado das merecidas críticas adiante abordadas, não resiste à interpretação histórica do dispositivo do art. 9º da LINBD. Também Jacob Dolinger e Carmen Tiburcio defendem a incorporação da autonomia da vontade em matéria de eleição de lei aplicável. Embora admitam que a redação do art. 9º da LINDB apresente alguma dificuldade, sustentam consistir a autonomia da vontade em princípio geral do direito, que estaria introjetado no ordenamento de Direito Internacional Privado brasileiro. Também nesse ponto a proposta revela fragilidades, haja vista que princípios gerais do direito, pelo teor da própria LINDB (art. 4º), aplicam-se somente ante a omissão da lei, não tendo acolhida quando da manifesta opção legislativa pela supressão da possibilidade da autonomia da vontade em matéria conflitual. *Cf.* DOLINGER, Jacob; TIBURCIO, Carmen. **Direito Internacional Privado**. 15ª ed. Rio de Janeiro: Forense, 2020. pp. 662-664.

de referido diploma normativo[9], não sendo compatíveis com a atual ordem internacional globalizada[10]. Consoante explicita Nadia de Araujo:

> No exterior, a normativa brasileira é vista com cautela, sendo considerada ultrapassada em relação aos países em que a autonomia da vontade está em primeiro lugar. A postura do país traz consequências nefastas para os negócios concluídos no âmbito do Mercosul e demais negócios transnacionais, porque ao se sopesar o "custo Brasil", os contratantes levam em conta a certeza ou incerteza jurídicas das regras internas. Para muitos acadêmicos estrangeiros, nossas regras de DIPr são incompatíveis com o papel que queremos desempenhar no mercado internacional[11].

Diante desse inconveniente, com o advento da Lei de Liberdade Econômica (Lei n. 13.874/2019, resultante da conversão da Medida Provisória n. 881/2019), houve quem propusesse que a nova principiologia da lei admitiria a interpretação de que a autonomia conflitual em matéria de lei aplicável aos contratos teria sido albergada pelo direito positivo brasileiro. Gustavo Ferraz de Campos Monaco sustenta que a introdução, no Código Civil, do parágrafo único aposto ao art. 421 e do art. 421-A municiaria o intérprete em construir um raciocínio jurídico que permitiria uma abertura do sistema à autonomia conflitual em matéria de contratos. O autor afirma que, em vez de modificar a norma de conflito insculpida no art. 9º da LINDB o legislador reformista optou por inserir, no Código Civil, normas de aplicação direta que, por meio de interpretação adequada, possuiriam as mesmas consequências que a alteração do esquema conflitual[12].

---

[9] Destaca-se, a propósito, a severa oposição ao princípio da autonomia da vontade em matéria conflitual pelos autores mais célebres desse período histórico, tais como Amílcar de Castro, Eduardo Espínola e Wilson de Souza Campos Batalha. *Cf.* CASTRO, Amílcar de. **Direito Internacional Privado**. Vol. 2. Rio de Janeiro: Forense, 1956. p. 174; ESPÍNOLA, Eduardo; ESPÍNOLA FILHO, Eduardo. **Lei de Introdução ao Código Civil Brasileiro** comentada na ordem dos seus artigos por Eduardo Espínola e Eduardo Espínola Filho. Vol. 2. Atual. Silva Pacheco. 3ª ed. Rio de Janeiro: Renovar, 1999. p. 418; BATALHA, Wilson de Souza Campos. **Direito Internacional Privado**. Vol. II. São Paulo: Revista dos Tribunais, 1961. p. 180.

[10] ARAUJO, Nadia de. Autonomia da Vontade. *In:* FILKENSTEIN, Cláudio; LIMA, Clarisse Laupman Ferraz (Coords.). **Enciclopédia Jurídica da PUCSP**: Tomo XI – Direito Internacional. São Paulo: PUCSP, 2022. p. 8.

[11] ARAUJO, Nadia de. **Direito Internacional Privado**: teoria e prática brasileira. 7ª ed. São Paulo: Revista dos Tribunais, 2018. p. 375.

[12] MONACO, Gustavo Ferraz de Campos. Escolha da lei aplicável aos contratos internacionais como mecanismo de liberdade econômica. *In:* CUNHA FILHO, Alexandre Carneiro da *et al.* (Coord.). **Lei da Liberdade Econômica Anotada**. Vol. 2. São Paulo: Quartier Latin, 2020. pp. 252-253.

O parágrafo único do art. 421 dispõe que a intervenção estatal sobre o conteúdo dos contratos deve ser mínima e a revisão de seus termos excepcional. O art. 421-A, em seus incisos, por sua vez, assegura a possibilidade de as partes estabelecerem os parâmetros interpretativos e a alocação de riscos aplicáveis aos contratos e reforça, mais uma vez, a excepcionalidade de sua revisão. Diante dessas disposições, afirma o autor que a inserção de cláusula de eleição de lei aplicável seria uma forma legítima de estabelecer parâmetros de interpretação e de alocação de riscos e que eventual afastamento da incidência do direito eleito representaria uma forma de revisão do pactuado, o que, em contratos paritários e simétricos, não seria justificável. Sustenta, nesse contexto, portanto, a plena eficácia de cláusulas de eleição de direito aplicável sob a perspectiva do direito brasileiro após o advento da Lei de Liberdade Econômica[13].

A proposta do autor, no entanto, não parece se sustentar. Isso porque, embora a Lei de Liberdade Econômica reafirme postulados já consagrados do direito contratual relativos à autodeterminação das partes contratantes, toda e qualquer atuação de autonomia da vontade é, por princípio, limitada pelas normas inderrogáveis presentes em um determinado ordenamento jurídico. A estipulação de padrões interpretativos e a alocação dos riscos contratuais devem ser prestigiadas, mas não poderão versar sobre dados erigidos como indisponíveis pelo sistema jurídico, sendo a norma conflitual de indicação da lei aplicável às obrigações, claramente, comando que se subtrai à possibilidade de afastamento convencional. Consoante Maristela Basso e Fabrício Polido, "o art. 9º da LICC expressa uma limitação formal à autonomia da vontade quanto à escolha da lei aplicável aos contratos. As partes devem observar que o dispositivo diz respeito a uma norma de ordem pública e não admite derrogação"[14].

Precedentes recentes do Superior Tribunal de Justiça parecem contradizer a posição aqui adotada. Com efeito, no bojo do REsp n. 1.280.218/MG, julgado em 12/08/2016, de relatoria do Min. Paulo de Tarso Sanseverino, com acórdão lavrado pelo Min. Marco Aurélio Bellizze[15], e do mais recente AgInt no REsp n. 1.343.290/SP, julgado em 20/08/2019, de relatoria do Min. Luis Felipe

---

[13] MONACO, Gustavo Ferraz de Campos. Escolha da lei aplicável aos contratos internacionais como mecanismo de liberdade econômica. *In:* CUNHA FILHO, Alexandre Carneiro da *et al.* (Coord.). **Lei da Liberdade Econômica Anotada**. Vol. 2. São Paulo: Quartier Latin, 2020. pp. 249-253.

[14] BASSO, Maristela; POLIDO, Fabrício P. Comentários aos Artigos 7º a 19 da Lei de Introdução ao Código Civil de 1942. *In:* LOTUFO; Renan; NANNI, Giovanni Ettore (Coords.). **Teoria Geral do Direito Civil**. São Paulo: Atlas, 2008.

[15] BRASIL. Superior Tribunal de Justiça. **REsp 1280218/MG**. Rel. Min. Paulo de Tarso Sanseverino, Rel. p/ acórdão Min. Marco Aurélio Bellizze. DJe 12/08/2016.

Salomão[16], colhem-se diversas manifestações dos julgadores consignando que a autonomia da vontade em matéria conflitual é princípio adotado pela disciplina dos contratos internacionais no direito brasileiro. Uma passagem da ementa do julgado do REsp n. 1.280.218/MG, composta pelo Min. Marco Aurélio Bellizze, é enfática nesse sentido: "Em contratos internacionais, é admitida a eleição de legislação aplicável, inclusive no que tange à regulação do prazo prescricional aplicável. Prescrição afastada, *in casu*, diante da aplicação do prazo previsto na lei contratualmente adotada (lei do Estado de Nova York - Estados Unidos da América)". No mesmo, sentido, trecho do voto do Min. Luis Felipe Salomão no julgado do AgInt no REsp n. 1.343.290/SP assenta como um dado a autonomia da vontade como elemento de conexão em contratos internacionais ao consignar que "tem-se como regra geral o cumprimento do contrato de acordo com seus termos e com a legislação escolhida para regência do pacto negocial ou pelo local de sua celebração".

Entretanto, conforme se infere dos relatórios de ambos os julgados, embora contivessem a presença de cláusula de eleição de direito estrangeiro, referidos contratos foram eles memos celebrados no país cujo ordenamento jurídico se indicava pela cláusula – expediente compreensível, do ponto de vista da estratégia jurídica, para contornar eventuais inseguranças que a redação do art. 9º da LINDB ocasiona. Nessa situação, a cláusula não constitui, em si, a *ratio decidendi* pela aplicação da lei estrangeira, visto que a conclusão seria a mesma, houvesse ou não a cláusula, em razão da aplicação do art. 9º da LINDB, que aponta para a mesma solução. As considerações elaboradas nos votos, acerca do valor da autonomia conflitual, constituem, portanto, simples *obiter dicta*, não sendo essenciais ao deslinde da controvérsia e, portanto, não possuindo valor normativo para afastar a conclusão de que, pela correta hermenêutica do ordenamento jurídico brasileiro como a *lex fori*, seria admissível a eleição do direito aplicável aos contratos internacionais[17]. Embora as opiniões externadas *in obiter* sejam indicadores da visão favorável que os julgadores, no âmbito do Superior Tribunal de Justiça, possuem em relação à autonomia conflitual, ela não é decisiva. Somente diante de uma hipótese de divergência entre a lei aplicável indicada pelo art. 9º da LINDB e aquela escolhida pelas partes em cláusula de eleição de direito aplicável, optando o entendimento das

---

[16] BRASIL. Superior Tribunal de Justiça. **AgInt no REsp 1343290/SP**. Rel. Min. Luis Felipe Salomão. DJe 23/08/2019.

[17] Sobre a distinção entre *ratio decidendi* e *obter dicta* dentro e um sistema de precedentes, com uma reflexão específica às peculiaridades do sistema jurídico brasileiro, *cf.* GLEZER, Rubens. Ratio decidendi. *In:* Celso Fernandes Campilongo; Alvaro de Azevedo Gonzaga; André Luiz Freire (Coords.). **Enciclopédia jurídica da PUC-SP**: Tomo Teoria Geral e Filosofia do Direito. São Paulo: PUC-SP, 2017.

cortes pela prevalência desta última, seria possível concluir pela existência de uma tendência jurisprudencial de aceitação da autonomia conflitual pelos tribunais brasileiros. Referida tendência, entretanto, arriscaria, inclusive, atrair para si a pecha de *contra legem*.

Em que pese o diagnóstico pouco animador acerca da correta interpretação do art. 9º da LINDB e o descompasso do direito brasileiro com as tendências globais em matéria da regulamentação da autonomia da vontade em contratos internacionais, não se pode, no entanto, atribuir-se à norma amplitude maior do que a necessária. Quando considerada sob o prisma do afastamento das normas supletivas da *lex loci contractus*, as quais são substituídas por arranjos convencionais que coincidam com a disciplina específica de um outro ordenamento jurídico, a eleição do direito aplicável é possível e apta a produzir efeitos em contratos que têm no direito brasileiro a sua *lex fori*[18].

Um exemplo é útil para clarificar a questão suscitada. Considere-se, por hipótese, um contrato celebrado no Brasil, ao qual, pela regra do art. 9º da LINDB, terá por aplicável a lei brasileira como *lex loci contractus*. Nesta situação, tem-se como remédio preferencial ao inadimplemento contratual a execução específica da avença. Suponha-se que consta de referido contrato cláusula específica que estatui como remédio preferencial a indenização em pecúnia, apenas admitindo em hipóteses excepcionais a execução específica. É possível argumentar que ocorreu um afastamento convencional das regras supletivas da lei brasileira no que concerne às consequências do inadimplemento, estatuindo-se um regime convencional que se aproxima, por exemplo, do ordenamento jurídico do Estado de Nova York (E.U.A.)[19]. Por estar a questão da definição dos remédios ao inadimplemento contratual, no direito brasileiro, dentro do espectro da autonomia da vontade das partes contratantes, sequer há que se falar, propriamente em eleição de direito aplicável, mas na mera efetivação da autonomia da vontade na modulação dos efeitos do negócio jurídico, ainda dentro do escopo de autoridade da lei aplicável ao contrato.

Ocorre que a conclusão do exemplo acima seria a mesma se, ao invés de estatuir, de forma clara, a modificação consensual do regime supletivo

[18] Gustavo Ferraz de Campos Monaco afirma que sustentava essa visão previamente ao advento da Lei de Liberdade Econômica. Entretanto, pelos motivos acima expostos, compreende-se que a edição desse novo diploma normativo não possui o condão de modificar o panorama do direito brasileiro em matéria de eleição de lei aplicável aos contratos. *Cf.* MONACO, Gustavo Ferraz de Campos. Escolha da lei aplicável aos contratos internacionais como mecanismo de liberdade econômica. *In:* CUNHA FILHO, Alexandre Carneiro da *et al.* (Coord.). **Lei da Liberdade Econômica Anotada.** Vol. 2. São Paulo: Quartier Latin, 2020. pp. 253-254.

[19] Essa é uma regra geral dos ordenamentos jurídicos da tradição do *common law*. VICENTE, Dário Moura. **Direito Comparado**. Vol. II: Obrigações. Edição Brasileira. São Paulo: Almedina, 2018. pp. 279-280.

aplicável, estipulando detalhadamente as hipóteses e consequências em um clausulado extenso, as partes simplesmente remetessem a questão à aplicação do direito contratual do Estado de Nova York (E.U.A.), para reger o contrato. Exsurgindo um conflito em que se debata, justamente, a questão do remédio preferencial a ser aplicado por ocasião do descumprimento do contrato, não se estará a questionar a validade da eleição do direito aplicável em si. Trata-se de uma mera questão de interpretação das disposições contratuais. Esse esforço hermenêutico nada tem a ver com a discussão de fundo acerca do poder da autonomia da vontade em deslocar o ordenamento jurídico indicado pela norma de conflito para um ordenamento jurídico eleito pelas partes. Isso porque, internamente ao ordenamento jurídico indicado pela norma de conflito (no exemplo, o direito brasileiro)[20], é naturalmente possível o afastamento convencional das normas supletivas (no exemplo, as regras sobre as consequências do inadimplemento contratual) em prestígio ao arranjo construído pela autonomia da vontade das partes que, coincidindo com a disciplina de um ordenamento jurídico estrangeiro, por economia vocabular e facilitação dos custos de transação, pode ser referido pelas partes como sendo o estatuto jurídico aplicável ao contrato em substituição às normas supletivas da lei aplicável ao contrato pela indicação da norma de conflito.

O que o art. 9º da LINDB efetivamente obsta é que a cláusula de eleição de direito aplicável possua o condão de atrair a aplicação em bloco, do

[20] Por óbvio, em caso diverso do exemplo, se a norma de conflito indicar a aplicação de ordenamento jurídico diferente do brasileiro, será sob a ótica do regime supletivo aplicável àquele direito que a interpretação dos limites do afastamento convencional deverá se guiar. No entanto, por ser o princípio da autonomia da vontade em matéria obrigacional um princípio comum a diversos ordenamentos jurídicos, sobretudo aos ordenamentos jurídicos dos países ocidentais com os quais o Brasil possui relacionamento comercial mais intenso, é seguro afirmar que o afastamento convencional das disposições supletivas será uma possibilidade em uma amostragem relevante dos casos. Por exemplo, sendo o contrato celebrado na França, constando a mesma cláusula de eleição do direito nova-iorquino como o aplicável, o juiz brasileiro deverá utilizar as normas do direito nova-iorquino como a lente para o afastamento das normas supletivas ditadas pelo direito francês, que constitui o direito aplicável pela norma de conflito. Não se ignora que esse procedimento poderá ensejar uma grande complexificação do litígio. Contudo, o ônus da prova, ao juiz brasileiro, do teor, vigência e sentido dos direitos estrangeiros envolvidos no conflito recairá sobre as partes, nos termos do art. 376 do Código de Processo Civil, as quais deverão ponderar esses riscos quando da escolha do local da celebração, da inserção da cláusula de eleição de direito aplicável e da opção pelo ajuizamento da demanda perante o juízo brasileiro e, sobretudo, deverão diligenciar para expor de forma clara o real sentido da norma (legal ou convencional) que deverá definir a contenda. Sobre a presença da autonomia da vontade como um princípio transversal a diversos sistemas jurídicos, sobretudo ocidentais, mas expandindo-se também a sistemas jurídicos não ocidentais, pelas pressões da economia de mercado no mundo globalizado, *cf.* VICENTE, Dário Moura. **Direito Comparado**. Vol. II: Obrigações. Edição Brasileira. São Paulo: Almedina, 2018. pp. 335-346.

ordenamento jurídico eleito, levando à sua incidência tanto em substituição às normas supletivas quanto às normas imperativas da *lex loci contractus.* Isso porque – mantendo-se o exemplo acima – a eleição do direito do Estado de Nova York (E.U.A.), em razão das características próprias do direito brasileiro (no exemplo, a lei ordinariamente aplicável), será plenamente eficaz e satisfatória para a definição do regime de consequências do inadimplemento contratual, entretanto, versando o conflito sobre a definição de prazos prescricionais, por exemplo[21], questão que, no direito brasileiro, não admite modulação convencional, a eleição do direito aplicável não se esgota no simples afastamento das normas supletivas, mas sim envolve o debate sobre o afastamento também das normas imperativas do ordenamento jurídico aplicável à relação e a sua substituição por aquelas do ordenamento jurídico eleito pela cláusula de eleição de direito aplicável. É, nesse ponto, que se revela pertinente a discussão acerca da possibilidade de eleição da lei aplicável, que, pela redação do art. 9º da LINDB, recebe resposta negativa. No exemplo, mesmo diante da cláusula de eleição de direito aplicável, o regime relativo aos prazos prescricionais será aquele indicado pela norma de conflito, no caso, o direito brasileiro.

Pelo regulamento vigente no direito brasileiro como *lex fori*, em matéria de eleição de direito aplicável a contratos, verifica-se, então, o seguinte esquema normativo, sintetizado por Eduardo Espínola e Eduardo Espínola Filho:

> 1º - a lei competente, em tudo quanto diz respeito à *matéria imperativa*, ou propriamente ao *regime das obrigações e contratos*, é a *lex loci celebrationis*, a qual não pode ser afastada por estipulação contrária das partes;
> 2º - em relação à *matéria supletiva*, só prevalecerá a *lex loci celebrationis*, como lei interpretativa da vontade das partes, quando estas não tenham estipulado cláusulas ou condições diferentes[22].

Diagnostica-se, pois, que, como regra, cláusulas de eleição de direito aplicável em contratos trazidos à jurisdição brasileira possuem eficácia limitada, embora não sofram proscrição ou padeçam de absoluta inutilidade, de modo que subsistirão quando, e somente quando, o conflito contratual trazido à cognição do juízo verse sobre questões referentes a normas supletivas. Quando a solução do direito eleito conflitar com normas imperativas do direito indicado

---

[21] Esse exemplo específico, da possibilidade de eleição da lei aplicável a contratos em matéria de prazo prescricional, envolvendo o ordenamento jurídico brasileiro e nova-iorquino, é fundada na discussão trazida pelo precedente do REsp n. 1.280.218/MG, anteriormente referido.

[22] ESPÍNOLA, Eduardo; ESPÍNOLA FILHO, Eduardo. **Lei de Introdução ao Código Civil Brasileiro** comentada na ordem dos seus artigos por Eduardo Espínola e Eduardo Espínola Filho. Vol. 2. Atual. Silva Pacheco. 3ª ed. Rio de Janeiro: Renovar, 1999. p. 419.

como aplicável pela norma de conflito, a cláusula de eleição de direito aplicável não subsistirá. Conforme formulação de Maria Helena Diniz, "não há acolhida da autonomia da vontade como elemento de conexão em matéria alusiva a contratos. Os contratantes apenas poderão exercer sua liberdade contratual na seara das normas supletivas da lei aplicável imperativamente determinada pela *lex loci contractus*"[23].

3. A CLÁUSULA DE ELEIÇÃO DE DIREITO APLICÁVEL SOB A PERSPECTIVA DO DIREITO BRASILEIRO COMO *LEX FORI*: EXCEÇÕES À REGRA GERAL TRAZIDAS PELA LEI DE ARBITRAGEM, PELA CISG E PELO CÓDIGO DE BUSTAMANTE

O diagnóstico trazido no item anterior, comporta, contudo, algumas exceções pontuais. Dadas algumas peculiaridades envolvendo o contrato no qual se encontre inserida, a cláusula de eleição de direito aplicável pode, eventualmente, ter sua plena eficácia de atrair, em bloco, a incidência do ordenamento jurídico estrangeiro eleito diverso da *lex loci celebrationis*. Isso porque a regra do art. 9º da LINDB, embora constitua a diretriz geral do regime conflitual brasileiro, possui relevantes derrogações em normas específicas que abrem espaço à autonomia conflitual das partes.

A exceção mais relevante encontra-se, justamente, na Lei de Arbitragem (Lei n. 9.307/1996). Gestada em momento histórico mais recente, no qual a abertura ao comércio internacional e a valorização da autonomia da vontade em matéria conflitual já havia se estabelecido como um consenso doutrinário e nas legislações estrangeiras, referida lei, em disposição expressa constante de seu art. 2º, §1º, admitiu, para os litígios sujeitos à composição arbitral, a possibilidade de as partes estipularem as regras de direito que serão aplicáveis à solução da contenda. Destarte, contando o contrato com a opção pela solução de conflitos pela arbitragem, a eleição do direito aplicável será igualmente possível, não se apondo as limitações e os tortuosos raciocínios engendrados pelo art. 9º da LINDB, o qual é derrogado em razão da especialidade da Lei de Arbitragem.

Ademais, a admissão da escolha da lei aplicável para dirimir conflitos contratuais submetidos a arbitragem é tão ampla que se entende possível, inclusive, que seja plenamente eficaz cláusula de eleição de direito aplicável mesmo ausente o elemento de internacionalidade no contrato em questão. É plenamente viável que, em um contrato inteiramente nacional, com partes,

[23] DINIZ. Maria Helena. **Lei de Introdução às Normas do Direito Brasileiro Interpretada.** 18ª ed. São Paulo: Saraiva, 2013. p. 324.

local de celebração e local de execução todos fixados no Brasil, eleja-se ordenamento jurídico diverso para reger eventual controvérsia, estando referido contrato sujeito a arbitragem[24].

A situação gera certo estranhamento, pois, internamente ao mesmo ordenamento jurídico, há um regime dual de direito material em razão do método de solução de conflitos adotado pelas partes. Conforme observam Clarissa Ferreira Macedo D'Isep e José Augusto Fontoura Costa: "existe, no direito brasileiro, um curioso *double standard*: contratos levados às cortes oficiais seguem a LINDB e, portanto, têm na *lex celebrationis* o Direito aplicável, mas se forem à arbitragem, seguirão a *lex voluntatis*"[25].

Para além dos contratos submetidos à arbitragem, a autonomia da vontade em matéria conflitual será admissível, mesmo na hipótese de contratos sujeitos ao juízo estatal, em razão da incidência de tratados e convenções internacionais que o Brasil tenha internalizado e que, para o seu âmbito específico de incidência, afastam a norma geral do art. 9º da LINDB, também em razão da especialidade.

Jacob Dolinger e Carmen Tiburcio afirmam que a CISG (Convenção das Nações Unidas sobre Contratos de Compra e Venda Internacional de Mercadorias, promulgada pelo Decreto n. 8.327/2014) abriria espaço à autonomia conflitual[26]. Aplicável ao contrato de compra e venda internacional de mercadorias firmado entre partes que tenham seu estabelecimento ou cujas regras de conflito indiquem como aplicável a lei em Estados submetidos à Convenção, a CISG não consiste em uma norma de Direito Internacional Privado que indica a legislação aplicável em caso de conflito. Trata-se, ela, na verdade, de uma regulamentação internacional que traz normas diretamente aplicáveis aos contratos sob o seu escopo de abrangência. Em caso de omissões, no entanto, a CISG, por disposição de seu art. 7º, (2), remete à aplicação dos princípios gerais que inspiram a Convenção – nos quais está incluída a autonomia da vontade – e, sucessivamente, às normas indicadas pelo Direito Internacional Privado. Nessa construção, é possível argumentar que, de forma supletiva às disposições da CISG, tendo em vista a incidência dos princípios gerais que a inspiram com prelazia às regras ordinárias do Direito Internacional Privado,

---

[24] Aventando essa possibilidade, embora não revelando sua posição acerca da questão, *cf.* BASSO, Maristela. **Curso de Direito Internacional Privado.** 6ª ed. São Paulo: Atlas, 2020. p. 362.

[25] D'ISEP, Clarissa Ferreira Macedo; COSTA, José Augusto Fontoura. Contrato Internacional. *In:* FILKENSTEIN, Cláudio; LIMA, Clarisse Laupman Ferraz (Coords.). **Enciclopédia Jurídica da PUCSP:** Tomo XI – Direito Internacional. São Paulo: PUCSP, 2022. p. 13.

[26] DOLINGER, Jacob; TIBURCIO, Carmen. 15ª ed. **Direito Internacional Privado.** Rio de Janeiro: Forense, 2020. p. 664.

uma cláusula de eleição de lei aplicável seria válida para atrair, em bloco, a incidência do ordenamento jurídico eleito pelas partes.

Outra relevante exceção encontra-se no pouco recordado Código de Bustamante (Convenção de Direito Internacional Privado de Havana, promulgada pelo Decreto n. 18.871/1929). Convenção elaborada com o intuito de harmonizar o regramento de Direito Internacional Privado dos países membros da União Panamericana[27], trata-se de norma vigente no direito brasileiro, que deve ser aplicada nas relações plurilocalizadas que envolvam os países que a ela se sujeitam. Em seu art. 166, o Código de Bustamante dispõe o seguinte: "As obrigações que nascem dos contractos têm força da lei entre as partes contractantes e devem cumprir-se segundo o teor dos mesmos, salvo as limitações estabelecidas neste Codigo". Eduardo Espínola e Eduardo Espínola Filho interpretam essa disposição como uma abertura à pactuação da legislação aplicável[28], dentro dos limites trazidos pelo Código, que fixa elementos de conexão obrigatórios para determinadas disposições e vicissitudes envolvendo contratos.

É uma concessão restrita à autonomia da vontade, semelhante à presente no art. 13 da Introdução ao Código Civil de 1916 – o que se justifica, inclusive, em razão da proximidade histórica de ambos os diplomas – a qual representa, no entanto, uma abertura maior do que aquela deferida pelo art. 9º da LINDB. Por esta razão, se o elemento de estraneidade relativo ao contrato internacional fixa-se em qualquer dos países membros da Convenção de Direito Internacional Privado de Havana, quais sejam, além do Brasil: Bolívia, Chile, Costa Rica, Cuba, República Dominicana, Equador, Guatemala, Haiti, Honduras, Nicarágua, Panamá, Peru, Salvador e Venezuela, a cláusula de eleição de direito aplicável terá eficácia mais abrangente para atrair, em bloco, a incidência do ordenamento jurídico de eleição.

Isso não quer dizer, em qualquer dessas situações especiais que excepcionam a norma limitativa do art. 9º da LINDB, que haja uma autonomia plena quanto ao exercício dessa escolha. A própria Lei de Arbitragem estabelece a ordem pública e os bons costumes como válvulas de controle da livre escolha das regras aplicáveis. Notadamente, situações em que se identifica a vulnerabilidade de uma das partes, como nos âmbitos do direito do consumidor e do direito do trabalho, não parece razoável a permissão de tal cláusula, tendo em consideração a possibilidade de um uso deturpado e abusivo. Além disso, quando a estrutura contratual se molda por meio da adesão, em que os termos são impostos por uma das partes, sem que haja a possibilidade de efetiva

[27] Embora não tenha contado com a adesão integral de seus membros.

[28] ESPÍNOLA, Eduardo; ESPÍNOLA FILHO, Eduardo. **Lei de Introdução ao Código Civil Brasileiro** comentada na ordem dos seus artigos por Eduardo Espínola e Eduardo Espínola Filho. Vol. 2. Atual. Silva Pacheco. 3ª ed. Rio de Janeiro: Renovar, 1999. p. 420.

modificação do seu conteúdo pela contraparte, verifica-se circunstância não propícia a receber a estipulação de cláusulas de eleição de direito aplicável. Ademais, a aplicação do direito estrangeiro pelo juízo brasileiro sempre sofrerá os limites impostos pelas normas de ordem pública da *lex fori*, a chamada "ordem pública de segundo nível"[29]. Nessa perspectiva, a cláusula de eleição de direito aplicável sempre terá a sua eficácia potencialmente restringida pela incidência de certas normas fundamentais do direito brasileiro.

Não é de se confundir, no entanto, as normas de ordem pública sob a perspectiva do Direito Internacional Privado, caracterizadas como normas de ordem pública de segundo nível ou, ainda, *lois de police* da *lex fori*, com as normas imperativas aplicáveis pelo direito estrangeiro indicado pela norma de conflito ou eleito. Um exemplo, novamente, poderá esclarecer a questão. Prazos prescricionais, como regra, compõem matéria de caráter imperativo, não estando sujeitos à determinação convencional pelas partes. No entanto, não constituem os prazos prescricionais em si normas de ordem pública de segundo nível, ou *lois de police* da *lex fori* no direito brasileiro. Por esta razão, a diversidade de prazos prescricionais não levará ao afastamento da aplicação do direito estrangeiro indicado pela norma de conflito ou, quando possível, eleito pelas partes[30]. Por outro lado, havendo determinada disposição do direito estrangeiro aplicável que, por exemplo, chancele práticas discriminatórias ou que restrinja excessivamente o direito à livre-iniciativa e ao trabalho, referidas normas serão afastadas pela ordem pública de segundo nível da *lex fori*, seja qual for a razão - legal ou convencional - que *a priori* indicava a sua incidência. Embora sejam naturalmente caracterizadas por sua fluidez e indefinição *a priori*[31], um bom guia para a identificação das normas de ordem pública de segundo nível está, por um lado, nas garantias constitucionais e, por outro, nas proibições de natureza criminal da *lex fori*[32].

---

[29] Sobre os níveis de incidência da ordem pública *cf.* DOLINGER, Jacob; TIBURCIO, Carmen. **Direito Internacional Privado**. 15ª ed. Rio de Janeiro: Forense, 2020. p. 456. Debatendo os níveis de incidência da ordem pública no particular da eleição de lei aplicável aos contratos internacionais, *cf.* MONACO, Gustavo Ferraz de Campos. Escolha da lei aplicável aos contratos internacionais como mecanismo de liberdade econômica. *In:* CUNHA FILHO, Alexandre Carneiro da *et al.* (Coord.). **Lei da Liberdade Econômica Anotada**. Vol. 2. São Paulo: Quartier Latin, 2020. pp. 253-254.

[30] Referido entendimento foi chancelado no bojo do REsp n. 1.280.218/MG, o qual será adiante analisado.

[31] Sobre a fluidez e indefinição do conceito de ordem pública no Direito Internacional Privado, *cf.* DOLINGER, Jacob; TIBURCIO, Carmen. **Direito Internacional Privado**. 15ª ed. Rio de Janeiro: Forense, 2020. pp. 449-453.

[32] *Cf.* a propósito MAZZUOLI, Valerio de Oliveira. **Curso de Direito Internacional Privado**. 5ª ed. Rio de Janeiro: Forense, 2021. p. 235.

CONCLUSÕES

A cláusula de eleição de direito aplicável é expediente consagrador da autonomia das partes na definição da legislação apta a solucionar eventuais controvérsias e problemas gerados ao longo de uma relação contratual. Seu uso traz maior segurança jurídica sobre os deslindes de uma adversidade negocial e tem o potencial de estabelecer regimes jurídicos mais consentâneos para o trato de determinadas temáticas. Em um contexto de grande pluralidade normativa, a escolha de um aparato legislativo pelos envolvidos na contratação permite um tratamento mais profícuo na abordagem do conteúdo de contratos específicos.

No Brasil, todavia, sua aplicação é permeada por controvérsias teórico-doutrinárias, que acabam por limitar seu uso no âmbito prático. O art. 9º da LINDB é tomado como regra gral. Entretanto, o referido dispositivo, lido em diálogo com outras normas presentes no ordenamento jurídico nacional, conduz à conclusão de que o uso da cláusula de eleição de direito aplicável apresenta limites quanto à sua eficácia, subsistindo quando a questão discutida envolver norma supletiva indicada pela *lex loci contractus*. De modo diverso, o conflito da cláusula com norma imperativa leva à sua não possibilidade de aplicação.

Identificam-se, contudo, espaços legislativos para o seu uso e para a sua aplicação no direito brasileiro. Assim, quando a cláusula de eleição de direito aplicável é ponderada a partir de instrumentos especiais, como a Lei de Arbitragem, a CISG e o Código Bustamante, seu uso se revela autorizado e de grande valia, não obstante estar circunscrito aos limites materiais de cada um desses arcabouços normativos.

Portanto, respeitados os limites proscritos nas garantias fundamentais e nos valores extraídos do texto constitucional, o uso da cláusula de eleição de direito aplicável revela grande valia, valorizando a autonomia das partes contratuais e propiciando um ambiente seguro para a realização de variadas avenças. O referido expediente necessita ser incentivado na prática contratual e soluções de *lege ferenda* para a reforma do art. 9º da LINDB seriam bem-vindas, com o intuito de propiciar adequado ambiente jurídico para exercício da livre escolha, pelos contratantes, de normas aptas a dirimir eventuais conflitos contratuais.

27. CLÁUSULA DE PROIBIÇÃO DE CONSTITUIÇÃO DE GARANTIAS (*NEGATIVE PLEDGE*): ESTRUTURAS VÁLIDAS E POSSÍVEIS FUNÇÕES

Fábio Roberto Barros Mello
André Rodrigues Corrêa

INTRODUÇÃO

Como desenvolver cláusulas contratuais que complementem o regime de garantias[1], indo além da responsabilidade patrimonial, sem depender de alguma das modalidades de garantia, sejam elas típicas ou atípicas, acessórias ou autônomas? Uma possível resposta pode ser a utilização da *negative pledge clause*, instrumento de natureza jurídico-obrigacional criado no âmbito da *Common Law* que corresponde, no âmbito da Civil Law, à obrigação de não constituição de garantias (obrigação de não-fazer). Em linhas gerais, o objetivo dessa cláusula é assegurar que o credor original (com ou sem garantia pessoal ou real) não seja colocado em posição de inferioridade em relação a novo credor detentor de garantia pessoal ou real.

Da mesma forma que, em muitas situações negociais não basta a responsabilidade patrimonial do devedor para assegurar o cumprimento dos contratos,

1 Ao longo de todo texto, a palavra *garantia* será utilizada primordialmente em sua acepção jurídica, referindo à modalidade de negócio jurídico que visa assegurar o cumprimento e a satisfação de obrigação. Para expressar a ideias não relacionadas com o significado jurídico-obrigacional, optou-se por sinônimos ou palavras de semelhante expressão semântica.

também ocorre que, muitas vezes, não há margem para negociar e constituir determinadas das garantias típicas. De outro lado, ainda, há casos em que as garantias típicas ou atípicas não são plenamente eficazes para assegurar o adimplemento da obrigação, vez que poderão existir créditos privilegiados.[2]

O desafio, nessas situações, está na criação de alternativa entre a insegurança de confiar na responsabilidade patrimonial geral e nos elevados custos de transação[3] e de monitoramento das garantias típicas ou atípicas, sejam pessoais e/ou reais, ainda mais diante do risco de sua a possível ineficiência frente a credores detentores de garantias com maior prioridade. Na *Common Law*[4] esse parece ser o papel desempenhado, em certos cenários, pelos chamados *covenants, entendidos como* pactos acessórios[5] estabelecidos por meio de cláusulas contratuais com a finalidade de fortalecer a intensidade de certos deveres, reforçar garantias e favorecer o adimplemento.[6] No campo da *Civil Law,* a estruturação de obrigações acessórias para a proteção dos interesses do credor e para conduzir o negócio ao adimplemento, pode ser realizada por

---

[2] O art. 83 da Lei n. 11.101/05 estabelece as preferências legais na hipótese de falência.

[3] Bruno Meyerhof Salama: *"Os* custos de ir ao mercado *identificados por Coase posteriormente receberam o nome* de custos de transação. *(...) Insisto no ponto: a Teoria dos Custos de Transação reforça a necessidade de pensar em mecanismos de coordenação para que esforços individuais se revertam em benefícios coletivos. E aqui vai um ponto central para toda a empreitada conduzida nesta obra: o direito pode aumentar ou diminuir os custos de transação no processo de produção de bens, cultura e informação."* (**O fim da responsabilidade limitada no Brasil**. São Paulo: Malheiros,2014, p. 328 e 331)

[4] *"A* common law *corresponde a um sistema de princípios e de costumes observados desde os tempos imemoriais e aceitos, tacitamente, ou expressamente, pelo poder legislativo, revestindo ora caráter geral, quando vigoram em todas as jurisdições, ora em caráter especial, quando imperam em certas regiões, tão-somente. Sua prova resulta da jurisprudência, pois, ao julgarem os casos concretos, os juízes declaram o direito comum, que lhes é aplicável."* (RÁO, Vicente. **O direito e a ida dos Direitos.** São Paulo: Editora RT, 2005, p. 145).

[5] Pontes de Miranda: "Direitos de acessoriedade. *Os direitos podem ser considerados em si mesmos, sozinhos e podem ser ligados a outros, como direitos acessórios (Nebenrechte). Os direitos acessórios de modo nenhum se incluem nos direitos de que são acessórios: a relação entre eles é anexidade, não de derivação, ainda quando se trate de interesses e perdas e danos pela mora. (...) Os* pacta adiecta *permitiram acordos adjectos (=não principais, não independentes), pactos que não modificam o negócio jurídico principal, sem que importe o tempo em que se fazem* (in continenti; *ou algum tempo depois* ex intervallo), *ou o que estabelecem de mais, ou de menos, em relação ao negócio jurídico principal (...). No direito moderno, a adstipulação e o pacto adjecto exercem função frequentíssima no mundo dos negócios bancários, industriais e agrícolas, inclusive para que soluções das dívidas sejam simultâneas e* uno acto, *e os inadimplementos das duas ou mais dívidas sejam subordinadas às mesmas penalidades."* (Francisco Cavalcanti. **Tratado de Direito Privado. Tomo XXII.** 3a. ed. São Paulo: Revista dos Tribunais, v. 221984, Tomo XXII, p. 60-61, 65)

[6] MELLO, Fábio Roberto Barros. "Garantia" das garantias: Covenants atribuem maior segurança aos negócios favorecendo o adimplemento. Consultor Jurídico, 7 may 2015. Disponivel em: <http://www.conjur.com.br/2015-mai-07/fabio-mello-covenants-favorecem-adimplemento-contratos>. Acesso em: 25 mar 2016.

intermédio da inserção, no contrato, de cláusulas de garantia e de segurança, dentre essas, a cláusula instituidora de proibição, à parte devedora, de constituição de garantias em benefício de terceiros (*negative pledge clause*) a atuar como instrumento complementar ao regime de garantias reais e/ou pessoais acessórias à operação.

A exposição, com vistas a apresentar a viabilidade do uso dessa cláusula e as funções que pode vir a desempenhar, foi dividida em seis partes: introdução, cláusulas de garantia e segurança, *negative pledge clause* em espécie, enquadramento jurídico, questões práticas e conclusões. A perspectiva central do texto reside na utilização dessa espécie de *cláusula* como instrumento contratual complementar às garantias (reais e/ou pessoais) típicas ou atípicas. Será apresentada a estrutura e a natureza jurídica da cláusula, bem como das obrigações que conformam seu conteúdo, levando em conta os conceitos de *poder* e *dever* que formam a relação jurídica, pelos princípios norteadores do processo obrigacional caracterizado pelo nascimento, desenvolvimento e adimplemento da(s) *obrigação(ões) instituída(s) por essa cláusula.* Os efeitos e a eficácia da cláusula serão discutidos com apoio na teoria dos planos do negócio jurídico e sob a perspectiva do credor e de terceiros. O estudo também abordará o papel da tutela inibitória e da execução específica relativamente à dinâmica da referida cláusula, bem como os efeitos positivos da introdução dessa cláusula na governança corporativa. Quanto aos efeitos do inadimplemento dessa obrigação, foram ponderados tato os aspectos relativos ao aceleramento da dívida (vencimento antecipado) como os aspectos indenizatórios decorrentes, com base nos interesses do beneficiário da obrigação e dos demais afetados. As conclusões são apresentadas ao final.

1. CLÁUSULAS DE GARANTIA E DE SEGURANÇA

As cláusulas de garantia e de segurança correspondem a uma forma de adaptação do contrato às situações nas quais há obstáculos ou restrições para a utilização de instrumentos de garantias do crédito sejam reais e/ou pessoas sejam típicos e/ou atípicos. Constatada essa situação, surge a necessidade de contornar tais dificuldades e a busca por instrumentos obrigacionais práticos que desempenhem uma função de ampliação de proteção ao interesse do credor. Essa finalidade de criação de ambiente contratual de maior segurança[7]

[7] DIAS, Joana Forte Pereira. Contributo para o estudo dos atuais paradigmas das cláusulas de garantia e/ou segurança: a pari passu, a negative pledge e a cross defautf. In: CORDEIRO, A. M.; LEITÃO, L. M.; GOMES, J. D. C. **Estudos em homenagem ao Professor Doutor Inocêncio Galvão Telles.** Coimbra: Almedina, v. IV, 2003. p. 881-883.

foi buscada, inicialmente na *Common Law*, por três espécies de cláusulas[8]: a *negative pledge*, a *pari pasu* e a *cross defalt*

A construção de um regime obrigacional complementar, baseado na autonomia da vontade e na liberdade de contratar, representa avanço no sistema de tutela do crédito e de garantias contratuais. Amplia-se o rol que se inicia com a garantia genérica[9], que passa pelas garantias típicas e pelas garantias autônomas[10], criando-se instrumento que funciona como instrumento complementar em reforço das demais modalidades. As cláusulas de garantia e segurança agem preventivamente, resguardando e buscando conservar o patrimônio do devedor, ao mesmo tempo em que pretendem preservar a igualdade entre o credor beneficiado pela cláusula e os demais credores. Tal cláusula, ao levar em consideração, na sua redação as peculiaridades próprias dos contratantes e o propósito da relação, acaba por personalizar de forma o negócio jurídico dotando-o de caráter "relacional"[11] e dotando-o, segundo alguns, de caráter *intuito personae.*[12]

A violação da cláusula viabiliza, *prima facie*, a aceleração da obrigação garantida por meio do seu vencimento antecipado podendo também dar ensejo à reparação de perdas e danos. Personaliza os vínculos contratuais, pois as cláusulas de garantia e segurança são baseadas nos mesmos princípios que regem o direito contratual: a cláusula deverá estar em consonância com postulados gerais do direito como razoabilidade, igualdade, adequação e proporcionalidade, que, em última análise, atuam na concretização dos princípios gerais dos contratos.[13] No âmbito da *common law,* William B. Stoebuck diz que

---

[8] MENEZES LEITÃO, Luís Manoel Teles de. **Garantia das Obrigações**. Coimbra: Almedina, 2012, p. 324.

[9] Expressão utilizada por Orlando Gomes: *"Embora o* patrimônio do devedor *responda por suas dívidas, é prudente, em muitos casos, não confiar apenas nessa* garantia genérica. *Não só o devedor pode estar endividado ou contrair novas dívidas, como não está proibido de alienar bens ou transferir direitos, enfraquecendo, em consequência, a garantia oferecida por seu patrimônio."* (**Obrigações**. 8a. ed. Rio de Janeiro: Editora Forense, 1994a, p. 276)

[10] Sobre o tema das garantias atípicas e garantias autônomas: VANZELLA, Rafael; GALBETTI, Luiz Mário. Contratos de Garantia e Garantias Autônomas. **Revista de Direito Mercantil**, 157, jan-mar 2011.

[11] Segundo Ian Macneil o elemento relacional leva a considerar que o contrato cria relações que "envolvem a pessoa por inteiro, são ilimitadas em âmbito, são únicas e intransferíveis" (O Novo Contrato Social, Elsevier, Rio de Janeiro, 2009, p. 12.

[12] DIAS, Joana Forte Pereira. Contributo para o estudo dos atuais paradigmas das cláusulas de garantia e/ou segurança: a pari passu, a negative pledge e a cross defautf. In: CORDEIRO, A. M.; LEITÃO, L. M.; GOMES, J. D. C. **Estudos em homenagem ao Professor Doutor Inocêncio Galvão Telles.** Coimbra: Almedina, v. IV, 2003. p. 888.

[13] DIAS, Joana Forte Pereira. Contributo para o estudo dos atuais paradigmas das cláusulas de garantia e/ou segurança: a pari passu, a negative pledge e a cross defautf. In: CORDEIRO, A. M.;

os *covenants* devem ter *touch and concern* com seu objeto, constituindo-se a característica como condição de exigibilidade.[14] Deve, pois, haver harmonia entre as cláusulas de garantia e de segurança e o âmago da obrigação principal que se pretende assegurar.

A matriz de existência das cláusulas de garantia e segurança é a prática contratual. Têm a mesma natureza dos contratos atípicos[15], sendo reguladas pelos princípios gerais em razão da ausência de regras legais específicas. Tais cláusulas, porém, possuem tipicidade social, atuando como instrumentos de garantia indireta – incentivo ao cumprimento/proteção diante do inadimplemento.

"A negative pledge" - segundo Menezes Leitão, *"tem por conteúdo uma obrigação negativa do devedor em não onerar o seu patrimônio com outras garantias pessoais e reais, além daquelas que existem no momento da assunção da obrigação."*[16] O propósito dela é assegurar reserva patrimonial do devedor em montante suficiente para satisfação da obrigação objeto do negócio, mediante a constituição de compromisso de que outros credores não receberão garantia semelhante ou melhor, ao mesmo tempo em que não serão colocados em posição de vantagem.

A cláusula *cross default* estende os efeitos do inadimplemento de uma obrigação ou contratos a todos os outros negócios do devedor, promovendo *efeito dominó.*[17] Vai além da relação jurídica em que foi contratada, podendo-se estender a outros contratos. Beneficia o credor que contratou a cláusula, permitindo que ele, diante de situação de debilidade jurídica e econômica do devedor, possa antecipar a defesa de seus interesses, promovendo vencimento antecipado geral.

A cláusula *pari passu* assegura a posição do credor e de seu crédito em relação ao endividamento do devedor. Constitui-se por meio da obrigação de

---

LEITÃO, L. M.; GOMES, J. D. C. **Estudos em homenagem ao Professor Doutor Inocêncio Galvão Telles.** Coimbra: Almedina, v. IV, 2003. p. 895.

[14] STOEBUCK, William B. Running covenants: an analytical primer. **Washington Law Review**, Washington, 52, 1977, p. 869.

[15] Conforme Orlando Gomes: *"Os que se formam à margem dos* paradigmas *estabelecidos – como fruto da* liberdade *de* obrigar-se *– denominam-se contratos* inominados *ou* atípicos. *(...) No direito moderno, a formação dos* contratos atípicos, *justifica-se como aplicação dos princípios da liberdade de obrigar-se e do consensualismo. O significado da expressão é diverso.* Inominados *eram os contratos que se incluíam fora dos quadros estabelecidos. Hoje assim se classificam os que não são objeto de regulamentação legal específica. A existência de nome peculiar jamais foi elemento decisivo para a distinção."* (**Contratos**. 13a. ed. Rio de Janeiro: Forense, 1994b, pp. 102-103)

[16] MENEZES LEITÃO, Luís Manoel Teles de. **Garantia das Obrigações**. Coimbra: Almedina, 2012, p. 324.

[17] MENEZES LEITÃO, Luís Manoel Teles de. **Garantia das Obrigações**. Coimbra: Almedina, 2012, p. 325.

não oferecer tratamento diferenciado e inferior em relação aos outros credores da mesma classe, impedindo o rebaixamento do credor. Para o credor, constitui o direito contratual de ser mantido exatamente na mesma posição, ao mesmo tempo em que significa, para o devedor, a obrigação de preservar a situação e vantagens dela decorrentes. *"Pode, por vezes, ser reconduzida a um contrato--promessa de concessão de garantia especial, condicionada à hipótese de celebração com outros credores."*[18]

2. A ESTRUTURA DA CLÁUSULA: ORIGEM, CONTEÚDO E OBJETIVOS

2.1. Origem

A origem da *negative pledge clause* está associada ao desenho e funcionamento do regime jurídico de garantias do crédito vigente na Common Law, mais especificamente no Direito Inglês. Nele existem quatro formas principais de garantias, que se dividem em duas categorias, determinadas pela existência de posse, pelo credor, da coisa objeto da garantia. No *lien* e no *pledge*, o credor tem a posse da coisa, enquanto que na *mortgage* e no *charge* a posse permanece com o devedor. O *charge*, ainda, pode se apresentar na forma fixa (*fixed charge*) ou flutuante (*floating charge*).[19]

O *lien* pressupõe a posse obtida na forma aceita e prevista na *common law*. A retenção é reconhecida como um direito. O titular é chamado de *lienee* e o devedor *lienor*, não sendo passível de transmissão. A previsão de garantia legal impede que seja constituído por consenso dos contratantes. Não comporta execução, sendo sua força decorrente do direito de retenção como forma de constrangimento do devedor. Extingue com a restituição da coisa ao *lienor*. Exceção à regra da reserva legal é o *equitable lien*, previsto com base na *equity*[20],

---

[18] MENEZES LEITÃO, Luís Manoel Teles de. **Garantia das Obrigações**. Coimbra: Almedina, 2012, p. 326.

[19] MENEZES LEITÃO, Luís Manoel Teles de. **Garantia das Obrigações**. Coimbra: Almedina, 2012, p. 37-44.

[20] "Equity, *ou direito costumeiro-jurisprudencial, fundado na igualdade. (...) Tal qual sucede no direito inglês, a* equity, *no direito Americano, inicialmente se revelou como um modo moralmente correto de solução de conflitos, assim atenuando o rigor do direito comum. Mas, aos poucos e por via dos julgados e dos precedentes por este modo criados, a* equity *se transformou em um corpo específico de direito positivo, com conteúdo próprio. Seu objeto recai sobre matéria não contemplada no* direito comum, *ora sobre matéria também por este direito e pela* statute law *regida, mas incluindo na* equity *sob aspecto diverso e das da rigidez daquelas demais regras obrigatórias."* (RÁO, Vicente. **O direito e a ida dos Direitos.** São Paulo: Editora RT, 2005, p. 149 e 152)

que decorre da possibilidade de o vendedor que já entregou a posse jurídica do bem ao comprador reter a posse de fato até o recebimento do preço.[21]

O *pledge* é constituído voluntariamente entre as partes, caracterizando-se pela transmissão da posse (chaves ou *bill of landing*) e sendo regido de modo semelhante ao *lien*. O outorgante é o *pledgor* e o outorgado o *pledgee creditor*. Pode ser cedido a terceiros. Tem natureza de garantia especial, sem outorga de propriedade, o que significa concessão da posse e o direito de defendê-la contra terceiros e pleitear indenização em caso de perda. O *pledge creditor* também pode usar e alienar o bem em caso de inadimplemento.[22]

O *mortgage* caracteriza-se pela transferência de um direito sobre a coisa, seja ela *legal* ou *equity*, sem a tradição. Confere, portanto, direito de propriedade ao credor. *Mortgagor* é o autor da garantia e o *mortgagee* é o beneficiário dela. A garantia é constituída por ato formal e se extingue com o cumprimento da obrigação. Enquanto isso, o *mortgagor* mantém a posse, podendo algo diferente ser contratado com o *mortgagee*. Se o objeto da garantia for um direito reconhecido em *equity* ou se não forem cumpridas formalidades legais, será chamada de *equitable mortgage*. A *legal mortgage* pressupõe a lavratura de escritura, no caso de bem imóvel, ou de contrato de promessa. Chama-se *specific performance* a conversão da *equitable mortgage* em *legal mortgage* [23]

O *charge* é espécie de garantia reconhecida apenas da *equity*.[24] Caracteriza-se pela conservação da posse pelo devedor, sem a transmissão da propriedade em favor do credor. *Chargor* é o credor beneficiário da garantia e o *chargee* é o devedor outorgante. O *chargor* mantém apenas a mera apropriação do bem, podendo o *chargee* continuar utilizando-o. A oneração da coisa pode

---

[21] MENEZES LEITÃO, Luís Manoel Teles de. **Garantia das Obrigações**. Coimbra: Almedina, 2012, p. 37-40. HAN, Tan Cheng. The negative pledge as a "security" device. **Singapore Journal of Legal Studies**, p. 415-441, 1996.

[22] MENEZES LEITÃO, Luís Manoel Teles de. **Garantia das Obrigações**. Coimbra: Almedina, 2012, p. 40-41.

[23] MENEZES LEITÃO, Luís Manoel Teles de. **Garantia das Obrigações**. Coimbra: Almedina, 2012, p. 41-42.

[24] No Direito Inglês, embora se reconheça a possibilidade de existência de "*equitable ownership*" não se admite a existência de "*equitable possession*" e, portanto, não se admite a existência de um "*equitable pledge*" ("Goode and McKendrick on Commercial Law", Penguin. 6ª ed.,Londres, 2020, §, 2.37, p. 56). O instituto "análogo" ao *pledge* na *Equity* é *a charge* criada em razão das necessidades de financiamento à companhias de responsabilidade limitada do século XIX. Desenvolvida inicialmente em um caso de substituição de garantia incidente sobre maquinário (*Holroyd v. Marshal* (1862) 10 HL Cas 191) que haveria de ser substituído ela foi logo aplicada para permitir o desenvolvimento de garantias que podessem ser utilizadas quando o objeto fossem bens "circulantes" tais como estoque e recebíveis sendo denominada, nessas hipóteses, *floating charge* (Goode and McKendrick on Commercial Law", Penguin. 6ª ed.,Londres, 2020, §, 25.01, pp. 787-788)

ter a forma fixa ou flutuante, denominados, respectivamente, *fixed charge* e *floating charge*.[25] O *fixed charge* se assemelha ao penhor de coisas e créditos, enquanto que o *floating charge* tem como objeto todo o patrimônio do devedor comerciante. A constituição é feita por meio de documento que evidencie a intenção de formalizar o *charge* sobre bens com a possibilidade de alienação no curso dos negócios.[26]

A *negative pledge clause* foi desenvolvida a partir do *floating charge*.[27] Constituída a *floating charge* sobre todo o patrimônio do devedor, ele continua a executar suas operações comerciais de modo regular, sendo, naturalmente, obrigado a obter outros financiamentos e a constituir novas garantias. Segundo Tan Cheng Han, o problema era que a preferência e a garantia proveniente do *floating charge* poderia ser afastada em decorrência de *fixed charge* posterior.[28] Diante disso, os credores passaram a exigir a inclusão de cláusulas proibindo novas operações capazes de comprometer a prioridade da *floating charge* ou concorrer com ela em igualdade de condições. A garantia sobre o estabelecimento, então, era associada à obrigação de não constituição de encargo ou outra garantia, seja ela *mortgage, pledge, charge (fixe dor floating)*, sem aquiescência do credor.[29] Nos Estados Unidos da América, os primeiros registros da utilização da *negative pledge clause* datam do final do Século XIX e se referem às emissões de obrigações de empresas ferroviárias.[30] Menezes Cordeiro aponta que as dificuldades suportadas pelas instituições financeiras a partir da desvalorização dos bens de seus clientes como fato que contribuiu para alagar a presença dela em contratos financeiros após os anos 40.[31]

2.2. Conteúdo "típico"

A *negative pledge clause* é espécie de *obrigação* de não fazer por meio da qual, num sentido mais amplo, o devedor obriga-se a não onerar o seu

---

[25] *Companies Act* 1948, *section 95, e Companies Act* 1985, *section* 395,

[26] MENEZES LEITÃO, Luís Manoel Teles de. **Garantia das Obrigações**. Coimbra: Almedina, 2012, p. 42-44.

[27] MITCHELL, Thomas C. The Negative Pledge Clause and The Classification of Financing Devices: A question of Perspective. **American Bankruptcy Law Journal**, v. 60, p. 159, 1986.

[28] *Wheatley v. Silkstone and Haigh Moor Coal Co. (1885) 29 Ch D 715; Robson v. Smith (1895) 2 Ch 118, at 124.*

[29] HAN, Tan Cheng. The negative pledge as a "security" device. **Singapore Journal of Legal Studies**, p. 415-417, 1996.

[30] MENEZES CORDEIRO, Antônio M. Negative Pledge: um estudo comparatístico. **O Direito**, 142, 2010, p. 499-500.

[31] MENEZES CORDEIRO, Antônio M. Negative Pledge: um estudo comparatístico. **O Direito**, 142, 2010, p. 502.

patrimônio. A cláusula pode ser firmada de modo a estabelecer compromissos mais restritos, ficando o devedor onerado mediante conjunto específico de condutas, tais como a não estabelecer sobre os seus bens, sejam eles presentes ou futuros, preferências, encargos, ônus ou garantias específicas (reais) em favor de terceiros. O âmago de eficácia dessa obrigação atua no ponto existente entre a constituição de garantias *stricto sensu* e a existência da responsabilidade patrimonial geral.[32] Significa dizer que a *negative pledge clause*, mediante sua vinculação obrigacional que desempenha, atua no espaço que existe entre as garantias, real ou pessoal, subsidiária ou autônoma, e a garantia genérica ou a ausência de qualquer garantia em espécie. A atuação da cláusula vai além da garantia genérica porque visa preservar bens para torná-la efetiva, ao mesmo tempo em que reforça as garantias, por ventura já existentes, porquanto oferece proteção contra garantias concorrentes, buscando restringir a constituição de créditos preferenciais e impedir o surgimento de novas garantias nas mãos de terceiros que comprometam a efetividade daquelas detidas pelo credor que pretende se beneficiar dessa cláusula.[33]

A motivação por trás da *negative pledge clause* está nas circunstâncias econômicas e jurídicas inerentes ao patrimônio do devedor. É natural que exista oscilação em quantidade e qualidade ao longo do tempo, podendo essa variação atender ou prejudicar os interesses do credor. O foco dessa espécie de cláusula está na disposição do devedor em agir voluntariamente na alienação e na produção de resultado que impeça ou comprometa a segurança do credor.[34] A distribuição dela ao longo do tempo atende ao dinamismo do mundo dos negócios e tem sua construção amparada na convicção de que o adimplemento depende da manutenção das condições econômicas e financeiras do obrigado.

O objetivo é deixar todo o acervo patrimonial do devedor livre para lastrear a dívida e tornar efetiva a responsabilidade patrimonial do devedor em relação ao credor. A obrigação constrange os bens presentes e destina-se também aos futuros, contribuindo para que o acréscimo patrimonial funcione como elemento de maior segurança. Da mesma forma, impede-se o aumento do número de credores com garantias concorrentes e que poderão disputar em condição

---

[32] DIAS, Joana Forte Pereira. Contributo para o estudo dos atuais paradigmas das cláusulas de garantia e/ou segurança: a pari passu, a negative pledge e a cross defautf. In: CORDEIRO, A. M.; LEITÃO, L. M.; GOMES, J. D. C. **Estudos em homenagem ao Professor Doutor Inocêncio Galvão Telles.** Coimbra: Almedina, v. IV, 2003. p. 931-932.

[33] BRATTON, Willian Wilson. Bond Covenants and Creditor Protection: Economics and Law, Theory and Practice, Substance and Process. European Business Organization Law Review (EBOR), Forthcoming, Georgetow, May 2006. Available at SSRN: http://ssrn.com/abstract=902910.

[34] HOBBS, Tracy. The Negative pledge: a brief guide. Journal of International Banking Law, p. 269-274, 1993.

de igualdade a satisfação de obrigações da mesma espécie e amparada em um único patrimônio. Do ponto de vista reflexo, a *negative pledge clause* limita o endividamento com garantias e age, subsidiaria e indiretamente, como instrumento de governança corporativa no qual o controle da tomada de decisão do devedor é detido pelo credor.[35]

O cerne do negócio assegurado por essa cláusula de garantia será o elemento fundamental da análise a respeito da amplitude, da limitação da obrigação negativa, das restrições aceitáveis e das hipóteses de violação. Proporcionalidade e razoabilidade são parâmetros iniciais a serem considerados no estabelecimento dessa obrigação negativa. A obrigação acessória deve se harmonizar à obrigação principal, permitindo que ambas atuem em conjunto. A manutenção de determinado nível patrimonial deve limitar a constituição de novas garantias e, se possível, de novas dívidas que impeçam o pagamento das mais antigas, seja pela ausência de força econômica, seja pela deficiência financeira. Mais do que isso, poderá resultar em excesso de intervenção e abusividade.

A *negative pledge clause*, de modo geral, se constitui pela assunção do dever de abstenção[36], em omissão proposital ou em compromissos negativos, o que permite seu trânsito em negócios de diferentes regimes sem que a concepção da cláusula seja comprometida. Eis porque ainda que tenha surgido no âmbito dos negócios firmados à luz da *common law* possui potencial de adaptar ao regime da *civil law*[37] e, mais especificamente, ao direito brasileiro.[38]

---

[35] NASH, Robert C.; NATTER, J.effry M.; POULSEN, Annette. B. Determinants of contractual relations between shareholders and bondholders: investment opportunities and restrictive covenants. **Journal of Corporate Finance**, n. 9, p. 210-232, 2003.

[36] *"Cada dever tem o seu conteúdo. O conteúdo dos deveres consiste em ato ou omissão do devedor, ou, nos casos de responsabilidade objetiva, reparação pelo fato anterior ao qual se haja exposto o devedor. O ato ou é pessoal (prestações de serviços, abstenções), ou pessoal patrimonial (prestação de coisa ou de dinheiro). Ali, há limites concernentes às* possibilidades *do que deve e dos quais seria de exigir-se a prestação (perigo para a vida, esforço excessivo, perigo para a família, etc.); aqui salvo regra jurídica especial, não há limites, e não se pode invocar ausência de culpa, de modo que, ainda quando não possa pagar a dívida, o devedor continua de dever e está obrigado."* (PONTES DE MIRANDA, Francisco Cavalcanti. **Tratado de Direito Privado. Tomo V**. 4a. ed. São Paulo: Revista dos Tribunais, v. 5, 1983, p. 427)

[37] LAGUADO, Dario. "Transplanting Contractual Terms: The Influence of the Common Law in the Civil Law of Contracts, a view from the Periphery" Expresso (2015). Selected Works, 2015. Disponivel em: <http://works.bepress.com/dario_laguado/1/>. Acesso em: 24 jan. 2016.

[38] A formação da *negative pledge clause* segue os princípios fundamentais do regime contratual. De início, tem-se o *princípio da autonomia da vontade* que, consequentemente, se apresenta de modo particular por meio da *liberdade de contratar* (CC, art. 421). A *vontade* é o elemento central do vínculo que favorece a concepção desses objetivos e para explicação das figuras jurídicas a ela relacionadas (SILVA, Clóvis do Couto e. **A obrigação como processo**. Rio de Janeiro: Editora FGV, 2006, p. 24-25). A submissão do negócio à aplicação de cláusula de garantia e de segurança

2.3. Objetivos

A finalidade da *negative pledge clause* é reforçar a tutela decorrente da responsabilidade patrimonial geral e impedir a ampliação do comprometimento do patrimônio do devedor com novas garantias. São dois propósitos bem definidos que se encontram na tentativa de assegurar as condições econômicas do devedor para que a obrigação possa ser satisfeita. O resultado é atingido mediante a criação de obstáculos contratuais à constituição de preferências, de privilégio e do surgimento de outros credores com garantias concorrentes, assim como por meio de medidas que conservem a integridade dos bens do devedor em condição de fazer frente aos débitos que possui com o credor que pretende se beneficiar da cláusula.[39]

Situações em que há concurso de credores representam grande preocupação ao credor. Pensa-se aqui no processo falimentar ou na insolvência civil. Mesmo que ele seja titular de garantia real, poderão ser constituídos créditos preferenciais, como aqueles decorrentes da legislação do trabalho, para ficar num único exemplo. Além disso, a prerrogativa creditória pode não representar vantagem ao credor mutuante, pois o devedor mutuário continuará exercendo sua atividade e novas obrigações serão constituídas, algumas delas com

---

advém da auto-regência de interesses e da liberdade que as partes têm para construir relações que suscitem efeitos desejados (GOMES, Orlando. **Contratos.** 13a. ed. Rio de Janeiro: Forense, 1994b, p. 22-23). Contudo, a vontade não é absoluta. Ela sofre cerceamentos em relação ao conteúdo quando confrontada com os limites impostos pela ordem jurídica e social, como o fato de a criação de direitos reais ser condicionada às hipóteses típicas, ao caráter absoluto e ao *numerus clausus* (CC, art. 1.225), o respeito aos direitos e garantias fundamentais (CF, art. 5º) e a necessidade ser respeitar os bons costumes e o abuso de direito. A *função social* se revela a partir dos efeitos econômicos e da tipicidade social, sendo a cláusula de garantia e segurança instrumento útil aos seguimentos em que vem sendo utilizada, bem como instrumento facilitador de negócios. *Probidade* e *boa-fé* também se relacionam à *negative pledge clause* a partir da imposição do dever relacionado à fidelidade e também ao interesse do outro. Segundo Clóvis do Couto e Silva, o motivo se relaciona à boa-fé quando ele é o fator determinante do negócio, adquirindo a condição de fim de atribuição especial, que vai além do motivo puro e simples, passando à condição qualificador do adimplemento (**A obrigação como processo**. Rio de Janeiro: Editora FGV, 2006, p. 41). O conteúdo se submete ao princípio da força obrigatória dos contratos, ficando subordinada aos requisitos de validade intrínsecos aos negócios jurídicos e à intangibilidade do conteúdo, o qual resulta a impossibilidade de revisão, de modulação ou de liberação. Por fim, da *liberdade de contratar* advém da possibilidade de formação de *contratos atípicos* (CC, art. 425), podendo as partes desenvolver obrigações genéricas e que são modeladas para ser retirar resultado específico.

[39] DIAS, Joana Forte Pereira. Contributo para o estudo dos atuais paradigmas das cláusulas de garantia e/ou segurança: a pari passu, a negative pledge e a cross defautf. In: CORDEIRO, A. M.; LEITÃO, L. M.; GOMES, J. D. C. **Estudos em homenagem ao Professor Doutor Inocêncio Galvão Telles.** Coimbra: Almedina, v. IV, 2003. p. 938-939.

melhores garantias. Inexistindo algumas das espécies de garantias, sejam elas reais ou pessoais, subsidiárias ou autônomas, a segurança do credor somente poderá ser obtida sem o surgimento de preferências ao longo da execução do contrato. Os novos credores não poderão ser beneficiados com garantias não oferecidas àquele que primeiro alavancou a operação do devedor. O efeito prático é que a obrigação de não constituir novas garantias provavelmente dificultará a obtenção de novos financiamentos e a primeira finalidade possivelmente será alcançada. O segundo propósito decorre diretamente do primeiro. Proibições contratuais restringem a ação do devedor e agem no sentido de poupar e de resguardar os bens dele. Limitam, pois, o endividamento e reforçam a tutela decorrente da responsabilidade patrimonial.

A cláusula equilibra a obrigação principal e a garantia legal decorrente da responsabilidade patrimonial.[40] A efetividade do comando legal é obtida com ato volitivo dos contratantes. O credor condiciona o negócio à assunção da obrigação acessória materializada na *negative pledge clause*. Por sua vez, a conduta do devedor direciona-se à aceitação do constrangimento e do compromisso negativo. Muito embora se saiba que a obrigação de não constituir garantias não impede a assunção de novas obrigações, tem-se em mente o efeito reflexo da cláusula para buscar que novos créditos preferenciais não onerem o patrimônio, da mesma maneira que a transformação de obrigações não sejam utilizadas como artifício à formação de privilégios.[41]

Conquanto a *negative pledge clause* não seja reconhecida como *genuine loan security*[42] ou *security interest*[43], a eficácia obrigacional dela produz efeitos de segurança que não devem ser desconsiderados. A finalidade e os resultados almejados podem ser obtidos a partir da aplicação dela em negócios que não dispõem de garantias típicas. Ainda que o credor não disponha de meios contundentes e certos para impedir a violação do compromisso, as consequências do inadimplemento atuam coercitivamente nas condutas do devedor. Os efeitos *ex post* da violação da cláusula – vencimento antecipado da obrigação ou execução específica – podem ser bastante eficazes para a obtenção do cumprimento do contrato.

---

40 GOMES, Orlando. **Obrigações**. 8a. ed. Rio de Janeiro: Editora Forense, 1994a, p. 172.

41 DIAS, Joana Forte Pereira. Contributo para o estudo dos atuais paradigmas das cláusulas de garantia e/ou segurança: a pari passu, a negative pledge e a cross defautf. In: CORDEIRO, A. M.; LEITÃO, L. M.; GOMES, J. D. C. **Estudos em homenagem ao Professor Doutor Inocêncio Galvão Telles**. Coimbra: Almedina, v. IV, 2003. p. 931-939.

42 MERKEL, Helmut. Implications of the Negative Pledge Clause in International Finance. **International Business Law Journal**, 7, 1987. P. 676.

43 ASIEDU-AKROFI, Derek. Negative pledge Clauses in international loan agreements. **Law & Policy in International Business**, 26, 1994-1995, p. 444.

2.4. Descrição das formas/modelos habitualmente utilizados

2.4.1. Básica ou padrão

A forma *básica* ou *padrão* da *negative pledge clause* é caracterizada pelo estabelecimento de obrigação negativa, especificada no dever de não outorgar nenhuma espécie de garantia preferência a qualquer credor. Estabelece um *non facere,* cabendo ao devedor abster-se de prestar qualquer espécie de garantia a partir da formalização do contrato.[44]

O efeito legal dessa espécie de cláusula é a criação de conexão obrigacional que não sobrecarregue ou crie qualquer espécie de garantia sobre os bens do devedor enquanto a dívida não for paga. A restrição de uso e de disposição não gera uma obrigação positiva, tampouco dependência do bem para com o débito.

Na forma *básica* há coincidência entre *debitum* e *obligatio*[45] porque a responsabilidade é consequência direta do inadimplemento da obrigação negativa. O dever de prestação e a sujeição da responsabilidade se encontram na obrigação negativa que constitui a essência da cláusula de garantia e segurança. Ela nasce, se desenvolve e é adimplida no plano das obrigações pessoais. Significa, então, que os efeitos jurídicos inerentes ao adimplemento constituem ato-fato passível de ser coagido por meio de ações pessoais.

---

[44] MENEZES CORDEIRO, Antônio M. Negative Pledge: um estudo comparatístico. **O Direito**, 142, 2010, p. 524.

[45] O conceito de obrigação se divide em *debitum* e *obligatio.* A distinção importa para que seja realizado o exercício de decomposição dos elementos que caracterizam a relação obrigacional. Daí se observa a existência de finalidade *imediata,* que é a prestação considerada em si mesma, e a *mediata,* que é sujeição do patrimônio do devedor. Há, então, o *dever de prestação* atribuído ao devedor e que se manifesta no *debitum,* ao passo que à *sujeição* corresponde à responsabilidade e que apresenta na *obligatio.* De modo geral, *debitum* e *obligatio* estão fundidos em uma mesma obrigação. Todavia, existem relações em que há *debitum* sem *obligatio,* como é o caso das obrigações naturais; *obligatio* sem *debitum,* tal qual se oferece garantia real para dívida de terceiro; *obligatio* sem *debitum* atual, como na fiança; e o *debitum* sem *obligatio* próprio, que equivale à obrigação imperfeita garantida por terceiro (GOMES, Orlando. **Obrigações.** 8a. ed. Rio de Janeiro: Editora Forense, 1994a, p. 14-15). A *negative pledge clause* é espécie de relação jurídica obrigacional em que *poder* e *dever* se manifestam em obrigação de não fazer, caracterizada pela conduta de não outorgar garantias sobre bens próprios ou de não conceder direitos ou prioridades. A *prestação* negativa é a finalidade *imediata,* enquanto que a *mediata* é a preservação do patrimônio do devedor. De modo geral, o *debitum* é construído para assegurar a efetividade da responsabilidade que é oriunda da *obligatio.* Espera-se seja preservada a prioridade do credor, de modo que ele não seja colocado em situação jurídico-contratual menos vantajosa. *Debitum* e *obligatio* variam de acordo com a formulação da cláusula e a observância a essas circunstâncias é útil à solução de divergências envolvendo a aplicação prática da cláusula e a solução de litígios, assim como questões inerentes à execução da obrigação.

A violação da *negative pledge clause* ocorre com a outorga de garantia ou por meio do estabelecimento de alguma modalidade de privilégio ou de preferência em favor de outro credor. Pela natureza da obrigação, pode-se dizer que o credor não terá ação desconstitutiva contra o terceiro beneficiário no que diz respeito ao vínculo subsequente.[46] Poderá apenas discutir eventual responsabilidade civil em decorrência de danos, sem poder agir em face da preferência surgida em desfavor dele. O remédio jurídico contra a quebra do *covenant* é a exigibilidade das cláusulas consequenciais do inadimplemento, como a de vencimento antecipado da obrigação principal e a de natureza penal.[47]

2.4.2. Afirmativa ou com extensão de segurança

A versão *afirmativa* ou *estendida* da *negative pledge clause* pressupõem a construção e os efeitos jurídicos da formulação *básica* ou *padrão*, acrescida de outra obrigação, subsidiária e positiva, para a hipótese de violação da essência do compromisso. Há, portanto, obrigação de não outorgar garantias ou instituir preferências a terceiros credores da mesma espécie, que pode vir estabelecida mediante comando obrigacional objetivo e categórico ou por meio de obrigação negativa implícita e reflexa. E, ato contínuo, a cláusula trás como consequência da outorga de garantia a terceiro credor, o dever[48] de que a igualdade entre os credores seja reestabelecida, mediante subsequente obrigação de que semelhante garantia será outorgada ao credor original. A formulação pode ser interpretada como junção de duas cláusulas de garantia e segurança: a própria *negative pledge clause*, na forma *básica*, com a *pari passu*, ou seja, a junção de uma obrigação de não-fazer (não constituir garantia a terceiros) com uma obrigação de fazer (constituir garantia de igual natureza àquela concedida para terceiro) cuja exigibilidade decorre do descumprimento da primeira

---

[46] A obrigação negativa não será apta à criação de garantia jurídica, não afetando determinado bem ou patrimônio. Contudo, a redação da cláusula, sob a perspectiva de constituição de garantia e o registro dela em títulos e documentos, pode suscitar toda a construção doutrinária e jurisprudencial por meio do qual reconheceu a exigibilidade da promessa de compra e venda de imóvel para fins de alienação do direito real. Para o desenvolvimento do tema, cabe citar trabalho de Rafael Domingos Faiardo Vanzella (**O contrato e os direitos reais.** São Paulo: Revista dos Tribunais, 2009).

[47] DIAS, Joana Forte Pereira. Contributo para o estudo dos atuais paradigmas das cláusulas de garantia e/ou segurança: a pari passu, a negative pledge e a cross defautf. In: CORDEIRO, A. M.; LEITÃO, L. M.; GOMES, J. D. C. **Estudos em homenagem ao Professor Doutor Inocêncio Galvão Telles.** Coimbra: Almedina, v. IV, 2003. p. 945.

[48] Obrigação *imperfeita* (GOMES, 1994a, p. 97).

Menezes Cordeiro considera a possibilidade de a violação da cláusula fazer surgir um direito real em favor do credor, tanto no Direito Inglês como no Português. Segundo ele, no primeiro caso, estando o bem a que se dirigiria a obrigação previamente determinado, a caracterização desse efeito jurídico seria possível e aceitável. O contrário, decorrente da indeterminação do bem que seria afetado com a garantia, caracterizaria um obstáculo a tal espécie de resultado. Nesta hipótese, a *negative pledge clause* seria apenas uma obrigação contratual.[49] De outro lado, o mesmo efeito jurídico não seria possível em Portugal, dada a natureza constitutiva do registro da garantia típica, assim como a ausência de instituto semelhante ao *equitable security*.[50] Ainda assim se poderia discutir a possibilidade de, pela publicidade dada à cláusula (por exemplo, pelo registro do contrato junto ao registro de títulos e documentos de forma semelhante como se tem feito para conferir eficácia erga omnes a cessão fiduciária de créditos), permitir que ela fosse utilizada como justificativa para invalidar garantia constituída posteriormente à sua instituição.

Menezes Cordeiro admite ser possível a busca pela tutela jurisdicional, visando obstar a concessão de garantia em violação da cláusula de proibição de constituição de garantia para terceiros ou para solicitar a extensão da posição do credor original para posição semelhante a dos novos credores.[51]

A essência da obrigação continua sendo a preservação da preferência do credor original e beneficiário da *negative pledge clause*, o que é estabelecido por meio de duas obrigações distintas. Estabelece-se, assim, a possibilidade de o devedor discernir sobre a conveniência e a oportunidade de assumir o ônus de instituir duas garantias, aquela que outorgará ao terceiro credor e outra que deverá ser concedida ao credor original, decorrente do cumprimento da cláusula de garantia e segurança, mantendo a *par condicio creditorum*.[52]

---

[49] MENEZES CORDEIRO, Antônio M. Negative Pledge: um estudo comparatístico. **O Direito**, 142, 2010, p. 520-521.

[50] MENEZES CORDEIRO, Antônio M. Negative Pledge: um estudo comparatístico. **O Direito**, 142, 2010, p. 526.

[51] MENEZES CORDEIRO, Antônio M. Negative Pledge: um estudo comparatístico. **O Direito**, 142, 2010, p. 527.

[52] Pontes de Miranda: *"Os direitos reais de garantia estabelecem exceção ao princípio da* Par condicio creditorum, *porque se insere, a respeito dêles, no sistema jurídico a regra jurídica* Qui prior est tempore potior est iure. *Não porque tal regra jurídica, excepcional, só seja possível tratando-se de direitos reais; mas sim porque a eficácia real implica a incidência de tal regra jurídica. O conceito mesmo de direito real exige que a eficácia perante todos parta de determinado momento, para que se saiba quais são as pessoas atingidas por ela. A eficácia real é eficácia perante todos, mas apenas contra aqueles que não foram, no tempo, anteriores a ela."* (**Tratado de Direito Privado. Tomo XX.** 3a. ed. São Paulo: Revista dos Tribunais, v. 20, 1983, p. 31)

O inadimplemento da obrigação é consequência da não atribuição de preferência ao credor original. A outorga da garantia ao terceiro credor corresponde à conduta que tornará exigível a obrigação de restabelecimento da igualdade entre os credores. A violação desta constituirá a quebra da *negative pledge clause*, permitindo a execução específica ou outras sanções contratuais.[53] Sob a perspectiva do processo obrigacional[54], desenvolvimento e adimplemento situam-se no âmbito das obrigações pessoais e a coação enseja ato-fato passível de ser exigível por meio ação pessoal.[55]

O propósito-padrão da cláusula de proibição de garantias é o de que o devedor não constitua garantias em benefício de terceiros. Eis o dever e a essência que constitui a *negative pledge clause*. Porém, se o fizer, estará caracterizado o evento futuro e incerto que desencadeia a exigibilidade do dever subsequente de estender o ato igualmente em favor do credor. Aqui se observa a situação que poderá constituir uma obrigação, uma condição, um ônus ou um encargo para o devedor. Essa construção pode atribuir maior liberdade ao devedor, podendo ele se valer da faculdade de flexibilizar ou até mesmo violar

---

[53] DIAS, Joana Forte Pereira. Contributo para o estudo dos atuais paradigmas das cláusulas de garantia e/ou segurança: a pari passu, a negative pledge e a cross defautf. In: CORDEIRO, A. M.; LEITÃO, L. M.; GOMES, J. D. C. **Estudos em homenagem ao Professor Doutor Inocêncio Galvão Telles.** Coimbra: Almedina, v. IV, 2003. p. 947.

[54] A relação obrigacional própria da *negative pledge clause* pode ser vista, examinada e compreendida por meio do conjunto de atos que se encadeiam em direção ao adimplemento. Clóvis do Couto e Silva concebeu a ideia da *obrigação como processo*, salientando os aspectos dinâmicos que advém do conceito, contribuindo para análise e compreensão dessa espécie de estrutura contratual, assim como todas as outras. Explicou a relação obrigacional em sentido amplo, focando direitos, pretensões, ações, deveres, obrigações e exceções, assim como em sentido estrito, olhando os elementos que compõem o crédito e o débito. Concluiu, dizendo que o *vínculo* deve ser tratado em sua totalidade, sendo visto como a unidade que vai além dos seus componentes (**A obrigação como processo.** Rio de Janeiro: Editora FGV, 2006, p. 19). Com isso, concebeu teoria aplicável a toda espécie de obrigação e que permite o olhar e a compreensão desse tipo de *covenant* negativo, possibilitando a explicação das atividades necessárias à satisfação do credor, o fim da cláusula. Segundo o autor: *"E é precisamente a finalidade que determina a concepção da obrigação como processo."* (SILVA, Clóvis do Couto e. **A obrigação como processo.** Rio de Janeiro: Editora FGV, 2006, p. 21)

[55] O processo obrigacional pressupõe as fases do nascimento e do desenvolvimento, onde se constitui a obrigação, e a fase do adimplemento, que significa um fim em si mesma. A distinção entre as fases, num primeiro momento, tem relevância quando há transmissão de propriedade. Nessa hipótese, a primeira fase se situa no direito das obrigações, enquanto que a segunda está posiciona no direito das coisas. A primeira é pessoal e a segunda é real. Num segundo momento, quando não há alienação de direitos, a separação das fases indica que o adimplemento acontece no plano do direito obrigacional, de modo que o cumprimento se constitui em *obligatio faciendi* que se manifesta em ato-fato. Essa distinção suscita análise da causa a fim de que os problemas dogmáticos da fase antecedente não sejam transmitidos à fase subsequente (SILVA, Clóvis do Couto e. **A obrigação como processo.** Rio de Janeiro: Editora FGV, 2006, p. 43-44).

o dever que lhe foi imposto, desde que ofereça igual tratamento, vantagens e seguranças ao credor.

Haverá discussão apenas sobre a eficácia da garantia concedida ao terceiro, enquanto semelhante tratamento não fosse estendido ao credor. Inexistindo obrigação de não fazer ou de fazer, certamente que não poderá o credor obstar a constituição da garantia, ficando sua ação voltada exclusivamente às consequências contratuais e eventuais perdas e danos. A infração contratual, portanto, decorre da não concessão de garantia e de preferência em favor do credor e beneficiário da *negative pledge clause.*

2.4.3. Com automático reconhecimento de garantia

A *negative pledge clause* com *automático reconhecimento de garantia* é concebida a partir da obrigação negativa que é própria da espécie, seguida da imediata consequência jurídica de constituição de garantia em favor do credor, na hipótese de inadimplemento.

Menezes Cordeiro explora a validade dessa espécie de formulação no Direito Inglês, suscitando a necessidade de verificação da *consideration.*[56] Significa dizer, pois, que a intenção das partes é fundamental na interpretação e na extração dos efeitos do negócio jurídico, sobretudo para esta formulação em especial. Inexistindo expressa manifestação de desejo em instituir cláusula de garantia sobre determinado bem, não haverá *consideration* e a validade do compromisso ficará limitada aos efeitos de obrigação contratual.[57] Em linhas gerais, este elemento representa o preço pelo qual uma promessa é "comprada" e se expressa relação sinalagmática entre as partes.[58]

O propósito é o de criar, pela via indireta, uma forma de garantia real a partir do inadimplemento da obrigação de segurança. O credor busca se proteger de eventual violação, ao mesmo tempo em que o devedor assim se obriga para demonstrar alto nível de vinculação ao negócio. Com relação à dinâmica da obrigação, o credor pretende não depender de qualquer conduta do devedor para ter constituído seu direito de garantia. ,

---

[56] Bilateralidade decorrente da troca efetiva de valores que se equivalem e que equilibra a relação contratual, tornando as obrigações exigíveis (GIFIS, Steve. H. **Dictionary of Legal Terms**. Hauppauge: Barron's Educational Series Inc, 1998, p. 93).

[57] MENEZES CORDEIRO, Antônio M. Negative Pledge: um estudo comparatístico. **O Direito**, 142, 2010, p. 522.

[58] MENEZES CORDEIRO, Antônio M. Negative Pledge: um estudo comparatístico. **O Direito**, 142, 2010, p. 518-520.

A validade dessa formulação é tratada a partir dos elementos jurídicos necessários à constituição de garantias. Neste ponto, os elementos que constituem o âmago da obrigação sob a qual se estrutura a cláusula são fundamentais para examinar o efeito e a exigibilidade.

Menezes Cordeiro diz que a *"ideia de uma garantia real se constituir não por registro, mas através da simples vontade das partes, desde que decretada pelo tribunal competente, encontra-se bem sedimentada no Direito estado-unidense."*[59] Conclui o autor português, esclarecendo que a aplicação da *equitable lien* nos Estados Unidos da América somente é possível na *negative pledge clause* com *automático reconhecimento de garantia*, quando nela há intenção específica dos contratantes, não podendo ser aplicada na formulação padrão ou pura, por se tratar de *"mera obrigação de não prestar garantias reais no futuro."*[60]

O direito brasileiro não contemplava a possibilidade de a *negative pledge clause* com *automático reconhecimento de garantia* ser aplicada tal como prevê sua concepção original se imaginado que se pretenderia a constituição de hipoteca em violação a *obrigação* negativa.

Neste caso, busca-se constituir uma obrigação, cujo ato "concessivo" se insere dentro do direito das coisas, resultando modo anômalo de constituição de garantia. O nascimento e o desenvolvimento das obrigações relativas ao direito de garantia seguem regras legais rígidas, vinculadas ao *numerus clausus* dos direitos reais, não se podendo falar na constituição de direito real sem previsão legal expressa. Logo, o adimplemento atinente a este tipo de *covenant* ficaria comprometido por absoluta falta de consonância com o sistema jurídico. Pouco importa a existência de vontade, seja de constituição de direito real, seja de adimplir a obrigação em espécie, manifestada na formulação da cláusula. Ademais, sob a perspectiva da *teoria da causa*[61] aplicada à *negativa*

[59] MENEZES CORDEIRO, Antônio M. Negative Pledge: um estudo comparatístico. **O Direito**, 142, 2010, p. 507.

[60] MENEZES CORDEIRO, Antônio M. Negative Pledge: um estudo comparatístico. **O Direito**, 142, 2010, p. 512.

[61] A *teoria da causa*, baseada nas premissas do direito romano, passa pela ideia de *condictiones* e chega ao conceito de finalidade do negócio jurídico. Não se trata de afirmar que o negócio é condicionado à causa enquanto elemento de existência ou requisito de validade. E sim se enxergar o fim da prestação sob o aspecto econômico, estabelecendo conexão entre o negócio antecedente e o consequente. O vício de causalidade na fase do nascimento e desenvolvimento da obrigação, que se mostra na constituição do direito, pode ser fundamental a ponto de obstar o adimplemento (SILVA, Clóvis do Couto e. **A obrigação como processo**. Rio de Janeiro: Editora FGV, 2006, p. 46). Manifesta-se por meio de duas correntes: objetiva, ligada à *iusta causa traditiones*, e subjetiva, voltada à *condictio ob causam*. A vinculação dos dois conceitos produziu a *função objetiva do negócio jurídico*, que é o instrumento de ligação entre ato jurídico antecedente e o consequente. A partir da qual fala-se em *função* e não mais se fala em *fim* (SILVA, Clóvis do Couto e. **A obrigação como processo**. Rio de Janeiro: Editora FGV, 2006, p. 48). Com relação à relevância

pledge clause com *automático reconhecimento de garantia*, o negócio proveniente da obrigação negativa principal é autônomo em relação à obrigação consequente real acessória. A vontade que motiva a não constituição de garantias não é a mesma que justificaria a constituição da garantia. O fim define o objeto da obrigação, determina seus efeitos e transforma a abstenção em resultado de interesse jurídico. O aspecto funcional da cláusula, outrossim, não será suficiente para converter obrigação pessoal em ato formativo de obrigação real.

O segundo empecilho é meramente formal e está relacionada à necessidade de instrumento público para validade dessa espécie de garantia real.[62] A contratação dessa espécie de *negative pledge clause* por meio de contrato particular já seria o primeiro problema a ser enfrentado, ficando comprometida a validade da garantia decorrente do descumprimento da cláusula. No caso de alienação fiduciária em garantia, a formalidade inerente ao modo de contratação não seria um problema, pois o contrato particular serve de título.[63] A questão é que a plena constituição de garantia depende de registro do título constitutivo, seja em relação à hipoteca[64], seja quanto à alienação fiduciária.[65] Então, ainda que se supere o ponto relativo à validade, a eficácia da garantia estaria comprometida por ausência de registro.

Destaque-se que esse cenário pode ter se alterado parcialmente diante de algumas alterações legislativas recentes que permitem a constituição de uma afetação patrimonial "prévia" à constituição da efetiva garantia real criando pressupostos jurídicos que viabilizariam a criação dessa espécie de "opção de garantia"[66] necessária à eficácia plena da cláusula de proibição de garantia com formação automática de garantia real na hipótese de violação daquela obrigação negativa.

Esse desenho poderia se aproximar daquilo que Joana Forte Pereira Dias denomina *negative pledge imprópria*: *"Sob a mesma designação abrange-se realidades distintas – uma cláusula de* negative pledge *em sentido próprio, com obrigação do mutuário não constituir garantias reais a favor de terceiros, mas*

---

aplicativa, explica Clóvis do Couto e Silva: *"Em se tratando de transferência de bens, vale o axioma de que não há atribuição sem causa. A causa existe sempre, embora os sistemas jurídicos, em certos casos, possam impedir a sua verificação, abstraindo-a."* (SILVA, Clóvis do Couto e. **A obrigação como processo.** Rio de Janeiro: Editora FGV, 2006, p. 49).

[62] Código Civil, artigo 108.

[63] Lei n. 9.514/97, artigo 24.

[64] Código Civil, artigo 1.492 e seguintes.

[65] Lei n. 9.514/97, artigo 23.

[66] Mecanismo semelhante de "afetação prévia" é possível no chamado Patrimônio Rural em Afetação criado pela lei 13986/20 que estabelece em seu artigo 7º, §1º que nesse regime os bens destacados para compor esse patrimônio afetado ficam, por essa razão, destinados a "prestar garantias".

também uma cláusula de inalienabilidade, com a obrigação do mutuário de não alienar os seus bens ou os bens mais significativos de seu patrimônio, ou fazendo depender essa alienação da autorização ou consentimento prévio do mutuante."[67] Impropriedade que, por óbvio, não lhe afeta a validade e, certamente, pode viabilizar, em razão da eficácia frente a terceiros, maior eficiência na tutela do interesse do credor no interesse de quem se institui a cláusula.

3. ENQUADRAMENTO JURÍDICO

3.1. Garantia e obrigação

O enquadramento jurídico da *negative pledge clause* pressupõe a identificação e a compreensão dos elementos que caracterizam essa modalidade de cláusula, buscando qualificá-la e explicá-la. Justifica-se a descrição dogmática no fato de se tratar de modelo contratual oriundo da prática da *Common Law* e que vem sendo aplicada em negócios formalizados e executados em países de tradição jurídica baseada na *Civil Law.* A finalidade da qualificação é proporcionar o conjunto de informações, conceitos e o substrato teórico para aplicação do instituto.

A primeira referência que vem à mente quando se pensa na *negative pledge clause* é a ligação dela com a ideia de garantia. O devedor assume o compromisso de manter seus bens livres e desimpedidos de ônus. O credor aceita a promessa e a utiliza como lastro de operação econômica. O negócio é firmado com amparo na responsabilidade patrimonial e no equilíbrio que ela proporciona entre as obrigações. O devedor beneficia-se por não precisar comprometer determinado bem, enquanto que o credor busca assegurar posição privilegiada e sem concorrência na hipótese de eventual necessidade de execução. Todavia, não existe vínculo direto entre a obrigação e o patrimônio. Nenhum bem é afetado, individual ou amplamente considerado. Não se trata, portanto, de garantia, real ou pessoal, segundo a acepção técnico-jurídica estrita da palavra. Há apenas obrigação de não fazer que se direciona à manutenção da situação jurídica de um determinado acervo patrimonial ao longo do período que compreende o nascimento, o desenvolvimento e o adimplemento da obrigação principal.

---

[67] DIAS, Joana Forte Pereira. Contributo para o estudo dos atuais paradigmas das cláusulas de garantia e/ou segurança: a pari passu, a negative pledge e a cross default. In: CORDEIRO, A. M.; LEITÃO, L. M.; GOMES, J. D. C. **Estudos em homenagem ao Professor Doutor Inocêncio Galvão Telles.** Coimbra: Almedina, v. IV, 2003. p. 952.

As garantias reais têm como principal característica a possibilidade de o credor executar bens específicos para satisfazer obrigação independentemente da vontade ou da colaboração do devedor. As garantias pessoais, por sua vez, vinculam todos os bens daquele que assim se obriga. Há, em ambos os casos, afetação de patrimônio. A responsabilidade recai sobre os bens do devedor, estendendo a relação obrigacional, que, originalmente, se manifestava no binômio credor-devedor, passando, a partir da constituição da garantia, a ser caracterizada no trinômio credor-devedor-bem/patrimônio. Especificamente falando, garantia se relaciona à ideia de meio e de objeto de satisfação. Há reforço quantitativo e qualitativo da obrigação, porque se alarga e se refina a massa patrimonial responsável.[68]

Nenhum desses efeitos decorre da *negative pledge clause*. Ela não modifica nem aumenta o alcance da responsabilidade. O devedor continua pessoalmente comprometido com o pagamento e seus bens permanecem livres e desimpedidos, como se não houvesse contratado a obrigação de não fazer. Funciona apenas como meio de pressão e tem eficácia meramente relativa.[69] A ideia de garantia que se relaciona a esta espécie de *dever* negativo apenas em sentido amplo, sendo o seu alcance adstrito ao conteúdo e à força da obrigação. O efeito de segurança é reflexo e decorre da possibilidade atribuída ao credor de liquidar o negócio no momento em que julgar conveniente, enquanto se espera que não concorrerá com credores da mesma classe ou com titulares de crédito privilegiado. O enquadramento jurídico no âmbito do direito das obrigações, portanto, leva em consideração justamente essas circunstâncias, restrições e limitações.

De fato, a *negative pledge clause* exerce diretamente função de segurança e apenas indiretamente uma *função de garantia*, pois reforça a tutela jurídica dos credores comuns e quirografários por meio da conservação patrimonial. A relatividade da eficácia é compensada pelo meio de pressão que provém das consequências do descumprimento dessa espécie de cláusula, como o vencimento antecipado da dívida e o ressarcimento de danos, assim como, eventualmente, a responsabilização de terceiros. Excepcionalmente, ainda, o inadimplemento poderá também desencadear a exigibilidade das obrigações

---

[68] DIAS, Joana Forte Pereira. Contributo para o estudo dos atuais paradigmas das cláusulas de garantia e/ou segurança: a pari passu, a negative pledge e a cross default. In: CORDEIRO, A. M.; LEITÃO, L. M.; GOMES, J. D. C. **Estudos em homenagem ao Professor Doutor Inocêncio Galvão Telles.** Coimbra: Almedina, v. IV, 2003. p. 1019-1020.

[69] DIAS, Joana Forte Pereira. Contributo para o estudo dos atuais paradigmas das cláusulas de garantia e/ou segurança: a pari passu, a negative pledge e a cross default. In: CORDEIRO, A. M.; LEITÃO, L. M.; GOMES, J. D. C. **Estudos em homenagem ao Professor Doutor Inocêncio Galvão Telles.** Coimbra: Almedina, v. IV, 2003. p. 1020-1021.

de fiadores ou a atuação de outras cláusulas de segurança, como a *cross default* ou a *pari passu.*[70]

3.2. Cláusula de garantia acessória

A *negative pledge clause* é uma obrigação acessória por natureza. Ela é constituída sob a perspectiva de que há obrigação principal não assegurada, total ou parcialmente, por uma garantia típica ou que demanda resguardo quanto à responsabilidade patrimonial. O credor, então, exige a constituição do *dever* negativo com a finalidade de evitar que outros credores tenham suas obrigações garantidas por bens específicos ou por um acervo patrimonial, tornando-se credores privilegiados em relação ao original. Existe relação de dependência entre a cláusula de segurança e a obrigação principal, haja vista que o sentido da primeira é funcionalmente dependente da existência da segunda.

Necessário, pois, a presença de *vontade* em constituir a cláusula de segurança para assegurar a obrigação principal. Correlacionando a dogmática do direito brasileiro com a teoria estrangeira, vale a pena pensar nos elementos que advêm da *consideration.*[71] Significa dizer que algo de valor deve equilibrar a relação, vinculando as partes e tornando as obrigações exigíveis.[72] Representa o preço[73] e o sinalagma do compromisso.[74] O crédito subsiste a partir de uma operação econômica, que pode ser, por exemplo, mútuo de ativos financeiros.

A acessoriedade da cláusula apresenta a característica de, no caso de inadimplemento da obrigação principal, desencadear a aplicação do instrumento de segurança para compelir a satisfação da principal.

Variações de tempo e espaço na constituição da obrigação principal não retiram o caráter complementar da *negative pledge clause,* tampouco comprometem a sua efetividade. Compromissos futuros poderão ser assegurados por meio deste tipo de *obrigação* negativa. A obrigação de não fazer poderá ser

---

[70] DIAS, Joana Forte Pereira. Contributo para o estudo dos atuais paradigmas das cláusulas de garantia e/ou segurança: a pari passu, a negative pledge e a cross default. In: CORDEIRO, A. M.; LEITÃO, L. M.; GOMES, J. D. C. **Estudos em homenagem ao Professor Doutor Inocêncio Galvão Telles**. Coimbra: Almedina, v. IV, 2003. p. 1021-1022.

[71] CHIRELSTEIN, Marvin. **Concepts and case analysis in the law of contracts**. 6a. ed. New York: Foundation Press, 2010, p. 12-35.

[72] GIFIS, Steve. H. **Dictionary of Legal Terms**. Hauppauge: Barron's Educational Series Inc, 1998, p. 93.

[73] *Dunlop Pneumatic Tyre Co. Ltda. v. Selfridge Ltd.* (1915) A.C. 847-865.

[74] MENEZES CORDEIRO, Antônio M. Negative Pledge: um estudo comparatístico. **O Direito**, 142, 2010, p. 518-520.

constituída a partir de termo[75] ou condição. O evento futuro, certo ou incerto, estará relacionado à obrigação principal. Para ambos os casos, a formulação *mista* exemplifica a situação, pois parte da premissa de que sob os bens do devedor não *devem* recair garantias em favor de terceiros, mas *se* alguma garantia for constituída, a consequência se implementará. Ônus é outra categoria de cláusula que podem se relacionar à constituição do *dever* negativo. Encargo[76] também pode ser associado ao *dever* em comento quando a execução da obrigação acessória demandar alguma prestação personalíssima, podendo, eventualmente, ter o efeito de suspender[77] a caracterização do adimplemento da obrigação.[78]

O caráter funcional da *negative pledge clause* ainda permite que outras designações semânticas lhe sejam atribuídas com a finalidade endereçar a interpretação e melhor extrair seus efeitos.

A *garantia de resultado* pode ser observada a partir do modo como a obrigação foi constituída e da vinculação que o devedor assumiu quanto à consecução do negócio. Preservação do patrimônio e igualdade entre os credores são pontuados e contratados independentemente daquilo que se almeja quanto à obrigação principal. A *convenção de garantia* corresponde à assunção de todos os riscos inerentes à não verificação do resultado garantido. A *garantia preventiva* advém do âmago da principal função da *negative pledge clause:* exercer tutela preventiva em relação ao patrimônio, evitando a diminuição ou a deterioração dele. Desta sorte, busca-se não comprometer a garantia que decorre da existência de bens em quantidade e qualidade suficientes à satisfação da

---

[75] Código Civil, art. 131.

[76] Código Civil, art. 136.

[77] Orlando Gomes: *"O* modo *ou* encargo *parece com a condição. Difícil distingui-los, às vezes. (...) O modo é coercitivo. A condição, suspensiva. Um coage; o outro, não. Não obstante, o modo é restrição menor do que a condição. Assim, em caso de dúvida, presume-se que é modo. A distinção quanto aos efeitos não apresenta dificuldade. O modo não suspende a aquisição nem o exercício do direito. A condição suspende não somente o exercício, mas também a aquisição. O encargo é simplesmente uma diminuição da vantagem criada pelo negócio jurídico. A disposição principal é de atuação imediata, sem que seja necessário o cumprimento do ônus, porque* obriga *mas não suspende (Trabucchi)."* **(Introdução ao Direito Civil**. 10a. ed. Rio de Janeiro: Editora Forense, 1993, p. 422-423)

[78] Seria o caso, por exemplo, de *negative pledge clause* firmada para proteger ou resguardar um bem específico, dada a relação dele com o negócio. Neste caso, o credor espera que o devedor não dê esse bem em garantia. Caso assim desejasse agir, o devedor poderia pensar em substituir a proteção da cláusula de garantia e segurança por outra espécie de garantia prestada por terceiro, o que manteria a proteção da obrigação principal. Contudo, nesta hipótese, o que o credor realmente almejava era a constituição de obrigação personalíssima do devedor relativa a atos de alienação de um bem certo e determinado. Neste caso, mesmo com a constituição de garantia em substituição ao *covenant* negativo de proteção, este poderá ser considerado inadimplido ante à violação do *modo.*

obrigação principal. A prevenção relaciona-se com o resultado útil da operação econômica por trás do negócio jurídico.[79] A expressão *garantia aparente* decorre do amplo efeito que ela tem na relação jurídica e, particularmente, quanto aos contratantes. *Garantia negativa* é indicação semântica que provém de interpretação restritiva da cláusula.

Qualquer que seja a espécie e os efeitos pretendidos, a *negative pledge clause* estará sempre amparada em obrigação que se volta à preservação de bens livres e desimpedidos, assim como à ressalva de mudança nas posições dos credores. O termo garantia é empregado em seu sentido amplo e decorre do caráter operacional desta espécie de *tutela* negativa do crédito.

4. EFEITOS E ESTRATÉGIAS

4.1. Prático-temporais, econômicos e jurídicos

O efeito *prático-temporal* se relaciona com o momento em que a *negativa pledge clause* desencadeia seus efeitos na relação jurídica obrigacional da qual ela é um instrumento acessório. Refere-se à projeção do negócio no tempo da relação contratual. Contratado o *dever* negativo, de início espera-se que ele funcione como instrumento de controle e segurança ou como *fonte de incentivo*. É a chamada atuação *ex ante*. O efeito, nesta hipótese, será resultado da coação e do constrangimento impostos pela obrigação ante às consequências que o inadimplemento deposita sobre responsabilidade do devedor. Num segundo momento, tem-se a atuação *ex post*. Por meio desta, as consequências da obrigação descumprida agem repressivamente contra o devedor, desencadeando o vencimento antecipado da obrigação ou até mesmo a extinção da relação jurídica, sempre em prejuízo do devedor.[80]

Da natureza econômica se extrai o efeito prático de *segurança negocial*. O credor lastreia seus interesses na responsabilidade patrimonial, confia nas condutas do devedor e se assegura em obrigações pessoais. É uma obrigação pessoal e, ao mesmo tempo, permite que o credor facilite o acesso ao patrimônio do devedor, pela via do vencimento antecipado e da responsabilidade,

---

[79] DIAS, Joana Forte Pereira. Contributo para o estudo dos atuais paradigmas das cláusulas de garantia e/ou segurança: a pari passu, a negative pledge e a cross default. In: CORDEIRO, A. M.; LEITÃO, L. M.; GOMES, J. D. C. **Estudos em homenagem ao Professor Doutor Inocêncio Galvão Telles.** Coimbra: Almedina, v. IV, 2003. p. 1025.

[80] Sobre a adoção, pelas partes, de estratégias de alocação *ex ante* ou *ex post* de proteções e garantias ver, por todos: SCOTT, Robert E.; TRIANTIS, George G.. Antecipating Litigation in Contract Design. The Yale Law Journal, 115, jan. 2006. 814-879.

sem ter que aguardar momento futuro que pode vir a ser desfavorável. A categorização da cláusula como de segurança decorre do efeito econômico que desempenha.[81]

No âmbito dos efeitos *jurídicos* da *negative pledge clause*, tem-se a relação da *vontade* com a *eficácia jurídica*. Adjetiva-se os substantivos, surgindo as ideias de *vontade negocial* e a *eficácia negocial*. Isto é fundamental para se determinar o padrão de análise e as regras que serão aplicadas para se perquirir se a intenção era outorgar garantia, segundo a acepção jurídica da palavra, ou apenas constituir obrigação voltada à proteção da massa patrimonial.[82] Então, mesmo que a *negative pledge clause* tenha sido contratada com a intenção de se constituir garantia, não terá ela tais efeitos, porquanto a vontade não se harmoniza com a norma jurídica pertinente às garantias, que é de natureza cogente e não dispositiva. Enquanto garantia plena, segundo a acepção jurídico-formal da expressão, o ato é nulo.[83] Contudo, a consequência econômica, ainda que equivocado o endereçamento técnico do ato, serve para indicar o todo negocial e o resultado almejado, propiciando a qualificação do negócio no âmbito do direito das obrigações, especificamente como cláusula de garantia e segurança. A natureza jurídica do negócio é a circunstância que faz irradiar

---

[81] Quanto aos efeitos jurídicos, convém lembrar a *teoria da subsunção* para se explicar o tratamento lógico-formal do qual decorre a formação dos direitos. Sob esta perspectiva, a norma jurídica pode ser separada, a fim de que o suporte fático seja enquadrado como sujeito e o efeito jurídico como o predicado. O fato torna-se jurídico a partir do momento em que a norma incide sobre ele, resultando o nascimento de direitos e deveres, bem como produzindo seus efeitos (PONTES DE MIRANDA, Francisco Cavalcanti. **Tratado de Direito Privado. Tomo III.** 4a. ed. São Paulo: Revista dos Tribunais, v. 3, 1983, p. 16). Inexistindo norma em sentido contrário ou condição suspensiva, serão eles eficazes. (SILVA, Clóvis do Couto e. **A obrigação como processo.** Rio de Janeiro: Editora FGV, 2006, p. 66-68). Fala-se aqui em *eficácia jurídica*, a qual se distingue da ideia de *eficácia prática*, está mais próxima da conotação de *efeito prático*. Os negócios jurídicos não têm as garantias típicas como elemento constitutivo. Este é um acessório do qual aquele é principal, embora sejam autônomos um em relação ao outro. Desta sorte, não outorgar garantias é um fato simples, uma inação, a princípio, irrelevante para o mundo jurídico. Uma vez contratada a obrigação de não outorgar garantias, sob o mesmo suporte fático o fato torna-se jurídico. Nesta proposição, o sujeito corresponde ao negócio sob o qual a obrigação de não fazer foi constituída, enquanto que o predicado decorre dos efeitos que a obrigação lança nesse mesmo negócio. Direitos e deveres surgem e desencadeiam seus efeitos à medida que o fato se torna jurídico. Então, sob essa perspectiva teórica, os efeitos da *negative pledge clause* advêm de construção lógico-formal do qual o negócio principal corresponde ao sujeito, enquanto que a não concessão de garantias e a preservação da preferência do credor o predicado.

[82] Pontes de Miranda: *"A vontade dos efeitos, o querer tais efeitos, é dado fáctico; passa-se no plano puramente econômico; nem é possível, nesse plano, outra causação que de vontade a efeitos: o que fica entre eles é o jurídico. Daí haver efeitos não-queridos e não se produzirem efeitos queridos."* (**Tratado de Direito Privado. Tomo III.** 4a. ed. São Paulo: Revista dos Tribunais, v. 3, 1983, p. 183)

[83] Art. 166 do Código Civil.

os efeitos e determina a eficácia jurídica, servindo à vontade de mero elemento indicativo do desejo das partes.[84]

Em seguida, a exteriorização dos efeitos *jurídicos* da *negative pledge clause* são observados a partir de uma concepção estrutural dessa espécie de negócio jurídico, o que se obtém mediante a aplicação da *teoria dos planos* do negócio jurídico.[85] Nesse sentido, questões relacionadas à essência das obrigações e à funcionalidade delas no mundo ático se revelam a partir da separação estrutural em planos: existência[86], validade[87] e eficácia.[88]

---

[84] PONTES DE MIRANDA, Francisco Cavalcanti. **Tratado de Direito Privado. Tomo III.** 4a. ed. São Paulo: Revista dos Tribunais, v. 3, 1983, p. 132-136.

[85] "In concreto, *negócio jurídico é todo fato jurídico consistente em declaração de vontade, que o ordenamento jurídico atribui os efeitos designados como queridos, respeitados os pressupostos de existência, validade e eficácia impostos pela norma jurídica que sobre ele incide."* (AZEVEDO, Antônio Junqueira de. **Negócio Jurídico:** Existência, validade e eficácia. São Paulo: Editora Saraiva, 2002, p. 16). *"(...) o negócio jurídico, em segundo lugar, não é um simples fato, no qual a norma jurídica leva em consideração a existência de vontade (um ato); ele é mais do que isso; ele é uma* declaração de vontade, *isto é, uma manifestação de vontade cercada de certas circunstâncias,* as circunstâncias negociais, *que fazem com que ela seja vista socialmente como destinada a produzir efeitos jurídicos. O negócio jurídico não é, por outras palavras, uma simples manifestação de vontade, mas uma* manifestação de vontade qualificada, *ou a uma* declaração de vontade". (AZEVEDO, Antônio Junqueira de. **Negócio Jurídico:** Existência, validade e eficácia. São Paulo: Editora Saraiva, 2002, p. 17)

[86] O ato existe porque há manifestação de vontade. O *consentimento* decorre do querer das partes quanto à realização de determinado ato. O *objeto* é a coisa ou a prestação à qual se declara a vontade. E o *preço* apresenta-se como o subsídio de valoração da troca, podendo ser determinado ou determinável. São esses os elementos essenciais. Valendo de classificação doutrinaria, pode-se ainda falar em *elementos gerais*, que se subdividem em *intrínsecos* ou *constitutivos*, como a forma, o objeto e a circunstância, e *extrínsecos* ou *pressupostos*, como o agente, o lugar e o tempo. Têm-se também os *elementos categoriais*, que endereçam a natureza jurídica de cada tipo de negócio, bem como em *elementos particulares*, como a condição, o termo e o encargo e os *elementos acidentais*, que a cláusula penal (AZEVEDO, Antônio Junqueira de. **Negócio Jurídico:** Existência, validade e eficácia. São Paulo: Editora Saraiva, 2002, p. 34-39). Sem consentimento, sem objeto e sem preço sequer é possível falar em existência do negócio no mundo jurídico. No campo prático, a falta de elemento geral afasta o regime das nulidades, devendo a impugnação se dar pela via da declaração de inexistência. A ausência de elemento constitutivo faz com que a aparência de negócio seja apenas um fato jurídico ou um ato jurídico não negocial, o que resulta aplicação de regras particulares. Os elementos categoriais indicam o regime aplicável, enquanto que os acidentais indicam nulidade parcial ou ineficácia (AZEVEDO, Antônio Junqueira de. **Negócio Jurídico:** Existência, validade e eficácia. São Paulo: Editora Saraiva, 2002, p. 40).

[87] Neste plano estão as principais consequências que advêm das especificidades do negócio enquanto um ser jurídico. Pontes de Miranda fala em pressupostos de validade e os relaciona como não ocorrência de hipóteses de nulidade ou de anulabilidade, separando-os da questão da eficácia (**Tratado de Direito Privado. Tomo IV.** 4a. ed. São Paulo: Revista dos Tribunais, v. 4, 1983, p. 4). Aqui a declaração de vontade formada no plano da existência, mediante atributos de qualidade, adquire a condição para produzir efeitos. Consistem em pré-condições de tipo e espécie que a legislação impõe para que o negócio seja válido. Enquanto o plano da existência

A análise estrutural da *negative pledge clause* resulta que sua *existência* pressupõe vontade específica de contratar. O ato jurídico diretamente relacionado à constituição de obrigação de não outorgar garantia decorre de contratação certa e determinada, por meio da qual credor e devedor, reciprocamente, praticam ato volitivo para a constituição de obrigação dessa espécie. O suporte fático é necessário à *existência* do ato jurídico, pois ele qualifica a vontade.[89] O objeto será a abstenção a uma série de condutas lícitas e voltadas à disposição do patrimônio próprio. E o preço estará presente na relação de equivalência entre o constrangimento aceito pelo devedor e a vantagem oferecida pelo credor, esta manifestada na aceitação da cláusula de garantia e segurança em substituição às garantias típicas como lastra de operação econômica.

A *validade* da obrigação de não outorgar garantias depende dos requisitos gerais aplicáveis aos negócios jurídicos em geral e aos específicos, próprios de cada uma das formulações possíveis. Sucede da conformidade do ato, em todas as suas especificidades, com a legislação de regência. A *negative pledge clause*

---

trata da substância do ato, no plano da validade o foco está no predicado. *"Validade é, como o sufixo da palavra indica,* qualidade *de um negócio existente. 'Valido' é adjetivo com que se qualifica o negócio jurídico formado de acordo com as regras jurídicas."* (AZEVEDO, Antônio Junqueira de. **Negócio Jurídico:** Existência, validade e eficácia. São Paulo: Editora Saraiva, 2002, p. 42). A vontade qualificada, então, há de provir de agente *capaz,* recair sobre objeto *lícito* e se materializar segundo a forma *prescrita em lei* (CC, art. 104). Os elementos categoriais endereçam o regime jurídico aplicável e deles se extraem os requisitos específicos, como a finalidade, se o negócio for causal, ou o preço, na compra e venda. O mesmo se pode dizer com relação aos elementos particulares quando qualificam o negócio e transformam a vontade em declaração. Condições, termos e encargos, para serem válidos, devem apresentar requisitos específicos do negócio todo ou de parte dele, sob pena de nulidade (AZEVEDO, Antônio Junqueira de. **Negócio Jurídico:** Existência, validade e eficácia. São Paulo: Editora Saraiva, 2002, p. 43-48).

[88] Segundo Pontes de Miranda: *"A eficácia é a irradiação do fato jurídico; portanto depois da incidência da regra jurídica no suporte fático, que assim, e só assim, passa a pertencer ao mundo jurídico.* (**Tratado de Direito Privado. Tomo V**. 4a. ed. São Paulo: Revista dos Tribunais, v. 5, 1983, p. 3). A norma incide sobre o fato, tornando-o jurídico, e passa a produzir efeitos. Pontes de Miranda: *"Incidência é* prius; *e a incidência supõe regra jurídica e o suporte fático, sobre o qual ela* incida. *A eficácia é, pois, logicamente,* posterius; *o que não exclui a produção posterior da eficácia* desde antes *ou* até antes *da incidência, ou da própria regra jurídica, ou da concepção e elaboração da mesma regra jurídica."* (**Tratado de Direito Privado. Tomo V**. 4a. ed. São Paulo: Revista dos Tribunais, v. 5, 1983, p. 3) Enquanto análise estrutural do negócio jurídico, o termo aqui toma conotação técnica e diz respeito somente às questões de direito. Leva em conta os possíveis efeitos que decorrem do negócio existente e válido. A distinção em três planos e a construção de um deles para tratar especificamente da eficácia decorre da convicção de que ela não se confunde com validade e, muito menos, pressupõe a existência. Por mais paradoxal que possa parecer, ato existente e válido pode não surtir os efeitos esperados, ao mesmo tem que, ainda que excepcionalmente, ato nulo pode gerar efeitos. (AZEVEDO, Antônio Junqueira de. **Negócio Jurídico:** Existência, validade e eficácia. São Paulo: Editora Saraiva, 2002, p. 49-51)

[89] PONTES DE MIRANDA, Francisco Cavalcanti. **Tratado de Direito Privado. Tomo I**. 4a. ed. São Paulo: Revista dos Tribunais, v. 1, 1983, p. 101-102.

mista, por exemplo, por ser associada a uma condição, os requisitos desta também deverão ser observados para se falar em validade, podendo contaminar todo o negócio se for ilícita ou impossível.[90]

Finalmente, a *eficácia* dessa espécie de *cláusula* é produto da conformidade dele com elementos de existência e requisitos de validade.[91] Aqui vale a máxima de que, regra geral, a produção de efeitos do ato jurídico é consectário de ele ser e de valer. A ausência de fatores externos se apresenta como o ponto central inerente à eficácia. De volta ao exemplo da forma *mista* da *negative pledge clause*, enquanto não for constituída garantia a terceiro, o devedor não deverá agir da mesma maneira em relação ao credor. A obrigação positiva é decorrência do evento futuro e incerto. Enquanto o devedor não violar o dever de abstenção, a cláusula de garantia e segurança estará com sua eficácia jurídica suspensa. Com relação a terceiros, outrossim, a constituição de garantia real típica depende da observância de requisitos específicos, dentre eles a publicidade[92] que provém do registro do título constitutivo.[93] Desta sorte,

---

[90] Segundo Antônio Junqueira de Azevedo: *"(...) há as condições que* vitiantur et vitiant *e há as* vitiantur sed nom vitiant. *As primeiras, contaminando de nulidade todo o negócio, demonstram muito bem como, afinal, o elemento particular do negócio nem sempre tem caráter 'acidental', quando se tem em vista o negócio concreto; as condições têm tanta ou mais importância que as outras cláusulas do negócio, não só para as partes, mas, também, às vezes, como os casos abaixo revelam, para a própria lei. Estão entre as condições que* vitiantur et vitiant, *segundo o direito positivo brasileiro, as que subordinam o efeito do negócio a fato juridicamente impossível (por exemplo, vender uma* res extra commercium) *e as chamadas condições ilícitas, isto é, as fazem a eficácia do negócio depender de fato contrário à lei ou aos bons costumes (por exemplo, se cometer crime, ou se prostituir, se se mutilar, se viver em concubinato)* (**Negócio Jurídico:** Existência, validade e eficácia. São Paulo: Editora Saraiva, 2002, 46-47)

[91] *"Os fatos jurídicos. Inclusive os atos jurídicos, podem existir sem serem eficazes. (...) Há fatos jurídicos que são ineficazes, sem que a respeito deles se possa discutir validade ou invalidade. De regra, os atos jurídicos nulos são ineficazes; mas, ainda aí, pode a lei dar efeitos ao nulo."* (PONTES DE MIRANDA, Francisco Cavalcanti. **Tratado de Direito Privado. Tomo IV**. 4a. ed. São Paulo: Revista dos Tribunais, v. 4, 1983, p. 7) São exemplos, respectivamente, o negócio formalizado por representante que age além do mandato e não obriga o mandante e o casamento putativo que não prejudica os direitos dos filhos em relação a sucessão etc. (AZEVEDO, Antônio Junqueira de. **Negócio Jurídico:** Existência, validade e eficácia. São Paulo: Editora Saraiva, 2002, pp. 55-56).

[92] Perante o Oficial de Registro de Imóveis para hipoteca e alienação fiduciária em garantia (Art. 167, I, '2' e '35'da Lei n. 6.015/73) e Oficial de Registro de Título e Documentos para o penhor (Art. 127, II da Lei n. 6.015/73.).

[93] (...) A eficácia pode ser *simples* ou *relativa*. A primeira se refere à integração plena do ato, de modo que a ineficácia seria fruto da incompleta satisfação e conformação da vontade negocial. O ato fica em condição de pendência. A condição suspensiva é um exemplo. Já a segunda diz respeito à oponibilidade a terceiros. Entre as partes o negócio é perfeito. A fragilidade dos efeitos está na inoponibilidade a terceiros. Daí a relatividade. Esta segunda espécie se materializa em situações que ensejam a observância de requisitos que tratam da publicidade e que são o passo para o ato se tornar *erga omnes*. Interessante destacar que todos esses fatores são externos ao negócio jurídico, de modo que a condição que interfere na eficácia simples diz respeito ao ato

a eficácia *erga omnes* decorre da veiculação da informação e a possibilidade de consulta pública.

4.2. Consequências prévias do inadimplemento: efeito *ex ante*

4.2.1 Tutela inibitória

A primeira consequência que decorre do descumprimento da *negative pledge clause* está relacionada com a possibilidade de ação preventiva. A construção e o efeito prático deste *dever* negativo como cláusula de segurança parte da *lógica de probabilidades.*[94] Mediante silogismo de antecedente e consequente, identifica-se a o risco do inadimplemento e legitima-se a ação do credor antes que ela se materialize. A persecução do resultado e a possibilidade de utilização da obrigação de não fazer como fator de correção igualmente se relacionam com o propósito de impedir condutas que comprometam o compromisso de não outorgar garantias.[95] Cuida-se, pois, da atuação *ex ante* e do efeito dinâmico dessa categoria obrigacional, que vai desde a de criação de incentivos ao adimplemento[96] como a possibilidade de buscar a tutela jurisdicional para obstar o descumprimento.

Nesse sentido, Carl J. Bjerre é enfático ao indicar a *injuction* como medida apta e eficaz contra o descumprimento da *negative pledge clause.* O instrumento é próprio do sistema Anglo-Americano de direito positivo, tem origem na *Court of Equity*[97] e corresponde ao remédio judicial que permite ação preventiva, de caráter impeditivo ou restritivo, contra conduta de particulares que

---

ou fato a ela relacionada e não à cláusula contratual, o mesmo se dizendo quanto à publicidade enquanto medida real de veiculação e não ato formal (AZEVEDO, Antônio Junqueira de. **Negócio Jurídico:** Existência, validade e eficácia. São Paulo: Editora Saraiva, 2002, p. 55-58)

[94] MACCORMICK, Neil. On legal decisions and their consequences: from Dewey to Dworking", New York, 58, n. 2, 1983, p. 239-258.

[95] MACCORMICK, Neil. On legal decisions and their consequences: from Dewey to Dworking", New York, 58, n. 2, 1983, p. 244.

[96] FARNSWORTH, Ward. **The legal analyst:** a toolkit for thinking about the law. Chicago: University of Chicago Press, 2007, p. 5.

[97] A *Court of Equity* corresponde a órgão do Poder Judiciário com jurisdição sobre matérias onde não é possível se obter solução completa ou adequada por meio da lei comum. Desenvolveram seus próprios princípios e remédios para solução de conflitos, como a *injunction,* a *specific performance.* A *bankruptcy Court, que julga casos de insolvência,* corresponde a exemplo dessa espécie de órgão jurisdicional. Na Inglaterra, ela nasceu independente das *court of law,* que julga os casos de direito comum, e, atualmente, encontra-se unificadas nas maiorias das jurisdições (GIFIS, Steve. H. **Dictionary of Legal Terms.** Hauppauge: Barron's Educational Series Inc, 1998, p. 39-40, 108, 160).

contrariem qualquer espécie de direito.[98] Malgrado a possibilidade jurídica, o autor destaca tratar-se de fenômeno jurídico não muito fácil de ser observado, porquanto, primeiramente, os credores têm dificuldade para antever o inadimplemento da cláusula, e, em segundo lugar, pela rejeição dos credores a negócios com potencial litigioso e pela desistência deles em litigar[99], pois os custos tendem a superar os ganhos com a operação.[100] [101]

A *injuction* encontra semelhança com o provimento jurisdicional correspondente à tutela provisória de urgência cautelar[102] do direito processual brasileiro.[103] Significa dizer que, em tese, a proteção dos direitos e dos interesses do credor de *negative pledge clause* pode ser defendida em caráter preventivo, buscando alguma das espécies de provimento suscitadas pelos autores citados acima. Tanto as medidas positivas, que equivalem a ação concreta substituindo a parte e pode até resultar na nomeação de interventor, como medidas negativas, que correspondem à concessão de ordem proibitiva contra o devedor ou o terceiro que estão em vias de constituir garantia[104], violando *o dever*

---

[98] GIFIS, Steve. H. **Dictionary of Legal Terms**. Hauppauge: Barron's Educational Series Inc, 1998, p. 108, 160 e 238.

[99] Sobre a questão da antecipação do litígio e seu efeito sobre o desenho do contrato: TRIANTIS, George G.; SCOTT, Robert E.. Anticipating Litigation in Contract Design. **The Yale Law Journal**, 115, jan. 2006. 814-879.

[100] BJERRE, Carl S. Secured Transactions Inside Out: Negative Pledge Covenants, Property and Perfection. **Cornell Law Review**, Ithaca-NY, 84, 1999, p. 328.

[101] No mesmo sentido: MITCHELL, Thomas C. The Negative Pledge Clause and The Classification of Financing Devices: A question of Perspective. American Bankruptcy Law Journal, v. 60, p. 153-183, 1986.

[102] *"A tutela cautelar distingue-se da tutela satisfativa não apenas por terem elas objetos distintos (respectivamente, asseguração e certificação/efetivação), mas também porque a tutela cautelar tem duas características peculiares: a referibilidade e a* temporariedade. *A tutela cautelar é meio de preservação de outro direito, o direito acautelado, objeto da tutela satisfativa. A tutela cautelar é, necessariamente, uma tutela que se refere a outro direito, distinto do direito à própria cautela. Há o direito à cautela e o direito que se acautela. A direito à cautela é o direito à tutela cautelar; o direito que se acautela, ou direito acautelado, é o direito sobre que recai a tutela cautelar. Essa referibilidade é essencial."* (DIDIER JR., Fredie.; BRAGA, Paula Sarno; OLIVEIRA, Rafael Alexandria de. **Curso de Direito Processual Civil**. Salvador: Jus Podivm, v. 2, 2015, p. 562)

[103] Código de Processo Civil, Parte Geral, Livro V, Títulos I e II.

[104] *"A tutela provisória* cautelar *antecipa os efeitos da tutela definitiva não-satisfativa (cautelar), conferindo eficácia imediata ao direito à cautela. Adianta-se, assim a cautela a determinado direito. Ela somente se justifica diante de uma situação de urgência do direito a ser acautelado, que exija sua preservação imediata, garantindo sua futura e imediata satisfação (arts. 294 e 300, CPC). A tutela provisória cautelar tem, assim, dupla função: é* provisória *por dar eficácia imediata à tutela definitiva não-satisfativa; e é* cautelar *por assegurar a futura eficácia da tutela definitiva satisfativa, na medida em que esguarda o direito a ser satisfeito, acautelando-o."* (DIDIER JR., Fredie.; BRAGA, Paula Sarno; OLIVEIRA, Rafael Alexandria de. **Curso de Direito Processual Civil**. Salvador: Jus Podivm, v. 2, 2015, 569)

negativo, adequam-se às normas de processo que se destinam às providências cautelares, podendo, sob perspectiva mais ampla, serem consideradas medidas idôneas para assegurar o direito.[105]

Os requisitos legais da tutela de urgência no direito processual brasileiro se assemelham àqueles considerados nos precedentes oriundos do direito estrangeiro. Aqui, faz-se necessária a presença de elementos que evidenciem a probabilidade do direito, perigo de dano ou risco quanto ao resultado útil do processo[106], ao passo que lá fora, falou-se, num primeiro momento, na ciência de que a obrigação estaria em vias de ser conscientemente violada[107], e, em outro, em necessidade de preservação de bens do devedor para satisfazer a obrigação perante o credor e equilíbrio entre conveniência e justiça.[108]

A *negative pledge clause* corresponde à obrigação de categoria funcional com objetivo bastante claro: impedir que sejam constituídas garantias sobre os bens do devedor. Logo, os planos sob os quais ela é desenvolvida, partindo do nascimento, passando pelo desenvolvimento até o adimplemento, podem e devem ser vistos separadamente[109], passando-se a enxergar o processo que existe por trás dessa modalidade de *covenant*. Com isso, condutas relacionadas ou que digam respeito à execução e que contrariam os preceitos determinados no momento da concepção devem ser preservadas para garantir o adimplemento e o resultado almejado. Tem-se, pois, a que concessão de medidas preventivas, sejam elas chamadas de *injuction* ou de tutela provisória de urgência cautelar, agem no sentido de garantir a fluência do processo obrigacional, com a finalidade de assegurar o resultado prático almejado pelos contraentes.

4.2.2. Governança corporativa e mitigação de risco

A utilização da *negative pledge clause* faz sentido em negócios de natureza econômica, sendo bastante comum em contratos de mútuo de ativos

---

105 Código de Processo Civil, art. 301.

106 *"A tutela provisória de urgência pode ser cautelar ou satisfativa (antecipada). Em ambos os casos, sua concessão pressupõe, genericamente, a demonstração da probabilidade do direito (tradicionalmente, conhecido como* 'fumus boni iuris'*) e, junto a isso, a demonstração do perigo de dano ou de ilícito, ou ainda do comprometimento da utilidade do resultado final que a demora do processo representa (tradicionalmente conhecido como* 'periculum in mora*) (art. 300, CPC)"* (DIDIER JR., Fredie.; BRAGA, Paula Sarno; OLIVEIRA, Rafael Alexandria de. **Curso de Direito Processual Civil**. Salvador: Jus Podivm, v. 2, 2015, p. 594)

107 HAN, Tan Cheng. The negative pledge as a "security" device. **Singapore Journal of Legal Studies**, p. 415-441, 1996

108 CHMIELEWSKI, Maciej. **How to improve the Effectiveness of the World Bank's Negative Pledge Clause as a Legal and Policy Instrument**. Montreal: McGill University, 2005.

109 SILVA, Clóvis do Couto e. **A obrigação como processo**. Rio de Janeiro: Editora FGV, 2006, p. 167.

financeiros. A dinâmica e o modo como negócios financeiros são desenvolvidos permitem a ilação de que o primeiro trabalha com o dinheiro do segundo. Nesse cenário, mostra-se razoável e legítimo que o financiador utilize instrumentos de controle para diminuir seu nível de exposição e mitigar o risco. Nas hipóteses em que o negócio estiver lastreado apenas da responsabilidade patrimonial, a *negativa pledge clause* pode ser utilizada como instrumento de governança corporativa a partir de dívida, o que corresponde à aplicação do efeito *ex ante* da cláusula na relação contratual. A construção passa pela ideia da imposição de boas práticas de gestão e condução dos negócios.

Bons resultados de governança, então, podem ser obtidos a partir da conjugação de *deveres* de informação, de performance e de proteção. As espécies e as quantidades dependerão da natureza do negócio, das características dos negociantes e do quanto de risco se pretende mitigar. Desta sorte, se o credor pretende se assegurar de que o devedor manterá, durante a execução do contrato, a mesma condição econômica que havia ao tempo da formalização da avença, por exemplo, poderá começar exigindo contratação de *negative pledge clause* para proteger o patrimônio existente, evitando que ele seja comprometido com obrigações posteriores.

A mitigação dos riscos como resultado da governança por dívida depende do desenvolvimento de um sistema contratual de garantia e segurança que vai além da aplicação de cláusula dessa natureza. Ela sozinha pode deixar brechas ao devedor para agir em consonância com a textualidade do contrato e, ao mesmo tempo, violar o ambiente de segurança almejado pelo credor. Fórmulas prontas ou regras predeterminadas podem não se mostrar adequadas à infinidade de variações que os negócios podem apresentar.

4.3. Consequências posteriores ao inadimplemento: efeito *ex post*

4.3.1. Execução específica

A natureza obrigacional da *negative pledge clause* indica a possibilidade de execução específica dessa categoria de obrigação.

A teoria da obrigação como processo[110] e a distinção dos planos[111] é fundamental para se falar em execução específica.[112] Tratando-se de litígio cuja

[110] SILVA, Clóvis do Couto e. **A obrigação como processo**. Rio de Janeiro: Editora FGV, 2006.

[111] AZEVEDO, Antônio Junqueira de. **Negócio Jurídico:** Existência, validade e eficácia. São Paulo: Editora Saraiva, 2002.

[112] Sob a perspectiva do direito processual: *"Diz-se específica a execução consistente na* restauração direta do interesse sacrificado *(Crisanto Mandrioli) mediante oferta, a quem tem um direito,*

causa de pedir pressuponha obrigação já constituída e apenas descumprida, estar-se-á no âmbito de obrigação pessoal, especificamente na fase de desenvolvimento, e a demanda será para forçar o adimplemento. Nesta hipótese, a ação é pessoal e ensejará a prática de medidas coativas.[113]

De modo geral, obrigações de fazer comportam execução específica. Exceção à regra está nas prestações personalíssimas, em que o resultado jurídico pressupõe prestação executada especificamente por uma pessoa. Fora dessa conjectura, tratando-se de negócios jurídicos dispositivos, cujo elemento central é a vontade do devedor, é possível que a declaração de vontade seja substituída pelo ato jurisdicional.[114] A formulação *afirmativa* ou *com extensão de garantia* permite a aplicação do conceito à *negativa pledge clause*. Cinge-se esta espécie de cláusula de segurança numa primeira obrigação de não fazer, cuja violação desencadeia obrigação de fazer, consistente na constituição de garantia semelhante àquela que resultou o inadimplemento. A execução terá como objeto a substituição da vontade do devedor para prática do ato de direito real. Sendo materialmente impossível a sub-rogação, a solução será a conversão em perdas e danos.

A execução específica de obrigação de não fazer se relaciona diretamente com o objeto da omissão ou da abstenção. Realizada conduta contrária àquela contratada, há que se ter em mente a possibilidade material de substituição do ato pela coerção inerente à execução. No caso de declaração de vontade, a decisão supre a violação. Porém, na hipótese de prestação negativa particular, apenas será possível a conversão em perdas e danos. A *negative pledge clause* é

---

da precisa situação que o obrigado deveria ter produzido e não produziu, ou que ele alterou sem ter o direito de alterá-la, ou impediu que se produzisse quando devia ter permitido. (...) Assim, devem ser também as execuções por obrigação de fazer ou de não-fazer *(incluídas as de suportar, ou não impedir uma atividade), as quais incluem o empenho por induzir o obrigado a pautar-se pela conduta exigida na lei ou no contrato, produzindo no mundo exterior, posto que em retardo, o mesmo resultado que a sua conduta ordinária haveria de ter produzido (art. 461, §§ 4º-6º* [atual arts. 497-501 e 536-537]*); se ainda assim ele não cumprir, o juiz é autorizado a determinar a realização de providências capazes de produzir na prática o mesmo resultado esperado na conduta omitida (art. 461, caput* [atual art. 497]*); e quando esse resultado pode ser prestado por outra pessoa (obrigações fungíveis, como a edificação de um muro), o juiz encarrega um terceiro de realizar a conduta à custa do obrigado (arts. 634 ss.* [arts. 817 ss.]*). Sempre a execução específica visa a ser uma tutela jurisdicional tão eficiente quanto possível para oferecer ao credor precisamente o bem a que ele tiver direito; as* conversões em dinheiro *só são admissíveis (a) quando sobrevier impossibilidade de realizar os precisos resultados da obrigação de fazer ou de não-fazer ou (b) quando o próprio credor assim preferir, requerendo-o ao juiz (arts. 461, § 1º, e 627* [atuais arts. 497 e 809] - infra, n. 1.617) (DINAMARCO, Cândido Rangel. **Instituições de Direito Processual Civil**. 3a. ed. São Paulo: Malheiros, v. IV, 2009, p. 508-509)

[113] SILVA, Clóvis do Couto e. **A obrigação como processo**. Rio de Janeiro: Editora FGV, 2006, p. 61.

[114] SILVA, Clóvis do Couto e. **A obrigação como processo**. Rio de Janeiro: Editora FGV, 2006, p. 133.

um exemplo de *non facere* que pode resultar nas duas possibilidades. Quando se estiver diante da simples obrigação de não outorgar garantia e ela for violada, não é possível a execução específica, se entendido que a realização da conduta proibida configura inadimplemento absoluto, ainda assim haveria a possibilidade de discussão em torno da fixação de astreintes para constranger o devedor a negociar frente a terceiro o desfazimento da garantia regularmente constituída, bem como a discussão da possibilidade de alegar óbice à validade e/ou eficácia dessa garantia em razão do fato de terceiro conhecer a existência de tal cláusula com conteúdo negativo ou, por fim, a possibilidade de solicitar a responsabilidade do terceiro por violação do contrato entre credor e devedor.[115] De outro lado, na hipótese da espécie *com automático reconhecimento de garantia*, seria possível a medida executiva de sub-rogação[116], porquanto o adimplemento estaria relacionado à vontade de consolidar o ato de direito real. Semelhante efeito pode ser obtido por meio da associação da formulação *básica* com a *pari passu*.

4.3.2. Vencimento antecipado

A quebra do dever negativo pode dar ensejo ao vencimento antecipado da obrigação e à extinção do contrato. Para cada obrigação, existe outra obrigação contrária e proporcional. Num primeiro momento, tem-se que o inadimplemento de qualquer obrigação acessória que se vincula e que foi o motivo determinante do negócio pode ser considerado causa extinção do negócio por iniciativa da parte prejudicada. É o exercício do poder de controle e a busca por segurança jurídica.[117] Decorre essa conclusão, num segundo momento, do

---

[115] Acerca da possibilidade de terceiros serem responsabilizados por violação de contratos dos quais não são partes: PENTEADO, Luciano de Camargo. **Efeitos Contratuais Perante Terceiros**. São Paulo: Quartier Latin, 2007.

[116] Segundo Cândido Rangel Dinamarco: *"Embora presentes com muita intensidade na execução tradicional, e particularmente na execução por obrigação pecuniária, as* medidas de sub-rogação *não se restringem ao âmbito desta e também não se praticam na execução específica imediata (cumprimento de sentença) reguladas pelos arts. 461 (esp. §5º* [atual arts. 497 e ss.]*) e 461-A do Código de Processo Civil* [atual arts. 498 e ss.]. (...) *Trata-se de medidas imperativas, apoiadas no poder geral estatal e na inevitabilidade dos efeitos de seu exercício (*supra n. 118) – *sendo pois natural que se efetivem sem qualquer necessidade de colaboração do sujeito passivo ou de qualquer atitude volitiva de sua parte. Daí chamarem-se medidas de* sub-rogação, *o que significa medidas realizadas por um sujeito, o juiz, em* substituição à conduta de outro sujeito, que é o obrigado inadimplente (sub-rogar, em direito, é pôr no lugar de) (**Instituições de Direito Processual Civil**. 3a. ed. São Paulo: Malheiros, v. IV, 2009, p. 50-51).

[117] MITCHELL, Thomas C. The Negative Pledge Clause and The Classification of Financing Devices: A question of Perspective. **American Bankruptcy Law Journal**, v. 60, p. 153-183, 1986, p. 156.

desequilíbrio econômico do negócio. Pode-se dizer que ele constitui um dos pontos de equilíbrio da relação contratual.

Proporcionalidade e equilíbrio são os dois elementos que afastam o abuso de direito da possibilidade de promover o vencimento antecipado da obrigação principal em decorrência do descumprimento de pacto acessório. A equivalência econômica entre aquilo que se dá e o que se recebe em troca em operação formadas com o apoio da *negative pledge clause* atribuem razoabilidade a ela. Mesmo que a obrigação principal esteja sendo cumprida, a quebra dos deveres sob os quais se estabeleceu cláusula de garantia e segurança caracteriza a mora do devedor. Cuida-se de figura jurídica que Ruy Rosado de Aguiar Júnior chama de *cumprimento imperfeito* e que define como *"violações contratuais por prestação incompleta ou defeituosa, gerando insatisfação do credor, que pode ser de variada graduação."* [118] Pressupõe-se que a prestação tenha se efetivado em sentido contrário ao estabelecido no contrato. A mesma situação é definida por Pontes de Miranda como *adimplemento ruim* [119]e por Almeida Costa por *cumprimento defeituoso.*[120] A despeito da terminologia, tem-se que todas elas estão inseridas no conceito de mora prevista no artigo 394 do Código Civil brasileiro, na medida em que importam inexecução da obrigação por desrespeito à *forma* contratada.

No caso da *negative pledge clause*, a mora e o cumprimento imperfeito advêm da inadimplência de obrigação acessória e da perda de utilidade da cláusula de garantia e segurança. Enquanto a prestação principal se relaciona com o cerne do negócio, a acessória é instituída com a finalidade de equilibrar a relação. Funciona como a contrapartida de segurança recebida pelo credor que, muitas vezes, tem apenas a promessa do devedor. Comumente é a alternativa que viabiliza o negócio em hipóteses em que não é possível ou viável o estabelecimento de garantia típica.

Consequência da violação do dever com a perda de utilidade na manutenção do vínculo é a possibilidade de o credor promover a resolução do contrato[121], fazendo vencer antecipadamente eventual débito que decorra da relação contratual.[122] Uma consequência decorre da outra. É justamente o

---

[118] AGUIAR JÚNIOR, Ruy Rosado de. **Extinção dos contratos por incumprimento do devedor.** Rio de Janeiro: AIDE Editora, 2004, p. 123.

[119] PONTES DE MIRANDA, Francisco Cavalcanti. **Tratado de Direito Privado. Tomo II.** 4a. ed. São Paulo: Revista dos Tribunais, v. 2, 1983, p. 242-243.

[120] ALMEIDA COSTA, Mário Júlio de. **Direito das Obrigações.** 9a. edição Revista e aumentada. ed. Coimbra: Almedina, 2003, p. 986.

[121] AGUIAR JÚNIOR, Ruy Rosado de. **Extinção dos contratos por incumprimento do devedor.** Rio de Janeiro: AIDE Editora, 2004, p. 125.

[122] MENEZES LEITÃO, Luís Manoel Teles de. **Garantia das Obrigações.** Coimbra: Almedina, 2012, p. 324.

caso referente à violação da obrigação de não constituir garantia patrimonial a favor de terceiro que pode vir a ser concorrente do credor original na busca de bens do devedor.

O vencimento antecipado da obrigação equivale à segunda modalidade de efeito *ex post* decorrente do inadimplemento absoluto. Violado o *dever* negativo, tornam-se exigíveis as normas aplicáveis às hipóteses de inexecução de qualquer espécie de obrigação. Sob a perspectiva do processo obrigacional inerente à *negative pledge clause*, a atuação prévia não surtiu os efeitos esperados, que eram a preservação do patrimônio do devedor e a formação de obstáculo ao surgimento de credores concorrentes. Torna-se, então, exigível a cláusula de vencimento antecipado, que equivale à consequência legal e contratual posterior ao inadimplemento, viabilizando-se a imediata execução da obrigação principal. Sob o ponto de vista da economia do negócio, corresponde ao fator de reequilíbrio da operação.

4.3.3. Perdas e danos

O descumprimento da *negative pledge clause* enseja discussão a respeito da responsabilidade contratual e a obrigação de ressarcimento pelos prejuízos. À primeira vista, surgem duas espécies de condutas que suscitam atenção: a do próprio devedor e a do terceiro que, direta ou indiretamente, interfere na relação jurídica que contenha *covenant* negativo.

O primeiro caso diz respeito exclusivamente ao devedor inadimplente. Cuida-se do contratante que se obriga a não outorgar garantias a terceiros e age em sentido contrário, violando o dever assumido e comprometendo a segurança oferecida ao credor. Para esta hipótese, há de se aplicar as regras responsabilidade civil contratual, pois decorrente de relação jurídica preexistente, e suas consequências legais[123] decorrem da inexecução do clausulado, sendo a culpa presumida.[124]

A situação do terceiro diverge, na medida em que a ele não são aplicáveis as obrigações que naturalmente advém da *negative pledge clause*, tampouco as consequências legais do inadimplemento contratual. Tem-se em mente a conduta da pessoa que, não sendo parte do contrato original, age para que o devedor descumpra a obrigação, com a finalidade de ser beneficiada com a constituição de garantia real. O credor original não dispõe de ação contra o terceiro para impugnar a constituição dessa garantia, porquanto a obrigação contratual em

---

[123] Código Civil, artigos 389 a 416.

[124] CAVALIERI FILHO, Sérgio. **Programa de Responsabilidade Civil.** São Paulo: Editora Malheiros, 2003, p. 278-279.

comento não afeta o bem, ao mesmo tempo que não gera efeitos além do negócio jurídico do qual é oriunda. Todavia, a conduta do terceiro poderá ensejar aplicação de responsabilidade civil extracontratual ou aquiliana.

No direito brasileiro, a intervenção intencional e indevida do terceiro, com a finalidade de obter as vantagens próprias da constituição de garantia real em seu favor, em prejuízo de anterior obrigação de não fazer, enseja a responsabilidade civil extracontratual. O fundamento é o dever de respeito aos negócios alheios, assim como no princípio da probidade e da boa-fé.[125] A responsabilização decorre da relação de causalidade entre a conduta culposa e o resultado danoso.[126]

O ressarcimento dos prejuízos provenientes do inadimplemento corresponde à terceira modalidade de efeito *ex post* decorrente da *negative pledge clause*. Pensando no processo obrigacional, foram vencidas as etapas de atuação prévia, todas elas anteriores ao momento de execução da obrigação principal, não tendo se obtido os resultados previamente almejados: impedir a liquidação do patrimônio e assegurar a satisfação da obrigação principal por meio da preservação dos bens livre de ônus. Aplicadas as consequências legais e contratuais, assim como identificada a atuação nociva de terceiro, a pretensão ao recebimento de indenização contra os prejuízos equivale à etapa de atuação posterior ao inadimplemento, que se materializa na aplicação das normas atinentes à responsabilidade civil.

CONCLUSÃO

Em resposta à pergunta que embasa o presente artigo, pode-se afirmar positivamente a possibilidade de a *negative pledge clause* ser utilizada como instrumento complementar no regime de garantias contratuais. A estruturação desta espécie de cláusula por meio da construção de obrigações acessórias coloca-a entre o regime legal da responsabilidade patrimonial e o das garantias subsidiárias ou autônomas.

A busca por segurança ao interesse do credor justifica a construção e recomenda a utilização da *negative pledge clause*. As figuras positivas e negativas são frutos da experiência prática em ocasiões de crise negocial e carregam consigo farta dose de sabedoria para o enfrentamento das dificuldades. Todas

---

125 Código Civil, art. 187 e 422.

126 AZEVEDO, Antônio Junqueira de. Princípios do novo direito contratual e desregulamentação do mercado - Direito de exclusividade nas relações contratuais de fornecimento - Função social do contrato e responsabilidade aquiliana do terceiro que contribui para inadimplemento contratual. In: ______ **Estudos e Pareceres de Direito Privado**. São Paulo: Saraiva, 2004. p. 137-147.

elas são úteis ao entendimento dos meandros e do ambiente que dá ensejo à *negative pledge clause*. A compreensão da lógica de funcionamento dessa espécie de cláusula de segurança nos ajudará a desenvolver um modelo funcional de tutela contratual baseado em limitações e restrições a atuação do devedor, voltadas à preservação das condições econômicas que viabilizaram a concretização do negócio.

A transposição de certos *arranjos contratuais*, com origem na *Common Law* para a estruturação de operações no âmbito da *Civil Law*, rendeu a criação pela doutrina da expressão "cláusulas de proteção e segurança", que pode ser apontada como uma categoria jurídica específica dentro do direito contratual. As peculiaridades funcionais e a finalidade assecuratória atribuem a elas características próprias que as destacam das obrigações em geral, da mesma forma que a ausência de vinculação patrimonial também não permite seja ela classificada no âmbito das garantias típicas ou atípicas, acessórias ou autônomas. A nomenclatura endereça o objeto de atuação e a compreensão de suas sutilezas, a fim de que seja utilizada como instrumento complementar ao regime de garantias típicas. A legitimidade dessa espécie de construção advém do fato de ser uma alternativa intermediária entre a ausência e a existência de garantia, servindo como instrumento apto à viabilização de negócios em cenários de restrições temporárias quanto à disponibilidade de bens passíveis de serem convertidos em garantias reais. Os princípios inerentes aos negócios jurídicos e ao direito contratual direcionam a especificidade do conteúdo obrigacional das cláusulas e determinam sua validade.

A *negative pledge clause* foi concebida a partir de problemas concretos específicos da *Common Law* (funcionamento das *charges* incidentes sobre estoques e fluxos de recebíveis) e se consolidou como um instrumento eficaz à segurança do crédito em caráter complementar ao regime de garantias reais típicas. Cada uma das espécies de *negative pledge clause* confirma a utilidade dela como reforço do regime de garantias clássicas do crédito.

A *negative pledge clause* atua no negócio jurídico como instrumento de segurança e como reforço das garantias. Significa, pois, que a utilização da cláusula também pode se dar associada às garantias típicas, não apenas sozinha ou como alternativa de segurança. Sob a perspectiva econômica, tem a função de garantia indireta ante à construção de ambiente de segurança e favorável à satisfação da obrigação.

O enquadramento jurídico da *negative pledge clause* está relacionado ao direito das obrigações, sem qualquer vinculação com regime das garantias típicas. Acontece que o estabelecimento de vínculo entre a pessoa, a obrigação e a responsabilidade patrimonial atribui a esta modalidade de *dever* negativo a *função de garantia indireta*.

A especificidade da obrigação atribui características próprias à *negative pledge clause* e permite que ela seja individualmente considerada, passando a ter vida própria, muito além da simples obrigação de não fazer.

Os efeitos da *negative pledge clause* podem ser vistos sob o aspecto prático-temporal, econômico e jurídico. O primeiro se revela na atuação *ex ante* e *ex post* da cláusula, operando, a princípio, como instrumento de controle, segurança e incentivo, e, posteriormente, desencadeando as consequências do inadimplemento. A implicação econômica decorre da segurança negocial proveniente da cláusula de garantia, preenchendo a lacuna entre a responsabilidade patrimonial e a garantia típica.

O descumprimento da *negative pledge clause* dá ensejo a medidas preventivas. Da perspectiva *ex ante* da cláusula, extrai-se a possibilidade de medidas de natureza cautelar com a finalidade de obstar a violação. O incentivo a boas práticas de governança corporativa e, consequentemente, a mitigação de riscos revelam outros bons efeitos da atuação *ex ante* provenientes da utilização da *negative pledge clause* em relações negociais.

A execução específica da *negative pledge clause* depende da espécie de formulação e da modalidade de declaração de vontade que emana da obrigação. As condutas de fazer e não fazer podem ser substituídas por provimento jurisdicional quando forem constitutivas de direito, podendo se pensar, ainda que hipoteticamente, na extensão dos efeitos de uma garantia concedida a terceiro em violação à cláusula. Fora dessa hipótese, a solução para o inadimplemento estará na discussão sobre perdas e danos.

A possibilidade de se determinar o vencimento antecipado da obrigação principal por descumprimento da *negative pledge clause* é resultado, num primeiro momento, da violação da expectativa de segurança e de desequilíbrio da relação negocial. Ademais, num segundo momento, a inexecução da obrigação acessória segundo a forma contratada caracteriza a mora do devedor e também dá ensejo às suas consequências legais e contratuais. Mesmo que o cumprimento da obrigação principal esteja em dia, a violação da cláusula de proibição de garantia pode ser justificativa suficiente para, em razão do agravamento do risco de frustração de interesse do credor, desencadear pretensão de aceleração do vencimento das demais obrigações do contrato.

Os prejuízos provenientes do inadimplemento da *negative pledge clause* suscitam a aplicação das regras inerentes à responsabilidade civil contratual para o devedor e a responsabilidade extracontratual para o terceiro. O primeiro caso poderá ensejar o vencimento antecipado dos pagamentos, aplicação da cláusula penal e a extinção do negócio, assim como eventual indenização suplementar. A segunda hipótese faz subsistir o dever de reparar os danos.

Do ponto de vista propositivo, fica a conclusão de que segurança e proteção do interesse do credor podem ser construídos a partir de estruturas contratuais complexas, mediante o encadeamento e o cruzamento de obrigações acessórias, internas e externas à relação contratual, funcionando como incentivo ao adimplemento. A ideia é erigir um conjunto de obrigações que atuem antes do problema e que ajudem na manutenção do foco dos contratantes no objeto negocial. Busca-se dificultar o desvio de recursos para outras finalidades, propiciando o inadimplemento ou frustrando compromissos, ante à ineficácia da garantia genérica decorrente da responsabilidade patrimonial ou de alguma das garantias típicas pela concorrência com os chamados créditos privilegiados. A *negative pledge clause* se apresenta como instrumento apto a satisfazer esse tipo de expectativa e necessidade.

Todos esses elementos jurídicos demonstram, de modo geral, a compatibilidade da *negative pledge clause* com o direito brasileiro. Os aspectos econômicos e funcionais, por sua vez, reforçam a recomendação de aplicação prática, ante os efeitos benéficos também na esfera extrajurídica. Além das grandes operações negociais, como todas essas que foram suscitadas como exemplo ao longo do desenvolvimento do tema, contratos de menor expressão igualmente podem se valer do reforço do regime de garantias proporcionado pela obrigação de não constituir garantias em favor de terceiro. Além de reforçar eventuais garantias típicas, a instituição desse *covenant* atuará como incentivo ao adimplemento, vez que os efeitos da violação poderão trazer maiores prejuízos ao devedor.

Por se tratar de estrutura contratual cuja tipicidade social provém dos efeitos almejados e não propriamente das sutilezas na formulação, assim como diante das múltiplas possibilidades de variação se faz necessário destacar que, as características econômicas e jurídicas de cada negócio indicarão o tipo de formulação a ser utilizada, assim como, eventualmente, outras obrigações, condições, ônus ou encargos a serem associados à *negative pledge clause.* Por isso, não se mostra adequado limitar o instituto em cláusulas padronizadas. Espera-se que, a partir de toda informação coligida neste texto, os operadores do direito possam formular suas próprias cláusulas, empregá-las em negócios reais e, no caso de litígio, julgá-las com maior disposição de cabedal prático e teórico. Mais importante do que o detalhamento da cláusula, é a consolidação dessa categoria jurídica como mais uma opção aos propósitos e ao regime de garantias contratuais, funcionando como instrumento complementar e podendo ser considerada uma "garantia" para o mais eficiente funcionamento das garantias tradicionais.

28. ENGENHARIA CONTRATUAL NA PROTEÇÃO DE DADOS: MITIGANDO RISCOS

Fernanda Foizer Canevari
Bruno Ricardo Bioni

1. INTRODUÇÃO

Com o avanço da globalização, popularização da internet e, principalmente, depois da invenção do celular e outros dispositivos móveis, as relações humanas e as trocas econômicas foram datificadas[1]. Isso significa que o intercâmbio de informação em tempo real ocorre a todo momento e que o volume de dados criados, acessados, armazenados, recebidos e transmitidos entre os atores que participam desse ecossistema é colossal. Conjuntos de dados passaram a ter alto valor agregado, uma vez que novas tecnologias reduziram os custos e tornaram mais fácil a produção, edição, disseminação e armazenamento de dados (pessoais), transformando-os em *commodity*[2]. O uso massivo de dados trouxe preocupações sobre o controle e a utilização dessas informações. Assim, pensando em proteger os direitos fundamentais dos titulares desses dados, muitos países passaram a legislar sobre o tema para que o tratamento

---

[1] O termo foi cunhado e trazido no contexto da era digital e correlacionado ao Big Data por MAYER-SCHONEBERGER, Viktor; CUKIER, Kenneth. **Big Data:** A revolution will transform how we live, work and think. New York: Houghton Mifflin Publishing, 2013, p. 90.

[2] NISSENBAUM, Helen; 1998 *apud* LYNSKEY, Orla, 2015, p. 27. LYNSKEY, Orla. **The Foundations of EU Data Protection law.** Oxford Studies in European Law. Oxford: Oxford University Press, 2015, p. 27.

deles continue ocorrendo, mas seja limitado, observando princípios e salvaguardas previstas nas leis.

Na Europa, as discussões sobre o tema se iniciaram na década de 1970[3], mas ganharam maior musculatura com a aprovação do Regulamento Geral sobre a Proteção de Dados (Regulation 2016/679) – GDPR[4], cuja aplicação recai sobre toda e qualquer operação de tratamento de dados pessoais de indivíduos localizados na União Europeia, de forma que o seu âmbito de aplicação não se restringe apenas às empresas localizadas ou que atuam nos países parte do bloco econômico, mas também a todas as empresas que, de alguma forma, ofereçam produtos e serviços ou monitorem o comportamento de indivíduos na União Europeia[5].

Embora muitas empresas não estejam legalmente subordinadas ao Regulamento 2016/679, isso não significa que elas não sejam de outra forma compelidas ao seu cumprimento. Dado o contexto globalizado do fluxo de dados pessoais entre as empresas nas operações comerciais na sociedade da informação, e como o GDPR estabelece que é responsabilidade do controlador avaliar se o operador é apto para tratar dados pessoais de acordo com os requisitos do Regulamento 2016/679, bem como garantir a conformidade dos seus operadores[6], as empresas europeias passaram a incorporar em seus contratos comerciais cláusulas contendo exigências e requisitos relacionados ao GDPR, a fim de refletir aos seus parceiros comerciais as responsabilidades e obrigações estabelecidas no Regulamento 2016/679. Assim, empresas não

---

[3] *Ibid.*, p. 3.

[4] Há dois Regulamentos Gerais de Proteção de Dados: o EEA GDPR e o UK GDPR. O EEA GDPR é aplicável a todos os países do Espaço Econômico Europeu, que inclui os 27 países membros da União Europeia mais Noruega, Islândia e Liechtenstein. O UK GDPR é aplicável ao Reino Unido, conforme adaptado pelo *Data Protection Act*). A Suíça também não se subordina ao regulamento, uma vez que tem sua própria lei. Mais informações sobre o UK GDPR estão disponíveis no site do Information Commissioner's Office. *Cf.* INFORMATION COMMISSIONER'S OFFICE (ICO). **The UK GDPR**. [Wilmslow], 9 set. 2019. Disponível em: https://ico.org.uk/for-organisations/dp-at-the-end-of-the-transition-period/data-protection-and-the-eu-in-detail/the-uk-gdpr/. Acesso em: 30 jan. 2023. TUFTS.EDU. **General Data Protection Regulation (GDPR)**. [Medford/Somerville], 2021. Tufts University. Disponível em: https://access.tufts.edu/general-data-protection-regulation-gdpr. Acesso em: 30 jan. 2023.

[5] EUROPEAN COMMISSION. **Who does the data protection law apply to?** [Bruxelas], [2018?]. Disponível em: https://commission.europa.eu/law/law-topic/data-protection/reform/rules-business-and-organisations/application-regulation/who-does-data-protection-law-apply_en. Acesso em: 29 mar. 2023.

[6] INFORMATION COMMISSIONER'S OFFICE (ICO). **What responsibilities and liabilities do controllers have when using a processor?** [Wilmslow], 17 out. 2022. Disponível em: https://ico.org.uk/for-organisations/guide-to-data-protection/guide-to-the-general-data-protection-regulation-gdpr/contracts-and-liabilities-between-controllers-and-processors-multi/responsibilities-and-liabilities-for-controllers-using-a-processor/. Acesso em: 30 jan. 2023.

submetidas à regulação, mas que desejem realizar operações comerciais com entidades subordinadas ao GDPR, caso não queiram perder a oportunidade fazer negócios, devem cumprir com os termos dessas cláusulas. Aí já se vê a importância de cláusulas contratuais relacionadas à proteção de dados.

No Brasil não é diferente. A Lei Geral de Proteção de Dados Pessoais (Lei Federal n. 13.709/2018), popularmente conhecida como LGPD, sancionada em 14 de agosto 2018, três meses depois da entrada em vigor da GDPR na Europa[7], afetou todos os setores que de alguma forma tratam dados pessoais, uma vez que define "tratamento" como toda operação realizada com essas informações[8] e atribui responsabilidade solidária entre os agentes envolvidos no tratamento a fim de assegurar indenizações ao titular ofendido[9]. Assim, estar adequado à legislação não é suficiente. Necessário também é que os terceiros com quem o agente mantenha relações contratuais estejam adequados e tenham programas robustos de governança em privacidade e proteção de dados.

Nesse contexto, embora a LGPD defina responsabilidades distintas entre os agentes de tratamento (controlador e operador), a lei estabelece que o operador deve "[...] realizar o tratamento segundo as instruções fornecidas pelo controlador"[10]. Mas como definir essas instruções? Tarcísio Teixeira e Ruth Armelin (2020) explicam[11]:

> Aqui vale destacar a relevância de uma elaboração minuciosa e criteriosa do contrato firmado entre controlador e operador, visto que será através dele que poderá se apurar quais as instruções passadas pelo controlador e eventual direito de regresso de ambas as partes a depender do que estava previsto contratualmente. Vale destacar que empresas precisarão revisar os

---

[7] Para saber mais sobre o processo legislativo da LGPD, recomenda-se a leitura do material *Memória da LGPD*, desenvolvido pelo Observatório do Data Privacy BR. *Cf.* OBSERVATÓRIO. **Memória da LGPD.** Data Privacy BR, [São Paulo], 2021. Disponível em: https://www.observatorioprivacidade.com.br/memorias/. Acesso em: 17 fev. 2023.

[8] BRASIL. **Lei nº 13.709, de 14 de agosto de 2018**. Lei Geral de Proteção de Dados Pessoais (LGPD). Brasília, DF: Presidência da República, [2018], Art. 5º. X. Disponível em: https://www.planalto.gov.br/ccivil_03/_ato2015-2018/2018/lei/l13709.htm. Acesso em: 28 jan. 2023.

[9] O § 1º do art. 44 da LGPD estabelece que há responsabilidade solidária (i) entre controlador e operador, quando este descumprir a lei ou não seguir as instruções lícitas do controlador; e (ii) entre controladores, quando ambos estiverem envolvidos no tratamento do qual decorrer o dano, salvo se presente alguma excludente de responsabilidade prevista na respectiva lei. *Ibid.*, Art. 44, § 1.

[10] *Ibid.*, Art. 39.

[11] TEIXEIRA, Tarcísio; ARMELIN, Ruth Maria Guerreiro da Fonseca. Responsabilidade e ressarcimento de danos por violação às regras previstas na LGPD: um cotejamento com o CDC. *In*: LIMA, Cíntia Rosa Pereira (Coord.) **Comentários à Lei Geral de Proteção de Dados.** São Paulo: Almedina, 2020, p. 314-315.

contratos que já possuem nos seus mais diversos setores (recursos humanos, marketing, etc.) para incluir cláusulas mínimas para compartilhamento de dados entre controlador e operador de forma a regular essa relação. Nesse sentido, a boa elaboração de um contrato não exime a responsabilidade desse último de verificar se o que lhe está sendo instruído obedece as normas sobre a matéria (art. 39, LGPD), não podendo se escusar do cumprimento da lei alegando o cumprimento de cláusulas contratuais.

Instrumentos contratuais aparecem, então, como um ferramental para definir essas instruções. Mas sua função não para por aí. A LGPD define sanções administrativas e o seu art. 51, § 1º, estabelece como parâmetros e critérios para aplicação das sanções a boa fé, a cooperação, a adoção de medidas corretivas e de políticas de boas práticas e governança do infrator. Assim, por que não se utilizar de contratos para estabelecer essas práticas, políticas, regras de cooperação e valer-se desse instrumento como meio para demonstrar a boa-fé das partes e seus esforços para cumprimento da lei frente a casos de fiscalização ou apuração de irregularidades?

Dessa forma, a inclusão de cláusulas de proteção de dados nos contratos presta-se não apenas como instrumento para definição de atribuição de responsabilidades entre os agentes de tratamento, mas também serve de instrumento de prestação de contas[12]. Mas como redigir essas cláusulas contratuais? O que deve ser incluído? Qual a preocupação que se dever ter quando da elaboração e revisão desse tipo de cláusula?

Pensando nisso, este trabalho foi elaborado com um viés eminentemente prático, a partir de informações colhidas da experiência profissional dos autores, dado que a existência de materiais acadêmicos e doutrinários sobre o tema ainda está decantando no Brasil, e que a formação de jurisprudência que discuta cláusulas contratuais de proteção de dados encontra-se em um estágio inicial. Também, as análises a seguir restringem-se ao âmbito de relações jurídicas exclusivamente privadas, excluindo as que envolvam pessoas jurídicas de direito público. Exemplos de cláusulas contratuais serão apresentados e, para fins de melhor visualização, identificados em quadrantes devidamente nomeados. No mais, os exemplos e recomendações abordados neste texto não se aplicam a todas as organizações, sendo que cada caso deve ser analisado por um profissional dentro de seu contexto específico.

---

12 Para entender mais sobre o princípio de prestação de contas, recomenda-se a leitura do livro *Regulação e proteção de dados pessoais: o princípio da accountability*, de Bruno Ricardo Bioni. *Cf.* BIONI, Bruno Ricardo. **Regulação e proteção de dados pessoais: o princípio da accountability.** Rio de Janeiro: Forense, 2022.

2. CLÁSULAS CONTRATUAIS DE PRIVACIDADE E PROTEÇÃO DE DADOS

Ao abordar proteção de dados em contratos, é imprescindível incluir alguns temas específicos para delimitar o escopo de responsabilidade dos agentes e mitigar riscos. Embora este trabalho não tenha a pretensão de exaurir esses temas, analisa-se três eixos que mais geram dúvidas entre os profissionais da área: (i) classificação das partes como agentes de tratamento na operação, (ii) identificação dos dados, titulares, finalidades e regras de compartilhamento e (iii) transferência internacional.

2.1. Classificação das partes como agentes de tratamento na operação

Como a temática de responsabilidade contratual das partes gira em torno das obrigações aplicadas aos diferentes agentes de tratamento[13], é necessário, antes de mais nada, identificar as partes como tal: controlador, operador ou suboperador.

2.1.1. Classificação dos agentes de tratamento

A LGPD define como agentes de tratamento apenas as figuras do controlador e operador[14]. No entanto, a partir de casos concretos, é possível identificar uma subcategoria de agente – o suboperador –, que inclusive é reconhecida pela Autoridade Nacional de Proteção de Dados (ANPD) no Guia Orientativo para Definições dos Agentes de Tratamento de Dados Pessoais e do Encarregado[15] – referenciado neste trabalho apenas como Guia Orientativo. Para fins de esclarecimento:

---

[13] A LGPD estabelece diversas obrigações, explicitas e algumas implícitas, a que se subordinam os agentes. Algumas delas são exclusivas do controlador (por exemplo, elaborar e fornecer à ANPD, se solicitado, relatórios de impacto à proteção de dados pessoais, definir as bases legais para o tratamento, comunicar à ANPD e ao titular a ocorrência de incidentes de segurança, etc.) e outras do operador (por exemplo, cooperar com o controlador para responder em tempo hábil as requisições feitas pelos titulares de dados pessoais quanto ao atendimento de seus direitos, seguir as instruções do controlador, manter o registro das operações de tratamento etc.).

[14] BRASIL, 2018, *op. cit.*, Art. 5°.

[15] Embora o guia não tenha caráter vinculante aos agentes de tratamento, estabelece diretrizes e explicações sobre quem pode exercer a função do controlador e operador e os regimes de responsabilidade. AUTORIDADE NACIONAL DE PROTEÇÃO DE DADOS (ANPD). **Guia orientativo para definições dos agentes de tratamento de dados pessoais e do encarregado**. Brasília, maio 2021, p. 5. Disponível em: https://www.gov.br/anpd/pt-br/assuntos/noticias/inclusao-de-arquivos-para-link-nas-noticias/2021-05-27-guia-agentes-de-tratamento_final.pdf. Acesso em: 31 jan. 2023.

- **Controlador**: é "[...] pessoa natural ou jurídica, de direito público ou privado, a quem competem as **decisões** referentes ao tratamento de dados pessoais"[16]. Ou seja, é *quem exerce um poder de influência sobre o tratamento e determina* como os dados pessoais serão tratados, tomando as principais decisões[17] referentes ao tratamento. Principais decisões são aquelas que se referem aos elementos essenciais do tratamento: (a) definição da finalidade do tratamento, que é sempre lastreada em uma base legal; (b) natureza dos dados tratados, e (c) duração do tratamento, incluindo o prazo de eliminação dos dados. Note que o controlador não precisa tomar todas as decisões, mas apenas aquelas relacionadas aos *elementos essenciais* do tratamento, de forma que operadores podem decidir sobre elementos não essenciais[18].
- **Operador**: é "[...] pessoa natural ou jurídica, de direito público ou privado, que realiza o tratamento de dados pessoais **em nome do controlador**"[19]. Ou seja, é quem operacionaliza o tratamento obedecendo as instruções do controlador em como realizá-lo.
- **Suboperador**: terceiro **contratado pelo operador** para tratar dados pessoais **em nome do controlador**. Trata-se de um agente de tratamento equiparado ao operador, que participa de cadeias mais complexas de tratamento. Embora o suboperador realize o tratamento de acordo com os interesses do controlador, não mantém uma relação direta com este, mas com o operador que desempenha um papel de intermediário na respectiva cadeia[20].

Apesar da LGPD estabelecer que pessoa natural pode ser um agente de tratamento, indivíduos subordinados a organizações atuando sobre o seu poder diretivo, como representantes e prepostos, não são considerados operadores (por exemplo, empregados, sócios, administradores). Pessoas naturais somente são consideradas operadores se, embora atuando de acordo com os interesses e finalidades definidas pelo controlador, não estiverem submetidas à sua direção. Além disso, pessoas naturais podem ser consideradas controladoras quando, agindo de forma independente e em seu nome próprio, tomarem as principais decisões sobre o tratamento (por exemplo, profissionais liberais)[21].

---

16 BRASIL, 2018, *op. cit.*, Art. 5°, VI.

17 De acordo com o Guia Orientativo da ANPD, "[...] entre essas decisões, incluem-se as instruções fornecidas a operadores contratados para a realização de um determinado tratamento de dados pessoais". AUTORIDADE NACIONAL DE PROTEÇÃO DE DADOS (ANPD), 2021, *op. cit.*, p. 7-8.

18 A depender do caso concreto, outros elementos podem ser considerados essenciais. *Ibid.*, p. 10-11.

19 BRASIL, 2018, *op. cit.*, Art. 5°, VII.

20 AUTORIDADE NACIONAL DE PROTEÇÃO DE DADOS (ANPD), 2021, *op. cit.*, p. 19-20.

21 *Ibid.*, p. 5, 6, 8, 10, 16-17.

Nas operações de tratamento de dados, é possível encontrar três tipos de arranjos entre os agentes: controlador x operador, controlador x controlador, e operador x suboperador. Um exemplo do primeiro tipo seria a contratação de serviços de armazenamento em nuvem. No segundo caso, um exemplo são negócios jurídicos firmados entre empresas que estabelecem uma parceria comercial para promoção conjunta de suas marcas. No terceiro caso estaríamos falando de subcontratação ou de serviços terceirizados, por exemplo, uma empresa que contrata uma agência de eventos para organizar um workshop e esta agência contrata uma outra empresa responsável pela conferência da lista dos participantes e entrega de crachás.

O Guia Orientativo da ANPD define que há controladoria conjunta, ou seja, mais de um controlador na mesma relação, quando há decisões comuns ou convergentes das partes sobre a operação de tratamento. **Decisões comuns** existem quando as partes tomam decisões conjuntas, já que há uma intenção comum sobre as finalidades e os demais elementos essenciais do tratamento já apontados acima. **Decisões convergentes** existem quando as partes tomam decisões distintas, mas que se completam, com relação às finalidades e elementos essenciais, sendo que, se não houvesse a partição de ambos, o tratamento não poderia ocorrer. Assim, para configuração da controladoria conjunta e a caracterização da responsabilidade solidária, é essencial que o objetivo do tratamento seja o mesmo para os controladores, pois, se tais objetivos forem diferentes, a controladoria será considerada singular e a solidariedade será afastada[22].

Uma mesma entidade pode figurar ora como controlador e ora como operador, a depender da operação de tratamento de que realizar[23]. Assim, para saber como atribuir as responsabilidades a cada parte da relação contratual, é imprescindível identificar como cada uma delas é classificada como agente, levando-se em consideração as atividades de tratamento objeto do contrato. Para auxiliar nessa identificação, criamos um teste inspirado na metodologia adotada pelo European Data Protection Supervisor (EDPS)[24], que consiste basicamente em identificar o responsável pelas decisões e elementos essenciais

---

[22] *Ibid.*, p. 13.

[23] *Ibid.*, p. 6.

[24] European Data Protection Supervisor (EDPS) é autoridade independente de proteção dados da União Europeia que supervisiona demais órgãos e instituições. O fluxograma para auxiliar na identificação dos agentes desenvolvido pela EDPS (*Flowchart: Are you a processor, controller, or joint controller?*) pode ser encontrado no site do EDPS. *Cf.* EUROPEAN DATA PROTECTION SUPERVISOR (EDPS). **Checklists and flowcharts on data protection**. [Bruxelas], 27 set. 2019. Disponível em: https://edps.europa.eu/data-protection/our-work/publications/factsheets/checklists-and-flowcharts-data-protection_en. Acesso em: 29 jan. 2023.

definidos no Guia Orientativo da ANPD. Observa-se, no entanto, que para realizar o teste é necessário primeiramente ter conhecimento e clareza da operação de tratamento objeto de análise.

Quadro-resumo 1 – Identificação dos Agentes de Tratamento[25]

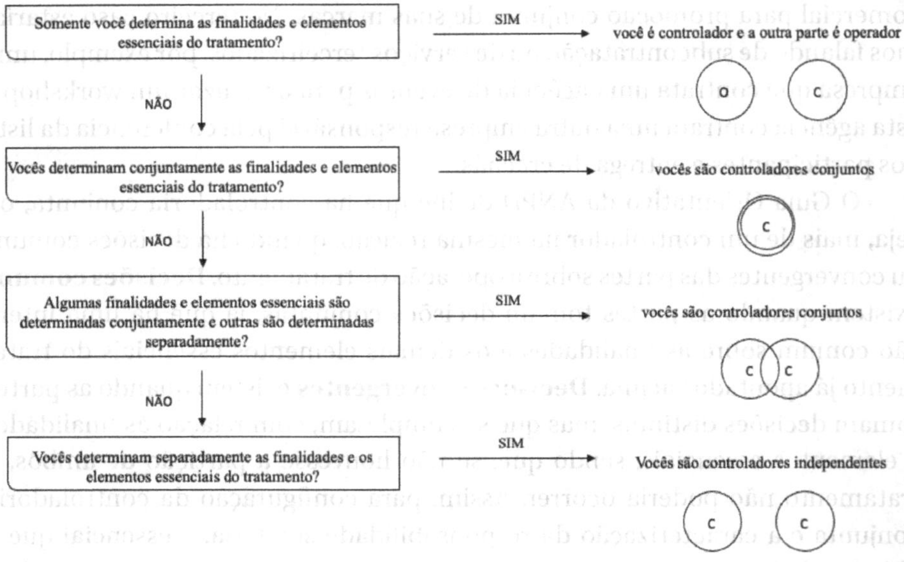

Cumpre ressaltar que, para que haja controladoria conjunta, os seguintes requisitos deverão ser identificados cumulativamente no caso concreto: os controladores devem (a) ter poder de decisão, (b) ter interesse sobre o mesmo tratamento com base em finalidades próprias, e (c) tomar decisões comuns *ou* convergentes sobre as finalidades ou elementos essenciais do tratamento[26].

2.1.2. Identificação dos agentes de tratamento em cláusulas contratuais

A identificação dos agentes pode advir de previsão legal em obrigações expressas em leis e regulamentos ou, não havendo tal previsão, pode decorrer das definições previstas nos contratos. Uma vez feita a identificação de quem são os agentes de tratamento que fazem parte da relação contratual, é importante que seja incluída uma cláusula que expresse essa definição, tendo em vista que é ela quem vai balizar as demais obrigações e responsabilidades das partes a serem incorporadas no instrumento. Frisa-se, no entanto, que, não

---

[25] O termo "você" utilizado no quadro retrata a entidade ou o indivíduo que participa da operação de tratamento de dados pessoais como agente de tratamento.

[26] AUTORIDADE NACIONAL DE PROTEÇÃO DE DADOS (ANPD), 2021, *op. cit.*, p. 13.

obstante a definição dos agentes prevista em contrato, em caso de fiscalização ou litígio, é a interpretação da autoridade competente a esse respeito que irá prevalecer, levando em consideração o *contexto fático* e as circunstâncias relevantes envolvendo o caso concreto[27].

Segue abaixo um exemplo de cláusula em que se prestaria a relação entre um controlador e um operador:

Exemplo de Cláusula Contratual 1 – Definição dos Agentes de Tratamento

As Partes declaram que cumprem a legislação aplicável sobre privacidade e proteção de dados, especialmente a Lei Geral de Proteção de Dados (Lei Federal n. 13.709/2018), o Marco Civil da Internet (Lei Federal n. 12.965/2014) e o seu decreto regulamentador (Decreto 8.771/2016) - ("Lei Aplicável"), bem como as obrigações previstas neste instrumento, incluindo princípios contratuais e de privacidade e proteção de dados, sendo cada Parte responsável, perante a outra e os titulares dos dados pessoais, por qualquer violação à Lei Aplicável. No âmbito do tratamento realizado na execução deste Contrato, a Companhia atuará como controladora dos dados pessoais, tomando todas as decisões relacionadas ao tratamento, e a Contratada atuará como operadora, obrigando-se a seguir todas as instruções de tratamento oferecidas pela Companhia, salvo se entender que tais instruções violam a Lei Aplicável e desde que envie prontamente à Companhia notificação contendo a justificativa de tal oposição. Em respeito à Lei Aplicável, a Companhia, como controladora, declara e garante que o tratamento de dados pessoais realizado no âmbito do Contrato possui uma base legal válida e adequada, responsabilizando-se individualmente em caso de inadequação da base legal escolhida.

Se a relação contratual é entre um controlador e um operador, a prática é incluir na cláusula a obrigação (legal) do operador de cumprir as instruções lícitas do controlador, que deverão estar devidamente definidas no contrato, mas poderão também ser passadas durante o tratamento. A obrigação advém do disposto no inciso I, § 1º do artigo 44 da LGPD, que menciona explicitamente o cumprimento pelo operador das "instruções lícitas" passadas pelo controlador, para afastar a responsabilidade solidária entre as partes.

Mas o que aconteceria com o operador que cumprisse com uma instrução ilícita do controlador? Nesse caso, ele estaria violando a legislação e, por esse motivo, passaria a responder solidariamente com o controlador pelo ato ilícito. Assim, para evitar que a negativa do operador em cumprir com uma instrução do controlador que considere ilícita possa dar ensejo à rescisão contratual motivada, recomenda-se prever a possibilidade de oposição pelo operador à determinada instrução por ele considerada ilícita[28].

---

[27] *Ibid.*, p. 7.

[28] BRASIL, 2018, *op. cit.*, Art. 39.

Se ao controlador cabe oferecer instruções, é essencial que o tratamento tenha respaldo legal; caso contrário, a instrução será considerada ilícita. Nesse sentido, o controlador deve garantir que tem uma base legal[29] para legitimar o tratamento que será realizado, a qual deve ser válida e adequada. Assim, em caso de questionamento sobre a ilicitude do tratamento por falta de respaldo legal, manter tal previsão expressa em contrato auxilia o resguardo do operador em obter eventual direito de regresso, já que tratar dados pessoais sem uma base legal poderia ser considerado como observância pelo operador de instruções ilícitas do controlador.

Antes, discutia-se entre os profissionais da área sobre a necessidade de especificar a base legal no contrato. No entanto, tendo em vista que as operações comerciais são dinâmicas, os profissionais deixaram de fazer tal especificação. Assim, basta que o controlador garanta a validade e a adequação da base legal escolhida para sanar a questão da responsabilidade. Nesse sentido, o que pode ser incluído são outras garantias genéricas oferecidas pelo controlador com relação à base legal por ele escolhida (que deve ser registrada previamente ao tratamento), como, por exemplo, a manutenção do registro do consentimento na forma prevista na LGPD[30], a obtenção do consentimento específico e destacado quando se tratar de dados pessoais sensíveis ou de crianças menores de 12 anos[31] (sendo certo que, nesse último caso, também deve ser garantido que o consentimento foi obtido dos pais ou responsáveis legais) e, quando a base legal for o legítimo interesse, o respeito às expectativas do titular com relação ao tratamento e aos demais requisitos previstos no artigo 10º da LGPD[32].

---

[29] Base legal é o fundamento que autoriza a realização do tratamento de dados pessoais pelo agente para o caso concreto. As bases legais estão previstas na LGPD nos art. 7º (para dados pessoais) e art. 11º (para dados pessoais sensíveis). *Ibid.*

[30] Consentimento é uma das bases legais previstas na LGPD, que corresponde à manifestação livre, informada e inequívoca do titular no sentido de concordar que os seus dados sejam tratados pelo agente para uma finalidade determinada. *Ibid.*, Art. 7º, I, e 5º, XII.

[31] O art. 2º do Estatuto da Criança e Adolescente (Lei n. 8.069/1990) estabelece que criança é "[...] a pessoa até doze anos de idade incompletos, e adolescente aquela entre doze e dezoito anos de idade". BRASIL. **Lei nº 8.069, de 13 de julho de 1990**. Dispõe sobre o Estatuto da Criança e do Adolescente e dá outras providências. Brasília, DF: Presidência da República, [2022]. Disponível em: https://www.planalto.gov.br/ccivil_03/leis/l8069.htm. Acesso em: 28 jan. 2023. De acordo com a LGPD, apenas os dados de crianças exigem o consentimento de pelo menos um dos pais ou responsáveis legais. *Ibid.*, Art. 14, § 1º.

[32] Para verificar se as legítimas expectativas e os direitos e liberdades fundamentais do titular estão sendo respeitados, os agentes têm recorrido a um exercício de documentação especial chamada de Teste de Balanceamento de Legítimo Interesse ou *Legitimate Interest Assessment – LIA*. Para entender mais sobre o LIA, recomenda-se a leitura do livro *Proteção de Dados Pessoais: a função e os limites do consentimento,* de Bruno Ricardo Bioni. *Cf.* BIONI, Bruno Ricardo. **Proteção de Dados Pessoais: a função e os limites do consentimento**. Rio de Janeiro: Forense, 2019, p. 324-327.

A responsabilidade solidária entre controlador e operador existe quando houver descumprimento pelo operador das instruções lícitas do controlador e/ou das obrigações previstas na legislação de proteção de dados[33]. Isso não significa que apenas a LGPD deve ser cumprida. O art. 64 da lei define que os direitos e princípios da LGPD não excluem outros relacionados à matéria previstos no ordenamento jurídico ou nos tratados internacionais dos quais o Brasil seja parte. Por isso, a redação do exemplo trazido neste artigo menciona a sujeição das partes ao Marco Civil da Internet e o seu Decreto regulamentador, além do cumprimento de princípios, das obrigações previstas no contrato e das normas da LGPD.

Além da LGPD, existem outras leis setoriais que regulam o tema de forma específica. Assim, é importante mapear se a operação de tratamento objeto do contrato se subordina a alguma lei específica e, caso positivo, especificá-la no contrato. Alguns exemplos de normas setoriais, além do Marco Civil da Internet e o seu Decreto regulamentador, são o Código de Defesa do Consumidor (Lei n. 8.078/90), a Lei do Cadastro Positivo (Lei n. 12.414/11) e a Resolução Conjunta n. 1, de 01/05/2020, do Banco Central do Brasil, alterada pela Resolução Conjunta n. 4, de 24/03/2022, que dispõe sobre a implementação do *Open Finance*[34]. Ressalta-se que outras normas, as quais embora não regulem de forma específica a temática privacidade e proteção dados, podem trazer obrigações relacionadas, como no caso da Lei n. 13.787/18, que dispõe sobre o prontuário eletrônico e estabelece em seu artigo 6º o período de retenção de, no mínimo, 20 anos desses documentos.

Por fim, dado que as cláusulas têm a função de definir os limites de atuação dos agentes, no caso do operador, embora o exemplo de cláusula trazido neste artigo não aborde esse assunto, é possível incluir que o operador está autorizado a tomar decisões no âmbito do tratamento a respeito dos elementos não essenciais (como, por exemplo, medidas técnicas)[35].

---

[33] BRASIL, 2018, *op. cit.*, § 1º do Art. 44.

[34] "*Open Finance* é o conjunto de procedimentos e tecnologias que permite a abertura e a integração dos sistemas de instituições que fazem parte do sistema financeiro, para o compartilhamento padronizado de dados sobre produtos e serviços, e de dados cadastrais e transacionais dos usuários.". GARCIA, Ananda Fernandes *et al.* **Guia Open Finance e LGPD: a year in privacy**. B/LUZ. [São Paulo], 2022. p. 6. Disponível em: https://baptistaluz.com.br/guia-open-finance-e-lgpd/#:~:text=Como%20o%20objetivo%20do%20Open,obten%C3%A7%C3%A3o%20de%20consentimento%20de%20uso.https://baptistaluz.com.br/wp-content/uploads/2022/05/Bluz_PD_AYIP_OpenFinance.pdf. Acesso em: 1 fev. 2023.

[35] AUTORIDADE NACIONAL DE PROTEÇÃO DE DADOS (ANPD), 2021, *op. cit.*, p. 16.

2.2. Identificação dos dados, titulares, finalidades e regras de compartilhamento

O art. 6º da LGPD lista diversos princípios de proteção de dados que devem ser observados pelos agentes quando da realização da atividade de tratamento - entre eles, estão os princípios da necessidade[36], finalidade[37], adequação[38] e qualidade dos dados[39]. O contrato, enquanto um instrumento de *accountability*, permite aos agentes demonstrar a observância das normas de proteção de dados pessoais. Assim, uma forma de expressar o cumprimento desses princípios é inserir uma cláusula que descreva quais os dados ou as categorias de dados que fazem parte do objeto do tratamento, especificando, inclusive, a sua natureza, as categorias de titulares e a finalidade com a qual se relacionam. Mas como fazer isso? O exemplo abaixo refere-se a uma relação entre um controlador e um operador:

Exemplo de Cláusula Contratual 2 – Natureza e Categoria dos Dados, Titulares, Restrições de Uso e Compartilhamento

Para execução do objeto deste Contrato, a Contratante compartilhará com a Contratada dados pessoais relacionados a dados cadastrais, histórico de pedidos e informações sobre pagamentos dos consumidores da Contratante, para que a Contratada execute os serviços de atendimento pós-venda, nos termos previstos neste instrumento, que podem incluir cancelamentos de compras e troca e devolução de produtos. As Partes acordam que o tratamento de dados pessoais realizado no âmbito do Contrato somente é autorizado para os fins aqui previstos, de forma que é vedado à Contratada praticar qualquer ato que exceda a finalidade especificada neste instrumento, sem autorização prévia e por escrito da Contratante, salvo se houver necessidade para fins de cumprimento de obrigação legal ou regulatória. No mais, não é permitido o compartilhamento dos dados pessoais tratados no âmbito deste Contrato pela Contratada com terceiros, sem prévia autorização por escrito da Contratante, exceto com relação a (a) serviços fundamentais para o desempenho das atividades da Contratada previstas neste Contrato (a saber,

[36] O tratamento deve ser limitado à quantidade mínima de dados que de fato é necessária para atender às finalidades especificadas, restrito aos dados pertinentes, proporcionais e não excessivos. BRASIL, 2018, *op. cit,*. Art. 6º, III.

[37] O tratamento deve atender a propósitos legítimos, específicos, explícitos e informados aos titulares, sendo vedado tratamento posterior incompatível com tais finalidades. *Ibid.*, Art. 6º, I.

[38] O tratamento deve ser compatível com as finalidades informadas ao titular. *Ibid.*, Art. 6º, II.

[39] O agente deve garantir exatidão, clareza, relevância e atualização dos dados em seu controle, de acordo com a necessidade e para o cumprimento da finalidade do seu tratamento. *Ibid.*, Art. 6º, V.

serviços de armazenamento de dados), e (b) à(s) empresa(s) de serviços de URA[40] subcontratada(s) pela Contratada e listadas no Anexo deste Contrato. Todo o compartilhamento de dados pela Contratada com estes terceiros deverá ser realizado de forma segura e, sempre que possível, os dados deverão ser pseudonimizados. A Contratada será integral e isoladamente responsável por todo e qualquer tratamento de dados pessoais que realizar para fins de cumprimento de obrigação legal ou regulatória, bem como será responsável pelo tratamento realizado pelos terceiros aqui descritos com quem compartilhar os dados (suboperadores). A Contratada garante que, antes de realizar o compartilhamento com esses terceiros, firmará por escrito com eles instrumentos contendo obrigações de proteção de dados similares às previstas no Contrato (em especial, mas sem limitação, às regras de confidencialidade, segurança, incidentes de segurança e atendimento aos direitos dos titulares e requisições de autoridades competentes), isentando a Contratante de qualquer responsabilidade em caso de violação por esses terceiros.

A fim de demonstrar o cumprimento do princípio da finalidade pelo controlador (que não admite finalidade genérica) e evitar que haja o tratamento indevido por parte do operador, é imprescindível especificar a finalidade do tratamento e restringir a atuação do operador à finalidade determinada pelo controlador. Deve, ainda, incluir vedação expressa a respeito de qualquer outro tratamento realizado que não esteja descrito no contrato. Assim, caso o operador utilize os dados para outra finalidade, na hipótese de o controlador ser demandado por violação relacionada a esse novo tratamento indevido realizado pelo operador, o controlador pode alegar que o operador descumpriu uma instrução sua. Isso por si só já implicaria responsabilidade solidária do operador com o controlador perante o titular. A cláusula, então, auxilia na demonstração da boa-fé do controlador e na obtenção do direito de regresso em face ao operador.

O uso dos dados pelo operador para o cumprimento de obrigação legal presente no exemplo trazido neste artigo é exceção à vedação da utilização dos dados para outra finalidade. Isso porque uma obrigação contratual não pode servir de justificativa para descumprimento da lei. Da mesma forma, apesar da cláusula ser omissa, outra hipótese que poderia ser incluída é o uso dos dados pelo operador para exercício regular de seus diretos em processo judicial, administrativo ou arbitral, para que não haja cerceamento do seu direito de ampla defesa, produção de provas e contraditório. Em ambos os casos, nos termos do artigo 7º, incisos II e VI, da LGPD, o operador passa a ser controlador na medida em que, para essas finalidades específicas, toma decisões sobre elementos essenciais, responsabilizando-se de forma isolada nesses tratamentos

[40] Unidade de Resposta Audível (URA) é uma tecnologia utilizada por empresas que adotam menu automático em ligações telefônicas, para que haja interação entre os clientes e o sistema de atendimento utilizado pela empresa.

específicos. Na prática, às vezes observa-se em cláusulas contratuais desse tipo a exigência do controlador para que o operador o informe sobre tal uso, com o objetivo de que o controlador possa exercer o controle sobre os dados e fiscalizar se o uso pelo operador é, de fato, necessário antes que o tratamento ocorra.

Se a relação fosse entre dois controladores, seria importante estabelecer se os controladores poderão ou não tratar os dados acessados ou obtidos em decorrência do contrato para outros fins próprios, diferentes das finalidades estabelecidas no contrato. Isso é relevante para identificar se, no âmbito da controladoria conjunta, as decisões são comuns ou convergentes, bem como o poder de influência das partes nas decisões relacionadas ao tratamento. Caso seja permitida a utilização dos dados para diferentes finalidades, é medida de cautela para limitação de responsabilidades incluir garantias de que esse novo tratamento será realizado em conformidade com todos os requisitos legais aplicáveis e que cada parte é exclusivamente responsável pela base legal que fundamenta o tratamento para nova finalidade e por qualquer violação legal e/ou utilização indevida que fizer dos dados.

Voltando ao exemplo trazido neste artigo, a menção à categoria de dados e de titulares, ambas relacionadas à finalidade, permite identificar o cumprimento dos princípios da necessidade, adequação e qualidade dos dados. Claro que, se todos os dados de cada categoria estivessem expressos na cláusula, o detalhamento permitiria melhor análise do cumprimento desses princípios, mas como nem sempre isso é possível, devido ao dinamismo das negociações e das operações de tratamento, informar apenas as categorias de dados é medida preventiva para uma análise geral nesse sentido, capaz de demonstrar a boa-fé e o cuidado das partes com o tratamento. Um ponto não abordado pelo exemplo trazido neste artigo, mas que é importante destacar, é indicar a natureza do dado quanto à sua classificação como dados sensíveis, bem como indicar a existência ou não do tratamento de dados de crianças e adolescentes. Caso não seja permitido o tratamento de dados sensíveis e de crianças e adolescentes, recomenda-se incluir a vedação. Caso o tratamento desses dados seja necessário, especificar a categoria também é relevante para identificação do cumprimento dos princípios (por exemplo, dados sensíveis de saúde, dados biométricos etc.).

Vale mencionar que a cláusula traz a informação sobre a origem dos dados, ao enfatizar que eles serão compartilhados pelo controlador com o operador e, embora a redação seja omissa, é possível inferir que os dados também serão coletados pelo operador quando da realização do atendimento ao consumidor. A identificação da origem dos dados não é um requisito previsto na LGPD, mas presta-se como auxílio para melhor compreensão do fluxo de dados no âmbito do tratamento. Se esse é o objetivo, indicar na cláusula se os dados coletados pelo operador serão ou não compartilhados com o controlador pode deixar a informação mais completa. Cumpre ressaltar que, em operações de tratamento de dados, nem sempre o controlador é quem os compartilha com o operador. Em muitos casos, o operador faz a coleta diretamente do titular ou de terceiros, e o controlador pode nem ter acesso aos dados coletados (lembrando que muitas vezes, a depender do tratamento que é realizado, inferências[41] podem fazer parte da operação, e autorizar ou proibir que elas sejam realizadas também é medida de cautela no tocante à mitigação de riscos para que as responsabilidades sejam delimitadas, em especial com relação ao que será feito com esses dados – por exemplo, se o controlador terá acesso, quando esses dados serão excluídos etc.). Essa questão do compartilhamento de dados entre as partes depende, obviamente, da estrutura da operação, da negociação entre as partes e das finalidades e bases legais aplicadas ao caso. Por isso, é necessário entender bem a operação antes de trabalhar as cláusulas contratuais, pois cada operação tem a sua especificidade, que impacta diretamente nas obrigações estabelecidas.

Ainda sobre compartilhamento, a fim de cumprir com as diretrizes do Guia Orientativo da ANPD que alude à necessidade de ciência ao controlador em caso da contratação de suboperadores, é importante mencionar na cláusula se o operador está ou não autorizado pelo controlador a compartilhar esses dados com terceiros (os suboperadores), para evitar o entendimento de que o operador tenha descumprido suas orientações[42]. Essa autorização pode ser específica, se mencionado de forma exata quem são os terceiros com os quais os dados serão compartilhados, ou de forma genérica, se mencionada a categoria de empresas que podem ter acesso aos dados. O exemplo trazido neste artigo demonstra a autorização nos dois sentidos: quando se refere ao anexo (lista de empresas específicas que terão acesso aos dados) e quando traz a categoria dos serviços técnicos prestados pelas empresas com quem os dados serão compartilhados (no exemplo, apenas aquelas que prestem serviços de atendimento URA e de armazenamento de dados são autorizadas a acessá-los e tratá-los). De uma perspectiva do operador, a vantagem de manter a aprovação genérica é mais efetiva, pois do ponto de vista negocial não burocratiza as negociações com processos de aprovação, especialmente caso o operador opte por trocar o fornecedor durante a vigência do contrato, e não abre ao controlador informações sobre os seus fornecedores, que podem representar um diferencial competitivo. Do ponto de vista do controlador, realizar a

---

[41] Inferências são conclusões retiradas a partir de premissas conhecidas. Por exemplo, a empresa pode coletar apenas o IP, mas a partir desse dado inferir a localização do usuário.

[42] AUTORIDADE NACIONAL DE PROTEÇÃO DE DADOS (ANPD), 2021, *op. cit.*, p. 16, 18-19.

aprovação específica do suboperador lhe garante a oportunidade de checar a sua idoneidade com relação aos cuidados que esse terceiro aplica em matéria de proteção de dados[43]. Em qualquer um dos casos, é importante que a cláusula mencione que a responsabilidade é do operador pelo tratamento realizado pelos suboperadores com quem compartilhar o dado, obrigando-se, inclusive, a firmar com eles compromissos escritos para garantir a não violação de dispositivos legais aplicáveis e das obrigações de proteção de dados às quais o operador se sujeita no contrato (incluindo as instruções do controlador).

2.3. Transferência Internacional

A transferência de dados pessoais de um agente de tratamento localizado no território nacional ou país estrangeiro (agente exportador) para um agente de tratamento localizado em país estrangeiro ou organismo internacional do qual o país seja membro (agente importador) é o assunto que mais gera dúvidas entre os profissionais. O cuidado com o tema é relevante, tendo em vista que o uso compartilhado de dados[44], nesse caso, implica maiores riscos para os diretos dos titulares, dada a possíveis divergências entre as normas de privacidade e proteção de dados das diferentes jurisdições.

A LGPD estabelece em seu artigo 33 as hipóteses taxativas, sem relação hierárquica[45], que autorizam que dados pessoais sejam transferidos para um outro país ou organismo internacional:

I	Quando a transferência for realizada para países ou organismos internacionais que proporcionem grau de proteção de dados pessoais adequado ao previsto na LGPD.
II	Quando o controlador oferecer e comprovar garantias de cumprimento dos princípios, dos direitos do titular e do regime de proteção de dados previstos na LGPD, por meio de: (a) cláusulas contratuais específicas para determinada transferência; (b) cláusulas-padrão contratuais; (c) normas corporativas globais; ou (d) selos, certificados e códigos de conduta regularmente emitidos.
III	Quando a transferência for necessária para a cooperação jurídica internacional entre órgãos públicos de inteligência, de investigação e de persecução, de acordo com os instrumentos de direito internacional.

[43] Aqui não estamos falando especificamente de procedimentos de auditoria, mas uma breve pesquisa sobre a reputação do suboperador em questões relacionadas à proteção de dados (por exemplo, se ele já esteve envolvido em situações de vazamento de dados).

[44] BRASIL, 2018, *op. cit.*, Art. 5º, XVI.

[45] LEONARDI, Marcel. Transferência internacional de dados pessoais. *In*: MENDES, Laura Schertel *et al.* (Coord.). **Tratado de proteção de dados pessoais**. Rio de Janeiro: Forense, 2021, p. 541.

IV	**Quando a transferência for necessária para a proteção da vida ou da incolumidade física do titular ou de terceiro.**
V	**Quando a autoridade nacional autorizar a transferência.**
VI	**Quando a transferência resultar em compromisso assumido em acordo de cooperação internacional.**
VII	**Quando a transferência for necessária para a execução de política pública ou atribuição legal do serviço público, sendo dada publicidade nos termos do inciso I do *caput* do art. 23 da LGPD.**
VIII	**Quando o titular tiver fornecido o seu consentimento específico e em destaque para a transferência, com informação prévia sobre o caráter internacional da operação, distinguindo claramente esta de outras finalidades.**
IX	**Quando a transferência for necessária para atender as hipóteses previstas nos incisos II, V e VI do art. 7º da LGPD.**

2.3.1. Hipóteses autorizativas de transferência internacional que dependem da atuação da ANPD

Em uma análise dos incisos do artigo 33, verifica-se que as hipóteses comumente aplicáveis para a maior parte dos casos envolvendo relações comerciais entre entidades privadas são as relacionadas aos incisos I, II, V, VIII e IX[46]. Entre eles, a utilização das hipóteses dos incisos I, II e V depende de uma atuação ativa da ANPD, tanto é que, em 23 de agosto de 2024, foi publicada a Resolução CD/ANPD n. 19/2024, pela qual a ANPD aprovou o Regulamento de Transferência Internacional de Dados e o conteúdo das cláusulas-padrão contratuais[47]. Embora tal Resolução não esgote o tema, muito contribuiu para trazer segurança às relações contratuais no tocante a esse assunto. A partir disso, pode-se fazer a seguinte avaliação:

I - quando a transferência for realizada **para países ou organismos internacionais que proporcionem grau de proteção** de dados pessoais **adequado** ao previsto na LGPD.

---

[46] As demais hipóteses não podem ser desconsideradas quando da avaliação do enquadramento da hipótese no caso concreto, mas como não se prestam à generalidade das operações comerciais entre pessoas jurídicas privadas, não serão objeto de análise neste trabalho. De acordo com Marcel Leonardi, o enquadramento nos mecanismos de transferência no caso concreto dependerá da finalidade, do contexto da transferência e da natureza dos dados pessoais. *Ibid.*

[47] AUTORIDADE NACIONAL DE PROTEÇÃO DE DADOS (ANPD). Conselho Diretor. **Resolução CD/ANPD nº 19, de 23 de agosto de 2024**. Aprova o Regulamento de Transferência Internacional de Dados e o conteúdo das cláusulas-padrão contratuais. Brasília, DF: Ministério da Justiça e Segurança Pública [2024]. Disponível em: https://www.in.gov.br/en/web/dou/-/resolucao-cd/anpd-n-19-de-23-de-agosto-de-2024-580095396. Acesso em: 31 ago. 2024.

A competência para determinar quais são esses países é da ANPD, conforme os critérios de avaliação estabelecidos no artigo 34 da lei. A Resolução CD/ANPD n. 19/2024 esclarece, ainda, que cumpre à ANPD reconhecer, mediante decisão de adequação, a equivalência do nível de proteção de dados pessoais de país estrangeiro ou de organismo internacional com a LGPD[48] e, para tanto, traz em seus artigos 11 e 12, os critérios para tal avaliação. Tendo em vista tratar-se de resolução recente, até o presente momento nenhuma decisão de adequação foi emitida pela ANPD, de forma que ainda não se tem lista de países ou organismos internacionais que proporcionam grau de proteção de dados pessoais adequado ao previsto na LGPD. Portanto, até que essas decisões sejam emitidas, essa hipótese não pode ser utilizada.

II - quando o **controlador oferecer e comprovar garantias de cumprimento** dos princípios, dos direitos do titular e do regime de proteção de dados previstos na LGPD.

O inciso II lista quais são os quatro mecanismos pelos quais essas garantias podem ser oferecidas e comprovadas pelo controlador:

(a) **cláusulas contratuais específicas elaboradas pelo controlador para determinada transferência.**

Quando o controlador objetivar realizar transferência internacional de dados, mas não puder utilizar as cláusulas-padrão contratuais para fundamentar tal transferência, "em razão de circunstâncias excepcionais de fato ou de direito, devidamente comprovadas pelo controlador"[49], ele poderá elaborar suas próprias cláusulas e solicitar a respetiva aprovação pela ANPD. Embora o controlador possa elaborar suas próprias cláusulas específicas, a Resolução CD/ANPD n. 19/2024 é clara ao afirmar que tais cláusulas, dentre outros requisitos previstos na respectiva Resolução, devem oferecer nível de proteção de dados equivalente ao garantido pelas cláusulas-padrão[50]. Ainda, tendo em vista que o seu artigo 23 estabelece que o controlador deverá adotar, sempre que possível, a redação das cláusulas-padrão e que quaisquer alterações nessas cláusulas específicas deverão ser pré-aprovadas pela ANPD[51], é evidente que o controlador não terá muita liberdade na sua elaboração, pois dado o rigor estabelecido pela ANPD na Resolução CD/ANPD n. 19/2024, dificilmente cláusulas menos restritivas serão validadas pela autoridade. Por fim, a transferência internacional regida por tais cláusulas específicas deverá, obrigatoriamente,

[48] *Ibid.*, Art. 10 e 9º, II, alínea 'a'.

[49] *Ibid.*, Art. 21, § 1º

[50] *Ibid.*, Art. 22, § 1º, I.

[51] *Ibid.*, Art. 33.

estar sujeita à aplicação da legislação nacional de proteção de dados pessoais e à fiscalização da ANPD[52].

(b) **cláusulas-padrão contratuais.**

Cláusulas-padrão[53] são cláusulas-modelo cujo conteúdo foi **elaborado pela própria ANPD** e estão presentes no Anexo II da Resolução CD/ANPD n. 19/2024. Trata-se, na realidade, de um documento contendo não apenas as características específicas da transferência, mas também definições, direitos, obrigações e responsabilidades das partes abrangidas pela transferência, com requisitos, condições e garantias pré-estipuladas, e salvaguardas suficientes para observância dos princípios previstos na LGPD e da proteção dos direitos dos titulares, sendo que a sua adoção pelos agentes de tratamento implica na sua vinculação ao conteúdo ali estabelecido.

A interpretação do art. 36 da LGPD gerava dúvidas se os agentes poderiam realizar eventuais alterações no teor dessas cláusulas-padrão, se tais alterações fossem comunicadas à autoridade e aprovadas por ela. Todavia, a Resolução CD/ANPD n. 19/2024 esclareceu que os agentes de tratamento (importador e exportador), quando da celebração do contrato entre si, deverão adotar integralmente o texto das cláusulas-padrão, como consta no Anexo II, sem qualquer alteração, para que a transferência internacional seja considerada válida[54]. Ainda, tratando-se de contrato cujo objeto que não verse especificamente sobre transferência internacional de dados, a Resolução CD/ANPD n. 19/2024 é clara ao dispor que deverão ser incluídas em um anexo ao contrato as seções I, II e III das cláusulas-padrão e que nenhuma cláusula do contrato ou qualquer disposição inserida pelas partes na seção IV das cláusulas-padrão poderão excluir, modificar ou contrariar as cláusulas padrão[55].

Cláusulas-padrão de outros países ou de organismos internacionais com as cláusulas previstas no Anexo II da Resolução CD/ANPD n. 19/2024 também poderão ser utilizadas como mecanismo válido para a

52 *Ibid.*, Art. 21, § 2º.

53 Um exemplo de cláusulas padrão no cenário internacional são as *Standard Contra-tual Clauses* (*SCCs*). utilizadas na Europa. As *SCCs* foram elaboradas pelo Information Commissioner's Office (ICO), autoridade de proteção de dados do Reino Unido, para transferência de dados pessoais para fora do Reino Unido e estão disponíveis no site do ICO. *Cf.* INFORMATION COMMISSIONER'S OFFICE (ICO). **International data transfer agreement and guidance**. [Wilmslow], 14 out. 2022. Disponível em: https://ico.org.uk/for-organisations/guide-to-data-protection/guide-to-the-general-data-protection-regulation-gdpr/international-data-transfer-agreement-and-guidance/. Acesso em: 7 fev. 2023.

54 AUTORIDADE NACIONAL DE PROTEÇÃO DE DADOS (ANPD), 2024, *op. cit.*, Art. 16.

55 *Ibid.*, Art. 16, § 2º e § 3º.

realização de transferências internacionais, desde que a sua equivalência seja reconhecida pela ANPD, por meio procedimento específico e aprovação através de resolução[56].

(c) **normas corporativas globais.**

Normas corporativas globais são um conjunto de regras aplicado a organizações do mesmo grupo econômico ou conglomerado de empresas, elaborado pela própria entidade responsável[57] e sujeito à verificação e aprovação da ANPD, as quais precisarão indicar os requisitos, condições e garantias mínimas da transferência[58], além das demais exigências previstas na Resolução CD/ANPD n. 19/2024, sendo que, se alteradas, deverão ser pré-aprovadas pela autoridade[59]. Tal hipótese tem inspiração no Regulamento europeu, que adotou mecanismo parecido denominado de *Binding Corporate Rules* (BRCs)[60]. Marcel Leonardi explica que os BRCs contêm não apenas as regras de transferência internacional dos dados entre as empresas do grupo, mas trata-se de uma política interna de proteção de dados que descreve os princípios, medidas e procedimentos técnicos, administrativos e organizacionais que comprovam sua efetividade na proteção dos dados e vinculação a todas as empresas que fazem parte do grupo[61].

A Resolução CD/ANPD n. 19/2024 esclareceu que as normas corporativas globais devem vincular todas as empresas e integrantes do grupo ou conglomerado que as subscrevam, incluindo os empregados[62]. Além disso devem estar vinculadas à programa de governança em privacidade e proteção de dados, que atenda às condições mínimas estabelecidas no § 2º do art. 50 da LGPD[63].

---

56 *Ibid.*, Art. 18 e 20.

57 O Art. 3 º, VII, da Resolução CD/ANPD n. 19/2024 define entidade responsável como "sociedade empresária, com sede no Brasil, que responde por qualquer violação de norma corporativa global, ainda que decorrente de ato praticado por um membro do grupo ou conglomerado de empresas com sede em outro país".

58 BRASIL, 2018, *op. cit.*, Art. 35, *caput* e §§ 1º e 2º, e 36.

59 AUTORIDADE NACIONAL DE PROTEÇÃO DE DADOS (ANPD), 2024, *op. cit.*, Art. 33.

60 Mais informações sobre as BRCs podem ser obtidas no site do European Commission. *Cf.* EUROPEAN COMMISSION. **Binding Corporate Rules (BRC): corporate rules for data transfers within multinational companies.** [Bruxelas], [Ca. 2018]. Disponível em: https://commission.europa.eu/law/law-topic/data-protection/international-dimension-data-protection/binding-corporate-rules-bcr_en#:~:text=Binding%20corporate%20rules%20(BCR)%20are,group%20of%20undertakings%20or%20enterprises. Acesso em: 7 fev. 2023.

61 LEONARDI, 2021, *op. cit.*, p. 543.

62 AUTORIDADE NACIONAL DE PROTEÇÃO DE DADOS (ANPD), 2024, *op. cit.*, Art. 27, IV.

63 *Ibid.*, Art. 26.

(d) **selos, certificados e códigos de conduta** regularmente emitidos.

Tal hipótese é válida para negócios jurídicos firmados entre entidades privadas e, se adotada, deverá ser indicada no contrato como o mecanismo autorizativo da transferência. Trata-se de certificações e/ou documentações emitidas pela ANPD, ou por organismos por ela apontados e submetidos à sua fiscalização, que visam atestar a aderência da organização às normas e padrões relacionados ao tema[64]. Como esse dispositivo ainda não foi regulado pela ANPD, essas certificações e documentos ainda não existem e, portanto, tal hipótese não pode ser utilizada atualmente para justificar a transferência.

V – quando a **autoridade nacional autorizar a transferência.**

A lei não menciona como a autorização será concedida, surgindo dúvidas se todas as autorizações somente serão concedidas por provocação dos agentes de tratamento ou pessoas jurídicas de direito público, ou se serão conferidas autorizações para casos específicos que obedeçam a determinados critérios estabelecidos pela ANPD. Fato é que, enquanto não forem estabelecidas as normas, procedimentos, critérios e diretrizes de avaliação da ANPD para autorização, é necessário aguardar para entender como utilizar essa hipótese[65].

2.3.2. Outras hipóteses de transferência internacional cabíveis nas relações entre entidades privadas

No âmbito de negócios entre entidades privadas, das hipóteses comumente aplicáveis para a maior parte dos casos, restariam, então, os incisos VIII e IX:

VIII - quando o titular tiver fornecido o seu **consentimento específico e destacado para transferência**, distinguindo claramente esta de outras finalidades, com informação prévia sobre o caráter internacional da operação.

O consentimento deve ser livre, informado, inequívoco, específico e destacado para a transferência internacional pretendida[66]. A fim de garantir ao titular o real poder de decisão sobre o tratamento de seus dados, ao titular devem ser oferecidas informações prévias sobre a transferência internacional para que ele tenha condições de avaliar o tratamento e conceder ou não seu consentimento[67]. A Resolução CD/ANPD n. 19/2024 estabeleceu as informações

[64] BRASIL, 2018, *op. cit.*, Art. 33, II, d, e 35, § 3º.

[65] LEONARDI, 2021, *op. cit.*, p. 546.

[66] BRASIL, 2018, *op. cit.*, Art. 5 º XII, e 33, VIII.

[67] Os §§ 1 º e 2º do art. 9 º da LGPD estabelecem que o consentimento é nulo se as informações fornecidas ao titular não tiverem sido apresentadas previamente com transparência, de forma

mínimas que devem ser apresentadas ao titular para garantir o seu direito de transparência - dentre elas, estão a forma, a duração e a finalidade específica da transferência internacional, bem como o país de destino dos dados transferidos[68] - sendo vedado tratamento posterior incompatível com essas finalidades[69]. A utilização dessa fundamentação é viável apenas quando é possível segregar a base de dados e transferir apenas aqueles cujo consentimento foi registrado, pois do contrário essa hipótese não poderia ser utilizada; isso porque a ausência ou revogação do consentimento poderia impedir a continuidade das atividades de tratamento. Nos dizeres de Marcel Leornadi, o inciso representa "[...] uma hipótese muito mais teórica do que prática, notadamente para o setor privado"[70].

IX - quando necessário para atender as hipóteses previstas nos incisos II, V e VI do art. 7º da LGPD.

A transferência pode ser justificada quando for necessária para o **cumprimento de obrigação legal ou regulatória** pelo controlador, ou para a **execução de contrato** do qual o titular seja parte ou de **procedimentos que antecedem a celebração do contrato com o titular** (se solicitado pelo titular), ou para o **exercício regular de direitos** em processo judicial, administrativo ou arbitral.

Cumprimento de obrigação legal ou regulatória e exercício regular de direitos em processo judicial, administrativo ou arbitral são hipóteses cabíveis, mas de aplicabilidade prática reduzida (por exemplo, no caso de empresas que têm empregados em outras jurisdições e precisam transferir os dados para advogados locais a fim de se defenderem em ações trabalhistas). Assim, execução de contrato com o titular ou de procedimentos pré-contratuais pareciam ser a hipótese permissiva aplicada à maior parte dos casos até a aprovação da Resolução CD/ANPD n. 19/2024. Isso porque muitas transferências internacionais entre entidades privadas se davam em razão da prestação de serviços auxiliares, necessários para que o contrato firmado com o titular fosse cumprido. É o caso dos serviços de armazenamento de dados, criptografia, hospedagem de e-mail e até uso compartilhado com empregados de afiliadas fora do País[71], que

---

clara e inequívoca e, havendo "mudanças da finalidade para o tratamento de dados pessoais não compatíveis com o consentimento original, o controlador deverá informar previamente o titular sobre as mudanças de finalidade, podendo o titular revogar o consentimento, caso discorde das alterações".

68 AUTORIDADE NACIONAL DE PROTEÇÃO DE DADOS (ANPD), 2024, *op. cit.*, Art. 17, §§ 1º e 2º.

69 *Ibid.*, Art. 9º.

70 LEONARDI, 2021, *op. cit.*, p. 548.

71 *Ibid.*, p. 549.

após regulação pela ANPD podem ser justiçados por outros mecanismos mais adequados, como cláusulas-padrão e normas corporativas globais.

2.3.3. Considerações finais sobre transferência internacional em cláusulas contratuais

Cabe ao controlador verificar se a operação de tratamento caracteriza transferência internacional e se tal operação está submetida à legislação nacional e se é amparada por uma base legal e em uma das hipóteses previstas no art. 33 da LGPD[72]. Assim, é indispensável que as cláusulas contratuais submetam todas as transferências internacionais à autorização prévia do controlador (seja a transferência realizada pela parte contrária, seja aquela realizada por um subcontratado). Ademais é importante que as cláusulas ofereçam o mesmo nível de proteção de dados garantido pelas cláusulas-padrão, especificando, por exemplo, quem são os agentes (exportador e importador), a finalidade da transferência, a categoria de dados objeto da transferência, a duração de armazenamento dos dados, o país de destino dos dados, as medidas de segurança que serão adotas, a responsabilidade por informar o titular sobre a transferência, entre outras obrigações e responsabilidades. As cláusulas-padrão aprovadas pela ANPD perfazem-se de referência exímia com relação à temática de cláusulas contratuais que versem sobre transferências internacionais.

2.4. Outras disposições contratuais

Os temas abordados neste artigo não são os únicos que podem ser tratados em cláusulas contratuais de proteção de dados. Para definir os assuntos relacionados que devem ser regulados por meio dos contratos, é imprescindível analisar os riscos do tratamento. Cláusulas, por exemplo, que remetam a regras de cooperação entre as partes e estabeleçam diretrizes de segurança, contenção de incidentes e atendimento aos direitos dos titulares são demasiadamente essenciais para mitigação de riscos e definição das salvaguardas adotadas. Como material de referência, recomenda-se o *checklist* de requisitos

[72] AUTORIDADE NACIONAL DE PROTEÇÃO DE DADOS (ANPD), 2024, *op. cit.*, Art. 4º, I a III. Cumpre ressaltar que a mera coleta de dados pessoais do titular realizada diretamente pelo agente de tratamento localizado no exterior não caracteriza transferência internacional, nos termos do Art. 6º da Resolução CD/ANPD n. 19/2024.

para contratos de tratamento de dados pessoais, publicado pelo EDPS[73], que pode servir de base para reflexão sobre outros temas a serem incluídos nesse tipo de cláusula.

CONCLUSÃO

A Lei Geral de Proteção de Dados (LGPD) gerou impacto significativo nas mais diversas relações jurídicas, especialmente entre pessoas jurídicas que fazem parte de uma mesma cadeia produtiva. Dessa forma, instrumentos contratuais se tornaram de extrema relevância para atribuição das responsabilidades entre os agentes desta cadeia.

Nesse contexto, saber como estruturar cláusulas contratuais relacionadas à privacidade e proteção de dados é essencial, não só para atender os requisitos previstos na lei, mas para demonstrar a boa-fé e os esforços das partes em cumprir a legislação e servir como instrumento de prestação de contas em casos de fiscalização e apuração de irregularidades. A intenção do legislador com a lei foi reduzir os riscos do tratamento para mitigar danos aos direitos dos titulares. Assim, um contrato bem estruturado é capaz de auxiliar no alcance desse objetivo e, ainda, atenuar os riscos jurídicos-regulatórios dos agentes econômicos.

REFERÊNCIAS BIBLIOGRÁFICAS

AUTORIDADE NACIONAL DE PROTEÇÃO DE DADOS (ANPD). **Guia orientativo para definições dos agentes de tratamento de dados pessoais e do encarregado**. Brasília, maio 2021. Disponível em: https://www.gov.br/anpd/pt-br/assuntos/noticias/inclusao-de-arquivos-para-link-nas-noticias/2021-05-27-guia-agentes-de-tratamento_final.pdf. Acesso em: 31 jan. 2023.

BRASIL. **Lei nº 8.069, de 13 de julho de 1990.** Dispõe sobre o Estatuto da Criança e do Adolescente e dá outras providências. Brasília, DF: Presidência da República, [2022]. Disponível em: https://www.planalto.gov.br/ccivil_03/leis/l8069.htm. Acesso em: 28 jan. 2023.

[73] EUROPEAN DATA PROTECTION SUPERVISOR (EDPS). **Checklist 3: What is required in a processing agreement?** [Bruxelas], 27 set. 2019. Disponível em:https://edps.europa.eu/data-protection/our-work/publications/factsheets/checklists-and-flowcharts-data-protection_en. Acesso em: 2 fev. 2023.

BRASIL. **Lei nº 13.709, de 14 de agosto de 2018.** Lei Geral de Proteção de Dados Pessoais (LGPD). Brasília, DF: Presidência da República, [2018]. Disponível em: https://www.planalto.gov.br/ccivil_03/_ato2015-fe2018/2018/lei/l13709.htm. Acesso em: 28 jan. 2023.

AUTORIDADE NACIONAL DE PROTEÇÃO DE DADOS - ANPD. Conselho Diretor. **Resolução CD/ANPD nº 19, de 23 de agosto de 2024.** Aprova o Regulamento de Transferência Internacional de Dados e o conteúdo das cláusulas-padrão contratuais. Brasília, DF: Ministério da Justiça e Segurança Pública [2024]. Disponível em: https://www.in.gov.br/en/web/dou/-/resolucao-cd/anpd-n-19-de-23-de-agosto-de-2024-580095396. Acesso em: 31 ago. 2024.

EUROPEAN COMMISSION. **Who does the data protection law apply to?** [Bruxelas], [2018?]. Disponível em: https://commission.europa.eu/law/law-topic/data-protection/reform/rules-business-and-organisations/application-regulation/who-does-data-protection-law-apply_en. Acesso em: 29 mar. 2023.

EUROPEAN DATA PROTECTION SUPERVISOR(EDPS). **Checklists and flowcharts on data protection.** [Bruxelas], 27 set. 2019. Disponível em: https://edps.europa.eu/data-protection/our-work/publications/factsheets/checklists-and-flowcharts-data-protection_en. Acesso em: 29 jan. 2023.

EUROPEAN DATA PROTECTION SUPERVISOR (EDPS). **Checklist 3: What is required in a processing agreement?** [Bruxelas], 27, set. 2019. Disponível em: https://edps.europa.eu/sites/default/files/publication/19-09-27_checklist_3requirements_processing_en.pdf. Acesso em: 2 fev. 2023.

GARCIA, Ananda F. *et al.* **Guia Open Finance e LGPD: a year in privacy**. B/luz. A [São Paulo], 2022. Disponível em: https://baptistaluz.com.br/wp-content/uploads/2022/05/Bluz_PD_AYIP_OpenFinance.pdf. Acesso em: 1º fev. 2023.

INFORMATION COMMISSIONER'S OFFICE (ICO). **What responsibilities and liabilities do controllers have when using a processor?** [Wilmslow], 17 out. 2022. Disponível em: https://ico.org.uk/for-organisations/guide-to-data-protection/guide-to-the-general-data-protection-regulation-gdpr/contracts-and-liabilities-between-controllers-and-processors-multi/responsibilities-and-liabilities-for-controllers-using-a-processor/. Acesso em: 30 jan. 2023.

LEONARDI, Marcel. Transferência internacional de dados pessoais. *In*: MENDES, Laura Schertel *et al.* (Coord.). **Tratado de proteção de dados pessoais.** Rio de Janeiro: Forense, 2021.

LYNSKEY, Orla. **The Foundations of EU Data Protection law**. Oxford Studies in European Law. Oxford: Oxford University Press, 2015.

MAYER-SCHONEBERGER, Viktor; CUKIER, Kenneth. **Big Data**: A revolution will transform how we live, work and think. New York: Houghton Mifflin Publishing, 2013.

ZAPPELINI, Thaís Duarte; GOMES, Maria Cecilia Oliveira *et al.* **Guia de proteção de dados pessoais: transferência internacional.** CEPI (FGV Direito SP). São Paulo, out. 2020. Disponível em: https://www.academia.edu/49012951/Guia_de_Prote%C3%A7%C3%A3o_de_Dados_Pessoais_Transfer%C3%AAncia_Internacional?email_work_card=title. Acesso em: 1 fev. 2023.

TEIXEIRA, Tarcísio; ARMELIN, Ruth Maria Guerreiro da Fonseca. Responsabilidade e ressarcimento de danos por violação às regras previstas na LGPD: um cotejamento com o CDC. *In*: LIMA, Cíntia Rosa Pereira (Coord.) **Comentários à Lei Geral de Proteção de Dados.** São Paulo: Almedina, 2020.

TUFTS.EDU. **General Data Protection Regulation (GDPR)**. 2021. Tufts University. Disponível em: https://access.tufts.edu/general-data-protection-regulation-gdpr. Acesso em: 30 jan. 2023.

29. A CLÁUSULA DE VIGÊNCIA NOS CONTRATOS DE LOCAÇÃO DE IMÓVEIS: APLICAÇÕES CONCRETAS, FUNÇÕES E DISCIPLINA JURÍDICA

Fernanda Pereira Bento
Guilherme Neves Rodrigues Fernandes

INTRODUÇÃO

A locação de imóveis é relação jurídica que desempenha papel fundamental na sociedade contemporânea, seja para fins residenciais, comerciais ou industriais. Nesse contexto, a estabilidade e a segurança jurídica se revelam elementos essenciais para assegurar a tranquilidade das partes envolvidas, especialmente do locatário. Uma das ferramentas legais que contribui para essa estabilidade é a cláusula de vigência presente nos contratos de locação.

O objetivo principal deste artigo é analisar a aplicação da cláusula de vigência nos contratos de locação de imóveis no Brasil, explorando sua relevância, aplicação concreta, funções, disciplina jurídica e jurisprudência notável sobre o tema. A compreensão aprofundada desta cláusula permitirá uma visão mais completa sobre a importância e os efeitos dessa disposição contratual na relação entre locador e locatário.

Ao longo deste estudo, serão abordados aspectos cruciais relacionados à cláusula de vigência, incluindo sua finalidade na garantia da estabilidade e previsibilidade das partes, os requisitos legais para sua eficácia perante terceiros, sua aplicação prática em situações específicas, bem como sua disciplina jurídica na Lei do Inquilinato e no Código Civil.

Além disso, será dada ênfase à jurisprudência sobre o tema, com foco em casos relevantes julgados pelo Superior Tribunal de Justiça. A análise desses precedentes contribuirá para compreender como os tribunais superiores têm interpretado a aplicação dessa cláusula em diferentes contextos e circunstâncias.

Assim, esperamos contribuir para melhor compreensão dos impactos e nuances dessa disposição contratual nas relações locatícias.

1. LOCAÇÃO DE BENS IMÓVEIS: LINHAS GERAIS

A locação de bens imóveis é, historicamente, uma das formas mais comuns de disponibilização da posse de imóveis para uso e gozo de terceiros.[1] Nesse sentido, interessante trazer algumas conceituações. Segundo Clóvis Beviláqua[2], o contrato de locação é aquele: "pelo qual uma das partes, mediante remuneração paga pela outra, se compromete a fornecer-lhe, durante certo lapso de tempo, o uso e gozo de uma coisa infungível, a prestação de um serviço apreciável economicamente ou a execução de alguma obra determinada.". Caio Mário da Silva Pereira[3] entende que o contrato de locação é aquele: "pelo qual uma pessoa se obriga a ceder temporariamente o uso e o gozo de uma coisa não fungível, mediante certa remuneração.". Já Flávio Tartuce[4] entende que: "a locação de coisas pode ser conceituada como o contrato pelo qual uma das partes (locador ou senhorio) se obriga a ceder à outra (locatário ou inquilino), por tempo determinado ou não, o uso e gozo da coisa não fungível, mediante certa remuneração, denominado aluguel (...)." Por sua vez, Silvio de Salvo Venosa[5] explicita que: "a locação de coisas se dá quando uma pessoa (o locador) se obriga a entregar o uso e gozo de uma coisa durante certo tempo a outra (o locatário), o qual por sua vez se obriga a pagar um preço.".

No que toca à natureza jurídica, o contrato de locação é considerado bilateral ou sinalagmático, uma vez que envolve obrigações recíprocas entre as partes. Além disso, é um contrato oneroso, pois envolve a presença de remuneração representada pelo pagamento do aluguel. Quanto à sua natureza comutativa, as partes já

---

[1] BRASIL. Lei Federal nº 10.406, de 10 de janeiro de 2002: "Art. 565. Na locação de coisas, uma das partes se obriga a ceder à outra, por tempo determinado ou não, o uso e gozo de coisa não fungível, mediante certa retribuição."

[2] *apud* DINIZ, Maria Helena. Curso de direito civil brasileiro: teoria das obrigações contratuais e extracontratuais. 39ª ed. São Paulo: Saraiva, 2023.

[3] PEREIRA, Caio Mário da Silva. Instituições de direito civil: contratos. 13ª ed. Rio de Janeiro, Forense: 2021.

[4] TARTUCE, Flávio. Manual de Direito Civil. 10ª ed. São Paulo, Editora Método: 2020, p. 705.

[5] VENOSA, Silvio de Salvo. Lei do Inquilinato Comentada: doutrina e prática. 16ª ed. São Paulo, Atlas: 2021, p. 5.

conhecem previamente as prestações que serão realizadas. O contrato é consensual, ou seja, sua validade se dá pela simples manifestação de vontades entre as partes envolvidas. Vale, ainda, ressaltar que esse tipo de contrato é informal e não solene, ou seja, não requer a forma escrita ou escritura pública, exceto em casos específicos. Por fim, o contrato de locação de bens imóveis é tipicamente um contrato de execução continuada ou de trato sucessivo, pois o cumprimento das obrigações se estende ao longo do tempo, na maioria das situações fáticas.[6]

A importância dessa modalidade contratual reside no fato de que ela estabelece, no Código Civil e em legislação específica, conforme aplicável[7], direitos e deveres tanto para o locador quanto para o locatário[8], criando um arcabouço legal que regula os termos e condições da ocupação e utilização do imóvel.[9] Dessa forma, a locação de bens imóveis proporciona segurança e previsibilidade às partes envolvidas, ao estabelecer os direitos de cada uma delas e os limites de suas obrigações.[10]

Para o locador, entre outros pontos, a locação confere o direito de exigir o cumprimento das obrigações contratuais por parte do locatário, como o pagamento do aluguel e a conservação do imóvel, conferindo-lhe proteção e segurança em suas relações negociais. Para o locatário, entre outras questões,

---

[6] "Quanto à natureza jurídica do contrato de locação de coisas, esta possui as seguintes características: contrato bilateral ou sinalagmático, uma vez que traz obrigações recíprocas, o contrato é oneroso, pela presença de remuneração (aluguel), contrato comutativo, pois as partes já sabem quais são as prestações, contrato consensual, eis que se aperfeiçoa com a manifestação de vontades, contrato informal e não solene, pois não é necessária escritura pública ou forma escrita como regra geral, trata-se de típico contrato de execução continuada (ou de trato sucessivo), uma vez que o cumprimento se protrai no tempo na maioria das hipóteses fáticas." (TARTUCE, Flávio. Manual de Direito Civil. 10ª ed. São Paulo, Editora Método: 2020, p. 705)

[7] "A disciplina geral da locação é traçada no Código Civil. Aplica-se integralmente às locações não disciplinadas em lei especial e, em caráter subsidiário, às locações especiais." (SCHREIBER, Anderson. Manual de Direito Civil: contemporâneo, 3ª ed. São Paulo: Saraiva Educação, 2020).

[8] "O contrato de locação em geral é bilateral, oneroso, comutativo, típico, geralmente consensual, não formal e de trato sucessivo. É bilateral porque dele se originam obrigações para ambas as partes. O contrato bilateral se antepõe ao unilateral, aquele que em sua formação só gera obrigações para uma das partes (...). Já na locação, desde a origem do trato, existem obrigações para locador e locatário." (VENOSA, Silvio de Salvo. Lei do Inquilinato Comentada: doutrina e prática. 16ª ed. São Paulo, Atlas: 2021, p. 8)

[9] "Trata-se, como é fácil perceber, de contrato bilateral, sinalagmático, do qual emergem para ambas as partes, múltiplas obrigações." (SOUZA, Sylvio Capanema de. A Lei do Inquilinato comentada: artigo por artigo. 14ª ed. Rio de Janeiro: Forense, 2023, p. 12).

[10] "(...) pode-se definir a locação como o contrato por meio do qual uma das partes se obriga a transferir a outra o exercício das faculdades de uso e gozo sobre bem infungível temporariamente e mediante retribuição. A locação não implica, como se vê, a transferência da propriedade do bem, mas tão somente transmite a sua posse. A quem cede a posse da coisa locada chama-se senhorio, locador ou arrendador. A quem a recebe denomina-se inquilino, locatário ou arrendatário. À retribuição paga denomina-se aluguel, nome que, por metonímia, se emprega, por vezes, para designar o próprio contrato de locação." (SCHREIBER, Anderson. Manual de Direito Civil: contemporâneo, 3ª ed. São Paulo: Saraiva Educação, 2020).

a locação de imóveis proporciona o acesso a um espaço físico adequado às suas necessidades e interesses, seja para moradia, estabelecimento comercial ou exercício de atividades profissionais.

Por meio da locação, o locatário adquire o direito de usar e gozar do imóvel pelo prazo estipulado no contrato, usufruindo de um ambiente que atenda às suas expectativas e permita o desenvolvimento de suas atividades. Além disso, a locação também assegura ao locatário a estabilidade contratual, uma vez que, durante o prazo estipulado, o locador não pode desfazer o contrato de forma arbitrária ou injustificada. Essa segurança permite ao locatário planejar sua vida, seus negócios e suas atividades, promovendo a continuidade de suas ocupações e evitando interrupções abruptas.[11]

Destaca-se que o objetivo do contrato de locação não é a transferência da propriedade, mas sim da posse do imóvel.[12] Na mesma linha, para locar um bem, o locador não precisa necessariamente ser o proprietário do imóvel.[13] No Brasil, a locação de imóveis urbanos (considerados, assim, pela sua destinação[14][15]) é

---

[11] "O contrato de locação de imóveis pode estabelecer prazo determinado ou prazo indeterminado, transformando-se em prazo indeterminado se findo o prazo contratual, na forma do art. 46, p. 1º, na locação residencial, como veremos. Consequência importante da distinção diz respeito à necessidade de dar notícia à outra parte da intenção do contratante em terminar a vigência da avença nos contratos por prazo indeterminado. A denúncia da locação é disposta na lei, sendo questão importante a ser examinada." (VENOSA, Silvio de Salvo. Lei do Inquilinato Comentada: doutrina e prática. 16ª ed. São Paulo, Atlas: 2021, p. 12)

[12] "O objetivo do contrato de locação, ao contrário do que ocorre na compra e venda, não é a transferência da propriedade, e sim da posse. O locatário passa a ser o possuidor direto do imóvel, conservando o locador a posse indireta. Poderá o locatário, na condição de possuidor, usar de todos os poderes inerentes à posse, inclusive lançando mão dos interditos, para a sua defesa, até mesmo em face do próprio locador, se este vier a turbá-la ou esbulhá-lá." (SOUZA, Sylvio Capanema de. A Lei do Inquilinato comentada: artigo por artigo. 14ª ed. Rio de Janeiro: Forense, 2023, p. 13).

[13] "O contrato de locação gera direitos de natureza pessoal, e, portanto, relativos, que dizem respeito às partes constantes da relação obrigacional. O locador, dessa forma, é aquele que assim figura no contrato de locação, podendo ou não ser o proprietário do bem." (Superior Tribunal de Justiça, 3ª Turma, REsp nº 1.127.537/DF, Rel. Min. Paulo de Tarso Sanseverino, j. 18.04.2013)

[14] "Emprega-se hodiernamente a definição do imóvel urbano pela sua destinação, ou seja, caracteriza-se imóvel urbano independentemente da sua localização estar inserta no perímetro urbano, sendo primordial que se analise a que o imóvel se predispõe. No caso do urbano, adota-se como critério a utilização comumente reconhecida como urbana, que, a título exemplificativo, são os escritórios, moradias familiares, fábricas, comércio entre outros, ao passo que no imóvel rural sua caracterização se dá por aqueles imóveis que são utilizados para atividades agrícolas, pecuaristas ou agroindustriais. (...). Ou seja, a destinação a que se propõe o imóvel é fator preponderante para que se possa distinguir a aplicação correta da lei." (GUILHERME, Luiz Fernando do Vale de Almeida. Comentários à lei de locações: Lei n. 8.245, de 18 de outubro de 1991. 2ª ed. Barueri, SP: Manole, 2022).

[15] "A tendência é ser considerado urbano o imóvel de acordo com sua destinação, e não conforme sua localização. O critério vazado em fixação de zona urbana e zona rural em cada município pode dar margem a desajustes. A legislação protetiva é, sem dúvida alguma, teleológica e fundamentalmente procura proteger a moradia e aqui na mesma lei o imóvel com finalidade não

regida pela Lei Federal nº 8.245/1991, conhecida como Lei do Inquilinato[16]. Essa legislação estabelece os princípios, direitos e deveres tanto do locador quanto do locatário, visando a regular as relações contratuais e assegurar a estabilidade e a segurança jurídica nesse contexto.

O artigo 1º da Lei do Inquilinato deixa claro que a locação de imóvel urbano é regulada pelas disposições desta lei.[17] Ela abrange ampla gama de situações, englobando contratos de locação para fins residenciais, comerciais e industriais em áreas urbanas.[18] No entanto, é importante ressaltar que existem exceções em que a locação de imóveis é regida por outras normas legais.[19]

Conforme mencionado no parágrafo único do artigo 1º da referida norma, algumas situações específicas continuam sendo reguladas pelo Código Civil e por leis especiais[20]. São elas: (a) locações de imóveis de propriedade da União, dos Estados e dos Municípios, assim como de suas autarquias e fundações públicas. Nesses casos, a regulamentação específica determinada pelo poder público é aplicada para garantir o adequado uso e administração desses bens[21]; (b) locações de vagas autônomas de garagem ou de espaços para estacionamento de veículos, que possuem peculiaridades específicas em relação ao uso e à responsabilidade

---

residencial. Assim, deve ser considerado como prédio urbano aquele que, embora situado em zona rural, destina-se à habitação ou ao comércio." (VENOSA, Silvio de Salvo. Lei do Inquilinato Comentada: doutrina e prática. 16ª ed. São Paulo, Atlas: 2021, p. 6)

[16] "O CC/02 trata da locação de bens móveis e imóveis. Em relação aos últimos, a atual codificação rege as locações imobiliárias que não estão sujeitas à Lei 8.245/1991 (Lei de Locações). Esta lei trata da locação de imóveis urbanos, levando em conta a destinação do imóvel." (TARTUCE, Flávio. Manual de Direito Civil. 10ª ed. São Paulo, Editora Método: 2020, p. 705)

[17] BRASIL. Lei Federal nº 8.245, de 18 de outubro de 1991. "Art. 1º A locação de imóvel urbano regula - se pelo disposto nesta lei."

[18] "Partindo-se, portanto, do conceito genérico do contrato de locação de coisas constante do Código Civil, tanto o passado quanto o atual, podemos dizer que a locação do imóvel urbano é o contrato pelo qual alguém, a quem chamamos de locador, se obriga a ceder a outrem, quem denominamos locatário ou inquilino, o uso ou gozo de imóvel urbano, por certo tempo determinado, ou não, mediante remuneração." (SOUZA, Sylvio Capanema de. A Lei do Inquilinato comentada: artigo por artigo. 14ª ed. Rio de Janeiro: Forense, 2023, p. 12).

[19] "Aplica-se o Código Civil, nos tempos atuais, à locação de coisas móveis, desde que não fungíveis, e à dos imóveis urbanos que, por exceção prevista no parágrafo único do artigo 1º da Lei 8.245/91, não se subsumem ao seu regime." (SOUZA, Sylvio Capanema de. A Lei do Inquilinato comentada: artigo por artigo. 14ª ed. Rio de Janeiro: Forense, 2023, p. 12).

[20] BRASIL. Lei Federal nº 8.245, de 18 de outubro de 1991: "Art. 1º (...). Parágrafo único. Continuam regulados pelo Código Civil e pelas leis especiais: a) as locações: 1. de imóveis de propriedade da União, dos Estados e dos Municípios, de suas autarquias e fundações públicas; 2. de vagas autônomas de garagem ou de espaços para estacionamento de veículos; 3. de espaços destinados à publicidade; 4. em apart-hotéis, hotéis - residência ou equiparados, assim considerados aqueles que prestam serviços regulares a seus usuários e como tais sejam autorizados a funcionar; b) o arrendamento mercantil, em qualquer de suas modalidades."

[21] Item regulado pela Lei Federal nº 8.666/93, pelos Decreto-leis nºs 6.874,44 e 9.760/46.

pelo seu uso[22]; (c) locações de espaços destinados à publicidade, que envolvem questões relacionadas à exposição de marcas e anúncios em locais específicos; e (d) locações em apart-hotéis, hotéis-residência ou estabelecimentos equiparados, que fornecem serviços regulares aos seus usuários e necessitam de regulamentação própria para assegurar a qualidade e os direitos dos ocupantes.[23]

Além dessas exceções, o arrendamento mercantil, também conhecido como *leasing*, em todas as suas modalidades, é regido por lei especial.[24] Essa modalidade de locação é comumente utilizada para o aluguel de equipamentos e bens de natureza mercantil. Ademais, é importante mencionar que o arrendamento rural, referente à locação de terras destinadas à atividade agrícola, pecuária ou agroindustrial, é regulado pelo Estatuto da Terra (Lei Federal nº 4.504/1964) e por legislações específicas que visam atender às particularidades do setor agropecuário.[25]

Portanto, embora a Lei do Inquilinato seja a norma a reger a locação de imóveis urbanos no Brasil, é essencial observar que existem casos específicos em que a regulação é estabelecida pelo Código Civil, leis especiais ou legislações setoriais, como o Estatuto da Terra.[26] Essa diversidade normativa visa a atender às peculiaridades de cada tipo de locação, garantindo uma abordagem legal adequada e protegendo os direitos e interesses das partes envolvidas.

Como abordado anteriormente, a relação locatícia formalmente estabelecida assegura ao locatário a estabilidade contratual, uma vez que, durante o prazo estipulado, o locador não pode desfazer o contrato de forma arbitrária ou injustificada, tanto nas locações regidas pelo Código Civil[27], quanto nas locações regidas

---

22 Há previsão no art. 1.338 do Código Civil. Ressalta-se que não se refere às empresas que exploram a atividade de estacionamento, que estão sujeitas à Lei do Inquilinato e às suas inerentes proteções ao fundo de comércio, visto decisão no Recurso Especial nº 1.046.717/RJ, rel. Min. Laurita Vaz, j. 19.03.2009.

23 Item regulado pela Lei Federal nº 11.771/2008.

24 Item regulado pelas Leis Federais nº 6.099/1974 e 7.132/83.

25 "Esta Lei (referência à Lei Federal nº 8.245/1991) se destina a regular as locações de imóveis urbanos. Portanto, de início se excluem do seu alcance os bens móveis e os imóveis rurais." e "Os arrendamentos rurais, não alcançados por esta lei (...)." (VENOSA, Silvio de Salvo. Lei do Inquilinato Comentada: doutrina e prática. 16ª ed. São Paulo, Atlas: 2021, p. 3-6)

26 "O CC/2002 trata da locação de bens móveis e imóveis. Em relação aos últimos, a atual codificação rege as locações imobiliárias que não estão sujeitas à Lei 8.245/1991 (Lei de Locações). Esta lei trata da locação de imóveis urbanos, levando em conta a destinação do imóvel. Desse modo, se o imóvel for destinado para a residência, indústria, comércio ou prestações de serviços, será regido pela lei especial. Se for destinado para outros fins, caso da agricultura, a pecuária e o extrativismo podem incidir o Estatuto da Terra (Lei 4.504/1964) ou o Código Civil." (TARTUCE, Flavio. Manual de Direito Civil. 10ª ed. São Paulo, Editora Método: 2020, pp. 705-706)

27 "(...) se a locação for estipulada com prazo fixo, antes do seu vencimento não poderá o locador reaver a coisa alugada, a não se que indenize o locatário pelas perdas e danos resultantes da quebra do contrato, gozando o locatário de direito de retenção do imóvel até o seu pagamento." (TARTUCE, Flavio. Manual de Direito Civil. 10ª ed. São Paulo, Editora Método: 2020, pp. 707)

pela Lei do Inquilinato[28]. A estabilidade, previsibilidade e segurança são elementos fundamentais em qualquer relação contratual e não é diferente na locação de bens imóveis. O prazo contratual assume um papel de extrema importância nessa seara, pois é o responsável por conferir tais características ao locatário, garantindo-lhe a tranquilidade necessária durante o período de ocupação do imóvel.

É nesse cenário que se torna oportuna a análise mais profunda da conhecida "cláusula de vigência", no contexto da sua aplicabilidade em locações de imóveis urbanos, regidos pela Lei do Inquilinato, assim como pela disciplina jurídica presente no Código Civil. Essa ressalva é importante, pois, como dito, nem todas as locações estão regidas pela Lei do Inquilinato ou pelo Código Civil e, portanto, podem estar sujeitas a regras distintas das previstas nesses textos legais, como, por exemplo, os arrendamentos rurais que se sujeitam ao Estatuto da Terra e, em razão disso, devem seguir as regras ali previstas.[29]

2. APLICAÇÃO CONCRETA DA CLÁUSULA DE VIGÊNCIA NOS CONTRATOS DE LOCAÇÃO

Tanto o Código Civil[30] quanto a Lei do Inquilinato[31] reconhecem a importância do cumprimento do prazo contratual de locação ao disciplinar a

[28] "Mas antes mesmo do advento do Código Civil de 2002 já se incumbira a Lei do Inquilinato de rever o sistema, na esteira da maior proteção ao locatário. Não pode mais o locador resilir unilateralmente o contrato, havendo prazo determinado, antes do seu vencimento, ainda que se proponha a ressarcir o locatário das eventuais perdas e danos. No curso do prazo do contrato só se admite que o locador possa reaver o imóvel nas hipóteses elencadas, em *numerus clausus* na própria lei, como a falta de pagamento dos aluguéis e encargos, a infração legal ou contratual e a necessidade de realizar obras urgentes, determinadas pela autoridade pública, e que não possam ser feitas com a presença do inquilino no imóvel." (SOUZA, Sylvio Capanema de. A Lei do Inquilinato comentada: artigo por artigo. 14ª ed. Rio de Janeiro: Forense, 2023, p. 41).

[29] BRASIL. Lei Federal nº 4.504, de 30 de novembro de 1964: "Art. 92. A posse ou uso temporário da terra serão exercidos em virtude de contrato expresso ou tácito, estabelecido entre o proprietário e os que nela exercem atividade agrícola ou pecuária, sob forma de arrendamento rural, de parceria agrícola, pecuária, agro-industrial e extrativa, nos termos desta Lei. (...) § 5º A alienação ou a imposição de ônus real ao imóvel não interrompe a vigência dos contratos de arrendamento ou de parceria ficando o adquirente sub-rogado nos direitos e obrigações do alienante."

[30] BRASIL. Lei Federal nº 10.406, de 10 de janeiro de 2002: "Art. 576. Se a coisa for alienada durante a locação, o adquirente não ficará obrigado a respeitar o contrato, se nele não for consignada a cláusula da sua vigência no caso de alienação, e não constar de registro. § 1º O registro a que se refere este artigo será o de Títulos e Documentos do domicílio do locador, quando a coisa for móvel; e será o Registro de Imóveis da respectiva circunscrição, quando imóvel. §2º Em se tratando de imóvel, e ainda no caso em que o locador não esteja obrigado a respeitar o contrato, não poderá ele despedir o locatário, senão observado o prazo de noventa dias após a notificação."

[31] BRASIL. Lei Federal nº 8.245, de 18 de outubro de 1991: Art. 8º Se o imóvel for alienado durante a locação, o adquirente poderá denunciar o contrato, com o prazo de noventa dias para a desocupação, salvo se a locação for por tempo determinado e o contrato contiver cláusula de vigência em caso de alienação e estiver averbado junto à matrícula do imóvel. § 1º Idêntico direito terá o promissário comprador e o promissário cessionário, em caráter irrevogável, com imissão na

possibilidade de inclusão de cláusula de vigência nos contratos de locação. Para melhor ilustrar, descrevemos, abaixo, exemplos de redação de cláusula de vigência que podem ser inseridas em contratos de locação:

Contrato de Locação regido pela Lei do Inquilinato:

> "Cláusula de Vigência. Fica acordado entre as partes que todas as cláusulas e condições do presente contrato, inclusive seu prazo de vigência, permanecerão em vigor e deverão ser respeitados até o término do contrato, inclusive por quem, a qualquer título, vier a se tornar proprietário do imóvel em razão de sua alienação, ficando o locatário autorizado a requerer junto ao Registro de Imóveis competente o registro do presente contrato na matrícula do imóvel, nos termos do artigo 8º, *caput* e parágrafos 1º e 2º, da Lei Federal nº 8.245, de 18 de outubro de 1991 ("Lei do Inquilinato") e do artigo 167, inciso I, item "3", da Lei Federal nº 6.015, de 31 de dezembro de 1973 ("Lei de Registros Públicos"), a fim de garantir a vigência da presente locação na hipótese de alienação do Imóvel a terceiros durante o prazo de vigência deste contrato. Não obstante o disposto nesta cláusula, o locador se obriga a informar, a qualquer potencial ou efetivo adquirente do imóvel, de forma clara, direta e escrita, a existência de cláusula de vigência neste contrato de locação, bem como de obter, do referido potencial ou efetivo adquirente, ciência e compromisso expresso de respeitar a locação até o término do prazo de duração."

Contrato de Locação regido pelo Código Civil:

> "Cláusula de Vigência. Fica acordado entre as partes que todas as cláusulas e condições do presente contrato, inclusive seu prazo de vigência, permanecerão em vigor e deverão ser respeitados até o término do contrato por quem, a qualquer título, vier a se tornar proprietário do imóvel, em razão de sua alienação, ficando o locatário autorizado a requerer junto ao Registro de Imóveis competente o registro do presente contrato na matrícula do imóvel, nos termos do artigo 576, *caput* e parágrafos 1º e 2º, da Lei Federal nº 10.406, de 10 de janeiro de 2002 ("Código Civil") e do artigo 167, inciso I, item "3", da Lei Federal nº 6.015, de 31 de dezembro de 1973 ("Lei de Registros Públicos"), a fim de garantir a vigência da presente locação na hipótese de alienação do Imóvel a terceiros durante o prazo de vigência deste contrato. Não obstante o disposto nesta cláusula, o locador se obriga a informar, a qualquer

---

posse do imóvel e título registrado junto à matrícula do mesmo. § 2º A denúncia deverá ser exercitada no prazo de noventa dias contados do registro da venda ou do compromisso, presumindo-se, após esse prazo, a concordância na manutenção da locação.

potencial ou efetivo adquirente do imóvel, de forma clara, direta e escrita, a existência de cláusula de vigência neste contrato de locação, bem como de obter, do referido potencial ou efetivo adquirente, ciência e compromisso expresso de respeitar a locação até o término do prazo de duração."

Em ambos os casos, isto é, independentemente de a cláusula de vigência ser destinada a um contrato regido pela Lei do Inquilinato ou não, recomendamos que a cláusula contenha os seguintes elementos[32]: (i) previsão clara e expressa de que todos os termos e condições do contrato de locação devem permanecer vigentes até o término do prazo pactuado; (ii) previsão clara e expressa de que qualquer pessoa que vier a se tornar proprietária do imóvel, em razão de qualquer evento de alienação do referido imóvel, deverá respeitar o contrato pactuado originalmente até o término do seu prazo de duração; (iii) autorização clara e expressa para que o contrato e a referida cláusula sejam registráveis no Cartório de Registro de Imóveis, inclusive fazendo menção expressa e direta aos dispositivos legais, de forma a evitar que, no momento do registro, o cartório possa formular exigência que imponha algum ajuste no instrumento; e (iv) obrigação clara e expressa imposta ao locador do imóvel de informar, a qualquer potencial ou efetivo adquirente do imóvel, de forma clara, direta e escrita, a existência de cláusula de vigência no contrato de locação, além de obter, do referido potencial ou efetivo adquirente, ciência e compromisso expresso de respeitar a locação até o término do prazo de duração.[33]

Em relação ao item (iii), a despeito de maior profundidade de análise nos capítulos posteriores, oportuno fazer duas ponderações: (a) a mera existência da cláusula de vigência no contrato de locação, pela literalidade dos dispositivos legais presentes na Lei do Inquilinato e no Código Civil, não é considerada suficiente para ser oponível a terceiros[34] (ressalvada a existência de doutrina e

---

[32] "Não se confunde a cláusula de vigência a disposição genérica, inserida no contrato, tornando-o obrigatório para as partes, seus herdeiros e sucessores." (SOUZA, Sylvio Capanema de. A Lei do Inquilinato comentada: artigo por artigo. 14ª ed. Rio de Janeiro: Forense, 2023, p. 67).

[33] "Uma possível providência para proteger o locatário, minimizando o risco de ter o contrato denunciado pelo adquirente, é o de fazer constar dele uma cláusula, segundo a qual se obriga o locador, em caso de alienação, a informar ao adquirente que o imóvel se encontra locado por tempo determinado, obtendo dele o compromisso expresso de respeitar a locação, até o término do prazo, como se estivesse registrado o contrato." (SOUZA, Sylvio Capanema de. A Lei do Inquilinato comentada: artigo por artigo. 14ª ed. Rio de Janeiro: Forense, 2023, p. 68).

[34] "Não basta, porém, que o contrato seja registrado. São três os requisitos para que o contrato valha contra terceiros adquirentes: (a) o contrato deve estar com vigência por prazo determinado, (b) deve conter cláusula de vigência para o caso de alienação e, finalmente, (c) deve ser averbado junto à matrícula do imóvel. Há necessidade de três requisitos para possibilitar a denúncia. Nesse caso, temos um instituto jurídico que denominamos obrigação com eficácia

jurisprudência diversas, como será visto adiante), sendo necessário que o contrato seja por prazo determinado, esteja vigente e tenha sido realizado, previamente à alienação, o seu registro na matrícula do imóvel perante o Cartório de Registro de Imóveis competente[35][36]; e (b) frisamos a palavra "registro", pois, apesar de a Lei do Inquilinato mencionar que um dos requisitos para eficácia da cláusula de vigência perante terceiros é que o contrato esteja "*averbado junto à matrícula do imóvel*", e haja doutrina que relativize o fato de a cláusula não estar registrada, mas averbada[37], a Lei de Registros Públicos, no art. 167, item I, alínea (c), é clara ao incluir no rol de atos passíveis de registro os contratos de locação de prédios, nos quais tenha sido consignada cláusula de vigência no caso de alienação da coisa locada.[38]

---

real." (VENOSA, Silvio de Salvo. Lei do Inquilinato Comentada: doutrina e prática. 16ª ed. São Paulo, Atlas: 2021, p. 59)

[35] "Se o contrato estiver vigorando por prazo determinado e contiver cláusula de vigência, em caso de alienação, averbada junto à matrícula do imóvel, ficará o adquirente inibido de denunciar a locação, tendo de aguardar o vencimento do prazo. Para que se iniba a denúncia é preciso, portanto, que estejam presentes as duas condições, ou seja, que o prazo do contrato seja determinado, e ainda não se tenha expirado e que haja cláusula de vigência, devidamente averbada." (SOUZA, Sylvio Capanema de. A Lei do Inquilinato comentada: artigo por artigo. 14ª ed. Rio de Janeiro: Forense, 2023, p. 67).

[36] "Sendo alienada a coisa, o novo proprietário não será obrigado a respeitar o contrato. Isso, a não ser que o contrato esteja em sua vigência, por prazo determinado, e contenha cláusula de sua vigência no caso de alienação, a constar do Registro de Imóveis ou do Cartório de Títulos e Documentos (art. 576, caput e § 1.º, do CC). A nova redação do dispositivo confirma o teor da Súmula 442 do STF, segundo a qual: 'a inscrição do contrato no registro de imóveis, para a validade da cláusula de vigência contra o adquirente do imóvel, ou perante terceiros, dispensa a transcrição no registro de títulos e documentos. Para os casos envolvendo imóvel, e ainda no caso em que o locador não esteja obrigado a respeitar o contrato, não poderá ele despedir o locatário, senão observado o prazo de 90 (noventa) dias após a notificação, visando à desocupação do imóvel (art. 576, § 2.º, do CC)." (TARTUCE, Flavio. Manual de Direito Civil. 10ª ed. São Paulo, Editora Método: 2020, pp. 709)

[37] "O ato em estudo (*cláusula de vigência*) visa atribuir a eficácia real à relação locatícia. Não se cuida exatamente de uma constituição de direito real. Mas não se trata, muito menos, de um ato destinado tão somente a consignar modificações das características do imóvel ou do titular do direito real. Por conseguinte, para preservação da coesão da Lei 6.015/1973, está-se diante de um registro, e não de uma averbação. (...). Contudo, diante da predominância da função sobre a forma, e do império do princípio da boa-fé, compreendemos que a opinião demanda modulação. (...) Se a locação estiver apenas averbada, mas a cláusula de vigência constar da da certidão de matrícula, não será cabível a denúncia." (FIGUEIREDO, Gabriel Seijo Legal de. In: SCAVONE JUNIOR, Luiz Antonio; PERES, Tatiana Bonatti (Orf.). Lei do Inquilinato comentada artigo por artigo. Rio de Janeiro, Editora Forense: 2017, p. 35)

[38] BRASIL. Lei Federal nº 6.015, de 31 de dezembro de 1973: "Art. 167 - No Registro de Imóveis, além da matrícula, serão feitos. I - o registro: (...) 3) dos contratos de locação de prédios, nos quais tenha sido consignada cláusula de vigência no caso de alienação da coisa locada; (...)."

3. FUNÇÕES DA CLÁUSULA DE VIGÊNCIA NOS CONTRATOS DE LOCAÇÃO

Sem prejuízo de análise mais minuciosa nos capítulos posteriores, percebe-se que os dispositivos legais que disciplinam a cláusula de vigência estabelecem que, desde que observados os requisitos obrigatórios ali positivados para eficácia perante terceiros, é possível garantir a continuidade da locação mesmo em hipóteses de alienação.[39]

Essa previsão legislativa tem como principal função garantir previsibilidade, estabilidade e segurança[40] ao locatário em relação ao cumprimento do prazo contratual de locação avençado originalmente, evitando que o locatário seja surpreendido por eventual rescisão abrupta do contrato, antes de findo o prazo determinado acordado inicialmente, o que poderia acarretar dificuldades e transtornos na busca por um novo imóvel e na organização de sua vida pessoal e/ou profissional.[41]

Ao permitir a inclusão da cláusula de vigência, a lei reconhece a importância de estabelecer parâmetros claros e definidos para a duração do contrato de locação, conferindo perspectiva ao locatário quanto ao tempo em que poderá usufruir do imóvel locado. Dessa forma, o locatário pode planejar sua vida com base nesse período estabelecido, seja para fins residenciais ou comerciais.[42] Isso significa que, observados os requisitos legais, mesmo ocorrendo

---

[39] "Se o contrato estiver vigorando por prazo determinado e contiver cláusula de vigência, em caso de alienação, averbada junto à matrícula do imóvel, ficará o adquirente inibido de denunciar a locação, tendo de aguardar o vencimento do prazo." (SOUZA, Sylvio Capanema de. A Lei do Inquilinato comentada: artigo por artigo. 14ª ed. Rio de Janeiro: Forense, 2023, p. 67).

[40] "Não será preciso o menor esforço para se perceber que o dispositivo é um poderoso mecanismo de proteção ao locatário, minimizando o risco do prejuízo da denúncia do contrato, se e quando alienado o imóvel." (SOUZA, Sylvio Capanema de. A Lei do Inquilinato comentada: artigo por artigo. 14ª ed. Rio de Janeiro: Forense, 2023, p. 67).

[41] "(...) se o locatário for precavido e levar seu contrato de locação a ser averbado na matrícula do imóvel, gozará de proteção jurídica, posto que a averbação é o ato pelo qual se dá publicidade aos negócios jurídicos, ganhando assim oponibilidade contra terceiros. Ou seja, qualquer pessoa que tem acesso a esse contrato e se, mesmo assim, decidir por realizar a compra do imóvel, estará ciente de que existe um contrato de locação que deverá ser cumprido em sua integralidade." (GUILHERME, Luiz Fernando do Vale de Almeida. Comentários à lei de locações: Lei n. 8.245, de 18 de outubro de 1991. 2ª ed. Barueri, SP: Manole, 2022, p. 12).

[42] "Sua utilização é bem mais frequente nas locações não residenciais, que se destinam à atividade comercial, sendo menos usual nas locações residenciais. Várias são as razões que justificam esse costume. Em primeiro lugar, porque os contratos de locação com fins comerciais são celebrados, via de regra, por prazos mais longos, em geral de cinco anos, sendo maior a possibilidade de alienação do imóvel durante o seu curso. Como se não bastasse, a locatária faz investimentos muitas vezes elevados, para a instalação e divulgação do estabelecimento, e não teria como recuperar o que despendeu, caso fosse surpreendido pela denúncia antecipada do

uma mudança na titularidade da propriedade do imóvel durante a vigência do contrato, o locatário poderá manter-se no imóvel por um prazo determinado.[43]

Portanto, a previsão legislativa da cláusula de vigência expressa do contrato de locação, de acordo com os requisitos legais estabelecidos, é um mecanismo relevante para assegurar a estabilidade, previsibilidade e segurança ao locatário quanto ao cumprimento do prazo contratual. Em razão disso, merece a cláusula de vigência ser analisada de forma mais aprofundada, pois contribui para estabelecer um ambiente mais equilibrado e confiável na relação entre locador e locatário.

4. DISCIPLINA JURÍDICA E CONTROVÉRSIAS DOUTRINÁRIAS

Como disposto nos capítulos anteriores, a denominada cláusula de vigência está disciplinada no Código Civil e na Lei do Inquilinato. Com base nos dispositivos legais, abaixo ilustramos alguns pontos importantes decorrentes dessa disciplina jurídica, diferenciando o tratamento jurídico, quando e se existente, no Código e na lei, assim como os efeitos e impactos decorrentes disso.

4.1. A alienação do imóvel como fator de resilição do contrato de locação

De início, importante ressaltar que, a despeito da existência de locação vigente em relação a determinado imóvel, nada impede o adquirente de aliená-lo a terceiros, pois a locação não anula o poder de disposição compreendido no direito de propriedade.[44] Ou seja, nada impede que o locador venha a alienar a coisa locada, já que a disponibilidade do bem é um poder inerente ao domínio.[45]

---

contrato." (SOUZA, Sylvio Capanema de. A Lei do Inquilinato comentada: artigo por artigo. 14ª ed. Rio de Janeiro: Forense, 2023, pp. 67-68).

[43] "O texto legal prevê exceção quanto à retomada do imóvel no caso de alienação, sendo que, existindo cláusula de vigência do contrato de locação que preveja alienação, cláusula essa devidamente averbada na matrícula do imóvel, ou seja, averbado o contrato com cláusula que determina que ele irá vigorar mesmo com alienação, ninguém poderá alegar que esse contrato era desconhecido. Isso porque a averbação é o ato pelo qual se dá publicidade aos atos e negócios jurídicos, sendo oponível *erga omnes*, obrigando a todos aqueles que estão inseridos naquela relação jurídica. (GUILHERME, Luiz Fernando do Vale de Almeida. Comentários à lei de locações: Lei n. 8.245, de 18 de outubro de 1991. 2ª ed. Barueri, SP: Manole, 2022, p. 13).

[44] "O direito que concede ao locatário não anula o poder de disposição compreendido no de propriedade." (GOMES, Orlando. Contratos. Rio de Janeiro, Editora Forense: 2009, p. 353)

[45] "A propriedade remanesce em mãos do locador, se também ele é o seu titular, o que nem sempre acontece e nem é exigido. Assim sendo, nada impede que o locador, mesmo no prazo determinado do contrato de locação, venha alienar a coisa locada, já que a disponibilidade é um dos

Visto o ponto acima, convém analisar os impactos decorrentes da alienação do imóvel. Para a maior parte da doutrina, observadas as exceções legais[46], na hipótese de alienação de um imóvel, considerados aqueles regidos pela Lei do Inquilinato e pelo Código Civil, é permitida a denúncia vazia do contrato de locação vigente pelo adquirente, que não ficará obrigado a respeitar o referido contrato. É nesse sentido que Silvio de Salvo Venosa entende que o novo adquirente do imóvel deve ser considerado um estranho à relação locatícia, a menos que o contrato de locação contenha cláusula de vigência e esteja devidamente registrado no cartório de registro de imóveis. É justamente o registro que tem o poder de conferir conhecimento do pacto a terceiros e vincular o adquirente ao contrato, colocando-o na posição de locador apenas se assim desejar. Portanto, a denúncia vazia, ou seja, a possibilidade de rescisão do contrato sem justificativa, em regra, é permitida ao adquirente.[47]

Na mesma linha de entendimento, Flávio Tartuce expõe que, em caso de alienação do bem imóvel, o novo proprietário não tem a obrigação de permanecer respeitando o contrato, a menos que o referido contrato esteja vigente por prazo determinado, tenha cláusula de vigência expressamente prevista no caso de alienação e esta esteja devidamente registrada no Cartório de Registro de Imóveis.[48] Seguindo o pensamento, Sylvio Capanema de Souza destaca que o que rompe a locação é a denúncia, possibilitada pela alienação do imóvel ao adquirente. Nesse sentido, o adquirente não é parte do contrato de locação e, portanto, não está obrigado a respeitá-lo. Ele invoca o princípio da relatividade

---

poderes inerentes ao domínio" (SOUZA, Sylvio Capanema de. In: TEIXEIRA, Salvio de Figueiredo (Coord.). Comentários ao Código Civil. Rio de Janeiro, Editora Forense: 2004, v. 8, p. 494).

[46] BRASIL. Lei Federal nº 8.245, de 18 de outubro de 1991. "Art. 53 - Nas locações de imóveis utilizados por hospitais, unidades sanitárias oficiais, asilos, estabelecimentos de saúde e de ensino autorizados e fiscalizados pelo Poder Público, bem como por entidades religiosas devidamente registradas, o contrato somente poderá ser rescindido. I - nas hipóteses do art. 9º; II - se o proprietário, promissário comprador ou promissário cessionário, em caráter irrevogável e imitido na posse, com título registrado, que haja quitado o preço da promessa ou que, não o tendo feito, seja autorizado pelo proprietário, pedir o imóvel para demolição, edificação, licenciada ou reforma que venha a resultar em aumento mínimo de cinquenta por cento da área útil."

[47] "Permite-se aqui a denúncia vazia, imotivada. Continuará o adquirente do imóvel na posição de locador somente se assim desejar. (...) o novo adquirente é estranho à avença locatícia, em princípio, salvo o registro do contrato no cartório imobiliário, que torna o pacto de conhecimento de terceiros." (VENOSA, Silvio de Salvo. Lei do Inquilinato Comentada: doutrina e prática. 16ª ed. São Paulo, Atlas: 2021, p. 58)

[48] "Sendo alienada a coisa, o novo proprietário não será obrigado a respeitar o contrato. Isso, a não ser que o contrato esteja em sua vigência, por prazo determinado, e contenha cláusula de sua vigência no caso de alienação, a constar do Registro de Imóveis ou do Cartório de Títulos e Documentos (art. 576, caput e § 1.º, do CC)." (TARTUCE, Flavio. Manual de Direito Civil. 10ª ed. São Paulo, Editora Método: 2020, pp. 709)

dos contratos, defendendo que o adquirente tem a liberdade de aceitar a locação, caso isso lhe interesse.[49]

Não obstante o disposto acima, devemos ressaltar que há parte da doutrina, como é o caso de Marcos Alcino de Azevedo Torres e Vitor Gabriel de Moura Gonçalves, que possui entendimento diverso, no sentido de que não seria possível haver denúncia vazia ou imotivada na locação, em respeito ao princípio da função social do contrato e da boa-fé.[50] Com o devido respeito à última posição, parece-nos um posicionamento que alarga, de forma excessiva, a abrangência do princípio da função social do contrato e que, a princípio, não merece prosperar frente à opinião da maior parte da doutrina, representada pelos juristas mencionados no início do tópico.

4.2. Ato oneroso ou gratuito

Seguindo adiante, destaca-se que doutrina importante afirma que não há distinção entre negócio jurídico gratuito ou oneroso para fins de consideração do gênero "alienação" previsto na Lei do Inquilinato e no Código Civil. Segundo Sílvio de Salvo Venosa, qualquer ato *intervivos* de transferência, como doação, permuta e dação em pagamento, está sujeito à lei. No entanto, é necessário que o ato seja passível de registro imobiliário. Desta forma, tanto o comprador quanto o permutante e o donatário podem denunciar a locação, independentemente de a alienação ser onerosa ou gratuita[51]. Na mesma linha, Sylvio Capanema de Souza ressalta que a lei utiliza o termo "imóvel alienado" e, portanto,

---

49 "Na verdade, o que rompe a locação é a denúncia, que a alienação propicia ao adquirente. Tanto assim, que nada impede que o adquirente mantenha o vínculo, aceitando a locação, caso isto lhe interesse. O que ocorre é que, não sendo o adquirente parte do contrato de locação, não está obrigado a respeitá-lo. Mais uma vez se invoca o princípio da relatividade dos contratos. (SOUZA, Sylvio Capanema de. A Lei do Inquilinato comentada: artigo por artigo. 14ª ed. Rio de Janeiro: Forense, 2023, p. 64).

50 "Ora a partir do reconhecimento de que a função social integra a estrutura do direito de propriedade, por força de disposição constitucional (art. 182 e 184 da C.F.), a faculdade de uso no seu aspecto negativo (não uso) de um determinado bem foi afetada, de modo que não nos parece absurdo sustentar a hipótese de que, perante nosso direito constitucional ou civil-constitucional (para utilizar-se de expressão que foi abraçada pela nossa doutrina a partir das reflexões aqui trazidas por Maria Celina Bodin), não é possível exercer a chamada denúncia vazia ou imotivada." (TORRES, Marcos Alcino de Azevedo; GONÇALVES, Vitor Gabriel de Moura. Alienação de bem locado e cláusula de vigência (ou de respeito): origens, vicissitudes e releitura com base nos princípios da boa-fé e da função social da propriedade. In: BARBOZA, Heloisa Helena. Lei do Inquilinato: Exame dos 30 anos da Lei de Locação Urbana - Estudos em homenagem ao professor Sylvio Capanema de Souza. Indaiatuba, Editora Foco: 2021, p. 118.)

51 "(...) não há que distinguir entre negócio jurídico gratuito ou oneroso. Entende-se como participante do alcance da lei todo ato intervivos de transferência, como a doação, a permuta, a dação em pagamento. Há, porém, necessidade de que o ato seja passível de registro imobiliário."

não é relevante saber se a alienação foi feita de forma gratuita ou onerosa, visto que o dispositivo legal abrange ambos os casos.[52]

No entanto, há uma exceção importante mencionada pelo autor: embora os herdeiros e legatários sejam considerados adquirentes a título gratuito, esses estão impedidos de denunciar a locação, de acordo com o artigo 10 da Lei do Inquilinato[53], assim como em linha com o artigo 577 do Código Civil.[54] Assim, mesmo que a herança represente uma forma de aquisição da propriedade, os herdeiros não são equiparados ao adquirente mencionado no artigo 8º da Lei do Inquilinato ou no artigo 576 do Código Civil, sendo-lhes vedada a denúncia do contrato.[55] Em sentido contrário, Gustavo Tepedino entende que a transferência de imóvel por legado também está abarcada na hipótese do artigo 8º da Lei do Inquilinato.[56]

4.3. Locação para fins comerciais

Nos casos de locação para fins comerciais, em que o locatário tem direito à ação renovatória ou tenha obtido a renovação do contrato, questiona-se se

---

(VENOSA, Silvio de Salvo. Lei do Inquilinato Comentada: doutrina e prática. 16ª ed. São Paulo, Atlas: 2021, p. 59)

[52] "A lei fala em ser o imóvel alienado. Como não faz qualquer discriminação, é irrelevante que a alienação seja a título oneroso ou gratuito. Tanto poderá denunciar a locação o comprador do imóvel locado ou o permutante, quanto o donatário. (...) É mais do que sabido que a aquisição da propriedade pode se dar a título oneroso, como no caso da compra e venda, da permuta ou da dação em pagamento, ou a título gratuito, como na hipótese da doação. (SOUZA, Sylvio Capanema de. A Lei do Inquilinato comentada: artigo por artigo. 14ª ed. Rio de Janeiro: Forense, 2023, p. 64).

[53] "Há, entretanto, uma exceção importante: o herdeiro e o legatário também são adquirentes, a título gratuito, mas estão inibidos de denunciar a locação, a eles não se aplicando a regra do artigo 8º. Isto porque, no caso da herança, existe regra especial inserida no artigo 10 (...), que obriga o herdeiro, e por extensão, o legatário, a respeitar a locação. (SOUZA, Sylvio Capanema de. A Lei do Inquilinato comentada: artigo por artigo. 14ª ed. Rio de Janeiro: Forense, 2023, p. 64)

[54] "Morrendo o locador ou o locatário, transfere-se a locação a seus herdeiros, o que comprova que o contrato não tem natureza personalíssima ou *intuitu personae* no que se refere à questão sucessória. Nesse âmbito, o contrato é considerado como impessoal." (TARTUCE, Flávio. Manual de Direito Civil. 10ª ed. São Paulo, Editora Método: 2020, p. 709)

[55] "O contrato de locação do imóvel urbano não se extingue com a morte do locador, sendo, portanto, impessoal. Os herdeiros do locador sub-rogam-se nos direitos e deveres emanados do contrato, tendo de respeitar a locação, em todos os seus termos, passando a compor o polo da relação obrigacional. Neste passo, embora a herança represente forma de aquisição da propriedade, ainda que gratuita, não se equiparam os herdeiros à figura do adquirente, a que alude o artigo 8º, sendo-lhes vedada a denúncia do contrato por não lhes convir manter o vínculo." (SOUZA, Sylvio Capanema de. A Lei do Inquilinato comentada: artigo por artigo. 14ª ed. Rio de Janeiro: Forense, 2023, p. 78).

[56] "A alienação poderá se referir não apenas à compra e venda, mas também às hipóteses de permuta, doação, legado, estabelecimento de usufruto, dentre outras." (TEPEDINO, Gustavo; KONDER, Carlos Nelson; BANDEIRA, Paulo Greco. Fundamentos de Direito Civil: Contratos. Rio de Janeiro, Editora Forense: 2020, p. 296)

pode haver a denúncia vazia pelo novo adquirente. Para parte da doutrina, na qual se inclui Silvio de Salvo Venosa, a denúncia vazia é uma prerrogativa do adquirente, independentemente do fato de o locatário ter direito à ação renovatória ou de ter obtido a renovação do contrato. Como regra geral, a existência do direito à ação renovatória ou a obtenção da renovação do contrato por meio dessa ação não impede a aplicabilidade da denúncia vazia. No entanto, se o contrato contiver a cláusula de vigência e estiver devidamente registrado, mesmo que haja uma ação renovatória pendente, o adquirente perde o direito à denúncia vazia.[57] Por outro lado, há quem entenda de forma diversa, como é o caso de Alfredo Buzaid, ao invocar o princípio do Decreto nº 24.150/34, conhecido como Lei de Luvas[58].

4.4. Retrovenda

A inclusão da cláusula de retrovenda, por exemplo, em contratos de compra e venda de imóveis, permite uma questão relevante: se o adquirente locar o imóvel durante o período em que o vendedor tem o direito de reverter a venda, poderia o vendedor denunciar o contrato de locação ao exercer seu direito de retrovenda? A princípio, sim. Mesmo sendo o titular da propriedade, ainda que de forma condicional, o adquirente tem o direito de locar o imóvel. Contudo, ao exercer o direito de retrovenda e recuperar a propriedade, o vendedor poderá denunciar o contrato de locação amparado pelo artigo 8º da Lei do Inquilinato. É válido ressaltar que essa faculdade poderá ser negada caso o vendedor tenha expressamente consentido com a locação estabelecida pelo adquirente.[59]

---

57 "(...) as disposições se aplicam tanto aos imóveis residenciais quanto aos não residenciais, e o fato de o locatário ter direito à ação renovatória ou ter obtido a renovação de contrato por essa ação não tolhe a aplicabilidade da denúncia sob exame. (...) Se, no entanto, tendo o locatário direito à ação renovatória e à renovação, estiver o contrato devidamente registrado, cai por terra a aplicação deste artigo. (...). ainda que pendente ação renovatória, não existindo o registro imobiliário do contrato, o novo adquirente tem direito à denúncia vazia, isto é, o novo adquirente do imóvel não se sujeita à renovatória em curso, salvo se assim desejar. (VENOSA, Silvio de Salvo. Lei do Inquilinato Comentada: doutrina e prática. 16ª ed. São Paulo, Atlas: 2021, pp. 58-59)

58 "Embora o Decreto 24.150 não contenha preceito especial sobre a matéria, a verdade é que do conjunto de suas disposições resulta o princípio, segundo o qual a venda não opera a rescisão da locação. Foi objetivo do legislador proteger o fundo de comércio e a atividade do comerciante estabelecido no imóvel; para esse fim atribuiu o contrato de locação caráter continuativo e conferiu ao direito de renovação força compulsória, de modo que ele não pode desfazer-se ao arbítrio de uma das partes." (BUZAID, Alfredo. Da ação renovatória de contrato de locação de imóveis destinados a fins comerciais. São Paulo, Editora Saraiva: 1958, p. 165.)

59 "Uma hipótese bastante interessante pode surgir, quando se incluir, em um contrato de compra e venda, uma cláusula especial de retrovenda. Imaginemos que no curso do prazo do exercício do retrato, o adquirente do imóvel venha a locá-lo, do que não estará inibido, já que

4.5. Compromisso de compra e venda e compromisso de permuta

Quando há um contrato de locação entre o promissário-comprador e um terceiro, que está na posse do imóvel, e, por qualquer motivo, a promessa de compra e venda é rescindida, resultando na reintegração do promitente vendedor na posse do imóvel, é possível que esse vendedor denuncie a locação vigente? A legislação não aborda especificamente esse caso, mas entende-se que, nessa situação, o promitente vendedor equipara-se ao adquirente, permitindo-lhe denunciar o contrato de locação com base no princípio da relatividade.[60]

Nessa conjuntura, há na doutrina quem defenda, inclusive, a possibilidade de denúncia da locação nos compromissos de permuta, desde que se verifique a cláusula de irrevogabilidade presente no negócio jurídico, que estejam devidamente registrados na matrícula do imóvel[61] e prevejam imissão na posse.[62] Sobre esse tema, é importante destacar a abordagem sobre o entendimento da condição de adquirente, nos termos da lei e da interpretação doutrinária, para

---

ele é titular da propriedade, ainda que resolúvel. Se, ao final do prazo concedido ao vendedor, decidir ele exercer o retrato, recuperando a propriedade do imóvel, o que é direito potestativo seu, poderá denunciar a locação, ao abrigo do art. 8º? A resposta é afirmativa. (...). Por igual entendemos que tal faculdade lhe será negada se ele anuiu, expressamente, quando o adquirente celebrou contrato de locação com terceiro." (SOUZA, Sylvio Capanema de. A Lei do Inquilinato comentada: artigo por artigo. 14ª ed. Rio de Janeiro: Forense, 2023, p. 72)

[60] "Outra questão prática instigante versa sobre o contrato de locação celebrado entre o promissário-comprador, imitido na posse do imóvel, e um terceiro, o que é perfeitamente possível. O que ocorrerá se no curso da locação vier a ser a promessa rescindida, em razão do inadimplemento do promissário-comprador, quanto ao pagamento das parcelas do preço avençado, reintegrando-se o promitente vendedor na posse do imóvel? A lei é omissa quanto a esta hipótese, mas entendemos que se ela vier a ocorrer, equipara-se o promitente vendedor ao adquirente, podendo ele denunciar o contrato com apoio no já tão falado princípio da relatividade." (SOUZA, Sylvio Capanema de. A Lei do Inquilinato comentada: artigo por artigo. 14ª ed. Rio de Janeiro: Forense, 2023, p. 71)

[61] Sobre esse ponto, ressalta-se a modificação legislativa imposta pela Lei Federal nº 14.382, de 27 de junho de 2022, que inclui, no rol de atos passíveis de registro no art. 167 da Lei de Registros Públicos, a permuta e a promessa de permuta.

[62] "Embora não haja menção no texto da Lei 8.245/1991, entendemos que a faculdade de resilição abrange os compromissos de permuta irrevogáveis, registrados na matrícula e que prevejam a imissão de posse. A situação é corriqueira no mercado imobiliário, com o proprietário de um imóvel se obrigando a trocá-lo com o incorporador por unidades de um prédio a ser erigido. Esse modelo de negócios - legítimo e disseminado - restaria frustrado se a locação não pudesse ser rompida. O fundamento para estender o direito de denúncia ao compromissário permutante está no art. 533 do Código Civil, que submete a permuta ao regime jurídico da compra e venda." (FIGUEIREDO, Gabriel Seijo Legal de. In: SCAVONE JUNIOR, Luiz Antonio; PERES, Tatiana Bonatti (Orf.). Lei do Inquilinato comentada artigo por artigo. Rio de Janeiro, Editora Forense: 2017, p. 31)

fins de aplicabilidade das normas atinentes à cláusula de vigência, como será visto adiante no presente artigo.

4.6. Alienação de parte ideal de condomínio

Quando determinado adquirente passa a ser titular apenas de cota-parte do imóvel, isto é, ingressando em situação de condomínio com outro(s) proprietário(s), teria ele direito a denunciar a locação vigente desse imóvel? Há um julgado no Tribunal de Justiça do Estado de São Paulo sobre um caso concreto em que foi negada a possibilidade de denúncia do contrato de locação, pois o adquirente, no caso, era titular apenas de 25% da propriedade do imóvel. O julgado adotou a posição de que, se os locadores originais, titulares de 75% do imóvel, têm interesse em manter vigente a locação, essa vontade deve prevalecer. Nesse contexto, é possível entender que, caso os condôminos titulares da maioria do imóvel quisessem denunciar a locação, essa vontade deveria ser respeitada e, portanto, haveria a denúncia do contrato.[63]

4.7. Alienação fiduciária

No caso de alienação fiduciária, o devedor fiduciante possui a posse direta do imóvel e, portanto, pode locá-lo a terceiro. No caso extremo de excussão da garantia, com a consolidação da propriedade em nome do credor fiduciário, estaria este credor autorizado a denunciar a locação? Para responder a essa pergunta, basta recorrer à legislação específica, a qual dispõe expressamente que, se o imóvel estiver locado, a locação poderá ser denunciada com o prazo de trinta dias para desocupação, salvo se tiver havido aquiescência por escrito do fiduciário.[64] Interessante ressaltar que, na hipótese de consolidação da pro-

---

[63] Tribunal de Justiça do Estado de São Paulo. Apelação Cível nº 0001877-06.2013.8.26.0103. 27ª Câmara de Direito Privado. Relator: Des. Mourão Neto. Julgamento em 22.11.2016. Publicação em 28.11.2016.

[64] BRASIL. Lei Federal nº 9.514, de 20 de novembro de 1997. "Art. 27. Uma vez consolidada a propriedade em seu nome, o fiduciário, no prazo de trinta dias, contados da data do registro de que trata o § 7º do artigo anterior, promoverá público leilão para a alienação do imóvel. § 7o Se o imóvel estiver locado, a locação poderá ser denunciada com o prazo de trinta dias para desocupação, salvo se tiver havido aquiescência por escrito do fiduciário, devendo a denúncia ser realizada no prazo de noventa dias a contar da data da consolidação da propriedade no fiduciário, devendo essa condição constar expressamente em cláusula contratual específica, destacando-se das demais por sua apresentação gráfica."

priedade, a ação adequada para desalojar o devedor é a reintegração de posse[65], no caso de o devedor ainda estar ocupando o imóvel alugado. No entanto, se o imóvel estiver locado a um terceiro, a medida judicial apropriada para desocupação será a ação de despejo.[66]

4.8. Usufruto e fideicomisso

No que diz respeito ao usufruto e ao fideicomisso, é importante notar o entendimento de Sylvio Capanema, no sentido de que o nu-proprietário e o fideicomissário não possuem legitimidade para locar o imóvel, uma vez que não têm direito de uso e gozo sobre ele. A legitimidade para a locação recai sobre o usufrutuário e o fiduciário, respectivamente.[67] Essa regra também se aplica ao credor fiduciário, que não está autorizado a alugar o imóvel, sendo essa prerrogativa do devedor-fiduciante, o qual é o possuidor direto. No momento em que o usufruto ou o fideicomisso se extinguem, o usufrutuário e o fiduciário deixam de existir, permitindo ao nu-proprietário ou ao fideicomissário denunciarem o contrato de locação, caso não tenham consentido com ele.[68]

Especialmente em relação ao usufruto, vemos que a Súmula 25 do Tribunal de Justiça do Estado de São Paulo dispõe que o usufrutuário não se equipara ao adquirente para o fim de aplicação do art. 8º da Lei do Inquilinato. Não obstante, há parte da doutrina que defende que a previsão do referido dispositivo legal deve ser aplicável, também, aos direitos reais de gozo, entre os quais se incluem o usufruto, sob o argumento de que o artigo não menciona a transmissão do domínio como pressuposto do rompimento da locação, assim como

---

65 "No caso da alienação fiduciária, a posse do imóvel é exercida diretamente pelo devedor-fiduciante, que pode, então, alugá-lo. Quando a propriedade se consolida em mãos do credor, pela inadimplência, estando o devedor na posse do imóvel, a ação cabível para desalojá-lo é a de reintegração de posse." (SOUZA, Sylvio Capanema de. A Lei do Inquilinato comentada: artigo por artigo. 14ª ed. Rio de Janeiro: Forense, 2023, p. 71)

66 "Entretanto, se o imóvel estiver ocupado por terceiro, a título de locação, a medida judicial própria para desocupação é a ação de despejo." (CHALHUB, Melhim Namem. Alienação fiduciária: negócio fiduciário. 5ª ed. Rio de Janeiro: Forense, p. 313)

67 "É sempre bom lembrar que o nu-proprietário e o fideicomissário não estão legitimados para locar o imóvel, já que não têm o seu uso e gozo. A legitimidade, como já antes assinalado, é do usufrutuário e do fiduciário." (SOUZA, Sylvio Capanema de. A Lei do Inquilinato comentada: artigo por artigo. 14ª ed. Rio de Janeiro: Forense, 2023, p. 73)

68 "Quando se extingue o usufruto ou o fideicomisso, também desaparecem as figuras do usufrutuário e do fiduciário, o que autoriza a denúncia da locação pelo nu-proprietário ou pelo fideicomissário, se com ela não anuíram." (SOUZA, Sylvio Capanema de. A Lei do Inquilinato comentada: artigo por artigo. 14ª ed. Rio de Janeiro: Forense, 2023, p. 73)

invocando que o termo "alienação" deve ser interpretado de forma extensiva, incluindo a constituição de direitos reais de gozo.[69]

Em todas essas situações peculiares, é necessário examinar as disposições legais correspondentes, os direitos das partes envolvidas e os efeitos decorrentes de cada caso específico. O cumprimento dos requisitos legais e a interpretação adequada das normas são fundamentais para assegurar a validade da denúncia do contrato de locação.

4.9. O registro e natureza jurídica da cláusula de vigência

Os dispositivos legais presentes no Código Civil e na Lei do Inquilinato dispõem expressamente sobre a importância do registro da cláusula de vigência para eficácia perante terceiros. Não obstante divergência doutrinária sobre o tema[70], outra parte respeitável da doutrina[71][72] entende que, em linhas gerais,

---

[69] "A solução não é tão clara, porém, quando se criam direitos reais limitados de gozo. Se alguém não adquire a propriedade plena do bem de raiz, mas sim o direito de superfície, usufruto, uso ou habitação, terá a possibilidade de extinguir a locação? Há controvérsias sobre o tema. Entretanto, não adotamos esse entendimento. O art. 8º não menciona a transmissão do domínio como pressuposto do rompimento da locação. O caput do dispositivo emprega o vocábulo 'alienado', e o conceito de alienação não se restringe à transferência da propriedade - ao contrário, também inclui a constituição de direitos reais de gozo. (FIGUEIREDO, Gabriel Seijo Legal de. In: SCAVONE JUNIOR, Luiz Antonio; PERES, Tatiana Bonatti (Orf.). Lei do Inquilinato comentada artigo por artigo. Rio de Janeiro, Editora Forense: 2017, p. 33)

[70] "Ora a partir do reconhecimento de que a função social integra a estrutura do direito de propriedade, por força de disposição constitucional (art. 182 e 184 da C.F.), a faculdade de uso no seu aspecto negativo (não uso) de um determinado bem foi afetada, de modo que não nos parece absurdo sustentar a hipótese de que, perante nosso direito constitucional ou civil-constitucional (para utilizar-se de expressão que foi abraçada pela nossa doutrina a partir das reflexões aqui trazidas por Maria Celina Bodin), não é possível exercer a chamada denúncia vazia ou imotivada." (TORRES, Marcos Alcino de Azevedo; GONÇALVES, Vitor Gabriel de Moura. Alienação de bem locado e cláusula de vigência (ou de respeito): origens, vicissitudes e releitura com base nos princípios da boa-fé e da função social da propriedade. In: BARBOZA, Heloisa Helena. Lei do Inquilinato: Exame dos 30 anos da Lei de Locação Urbana - Estudos em homenagem ao professor Sylvio Capanema de Souza. Indaiatuba, Editora Foco: 2021, p. 118.

[71] "Não basta, porém, que o contrato seja registrado. São três os requisitos para que o contrato valha contra terceiros adquirentes: (a) o contrato deve estar com vigência por prazo determinado, (b) deve conter cláusula de vigência para o caso de alienação e, finalmente, (c) deve ser averbado junto à matrícula do imóvel. Há necessidade de três requisitos para possibilitar a denúncia. (VENOSA, Silvio de Salvo. Lei do Inquilinato Comentada: doutrina e prática. 16ª ed. São Paulo, Atlas: 2021, p. 59)

[72] "Sendo alienada a coisa, o novo proprietário não será obrigado a respeitar o contrato. Isso, a não ser que o contrato esteja em sua vigência, por prazo determinado, e contenha cláusula de

para que um contrato de locação de imóveis seja válido contra terceiros adquirentes, é necessário que os seguintes requisitos sejam cumpridos: o contrato deve estar vigente por prazo determinado[73][74], o contrato precisa conter expressamente uma cláusula de vigência para o caso de alienação do imóvel e, por fim, o contrato deve ser devidamente registrado junto à matrícula do imóvel no registro imobiliário.

Nesse ponto, é importante frisar que o registro deve ter sido feito previamente à alienação do imóvel, sob pena de não ser aplicável ao adquirente caso seja consumado em data posterior.[75] Presentes esses requisitos, Orlando Gomes entende que, com o registro da cláusula de vigência, há oponibilidade (eficácia) perante terceiros, ainda que não haja eficácia real propriamente dita.[76] O registro imobiliário, que difere do registro perante cartório de títulos e documentos, possibilita essa eficácia limitada *erga omnes*, contrariando o princípio da relatividade dos contratos, que estabelece que o contrato só vincula as partes contratantes. Assim, o novo titular do domínio é obrigado a respeitar o prazo do contrato de locação, mesmo não sendo parte do contrato original.

Em suma, se o contrato estiver em vigor por prazo determinado e contiver a cláusula de vigência devidamente registrada, o adquirente fica inibido

---

sua vigência no caso de alienação, a constar do Registro de Imóveis ou do Cartório de Títulos e Documentos (art. 576, caput e § 1.º, do CC)." (TARTUCE, Flavio. Manual de Direito Civil. 10ª ed. São Paulo, Editora Método: 2020, pp. 709)

73 "Aplica-se exclusivamente aos contratos por tempo determinado. Nos contratos sem prazo estipulado seria inútil, por isso que são rescindíveis a todo tempo; mas, naqueles que só admitem denúncia por motivo previsto na lei, a cláusula é eficaz." (GOMES, Orlando. Contratos. Rio de Janeiro, Editora Forense: 2009, pp. 354-355)

74 "(...) embora o decodificador não se refira ao prazo determinado do contrato, considera-se que este é também um requisito (...)." (TEPEDINO, Gustavo; KONDER, Carlos Nelson; BANDEIRA, Paulo Greco. Fundamentos de Direito Civil: Contratos. Rio de Janeiro, Editora Forense: 2020, p. 283)

75 "Se a averbação da cláusula é posterior à alienação, isto em nada afetará o direito do adquirente de denunciar o contrato." (SOUZA, Sylvio Capanema de. A Lei do Inquilinato comentada: artigo por artigo. 14ª ed. Rio de Janeiro: Forense, 2023, p. 67).

76 "Surge, em consequência, dúvida sobre sua natureza. Um direito pessoal só se exerce contra determinada pessoa. Direito oponível a qualquer pessoa, que se exerce contra quem não se obrigou contratualmente, tem o feitio de um direito real. Da oponibilidade do direito do locatário ao adquirente da coisa alugada inferiram alguns escritores que tem natureza real, explicando-a como efeitos de registro. Mas, inadmitida a cláusula de vigência, a explicação rui. Diz-que o direito do locatário pode, entretanto, ser exercido independentemente da estipulação dessa cláusula, e até do seu registro, mas a característica decisiva do direito real é seu exercício sem intermediário, e o locatário, para exercer o seu direito, precisa que o locador lhe proporcione o uso da coisa. Esse direito não é *in re*, mas *ad rem*. Trata-se, pois, de um direito de natureza pessoal. (GOMES, Orlando. Contratos. Rio de Janeiro, Editora Forense: 2009, p. 354)

de denunciar a locação, sendo obrigado a aguardar o vencimento do prazo.[77] Caso contrário, permite-se ao adquirente utilizar o direito potestativo de resilição do contrato.[78]

Contudo, com o fortalecimento dos novos paradigmas jurídicos, especialmente o princípio da boa-fé objetiva, algumas posições doutrinárias e jurisprudenciais têm defendido a inibição da denúncia se o adquirente tiver conhecimento inequívoco da existência da locação vigente por prazo determinado, sendo obrigado a respeitá-la.[79][80]

No entanto, Sylvio Capanema de Souza argumenta que essa tese não deve proceder, pois a lei exige explicitamente o registro do contrato junto à matrícula do imóvel. O adquirente pode ter decidido comprar o imóvel justamente por constatar a ausência de cláusula de vigência averbada, pois pode ter interesse prioritário em retomar o imóvel para seu uso ou para outra finalidade econômica.[81]

---

77 "Se o contrato estiver vigorando por prazo determinado e contiver cláusula de vigência, em caso de alienação, averbada junto à matrícula do imóvel, ficará o adquirente inibido de denunciar a locação, tendo de aguardar o vencimento do prazo. Para que se iniba a denúncia é preciso, portanto, que estejam presentes as duas condições, ou seja, que o prazo do contrato seja determinado, e ainda não se tenha expirado e que haja cláusula de vigência, devidamente averbada." (SOUZA, Sylvio Capanema de. A Lei do Inquilinato comentada: artigo por artigo. 14ª ed. Rio de Janeiro: Forense, 2023, p. 67).

78 "Tratando-se de locação não submetida a prazo, ou mesmo naquelas em que tenha se prefigurado um termo, mas o locatário não tenha se acautelado com o registro da cláusula de vigência, submeter-se-á ao direito potestativo de resilição por parte do novo proprietário." (ROSENVALD, Nelson. Código civil comentado: doutrina e jurisprudência. Coord.: Cezar Peluso. 13ª ed. São Paulo: Manole, 2019, p. 608.)

79 "Contudo, encontra-se discussão quanto à possibilidade de dispensa da averbação quando o adquirente tem ciência inequívoca da cláusula, o que nos parece mais consentâneo com a boa-fé e com a evolução do direito contratual. Como acima indicado na observação de João Luis Alves em 1917, o objetivo era dar ciência a todos: oponibilidade erga omnes. Assim, se o adquirente tem ciência prévia da existência de contrato de locação em vigor a respeito do imóvel que pretende adquirir, até mesmo porque é comum visitar o imóvel antes da aquisição para conhecer o que se está adquirindo, de modo que encontrará o locatário na posse direta do bem, portanto pode e deve exigir do pretenso alienante que exiba sua via do instrumento contratual. TORRES, Marcos Alcino de Azevedo; GONÇALVES, Vitor Gabriel de Moura. Alienação de bem locado e cláusula de vigência (ou de respeito): origens, vicissitudes e releitura com base nos princípios da boa-fé e da função social da propriedade. In: BARBOZA, Heloisa Helena. Lei do Inquilinato: Exame dos 30 anos da Lei de Locação Urbana - Estudos em homenagem ao professor Sylvio Capanema de Souza. Indaiatuba, Editora Foco: 2021, p. 1112)

80 "A cláusula de vigência, sendo ela manifestação de livre vontade das partes contratantes, deve ser respeitada pelo adquirente do imóvel locado, se dela tiver conhecimento, de forma inequívoca, seja por notificação ou outro meio idôneo, anteriormente à aquisição." (PERES, Tatiana Bonatti. Locação empresarial: a cláusula de vigência e os princípios contratuais atuais. In: PERES, Tatiana Bonatti (Org.). Temas relevantes de direito empresarial. Rio de Janeiro, Editora Lumen Juris, 2014, p. 38)

81 "Com o fortalecimento dos novos paradigmas que passaram a inspirar a atual ordem jurídica, tendo à frente o princípio da boa-fé objetiva, vêm se consolidando as posições doutrinárias e

Analisando a jurisprudência dos tribunais superiores sobre a necessidade de registro do contrato de locação com cláusula de vigência na matrícula do imóvel, vê-se que há discussão e entendimentos diversos sobre o tema. Assim, é importante mencionar as peculiaridades de algumas decisões mais recentes proferidas pelo Superior Tribunal de Justiça e o posicionamento adotado em cada caso.

Na defesa da necessidade de registro do contrato com cláusula de vigência na matrícula do imóvel, cita-se o REsp n. 1.669.612/RJ[82], cujo relator foi o Ministro Ricardo Villas Bôas Cueva, julgado em 7/8/2018, segundo o qual o registro do contrato de locação no registro de imóveis é imprescindível para que a locação possa ser oposta ao adquirente. Para o Ministro, o Superior Tribunal de Justiça já se mostrou contrário à necessidade de registro do contrato de locação com cláusula de vigência em hipóteses muito específicas, como no caso em que o adquirente, por convenção firmada com o vendedor, obrigou-se a respeitar o contrato de locação em todos os seus termos. Assim, não se trataria propriamente de afastar a necessidade de registro, ou mesmo de ter conhecimento inequívoco da existência da cláusula de vigência, mas sim de o adquirente, por convenção, ter se obrigado a respeitar o contrato locatício.

---

jurisprudenciais no sentido de inibir a denúncia se o adquirente tinha inequívoco conhecimento da existência da locação, vigorando por prazo determinado, ficando, assim, obrigado a respeitá-la. A tese é sedutora, mas, em que pese o respeito aos que a adotam, entendemos não ser procedente, diante do claro e expresso texto da lei, que exige o registro do contrato à margem da matrícula do imóvel. Isto porque o adquirente poderá ter se decidido pela compra do imóvel justamente por ter constatado que não havia cláusula de vigência averbada, sendo de seu interesse prioritário retomar o imóvel, para nele se instalar ou lhe dar outra destinação econômica." (SOUZA, Sylvio Capanema de. A Lei do Inquilinato comentada: artigo por artigo. 14ª ed. Rio de Janeiro: Forense, 2023, p. 68).

[82] RECURSO ESPECIAL. AQUISIÇÃO. SHOPPING CENTER. LOJAS. LOCAÇÃO. AÇÃO DE DESPEJO. CLÁUSULA DE VIGÊNCIA. REGISTRO. AUSÊNCIA. OPOSIÇÃO. ADQUIRENTE. IMPOSSIBILIDADE. 1. Recurso especial interposto contra acórdão publicado na vigência do Código de Processo Civil de 2015 (Enunciados Administrativos nºs 2 e 3/STJ). 2. A controvérsia gira em torno de definir se o contrato de locação com cláusula de vigência em caso de alienação precisa estar averbado na matrícula do imóvel para ter validade ou se é suficiente o conhecimento do adquirente acerca da cláusula para proteger o locatário. 3. A lei de locações exige, para que a alienação do imóvel não interrompa a locação, que o contrato seja por prazo determinado, haja cláusula de vigência e que o ajuste esteja averbado na matrícula do imóvel. 4. Na hipótese dos autos, não há como opor a cláusula de vigência à adquirente do shopping center. Apesar de no contrato de compra e venda haver cláusula dispondo que a adquirente se sub-rogaria nas obrigações do locador nos inúmeros contratos de locação, não há referência à existência de cláusula de vigência, muito mesmo ao fato de que o comprador respeitaria a locação até o termo final. 5. Ausente o registro, não é possível impor restrição ao direito de propriedade, afastando disposição expressa de lei, quando o adquirente não se obrigou a respeitar a cláusula de vigência da locação. 6. Recurso especial provido. (REsp n. 1.669.612/RJ, relator Ministro Ricardo Villas Bôas Cueva, Terceira Turma, julgado em 7/8/2018, DJe de 14/8/2018.)

Contudo, no caso do REsp n. 1.669.612/RJ, foi ressaltado que não havia como opor a cláusula de vigência à adquirente de um shopping center. Isso, porque, apesar de no contrato de compra e venda haver cláusula dispondo que a adquirente se sub-rogaria nas obrigações do locador nos inúmeros contratos de locação, não havia referência à existência de cláusula de vigência, muito mesmo ao fato de que o comprador respeitaria a locação até o termo final. Em suas considerações, o Ministro ainda fez questão de mencionar que, no REsp n. 1.269.476/SP[83], julgado em 05/02/2013, a Ministra Nancy Andrighi destacou o caráter excepcional da situação retratada naqueles autos, que permitiu a desnecessidade de registro público.

Já o REsp n. 1.780.197/CE, julgado em 19/8/2019, manteve decisão do tribunal de origem, em que ficou comprovada a ciência dos terceiros compradores do contrato de locação existente entre as partes e, portanto, atendida a eficácia *erga omnes* estabelecida pelos arts. 27 e 33 da Lei do Inquilinato, sendo desnecessário o registro do contrato de locação. Ainda, no AgRg nos EDcl no REsp n. 1.322.238/DF[84], julgado em 23/6/2015, foi destacado pelo saudoso Ministro Paulo de Tarso Sanseverino que a finalidade do registro do contrato,

---

[83] "(...) Importante destacar que não se está admitindo como regra a prescindibilidade do registro público para que o contrato de locação tenha eficácia em relação ao adquirente do imóvel. Afinal, tal requisito consta da lei e tem fundamental importância nas relações entre locador/locatário e adquirente/locatário do imóvel. Tanto assim que, nas hipóteses de exercício do direito de preferência do locatário, por exemplo, conforme jurisprudência pacífica desta Corte, a averbação do contrato de locação é indispensável para que ele se revista-se de eficácia real e permita ao inquilino haver para si o imóvel locado e vendido. Nas palavras de Silvio de Salvo Venosa, o registro público confere eficácia real a um vínculo estritamente obrigacional (Silvio de Salvo Venosa, Lei do Inquilinato Comentada, 11ª ed., São Paulo, Atlas, p. 64). Apenas, se está, diante das peculiaridades da hipótese, afastando a possibilidade da recorrente denunciar o contrato com base na ausência dessa formalidade: o registro, porque a recorrente teve inequívoco conhecimento da locação e concordara em respeitar seus termos em instrumentos firmados com o locador e proprietário anterior, conforme reconhecido na sentença e acórdãos recorridos" (grifou-se). (REsp n. 1.269.476/SP, relatora Ministra Nancy Andrighi, Terceira Turma, julgado em 5/2/2013, DJe de 19/2/2013.)

[84] AGRAVO REGIMENTAL NOS EMBARGOS DE DECLARAÇÃO NO RECURSO ESPECIAL. CIVIL E PROCESSUAL CIVIL. CONTRATO DE LOCAÇÃO POR PRAZO DETERMINADO COM CLÁUSULA DE VIGÊNCIA. AUSÊNCIA DE AVERBAÇÃO NO REGISTRO DO IMÓVEL. ALIENAÇÃO DO BEM. CIÊNCIA INEQUÍVOCA DO ADQUIRENTE ACERCA DO CONTRATO DE LOCAÇÃO EM VIGÊNCIA. IMPOSSIBILIDADE DE DENÚNCIA. INAPLICABILIDADE DAS SÚMULAS 5 E 7/STJ. 1. O contrato de locação com cláusula de vigência, ainda que não averbado junto ao registro de imóveis, não pode ser denunciado pelo adquirente do bem, caso dele tenha tido ciência inequívoca antes da aquisição. 2. Inaplicabilidade das Súmulas 5 e 7/STJ ao caso em comento, considerando que a ciência inequívoca acerca do contrato de locação foi expressamente reconhecida no acórdão recorrido, não havendo necessidade de reexame de matéria fática ou contratual. 3. AGRAVO REGIMENTAL DESPROVIDO. (AgRg nos EDcl no REsp n. 1.322.238/DF, relator Ministro Paulo de Tarso Sanseverino, Terceira Turma, julgado em 23/6/2015, DJe de 26/6/2015.)

exigida pelo art. 8º da Lei n. 8.245/91, como requisito para a oposição do contrato de locação ao adquirente do imóvel, é unicamente a de dar publicidade à locação vigente, com o fim de proteção não apenas do locatário, mas também do terceiro adquirente. Acrescentou o Ministro que o registro, nessa hipótese, não apresenta natureza constitutiva, mas tem a função de apenas garantir a permanência e a continuidade da relação locatícia, desde que o adquirente esteja ciente da existência de contrato de locação quanto ao imóvel adquirido. No caso em concreto do julgado, embora não tenha havido o registro do contrato de locação, o adquirente teve ciência inequívoca do negócio, razão pela qual não pode denunciá-lo, sendo o locatário mantido na posse do bem.

Na mesma linha é o AgRg no AREsp n. 592.939/SP[85], julgado em 11/02/2015, que manteve decisão do tribunal de origem que, a despeito da inexistência de registro do contrato de locação com cláusula de vigência, entendeu que restou comprovada a ciência inequívoca dos compradores da existência da locação e da sua cláusula de vigência, por meio de compromisso de compra e venda que firmaram com o então locador, através do qual passaram a lhe suceder em todos os direitos e obrigações, o que inviabilizaria o acolhimento da denúncia do contrato.

Portanto, observa-se dos julgados colacionados que, em regra, exige-se o registro do contrato de locação com cláusula de vigência na matrícula do imóvel para que a locação possa ser oposta ao terceiro adquirente. Isso se dá pela presunção relativa de ignorância dos terceiros adquirentes a respeito do contrato de locação. Contudo, algumas decisões partem da premissa de que a

---

85 AGRAVO REGIMENTAL. AGRAVO EM RECURSO ESPECIAL. DIREITO CIVIL E PROCESSUAL CIVIL. AÇÃO DE DESPEJO. ALEGAÇÃO DE FALTA DE REGISTRO DA LOCAÇÃO DO IMÓVEL ADQUIRIDO. DENÚNCIA VAZIA. IMPOSSIBILIDADE. CIÊNCIA PRÉVIA DA LOCAÇÃO. MODIFICAÇÃO DAS CONCLUSÕES ALCANÇADAS NA ORIGEM. NECESSIDADE DE REEXAME DE PROVAS. SÚMULA 7/STJ. AGRAVO IMPROVIDO. 1. O adquirente de imóvel poderá denunciar o contrato de locação para reaver o imóvel adquirido que se encontra locado, nos termos do art. 8º da Lei n. 8.245/91, se ausente a averbação junto à matrícula do imóvel. 2. Porém, tendo ciência da locação que recaía sobre o imóvel a ser adquirido, incabível a oponibilidade da chamada denúncia vazia, por ausência da averbação do contrato de locação no registro de imóveis, sob pena de violação ao princípio da boa-fé (Precedente: REsp n. 1.269.476/SP, Relatora a Ministra Nancy Andrighi, Terceira Turma, DJe de 19/2/2013). 3. Na hipótese dos autos, segundo o acórdão recorrido, os adquirentes tinham conhecimento prévio da locação anteriormente à aquisição do imóvel, a qual, inclusive, constou no respectivo ato de compra e venda. 4. Ademais, atacar referida conclusão e averiguar a possibilidade da denúncia vazia que tem como requisito a falta de ciência dos adquirentes quanto à locação envolvendo o imóvel adquirido - já assentada pelo Tribunal local como de seu conhecimento - neste caso, é impossível, pois demandaria o reexame do conjunto fático-probatório dos autos, o que é obstado em recurso especial, ante o disposto no enunciado n. 7 da Súmula do STJ. 5. Agravo regimental a que se nega provimento. (AgRg no AREsp n. 592.939/SP, relator Ministro Marco Aurélio Bellizze, Terceira Turma, julgado em 3/2/2015, DJe de 11/2/2015.)

finalidade do registro é a publicidade da locação perante terceiros e, portanto, quando este objetivo é considerado suprido, de forma inequívoca, pela ciência do adquirente a respeito do negócio locatício, não há necessidade de registro.

4.10.Condição de adquirente do imóvel

A legislação estabelece requisitos específicos para que o adquirente de um imóvel possa denunciar um contrato de locação vigente. Nesse sentido, há discussão se um desses requisitos seria a comprovação da condição de adquirente por meio da apresentação de um título aquisitivo devidamente registrado, pois é dessa forma que ocorre a transferência do domínio imobiliário.

Há opiniões divergentes a respeito desse assunto. Alguns julgados do próprio Superior Tribunal de Justiça adotaram a posição de que a notificação poderia ser feita a despeito do registro do título[86]. No entanto, há doutrina respeitável que defende que a faculdade de denunciar unilateralmente o contrato é concedida somente ao adquirente que já teve seu título registrado, pois é dessa forma que ocorre a efetiva transferência da propriedade.[87][88]

Além da discussão acima, destaca-se o debate que havia em torno da possibilidade um promissário comprador e/ou um promissário-cessionário denunciar a locação na hipótese em que tivesse celebrado uma promessa, em caráter irrevogável, com imissão na posse do imóvel e o referido título tivesse sido registrado junto à matrícula do bem.

Ao menos para os imóveis urbanos regidos pela Lei do Inquilinato, essa discussão foi solucionada com o § 1º do artigo 8º do referido texto legal, que

---

[86] Superior Tribunal de Justiça. Recursos Especiais nº 605.521/sp, 532.238/RS, 74.533/RJ e 37.220/SP.

[87] Vinha admitindo a corrente mais liberal da jurisprudência, que a notificação se fizesse antes do registro do título, já que se trata de mero aviso, cuja finalidade é, apenas, a de prevenir o locatário, quanto à intenção do adquirente. Há vozes respeitáveis, entretanto, em sentido contrário. A faculdade de resilir unilateralmente o contrato é concedida ao adquirente, só podendo ser considerado como tal aquele que já tem seu título registrado, já que é por este modo que se transfere a propriedade imobiliária. Por outro lado, sendo condição da denúncia a aquisição da propriedade, não se pode exigir do locatário que desocupe o imóvel, se ainda não tem ele certeza de preencher o notificante os requisitos legais que o autorizam a resilir o contrato. Daí nos parecer mais acertado este entendimento, que, agora, vem expresso no § 2º que iremos mais adiante apreciar. Enquanto não registrado o título aquisitivo, não estará apto o adquirente a denunciar o contrato." (SOUZA, Sylvio Capanema de. A Lei do Inquilinato comentada: artigo por artigo. 14ª ed. Rio de Janeiro: Forense, 2023, p. 65)

[88] Portanto, antes de feito o registro, não nasce o direito de denunciar a locação. Da mesma forma, somente permitir-se-á a denúncia, se o negócio jurídico admitir o registro imobiliário." (VENOSA, Silvio de Salvo. Lei do Inquilinato Comentada: doutrina e prática. 16ª ed. São Paulo, Atlas: 2021, p. 61)

ampliou o direito de denúncia para o promissário-comprador e o promissário-cessionário, desde que esses estejam imitidos na posse do imóvel e que o título esteja devidamente registrado junto à matrícula do imóvel. A lei anterior não esclarecia essa questão, o que gerava duas correntes de opinião irreconciliáveis. Enquanto uma defendia que somente o titular da propriedade poderia exercer o direito de denúncia, a outra argumentava que o promissário-comprador e o promissário-cessionário deveriam ser equiparados ao proprietário em outros casos de retomada. A partir da alteração legislativa, o promissário-comprador e o promissário-cessionário passaram a ter o mesmo direito de denunciar a locação, desde que estejam imitidos na posse do imóvel e que o título esteja registrado. Com isso, a condição de adquirente não está mais restrita apenas ao titular da propriedade, e sim a qualquer pessoa que tenha sido imitida na posse e cujo título esteja devidamente averbado.[89]

Nas palavras de Silvio Venosa, antes do registro, o adquirente não tem o direito de denunciar a locação, e instrumentos de promessa ou cessão que não permitam o registro não conferem o direito de denúncia. O registro imobiliário desempenha um papel essencial na validade da denúncia, e somente com o cumprimento de todas as exigências legais é que o adquirente pode exercer seu direito de resilir o contrato de locação.[90]

---

[89] "Terrível divergência doutrinária e jurisprudencial ficou resolvido, finalmente, e em boa hora, com o §1º do artigo 8º, que estende o direito de denunciar a locação ao promissário-comprador e o promissário-cessionário, em caráter irrevogável, com imissão na posse do imóvel e título registrado junto à matrícula do mesmo. Como a lei anterior era omissa, formaram-se duas irreconciliáveis vertentes de opinião. A primeira sustentava que a lei aludia a 'adquirente', só se podendo considerar como tal o que já fosse titular da propriedade. Como o promissário-comprador é mero credor de uma obrigação de fazer, consistente na outorga do título definitivo, não sendo a promessa de compra e venda título hábil para transmitir domínio, a ele não se poderia aplicar a regra que permitia a denúncia. A outra corrente argumentava que a denominação 'adquirente' não deveria ser interpretada com rigor técnico. Se a própria lei, em várias outras passagens, equiparava o promissário-comprador e cessionário ao proprietário, para efeito de retomada (...), não se compreenderia o porquê da discriminação, só na hipótese do artigo 14, que, na lei anterior, regulava a matéria. A questão está, agora, superada, já que igual direito foi conferido ao promissário-comprador e o promissário-cessionário; bastante que tenha havido a imissão na posse do imóvel, e o título esteja averbado, junto à sua matrícula, sendo irrevogável. (SOUZA, Sylvio Capanema de. A Lei do Inquilinato comentada: artigo por artigo. 14ª ed. Rio de Janeiro: Forense, 2023, pp. 68-69)

[90] A Lei presente refere-se expressamente ao promissário comprador e promissário cessionário, em caráter irrevogável, com imissão na posse do imóvel e título registrado com sua matrícula. (...) Desse modo, a contrário sensu, não havendo registro do compromisso de compra e venda, não existirá direito à denúncia da locação. Portanto, não estará hábil para a denúncia da avença um instrumento de promessa ou cessão que não permita o registro. Na forma como agora descreve a lei, antes do registro do instrumento de venda não pode ser exercitada a denúncia. (...). Portanto, antes de feito o registro, não nasce o direito de denunciar a locação. Da mesma forma, somente permitir-se-á a denúncia, se o negócio jurídico admitir o registro imobiliário." (VENOSA, Silvio de Salvo. Lei do Inquilinato Comentada: doutrina e prática. 16ª ed. São Paulo, Atlas: 2021, p. 61)

Dessa forma, para exercer o direito de denúncia da locação, a despeito de julgados na linha de considerar prescindível o registro, é, no mínimo, recomendável que o adquirente formalize o registro do título aquisitivo para ser qualificado como adquirente para fins dos dispositivos legais atinentes à cláusula de vigência.

4.11. A denúncia: forma, prazo e representação

A denúncia de um contrato de locação pode ser realizada tanto judicial como extrajudicialmente. No caso da notificação extrajudicial, deve ser feita de forma inequívoca, podendo ser recebida pelo locatário por diversos meios, inclusive correio eletrônico. A lei é clara ao estabelecer a exigência da notificação prévia antes da propositura da ação de despejo, sendo que, somente após o prazo estabelecido, é possível requerer o despejo.[91]

Quanto ao prazo para notificação, é decadencial e de noventa dias (tanto no Código Civil quanto na Lei do Inquilinato), não sendo admitida interrupção ou suspensão. Após o vencimento desse prazo, se o adquirente permanecer inerte, ele será considerado como tendo aceitado a locação, sub-rogando-se nos direitos e deveres do locador. Nesse caso, ele não poderá mais denunciar o contrato, exceto nas situações previstas em lei. É importante ressaltar que todas as condições do contrato, incluindo valor do aluguel, índice de correção, periodicidade e garantia, permanecerão inalteradas.[92]

Não obstante, interessante ressaltar que parte da doutrina considera que o prazo de noventa dias não é inflexível, devendo se submeter à regra geral sobre prorrogação compulsória dos contratos em caso de resilição, conforme as exigências da boa-fé e da função social insista a cada contrato de locação.[93]

---

[91] "A notificação, que não necessita conter palavras sacramentais, pode ser feita por via judicial ou extrajudicial. Se feita extrajudicialmente, que não por carta enviada por cartório de registro de títulos e documentos, há de ser feita e recebida de forma inequívoca pelo locatário. Não se exclui também a possibilidade de utilização de correio eletrônico. A dicção legal espanca qualquer dúvida, se é que ainda existia, exigindo a notificação anterior à propositura da ação de despejo. Só depois de decorrido seu prazo é que pode ser requerido o despejo." (VENOSA, Silvio de Salvo. Lei do Inquilinato Comentada: doutrina e prática. 16ª ed. São Paulo, Atlas: 2021, pp. 61-62)

[92] "O prazo de 90 dias é decadencial, não se admitindo interrupção ou suspensão. Vencido o prazo e permanecendo inerte o adquirente, terá ele aceito a locação, sub-rogando-se nos direitos e deveres do locador, não podendo mais denunciá-la, e só reavendo o imóvel nas demais hipóteses previstas em lei. Ainda neste caso, é importante frisar que se manterão inalteradas as condições do contrato, inclusive no que tange ao valor do aluguel, índice de correção, periodicidade e garantia." (SOUZA, Sylvio Capanema de. A Lei do Inquilinato comentada: artigo por artigo. 14ª ed. Rio de Janeiro: Forense, 2023, p. 71)

[93] "Entendemos que o aludido prazo de 90 dias não é inflexível, submetendo-se à regra geral sobre a prorrogação compulsória dos contratos em caso de resilição, conforme as exigências

O prazo decadencial para a denúncia do contrato começa a fluir a partir do registro do título aquisitivo, independentemente do tempo decorrido entre a celebração do contrato e o registro. Durante o período de registro, o adquirente pode receber os aluguéis sem que isso implique na aceitação da locação.[94]

Embora o dispositivo legal do § 2º do artigo 8º da Lei do Inquilinato mencione expressamente que o prazo de noventa dias é contado a partir do registro da "venda ou do compromisso", destaca-se que que a faculdade de denunciar a locação é concedida ao adquirente do imóvel, seja a título oneroso ou gratuito. Portanto, também se estende ao donatário, por exemplo, não havendo limitação em razão da escritura presente no parágrafo.[95]

No caso em que a denúncia é feita por meio de representante, como um advogado, é comum que alguns juízes exijam a apresentação do respectivo mandato anexado à notificação extrajudicial. Embora essa posição seja considerada exagerada por parte da doutrina, é recomendável que o signatário da notificação anexe o mandato concedido pelo adquirente, para evitar qualquer problema em vista da divergência jurisprudencial existente.[96] Oportuno salientar que, na hipótese de aquisição de imóvel via leilão, poderia haver dúvida sobre o início

da boa-fé e da função social ínsita a cada contrato de locação. (...). De qualquer forma, o brocardo 'venda rompe locação' tem a sua eficácia condicionada ao exercício da interpelação pelo novo proprietário nos 90 dias, sob pena de prosseguimento da relação locatícia, sucedendo o novo proprietário ao antigo na posição de locador. Com efeito, é imperativo que o locatário não fique eternamente à mercê do exercício da denúncia pelo novo proprietário." (ROSENVALD, Nelson. Código civil comentado: doutrina e jurisprudência. Coord.: Cezar Peluso. 13ª ed. São Paulo: Manole, 2019, p. 609)

94 "Enquanto se estiver promovendo o registro do título não fluirá o prazo para denúncia do contrato, e nada impede que o adquirente receba os aluguéis, mesmo sem ressalva, não ficando, por isso, inibido de exercê-la. (...) o prazo decadencial para a denúncia começa a fluir do registro do título aquisitivo, pouco importando quanto tempo tenha decorrido, entre a celebração do contrato e o seu registro. E nada impede que, antes disto, e mesmo durante o prazo da denúncia, o adquirente receba os aluguéis, sem que isto importe em aceitar a locação. (SOUZA, Sylvio Capanema de. A Lei do Inquilinato comentada: artigo por artigo. 14ª ed. Rio de Janeiro: Forense, 2023, p. 71)

95 "Cabe, agora, uma crítica final à redação do parágrafo. (..) a faculdade de denunciar a locação é do adquirente do imóvel, seja a título oneroso ou gratuito, estendendo-se, portanto, ao donatário, não havendo razão para que, no § 2º, só se tenha feito referência expressa ao 'registro da venda ou do compromisso', o que poderia levar o leitor desavisado a supor que só o adquirente a título oneroso poderia resilir o contrato." (SOUZA, Sylvio Capanema de. A Lei do Inquilinato comentada: artigo por artigo. 14ª ed. Rio de Janeiro: Forense, 2023, p. 71)

96 "É muito comum que a denúncia se faça por meio de mandatário do adquirente, como, por exemplo, o seu advogado. Quando se processa a denúncia por via extrajudicial, pelo Registro de Títulos e Documentos, alguns juízes têm exigido que o respectivo mandato, outorgado ao signatário, esteja anexado. (...). Parece-nos exagerada tal posição. Seja como for, diante da divergência jurisprudencial, é de todo recomendável que o signatário da notificação anexe, desde logo, o mandato a ele outorgado pelo adquirente." (SOUZA, Sylvio Capanema de. A Lei do Inquilinato comentada: artigo por artigo. 14ª ed. Rio de Janeiro: Forense, 2023, pp. 65-66)

do prazo decadencial de 90 dias: começa a ser contado da data do registro da carta de arrematação ou do registro junto à matrícula? Considerando que há doutrina[97] e jurisprudência[98] no sentido de começar a contar da carta de arrematação, é recomendável observar esse prazo para evitar transtornos.

Em relação ao prazo de desocupação, tanto a Lei do Inquilinato quanto o Código Civil preveem que o locatário tem até noventa dias para desocupar o imóvel objeto de denúncia vazia. Sobre esse ponto, Silvio Venosa[99] entende que o prazo pode ser estendido caso o locatário se enquadre no parágrafo único do art. 473[100] do Código Civil. Contudo, há parte da doutrina que entende não ser possível invocar o referido dispositivo legal, por se tratar de norma genérica em face de norma específica (prazo previsto no art. 8º da Lei do Inquilinato e no art. 576 do Código Civil).[101]

CONCLUSÕES

O presente artigo abordou a cláusula de vigência nos contratos de locação de bens imóveis, sua aplicação concreta, funções e controvérsias jurídicas. A

---

[97] "Nos casos de aquisição do imóvel por arrematação em leilão, o prazo de 90 dias deve ser contado da data do registro do título aquisitivo (carta de arrematação) e não da prenotação do documento junto à matrícula." (TORRES, Marcos Alcino de Azevedo; GONÇALVES, Vitor Gabriel de Moura. Alienação de bem locado e cláusula de vigência (ou de respeito): origens, vicissitudes e releitura com base nos princípios da boa-fé e da função social da propriedade. In: BARBOZA, Heloisa Helena. Lei do Inquilinato: Exame dos 30 anos da Lei de Locação Urbana - Estudos em homenagem ao professor Sylvio Capanema de Souza. Indaiatuba, Editora Foco: 2021, p. 115)

[98] Tribunal de Justiça do Estado de São Paulo. Apelação Cível nº 0700252-04.2011.8.26.0704. 29ª Câmara de Direito Privado. Relator: Des; Fabio Tabosa, j. 21.03.2018.

[99] "(...) mormente em situações de locação, principalmente a não residencial não albergada pela ação renovatória, haverá oportunidade e conveniência para a aplicação desse dispositivo pelo julgador, na busca do equilíbrio social dos contratos, colimado pelo corrente diploma civil. Nessas premissas, e em outras que se apresentarem análogas na locação de móveis ou imóveis, sob o caso concreto, poderá ser concedido prazo superior para a restituição da coisa ou a desocupação do imóvel. O dispositivo exige a argumentação exaustiva dos interessados e a correlativa visão aberta do juiz para ser aplicado corretamente." (VENOSA, Sílvio de Salvo. Código Civil interpretado. 2ª Ed. São Paulo, Editora Atlas, 2011, p. 658).

[100] "BRASIL. Lei Federal nº 10.406, de 10 de janeiro de 2002: "Art. 473. A resilição unilateral, nos casos em que a lei expressa ou implicitamente o permita, opera mediante denúncia notificada à outra parte. Parágrafo único. Se, porém, dada a natureza do contrato, uma das partes houver feito investimentos consideráveis para a sua execução, a denúncia unilateral só produzirá efeito depois de transcorrido prazo compatível com a natureza e o vulto dos investimentos."

[101] "Todavia, parece que a regra especial, que fixa o prazo de 90 dias para a desocupação voluntária, exclui a aplicação do dispositivo genérico do art. 473, que seria utilizado em outros contratos." (TEPEDINO, Gustavo; KONDER, Carlos Nelson; BANDEIRA, Paulo Greco. Fundamentos de Direito Civil: Contratos. Rio de Janeiro, Editora Forense: 2020, p. 296)

cláusula de vigência desempenha um papel fundamental na proteção dos locatários e na eficácia dos contratos frente a terceiros adquirentes. Ao longo do estudo, analisamos as diversas situações em que a cláusula de vigência é aplicada, considerando diferentes contextos, como a alienação do imóvel, locações para fins comerciais, contratos de compra e venda com cláusula de retrovenda, compromisso de compra e venda, entre outros.

Como mencionado anteriormente, com o registro da cláusula de vigência, há oponibilidade (eficácia) perante terceiros, ainda que não haja eficácia real propriamente dita..

Além disso, ficou evidente que o registro da cláusula de vigência é de extrema importância para que o contrato seja eficaz perante terceiros adquirentes. Nesse sentido, para que um contrato de locação seja válido contra terceiros, é necessário que o contrato esteja vigente por prazo determinado, contenha cláusula de vigência para o caso de alienação do imóvel e seja devidamente registrado junto à matrícula do imóvel no registro imobiliário. Contudo, também observamos que algumas decisões judiciais têm considerado a ciência inequívoca do adquirente em relação à existência do contrato de locação como elemento suficiente capaz de dispensar o registro formal do instrumento. Nesses casos, considerou-se que a finalidade do registro como meio de publicidade da locação foi suprida pela ciência do adquirente.

Diante das controvérsias doutrinárias e jurisprudenciais apresentadas, concluímos que, salvo em hipóteses excepcionais, o registro da cláusula de vigência é necessário para garantir a oponibilidade da locação ao terceiro adquirente. Dessa forma, recomenda-se aos locadores e locatários que estejam atentos aos requisitos legais e procedam ao registro da cláusula de vigência, a fim de conferir maior segurança jurídica ao contrato de locação. Além disso, é fundamental acompanhar a evolução da jurisprudência e doutrina sobre o tema, a fim de compreender as possíveis exceções à obrigatoriedade do registro.

30. CLÁUSULA DE MELHORES ESFORÇOS NO DIREITO BRASILEIRO

Fernando Gemelli Eick

INTRODUÇÃO

A redação e a negociação de contratos pode ser tarefa extremamente árdua, especialmente naqueles contratos empresariais[1], em que, geralmente, ambas as partes são assessoradas por advogados, que procurarão ao máximo racionalizar potenciais acontecimentos a serem observados durante o percurso contratual, a fim de minimizar potenciais imbróglios ou, ao menos, proteger ao máximo o seu cliente em uma futura discussão contratual.

Todavia, é inimaginável pensar um contrato que consiga prever absolutamente todos os eventos futuros a serem verificados na prática, prevendo determinada consequência para cada um desses eventos. Nesse sentido, as partes costumeiramente optam por inserir em seus contratos cláusulas dotadas de maior vagueza, tendo em vista o fato de que o cumprimento de algumas obrigações pode ser algo desconhecido, difícil ou impossível de ser determinado quando da redação do contrato. Mas não é só. Por vezes, a celebração de uma cláusula aberta tem como benefício a redução de tempo e custos envolvidos em sua redação. As partes poderão estipular, então, uma obrigação de meio, no

---

1 Paula A. Forgioni define contratos empresariais da seguinte forma: "A atenção do comercialista recai sobre os contratos interempresariais, ou seja, aqueles celebrados entre empresas, i.e., em que somente empresas fazem parte da relação. Ao assim proceder, identificamos os contratos empresariais com aqueles em que ambos [ou todos] os polos da relação têm sua atividade movida pela busca do lucro". Ver: FORGIONI, Paula A. **Contratos empresariais: teoria geral e aplicação**. 5. ed. rev., atual. e ampl. São Paulo: Thomson Reuters. 2020. pp. 27-28.

sentido de que empenharão os seus "melhores esforços" para que determinado evento seja verificado na prática.

De pronto, reconhece-se o pioneirismo e a ampla utilização dessa cláusula contratual nos países do sistema *common law*, em especial nos Estado Unidos da América, que influencia sobremaneira os aplicadores do direito em outros países, não fugindo a essa regra o Brasil, com importação de cláusulas e modelos contratuais[2]. Todavia, importante ressaltar que os sistemas de *commom law* aplicam institutos jurídicos - tais quais os de direito contratual - nem sempre perfeitamente simétricos aos dos sistemas de *civil law*[3]. Assim sendo, ainda que sejam salutares as referências à doutrina e à jurisprudência desses países, o aplicador do Direito no Brasil não pode perder de vista os institutos próprios ao nosso ordenamento.

O presente trabalho, portanto, tem como objetivo analisar, de acordo com a legislação, doutrina e jurisprudência brasileiras, a cláusula de "melhores esforços", que vem empregada, por vezes, com diferente adjetivos e advérbios, visando à melhor qualificação da obrigação assumida (nem sempre com sucesso), sendo esta utilizada em diferentes contextos[4], nas mais variadas relações contratuais, tais quais, nos contratos de distribuição *stricto sensu*, franquia, licenciamento, desenvolvimento de produtos, compra e venda em geral, em especial naqueles contratos de compra e venda decorrentes de operações de fusões e aquisições.

A cláusula de melhores esforços, todavia, também pode ser fonte de enorme controvérsia, pois a definição de "melhores esforços" pode ser difícil de se avaliar na prática. Isso porque as partes podem ter visões diferentes sobre o que constitui um esforço "melhor" e podem ter dificuldade em concordar quanto ao cumprimento adequado da obrigação de empregar melhores esforços, espelhada em uma cláusula de melhores esforços. Nesse momento, ainda que a melhor técnica contratual possa facilitar a resolução de algumas dúvidas, os critérios de hermenêutica contratual, dispostos no Código Civil Brasileiro, terão importante papel para definir o adequado cumprimento da cláusula e, assim, dirimir potenciais conflitos.

---

2 COSTA, Márcio Henriques da. **A cláusula de melhores esforços (best efforts) na prática jurídica brasileira: uma nova perspectiva**. Dissertação de Mestrado apresentada à Escola de Direito de São Paulo da Fundação Getúlio Vargas. São Paulo. 2016. p. 35.

3 MARIGHETTO, Andrea. **Best efforts, diligence e boa-fé objetiva**. Disponível em: https://www.conjur.com.br/2021-abr-19/marighetto-best-efforts-diligence-boa-fe-objetiva. Acesso em: 14.05.2023.

4 BATERMANN, Daniel A. **"But I'll try really, really hard!": using "best efforts" clauses**. Disponível em: http://www.battermanlaw.com/articles/besteffortsclauses.html. Acesso em: 29.04.2023.

Este artigo cuidará, portanto, em sua *Primeira Parte*, de explicar os motivos pelos quais as partes optam pela celebração dessa cláusula, explicando a natureza jurídica, bem como o grau de conduta esperado, a fim de que a parte que se obrigou a ela se veja desonerada desse ônus. Na *Segunda Parte*, buscaremos trazer o estudo para o campo prático, analisando a jurisprudência brasileira sobre o tema para, ao final, chamar a atenção para alguns problemas, sugerindo formas de redação da cláusula objeto deste estudo.

PARTE I. O QUE SÃO AS CLÁUSULAS DE MELHORES ESFORÇOS E POR QUE ELAS EXISTEM

1. A RACIONALIDADE COMO PONTO DE PARTIDA: OS MOTIVOS QUE LEVAM À CELEBRAÇÃO DA CLÁUSULA DE MELHORES ESFORÇOS

A ampla utilização da cláusula de melhores esforços na vida empresarial brasileira é questão já devidamente pesquisada e comprovada. Analisando acordos de acionistas registrados na Comissão de Valores Mobiliários (CVM), Márcio Henriques da Costa[5] concluiu que 72% dos acordos registrados preveem uma ou várias obrigações de melhores esforços, tendo uma ampla preferência pela utilização da expressão "melhores esforços", em detrimento de demais expressões, como "esforços razoáveis", "melhores esforços razoáveis", "esforços comercialmente razoáveis". Ademais, existe uma clara pulverização da cláusula de melhores esforços nas mais diversas variedades de cláusulas contratuais, havendo uma indiscutível maior frequência nas cláusulas de resolução de conflitos[6] e arbitragem/mediação[7].

---

[5] Para uma aprofundada análise das conclusões – que foram aqui resumidas – recomenda-se: COSTA, Márcio Henriques da. **A cláusula de melhores esforços (best efforts) na prática jurídica brasileira: uma nova perspectiva.** Dissertação de Mestrado apresentada à Escola de Direito de São Paulo da Fundação Getúlio Vargas. São Paulo. 2016. pp. 13-18.

[6] Um exemplo muito comum de cláusula de melhores esforços no âmbito da resolução de conflitos pode ser assim mencionado: "Quaisquer litígios ou controvérsias decorrentes de, ou relativos a este instrumento deverão ser notificados por uma parte à outra e todas envidarão seus melhores esforços para dirimi-los de modo amigável, por meio de negociações diretas mantidas de boa-fé".

[7] Muito comum também é a utilização em cláusulas escalonadas mediação-arbitragem. O próprio site oficial da Câmara de Mediação e Arbitragem da Associação Comercial do Paraná (ARBITAC), por exemplo, sugere a seguinte redação de cláusula escalonada: "*A mediação será estabelecida a partir da Solicitação de Mediação apresentada perante a Secretaria da ARBITAC. No prazo de ___COMPLETAR_____ (____________) dias, as partes, conduzidas pelo mediador por elas escolhido, envidarão seus melhores esforços para solucionar o conflito. Em caso de ausência de manifestação das partes no prazo referido, desinteresse em mediar, ou restando infrutífera a mediação por qualquer outro motivo, instaurar-se-á o procedimento arbitral imediatamente.*" Disponível em: https://arbitac.com.br/modelos-de-clausula-arbitral/. Acesso em: 14.05.2023.

Todavia, conforme pesquisa jurisprudencial desenvolvida nos Tribunais mais atuantes no Brasil[8], os conflitos gerados em virtude dessa cláusula não estão associados às cláusulas de resolução de disputas, mas sim, essencialmente, a deveres secundários, relacionados a uma obrigação principal de resultado[9].

E os motivos pelos quais as partes inserem esse tipo de disposição contratual são os mais diversos. Um deles e, talvez, o mais propagado, diz respeito aos custos envolvidos quando da negociação contratual, ou seja, um critério de racionalidade econômica. Investir em custos de transação (*ex ante*) permite que as partes tenham maiores informações e, portanto, redijam contratos mais completos, prevendo uma miríade de cenários e obrigações distintas. Todavia, esses custos *ex ante* (para citar alguns: assessoria de advogados e de terceiros na celebração do contrato, bem como o custo de oportunidade com o atraso no início do empreendimento, frente a longas rodadas de negociação) podem exceder os custos *ex post* (como o custo do *enforcement* da cláusula), o que justificaria a redação de cláusula mais vaga[10].

Essas cláusulas abertas são costumeiramente inseridas quando os contratantes, de maneira absolutamente consciente, decidem não prever todos os cenários possíveis, preferindo economizar os custos de transação, delegando o eventual complemento à lei, à negociação entre as partes, bem como à decisão do próprio judiciário/tribunal arbitral em caso de litígio.

Essa decisão, portanto, deve levar em consideração o que Robert Scott e George Triantis definiram como *front-end costs* e *back-end costs*. Os *front-end costs* seriam atrelados, essencialmente, aos custos de negociação e busca por informações para antecipação de futuras diligências. Já os *back-end costs* consistiriam mais do que apenas o eventual prejuízo, mas também os custos para se alcançar uma resolução sobre a incerteza, seja ela de maneira amigável, seja com a intervenção do judiciário[11], ou mesmo, do juízo arbitral. Em outras palavras, se as partes estiverem preocupadas com os custos de negociação frente a

---

[8] Vide Parte II, Capítulo 1, *infra*.

[9] Um exemplo que pode ser dado é o da obrigação de substituição de garantia em contratos de compra e venda de participação societária. Vejamos um exemplo: "Comprador se compromete a utilizar seus melhores esforços [por vezes utilizando outras variações terminológicas da cláusula de melhores esforços] para que o ora Vendedor seja substituído em todos os contratos celebrados com as instituições financeiras nas quais a empresa adquirida mantenha conta corrente, empréstimos ou de qualquer outro modo seja cliente".

[10] COSTA, Márcio Henriques da. **A cláusula de melhores esforços (best efforts) na prática jurídica brasileira: uma nova perspectiva.** Dissertação de Mestrado apresentada à Escola de Direito de São Paulo da Fundação Getúlio Vargas. São Paulo. 2016. p. 22.

[11] SCOTT, Robert E.; TRIANTIS, George G. Anticipating Litigation in Contract Design. *In*: **The Yale Law Journal.** 115 YALE L. J. 814 (2005). p. 822-839.

potenciais benefícios e riscos da cláusula, é provável que optem por cláusulas mais abertas[12].

Outro motivo, diretamente relacionado aos custos *front-end*, pode ser visto na assimetria de informações. Esse é justamente o caso verificado quando uma das partes, com superior *expertise* de mercado para aquela relação contratual específica, detém mais informações e pretende obter alguma vantagem na negociação. Nesse caso, é possível que a parte com menos familiaridade insista em uma cláusula de melhores esforços aberta, se possível até mesmo sem qualificadoras[13], de modo que eventual dificuldade com o adimplemento da cláusula seja deixada para negociação das partes, ou mesmo para interferência de terceiros (judicial e/ou arbitral). Esse também pode ser o caso das hipóteses em que o custo para adquirir a informação seja especialmente elevado para uma das partes (ou mesmo para ambas).

A cláusula em questão também pode ser resultado daquilo que se denomina contrato incompleto[14], ou seja, da natural incapacidade das partes de preverem todas as situações possíveis na prática, tendo em vista sua racionalidade limitada. Na realidade, pode ser desconhecida, difícil ou mesmo impossível de definir a conduta de diligência esperada quando da celebração do contrato, fazendo mais sentido a celebração de uma cláusula aberta.

Ou seja, a presença de cláusulas de melhores esforços com escopo bastante vago nem sempre são o resultado de um descuido quando da sua

---

[12] SCOTT, Robert E.; TRIANTIS, George G. Anticipating Litigation in Contract Design. *In*: **The Yale Law Journal**. 115 YALE L. J. 814 (2005). p. 835, para quem: "Contracts scholars have a split view of vague terms, depending on their perspective. When contracts scholarship is concerned with front-end (transaction) costs, such as the cost of negotiating and writing contracts, vague terms reduce these costs by letting the enforcing court complete the contract. This argument, however, assumes costless enforcement. When contracts scholarship is concerned with back--end costs, including verification costs and uncertainty, the authors prefer precise to vague terms. They argue that courts should refrain from enforcing vague terms that entail prohibitively high verification costs". No mesmo sentido, THAU, Charles. Is This Really the Best We Can Do? American Courts' Irrational Efforts Clause Jurisprudence and How We Can Start to Fix It. *In*: **The Georgetown Law Journal**. Volume 109 (3) 2021. p. 670.

[13] Trataremos sobre essas "qualificadoras" na Parte I, Capítulo 3, *infra*.

[14] MENDES, Maria Cristina Varalla; RODRIGUEZ, Caio Farah. Notas sobre alocação de riscos e garantias contratuais. *In*: FERNANDES, Wanderley (coord). **Contratos empresariais: fundamentos e princípios dos contratos empresariais**. 2. ed. São Paulo: Saraiva. 2012. p. 455, para quem: "Um contrato diz-se incompleto em mais de um sentido. Em primeiro lugar, diz-se contrato incompleto de um instrumento contratual que não prevê explicitamente todas as condições ou eventos possíveis (contingências) que possam afetar seu cumprimento". No mesmo sentido: FERNANDES, Wanderley. **Cláusulas de exoneração e de limitação de responsabilidade**. São Paulo: Editora Saraiva. 2013. p. 275, para quem "*(...)* nenhum instrumento contratual será suficientemente completo para abarcar as soluções convencionais de todos os conflitos possíveis que a operação econômica possa engendrar entre as partes e perante terceiros".

elaboração, mas sim podem espelhar uma decisão conscientemente desejada por aqueles que redigiram a cláusula, levando em consideração a alocação de custos da transação, dentro de uma análise dos custos totais do acordo, tendo em conta os custos *front-end* e *back-end.* Mais do que isso, a incompletude da cláusula em questão pode ser até mesmo elemento necessário para que ocorra a própria conclusão do contrato, na medida em que não são raras as vezes em que as partes preferem não estabelecer tantas obrigações em suas relações contratuais, tendo em vista um temor de que venham a descumpri-las no futuro.

2. A NATUREZA JURÍDICA DA OBRIGAÇÃO DE PRESTAR OS MELHORES ESFORÇOS: OBRIGAÇÃO DE MEIO

Conforme já antecipado, a prática não deixa dúvidas do uso frequente da cláusula de melhores esforços nos contratos, em especial nos empresariais. Todavia, em solo brasileiro, raros ainda são os estudos abordando o tema[15]. Os poucos estudos, por sua vez, no que concerne à natureza jurídica da cláusula em questão, partem de uma análise sob a perspectiva da distinção entre obrigações de meio e de resultado.

Tal distinção é geralmente atribuída à René Demogue[16], civilista francês, que tratou do problema da repartição do ônus da prova em matéria de obrigações contratuais e delituais, ressaltando que, sobre o devedor, pesará uma obrigação que nem sempre terá a mesma natureza, podendo, por vezes, estar pautada em um resultado e, por vezes, em uma diligência para alcançar certa finalidade.

[15] No Brasil, os poucos estudos doutrinários (especificamente sobre a cláusula de melhores esforços) podem ser assim resumidos em ordem cronológica de suas publicações: ***(i)*** VENOSA, Sílvio de Salvo. **A cláusula de melhores esforços nos contratos**. 2003. Disponível em: https://www.migalhas.com.br/depeso/936/a-clausula-de-melhores-esforcos-nos-contratos. Acesso em: 01.05.2023. ***(ii)*** LEÃES, Luiz Gastão Paes de Barros. A obrigação de melhores esforços (Best Efforts). *In*: **Revista de Direito Mercantil, Industrial, Econômico e Financeiro**. Volume 134. 2004; ***(iii)*** COSTA, Márcio Henriques da. **A cláusula de melhores esforços (best efforts) na prática jurídica brasileira: uma nova perspectiva**. Dissertação de Mestrado apresentada à Escola de Direito de São Paulo da Fundação Getúlio Vargas. São Paulo. 2016; ***(iv)*** MARTINS-COSTA, Judith. A obrigação de diligência: sua configuração na obrigação de prestar melhores esforços e efeitos do seu inadimplemento. *In:* **Católica Law Review**. Volume IV, n. 02. Lisboa: Universidade Católica Editora. 2020; e ***(v)*** KALANSKY, Daniel; MATTOS, Ivan Iegoroff de. Cláusula de Melhores Esforços no Contexto de M&A. *In*: ADAMEK, Marcelo Vieira von; PEREIRA, Rafael Setoguti Julio. **Fusões e Aquisições (M&A)**. São Paulo: Quartier Latin. 2022.

[16] DEMOGUE, René. **Traité des obligations en général**. Paris: Librairie Arthur Rousseau. t.V. 1925. pp. 539-543.

No Brasil, os textos do civilista francês foram trabalhados por Fábio Konder Comparato em estudo publicado em 1967 e republicado no ano de 1978[17]. Partindo dos estudos já desenvolvidos na França, Comparato explica que as obrigações de resultado só se consideram adimplidas com a efetiva produção do resultado[18]. Caso isso não ocorra, estar-se-á diante de inadimplemento contratual, cabendo ao devedor o ônus de comprovar que a ausência do resultado almejado se deu sem sua culpa (hipótese de caso fortuito ou força maior, por exemplo). Exemplos dessa modalidade são os mais diversos, como vender determinada coisa, construir uma casa, transportar coisas ou pessoas na modalidade contratada, produzir um laudo etc.

Já as obrigações de meio são aquelas que não se encontram vinculadas a um resultado certo e determinado, mas sim à uma atividade diligente do devedor em face do credor. A sua inexecução se dá pelo descumprimento de certas condutas ou mesmo pela omissão de certas preocupações, não havendo que se cogitar o atingimento de um resultado, sendo que caberá ao credor o ônus de provar que tal conduta não ocorreu de maneira apropriada[19]. O que se analisa nessa modalidade de obrigação é a total ausência de um comportamento exigido, ou mesmo o comportamento pouco diligente[20]. Os exemplos aqui tam-

---

[17] COMPARATO, Fábio Konder. Obrigações de meios, de resultado e de garantia. *In*: **Ensaios e Pareceres de Direito Empresarial.** Rio de Janeiro: Forense. 1978. pp. 521-539. Para este artigo foi consultada a edição de 1978. Primeira publicação em: COMPARATO, Fábio Konder. Obrigações de meios, de resultado e de garantia. *In*: **Revista dos Tribunais**. v. 386.

[18] COMPARATO, Fábio Konder. Obrigações de meios, de resultado e de garantia. *In*: **Ensaios e Pareceres de Direito Empresarial.** Rio de Janeiro: Forense. 1978. p. 539.

[19] COMPARATO, Fábio Konder. Obrigações de meios, de resultado e de garantia. *In*: **Ensaios e Pareceres de Direito Empresarial.** Rio de Janeiro: Forense. 1978. p. 526. No mesmo sentido: LEÃES, Luiz Gastão Paes de Barros. A obrigação de melhores esforços (Best Efforts). *In*: **Revista de Direito Mercantil, Industrial, Econômico e Financeiro**. Volume 134. 2004. p. 7; e COUTO E SILVA, Clóvis do. **A obrigação como processo.** São Paulo: José Bushatsky. 1976. p. 73, para quem, ao tratar das obrigações de meio, ressalta que existem "certos deveres em cujo processo a obtenção do fim, embora certamente desejado, não constitui, por si só, critério para verificar se houve, ou não, adimplemento".

[20] COMPARATO, Fábio Konder. Obrigações de meios, de resultado e de garantia. *In*: **Ensaios e Pareceres de Direito Empresarial.** Rio de Janeiro: Forense. 1978. p. 538. Em seu estudo, Comparato afirma que a classificação das obrigações segundo o seu conteúdo não se esgota apenas com as obrigações de meio e de resultado. Haveria, ainda, um terceiro gênero a ser considerado, consistente nas obrigações de garantia. Nestas, o devedor se compromete a garantir um risco, sendo exemplo sempre vivo a obrigação do segurador em face do segurado. Conforme explica Comparato, "conteúdo das obrigações de garantia é a eliminação de um risco que pesa sobre o credor. Eliminar um risco significa a fortiori reparar as consequências de sua realização. Mas mesmo que esta não se verifique, a simples assunção do risco pelo devedor de garantia representa o adimplemento de sua prestação". Ver: COMPARATO, Fábio Konder. Obrigações de meios,

bém são diversos, como o contrato de prestação de serviços médicos ou assessoria jurídica.

Ou seja, a distinção entre ambas as modalidades, segundo Comparato, está na própria natureza da obrigação contratada, na medida em que, nas obrigações de meio, requer-se a diligência do devedor (elemento subjetivo), ao passo que, nas de resultado, busca-se não apenas o elemento subjetivo, mas também o objetivo, consistente na produção do resultado prometido[21]. Disso decorre que a distinção entre elas não se encontra em uma diferença de intensidade do grau de diligência ou do resultado esperado. Na realidade, a distinção está no objeto contratado: em uma, se contrata o resultado; na outra, a diligência para que o resultado seja alcançado, podendo esse resultado ser ou não atingido.

Como bem explica Judith Martins-Costa, as obrigações de meio possuem duas características marcantes. A primeira delas diz respeito ao fato de que a se trata de uma obrigação de diligência, entendendo-se esta como o cuidado, a atenção. Importante ressaltar que o dever de diligência existe em toda e qualquer obrigação contratual. Todavia, na obrigação de meio, a diligência é o próprio objeto da prestação. O segundo traço é **a imprevisibilidade** do resultado almejado pelo credor, uma vez que não se pode prometer um resultado, ainda que este seja desejado pelas partes, na medida em que esse resultado pode depender de terceiros ou de outros fatores externos, nem sempre controláveis pelo devedor[22]-[23].

Da diferenciação acima, tem-se que a cláusula de melhores esforços retrata uma obrigação de meio, não havendo, até onde se pode observar, divergência na doutrina e jurisprudência. Entendemos que se trata, portanto, de uma obrigação de meio, que foi contratualizada pela vontade das partes. Como já aduzido por vasta literatura sobre a cláusula em questão,

de resultado e de garantia. *In*: **Ensaios e Pareceres de Direito Empresarial.** Rio de Janeiro: Forense. 1978. p. 537.

[21] COMPARATO, Fábio Konder. Obrigações de meios, de resultado e de garantia. *In*: **Ensaios e Pareceres de Direito Empresarial.** Rio de Janeiro: Forense. 1978. pp. 534-535.

[22] MARTINS-COSTA, Judith. A obrigação de diligência: sua configuração na obrigação de prestar melhores esforços e efeitos do seu inadimplemento. *In:* **Católica Law Review**. Volume IV, n. 02. Lisboa: Universidade Católica Editora. 2020. p. 72.

[23] Em que pese inexista um distinção no Código Civil Brasileiro sobre obrigação de resultado e de meios, esse não é o caso dos princípios UNIDROIT, que expressamente os diferenciam da seguinte forma: "ARTIGO 5.1.4 (Obrigação de resultado e obrigação de meios) (1) Quando a obrigação de uma parte envolva o dever de obtenção de um resultado específico, essa parte está obrigada a alcançá-lo. (2) Quando a obrigação de uma parte envolva o dever de melhores esforços no cumprimento de uma atividade, essa parte está obrigada a empreendê-los, como uma pessoa razoável, com as mesmas qualificações, e nas mesmas circunstâncias".

cláusula de melhores esforços é "apenas isso: Esforços"[24], tendo a "diligência em sua essência"[25].

Essas cláusulas são resultado do específico programa contratual elaborado pelas partes quando de sua celebração, podendo estar ligadas a diversos tipos de deveres relacionados à prestação (principais, secundários e/ou anexos). Como se sabe, os deveres principais constituem o núcleo da relação obrigacional, caracterizando o tipo contratual, ao passo que os secundários ou acidentais são acessórios à prestação principal, encontrando-se em uma relação de acessoriedade com os principais. Já os deveres anexos ou instrumentais possuem uma ligação de anexidade e/ou instrumentalidade ao dever principal e secundário da prestação[26], "como o dever implícito de cooperação para que a obrigação principal seja eficientemente colimada"[27].

Na prática, uma obrigação de meio pode consistir na própria obrigação principal (tal qual acontece nos contratos de mandato para assessoria jurídica) ou mesmo uma obrigação de resultado pode ser caracterizada como secundária (como ocorre, por exemplo, quando da entrega de um laudo para que o advogado possa cumprir o seu mandato). Ou seja, em uma mesma relação contratual podem estar acoplados quaisquer/ou todas as três espécies de deveres de prestação, bem como a modalidade de resultado e de meio. Na maior parte das vezes, todavia, a cláusula de melhores esforços diz respeito a um dever secundário dentro de uma relação contratual com uma obrigação principal de resultado.

Estando claro que a cláusula de melhores esforços é uma obrigação de meio contratualizada, pautada na diligência do devedor, a questão que se coloca é a seguinte: qual o grau de intensidade do dever de diligência ajustado? A questão se torna ainda mais interessante quando as partes adjetivam as obrigações de melhores esforços, ou mesmo quando estas usam diversas terminologias em uma mesma relação contratual.

---

[24] No original: "Best efforts are just that: Efforts". Ver: BATERMANN, Daniel A. **"But I'll try really, really hard!": using "best efforts" clauses.** Disponível em: http://www.battermanlaw.com/articles/besteffortsclauses.html. Acesso em: 29.04.2023.

[25] No original: "[b]est efforts is a standard that has diligence at its essence". Ver: FARNSWORTH, E. Allan. **On Trying to Keep One's Promises: The Duty of Best Efforts in Contract Law**, 46 U. PITT. Law Rev. 1, 3. 1984. pp. 7-13.

[26] MARTINS-COSTA, Judith. **A boa-fé no direito privado:** critérios para a sua aplicação. São Paulo: Marcial Pons, 2015, pp. 219-222.

[27] MARTINS-COSTA, Judith. A obrigação de diligência: sua configuração na obrigação de prestar melhores esforços e efeitos do seu inadimplemento. *In:* **Católica Law Review**. Volume IV, n. 02. Lisboa: Universidade Católica Editora. 2020. p. 71.

3. *STANDARDS* DE DILIGÊNCIA DA CLÁUSULA DE MELHORES ESFORÇOS E O PROBLEMA DAS DIVERSAS TERMINOLOGIAS

Judith Martins-Costa explica que uma forma de diferenciar a obrigação de melhores esforços da obrigação geral de diligência pode se dar em sua classificação. Como narra, "a obrigação de melhores esforços é espécie de obrigação de meios na qual está implicado um *standard* deliberadamente alto da diligência contratualmente devida, vindo, normalmente, acoplada a uma obrigação de resultado"[28].

Geralmente, partes mais sofisticadas procurarão estabelecer, contratualmente, o grau de diligência esperado no caso concreto e, para tanto, podem fazer uso do que denominaremos nesse estudo de qualificadoras. Essas qualificadoras consistirão em uma tentativa de estabelecer o que se entende por melhores esforços, vindo geralmente acoplada a exemplos e/ou a um procedimento a ser seguido, de modo que seja possível verificar, com mais facilidade, no que consiste os melhores esforços no caso concreto.

Em um contrato de cessão e transferência de quotas de uma sociedade limitada, por exemplo, pode-se definir que os melhores esforços do vendedor para cumprir as "condições precedentes"[29] – entre o período compreendido entre a assinatura ("*signing*") e o fechamento ("*closing*") – sejam, por exemplo, a comprovação de comunicação por escrito com as contrapartes, a respeito do objeto das condições precedentes (incluindo a sua formalização, por escrito, de comunicações telefônicas e/ou reuniões presenciais, definindo até mesmo um número mínimo dessas comunicações). Outro exemplo pode ser sentido na obrigação de substituição de garantia em contratos de compra e venda de participação societária. Pode-se acordar que o comprador adorará os melhores esforços para que o vendedor seja substituído em todos os contratos celebrados pelo vendedor com as instituições financeiras, prevendo que os

---

[28] MARTINS-COSTA, Judith. A obrigação de diligência: sua configuração na obrigação de prestar melhores esforços e efeitos do seu inadimplemento. *In:* **Católica Law Review**. Volume IV, n. 02. Lisboa: Universidade Católica Editora. 2020. p. 75. Em sentido semelhante, Luiz Gastão Paes de Barros Leães afirma que apesar de todas as obrigações guardarem em si um grau de diligência, nas obrigações de meio, a diligência precisará ser apurada no caso concreto "porque é o comportamento diligente o próprio objeto da obrigação". Ver: LEÃES, Luiz Gastão Paes de Barros. A obrigação de melhores esforços (Best Efforts). *In*: **Revista de Direito Mercantil, Industrial, Econômico e Financeiro.** Volume 134. 2004. p. 9.

[29] Apesar de extremamente comum na prática contratual, é importante ressaltar que no direito brasileiro existem condições suspensivas e resolutivas. O termo "condição precedente" não existe, sendo resultado da tradução literal do inglês *condition precedent*, corretamente traduzido como condição suspensiva.

melhores esforços significarão, por exemplo, um número mínimo de contatos (documentados) com as instituições financeiras, bem como um procedimento a ser seguido para a substituição das garantias. Essas qualificadoras, portanto, ajudam a esclarecer como as partes analisam os melhores esforços a serem empreendidos, o que, por consequência lógica, facilita a interpretação em caso de futura discussão sobre o adimplemento ou não da cláusula em si.

Todavia, a ausência de qualificadoras, por inúmeras vezes, não significa desatenção do redator do contrato. Pelo contrário, a vagueza da cláusula pode significar, *in concreto*, uma incompletude absolutamente consciente e deliberada. E existe uma miríade de motivos para que tal estratégia seja seguida. Para citar alguns: *(i)* a conduta esperada pode ser desconhecida, difícil ou impossível de ser definida quando da celebração do contrato; *(ii)* pode haver assimetria de informações, sendo até mesmo recomendável a utilização de termos mais vagos a depender de quem possui a informação; *(iii)* inviabilidade econômica de despender horas de negociação com a definição de qualificadoras, especialmente naqueles casos em que tal negociação se mostra mais difícil.

Em sendo esse o caso, *i.e.*, a ausência de definição contratual sobre esses *standards* (ou seja, sobre essas qualificadoras), perguntas que naturalmente surgem são aquelas sobre qual seria o alto nível de diligência da cláusula de melhores esforços, cientes de que dela se exige um grau superior de diligência, quando comparada às obrigações de meio *lato sensu*? A legislação e o Direito brasileiros fornecem ferramentas para se aferir esse grau de diligência?

Essas perguntas são particularmente importantes, tendo em vista entendimento doutrinário relevante, no sentido de que, se as partes não definiram expressamente o nível de diligência desejado na situação concreta, a cláusula de melhores esforços seria vazia e desnecessária, não constituindo uma obrigação jurídica, podendo, até mesmo, tratar-se de uma disposição não-contratual de conteúdo meramente ético ou moral[30]. Esse entendimento encontrou, inclusive, reverberação na jurisprudência brasileira, tendo sido recentemente afirmado – em julgado proveniente da 1ª Câmara Reservada de Direito Empresarial do Tribunal de Justiça de São Paulo[31] – que a cláusula de melhores esfor-

[30] Nesse sentido: VENOSA, Sílvio de Salvo. **A cláusula de melhores esforços nos contratos.** 2003. Disponível em: https://www.migalhas.com.br/depeso/936/a-clausula-de-melhores-esforcos-nos-contratos. Acesso em: 01.05.2023. "Desse modo, se as partes não são expressas e diretas em definir o resultado que buscam e estabelecem, para uma obrigação claramente de resultado, a vazia expressão "melhores esforços", "boa-fé", "esforços razoáveis" etc., tal disposição refoge ao âmbito obrigacional, isto é, não constitui uma obrigação jurídica. Pode-se até mesmo afirmar que se trata de disposição não-contratual inserida no contrato, de conteúdo ético ou moral, equivalente a uma carta de intenções ou a um acordo de cavalheiros".

[31] Assim se manifestou o Rel. Des. Cesar Ciampolini: "Enfim, o dever decorrente do art. 422 do Código Civil, comando de probidade e boa-fé inerente a todas as relações comerciais, dispensa

ços seria, no Brasil, inócua, tendo em vista o fato de que em nosso sistema jurídico há previsão legal sobre a existência de deveres decorrentes do art. 422 do Código Civil.

Todavia, esse não nos parece ser o melhor posicionamento. Acompanhamos o entendimento doutrinário mais atual sobre o tema, que afirma ter a cláusula em questão conteúdo próprio, sendo contratualmente vinculante, não se confundindo com os deveres decorrentes da boa-fé objetiva, devendo o seu conteúdo e intensidade "ser averiguado relacional e finalisticamente"[32], tendo ela um *standard* deliberadamente alto de diligência.

Esse *standard*, portanto, será aferido partindo do padrão de diligência esperado do "homem médio", ou seja, diz respeito ao padrão do "bom pai de família", que cuida equilibradamente dos próprios interesses[33], ou, como de modo mais adequado vem sendo chamado, o *standard* da "pessoa razoável"[34], de diligência ordinária. Todavia, como já disse a doutrina, apenas "isso não é o suficiente"[35], já que esse padrão de diligência não pode ser retirado do seu contexto, que deve ser analisado de acordo com o caso concreto, levando em consideração, por exemplo, as qualidades da parte que se obrigou, bem como a natureza dos atos que devem ser prestados[36].

---

entre nós, torna inócua, a inserção em contratos da cláusula, comum no direito anglo-saxão, de best efforts, melhores esforços ("as partes envidarão os melhores esforços" ou "as partes utilizarão os esforços comerciais razoáveis")". Ver: TJ/SP. Apelação Cível n. 1009187-41.2018.8.26.0048. Rel: Cesar Ciampolini. 1ª Câmara Reservada de Direito Empresarial. Julgado em 29.04.2020. De se ressaltar que, no caso concreto, não se estava a examinar uma cláusula de melhores esforços, mas sim uma cláusula que impunha a uma das partes a obrigação de substituição da garantia dentro do prazo máximo de 180 dias, mas sem a utilização da terminologia "melhores esforços" ou qualquer outra terminologia nesse sentido. O TJ/SP entendeu que houve o descumprimento da cláusula, já que os devedores nem ao menos tentaram adimplir a obrigação de substituição de garantia, sendo que a fundamentação utilizada pelo TJ/SP foi a boa-fé objetiva.

[32] MARTINS-COSTA, Judith. A obrigação de diligência: sua configuração na obrigação de prestar melhores esforços e efeitos do seu inadimplemento. *In:* **Católica Law Review**. Volume IV, n. 02. Lisboa: Universidade Católica Editora. 2020. p. 75. No mesmo sentido: KALANSKY, Daniel; MATTOS, Ivan Iegoroff de. Cláusula de Melhores Esforços no Contexto de M&A. *In:* ADAMEK, Marcelo Vieira von; PEREIRA, Rafael Setoguti Julio. **Fusões e Aquisições (M&A)**. São Paulo: Quartier Latin. 2022. p. 143.

[33] LEÃES, Luiz Gastão Paes de Barros. A obrigação de melhores esforços (Best Efforts). *In:* **Revista de Direito Mercantil, Industrial, Econômico e Financeiro**. Volume 134. 2004. p. 9.

[34] MARTINS-COSTA, Judith. A obrigação de diligência: sua configuração na obrigação de prestar melhores esforços e efeitos do seu inadimplemento. *In:* **Católica Law Review**. Volume IV, n. 02. Lisboa: Universidade Católica Editora. 2020. p. 78.

[35] COSTA, Márcio Henriques da. **A cláusula de melhores esforços (best efforts) na prática jurídica brasileira: uma nova perspectiva**. Dissertação de Mestrado apresentada à Escola de Direito de São Paulo da Fundação Getúlio Vargas. São Paulo. 2016. p. 48.

[36] LEÃES, Luiz Gastão Paes de Barros. A obrigação de melhores esforços (Best Efforts). *In:* **Revista de Direito Mercantil, Industrial, Econômico e Financeiro**. Volume 134. 2004. p. 9.

No campo dos negócios – especialmente nos contratos empresariais –, pode-se utilizar também o *standard* do administrador diligente, tal qual insculpido no art. 1.011 do Código Civil, que exige não apenas um comportamento com o padrão do "bom pai de família", mas também que este adote uma postura de "prudência, honestidade e conhecimento" [37], "competente e profissional"[38], tratando da defesa dos interesses da sociedade da mesma forma que "trata da defesa dos seus interesses pessoais"[39].

A doutrina estrangeira também ressalta a necessidade de se analisar o caso concreto, já que a cláusula de melhores esforços não possui uma fórmula fixa, na medida em que varia muito de acordo com os fatos e com o próprio tipo contratual analisado, bem como com as partes envolvidas. Os melhores esforços de um empresário de uma grande multinacional serão, muito provavelmente, analisados de maneira diferente quando comparados aos melhores esforços de uma pequena empresa, com recursos limitados[40].

Na jurisprudência estrangeira, muito se fala sobre o caso *Bloor* v. *Falstaff Brewing Corporation* ("Falstaff")[41]. No caso concreto, a P. Ballantine Sons ("Ballantine") – produtora de cervejas – vendeu diversos ativos de seu

---

[37] Como menciona Arnoldo Wald, a conduta esperada do administrador se encontra baseada na "prudência, honestidade e conhecimento, como características imprescindíveis para o homem médio que diligencie na atuação como administrador da empresa". Ver: WALD, Arnoldo. **Comentários ao Novo Código Civil**. V. XIV. Livro II, do direito de empresa. Coordenador: Sálvio de Figueiredo Teixeira. 2. ed. Rio de Janeiro: Forense, 2010. p. 158.

[38] PARENTE, Flávia. **O dever de diligência dos administradores de sociedades anônimas**. Rio de Janeiro: Renovar. 2005. p. 41.

[39] VERÇOSA, Haroldo Malheiros. **Curso de Direito Comercial**. Vol. 2. 2ª ed. rev. e atual. São Paulo: Malheiros. 2010. p. 346.

[40] BATERMANN, Daniel A. **"But I'll try really, really hard!": using "best efforts" clauses**. Disponível em: http://www.battermanlaw.com/articles/besteffortsclauses.html. Acesso em: 29.04.2023. "As noted by one court, the best efforts standard "cannot be defined in terms of a fixed formula; it varies with the facts and the field of law involved". Thus, each case is unique and could yield different results. Nevertheless, there are some principles of which to be aware". No mesmo sentido: MILLER, Zachary. Best efforts? Differing judicial interpretations of a familiar term. In: **Arizona Law Review**. Vol. 48:615. 2006. p. 618, para quem: "the impact of the contextual approach to best efforts clauses is that the analysis of a bound party's performance will center on the abilities and expectations of the particular parties to the contract. Focusing on the specific facts surrounding a contract reflects the logic that a best efforts clause can require different levels of performance depending on the party bound by it". No Brasil, o dever de diligência o administrador também leva em consideração tais fatores. Como afirma Alfredo de Assis Gonçalves Neto, no "art. 1.011 do Código Civil está a orientação a ser seguida pelo administrador, que varia em razão das peculiaridades e das circunstâncias do caso concreto, do porte da sociedade, do ramo de atividade que é por ela desenvolvido, da operação específica a ser realizada etc." Ver: GONÇALVES NETO, Alfredo de Assis. **Direito de Empresa: comentários aos artigos 966 a 1.195 do Código Civil**. 6ª ed. rev. atual. e ampl. São Paulo: Revista dos Tribunais. 2016. pp. 247-248.

[41] Bloor v. Falstaff Brewing Corp., 601 F.2d 609, 613 (2d Cir. 1979).

patrimônio para a Falstaff (sua competidora no ramo de cervejarias), tendo em vista o fato de que passava por dificuldades financeiras. No contrato celebrado entre as partes, Falstaff deveria pagar o montante de US$ 4 milhões de dólares, além de 50 centavos por barril de cerveja vendido entre os anos de 1972 e 1978. No contrato, foi estipulada cláusula prevendo que a Falstaff deveria fazer uso "dos melhores esforços para promover e manter o alto volume de vendas"[42] da cerveja Ballantine.

Após isso, a Falstaff começou a passar por dificuldades financeiras, tendo de cortar gastos com publicidade, folha de pagamento, além de encerrar quatro centros de distribuição. Em função disso, as vendas das cervejas Ballantine caíram drasticamente, tendo o administrador da Ballantine ajuizado demanda indenizatória em face da Falstaff. A Corte de Apelação do Segundo Circuito dos Estados Unidos acompanhou a sentença de primeiro grau e afirmou que a administração da Falstaff não se preocupou em cumprir a obrigação de melhores esforços. Como narra, a Falstaff não poderia tratar as cervejas da marca Ballantine da mesma forma que outras cervejas por ela comercializadas, mas sim dirigir uma especial atenção e maior grau de diligência. O caso é interessante porque revela a necessidade de um grau elevado de diligência, ao mesmo tempo em que reconheceu, conforme narrado por David Shine[43], que existe um limite de razoabilidade, na medida em que não se exigiria da Falstaff que praticasse atos que poderiam levá-la a insolvência ou causar-lhe graves prejuízos financeiros.

Em solo nacional, a legislação brasileira prevê critérios hermenêuticos para a concretização desse *standard*. Ao interpretar a cláusula em questão, deve-se privilegiar a intenção das partes em detrimento da interpretação literal (art. 112 do Código Civil). Como já se disse, a "espinha dorsal da disciplina da interpretação contratual é a intenção comum das partes"[44]. Nesse sentido, o intérprete terá de se perguntar se os contratantes ajustaram uma diligência comum a qualquer obrigação de meio, ou quiseram fazer referência a um grau mais elevado de diligência, ainda que implicitamente. Quais palavras os contratantes utilizaram? Os termos utilizados no contrato foram os mesmos ou foram utilizadas diversas terminologias significando graus de diligência

---

[42] No original: "8. Certain Other Covenants of Buyer. (a) After de Closing Date the (Buyer) will use its best efforts to promote and maintain a high volume of sales under the Property Rights".

[43] SHINE, David. "Best Efforts" Standards Under New York Law: Legal and Practical Issues. *In*: **The M&A Lawyer**. Vol. 7. No. 9. 2004. p. 16.

[44] NITSCHKE. Guilherme Carneiro Monteiro. Comentários ao artigo 113 §§ 1º e 2º do código civil: interpretação contratual a partir da lei de liberdade econômica. *In*: **Direito privado na lei de liberdade econômica: comentários**. Judith Martins-Costa e Guilherme Carneiro Monteiro Nitschke (coordenadores). São Paulo: Almedina. 2022. p. 325.

distintos? Qual o tipo contratual celebrado? Quem são as partes envolvidas? Partindo dessas perguntas, o intérprete terá de analisar a conduta do devedor (levando em consideração quem é esse devedor) com aquela que seria exigida por uma pessoa portando-se com boa-fé, razoabilidade, tendo sempre em conta os usos[45] e costumes relacionados especificamente ao tipo contratual celebrado, e a alocação de riscos e demais parâmetros expressamente estabelecidos pelas partes (art. 113§1º, I, II e V, e art. 421-A[46], do Código Civil Brasileiro)[47].

Outrossim, em oposição ao recente entendimento da 1ª Câmara Reservada de Direito Empresarial do Tribunal de Justiça[48], acima citado, entendemos que a cláusula de melhores esforços não se confunde com os deveres decorrentes da boa-fé objetiva. Ou seja, a existência de dispositivo legal prevendo a boa-fé objetiva não torna a cláusula de melhores esforços inócua, conforme afirmado pela Corte paulista.

Como explica Judith Martins-Costa, a diferença pode ser notada facilmente pela fonte do dever (*i.e.* a cláusula de melhores esforços decorre da vontade das partes, ao passo que os deveres decorrentes da boa-fé objetiva são provenientes da lei). A diferença também é sentida em seu conteúdo. Isso porque o dever – contratualmente definido – de melhores esforços "vai além de uma ação proba, cooperativa e respeitosa ao interesse alheio, como deriva do art. 422 do Código Civil brasileiro ao prever o dever geral de agir segundo a boa-fé"[49]. No caso da cláusula de melhores esforços exige-se a adoção de ações que efetivamente realizem os melhores esforços – e não qualquer esforço – a fim de que o fim contratual seja alcançado.

---

[45] Giovana Cunha Comiran bem explica que os usos "classicamente configuram um dos principais critérios hermenêutico-integrativo dos contratos", sendo importantes "auxiliares à descoberta do sentido das palavras empregadas". Ver: COMIRAN, Giovana Cunha. **Os Usos Comerciais: Da Formação dos Tipos à Interpretação e Integração dos Contratos.** São Paulo: Quartier Latin. 2019. pp. 43-44.

[46] Para um estudo sobre os diversos problemas interpretativos e sistemáticos do art. 421-A do Código Civil, ver: MARINO. Francisco Paulo De Crescenzo. Comentários ao artigo 421-A do código civil: presunção de paridade e simetria em contratos civis e empresariais. *In*: **Direito privado na lei de liberdade econômica: comentários**. Judith Martins-Costa e Guilherme Carneiro Monteiro Nitschke (coordenadores). São Paulo: Almedina. 2022. pp. 511-527.

[47] Nesse sentido, ver: KALANSKY, Daniel; MATTOS, Ivan Iegoroff de. Cláusula de Melhores Esforços no Contexto de M&A. *In*: ADAMEK, Marcelo Vieira von; PEREIRA, Rafael Setoguti Julio. **Fusões e Aquisições (M&A)**. São Paulo: Quartier Latin. 2022. p. 143.

[48] TJ/SP. Apelação Cível n. 1009187-41.2018.8.26.0048. Rel: Cesar Ciampolini. 1ª Câmara Reservada de Direito Empresarial. Julgado em 29.04.2020.

[49] MARTINS-COSTA, Judith. A obrigação de diligência: sua configuração na obrigação de prestar melhores esforços e efeitos do seu inadimplemento. *In:* **Católica Law Review**. Volume IV, n. 02. Lisboa: Universidade Católica Editora. 2020. p. 78.

Tal diferenciação é, inclusive, ressaltada pela doutrina estrangeira. Zachary Miller ressalta que essa diferenciação deve ser atentamente observada na prática, sob pena de se remover por completo a autoridade da cláusula, que seria interpretada como se a disposição contratual sequer existisse[50]. Sobre esse tema, Charles Thau[51] conduziu pesquisa jurisprudencial nos Estados Unidos da América e concluiu que, felizmente, uma minoria de julgados tratou da cláusula de melhores esforços como equivalente ao dever de boa-fé.

Outro problema, também muito comum quando se trata dos *standards* de diligência da cláusula de melhores esforços, se dá com o uso de diversas terminologias para defini-los. E o problema pode ser ainda maior quando diversas terminologias são empregadas para a cláusula em uma mesma relação contratual, particularmente quando as partes não definem a interpretação de cada um desses termos; algo que, na prática, não é difícil de se verificar. A questão é de hermenêutica contratual.

O tema parece ser pouco discutido na doutrina brasileira e, tampouco, encontra-se reverberado na jurisprudência[52] analisada para fins deste artigo. Por outro lado, a doutrina e jurisprudencial internacional, em especial aquela proveniente dos Estados Unidos da América, podem nos trazer algumas reflexões sobre o tema.

No ano de 2004, David Shine[53] apontava a existência de hierarquia entre *best efforts*, *resonable best efforts* e *commercially reasonable efforts*. Segundo Shine, esses termos seriam geralmente compreendidos pelos advogados com diferentes graus de esforços. No mais alto grau de esforço estaria a cláusula de *best efforts*, que significaria que a parte deveria fazer todo o possível para o atingimento do resultado, ainda que o impacto fosse adverso para si ou mesmo que houvesse custos monetários para aquele que assumiu a obrigação.

---

[50] MILLER, Zachary. Best efforts? Differing judicial interpretations of a familiar term. In: **Arizona Law Review**. Vol. 48:615. 2006. p. 618.

[51] THAU, Charles. Is This Really the Best We Can Do? American Courts' Irrational Efforts Clause Jurisprudence and How We Can Start to Fix It. *In*: **The Georgetown Law Journal**. Volume 109 (3) 2021. pp. 675-676.

[52] Vide Parte II, Cap. 1, *infra*.

[53] SHINE, David. "Best Efforts" Standards Under New York Law: Legal and Practical Issues. *In*: **The M&A Lawyer**. Vol. 7. No. 9. 2004. p. 15. No original: ""Best efforts" is at the top of the scale and is generally perceived to mean that a party must do all that can possibly be done to seek and obtain an end, even if the impact would be materially adverse to the seeking party and even if there is a material monetary cost to the action. "Reasonable best efforts" is a level down from the top end of the scale and is generally perceived as requiring substantial efforts be exerted in the process, but that a party would not ultimately be required to take any actions that would be commercially unreasonable under the circumstances. Finally, "commercially reasonable efforts" is toward the bottom of the scale and is generally perceived as limiting both the effort required to be exerted in the process as well as what a party may ultimately be obligated to do in order to obtain the desired end".

Resonable best efforts, por sua vez, consistiria em um nível abaixo de diligência, requerendo um esforço *substancial* limitado a ações que seriam comercialmente irrazoáveis, de acordo com as circunstâncias do caso. Já os *commercially reasonable efforts* consistiriam no nível mais baixo de diligência, geralmente compreendidos como uma fórmula para limitar o esforço requerido.

Todavia, em que pese a diferenciação feita pelos advogados quando de seus trabalhos de redação e negociação contratual, Shine já afirmava no ano de 2004 que as cortes do estado de Nova York (onde conduziu a sua pesquisa jurisprudencial) não pareciam diferenciar os níveis de hierarquia dispostos[54].

Aparentemente, a conclusão de Shine no ano de 2004 não teve grandes alterações, como se pode observar da pesquisa de Charles Thau, que, em recente estudo no ano de 2021, ressalta que nos Estados Unidos existe uma tendência, na prática advocatícia, de reconhecer uma hierarquia entre as diversas terminologias de cláusula de melhores esforços. Segundo afirma, advogados, costumeiramente, despendem quantidade substanciosa de tempo buscando proteger seus clientes em negociações sobre os padrões de conduta e diligência exigidos por essas cláusulas[55]. O referido autor menciona que a cláusula de "*best efforts*" inclui o mais alto grau de diligência, requerendo que a parte utilize todo o esforço possível para alcançar o resultado, ainda que tenha que despender altos recursos financeiros para alcançar esse fim. Abaixo da cláusula de "*best efforts*" estariam 4 outras variações terminológicas, com graus inferiores de exigência de diligência. São elas, em ordem decrescente de nível de diligência: "*reasonable best efforts*", "*reasonable efforts*", "*commercially reasonable efforts*", "*good faith efforts*"[56]. Na prática, contudo, conforme afirma Charles

---

[54] Para alcançar essa conclusão, Shine analisou os julgados: ***(i)*** *Kroboth v. Brent.* Appeal from the Supreme Court, Columbia County (Cobb, J.). *May 4, 1995*; e ***(ii)*** *Timberline Development v. Kronman.* 263 A.D.2d 175, 178 [1st Dept 2000]. Ademais, segundo Shine, o único caso em que alguma diferenciação foi feita foi em *LTV Aerospace and Defense Company v. Thomson-CSF S.A.* United States Bankruptcy Court for the Southern District of New York. Aug. 23, 1995. Ver: SHINE, David. "Best Efforts" Standards Under New York Law: Legal and Practical Issues. *In*: **The M&A Lawyer.** Vol. 7. No. 9. 2004. p. 16.

[55] THAU, Charles. Is This Really the Best We Can Do? American Courts' Irrational Efforts Clause Jurisprudence and How We Can Start to Fix It. *In*: **The Georgetown Law Journal**. Volume 109 (3) 2021. p. 672.

[56] O referido autor traz a seguinte definição para cada uma das terminologias: **(i)** reasonable best efforts: "somewhat lesser standard, but still may require substantial efforts from a party"; **(ii)** reasonable efforts: "still weaker standard, not requiring any action beyond what is typical under the circumstances"; **(iii)** commercially reasonable efforts: "not requiring a party to take any action that would be commercially detrimental, including the expenditure of material unanticipated amounts or management time"; **(iv)** good faith efforts: "the lowest standard, which requires honesty in fact and the observance of reasonable commercial standards of fair dealing. Good faith efforts are implied as a matter of law". Ver: THAU, Charles. Is This Really the Best We

Thau, inexistiria hierarquia entre tais disposições contratuais, já que todas elas seriam ponderadas pelo critério de razoabilidade[57], sendo que as cortes costumam utilizar os termos de maneira intercambiável[58], muitas delas entendendo que seria tão somente uma questão de semântica.

Entendemos, portanto, que se as partes deliberadamente decidiram conferir graus ao dever de diligência, como, por exemplo, "todos os melhores esforços" ou "todos os esforços razoáveis" ou ainda "todos os esforços comercialmente exigíveis" tal vontade deveria ser observada quando de sua análise, especialmente se as partes tiveram o cuidado de conferir qualificadoras distintas para cada uma das diversas terminologias usadas. No primeiro caso, nos parece haver um dever de diligência qualificado. Ou seja, não se trata de uma diligência comum, mas de uma revestida de especial intensidade, superando o esforço habitualmente exigido em situações similares.

Todavia, se as partes não definiram o sentido, e nem mesmo qualificadoras para cada uma das terminologias utilizadas, entendemos que a tarefa, *in abstrato*, de definir diferentes conteúdos jurídicos para cláusulas contratuais exclusivamente com base em adjetivos ou advérbios não apenas seria hercúlea, mas também não seria hermeneuticamente adequada. Isso não significa dizer, todavia, que não se poderá verificar diferenciação de graus de diligência na hipótese de ausência de qualificadoras. Isso porque o caso concreto, a despeito da ausência de qualificadoras, poderá conduzir a uma diferenciação, tendo em vista o fato de que "os critérios hermenêuticos não se baseiam somente na diferença dos termos linguísticos empregados pelas partes, mas, principalmente, no comportamento dos contratantes, na função e finalidade do contrato ou da cláusula em discussão e demais elementos do contorno fático vis-à-vis o que dispõe a legislação aplicável, para que se possa extrair o sentido jurídico do que as partes pactuaram"[59].

PARTE II. APLICAÇÃO PRÁTICA NO BRASIL

Nesta segunda parte, desenvolveremos pesquisa jurisprudencial nos tribunais mais atuantes no Brasil, a fim de verificar como a cláusula de melhores

---

Can Do? American Courts' Irrational Efforts Clause Jurisprudence and How We Can Start to Fix It. *In*: **The Georgetown Law Journal.** Volume 109 (3) 2021. pp. 671-672.

[57] Baron Fin. Corp. v. Natanzon, 509 F. Supp. 2d 501, 514 (D. Md. 2007) ("Undertaking one's 'best efforts' to achieve a contractual goal has been described in terms of reasonableness").

[58] Reyelt v. Danzell, 509 F. Supp. 2d 156, 165 (D.R.I. 2007).

[59] KALANSKY, Daniel; MATTOS, Ivan Iegoroff de. Cláusula de Melhores Esforços no Contexto de M&A. *In*: ADAMEK, Marcelo Vieira von; PEREIRA, Rafael Setoguti Julio. **Fusões e Aquisições (M&A).** São Paulo: Quartier Latin. 2022. p. 145.

esforços é analisada por estes tribunais e quais são as principais matérias trazidas a julgamento. A partir desse estudo, daremos sugestões de redação para a cláusula, bem como ressaltaremos pontos de atenção quando da sua redação.

1. A CLÁUSULA DE MELHORES ESFORÇOS SEGUNDO A JURISPRUDÊNCIA BRASILEIRA

Foi realizada pesquisa de jurisprudência nos tribunais mais atuantes do Brasil. O critério regional adotado foi pelos Tribunais de Justiça dos cinco estados da federação de maior Produto Interno Bruto (PIB), segundo as mais atualizadas informações disponibilizadas pelo Instituto Brasileiro de Geografia e Estatística (IBGE)[60], ou seja, São Paulo, Rio de Janeiro, Minas Gerais, Paraná e Rio Grande do Sul. Além disso, realizou-se pesquisa jurisprudencial no Superior Tribunal de Justiça, em função do seu papel de uniformizador da legislação infraconstitucional[61].

Começando pelo Superior Tribunal de Justiça ("STJ"), fazendo uso do termo de pesquisa "melhores esforços" encontrou-se apenas um acórdão. O caso[62] diz respeito às obrigações do administrador de fundo de investimento, tendo a Corte se manifestado no sentido de que este não se compromete a entregar uma determinada rentabilidade, mas sim a empregar os "melhores esforços", a fim de obter os melhores ganhos possíveis. No caso analisado, todavia, não se estava a discutir uma cláusula de melhores esforços, mas apenas se citou a obrigação de meio do administrador do fundo. Ou seja, ao que tudo indica, não existe discussão no STJ sobre a cláusula em questão[63].

---

[60] IBGE. Instituto Brasileiro de Geografia e Estatística. **Produto Interno Bruto - PIB.** O que é o PIB? Disponível em: https://www.ibge.gov.br/explica/pib.php. Acesso em: 09.05.2023.

[61] Efetuou-se também pesquisa no ementário de sentenças arbitrais da Câmara de Arbitragem do Mercado, não tendo sido encontrada discussão sobre a cláusula de melhores esforços. Ressalta-se, todavia, que apenas o ementário é publicizado, o que impossibilita qualquer conclusão a esse respeito. Disponível em: https://www.camaradomercado.com.br/pt-br/ementario.html. Acesso em: 13.05.2023.

[62] STJ. REsp n. 1724722 / RJ. Min: Nancy Andrighi, 3ª Turma. Julgado em 27.08.2019. O Tribunal de Justiça do Distrito Federal também já se manifestou nesse sentido em caso análogo, tendo decidido da mesma maneira. Ver: TJ/DF. Apelação Cível n. 0707029-39.2020.8.07.0018. Rel: Fátima Rafael. 3ª Turma Cível. Julgado em 08.07.2021. No mesmo sentido, é o posicionamento da doutrina. Ver: RENTERIA, Pablo; OLIVA, Milena Donato. Obrigação de meios e assunção de riscos pelo consumidor. *In*: **Revista OAB/RJ, Rio de Janeiro. Edição Especial – Direito Civil**. p. 13. Disponível em: https://revistaeletronica.oabrj.org.br/wp-content/uploads/2018/05/Obriga%C3%A7%C3%B5es-de-meios-e-consumidor.pdf. Acesso em: 14.05.2023.

[63] O resultado é até mesmo esperado, tendo em vista a Súmula 5 do STJ, que dispõe que "a simples interpretação de cláusula contratual não enseja recurso especial".

No Tribunal de Justiça de São Paulo (TJ/SP)[64], fazendo uso do mesmo termo de pesquisa nas ementas de acordão, encontrou-se um total de 28 julgados. Destes, apenas 3 diziam respeito à cláusula de melhores esforços propriamente dita.

Um dos casos[65] diz respeito à ação regressiva ajuizada pela seguradora Porto Seguro Companhia de Seguros Gerais ("Porto Seguro") em face de ADT Serviços de Monitoramento Ltda. ("ADT"), referente a contrato de prestação de serviços de monitoramento. Em primeira instância, a ADT foi condenada a pagar à seguradora os danos por esta suportados em virtude de atividade criminosa de terceiros, consistente em furto de diversos equipamentos da empresa segurada. A ADT recorreu ao TJ/SP alegando, *inter alia*, que teria adotado todas as medidas cabíveis para alertar o cliente (a empresa segurada) sobre as invasões, não havendo qualquer falha na prestação do serviço, tendo em vista se tratar de obrigação de meio, não podendo, portanto, ser obrigada a suportar o risco da atividade.

O contrato em questão possuía cláusula de melhores esforços[66], que previa todo o procedimento a ser adotado em caso de acionamento do alarme por suspeita de invasão, qual seja: informar, por via telefônica, os contatos indicados pela empresa segurada e, caso não obtivesse contato com estes,

---

[64] Essa pesquisa foi realizada no site do Tribunal de Justiça de São Paulo até o dia 11.05.2023.

[65] TJ/SP. Apelação Cível n. 1042214-82.2020.8.26.0100. Rel: Walter Exner. 36ª Câmara de Direito Privado. Julgado em 20.10.2022.

[66] A cláusula de melhores esforços estava regulada em dois dispositivos contratuais, quais seja, na Cláusula 6.1 e na Cláusula 9.1.b. Vejamos: Cláusula 6.1: "6.1 A ADT concorda em prestar os Serviços de forma contínua através de sua Central de Monitoramento. Para efeitos deste Contrato, os Serviços de monitoramento consistem na recepção e análise dos sinais de alarme emitidos pelo Equipamento, e, nos termos deste Contrato, também, envidar seus melhores esforços para informar por via telefônica aos Contatos indicados pelo Cliente. ADT apenas entrará em contato com as autoridades competentes nos casos em que não conseguir entrar em contato com o Cliente/ Contatos ou quanto solicitado pelo Cliente/Contato". Cláusula 9.1 b: "9.1 b Caso a chamada feita ao Local Monitorado tenha resposta (i) ocupada; (ii) não tenha resposta; (iii) a pessoa que atendeu à chamada não informe corretamente a palavra chave de verificação do cliente; (iv) a pessoa que responder à chamada solicite auxílio, a ADT envidará seus melhores esforços para informar por via telefônica a um dos Contatos no PAA do Cliente, mediante telefonemas seguindo a ordem de prioridade indicada pelo Cliente ou após esgotados aqueles constantes no PAA, a ADT envidará todos os esforços para entrar em contato com as autoridades competentes e, em seguida, o cliente ou contato deverá reiterar este contato, sendo que este é um procedimento solicitado pelas autoridades competentes. Ressalvamos que a ADT não garante que as autoridades competentes responderão ao chamado ou à tentativa de contato, a ADT não assegura, nem garante que ante um chamado ao Departamento de Polícia, este envie um veículo ao Local Monitorado tampouco, que em caso de ter sido enviado, chegue em tempo e forma para prevenir e/ou evitar ameaça, sinistro, ato ilícito ou de insegurança que possa ocorrer ao Cliente ou um terceiro. O Cliente aceita que a falta de atuação policial, ou atuação tardia ante uma ligação da ADT se encontre fora da esfera de ação e responsabilidade da ADT, motivo pelo qual, o Cliente libera a ADT de qualquer responsabilidade ou consequências de qualquer natureza que possa derivar da falta do envio da polícia, demora em sua chegada ao Local Monitorado e com a atuação em geral da polícia".

deveria empenhar *todos os esforços* para entrar em contato com as autoridades competentes.

O TJ/SP ressaltou haver "inegável subjetivismo do termo "envidar todos os esforços" inserido nas cláusulas". Todavia, a despeito disso, analisando todo o procedimento disposto na cláusula de melhores esforços, a Corte entendeu que a ADT descumpriu a sua obrigação contratual de melhores esforços, na medida em que "a desistência de contatar a autoridade policial após uma única chamada, com nova tentativa, uma hora após o início da invasão, e encerramento do chamado sem comunicação da Polícia Militar configura falha na prestação dos serviços contratados".

Ainda que o TJ/SP não tenha se manifestado expressamente sobre a importância das qualificadoras da cláusula em questão, é inegável que a decisão pela falha na prestação dos serviços foi alcançada, tendo em vista o fato de que os melhores esforços – que foram qualificados com um determinado procedimento a ser seguido – não foram respeitados pela ADT no caso concreto. Em outras palavras, a definição de qualificadoras (por meio de um procedimento a ser seguido) auxiliou a melhor interpretação da cláusula no caso concreto.

Em um outro caso[67], a Orla Rio Associados LTDA. ("Orla Rio") ajuizou ação em face do Banco Schain S.A. (Banco Schain), postulando a resolução do contrato de prestação de serviços de estruturação, assessoria financeira e captação de recursos, que tinha como principal propósito a captação de parceiros interessados na veiculação de marcas e produtos nos quiosques na orla do Rio de Janeiro, mediante o recebimento de um percentual sobre todo o volume de recursos efetivamente captados pelo Banco Schain.

O contrato possuía cláusula de melhores esforços[68], consistente na necessidade de empenho do Banco Schain, no sentido de angariar parceiros para o negócio. No caso concreto, o TJ/SP explicou que a cláusula de melhores esforços deve ser interpretada, levando em consideração a intenção das partes e não a vontade subjetiva, considerando também elementos econômicos e sociais (segundo o art. 112 e 113 do Código Civil), já que, segundo o TJ/SP, inexiste dispositivo legal próprio sobre a cláusula de melhores esforços.

---

[67] TJ/SP. Apelação Cível n. 0158325-21.2010.8.26.0100. Rel: Berenice Marcondes Cesar. 28ª Câmara de Direito Privado. Julgado em 19.03.2019.

[68] A cláusula de melhores esforços foi a seguinte: "O objeto do presente Contrato é a prestação de serviços de assessoria de estruturação operacional e financeira e de captação de recursos em regime de melhores esforços, por parte do BANCO SCHAHIN, por conta e ordem da ORLA RIO, através da negociação, com exclusividade, pelo BANCO SCHAHIN, de espaços de publicidade, merchandising e direitos de exclusividade na comercialização de produtos, seguindo normas e procedimento a serem definidos em conjunto com a ORLA RIO, para a implementação do projeto de modernização de todos os QUIOSQUES E SANITARIOS objeto da CONCESSÃO".

Assim sendo, depois de instrução probatória com a oitiva de várias testemunhas, o TJ/SP entendeu que o Banco Schain não demonstrou qualquer interesse em realizar as captações de contratos de parceria com a Autora. Além disso, o TJ/SP ressaltou que a escolha do Banco em questão para a celebração do contrato – que, inclusive, tinha cláusula de exclusividade – levou em consideração a sua grande quantidade de contatos com potenciais parceiros. Ou seja, para o fim de demonstrar o inadimplemento da cláusula em questão, o TJ/SP não levou em consideração apenas a inexistência de atividades no que concerne à captação de parceiros (que seria o próprio inadimplemento da cláusula), mas também o porte da empresa contratada e o que dela se esperava, tendo em vista o seu *porfolio* de contatos.

O terceiro caso[69] trata de contratos firmados entre as partes para formalizar o término da relação comercial de distribuição. O contrato previa cláusula de melhores esforços[70], garantindo que a Haworth Inc. ("Haworth") envidaria seus melhores esforços para assessorar a Space Plan Internacional LTDA. ("Space Plan"), a fim de que esta celebrasse *negócios de serviços* para gerar lucros brutos em valor de US$ 720.000,00.

A Space Plan ajuizou ação, alegando que a Haworth teria se comprometido a garantia uma rentabilidade mínima, tendo em vista o término da relação contratual entre as partes. O TJ/SP acompanhou a sentença de primeiro grau, no sentido de que não haveria uma rentabilidade mínima garantida e, no que concerne às qualificadoras da cláusula (a respeito sobre o que consistiria esses *negócios de serviços*), entendeu que não haveria violação da Haworth, tendo em vista o momento econômico do Brasil, que atingiu as atividades da Haworth[71].

---

69 TJ/SP. Apelação Cível n. 9226484- 71.2007.8.26.0000. Rel: Ricardo Pessoa de Mello Belli. 25ª Câmara de Direito Privado. Julgado em 31.08.2011.

70 A cláusula de melhores esforços foi a seguinte: "8. Oportunidades Comerciais Futuras. A título de contraprestação adicional pela rescisão da relação entre a Haworth, a Haworth dB e a SPI, a Haworth neste ato obriga-se a envidar seus melhores esforços para assessorar a Space Plan em seus esforços para celebrar negócios de serviços para gerar lucros brutos, ou o equivalente de taxas de serviço de distribuidora, no valor de US$ 720.000,00 (Setecentos e Vinte Mil Dólares Norte-Americanos). Esses negócios de serviços poderão compreender: (a) serviços de instalação de produtos Voko segundo um Contrato de Suporte de Vendas celebrado entre a Voko e a SPI na data deste instrumento; (b) administração de estoques locais de produtos da Haworth; (c) serviços de transporte e logística para a Haworth dB; (d) serviços de arquitetura, projeto, treinamento ou administrativos para a Haworth no território, bem como em quaisquer outros países latinoamericanos aos quais a Harworth possa vender; (f) comissões por projetos encaminhados à Harworth dB, PQ ou Voko".

71 Esse caso foi também analisado por Márcio Henriques da Costa em sua obra. O referido autor faz um interessante paralelo entre esse julgado e o sempre mencionado caso *Bloor v. Falstaff*. Vejamos: "Neste ponto, pode-se questionar como o caso seria eventualmente decidido pela corte que julgou Bloor v. Falstaff. Naquela situação, a decisão foi no sentido de que a cláusula não pode ser desconsiderada na estratégia futura individual de vendas da empresa, ainda

Ainda que se possa discutir a conclusão alcançada pelo TJ/SP, a verdade é que o estabelecimento de qualificadoras teve o importante papel de, no caso concreto, forçar o judiciário a explicar o porquê de sua mitigação[72].

No Tribunal de Justiça do Rio de Janeiro (TJ/RJ)[73], fazendo uso do mesmo termo de pesquisa nas ementas de acordão, encontrou-se um total de 29 julgados. Destes, apenas 2 diziam respeito à cláusula de melhores esforços propriamente dita.

Um dos casos[74] dizia respeito a contrato de compra e venda de quotas sociais da Laguna Vídeo Locadora, tendo sido acordada cláusula de melhores esforços[75] consistente na substituição dos vendedores (autores da ação) como fiadores em todos os contratos celebrados entre a Laguna Vídeo Locadora e as instituições financeiras. O TJ/RJ reconheceu que não havia provas de que o comprador teria adotado qualquer esforço na tentativa de excluir os nomes dos autores nos contratos firmados entre a Laguna Vídeo Locadora e as instituições financeiras, motivo pelo qual manteve uma condenação a título de danos morais[76], que já havia sido fixada em primeira instância.

---

que economicamente mais benéfica. No caso brasileiro, parece claro que o Judiciário não consideraria que a existência da cláusula chegasse a tal grau de influência na estratégia de vendas da empresa, em especial por existir indiscutível crise geral do mercado, conforme acima ressaltado. Entretanto, interessante imaginar qual teria sido o resultado caso a decisão deliberada da ré em diminuir ou encerrar as operações não tivesse decorrido de crise econômica ou de mercado, mas sim de decisão individual buscando maior lucratividade, em prejuízo ao disposto na obrigação de melhores esforços". Ver: COSTA, Márcio Henriques da. **A cláusula de melhores esforços (best efforts) na prática jurídica brasileira: uma nova perspectiva.** Dissertação de Mestrado apresentada à Escola de Direito de São Paulo da Fundação Getúlio Vargas. São Paulo. 2016. p. 54.

72 Os demais casos encontrados no TJ/SP dizem respeito à prestação de serviços jurídicos e médicos, sabidamente reconhecidos como obrigações de meio. Não há nesses casos, todavia, uma cláusula de melhores esforços que tenha sido analisada. Para citar alguns: *(i)* TJ/SP. Apelação Cível n. 1026783-47.2016.8.26.0100. Rel: Carlos Nunes. 31ª Câmara de Direito Privado. Julgado em 25.06.2018; *(ii)* TJ/SP. Apelação Cível n. 1018967-46.2018.8.26.0002. Rel: Carlos Nunes. 31ª Câmara de Direito Privado. Julgado em 28.08.2018; *(iii)* TJ/SP. Apelação Cível n. 1007115-15.2018.8.26.0361. Rel: Clara Maria Araújo Xavier. 8ª Câmara de Direito Privado. Julgado em 28.09.2021.

73 Essa pesquisa foi realizada no site do Tribunal de Justiça do Rio de janeiro até o dia 09.05.2023.

74 TJ/RJ. Apelação Cível n. 0062265-55.2008.8.19.0001. Rel: Mauro Pereira Martins. 13ª Câmara Cível. Julgado em 24.02.2016.

75 A cláusula celebrada no contrato foi a seguinte: "Parágrafo Terceiro - Comprador e Vendedor se comprometem a utilizar seus melhores esforços para que o ora Vendedor seja substituído em todos os contratos celebrados com as instituições financeiras nas quais a Laguna mantenha conta corrente, empréstimos ou de qualquer outro modo seja cliente. Tal substituição só será efetuada se não alterar ou prejudicar os valores e condições anteriormente acordados com tais instituições".

76 O TJ/RJ apenas reduziu o *quantum* da indenização a título de danos morais, que havia sido fixado em primeira instância.

Todavia, o TJ/RJ manifestou-se no sentido de que "o disposto no contrato não permite afirmar que exista uma obrigação para os réus, considerando-se que a mesma dependia não só da não afetação das condições contratadas com os bancos, como também da aceitação dos credores acerca da substituição da garantia ofertada, nos termos do que reza o art. 825 do CC. Daí porque não se converter a obrigação em perdas e danos". Em outras palavras, o TJ/RJ entendeu que essa seria uma obrigação não contratual, o que não nos parece ser o melhor entendimento. O julgado em questão é interessante porque reconheceu ser necessária alguma atuação do comprador, no que diz respeito ao cumprimento da cláusula, mas, contraditoriamente, tratou desse descumprimento no contexto da responsabilidade extracontratual com a fixação de indenização a título de danos morais.

Em um outro caso[77], também relativo a contrato de compra e venda de participação societária, o TJ/RJ analisava a recusa do comprador (réu na ação) em assinar a alteração contratual correspondente à aquisição de suas quotas, em que pese o réu já tivesse adimplido parte das parcelas do preço. Em virtude disso, os vendedores (autores na ação) ajuizaram ação, a fim de que fosse suprida a omissão do réu e autorizado o registro do Contrato Social na Junta Comercial, independentemente da assinatura do Réu. A ação em questão foi julgada procedente, tendo o TJ/RJ confirmado a sentença de primeira instância. O TJ/RJ consignou que o contrato foi validamente celebrado – inexistindo qualquer vício de vontade – tendo o réu já pago parte das prestações. Ademais, o TJ/RJ fez menção, ainda que não como ponto central da decisão, à existência de cláusula de melhores esforços[78], com força vinculante, no sentido de corroborar a necessidade de assinatura dos atos societários[79].

---

[77] TJ/RJ. Agravo Interno em Apelação Cível n. 0024384- 53.2011.8.19.0061. Rel: Guaraci de Campos Vianna. 19ª Câmara Cível. Julgado em 28.08.2015.

[78] A cláusula celebrada no contrato foi a seguinte: "16. MELHORES ESFORÇOS 16.1 Sujeito aos termos e condições contidos no presente Contrato, cada uma das Partes concorda em envidar seus melhores esforços para tomar, ou fazer com que sejam tomadas todas as medidas, bem como executar ou fazer com que sejam executadas todas as coisas razoavelmente necessárias ou recomendáveis em conformidade com os termos das leis, para consumar e tomar efetivas as transações contempladas pelo presente contrato, notadamente através da elaboração das Alterações Contratuais da "SOCIEDADE" que se façam necessárias ao fel cumprimento do presente com o consequente Registro na Junta Comercial do Estado do Rio de Janeiro".

[79] Os demais julgados encontrados do TJ/RJ dizem respeito à prestação de *(i)* serviços médicos e *(ii)* jurídicos, sabidamente reconhecidos como obrigações de meio; *(iii)* casos relacionados à má-prestação de serviços de energia elétrica pelas concessionárias (no âmbito do direito consumerista) e *(iv)* casos de endosso-mandato, onde se entendeu que a instituição financeira não assume responsabilidade cambial, mas a obrigação de direito comum, obrigando-se a empreender os melhores esforços para alcançar o objetivo. Todavia, não se discutia nesses casos a existência de uma efetiva cláusula de melhores esforços. Para citar esses julgados na ordem

No Tribunal de Justiça do Paraná, encontrou-se quatro julgados[80], sendo que um deles tratou especificamente da cláusula de melhores esforços. O caso[81] tratava de ação revisional de contrato de cartão de crédito, sendo que o consumidor alegava a inexistência de pactuação prévia no que concerne ao percentual de juros. O TJ/PR não acolheu o pedido do autor neste ponto e consignou que a cláusula contratual[82] – que previa melhores esforços – deixava claro a existência de critério para a fixação dos juros, qual seja, a "*média das taxas obtidas junto às Instituições Financeiras*"[83]-[84].

Por fim, no Tribunal de Justiça do Rio Grande do Sul, encontrou-se um total de sete julgados[85] e, no Tribunal de Justiça de Minas Gerais, onze julgados[86]. Contudo, nenhum deles trata especificamente da cláusula de melhores

---

como mencionados nessa nota de rodapé: *(i)* TJ/RJ. Apelação Cível n. 0012024-18.2013.8.19.0061. Rel: José Carlos Paes. 14ª Câmara Cível. Julgado em 20.10.2022; *(ii)* TJ/RJ. Apelação Cível n. 0011304-71.2012.8.19.0001. Rel: Marcos Alcino de Azevedo Torres. 19ª Câmara Cível. Julgado em 26.02.2013; *(iii)* TJ/RJ. Apelação Cível n. 0005432-10.2016.8.19.0042. Rel. Antonio Carlos Arrábida Paes. 23ª Câmara Cível. Julgado em 25.01.2017; *(iv)* TJ/RJ. Apelação Cível n. 2006.001.59135. Rel: Letícia Sardas. 8ª Câmara Cível. Julgado em 27.02.2007. Nesses casos, segundo as informações dos julgados, não se estava a tratar de uma cláusula de melhores esforços inserida em um contrato, mas sim de uma obrigação geral de meio e/ou de resultado.

[80] Essa pesquisa foi realizada no site do Tribunal de Justiça do Paraná até o dia 09.05.2023.

[81] TJ/PR. Apelação Cível n. 377908-6. Rel: Jucimar Novochadlo. 15ª Câmara Cível. Julgado em 24.01.2007.

[82] Conforme afirmado no acórdão: "*O custo do financiamento será negociado através dos melhores esforços pela ADMINISTRADORA, segundo regras do mercado financeiro e seu percentual, correspondendo 'média das taxas obtidas junto às INSTITUIÇÕES FINANCEIRAS*'".

[83] Com efeito, tem-se que foi pactuado no contrato que os custos do financiamento em caso de não pagamento integral da dívida seriam pela média das taxas obtidas junto às instituições financeiras. Todavia, importante ressaltar que o argumento central para afastar o pedido do autor foi outro: o TJ/PR entendeu não ser possível se falar em ausência de prévia estipulação de taxa de juros "*quando as faturas enviadas ao usuário do cartão de crédito contém as informações referentes aos encargos incidentes e os percentuais a serem aplicados na hipótese de utilização do crédito rotativo*".

[84] Existe um outro caso interessante no TJ/PR. No caso, em um contexto de negociação, a instituição bancária credora afirmou, por carta, o seguinte: "*O Banco ABN AMRO S/A confirma seu propósito de envidar os melhores esforços no sentido de buscar uma solução conjunta, que satisfaça os interesses de ambas as partes, comprometendo-se a não intentar medidas com o objetivo de efetuar a cobrança judicial de seus créditos perante à Cocamar, enquanto perdurarem as negociações com essa finalidade*". Todavia, após um período sem efetivos esforços da instituição bancária, o Banco ABN AMRO S.A. executou os títulos contra o devedor. O TJ/PR entendeu que o afirmado não teria força de vincular as partes, já que se tratava de um contexto de mera negociação. Ver: TJ/PR. Apelação Cível n. 159029-8. Rel: Fabiano Macedo da Costa Barros. 4ª Câmara Cível. Julgado em 04.10.2000.

[85] Essa pesquisa foi realizada no site do Tribunal de Justiça do Rio Grande do Sul até o dia 09.05.2023.

[86] Essa pesquisa foi realizada no site do Tribunal de Justiça de Minas Gerais até o dia 09.05.2023.

esforços. A grande maioria dos casos dizia respeito à prestação de serviços médicos[87] e serviços de vigilância por monitoramento eletrônico[88], que também foram reconhecidos como obrigações de meio.

2. RECOMENDAÇÕES E PONTOS DE ATENÇÃO PARA REDAÇÃO DA CLÁUSULA DE MELHORES ESFORÇOS

A cláusula de melhores esforços geralmente se encontra inserida em um contexto de negociação entre as partes. Como visto, nem sempre elas são inseridas nos contratos por descuido dos seus redatores. Por inúmeras vezes, especialmente nos contratos empresariais, ela é inserida, tendo em vista os custos de transação, a assimetria de informações e a própria racionalidade limitada das partes. De todo modo, conforme foi possível perceber a partir da análise da pesquisa doutrinária e jurisprudencial conduzida nesse estudo, podemos sugerir alguns pontos de atenção quando da redação da cláusula de melhores esforços.

i. Em primeiro lugar, recomenda-se utilizar qualificadoras para a cláusula de melhores esforços, a fim de explicar o nível de diligência que se espera do devedor, quando do cumprimento da obrigação. A utilização, por exemplo, de exemplos de condutas, bem como de um procedimento a ser seguido, pode auxiliar a compreensão sobre o correto cumprimento da cláusula, direcionando melhor o juiz, árbitro e até mesmo as partes na hipótese de dúvidas sobre o adimplemento ou não da cláusula. Ainda que a jurisprudência seja escassa, há julgados no Brasil[89] e em outros países[90], que analisaram a cláu-

---

[87] Para citar alguns: *(i)* TJ/RS. Apelação cível n. 70005386727. Rel.: Miguel Ângelo da Silva. 9ª Câmara Cível. Julgado em 23.03.2005; *(ii)* TJ/MG. Apelação cível n. 2.0000.00.496641-0/000. Rel.: Nilo Lacerda. 12ª Câmara Cível. Julgado em 24.08.2005; *(iii)* TJ/MG. Apelação cível n. 2.0000.00.395458-9/000. Rel.: Batista Franco. 4ª Câmara Cível. Julgado em 13.08.2003.

[88] Para citar alguns: *(i)* TJ/RS. Apelação cível n. 71004129334. Rel.: Carlos Francisco Gross. 1ª Turma Recursal Cível. Julgado em 24.09.2013; *(ii)* TJ/RS. Apelação cível n. 71004060406. Rel.: Carlos Francisco Gross. 1ª Turma Recursal Cível. Julgado em 28.10.2013.

[89] TJ/SP. Apelação Cível n. 1042214-82.2020.8.26.0100. Rel: Walter Exner. 36ª Câmara de Direito Privado. Julgado em 20.10.2022; TJ/SP. Apelação Cível n. 9226484- 71.2007.8.26.0000. Rel: Ricardo Pessoa de Mello Belli. 25ª Câmara de Direito Privado. Julgado em 31.08.2011.

[90] Mocca Lounge, Inc. v. Misak, 94 A.D.2d 761, 462 N.Y.S.2d 704 (N.Y. App. Div. 1983). Appellate Division of the Supreme Court of New York, Second Department. Conforme afirmado: "a clear set of guidelines against which to measure a party's best efforts is essential to the enforcement of such a clause". Disponível em: https://casetext.com/case/mocca-lounge-inc-v-misak. Acesso em: 17.05.2023

sula de melhores esforços a partir das qualificadoras e procedimentos nela regulados. Ou seja, definir a cláusula é importante.

ii. Se a definição de qualificadoras for de grande dificuldade durante as rodadas de negociação, a utilização da cláusula em sua forma simples significará, mesmo assim, a contratualização de um dever de diligência, ou seja, de um grau de diligência superior ao grau de diligência da boa-fé objetiva do art. 422 do Código Civil. Todavia, ainda que seja esse o entendimento da doutrina brasileira, é importante ressaltar que a jurisprudência brasileira não só não se debruçou sobre essa diferenciação, como também já se manifestou – erroneamente, sob o nosso ponto de vista –, no sentido de que na ausência de definição sobre o que consiste a cláusula de melhores esforços, a sua utilização seria inócua, diante da existência, no Brasil, dos deveres decorrentes da boa-fé objetiva[91]. Ou seja, se uma das partes insistir na inclusão de uma cláusula de melhores esforços em sua forma simples, pode ser interessante aceitar essa cláusula para fins de ganho de *leverage* na negociação, tendo em vista o fato de que as cortes brasileiras não parecem adotar essa diferenciação.

iii. De todo modo, recomenda-se verificar se a cláusula de melhores esforços é relevante para o caso concreto, especialmente se o que as partes quiseram regular era apenas uma atuação segundo os standards da boa-fé objetiva, nos termos do art. 422 do Código Civil.

iv. Recomenda-se evitar utilizar, em um mesmo contrato, expressões distintas (como "melhores esforços", "esforços razoáveis", "todos os melhores esforços"), a menos que tenham sido expressamente dispostos no contrato graus de conduta e diligência variados em cada caso, a depender da utilização de cada expressão. Afirma-se, todavia, que não foi encontrado, no Brasil, discussão jurisprudencial nesse sentido.

v. Caso uma das partes insista, em um contexto de negociação, na substituição de uma cláusula simples de "esforços razoáveis" (sem qualificadoras), para "melhores esforços" (também sem qualificadoras), por entender que esta última configura um grau de diligência maior, pode ser interessante aceitar a alteração, a fim de que seja aberta a possibilidade de uma outra alteração contratual que lhe seja mais útil. Sugere-se isso porque não se observou qualquer tratamento hierárquico diferenciado entre essas cláusulas (com

---

[91] Vide: TJ/SP. Apelação Cível n. 1009187-41.2018.8.26.0048. Rel: Cesar Ciampolini. 1ª Câmara Reservada de Direito Empresarial. Julgado em 29.04.2020.

terminologias distintas) na pesquisa jurisprudencial conduzida nos tribunais brasileiros.

Disso se conclui que a inclusão da cláusula de melhores esforços exige a análise sobre a sua necessidade no caso concreto e, em sendo essa necessidade verificada, que se leve em consideração a necessidade de maior concretude para a cláusula, a fim de que a sua interpretação em caso de divergência seja mais simples, sem desconsiderar os custos *front-end* e *back-end* no caso concreto.

CONCLUSÕES

As cláusulas de melhores esforços (e suas variações terminológicas) encontram-se disseminadas nos mais variados tipos e disposições contratuais. Os motivos que levam as partes à celebração de uma cláusula de melhores esforços são variados e, por vezes, imprescindíveis para a própria conclusão dos contratos.

Sem sombra de dúvidas, a cláusula de melhores esforços exige do intérprete um esforço de análise das particularidades do caso, a fim de verificar se a diligência objeto da cláusula foi ou não devidamente observada por aquele que assumiu essa obrigação contratual. Nesse cenário, despender algum esforço adicional no estabelecimento de qualificadoras e de procedimentos a serem seguidos para concretização da obrigação de diligência objeto da cláusula pode ser fundamental para demonstrar - de maneira mais objetiva - se a cláusula foi devidamente adimplida no caso concreto.

O conteúdo próprio e contratualmente vinculante da cláusula - a despeito de entendimento doutrinário e jurisprudencial por vezes diverso - deve ser respeitado. Não nos parece, especialmente em contratos interempresariais (em que geralmente ambas as partes se encontram devidamente assessoradas por advogados), que as partes incorreriam em custos de transação e dispêndio de tempo para negociar uma cláusula com o mesmo conteúdo que a lei brasileira já oferece por força da cláusula geral de boa-fé objetiva.